개념과 구조를 머릿속에 그려주는 안드로이드 개발 입문서

Head First Android Development

KB174783

Head First Android Development, 개정판

개념과 구조를 머릿속에 그려주는 안드로이드 개발 입문서

개정판 발행 2018년 7월 15일

지은이 돈 그리피스, 데이비드 그리피스 / **옮긴이** 우정은 / **펴낸이** 김태헌
펴낸곳 한빛미디어(주) / **주소** 서울시 서대문구 연희로2길 62 한빛미디어(주) IT출판부
전화 02-325-5544 / **팩스** 02-336-7124
등록 1999년 6월 24일 제10-1779호 / **ISBN** 979-11-6224-095-3 93000

총괄 전태호 / **책임편집** 송성근 / **기획 · 편집** 박민아 / **교정 · 조판** 김철수
디자인 표지 신종식
영업 김형진, 김진불, 조유미 / **마케팅** 송경석, 변지영 / **제작** 박성우, 김정우

이 책에 대한 의견이나 오탈자 및 잘못된 내용에 대한 수정 정보는 한빛미디어(주)의 홈페이지나 아래 이메일로 알려주십시오. 잘못된 책은 구입하신 서점에서 교환해 드립니다. 책값은 뒤표지에 표시되어 있습니다.

한빛미디어 홈페이지 www.hanbit.co.kr / 이메일 ask@hanbit.co.kr

예제 소스 : https://tinyurl.com/HeadFirstAndroid

© 2018 Hanbit Media, Inc.
Authorized Korean translation of the English edition of ***Head First Android Development, 2nd Edition ISBN 9781491974056*** © 2017 Dawn Griffiths and David Griffiths
This translation is to be published and sold by permission of O'Reilly Media, Inc., which owns or controls all rights to publish and sell the same.
이 책의 저작권은 오라일리와 한빛미디어(주)에 있습니다.
저작권법에 의해 보호를 받는 저작물이므로 무단 복제 및 무단 전재를 금합니다.

지금 하지 않으면 할 수 없는 일이 있습니다.
책으로 펴내고 싶은 아이디어나 원고를 메일(writer@hanbit.co.kr)로 보내주세요.
한빛미디어(주)는 여러분의 소중한 경험과 지식을 기다리고 있습니다.

Head First Android Development

우주 왕복선 매뉴얼보다
더 이해하기 쉬운
안드로이드 앱 개발서가 있다면
얼마나 좋을까?
그것은 아마도 꿈에서나 가능하겠지...

돈 그리피스
데이비드 그리피스

O'REILLY®
한빛미디어 Hanbit Media, Inc.

Head First Android Development, 개정판 저자

돈 그리피스는 영국의 우수한 대학교에서 수학 명예 학위를 받으면서 수학자로서의 삶을 시작했습니다. 이후로 그녀는 소프트웨어 개발 경력을 쌓아왔으며, 현재는 IT 분야에서 20년 이상의 개발 경력을 갖고 있습니다.

『Head First Android Development』를 집필하기 전에 돈은 다른 헤드 퍼스트 책인 『Head First Statistics』, 『Head First 2D Geometry』, 『Head First C』를 집필했습니다. 그녀는 남편과 함께 두뇌가 조금 더 활발하게 몰입할 수 있는 상황에서 핵심 개념과 기술을 배울 수 있도록 「The Agile Sketchpad」라는 비디오 과정도 만들었습니다.

헤드 퍼스트 책이나 비디오를 만드는 시간 외에는 태극권 기술 연마, 독서, 달리기, 보빈 레이스, 요리 등을 합니다. 특히 멋진 남편 데이비드와 함께 시간을 보내는 것을 즐깁니다.

데이비드 그리피스는 12살에 시모어 페퍼트의 다큐멘터리를 보고 프로그래밍을 시작했습니다. 15살에는 페퍼트의 컴퓨터 언어인 LOGO를 이용해 코드를 구현했습니다. 대학교에서 순수 수학을 전공한 이후로 컴퓨터용 코드를 구현하거나 잡지에 기고했습니다. 애자일 코치, 개발자 등으로도 활약했습니다. 10개가 넘는 언어를 이용해 코드를 구현하거나 글을 쓸 수도 있습니다. 글을 쓰거나, 코딩하거나, 코칭하는 시간을 제외하면 사랑스러운 아내이며 공동 저자인 돈과 함께 여행을 즐깁니다.

『Head First Android Development』를 집필하기 전에 데이비드는 『Head First Rails』, 『Head First Programming』, 『Head First C』를 집필했으며 돈과 함께 「The Agile Sketchpad」라는 비디오 과정을 만들었습니다. 트위터(https://twitter.com)를 팔로우하거나 책의 웹사이트(https://tinyurl.com/HeadFirstAndroid)를 방문하세요.

친구와 가족에게.
여러분의 사랑과 지원에 감사드립니다.

헤드 퍼스트의 매력에 빠져 보세요...

즐겁게 안드로이드 프로그래밍을 즐길 수 있도록 도와주는 『Head First Android Development』가 개정판으로 찾아왔습니다. 헤드 퍼스트 시리즈는 이미 프로그래밍 책으로는 재미있는 그림과 흥미를 끄는 내용으로 학습하기 좋은 책으로 소문이 나 있습니다.

이 책은 안드로이드 앱을 개발하는 데 꼭 필요한 내용을 재미있게 설명하고 있습니다. 대부분의 프로그래밍 책에 부족하거나 아쉬운 점이 있기 마련인데 이 책은 지원 라이브러리를 사용하는 방법, 컨스트레인트 레이아웃 사용 방법, 툴바와 내비게이션 드로워 등 최신 UI를 앱에 적용하는 방법 등 꼭 필요한 내용으로 가득 차 있습니다.

이 책이 출간되는 현 시점(2018년 7월)에서의 안드로이드 최신 버전은 오레오(8.0)이지만, 이 책은 누가 버전(7.0)을 기반으로 하고 있습니다. 하지만 기본적인 안드로이드 개발 방법은 달라진 것이 없으므로 이 책을 학습하는 개발자 입장에서 크게 문제되지 않습니다. 아울러 책 전체에서 다루는 내용은 버전에 크게 구애받지 않는 내용으로 구성되어 있으며, 실제 앱을 개발할 때 많은 기기에서 앱을 실행할 수 있도록 API 수준을 낮게 설정하는 것이 현실이므로 독자 여러분들도 참고하시기 바랍니다.

한국과 반대 계절을 갖는 뉴질랜드의 여름에 번역 작업을 했습니다. 번역에 몰두해 있는 필자를 보며 왜 이렇게 놀아주지 않는지 궁금해했을 호두와 더 많은 집안일과 여러 모로 번역에 도움을 준 아내 서윤정 양에게 감사합니다.

우정은 드림

역자소개 realplord@gmail.com

인하대학교 컴퓨터공학과를 졸업하고 LG전자, 썬마이크로시스템즈, 오라클 등에서 모바일 제품 관련 개발일을 하다가 현재는 뉴질랜드에서 모바일 개발자로 일하고 있다. 2010년 아이폰의 매력에 빠져들면서 번역 및 개발을 취미로 삼게 되었다. 2010년 이후로 다수의 서적을 번역했다.

목차(요약)

	서문	31
1	시작하기	43
2	대화형 앱 만들기	79
3	여러 액티비티와 인텐트	119
4	액티비티 생명주기	161
5	뷰와 뷰 그룹	211
6	컨스트레인트 레이아웃	263
7	리스트 뷰와 어댑터	289
8	지원 라이브러리와 앱 바	331
9	프래그먼트	381
10	큰 인터페이스용 프래그먼트	435
11	동적 프래그먼트	475
12	디자인 지원 라이브러리	523
13	리사이클러 뷰와 카드 뷰	579
14	내비게이션 드로워	621
15	SQLite 데이터베이스	663
16	기본 커서	699
17	커서와 asynctask	735
18	시작된 서비스	781
19	바운드 서비스와 권한	809
i	상대 레이아웃과 그리드 레이아웃: 상대를 만나보세요	859
ii	그레이들: 그레이들 빌드 도구	875
iii	art: 안드로이드 런타임	883
iv	adb: 안드로이드 디버그 브릿지	891
v	안드로이드 에뮬레이터: 속도 높이기	899
vi	나머지: (우리가 다루지 않은) 열 가지 주제	903

목차(진짜)

서문

여러분의 두뇌와 안드로이드. 지금 여러분은 뭔가를 배우려 합니다. 이때 여러분의 두뇌는 새로운 내용을 배우려 열심히 노력하겠죠. 하지만 곧 '위험한 야생동물 피하기'라든가 '벌거벗고 스노보드 타기' 등과 같은 더 중요한 일을 고민하게 될 겁니다. 어떻게 하면 여러분의 두뇌가 안드로이드 앱을 배우는 데 집중하게 만들 수 있을까요?

누구를 위한 책일까요? 32
지금쯤 여러분은 이런 생각을 하고 있을 겁니다. 33
여러분의 두뇌는 이런 식으로 동작합니다 33
초인지: 생각에 대한 생각 35
이 책에서는 이렇게 했습니다. 36
알아두세요 38
테크니컬 리뷰 팀 40
감사의 글 41

어떻게 하면
이 내용이 중요하다고
내 두뇌가 생각하게 만들
수 있을까...

1 시작하기

바로 뛰어듭시다

안드로이드가 폭풍처럼 전 세계를 집어삼켰습니다.

요즘엔 모든 사람이 스마트폰이나 태블릿을 원합니다. 그중에서도 안드로이드 디바이스가 인기 좋습니다. 이 책에서는 **자신만의 앱을 직접 개발**하는 방법을 설명합니다. 기본적인 앱을 만들어 안드로이드 가상 디바이스에서 실행하는 방법부터 시작할 겁니다. 이 책을 점점 배우면서 **액티비티**, **레이아웃** 등 안드로이드 앱의 기본적인 컴포넌트를 접할 겁니다. **이 책을 학습하는 데 필요한 유일한 준비물은 기본적인 자바 지식뿐입니다.**

안드로이드 마을에 오신 것을 환영합니다	44
안드로이드 플랫폼 해부도	45
우리가 하려는 작업	46
여러분의 개발 환경	47
안드로이드 스튜디오 설치하기	48
기본 앱 만들기	49
앱 만드는 방법	50
액티비티와 레이아웃을 비행기에서 내려다보기	54
앱 만드는 방법(계속)	55
첫 번째 안드로이드 앱이 완성되었어요	57
안드로이드 스튜디오는 알아서 완벽한 폴더 구조를 생성해요	58
프로젝트의 유용한 파일들	59
안드로이드 스튜디오 편집기로 코드 편집하기	60
안드로이드 에뮬레이터로 앱 실행하기	65
안드로이드 가상 디바이스 생성하기	66
에뮬레이터로 앱 실행하기	69
콘솔로 진행상황을 확인할 수 있어요	70
무슨 일이 일어난 거죠?	72
앱 다듬기	73
레이아웃은 무엇을 포함하는가?	74
activity_main.xml은 두 개의 요소를 포함해요	75
레이아웃에 표시된 텍스트 바꾸기	76
앱 시험 주행	77
우리의 안드로이드 도구상자	78

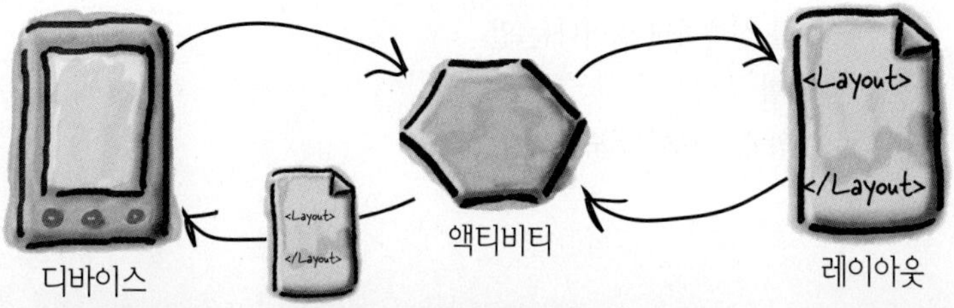

대화형 앱 만들기

2 어떤 작업을 수행하는 앱

대부분의 앱은 사용자에게 어떤 방식으로든 응답해야 합니다.
이 장에서는 **상호작용하는** 앱을 만듭니다. 사용자의 동작에 응답해 앱이 어떤 동작을 수행하도록 만드는 방법과 **액티비티와 레이아웃이 친한 친구처럼 원활하게 의사소통하는 방법**을 배웁니다. 이 과정에서 모든 것을 연결하는 숨은 진주 같은 R을 배우게 되며 **안드로이드가 실제로 어떻게 작동하는지 더 자세히** 배웁니다.

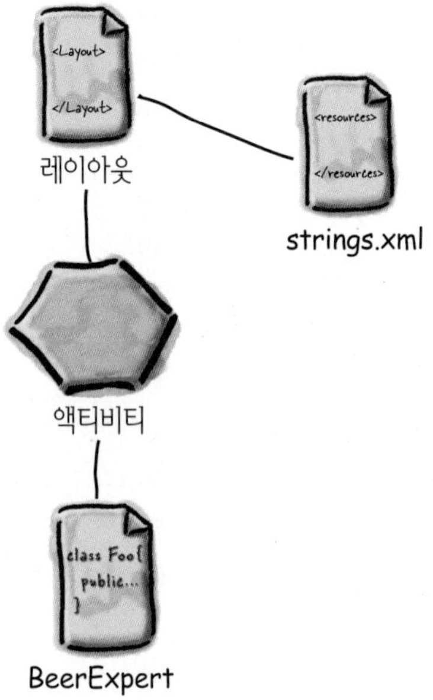

맥주 추천 앱을 만드세요	80
프로젝트 만들기	82
기본 액티비티와 레이아웃을 생성했어요	83
디자인 편집기 자세히 들여다보기	84
디자인 편집기로 버튼 추가하기	85
activity_find_beer.xml에 새 버튼이 추가되었어요	86
레이아웃 코드 자세히 살펴보기	87
앱을 시험 주행하세요	91
텍스트를 하드코딩하면 지역화를 달성하기 어려워요	92
문자열 리소스 생성하기	93
레이아웃에서 문자열 리소스 사용하기	94
activity_find_beer.xml 코드	95
스피너에 값 추가하기	98
strings.xml에 string-array 추가하기	99
스피너 시험 주행	100
버튼이 어떤 동작을 수행하도록 만들어야 합니다	101
버튼이 메서드를 호출하도록 설정하기	102
액티비티 코드 확인하기	103
액티비티에 onClickFindBeer() 메서드 추가하기	104
onClickFindBeer()는 어떤 작업을 처리해야 합니다	105
뷰 레퍼런스를 얻었으면 뷰 메서드를 사용할 수 있습니다	106
액티비티 코드 바꾸기	107
액티비티 첫 번째 버전	109
코드가 수행하는 작업	110
커스텀 자바 클래스 만들기	112
코드를 실행하면 일어나는 일	116
앱 시험 주행	117
우리의 안드로이드 도구상자	118

3 여러 액티비티와 인텐트

당신의 의도를 말하세요

대부분의 앱은 한 개 이상의 액티비티를 사용합니다.

지금까지는 한 개의 액티비티로 이루어진 간단한 앱을 살펴봤습니다. 하지만 기능이 복잡해지면서 한 개의 액티비티로는 부족한 상황이 생깁니다. 이 장에서는 **여러 액티비티를 갖는 앱을 만드는 방법**과 **인텐트**로 액티비티 간에 의사소통을 하는 방법을 설명합니다. 그리고 우리 **앱의 영역을 벗어나** 인텐트로 **우리 디바이스에 설치된 다른 앱의 액티비티가 동작하도록 만드는 방법**도 살펴봅니다. 지금까지 배운 어떤 것보다 훨씬 더 강력한 기능을 살펴볼 겁니다...

앱은 한 개 이상의 액티비티를 포함할 수 있습니다	120
다음은 앱 구조입니다	121
시작: 프로젝트 만들기	121
레이아웃 갱신	122
두 번째 액티비티와 레이아웃 생성하기	124
안드로이드 매니페스트 파일을 소개합니다	126
인텐트는 메시지의 일종입니다	128
앱을 실행하면 벌어지는 일	130
텍스트를 두 번째 액티비티로 전달하기	132
텍스트 뷰 속성 갱신	133
putExtra()로 인텐트에 추가 정보 넣기	134
CreateMessageActivity 갱신	137
인텐트의 정보를 이용하도록 ReceiveMessageActivity 갱신	138
사용자가 Send Message 버튼을 클릭하면 벌어지는 일	139
다른 사람에게 메시지를 보내도록 앱을 바꿀 수 있습니다	140
안드로이드 앱 작동 방식	141
액션을 지정하는 인텐트 생성	143
액션을 사용하도록 인텐트 바꾸기	144
안드로이드가 인텐트 필터를 사용하는 방법	148
사용자가 항상 실행할 액티비티를 선택하도록 하려면	154
createChooser() 메서드를 호출하면 벌어지는 일	155
코드를 바꿔 선택자 생성하기	157
우리의 안드로이드 도구상자	160

4 액티비티 생명주기

액티비티가 된다는 것

액티비티는 모든 안드로이드 앱의 기초입니다.

지금까지 액티비티를 생성하는 방법과 인텐트를 이용해 한 액티비티에서 다른 액티비티를 실행하는 방법을 살펴봤습니다. 그런데 실제 **내부적으로 어떤 일이 일어나는 걸까요?** 이 장에서는 **액티비티 생명주기**를 조금 더 자세히 살펴봅니다. 액티비티가 **생성**되고 **파괴**될 때 어떤 일이 일어날까요? 액티비티가 **보일 수 있는 상태가 되고 포그라운드에 나타나면** 어떤 메서드가 호출되고, **포커스를 잃거나 숨겨지면** 어떤 메서드가 호출될까요? 액티비티의 상태를 **어떻게 저장하고 복원할 수 있을까요?** 이 장에서 모든 답을 찾을 수 있습니다.

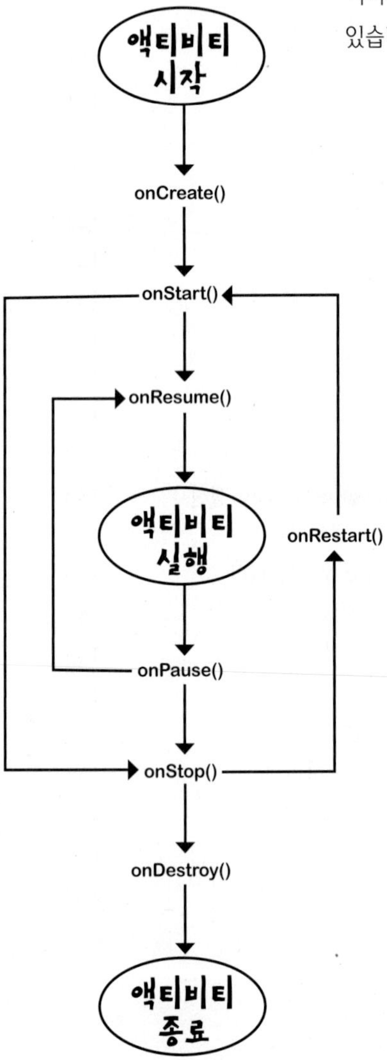

액티비티는 실제로 어떻게 작동할까?	162
Stopwatch 앱	164
문자열 리소스 추가하기	165
액티비티 코드 작동 원리	167
버튼의 코드 추가하기	168
runTimer() 메서드	169
runTimer() 전체 코드	171
StopwatchActivity 전체 코드	172
화면을 회전시키면 디바이스 구성이 바뀝니다	178
액티비티 상태	179
액티비티 생명주기: 생성돼서 종료될 때까지	180
갱신한 StopwatchActivity 코드	184
앱을 실행하면 일어나는 일	185
액티비티에는 생성과 종료 외에 다른 생명주기도 있습니다	188
갱신한 StopwatchActivity 코드	193
앱을 실행하면 일어나는 일	194
앱이 부분적으로 보이는 상태면 어떻게 될까요?	196
액티비티 생명주기: 포그라운드 상태	197
액티비티가 정지하면 스톱워치를 중지합니다	200
onPause()와 onResume() 메서드 구현하기	201
StopwatchActivity 전체 코드	202
앱을 실행하면 일어나는 일	205
유용한 생명주기 메서드 가이드	209
우리의 안드로이드 도구상자	210

5 뷰와 뷰 그룹
뷰를 즐기세요

지금까지 선형 레이아웃을 이용해 GUI 컴포넌트를 배치하는 방법을 살펴봤는데 그건 빙산의 일각에 불과합니다.

이 장에서는 레이아웃을 **더 자세히 살펴보면서** 실제로 선형 레이아웃이 어떻게 작동하는지 확인합니다. 여러 뷰를 배치하는 데 사용하는 단순한 레이아웃인 **프레임 레이아웃**을 소개한 다음 어떤 **주요 GUI 컴포넌트**들이 있고 **어떻게 사용하는지** 설명합니다. 이 장을 모두 배우고 나면 지금까지 다양해보였던 레이아웃과 GUI 컴포넌트에 **생각보다 많은 공통점**이 있다는 사실을 알게 됩니다.

프레임 레이아웃을 이용하면 뷰를 다른 뷰 위에 위치시킬 수 있어요. 예를 들어 이미지 위에 텍스트를 표시할 때 유용하죠.

사용자 인터페이스는 레이아웃과 GUI 컴포넌트로 이루어집니다	212
LinearLayout은 뷰를 한 행이나 한 열에 표시합니다	213
디멘션 리소스 파일을 이용해 모든 레이아웃에 같은 패딩 적용하기	216
마진으로 뷰 사이에 거리 추가하기	218
기본 선형 레이아웃을 바꿉시다	219
무게를 추가해 뷰 늘리기	221
android:gravity 속성에 사용할 수 있는 값	225
선형 레이아웃 전체 코드	228
프레임 레이아웃은 뷰를 겹쳐 쌓습니다	230
프로젝트에 이미지 추가하기	231
레이아웃을 중첩하는 전체 코드	234
FrameLayout: 요약	235
뷰 가지고 놀기	243
편집할 수 있는 텍스트 뷰	244
토글 버튼	246
스위치	247
체크박스	248
라디오 버튼	250
스피너	252
이미지 뷰	253
버튼에 이미지 추가하기	255
스크롤 뷰	257
토스트	258
우리의 안드로이드 도구상자	262

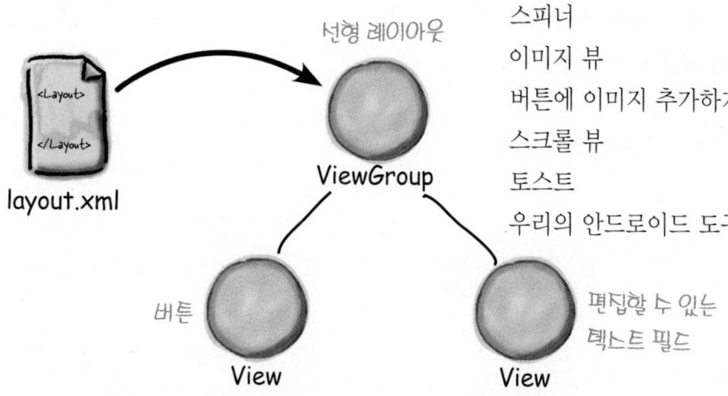

6 컨스트레인트 레이아웃

모든 것을 제자리에 놓으세요

더 이상 미룰 수 없어요. 정말 멋진 레이아웃을 생성하는 방법을 알아야 해요.

사람들이 실제로 **사용**할 수 있는 앱을 만들려면 **우리가 의도한 모습대로 앱이 동작해야 합니다**. 지금까지 선형 레이아웃과 프레임 레이아웃을 사용했는데, 지금보다 더 복잡한 디자인이 필요하면 어떻게 할까요? 이런 문제를 해결할 수 있도록 안드로이드는 **시각적인 청사진 (blueprint)으로 만들 수 있는** 새로운 **컨스트레인트 레이아웃**을 제공합니다. 이 장에서는 **컨스트레인트** 레이아웃으로 화면 크기와 방향에 상관없이 뷰의 위치와 크기를 조절하는 방법을 설명합니다. 여러분은 안드로이드 스튜디오가 **컨스트레인트를 추론하고 추가하도록** 만드는 것이 얼마나 우리의 시간을 절약해주는지 알게 될 것입니다.

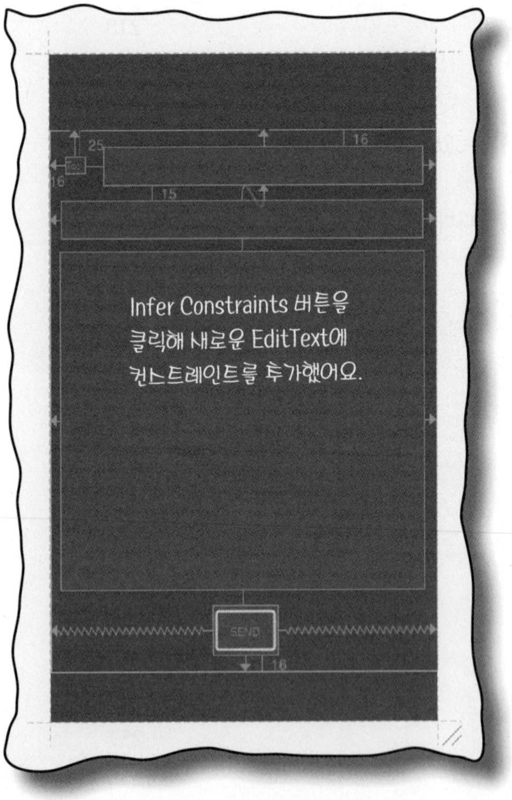
Infer Constraints 버튼을 클릭해 새로운 EditText에 컨스트레인트를 추가했어요.
SEND

중첩 레이아웃은 비효율적일 수 있습니다	264
컨스트레인트 레이아웃을 소개합니다	265
프로젝트에 컨스트레인트 레이아웃 라이브러리를 포함했는지 확인합니다	266
strings.xml에 문자열 리소스 추가하기	267
청사진 도구 사용하기	268
컨스트레인트로 뷰 위치 정하기	269
수직 컨스트레인트 추가하기	270
청사진의 변경은 XML에 반영됩니다	271
뷰를 가운데에 놓는 방법	272
바이어스로 뷰의 위치 조절하기	273
뷰의 크기를 조절하는 방법	274
뷰를 정렬하는 방법	280
진짜 레이아웃 만들기	281
첫 번째 행의 뷰를 추가합니다	282
Infer Constraints는 어떤 컨스트레인트를 추가할지 추측합니다	283
청사진에 두 번째 행의 뷰를 추가합니다	284
메시지 뷰를 추가합니다	285
앱 시험 주행	286
우리의 안드로이드 도구상자	287

7 리스트 뷰와 어댑터

정돈하기

정말 멋진 안드로이드 앱을 만드는 방법을 알고 싶나요?

지금까지 앱을 만드는 데 필요한 기본 기능을 배웠으니 이제 이들을 잘 **정리하는 방법**을 배울 차례입니다. 이 장에서는 다양한 아이디어를 구조화해서 **멋진 앱을 만드는 방법**을 배웁니다. 앱 디자인의 핵심에 **리스트 데이터**를 적용하는 방법과 이들을 **서로 연결해 사용하기 쉬운 강력한 앱**을 만드는 방법을 배웁니다. 그리고 처음으로 **이벤트 리스너**와 **어댑터**가 등장하며 이를 이용해 앱을 더욱 동적으로 만드는 방법도 살펴봅니다.

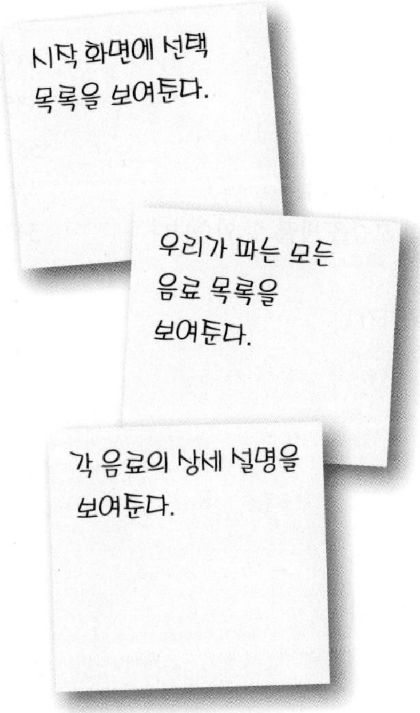

시작 화면에 선택 목록을 보여준다.
우리가 파는 모든 음료 목록을 보여준다.
각 음료의 상세 설명을 보여준다.

모든 앱은 아이디어에서 시작합니다 290
리스트 뷰로 데이터 탐색하기 293
음료 상세 액티비티 295
Starbuzz 앱 구조 296
Drink 클래스 298
최상위 레이아웃은 이미지와 목록을 포함합니다 300
최상위 레이아웃 전체 코드 302
리스너를 이용해 리스트 뷰 클릭에 응답하기 303
리스너를 리스트 뷰에 설정하기 304
카테고리 액티비티는 한 카테고리의 데이터를 표시합니다 309
activity_drink_category.xml 갱신 310
비정적 데이터에는 어댑터를 사용하세요 311
배열 어댑터로 리스트 뷰와 배열 연결하기 312
배열 어댑터를 DrinkCategoryActivity에 추가하기 313
앱 검토: 현재 앱의 상태 316
TopLevelActivity의 클릭 처리 방법 318
DrinkCategoryActivity 전체 코드 320
데이터로 뷰 갱신하기 323
DrinkActivity 코드 325
앱을 실행하면 일어나는 일 326
우리의 안드로이드 도구상자 330

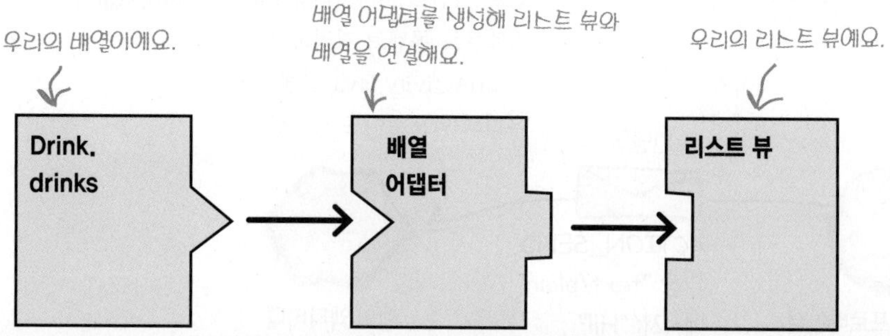

8 지원 라이브러리와 앱 바

지름길 선택

누구나 지름길을 좋아합니다.

이 장에서는 **앱 바**를 이용해 앱에 숏컷(shortcut)을 추가하는 방법을 설명합니다. 먼저 앱 바에 액션을 추가해서 액티비티를 시작하는 방법을 알아보고 공유 액션 프로바이더로 다른 앱과 콘텐트를 공유하는 방법, 앱 바의 Up 버튼을 구현해 앱 내부를 탐색하는 방법을 설명합니다. 이 과정에서 강력한 **안드로이드 지원 라이브러리**(Android Support Libraries)도 살펴볼 겁니다. 안드로이드 지원 라이브러리는 예전 버전의 안드로이드에서 우리 앱을 멋지게 해주는 핵심 요소입니다.

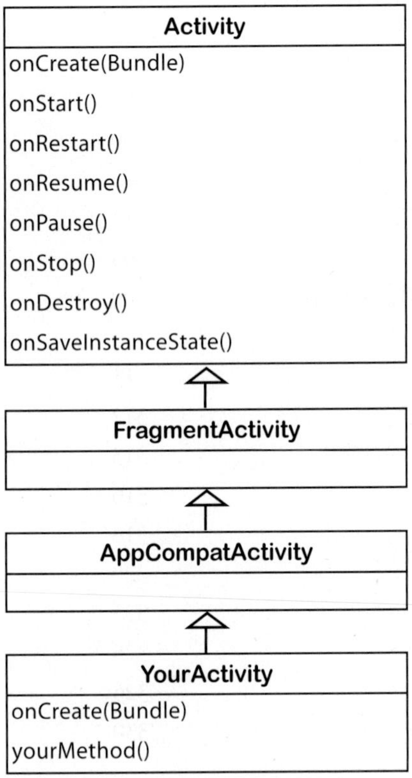

좋은 앱은 깔끔한 구조를 가집니다	332
다양한 종류의 탐색	333
테마를 적용해서 앱 바 추가하기	335
Pizza 앱 만들기	337
v7 AppCompat 지원 라이브러리 추가하기	338
AndroidManifest.xml로 앱 바의 모습을 바꿀 수 있습니다	341
테마를 적용하는 방법	342
스타일 리소스 파일에 스타일 정의하기	343
앱의 모양 바꾸기	345
색상 리소스 파일에 색상 정의하기	346
activity_main.xml 코드	347
ActionBar와 Toolbar	348
액티비티의 레이아웃에 툴바 포함하기	354
앱 바에 액션 추가하기	357
레이블을 추가해서 앱 바 텍스트 바꾸기	360
AndroidManifest.xml 코드	361
액션의 모습 바꾸기	364
MainActivity.java 전체 코드	367
Up 내비게이션 활성화	369
앱 바로 콘텐트 공유하기	373
공유 액션 프로바이더를 menu_main.xml에 추가하기	374
인텐트로 콘텐트 지정하기	375
MainActivity.java 전체 코드	376
우리의 안드로이드 도구상자	379

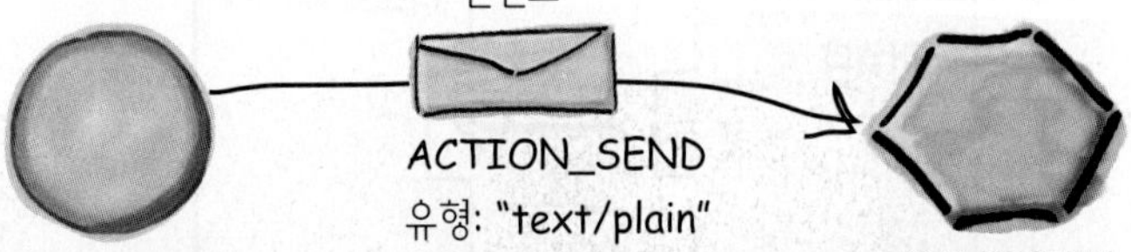

9 프래그먼트

모듈화하세요

지금까지 앱을 실행하는 디바이스의 종류와 관계없이 같은 방식으로 작동하는 앱을 만드는 방법을 살펴봤습니다.

하지만 디바이스가 폰인지 태블릿인지에 따라 동작 방법을 다르게 하고 싶다면 어떻게 할까요? 이런 상황에서는 **여러 액티비티에서 재활용**할 수 있는 모듈화 코드 컴포넌트인 **프래그먼트**가 필요합니다. 이 장에서는 **기본 프래그먼트**와 **리스트 프래그먼트**를 생성하는 방법, **액티비티에 프래그먼트를 추가하는 방법**, 프래그먼트와 액티비티가 서로 **통신**하는 방법을 설명합니다.

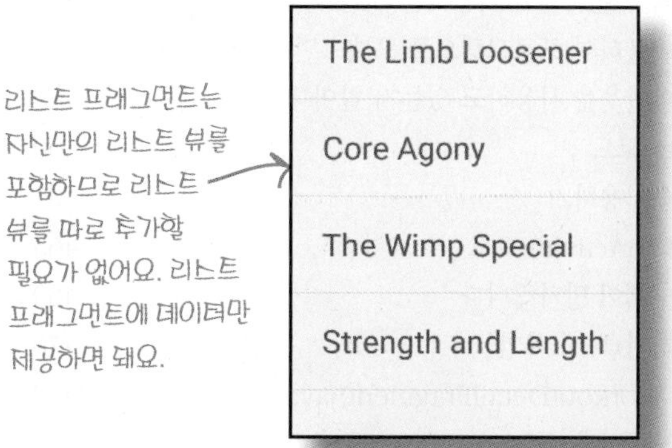

모든 디바이스에서 앱은 같은 모습을 유지해야 합니다 382
여러분 앱도 디바이스 크기에 따라 다르게 동작해야 할 거예요 383
프래그먼트로 코드를 재사용할 수 있습니다 384
폰 버전의 앱 385
프로젝트와 액티비티 만들기 387
버튼을 MainActivity의 레이아웃에 추가하기 388
프래그먼트를 프로젝트에 추가하는 방법 390
프래그먼트의 onCreateView() 메서드 392
프래그먼트를 액티비티의 레이아웃에 추가하기 394
프래그먼트와 액티비티 상호작용 401
Workout 클래스 402
운동 ID를 프래그먼트로 전달하기 403
액티비티로 운동 ID 설정하기 405
프래그먼트 생명주기 407
프래그먼트의 onStart() 메서드에서 뷰의 값 설정하기 409
리스트 프래그먼트를 생성하는 방법 416
갱신된 WorkoutListFragment 코드 419
activity_main.xml 코드 423
리스트를 세부로 연결하기 426
WorkoutListFragment.java 코드 429
MainActivity에 인터페이스를 구현해야 합니다 430
DetailActivity는 WorkoutDetailFragment로 ID를 전달해야 합니다 431
우리의 안드로이드 도구상자 434

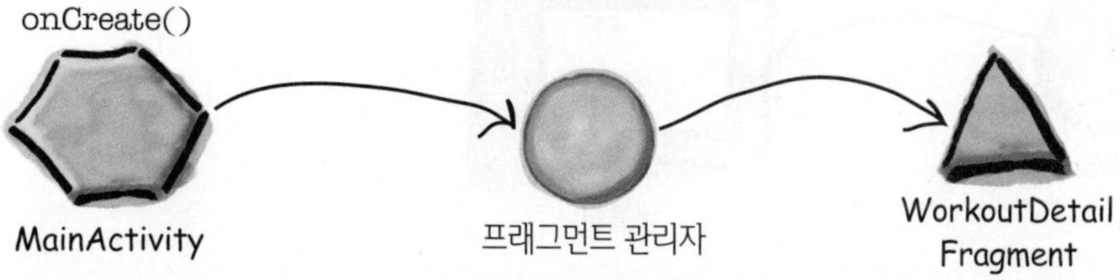

10 큰 인터페이스용 프래그먼트

다양한 크기, 다양한 인터페이스

지금까지는 작은 화면의 디바이스에서 실행되는 앱을 만들었습니다. 하지만 사용자가 태블릿을 가지고 있다면 어떨까요? 이 장에서는 앱이 실행되는 디바이스에 따라 **모습과 동작이 달라지도록 유연한 사용자 인터페이스를 생성**하는 방법을 설명합니다. 그리고 **백 스택**과 **프래그먼트 트랜잭션**을 이용해 Back 버튼을 클릭했을 때 앱을 제어하는 방법을 보여줍니다. 마지막으로 프래그먼트의 **상태를 저장했다가 복원**하는 방법도 설명합니다.

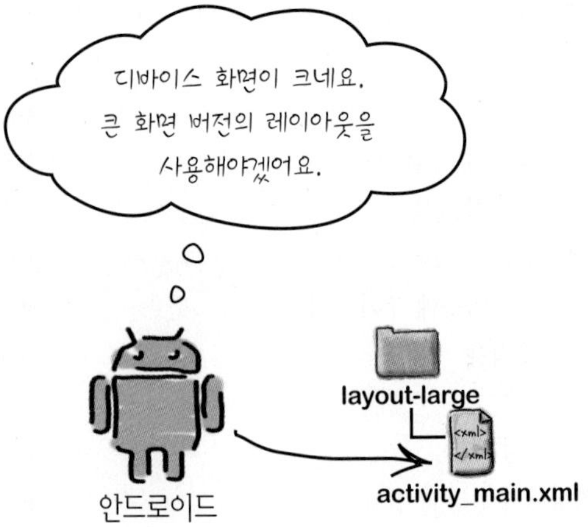
디바이스 화면이 크네요.
큰 화면 버전의 레이아웃을
사용해야겠어요.
layout-large
activity_main.xml
안드로이드

Workout 앱은 폰이나 태블릿에서 모두 같은 모습으로 실행됩니다	436
큰 인터페이스용 설계	437
폰 버전 앱	438
태블릿 버전 앱	439
태블릿 AVD 생성하기	441
화면 전용 리소스는 화면 전용 폴더에 넣습니다	444
다양한 폴더 옵션	445
태블릿은 layout-large 폴더의 레이아웃을 사용합니다	450
바꾼 코드가 하는 일	452
itemClicked() 코드를 바꿔야 합니다	454
프래그먼트가 Back 버튼에 작동해야 합니다	455
백 스택에 오신 것을 환영합니다	456
액티비티에만 백 스택 트랜잭션이 적용되는 것은 아닙니다	457
프레임 레이아웃을 이용하여 프로그램으로 프래그먼트 바꾸기	458
디바이스가 어떤 레이아웃을 사용하고 있는지 알아내기	459
갱신한 MainActivity 코드	460
프래그먼트 트랜잭션 사용하기	461
새 기능을 적용한 MainActivity 코드	465
태블릿을 회전시키면 앱이 망가집니다	469
액티비티 상태 저장하기(다시 확인)	470
모든 내용을 적용한 WorkoutDetailFragment.java 코드	472
우리의 안드로이드 도구상자	474

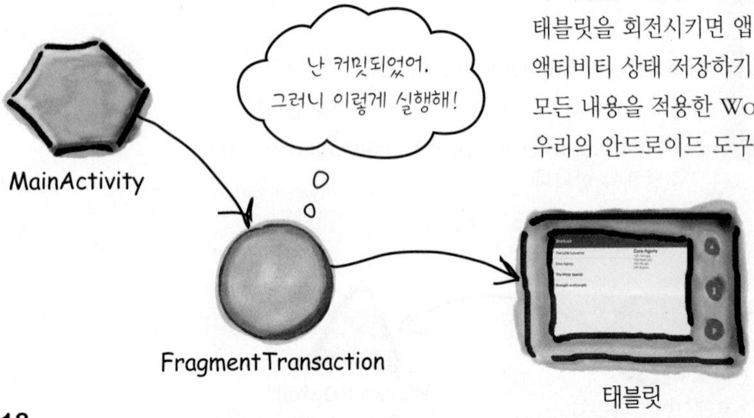
난 커밋되었어.
그러니 이렇게 실행해!
MainActivity
FragmentTransaction
태블릿

11 동적 프래그먼트

프래그먼트 중첩하기

지금까지는 정적 프래그먼트를 생성하는 방법을 살펴봤습니다. 그런데 프래그먼트를 **동적**으로 이용하려면 어떻게 해야 할까요? 동적 액티비티에서는 동적 프래그먼트를 자주 사용하는데 이를 처리하려면 주의해야 할 점이 있습니다. 이 장에서는 **동적 액티비티**를 **동적 프래그먼트**로 바꾸는 방법을 소개합니다. **프래그먼트 트랜잭션**을 어떻게 이용해야 **프래그먼트 상태를 관리**하는 데 도움이 되는지 알 수 있을 거예요. 마지막으로 **한 프래그먼트를 다른 프래그먼트에 중첩**하는 방법과 어떻게 해야 **자식 프래그먼트 관리자**로 다루기 힘든 백 스택 동작을 쉽게 제어할 수 있는지 확인할 수 있습니다.

동적 프래그먼트 추가하기 476
새 버전의 앱 478
TempActivity 생성하기 479
TempActivity는 AppCompatActivity를 상속받아야 합니다 480
StopwatchFragment.java 코드 486
StopwatchFragment 레이아웃 489
StopwatchFragment를 TempActivity의 레이아웃에 추가하기 491
onClick 속성은 프래그먼트가 아니라 액티비티의 메서드를 호출합니다 494
OnClickListener를 버튼에 연결하기 499
StopwatchFragment 전체 코드 500
디바이스를 회전시키면 스톱워치가 재설정됩니다 504
정적 프래그먼트에는 <fragment>를 사용하세요... 505
FrameLayout을 사용하도록 activity_temp.xml 바꾸기 506
TempActivity.java 전체 코드 509
스톱워치를 WorkoutDetailFragment에 추가하기 511
WorkoutDetailFragment.java 전체 코드 518
우리의 안드로이드 도구상자 522

android:onClick을 발견하면 제 이야기라고 생각해요. 그래서 프래그먼트의 메서드가 아니라 제 메서드를 실행하죠.
액티비티

나는 자세한 운동 정보를 표시할 뿐 아니라 스톱워치도 표시해.
StopwatchFragment를 추가하는 트랜잭션이 WorkoutDetailFragment를 추가하는 트랜잭션 안에 중첩돼요.
Workout Details
Stopwatch

12 디자인 지원 라이브러리

오른쪽으로 스와이프하세요

풍부하고 멋진 UI를 가진 앱을 만드는 방법이 궁금하다고요?

안드로이드 디자인 지원 라이브러리가 릴리스되면서 직관적인 UI를 가진 앱을 더 쉽게 만들 수 있게 되었어요. 이 장에서는 **안드로이드 디자인 지원 라이브러리**에서 제공하는 멋진 기능을 일부 소개합니다. 앱을 더 쉽게 탐색할 수 있도록 **탭**을 추가하는 방법을 설명할 것이고, 마음대로 툴바를 접거나 스크롤되도록 **애니메이션**으로 만드는 방법을 배웁니다. **플로팅 액션 버튼**으로 공통 사용자 액션을 추가하는 방법도 설명합니다. 마지막으로 사용자가 상호작용할 수 있는 짧은 정보 전달 메시지를 표현하는 **스낵바** 기능도 소개합니다.

사용자가 TopFragment의 콘텐트를 스크롤하면 툴바도 스크롤되게 만들 거예요.

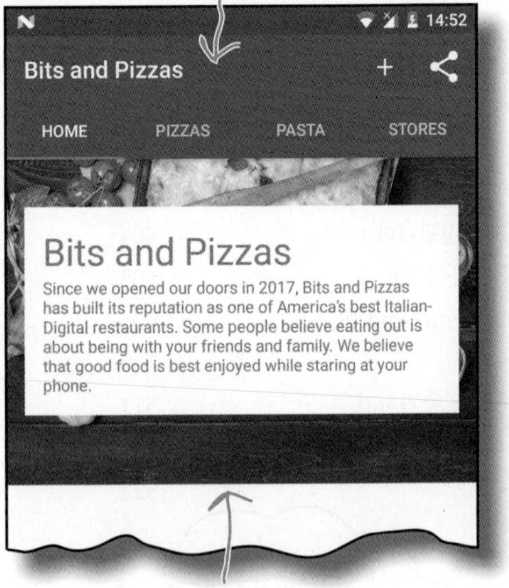

TopFragment에 스크롤할 수 있는 콘텐트를 추가할 거예요.

Bits and Pizzas 앱 다시보기	524
앱 구조	525
뷰 페이저로 프래그먼트 스와이프하기	531
MainActivity의 레이아웃에 뷰 페이저 추가하기	532
프래그먼트 페이저 어댑터를 사용하도록 페이저 설정하기	533
프래그먼트 페이저 어댑터 코드	534
MainActivity 전체 코드	536
탭 탐색을 MainActivity에 추가하기	540
탭을 레이아웃에 추가하는 방법	541
탭 레이아웃을 뷰 페이저에 연결하기	543
MainActivity.java 전체 코드	544
디자인 지원 라이브러리는 머티리얼 디자인 구현을 도와줍니다	548
스크롤에 응답하도록 툴바 구현하기	550
MainActivity의 레이아웃에 코디네이터 레이아웃 추가하기	551
스크롤 동작을 조정하는 방법	552
TopFragment에 스크롤할 수 있는 콘텐트 추가하기	554
fragment_top.xml 코드	557
OrderActivity에 접히는 툴바 추가하기	559
평범한 형식의 접히는 툴바 생성하기	560
접히는 툴바에 이미지를 추가하는 방법	565
기능을 구현한 activity_order.xml 코드	566
FAB과 스낵바	568
기능을 갱신한 action_order.xml 코드	570
OrderActivity.java 전체 코드	575
우리의 안드로이드 도구상자	557

13 리사이클러 뷰와 카드 뷰

재활용하기

리스트 뷰가 대단한 기능을 가지고 있지는 않지만 대부분의 앱에서 핵심 기능을 담당한다는 사실은 이미 확인했습니다. 지금까지 살펴본 머티리얼 디자인 컴포넌트와 비교하면 리스트 뷰는 다소 평범합니다. 이 장에서는 더 많은 유연성과 머티리얼 정신에 맞는 진보된 형식의 리스트인 **리사이클러 뷰**를 소개합니다. 우리의 데이터에 맞는 **어댑터**를 생성하는 방법과 단 두 행의 코드로 리스트의 모양을 완전히 바꾸는 방법을 설명합니다. 또한 3D 머티리얼 디자인 형식으로 데이터를 제공하는 **카드 뷰**를 사용하는 방법도 설명합니다.

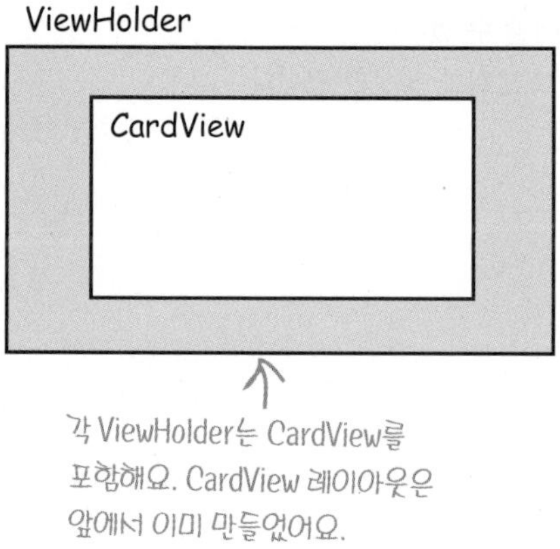

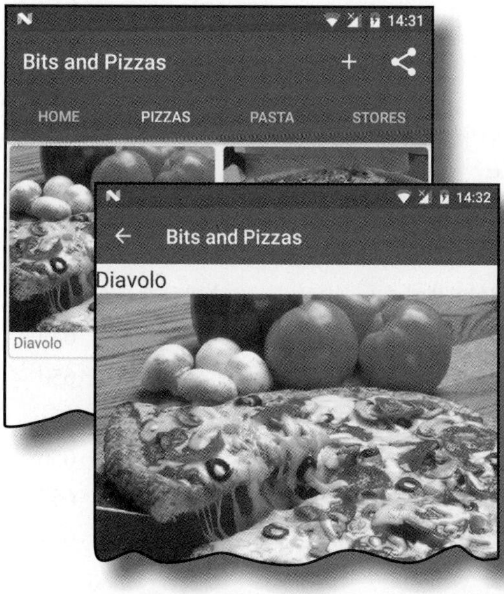

Bits and Pizzas 앱에 아직 개선할 부분이 남아 있습니다 580
10,000피트 상공에서 리사이클러 뷰 내려다보기 581
피자 데이터 추가하기 583
카드에 피자 데이터 표시하기 584
카드 뷰를 생성하는 방법 585
card_captioned_image.xml 전체 코드 586
리사이클러 뷰 어댑터 추가하기 588
어댑터의 뷰 홀더 정의하기 590
onCreateViewHolder() 메서드 오버라이드하기 591
카드 뷰에 데이터 추가하기 592
CaptionedImagesAdapter.java 전체 코드 593
리사이클러 뷰 생성하기 595
RecyclerView를 PizzaFragment 레이아웃에 추가하기 596
PizzaFragment.java 전체 코드 597
리사이클러 뷰는 레이아웃 관리자로 뷰를 배치합니다 598
레이아웃 관리자 지정하기 599
PastaFragment.java 전체 코드 600
클릭에 응답하도록 리사이클러 뷰 구현하기 608
PizzaDetailActivity 생성하기 609
PizzaDetailActivity.java 코드 611
리사이클러 클릭 이벤트 구현하기 612
어댑터로 뷰 이벤트를 들을 수 있습니다 613
어댑터의 재사용성 유지하기 614
인터페이스를 어댑터에 추가하기 615
PizzaFragment.java에 리스너 구현하기 617
우리의 안드로이드 도구상자 620

14 내비게이션 드로워

이동하기

탭으로 앱을 쉽게 탐색할 수 있다는 것은 이미 확인했습니다.

하지만 탭의 숫자가 너무 많거나 탭을 섹션으로 나누고 싶다면 여러분의 새로운 절친 **내비게이션 드로워**를 사용하세요. 이 장에서는 한 번의 터치로 액티비티 옆에서 미끄러져 나오거나 미끄러져 들어가는 내비게이션 드로워를 생성하는 방법을 보여줄 겁니다. **내비게이션 뷰**를 이용해 헤더를 제공하는 방법과 사용자가 앱의 주요 메뉴를 쉽게 탐색하도록 **구조화된 메뉴 항목 집합**을 제공하는 방법을 배웁니다. 그리고 사용자의 가벼운 터치나 스와이프에 드로워가 응답하도록 **내비게이션 뷰 리스너**를 설정하는 방법도 배웁니다.

CatChat 앱이에요.

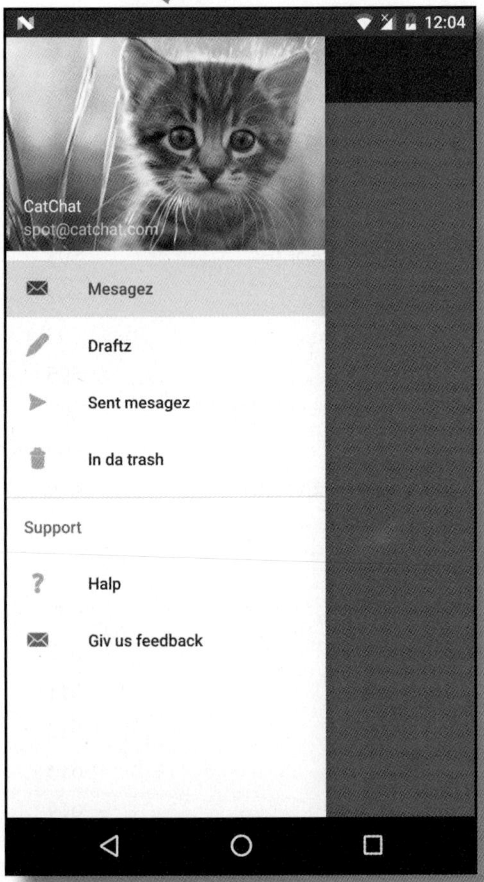

탭 레이아웃으로도 쉽게 탐색할 수 있지만... 622
새 이메일 앱의 내비게이션 드로워를 생성할 겁니다 623
내비게이션 드로워 분석 624
CatChat 프로젝트 만들기 626
InboxFragment 생성 627
DraftsFragment 생성 628
SentItemsFragment 생성 629
TrashFragment 생성 630
툴바 레이아웃 생성 631
앱의 테마 바꾸기 632
HelpActivity 생성 633
FeedbackActivity 생성 634
내비게이션 드로워의 헤더 생성 636
nav_header.xml 전체 코드 637
항목을 그룹화하는 방법 640
지원 섹션은 하위 메뉴로 추가합니다 642
menu_nav.xml 전체 코드 643
내비게이션 드로워를 생성하는 방법 644
activity_main.xml 전체 코드 645
MainActivity의 프레임 레이아웃에 InboxFragment 추가하기 646
드로워 토글 추가하기 649
사용자가 드로워의 항목을 클릭하면 응답하기 650
onNavigationItemSelected() 메서드 구현 651
사용자가 Back 버튼을 클릭하면 드로워 닫기 656
MainActivity.java 전체 코드 657
우리의 안드로이드 도구상자 661

15 SQLite 데이터베이스

데이터베이스를 작동시키세요

최고 득점을 기록하거나 트윗을 저장하려면 앱은 어딘가에 데이터를 저장해야 합니다. 안드로이드에서는 보통 여러분 데이터를 SQLite **데이터베이스**에 안전하게 저장합니다. 이 장에서는 **SQLite 헬퍼**를 이용해 **데이터베이스를 생성하고, 데이터베이스에 테이블을 추가하고, 데이터를 채우는 방법**을 설명합니다. 또한 우리 데이터베이스 구조를 완벽하게 **업그레이드**하는 방법과 기존 작업으로 되돌리기 위해 **다운그레이드**하는 방법을 설명합니다.

Starbuzz로 돌아와서 664
안드로이드는 데이터를 영구 저장하기 위해 SQLite 데이터베이스를 사용합니다 665
안드로이드는 여러 SQLite 클래스를 제공합니다 666
현재 Starbuzz 앱 구조 667
데이터베이스를 사용하도록 앱 바꾸기 668
SQLite 헬퍼는 우리 데이터베이스를 관리합니다 669
SQLite 헬퍼 생성하기 670
SQLite 데이터베이스 내부 672
구조화된 질의 언어(SQL)로 테이블 생성하기 673
insert() 메서드로 데이터 추가하기 674
여러 레코드 삽입하기 675
StarbuzzDatabaseHelper 코드 676
SQLite 헬퍼 코드가 하는 일 677
데이터베이스를 바꾸려면 어떻게 하죠? 678
SQLite 데이터베이스는 버전 숫자를 갖고 있습니다 679
버전 숫자를 바꾸면 일어나는 일 680
onUpgrade() 메서드로 데이터베이스 업그레이드하기 682
onDowngrade() 메서드로 데이터베이스 다운그레이드하기 683
데이터베이스 업그레이드하기 684
기존 데이터베이스 업그레이드 687
update() 메서드로 레코드 갱신하기 688
여러 열에 조건 적용하기 689
데이터베이스 구조 바꾸기 691
DROP TABLE 명령문으로 테이블 삭제하기 692
SQLite 헬퍼 전체 코드 693
우리의 안드로이드 도구상자 698

16 기본 커서

데이터 추출하기

그런데 앱을 어떻게 SQLite 데이터베이스로 연결하죠?

지금까지 SQLite 헬퍼로 SQLite 데이터베이스를 생성하는 방법을 배웠습니다. 이번에는 액티비티에서 데이터베이스에 접근하는 방법을 배울 차례입니다. 이 장에서는 데이터베이스에서 데이터를 읽는 방법에 집중합니다. 특히 **커서를 이용해 데이터베이스에서 데이터를 가져오는 방법**을 살펴봅니다. **커서를 이동하는 방법**과 **커서로 데이터에 접근하는 방법**을 설명합니다. 마지막으로 **커서 어댑터**를 이용해 커서와 리스트 뷰를 연결하는 방법을 살펴봅니다.

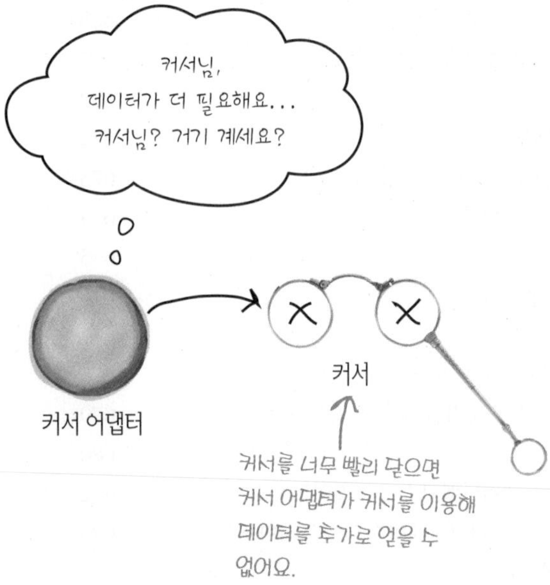
커서님,
데이터가 더 필요해요...
커서님? 거기 계세요?
커서
커서 어댑터
커서를 너무 빨리 닫으면
커서 어댑터가 커서를 이용해
데이터를 추가로 얻을 수
없어요.

지금까지의 이야기...	700
새 Starbuzz 앱 구조	701
Starbuzz 데이터베이스를 사용하도록 DrinkActivity를 바꿀 때 해야 할 일	702
현재 DrinkActivity 코드	703
데이터베이스 레퍼런스 얻기	704
커서로 데이터베이스에서 데이터 추출하기	705
테이블에서 모든 레코드 가져오기	706
특정 순서로 레코드 반환하기	707
선택된 레코드 반환하기	708
현재 DrinkActivity 코드	711
커서에서 레코드를 읽으려면 먼저 해당 레코드로 이동해야 합니다	712
커서 이동	713
커서 값 얻기	714
DrinkActivity 코드	715
지금까지 구현한 기능	717
현재 DrinkCategoryActivity 코드	719
Starbuzz 데이터베이스 레퍼런스를 얻고...	720
리스트 뷰의 배열 데이터를 바꾸는 방법	721
단순 커서 어댑터는 커서 데이터를 뷰로 매핑합니다	722
단순 커서 어댑터를 생성하는 방법	723
커서와 데이터베이스 닫기	724
이야기는 계속됩니다	725
기능을 구현한 DrinkCategoryActivity 코드	730
DrinkCategoryActivity 코드(계속)	731
우리의 안드로이드 도구상자	733

17 커서와 asynctask

백그라운드에 머무세요

대부분의 앱은 자신의 데이터를 갱신합니다.

지금까지 SQLite 데이터베이스에서 데이터를 읽는 방법을 살펴봤습니다. 하지만 앱의 데이터를 갱신하려면 어떻게 해야 할까요? 이 장에서는 **사용자의 입력에 응답해서 데이터베이스의 값을 갱신**하는 방법을 설명합니다. 또한 **갱신된 데이터를 새로 표시하는 방법**도 살펴봅니다. 마지막으로 앱의 성능을 떨어뜨리지 않도록 AsyncTask를 이용해 효과적으로 **멀티스레드 코드**를 구현하는 방법을 배웁니다.

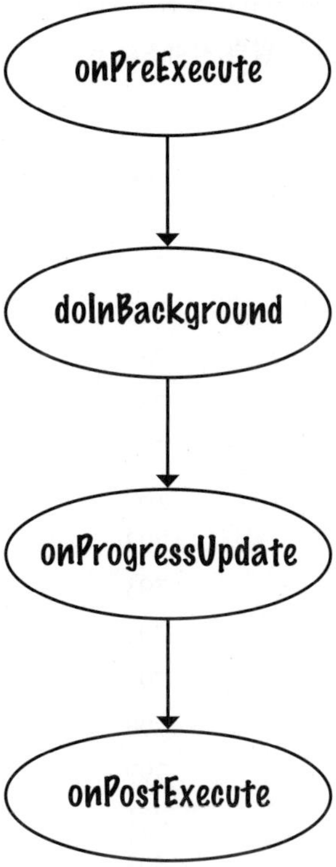

Starbuzz 앱에 데이터 갱신 기능을 추가합니다 736
DrinkActivity의 레이아웃에 체크박스 추가하기 738
FAVORITE 열의 값 표시하기 739
클릭하면 데이터베이스 갱신하기 740
DrinkActivity.java 전체 코드 743
TopLevelActivity에 즐겨찾는 음료 표시하기 747
TopLevelActivity.java 리팩토링 749
기능을 추가한 TopLevelActivity.java 코드 752
changeCursor()로 커서를 바꿉니다 757
어떤 코드를 어떤 스레드에서 실행할까요? 765
AsyncTask는 작업을 동시에 수행합니다 766
onPreExecute() 메서드 767
doInBackground() 메서드 768
onProgressUpdate() 메서드 769
onPostExecute() 메서드 770
AsyncTask 클래스 인자 771
UpdateDrinkTask 클래스 전체 코드 772
DrinkActivity.java 전체 코드 774
AsyncTask 실행 과정 요약 779
우리의 안드로이드 도구상자 779

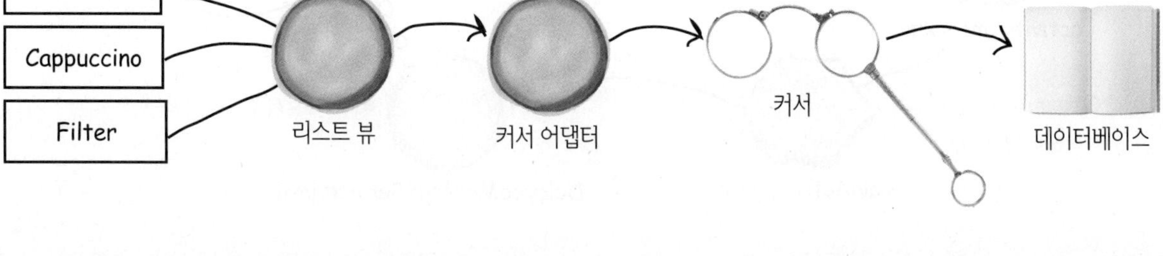

18 시작된 서비스

지금은 서비스 중

앱이 포커스를 가지고 있든 없든 항상 실행되어야 하는 동작이 있습니다. 예를 들어 파일 내려받기를 시작했는데 다른 앱으로 이동하더라도 시작된 내려받기가 이어지기를 원할 수 있습니다. 이 장에서는 백그라운드에서 동작을 실행하는 컴포넌트인 **시작된 서비스**를 소개합니다. IntentService 클래스로 시작된 서비스를 생성하고 시작된 서비스의 생명주기는 액티비티와 어떤 관계를 갖는지 살펴봅니다. 또한 서비스를 실행하면서 **메시지를 기록**해서 이를 사용자에게 안드로이드의 내장 **알림 서비스**로 통지하는 방법도 배웁니다.

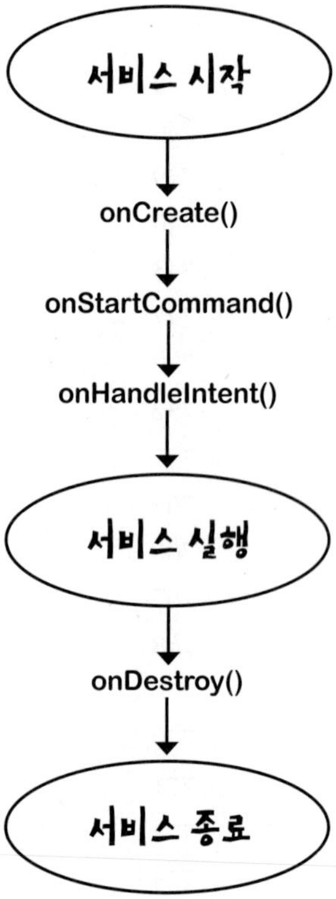

서비스는 백그라운드에서 작동합니다	782
시작된 서비스 생성하기	783
IntentService 클래스로 시작된 서비스 생성하기	784
메시지 로깅 방법	785
DelayedMessageService 전체 코드	786
AndroidManifest.xml에 서비스 정의하기	787
activity_main.xml에 버튼 추가하기	788
startService()로 서비스 시작하기	789
시작된 서비스의 상태	792
시작된 서비스 생명주기: 생성에서 종료까지	793
서비스는 생명주기 메서드를 상속받습니다	794
안드로이드는 내장 알림 서비스를 제공합니다	797
AppCompat 지원 라이브러리의 알림을 사용합니다	798
알림 빌더 생성하기	799
내장 알림 서비스로 알림 보내기	801
DelayedMessageService.java 전체 코드	802
우리의 안드로이드 도구상자	807

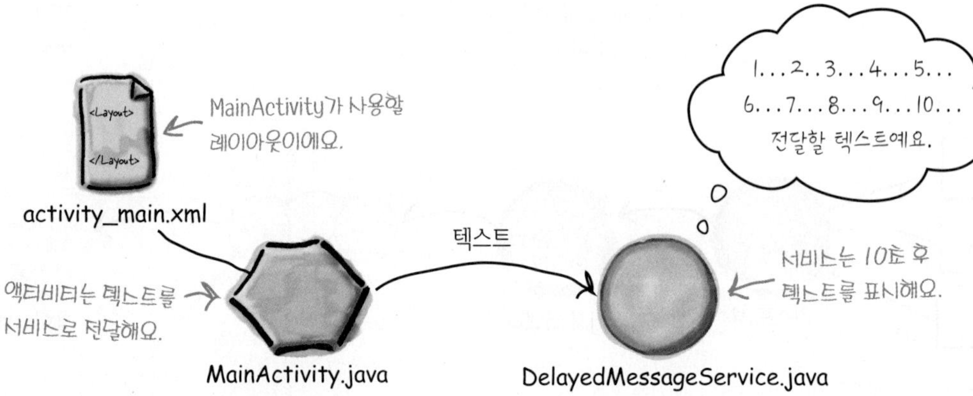

19 바운드 서비스와 권한

함께 연결해요

백그라운드 동작을 수행할 땐 시작된 서비스를 이용하면 되지만 상호작용해야 하는 상황이라면 어떨까요? 이 장에서는 액티비티가 상호작용할 수 있는 **바운드 서비스**를 생성하는 방법을 살펴봅니다. 필요할 때 서비스와 **연결**(bind)하고 필요가 없으면 서비스와 연결을 **해제**(unbind)해서 리소스를 절약하는 방법을 배웁니다. **안드로이드의 위치 서비스**를 이용해 디바이스의 GPS로 위치 정보를 갱신하는 방법도 배웁니다. 마지막으로 **안드로이드의 권한 모델**을 사용하는 방법과 런타임에 권한을 요청하는 방법도 살펴봅니다.

바운드 서비스는 다른 컴포넌트와 연결됩니다	810
새 서비스 생성하기	812
바인더 구현하기	813
서비스에 getDistance() 메서드 추가하기	814
MainActivity의 레이아웃 갱신하기	815
ServiceConnection 생성하기	817
bindService()로 서비스와 연결하기	820
unbindService()로 서비스와 연결 끊기	821
OdometerService의 getDistance() 메서드 호출하기	822
MainActivity.java 전체 코드	823
바운드 서비스의 상태	829
AppCompat 지원 라이브러리 추가하기	832
OdometerService에 위치 리스너 추가하기	834
기능을 구현한 OdometerService 코드	837
이동한 거리 계산하기	838
OdometerService.java 전체 코드	840
앱에 권한 요청하기	844
권한 요청에 대한 사용자의 응답 확인하기	847
알림 코드를 onRequestPermissionsResult()에 추가하기	851
MainActivity.java 전체 코드	853
우리의 안드로이드 도구상자	857
안드로이드 마을에 모실 수 있어서 영광이었어요	858

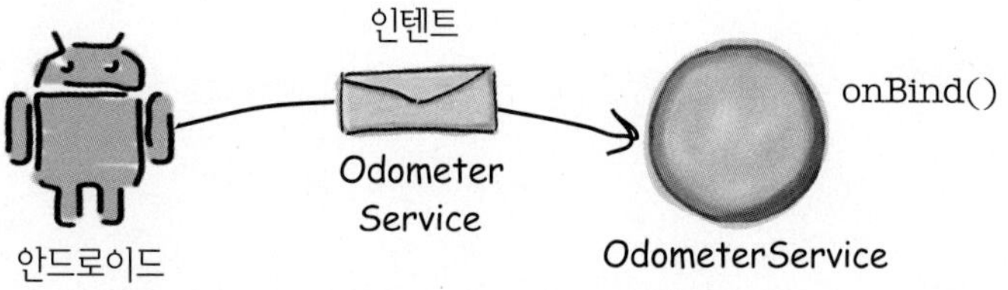

상대 레이아웃과 그리드 레이아웃

i 상대를 만나보세요

안드로이드 마을에서 자주 볼 수 있는 레이아웃이 두 가지 더 있습니다.

이 책에서는 선형 레이아웃과 프레임 레이아웃 그리고 컨스트레인트 레이아웃을 설명하는 데 집중했습니다. 하지만 여러분이 알아두어야 할 레이아웃이 두 가지 더 있습니다. **상대 레이아웃**과 **그리드 레이아웃**이죠. 컨스트레인트 레이아웃이 나오기 전까지는 이 두 레이아웃을 많이 사용했는데 이 책에서는 자세히 다루지 않았습니다. 아마도 몇 년간은 여기저기에서 이 두 가지 레이아웃을 만나게 될 거예요.

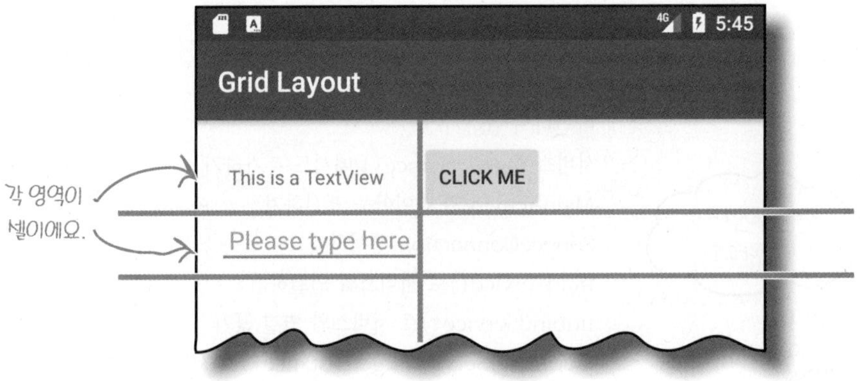

그레이들

ii 그레이들 빌드 도구

대부분의 안드로이드 앱은 그레이들이라는 빌드 도구로 만들어집니다.

그레이들은 내부적으로 라이브러리를 찾아 내려받고, 우리 코드를 컴파일하고, 배포하고, 실행하고, 정리 정돈 등의 작업을 수행합니다. 안드로이드 스튜디오가 그래픽적인 인터페이스를 제공하므로 일부 사람은 그레이들이 있는지조차 모릅니다. 하지만 상황에 따라서는 그레이들에서 조금 더 자세히 살펴보면서 **수작업**을 해야 할 때가 있습니다. 부록 2에서는 그레이들의 빛나는 여러 가지 기능을 소개합니다.

art

iii

안드로이드 런타임

안드로이드 앱이 어떻게 다양한 디바이스에서 실행될 수 있는지 궁금하셨나요? 안드로이드 앱은 오라클의 자바 가상 머신(JVM)이 아니라 **안드로이드 런타임(ART)**이라 불리는 가상 기기에서 실행됩니다. 즉, 우리 앱은 작은 디바이스에서 적은 전력을 이용해 효율적으로 실행됩니다. 부록 3에서는 ART가 어떻게 작동하는지 살펴봅니다.

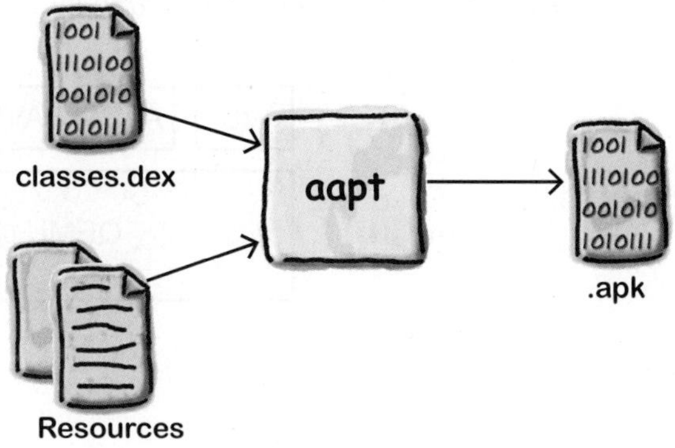

adb

iv

안드로이드 디버그 브릿지

이 책에서는 안드로이드에 필요한 IDE 사용법만 소개했습니다. 하지만 때로는 평소에 겉으로 보이지 않는 명령행 도구를 사용하는 것이 유용할 때가 있습니다. 부록 4에서는 에뮬레이터나 안드로이드 디바이스와 상호작용하는 데 사용하는 명령행 도구인 **안드로이드 디버그 브릿지**(Android Debug Bridge, **adb**)를 소개합니다.

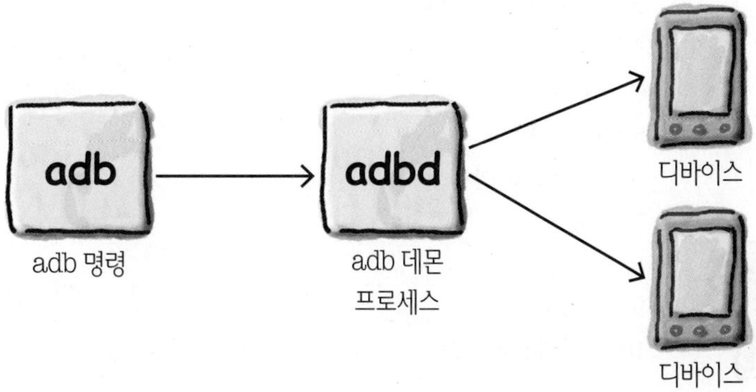

안드로이드 에뮬레이터

V

속도 높이기

에뮬레이터가 작업을 끝내기를 하염없이 기다려보셨나요?

안드로이드 에뮬레이터는 확실히 유용한 도구입니다. 물리적인 디바이스 없이도 앱을 에뮬레이터에서 실행할 수 있습니다. 하지만 때로는 에뮬레이터의 속도에 불만이 생길 수 있습니다. 부록 5에서는 에뮬레이터가 왜 느리게 동작하는지 살펴봅니다. 그리고 에뮬레이터 **속도를 높일 수** 있는 몇 가지 팁을 설명합니다.

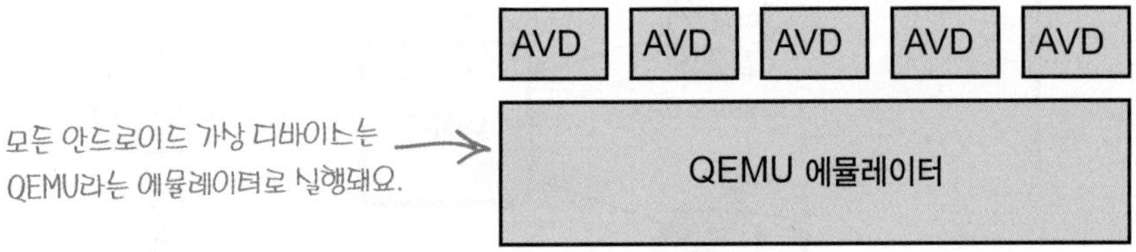

나머지

Vi

(우리가 다루지 않은) 열 가지 주제

우리는 아직 배가 고픕니다.

독자 여러분에게 추천하고 싶은 여러 가지 주제가 있습니다. 책에서 다루지 않은 여러 가지 주제를 무시하고 지나갈 수도 없고 그렇다고 팔에 알이 배길 정도로 두꺼운 책을 선사하고 싶지도 않았습니다. 책을 내려놓기 전에 **마지막 간식을 확인하세요**.

1. 앱 배포하기 904
2. 콘텐트 프로바이더 905
3. 로더 906
4. 싱크 어댑터 906
5. 브로드캐스트 907
6. WebView 클래스 908
7. 설정 909
8. 애니메이션 910
9. 앱 위젯 911
10. 자동화된 테스트 912

배터리가 부족해요.
혹시 관심 있는 분?
안드로이드

이 책의 활용 방법

서문

세상에 **이런** 안드로이드 책이 있다니 믿을 수가 없군요.
누구를 위한 책인가?
모든 독자를 위한 책입니다. 이 책은 여러분에게 특별한 선물을 줄 겁니다.
Head First Android Development

서문에서는 '안드로이드 책에 어떤 내용이 들어 있는지' 설명합니다.

누구를 위한 책일까요?

다음 질문에 모두 '예'라고 대답하면

1. 자바로 프로그래밍하는 방법을 알고 있나요?

2. 안드로이드 앱 개발을 마스터한 다음 멋진 소프트웨어를 만들고 약간의 행운이 따른다면 개인 섬에서 은퇴생활을 즐기고 싶나요?

3. 지루한 강의를 몇 시간씩 듣는 것보다는 직접 뭔가를 해보고 적용하는 것을 좋아하나요?

너무 멀리 나갔군요. 그래도 어딘가에서 은퇴생활을 시작하게 되겠죠?

이 책은 바로 여러분을 위한 책입니다.

어떤 독자들에게 이 책이 맞지 않을까요?

다음 질문 중 하나에라도 '예'라고 대답하면

1. 안드로이드 앱 개발을 빠르게 소개하는 책이나 참고서를 찾고 있나요?

2. 뭔가를 새로 배우느니 차라리 발톱을 뽑히는 게 낫나요? 안드로이드 책은 모든 내용을 다뤄야 하며 독자가 하품을 할 만큼 지루해야 좋은 책이라 생각하나요?

이런 독자에게는 이 책이 맞지 **않습니다**.

[마케팅팀의 메모: 신용카드만 있다면 누구든 이 책을 구입할 수 있습니다. 물론 페이팔 결제도 환영합니다.]

지금쯤 여러분은 이런 생각을 하고 있을 겁니다

"이거 안드로이드 책 맞아?"

"이 그림들은 다 뭐야?"

"이런 식으로 안드로이드를 정말 배울 수 있을까?"

여러분의 두뇌는 이런 것은
중요하다고 생각합니다.

여러분의 두뇌는 이런 식으로 동작합니다

여러분의 두뇌는 항상 새로운 것을 갈망합니다. 항상 무언가 특이한 것을 찾고, 기다립니다. 원래 두뇌는 그렇습니다. 그 덕분에 인류가 생존해온 거죠.

그렇다면 일상적이고 흔하디흔한, 너무나도 평범한 것을 접할 때 두뇌에서는 어떤 일이 일어날까요? 두뇌는 정말 해야 하는 일(즉, 정말 중요한 것을 기억하는 일)을 방해하는 모든 것을 거부합니다. 별로 중요하지 않은 일은 결코 '이건 중요하지 않아' 필터에서 걸러집니다.

그런데 중요한 것인지 아닌지 두뇌는 어떻게 알 수 있을까요? 하이킹하러 야외에 나갔는데 갑자기 호랑이가 나타났다고 생각해보세요. 여러분의 두뇌와 몸에는 무슨 일이 일어날까요?

뉴런이 폭발하고, 감정이 북받치고, 호르몬이 쭉쭉 솟아나겠지요.

그리고 여러분의 두뇌는 다음과 같이 생각할 겁니다...

이건 정말 중요한 거야! 잊어버리면 안 돼!

맙소사. 이렇게 딱딱하고
지루한 책을 900페이지나
더 읽어야 하다니.
여러분의 두뇌는 이런
것은 기억할 가치가
없다고 생각합니다.

그런데 여러분이 집이나 도서관에 있다고 생각해보세요. 이런 장소는 안전하고, 따뜻하고, 호랑이가 나타날 리도 없습니다. 여러분은 그곳에서 공부하고 있습니다.

시험 준비를 하고 있거나 직장 상사가 일주일이나 열흘이면 마스터할 수 있다고 생각하는 엄청난 기술을 습득하기 위해 공부하고 있는 거죠.

한 가지 문제가 있네요. 두뇌는 중요하지 않은 내용을 저장하기 위해 중요한 내용을 저장할 공간을 사용하지 않으려 합니다. 호랑이나 화재, 페이스북 페이지에 파티 사진을 올렸다 당하게 될 봉변과 같은 정말 중요한 내용을 저장하려면 쓸데없는 내용은 무시하는 편이 낫지요. 게다가 "이봐 두뇌, 날 위해 수고해줘서 정말 고맙긴 한데, 이 책이 아무리 지루하고 재미없고 어떤 감정이 생기지 않더라도 난 지금 이 내용을 정말 기억해야 한단 말이야"라고 두뇌에게 간단히 말할 수도 없습니다.

우리는 '헤드 퍼스트' 독자를 학생이라고 생각합니다.

뭔가를 배우려면 어떻게 해야 할까요? 먼저 이해하고, 그 다음엔 잊어버리지 않아야겠죠? 단순히 지식을 두뇌 속에 집어넣는 방법은 소용없습니다. 인지과학, 신경물리학, 교육심리학 분야의 최신 연구 결과에 따르면 종이 위의 글자만으로 학습하는 것은 충분하지 못하다고 합니다. 헤드 퍼스트는 여러분의 두뇌가 쌩쌩 돌아가게 하는 방법을 알고 있습니다.

헤드 퍼스트 학습 원리:

그림을 넣어 설명합니다. 글자만 있는 것보다는 그림을 사용하는 편이 훨씬 기억하기 좋고, 학습 효과를 향상시키는 데도 도움이 됩니다(기억과 전이 분야에 관한 연구에 의하면 89%까지 향상된다고 합니다). 그림을 사용하면 이해하기도 쉬워집니다. **글자를 그림 안이나 옆에 넣으면** 그림 아래나 다른 페이지에 있을 때보다 내용과 관련된 문제를 두 배나 잘 풀 수 있다고 합니다.

사람과 얘기하는 듯한 대화체를 사용합니다. 최근 연구에 의하면 내용을 딱딱한 말투보다 개인적으로 대화를 나누는듯한 문체로 설명하면 학습 후 테스트에서 40% 정도 더 좋은 점수를 받을 수 있다고 합니다. 강의 대신 이야기를 들려줍니다. 너무 심각한 말투는 별로 좋지 않습니다. 여러분은 저녁 식사에서 나눈 재미있는 대화와 딱딱한 강의 중 어떤 것에 더 관심이 쏠리나요?

더 깊이 생각할 수 있게 만듭니다. 뉴런을 활발하게 사용하지 않으면 두뇌 속에서 그리 특별한 일이 생기지 않습니다. 독자가 문제를 풀고, 결과를 유추하고, 새로운 지식을 이끌어낼 수 있도록 항상 동기, 흥미, 호기심, 사기를 불어넣어야 합니다. 그렇게 하려면 뭔가 도전 의식을 불러일으킬 수 있을 만한 연습문제나 질문을 통해 좌뇌와 우뇌를 포함한 여러 감각을 모두 사용해야 하는 활동을 제공해야 합니다.

독자로 하여금 계속 주의를 기울이게 합니다. 아마도 거의 모든 독자가 '아, 이거 꼭 해야 하는데, 한 페이지만 봐도 졸려 죽겠네'라는 생각을 해봤을 겁니다. 사람의 두뇌는 언제나 일상적이지 않은 것, 재미있는 것, 특이한 것, 눈길을 끄는 것, 예기치 못한 것에 주의를 기울입니다. 어려운 기술적인 내용을 배우는 일이 꼭 지루해야 할 필요는 없습니다. 지루하지 않아야 두뇌가 새로운 활동을 훨씬 빠르게 받아들입니다.

독자의 감성을 자극합니다. 내용이 얼마나 감성을 자극하는지에 따라 기억되는 정도가 크게 달라집니다. 자신이 좋아하는 것, 많은 관심을 갖고 있는 것은 쉽게 기억합니다. 뭔가를 느낄 수 있으면 쉽게 기억합니다. 뭐 그렇다고 소년과 강아지의 가슴 뭉클한 사연 같은 것을 말하는 것은 아닙니다. 퍼즐을 풀거나 남들이 모두 어렵다고 생각하는 것을 이해했을 때, 다른 친구들이 모르는 것을 알게 되었을 때 느끼는 놀라움, 호기심, '오, 이럴 수가!' 아니면 '내가 이겼어!'와 같은 생각이 들 때 더 잘 배울 수 있습니다.

초인지: 생각에 대한 생각

어떻게 하면
이 내용이 중요하다고
내 두뇌가 생각하게 만들
수 있을까...

여러분이 정말로 빨리, 더 깊이 배우고 싶다면 여러분이 어떻게 주의를 기울이는지에 주의를 기울일 필요가 있습니다. 여러분이 어떻게 생각하는지를 곰곰이 생각해보세요. 여러분은 어떻게 배우는지를 배워야 합니다.

초인지나 교육 이론을 접한 사람은 그리 많지 않습니다. 모든 사람은 배워야 하지만 어떻게 배워야 하는지는 교육받지 못했습니다.

이 책을 들고 있는 독자 여러분은 안드로이드 앱 개발을 통달하고 싶은 사람이라 가정하겠습니다. 가능하면 짧은 시간에 이를 이루고 싶겠죠. 이 책에서 읽은 내용을 사용하려면 그 내용을 기억해야 합니다. 그러려면 내용을 이해해야 합니다. 이 책, 모든 책, 교육 경험에서 뭔가를 얻으려면 여러분의 두뇌를 정복해야 합니다. 여러분의 두뇌가 이 내용을 기억해야 합니다.

여러분이 배우는 새로운 내용을 두뇌가 정말 중요한 것으로 생각하게 만들어야 합니다. 여러분 행복에 필수적인 것이라 느끼게 만들어야 합니다. 이 내용이 호랑이만큼이나 중요하다고 느끼게 만들어야 합니다. 그렇지 않으면 그 내용을 저장하려 하지 않는 두뇌와 길고 지루한 싸움을 해야 할 겁니다.

그렇다면 어떻게 해야 두뇌가 안드로이드 개발을 굶주린 호랑이 보다 중요하다고 생각하게 만들 수 있을까요?

느리고 지루한 방법도 있고 빠르고 효과적인 방법도 있습니다. 느린 방법은 반복하는 겁니다. 같은 내용을 계속 반복해서 주입하면 아무리 재미없는 내용이더라도 배우고 기억할 수 있습니다. 여러 번 반복해서 우겨넣다보면 '사실 별로 중요한 것 같진 않지만 똑같은 걸 계속해서 보고 또 보는 걸 보니 중요한가 보구나'라고 생각하게 되는 거죠.

빠른 방법은 두뇌 활동, 그중에서도 다각적으로 **두뇌 활동을 증가시키는 모든 방법**을 사용하는 겁니다. 앞 페이지에 있는 학습 원리는 모두 두뇌 활동을 증가시키는 주요한 방법입니다. 그 방법들은 모두 두뇌 활동을 증가시켜 학습을 원활하게 해준다고 검증된 것입니다. 예를 들어 어떤 단어를 설명하는 그림 안에 그 단어를 넣으면 그림 밑이나 본문에서 설명할 때보다 그 단어와 그림 간의 관계를 이해하기 위해 두뇌가 활발하게 움직이면서 더 많은 뉴런이 활성화됩니다. 더 많은 뉴런이 활성화되면 두뇌가 그 내용은 집중해서 살펴볼 가치가 있다고 생각하게 되고, 결국 더 잘 기억할 수 있습니다.

대화체가 더 좋은 이유는 보통 대화를 나눌 때는 상대방이 하는 말을 들으면서 내용을 이해하려 노력하기 때문입니다. 놀라운 점은 그런 대화가 책과 독자 사이의 대화일 때도 우리 두뇌는 똑같이 반응한다는 겁니다. 하지만 문체가 딱딱하고 재미없으면 수백 명의 학생이 대형 강의실에 앉아 건성으로 수업을 들을 때와 마찬가지로 학습 효과가 떨어진다고 합니다. 단지 억지로 깨어 있을 필요가 없다는 점이 다르죠.

그러나 그림과 대화체는 단지 시작일 뿐입니다.

이 책에서는 이렇게 했습니다

이 책에는 **그림**이 많습니다. 두뇌는 글자보다는 그림에 더 민감하게 반응하기 때문이죠. 두뇌의 반응을 보면 그림 한 장이 1,000개의 단어와 비슷합니다. 글자와 그림을 함께 사용할 때는 글자를 그림 안에 넣었습니다. 글자를 그림 밑이나 다른 곳에 넣는 것보다 그림 안에 넣을 때 두뇌가 더 활발히 활동하기 때문이죠.

이 책은 똑같은 내용을 다른 방법, 다른 매체, 여러 감각 기관을 사용해 **반복**해서 설명합니다. 그러면 두뇌는 배운 내용을 여러 곳에 저장하기 때문에 기억할 가능성도 높아집니다.

개념과 그림을 **독창적**으로 사용했습니다. 두뇌는 새로운 것을 더 잘 받아들이기 때문입니다. 그림과 개념에는 감성적인 내용을 담을 수 있도록 했습니다. 두뇌는 **감성적**인 내용에 주의를 기울이게 만들어졌기 때문이죠. 사소한 **유머**, **놀라움**, **흥미** 같은 것이더라도 여러분이 느낄 수 있으면 그만큼 두뇌 속에 더 잘 기억되기 때문입니다.

개인적인 **대화체**를 사용했습니다. 두뇌는 앉아서 강의를 듣는다고 느낄 때보다 상대방과 대화한다고 느낄 때 더 집중을 잘하기 때문이죠. 대화체의 책을 읽을 때도 두뇌는 대화한다고 생각을 합니다.

이 책에는 다양한 **실습**이 들어 있습니다. 두뇌는 읽을 때보다는 **직접 해볼 때** 더 잘 배우고 기억하도록 만들어졌기 때문입니다. 연습문제는 어렵지만 여러분이 풀 수 있는 수준으로 만들었습니다. 많은 사람이 이런 도전을 즐기기 때문입니다.

여러 가지 학습 방법을 섞어서 사용했습니다. 어떤 사람은 차례차례 따라하는 것을 좋아하고, 어떤 사람은 큰 그림을 먼저 이해하는 것을 좋아하고, 어떤 사람은 그저 예제 코드를 보고 싶어 하기 때문입니다. 어떤 학습 방법을 좋아하든 상관없이 여러 취향을 고려해 설명한 내용으로 공부하면 독자 여러분 모두에게 도움이 될 겁니다.

여러분의 **양쪽 두뇌를 모두 사용**할 수 있는 내용을 수록했습니다. 두뇌의 더 많은 부분을 사용할수록 더 많이 배우고 기억하고 더 오래 집중할 수 있기 때문입니다. 한쪽 두뇌를 사용하고 있는 동안에 다른 쪽 두뇌는 쉴 수 있기 때문에 더 오래 공부해도 높은 효율을 유지할 수 있습니다.

여러 관점을 보여주는 **이야기**와 연습문제를 포함시켰습니다. 어떤 것을 평가하고 판단해야 할 때 두뇌는 더 깊이 배우도록 만들어졌기 때문이죠.

독자 여러분의 **도전 의식**을 고취시킬 수 있는 연습문제와 뚜렷한 해답이 없는 **질문**을 포함시켰습니다. 두뇌는 무언가 곰곰이 생각할 때 배우고 기억하도록 만들어졌기 때문이죠. 그래서 우리는 곰곰이 생각해볼 가치가 있는 문제만 선별하기 위해 최선의 노력을 다했습니다. 여러분이 너무 이해하기 힘든 예제를 분석하거나 어려운 전문 용어가 가득하거나 너무 짧은 문장을 이해하기 위해 **시간을 낭비하는 일이 없게 했습니다**.

이야기, 예제, 그림에서 **사람**을 사용했습니다. 여러분 모두가 사람이기 때문이죠. 두뇌는 물건보다는 사람에게 주의를 더 잘 기울입니다.

여길 잘라서
냉장고 문에 붙여 놓으세요.

두뇌를 정복하는 방법

우리의 설명은 끝났습니다. 나머지는 여러분께 달려 있습니다. 두뇌에서 어떤 반응을 보이는지 살펴보고, 어떤 것이 적절하고 어떤 것이 부적절한지 알아보는 것부터 시작하세요. 항상 새로운 것을 시도해보세요.

---

1 천천히 하세요. 더 많이 이해할수록 외워야 할 양이 줄어들어요.

그저 읽기만 해서는 안 됩니다. 잠깐씩 쉬면서 생각해보세요. 책에 질문이 나오면 바로 답으로 넘어가지 말고, 다른 사람이 그런 질문을 했다고 생각해보세요. 더 깊고 신중히 생각할수록 더 잘 배우고 오래 기억할 수 있습니다.

2 연습문제를 풀고, 직접 메모하세요.

연습문제는 독자를 위해 수록한 것입니다. 연습문제를 그저 쳐다보지만 말고 **연필을 사용해서** 직접 풀어보세요. 몸을 쓰면서 공부하면 학습 효과가 높아진다는 증거는 많이 있습니다. 그냥 답만 보고 넘어가면 다른 사람이 대신 운동해주는 것을 구경하는 것과 마찬가지입니다.

3 '바보 같은 질문이란 없습니다' 부분도 꼭 읽으세요.

반드시 모두 읽어보세요. 그냥 참고 자료로 수록한 것이 아니라 **핵심 내용의 일부입니다!** 그냥 지나치지 마세요.

4 잠자리에 들기 전에 마지막으로 이 책을 읽으세요.

학습 과정의 일부(특히 장기 기억으로의 전이 과정)는 책장을 덮은 후에 일어납니다. 두뇌에서 어떤 처리를 하려면 시간이 필요하기 때문이죠. 처리하는 동안 다른 일을 하면 새로 배운 내용을 잊어버릴 수 있습니다.

5 이 책의 내용에 대해 얘기하세요. 큰 소리로!

소리 내어 말하면 읽기만 할 때와는 다른 두뇌 부분이 활성화됩니다. 무언가 이해하거나 더 잘 기억하고 싶으면 크게 소리 내어 말해보세요. 다른 사람에게 설명하면 더 좋습니다. 더 빨리 배울 수 있을 뿐 아니라 몰랐던 것도 생각해낼 수 있습니다.

6 물을 많이 드세요.

수분을 충분히 섭취하면 여러분의 두뇌가 최고로 잘 굴러갑니다. 여러분의 몸이 갈증을 느끼기 전에 두뇌가 먼저 수분 부족을 느끼게 되며, 수분이 부족하면 인지 기능도 저하됩니다.

7 자신의 두뇌 반응에 귀를 기울이세요.

여러분의 두뇌가 너무 힘들어 하고 있지는 않은지 관심을 가지세요. 대강 훑어보고 있거나 방금 읽은 것을 바로 잊어버린다는 느낌이 들면 잠시 쉬는 것도 좋습니다. 일단 어느 정도 공부를 하고 나면 무조건 파고든다고 해서 더 빨리 배울 수 있는 것은 아닙니다. 오히려 공부하는 데 방해가 될 수 있습니다.

8 뭔가를 느끼세요.

여러분의 두뇌에서 지금 공부하고 있는 것이 중요하다고 느낄 수 있어야 합니다. 책 속에 나와 있는 이야기에 몰입하세요. 그리고 책에 나와 있는 사진에 직접 제목을 붙여보세요. 아무것도 느끼지 않는 것보다는 썰렁한 농담을 보고 비웃기라도 하는 쪽이 더 낫습니다.

9 코드를 많이 구현하세요!

안드로이드 앱 개발을 배우는 유일한 방법은 **코드를 많이 구현**하는 겁니다. 이 책은 여러분이 코드를 많이 구현하도록 유도합니다. 코딩은 기술이므로 좋은 기술을 습득하려면 연습이 필요합니다. 여러분에게 많은 문제를 제시할 겁니다. 모든 장에는 여러분이 고민해야 할 문제와 질문들이 제공됩니다. 이 문제들을 그냥 넘기지 마세요. 문제를 풀면서 배울 수 있는 내용이 많습니다. 막혔을 때는 **정답을 참조**해도 됩니다. 하지만 최소한 문제를 풀려는 시도는 해보세요. 그리고 다음 부분으로 진행하기 전에 모든 문제가 해결되고 제대로 작동하는지 확인하세요.

알아두세요

이 책은 참고서가 아니라 경험을 제공하는 책입니다. 때로는 연관된 내용일지라도 학습 요점에 방해가 되는 내용은 신중하게 제거했습니다. 이 책은 이전 내용을 이미 이해했다고 가정하고 설명을 진행하므로 순서대로 읽는 것이 바람직합니다.

처음 안드로이드를 접하지만 자바는 이미 알고 있다고 가정합니다.

우리는 자바와 XML을 이용해 안드로이드 앱을 만듭니다. 이 책은 독자 여러분이 이미 자바 프로그래밍 언어를 어느 정도 알고 있다고 가정합니다. 자바 프로그래밍 경험이 없다면 이 책을 시작하기 전에 『Head First Java』를 먼저 읽어보세요.

첫 번째 장부터 앱을 만듭니다.

믿기 어려울 수도 있겠지만 안드로이드를 전혀 개발해본 적이 없어도 바로 앱을 만들 수 있습니다. 또한 안드로이드 개발의 공식 IDE인 안드로이드 스튜디오를 사용하는 방법도 배웁니다.

배울 수 있는 예제를 개발했습니다.

이 책을 학습하면서 여러 앱을 만들 것입니다. 어떤 앱은 아주 간단해서 안드로이드의 특정 기능에 중점을 둡니다. 어떤 앱은 덩치가 크며 여러 컴포넌트를 합치는 방법을 확인할 수 있습니다. 모든 앱의 모든 기능을 완성하진 않으므로 필요에 따라 여러분이 직접 실험하고 앱을 완성할 수 있습니다. 이것도 배움의 일부입니다. 앱의 소스 코드는 *https://tinyurl.com/HeadFirstAndroid*에서 내려받을 수 있습니다.

실습은 선택사항이 아닙니다.

연습문제와 실습은 추가 내용이 아니며 핵심 내용의 일부입니다. 일부는 내용을 기억할 수 있도록 도와주며, 일부는 이해를 돕기도 하고, 일부는 배운 내용을 적용할 수 있도록 도와줍니다. 연습문제를 생략하면 안 됩니다.

의도적인 반복은 중요하기 때문에 그렇게 한 것입니다.

헤드 퍼스트만의 독특한 점은 여러분에게 정말로 내용을 전달하려는 의지입니다. 여러분이 이 책을 제대로 학습했다면 여러분이 배운 것을 기억할 수 있어야 합니다. 대부분의 참고서는 여러분의 학습 성과나 기억에 관심이 없지만 헤드 퍼스트는 그렇지 않습니다. 이 책에서 같은 개념을 반복적으로 설명하는 이유가 바로 이 때문입니다.

브레인 파워에는 정답이 없습니다.

브레인 파워 연습문제는 올바른 방향으로 진행하는 데 필요한 힌트를 제공하기 위한 것입니다. 그러므로 정답이 없으며 독자 여러분의 답이 맞는지 스스로 판단하게 합니다.

테크니컬 리뷰 팀

앤디

재퀴

앤디 파커는 현재 개발 관리자로 일하고 있는데 물리학 연구원, 선생님, 디자이너, 리뷰어, 팀 리더 등 다양한 경력을 갖고 있습니다. 여러 역할을 맡는 동안 단 한 순간도 '잘 설계되고, 잘 엔지니어링된' 최고 수준의 소프트웨어를 만들겠다는 열정을 포기한 적이 없습니다. 요즘엔 멋진 애자일 팀을 관리하고 다양한 경험을 다음 세대 개발자들과 공유하는 데 대부분의 시간을 보내고 있습니다.

재퀴 코프는 네트볼 연습을 빠지려고 코딩을 시작했습니다. 그녀는 코볼 코딩에서 테스트 관리에 이르기까지 30년이 넘는 다양한 금융 소프트웨어 시스템 관련 경험을 가지고 있습니다. 최근에 컴퓨터 보안 석사 과정을 취득했고 소프트웨어 품질 보증 분야로 이동했습니다.

여유 시간에는 요리, 교외 산책, 소파에 누워 〈닥터 후〉 시청하기 등을 즐기고 있습니다.

감사의 글

돈 샤나팰트

편집자:

개정판을 담당한 멋진 편집자 **돈 샤나팰트**에게 진심으로 감사합니다. 그녀와 일하는 것은 놀랍고 즐거운 경험이었습니다. 그녀는 우리가 가치 있다고 느끼게 해주었으며, 모든 과정을 지원했고, 필요할 때 가치를 매기기 힘든 피드백과 정확한 통찰력을 제공했습니다. 문장을 더 좋게 다듬을 수 있도록 조언을 해준 것에 감사합니다.

또한 낡은 규정을 버리고 창의성을 발휘한 **버트 배이츠**에게도 감사합니다.

오라일리 팀:

우리를 지지해주고 이 책의 초판을 집필하도록 요청한 **마이크 헨드릭슨**에게 크게 감사합니다. 안 보이는 곳에서 조직, 선동 역할을 수행한 **히더 셰러르**에게 감사합니다. 이 책의 초판본을 내려받을 수 있도록 지원해준 **초판 릴리스 팀**에게 감사합니다. 여러 도움을 준 **디자인 팀**에게 감사합니다. 마지막으로 전반적인 책 제작 과정을 매끄럽게 진행하면서 보이지 않는 곳에서 힘써준 **제작 팀**에 감사합니다.

가족, 친구, 동료:

개정판임에도 불구하고 헤드 퍼스트 책을 집필하는 것은 여전히 롤러코스터를 타는 것과 같았습니다. 긴 시간 동안 진심으로 우리를 지원해준 가족, 친구에게 감사합니다. 특히 **이안**, **스티브**, **콜린**, **안젤라**, **폴 B**, **크리스**, **미카엘**, **엄마**, **아빠**, **카를**, **롭**, **로래인**에게 감사합니다.

그 외 도움을 준 분들:

테크니컬 리뷰 팀은 우리가 올바른 방향으로 나아갈 수 있도록 큰 도움을 주었으며 우리가 제대로 내용을 다루고 있음을 확인시켜 주었습니다. 특히 초기본에 귀중한 피드백을 제공한 **인고 크로스키**에게 크게 감사하며 초판 피드백을 준 모든 사람에게 감사합니다. 결과적으로 이번 책이 훨씬 더 좋아질 수 있었다고 생각합니다.

마지막으로 특별한 시리즈 서적을 만들어준 **케이시 시에라**와 **버트 배이츠**에게 감사합니다.

1 시작하기

바로 뛰어듭시다

안드로이드가 폭풍처럼 전 세계를 집어삼켰습니다.

요즘엔 모든 사람이 스마트폰이나 태블릿을 원합니다. 그중에서도 안드로이드 디바이스가 인기 좋습니다. 이 책에서는 **자신만의 앱을 직접 개발**하는 방법을 설명합니다. 기본적인 앱을 만들어 안드로이드 가상 디바이스에서 실행하는 방법부터 시작할 겁니다. 이 책을 점점 배우면서 **액티비티**, **레이아웃** 등 안드로이드 앱의 기본적인 컴포넌트를 접할 겁니다. **이 책을 학습하는 데 필요한 유일한 준비물은 기본적인 자바 지식뿐입니다...**

안드로이드 마을에 오신 것을 환영합니다

안드로이드는 세계에서 가장 인기 있는 모바일 플랫폼입니다. 현재 전 세계에는 20억 개 이상의 안드로이드 기기가 사용되고 있으며 그 수는 빠르게 증가하고 있습니다.

안드로이드는 리눅스에 기반한 종합적인 오픈소스 플랫폼이며 구글 덕분에 챔피언 자리에 올라 있습니다. 안드로이드는 자바와 XML을 이용해 멋진 앱을 만드는 데 필요한 모든 것을 포함하고 있는 강력한 개발 프레임워크입니다. 게다가 우리는 안드로이드 앱을 폰, 태블릿 등 다양한 기기에 배포할 수 있습니다.

그렇다면 전형적인 안드로이드 앱은 어떻게 구성될까요?

잠시 후 자바와 XML을 이용해 안드로이드 앱을 만들 거예요. 앱을 만드는 방법을 잘 설명하겠지만 이 책의 내용을 제대로 이해하려면 자바 언어를 잘 알아야 합니다.

레이아웃으로 각각의 화면 모습을 정의합니다

안드로이드 앱은 한 개 이상의 화면을 포함하며, **레이아웃**으로 각 화면을 정의할 수 있습니다. 레이아웃은 XML 파일로 정의하며 버튼, 텍스트 필드, 레이블 등의 GUI 컴포넌트를 포함할 수 있습니다.

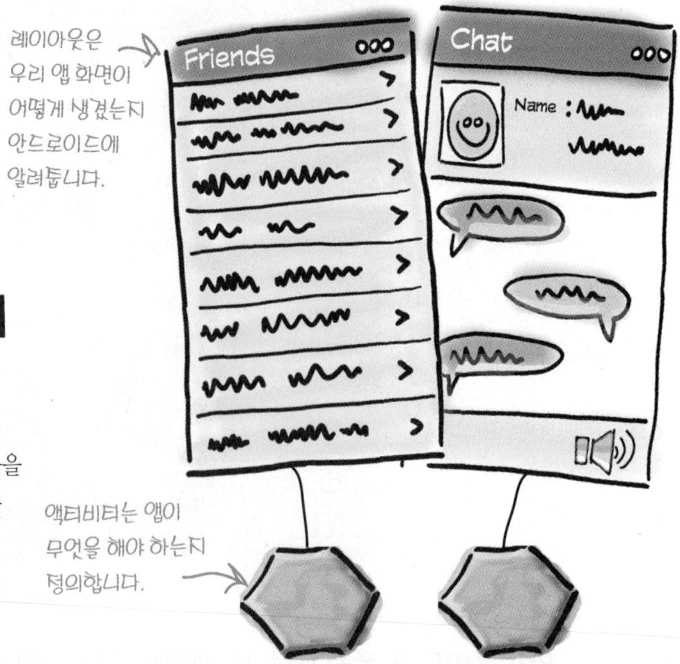

액티비티는 앱이 무엇을 해야 하는지 정의합니다

레이아웃은 앱의 겉모습을 정의합니다. 앱의 동작은 한 개 이상의 **액티비티**로 정의합니다. 액티비티는 어떤 레이아웃을 사용하고 사용자의 반응에 앱이 어떻게 응답할지 정의하는 특별한 자바 클래스입니다. 예를 들어 레이아웃에 버튼이 있다면 버튼을 클릭했을 때 어떤 동작을 수행할지 액티비티에 자바 코드로 구현해야 합니다.

상황에 따라 추가 리소스가 필요할 때도 있습니다

사운드 파일, 이미지 파일 등의 리소스를 포함할 수 있어요.

안드로이드 앱에는 액티비티와 레이아웃뿐 아니라 이미지 파일, 앱 데이터 등 추가 리소스가 필요할 수 있습니다. 또한 추가 파일을 앱에 포함시킬 수 있습니다.

안드로이드 앱은 실제로 여러 디렉터리에 저장된 많은 파일로 구성되어 있습니다. 앱을 빌드하면 이 많은 파일을 하나로 뭉쳐 디바이스에서 실행할 수 있는 앱으로 만들어집니다

안드로이드 플랫폼 해부도

안드로이드 플랫폼은 다양한 컴포넌트로 구성됩니다. 연락처 같은 코어 앱, 앱의 모양과 동작을 제어하는 데 필요한 다양한 API 집합, 지원 파일과 라이브러리 등이 포함되어 있습니다. 다음은 안드로이드 플랫폼을 그림으로 표현한 것입니다.

지금 당장 이 모든 것을 알아야 하는 것은 아니니 너무 걱정하지 마세요.

여기서는 안드로이드 플랫폼에 어떤 컴포넌트가 들어 있는지 간단하게 알아봤을 뿐입니다. 필요할 때마다 각각의 컴포넌트를 더 자세히 설명할 겁니다.

안드로이드에는 연락처, 전화, 캘린더, 브라우저 등 코어 애플리케이션이 포함되어 있어요.

앱을 만들 때 코어 애플리케이션에서 사용했던 API를 이용할 수 있어요. 이 API를 이용해서 여러분 앱이 어떻게 보이고 동작할지 제어할 수 있어요.

애플리케이션 프레임워크 아래에는 C와 C++ 라이브러리가 있어요. 프레임워크 API를 통해 이들 라이브러리를 이용할 수 있습니다.

가장 아래에는 리눅스 커널이 있어요. 안드로이드는 커널의 드라이버, 보안 및 메모리 관리 등의 코어 서비스에 의존해요.

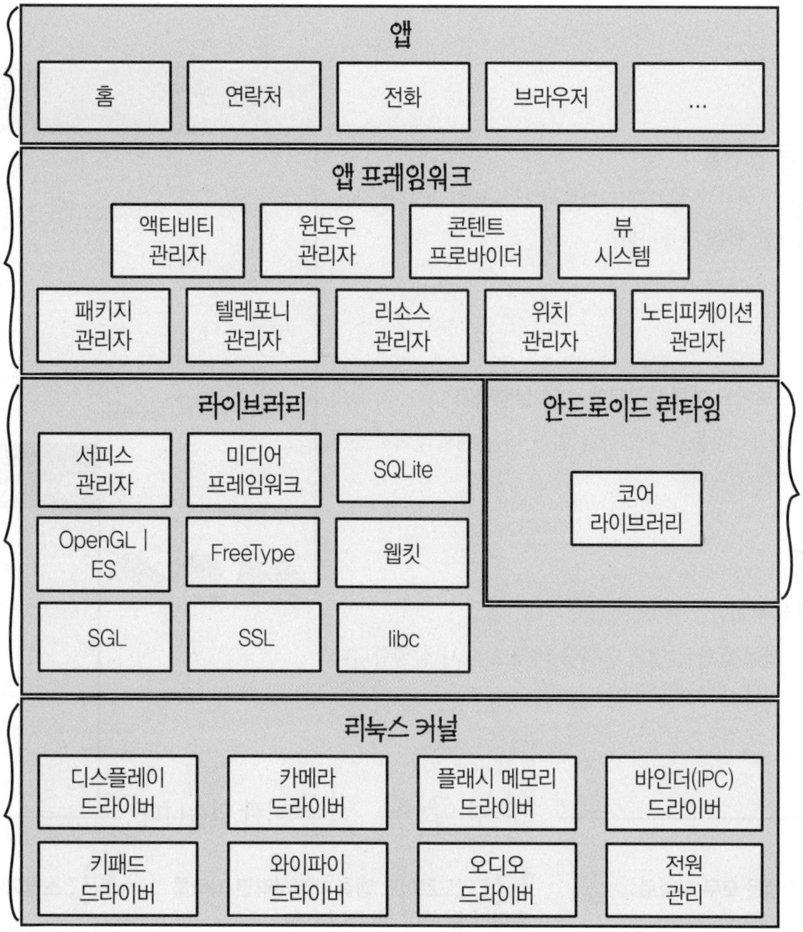

안드로이드 런타임에는 대부분의 자바 프로그래밍 언어를 구현하는 다양한 코어 라이브러리가 포함되어 있어요. 각 안드로이드 앱은 자신만의 프로세스에서 실행돼요.

이 모든 강력한 안드로이드 라이브러리를 애플리케이션 프레임워크에서 API로 제공합니다. 따라서 API를 이용하면 멋진 안드로이드 앱을 만들 수 있어요. 필요한 건 자바 지식과 앱 아이디어뿐이죠.

우리가 하려는 작업

여기서는 다음과 같은 순서로 간단하게 기본 안드로이드 앱을 만들어 실행할 겁니다.

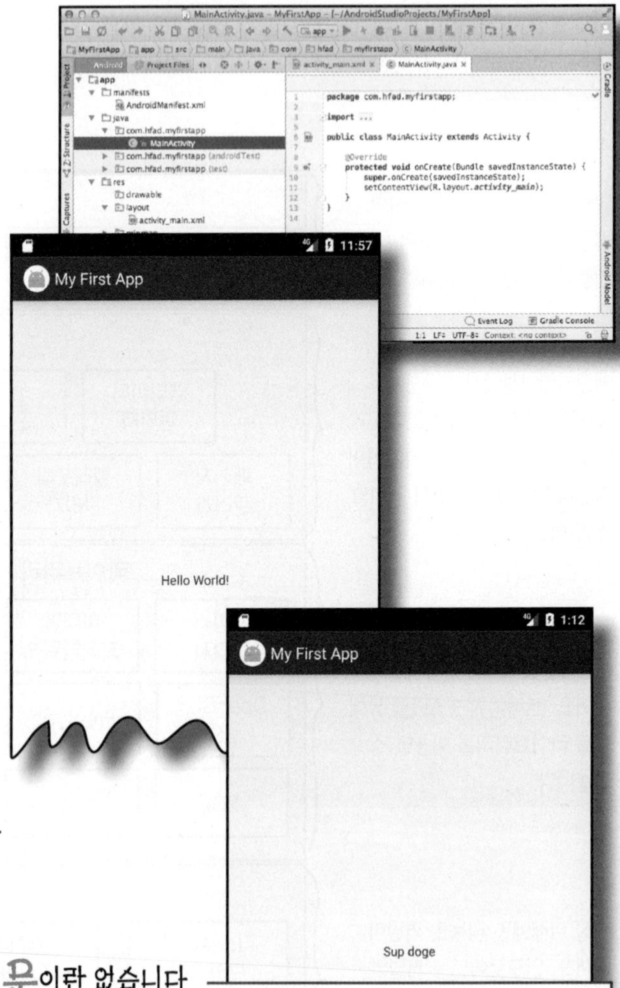
MainActivity.java - MyFirstApp - [~/AndroidStudioProjects/MyFirstApp]
package com.hfad.myfirstapp;
import ...
public class MainActivity extends Activity {
@Override
protected void onCreate(Bundle savedInstanceState) {
super.onCreate(savedInstanceState);
setContentView(R.layout.activity_main);
11:57
My First App
Hello World!
1:12
My First App
Sup doge

1 개발 환경 설정하기

안드로이드 앱을 개발하는 데 필요한 모든 도구를 포함하고 있는 안드로이드 스튜디오를 설치합니다.

2 기본 앱 만들기

안드로이드 스튜디오로 화면에 텍스트를 표시하는 간단한 앱을 만듭니다.

3 안드로이드 에뮬레이터에서 앱 실행하기

앱이 작동하는지 확인하기 위해 내장 에뮬레이터를 사용할 겁니다.

4 앱 바꾸기

2단계에서 만든 앱의 동작을 바꾸고 다시 실행합니다.

바보 같은 질문이란 없습니다

Q: 안드로이드 앱은 모두 자바로 개발해야 하나요?

A: 다른 언어로도 개발할 수 있습니다. 하지만 대부분의 개발자가 자바를 사용합니다. 그러한 이유로 이 책에서도 자바를 사용합니다.

Q: 안드로이드 앱을 개발하려면 자바를 얼마나 잘 해야 하나요?

A: 자바 표준 에디션(Standard Edition, SE)을 사용해본 경험이 필요합니다. 자바 프로그래밍 실력이 염려된다면 케이시 시에라와 버트 베이츠의 『Head First Java』를 읽어보길 추천합니다.

Q: 스윙이나 AWT도 알아야 하나요?

A: 안드로이드는 스윙이나 AWT를 사용하지 않으니 자바 데스크톱 GUI 경험이 없어도 걱정하지 마세요.

지금 여기예요.

- 개발 환경 설정하기
- 앱 만들기
- 앱 실행하기
- 앱 바꾸기

여러분의 개발 환경

안드로이드 애플리케이션을 개발하는 데 사용하는 가장 인기 있는 언어는 자바입니다. 안드로이드 디바이스는 .class나 .jar 파일을 실행하지 않습니다. 실행 속도와 배터리 성능을 향상시킬 수 있도록 컴파일된 코드를 최적화한 고유의 형식을 사용합니다. 따라서 일반 자바 개발 환경으로는 안드로이드를 개발할 수 없습니다. 앱을 안드로이드 디바이스로 배포하거나 실행 중인 앱을 디버깅하려면 컴파일된 코드를 안드로이드 형식으로 변환해줄 도구가 필요합니다.

모든 필요한 도구가 **안드로이드 SDK**로 제공됩니다. 안드로이드 SDK에서 무엇을 제공하는지 살펴봅시다.

안드로이드 SDK

안드로이드 소프트웨어 개발 킷(Software Development Kit, SDK)에는 안드로이드 앱을 개발하는 데 필요한 다음과 같은 라이브러리와 도구가 포함되어 있습니다.

SDK 플랫폼

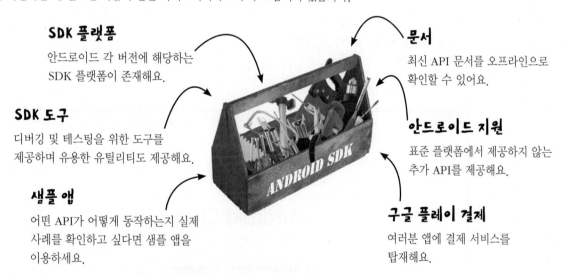

안드로이드 각 버전에 해당하는 SDK 플랫폼이 존재해요.

SDK 도구

디버깅 및 테스팅을 위한 도구를 제공하며 유용한 유틸리티도 제공해요.

샘플 앱

어떤 API가 어떻게 동작하는지 실제 사례를 확인하고 싶다면 샘플 앱을 이용하세요.

문서

최신 API 문서를 오프라인으로 확인할 수 있어요.

안드로이드 지원

표준 플랫폼에서 제공하지 않는 추가 API를 제공해요.

구글 플레이 결제

여러분 앱에 결제 서비스를 탑재해요.

안드로이드 스튜디오는 인텔리J 아이디어의 특별한 버전이에요

인텔리J 아이디어(IntelliJ IDEA)는 아주 인기 있는 자바 개발 IDE 중 하나입니다. 안드로이드 스튜디오는 아이디어의 한 버전으로 안드로이드 앱 개발에 필요한 안드로이드 SDK와 추가 GUI 도구를 포함합니다.

안드로이드 스튜디오는 편집기를 제공할 뿐만 아니라 안드로이드 SDK의 도구와 라이브러리를 이용할 수 있게 하며, 새로운 앱과 클래스를 만들 때 사용할 수 있는 템플릿을 제공하고, 앱을 쉽게 패키징하고 실행할 수 있게 도와줍니다.

안드로이드 스튜디오 설치하기

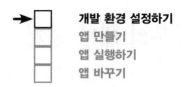

개발 환경 설정하기
앱 만들기
앱 실행하기
앱 바꾸기

다음 내용을 살펴보기 전에 안드로이드 스튜디오를 여러분 컴퓨터에 설치해야 합니다. 설치 과정은 너무 간단하므로 따로 설명하지 않습니다. 설치 과정 정보가 필요한 분은 다음의 온라인의 정보를 참고하세요.

이 책에서는 안드로이드 스튜디오 3.01 버전을 사용했어요. 3.01 버전 이상을 사용하면 책을 학습하는 데 문제가 없어요.

안드로이드 스튜디오의 시스템 요구사항은 다음 페이지에서 확인하세요.

http://developer.android.com/sdk/index.html#Requirements

구글에서 종종 URL을 바꿀 때가 있어요. URL이 작동하지 않으면 안드로이드 스튜디오를 직접 검색해서 찾으세요.

안드로이드 설치 과정은 다음 페이지를 참고하세요.

https://developer.android.com/sdk/installing/index.html?pkg=studio

안드로이드 스튜디오를 설치했으면 프로그램을 실행하고 지시에 따라 최신 SDK 도구와 지원 라이브러리를 추가하세요.

이 과정을 모두 마치면 안드로이드 환영 화면이 나타납니다. 이제 첫 번째 안드로이드 앱을 만들 준비가 되었습니다.

안드로이드 스튜디오 환영 화면이에요. 선택할 수 있는 다양한 옵션이 있어요.

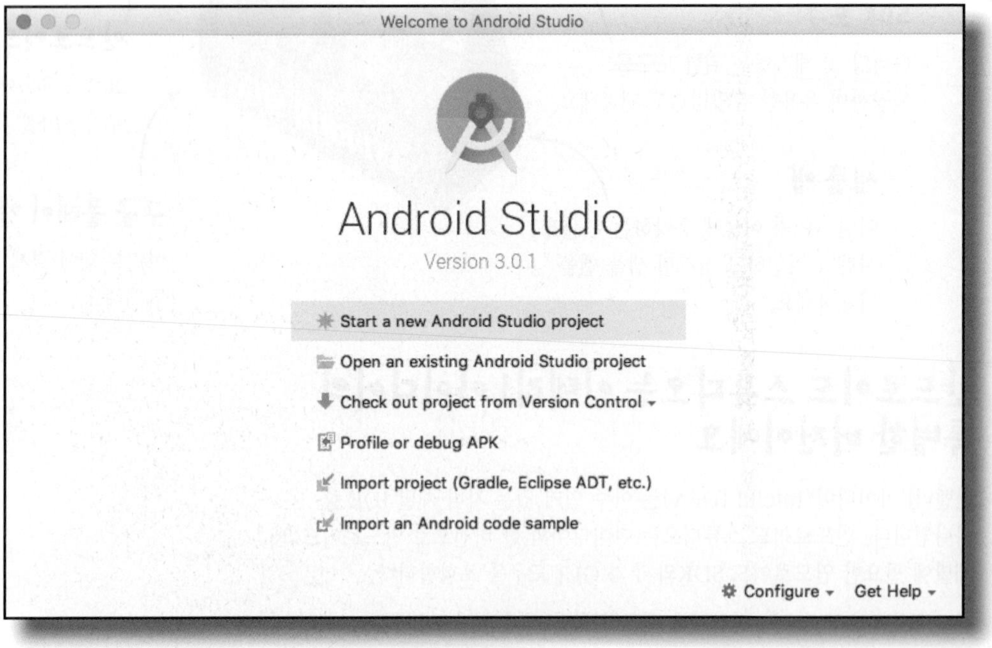

바보 같은 질문이란 없습니다

Q: 안드로이드 스튜디오로 안드로이드 앱을 만들 것이라고 말했데요, 꼭 그래야 하나요?

A: 엄밀히 말해 안드로이드 앱을 만드는 데 꼭 안드로이드 스튜디오를 사용할 필요는 없어요. 자바 코드를 구현하고 컴파일할 수 있는 도구와 컴파일된 코드를 안드로이드 디바이스에서 실행할 수 있는 형식으로 변환해줄 도구가 있으면 됩니다.

안드로이드 스튜디오는 안드로이드 공식 IDE이며 안드로이드 팀은 안드로이드 스튜디오를 사용할 것을 권장합니다. 하지만 많은 사람은 인텔리J 아이디어를 사용합니다.

Q: IDE를 사용하지 않고 안드로이드 앱을 개발할 수 있나요?

A: 할 수 있지만 조금 복잡합니다. 대부분의 안드로이드 앱은 그레이들(Gradle)이라는 빌드 도구로 만들어집니다. 텍스트 편집기나 명령행으로 그레이들 프로젝트를 만들고 빌드할 수 있습니다.

Q: 빌드 도구요? 그레이들은 그러니까 앤트(ANT) 같은 건가요?

A: 비슷하지만 그레이들은 앤트보다 훨씬 강력합니다. 그레이들도 앤트처럼 코드를 컴파일하고 배포할 수 있습니다. 하지만 그레이들에서는 메이븐(Maven)을 이용해 코드에 필요한 서드파티 라이브러리를 내려받을 수 있습니다. 그레이들은 스크립트 언어로 그루비(Goovy)를 사용하므로 복잡한 빌드도 쉽게 생성할 수 있습니다.

Q: 대부분의 앱을 그레이들로 빌드하나요? 대부분의 개발자가 안드로이드 스튜디오를 사용한다고 하지 않았나요?

A: 안드로이드 스튜디오는 그레이들, 레이아웃 생성, 로그 확인, 디버깅 기능을 그래픽 인터페이스로 제공합니다.

그레이들과 관련한 더 자세한 정보는 부록 2에서 확인할 수 있습니다.

기본 앱 만들기

개발 환경을 설정했으므로 첫 번째 안드로이드 앱을 만들 수 있습니다.
다음은 우리가 만들 앱의 모습입니다.

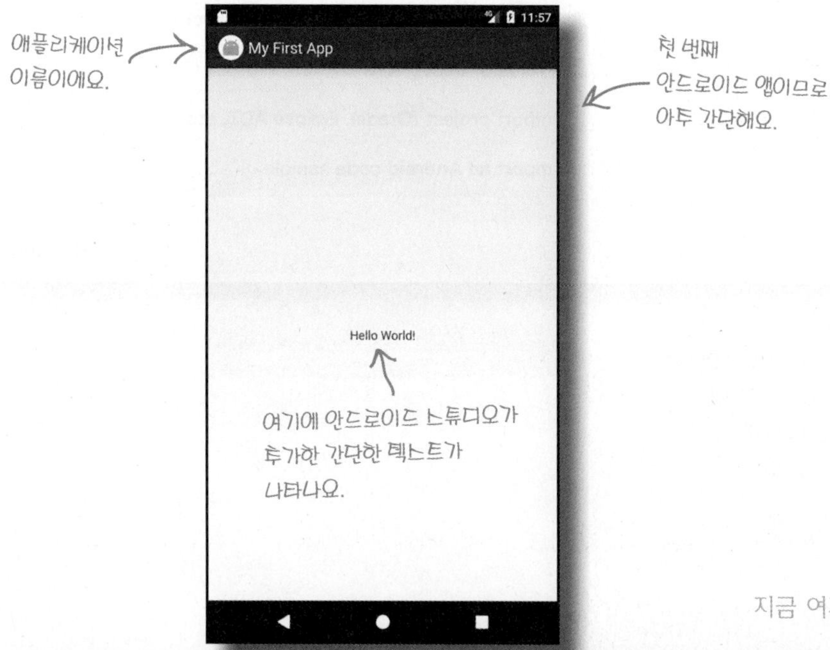

애플리케이션 이름이에요.
11:57
My First App
Hello World!
첫 번째 안드로이드 앱이므로 아주 간단해요.
여기에 안드로이드 스튜디오가 추가한 간단한 텍스트가 나타나요.

이 단계는 완성했으므로 체크 표시를 했습니다.

- [x] 개발 환경 설정하기
- [ ] **앱 만들기**
- [ ] 앱 실행하기
- [ ] 앱 바꾸기

앱 만드는 방법

새 앱을 만들려면 새 프로젝트가 필요합니다. 안드로이드 스튜디오에서 다음 과정을 따라하세요.

1. 새 프로젝트 만들기

안드로이드 스튜디오 환영 화면에는 여러 옵션이 있습니다. 새 프로젝트를 만들려면 'Start a new Android Studio project'를 선택합니다.

기존에 만든 프로젝트가 여기에 나타납니다. 아직 프로젝트를 만들지 않았기 때문에 지금은 비어 있어요.

- [x] 개발 환경 설정하기
- [ ] 앱 만들기
- [ ] 앱 실행하기
- [ ] 앱 바꾸기

앱 만드는 방법(계속)

2. 프로젝트 구성

이제 안드로이드 스튜디오를 이용해 우리 앱 이름, 회사 도메인, 파일 저장 위치 등을 구성해야 합니다.

안드로이드 스튜디오는 회사 도메인과 앱 이름을 조합해 패키지 이름으로 사용합니다. 예를 들어 'My First App'이라는 이름의 앱에 'hfad.com'이라는 회사 도메인을 사용하면 안드로이드 스튜디오는 `com.hfad.myfirstapp`이라는 패키지 이름을 만듭니다. 안드로이드에서는 패키지 이름으로 우리 앱을 고유하게 식별하므로 패키지 이름은 중요합니다.

앱 이름에 'My First App'을 입력하고 회사 도메인에 'hfad.com'을 입력합니다. Include C++ support 옵션은 선택 해제하고, 기본 프로젝트 위치는 그대로 둡니다. 이제 Next를 클릭하세요.

펑!
조심하세요!

패키지 이름은 앱의 생명주기 내내 바뀌지 않아야 합니다.

패키지 이름은 앱의 고유 식별자며 앱의 여러 버전을 관리하는 데 사용됩니다.

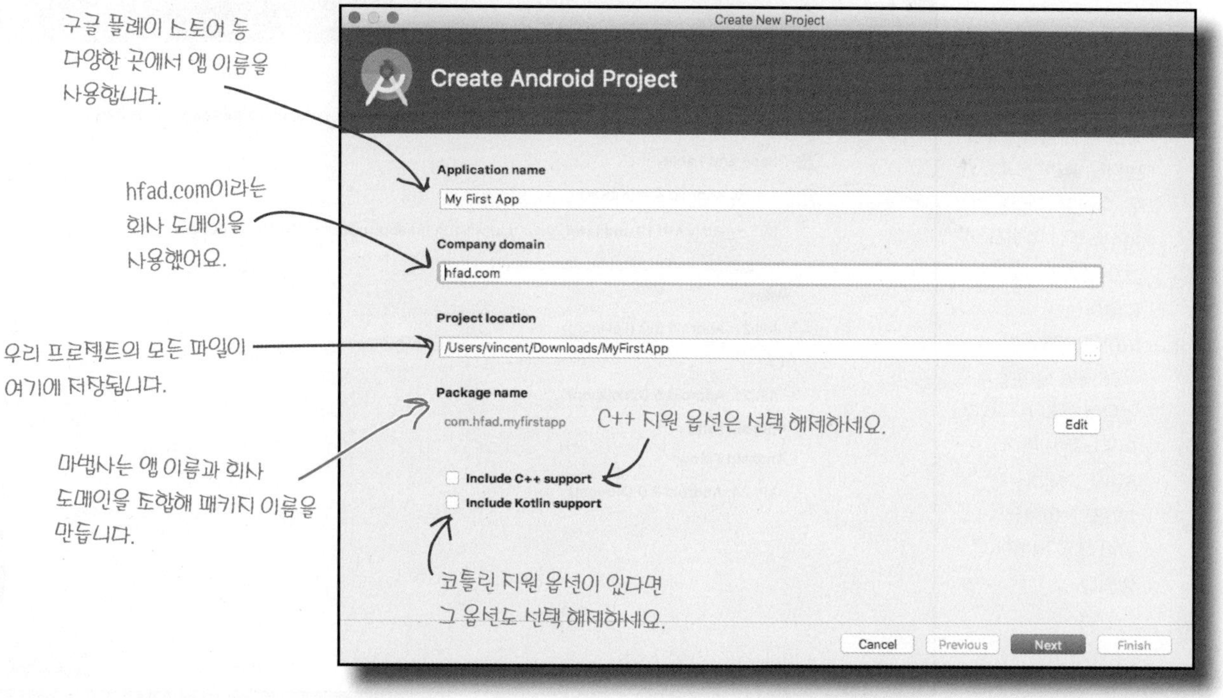
Create New Project
Create Android Project
Application name
My First App
Company domain
hfad.com
Project location
/Users/vincent/Downloads/MyFirstApp
Package name
com.hfad.myfirstapp
Edit
Include C++ support
Include Kotlin support
Cancel
Previous
Next
Finish
구글 플레이 스토어 등 다양한 곳에서 앱 이름을 사용합니다.
hfad.com이라는 회사 도메인을 사용했어요.
우리 프로젝트의 모든 파일이 여기에 저장됩니다.
마법사는 앱 이름과 회사 도메인을 조합해 패키지 이름을 만듭니다.
C++ 지원 옵션은 선택 해제하세요.
코틀린 지원 옵션이 있다면 그 옵션도 선택 해제하세요.

앱 만드는 방법(계속)

개발 환경 설정하기
앱 만들기
앱 실행하기
앱 바꾸기

3. 최소 SDK 지정

이번에는 안드로이드 앱이 사용할 최소 SDK를 지정해야 합니다. 안드로이드 버전이 올라갈 때마다 API 수준도 올라갑니다. 최신 기종에서만 앱이 실행되어야 할 이유가 없다면 조금 오래된 API를 지정하는 것이 좋습니다.

예제에서는 최소 SDK를 API 수준 19로, 즉 대부분의 디바이스에서 실행되도록 선택했습니다. 우리 앱은 폰과 태블릿에서만 실행되므로 나머지 옵션은 선택 해제합니다.

API 수준과 관련한 자세한 정보는 다음 페이지에 있어요.

설정을 마쳤으면 Next 버튼을 클릭하세요.

Minimum SDK는 우리 앱이 실행될 최소 버전을 의미합니다. 즉, 우리가 지정한 API 수준과 같거나 그 이상의 API를 지원하는 디바이스에서만 우리 앱을 실행할 수 있으며 우리가 지정한 API 수준 미만의 API를 지원하는 디바이스에서는 우리 앱을 실행할 수 없어요.

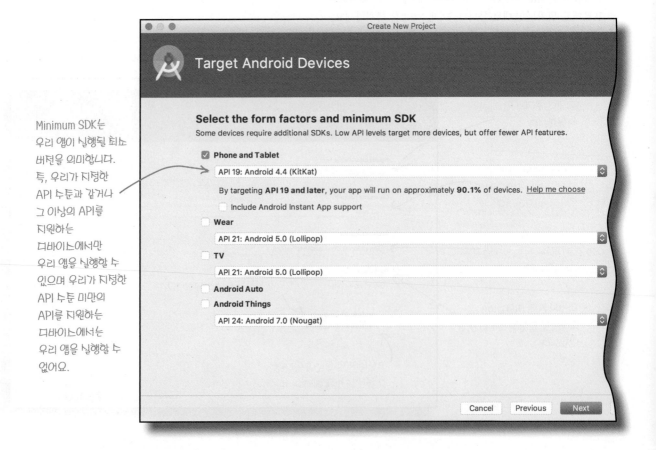

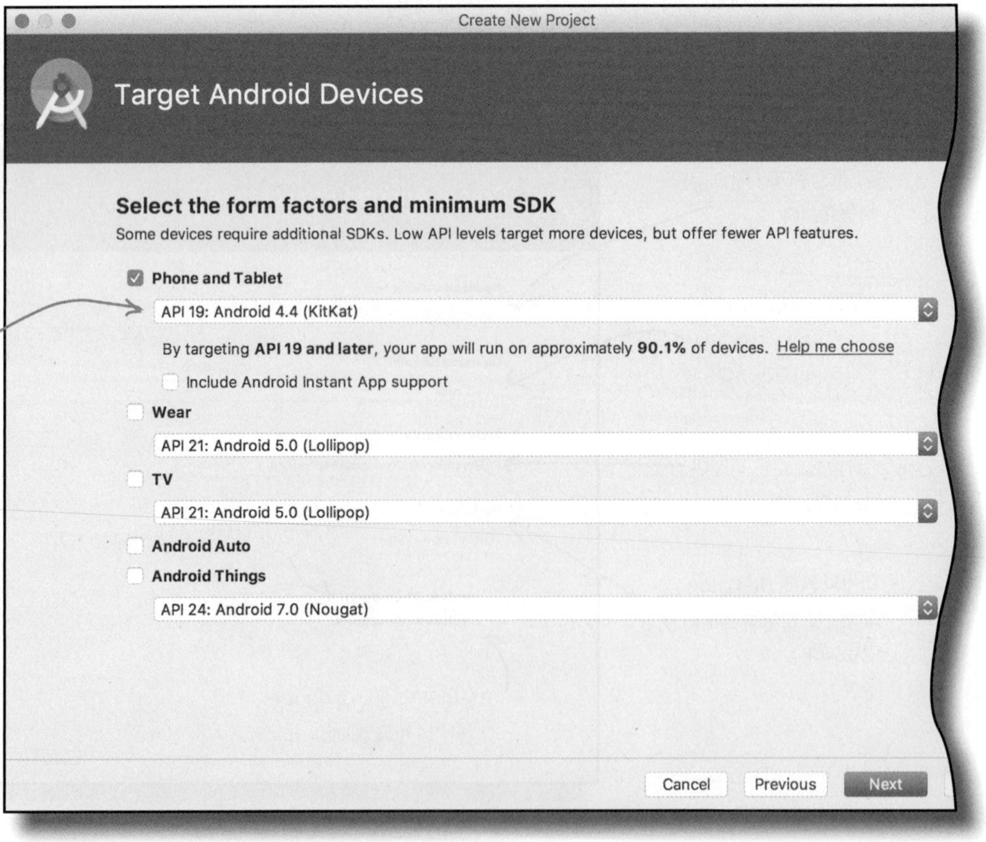

안드로이드 버전 자세히 보기

아마 여러분은 젤리빈, 키캣, 롤리팝, 누가 등 맛있는 과자 이름을 들어봤을 겁니다. 이런 이름은 도대체 뭘 의미하는 걸까요?

안드로이드 버전에는 버전 번호와 코드명이 있습니다. 버전 번호는 7.0처럼 정확한 안드로이드 버전을 나타내고 코드명은 '누가'처럼 조금 더 '친근한' 일반적인 이름으로 여러 안드로이드 버전을 포함할 수 있습니다. API 수준은 앱에서 사용하는 API 버전을 가리킵니다. 예를 들어 안드로이드 버전 7.1.1의 API 수준은 25입니다.

버전	코드명	API 수준
1.0		1
1.1		2
1.5	컵케이크(CupCake)	3
1.6	도넛(Donut)	4
2.0 – 2.1	에클레어(Eclair)	5 – 7
2.2.x	프로요(Froyo)	8
2.3 – 2.3.7	진저브레드(Ginger Bread)	9 – 10
3.0 – 3.2	허니컴(Honeycomb)	11 – 13
4.0 – 4.0.4	아이스크림 샌드위치(Ice Cream Sandwich)	14 – 15
4.1 – 4.3	젤리빈(Jelly Bean)	16 – 18
4.4	킷캣(KitKat)	19 – 20
5.0 – 5.1	롤리팝(Lollipop)	21 – 22
6.0	마시멜로(Marshmallow)	23
7.0	누가(Nougat)	24
7.1 – 7.1.2	누가(Nougat)	25

요즘 이 버전을 사용하는 사람은 거의 없어요.

대부분의 디바이스는 이 중 하나의 API를 지원해요.

안드로이드 앱을 개발할 때는 어떤 안드로이드 버전과 호환되는 앱을 만들 것인지 결정해야 합니다. 가장 최신 버전의 SDK를 지정하면 많은 디바이스에서 여러분 앱을 실행할 수 없습니다. 각 버전별로 얼마나 많은 디바이스 비율을 점유하는지는 다음 페이지에서 확인할 수 있습니다.

https://developer.android.com/about/dashboards/index.html

- [x] 개발 환경 설정하기
- [ ] **앱 만들기**
- [ ] 앱 실행하기
- [ ] 앱 바꾸기

액티비티와 레이아웃을 비행기에서 내려다보기

이번에는 프로젝트에 액티비티를 추가할 차례입니다. 대부분의 안드로이드 앱은 한 개 이상의 화면을 포함하며 각 화면은 액티비티와 레이아웃으로 구성됩니다.

액티비티는 **사용자가 할 수 있는 작업을 정의**합니다. 예를 들어 이메일을 작성하거나, 사진을 촬영하거나, 연락처를 검색하는 액티비티를 만들 수 있습니다. 보통 액티비티는 한 개의 화면을 대표하며 자바로 구현합니다.

레이아웃은 **화면의 모양**을 묘사합니다. 레이아웃은 XML 파일로 이루어지며 다양한 화면 요소가 어떻게 나타나야 하는지 안드로이드에 지시합니다.

액티비티와 레이아웃은 다음처럼 상호작용하며 사용자 인터페이스를 구성합니다.

레이아웃은 사용자 인터페이스를 어떻게 표현할 것인지 정의해요.

액티비티는 액션을 정의해요.

1. **디바이스가 앱을 실행하면 액티비티 객체가 만들어집니다.**
2. **액티비티 객체는 레이아웃을 지정합니다.**
3. **액티비티는 화면에 레이아웃을 표시하라고 안드로이드에 지시합니다.**
4. **사용자는 디바이스에 나타난 레이아웃과 상호작용합니다.**
5. **액티비티는 애플리케이션 코드를 실행해서 사용자의 동작에 응답합니다.**
6. **액티비티가 화면을 갱신하면...**
7. **...사용자는 그 결과를 디바이스로 확인합니다.**

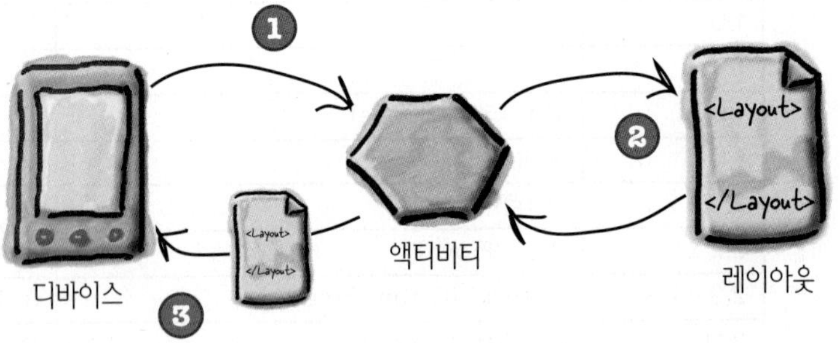

이렇게 해서 액티비티와 레이아웃이 어떻게 동작하는지 살펴봤습니다. 이제 Create New Project 마법사의 마지막 몇 단계를 살펴보면서 액티비티와 레이아웃을 실제로 만듭시다.

앱 만드는 방법(계속)

- [x] 개발 환경 설정하기
- [ ] → **앱 만들기**
- [ ] 앱 실행하기
- [ ] 앱 바꾸기

4. 액티비티 추가하기

이제 어떤 템플릿으로 액티비티와 레이아웃을 생성할지 결정하는 화면이 나타납니다. 우리는 빈 액티비티와 빈 레이아웃으로 프로젝트를 시작할 것이므로 Empty Activity 옵션을 선택한 다음 Next 버튼을 클릭합니다.

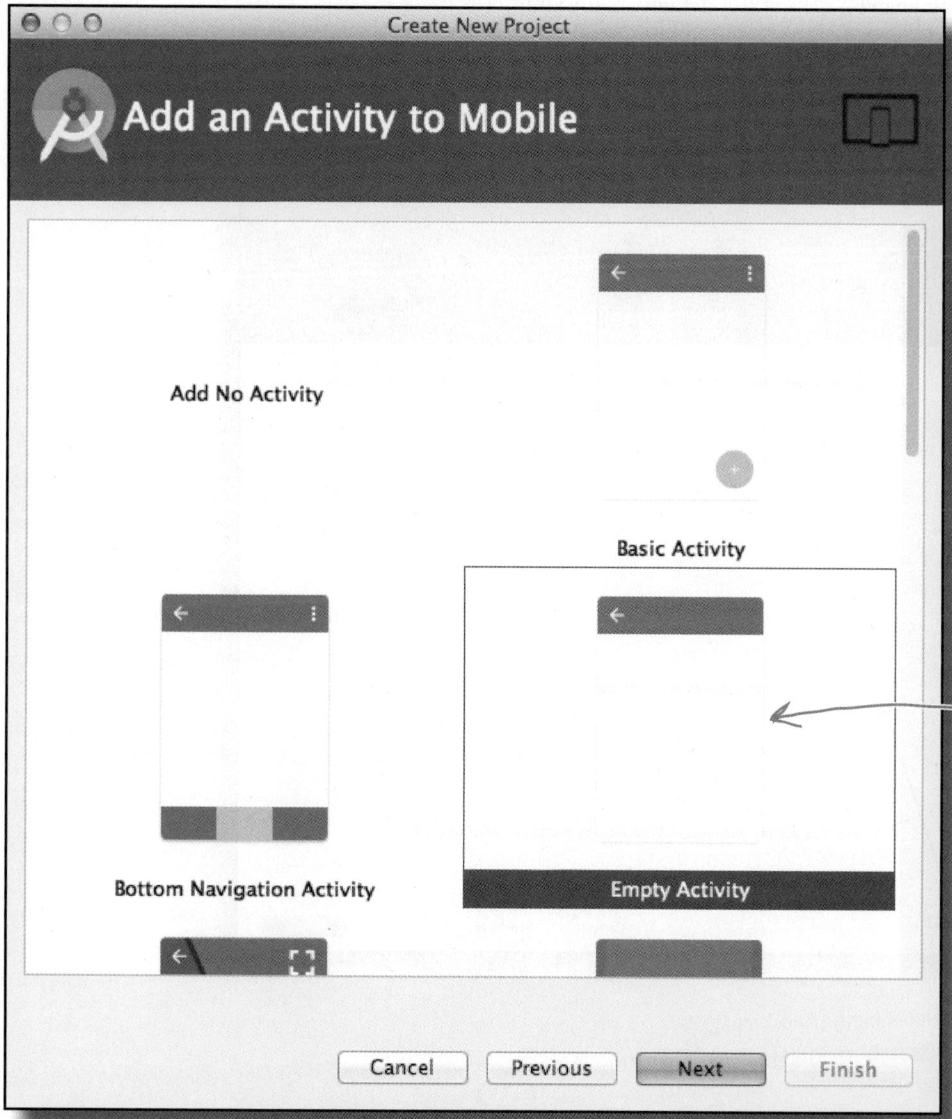

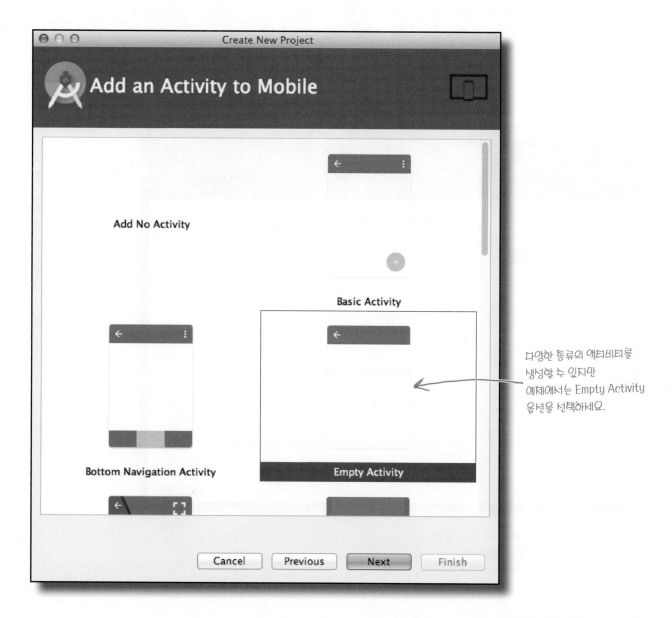

다양한 종류의 액티비티를 생성할 수 있지만 예제에서는 Empty Activity 옵션을 선택하세요.

앱 만드는 방법(계속)

5. 액티비티 구성

액티비티와 레이아웃 이름을 정해야 합니다. 액티비티 이름은 'MainActivity'로 설정하고 Generate Layout File 옵션을 선택하세요. 레이아웃 이름은 'activity_main'으로 설정하고 Backwards Compatibility (AppCompat) 옵션은 선택 해제합니다. 액티비티는 자바 클래스고 레이아웃은 XML 파일이므로 MainActivity.java라는 자바 파일과 activity_main.xml이라는 XML 파일이 생성됩니다.

Finish 버튼을 클릭하면 안드로이드 스튜디오가 우리 앱을 빌드합니다.

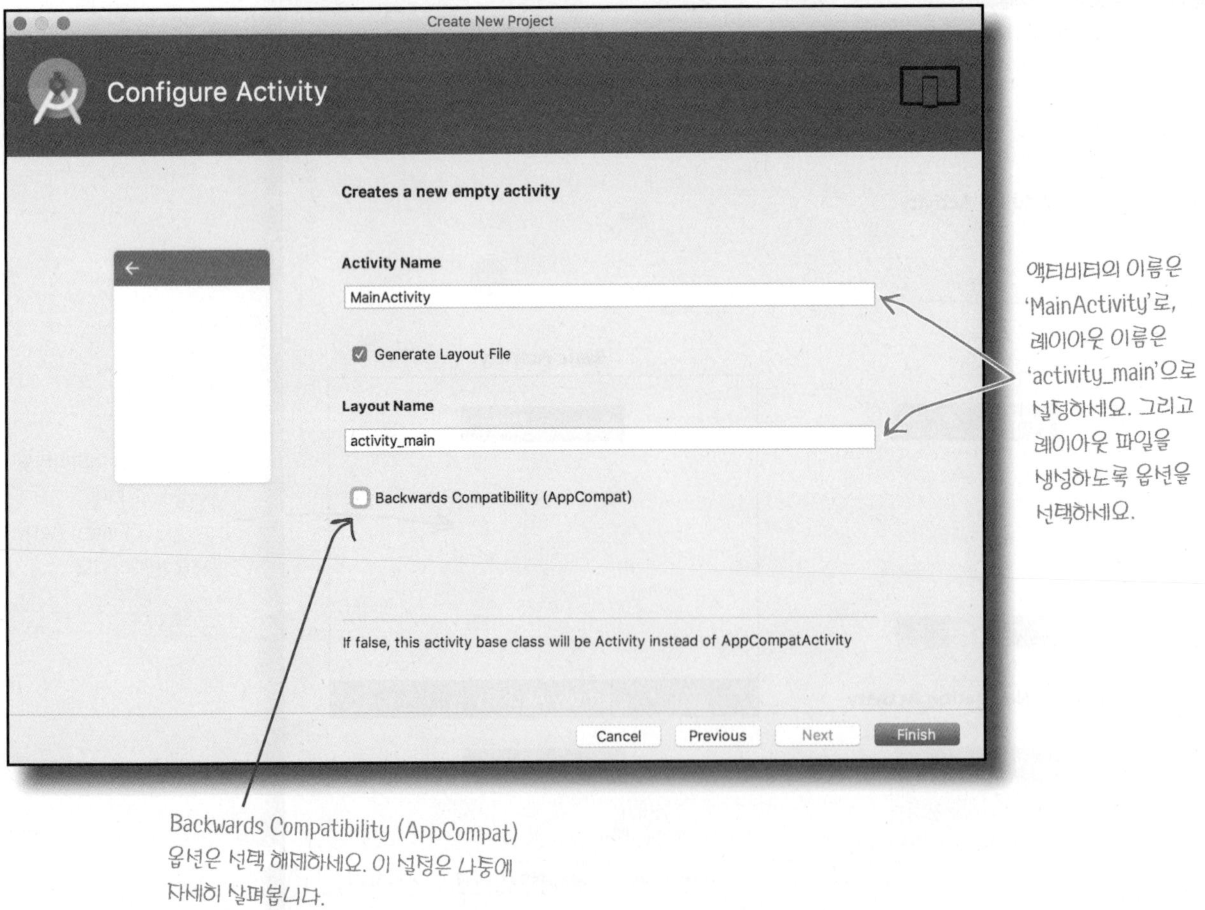

첫 번째 안드로이드 앱이 완성되었어요

- 개발 환경 설정하기
- 앱 만들기
- 앱 실행하기
- 앱 바꾸기

지금까지 무슨 일이 일어난 거죠?

- **Create New Project 마법사가 우리 앱의 프로젝트를 만들었고 우리가 지정한 옵션에 따라 프로젝트를 구성했습니다.**
  우리는 앱이 어떤 안드로이드 버전과 호환되는지 설정했고, 마법사는 이에 필요한 모든 파일과 폴더를 생성했습니다.

- **마법사는 액티비티와 레이아웃의 템플릿 코드를 생성했습니다.**
  레이아웃 XML과 액티비티 자바 파일의 템플릿 코드가 만들어졌습니다. 레이아웃에는 'Hello World!'라는 예제 텍스트가 들어 있어요.

마법사를 이용해 프로젝트 만들기를 완료하면 안드로이드 스튜디오는 자동으로 프로젝트를 표시합니다.

다음은 우리 프로젝트입니다(복잡해 보이더라도 앞으로 자세히 살펴볼 것이므로 걱정하지 마세요).

안드로이드 스튜디오의 프로젝트예요.

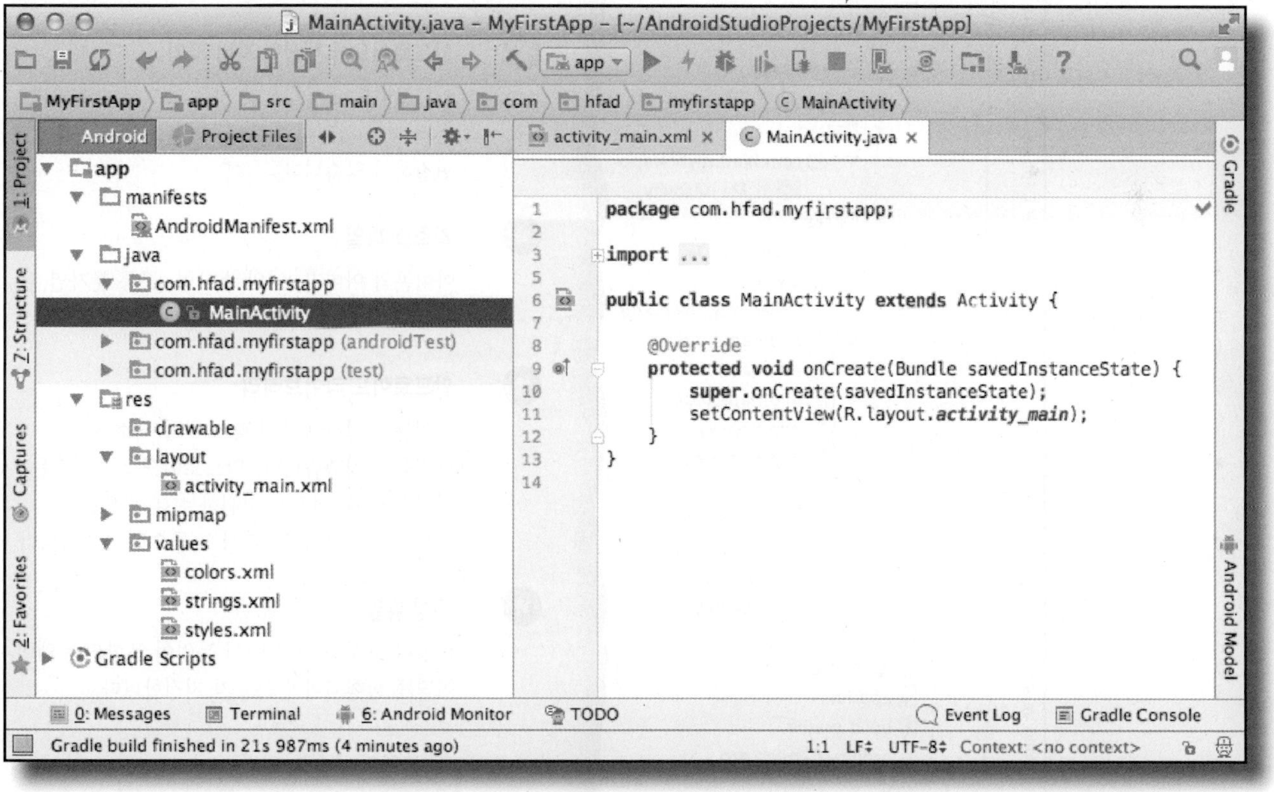

개발 환경 설정하기
앱 만들기
앱 실행하기
앱 바꾸기

안드로이드 스튜디오는 알아서 완벽한 폴더 구조를 생성해요

안드로이드 앱은 특정 폴더 구조에 저장되는 여러 유효 파일로 구성됩니다. 안드로이드 스튜디오는 우리가 새 앱을 만들 때 이 모든 폴더 구조와 파일을 생성합니다. 안드로이드 스튜디오의 왼쪽에 있는 탐색기를 이용하면 이 폴더 구조를 쉽게 확인할 수 있습니다.

탐색기는 현재 열린 모든 프로젝트를 포함합니다. 폴더 아이콘의 왼쪽 화살표를 눌러 폴더를 펼치거나 닫을 수 있습니다.

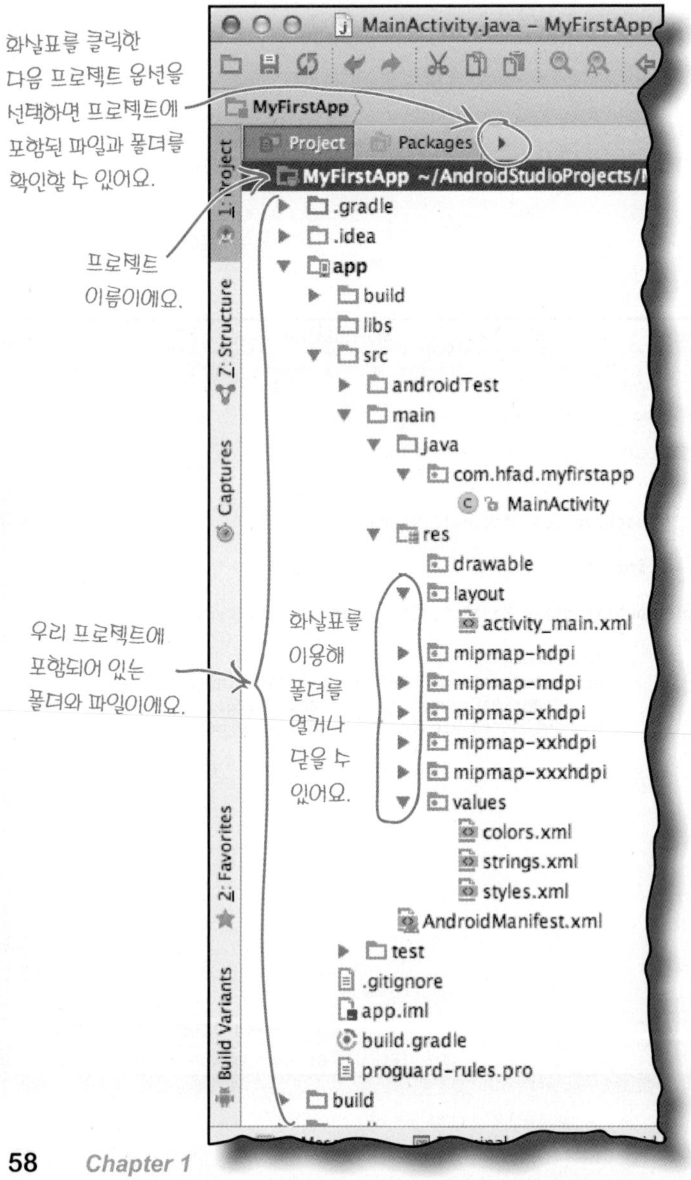

폴더 구조에는 다양한 종류의 파일이 들어 있어요

폴더 구조를 살펴보면 마법사가 생성한 다양한 파일과 폴더를 확인할 수 있습니다.

자바와 XML 소스 파일

앱의 액티비티와 레이아웃 파일입니다.

안드로이드가 생성한 자바 파일

안드로이드 스튜디오가 자동으로 생성한 몇몇 추가 자바 파일이 있으며, 이들 파일은 보통 편집하지 않습니다.

리소스 파일

아이콘의 이미지, 앱의 스타일, 공통 문자열 값 등을 저장하는 파일입니다.

안드로이드 라이브러리

우리는 마법사에서 앱과 호환될 최소 SDK 버전을 지정했습니다. 안드로이드 스튜디오는 선택한 SDK 버전을 지원하는 데 필요한 안드로이드 라이브러리를 자동으로 추가합니다.

구성 파일

다양한 구성 파일로 앱에 무엇이 포함되며 앱이 어떻게 실행되어야 하는지 지정합니다.

프로젝트에 포함된 주요 파일과 폴더를 확인해봅시다.

- [x] 개발 환경 설정하기
- [x] → 앱 만들기
- [ ] 앱 실행하기
- [ ] 앱 바꾸기

프로젝트의 유용한 파일들

안드로이드 스튜디오 프로젝트는 그레이들(Gradle) 빌드 시스템을 이용해 앱을 컴파일하고 배포합니다. 그레이들 프로젝트에는 표준 구조가 정해져 있습니다. 다음은 우리가 작업할 주요 파일과 폴더입니다.

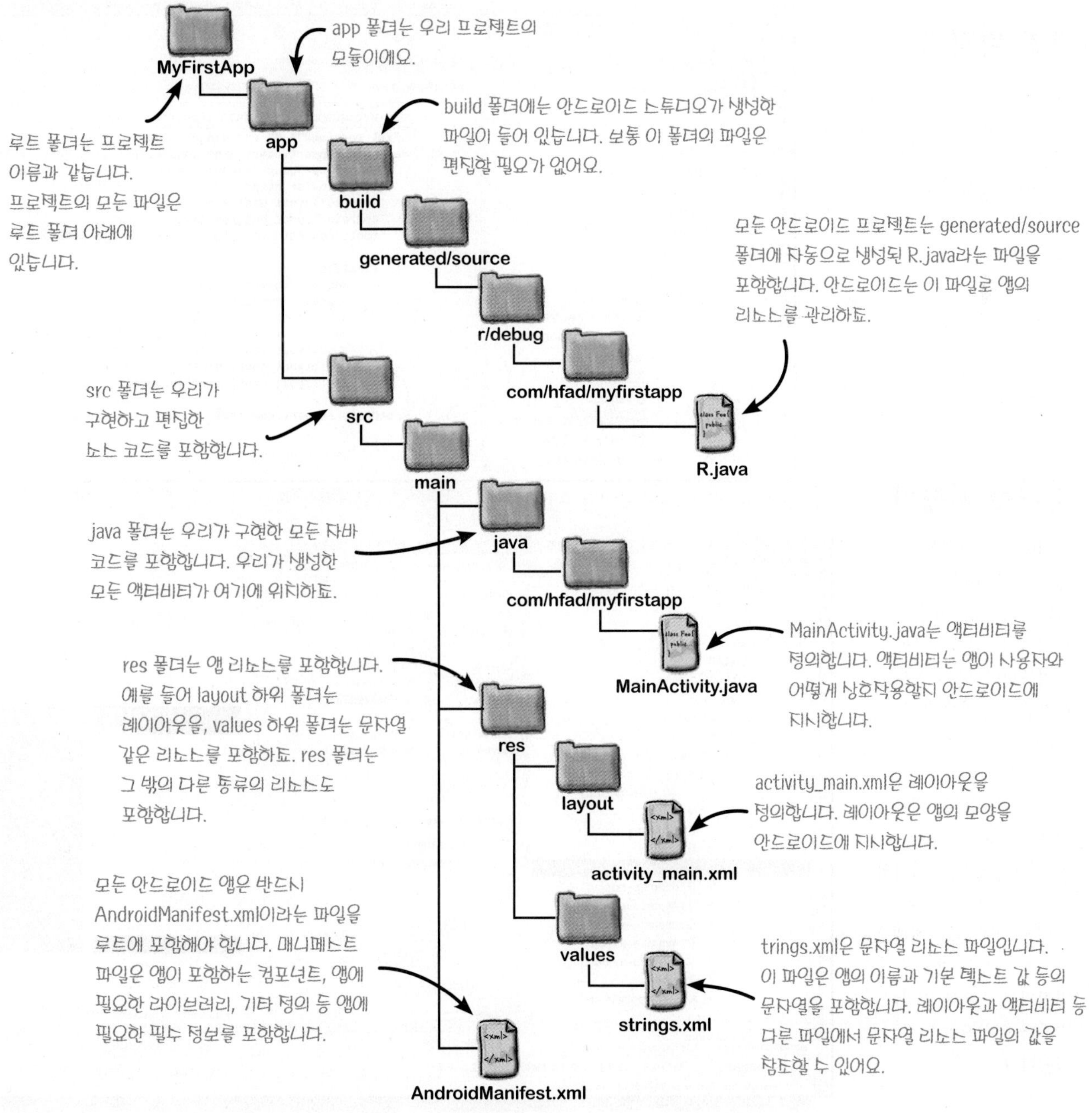

MyFirstApp
app
build
generated/source
r/debug
com/hfad/myfirstapp
R.java
src
main
java
com/hfad/myfirstapp
MainActivity.java
res
layout
activity_main.xml
values
strings.xml
AndroidManifest.xml
app 폴더는 우리 프로젝트의 모듈이에요.
루트 폴더는 프로젝트 이름과 같습니다. 프로젝트의 모든 파일은 루트 폴더 아래에 있습니다.
build 폴더에는 안드로이드 스튜디오가 생성한 파일이 들어 있습니다. 보통 이 폴더의 파일은 편집할 필요가 없어요.
모든 안드로이드 프로젝트는 generated/source 폴더에 자동으로 생성된 R.java라는 파일을 포함합니다. 안드로이드는 이 파일로 앱의 리소스를 관리하죠.
src 폴더는 우리가 구현하고 편집한 소스 코드를 포함합니다.
java 폴더는 우리가 구현한 모든 자바 코드를 포함합니다. 우리가 생성한 모든 액티비티가 여기에 위치하죠.
MainActivity.java는 액티비티를 정의합니다. 액티비티는 앱이 사용자와 어떻게 상호작용할지 안드로이드에 지시합니다.
res 폴더는 앱 리소스를 포함합니다. 예를 들어 layout 하위 폴더는 레이아웃을, values 하위 폴더는 문자열 같은 리소스를 포함하죠. res 폴더는 그 밖의 다른 종류의 리소스도 포함합니다.
activity_main.xml은 레이아웃을 정의합니다. 레이아웃은 앱의 모양을 안드로이드에 지시합니다.
모든 안드로이드 앱은 반드시 AndroidManifest.xml이라는 파일을 루트에 포함해야 합니다. 매니페스트 파일은 앱이 포함하는 컴포넌트, 앱에 필요한 라이브러리, 기타 정의 등 앱에 필요한 필수 정보를 포함합니다.
trings.xml은 문자열 리소스 파일입니다. 이 파일은 앱의 이름과 기본 텍스트 값 등의 문자열을 포함합니다. 레이아웃과 액티비티 등 다른 파일에서 문자열 리소스 파일의 값을 참조할 수 있어요.

안드로이드 스튜디오 편집기로 코드 편집하기

- [x] 개발 환경 설정하기
- [x] **앱 만들기**
- [ ] 앱 실행하기
- [ ] 앱 바꾸기

안드로이드 스튜디오 편집기로 파일의 내용을 보고 편집할 수 있습니다. 작업하려는 파일을 더블 클릭하면 파일의 내용이 안드로이드 스튜디오의 가운데 창에 나타납니다.

코드 편집기

대부분의 파일은 텍스트 편집기와 비슷한 코드 편집기에 열립니다. 코드 편집기는 코드에 색상을 추가하고 코드를 확인하는 등의 추가 기능을 제공합니다.

탐색기에서 파일을 더블 클릭하면 편집 패널에 파일의 내용이 나타납니다.

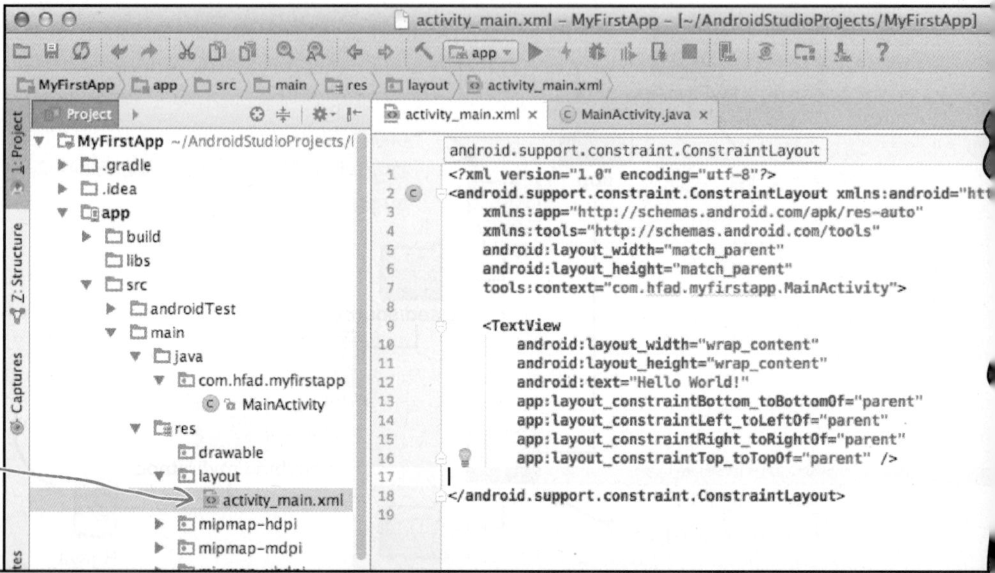
activity_main.xml - MyFirstApp - [~/AndroidStudioProjects/MyFirstApp]
MyFirstApp
app
src
main
res
layout
activity_main.xml
MainActivity.java
android.support.constraint.ConstraintLayout
<?xml version="1.0" encoding="utf-8"?>
<android.support.constraint.ConstraintLayout xmlns:android="htt
xmlns:app="http://schemas.android.com/apk/res-auto"
xmlns:tools="http://schemas.android.com/tools"
android:layout_width="match_parent"
android:layout_height="match_parent"
tools:context="com.hfad.myfirstapp.MainActivity">
<TextView
android:layout_width="wrap_content"
android:layout_height="wrap_content"
android:text="Hello World!"
app:layout_constraintBottom_toBottomOf="parent"
app:layout_constraintLeft_toLeftOf="parent"
app:layout_constraintRight_toRightOf="parent"
app:layout_constraintTop_toTopOf="parent" />
</android.support.constraint.ConstraintLayout>

디자인 편집기

레이아웃을 편집할 때는 추가 옵션이 나타납니다. XML을 편집(다음 페이지에서 보여줍니다)하는 대신 디자인 편집기를 이용하면 GUI 컴포넌트를 레이아웃으로 드래그할 수 있으며 원하는 대로 컴포넌트를 정렬할 수 있습니다. 코드 편집기와 디자인 편집기는 같은 파일을 각각 다른 형태로 보여주므로 두 가지 편집기를 필요에 따라 번갈아가며 작업할 수 있습니다.

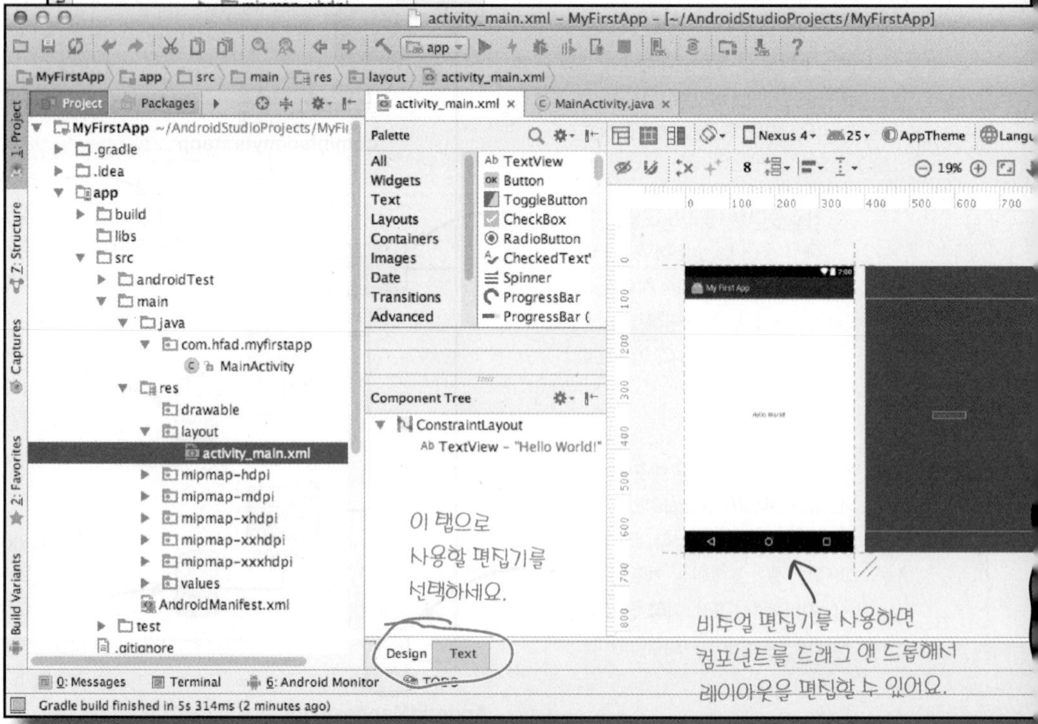
activity_main.xml - MyFirstApp - [~/AndroidStudioProjects/MyFirstApp]
Palette
All
Widgets
Text
Layouts
Containers
Images
Date
Transitions
Advanced
TextView
Button
ToggleButton
CheckBox
RadioButton
CheckedText
Spinner
ProgressBar
Component Tree
ConstraintLayout
TextView - "Hello World!"
Design
Text
이 탭으로 사용할 편집기를 선택하세요.
비주얼 편집기를 사용하면 컴포넌트를 드래그 앤 드롭해서 레이아웃을 편집할 수 있어요.
Gradle build finished in 5s 314ms (2 minutes ago)

누가 무엇을 할까요?

다음은 레이아웃 파일의 예제 코드(**안드로이드 스튜디오가 자동으로 생성한 코드가 아님**)입니다. 이전에 이런 코드를 본 적이 없을 수도 있겠지만 페이지 아래의 설명을 적당한 행의 코드와 연결하세요. 한 개의 설명은 예를 보여주기 위해 미리 관련된 행과 연결했습니다.

activity_main.xml

```
<?xml version="1.0" encoding="utf-8"?>
<LinearLayout xmlns:android="http://schemas.android.com/apk/res/android"
    xmlns:tools="http://schemas.android.com/tools"
    android:layout_width="match_parent"
    android:layout_height="match_parent"
    android:paddingLeft="16dp"
    android:paddingRight="16dp"
    android:paddingTop="16dp"
    android:paddingBottom="16dp"
    android:orientation="vertical"
    tools:context="com.hfad.myfirstapp.MainActivity">

    <TextView
        android:layout_width="wrap_content"
        android:layout_height="wrap_content"
        android:text="Hello World!" />
</LinearLayout>
```

화면 마진(margin)에 패딩(padding)을 추가합니다.

'Hello World!' 문자열을 출력합니다.

텍스트를 출력할 수 있도록 <TextView> GUI 컴포넌트를 포함시킵니다.

디바이스의 화면 크기를 레이아웃의 너비와 높이로 설정합니다.

콘텐트를 출력할 수 있을 만큼 GUI 컴포넌트가 충분한 크기가 되도록 설정합니다.

누가 무엇을 할까요? 정답

다음은 레이아웃 파일의 예제 코드(**안드로이드 스튜디오가 자동으로 생성한 코드가 아님**)입니다. 이전에 이런 코드를 본 적이 없을 수도 있겠지만 페이지 아래의 설명을 적당한 행의 코드와 연결하세요. 한 개의 설명은 예를 보여주기 위해 미리 관련된 행과 연결했습니다.

activity_main.xml

```
<?xml version="1.0" encoding="utf-8"?>
<LinearLayout xmlns:android="http://schemas.android.com/apk/res/android"
    xmlns:tools="http://schemas.android.com/tools"
    android:layout_width="match_parent"
    android:layout_height="match_parent"
    android:paddingLeft="16dp"
    android:paddingRight="16dp"
    android:paddingTop="16dp"
    android:paddingBottom="16dp"
    android:orientation="vertical"
    tools:context="com.hfad.myfirstapp.MainActivity">

    <TextView
        android:layout_width="wrap_content"
        android:layout_height="wrap_content"
        android:text="Hello World!" />
</LinearLayout>
```

화면 마진(margin)에 패딩(padding)을 추가합니다. (paddingLeft, paddingRight, paddingTop, paddingBottom 행과 연결)

'Hello World!' 문자열을 출력합니다. (android:text 행과 연결)

텍스트를 출력할 수 있도록 <TextView> GUI 컴포넌트를 포함시킵니다. (<TextView 행과 연결)

디바이스의 화면 크기를 레이아웃의 너비와 높이로 설정합니다. (layout_width, layout_height="match_parent" 행과 연결)

콘텐트를 출력할 수 있을 만큼 GUI 컴포넌트가 충분한 크기가 되도록 설정합니다. (layout_width, layout_height="wrap_content" 행과 연결)

누가 무엇을 할까요?

이번에는 같은 방법으로 액티비티 코드를 살펴봅니다. **아래 코드는 안드로이드 스튜디오가 생성한 코드와는 조금 다를 수 있습니다.** 페이지 아래의 설명을 적당한 행의 코드와 연결하세요.

MainActivity.java

```
package com.hfad.myfirstapp;

import android.os.Bundle;
import android.app.Activity;

public class MainActivity extends Activity {

    @Override
    protected void onCreate(Bundle savedInstanceState) {
        super.onCreate(savedInstanceState);
        setContentView(R.layout.activity_main);
    }
}
```

패키지 이름이에요.

Activity 클래스의 onCreate() 메서드를 구현합니다. 액티비티가 처음 생성되면 호출되는 코드예요.

MainActivity에서 사용하는 안드로이드 클래스입니다.

MainActivity는 android.app.Activity라는 안드로이드 클래스를 상속합니다.

어떤 레이아웃을 사용할지 지정합니다.

누가 무엇을 할까요? 정답

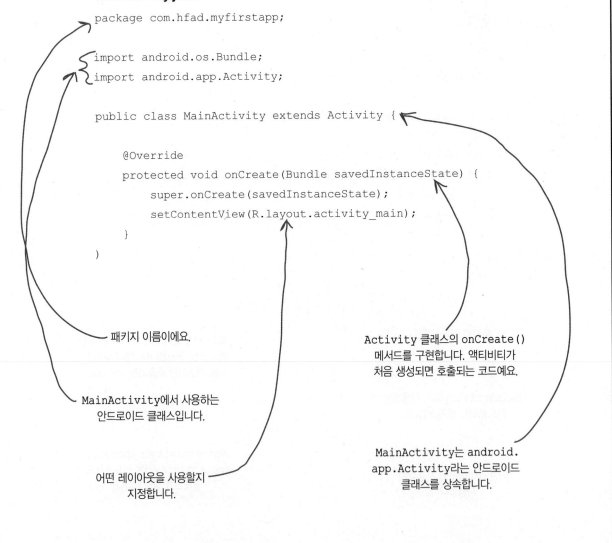

이번에는 같은 방법으로 액티비티 코드를 살펴봅니다. **아래 코드는 안드로이드 스튜디오가 생성한 코드와는 조금 다를 수 있습니다.** 페이지 아래의 설명을 적당한 행의 코드와 연결하세요.

MainActivity.java

```
package com.hfad.myfirstapp;

import android.os.Bundle;
import android.app.Activity;

public class MainActivity extends Activity {

    @Override
    protected void onCreate(Bundle savedInstanceState) {
        super.onCreate(savedInstanceState);
        setContentView(R.layout.activity_main);
    }
)
```

패키지 이름이에요.

MainActivity에서 사용하는 안드로이드 클래스입니다.

어떤 레이아웃을 사용할지 지정합니다.

Activity 클래스의 onCreate() 메서드를 구현합니다. 액티비티가 처음 생성되면 호출되는 코드예요.

MainActivity는 android.app.Activity라는 안드로이드 클래스를 상속합니다.

안드로이드 에뮬레이터로 앱 실행하기

- [x] 개발 환경 설정하기
- [x] 앱 만들기
- [ ] **앱 실행하기**
- [ ] 앱 바꾸기

지금까지 안드로이드 스튜디오로 앱의 모양과 무엇이 화면에 나타나는지 확인했습니다. 하지만 실제로 안드로이드 앱이 어떻게 실행되는지 궁금할 겁니다.

다양한 방법으로 앱을 실행할 수 있습니다. 먼저 물리적인 디바이스를 이용해 앱이 어떻게 실행되는지 확인하는 방법이 있습니다. 그런데 물리적인 디바이스를 가지고 있지 않거나 자신이 가지고 있지 않은 종류의 디바이스에서 앱이 어떻게 실행될지 궁금하면 어떻게 해야 할까요?

이런 경우 안드로이드 SDK에 내장된 **안드로이드 에뮬레이터**(Android Emulator)를 이용할 수 있습니다. 에뮬레이터를 이용하면 한 개 이상의 **안드로이드 가상 디바이스**(Android Virtual Device, AVD)를 설정하고 마치 물리적인 디바이스에서 앱을 실행하는 것처럼 에뮬레이터로 앱을 실행할 수 있습니다.

안드로이드 에뮬레이터를 이용하면 안드로이드 가상 디바이스(AVD)에서 앱을 실행할 수 있어요. 이는 물리적 디바이스에서 실행하는 것과 똑같이 동작합니다. 다양한 종류의 디바이스를 흉내 내는 여러 AVD를 설정할 수 있어요.

에뮬레이터는 어떻게 생겼나요?

오른쪽 그림은 안드로이드 에뮬레이터에서 AVD를 실행한 모습입니다. 마치 컴퓨터에서 휴대폰을 실행한 것처럼 보입니다.

에뮬레이터는 CPU와 메모리를 비롯해 사운드 칩, 비디오 디스플레이 등 안드로이드 디바이스의 하드웨어 환경을 그대로 흉내 냅니다. 에뮬레이터는 QEMU('큐엠유'라고 발음함)라는 기존 에뮬레이터로 구현되었습니다. QEMU는 버추얼박스(VirtualBox)나 브이엠웨어(VMWare) 같은 가상 머신 애플리케이션과 비슷한 기능을 수행하는 에뮬레이터입니다.

AVD는 설정에 따라 모습과 동작이 달라집니다. 다음 그림은 넥서스 5X를 흉내 내는 AVD이므로 컴퓨터에서 마치 넥서스 5X를 실행한 것처럼 보입니다.

이제 AVD를 설정해서 우리 앱을 에뮬레이터로 실행합시다.

AVD를 설정하면 AVD에서 앱을 실행할 수 있어요. 안드로이드 스튜디오가 자동으로 에뮬레이터를 실행하죠.

안드로이드 가상 디바이스 생성하기

- [x] 개발 환경 설정하기
- [x] 앱 만들기
- [ ] → 앱 실행하기
- [ ] 앱 바꾸기

안드로이드 스튜디오에서 AVD를 설정하려면 몇 가지 과정을 거쳐야 합니다. 여기서는 API 수준 25를 지원하는 넥서스 5X AVD를 설정한 다음 이 디바이스에서 우리 앱이 어떻게 실행되는지 확인해봅니다. 다른 종류의 가상 디바이스도 이와 비슷한 단계를 거쳐 설정할 수 있습니다.

안드로이드 가상 디바이스 관리자를 엽니다

AVD 관리자를 이용해 새 AVD를 설정하거나 기존의 AVD 설정을 확인, 편집할 수 있습니다. Tools 메뉴에서 Android를 선택하고 AVD Manager를 실행하세요.

기존에 설정한 AVD가 없다면 새 AVD를 생성하는 화면이 나타납니다. 'Create Virtual Device' 버튼을 클릭합니다.

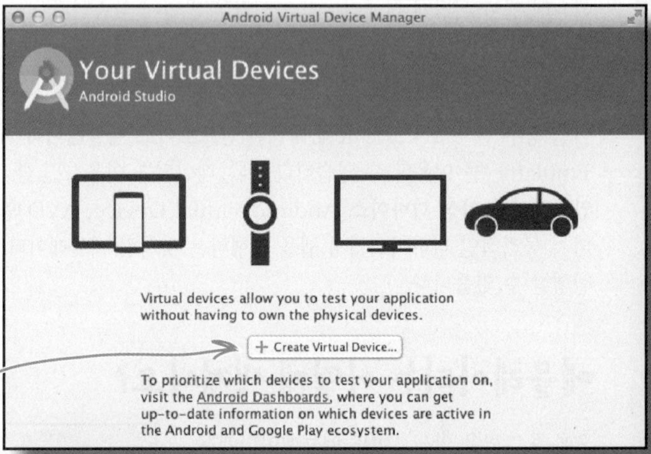

이 버튼을 클릭해 AVD를 생성하세요.

하드웨어를 선택합니다

다음 화면에서는 디바이스 정의를 선택합니다. 즉, AVD에서 에뮬레이션하려는 종류의 디바이스를 실행합니다. 폰, 태블릿, 웨어, TV 등 다양한 디바이스를 선택할 수 있습니다.

우리는 넥서스 5X에서 앱이 실행되는 모습을 확인할 것이므로 Category 메뉴에서 Phone을 선택한 다음 목록에서 Nexus 5X를 클릭합니다. 그리고 Next 버튼을 클릭합니다.

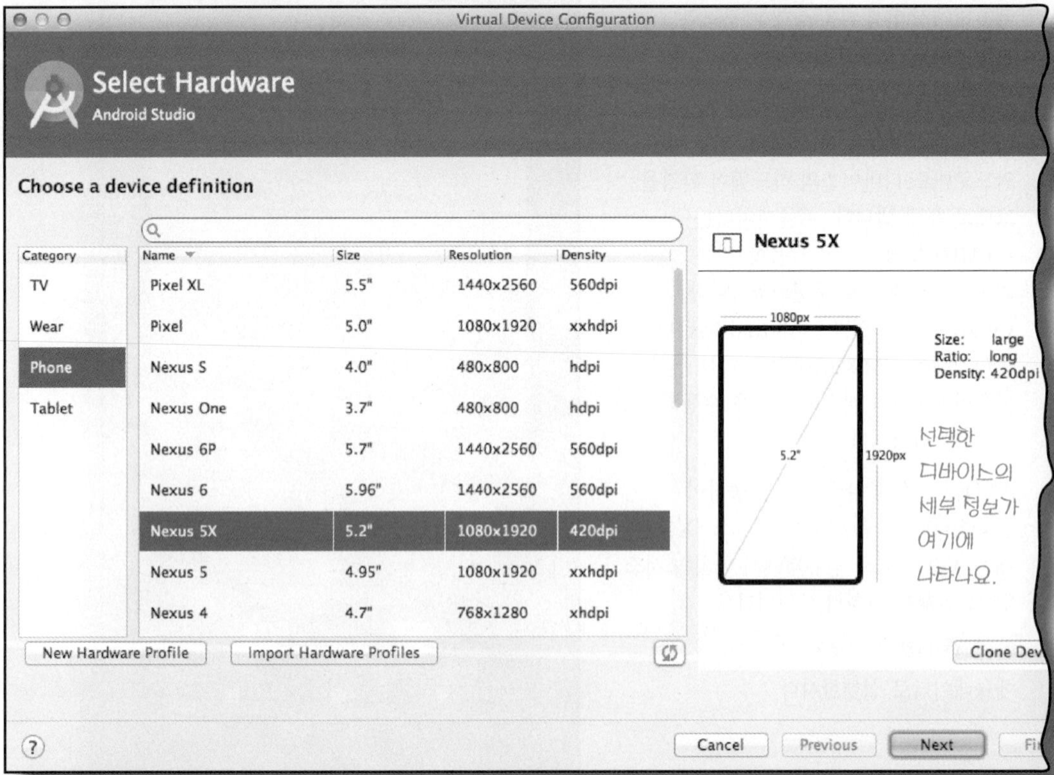

선택한 디바이스의 세부 정보가 여기에 나타나요.

AVD 생성하기(계속)

- [x] 개발 환경 설정하기
- [x] 앱 만들기
- → **앱 실행하기**
- [ ] 앱 바꾸기

시스템 이미지를 선택합니다

다음에는 시스템 이미지를 선택합니다. 시스템 이미지로 어떤 안드로이드 운영체제 버전을 사용할 것인지 결정할 수 있습니다. 즉, AVD에서 어떤 버전의 안드로이드를 사용할지 선택합니다.

현재 만드는 앱과 호환되는 API 수준의 시스템 이미지를 선택합니다. 예를 들어 API 수준 19 이상에서만 작동하는 앱을 만들려면 적어도 API 수준이 19인 시스템 이미지를 선택합니다. 우리는 API 수준 25를 지원하는 AVD가 필요하므로 릴리스 이름이 '누가'이고 타깃이 '안드로이드 7.1.1'인 시스템 이미지(API 수준 25)를 선택합니다. 그리고 Next 버튼을 클릭합니다.

이 시스템 이미지가 컴퓨터에 설치되어 있지 않으면 해당 시스템 이미지를 내려받아 설치할 수 있는 옵션이 나타납니다.

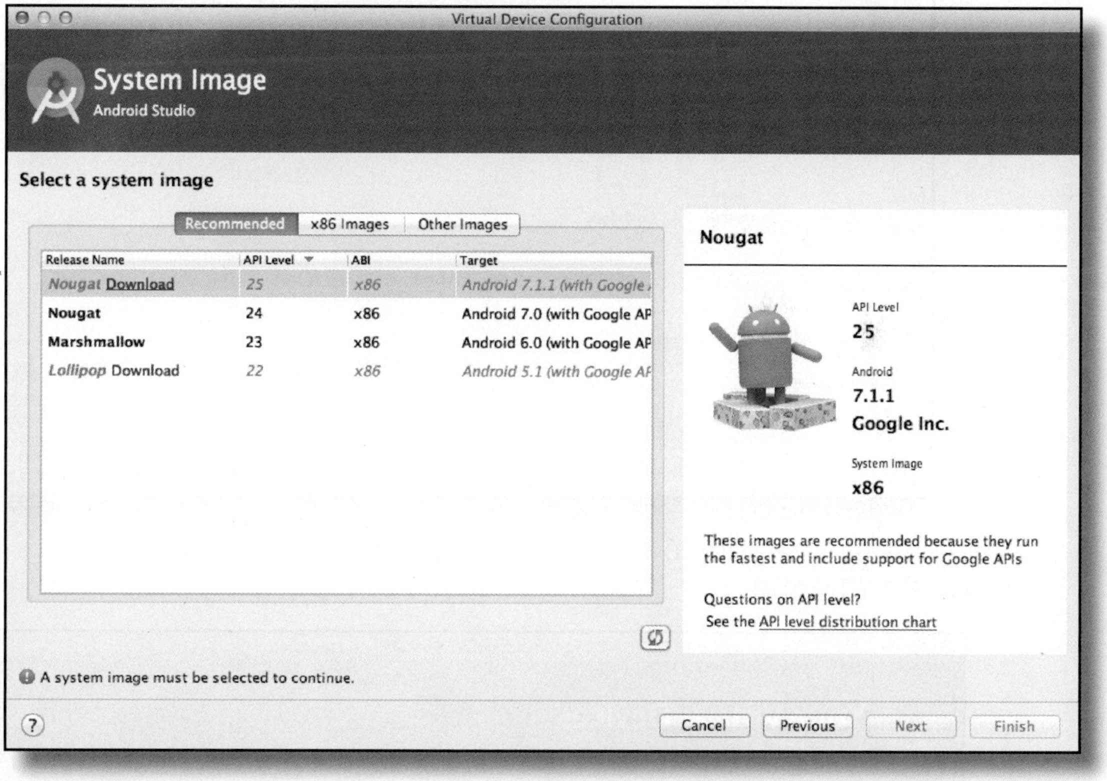

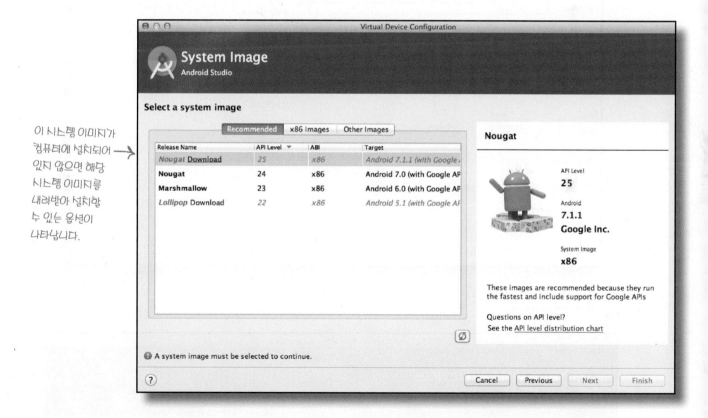

다음 페이지에서 AVD 설정을 계속합니다.

AVD 생성하기(계속)

개발 환경 설정하기
앱 만들기
앱 실행하기
앱 바꾸기

AVD 구성 확인하기

다음에는 AVD 구성을 확인하는 화면이 나타납니다. 이 화면에서는 지금까지 선택한 옵션을 보여주며, 옵션을 바꿀 수 있습니다. 옵션을 확인한 다음 Finish 버튼을 클릭해 설정을 마칩니다.

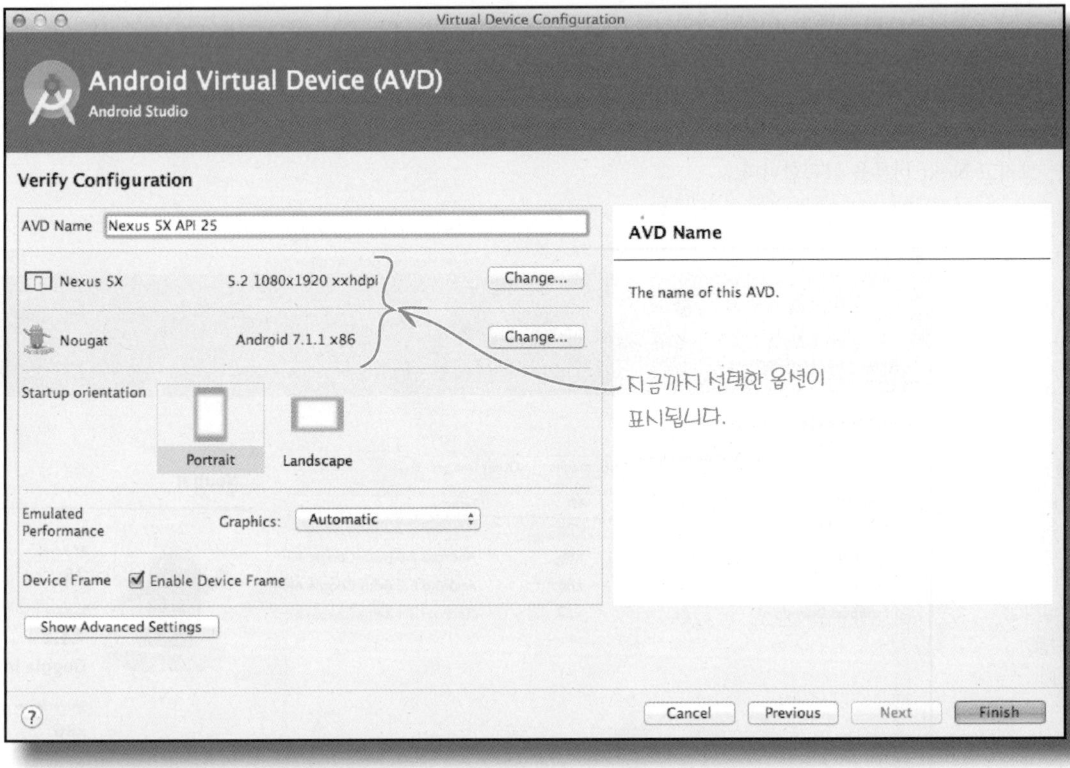

AVD 관리자가 AVD를 생성하여 AVD 관리자 디바이스 목록에 추가합니다.
이제 AVD 관리자를 닫습니다.

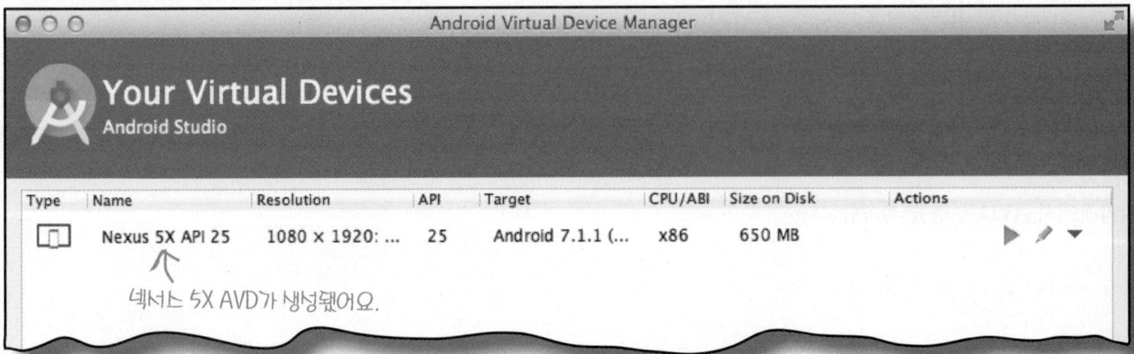

- [x] 개발 환경 설정하기
- [x] 앱 만들기
- [ ] **앱 실행하기**
- [ ] 앱 바꾸기

에뮬레이터로 앱 실행하기

AVD 설정을 마쳤으면 AVD로 앱을 실행해봅시다. Run 메뉴에서 Run 'app'을 선택하세요. 디바이스를 선택하라는 창이 나타나면 방금 생성한 Nexus 5X AVD를 선택하고 OK를 클릭합니다.

AVD가 실행되어 화면에 나타나려면 시간이 조금 걸릴 수 있으니 잠시 기다리세요. 그동안 Run을 선택하면 무슨 일이 일어나는지 확인합시다.

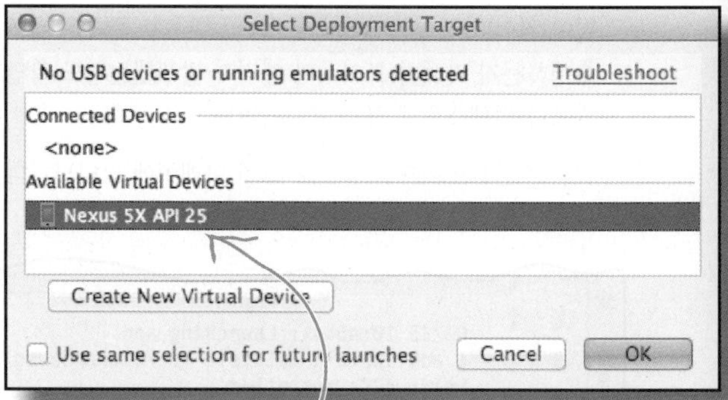

방금 생성한 AVD예요.

컴파일, 패키지, 배포, 실행

Run 명령을 선택하더라도 앱이 바로 실행되는 것은 아닙니다. 앱을 실행하려면 먼저 처리되어야 하는 작업이 있기 때문이죠.

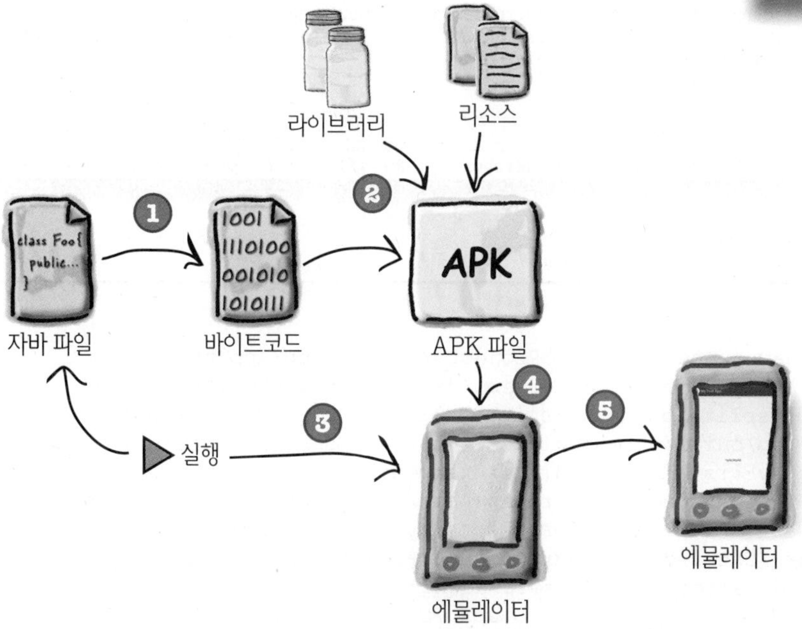

APK 파일은 안드로이드 애플리케이션 패키지입니다. 기본적으로 APK는 안드로이드 애플리케이션을 포함하는 JAR나 ZIP 파일입니다.

1. **자바 소스 파일을 바이트코드로 컴파일합니다.**
2. **안드로이드 애플리케이션 패키지(APK 파일)를 생성합니다.**
   APK 파일은 컴파일된 자바 파일과 앱에 필요한 라이브러리, 리소스 등을 포함합니다.
3. **기존에 실행 중인 디바이스가 없다면 에뮬레이터가 실행되면서 선택한 AVD를 활성화합니다.**
4. **에뮬레이터가 AVD를 활성화하면 APK 파일이 AVD로 업로드되고 설치됩니다.**
5. **AVD는 앱과 관련된 메인 액티비티를 시작합니다.**
   앱이 AVD의 화면에 나타나면 원하는 시험을 수행할 수 있습니다.

콘솔로 진행상황을 확인할 수 있어요

- [x] 개발 환경 설정하기
- [x] 앱 만들기
- [ ] → **앱 실행하기**
- [ ] 앱 바꾸기

에뮬레이터가 실행되어 AVD를 활성화하기까지 시간이 꽤 걸릴 수 있습니다(심지어 몇 분 정도). 원한다면 안드로이드 스튜디오 콘솔 창으로 어떤 일이 일어나고 있는지 확인할 수 있습니다. 콘솔은 빌드 시스템이 어떤 작업을 수행하는지 자세히 보여주며 에러가 발생했는지도 확인할 수 있습니다. 에러가 발생하면 텍스트에 강조 표시됩니다.

에뮬레이터가 시작되는 동안 뜨개질을 하거나 간단한 요리 등 다른 할 일을 찾아보는 것이 더 좋을 것 같네요.

콘솔은 안드로이드 스튜디오 화면 아래쪽에 타나납니다. 콘솔이 자동으로 나타나지 않으면 Run 옵션을 선택하세요.

다음은 앱을 실행했을 때의 콘솔 윈도우 출력입니다.

```
03/13 10:45:41: Launching app
$ adb install-multiple -r /Users/dawng/AndroidStudioProjects/MyFirstApp/app/build/
intermediates/split-apk/debug/dep/dependencies.apk /Users/dawng/AndroidStudioProjects/
MyFirstApp/app/build/intermediates/split-apk/debug/slices/slice_1.apk /Users/dawng/
AndroidStudioProjects/MyFirstApp/app/build/intermediates/split-apk/debug/slices/slice_2.apk /
Users/dawng/AndroidStudioProjects/MyFirstApp/app/build/intermediates/split-apk/debug/slices/
slice_0.apk /Users/dawng/AndroidStudioProjects/MyFirstApp/app/build/intermediates/split-apk/
debug/slices/slice_3.apk /Users/dawng/AndroidStudioProjects/MyFirstApp/app/build/intermediates/
split-apk/debug/slices/slice_6.apk /Users/dawng/AndroidStudioProjects/MyFirstApp/app/build/
intermediates/split-apk/debug/slices/slice_4.apk /Users/dawng/AndroidStudioProjects/MyFirstApp/
app/build/intermediates/split-apk/debug/slices/slice_5.apk /Users/dawng/AndroidStudioProjects/
MyFirstApp/app/build/intermediates/split-apk/debug/slices/slice_7.apk /Users/dawng/
AndroidStudioProjects/MyFirstApp/app/build/intermediates/split-apk/debug/slices/slice_8.apk /
Users/dawng/AndroidStudioProjects/MyFirstApp/app/build/intermediates/split-apk/debug/slices/
slice_9.apk /Users/dawng/AndroidStudioProjects/MyFirstApp/app/build/outputs/apk/app-debug.apk
Split APKs installed
$ adb shell am startservice com.hfad.myfirstapp/com.android.tools.fd.runtime.InstantRunService
$ adb shell am start -n "com.hfad.myfirstapp/com.hfad.myfirstapp.MainActivity" -a android.
intent.action.MAIN -c android.intent.category.LAUNCHER
Connected to process 2685 on device Nexus_5X_API_25 [emulator-5554]
```

앱을 설치해요. (Launching app)

우리가 방금 설정한 AVD를 안드로이드 스튜디오가 실행했네요. (Nexus_5X_API_25)

에뮬레이터가 메인 액티비티를 시작하고 앱을 실행했어요. 메인 액티비티는 마법사가 생성했어요. (MainActivity)

시험 주행

- [x] 개발 환경 설정하기
- [x] 앱 만들기
- [x] 앱 실행하기
- [ ] 앱 바꾸기

앱을 실행하면 실제로 화면에 무엇이 나타나는지 확인합시다.

먼저 에뮬레이터가 다른 창에서 실행됩니다. 에뮬레이터가 AVD를 로드하기까지 시간이 걸리지만 로드가 끝나면 실제 안드로이드 디바이스처럼 생긴 화면이 나타납니다.

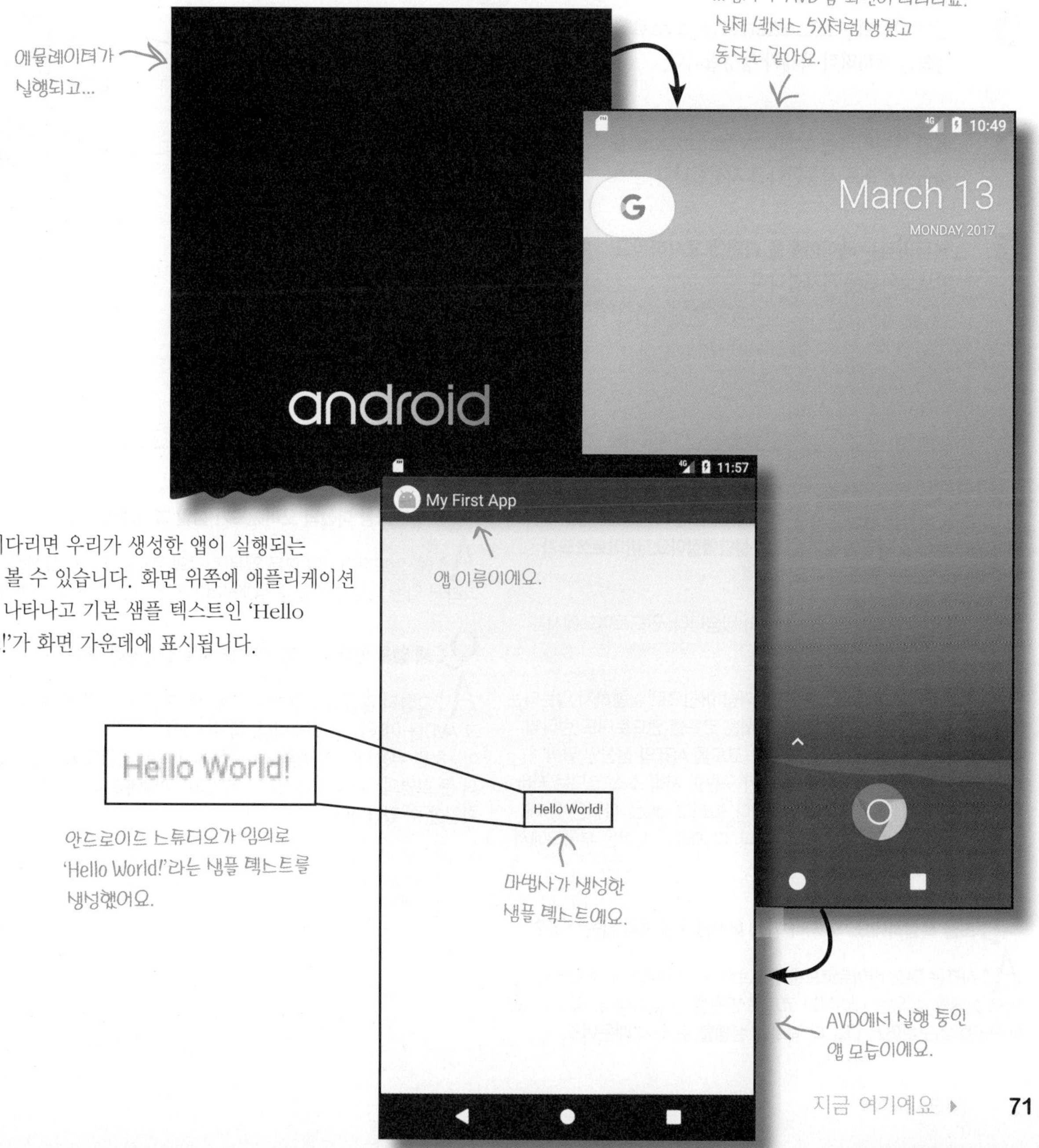

에뮬레이터가 실행되고...
...잠시 후 AVD 홈 화면이 나타나요. 실제 넥서스 5X처럼 생겼고 동작도 같아요.
android
10:49
March 13
MONDAY, 2017
11:57
My First App
앱 이름이에요.
Hello World!
안드로이드 스튜디오가 임의로 'Hello World!'라는 샘플 텍스트를 생성했어요.
마법사가 생성한 샘플 텍스트에요.
AVD에서 실행 중인 앱 모습이에요.

잠시 기다리면 우리가 생성한 앱이 실행되는 모습을 볼 수 있습니다. 화면 위쪽에 애플리케이션 이름이 나타나고 기본 샘플 텍스트인 'Hello World!'가 화면 가운데에 표시됩니다.

무슨 일이 일어난 거죠?

앱을 실행하면 어떤 일이 일어나는지 단계별로 확인합시다.

1. **안드로이드 스튜디오가 에뮬레이터를 실행하고 AVD를 로드한 다음 앱을 설치합니다.**

2. **앱이 실행되면 MainActivity.java로 정의한 액티비티 객체가 생성됩니다.**

3. **메인 액티비티는 activity_main.xml을 레이아웃으로 사용한다고 지정합니다.**

4. **액티비티는 레이아웃을 화면에 표시하라고 안드로이드에 지시합니다.**
   'Hello World!'라는 텍스트가 표시됩니다.

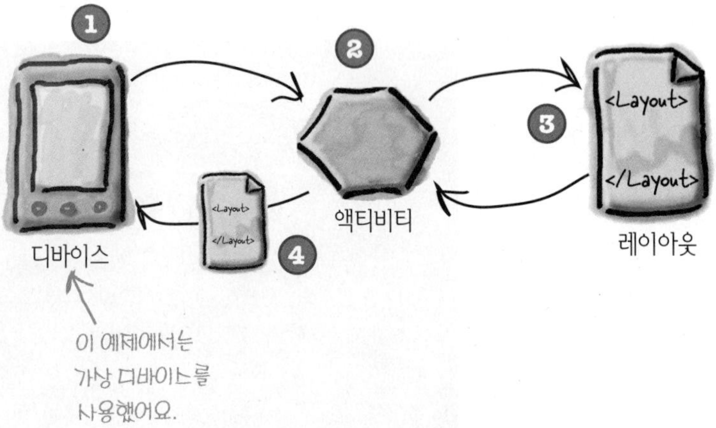

바보 같은 질문이란 없습니다

Q: APK 파일을 생성할 때 자바 소스 코드가 바이트코드로 컴파일되어 APK 파일에 추가된다고 설명했잖아요. 바이트코드가 자바 바이트코드를 말하는 거죠?

A: 그렇습니다. 하지만 조금 사연이 있습니다. 안드로이드에서는 자바가 조금 다른 방식으로 실행됩니다.

안드로이드에서는 코드를 일반 자바 가상 머신으로 실행하지 않는다는 것이 큰 차이점입니다. 안드로이드에서는 코드를 안드로이드 런타임(ART)으로 실행하며 예전 디바이스는 코드를 ART의 전신인 달빅(Dalvik)으로 실행했습니다. 즉, 우리가 구현한 자바 소스 코드는 자바 컴파일러에 의해 .class로 컴파일됩니다. 그리고 .class 파일은 한 개 이상의 DEX 파일 형식으로 모아집니다. 더 자세한 사항은 부록 3에서 확인하세요.

Q: 조금 복잡하네요. 왜 자바 가상 머신을 사용하지 않는 거죠?

A: ART는 DEX 바이트코드를 안드로이드 디바이스의 CPU에서 바로 실행할 수 있는 네이티브 코드로 변환할 수 있습니다. 즉, 더 적은 배터리를 소모하면서 앱을 더 빠르게 실행할 수 있기 때문이죠.

Q: 자바 가상 머신의 오버헤드가 정말 그렇게 큰가요?

A: 예. 안드로이드의 모든 앱은 각각의 프로세스에서 실행됩니다. 따라서 일반 JVM으로 앱을 실행하려면 많은 메모리가 필요합니다.

Q: 새 앱을 만들 때마다 AVD도 새로 생성해야 하나요?

A: 그렇지 않습니다. 한번 AVD를 생성했으면 다른 앱에도 그 AVD를 이용할 수 있습니다. 앱을 시험할 때 여러 개의 AVD를 이용하면 유용합니다. 예를 들어 폰 AVD 외에 태블릿 AVD를 생성해 더 큰 화면의 디바이스에서는 우리 앱이 어떻게 보이고 동작하는지 확인할 수 있습니다.

- [x] 개발 환경 설정하기
- [x] 앱 만들기
- [x] 앱 실행하기
- [ ] → **앱 바꾸기**

앱 다듬기

지금까지 여러 페이지에 걸쳐 기본 안드로이드 앱을 만들고 에뮬레이터에서 실행했습니다. 이번에는 앱을 다듬을 차례입니다.

현재 앱은 마법사가 추가한 'Hello World!'라는 샘플 텍스트를 표시합니다. 이 텍스트를 바꾸려면 어떻게 해야 할까요? 이 질문의 답을 찾으려면 한 걸음 물러나 앱이 현재 어떻게 만들어지는지 살펴봐야 합니다.

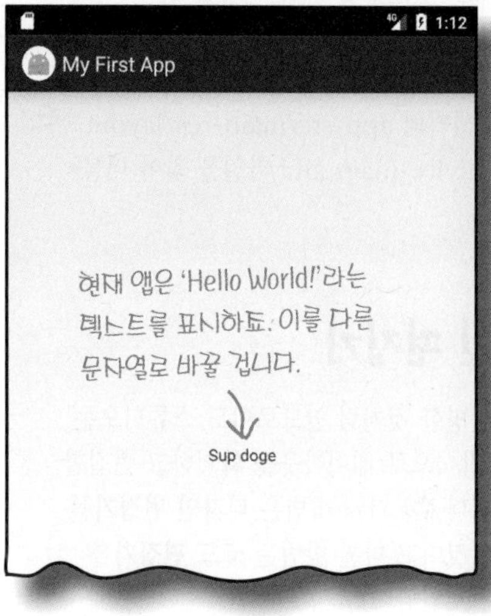
1:12
My First App
현재 앱은 'Hello World!'라는 텍스트를 표시하죠. 이를 다른 문자열로 바꿀 겁니다.
Sup doge

앱은 한 개의 액티비티와 한 개의 레이아웃을 포함해요

앱을 만들 때 안드로이드 스튜디오에 앱 구성을 지시했고 마법사가 그 지시대로 작업을 처리했습니다. 마법사는 액티비티와 기본 레이아웃을 생성했습니다.

액티비티는 앱의 동작을 제어해요

안드로이드 스튜디오는 MainActivity.java라는 액티비티를 생성했습니다. 액티비티는 앱이 어떻게 동작해야 하며 사용자에게 어떻게 응답을 해야 하는지 정의합니다.

레이아웃은 앱의 모양을 제어해요

MainActivity.java는 안드로이드가 생성한 activity_main.xml이라는 레이아웃을 사용하라고 지시합니다. 레이아웃은 앱의 **모양**을 결정합니다.

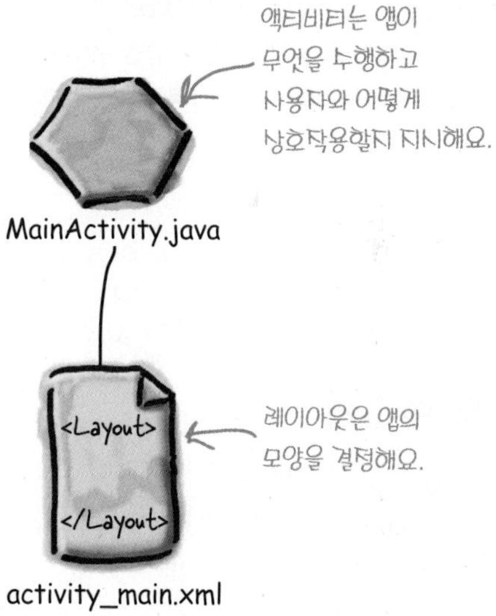
액티비티는 앱이 무엇을 수행하고 사용자와 어떻게 상호작용할지 지시해요.
MainActivity.java
<Layout>
</Layout>
레이아웃은 앱의 모양을 결정해요.
activity_main.xml

현재 표시된 텍스트를 바꾸도록 앱을 고치려 합니다. 즉, 앱의 모양을 결정하는 안드로이드 컴포넌트를 바꿔야 합니다. 따라서 레이아웃을 조금 더 자세히 살펴볼 필요가 있습니다.

레이아웃은 무엇을 포함하는가?

안드로이드 스튜디오가 생성한 'Hello World!' 샘플 텍스트를 바꾸려 합니다. 그러려면 activity_main.xml이라는 레이아웃 파일부터 살펴봐야 합니다. 편집기에 레이아웃 파일을 열지 않았다면 탐색기의 app/src/main/res/layout 폴더에서 activity_main.xml 파일을 찾아 더블 클릭하세요.

탐색기에 폴더 구조가 나타나지 않으면 Project 뷰로 바꿔보세요.

화살표를 누른 다음 파일과 폴더를 어떻게 표시할지 선택하세요.

디자인 편집기

이전에 설명한 것처럼 안드로이드 스튜디오는 두 가지 방식으로 레이아웃을 확인하고 편집할 수 있습니다. 한 가지 방법은 **디자인 편집기**를 이용하는 것이고 다른 방법은 **코드 편집기**를 이용하는 것입니다.

디자인 옵션을 선택하면 'Hello World!' 샘플 텍스트가 레이아웃에 나타나는 모습을 확인할 수 있습니다. XML로는 이를 어떻게 확인할 수 있을까요?

코드 편집기로 바꿔봅시다.

디자인 편집기

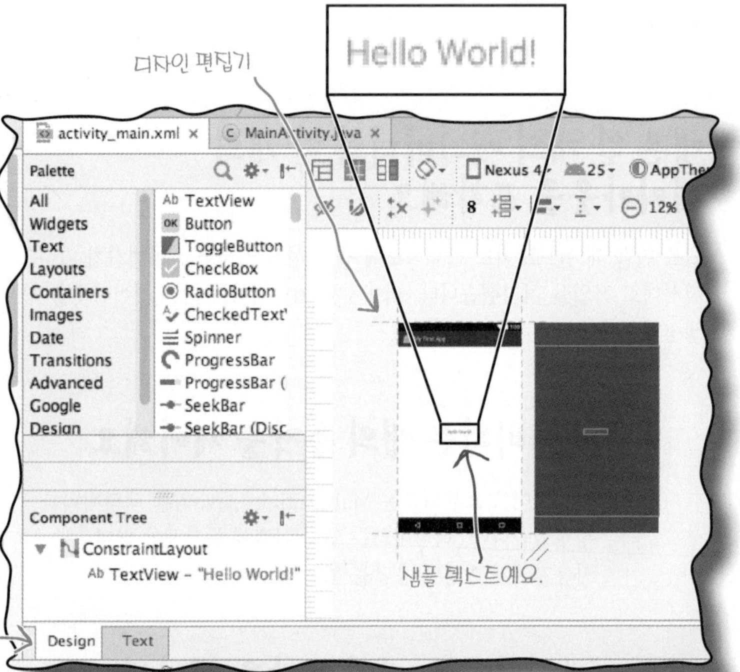

샘플 텍스트예요.

여기서 'Design'을 선택하면 디자인 편집기를 볼 수 있어요.

코드 편집기

코드 편집기 옵션을 선택하면 activity_main.xml의 내용이 표시됩니다. 코드를 자세히 살펴봅시다.

코드 편집기

여기서 'Text'를 선택하면 코드 편집기를 볼 수 있어요.

activity_main.xml은 두 개의 요소를 포함해요

아래는 안드로이드 스튜디오가 생성한 activity_main.xml 코드입니다. 여기서는 필요한 코드만 발췌했습니다. 다른 내용은 뒤에서 더 자세히 살펴봅니다.

다음 코드를 확인하세요.

```
<?xml version="1.0" encoding="utf-8"?>
<android.support.constraint.ConstraintLayout
    ... >
    <TextView
        android:layout_width="wrap_content"
        android:layout_height="wrap_content"
        android:text="Hello World!"
        ... />
</android.support.constraint.ConstraintLayout>
```

이 요소로 컴포넌트가 어떻게 표현될지 지정해요. 우리 예제에서는 'Hello World!' 텍스트를 표시합니다.

안드로이드 스튜디오에서는 더 많은 XML 코드를 제공하지만 아직 살펴볼 필요가 없는 코드여서 생략했어요.

<TextView> 요소예요.

요소의 일부 코드도 생략했어요.

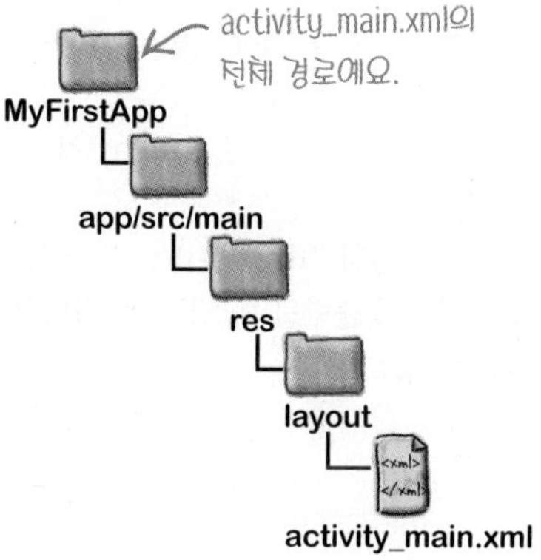

살펴본 것처럼 코드는 두 가지 요소를 포함합니다.

첫 번째는 <android.support.constraint.ConstraintLayout> 요소입니다. 이는 안드로이드가 디바이스 화면에 컴포넌트를 어떻게 표시할 것인지 결정하는 레이아웃 요소입니다. 이 밖에도 다양한 레이아웃 요소가 있는데 뒤에서 자세히 살펴봅니다.

여기서 가장 중요한 요소는 두 번째 요소인 <TextView>입니다. 이 요소는 사용자에게 텍스트를 보여줄 때 사용합니다. 예제에서는 'Hello World!'라는 샘플 텍스트를 보여줍니다.

<TextView> 요소에서 android:text로 시작하는 부분이 핵심입니다. 이 텍스트 속성으로 표시할 텍스트를 기술합니다.

쉬는 시간

레이아웃 코드가 책과 다르다고 걱정하지 마세요.

버전에 따라서 안드로이드 스튜디오가 생성한 XML 코드가 책과 조금 다를 수 있습니다. 다음 장부터 레이아웃 코드를 생성하는 방법과 안드로이드 스튜디오가 제공한 많은 코드를 바꾸는 방법을 배울 것이므로 이 부분은 크게 신경 쓰지 않아도 됩니다.

```
<TextView
    android:layout_width="wrap_content"
    android:layout_height="wrap_content"
    android:text="Hello World!"
    ... />
```

<TextView> 요소로 레이아웃 안에 표시할 텍스트를 기술해요.

화면에 표시할 텍스트예요.

텍스트를 다른 것으로 바꿔봅시다.

- [x] 개발 환경 설정하기
- [x] 앱 만들기
- [x] 앱 실행하기
- [ ] **앱 바꾸기**

레이아웃에 표시된 텍스트 바꾸기

다음 행이 <TextView> 요소의 핵심입니다.

```
android:text="Hello World!" />
```

android:text는 <TextView> 요소의 text 속성을 가리킵니다. 따라서 이 속성으로 레이아웃에 표시될 텍스트를 지정할 수 있습니다. 예제에서는 현재 'Hello World!'라는 텍스트가 나타납니다.

```
android:text="Hello World!" />
```

'Hello World!'라는 ...

...텍스트를 출력해요.

text 속성의 "Hello World!"를 "Sup doge"로 바꾸면 레이아웃에 출력될 텍스트도 바뀝니다. <TextView>의 코드가 다음처럼 바뀌었어요.

```
...
<TextView
    android:layout_width="wrap_content"
    android:layout_height="wrap_content"
    android:text="Hello World!Sup doge"
    ... />
...
```

텍스트를 바꾸는 것이 우리 목표이므로 관련이 없는 코드는 생략했어요.

'Hello World!'를 'Sup doge'라는 텍스트로 바꿨어요.

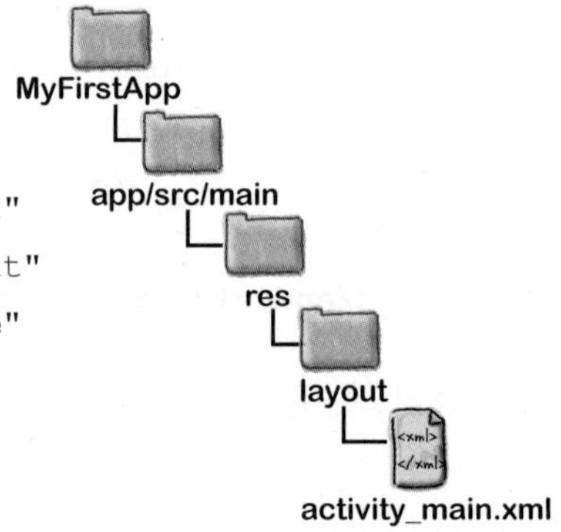

파일의 내용을 바꿨으면 File 메뉴에서 Save All 옵션을 선택해서 바뀐 코드를 저장하세요.

바보 같은 질문이란 없습니다

Q: 레이아웃 코드가 책의 코드와 조금 다른데, 괜찮을까요?

A: 괜찮습니다. 안드로이드 스튜디오의 버전에 따라 안드로이드가 생성하는 코드가 조금 달라질 수 있지만 크게 중요하진 않습니다. 지금부터는 우리가 직접 레이아웃 코드를 생성하는 방법을 배울 것이므로 안드로이드 스튜디오가 생성한 코드를 많이 바꿀 것입니다.

Q: 출력할 텍스트를 하드코딩한 거죠?

A: 새로운 텍스트를 레이아웃에 보여주기 위해 하드코딩했습니다. 사실 텍스트를 하드코딩하는 것보다 더 좋은 방법이 있습니다. 이 방법은 다음 장에서 설명합니다.

Q: 탐색 창의 폴더 구조가 책하고 다른데, 왜 그렇죠?

A: 안드로이드 스튜디오는 폴더 구조를 다양한 방법으로 확인할 수 있는 옵션을 제공하는데 'Android' 뷰가 기본값입니다. 이 책에서는 폴더 구조를 그대로 반영하는 'Project' 뷰를 선호합니다. 탐색 창 윗부분의 화살표를 클릭한 다음 'Project' 옵션을 선택하면 책과 같은 폴더 구조를 확인할 수 있습니다.

우리는 Project 뷰를 사용해요.

화살표를 누른 다음 탐색 창의 뷰를 바꿀 수 있어요.

앱 시험 주행

- [x] 개발 환경 설정하기
- [x] 앱 만들기
- [x] 앱 실행하기
- [x] 앱 바꾸기

파일을 편집했으면 Run 메뉴에서 Run 'app' 명령을 선택해서 앱을 다시 에뮬레이터로 실행합니다. 이번에는 'Hello World!' 대신 'Sup doge'라는 텍스트가 나타났어요.

갱신된 앱이에요.
1:12
My First App
'Hello World!' 대신 'Sup doge'라는 텍스트가 나타났어요.
Sup doge

이렇게 첫 안드로이드 앱을 만들고 갱신도 했습니다.

CHAPTER 1

우리의 안드로이드 도구상자

1장을 마치면서 안드로이드 기본 개념을 습득했고 도구상자에 추가했습니다.

이 책의 전체 코드는 https://tinyurl.com/HeadFirstAndroid에서 내려받을 수 있어요.

핵심정리

- 각 안드로이드 버전은 버전 번호, API 수준, 코드명을 포함합니다.
- 안드로이드 스튜디오는 안드로이드 소프트웨어 개발 킷(SDK)과 그레이들 빌드 시스템을 포함하는 인텔리J 아이디어의 특별한 버전입니다.
- 보통 안드로이드 앱은 액티비티, 레이아웃, 리소스 파일을 포함합니다.
- 레이아웃은 앱의 모양을 기술합니다. 레이아웃은 app/src/main/res/layout 폴더에 위치합니다.
- 액티비티는 앱의 동작, 그리고 사용자와 어떻게 상호작용할지 기술합니다. 우리가 구현한 액티비티는 app/src/main/java 폴더에 위치합니다.
- AndroidManifest.xml은 앱 자체의 정보를 포함하며 app/src/main 폴더에 위치합니다.
- AVD는 안드로이드 가상 디바이스입니다. 안드로이드 에뮬레이터에서 실행되며 물리적 안드로이드 디바이스를 흉내 냅니다.
- APK는 안드로이드 애플리케이션 패키지입니다. 안드로이드 앱의 JAR 파일 역할을 맡으며 앱의 바이트코드, 라이브러리, 리소스 등을 포함합니다. APK로 앱을 디바이스에 설치할 수 있습니다.
- 안드로이드 앱은 안드로이드 런타임(ART)을 이용해 별도의 프로세스에서 실행됩니다.
- 텍스트를 출력할 때는 `<TextView>` 요소를 사용합니다.

2 대화형 앱 만들기

어떤 작업을 수행하는 앱

'비상 탈출'이라고
새겨진 버튼을 클릭하면
어떤 일이 일어날지
너무 궁금해요.

대부분의 앱은 사용자에게 어떤 방식으로든 응답해야 합니다.

이 장에서는 **상호작용하는** 앱을 만듭니다. 사용자의 동작에 응답해 앱이 어떤 동작을 수행하도록 만드는 방법과 **액티비티와 레이아웃이 친한 친구처럼 원활하게 의사소통하는 방법**을 배웁니다. 이 과정에서 모든 것을 연결하는 숨은 진주 같은 R을 배우게 되며 **안드로이드가 실제로 어떻게 작동하는지 더 자세히** 배웁니다.

맥주 추천 앱을 만드세요

앞 장에서는 안드로이드 스튜디오 새 프로젝트 마법사를 이용해 앱을 만드는 방법과 레이아웃에 출력된 텍스트를 바꾸는 방법을 배웠습니다. 하지만 대부분의 안드로이드 앱은 화면에 텍스트를 보여주는 것에 그치지 않고 더 나아가 어떤 동작을 수행해야 합니다.

이 장에서는 맥주 추천(Beer Adviser)이라는 사용자와 상호작용하는 앱을 만듭니다. 사용자가 앱에서 좋아하는 맥주 종류를 선택한 다음 버튼을 클릭하면 시음할 수 있는 맥주 목록을 보여줍니다.

앱은 다음과 같은 구조를 갖게 됩니다.

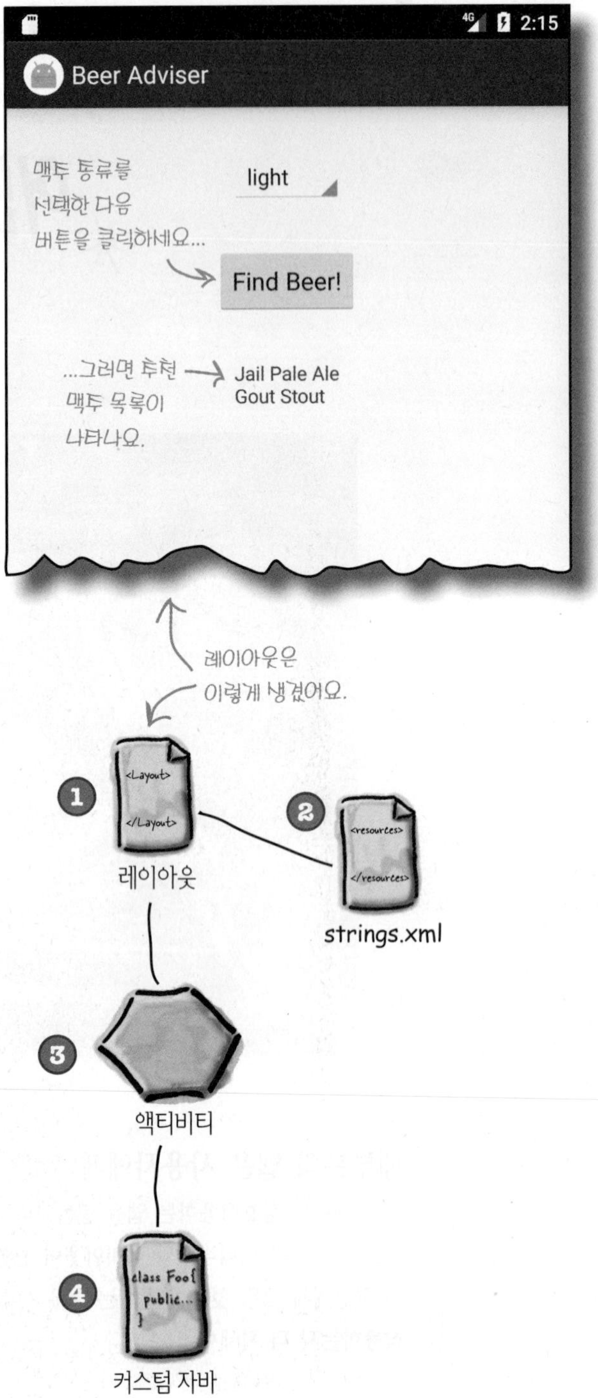

1. **레이아웃은 앱의 모양을 지정합니다.**
   레이아웃은 다음 세 GUI 컴포넌트를 포함합니다.
   - 원하는 맥주 종류를 선택할 수 있는 스피너(spinner)라는 드롭다운 목록
   - 선택한 맥주 종류를 반환하는 버튼
   - 맥주 종류를 표시할 텍스트 필드

2. **strings.xml 파일은 버튼의 레이블과 맥주 종류 등 레이아웃에 필요한 문자열 리소스를 포함합니다.**

3. **액티비티는 앱이 어떻게 사용자와 상호작용할지 결정합니다.**
   사용자가 선택한 맥주 종류를 이용해 사용자가 관심을 가질 만한 맥주 목록을 출력합니다. 이 작업을 수행할 때 커스텀 자바 클래스를 이용합니다.

4. **커스텀 자바 클래스는 앱의 애플리케이션 로직을 포함합니다.**
   맥주 종류를 인자로 받아서 해당 부류의 맥주 목록을 반환합니다. 액티비티가 커스텀 클래스의 메서드를 호출할 때 맥주 종류를 전달하며 그 결과를 액티비티에서 이용합니다.

우리가 하려는 작업

작업을 시작합시다. 몇 가지 단계를 거쳐 Beer Adviser 앱을 만들 것입니다(2장의 나머지에서 이 과정을 자세히 살펴봅니다).

1 프로젝트 만들기

새로운 앱을 만들어야 하므로 새 프로젝트가 필요합니다. 이전처럼 빈 액티비티와 레이아웃생성합니다.

이 작업을 어떻게 하는지 다음 페이지에서 자세히 설명해요.

2 레이아웃 갱신

앱을 설정한 다음 필요한 GUI 컴포넌트들을 모두 레이아웃에 추가합니다.

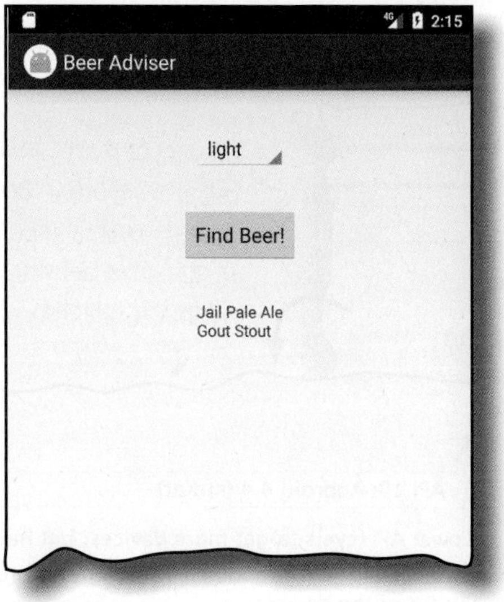

3 레이아웃과 액티비티 연결

레이아웃은 화면 구성만 정의합니다. 앱이 어떤 동작을 하려면 레이아웃을 액티비티의 자바 코드와 연결해야 합니다.

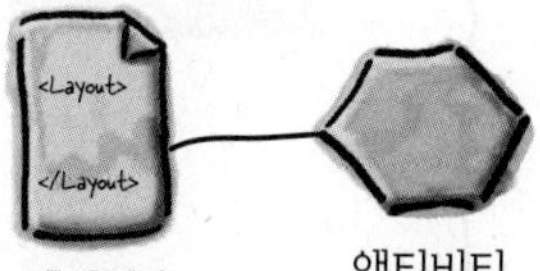

레이아웃 액티비티

4 애플리케이션 로직 구현

앱에 자바 커스텀 클래스를 추가하고 이를 이용해 사용자의 선택에 따른 맥주 정보를 제공합니다.

레이아웃

프로젝트 만들기

프로젝트 만들기
레이아웃 갱신
액티비티 연결
로직 구현

우선 새 앱을 만듭니다(1장과 비슷한 과정을 거칩니다).

1. 안드로이드 스튜디오를 열고 환영 화면에서 'Start a new Android Studio project'를 선택합니다. 1장에서 설명한 마법사가 시작됩니다.

2. 앱 이름은 'Beer Adviser'로 회사 도메인은 'hfad.com'으로 입력하면 패키지 이름은 `com.hfad.beeradviser`가 됩니다. include C++ support 옵션은 선택 해제하세요.

   안드로이드 스튜디오에 코틀린 지원 옵션이 있으면 그 옵션도 선택 해제하세요.

3. 대부분의 폰과 태블릿에서 앱을 실행할 수 있도록 'Phone and Tablet'을 선택한 다음 최소 SDK를 API 수준 19로 선택합니다. 이는 최소한 API 19를 설치한 폰과 태블릿에서 이 앱을 실행할 수 있다는 뜻입니다. 현재 대부분의 안드로이드 디바이스는 이 조건을 만족합니다.

4. 기본 액티비티로 Empty Activity를 선택합니다. 액티비티 이름은 'FindBeerActivity'라 붙이고 관련 레이아웃은 'activity_find_beer'로 정합니다. Generate Layout File 옵션은 선택하고 Backwards Compatibility (AppCompat) 옵션은 선택 해제합니다.

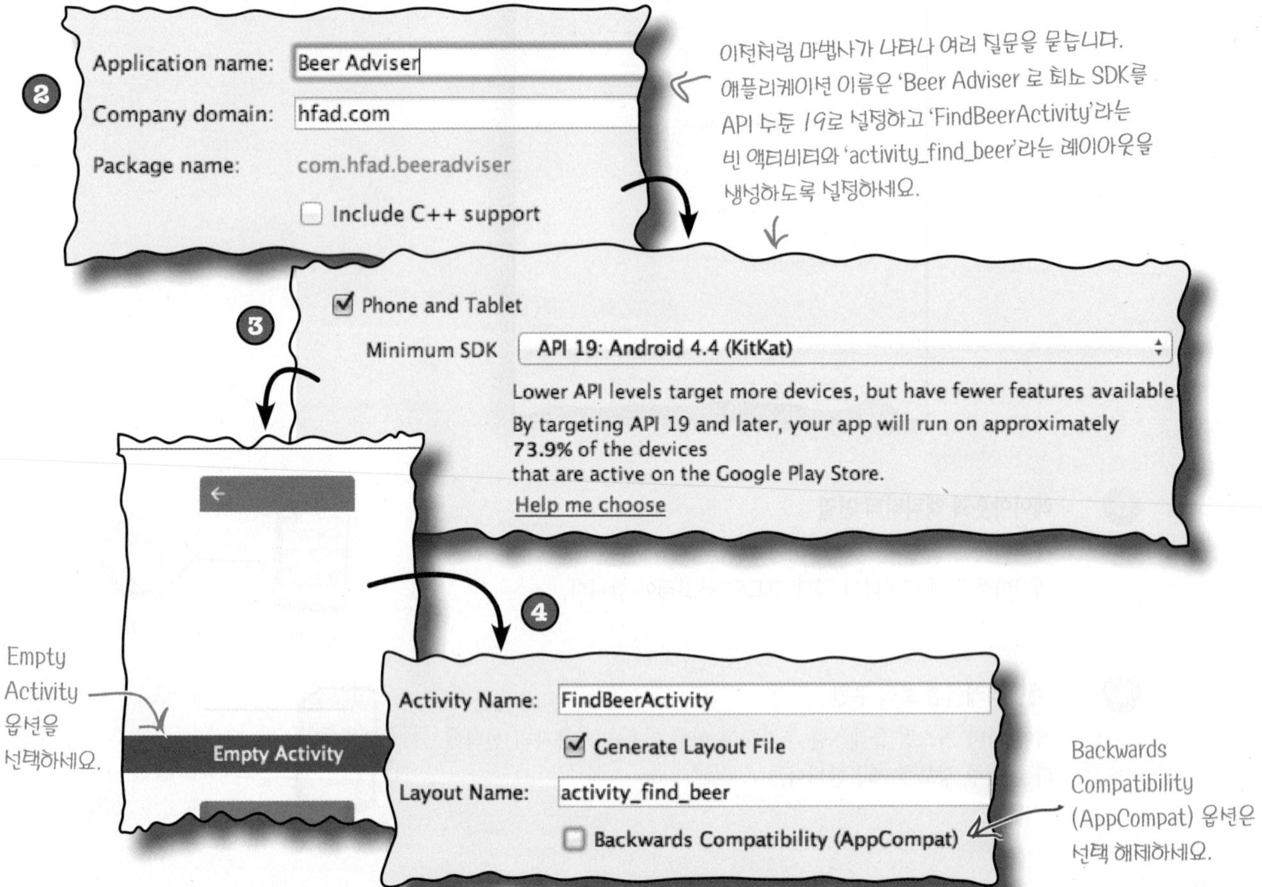

2
Application name: Beer Adviser
Company domain: hfad.com
Package name: com.hfad.beeradviser
Include C++ support
이전처럼 마법사가 나타나 여러 질문을 묻습니다. 애플리케이션 이름은 'Beer Adviser'로 최소 SDK를 API 수준 19로 설정하고 'FindBeerActivity'라는 빈 액티비티와 'activity_find_beer'라는 레이아웃을 생성하도록 설정하세요.
3
Phone and Tablet
Minimum SDK API 19: Android 4.4 (KitKat)
Lower API levels target more devices, but have fewer features available.
By targeting API 19 and later, your app will run on approximately 73.9% of the devices that are active on the Google Play Store.
Help me choose
Empty Activity 옵션을 선택하세요.
Empty Activity
4
Activity Name: FindBeerActivity
Generate Layout File
Layout Name: activity_find_beer
Backwards Compatibility (AppCompat)
Backwards Compatibility (AppCompat) 옵션은 선택 해제하세요.

기본 액티비티와 레이아웃을 생성했어요

Finish 버튼을 클릭하면 안드로이드 스튜디오가 FindBeerActivity.java라는 액티비티와 activity_find_beer.xml이라는 레이아웃 파일을 생성합니다.

레이아웃부터 바꿉시다. 안드로이드 스튜디오의 탐색기를 Project 뷰로 바꾼 다음 app/src/main/res/layout 폴더로 이동해 activity_find_beer.xml 파일을 엽니다. 그리고 Text 탭을 클릭해 코드 편집기를 열고 activity_find_beer.xml의 내용을 아래 굵은 문자로 표시한 코드로 바꿉니다.

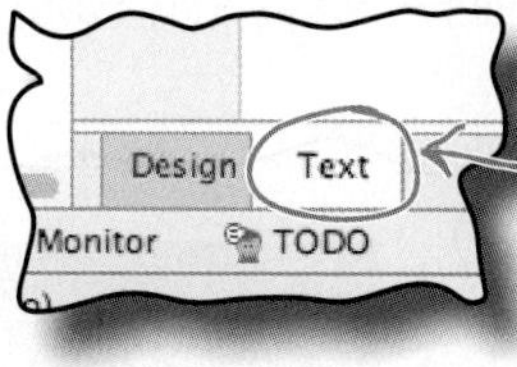

Text 탭을 클릭해 코드 편집기를 여세요.

안드로이드가 생성한 파일을 다음 코드처럼 바꾸세요.

```
<?xml version="1.0" encoding="utf-8"?>
<LinearLayout
    xmlns:android="http://schemas.android.com/apk/res/android"
    xmlns:tools="http://schemas.android.com/tools"
    android:layout_width="match_parent"
    android:layout_height="match_parent"
    android:padding="16dp"
    android:orientation="vertical"
    tools:context="com.hfad.beeradviser.FindBeerActivity">

    <TextView
        android:id="@+id/textView"
        android:layout_width="wrap_content"
        android:layout_height="wrap_content"
        android:text="This is a text view" />
</LinearLayout>
```

이들 요소는 전체 레이아웃과 관련 있어요. 레이아웃의 너비와 높이, 레이아웃 마진의 패딩, 컴포넌트를 수직으로 배치할지 수평으로 배치할지 등을 설정할 수 있어요.

텍스트를 출력할 때 사용해요.

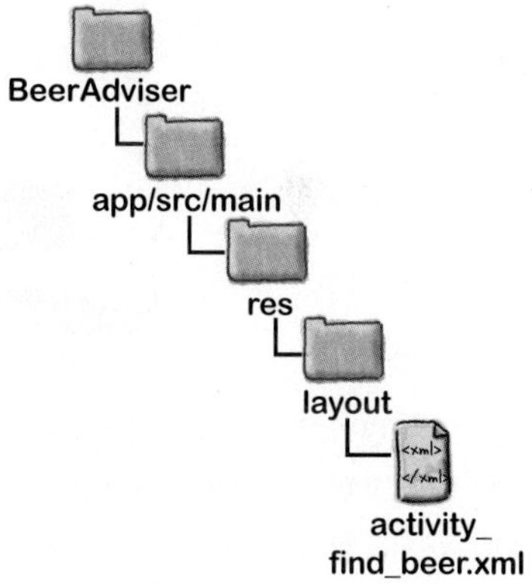

<LinearLayout>을 사용하도록 안드로이드가 생성한 코드를 바꿨습니다. GUI 컴포넌트를 수직이나 수평으로 나란히 배치할 때 <LinearLayout>을 사용합니다. 수직으로 컴포넌트를 배치하면 한 개 열에 컴포넌트가 나타나고 수평으로 배치하면 한 개 행에 컴포넌트가 나타납니다. 자세한 내용은 뒤에서 설명합니다.

레이아웃의 XML을 바꾸면 안드로이드 스튜디오 디자인 편집기에 그 내용이 반영됩니다. 디자인 편집기는 Design 탭을 눌러 확인할 수 있습니다. 다음 페이지에서 디자인 편집기로 레이아웃을 자세히 살펴봅니다.

Design 탭을 눌러 디자인 편집기를 여세요.

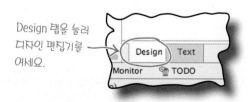

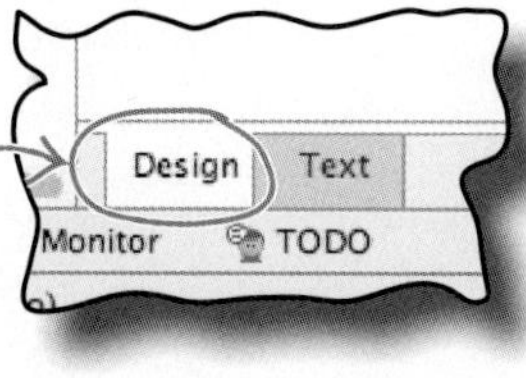

디자인 편집기 자세히 들여다보기

- [x] 프로젝트 만들기
- [ ] 레이아웃 갱신 ←
- [ ] 액티비티 연결
- [ ] 로직 구현

디자인 편집기는 XML의 레이아웃 코드를 시각적인 방법으로 확인, 편집할 수 있게 도와줍니다. 디자인 편집기는 레이아웃 디자인을 두 가지 관점의 뷰로 보여줍니다. 하나는 실제 디바이스에서의 레이아웃 모습이고 다른 하나는 레이아웃 구조 청사진 모습입니다.

안드로이드 스튜디오가 레이아웃을 두 가지 뷰로 보여주지 않으면 디자인 편집기의 툴바에서 'Show Design + Blueprint' 아이콘을 클릭하세요.

디자인 뷰는 레이아웃이 실제 디바이스에 어떻게 표현될지 보여줍니다.

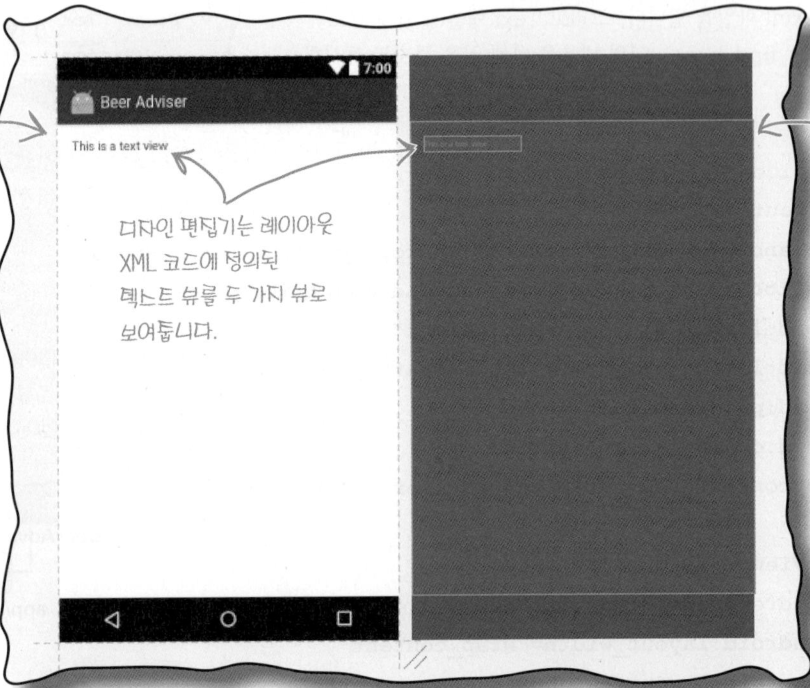

레이아웃의 구조에 포커스를 맞춘 청사진 뷰예요.

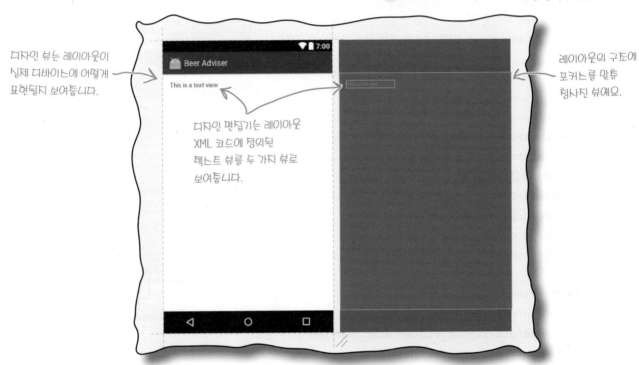

디자인 편집기는 레이아웃 XML 코드에 정의된 텍스트 뷰를 두 가지 뷰로 보여줍니다.

디자인 편집기의 왼쪽에는 레이아웃으로 드래그할 수 있도록 다양한 컴포넌트가 포함된 팔레트가 있습니다. 잠시 후에 이 기능을 사용할 겁니다.

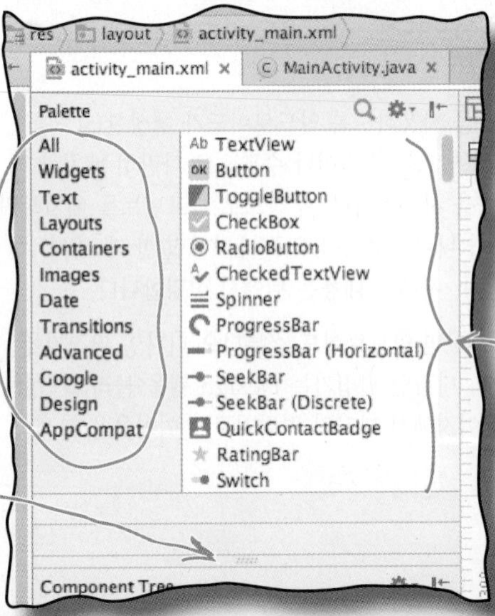

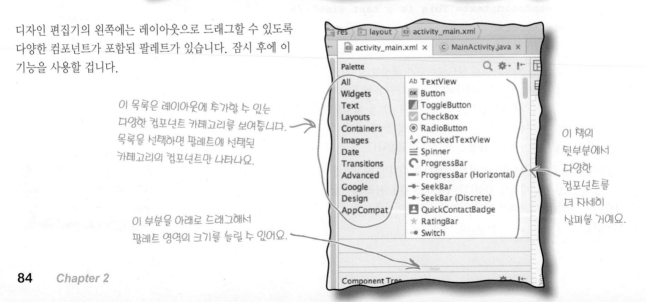

이 목록은 레이아웃에 추가할 수 있는 다양한 컴포넌트 카테고리를 보여줍니다. 목록을 선택하면 팔레트에 선택된 카테고리의 컴포넌트만 나타나요.

이 부분을 아래로 드래그해서 팔레트 영역의 크기를 늘릴 수 있어요.

이 책의 뒷부분에서 다양한 컴포넌트를 더 자세히 살펴볼 거예요.

디자인 편집기로 버튼 추가하기

프로젝트 만들기
레이아웃 갱신
액티비티 연결
로직 구현

디자인 편집기로 버튼을 추가해봅시다. 팔레트에서 Button 컴포넌트를 찾아 클릭한 다음 디자인 편집기의 텍스트 뷰 위로 드래그합니다. 그러면 버튼이 텍스트 뷰 위에 추가됩니다.

Button 컴포넌트를 디자인 편집기로 드래그하세요.

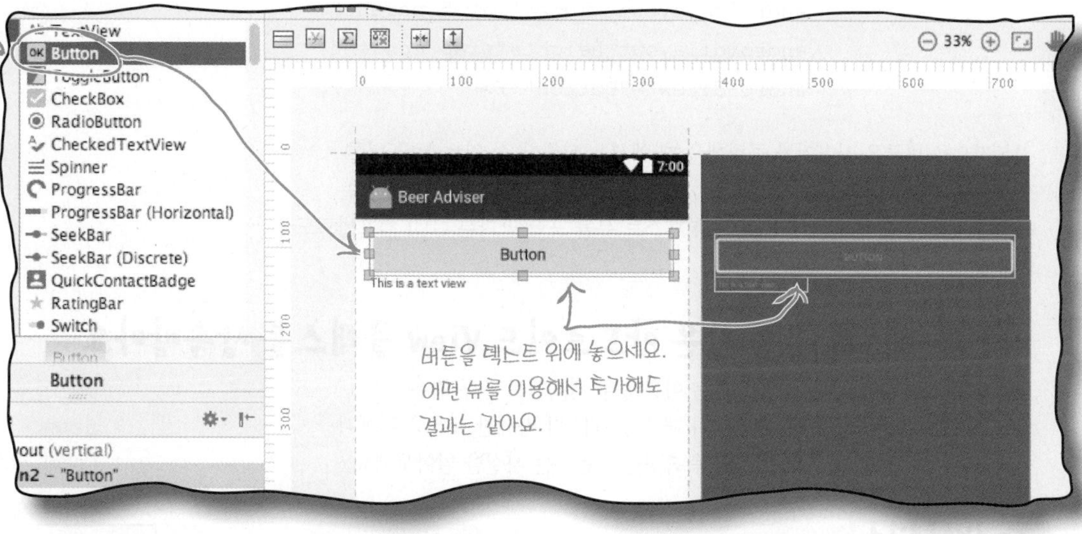

버튼을 텍스트 위에 놓으세요. 어떤 뷰를 이용해서 추가해도 결과는 같아요.

디자인 편집기의 작업 결과는 XML에도 반영됩니다

GUI 컴포넌트를 드래그하면 레이아웃을 쉽게 편집할 수 있습니다. 코드 편집기에서 코드를 확인하면 디자인 편집기에서 추가한 버튼이 실제 코드에 추가되었음을 확인할 수 있습니다.

```
...
<Button
    android:id="@+id/button"
    android:layout_width="match_parent"
    android:layout_height="wrap_content"
    android:text="Button" />

<TextView
    android:id="@+id/textView"
    android:layout_width="wrap_content"
    android:layout_height="wrap_content"
    android:text="This is a text view" />
...
```

레이아웃으로 드래그한 버튼 컴포넌트에 해당하는 <Button> 요소가 추가되었어요. 이 부분은 몇 페이지에 걸쳐 조금 더 자세히 설명할 겁니다.

디자인 편집기에서 버튼을 어디에 추가했느냐에 따라 코드가 조금 달라질 수 있으니 이 책의 코드와 여러분 코드가 조금 다르더라도 걱정하지 마세요.

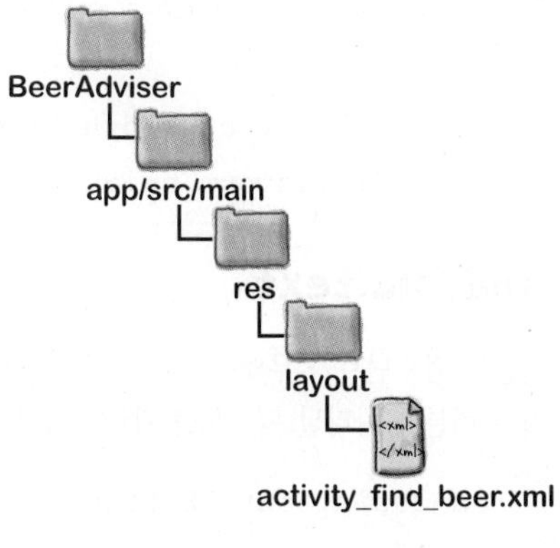

activity_find_beer.xml에 새 버튼이 추가되었어요

activity_find_beer.xml에 다음과 같이 <Button> 요소가 추가되었어요.

```
<Button
    android:id="@+id/button"
    android:layout_width="match_parent"
    android:layout_height="wrap_content"
    android:text="Button" />
```

기본적으로 버튼은 사용자가 클릭했을 때 액션을 실행할 수 있는 누름 버튼 형식으로 되어 있습니다. <Button> 요소는 크기와 모양을 제어할 수 있는 속성을 갖고 있습니다. 버튼뿐 아니라 텍스트 뷰를 포함한 다른 GUI 컴포넌트도 이들 속성을 갖고 있습니다.

버튼과 텍스트 뷰는 같은 안드로이드 View 클래스를 상속받아요

버튼과 텍스트 뷰가 같은 속성을 갖는 이유는 두 컴포넌트 모두 같은 안드로이드 **View** 클래스를 상속받기 때문입니다. 더 자세한 내용은 뒤에서 살펴봅니다. 우선은 다음과 같은 공통 속성을 갖는다는 사실을 알아두세요.

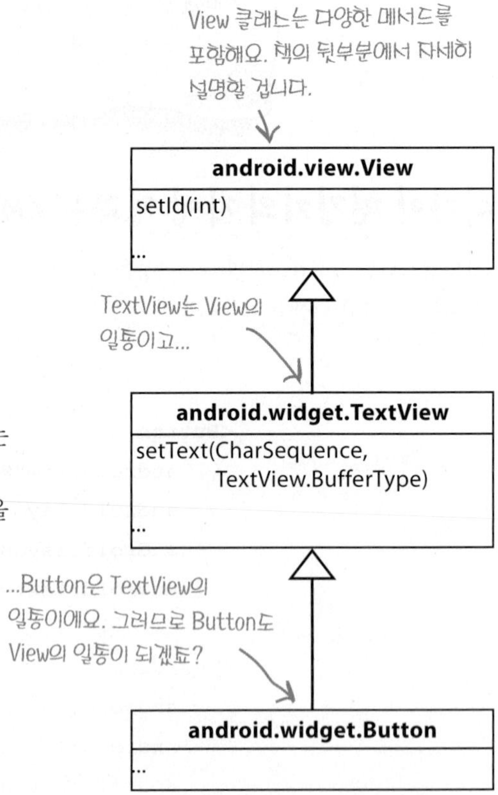
View 클래스는 다양한 메서드를 포함해요. 책의 뒷부분에서 자세히 설명할 겁니다.
android.view.View
setId(int)
...
TextView는 View의 일종이고...
android.widget.TextView
setText(CharSequence, TextView.BufferType)
...
...Button은 TextView의 일종이에요. 그러므로 Button도 View의 일종이 되겠죠?
android.widget.Button
...

android:id

컴포넌트를 식별할 수 있는 이름을 제공합니다. id 속성을 이용해 액티비티 코드에서 컴포넌트를 제어할 수 있습니다.

```
android:id="@+id/button"
```

android:layout_width, android:layout_height

이 두 속성은 각각 컴포넌트의 너비와 높이를 지정합니다. "match_parent"는 부모 요소인 <LinearLayout>의 너비만큼 크게 표시함을 의미하고, "wrap_content"는 콘텐트를 보여줄 수 있을 만큼 충분한 높이를 가져야 함을 의미합니다.

```
android:layout_width="match_parent"
android:layout_height="wrap_content"
```

android:text

텍스트 컴포넌트가 무엇을 출력할지 안드로이드에 지시합니다. <Button>의 경우 버튼에 나타날 텍스트를 가리킵니다.

```
android:text="Button"
```

레이아웃 코드 자세히 살펴보기

- [x] 프로젝트 만들기
- [ ] 레이아웃 갱신 ←
- [ ] 액티비티 연결
- [ ] 로직 구현

레이아웃 코드를 자세히 하나씩 살펴보면서 실제 어떤 작업을 하는지 확인합시다(여러분 코드가 책과 다르더라도 걱정하지 말고 따라오세요).

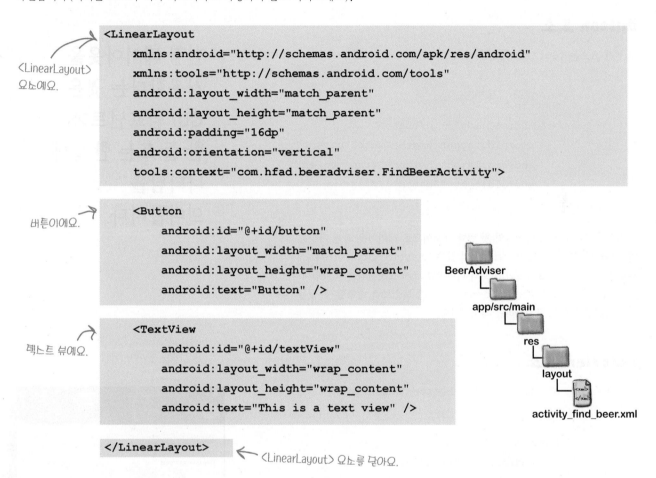

<LinearLayout> 요소예요.

```
<LinearLayout
    xmlns:android="http://schemas.android.com/apk/res/android"
    xmlns:tools="http://schemas.android.com/tools"
    android:layout_width="match_parent"
    android:layout_height="match_parent"
    android:padding="16dp"
    android:orientation="vertical"
    tools:context="com.hfad.beeradviser.FindBeerActivity">
```

버튼이에요.

```
    <Button
        android:id="@+id/button"
        android:layout_width="match_parent"
        android:layout_height="wrap_content"
        android:text="Button" />
```

텍스트 뷰예요.

```
    <TextView
        android:id="@+id/textView"
        android:layout_width="wrap_content"
        android:layout_height="wrap_content"
        android:text="This is a text view" />
```

```
</LinearLayout>
```

<LinearLayout> 요소를 닫아요.

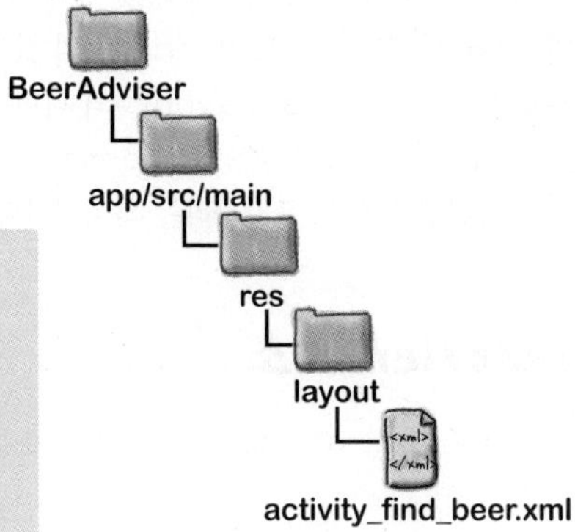

LinearLayout 요소

레이아웃 코드의 첫 번째 요소는 <LinearLayout>입니다. <LinearLayout>은 다양한 GUI 컴포넌트를 한 행에 표시할지 한 열에 표시할지 안드로이드에 알려줍니다.

GUI 컴포넌트를 다른 방법으로 표시할 수도 있어요. 더 자세한 정보는 나중에 살펴볼 겁니다.

android:orientation 속성으로 방향을 지정합니다. 예를 들어 다음 코드는

```
android:orientation="vertical"
```

GUI 컴포넌트가 한 개의 세로 열에 표현되도록 지시합니다.

레이아웃 코드 자세히 살펴보기(계속)

프로젝트 만들기
→ 레이아웃 갱신
액티비티 연결
로직 구현

<LinearLayout>은 <Button>과 <TextView> 두 개 요소를 포함합니다.

Button 요소

첫 번째 요소는 <Button>입니다.

```
    ...
        <Button
            android:id="@+id/button"
            android:layout_width="match_parent"
            android:layout_height="wrap_content"
            android:text="Button" />
    ...
```

버튼은 <LinearLayout>의 첫 번째 요소이므로 레이아웃 화면 가장 위에 나타납니다. layout_width의 값은 "match_parent", 즉 부모 요소인 <LinearLayout>의 너비만큼 크게 표시하라는 의미입니다. layout_height는 "wrap_content", 즉 텍스트를 출력할 수 있을 만큼 충분한 높이로 표시하라는 의미입니다.

선형 레이아웃을 사용한다는 것은 GUI 컴포넌트가 한 줄 또는 한 열에 나타남을 의미합니다.

TextView 요소

<LinearLayout> 요소의 마지막 요소는 <TextView>입니다.

```
    ...
        <TextView
            android:id="@+id/textView"
            android:layout_width="wrap_content"
            android:layout_height="wrap_content"
            android:text="This is a text view" />
    ...
```

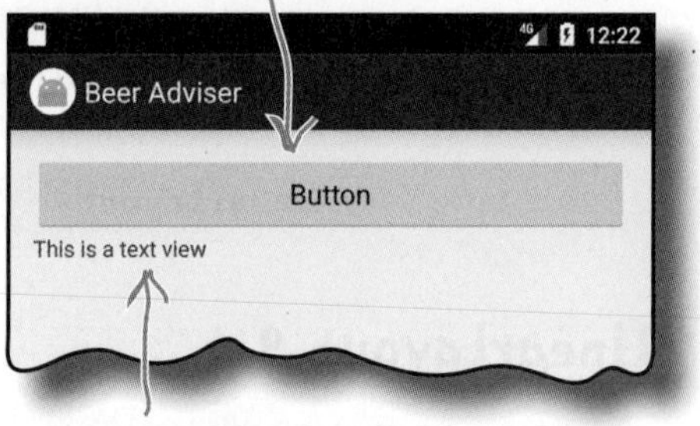
버튼은 레이아웃의 첫 번째 요소이므로 맨 위에 나타나요.
12:22
Beer Adviser
Button
This is a text view
텍스트 뷰는 레이아웃의 두 번째 요소이므로 버튼 바로 아래에 위치합니다.

텍스트 뷰는 <LinearLayout>의 두 번째 요소며 선형 레이아웃(LinearLayout)의 방향을 "vertical", 즉 수직으로 설정했으므로 첫 번째 요소인 버튼 아래에 위치합니다. layout_width와 layout_height 모두 "wrap_content"이므로 텍스트를 보여줄 수 있을 만큼 충분한 너비와 높이를 갖습니다.

XML을 변경하면...

지금까지 디자인 편집기에서 컴포넌트를 추가하면 레이아웃 XML에도 코드가 추가된다는 사실을 확인했습니다. 반대도 마찬가지입니다. 즉, 레이아웃 XML을 바꾸면 디자인 편집기에도 적용됩니다.

activity_find_beer.xml 코드를 다음처럼 바꾸세요(바꿔야 할 부분을 굵은 문자로 표시했습니다).

```
<?xml version="1.0" encoding="utf-8"?>
<LinearLayout
    xmlns:android="http://schemas.android.com/apk/res/android"
    xmlns:tools="http://schemas.android.com/tools"
    android:layout_width="match_parent"
    android:layout_height="match_parent"
    android:padding="16dp"
    android:orientation="vertical"
    tools:context="com.hfad.beeradviser.FindBeerActivity">

    <Spinner
        android:id="@+id/color"
        android:layout_width="wrap_content"
        android:layout_height="wrap_content"
        android:layout_marginTop="40dp"
        android:layout_gravity="center"
        android:layout_margin="16dp" />

    <Button
        android:id="@+id/~~button~~ find_beer"
        android:layout_width="~~match_parent~~ wrap_content"
        android:layout_height="wrap_content"
        android:layout_gravity="center"
        android:layout_margin="16dp"
        android:text="Button" />

    <TextView
        android:id="@+id/~~textView~~ brands"
        android:layout_width="wrap_content"
        android:layout_height="wrap_content"
        android:layout_gravity="center"
        android:layout_margin="16dp"
        android:text="This is a text view" />
</LinearLayout>
```

안드로이드에서는 값의 드롭다운 목록을 갖는 컴포넌트를 스피너라 불러요. 여러 값 중에 하나를 선택할 수 있어요.

레이아웃에 스피너를 보여주는 요소예요.

버튼의 ID를 'find_beer'로 바꾸세요. 이 부분은 나중에 설명할게요.

버튼의 너비를 콘텐트의 너비와 같게 설정해요.

버튼을 수평으로 중앙 정렬하고 마진을 적용해요.

텍스트 뷰의 ID를 'brands'로 바꾸세요.

텍스트 뷰를 중앙 정렬하고 마진을 적용해요.

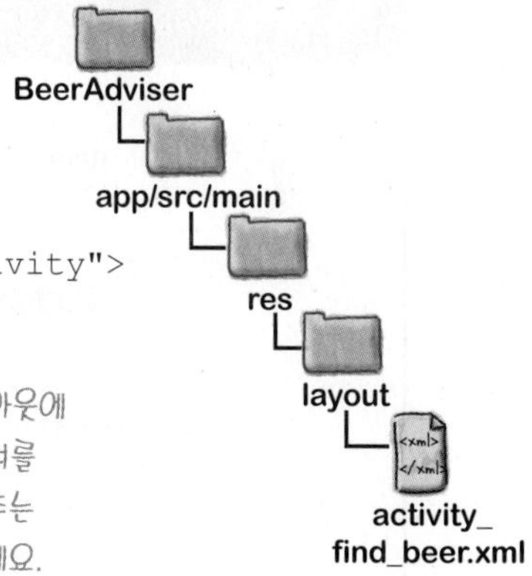

직접 해보세요!

activity_find_beer.xml의 내용을 위와 같이 바꾸세요.

...작업 결과가 디자인 편집기에 반영돼요

- ☑ 프로젝트 만들기
- → ☐ 레이아웃 갱신
- ☐ 액티비티 연결
- ☐ 로직 구현

레이아웃 XML의 내용을 바꾼 다음 디자인 편집기로 이동해보세요. 이전에는 버튼과 그 아래에 텍스트 뷰가 있었지만 이번에는 스피너, 버튼, 텍스트 뷰가 한 열에 중앙 정렬되어 있어요.

스피너는 값을 드롭다운 목록으로 표시하는 컴포넌트를 가리키는 안드로이드 용어입니다. 스피너를 누르면 값을 선택할 수 있도록 목록이 나타납니다.

스피너는 값을 선택할 수 있는 드롭다운 목록을 제공합니다. 이를 이용해 여러 값 중 한 개의 값을 선택할 수 있습니다.

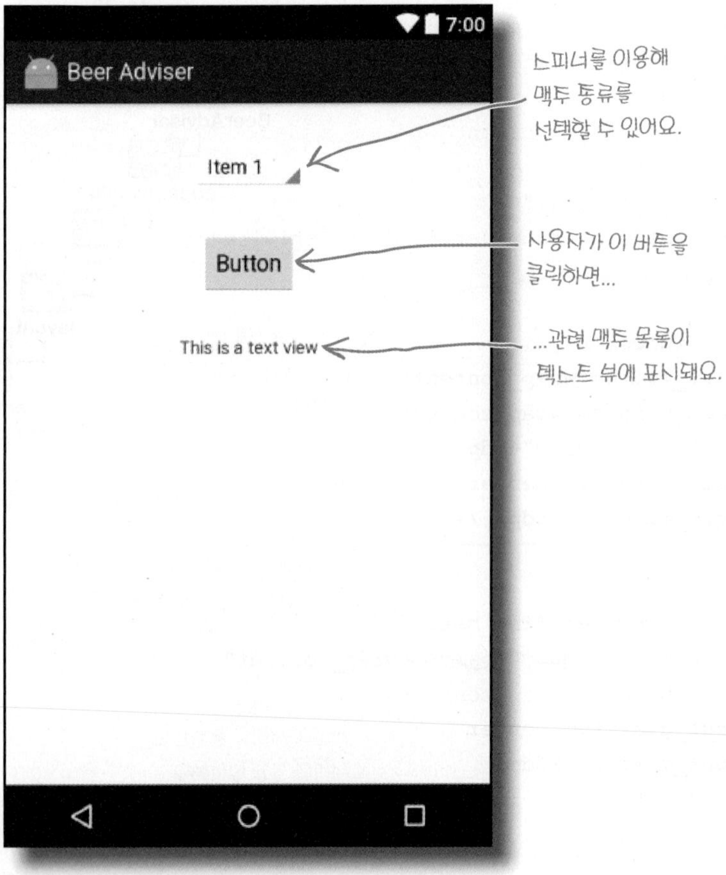
7:00
Beer Adviser
Item 1
Button
This is a text view
스피너를 이용해 맥주 종류를 선택할 수 있어요.
사용자가 이 버튼을 클릭하면...
...관련 맥주 목록이 텍스트 뷰에 표시돼요.

버튼, 스피너, 텍스트 뷰 같은 GUI 컴포넌트는 공통적으로 같은 속성을 갖고 있는데 이들 모두 View 형식이기 때문입니다. 내부적으로 이들은 같은 안드로이드 View 클래스를 상속받습니다.

디자인 편집기를 이용해 GUI 컴포넌트를 추가하는 방법과 XML을 이용한 방법 두 가지를 모두 살펴봤습니다. 보통 간단한 레이아웃에서 원하는 결과를 얻고자 한다면 직접 XML 코드로 작업하는 경우가 많습니다. XML을 이용하면 원하는 대로 레이아웃을 제어할 수 있기 때문이죠.

앱을 시험 주행하세요

- [x] 프로젝트 만들기
- [ ] 레이아웃 갱신
- [ ] 액티비티 연결
- [ ] 로직 구현

아직 앱에 해야 할 일이 남아 있지만 일단 지금까지의 결과를 확인해보겠습니다. File → Save All을 선택해서 바꾼 내용을 파일에 저장한 다음 Run 메뉴에서 Run 'app'을 실행하세요. 디바이스를 선택하는 창이 나타나면 에뮬레이터를 선택합니다.

앱이 로드되고 화면에 나타날 때까지 조금만 기다리세요.

앱이 실행되면 스피너를 눌러보세요. 현재는 미완성 상태이지만 스피너를 완성한 후에 누르면 값의 목록이 드롭다운으로 표시됩니다. 현재는 스피너에 아무 값도 추가하지 않은 상태예요.

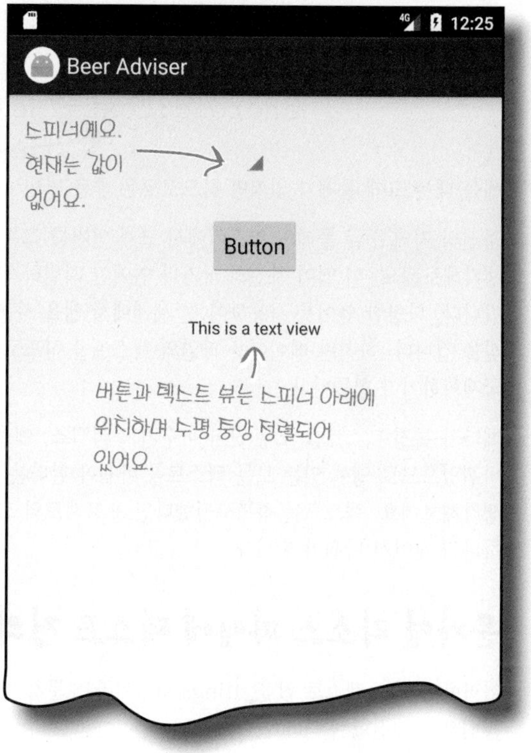

지금까지 우리가 한 작업

지금까지 우리가 한 작업을 간단하게 요약합니다.

1. **앱의 모양을 정의하는 레이아웃을 생성했습니다.**
   레이아웃은 스피너, 버튼, 텍스트 뷰를 포함합니다.

2. **액티비티는 사용자와 어떻게 상호작용할 것이지 정의합니다.**
   안드로이드 스튜디오가 기본 액티비티를 생성했을 뿐 아직 액티비티에 아무것도 추가하지 않았습니다.

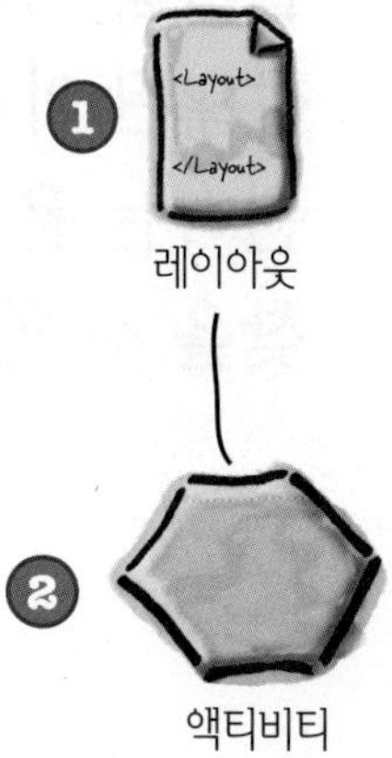

다음에 할 일은 텍스트 뷰와 버튼 텍스트에 하드코딩되어 있는 문자열 값을 바꾸는 겁니다.

바보 같은 질문이란 없습니다

Q: AVD로 실행한 결과가 디자인 편집기로 확인한 모습과 조금 달라요. 왜 그렇죠?

A: 디자인 편집기는 디바이스와 최대한 비슷하게 레이아웃을 보여주지만 사용하는 안드로이드 버전에 따라서는 실제 디바이스에서 실행한 모습과 조금 다를 수 있습니다. AVD의 레이아웃 모습은 실제 디바이스에서 레이아웃이 어떻게 보일지 반영합니다.

텍스트를 하드코딩하면 지역화를 달성하기 어려워요

프로젝트 만들기
레이아웃 갱신
액티비티 연결
로직 구현

지금까지는 텍스트 뷰와 버튼에 나타나는 텍스트를 android:text 속성에 하드코딩했어요.

```
android:text="Hello World!" />
```

'Hello World!'라는...

...텍스트를 출력해요.

배울 때는 크게 문제가 없지만 하드코딩은 좋은 방법이 아닙니다.

자신의 지역 구글 플레이 스토어에서 크게 인기를 끄는 앱을 만들었다고 생각해보세요. 이 앱이 자신의 국가나 언어만 지원하게 하고 싶지는 않을 겁니다. 다양한 언어를 사용하여 전 세계에서 앱을 사용할 수 있게 하고 싶을 겁니다. 하지만 레이아웃 파일의 텍스트를 하드코딩했다면 앱을 국제화하기가 힘듭니다.

게다가 특정 텍스트를 모두 찾아 바꾸기도 어렵죠. 예를 들어 회사명이 바뀌었으므로 앱에 있는 모든 텍스트를 바꿔야 한다는 지시가 내려왔다고 생각해보세요. 텍스트를 하드코딩했다면 프로젝트의 모든 파일에서 텍스트를 하나씩 찾아서 바꿔야 합니다.

하드코딩하는 것보다는 strings.xml에 문자열 값을 추가하는 것이 좋아요. strings.xml은 문자열의 이름/값 쌍을 저장하는 리소스 파일이에요. 레이아웃과 액티비티는 문자열 리소스에 정의된 이름을 이용해 원하는 문자열 값을 찾을 수 있어요.

문자열 리소스 파일에 텍스트 정의하기

이러한 문서는 텍스트 값을 strings.xml이라는 문자열 리소스 파일에 저장하는 방법으로 해결할 수 있습니다.

문자열 리소스 파일을 이용하면 앱을 쉽게 국제화할 수 있습니다. 하드코딩된 텍스트를 하나씩 찾아서 바꾸지 않고 strings.xml에 정의된 문자열만 국제화 버전으로 바꾸면 됩니다.

또한 앱에 사용된 어떤 텍스트를 모두 바꿔야 하는 상황에서도 strings.xml 파일만 바꾸면 됩니다.

문자열 리소스는 어떻게 사용하나요?

레이아웃에 문자열 리소스를 사용하려면 두 가지 작업이 필요합니다.

1. **원하는 문자열을 strings.xml에 추가해 문자열 리소스를 생성합니다.**
2. **문자열 리소스를 레이아웃에 사용합니다.**

우리 앱에 문자열 리소스를 사용해봅시다.

문자열 리소스 생성하기

- [x] 프로젝트 만들기
- [ ] 레이아웃 갱신
- [ ] 액티비티 연결
- [ ] 로직 구현

'버튼에 사용할 텍스트'와 '텍스트 뷰에 기본적으로 나타날 텍스트' 등 총 두 개의 텍스트를 문자열 리소스에 생성해봅시다.

안드로이드 스튜디오의 탐색기에서 app/src/main/res/values 폴더에 있는 strings.xml 파일을 찾습니다. 그리고 더블 클릭해서 파일을 여세요.

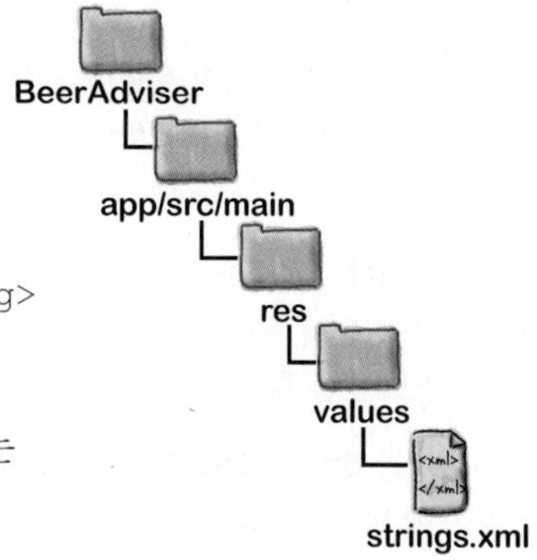

다음은 현재 strings.xml 파일의 내용입니다.

```
<resources>
    <string name="app_name">Beer Adviser</string>
</resources>
```

strings.xml에는 `Beer Adviser`라는 값을 포함하는 "app_name"이라는 한 개의 문자열 리소스가 있습니다. 이 리소스는 우리가 프로젝트를 만들었을 때 안드로이드 스튜디오가 자동으로 생성한 값입니다.

문자열 리소스임을 가리켜요.

```
<string name="app_name">Beer Adviser</string>
```

문자열 리소스의 이름은 'app_name 이고 값은 'Beer Adviser'예요.

우선 `Find Beer!` 값을 갖는 "find_beer"라는 새로운 리소스를 추가할 것입니다. strings.xml을 열어 다음처럼 한 행을 추가하세요.

```
<resources>
    <string name="app_name">Beer Adviser</string>
    <string name="find_beer">Find Beer!</string>
</resources>
```

'find_beer'라는 새 문자열 리소스를 추가합니다.

다음에는 `No beers selected` 값을 갖는 "brands"라는 새 리소스를 추가하세요.

```
<resources>
    <string name="app_name">Beer Adviser</string>
    <string name="find_beer">Find Beer!</string>
    <string name="brands">No beers selected</string>
</resources>
```

텍스트 뷰의 기본 텍스트로 설정할 값이에요.

파일을 고쳤으면 File 메뉴에서 Save All을 눌러 파일을 저장하세요.
이제 레이아웃에서 문자열 리소스를 사용할 차례입니다.

레이아웃에서 문자열 리소스 사용하기

- [x] 프로젝트 만들기
- [ ] 레이아웃 갱신
- [ ] 액티비티 연결
- [ ] 로직 구현

다음과 같이 하면 레이아웃에서 문자열 리소스를 사용할 수 있습니다.

```
android:text="@string/find_beer" />
```

android:text가 무엇을 하는지는 이미 설명했습니다. 이 속성은 화면에 보여줄 텍스트를 지정합니다. 그런데 "@string/find_beer"는 뭘까요?

@string 부분부터 살펴봅시다. 이 부분은 문자열 리소스 파일에서 텍스트 값을 찾으라고 안드로이드에 말하는 겁니다. 예제에서는 strings.xml 파일에서 텍스트 값을 찾습니다.

두 번째 부분인 find_beer는 **find_beer라는 이름을 가진 리소스의 값을 찾으라**고 안드로이드에 말하는 겁니다. 결과적으로 "@string/find_beer"는 'find_beer라는 이름을 가진 문자열 리소스를 찾아서 관련 값을 사용하라'는 뜻입니다.

find_beer라는 문자열 리소스를 가져와서...

```
android:text="@string/find_beer" />
```

...텍스트를 출력해요.

우리는 레이아웃 XML에서 방금 추가한 두 개의 문자열 리소스를 사용하도록 버튼과 텍스트 뷰 요소를 바꿔야 합니다.

activity_find_beer.xml 파일로 돌아가 파일을 다음처럼 바꿉니다.

- 다음 행을

  ```
  android:text="Button"
  ```

  아래와 같이 바꾸세요.

  ```
  android:text="@string/find_beer"
  ```

- 다음 행을

  ```
  android:text="TextView"
  ```

  아래와 같이 바꾸세요.

  ```
  android:text="@string/brands"
  ```

다음 페이지에 완성된 코드가 있습니다.

안드로이드 스튜디오가 실제 코드 대신 코드 편집기의 레퍼런스 값을 보여줄 수 있으니 주의하세요.

예를 들어 "@string/find_beer"가 아니라 "Find Beer!"라는 텍스트를 바로 표시할 수 있어요. 이런 부분은 코드 편집기에 강조 표시됩니다. 강조 표시된 레퍼런스 위에 마우스를 가져가거나 클릭하면 실제 코드를 확인할 수 있어요.

```
<TextView
    android:text="Hello world!"
    android:text="@string/hello_world"
    android:layout_height="wrap_content" />
```

activity_find_beer.xml 코드

다음은 activity_find_beer.xml 코드를 바꾼 모습입니다. 바뀐 코드는 굵게 표시하여 강조했습니다. 여러분 파일도 이 책의 코드와 같게 바꾸세요.

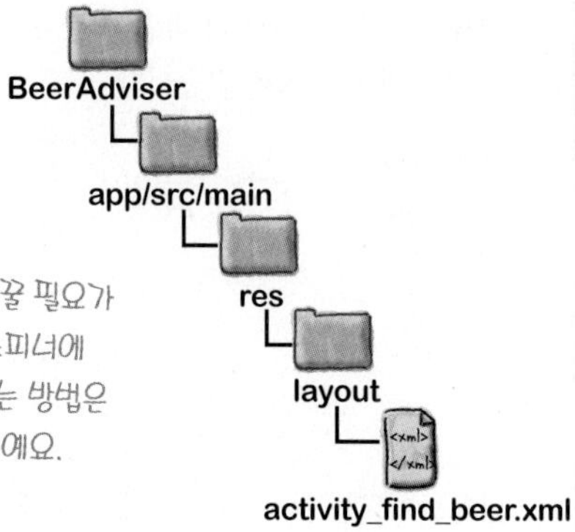


```
...
    <Spinner
        android:id="@+id/color"
        android:layout_width="wrap_content"
        android:layout_height="wrap_content"
        android:layout_marginTop="40dp"
        android:layout_gravity="center"
        android:layout_margin="16dp" />

    <Button
        android:id="@+id/find_beer"
        android:layout_width="wrap_content"
        android:layout_height="wrap_content"
        android:layout_gravity="center"
        android:layout_margin="16dp"
        android:text="Button@string/find_beer" />

    <TextView
        android:id="@+id/brands"
        android:layout_width="wrap_content"
        android:layout_height="wrap_content"
        android:layout_gravity="center"
        android:layout_margin="16dp"
        android:text="This is a text view@string/brands" />

</LinearLayout>
```

스피너는 바꿀 필요가 없었어요. 스피너에 값을 추가하는 방법은 곧 살펴볼 거예요.

find_beer 문자열 리소스의 값을 버튼에 표시할 거예요.

하드코딩한 텍스트는 삭제하세요.

brands 문자열 리소스의 값을 텍스트 뷰에 표시할 거예요.

하드코딩한 텍스트는 삭제하세요.

코드를 바꾸었으면 파일을 저장하세요.

다음 페이지에서 문자열 리소스를 추가하고 사용하는 방법을 다시 요약합니다.

문자열 리소스 파일 자세히 보기

strings.xml 파일은 문자열의 이름/값 쌍을 포함하는 기본 리소스 파일입니다. 앱에서 이 파일을 참조할 수 있어요. 리소스 파일은 다음과 같은 형식을 갖습니다.

<string> 요소는 이름/값 쌍으로 이루어진 문자열을 포함해요.

<resources> 요소는 파일의 콘텐트를 리소스로 식별해요.

```
<resources>
    <string name="app_name">Beer Adviser</string>
    <string name="find_beer">Find Beer!</string>
    <string name="brands">No beer selected</string>
</resources>
```

안드로이드는 두 가지 사실에 기초해 strings.xml이 문자열 리소스 파일이라는 사실을 확인합니다.

- **파일이 app/src/main/res/values 폴더에 저장되어 있어요.**
  이 폴더에 저장된 XML 파일은 문자열, 색상 등 단순 값을 포함합니다.

- **<resources> 요소에 한 개 이상의 <string> 요소가 포함되어 있어요.**
  파일 형식 자체가 문자열을 포함하고 있는 리소스 파일임을 가리킵니다. `<resources>` 요소는 파일이 리소스를 포함하고 있다고 안드로이드에 알려주고, `<string>` 요소로 각각의 문자열 리소스를 정의합니다.

이는 문자열 리소스 파일의 이름이 반드시 strings.xml이어야 할 필요는 없다는 것을 뜻합니다. 원한다면 다른 이름의 리소스 파일을 생성할 수도 있고, 여러 파일에 문자열을 나눠 저장할 수도 있습니다.

각 문자열 요소의 이름/값 쌍은 다음과 같은 형식을 갖습니다.

```
<string name="string_name">string_value</string>
```

여기서 `string_name`은 문자열의 식별자고, `string_value`는 문자열 값 자체를 가리킵니다.

레이아웃은 다음과 같은 방법으로 문자열 값을 추출할 수 있습니다.

```
"@string/string_name"
```

이런 이름을 가진 문자열 리소스를 찾아 값을 반환하라는 의미예요.

@string은 이러한 이름을 가진 문자열 리소스를 찾으라고 안드로이드에 말하는 거예요.

시험 주행 시간

현재 앱의 상태를 확인합시다. 파일을 저장하고 Run 메뉴에서 Run 'app' 명령을 선택하세요. 실행할 디바이스를 묻는 창이 나타나면 에뮬레이터를 선택하세요.

앱을 실행하면 이번에는 버튼과 텍스트 뷰가 strings.xml에 추가한 문자열로 바뀌어 있습니다. 버튼은 'Find Beer!', 텍스트 뷰는 'No beers selected.' 문자열을 표시합니다.

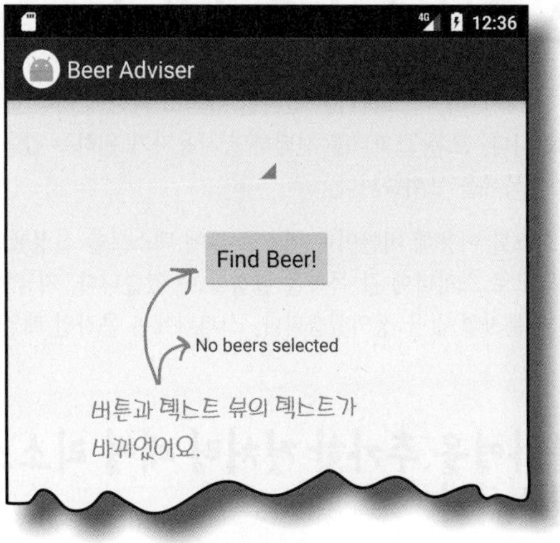

지금까지 이런 작업을 했습니다

지금까지 우리가 한 작업을 간단하게 복습합니다.

1. **앱의 모양을 정의하는 레이아웃을 생성했습니다.**
   레이아웃은 스피너, 버튼, 텍스트 뷰를 포함합니다.

2. **strings.xml 파일은 우리가 사용할 문자열 리소스를 포함합니다.**
   버튼 레이블을 추가했으며, 추천 맥주를 보여줄 텍스트 뷰에 사용할 기본 텍스트 값을 추가했습니다.

3. **액티비티는 사용자와 어떻게 상호작용할 것이지 정의합니다.**
   안드로이드 스튜디오가 기본 액티비티를 생성했을 뿐 아직 액티비티에 아무것도 추가하지 않았습니다.

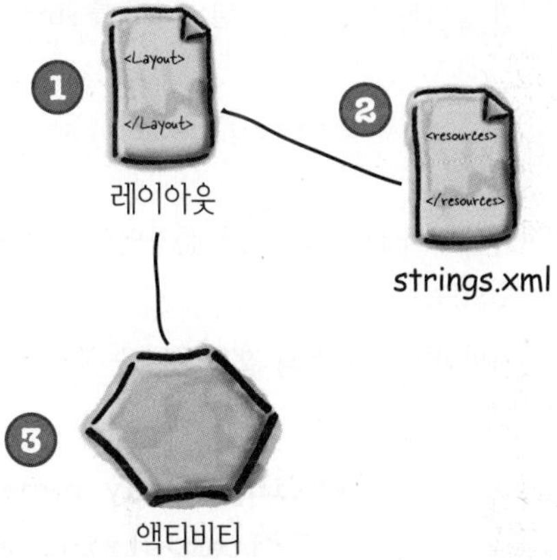

이제 스피너에 맥주 목록을 추가할 차례입니다.

바보 같은 질문이란 없습니다

Q: 반드시 strings.xml 같은 문자열 리소스에 텍스트 값을 넣어야 하나요?

A: 꼭 그래야 하는 것은 아니지만 텍스트 값을 하드코딩하면 안드로이드 스튜디오가 경고 메시지를 보여줍니다. 리소스 파일을 이용하는 것이 처음에는 귀찮을 수 있지만 나중에는 지역화를 더 쉽게 할 수 있습니다. 나중에 문자열 리소스로 바꾸는 것보다는 처음부터 문자열 리소스를 이용하는 것이 더 쉽습니다.

Q: 리소스 문자열 파일이 어떻게 지역화에 도움이 된다는 거죠?

A: 기본적으로 영어로 된 앱을 만들었는데 디바이스 언어를 프랑스어로 설정하면 앱을 프랑스어로 표시해야 한다고 합시다. 이때 앱에 각각의 언어를 하드코딩하는 것보다 영어 텍스트를 포함하는 문자열 리소스 파일과 프랑스어 텍스트를 포함하는 문자열 리소스 파일을 각각 준비하면 앱을 수정하지 않아도 되니 편리합니다.

Q: 어떤 문자열 리소스를 사용해야 하는지 앱이 어떻게 알죠?

A: 영어 문자열 리소스 파일은 app/src/main/res/values 폴더에 저장하고 프랑스어 리소스 파일은 app/src/main/res/values-fr 폴더에 저장하세요. 디바이스가 프랑스어로 설정되면 app/src/main/res/values-fr 폴더에 있는 문자열 리소스를 사용합니다. 다시 디바이스를 프랑스어 이외의 언어로 설정하면 app/src/main/res/values에 저장된 문자열 리소스를 사용하죠.

스피너에 값 추가하기

현재 레이아웃에 스피너는 있지만 아직 스피너에 아무 값도 들어 있지 않습니다. 보통 스피너를 선택하면 사용자가 원하는 값을 선택할 수 있도록 값의 목록을 보여줍니다.

리소스를 이용해 버튼이나 텍스트 뷰에 텍스트를 설정했던 것과 비슷한 방법으로 스피너에 값 목록을 설정할 수 있습니다. 지금까지는 strings.xml에 개별 문자열 값을 정의했습니다. 스피너에는 문자열 배열이 필요합니다.

프로젝트 만들기
레이아웃 갱신
액티비티 연결
로직 구현

리소스는 이미지, 문자열 등 앱에서 사용하는 코드가 아닌 항목들을 의미해요.

문자열을 추가한 것처럼 배열 리소스를 추가할 수 있습니다

이미 살펴본 것처럼 문자열 리소스를 strings.xml에 추가할 수 있습니다.

```
<string name="string_name">string_value</string>
```

여기서 `string_name`은 문자열의 식별자고, `string_value`는 문자열 값입니다.

문자열 배열은 다음과 같은 문법을 적용합니다.

```
<string-array name="string_array_name">        ← 배열의 이름이에요.
    <item>string_value1</item>
    <item>string_value2</item>    배열의 값이에요. 원하는 만큼
    <item>string_value3</item>    많은 값을 정의할 수 있어요.
    ...
</string-array>
```

여기서 `string_array_name`은 배열의 이름이고 `string_value1`, `string_value2`, `string_value3` 등은 배열을 구성하는 개별 문자열 값입니다.

다음에는 스피너에서 사용할 `string-array` 리소스를 앱에 추가합니다.

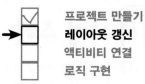

strings.xml에 string-array 추가하기

프로젝트 만들기
레이아웃 갱신
액티비티 연결
로직 구현

strings.xml 파일을 열어 다음처럼 string-array를 추가할 수 있습니다.

```
...
    <string name="brands">No beer selected </string>
    <string-array name="beer_colors">
        <item>light</item>
        <item>amber</item>
        <item>brown</item>
        <item>dark</item>
    </string-array>
</resources>
```

string-array를 strings.xml에 추가하세요. string-array는 beer_colors라는 이름을 가지며 light, amber, brown, dark라는 네 개의 문자열 값을 갖는 문자열 배열을 정의해요.

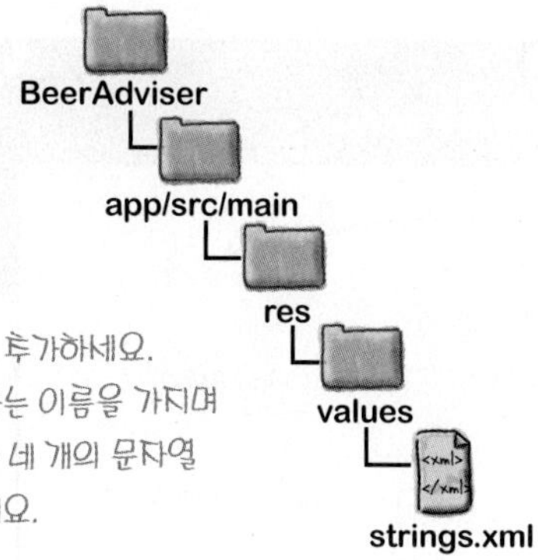

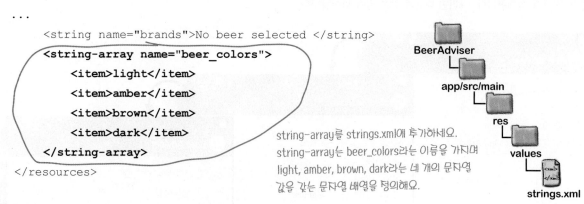

스피너에 string-array를 설정해요

레이아웃은 문자열의 값을 참조했던 것과 비슷한 방법으로 string-array를 참조할 수 있습니다. 다음은 문자열을 참조하는 문법이고

```
"@string/string_name"
```

다음은 배열을 참조하는 문법입니다.

```
"@array/array_name"
```

@string을 이용하면 문자열을, @array를 이용하면 배열을 참조할 수 있어요.

여기서 array_name은 배열의 이름입니다.

레이아웃에서 string-array를 사용합시다. activity_find_beer.xml 레이아웃 파일에서 스피너에 다음처럼 entries 속성을 추가합니다.

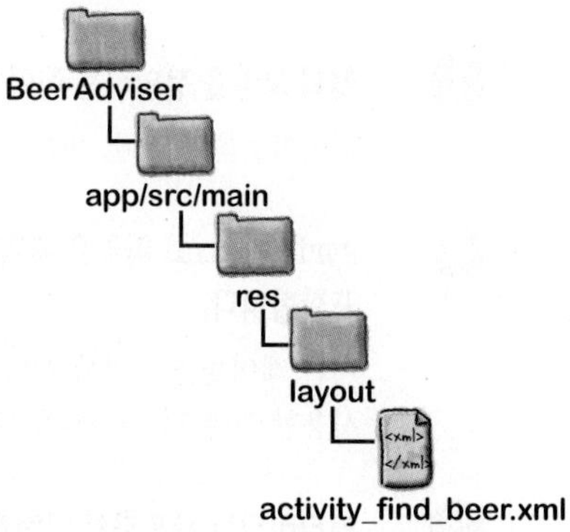


```
...
    <Spinner
        android:id="@+id/color"
        android:layout_width="wrap_content"
        android:layout_height="wrap_content"
        android:layout_marginTop="40dp"
        android:layout_gravity="center"
        android:layout_margin="16dp"
        android:entries="@array/beer_colors" />
...
```

'스피너의 항목은 beer_colors 배열에서 제공한다'는 의미예요.

이렇게 해서 스피너가 보여줄 값의 목록을 설정했습니다. 이제 앱이 어떤 모습인지 확인합시다.

스피너 시험 주행

- [x] 프로젝트 만들기
- [x] 레이아웃 갱신
- [ ] 액티비티 연결
- [ ] 로직 구현

지금까지 바꾼 부분을 실제 앱으로 확인합시다. 코드를 바꾸고 파일을 저장한 다음 앱을 실행합니다. 그러면 다음과 같은 일이 일어납니다.

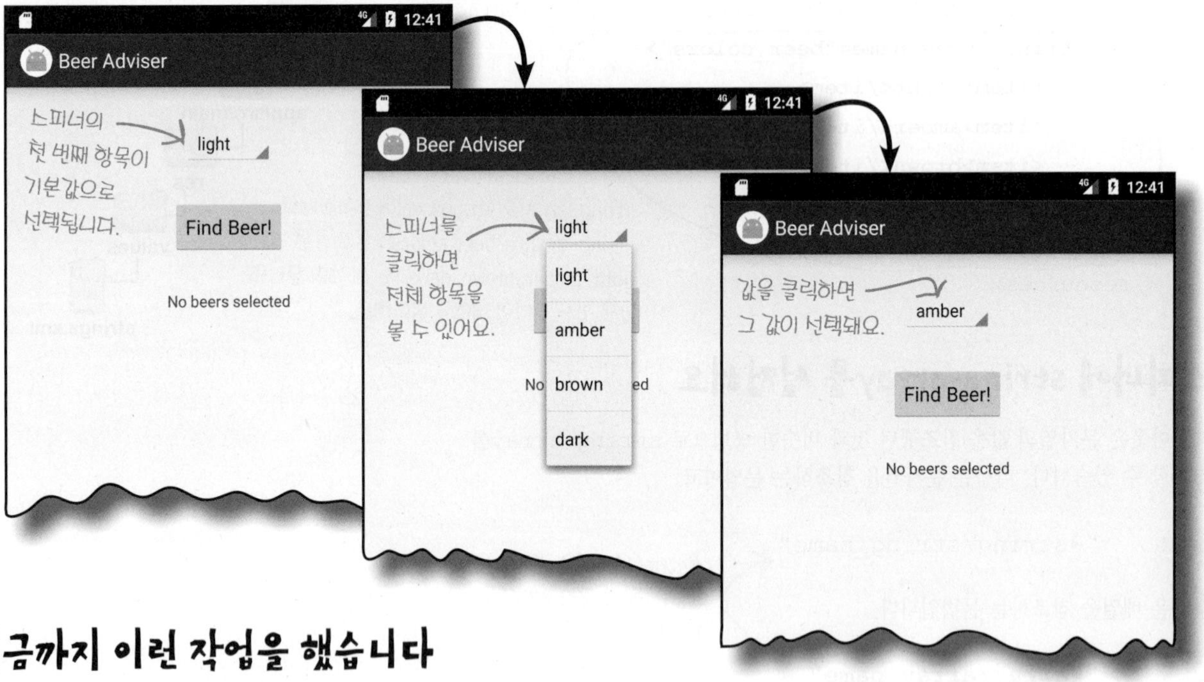

지금까지 이런 작업을 했습니다

우리가 한 작업을 간단하게 복습합니다.

1. **앱의 모양을 정의하는 레이아웃을 생성했습니다.**
   레이아웃은 스피너, 버튼, 텍스트 뷰를 포함합니다.

2. **strings.xml 파일은 우리가 사용할 문자열 리소스를 포함합니다.**
   버튼 레이블을 추가했으며, 추천 맥주를 보여줄 텍스트 뷰에 사용할 기본 텍스트 값을 추가했습니다.

3. **액티비티는 사용자와 어떻게 상호작용할 것이지 정의합니다.**
   안드로이드 스튜디오가 기본 액티비티를 생성했을 뿐 아직 액티비티에 아무것도 추가하지 않았습니다.

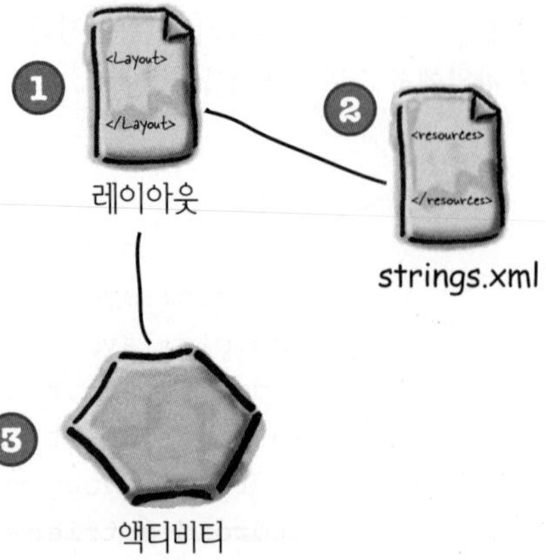

이제 뭘 해야 할까요?

버튼이 어떤 동작을 수행하도록 만들어야 합니다

- [x] 프로젝트 만들기
- [x] 레이아웃 갱신
- [ ] 액티비티 연결
- [ ] 로직 구현

사용자가 스피너에서 값을 선택한 다음 Find Beer 버튼을 클릭하면 어떤 동작을 수행하도록 만들어야 합니다. 다음처럼 앱이 동작하게 만들 것입니다.

1. **사용자가 스피너에서 맥주 종류를 선택합니다.**

2. **레이아웃은 사용자가 Find Beer 버튼을 클릭했을 때 액티비티의 어떤 메서드를 호출해야 하는지 지정합니다.**

3. **액티비티의 메서드는 스피너에서 선택한 값을 가져와서 BeerExpert라는 커스텀 자바 클래스에 정의된 getBrands() 메서드로 전달합니다.**

4. **BeerExpert의 getBrands() 메서드는 선택한 종류의 맥주와 일치하는 브랜드의 맥주를 가져와 문자열의 ArrayList 값으로 액티비티에 반환합니다.**

5. **액티비티는 레이아웃 텍스트 뷰의 레퍼런스를 이용해 텍스트 뷰의 텍스트 값을 반환받은 값으로 설정합니다.**

모든 과정이 끝나면 getBrands() 메서드가 반환한 값이 디바이스에 출력됩니다.

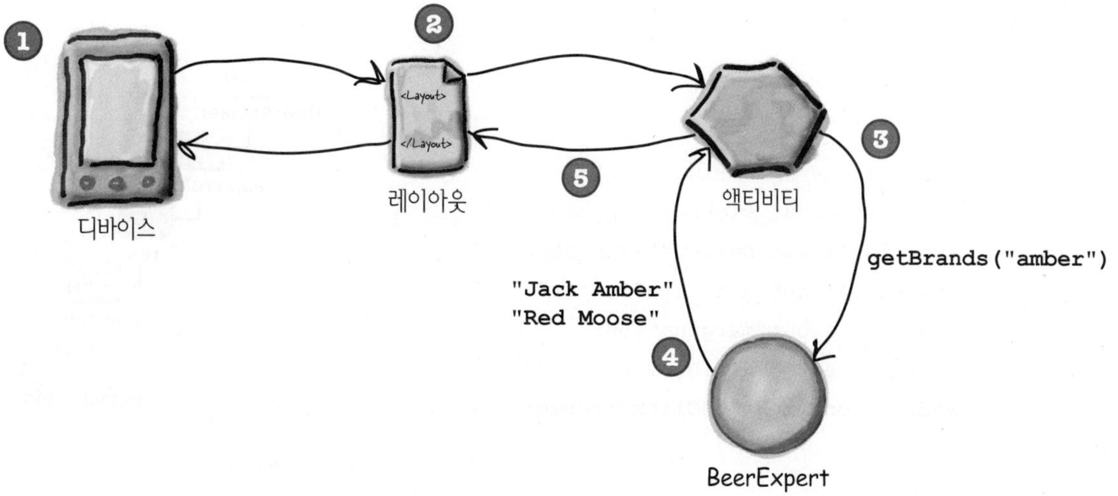

버튼이 메서드를 호출하는 작업부터 시작합시다.

버튼이 메서드를 호출하도록 설정하기

- [x] 프로젝트 만들기
- [x] 레이아웃 갱신
- [ ] **액티비티 연결**
- [ ] 로직 구현

일반적으로 레이아웃에 버튼을 추가한 다음에는 사용자가 버튼을 클릭했을 때 어떤 동작을 수행하도록 설정해야 합니다. 버튼이 액티비티의 메서드를 호출하도록 설정하여 이를 구현할 수 있습니다.

버튼을 클릭했을 때 액티비티의 메서드를 호출하게 하려면 두 개 파일의 내용을 바꿔야 합니다.

- **레이아웃 파일 activity_find_beer.xml을 바꿉니다.**
  버튼을 클릭하면 어떤 메서드를 호출할 것인지 지정합니다.

- **액티비티 파일 FindBeerActivity.java를 바꿉니다.**
  호출될 메서드를 구현해야 합니다.

레이아웃 파일부터 확인합시다.

onClick으로 버튼이 호출할 메서드 설정하기

XML에 한 행을 추가해 버튼을 클릭했을 때 어떤 메서드를 호출할지 안드로이드에 지시할 수 있습니다. `<button>` 요소에 `android:onClick` 속성을 추가한 다음 호출하려는 메서드의 이름을 지정하면 됩니다.

```
android:onClick="method_name"
```

'컴포넌트를 클릭하면 액티비티에서 method_name이라는 이름을 가진 메서드를 호출하라'는 뜻이에요.

바로 코딩을 시작합시다. activity_find_beer.xml 레이아웃 파일에 버튼을 클릭했을 때 `onClickFindBeer()` 메서드를 호출하도록 `<button>` 요소에 `onClick` 속성을 추가합니다.

```
...
    <Button
        android:id="@+id/find_beer"
        android:layout_width="wrap_content"
        android:layout_height="wrap_content"
        android:layout_gravity="center"
        android:layout_margin="16dp"
        android:text="@string/find_beer"
        android:onClick="onClickFindBeer" />
...
```

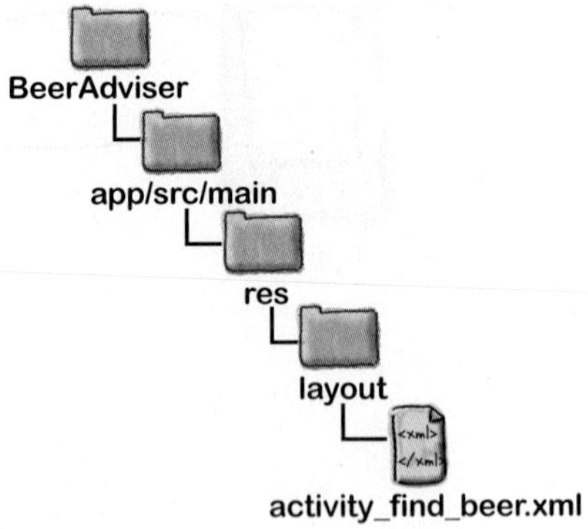

버튼을 클릭하면 액티비티에서 onClickFindBeer() 메서드가 호출돼요. 곧이어 액티비티에 이 메서드를 구현할 거예요.

코드를 바꿨으면 파일을 저장합니다.

레이아웃이 액티비티에서 호출할 메서드를 알고 있으니 이제 메서드를 구현해야 합니다. 액티비티를 살펴봅시다.

액티비티 코드 확인하기

앱의 프로젝트를 처음 만들 때 FindBeerActivity라는 빈 액티비티를 생성하라고 마법사에 요청했습니다. 액티비티 코드는 FindBeerActivity.java라는 이름의 파일로 저장되어 있습니다. app/src/main/java 폴더에 저장된 액티비티 파일을 찾아서 더블 클릭하세요.

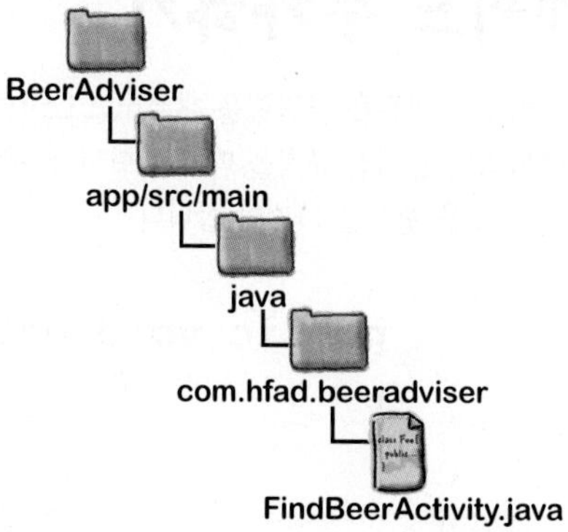

파일을 열면 안드로이드 스튜디오가 생성한 자바 코드를 확인할 수 있습니다. 안드로이드 스튜디오가 생성한 FindBeerActivity.java 코드를 다음처럼 바꿔야 합니다.

```
package com.hfad.beeradviser;

import android.app.Activity;
import android.os.Bundle;

public class FindBeerActivity extends Activity {

    @Override
    protected void onCreate(Bundle savedInstanceState) {
        super.onCreate(savedInstanceState);
        setContentView(R.layout.activity_find_beer);
    }
}
```

액티비티 클래스는 안드로이드 Activity 클래스를 상속해야 해요.

액티비티가 처음 생성되면 onCreate() 메서드가 호출돼요.

setContentView()는 액티비티가 어떤 레이아웃을 사용할지 지정하는 메서드예요. 예제에서는 activity_find_beer라는 레이아웃을 사용해요.

위 코드는 기본 액티비티 코드입니다. 코드에서 확인할 수 있는 것처럼 액티비티 클래스는 android.app.Activity 클래스를 상속하며 onCreate() 메서드를 구현합니다.

모든 액티비티는 Activity 클래스나 Activity 하위 클래스를 상속해야 합니다. Activity 클래스는 평범한 자바 클래스가 멋진 안드로이드 액티비티로 탈바꿈하는 데 필요한 모든 메서드를 포함하고 있습니다.

모든 액티비티는 onCreate() 메서드도 구현해야 합니다. 이 메서드는 액티비티가 생성될 때 자동으로 호출되며 액티비티에서 사용할 레이아웃 설정 등 필요한 작업을 수행하는 데 사용할 수 있습니다. setContentView() 메서드로 사용할 레이아웃을 설정합니다. 위 예제에서는 setContentView(R.layout.activity_find_beer), 즉 activity_find_beer를 액티비티의 레이아웃으로 설정했습니다.

이전 페이지에서 onClickFindBeer라는 값을 갖는 onClick 속성을 버튼에 추가했습니다. 덕분에 사용자가 버튼을 클릭했을 때 액티비티에서 이에 응답할 수 있습니다.

직접 해보세요!

여러분의 FindBeerActivity.java를 위 코드처럼 바꾸세요.

액티비티에 onClickFindBeer() 메서드 추가하기

- ☑ 프로젝트 만들기
- ☑ 레이아웃 갱신
- → ☐ 액티비티 연결
- ☐ 로직 구현

레이아웃의 버튼을 클릭했을 때 `onClickFindBeer()` 메서드가 정상적으로 호출되려면 정해진 규칙을 따라야 합니다. 즉, `onClickFindBeer()` 메서드는 다음과 같은 형식을 가져야 합니다.

```
public void onClickFindBeer(View view) {
}
```

public 메서드여야 해요.

반환값은 void여야 해요.

메서드는 View 유형의 파라미터 하나를 가져야 해요.

메서드가 이 형식을 따르지 않으면 사용자가 버튼을 클릭해도 응답하지 않습니다. 내부적으로 안드로이드가 `public` 접근자를 가진, 반환값은 `void`며, 하나의 `View` 유형의 파라미터를 갖는 메서드를 찾도록 설계되었기 때문입니다.

처음에는 메서드의 `View` 파라미터가 왜 필요한지 이해되지 않을 수 있습니다. 이 파라미터는 메서드를 호출한 GUI 컴포넌트를 가리킵니다(우리 예제에서는 버튼). 이전에도 설명한 것처럼 버튼과 텍스트 뷰 등의 GUI 컴포넌트는 모두 `View`의 일종입니다.

이제 액티비티 코드를 바꿉시다. FindBeerActivity.java 액티비티 코드에 다음처럼 `onClickFindBeer()` 메서드를 추가합니다.

버튼을 클릭했을 때 메서드가 호출되도록 하려면 반드시 public으로 정의하고 반환값은 void며 한 개의 View 유형의 파라미터를 갖는 함수를 정의해야 해요.

이 클래스를 사용하므로 임포트해야 해요.

onClickFindBeer() 메서드를 FindBeerActivity.java 클래스에 추가하세요.

```
...
import android.view.View;

public class FindBeerActivity extends Activity {
...
    // 사용자가 버튼을 클릭하면 호출됨
    public void onClickFindBeer(View view){
    }
}
```

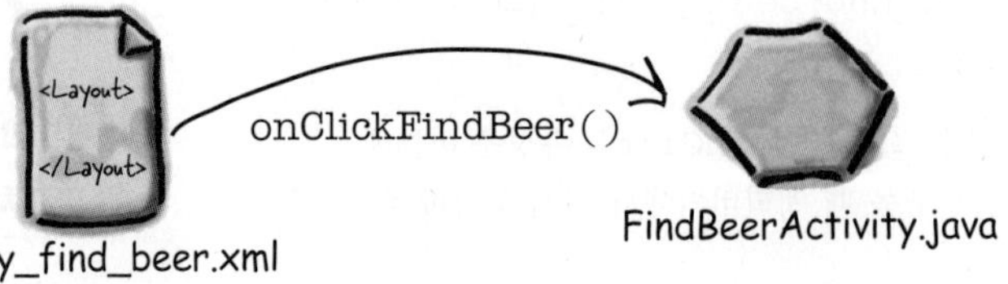

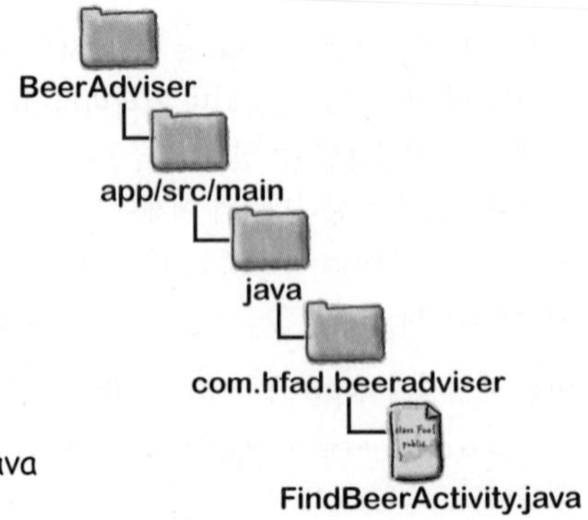

- [x] 프로젝트 만들기
- [x] 레이아웃 갱신
- [x] 액티비티 연결
- [ ] → 로직 구현

onClickFindBeer()는 어떤 작업을 처리해야 합니다

onClickFindBeer() 메서드를 액티비티에 추가했으니 이제 이 메서드가 실행되었을 때 어떤 동작을 하도록 구현해야 합니다. 특히 사용자가 선택한 맥주 종류와 일치하는 다양한 맥주를 출력할 수 있도록 처리해야 합니다.

그러려면 먼저 레이아웃의 스피너와 텍스트 뷰 GUI 컴포넌트에 접근할 수 있는 레퍼런스가 필요합니다. 그래야 스피너에서 선택한 맥주 종류의 값을 가져와 텍스트 뷰에 텍스트를 출력할 수 있기 때문입니다.

findViewById() 메서드로 뷰 레퍼런스 얻기

findViewById()라는 메서드로 두 개의 GUI 컴포넌트 레퍼런스를 얻을 수 있습니다. 이 메서드는 GUI 컴포넌트의 ID를 인자로 받아서 View 객체를 반환합니다. 반환된 객체를 정확한 형식의 GUI 컴포넌트 유형으로 형변환합니다(예를 들면 TextView나 Button 등으로).

다음은 findViewById() 메서드에 brands라는 ID를 전달해 텍스트 뷰의 레퍼런스를 얻는 코드입니다.

brands라는 ID를 가진 뷰를 원해요.

```
TextView brands = (TextView) findViewById(R.id.brands);
```

brands는 TextView이므로 TextView로 형변환했어요.

텍스트 뷰의 ID를 설정하는 방법을 자세히 확인합시다. 텍스트 뷰의 이름이 아니라 R.id.brands라는 형식으로 ID를 전달했습니다. 이게 무슨 의미일까요? R은 대체 뭐죠?

R.java는 우리가 앱을 만들거나 빌드할 때마다 안드로이드 스튜디오가 자동으로 생성하는 특별한 자바 파일입니다. R.java는 앱의 패키지와 같은 이름으로 app/build/generated/source/r/debug 폴더에 생성됩니다. 안드로이드는 R.java로 앱에서 사용하는 리소스를 추적하며 액티비티 코드에서 GUI 컴포넌트 레퍼런스를 얻을 때도 R을 사용합니다.

R.java를 열어보면 각각의 리소스 유형을 나타내는 여러 내부 클래스가 있다는 사실을 알 수 있습니다. 그런 유형의 각 리소스는 내부 클래스 내에서 참조됩니다. 예를 들어 R.java는 id라는 내부 클래스를 포함하며 그 안에는 static final brands 값이 정의되어 있습니다. 우리가 레이아웃에 "@+id/brands"라는 코드를 사용했을 때 안드로이드가 R.java에 추가한 코드입니다. 다음 코드는

```
(TextView) findViewById(R.id.brands);
```

R.java에 정의된 brands의 값을 사용해 brands 텍스트 뷰의 레퍼런스를 얻습니다.

R은 앱에서 리소스의 레퍼런스를 반환할 수 있도록 해주는 특별한 자바 클래스예요.

R.java는 자동으로 만들어져요.

이 파일의 내용은 바꿀 일이 없어요. 하지만 R.java에 무엇이 포함되어 있는지 확인하면 안드로이드 앱 구조를 이해하는 데 도움이 돼요.

뷰 레퍼런스를 얻었으면 뷰 메서드를 사용할 수 있습니다

프로젝트 만들기
레이아웃 갱신
액티비티 연결
로직 구현

findViewById() 메서드는 GUI 컴포넌트를 자바 형식으로 제공합니다. 즉, 자바 클래스에서 제공하는 메서드를 이용해 GUI 컴포넌트의 속성을 가져오거나 설정할 수 있습니다. 이를 자세히 살펴봅시다.

텍스트 뷰에 텍스트 설정하기

앞서 보았듯이 다음과 같이 하여 자바에서 텍스트 뷰의 레퍼런스를 얻을 수 있습니다.

```
TextView brands = (TextView) findViewById(R.id.brands);
```

이 코드를 호출하면 brands라는 TextView 객체가 생성됩니다. 이제부터 TextView 객체에서 제공하는 메서드를 호출할 수 있습니다.

예를 들어 메서드를 이용해 brands 텍스트 뷰의 텍스트를 'Gottle of geer'로 바꾸길 원할 수 있습니다. TextView 클래스는 setText()를 이용해 텍스트 속성을 바꿀 수 있습니다. 다음처럼 메서드를 호출합니다.

```
brands.setText("Gottle of geer");
```

brands 텍스트 뷰의 텍스트를 'Gottle of geer'라고 설정합니다.

스피너에 선택된 값 가져오기

텍스트 뷰의 레퍼런스를 얻은 것과 비슷한 방법으로 스피너의 레퍼런스를 얻을 수 있습니다. findViewById() 메서드를 이용하는 것은 같고 이번에는 결과를 스피너로 형변환합니다.

```
Spinner color = (Spinner) findViewById(R.id.color);
```

이렇게 Spinner 객체를 얻어서 스피너가 제공하는 메서드를 사용할 수 있습니다. 예를 들어 다음 코드는 스피너에서 현재 선택한 항목을 가져와 문자열로 변환하는 코드입니다.

```
String.valueOf(color.getSelectedItem())
```

스피너에서 선택한 항목을 가져와 문자열로 변환합니다.

다음 코드는

```
color.getSelectedItem()
```

일반 자바 객체를 반환합니다. 스피너에 문자열이 아닌 이미지 등을 저장할 수 있기 때문입니다. 우리 예제에서는 문자열을 저장했다는 사실을 알고 있으므로 선택된 Object 유형의 항목을 String.valueOf()를 이용해 문자열로 변환했습니다.

액티비티 코드 바꾸기

onClickFindBeer() 메서드를 구현하는 데 필요한 코드를 충분히 살펴봤습니다. 필요한 코드를 모두 구현하기 전에 스피너에서 선택한 값을 읽어 텍스트 뷰에 출력하는 기능부터 구현합시다.

액티비티 자석

누군가 냉장고 자석으로 액티비티에 넣을 **onClickFindBeer()** 메서드를 구현하는 데 필요한 코드를 만들었어요. 안타깝게도 난데없는 회오리바람이 부엌에 들이닥쳐 자석이 떨어져버렸어요. 다시 코드 조각을 원래대로 복구할 수 있겠어요?

스피너에서 선택한 맥주의 유형을 가져와 이를 텍스트 뷰에 표시하는 코드가 필요해요.

```
// 버튼을 클릭하면 호출됨
public void onClickFindBeer(............ view) {

    // 텍스트 뷰의 레퍼런스를 얻음
    ............ brands = ............ ............(............);

    // 스피너의 레퍼런스를 얻음
    Spinner ............ = ............ ............(............);

    // 스피너에서 선택한 항목을 얻음
    String ............ = String.valueOf(color.............);

    // 선택한 항목을 표시
    brands.............(beerType);
}
```

TextView **color** **findViewById** **setText** **R.id.color** **R.view.brands** **(TextView)** **findView** **R.id.brands** **Button** **findView** **View** **R.view.color** **findViewById** **(Spinner)** **getSelectedItem()** **beerType**

모든 자석을 다 사용할 필요는 없어요.

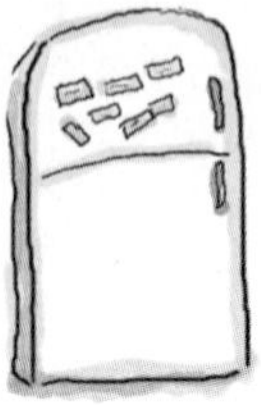

액티비티 자석 정답

누군가 냉장고 자석으로 액티비티에 넣을 **onClickFindBeer()** 메서드를 구현하는 데 필요한 코드를 만들었어요. 안타깝게도 난데없는 회오리바람이 부엌에 들이닥쳐 자석이 떨어져버렸어요. 다시 코드 조각을 원래대로 복구할 수 있겠어요?

스피너에서 선택한 맥주의 유형을 가져와 이를 텍스트 뷰에 표시하는 코드가 필요해요.

```
// 버튼을 클릭하면 호출됨
public void onClickFindBeer( View view) {

    // 텍스트 뷰의 레퍼런스를 얻음
    TextView brands = (TextView) findViewById( R.id.brands );

    //스피너의 레퍼런스를 얻음
    Spinner color = (Spinner) findViewById ( R.id.color );

    // 스피너에서 선택한 항목을 얻음
    String beerType = String.valueOf(color. getSelectedItem() );

    // 선택한 항목을 표시
    brands. setText (beerType);
}
```

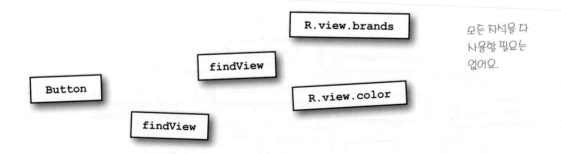

R.view.brands

findView

Button

R.view.color

findView

모든 자석을 다 사용할 필요는 없어요.

액티비티 첫 번째 버전

- [x] 프로젝트 만들기
- [x] 레이아웃 갱신
- [x] 액티비티 연결
- [ ] 로직 구현 ←

우리는 작업을 한 단계씩 진행하면서 그때그때 시험을 하는 전략을 사용하고 있습니다. 최종적으로 액티비티는 스피너에서 선택한 값을 가져와 커스텀 자바 클래스의 메서드를 호출한 다음 맥주 종류와 일치하는 목록을 출력할 겁니다. 액티비티의 첫 번째 버전은 스피너에서 선택한 항목을 성공적으로 가져오도록 만드는 것입니다.

다음은 이전 페이지에서 살펴본 코드를 모두 정리해서 만든 액티비티 코드입니다. FindBeerActivity.java에 아래 내용을 적용하고 저장하세요.

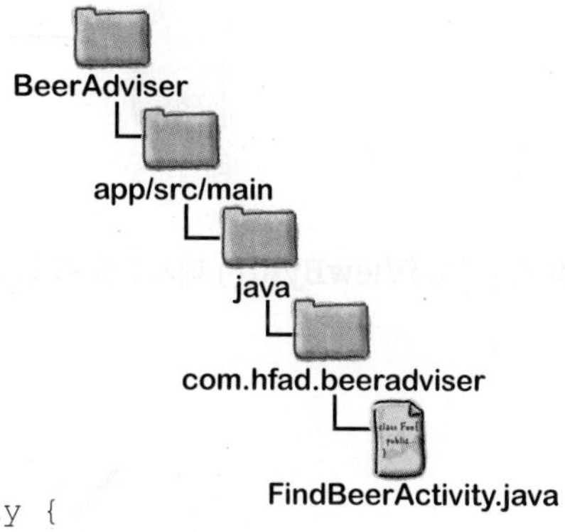


```
package com.hfad.beeradviser;

import android.app.Activity;
import android.os.Bundle;
import android.view.View;
import android.widget.Spinner;
import android.widget.TextView;

public class FindBeerActivity extends Activity {

    @Override
    protected void onCreate(Bundle savedInstanceState) {
        super.onCreate(savedInstanceState);
        setContentView(R.layout.activity_find_beer);
    }

    // 버튼을 클릭하면 호출됨
    public void onClickFindBeer(View view) {
        // 텍스트 뷰의 레퍼런스를 얻음
        TextView brands = (TextView) findViewById(R.id.brands);
        // 스피너의 레퍼런스를 얻음
        Spinner color = (Spinner) findViewById(R.id.color);
        // 스피너에서 선택한 항목을 얻음
        String beerType = String.valueOf(color.getSelectedItem());
        // 선택한 항목을 표시
        brands.setText(beerType);
    }
}
```

추가로 사용하는 클래스이므로 임포트해야 해요. (import android.view.View; import android.widget.Spinner; import android.widget.TextView;)

이 메서드는 바꾸지 않았어요. (onCreate)

findViewById는 View를 반환해요. 반환한 View를 적절한 유형의 View로 형변환해야 해요.

getSelectedItem은 Object를 반환해요. 따라서 Object를 문자열로 바꿔야 해요.

코드가 수행하는 작업

앱을 시험 주행하기 전에 코드가 실제로 어떤 작업을 수행하는지 확인합시다.

- ☑ 프로젝트 만들기
- ☑ 레이아웃 갱신
- ☑ 액티비티 연결
- ☐ **로직 구현**

1 **사용자가 스피너에서 맥주 종류를 선택한 다음 Find Beer 버튼을 클릭합니다. 그러면 액티비티의 public void onClickFindBeer(View) 메서드가 호출됩니다.**

레이아웃은 버튼의 `android:onClick` 속성을 이용해 버튼을 클릭했을 때 액티비티의 어떤 메서드를 호출할지 지정할 수 있습니다.

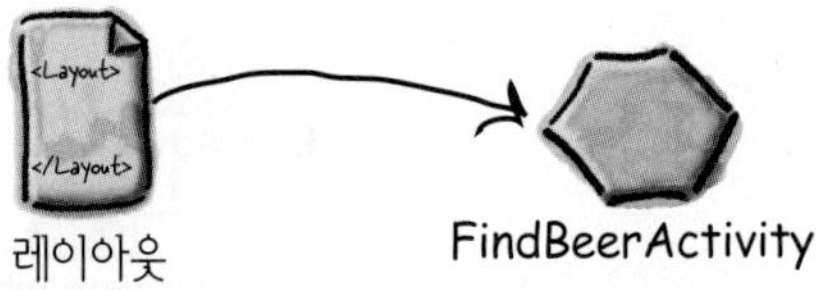

2 **액티비티는 findViewById() 메서드를 이용해 Spinner와 TextView GUI 컴포넌트의 레퍼런스를 획득합니다.**

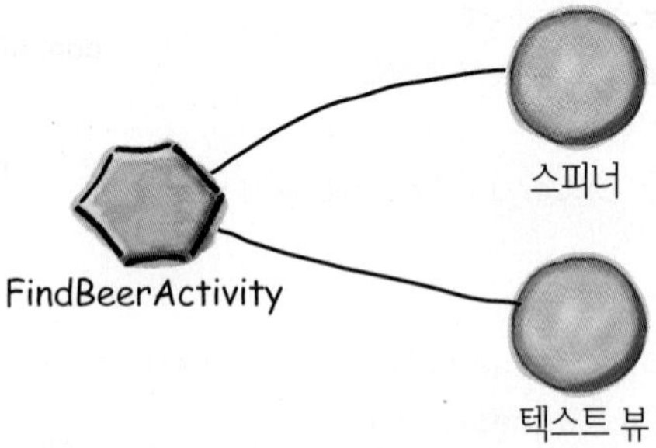

3 **액티비티는 스피너에서 현재 선택된 값(예를 들면 amber)을 얻어 문자열로 변환합니다.**

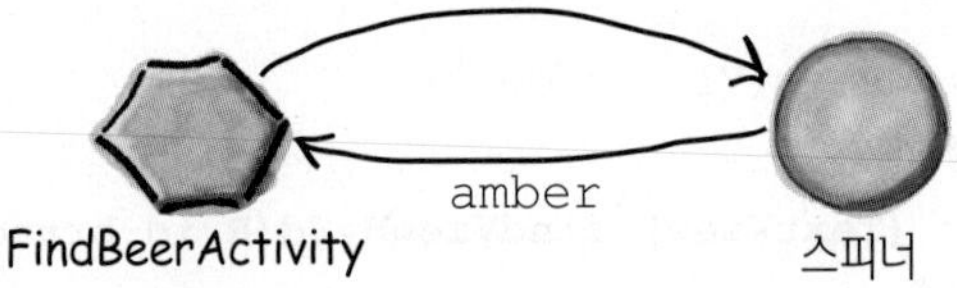

4 **액티비티는 TextView의 text 속성을 설정해 최근에 스피너에서 선택한 값을 반영합니다.**

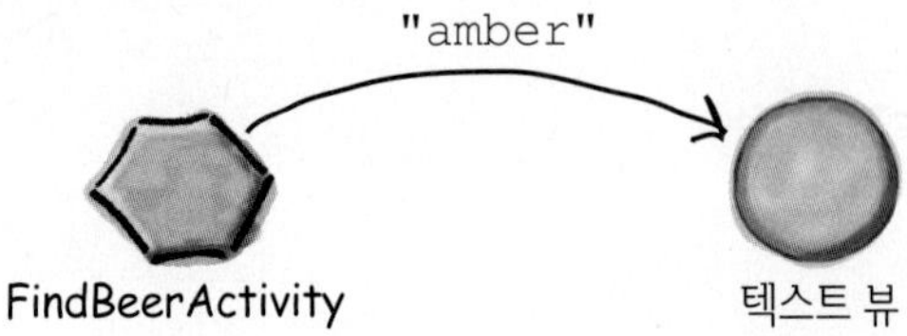

바꾼 기능 시험 주행

액티비티 파일을 바꾼 다음 저장하고 앱을 실행합니다. 이제 Find Beer 버튼을 클릭하면 스피너에 현재 선택된 값이 나타납니다.

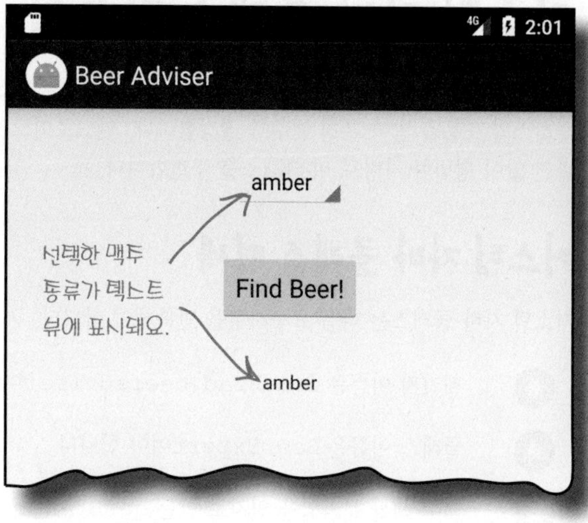

바보 같은 질문이란 없습니다

Q: strings.xml에 문자열을 추가했는데 R.java에 나타나질 않아요. 왜 그렇죠?

A: 안드로이드 스튜디오는 파일을 저장했을 때 R.java를 만듭니다. R.java에 추가한 리소스가 나타나지 않으면 코드를 바꾼 다음에 저장했는지 확인하세요.

R.java는 앱을 빌드할 때도 갱신됩니다. 앱을 실행할 때도 앱을 빌드해야 하므로 R.java가 갱신됩니다.

Q: 스피너에 할당한 값을 `string-array`로 정의했으니까 정적인 값이네요. 프로그램으로 값을 바꿀 수 있나요?

A: 물론입니다. 다만 정적인 값을 할당하는 것보다는 조금 복잡합니다. 스피너 같은 컴포넌트에 값을 출력하는 더 자세한 방법은 뒷부분에서 설명합니다.

Q: `getSelectedItem()`은 어떤 유형의 객체를 반환하나요?

A: `Object` 유형을 반환합니다. 우리 예제에서는 `string-array`를 사용했으므로 반환된 값은 문자열입니다.

Q: '우리 예제에서는'이라는 말은 무슨 의미인가요? 우리 예제와 다른 상황도 있나요?

A: 단순히 텍스트를 출력하는 일 대신 더 복잡한 작업을 스피너로 구현할 수 있습니다. 예를 들어 스피너로 아이콘과 텍스트를 같이 표시할 수 있습니다. `getSelectedItem()`은 객체를 반환하므로 문자열을 반환하는 상황에 비해 더 유연하죠.

Q: `onClickFindBeer`라는 메서드 이름에 특별한 의미가 있나요?

A: 이름 자체에 특별한 의미는 없습니다. 다만 레이아웃 버튼의 `onClick` 속성에 사용한 이름과 액티비티에 정의한 메서드 이름이 같느냐가 중요합니다.

Q: 왜 안드로이드가 생성한 액티비티 코드를 바꿔야 하죠?

A: 안드로이드 스튜디오 같은 IDE는 우리가 시간을 절약할 수 있게 하는 기능과 유틸리티를 포함합니다. 자동으로 많은 코드를 생성하기도 하지만 주의해야 합니다. 안드로이드 같은 새 언어나 개발 영역을 배울 때는 IDE가 생성한 내용이 아니라 언어의 기초부터 배우는 것이 좋습니다. 그래야 언어를 더 잘 이해할 수 있기 때문이죠.

커스텀 자바 클래스 만들기

이 장을 처음 시작할 때 언급했듯이 Beer Adviser 앱은 커스텀 자바 클래스의 도움을 받아 추천 맥주를 결정합니다. 안드로이드 앱과는 전혀 관련 없이 평범한 자바로 이 클래스를 구현합니다.

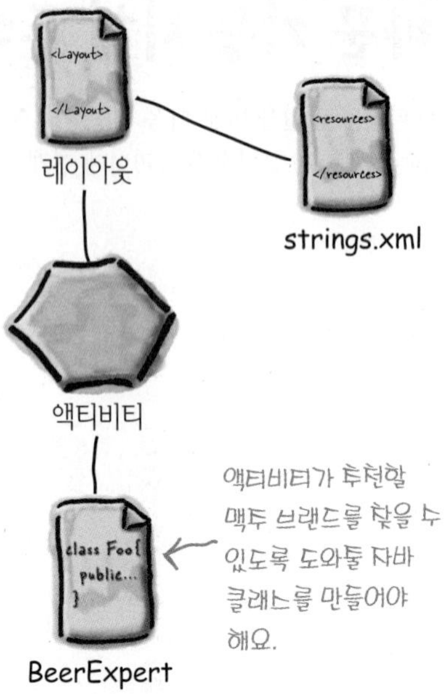

커스텀 자바 클래스 명세

커스텀 자바 클래스는 다음 요구사항을 만족해야 합니다.

- 패키지 이름은 com.hfad.beeradviser여야 합니다.
- 클래스 이름은 BeerExpert여야 합니다.
- 맥주 색상 문자열을 인자로 받는 getBrands()라는 메서드를 제공해야 하며 이 메서드는 추천 맥주 목록을 List<String> 형태로 반환해야 합니다.

자바 클래스 만들고 시험하기

자바 클래스를 제대로 구현하려면 정말 복잡하며 종합적으로 애플리케이션 로직을 호출해야 할 수도 있습니다. 직접 클래스를 구현해도 되고 아니면 책에서 제공하는 깔끔한 버전을 사용해도 됩니다.

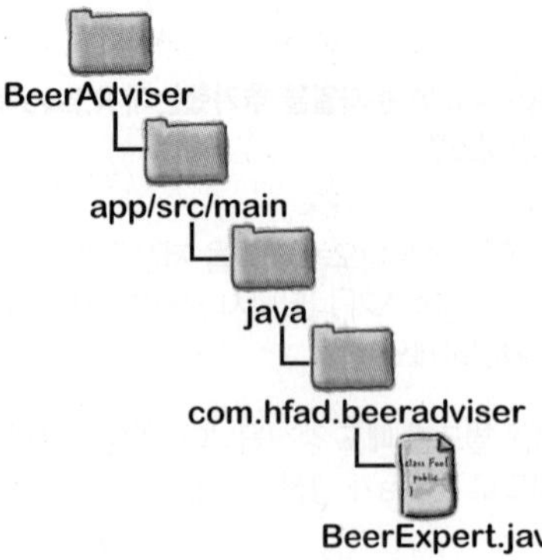


```
package com.hfad.beeradviser;

import java.util.ArrayList;
import java.util.List;

public class BeerExpert {
    List<String> getBrands(String color) {
        List<String> brands = new ArrayList<>();
        if (color.equals("amber")) {
            brands.add("Jack Amber");
            brands.add("Red Moose");
        } else {
            brands.add("Jail Pale Ale");
            brands.add("Gout Stout");
        }
        return brands;
    }
}
```

안드로이드와 관련 없는 순수 자바 코드예요.

직접 해보세요!

BeerExpert 클래스를 프로젝트에 추가하세요. app/src/main/java 폴더에 있는 com.hfad.beeradviser 패키지를 선택하고 File → New... → Java Class를 클릭하세요. 클래스 이름은 'BeerExpert'로 설정하고 패키지 이름이 'com.hfad.beeradviser'인지 확인하세요. 그러면 BeerExpert.java 파일이 생성됩니다.

진짜 추천을 얻을 수 있도록 액티비티에서 커스텀 자바 클래스의 메서드 호출하기

- [x] 프로젝트 만들기
- [x] 레이아웃 갱신
- [x] 액티비티 연결
- [ ] → **로직 구현**

두 번째 버전의 액티비티에서는 BeerExpert 클래스에서 추천 맥주를 얻도록 onClickFindBeer() 메소드를 개선해야 합니다. 이 부분은 기존의 순수 자바 코드로 구현할 수 있습니다. 직접 코드를 구현한 다음 앱을 실행하거나 아니면 책의 설명을 따라할 수 있습니다. 코드를 확인하기 전에 아래 연습문제를 풀어보세요. 필요한 액티비티 코드를 구현하는 데 도움이 됩니다.

연필을 깎으며

BeerExpert의 getBrands() 메서드를 호출해서 그 결과를 텍스트 뷰에 표시하도록 액티비티를 개선하세요.

```
package com.hfad.beeradviser;

import android.app.Activity;
import android.os.Bundle;
import android.view.View;
import android.widget.Spinner;
import android.widget.TextView;
import java.util.List;

public class FindBeerActivity extends Activity {
    private BeerExpert expert = new BeerExpert();
...
    // 버튼을 클릭하면 호출됨
    public void onClickFindBeer(View view) {
        // 텍스트 뷰의 레퍼런스를 얻음
        TextView brands = (TextView) findViewById(R.id.brands);
        // 스피너의 레퍼런스를 얻음
        Spinner color = (Spinner) findViewById(R.id.color);
        // 스피너에서 선택한 항목을 얻음
        String beerType = String.valueOf(color.getSelectedItem());
        // BeerExpert 클래스를 이용해서 추천 맥주 목록을 얻음
        [                                                    ]
    }
}
```

← 이 행은 우리가 추가했어요. (import java.util.List;)

← BeerExpert 클래스를 이용해 추천 맥주 목록을 얻어 와야 해요. 이 행도 우리가 추가했어요. (private BeerExpert expert = new BeerExpert();)

↑ onClickFindBeer() 메서드를 갱신해야 해요.

연필을 깎으며 정답

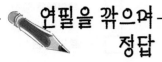

BeerExpert의 getBrands() 메서드를 호출해서 그 결과를 텍스트 뷰에 표시하도록 액티비티를 개선하세요.

```
package com.hfad.beeradviser;

import android.app.Activity;
import android.os.Bundle;
import android.view.View;
import android.widget.Spinner;
import android.widget.TextView;
import java.util.List;

public class FindBeerActivity extends Activity {
    private BeerExpert expert = new BeerExpert();
...
    // 버튼을 클릭하면 호출됨
    public void onClickFindBeer(View view) {
        // 텍스트 뷰의 레퍼런스를 얻음
        TextView brands = (TextView) findViewById(R.id.brands);
        // 스피너의 레퍼런스를 얻음
        Spinner color = (Spinner) findViewById(R.id.color);
        // 스피너에서 선택한 항목을 얻음
        String beerType = String.valueOf(color.getSelectedItem());
        // BeerExpert 클래스를 이용해서 추천 맥주 목록을 얻음

        List<String> brandsList = expert.getBrands(beerType);
        StringBuilder brandsFormatted = new StringBuilder();
        for (String brand : brandsList) {
            brandsFormatted.append(brand).append('\n');
        }
        // 맥주 목록 표시
        brands.setText(brandsFormatted);

    }
}
```

- `List<String> brandsList = expert.getBrands(beerType);` ← 브랜드 목록을 얻어요.
- `StringBuilder brandsFormatted = new StringBuilder();` ← 리스트의 값으로 문자열을 만들어요.
- `brandsFormatted.append(brand).append('\n');` ← 각 브랜드를 새로운 행에 출력해요.
- `brands.setText(brandsFormatted);` ← 결과를 텍스트 뷰에 표시해요.

BeerExpert를 사용하려면 순수 자바 코드를 구현해야 해요. 구현 방법은 여러 가지이므로 책의 코드와 여러분 코드가 다르더라도 걱정하지 마세요.

- [x] 프로젝트 만들기
- [x] 레이아웃 갱신
- [x] 액티비티 연결
- → [ ] **로직 구현**

액티비티 코드 버전 2

다음은 지금까지의 액티비티 전체 코드입니다. 여러분의 FindBeerActivity.java에 아래 바뀐 코드를 적용하고 BeerExpert 클래스도 프로젝트에 추가한 다음 파일을 저장하세요.

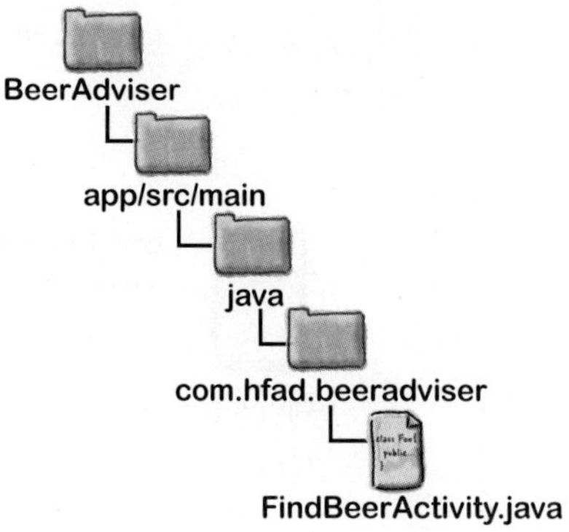


```
package com.hfad.beeradviser;

import android.app.Activity;
import android.os.Bundle;
import android.view.View;
import android.widget.Spinner;
import android.widget.TextView;
import java.util.List;
```

← 이 클래스를 추가로 사용하므로 임포트해야 해요.

```
public class FindBeerActivity extends Activity {
    private BeerExpert expert = new BeerExpert();
```

← BeerExport의 인스턴스를 비공개(private) 변수로 할당해요.

```
    @Override
    protected void onCreate(Bundle savedInstanceState) {
        super.onCreate(savedInstanceState);
        setContentView(R.layout.activity_find_beer);
    }

    // 버튼을 클릭하면 호출됨
    public void onClickFindBeer(View view) {
        // 텍스트 뷰의 레퍼런스를 얻음
        TextView brands = (TextView) findViewById(R.id.brands);
        // 스피너의 레퍼런스를 얻음
        Spinner color = (Spinner) findViewById(R.id.color);
        // 스피너에서 선택한 항목을 얻음
        String beerType = String.valueOf(color.getSelectedItem());
        // BeerExpert 클래스를 이용해서 추천 맥주 목록을 얻음
        List<String> brandsList = expert.getBrands(beerType);
```

← BeerExport 클래스를 이용해 브랜드 목록을 얻어요.

```
        StringBuilder brandsFormatted = new StringBuilder();
        for (String brand : brandsList) {
            brandsFormatted.append(brand).append('\n');
        }
```

← 문자열로 만들어 한 행에 한 브랜드씩 출력해요.

```
        // 맥주 목록 표시
        brands.setText(brandsFormatted);
```

← TextView의 문자열을 표시해요.

```
        ~~brands.setText(beerType);~~
    }
}
```

↑ 이 행은 삭제해요.

코드를 실행하면 일어나는 일

1 **사용자가 Find Beer 버튼을 클릭하면 액티비티의 onClickFindBeer() 메서드가 호출됩니다.**

메서드가 호출되면 스피너와 텍스트 뷰의 레퍼런스를 생성하고 스피너에서 현재 선택된 값을 가져옵니다.

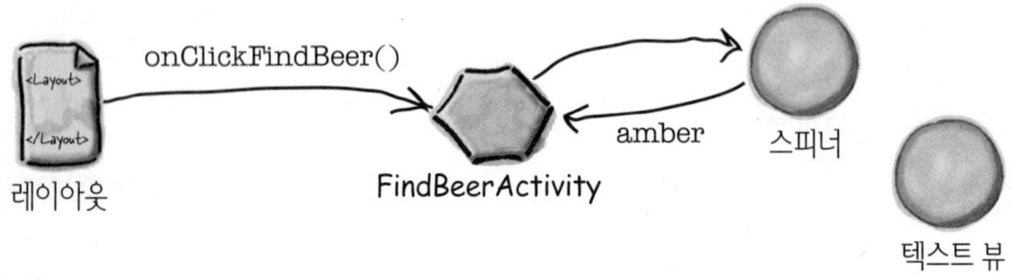

2 **onClickFindBeer()는 BeerExpert 클래스의 getBrands() 클래스를 호출하는데 이때 스피너에 선택된 맥주 종류를 인자로 전달합니다.**

`getBrands()` 메서드는 브랜드 목록을 반환합니다.

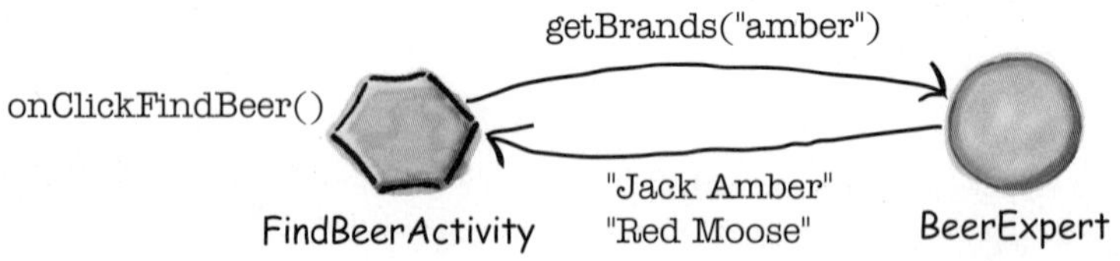

3 **onClickFindBeer() 메서드는 브랜드 목록의 형식을 정리한 다음 텍스트 뷰의 텍스트 속성을 설정하는 데 사용합니다.**

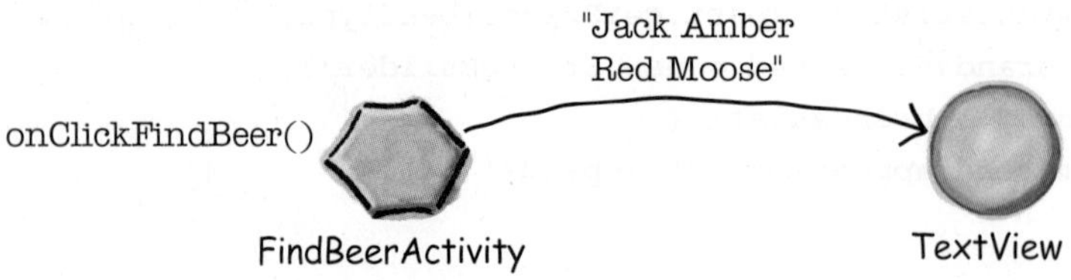

앱 시험 주행

프로젝트 만들기
레이아웃 갱신
액티비티 연결
로직 구현

앱에서 필요한 코드를 바꿨으면 시험 주행을 시작합니다. 다른 종류의 맥주를 선택한 다음 Find Beer 버튼을 클릭하세요.

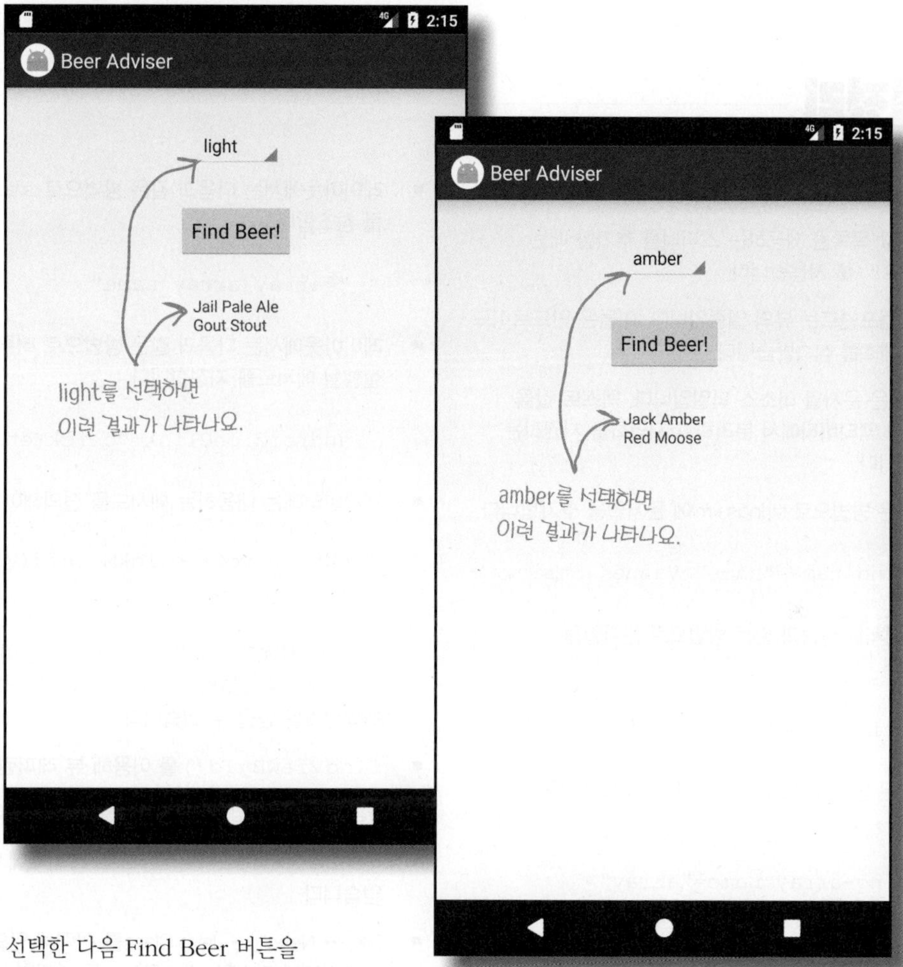

다른 종류의 맥주를 선택한 다음 Find Beer 버튼을 클릭하면 앱은 `BeerExeprt` 클래스에 선택한 종류에 맞는 맥주 정보를 요청합니다.

CHAPTER 2

우리의 안드로이드 도구상자

2장을 마치면서 상호작용하는 안드로이드 앱을 만드는 방법을 도구상자에 추가했습니다.

이 책의 전체 코드는 https://tinyurl.com/HeadFirstAndroid에서 내려받을 수 있어요.

핵심정리

- 버튼을 추가할 때는 <Button> 요소를 사용합니다.
- 드롭다운 값 목록을 제공하는 스피너를 추가할 때는 <Spinner>를 사용합니다.
- 모든 GUI 컴포넌트는 뷰의 일종입니다. 이들은 안드로이드 View 클래스를 상속받습니다.
- strings.xml은 문자열 리소스 파일입니다. 텍스트 값을 레이아웃과 액티비티에서 분리하고 지역화를 지원하는 역할을 합니다.
- 다음과 같은 방법으로 strings.xml에 문자열을 추가합니다.

```
<string name="name">Value</String>
```

- 레이아웃에서는 다음과 같은 방법으로 문자열을 참조합니다.

```
"@string/name"
```

- 다음과 같은 방법으로 strings.xml에 문자열 배열을 추가합니다.

```
<string-array name="array">
    <item>string1</item>
    ...
</string-array>
```

- 레이아웃에서는 다음과 같은 방법으로 string-array를 참조합니다.

```
"@array/array_name"
```

- 레이아웃에서는 다음과 같은 방법으로 버튼을 클릭했을 때 실행될 메서드를 지정합니다.

```
android:onClick="clickMethod"
```

- 액티비티에는 대응하는 메서드를 정의해야 합니다.

```
public void clickMethod(View view){
}
```

- R.java는 자동으로 생성됩니다. R.java를 이용해 레이아웃, GUI 컴포넌트, 문자열, 자바 코드의 기타 리소스 등 레퍼런스를 얻을 수 있습니다.
- findViewById()를 이용해 뷰 레퍼런스를 얻습니다.
- setText()로 뷰의 텍스트를 설정합니다.
- getSelectedItem()으로 스피너에서 선택한 항목을 얻습니다.
- File → New... → Java Class를 선택해 안드로이드 프로젝트에 커스텀 자바 클래스를 추가할 수 있습니다.

3 여러 액티비티와 인텐트

당신의 의도를 말하세요

인텐트

저의 ACTION_CALL을
누가 처리할지 묻는 인텐트를 보냈더니
여러 **종류**의 액티비티가 모여들었어요.
누굴 선택하죠?

대부분의 앱은 한 개 이상의 액티비티를 사용합니다.

지금까지는 한 개의 액티비티로 이루어진 간단한 앱을 살펴봤습니다. 하지만 기능이 복잡해지면서 한 개의 액티비티로는 부족한 상황이 생깁니다. 이 장에서는 **여러 액티비티를 갖는 앱을 만드는 방법**과 **인텐트**로 액티비티 간에 의사소통을 하는 방법을 설명합니다. 그리고 우리 **앱의 영역을 벗어나** 인텐트로 **우리 디바이스에 설치된 다른 앱의 액티비티가 동작하도록 만드는 방법**도 살펴봅니다. 지금까지 배운 어떤 것보다 훨씬 더 강력한 기능을 살펴볼 겁니다...

앱은 한 개 이상의 액티비티를 포함할 수 있습니다

액티비티는 조리법 목록 보기와 같이 사용자가 할 수 있는 하나의 동작을 정의한 것이에요. 간단한 앱이라면 한 개의 액티비티로도 어떤 동작을 충분히 정의할 수 있습니다.

하지만 대부분의 앱에서는 한 개 이상의 동작을 사용자에게 제공합니다. 예를 들어 조리법 목록을 제공할 뿐 아니라 조리법을 추가하는 기능도 필요할 수 있습니다. 이런 상황에서는 여러 액티비티를 사용해야 합니다. 한 액티비티는 조리법 목록을 표시하는 데 사용하고 다른 액티비티는 조리법을 추가하는 기능을 제공해야 하기 때문입니다.

실제로 기능을 구현하는 것만큼 이 상황을 잘 이해할 수 있는 방법도 없습니다. 이번에는 두 개의 액티비티를 포함하는 앱을 만들겠습니다. 첫 번째 액티비티는 메시지를 입력할 수 있게 합니다. 그리고 첫 번째 액티비티의 버튼을 클릭하면 두 번째 액티비티를 실행하여 입력받은 메시지를 전달합니다. 두 번째 액티비티는 전달받은 메시지를 출력합니다.

사용자가 할 수 있는 동작은 모두 액티비티에 집중되어 있어요. 여러 액티비티를 연결하면 조금 더 복잡한 동작을 수행하는 태스크라는 구조를 만들 수 있어요.

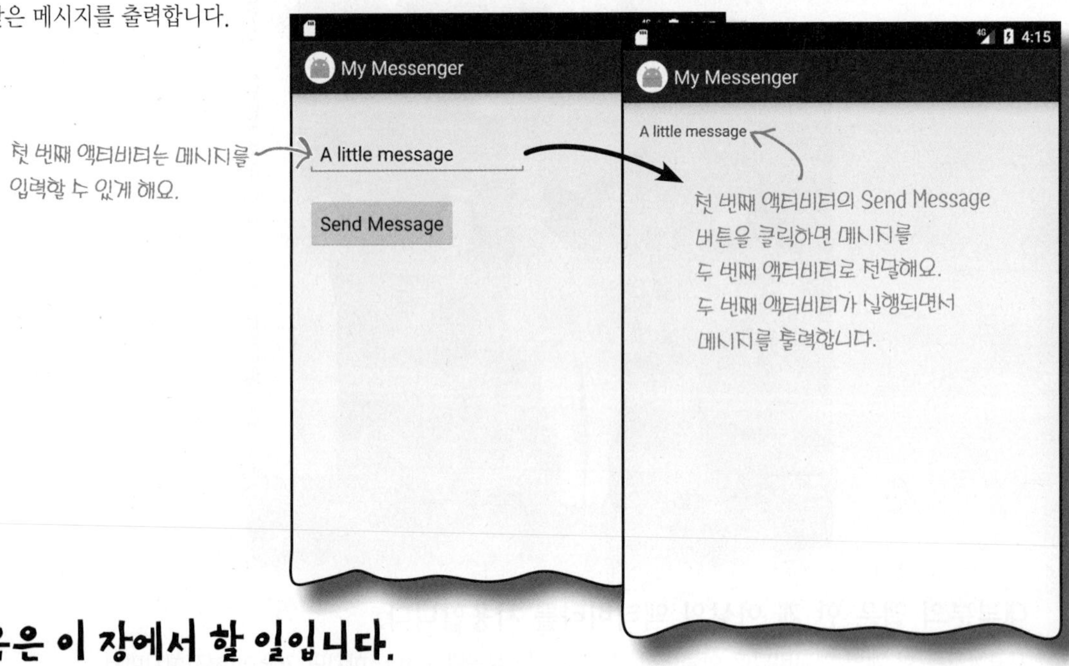
첫 번째 액티비티는 메시지를 입력할 수 있게 해요.
My Messenger
A little message
Send Message
4:15
My Messenger
A little message
첫 번째 액티비티의 Send Message 버튼을 클릭하면 메시지를 두 번째 액티비티로 전달해요. 두 번째 액티비티가 실행되면서 메시지를 출력합니다.

다음은 이 장에서 할 일입니다.

1. 한 개의 액티비티와 레이아웃을 포함하는 앱을 만듭니다.
2. 두 번째 액티비티와 레이아웃을 추가합니다.
3. 첫 번째 액티비티에서 두 번째 액티비티를 호출합니다.
4. 첫 번째 액티비티에서 두 번째 액티비티로 데이터를 전달합니다.

다음은 앱 구조입니다

앱은 두 개의 액티비티와 두 개의 레이아웃을 포함합니다.

1. **앱을 실행하면 CreateMessageActivity라는 액티비티가 실행됩니다.**
   이 액티비티는 activity_create_message.xml을 레이아웃으로 사용합니다.

2. **사용자가 CreateMessageActivity의 버튼을 클릭하면 ReceiveMessageActivity가 실행됩니다.**
   이 액티비티는 activity_receive_message.xml을 레이아웃으로 사용합니다.

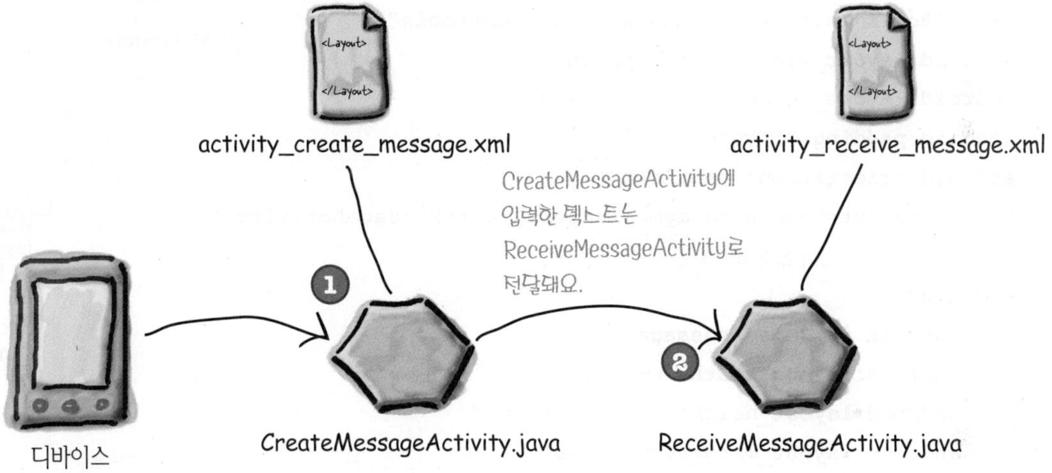

시작: 프로젝트 만들기

앞 장에서 했던 것과 같은 방법으로 프로젝트를 만듭니다. 'My Messenger'라는 이름으로 새 안드로이드 스튜디오 프로젝트를 만들고 회사 도메인은 'hfad.com'을 사용합니다. 그러면 패키지 이름은 `com.hfad.mymessenger`가 됩니다. 대부분의 디바이스에서 앱을 실행할 수 있도록 최소 SDK를 API 수준 19로 설정합니다. 'CreateMessageActivity'라는 빈 액티비티와 'activity_create_message'라는 레이아웃을 생성합니다. **액티비티를 생성할 때 Backwards Compatibility (AppCompat) 옵션은 선택 해제하세요.**

다음 페이지에서는 액티비티의 레이아웃을 갱신합니다.

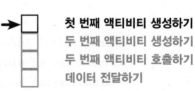

- [ ] **첫 번째 액티비티 생성하기** ←
- [ ] 두 번째 액티비티 생성하기
- [ ] 두 번째 액티비티 호출하기
- [ ] 데이터 전달하기

레이아웃 갱신

다음은 activity_create_messsage.xml 파일 코드입니다. `<LinearLayout>`으로 컴포넌트를 한 열에 표시했고 그곳에 `<Button>`과 `<EditText>` 요소를 추가했습니다. `<EditText>` 요소는 사용자가 데이터를 입력하는 데 사용하는 편집할 수 있는 텍스트 필드를 제공합니다.

아래 XML처럼 여러분의 activity_create_message.xml 파일을 바꾸세요.

편집할 수 있는 텍스트 필드예요. 필드가 비어 있을 때는 여기에 무엇을 입력할 수 있는지 사용자에게 힌트를 보여줄 수 있어요.

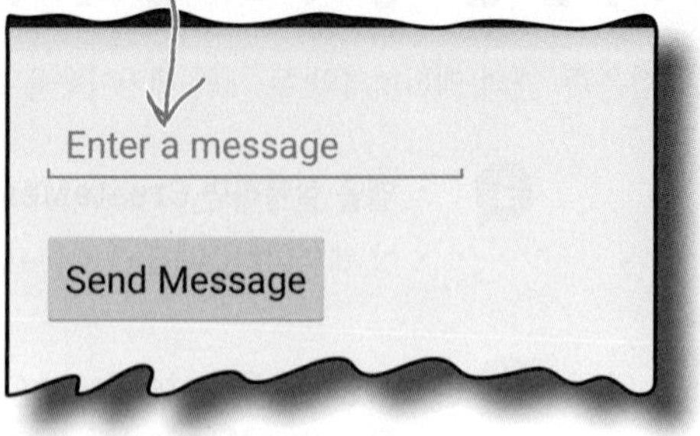

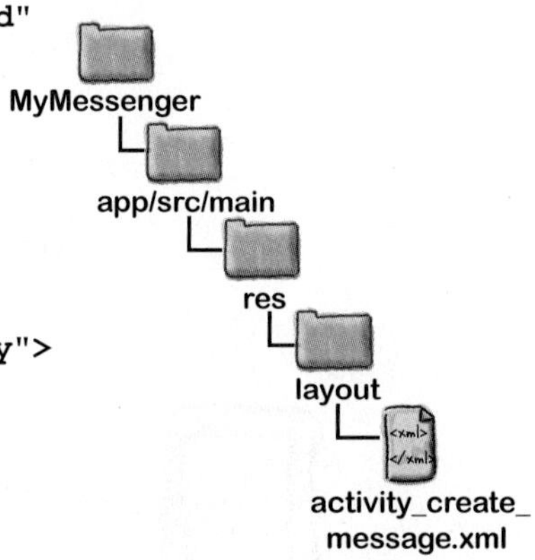


```
<?xml version="1.0" encoding="utf-8"?>
<LinearLayout
    xmlns:android="http://schemas.android.com/apk/res/android"
    xmlns:tools="http://schemas.android.com/tools"
    android:layout_width="match_parent"
    android:layout_height="match_parent"
    android:padding="16dp"
    android:orientation="vertical"
    tools:context="com.hfad.mymessenger.CreateMessageActivity">

    <EditText
        android:id="@+id/message"
        android:layout_width="wrap_content"
        android:layout_height="wrap_content"
        android:layout_marginTop="20dp"
        android:hint="@string/hint"
        android:ems="10" />

    <Button
        android:id="@+id/send"
        android:layout_width="wrap_content"
        android:layout_height="wrap_content"
        android:layout_marginTop="20dp"
        android:onClick="onSendMessage"
        android:text="@string/send" />

</LinearLayout>
```

LinearLayout을 세로 방향으로 사용했어요.

편집할 수 있는 텍스트 필드를 생성해요.

힌트 속성으로 사용자에게 텍스트 필드에 어떤 텍스트를 입력할 수 있는지 힌트를 제공할 수 있어요. 힌트는 문자열 리소스로 제공해야 해요.

<EditText>의 너비를 지정했어요. 열 개의 글자를 포함할 수 있는 너비여야 해요.

버튼을 클릭하면 액티비티의 onSendMessage() 메서드가 실행돼요.

우리가 생성할 문자열 리소스예요.

<EditText> 요소는 텍스트를 입력하기 위한 편집할 수 있는 텍스트 필드를 정의해요. 이 요소도 지금까지 살펴본 다른 GUI 컴포넌트처럼 안드로이드 View 클래스를 상속받아요.

첫 번째 액티비티 생성하기
두 번째 액티비티 생성하기
두 번째 액티비티 호출하기
데이터 전달하기

strings.xml을 갱신하고...

이전 페이지의 레이아웃에서는 두 개의 문자열 리소스를 사용했습니다. 버튼에서는 `@string/send`를 버튼에 표시했고, 편집할 수 있는 텍스트 필드의 힌트 값으로 `@string/hint`를 사용했습니다. 따라서 strings.xml에 `"send"`와 `"hint"`라는 두 개의 문자열 리소스를 추가해야 합니다. 다음처럼 문자열 리소스를 추가합니다.

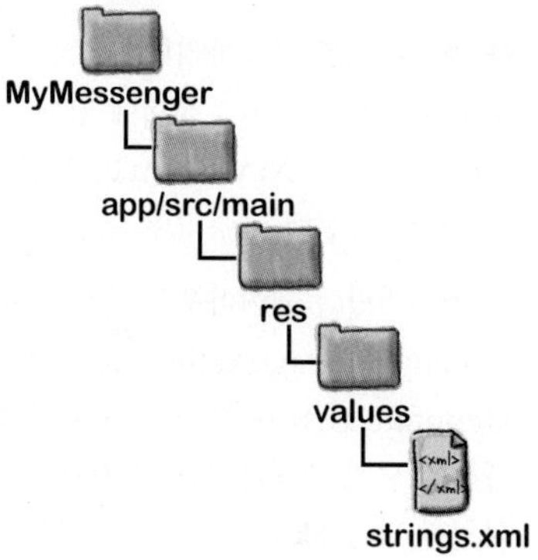


```
<resources>
    ...
    <string name="send">Send Message</string>
    <string name="hint">Enter a message</string>
</resources>
```

'Send Message'라는 텍스트가 버튼에 나타날 거예요.

텍스트 필드가 비어 있으면 'Enter a message'라는 텍스트가 텍스트 필드에 힌트로 나타날 거예요.

액티비티에 메서드를 추가합니다

<Button> 요소의 다음 행은

```
android:onClick="onSendMessage"
```

버튼을 클릭했을 때 액티비티의 `onSendMessage()` 메서드를 호출함을 의미합니다. 이 메서드를 액티비티에 추가합니다.

CreateMessageActivity.java 파일을 열어 안드로이드 스튜디오가 기본적으로 생성한 코드를 다음처럼 바꿉니다.

```
package com.hfad.mymessenger;

import android.app.Activity;
import android.os.Bundle;
import android.view.View;

public class CreateMessageActivity extends Activity {

    @Override
    protected void onCreate(Bundle savedInstanceState) {
        super.onCreate(savedInstanceState);
        setContentView(R.layout.activity_create_message);
    }

    // 버튼을 클릭하면 onSendMessage() 호출됨
    public void onSendMessage(View view) {
    }
}
```

우리 액티비티는 Activity 클래스를 상속받아야 해요.

액티비티가 생성되면 onCreate() 메서드가 호출돼요.

버튼을 클릭하면 이 메서드가 호출돼요. 지금부터 이 메서드의 몸통을 구현하는 방법을 살펴볼 거예요.

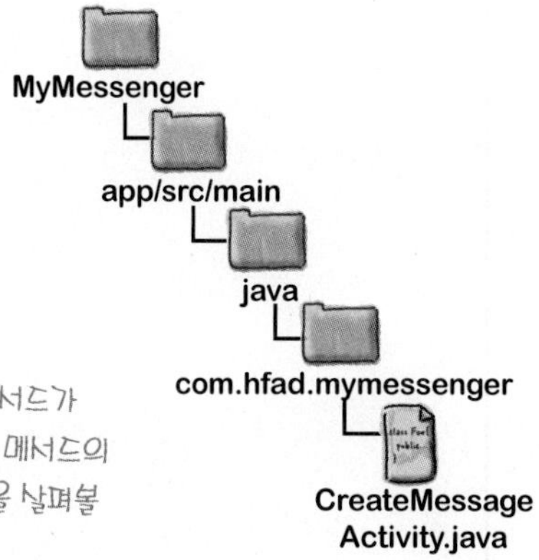

첫 번째 액티비티를 구현했으니 두 번째 액티비티를 살펴봅시다.

두 번째 액티비티와 레이아웃 생성하기

첫 번째 액티비티 생성하기
두 번째 액티비티 생성하기
두 번째 액티비티 호출하기
데이터 전달하기

안드로이드 스튜디오는 액티비티와 레이아웃을 앱에 추가할 수 있도록 마법사를 제공합니다. 앱을 만들 때 사용했던 마법사의 축소판처럼 동작하며 새 액티비티를 생성할 때 이 마법사를 사용할 수 있습니다.

새 액티비티를 생성하려면 안드로이드 스튜디오의 탐색기에서 Project 뷰로 전환한 다음 app/src/main/java 폴더에 있는 `com.hfad.mymessenger` 패키지를 클릭하세요. 그리고 File → New → Activity를 클릭하고 Empty Activity 옵션을 선택합니다. 새 액티비티에 선택할 수 있는 옵션을 제공하는 새 화면이 나타납니다.

새 액티비티와 레이아웃을 생성할 때마다 이름을 정의해야 합니다. 액티비티 이름은 'ReceiveMessageActivity'로, 레이아웃 이름은 'activity_receive_message'로 지정합니다. Generate Layout File 옵션은 선택하고 Backwards Compatibility (AppCompat) 옵션은 선택 해제하세요. 마지막으로 패키지 이름이 `com.hfad.mymessenger`인지 확인한 다음 Finish 버튼을 클릭합니다.

안드로이드 스튜디오의 버전에 따라 액티비티의 소스 언어가 무엇인지 물을 수 있습니다. 이 질문이 나오면 자바 옵션을 선택하세요.

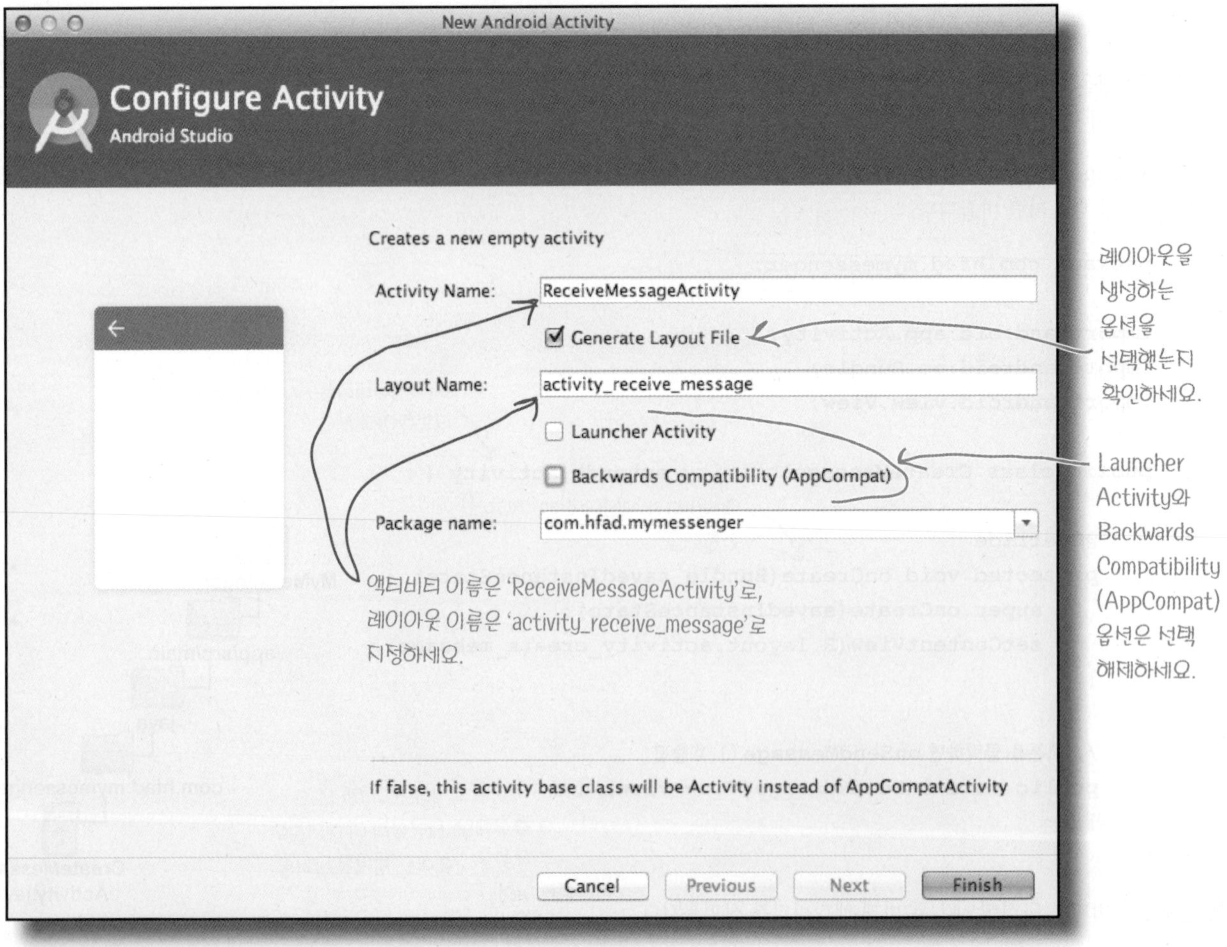

무슨 일이 일어난 걸까?

Finish 버튼을 클릭하면 안드로이드 스튜디오는 따끈따끈한 새 액티비티 파일과 새 레이아웃 파일을 생성합니다. 탐색기를 살펴보면 app/src/main/java 폴더에 ReceiveMessageActivity.java 파일이, app/src/main/res/layout에 activity_receive_message.xml 파일이 생성된 사실을 알 수 있습니다.

각 액티비티는 다른 레이아웃을 사용합니다. `CreateMessageActivity`는 activity_create_message.xml 레이아웃을 사용하고, `ReceiveMessageActivity`는 activity_receive_message.xml 레이아웃을 사용합니다.

탐색 창을 Project 뷰로 바꾸지 않으면 책과 모습이 다를 수 있어요.

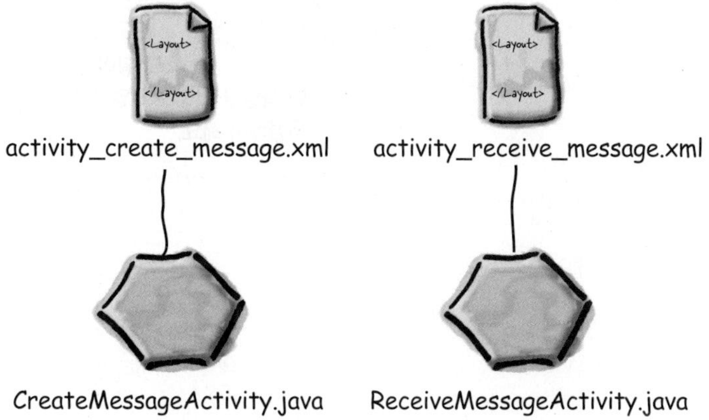

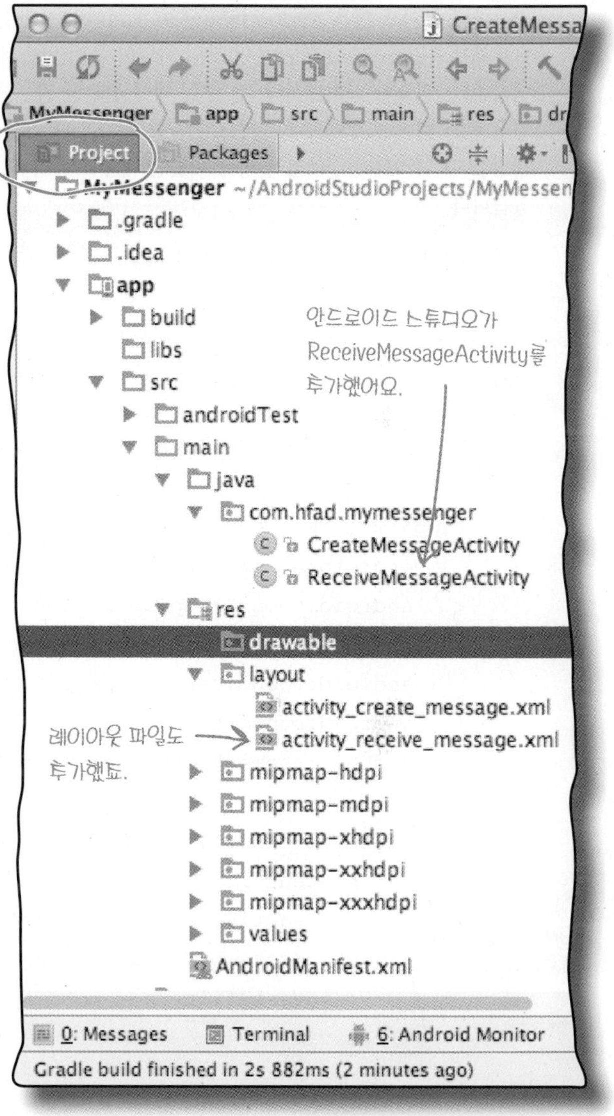

내부적으로 안드로이드 스튜디오는 AndroidManifest.xml이라는 파일의 앱 구성도 바꿉니다. 무엇이 바뀌었는지 자세히 살펴봅시다.

안드로이드 매니페스트 파일을 소개합니다

- [x] 첫 번째 액티비티 생성하기
- [x] 두 번째 액티비티 생성하기
- [ ] 두 번째 액티비티 호출하기
- [ ] 데이터 전달하기

모든 안드로이드 앱은 AndoridManifest.xml이라는 파일을 포함해야 합니다. 프로젝트의 app/src/main 폴더에 이 파일이 들어 있습니다. 이 파일에는 포함하는 액티비티, 필요한 라이브러리, 설정 등 앱에 필요한 필수 정보가 들어 있습니다. 앱을 만들 때 안드로이드 스튜디오가 자동으로 이 파일을 생성합니다. 프로젝트를 생성할 때 여러분이 선택한 설정과 비슷한 내용을 매니페스트 파일에서 볼 수 있습니다.

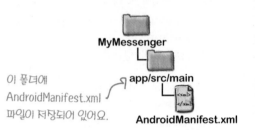

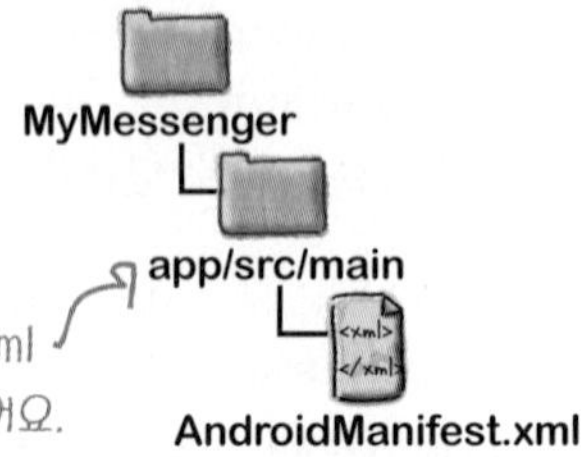

이 폴더에 AndroidManifest.xml 파일이 저장되어 있어요.

다음은 현재 우리의 AndroidManifest.xml 파일입니다.

```
<?xml version="1.0" encoding="utf-8"?>
<manifest xmlns:android="http://schemas.android.com/apk/res/
android"
    package="com.hfad.mymessenger">

    <application
        android:allowBackup="true"
        android:icon="@mipmap/ic_launcher"
        android:label="@string/app_name"
        android:roundIcon="@mipmap/ic_launcher_round"
        android:supportsRtl="true"
        android:theme="@style/AppTheme">

        <activity android:name=".CreateMessageActivity">
            <intent-filter>
                <action android:name="android.intent.action.MAIN" />
                <category android:name="android.intent.category.LAUNCHER" />
            </intent-filter>
        </activity>

        <activity android:name=".ReceiveMessageActivity"></activity>

    </application>

</manifest>
```

우리가 지정한 패키지 이름이에요. (package)

안드로이드 스튜디오가 제공한 기본 아이콘이에요. (icon, roundIcon)

테마는 앱의 모양에 영향을 줘요. 나중에 더 자세히 살펴볼 거예요. (theme)

첫 번째 액티비티인 CreateMessage Activity에요.

앱의 메인 액티비티임을 가리켜요. (action MAIN)

앱을 실행하는 데 사용할 수 있는 액티비티라는 의미예요. (category LAUNCHER)

두 번째 액티비티는 ReceiveMessageActivity입니다. 두 번째 액티비티를 생성했을 때 안드로이드 스튜디오가 추가한 코드예요.

조심하세요!

IDE를 사용하지 않고 안드로이드 앱을 개발하는 상황이라면 이 파일을 직접 수작업으로 생성해야 해요.

인텐트를 사용해 두 번째 액티비티를 시작하세요

- [x] 첫 번째 액티비티 생성하기
- [x] 두 번째 액티비티 생성하기
- [ ] → **두 번째 액티비티 호출하기**
- [ ] 데이터 전달하기

이를 실제로 구현합시다. 인텐트를 사용해 ReceiveMessageActivity를 호출합니다. 사용자가 Send Message 버튼을 클릭하면 두 번째 액티비티를 실행해야 하므로 이전 페이지에서 살펴본 두 행의 코드를 기존에 정의했던 onSendMessage() 메서드에 추가합니다.

아래에 굵게 표시한 코드를 추가하세요.

```
package com.hfad.mymessenger;

import android.app.Activity;
import android.content.Intent;
import android.os.Bundle;
import android.view.View;

public class CreateMessageActivity extends Activity {

    @Override
    protected void onCreate(Bundle savedInstanceState) {
        super.onCreate(savedInstanceState);
        setContentView(R.layout.activity_create_message);
    }

    // 버튼을 클릭하면 onSendMessage() 호출
    public void onSendMessage(View view) {
        Intent intent = new Intent(this, ReceiveMessageActivity.class);
        startActivity(intent);
    }

}
```

onSendMessage()에서 Intent 클래스를 사용해야 하므로 android.content.Intent 클래스를 임포트해야 해요.

ReceiveMessageActivity를 시작해요.

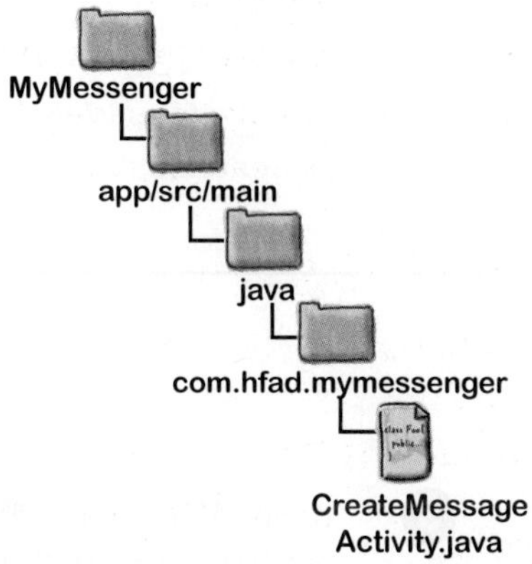

앱을 실행하면 무슨 일이 벌어질까요?

앱을 실행하면 벌어지는 일

앱을 시험 주행하기 전에 지금까지 구현한 기능을 검토합시다.

- [x] 첫 번째 액티비티 생성하기
- [x] 두 번째 액티비티 생성하기
- [ ] → **두 번째 액티비티 호출하기**
- [ ] 데이터 전달하기

1 **앱을 실행하면 메인 액티비티인 CreateMessageActivity가 시작됩니다.**

액티비티가 시작되면 activity_create_message.xml을 레이아웃으로 지정합니다. 이 레이아웃이 새 창에 나타납니다.

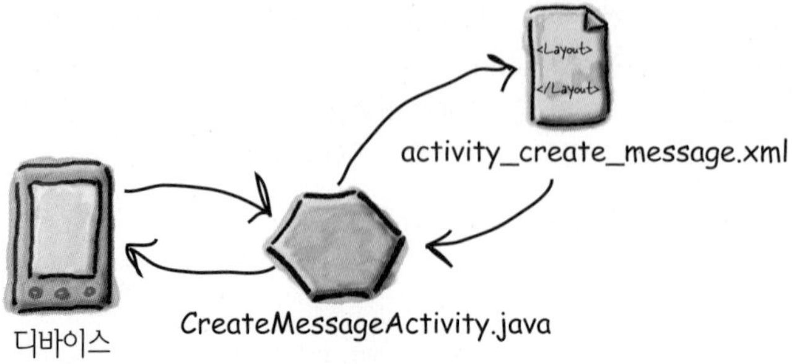

---

2 **사용자가 메시지를 입력하고 버튼을 클릭합니다.**

사용자가 버튼을 클릭하면 `CreateMessageActivity`의 `onSendMessage()` 메서드가 호출됩니다.

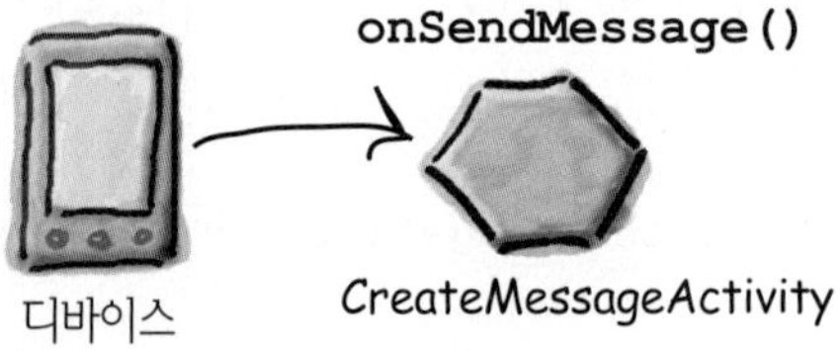

---

3 **onSendMessage() 메서드는 인텐트를 이용해 안드로이드에 ReceiveMessageActivity 액티비티를 시작하라고 지시합니다.**

안드로이드는 인텐트가 유효한지 확인한 다음 `ReceiveMessageActivity`에 실행을 지시합니다.

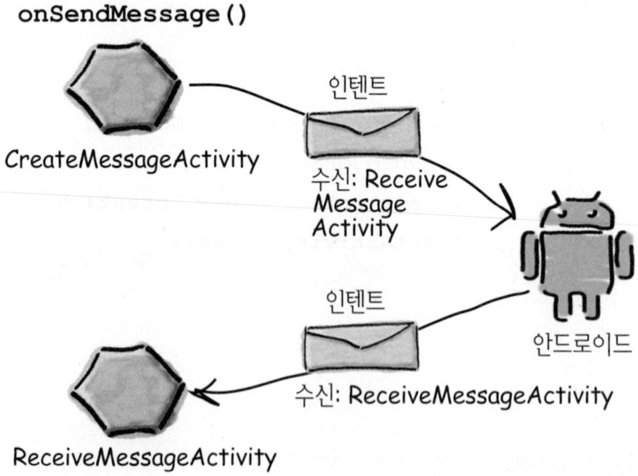

이야기는 계속됩니다...

4. **ReceiveMessageActivity가 시작되면 activity_receive_message.xml을 레이아웃으로 지정합니다. 이 레이아웃이 새 창에 나타납니다.**

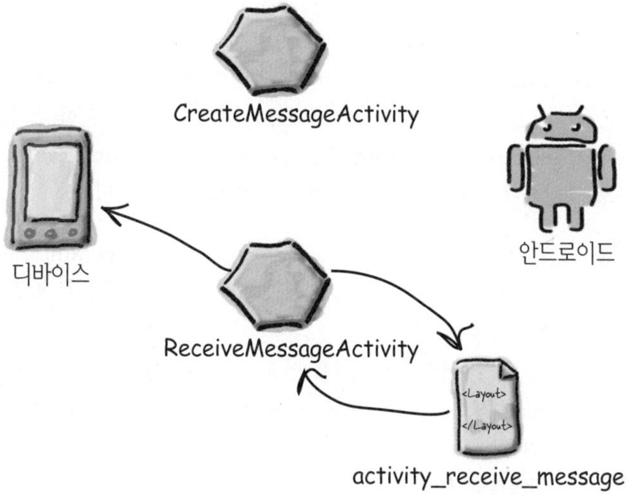
CreateMessageActivity
디바이스
안드로이드
ReceiveMessageActivity
<Layout>
</Layout>
activity_receive_message

앱 시험 주행

갱신한 내용을 저장하고 앱을 실행해서 `CreateMessageActivity`를 시작합니다. Send Message 버튼을 클릭하면 `ReceiveMessageActivity`가 실행됩니다.

- [x] 첫 번째 액티비티 생성하기
- [x] 두 번째 액티비티 생성하기
- [x] **두 번째 액티비티 호출하기**
- [ ] 데이터 전달하기

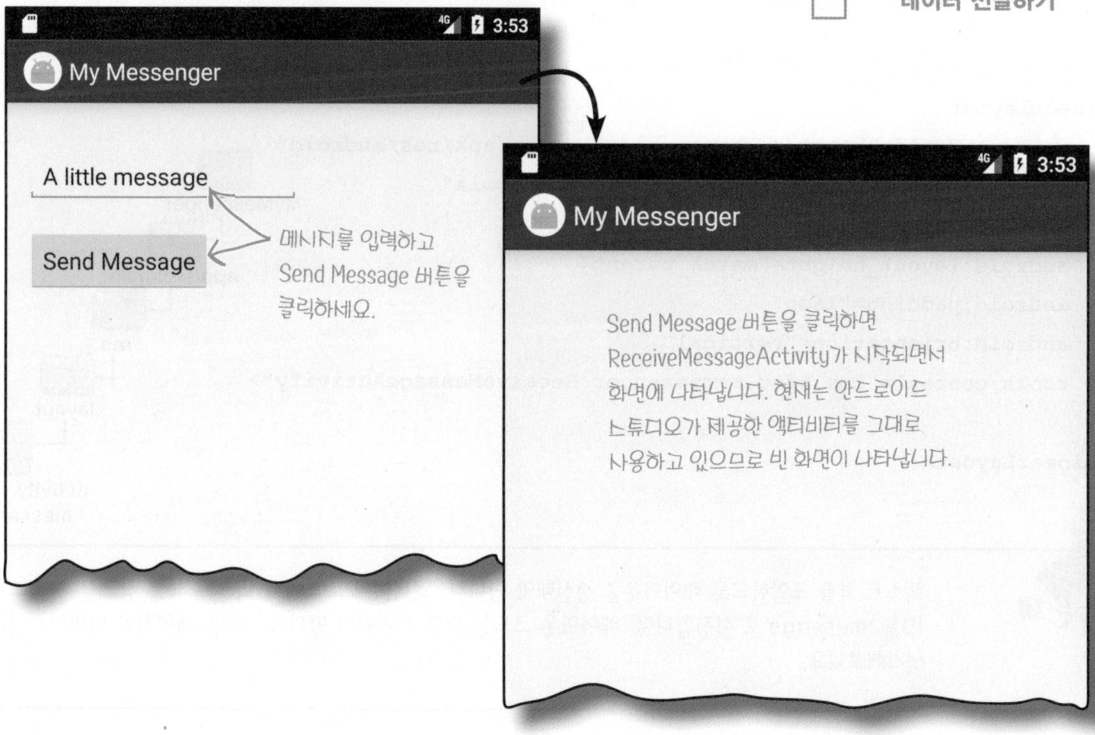
3:53
My Messenger
A little message
Send Message
메시지를 입력하고 Send Message 버튼을 클릭하세요.
3:53
My Messenger
Send Message 버튼을 클릭하면 ReceiveMessageActivity가 시작되면서 화면에 나타납니다. 현재는 안드로이드 스튜디오가 제공한 액티비티를 그대로 사용하고 있으므로 빈 화면이 나타납니다.

텍스트를 두 번째 액티비티로 전달하기

- [x] 첫 번째 액티비티 생성하기
- [x] 두 번째 액티비티 생성하기
- [x] 두 번째 액티비티 호출하기
- [ ] → **데이터 전달하기**

지금까지 사용자가 버튼을 클릭했을 때 `CreateMessageActivity`가 `ReceiveMessageActivity`를 시작하도록 코드를 구현했습니다. 이제 `ReceiveMessageActivity`가 텍스트를 받아 화면에 출력할 수 있도록 `CreateMessageActivity`에서 `ReceiveMessageActivity`로 텍스트를 전달해야 합니다. 그러려면 세 가지 작업을 해야 합니다.

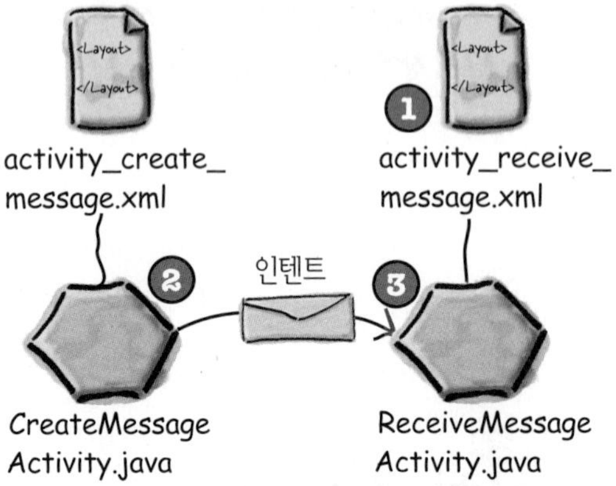

1. 텍스트를 표시하도록 activity_receive_message.xml 레이아웃을 조정합니다. 현재는 마법사가 제공한 기본 파일을 사용하고 있습니다.
2. 사용자가 입력한 텍스트를 얻고 인텐트에 텍스트를 추가해 전달하도록 CreateMessageActivity.java 파일을 갱신해야 합니다.
3. 인텐트로 전달한 텍스트를 표시하도록 ReceiveMessageActivity.java를 갱신해야 합니다.

레이아웃부터 작업합시다

먼저 안드로이드가 생성한 activity_receive_message.xml이 `<LinearLayout>`을 사용하도록 갱신합니다. 여러분 코드를 다음처럼 바꾸세요.

```
<?xml version="1.0" encoding="utf-8"?>
<LinearLayout
    xmlns:android="http://schemas.android.com/apk/res/android"
    xmlns:tools="http://schemas.android.com/tools"
    android:layout_width="match_parent"
    android:layout_height="match_parent"
    android:padding="16dp"
    android:orientation="vertical"
    tools:context="com.hfad.mymessenger.ReceiveMessageActivity">

</LinearLayout>
```

activity_receive_message.xml에서 했던 것처럼 세로 방향의 선형 레이아웃을 사용합니다.

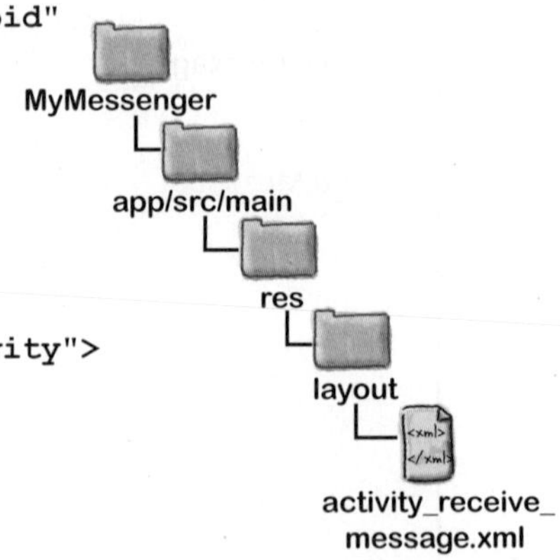

텍스트 뷰를 포함하도록 레이아웃을 갱신해야 합니다. 액티비티 코드에서 텍스트 뷰를 참조할 수 있도록 ID를 'message'로 설정합니다. 레이아웃 코드는 어떻게 바꿔야 할까요? 다음 페이지로 넘어가기 전에 생각해보세요.

- [x] 첫 번째 액티비티 생성하기
- [x] 두 번째 액티비티 생성하기
- [x] 두 번째 액티비티 호출하기
- [ ] **데이터 전달하기**

텍스트 뷰 속성 갱신

레이아웃에 <TextView> 요소를 추가하고 'message'라는 ID를 할당해야 합니다. 화면에 텍스트를 출력하려면 액티비티에서 텍스트 뷰를 참조해야 하기 때문입니다.

새 텍스트 뷰를 포함하도록 레이아웃을 갱신했습니다. 여러분의 activity_receive_message.xml 코드도 다음처럼 갱신합니다(굵게 표시한 코드).

```
<?xml version="1.0" encoding="utf-8"?>
<LinearLayout
    xmlns:android="http://schemas.android.com/apk/res/android"
    xmlns:tools="http://schemas.android.com/tools"
    android:layout_width="match_parent"
    android:layout_height="match_parent"
    android:padding="16dp"
    android:orientation="vertical"
    tools:context="com.hfad.mymessenger.ReceiveMessageActivity">

    <TextView
        android:id="@+id/message"
        android:layout_width="wrap_content"
        android:layout_height="wrap_content" />
</LinearLayout>
```

텍스트 뷰를 추가했어요.

텍스트 뷰에 'message'라는 ID를 할당했어요.

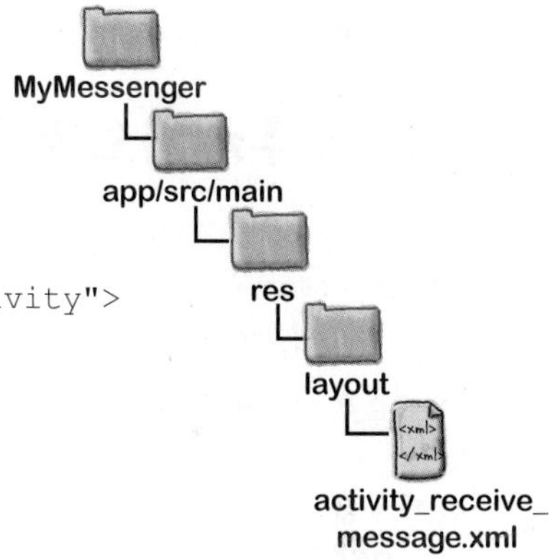

이번에는 텍스트 뷰에 기본 텍스트를 할당하지 않았는데 이는 CreateMessageActivity가 전달한 텍스트 외에는 아무것도 표시할 필요가 없기 때문입니다.

지금까지 레이아웃을 갱신했고 이번엔 액티비티를 작업할 차례입니다. 먼저 어떻게 인텐트로 ReceiveMessageActivity에 메시지를 전달할 수 있는지 확인합시다.

바보 같은 질문이란 없습니다

Q: 인텐트를 사용해야 하나요? 첫 번째 액티비티에서 직접 두 번째 액티비티의 인스턴스를 만들 순 없나요?

A: 좋은 질문이지만 그렇게 할 수 없습니다. 그 방법은 '안드로이드에서 지원하는 방식'이 아니기 때문이죠. 인텐트를 사용하는 이유 중 하나는 안드로이드에 어떤 순서로 액티비티를 실행할지 지정하기 때문입니다. 즉, 사용자가 Back 버튼을 클릭하면 안드로이드는 어디로 돌아가야 할지 알 수 있게 되는 거죠.

- [x] 첫 번째 액티비티 생성하기
- [x] 두 번째 액티비티 생성하기
- [x] 두 번째 액티비티 호출하기
- [ ] **데이터 전달하기**

putExtra()로 인텐트에 추가 정보 넣기

지금까지 다음처럼 새 인텐트를 생성했습니다.

```
Intent intent = new Intent(this, Target.class);
```

이 인텐트를 수신한 액티비티가 특정 동작을 수행하도록 인텐트에 추가 정보를 포함시킬 수 있습니다. 다음처럼 putExtra() 메서드를 사용합니다.

```
intent.putExtra("message", value);
```

putExtra() 메서드로 전달하려는 메시지에 추가 정보를 넣을 수 있어요.

여기서 message는 전달하는 값을 가리키는 문자열 이름이고 value는 실제 전달하는 값입니다. putExtra() 메서드는 여러 종류의 value를 받을 수 있도록 다양한 오버로드 버전의 메서드를 제공합니다. 예를 들어 boolean, int, 기본형 배열, 문자열 등을 값으로 가질 수 있습니다. putExtra()를 반복 호출해서 여러 데이터를 인텐트에 추가할 수 있습니다. 이때 각 값에 고유 이름을 제공해야 합니다.

다양한 종류의 값을 추가할 수 있어요. 더 자세한 내용은 구글 안드로이드 문서를 참고하세요. 코드를 입력하기 시작하면 안드로이드 스튜디오가 자동으로 목록을 제시해요.

인텐트에서 추가 정보 추출하기

안드로이드가 ReceiveMessageActivity를 시작시키면 ReceiveMessageActivity는 CreateMessageActivity가 전달한 추가 정보를 추출해야 합니다.

다양한 방법으로 메시지를 추출할 수 있습니다. 먼저 다음과 같은 방법을 이용할 수 있습니다.

```
getIntent();
```

getIntent() 메서드는 액티비티를 시작시킨 인텐트를 반환하는데 이 인텐트를 이용해 인텐트에 포함된 추가 정보를 추출할 수 있습니다. 데이터를 추출하는 방법은 어떤 데이터를 추가했느냐에 따라 달라집니다. 예를 들어 인텐트에 "message"라는 문자열 값이 포함되어 있다는 사실을 알고 있다면 다음처럼 메시지를 추출할 수 있습니다.

```
Intent intent = getIntent();
String string = intent.getStringExtra("message");
```

인텐트를 가져와요.

인텐트와 함께 전달된 "message"라는 이름의 문자열 값을 추출해요.

문자열 값만 추출할 수 있는 것은 아닙니다. 예를 들어 다음은 name이라는 이름의 int를 추출하는 코드입니다.

```
int intNum = intent.getIntExtra("name", default_value);
```

default_value는 기본값으로 사용할 int 값을 가리킵니다.

수영장 퍼즐

여러분의 **임무**는 수영장에 흩어진 조각을 이용해 CreateMessageActivity.java의 빈 행을 채우는 것입니다. 같은 코드 조각을 두 번 이상 사용할 수 **없으며** 모든 조각을 반드시 사용할 필요도 없습니다. <EditText>에 입력된 텍스트를 추출해 인텐트에 추가하는 것이 최종 **목표**입니다.

```
package com.hfad.mymessenger;

import android.app.Activity;
import android.os.Bundle;
import android.content.Intent;
import android.view.View;
..........................................................

public class CreateMessageActivity extends Activity {

    @Override
    protected void onCreate(Bundle savedInstanceState) {
        super.onCreate(savedInstanceState);
        setContentView(R.layout.activity_create_message);
    }

    // 버튼을 클릭하면 onSendMessage() 호출
    public void onSendMessage(View view) {
            ..........................................................
            ..........................................................
        Intent intent = new Intent(this, ReceiveMessageActivity.class);
            ..........................................................
        startActivity(intent);
    }
}
```

참고: 수영장의 각 조각은 한 번만 사용할 수 있어요!

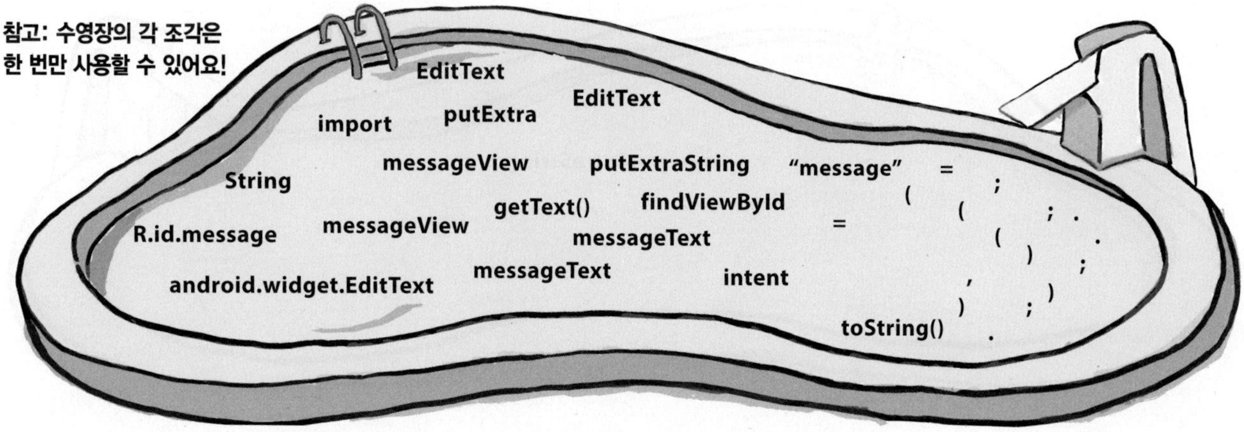

수영장 퍼즐 정답

여러분의 **임무**는 수영장에 흩어진 조각을 이용해 CreateMessageActivity.java의 빈 행을 채우는 것입니다. 같은 코드 조각을 두 번 이상 사용할 수 **없으며** 모든 조각을 반드시 사용할 필요도 없습니다. <EditText>에 입력된 텍스트를 추출해 인텐트에 추가하는 것이 최종 **목표**입니다.

```
package com.hfad.mymessenger;

import android.app.Activity;
import android.os.Bundle;
import android.content.Intent;
import android.view.View;
import android.widget.EditText;

public class CreateMessageActivity extends Activity {

    @Override
    protected void onCreate(Bundle savedInstanceState) {
        super.onCreate(savedInstanceState);
        setContentView(R.layout.activity_create_message);
    }

    // 버튼을 클릭하면 onSendMessage() 호출
    public void onSendMessage(View view) {
        EditText messageView = (EditText) findViewById(R.id.message);
        String messageText = messageView.getText().toString();
        Intent intent = new Intent(this, ReceiveMessageActivity.class);
        intent.putExtra("message", messageText);
        startActivity(intent);
    }
}
```

EditText 클래스를 임포트해야 해요.

'message'라는 ID를 가진 편집할 수 있는 텍스트 필드에서 텍스트를 추출해요.

텍스트를 인텐트에 추가하고 "message"라는 이름을 할당해요.

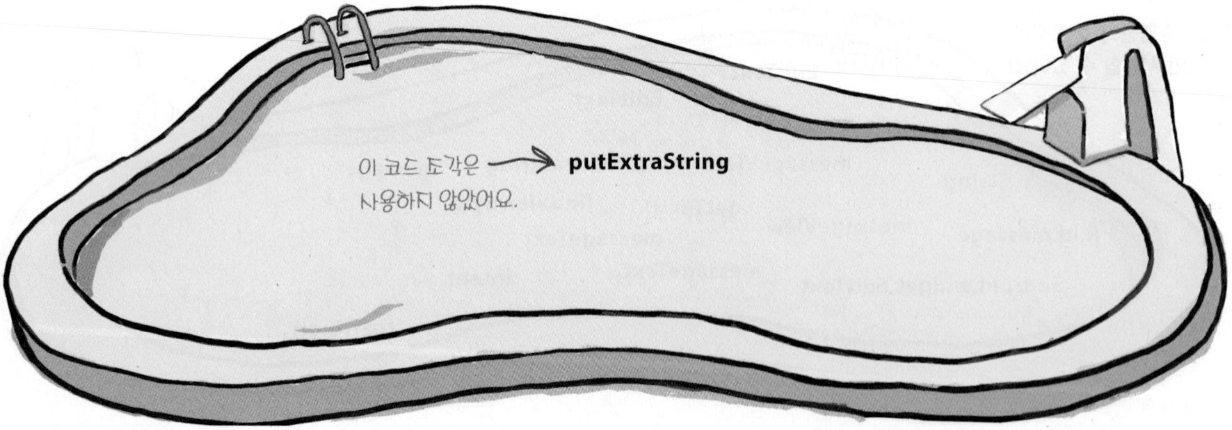
이 코드 조각은
putExtraString
사용하지 않았어요.

☑ 첫 번째 액티비티 생성하기
☑ 두 번째 액티비티 생성하기
☑ 두 번째 액티비티 호출하기
→ ☐ **데이터 전달하기**

CreateMessageActivity 갱신

사용자가 화면에 입력한 텍스트를 가져다 인텐트에 추가하도록 CreateMessageActivity.java 코드를 갱신했습니다. 다음은 전체 코드입니다(굵게 표시한 부분을 참조해 여러분 코드도 갱신하세요).

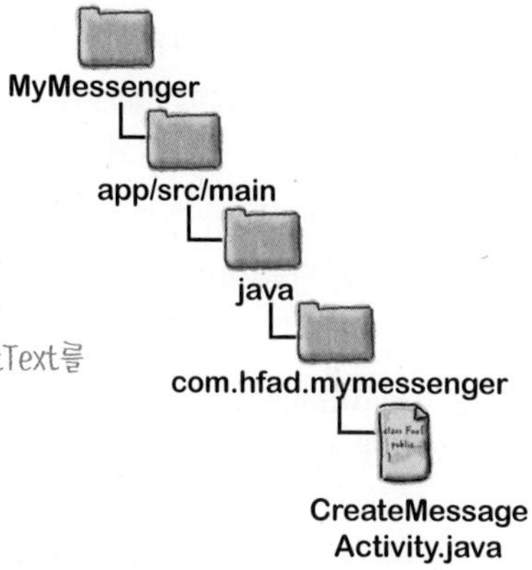


```
package com.hfad.mymessenger;

import android.app.Activity;
import android.os.Bundle;
import android.content.Intent;
import android.view.View;
import android.widget.EditText;

public class CreateMessageActivity extends Activity {

    @Override
    protected void onCreate(Bundle savedInstanceState) {
        super.onCreate(savedInstanceState);
        setContentView(R.layout.activity_create_message);
    }

    // 버튼을 클릭하면 onSendMessage() 호출
    public void onSendMessage(View view) {
        EditText messageView = (EditText)findViewById(R.id.message);
        String messageText = messageView.getText().toString();
        Intent intent = new Intent(this, ReceiveMessageActivity.class);
        intent.putExtra(ReceiveMessageActivity.EXTRA_MESSAGE, messageText);
        startActivity(intent);
    }
}
```

액티비티 코드에서 EditText 클래스를 사용해야 하므로 android.widget.EditText를 임포트해야 해요.

EditText에 있는 텍스트를 가져와요.

인텐트로 ReceiveMessageActivity를 시작해요.

인텐트를 생성하고 인텐트에 텍스트를 추가해요. CreateMessageActivity와 ReceiveMessageActivity가 같은 문자열을 사용할 수 있도록 추가 정보를 입력할 때 상수를 사용했습니다. 다음 페이지에서 ReceiveMessageActivity에 상수를 추가할 것이므로 안드로이드 스튜디오가 에러를 표시하더라도 신경 쓰지 마세요.

지금까지 인텐트에 추가 정보를 입력하도록 CreateMessageActivity를 갱신했습니다. 이제 입력한 추가 정보를 추출해서 사용할 차례입니다.

- [x] 첫 번째 액티비티 생성하기
- [x] 두 번째 액티비티 생성하기
- [x] 두 번째 액티비티 호출하기
- [ ] 데이터 전달하기

인텐트의 정보를 이용하도록 ReceiveMessageActivity 갱신

인텐트에 텍스트를 추가하도록 `CreateMessageActivity`를 갱신했으므로 이번에는 추가로 입력된 텍스트를 사용하도록 `ReceiveMessageActivity`를 갱신합니다.

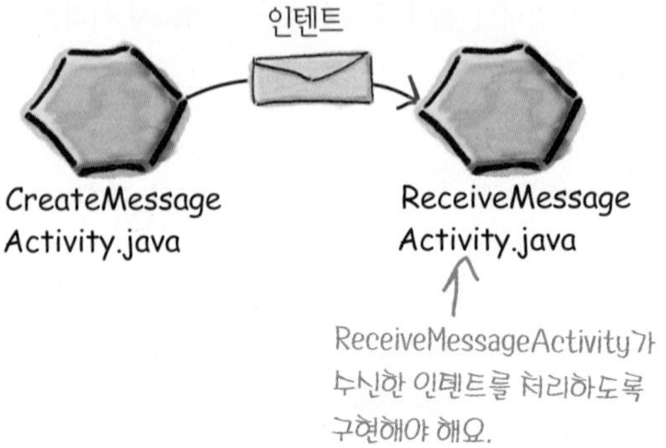

액티비티가 생성되면 메시지를 표시하도록 `ReceiveMessageActivity`를 갱신합니다. 액티비티가 생성되면 `onCreate()` 메서드가 호출되므로 이 메서드에 코드를 추가합니다.

인텐트에 포함된 메시지를 추출하려면 먼저 `getIntent()` 메서드로 인텐트를 가져온 다음 `getStringExtra()`로 메시지 값을 가져와야 합니다.

다음은 ReceiveMessageActivity.java 전체 코드입니다(안드로이드 스튜디오가 생성한 코드를 다음처럼 바꾸고 저장하세요).

```
package com.hfad.mymessenger;

import android.app.Activity;
import android.os.Bundle;
import android.content.Intent;
import android.widget.TextView;

public class ReceiveMessageActivity extends Activity {

    public static final String EXTRA_MESSAGE = "message";

    @Override
    protected void onCreate(Bundle savedInstanceState) {
        super.onCreate(savedInstanceState);
        setContentView(R.layout.activity_receive_message);
        Intent intent = getIntent();
        String messageText = intent.getStringExtra(EXTRA_MESSAGE);
        TextView messageView = (TextView)findViewById(R.id.message);
        messageView.setText(messageText);
    }
}
```

이들 클래스를 임포트해야 해요.

액티비티가 Activity 클래스를 상속해야 해요.

인텐트로 전달한 문자열의 이름이에요.

인텐트를 가져온 다음 getStringExtra()로 메시지를 얻어요.

메시지 텍스트 뷰에 텍스트를 추가해요.

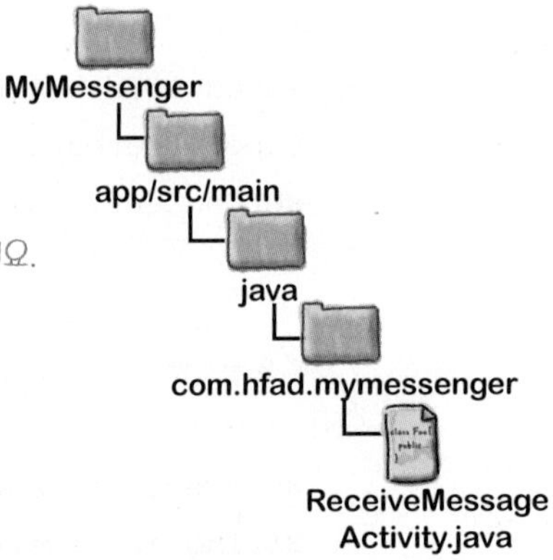

앱을 시험 주행하기 전에 현재 코드가 어떤 일을 하는지 확인합시다.

사용자가 Send Message 버튼을 클릭하면 벌어지는 일

1. **사용자가 버튼을 클릭하면 onSendMessage() 메서드가 호출됩니다.**

   onSendMessage() 메서드의 코드는 ReceiveMessageActivity를 시작시킬 인텐트를 생성하고 메시지를 인텐트에 추가한 다음 해당 액티비티를 시작하도록 안드로이드에 전달합니다.

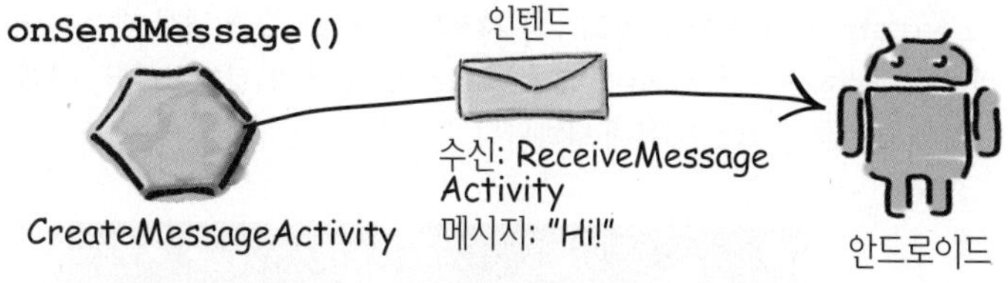

2. **안드로이드는 인텐트가 올바른지 확인한 다음 ReceiveMessageActivity에 시작하라고 지시합니다.**

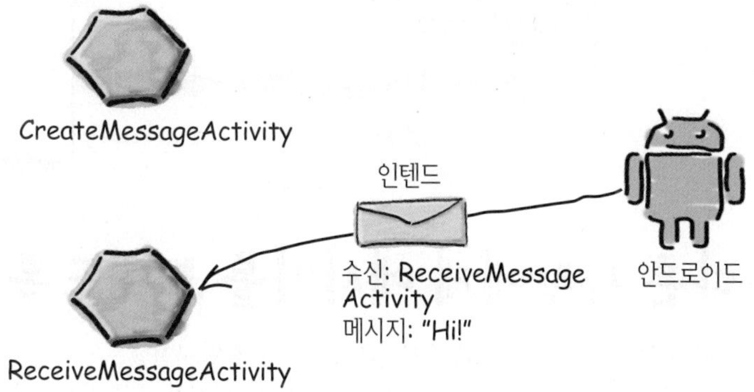

3. **ReceiveMessageActivity가 시작되면 activity_receive_message.xml을 레이아웃으로 지정하므로 화면에 이 레이아웃이 표시됩니다.**

   이제 액티비티는 인텐트에 포함된 추가 정보를 화면에 표시합니다.

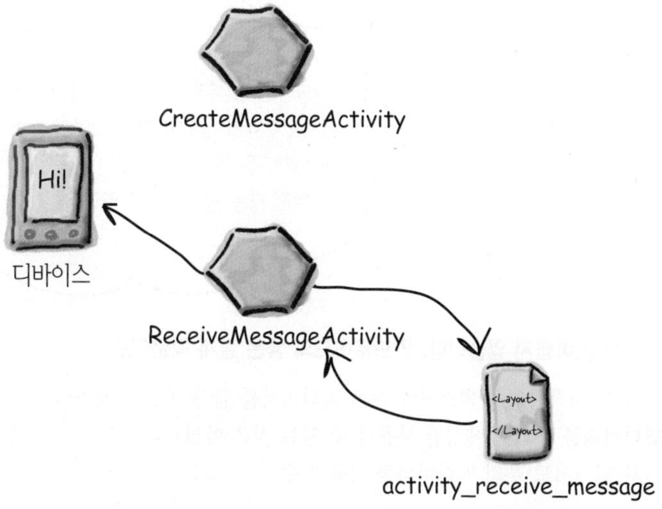

앱 시험 주행하기

~~첫 번째 액티비티 생성하기~~
~~두 번째 액티비티 생성하기~~
~~두 번째 액티비티 호출하기~~
데이터 전달하기

두 액티비티를 갱신한 다음 파일을 저장하고 앱을 실행합니다. `CreateMessageActivity`가 시작되고 텍스트를 입력한 다음 Send Message 버튼을 클릭하면 `ReceiveMessageActivity`가 실행됩니다. 이제 여러분이 입력한 텍스트가 텍스트 뷰에 나타납니다.

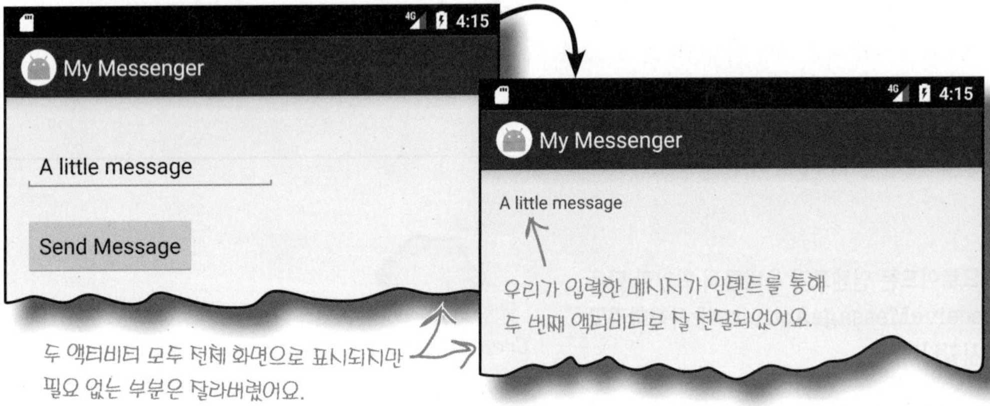

A little message

A little message
우리가 입력한 메시지가 인텐트를 통해 두 번째 액티비티로 잘 전달되었어요.
두 액티비티 모두 전체 화면으로 표시되지만 필요 없는 부분은 잘라버렸어요.

다른 사람에게 메시지를 보내도록 앱을 바꿀 수 있습니다

지금까지는 다른 액티비티에 메시지를 보내도록 앱을 구현했는데 다른 사람에게 메시지를 보낼 수도 있습니다. 디바이스에 설치된 메시지 앱을 이용하면 됩니다. 사용자가 어떤 앱을 설치했느냐에 따라 지메일(Gmail), 구글플러스(Google+), 페이스북(Facebook), 트위터(Twitter) 등의 앱을 이용합니다.

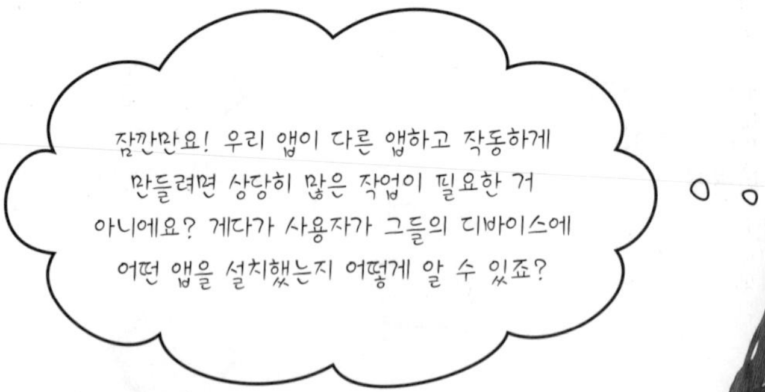

잠깐만요! 우리 앱이 다른 앱하고 작동하게 만들려면 상당히 많은 작업이 필요한 거 아니에요? 게다가 사용자가 그들의 디바이스에 어떤 앱을 설치했는지 어떻게 알 수 있죠?

생각처럼 어렵지 않습니다. 안드로이드의 좋은 설계 덕분이죠.

이 장을 시작하면서 태스크란 여러 액티비티를 함께 연결한 것이라고 설명했습니다. **액티비티를 우리 앱에서만 사용할 수 있는 것은 아닙니다.** 우리 앱의 경계를 넘어 다른 앱에서도 우리 액티비티를 사용할 수 있습니다.

- 첫 번째 액티비티 생성하기
- 두 번째 액티비티 생성하기
- 두 번째 액티비티 호출하기
- **데이터 전달하기**

안드로이드 앱 작동 방식

지금까지 살펴본 것처럼 안드로이드 앱은 한 개 이상의 액티비티와 레이아웃을 포함합니다. 각 액티비티는 사용자가 해야 할 어떤 일을 정의합니다. 예를 들어 지메일, 구글플러스, 페이스북, 트위터는 각자 방식은 다르지만 메시지를 전송하는 액티비티를 포함합니다.

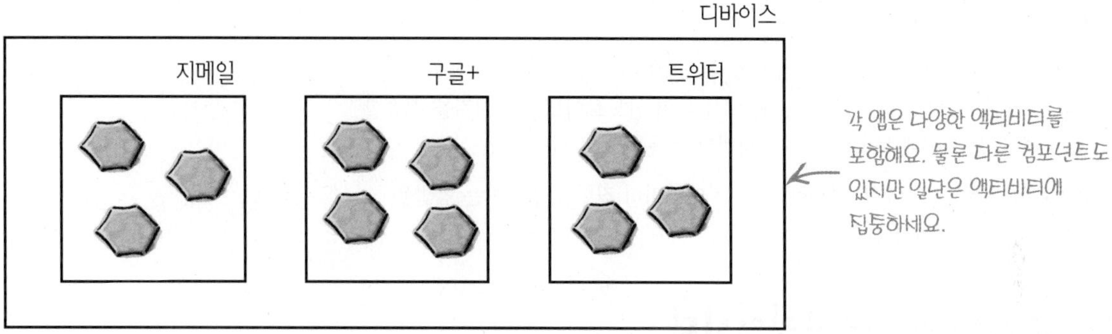
디바이스
지메일
구글+
트위터
각 앱은 다양한 액티비티를 포함해요. 물론 다른 컴포넌트도 있지만 일단은 액티비티에 집중하세요.

인텐트로 다른 앱의 액티비티를 시작할 수 있어요

한 앱에서 인텐트로 두 번째 액티비티를 시작하는 방법은 이미 살펴봤습니다. 첫 번째 액티비티가 인텐트를 안드로이드로 전달하면 안드로이드는 인텐트를 확인한 다음 두 번째 액티비티에 시작하도록 지시합니다.

같은 방법으로 다른 앱의 액티비티를 시작할 수 있습니다. 앱의 액티비티에서 안드로이드로 인텐트를 보내면 안드로이드가 인텐트를 확인하고 두 번째 액티비티에 시작하도록 지시합니다. 이 액티비티가 다른 앱의 액티비티여도 상관없습니다. 예를 들어 인텐트로 지메일의 액티비티가 우리 메시지를 보내도록 할 수 있습니다. 즉, 이메일을 전송하는 액티비티를 직접 만들지 않고 지메일의 액티비티를 사용할 수 있습니다.

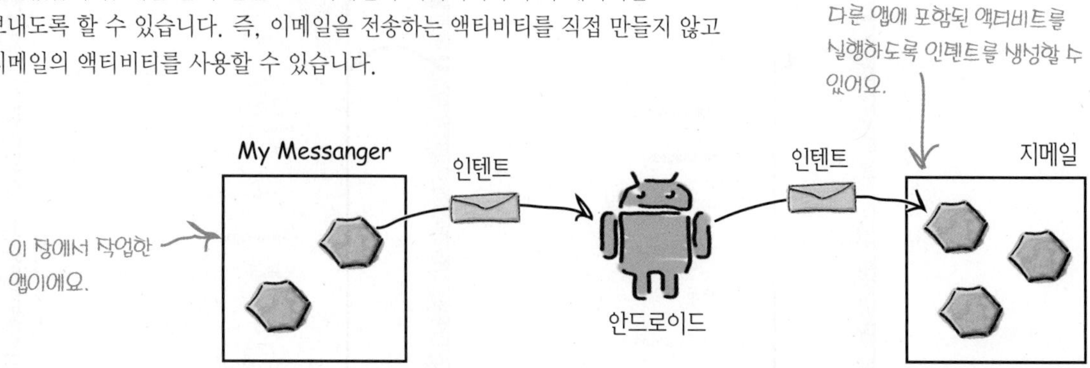
다른 앱에 포함된 액티비트를 실행하도록 인텐트를 생성할 수 있어요.
My Messanger
인텐트
인텐트
지메일
이 장에서 작업한 앱이에요.
안드로이드

이를 활용하면 디바이스에 설치된 다양한 액티비티를 연결해 강력한 기능을 수행하는 앱을 만들 수 있습니다.

하지만 사용자의 디바이스에 어떤 앱이 설치되어 있는지 모릅니다

다른 앱의 액티비티를 호출하려면 세 가지 질문에 대답해야 합니다.

- 사용자의 디바이스에서 이용할 수 있는 액티비티를 어떻게 알 수 있을까?
- 우리가 수행하려는 작업을 어떤 액티비티가 지원하는지 어떻게 알 수 있을까?
- 이들 액티비티를 어떻게 사용할지 어떻게 알 수 있을까?

다행히 **액션**을 사용하면 이 모든 문제를 해결할 수 있습니다. 액티비티가 수행할 표준 작업의 종류를 액션으로 정의할 수 있습니다. 예를 들어 안드로이드는 메시지를 전송할 능력이 있는, 즉 전송 액션에 등록된 모든 액티비티 목록을 알고 있습니다.

액션을 사용해 표준적인 방식으로 사용할 수 있는 액티비티 집합을 반환받는 방법을 살펴봅시다(예를 들면 메시지 전송).

다음은 우리가 하려는 작업입니다

1. **액션을 지정하는 인텐트 생성**
   인텐트는 메시지를 전송할 수 있는 액티비티를 알려달라고 안드로이드에 요청합니다. 인텐트는 메시지의 텍스트도 포함합니다.

2. **사용자에게 사용할 앱을 선택하도록 제공**
   메시지를 전송할 수 있는 앱이 한 개 이상이면 사용자는 여러 앱 중 하나를 선택해야 합니다. Send Message 버튼을 클릭할 때마다 앱을 선택하도록 만들 것입니다.

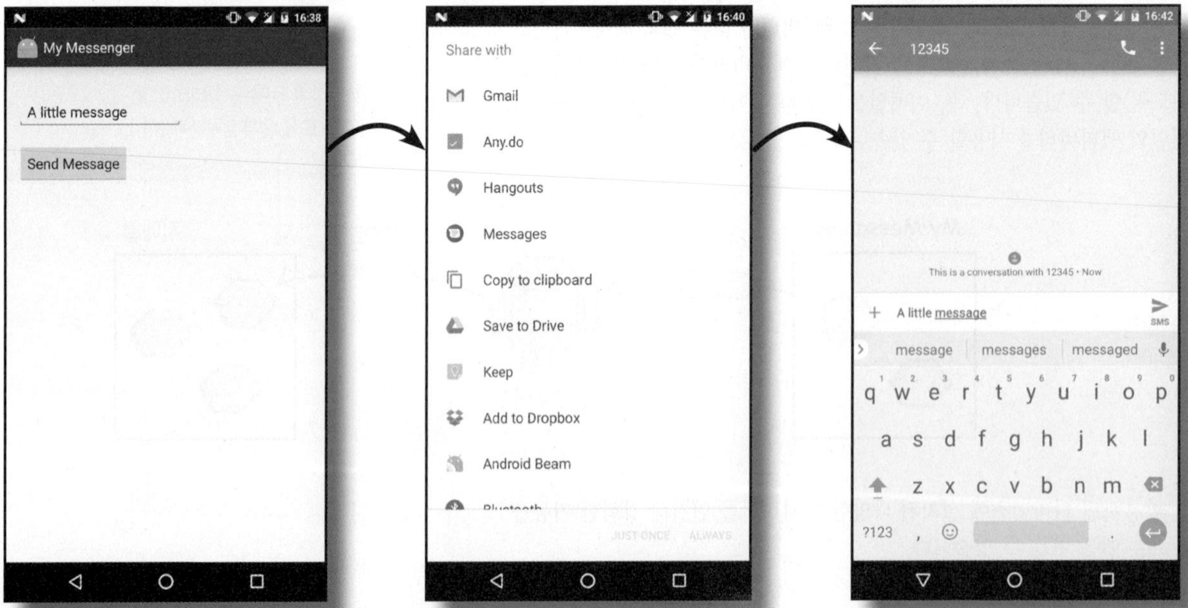

→ 액션 지정
선택 다이얼로그 생성

액션을 지정하는 인텐트 생성

지금까지는 실행할 액티비티를 지정하는 인텐트를 다음처럼 생성했습니다.

```
Intent intent = new Intent(this, ReceiveMessageActivity.class);
```

실행할 클래스를 직접 지정하는 인텐트는 살펴봤어요. 그런데 실행할 클래스를 모르면 어떡하죠?

실행할 클래스를 안드로이드에 직접 명시한다는 뜻에서 이런 인텐트를 **명시적 인텐트**(explicit intent)라고 합니다.

액션만 지정하고 실행할 액티비티를 지정하지 않으면 **암묵적 인텐트**(implicit intent)를 생성하는 것입니다. 암묵적 인텐트에서는 안드로이드에 어떤 종류의 액션을 수행할지 요청할 뿐 어떤 액티비티를 실행할지 등의 세부사항은 안드로이드에 맡깁니다.

인텐트를 생성하는 방법

액션을 지정하는 인텐트를 다음처럼 생성할 수 있습니다.

```
Intent intent = new Intent(action);
```

여기서 action은 수행하려는 액티비티 액션을 가리킵니다. 안드로이드는 우리가 사용할 수 있는 여러 표준 액션을 제공합니다. 예를 들면 전화를 걸 수 있는 Intent.ACTION_DIAL, 웹 검색을 수행하는 Intent.ACTION_WEB_SEARCH, 메시지를 전송하는 Intent.ACTION_SEND 액션 등이 있습니다. 따라서 메시지를 전송하는 액션은 다음처럼 지정할 수 있습니다.

```
Intent intent = new Intent(Intent.ACTION_SEND);
```

사용할 수 있는 액션의 종류와 자세한 정보는 안드로이드 개발자 참고 문서에서 확인할 수 있어요.

http://tinyurl.com/n57qb5

추가 정보 입력하기

사용할 액션을 지정했으면 추가 정보를 입력할 수 있습니다. 우리는 전송하려는 메시지의 본문으로 사용할 텍스트를 인텐트에 전달하려 합니다. 다음은 추가 정보를 입력하는 코드입니다.

```
intent.setType("text/plain");
intent.putExtra(Intent.EXTRA_TEXT, messageText);
```

이 속성은 Intent.ACTION_SEND와 관련 있는 속성이지 모든 액션에 적용되는 속성은 아니에요.

위 코드에서 messageText는 전송하려는 텍스트입니다. 이 코드는 안드로이드에 text/plain 마임(MIME) 데이터 유형을 처리할 수 있는 액티비티를 실행할 것을 요청하며 본문 텍스트의 내용을 지정합니다.

입력하고 싶은 정보가 더 있으면 putExtra() 메서드를 추가로 호출할 수 있습니다. 예를 들어 다음은 메시지 제목을 지정하는 코드입니다.

```
intent.putExtra(Intent.EXTRA_SUBJECT, subject);
```

어떤 앱에 제목을 적용할 수 없으면 이 정보는 그냥 무시해요. 이 속성을 어떻게 사용할지 알고 있는 앱은 알아서 이 속성을 활용해요.

위 코드에서 subject는 메시지의 제목을 가리킵니다.

액션을 사용하도록 인텐트 바꾸기

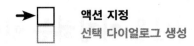

→ 액션 지정
선택 다이얼로그 생성

전송 액션을 사용하는 암묵적 인텐트를 생성하도록 CreateMessageActivity.java를 갱신할 것입니다. 아래에 강조 표시한 코드를 여러분 코드에 적용하세요.

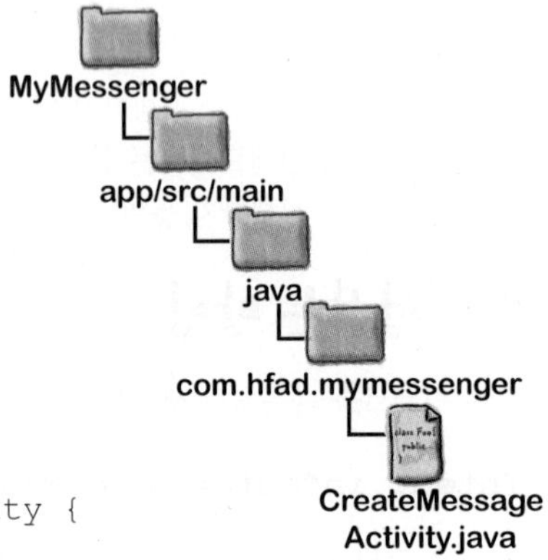


```
package com.hfad.mymessenger;

import android.app.Activity;
import android.os.Bundle;
import android.content.Intent;
import android.view.View;
import android.widget.EditText;

public class CreateMessageActivity extends Activity {

    @Override
    protected void onCreate(Bundle savedInstanceState) {
        super.onCreate(savedInstanceState);
        setContentView(R.layout.activity_create_message);
    }

    // 버튼을 클릭하면 onSendMessage() 호출
    public void onSendMessage(View view) {
        EditText messageView = (EditText)findViewById(R.id.message);
        String messageText = messageView.getText().toString();
        Intent intent = new Intent(this, ReceiveMessageActivity.class);
        intent.putExtra(ReceiveMessageActivity.EXTRA_MESSAGE, messageText);
        Intent intent = new Intent(Intent.ACTION_SEND);
        intent.setType("text/plain");
        intent.putExtra(Intent.EXTRA_TEXT, messageText);
        startActivity(intent);
    }
}
```

이 두 행을 삭제해요.

명시적으로 ReceiveMessageActivity를 요청하는 인텐트 대신 전송 액션을 사용하는 인텐트를 생성해요.

코드를 갱신했으면 사용자가 Send Message 버튼을 클릭했을 때 어떤 일이 일어나는지 자세히 살펴봅시다.

- [x] 액션 지정
- [ ] 선택 다이얼로그 생성

코드를 실행하면 벌어지는 일

1 **onSendMessage() 메서드를 호출하면 인텐트가 생성됩니다. startActivity() 메서드는 이 인텐트를 안드로이드에 전달합니다.**

인텐트는 ACTION_SEND 액션을 지정하며 마임 유형은 text/plain으로 설정합니다.

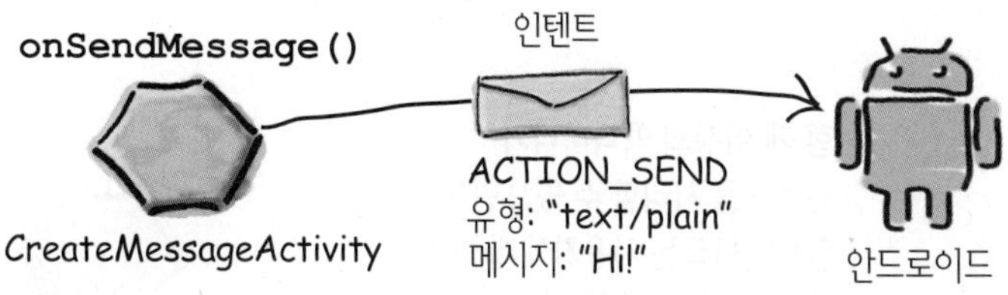

---

2 **안드로이드는 ACTION_SEND와 text/plain 데이터를 처리할 수 있는 액티비티에만 인텐트를 전달할 수 있음을 확인합니다. 안드로이드는 사용자 디바이스에 등록된 모든 액티비티를 확인해 이 인텐트를 수신할 수 있는 액티비티를 찾습니다.**

액션을 처리할 수 있는 액티비티가 없으면 ActivityNotFoundException이 발생합니다.

3a **인텐트를 수신할 수 있는 액티비티가 한 개뿐이면 안드로이드는 액티비티를 시작하고 액티비티에 인텐트를 전달합니다.**

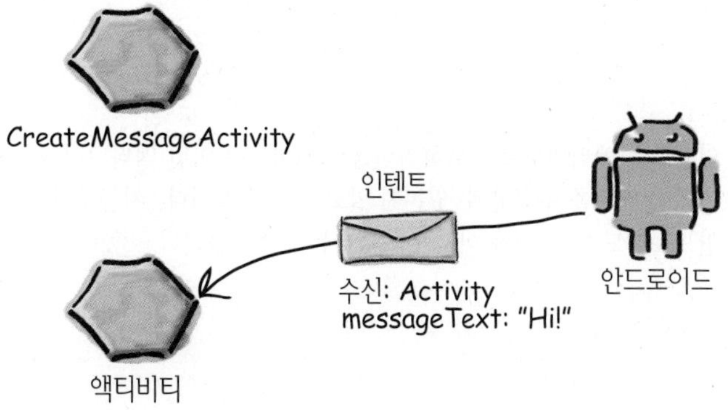

이야기는 계속됩니다...

3b **한 개 이상의 액티비티가 인텐트를 처리할 수 있으면 안드로이드는 사용자에게 어떤 액티비티를 사용할 것인지 선택할 수 있는 다이얼로그를 표시합니다.**

사용자님. 메시지를 보낼 수 있는 액티비티가 한둘이 아니에요. 어떤 액티비티를 사용할까요?
CreateMessageActivity
안드로이드
사용자

4 **사용자가 원하는 액티비티를 선택하면 안드로이드는 해당 액티비티를 실행시키고 인텐트를 전달합니다.**

실행된 액티비티는 인텐트의 본문에 포함된 새 메시지를 표시합니다.

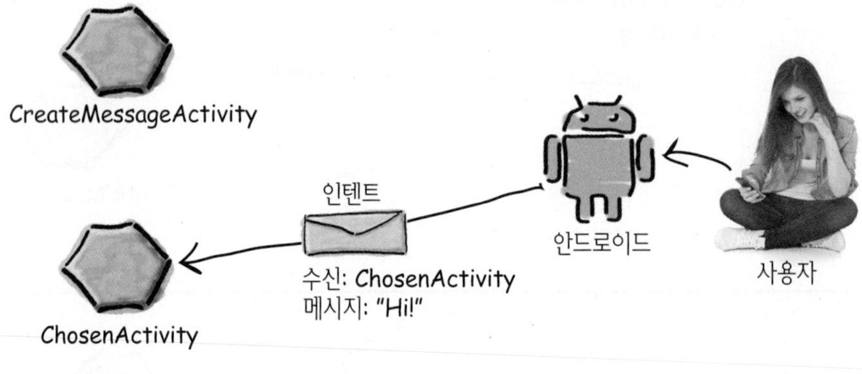

인텐트를 액티비티로 전달하려면 안드로이드는 어떤 액티비티가 어떤 인텐트를 수신할 수 있는지 알고 있어야 합니다. 지금부터 안드로이드가 이 일을 어떻게 처리하는지 알아봅니다.

인텐트 필터는 어떤 액티비티가 어떤 액션을 처리할 수 있는지 안드로이드에 알립니다

☑ 액션 지정
☐ 선택 다이얼로그 생성

안드로이드에 인텐트를 전달하면 어떤 액티비티가 해당 인텐트를 처리할 수 있는지 확인합니다. 이 과정을 **인텐트 해석**(intent resolution)이라고 합니다.

명시적 인텐트를 사용하면 간단하게 인텐트 해석이 끝납니다. 명시적 인텐트에서는 인텐트를 전달할 대상이 명확하기 때문입니다. 예를 들어 다음 코드는 안드로이드에 명시적으로 `ReceiveMessageActivity`를 실행하라고 지시합니다.

```
Intent intent = new Intent(this, ReceiveMessageActivity.class);
startActivity(intent);
```

암묵적 인텐트를 사용하면 안드로이드는 인텐트에 포함된 정보를 이용해 어떤 컴포넌트가 이를 수신할 수 있는지 확인합니다. 이 과정에서 안드로이드는 앱의 모든 AndroidManifest.xml의 복사본에 있는 인텐트 필터를 확인합니다.

각 컴포넌트가 어떤 종류의 인텐트를 수신할 수 있는지 지정하는 것이 **인텐트 필터**입니다. 예를 들어 다음은 `ACTION_SEND` 액션을 처리할 수 있는 액티비티의 인텐트 필터 항목입니다. 다음 액티비티는 `text/plain` 유형의 데이터나 이미지를 수신할 수 있습니다.

단지 예제일 뿐이에요. 우리 프로젝트에는 "ShareActivity"라는 액티비티가 없어요.

```
<activity android:name="ShareActivity">
    <intent-filter>
        <action android:name="android.intent.action.SEND"/>
        <category android:name="android.intent.category.DEFAULT"/>
        <data android:mimeType="text/plain"/>
        <data android:mimeType="image/*"/>
    </intent-filter>
</activity>
```

액티비티가 ACTION_SEND를 처리할 수 있음을 안드로이드에 알려요.

인텐트 필터는 DEFAULT 카테고리를 반드시 포함해야 해요. 그렇지 않으면 암묵적 인텐트를 수신할 수 없어요.

이들은 액티비티가 처리할 수 있는 데이터 유형을 지정해요.

인텐트 필터는 **카테고리**(category)도 지정합니다. 카테고리는 액티비티가 웹 브라우저에 의해 실행될 수 있는지, 앱의 메인 진입 액티비티인지 등 추가 정보를 제공합니다. 암묵적 인텐트를 받는 인텐트 필터는 **반드시** `android.intent.category.DEFAULT` 카테고리를 포함해야 합니다. 액티비티에 인텐트 필터가 없거나 인텐트 필터는 있지만 `android.intent.category.DEFAULT` 카테고리가 없다는 것은 암묵적 인텐트로는 해당 액티비티를 실행할 수 없다는 의미이기 때문입니다. 이런 액티비티는 컴포넌트의 패키지 이름을 포함한 전체 이름을 포함하는 명시적 인텐트로만 시작할 수 있습니다.

안드로이드가 인텐트 필터를 사용하는 방법

☑ **액션 지정**
☐ **선택 다이얼로그 생성**

암묵적 인텐트를 사용할 때 안드로이드는 인텐트와 모든 앱의 AndroidManifest.xml 파일에 정의된 인텐트 필터의 정보를 대조합니다.

안드로이드는 우선 `android.intent.category.DEFAULT` 카테고리를 포함하는 인텐트 필터를 확인합니다.

```
<intent-filter>
    <category android:name="android.intent.category.DEFAULT"/>
    ...
</intent-filter>
```

이 카테고리를 포함하지 않는 인텐트 필터는 암묵적 인텐트를 수신할 수 없으므로 제외합니다.

그리고 안드로이드는 인텐트에 포함된 액션과 마임 유형을 인텐트 필터와 대조합니다. 예를 들어 다음처럼 `Intent.ACTION_SEND` 액션을 지정한 인텐트를 받았다면

인텐트 필터에 카테고리가 지정되어 있으면 카테고리도 확인합니다. 하지만 인텐트에 카테고리를 지정하는 상황은 거의 없으므로 여기서는 인텐트에 카테고리를 추가하는 방법은 설명하지 않습니다.

```
Intent intent = new Intent(Intent.ACTION_SEND);
```

안드로이드는 다음처럼 `android.intent.action.SEND` 액션을 포함하는 인텐트 필터를 지정한 액티비티만 확인합니다.

```
<intent-filter>
    <action android:name="android.intent.action.SEND"/>
    ...
</intent-filter>
```

마찬가지로 마임 유형을 `text/plain`으로 지정했다면

```
intent.setType("text/plain");
```

안드로이드는 이런 유형의 데이터를 처리할 수 있는 액티비티만 찾습니다.

```
<intent-filter>
    <data android:mimeType="text/plain"/>
    ...
</intent-filter>
```

인텐트에 마임 유형이 지정되어 있지 않으면 인텐트에 포함된 데이터로 유형을 유추합니다.

안드로이드가 인텐트와 컴포넌트의 인텐트 필터 비교를 완료하면 얼마나 많은 컴포넌트가 조건을 만족하는지 확인할 수 있습니다. 한 개의 컴포넌트를 찾았으면 바로 컴포넌트(우리 예제에서는 액티비티)를 실행하면서 인텐트를 전달합니다. 일치하는 컴포넌트가 여럿이면 사용자에게 선택을 요청합니다.

인텐트가 되어보아요

이제 여러분은 오른쪽의 인텐트가 되어 아래에 기술한 액티비티가 수신할 수 있는지 없는지 알려주세요. 그리고 왜 그런지도 각각 설명하세요.

인텐트예요.

```
Intent intent = new Intent(Intent.ACTION_SEND);
intent.setType("text/plain");
intent.putExtra(Intent.EXTRA_TEXT, "Hello");
```

```
<activity android:name="SendActivity">
    <intent-filter>
        <action android:name="android.intent.action.SEND"/>
        <category android:name="android.intent.category.DEFAULT"/>
        <data android:mimeType="*/*"/>
    </intent-filter>
</activity>
```

```
<activity android:name="SendActivity">
    <intent-filter>
        <action android:name="android.intent.action.SEND"/>
        <category android:name="android.intent.category.MAIN"/>
        <data android:mimeType="text/plain"/>
    </intent-filter>
</activity>
```

```
<activity android:name="SendActivity">
    <intent-filter>
        <action android:name="android.intent.action.SENDTO"/>
        <category android:name="android.intent.category.MAIN"/>
        <category android:name="android.intent.category.DEFAULT"/>
        <data android:mimeType="text/plain"/>
    </intent-filter>
</activity>
```

인텐트가 되어보아요 정답

이제 여러분은 오른쪽의 인텐트가 되어 아래에 기술한 액티비티가 수신할 수 있는지 없는지 알려주세요. 그리고 왜 그런지도 각각 설명하세요.

```
Intent intent = new Intent(Intent.ACTION_SEND);
intent.setType("text/plain");
intent.putExtra(Intent.EXTRA_TEXT, "Hello");
```

```
<activity android:name="SendActivity">
    <intent-filter>
        <action android:name="android.intent.action.SEND"/>
        <category android:name="android.intent.category.DEFAULT"/>
        <data android:mimeType="*/*"/>
    </intent-filter>
</activity>
```

✓ 이 액티비티는 ACTION_SEND를 수신하고 모든 마임 유형의 데이터를 처리할 수 있으므로 위 인텐트에 응답할 수 있어요.

```
<activity android:name="SendActivity">
    <intent-filter>
        <action android:name="android.intent.action.SEND"/>
        <category android:name="android.intent.category.MAIN"/>
        <data android:mimeType="text/plain"/>
    </intent-filter>
</activity>
```

✗ 이 액티비티는 DEFAULT 카테고리를 포함하지 않으므로 인텐트를 수신할 수 없어요.

```
<activity android:name="SendActivity">
    <intent-filter>
        <action android:name="android.intent.action.SENDTO"/>
        <category android:name="android.intent.category.MAIN"/>
        <category android:name="android.intent.category.DEFAULT"/>
        <data android:mimeType="text/plain"/>
    </intent-filter>
</activity>
```

✗ 이 액티비티는 ACTION_SEND 인텐트가 아니라 ACTION_SENDTO만 수신할 수 있어요. 이는 인텐트에 지정된 데이터로 누군가에게 메시지를 보낼 때 사용하는 액션이에요.

실제 디바이스에서 앱 실행하기

지금까지는 에뮬레이터로 앱을 실행했습니다. 에뮬레이터에는 몇 가지 앱만 설치되어 있으며 특히 ACTION_SEND를 처리할 수 있는 앱은 하나뿐입니다. 우리의 앱 속성을 시험하려면 우리 액션을 지원하는 앱(예를 들면 이메일을 전송할 수 있는 앱이나 텍스트 메시지를 전송할 수 있는 앱 등)이 한 개 이상 설치되어 있는 실제 디바이스를 사용해야 합니다.

실제 디바이스에서 앱을 실행하는 방법은 다음과 같습니다.

1. 디바이스에서 USB 디버깅을 활성화합니다

디바이스에서 '개발자 옵션'을 엽니다. 안드로이드 4.0부터는 기본값으로 개발자 옵션이 숨겨져 있습니다. '개발자 옵션'을 활성화하려면 설정 → 휴대폰 정보에서 빌드 번호 정보를 일곱 번 터치합니다. 이전 화면으로 돌아오면 '개발자 옵션'을 볼 수 있습니다.

농담이 아니에요.

'개발자 옵션'에서 USB 디버깅을 켭니다.

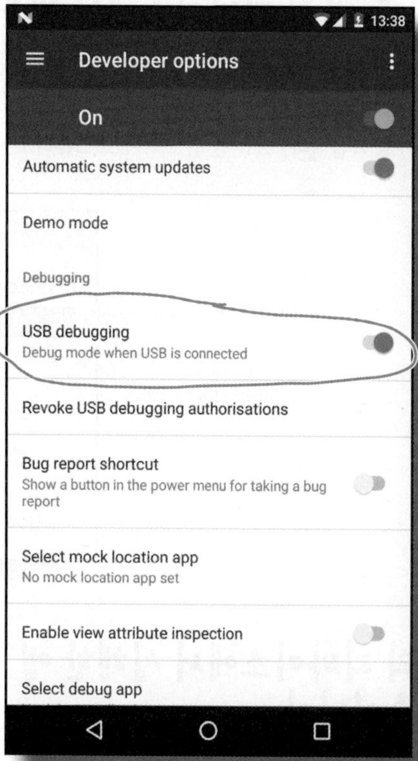

'개발자 옵션'에서 USB 디버깅을 활성화합니다.

2. 디바이스를 감지할 수 있도록 시스템을 설정합니다

맥 사용자는 이 과정을 생략합니다.

윈도우 사용자라면 USB 드라이버를 설치해야 합니다. 최신 정보는 다음 주소에서 확인할 수 있습니다.

http://developer.android.com/tools/extras/oem-usb.html

우분투 리눅스 사용자는 udev 규칙 파일을 생성해야 합니다. 자세한 최신 정보는 다음 주소에서 확인할 수 있습니다.

http://developer.android.com/tools/device.html#setting-up

3. USB 케이블로 디바이스를 컴퓨터와 연결합니다

컴퓨터로 USB 디버깅을 허용하도록 RSA 지문을 수락할지 묻는 창이 나타날 수 있습니다. 그러면 '이 컴퓨터에서 항상 허용' 옵션을 선택한 다음 확인을 누릅니다.

실제 디바이스에서 앱 실행하기(계속)

- [x] 액션 지정
- [ ] 선택 다이얼로그 생성

4. 에뮬레이터에서 실행 중인 앱을 중지시킵니다

다른 디바이스로 앱을 실행하기 전에 현재 에뮬레이터에서 실행 중인 앱을 중지시킵니다. Run → Stop 'app' 또는 툴바의 Stop 'app' 버튼을 클릭해 중지시킬 수 있습니다.

안드로이드 스튜디오의 툴바에서 이 버튼을 클릭하면 현재 디바이스에서 실행 중인 앱을 중지시킬 수 있습니다.

5. 물리 디바이스에서 앱을 실행합니다

Run → Run 'app'을 선택해 앱을 실행합니다. 안드로이드 스튜디오는 어떤 디바이스로 앱을 실행할지 묻습니다. 목록에서 물리 디바이스를 선택한 다음 OK를 클릭합니다. 그러면 안드로이드 스튜디오는 앱을 디바이스에 설치하고 실행합니다.

물리 디바이스예요.

가상 디바이스예요.

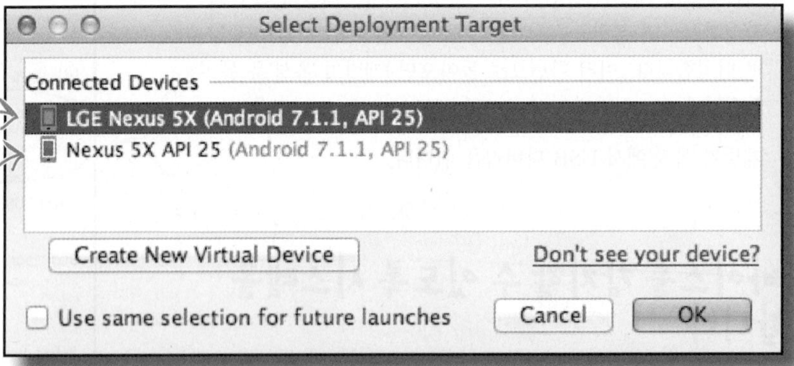

물리 디바이스에서 실행한 앱 모습입니다

에뮬레이터로 실행했을 때와 비슷한 화면이 물리 디바이스에 나타납니다. 에뮬레이터로 실행할 때보다 더 빠르게 설치되고 실행된다는 사실도 확인할 수 있습니다.

우리가 가진 물리 디바이스로 앱을 실행하는 방법을 알았으니 이제 최신 버전의 앱을 시험할 준비가 끝났습니다.

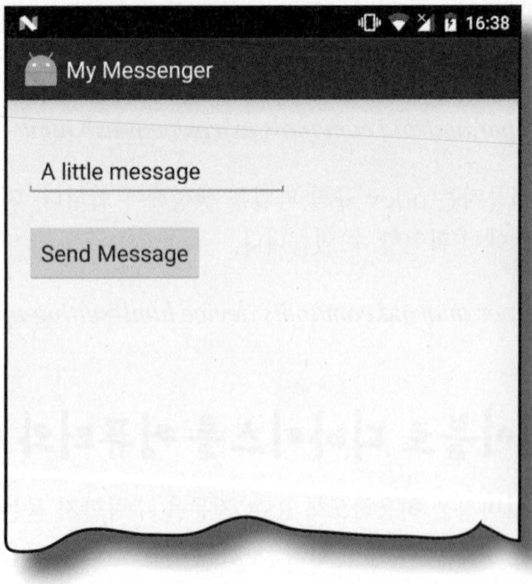

앱 시험 주행

에뮬레이터로 앱을 실행해본 뒤 물리 디바이스로 앱을 실행해봅시다. 텍스트 데이터 전송 액션을 지원하는 액티비티가 얼마나 많이 설치되어 있는지에 따라 다른 결과가 나타날 수 있습니다.

지원하는 액티비티가 한 개뿐이면

Send Message 버튼을 클릭하면 해당 앱이 바로 실행됩니다.

에뮬레이터에 텍스트 데이터 전송 액션을 지원하는 액티비티가 한 개뿐이므로 Send Message 버튼을 클릭하면 해당 액티비티를 바로 실행합니다.

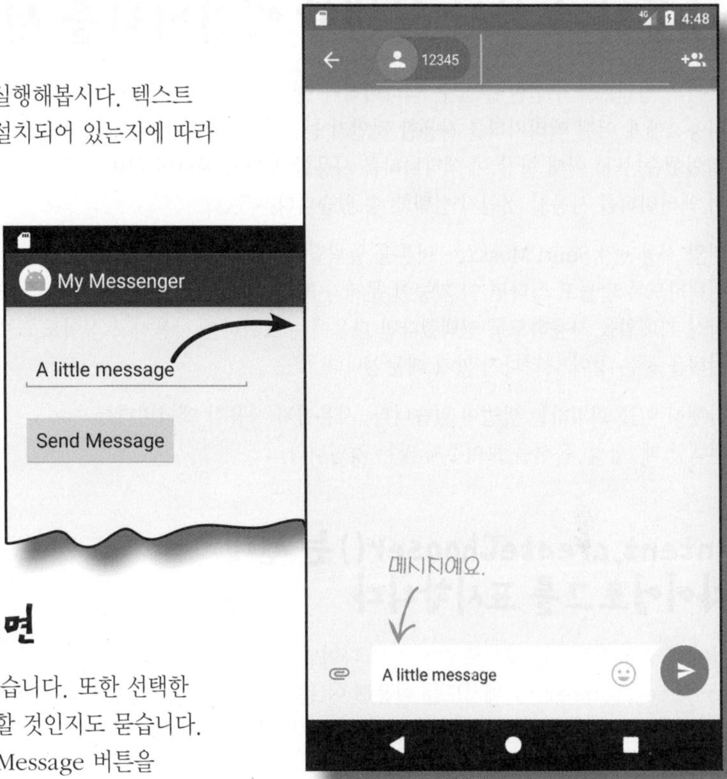

지원하는 액티비티가 한 개 이상이면

안드로이드는 사용하고 싶은 액티비티를 선택하도록 묻습니다. 또한 선택한 액티비티를 한 번만 사용할 것인지 앞으로도 계속 사용할 것인지도 묻습니다. 계속 사용하도록 '항상' 옵션을 선택하면 이후로 Send Message 버튼을 클릭했을 때 기본적으로 같은 액티비티가 실행됩니다.

물리 디바이스에는 사용할 수 있는 많은 액티비티가 있어요. 예제에서는 내장 메신저 앱을 선택했습니다. 또한 '항상(always)' 옵션을 선택했죠. 이러한 선택은 항상 같은 앱을 사용한다면 좋은 선택이 되겠지만, 그렇지 않으면 좋지 않은 선택이 됩니다.

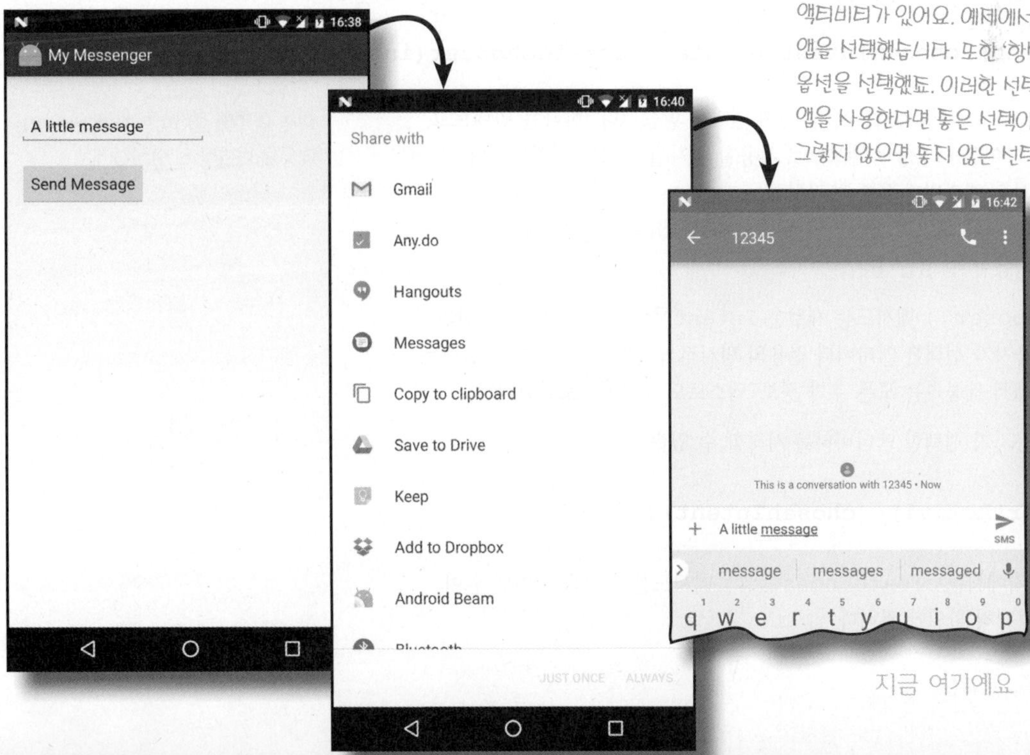

사용자가 항상 실행할 액티비티를 선택하도록 하려면

우리의 인텐트를 수신할 수 있는 액티비티가 한 개 이상이면 안드로이드가 사용자에게 어떤 액티비티를 사용할 것인지 묻는 창이 나타난다는 사실을 확인했습니다. 이때 항상 이 액티비티를 사용할 것인지 아니면 이번에만 이 액티비티를 사용할 것인지 선택할 수 있습니다.

만약 사용자가 Send Message 버튼을 클릭할 때마다 사용할 액티비티를 선택하도록 만들고 싶다면 이 기능이 문제가 될 수 있습니다. 예를 들어 항상 지메일을 사용하도록 선택했다면 다음에는 트위터를 사용하고 싶어도 선택을 묻는 창이 나타나지 않기 때문입니다.

다행히 이를 회피하는 방법이 있습니다. 사용자가 사용할 액티비티를 선택할 때 '항상' 옵션을 보여주지 않는 것입니다.

createChooser() 메서드를 이용하면 선택 다이얼로그 창의 제목을 지정할 수 있으며 사용자가 기본 액티비티를 선택할 수 있는 옵션을 제공하지 않습니다. 일치하는 액티비티가 없으면 이를 사용자에게 메시지로 표시하는 기능도 제공합니다.

Intent.createChooser()는 선택 다이얼로그를 표시합니다

이미 생성한 인텐트를 인자로 받아 선택 다이얼로그로 감싸는 Intent.createChooser() 메서드를 이용해 이 문제를 해결할 수 있습니다. 이 메서드를 이용하면 어떤 액티비티를 '항상' 사용하는 옵션은 나타나지 않고 매번 사용할 액티비티를 선택해야 합니다.

다음처럼 createChooser() 메서드를 호출합니다.

```
Intent chosenIntent = Intent.createChooser(intent, "Send message via...");
```

이전에 생성한 인텐트예요.

화면 위쪽에 표시되는 선택 다이얼로그의 제목을 지정할 수 있어요.

createChooser() 메서드는 두 개의 인자를 받습니다. 하나는 인텐트고, 다른 하나는 다이얼로그 창의 제목으로 사용할 문자열로, 선택사항입니다. 선택자가 표시할 액티비티 유형을 지정하는 데 Intent 파라미터를 사용합니다. 이전에 텍스트 데이터와 ACTION_SEND를 사용할 때 생성한 인텐트를 재활용할 수 있습니다.

createChooser() 메서드는 새로운 Intent를 반환합니다. 새로 반환된 인텐트는 사용자가 선택한 액티비티 전용의 명시적 인텐트입니다. 이 인텐트는 원래 인텐트에서 제공하는 모든 추가 정보(텍스트도 포함)를 포함합니다.

다음처럼 사용자가 선택한 액티비티를 시작할 수 있습니다.

```
startActivity(chosenIntent);
```

다음 몇 페이지에서는 createChooser() 메서드를 호출하면 어떤 일이 벌어지는지 자세히 확인할 겁니다.

액션 지정
선택 다이얼로그 생성

createChooser() 메서드를 호출하면 벌어지는 일

아래 두 행의 코드를 실행하면 다음과 같은 일이 벌어집니다.

```
Intent chosenIntent = Intent.createChooser(intent, "Send message via...");
startActivity(chosenIntent);
```

1 createChooser() 메서드가 호출됩니다.

이 메서드는 액션과 마임 유형을 지정하는 인텐트를 포함합니다.

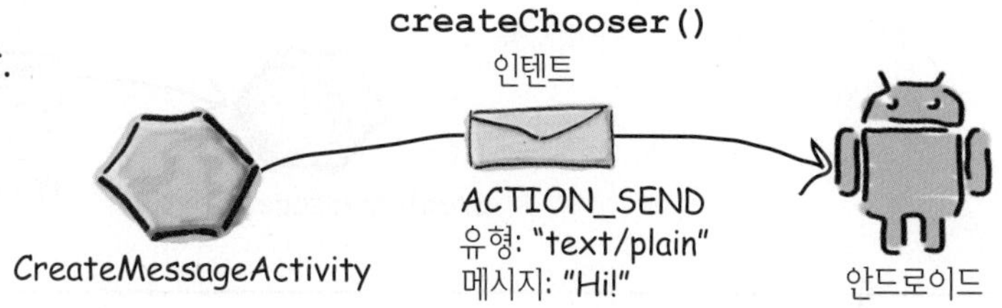
createChooser()
인텐트
ACTION_SEND
유형: "text/plain"
메시지: "Hi!"
CreateMessageActivity
안드로이드

2 안드로이드는 액티비티의 인텐트 필터를 검사해서 어떤 액티비티가 인텐트를 수신할 수 있는지 확인합니다.

액션, 데이터 유형, 카테고리가 일치하면 인텐트를 수신할 수 있습니다.

SEND 액션과 text/plain 데이터를 지원하는 액티비티를 선택할 수 있도록 다이얼로그를 생성해야 해요.
CreateMessageActivity
안드로이드

3 인텐트를 수신할 수 있는 액티비티가 한 개 이상이면 안드로이드는 선택 다이얼로그를 실행해서 사용자에게 어떤 액티비티를 사용할지 묻습니다.

항상 특정 액티비티를 실행하는 옵션은 제공하지 않으며 제목에는 'Send message via...'를 표시합니다.

사용할 수 있는 액티비티가 없으면 해당 액션을 수행할 수 있는 앱이 없다는 메시지를 표시합니다.

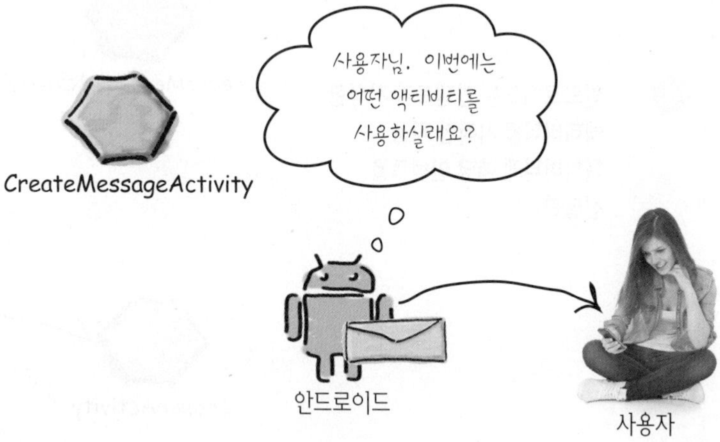
사용자님. 이번에는 어떤 액티비티를 사용하실래요?
CreateMessageActivity
안드로이드
사용자

- [x] 액션 지정
- [ ] 선택 다이얼로그 생성

이야기는 계속됩니다...

4 **사용자가 사용할 액티비티를 선택하면 안드로이드는 선택한 액티비티를 가리키는 새로운 명시적 인텐트를 반환합니다.**

새 인텐트는 텍스트 등 기존 인텐트에 포함되어 있던 모든 추가 정보를 포함합니다.

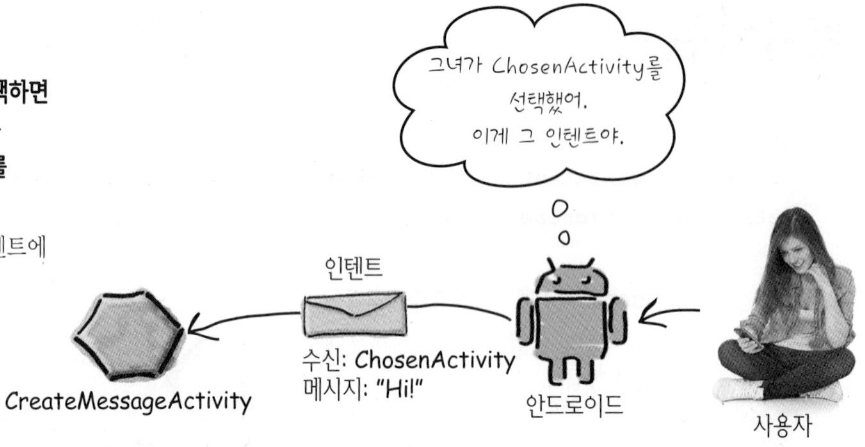

5 **액티비티는 인텐트가 지정한 액티비티를 시작하도록 안드로이드에 지시합니다.**

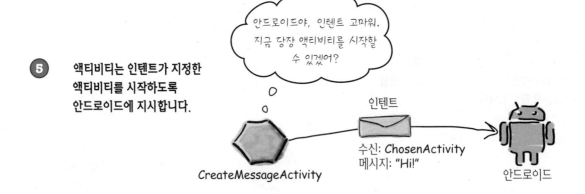

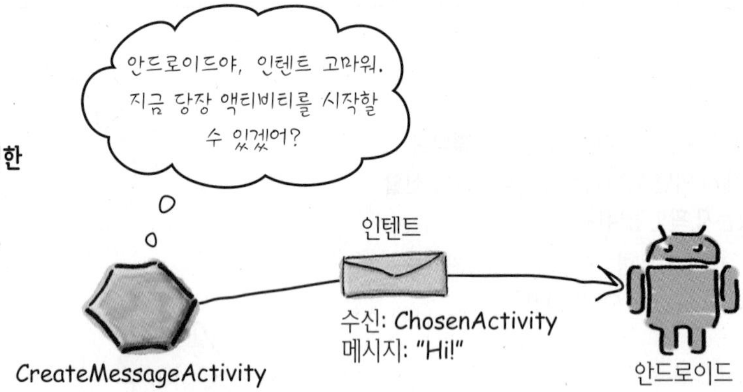

안드로이드야, 인텐트 고마워. 지금 당장 액티비티를 시작할 수 있겠어?
인텐트
수신: ChosenActivity
메시지: "Hi!"
CreateMessageActivity
안드로이드

6 **안드로이드는 인텐트가 지정한 액티비티를 시작한 다음 액티비티에 해당 인텐트를 전달합니다.**

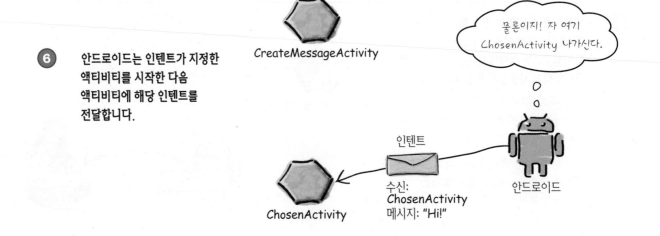

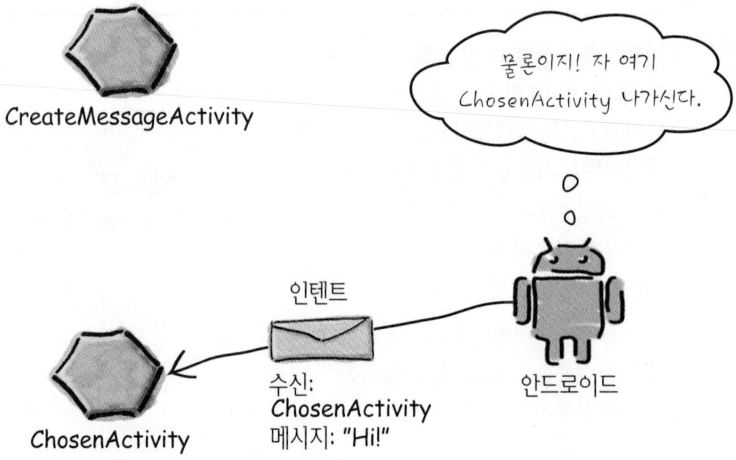

액션 지정
선택 다이얼로그 생성

코드를 바꿔 선택자 생성하기

Send Message 버튼을 클릭할 때마다 어떤 액티비티를 사용해 메시지를 전송할 것인지 묻도록 코드를 바꿉시다. 선택 다이얼로그 제목에 사용할 문자열 리소스를 strings.xml에 추가하고 CreateMessageActivity.java의 `onSendMessage()` 메서드가 `createChooser()` 메서드를 호출하도록 코드를 바꿀 것입니다.

strings.xml을 갱신하고...

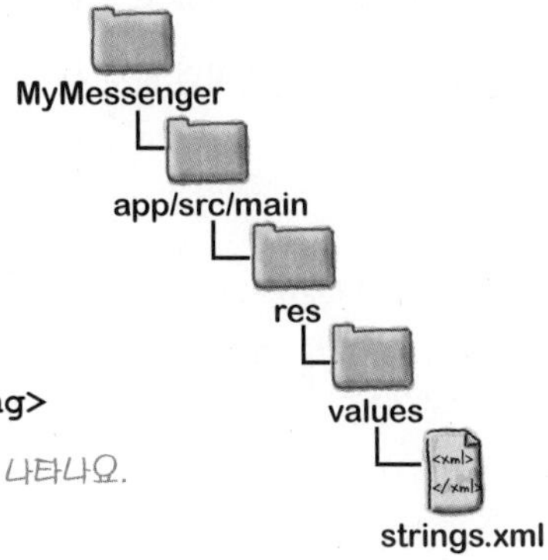

선택 다이얼로그의 제목을 'Send message via...'로 설정하고 싶습니다. strings.xml에 `"chooser"`라는 문자열을 추가하고 값은 `Send message via...`로 정의합니다(내용을 추가한 다음에는 파일을 저장하세요).

```
...
<string name="chooser">Send message via...</string>
...
```

선택자 다이얼로그에 이 문자열이 나타나요.

...onSendMessage() 메서드를 갱신합니다

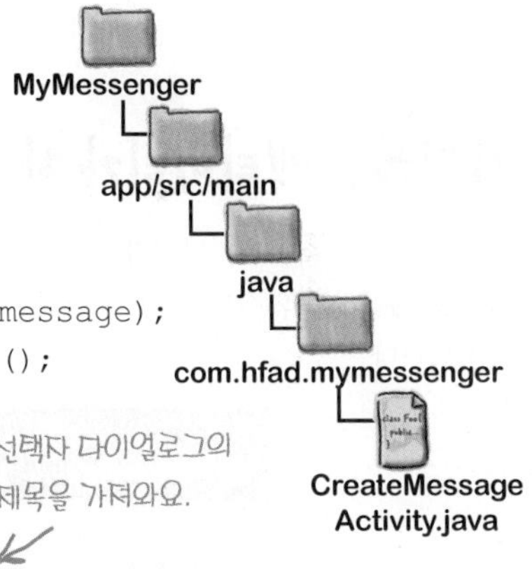

strings.xml에서 chooser 문자열 리소스의 값을 가져오고 `createChooser()` 메서드를 호출한 다음 사용자가 선택한 액티비티를 시작하도록 `onSendMessage()` 메서드를 바꿔야 합니다. 다음처럼 코드를 바꿉니다.

```
...
    // 버튼을 클릭하면 onSendMessage() 호출
    public void onSendMessage(View view) {
        EditText messageView = (EditText)findViewById(R.id.message);
        String messageText = messageView.getText().toString();
        Intent intent = new Intent(Intent.ACTION_SEND);
        intent.setType("text/plain");
        intent.putExtra(Intent.EXTRA_TEXT, messageText);
        String chooserTitle = getString(R.string.chooser);
        Intent chosenIntent = Intent.createChooser(intent, chooserTitle);
        startActivity(intent);
        startActivity(chosenIntent);
    }
...
```

선택자 다이얼로그의 제목을 가져와요.

이 행은 삭제해요. (`startActivity(intent);`)

사용자가 선택한 액티비티를 시작해요.

선택자 다이얼로그의 제목을 표시해요.

`getString()` 메서드로 문자열 리소스의 값을 얻습니다. `getString()` 메서드는 리소스 아이디를 인자로 받습니다. 예제에서는 `R.string.chooser`라는 리소스 아이디를 사용합니다.

```
getString(R.string.chooser);
```

R.java를 열어보면 string이라는 내부 클래스 안에 chooser가 정의되어 있음을 확인할 수 있어요.

앱을 갱신했으면 앱을 실행해 선택 다이얼로그가 제대로 동작하는지 확인합시다.

앱 시험 주행

액션 지정
선택 다이얼로그 생성

코드를 고친 다음 파일을 저장하고 디바이스나 에뮬레이터로 앱을 다시 실행합니다.

지원하는 액티비티가 한 개뿐이면

Send Message 버튼을 클릭하면 이전처럼 바로 특정 액티비티로 이동합니다.

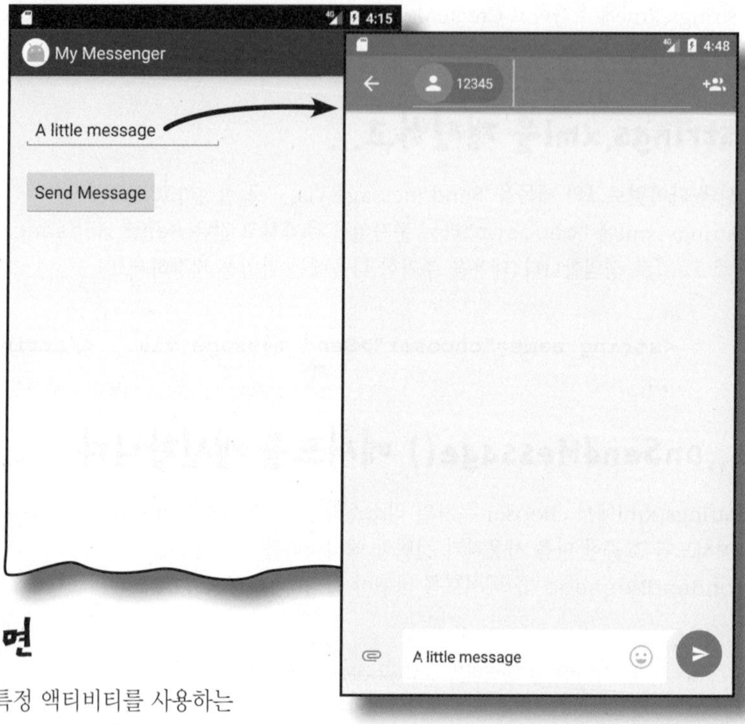

이 부분은 달라진 게 없어요. 이전처럼 특정 액티비티로 바로 이동해요.

지원하는 액티비티가 한 개 이상이면

선택 다이얼로그가 나타납니다. 하지만 이번에는 항상 특정 액티비티를 사용하는 옵션을 제공하지 않습니다. 또한 chooser 문자열 리소스의 값이 제목으로 표시됩니다.

createChooser()로 생성한 선택 다이얼로그예요. 항상 특정 액티비티를 선택할 수 있는 옵션이 제공되지 않아요.

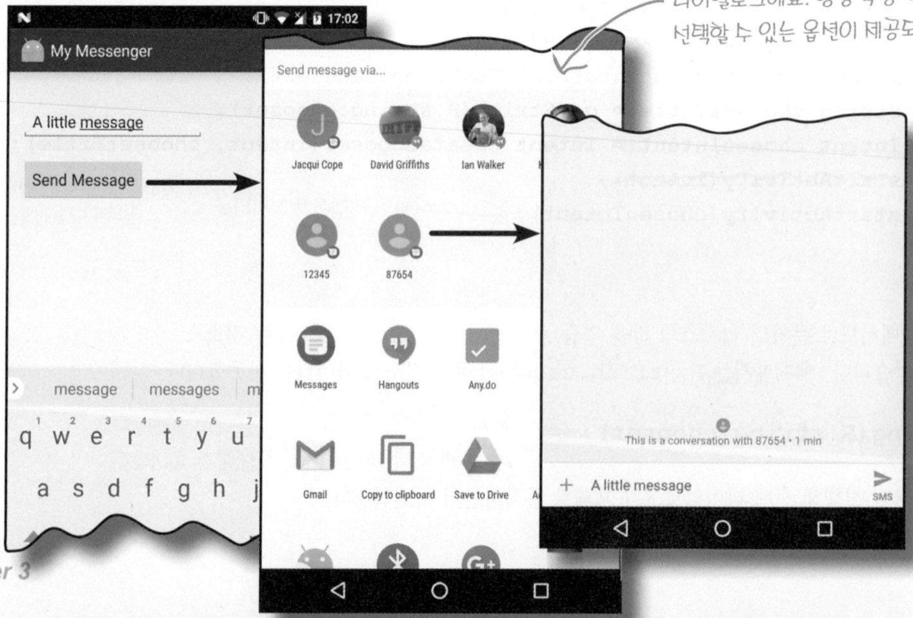

액션 지정
선택 다이얼로그 생성

사용할 수 있는 액티비티가 없으면

디바이스에 메시지를 전송할 수 있는 액티비티가 없다면 `createChooser()` 메서드는 메시지를 표시하여 알려줍니다.

이 메시지를 직접 확인해보고 싶다면 에뮬레이터에 내장되어 있는 메신저 앱을 비활성화한 다음 앱을 실행하세요.

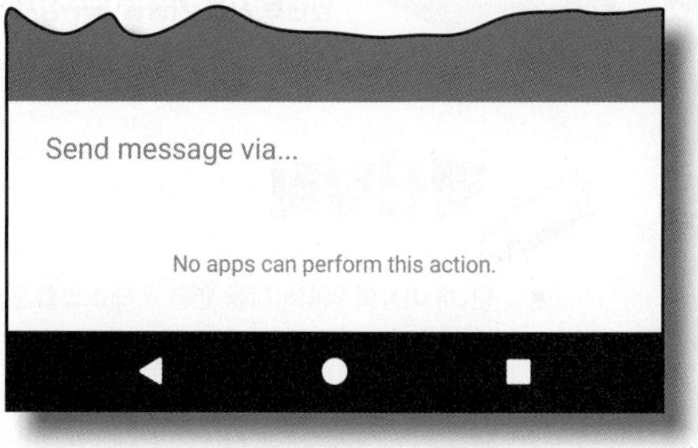
Send message via...
No apps can perform this action.

바보 같은 질문이란 없습니다

Q: 그러니까 앱을 에뮬레이터와 물리 디바이스로 실행할 수 있군요. 어떤 방법이 더 좋죠?

A: 각각 장단점이 있습니다.

앱을 물리 디바이스로 실행하면 에뮬레이터에 비해 속도가 빠르게 동작합니다. 이러한 접근 방식은 디바이스 하드웨어와 상호작용하는 코드를 작성할 때도 유용합니다.

에뮬레이터의 장점은 앱을 다양한 안드로이드 버전, 화면 크기, 디바이스 스펙으로 실행할 수 있다는 겁니다. 따라서 다양한 디바이스를 구입할 필요가 없습니다. 앱을 대중에게 배포하기 전에 에뮬레이터와 물리 디바이스로 충분히 시험하는 것이 중요합니다.

Q: 암묵적 인텐트와 명시적 인텐트 중 무엇을 사용해야 하죠?

A: 우리 액션을 특정 액티비티로 실행해야 하는지 아니면 해당 액션이 실행되기만 하면 되는지에 따라 달라집니다. 예를 들어 이메일을 보낸다고 가정합시다. 사용자가 어떤 앱을 사용하든 이메일을 전송하는 것이 목적이라면 암묵적 인텐트를 사용합니다. 반면 앱의 특정 액티비티에 인텐트를 전달하는 상황이라면 어떤 액티비티가 인텐트를 수신해야 하는지 지정하기 위해 명시적 인텐트를 사용합니다.

Q: 액티비티의 인텐트 필터로 액션뿐 아니라 카테고리도 지정할 수 있다고 했는데 액션과 카테고리는 뭐가 다르죠?

A: 액션은 액티비티가 무엇을 수행하는지 설명하며 카테고리는 추가 세부 정보를 제공합니다. 인텐트를 생성할 때는 카테고리를 지정하는 상황이 드물기 때문에 카테고리를 추가하는 방법을 자세히 설명하지 않았습니다.

Q: 인텐트를 처리할 수 있는 액티비티가 없으면 `createChooser()` 메서드가 메시지를 출력한다고 했어요. 만약 기본 안드로이드 선택자를 사용했고 `startActivity()`에는 암묵적 인텐트를 전달한다면 어떻게 될까요?

A: `startActivity()` 메서드로 전달된 인텐트를 수신할 수 있는 액티비티가 없으면 `ActivityNotFoundException`이 발생합니다. 인텐트의 `resolveActivity()` 메서드를 호출하고 반환값을 체크하여 디바이스에 해당 인텐트를 수신할 수 있는 액티비티가 있는지 확인할 수 있습니다. null 값이 반환되면 디바이스에 해당 인텐트를 수신할 수 있는 액티비티가 없다는 뜻이므로 `startActivity()`를 호출하지 말아야 합니다.

CHAPTER 3

우리의 안드로이드 도구상자

3장을 마치면서 여러 액티비티를 갖는 앱과 인텐트 사용 기술을 도구상자에 추가했습니다.

이 책의 전체 코드는 https://tinyurl.com/HeadFirstAndroid에서 내려받을 수 있어요.

핵심정리

- 한 개 이상의 액티비티를 연결해 태스크를 만듭니다.
- `<EditText>` 요소는 편집할 수 있는 텍스트 필드를 정의하여 텍스트를 입력할 수 있도록 합니다. 안드로이드 `View` 클래스를 상속받습니다.
- 안드로이드 스튜디오의 File → New... → Activity를 선택하여 새 액티비티를 추가할 수 있습니다.
- 우리가 생성한 모든 액티비티 항목은 AndroidManifest.xml에 정의되어야 합니다.
- **인텐트**는 안드로이드 컴포넌트끼리 통신할 때 사용하는 일종의 메시지입니다.
- 명시적 인텐트는 대상 컴포넌트를 지정합니다. 명시적 인텐트는 다음처럼 생성할 수 있습니다.

```
Intent intent = new Intent(this, Target.class);
```

- `startActivity(intent)`로 액티비티를 시작할 수 있습니다. 액티비티를 찾지 못하면 `ActivityNotFoundException`이 발생합니다.
- `putExtra()` 메서드로 인텐트에 추가 정보를 덧붙일 수 있습니다.
- `getIntent()` 메서드로 액티비티가 시작된 인텐트를 얻을 수 있습니다.
- `get*Extra()` 메서드로 인텐트에 포함된 추가 정보를 얻을 수 있습니다. 예를 들어 `getStringExtra()`는 문자열을, `getIntExtra()`는 정수를 반환합니다.
- 액티비티 액션은 액티비티가 수행할 수 있는 표준 동작을 기술합니다. 예를 들어 메시지를 보내려면 `Intent.ACTION_SEND`를 사용합니다.
- `Intent intent = new Intent(action);`처럼 액션을 이용하면 암묵적 인텐트를 생성할 수 있습니다.
- `setType()` 메서드로 인텐트의 데이터 유형을 지정할 수 있습니다.
- 안드로이드는 인텐트에 정의된 컴포넌트 이름, 액션, 데이터 유형, 카테고리 등을 이용해 인텐트를 해석합니다. 각 앱의 AndroidManifest.xml에 정의된 인텐트 필터를 인텐트의 내용과 비교합니다. 액티비티는 `DEFAULT` 카테고리를 정의해야 암묵적 인텐트를 수신할 수 있습니다.
- `createChooser()` 메서드를 이용해 안드로이드 액티비티 선택자 다이얼로그를 오버라이드할 수 있습니다. 다이얼로그의 제목을 지정할 수 있으며 기본 액티비티를 선택할 수 있는 옵션을 제거할 수 있습니다. 전달한 인텐트를 수신할 수 있는 액티비티가 없으면 메시지를 출력합니다. `createChooser()` 메서드는 `Intent`를 반환합니다.
- `getString(R.string.stringname);`을 이용해 문자열 리소스의 값을 반환받을 수 있습니다.

4 액티비티 생명주기

액티비티가 된다는 것

...당장 onStop()하지 않으면
전기가 흐르는 소몰이 막대로
onDestroy()해버리겠다고
그에게 말했다니까.

액티비티는 모든 안드로이드 앱의 기초입니다.

지금까지 액티비티를 생성하는 방법과 인텐트를 이용해 한 액티비티에서 다른 액티비티를 실행하는 방법을 살펴봤습니다. 그런데 실제 **내부적으로 어떤 일이 일어나는 걸까요?** 이 장에서는 **액티비티 생명주기**를 조금 더 자세히 살펴봅니다. 액티비티가 **생성**되고 **파괴**될 때 어떤 일이 일어날까요? 액티비티가 **보일 수 있는 상태가 되고 포그라운드에 나타나면** 어떤 메서드가 호출되고, **포커스를 읽거나 숨겨지면** 어떤 메서드가 호출될까요? 액티비티의 상태를 **어떻게 저장하고 복원할 수 있을까요?** 이 장에서 모든 답을 찾을 수 있습니다.

액티비티는 실제로 어떻게 작동할까?

지금까지 사용자와 상호작용하는 앱을 만드는 방법과 여러 액티비티로 태스크를 수행하는 앱을 만드는 방법을 배웠습니다. 이제부터는 배운 지식을 바탕으로 액티비티가 실제로 어떻게 작동하는지 더 깊이 살펴봅니다. 아래에 지금까지 배운 내용을 자세한 설명과 함께 요약했습니다.

앱은 액티비티, 레이아웃, 기타 리소스의 컬렉션입니다.

앱의 메인 액티비티도 이들 액티비티 중 하나입니다.

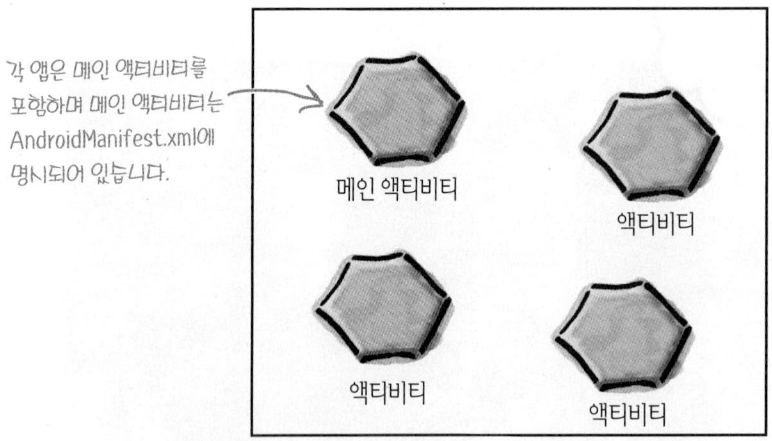

기본적으로 각 앱은 자신의 프로세스에서 실행됩니다.

이는 안전하고 보안이 유지되는 상황에서 앱이 실행되도록 합니다. 자세한 사항은 안드로이드 런타임(ART)을 설명하는 부록 3에서 살펴볼 수 있습니다.

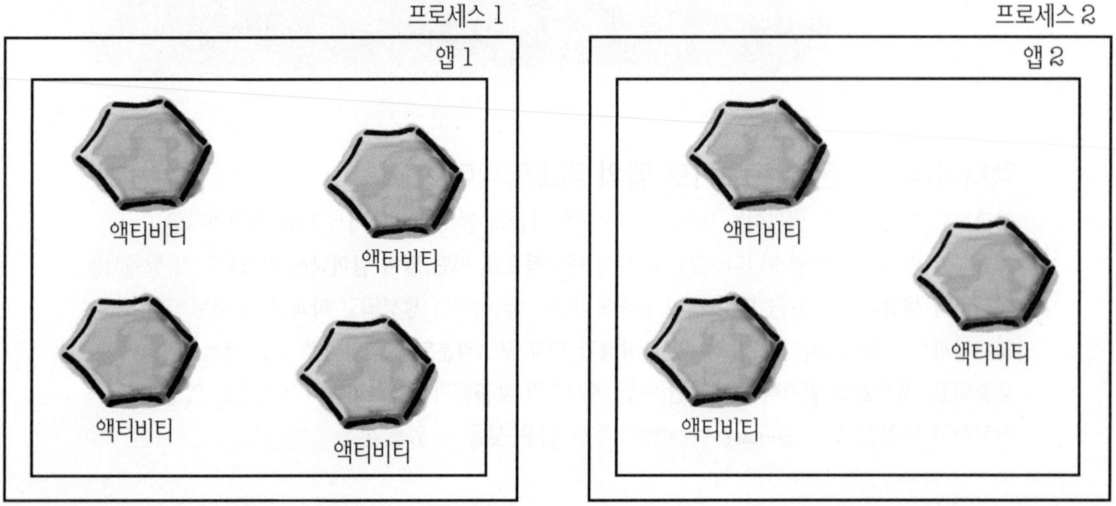

startActivity()로 인텐트를 전달해서 다른 애플리케이션의 액티비티를 시작할 수 있습니다.

안드로이드 시스템은 디바이스에 설치되어 있는 모든 앱과 액티비티 정보를 가지고 있으며, 인텐트를 이용해 올바른 액티비티를 실행합니다.

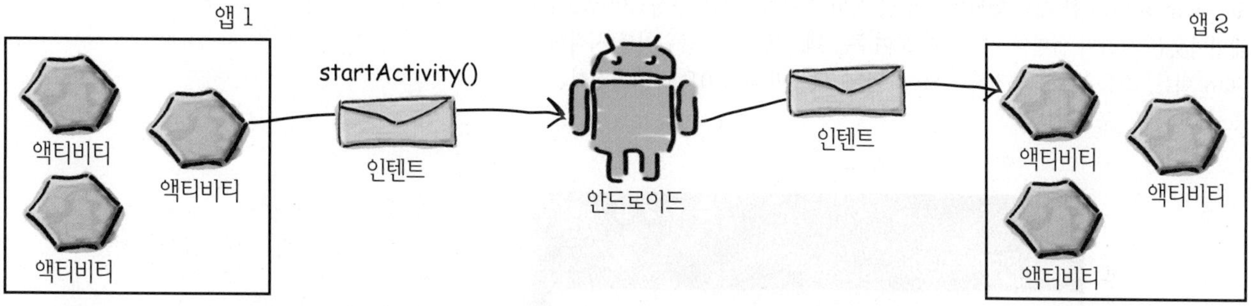

액티비티를 시작해야 할 때 안드로이드는 해당 앱의 프로세스가 이미 존재하는지 확인합니다.

프로세스가 존재하면 해당 프로세스에서 액티비티를 실행합니다. 프로세스가 존재하지 않으면 안드로이드가 프로세스를 생성합니다.

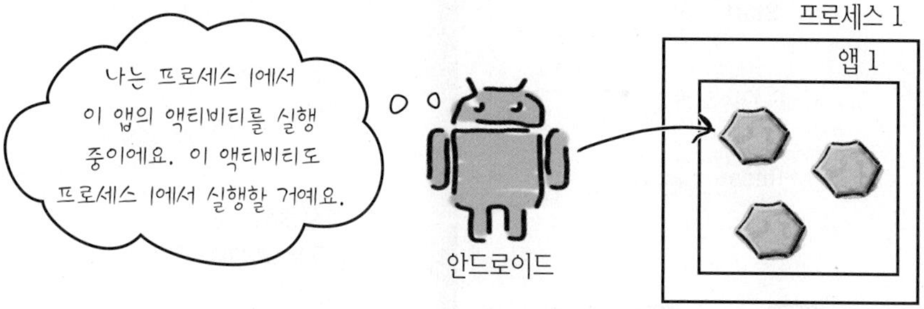

안드로이드가 액티비티를 시작하면 액티비티의 onCreate() 메서드를 호출합니다.

액티비티가 생성되면 항상 onCreate()가 실행됩니다.

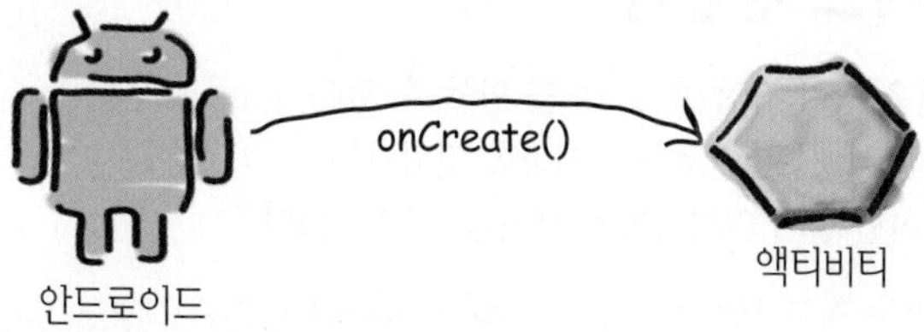

하지만 여전히 액티비티가 어떻게 동작하는지 궁금한 부분이 많습니다. 액티비티는 얼마나 오랫동안 존재할까요? 액티비티가 화면에서 사라지면 어떤 일이 일어나죠? 그래도 여전히 실행될까요? 메모리에 계속 남아 있나요? 휴대폰으로 전화가 걸려와 앱 실행이 중지되면 어떻게 되나요? 이렇게 다양한 상황에서 우리 액티비티를 온전히 제어하고 싶은데 어떻게 하죠?

Stopwatch 앱

이 장에서는 액티비티가 실제로 어떻게 작동하는지 자세히 살펴봅니다. 보통 액티비티의 생명주기 메서드를 이용해 망가진 앱의 상태를 복구할 수 있습니다. 간단한 Stopwatch라는 앱을 이용해 생명주기 메서드를 살펴봅시다.

Stopwatch 앱은 한 개의 액티비티와 한 개의 레이아웃으로 구성되어 있습니다. 레이아웃은 시간이 얼마나 지났는지 보여주는 텍스트 뷰, 스톱워치를 시작하는 Start 버튼, 스톱워치를 중지하는 Stop 버튼, 타이머 값을 0으로 재설정하는 Reset 버튼을 포함합니다.

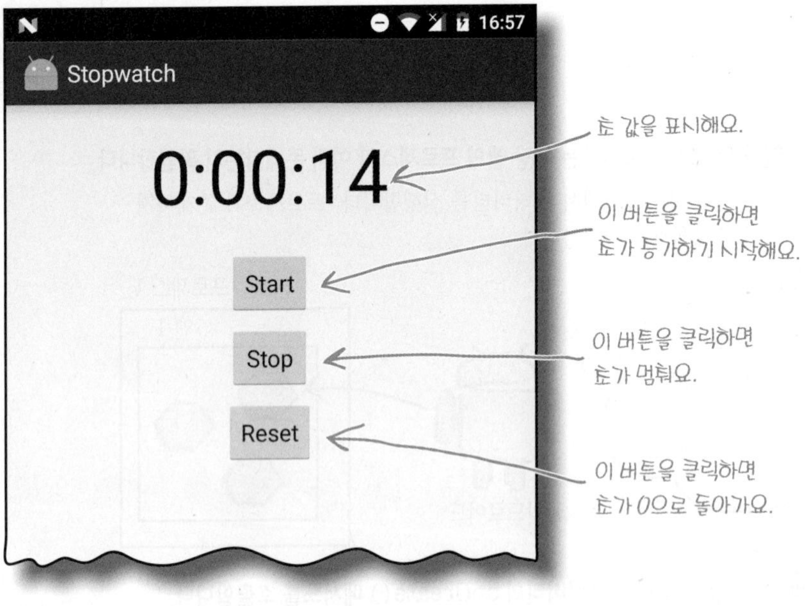
16:57
Stopwatch
0:00:14
Start
Stop
Reset
초 값을 표시해요.
이 버튼을 클릭하면 초가 증가하기 시작해요.
이 버튼을 클릭하면 초가 멈춰요.
이 버튼을 클릭하면 초가 0으로 돌아가요.

Stopwatch 앱의 새 프로젝트 만들기

이미 프로젝트를 만들어봤으므로 큰 어려움 없이 직접 프로젝트를 만들 수 있을 겁니다. 따라서 여러분이 직접 앱을 만드는 데 사용할 코드만 제공할 것입니다. 그리고 여러분은 이 코드를 실행했을 때 어떤 일이 일어나는지 확인할 수 있습니다.

'Stopwatch'라는 이름과 hfad.com'이라는 회사 도메인 이름, 즉 `com.hfad.stopwatch`라는 패키지 이름으로 새 안드로이드 앱을 만듭니다. 대부분의 디바이스로 앱을 실행할 수 있도록 최소 SDK를 API 수준 19로 설정합니다. 'StopwatchActivity'라는 빈 액티비티와 'activity_stopwatch'라는 레이아웃이 필요합니다. **Backwards Compatibility (AppCompat) 옵션을 선택 해제했는지 확인합니다.**

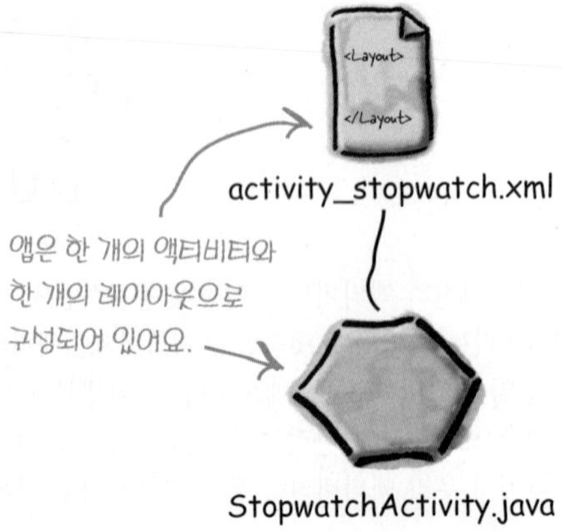
<Layout>
</Layout>
activity_stopwatch.xml
앱은 한 개의 액티비티와 한 개의 레이아웃으로 구성되어 있어요.
StopwatchActivity.java

문자열 리소스 추가하기

스톱와치 레이아웃에 있는 각 버튼에 사용할 세 개의 문자열을 추가할 겁니다. 이들은 모두 문자열 리소스이므로 strings.xml에 추가합니다. 다음 문자열 값을 여러분 strings.xml에 추가하세요.

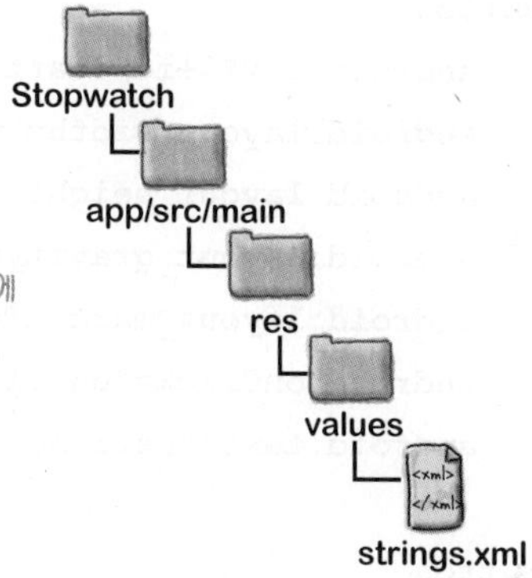


```
...
    <string name="start">Start</string>
    <string name="stop">Stop</string>
    <string name="reset">Reset</string>
...
```

이들 문자열 리소스를 우리 레이아웃에 사용할 거예요.

이제 레이아웃 코드를 갱신합시다.

스톱워치 레이아웃 코드 갱신하기

다음은 레이아웃 XML 코드입니다. 타이머를 표시하는 한 개의 텍스트 뷰와 스톱워치를 제어하는 세 개의 버튼이 있습니다. 현재 activity_stopwatch.xml의 XML 코드를 다음처럼 바꿉니다.

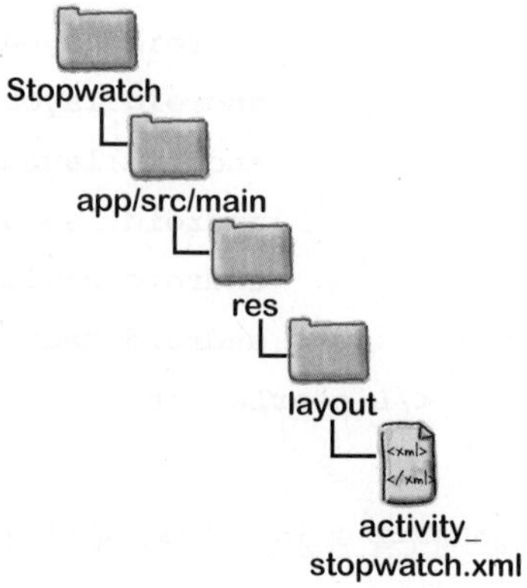


```
<?xml version="1.0" encoding="utf-8"?>
<LinearLayout
    xmlns:android="http://schemas.android.com/apk/res/android"
    xmlns:tools="http://schemas.android.com/tools"
    android:layout_width="match_parent"
    android:layout_height="match_parent"
    android:orientation="vertical"
    android:padding="16dp"
    tools:context=".StopwatchActivity">

    <TextView
        android:id="@+id/time_view"
        android:layout_width="wrap_content"
        android:layout_height="wrap_content"
        android:layout_gravity="center_horizontal"
        android:textAppearance="@android:style/TextAppearance.Large"
        android:textSize="56sp" />
```

이 텍스트 뷰로 초를 표시해요.

이들은 스톱워치 타이머가 크고 멋있게 보일 수 있도록 만드는 속성이에요.

레이아웃 코드가 다음 페이지에도 이어집니다.

레이아웃 코드(계속)

```
    <Button
        android:id="@+id/start_button"
        android:layout_width="wrap_content"
        android:layout_height="wrap_content"
        android:layout_gravity="center_horizontal"
        android:layout_marginTop="20dp"
        android:onClick="onClickStart"
        android:text="@string/start" />

    <Button
        android:id="@+id/stop_button"
        android:layout_width="wrap_content"
        android:layout_height="wrap_content"
        android:layout_gravity="center_horizontal"
        android:layout_marginTop="8dp"
        android:onClick="onClickStop"
        android:text="@string/stop" />

    <Button
        android:id="@+id/reset_button"
        android:layout_width="wrap_content"
        android:layout_height="wrap_content"
        android:layout_gravity="center_horizontal"
        android:layout_marginTop="8dp"
        android:onClick="onClickReset"
        android:text="@string/reset" />
</LinearLayout>
```

Start 버튼의 코드예요.

Start 버튼을 클릭하면 onClickStart() 메서드를 호출해요.

Stop 버튼의 코드예요.

Stop 버튼을 클릭하면 onClickStop() 메서드를 호출해요.

Reset 버튼의 코드예요.

Reset 버튼을 클릭하면 onClickReset() 메서드를 호출해요.

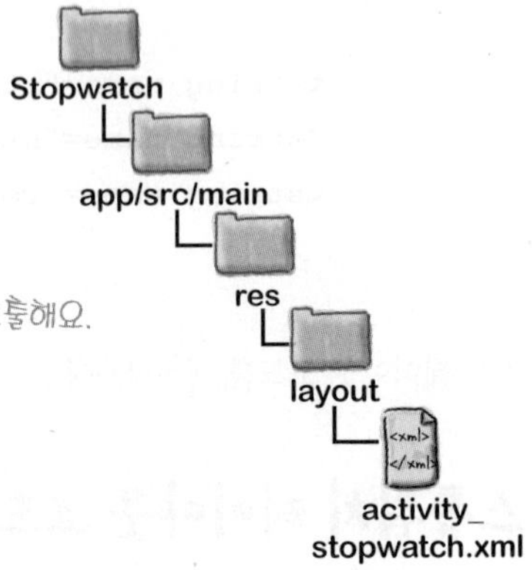

레이아웃을 완성했습니다! 이제 액티비티를 바꿀 차례입니다.

직접 해보세요!

다음으로 진행하기 전에 여러분 앱의 레이아웃과 strings.xml을 제대로 바꿨는지 확인하세요.

액티비티 코드 작동 원리

레이아웃은 스톱워치를 제어하는 데 사용할 세 개의 버튼을 정의합니다. 각 버튼은 액티비티의 버튼을 클릭했을 때 호출해야 할 메서드를 `onClick` 속성으로 지정했습니다. Start 버튼을 클릭하면 `onClickStart()` 메서드를, Stop 버튼을 클릭하면 `onClickStop()` 메서드를, Reset 버튼을 클릭하면 `onClickReset()` 메서드를 호출합니다. 이들 메서드를 이용해 스톱워치를 시작, 정지, 재설정할 수 있습니다.

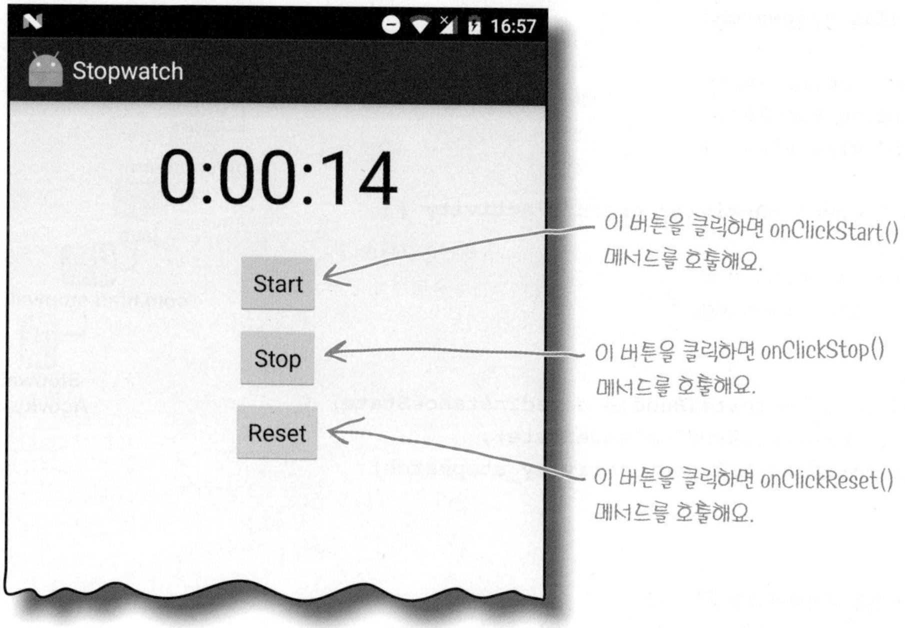
16:57
Stopwatch
0:00:14
Start
Stop
Reset
이 버튼을 클릭하면 onClickStart() 메서드를 호출해요.
이 버튼을 클릭하면 onClickStop() 메서드를 호출해요.
이 버튼을 클릭하면 onClickReset() 메서드를 호출해요.

`runTimer()`라는 메서드를 생성하고 호출해서 스톱워치를 갱신합니다. `runTimer()` 메서드를 매초 실행해 스톱워치가 실행 중인지 확인하고 실행 중이면 초를 증가시키고 텍스트 뷰에 증가된 초를 표시합니다.

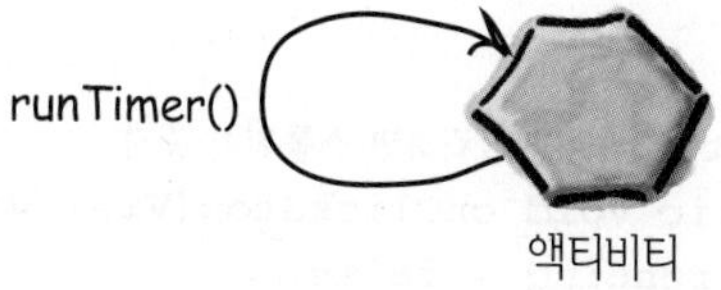
runTimer()
액티비티

두 개의 비공개 변수로 스톱워치의 상태를 저장합니다. `seconds`라는 정수 변수로 스톱워치가 얼마나 오래 실행되었는지 초로 저장하며 `running`이라는 불린 변수로 현재 스톱워치가 실행 중인지 저장합니다.

먼저 버튼과 관련된 코드를 구현한 다음 `runTimer()` 메서드를 확인합니다.

버튼의 코드 추가하기

사용자가 Start 버튼을 클릭하면 `running` 변수를 `true`로 설정해 스톱워치를 시작시킵니다. Stop 버튼을 클릭하면 `running` 변수를 `false`로 설정해 스톱워치 실행을 중지시킵니다. Reset 버튼을 클릭하면 `running`을 `false`로 `seconds`를 0으로 설정해 스톱워치를 중지시키고 초를 재설정합니다.

이렇게 하려면 StopwatchActivity.java 코드를 다음과 같이 바꿉니다.

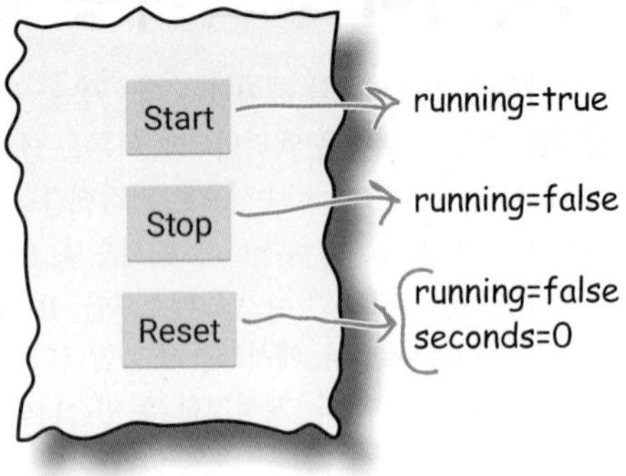

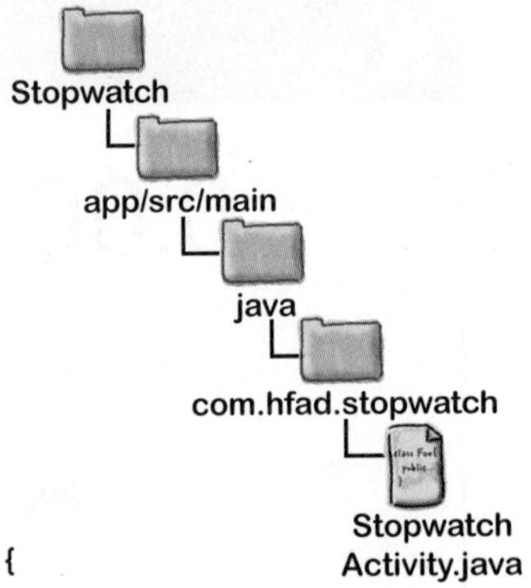


```
package com.hfad.stopwatch;

import android.app.Activity;
import android.os.Bundle;
import android.view.View;

public class StopwatchActivity extends Activity {

    private int seconds = 0;
    private boolean running;

    @Override
    protected void onCreate(Bundle savedInstanceState) {
        super.onCreate(savedInstanceState);
        setContentView(R.layout.activity_stopwatch);
    }


    // Start 버튼을 클릭하면 스톱워치 시작
    public void onClickStart(View view) {
        running = true;
    }

    // Stop 버튼을 클릭하면 스톱워치 중지
    public void onClickStop(View view) {
        running = false;
    }

    // Reset 버튼을 클릭하면 스톱워치 재설정
    public void onClickReset(View view) {
        running = false;
        seconds = 0;
    }
}
```

모든 액티비티는 반드시 Activity 클래스를 상속받아야 해요.

seconds와 running 변수를 이용해 지금까지 흐른 시간과 스톱워치가 실행 중인지 저장합니다.

Start 버튼을 클릭하면 호출돼요.

스톱워치를 시작해요.

Stop 버튼을 클릭하면 호출돼요.

스톱워치를 중지해요.

Reset 버튼을 클릭하면 호출돼요.

스톱워치를 중지하고 seconds를 0으로 설정해요.

runTimer() 메서드

다음으로 runTimer() 메서드를 구현합니다. 이 메서드는 레이아웃의 텍스트 뷰 레퍼런스를 얻고, seconds 변수의 값을 시, 분, 초 형식으로 바꾼 다음 텍스트 뷰에 결과를 표시합니다. running 변수의 값이 true면 seconds 변수의 값을 증가시킵니다.

다음은 runTimer() 메서드 코드입니다. 지금부터 이 코드를 StopwatchActivity.java에 추가합니다.

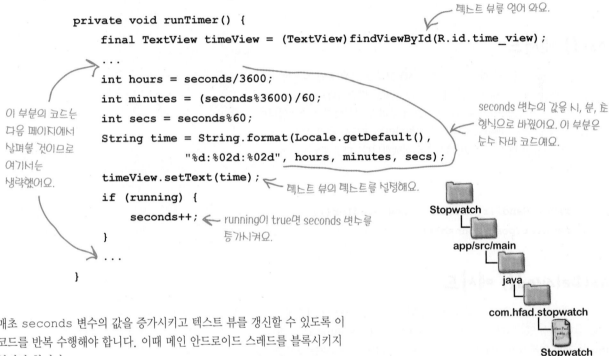

```
private void runTimer() {
    final TextView timeView = (TextView)findViewById(R.id.time_view);
    ...
    int hours = seconds/3600;
    int minutes = (seconds%3600)/60;
    int secs = seconds%60;
    String time = String.format(Locale.getDefault(),
            "%d:%02d:%02d", hours, minutes, secs);
    timeView.setText(time);
    if (running) {
        seconds++;
    }
    ...
}
```

텍스트 뷰를 얻어 와요.

이 부분의 코드는 다음 페이지에서 살펴볼 것이므로 여기서는 생략했어요.

seconds 변수의 값을 시, 분, 초 형식으로 바꿨어요. 이 부분은 순수 자바 코드예요.

텍스트 뷰의 텍스트를 설정해요.

running이 true면 seconds 변수를 증가시켜요.

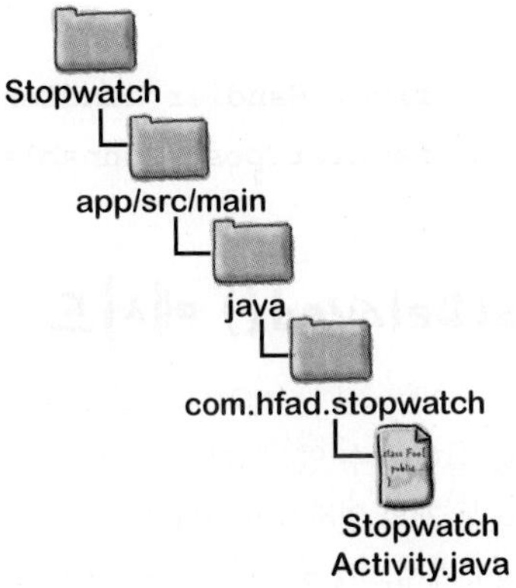

매초 seconds 변수의 값을 증가시키고 텍스트 뷰를 갱신할 수 있도록 이 코드를 반복 수행해야 합니다. 이때 메인 안드로이드 스레드를 블록시키지 않아야 합니다.

안드로이드 이외의 일반 자바 프로그램에서는 백그라운드 스레드를 이용해 이를 달성할 수 있습니다. 안드로이드에서는 이 방법을 사용할 수 없는데 메인 안드로이드 스레드만 사용자 인터페이스를 갱신할 수 있기 때문입니다. 다른 스레드에서 사용자 인터페이스를 갱신하려 하면 CalledFromWrongThreadException이 발생합니다.

안드로이드에서는 Handler로 이 문제를 해결할 수 있습니다. 다음 페이지에서 이 기법을 살펴봅니다.

핸들러로 코드 실행을 계획할 수 있습니다

안드로이드에서 제공하는 Handler 클래스를 사용하면 특정 코드를 미래의 특정 시점에 수행할 수 있습니다. 메인 안드로이드 스레드가 아닌 다른 스레드에서 코드를 실행할 때도 이 클래스를 사용할 수 있습니다. 우리 앱에서는 Handler로 스톱워치 코드가 매초 실행되도록 해야 합니다.

실행을 계획하려는 코드를 Runnable 객체로 감싼 다음 Handler의 post() 메서드와 postDelayed() 메서드로 언제 코드를 실행할지 지정할 수 있습니다. 각각의 메서드를 자세히 살펴봅시다.

post() 메서드

post() 메서드는 가능한 한 빨리(거의 즉시) 코드를 실행할 때 사용합니다. 이 메서드는 Runnable 유형의 객체 한 개를 인자로 받습니다. Runnable 객체는 일반적인 자바의 Runnable과 같으며 우리가 실행하려는 작업입니다. Runnable의 run() 메서드에 우리가 실행하려는 코드를 추가하면 Handler가 가능한 한 빨리 우리 메서드를 실행합니다. 다음은 post() 메서드 사용 예제입니다.

```
final Handler handler = new Handler();
handler.post(Runnable);
```

← 실행하려는 코드를 Runnable의 run() 메서드에 추가하세요.

postDelayed() 메서드

postDelayed() 메서드는 post()와 비슷하게 작동하지만 미래에 코드를 실행할 수 있습니다. postDelayed() 메서드는 Runnable과 long 두 개의 인자를 받습니다. Runnable은 우리가 실행하려는 코드를 run() 메서드에 포함하며, long은 코드가 얼마 뒤에 실행될 것인지 밀리초로 지정합니다. 코드는 지정된 지연시간 이후에 실행됩니다. 다음은 postDelayed() 메서드 사용 예제입니다.

```
final Handler handler = new Handler();
handler.postDelayed(Runnable, long);
```

← 이 메서드로 지정된 밀리초 뒤에 코드를 실행할 수 있어요.

다음 페이지에서는 이들 메서드를 활용해 스톱워치를 매초 갱신합니다.

runTimer() 전체 코드

Handler에 1초의 지연을 이용해 주기적으로 코드를 실행하고 스톱워치를 갱신할 것입니다. 코드를 실행할 때마다 seconds 변수를 증가시키고 텍스트 뷰를 갱신합니다.

다음은 StopwatchActivity.java에 추가할 runTimer() 메서드의 전체 코드입니다.

```
private void runTimer() {
    final TextView timeView = (TextView)findViewById(R.id.time_view);
    final Handler handler = new Handler();
    handler.post(new Runnable() {
        @Override
        public void run() {
            int hours = seconds/3600;
            int minutes = (seconds%3600)/60;
            int secs = seconds%60;
            String time = String.format(Locale.getDefault(),
                    "%d:%02d:%02d", hours, minutes, secs);
            timeView.setText(time);
            if (running) {
                seconds++;
            }
            handler.postDelayed(this, 1000);
        }
    });
}
```

새 핸들러를 생성해요.

새 Runnable을 전달하면서 post() 메서드를 호출해요. post() 메서드는 코드를 바로 처리하므로 Runnable의 코드가 거의 즉시 실행돼요.

Runnable의 run() 메서드는 실행하고자 하는 코드(여기서는 텍스트 뷰를 갱신하는 코드)를 포함해요.

1,000밀리초를 지연한 다음 다시 Runnable의 코드를 실행하도록 postDelayed()를 호출합니다. 이 코드는 Runnable의 run() 메서드 내에 포함되어 있으므로 결과적으로 반복해서 실행돼요.

post()와 postDelayed() 메서드를 이렇게 이용하면 필요한 지연 후 코드를 실행할 수 있습니다. 실제로는 매초 한 번씩 정확하게 실행되지 않을 수 있지만 이 장에서의 생명주기를 살펴보기엔 충분히 좋은 예제입니다.

StopwatchActivity가 생성되면 runTimer() 메서드가 실행을 시작해야 합니다. 따라서 다음처럼 액티비티의 onCreate() 메서드에서 runTimer() 메서드를 호출합니다.

```
protected void onCreate(Bundle savedInstanceState) {
    ...
    runTimer();
}
```

다음 페이지에 StopwatchActivity 전체 코드가 있습니다.

StopwatchActivity 전체 코드

다음은 StopwatchActivity.java 전체 코드입니다. 여러분 코드를 다음처럼 바꾸세요.

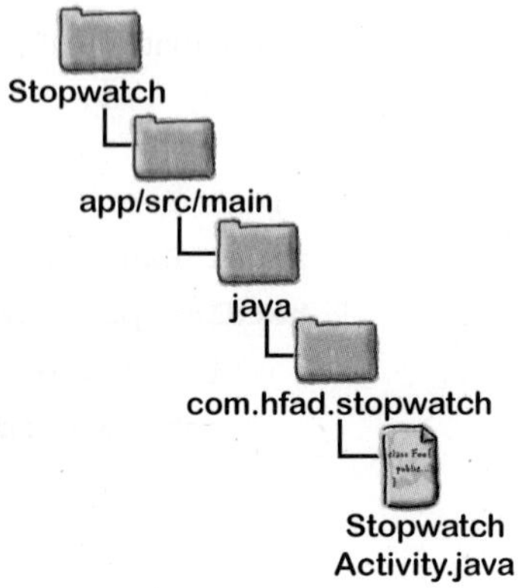


```
package com.hfad.stopwatch;

import android.app.Activity;
import android.os.Bundle;
import android.view.View;
import java.util.Locale;
import android.os.Handler;
import android.widget.TextView;
```

이들 클래스를 추가로 사용해야 하므로 임포트합니다.

```
public class StopwatchActivity extends Activity {
    // 스톱워치에 표시할 초
    private int seconds = 0;
    // 스톱워치가 실행 중인가?
    private boolean running;
```

seconds와 running 변수로 지금까지 흐른 시간과 현재 스톱워치가 실행 중인지 저장합니다.

```
    @Override
    protected void onCreate(Bundle savedInstanceState) {
        super.onCreate(savedInstanceState);
        setContentView(R.layout.activity_stopwatch);
        runTimer();
    }
```

별도의 메서드를 이용해 스톱워치를 갱신합니다. 액티비티가 생성되면 메서드를 시작합니다.

```
    // Start 버튼을 클릭하면 스톱워치 시작
    public void onClickStart(View view) {
        running = true;
    }
```

Start 버튼을 클릭하면 이 메서드가 실행돼요.

스톱워치를 시작해요.

```
    // Stop 버튼을 클릭하면 스톱워치 중지
    public void onClickStop(View view) {
        running = false;
    }
```

Stop 버튼을 클릭하면 이 메서드가 실행돼요.

스톱워치를 중지해요.

액티비티 코드(계속)

```java
    // Reset 버튼을 클릭하면 스톱워치 재설정
    public void onClickReset(View view) {
        running = false;
        seconds = 0;
    }

    // 타이머의 초 값 설정
    private void runTimer() {
        final TextView timeView = (TextView)findViewById(R.id.time_view);
        final Handler handler = new Handler();
        handler.post(new Runnable() {
            @Override
            public void run() {
                int hours = seconds/3600;
                int minutes = (seconds%3600)/60;
                int secs = seconds%60;
                String time = String.format(Locale.getDefault(),
                        "%d:%02d:%02d", hours, minutes, secs);
                timeView.setText(time);
                if (running) {
                    seconds++;
                }
                handler.postDelayed(this, 1000);
            }
        });
    }
}
```

- Reset 버튼을 클릭하면 이 메서드가 실행돼요.
- 스톱워치를 중지하고 seconds를 0으로 설정해요.
- 텍스트 뷰를 얻어 와요.
- 핸들러로 코드를 실행해요.
- seconds를 시, 분, 초 형식으로 변환해요.
- 텍스트 뷰의 텍스트를 설정해요.
- running이 true면 seconds 변수의 값을 증가시켜요.
- 1초 지연 후 다시 코드를 실행해요.

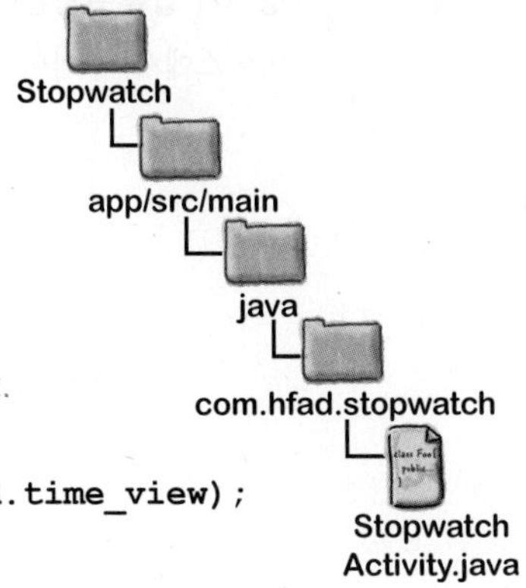

직접 해보세요!

여러분의 액티비티 코드를 위 코드처럼 바꾸세요.

코드를 실행하면 어떤 일이 일어나는지 확인합시다.

앱을 실행하면 벌어지는 일

1. **사용자가 앱을 실행합니다.**

디바이스에서 앱 아이콘을 클릭합니다.

2. **인텐트가 만들어지고 startActivity(intent)로 액티비티가 실행됩니다.**

어떤 액티비티를 실행할지는 앱의 AndroidManifest.xml 파일에 정의되어 있습니다.

3. **안드로이드는 이미 앱 프로세스가 실행 중인지 확인합니다. 실행 중이 아니면 새 프로세스를 만듭니다.**

안드로이드는 새로운 액티비티 객체(여기서는 `StopwatchActivity`)를 만듭니다.

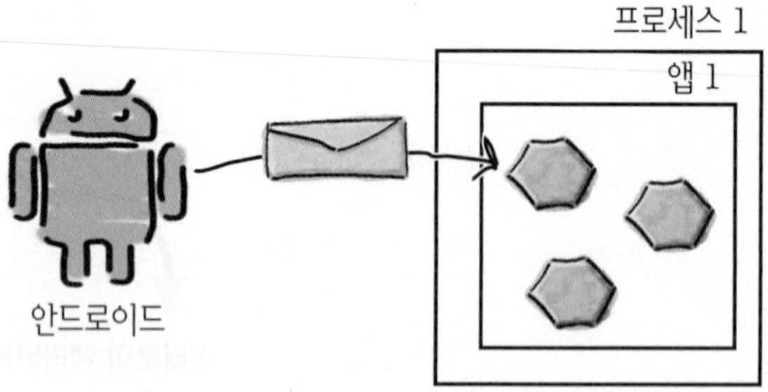

이야기는 계속됩니다...

4 **액티비티의 onCreate() 메서드가 호출됩니다.**

onCreate() 메서드는 레이아웃을 지정하는 setContentView()를 호출하며 runTimer() 메서드로 스톱워치를 시작합니다.

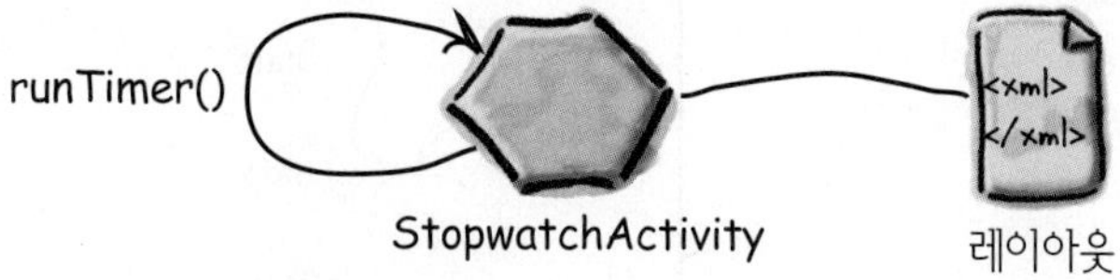

5 **onCreate() 메서드가 끝나면 디바이스에 레이아웃이 나타납니다.**

runTimer() 메서드는 seconds 변수를 이용해 텍스트 뷰에 텍스트를 표시하며 running 변수로 seconds를 증가시킬지 결정합니다. running의 초깃값은 false이므로 seconds는 증가하지 않습니다.

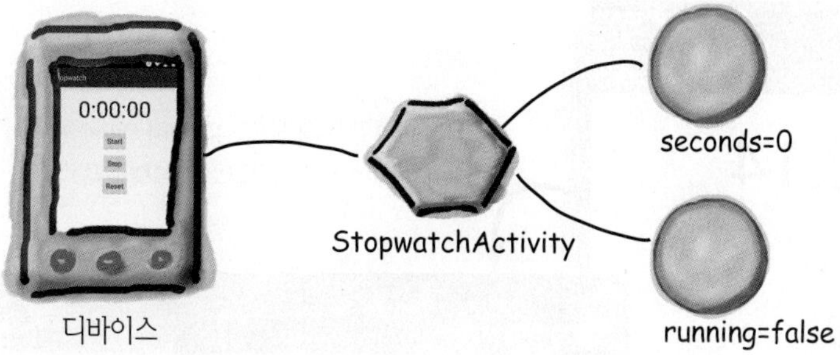

바보 같은 질문이란 없습니다

Q: 안드로이드는 왜 별도의 프로세스로 앱을 실행하죠?

A: 보안과 안정성 때문입니다. 별도의 프로세서를 이용하면 한 앱이 다른 앱의 데이터로 접근하는 것을 방지할 수 있습니다. 또한 한 앱이 크래시되어도 다른 앱에 영향을 미치지 않습니다.

Q: 예제에서 왜 액티비티의 생성자에 바로 코드를 추가하지 않고 onCreate() 메서드에 코드를 추가한 거죠?

A: 안드로이드는 액티비티를 생성한 뒤 액티비티의 환경을 설정합니다. 일단 환경을 설정하면 안드로이드는 onCreate() 메서드를 호출합니다. 생성자가 아니라 onCreate()에 화면 관련 설정을 하는 이유가 이 때문입니다.

Q: onCreate() 메서드에서 루프를 돌면서 타이머를 갱신해도 되나요?

A: onCreate()는 화면이 나타나기 전에 반드시 종료되어야 하므로 안 됩니다. 무한 반복을 하면 onCreate() 메서드가 종료될 수 없습니다.

Q: runTimer() 메서드는 조금 복잡해 보이네요. 꼭 그렇게 코드를 구현해야 하나요?

A: 코드가 조금 복잡하지만 루프로 반복되는 코드를 post() 메서드로 전달하려면 runTimer()에서 사용했던 것과 비슷한 코드를 구현할 수밖에 없습니다.

앱 시험 주행

에뮬레이터로 앱을 실행해보면 앱이 잘 동작합니다. 스톱워치를 시작, 중지, 재설정할 수 있으며 모든 기능이 예상대로 작동합니다.

이 버튼을 클릭하면 우리 의도대로 작동해요. Start 버튼을 클릭하면 스톱워치가 시작하고, Stop 버튼을 클릭해 중지시킬 수 있고, Reset 버튼을 클릭해 스톱워치를 0으로 되돌릴 수 있어요.

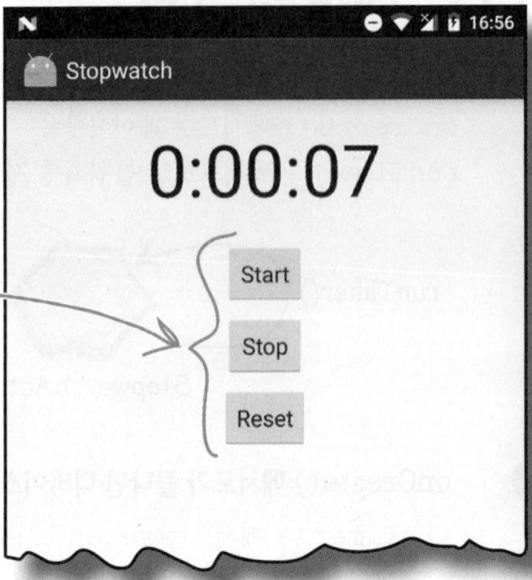

하지만 한 가지 문제가 있습니다...

물리 디바이스로 앱을 실행해도 잘 작동하지만 디바이스를 회전시키면 문제가 생깁니다. 디바이스를 회전시키면 스톱워치가 0으로 돌아갑니다.

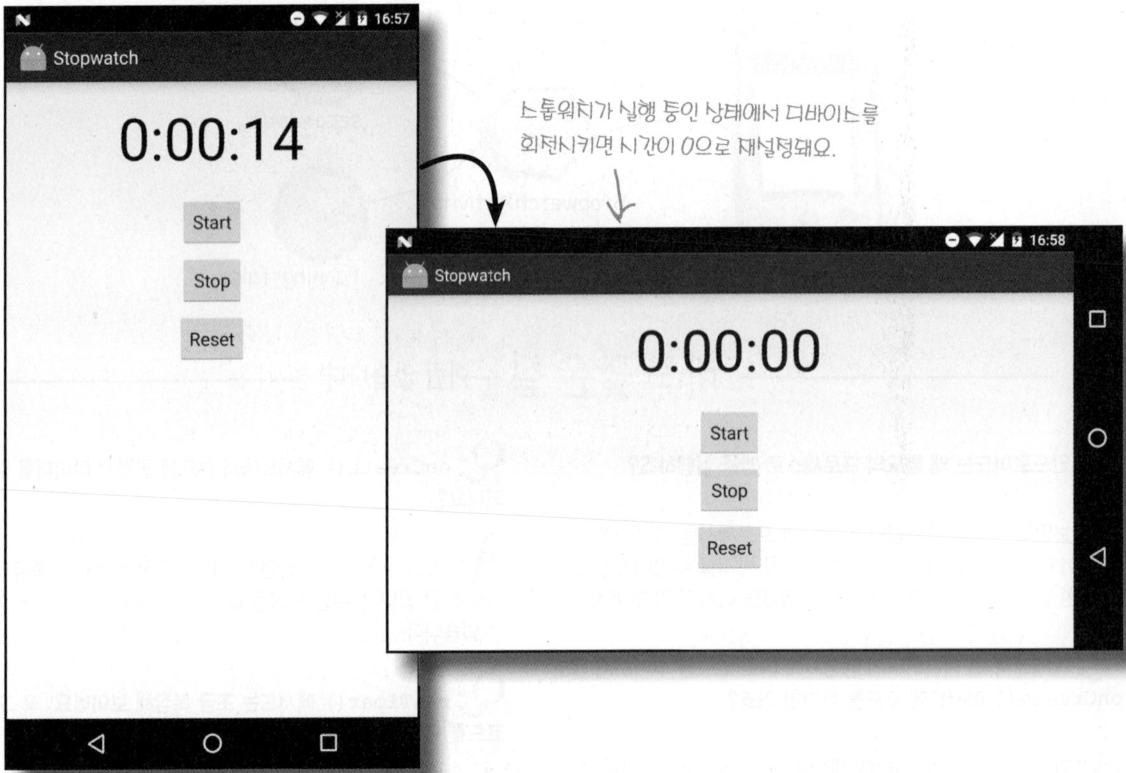

안드로이드에서는 디바이스를 회전시켰을 때 이런 문제가 흔히 나타납니다. 이 문제를 고치기 전에 무슨 일이 일어난 것인지 자세히 확인합시다.

무슨 일이 일어난 걸까?

사용자가 화면을 회전시키면 왜 앱이 이상하게 작동하는 걸까요? 실제 어떤 일이 일어났는지 자세히 살펴봅시다.

1. **사용자가 앱을 시작하고 Start 버튼을 클릭해 스톱워치를 시작합니다.**

   `runTimer()` 메서드가 `seconds`와 `running` 변수를 이용해 `time_view` 텍스트 뷰의 초를 증가시킵니다.

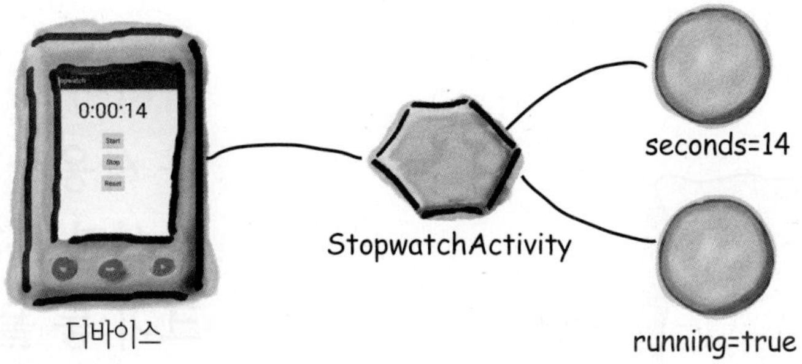

2. **사용자가 디바이스를 회전시킵니다.**

   안드로이드는 화면 방향과 크기가 바뀌었음을 감지하고 `runTimer()` 메서드에서 사용하는 모든 변수를 포함한 액티비티를 종료(destroy)시킵니다.

3. **StopwatchActivity가 다시 생성됩니다.**

   `onCreate()` 메서드가 다시 실행되면서 `runTimer()` 메서드를 호출합니다. 하지만 액티비티가 다시 생성되었으므로 `seconds`와 `running`이 기본값으로 설정됩니다.

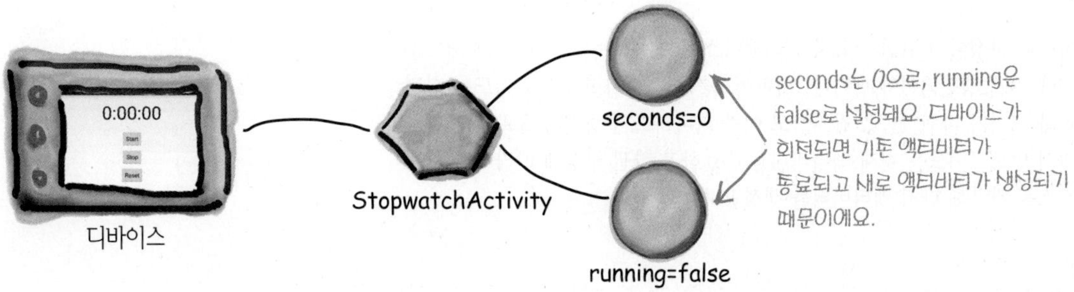

화면을 회전시키면 디바이스 구성이 바뀝니다

안드로이드가 앱을 실행하고 액티비티를 시작할 때는 **디바이스 구성**을 이용합니다. 즉, 화면 크기와 방향, 키보드 연결 유무 등 물리 디바이스의 구성과 사용자가 지정한 로케일 등의 구성을 이용합니다.

이러한 구성은 애플리케이션에 어떤 리소스를 사용할 것인지에 영향을 미칠 수 있으므로 액티비티를 시작할 때 안드로이드는 이들 구성을 확인해야 합니다. 예를 들어 디바이스 화면이 가로 상태(landscape)라면 세로 상태(portrait)와는 다른 레이아웃이 필요할 수 있고, 로케일이 프랑스라면 다른 종류의 문자열 값을 사용해야 할 수 있습니다.

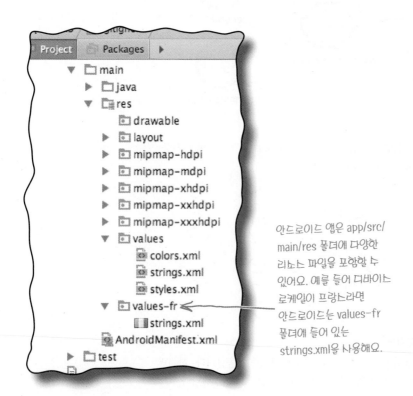

디바이스 구성은 로케일 등 사용자가 지정한 옵션과 화면 방향, 크기 등 물리 디바이스 관련 옵션을 포함해요. 이들 옵션이 바뀌면 액티비티가 종료되고 다시 생성돼요.

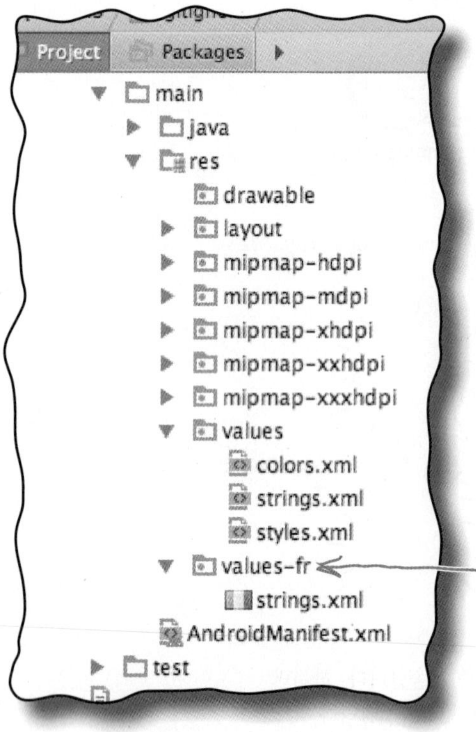

안드로이드 앱은 app/src/main/res 폴더에 다양한 리소스 파일을 포함할 수 있어요. 예를 들어 디바이스 로케일이 프랑스라면 안드로이드는 values-fr 폴더에 들어 있는 strings.xml을 사용해요.

디바이스 구성이 바뀌면 사용자 인터페이스에 표시하는 모든 내용도 새로운 구성에 맞게 갱신되어야 합니다. 디바이스를 회전시키면 안드로이드는 화면 방향과 크기가 바뀌었음을 감지하고 이를 디바이스 구성 변경으로 취급합니다. 따라서 안드로이드는 현재 액티비티를 종료하고 바뀐 구성에 따라 적절한 리소스를 사용해 다시 액티비티를 생성합니다.

액티비티 상태

안드로이드가 액티비티를 생성하고 종료할 때 액티비티는 시작(launch) 상태에서 실행(running) 상태로, 실행 상태에서 종료(destroyed) 상태로 바뀝니다.

액티비티는 주로 **실행** 상태와 **활성화**(active) 상태를 유지합니다. 액티비티가 실행되어 화면에 나타난 상태에서 포커스를 가지고 있으면 사용자는 해당 액티비티와 상호작용할 수 있습니다. 액티비티는 생명주기에서 보통 실행 상태를 가장 오래 유지합니다. 액티비티가 시작되고 실행된 다음 할 일이 끝나 생명주기가 끝나면 액티비티가 **종료**됩니다.

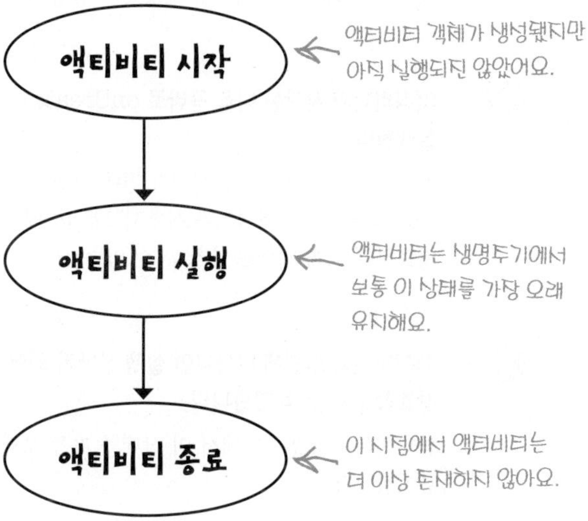
액티비티 시작
액티비티 객체가 생성됐지만 아직 실행되진 않았어요.
액티비티 실행
액티비티는 생명주기에서 보통 이 상태를 가장 오래 유지해요.
액티비티 종료
이 시점에서 액티비티는 더 이상 존재하지 않아요.

액티비티가 화면에 나타나면 실행 상태예요.

액티비티가 시작 상태에서 종료 상태로 바뀌면 각각 onCreate() 메서드와 onDestroy() 메서드가 호출됩니다. 이들 생명주기 메서드는 Activity 클래스에서 상속받은 것으로, 필요하면 우리 액티비티에서 오버라이드할 수 있습니다.

액티비티가 시작되면 onCreate() 메서드가 호출됩니다. 보통 setContentView() 호출 등 액티비티 설정 관련 작업을 onCreate()에서 수행합니다. 항상 onCreate() 메서드를 오버라이드해야 합니다. 그렇지 않으면 어떤 레이아웃을 사용할지 지정할 수 없기 때문입니다.

액티비티가 처음 생성되면 onCreate() 메서드가 호출되며 이 메서드에서 필요한 액티비티 설정 작업을 할 수 있어요.

액티비티가 종료되기 전에 마지막으로 onDestroy() 메서드를 호출합니다. 액티비티를 종료시키는 메서드를 호출하거나, 디바이스 구성이 바뀌어서 액티비티를 다시 생성하거나, 메모리를 절약하려고 안드로이드가 액티비티를 종료하는 등 다양한 상황에서 액티비티가 종료될 수 있습니다.

액티비티가 종료되기 직전에 onDestroy() 메서드가 호출돼요.

다음 페이지에서는 이들 메서드와 액티비티 상태의 관계를 조금 더 자세히 살펴봅니다.

액티비티 생명주기: 생성돼서 종료될 때까지

다음은 액티비티의 탄생에서 죽음까지의 요약입니다. 일부 내용은 나중에 살펴볼 것이므로 생략했고 여기서는 onCreate()와 onDestroy() 메서드를 특히 자세히 살펴봅니다.

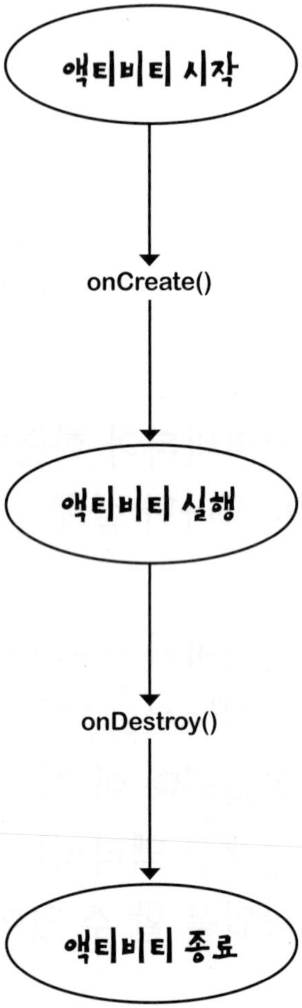

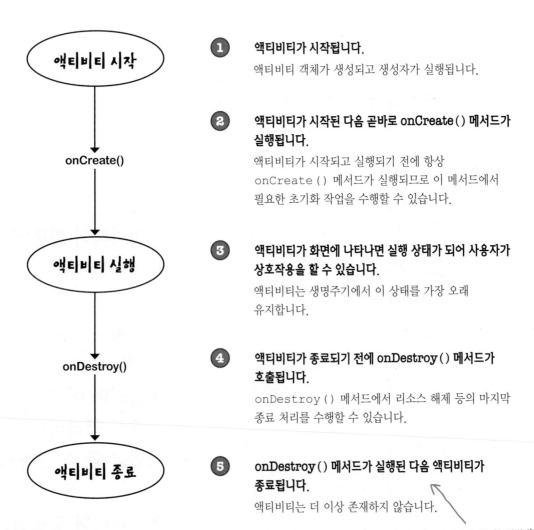

1. **액티비티가 시작됩니다.**
   액티비티 객체가 생성되고 생성자가 실행됩니다.

2. **액티비티가 시작된 다음 곧바로 onCreate() 메서드가 실행됩니다.**
   액티비티가 시작되고 실행되기 전에 항상 onCreate() 메서드가 실행되므로 이 메서드에서 필요한 초기화 작업을 수행할 수 있습니다.

3. **액티비티가 화면에 나타나면 실행 상태가 되어 사용자가 상호작용을 할 수 있습니다.**
   액티비티는 생명주기에서 이 상태를 가장 오래 유지합니다.

4. **액티비티가 종료되기 전에 onDestroy() 메서드가 호출됩니다.**
   onDestroy() 메서드에서 리소스 해제 등의 마지막 종료 처리를 수행할 수 있습니다.

5. **onDestroy() 메서드가 실행된 다음 액티비티가 종료됩니다.**
   액티비티는 더 이상 존재하지 않습니다.

디바이스의 메모리가 부족하면 액티비티가 종료될 때 onDestroy() 메서드가 호출되지 않을 수도 있어요.

onCreate()와 onDestroy() 메서드는 액티비티 생명주기의 두 메서드입니다. 이들 메서드는 어디에서 왔을까요?

우리 액티비티는 생명주기 메서드를 상속받아요

앞서 살펴본 것처럼 우리 액티비티는 `android.app.Activity` 클래스를 상속받습니다. 액티비티를 통해 안드로이드 생명주기 메서드를 이용할 수 있습니다. 다음은 클래스 계층을 보여주는 다이어그램입니다.

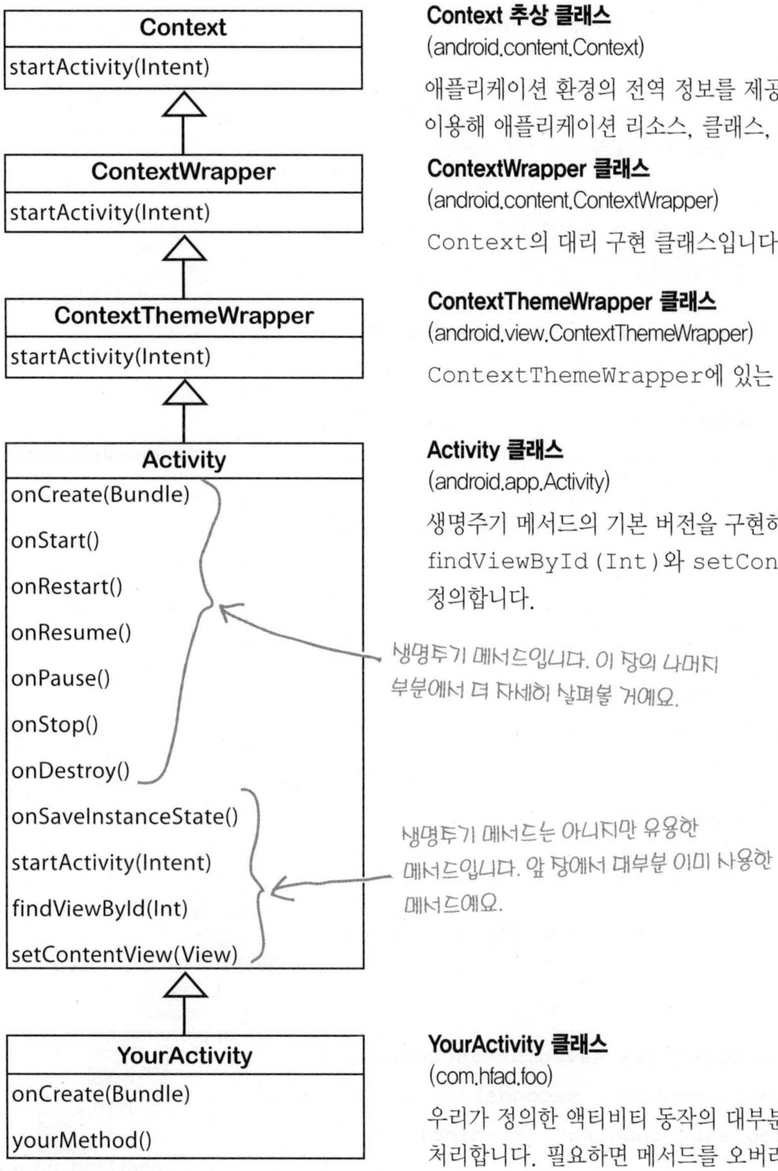

Context 추상 클래스

(android.content.Context)

애플리케이션 환경의 전역 정보를 제공하는 인터페이스입니다. 컨텍스트를 이용해 애플리케이션 리소스, 클래스, 동작 등에 접근할 수 있습니다.

ContextWrapper 클래스

(android.content.ContextWrapper)

`Context`의 대리 구현 클래스입니다.

ContextThemeWrapper 클래스

(android.view.ContextThemeWrapper)

`ContextThemeWrapper`에 있는 테마를 고칠 수 있게 해주는 클래스입니다.

Activity 클래스

(android.app.Activity)

생명주기 메서드의 기본 버전을 구현하는 클래스입니다. 또한 `findViewById(Int)`와 `setContentView(View)` 메서드도 정의합니다.

YourActivity 클래스

(com.hfad.foo)

우리가 정의한 액티비티 동작의 대부분은 상속받는 상위 클래스 메서드에서 처리합니다. 필요하면 메서드를 오버라이드할 수 있습니다.

지금까지 액티비티 생명주기 메서드를 살펴봤고 이제 디바이스 구성 변화를 어떻게 대응해야 하는지 확인합시다.

현재 상태를 저장하고...

앞서 보았지만 사용자가 화면을 회전시키면 문제가 발생합니다. 액티비티가 종료되고 다시 생성되면서 액티비티가 유지하는 지역 변수의 값이 초기화됩니다. 이 문제를 어떻게 해결할 수 있을까요?

가장 좋은 방법은 액티비티의 현재 상태를 저장했다가 액티비티의 onCreate() 메서드에서 저장된 상태를 불러오는 것입니다.

액티비티의 현재 상태를 저장하려면 onSaveInstanceState() 메서드를 구현해야 합니다. 이 메서드는 액티비티가 종료되기 전에 호출되므로 이 메서드에서 필요한 정보를 저장할 수 있습니다.

onSaveInstanceState() 메서드는 Bundle을 인자로 받습니다. Bundle을 이용해 여러 종류의 데이터를 한 객체로 저장할 수 있습니다.

```
public void onSaveInstanceState(Bundle savedInstanceState) {
}
```

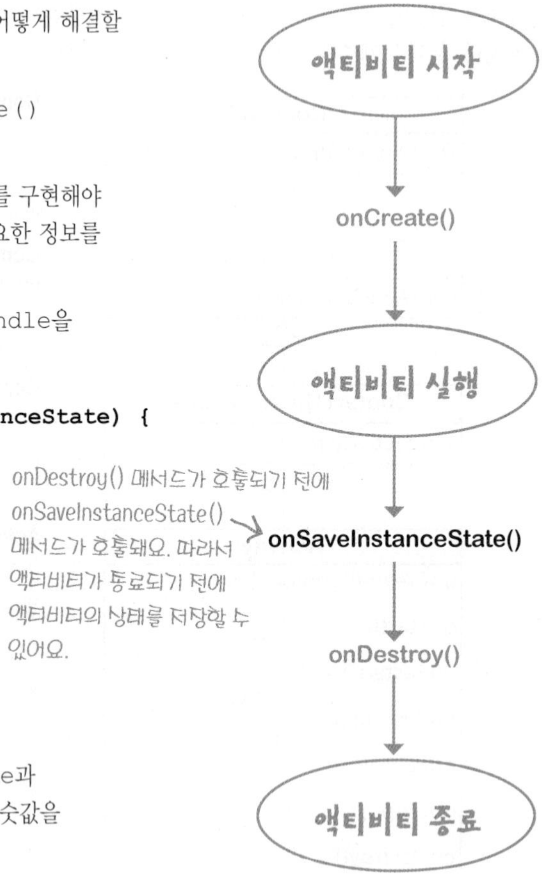

Bundle은 onCreate() 메서드의 인자로 전달됩니다. 따라서 running과 seconds 변수를 Bundle에 저장할 수 있다면 액티비티가 다시 생성될 때 onCreate() 메서드에서 이 값을 되살릴 수 있습니다. Bundle에서 제공하는 이름/값 쌍 메서드를 이용해 값을 Bundle에 추가할 수 있습니다. Bundle이 제공하는 메서드는 다음과 같은 형식을 갖습니다.

```
bundle.put*("name", value)
```

위 코드에서 bundle은 Bundle의 이름, *은 저장하려는 데이터 형식, name과 value는 데이터의 이름과 값을 가리킵니다. 예를 들어 다음은 seconds 정숫값을 Bundle에 추가하는 코드입니다.

```
bundle.putInt("seconds", seconds);
```

여러 개의 이름/값 쌍 데이터를 Bundle에 추가할 수 있습니다.

다음은 StopwatchActivity.java에 추가할 onSaveInstanceState() 메서드의 전체 코드입니다.

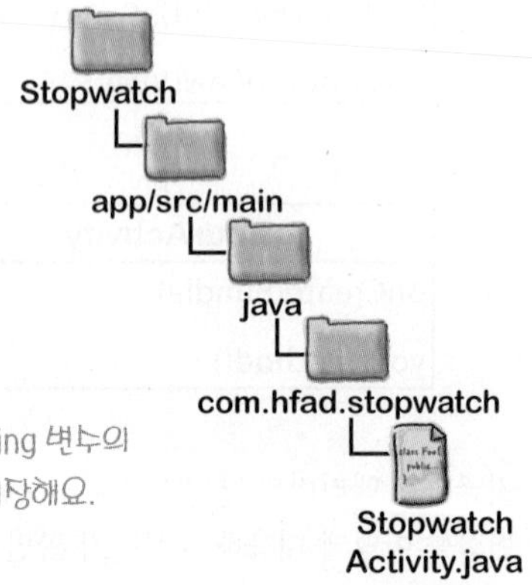


```
@Override
public void onSaveInstanceState(Bundle savedInstanceState) {
    savedInstanceState.putInt("seconds", seconds);
    savedInstanceState.putBoolean("running", running);
}
```

seconds와 running 변수의 값을 Bundle에 저장해요.

변수를 Bundle에 추가했으면 onCreate() 메서드에서 저장된 값을 사용할 수 있습니다.

...onCreate()에서 상태를 복원합니다

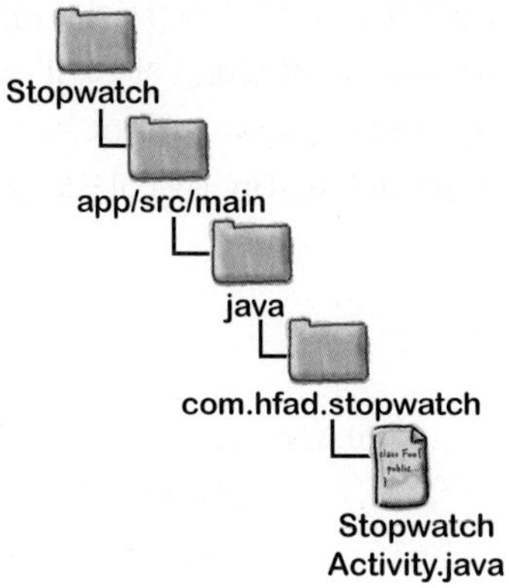

이전에 설명한 것처럼 onCreate() 메서드는 한 개의 인자(Bundle)를 받습니다. 액티비티가 처음 생성되면 이 인자의 값은 null입니다. 하지만 이전에 실행되었던 액티비티가 있고 다시 생성되는 상황에서는 기존 액티비티의 onSaveInstanceState()가 실행될 때 사용되었던 Bundle 객체가 새로 생성된 액티비티로 전달됩니다.

```
protected void onCreate(Bundle savedInstanceState) {
    ...
}
```

다음과 같은 형식의 메서드로 Bundle에서 값을 추출할 수 있습니다.

```
bundle.get*("name");
```

실제로는 * 대신 Int, String 등 원하는 데이터 유형을 사용하세요.

여기서 bundle은 Bundle의 이름이고, *은 원하는 값의 유형이며, name은 이전 페이지에서 지정한 이름/값 쌍에서 이름입니다. 예를 들어 다음처럼 Bundle에서 seconds 값을 얻을 수 있습니다.

```
int seconds = bundle.getInt("seconds");
```

다음은 지금까지 배운 내용으로 onCreate() 메서드를 구현한 모습입니다(다음 페이지에서 이 메서드를 StopwatchActivity.java에 추가합니다).

```
protected void onCreate(Bundle savedInstanceState) {
    super.onCreate(savedInstanceState);
    setContentView(R.layout.activity_stopwatch);
    if (savedInstanceState != null) {
        seconds = savedInstanceState.getInt("seconds");
        running = savedInstanceState.getBoolean("running");
    }
    runTimer();
}
```

Bundle에서 seconds와 running 변수의 값을 추출했어요.

다음 페이지에서는 StopwatchActivity의 상태를 저장하고 불러오는 전체 코드를 소개합니다.

갱신한 StopwatchActivity 코드

사용자가 디바이스를 회전시키면 onSaveInstanceState() 메서드를 이용해 상태를 저장하고 onCreate() 메서드로 저장된 상태를 복원하도록 StopwatchActivity의 코드를 갱신했습니다. 여러분의 StopwatchActivity.java 코드도 갱신하세요(굵은 문자 참조).

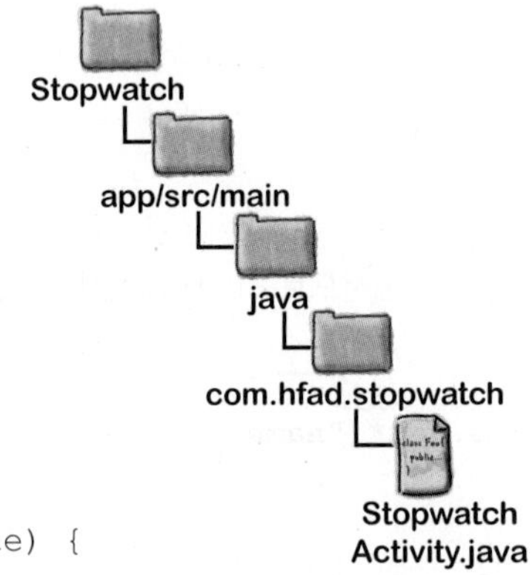


```
...

public class StopwatchActivity extends Activity {
    // 스톱워치에 표시하는 초
    private int seconds = 0;
    // 스톱워치가 실행 중인가?
    private boolean running;

    @Override
    protected void onCreate(Bundle savedInstanceState) {
        super.onCreate(savedInstanceState);
        setContentView(R.layout.activity_stopwatch);
        if (savedInstanceState != null) {
            seconds = savedInstanceState.getInt("seconds");
            running = savedInstanceState.getBoolean("running");
        }
        runTimer();
    }

    @Override
    public void onSaveInstanceState(Bundle savedInstanceState) {
        savedInstanceState.putInt("seconds", seconds);
        savedInstanceState.putBoolean("running", running);
    }
...
```

Bundle에서 값을 얻어서 액티비티의 상태를 복원해요.

액티비티의 onSaveInstanceState() 메서드를 이용해 변수의 상태를 저장해요.

바꿀 필요가 없는 일부 액티비티 코드는 생략했어요.

이 코드가 실제 어떻게 작동할까요?

앱을 실행하면 일어나는 일

1. **사용자가 앱을 시작한 다음 Start 버튼을 클릭해 스톱워치를 시작합니다.**

   runTimer() 메서드가 time_view 텍스트 뷰에 표시된 초를 증가시킵니다.

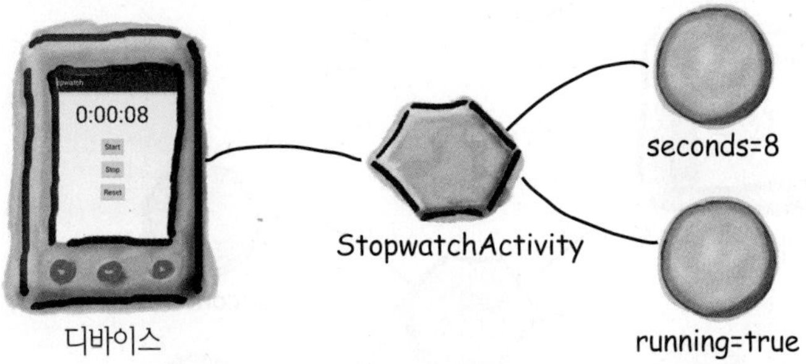

2. **사용자가 디바이스를 회전시킵니다.**

   안드로이드는 구성이 바뀌었음을 감지하고 액티비티를 종료시키려 합니다. 액티비티가 종료되기 전에 onSaveInstanceState() 메서드가 호출됩니다. onSaveInstanceState() 메서드는 seconds와 running의 값을 Bundle에 저장합니다.

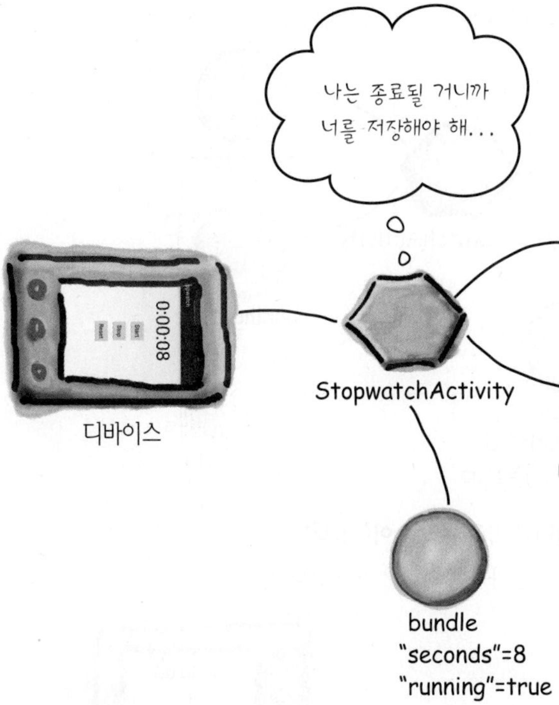

이야기는 계속됩니다...

3 **안드로이드가 액티비티를 종료한 다음 다시 생성합니다.**

onCreate() 메서드가 호출되며 Bundle이 액티비티로 전달됩니다.

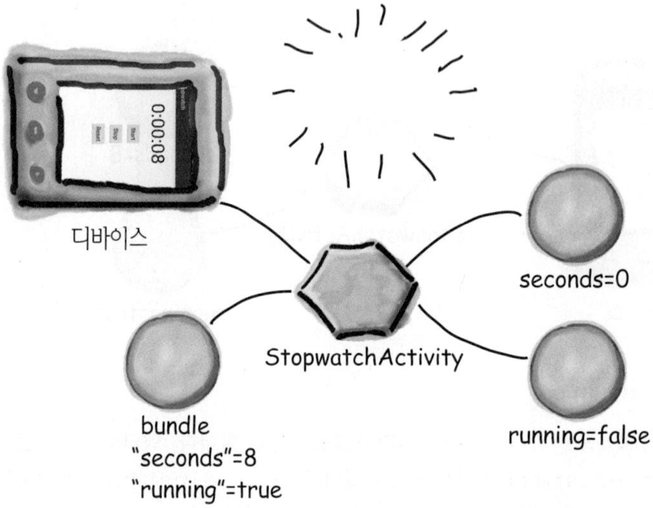

4 **번들은 기존의 액티비티가 종료될 때의 seconds와 running의 값을 포함합니다.**

onCreate() 메서드의 코드는 현재 변수에 번들의 값을 설정합니다.

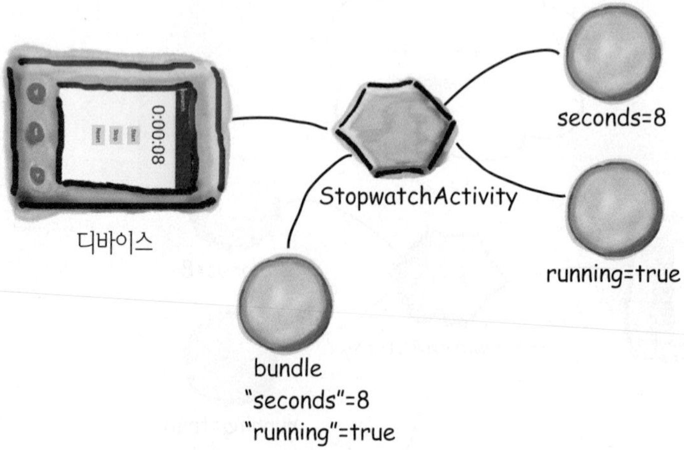

5 **runTimer() 메서드가 호출되면서 타이머가 기존 동작을 이어갑니다.**

디바이스가 회전된 후에도 스톱워치의 초가 증가하며 동작을 이어갑니다.

앱 시험 주행

액티비티 코드를 저장한 다음 앱을 실행합니다. Start 버튼을 클릭해 타이머를 시작한 다음 디바이스를 회전시킵니다.

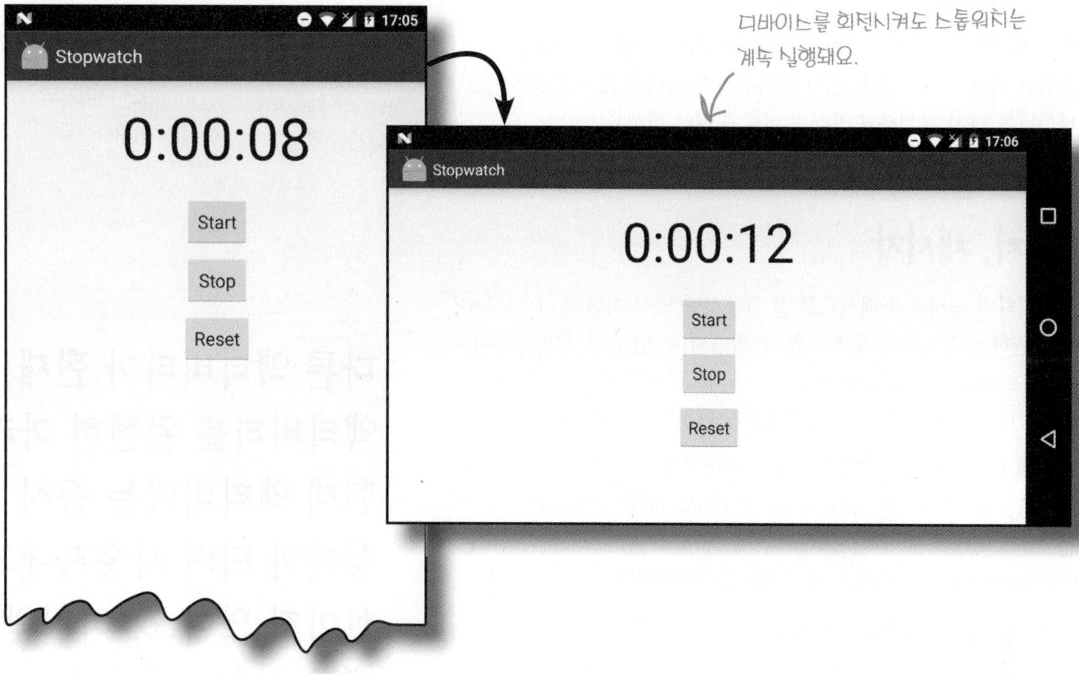

바보 같은 질문이란 없습니다

Q: 화면을 회전시키면 왜 안드로이드는 액티비티를 다시 생성해야 하나요?

A: `onCreate()` 메서드는 보통 화면을 설정하는 코드를 포함합니다. `onCreate()` 메서드의 코드에서 수평, 수직 모드와 관련된 특정 구성에 의존하고 있다면 구성이 바뀔 때마다 `onCreate()`가 호출되어야 합니다. 또한 사용자가 로케일 설정을 바꾸면 UI를 지역 언어로 다시 생성해야 합니다.

Q: 안드로이드가 자동으로 인스턴스 변수를 복원할 순 없나요? 왜 우리가 직접 저장하는 코드를 작성해야 하죠?

A: 모든 인스턴스 변수가 저장되기를 원하지 않을 수 있기 때문입니다. 예를 들어 현재 화면의 너비를 저장하는 변수가 있다고 가정합시다. 이런 변수는 `onCreate()` 메서드가 호출되었을 때만 다시 계산되어야 합니다.

Q: `Bundle`은 자바 맵의 일종인가요?

A: 그렇지 않습니다. 하지만 java.util.Map과 비슷한 방법으로 작동합니다. `Bundle`은 맵에 비해 기능이 많습니다. 예를 들어 프로세스 간에 `Bundle`을 전달할 수 있습니다. `Bundle`은 액티비티 상태를 저장하고 있으므로 안드로이드 OS를 통해 액티비티 상태를 전달할 수 있는 유용한 기능입니다.

액티비티에는 생성과 종료 외에 다른 생명주기도 있습니다

지금까지는 액티비티 생명주기 중 생성과 종료 부분을 살펴봤으며, 이를 이용해 화면 방향의 구성이 바뀔 때 어떻게 대응해야 하는지 알아봤습니다. 하지만 액티비티에는 우리가 원하는 대로 앱을 제어하는 데 필요한 다양한 생명주기가 존재합니다.

예를 들어 스톱워치 실행 중에 전화가 걸려왔습니다. 이때 스톱워치는 보이지 않지만 계속 실행됩니다. 만약 스톱워치가 보이지 않으면 중지하고 화면에 나타나면 다시 재개하고 싶다면 어떻게 해야 할까요?

스톱워치가 이렇게 동작하길 원치 않더라도 예제니까 책을 따라오세요. 다양한 생명주기 메서드를 경험할 수 있는 좋은 기회니까요.

시작, 중지, 재시작

다행히 액티비티의 생명주기 메서드를 잘 활용하면 앱이 화면에 나타나는지 여부에 따라 원하는 작업을 쉽게 처리할 수 있습니다. 앱 전체 생명주기와 관련된 onCreate(), onDestroy() 메서드뿐 아니라 액티비티가 보이는지의 상태 여부와 관련된 다른 생명주기 메서드가 있습니다.

특히 사용자에게 액티비티가 보이는지 또는 보이지 않는지와 관련된 onStart(), onStop(), onRestart() 세 개의 메서드가 있습니다. onCreate(), onDestroy() 메서드처럼 우리 액티비티는 안드로이드 Activity에서 이들 메서드를 상속받습니다.

onStart()는 액티비티가 사용자에게 보여질 때 호출됩니다.

액티비티가 사용자에게 더 이상 보이지 않게 되는 순간 onStop() 메서드가 호출됩니다. 다른 액티비티가 화면을 차지했다든가 또는 액티비티가 종료될 때 이 메서드가 호출될 수 있습니다. 액티비티가 종료되면서 onStop()이 호출되는 상황이라면 onStop()이 호출되기 전에 onSaveInstanceState() 메서드가 먼저 호출됩니다.

onRestart() 메서드는 액티비티가 보이지 않게 된 상태에서 다시 화면에 나타나기 전에 호출됩니다.

이들 메서드가 onCreate(), onDestroy() 메서드와는 어떤 관계와 순서로 호출되는지 다음 페이지에서 자세히 살펴봅니다.

다른 액티비티가 현재 액티비티를 완전히 가리면 현재 액티비티는 중지 상태가 되며 사용자에게 보이지 않아요. 하지만 액티비티는 여전히 백그라운드에 존재하며 모든 상태 정보를 유지합니다.

액티비티 생명주기: 보이는 상태의 생명주기

이전에 살펴본 생명주기 다이어그램에 onStart(), onStop(), onRestart() 메서드를 추가합니다(진하게 표시한 부분을 확인하세요).

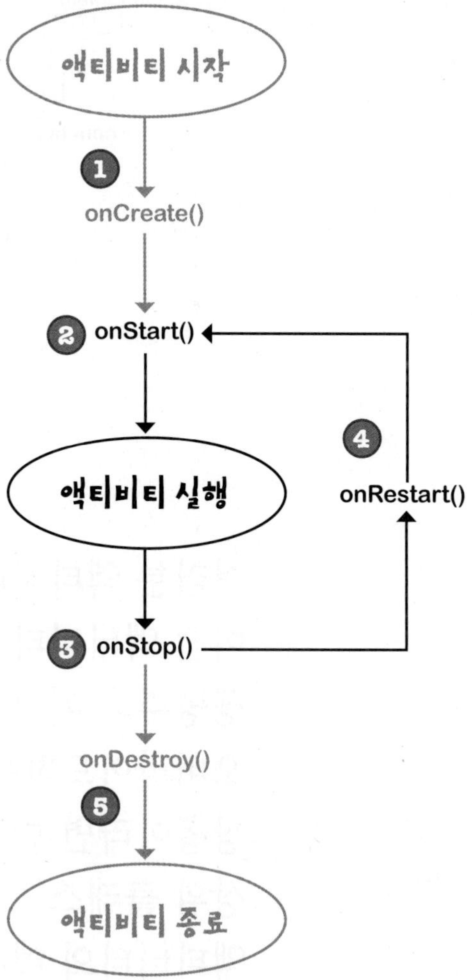

1. **액티비티가 시작되면서 onCreate() 메서드가 실행됩니다.**
   onCreate() 메서드의 액티비티 초기화 코드가 실행됩니다. 아직 onStart()가 호출되지 않았으므로 액티비티는 보이지 않는 상태입니다.

2. **onStart() 메서드가 실행됩니다. 액티비티가 보이는 상태가 되려 할 때 이 메서드가 실행됩니다.**
   onStart() 메서드가 실행된 다음에 사용자는 화면에서 액티비티를 볼 수 있습니다.

3. **사용자에게 액티비티가 보이지 않게 되면 onStop() 메서드가 호출됩니다.**
   onStop() 메서드를 호출한 이후로 액티비티는 사용자에게 보이지 않습니다.

4. **사용자에게 다시 액티비티가 보이면 onRestart() 메서드가 호출되고 뒤이어 onStart() 메서드가 호출됩니다.**
   액티비티가 보였다 안 보였다를 반복하면 이 과정이 여러 번 진행될 수 있습니다.

5. **마지막으로 액티비티가 종료됩니다.**
   onStop()이 호출된 다음 onDestroy()가 호출됩니다.

두 개의 생명주기 메서드를 더 구현해야 합니다

현재 Stopwatch 앱에서 두 가지를 바꿔야 합니다. 먼저 앱이 보이지 않는 상태가 되었을 때 실행을 멈추도록 액티비티의 onStop() 메서드를 구현해야 합니다. 그리고 앱이 보이는 상태가 되면 다시 스톱워치를 시작하도록 onStart() 메서드를 구현해야 합니다. 먼저 onStop() 메서드를 살펴봅시다.

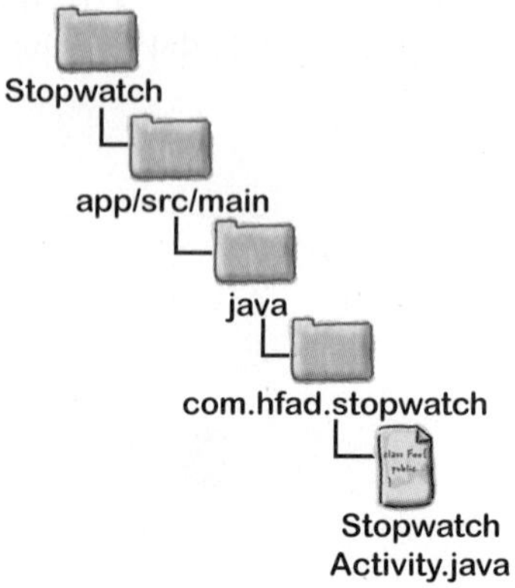

타이머를 중지하도록 onStop() 메서드 구현하기

우리 액티비티에 아래 코드를 추가해 안드로이드 Activity 클래스의 onStop() 메서드를 오버라이드합니다.

```
@Override
protected void onStop() {
    super.onStop();
    ...
}
```

액티비티의 상위 클래스인 android.app.Activity의 onStop() 메서드를 호출하는 코드예요.

코드에서 아래 행은

```
super.onStop();
```

상위 클래스인 Activity의 onStop() 메서드를 호출합니다. onStop() 메서드를 오버라이드할 때는 항상 상위 클래스에서 필요한 작업을 수행할 수 있도록 상위 클래스의 onStop() 메서드를 호출해야 합니다. 그렇지 않으면 안드로이드가 예외를 발생시킵니다. 모든 생명주기 메서드는 이 법칙을 따라야 합니다. 우리 액티비티에서 Activity 생명주기 메서드를 오버라이드한다면 반드시 상위 클래스의 메서드를 호출해야 하며 그렇지 않으면 예외가 발생합니다.

onStop() 메서드가 호출되면 스톱워치를 중지해야 합니다. running을 false로 설정하면 스톱워치가 중지합니다. 다음은 onStop() 메서드 구현 코드입니다.

```
@Override
protected void onStop() {
    super.onStop();
    running = false;
}
```

이제 액티비티가 보이지 않는 상태가 되면 스톱워치가 중지합니다. 다음에 할 일은 액티비티가 보이는 상태가 되면 스톱워치를 다시 실행하는 겁니다.

여러분 액티비티에 어떤 액티비티 생명주기 메서드를 오버라이드하는 상황이라면 반드시 상위 클래스 액티비티의 메서드를 호출해야 해요. 그렇지 않으면 예외가 발생합니다.

연필을 깎으며

이제 여러분 차례입니다. **onStop()** 메서드가 호출되면 스톱워치 실행을 중지시키고 앱이 다시 포커스를 얻게 되면 스톱워치 실행을 재개하도록 코드를 구현하세요. 힌트: 새로운 변수가 필요할지도 모릅니다.

```
public class StopwatchActivity extends Activity {
    private int seconds = 0;
    private boolean running;

    @Override
    protected void onCreate(Bundle savedInstanceState) {
        super.onCreate(savedInstanceState);
        setContentView(R.layout.activity_stopwatch);
        if (savedInstanceState != null) {
            seconds = savedInstanceState.getInt("seconds");
            running = savedInstanceState.getBoolean("running");
        }
        runTimer();
    }

    @Override
    public void onSaveInstanceState(Bundle savedInstanceState) {
        savedInstanceState.putInt("seconds", seconds);
        savedInstanceState.putBoolean("running", running);
    }

    @Override
    protected void onStop() {
        super.onStop();
        running = false;
    }
```

다음은 액티비티 코드의 첫 번째 부분이에요. onStart() 메서드를 구현하고 다른 메서드도 조금 바꿔야 해요.

연필을 깎으며 정답

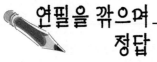

이제 여러분 차례입니다. **onStop()** 메서드가 호출되면 스톱워치 실행을 중지시키고 앱이 다시 포커스를 얻게 되면 스톱워치 실행을 재개하도록 코드를 구현하세요. 힌트: 새로운 변수가 필요할지도 모릅니다.

```
public class StopwatchActivity extends Activity {
    private int seconds = 0;
    private boolean running;
    private boolean wasRunning;

    @Override
    protected void onCreate(Bundle savedInstanceState) {
        super.onCreate(savedInstanceState);
        setContentView(R.layout.activity_stopwatch);
        if (savedInstanceState != null) {
            seconds = savedInstanceState.getInt("seconds");
            running = savedInstanceState.getBoolean("running");
            wasRunning = savedInstanceState.getBoolean("wasRunning");
        }
        runTimer();
    }

    @Override
    public void onSaveInstanceState(Bundle savedInstanceState) {
        savedInstanceState.putInt("seconds", seconds);
        savedInstanceState.putBoolean("running", running);
        savedInstanceState.putBoolean("wasRunning", wasRunning);
    }

    @Override
    protected void onStop() {
        super.onStop();
        wasRunning = running;
        running = false;
    }

    @Override
    protected void onStart() {
        super.onStart();
        if (wasRunning) {
            running = true;
        }
    }
```

- private boolean wasRunning; ← onStop() 메서드를 호출하기 전에 스톱워치가 실행 중인지 알 수 있도록 wasRunning이라는 새로운 변수가 필요해요. 그래야 액티비티가 다시 보였을 때 스톱워치의 상태를 실행 상태로 설정해야 할지 알 수 있으니까요.
- wasRunning = savedInstanceState.getBoolean("wasRunning"); ← 액티비티가 다시 생성되면 wasRunning 변수의 상태를 복원해요.
- savedInstanceState.putBoolean("wasRunning", wasRunning); ← wasRunning 변수의 상태를 저장해요.
- wasRunning = running; ← onStop() 메서드가 호출되었을 때 스톱워치가 실행 중이었는지 저장해요.
- onStart() ← 스톱워치가 실행 중이었다면 스톱워치를 다시 실행하도록 onStart() 메서드를 구현해요.

갱신한 StopwatchActivity 코드

포커스를 잃기 전에 스톱워치가 실행 중이었다면 포커스를 다시 얻었을 때 스톱워치 실행을 재개하도록 액티비티 코드를 고쳤습니다. 여러분의 StopwatchActivity.java 코드가 다음처럼 바뀌었을 겁니다(굵은 문자 참조).

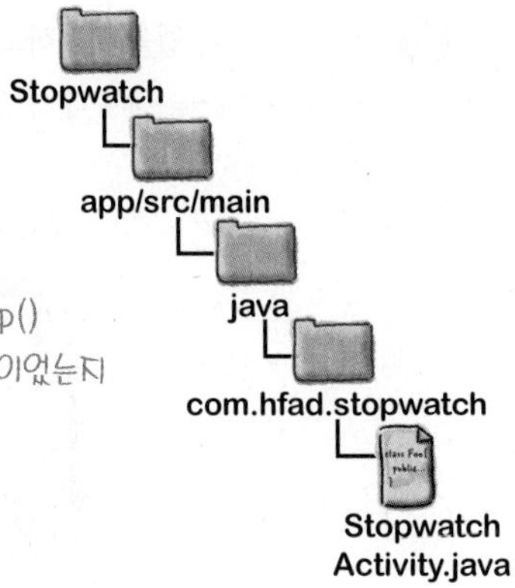


```
public class StopwatchActivity extends Activity {
    private int seconds = 0;
    private boolean running;
    private boolean wasRunning;
```

wasRunning이라는 새로운 변수에 onStop() 메서드가 호출된 순간 스톱워치가 실행 중이었는지 저장해요.

```
    @Override
    protected void onCreate(Bundle savedInstanceState) {
        super.onCreate(savedInstanceState);
        setContentView(R.layout.activity_stopwatch);
        if (savedInstanceState != null) {
            seconds = savedInstanceState.getInt("seconds");
            running = savedInstanceState.getBoolean("running");
            wasRunning = savedInstanceState.getBoolean("wasRunning");
        }
        runTimer();
    }
```

액티비티가 다시 생성되면 wasRunning 변수의 상태를 복원해요.

```
    @Override
    public void onSaveInstanceState(Bundle savedInstanceState) {
        savedInstanceState.putInt("seconds", seconds);
        savedInstanceState.putBoolean("running", running);
        savedInstanceState.putBoolean("wasRunning", wasRunning);
    }
```

wasRunning 변수의 상태를 저장해요.

```
    @Override
    protected void onStop() {
        super.onStop();
        wasRunning = running;
        running = false;
    }
```

onStop() 메서드가 호출되었을 때 스톱워치가 실행 중이었는지 저장해요.

```
    @Override
    protected void onStart() {
        super.onStart();
        if (wasRunning) {
            running = true;
        }
    }
...
```

스톱워치가 실행 중이었다면 스톱워치를 다시 실행하도록 onStart() 메서드를 구현해요.

이 부분의 코드는 바꿀 필요가 없어 생략했어요.

앱을 실행하면 일어나는 일

1 사용자가 앱을 실행하고 Start 버튼을 클릭하면 스톱워치가 동작합니다.

runTimer() 메서드가 time_view 텍스트 뷰에 표시된 초를 증가시키기 시작합니다.

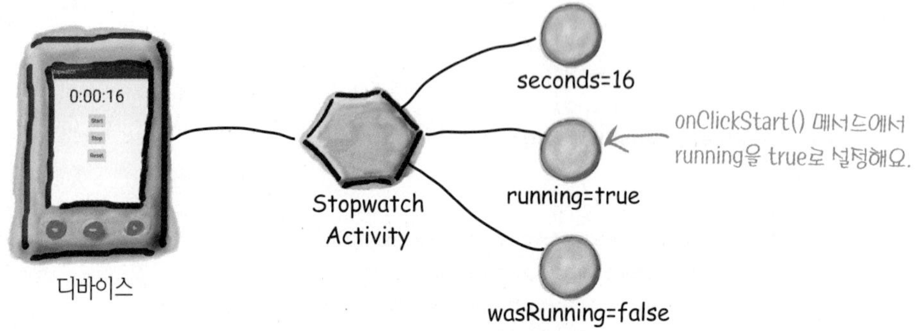

2 사용자가 디바이스의 홈 화면으로 이동하면 Stopwatch 앱이 더 이상 화면에 보이지 않는 상태가 됩니다.

onStart() 메서드가 호출되면서 running 변수가 false로, wasRunning 변수가 true로 바뀌고 초가 더 이상 증가하지 않습니다.

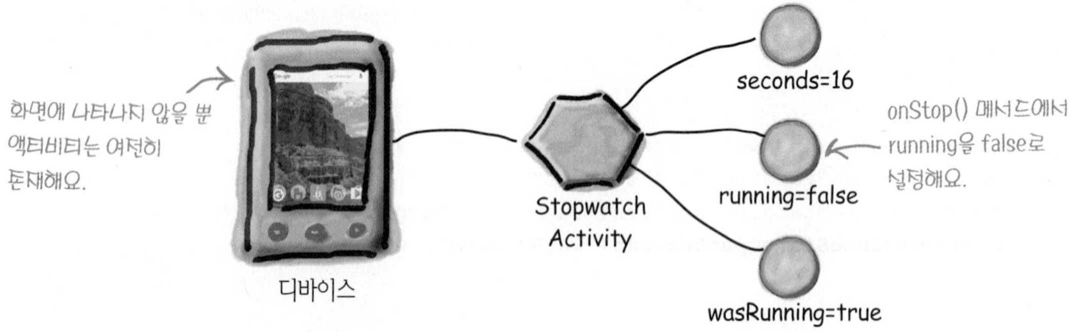

3 사용자가 Stopwatch 앱으로 돌아옵니다.

onStart() 메서드가 호출되면서 running이 true로 설정되고 초 값이 다시 증가하기 시작합니다.

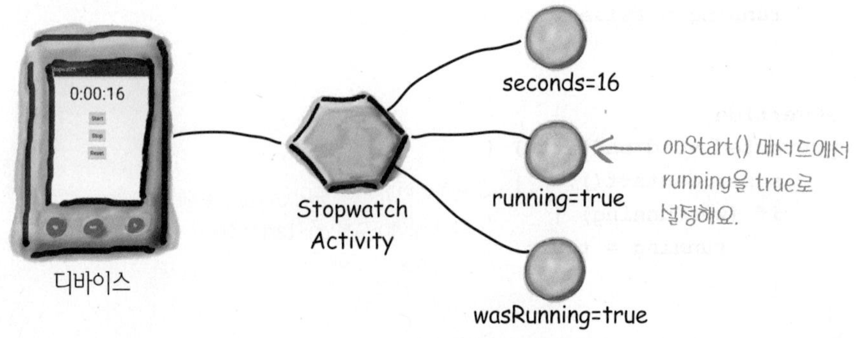

앱 시험 주행

바꾼 코드를 저장하고 앱을 실행합니다. Start 버튼을 클릭하면 타이머가 시작되며, 앱이 보이지 않는 상태가 되면 타이머가 중지됩니다. 그리고 다시 앱이 보이는 상태가 되면 타이머가 시작됩니다.

바보 같은 질문이란 없습니다

Q: onStart() 대신 onRestart() 메서드로 스톱워치를 다시 실행할 수도 있나요?

A: onRestart()는 이전에 보이지 않는 상태였다가 보이는 상태로 변했을 때만 호출됩니다. 따라서 처음 액티비티가 나타나는 상황에서는 onRestart() 메서드가 호출되지 않습니다. 게다가 우리 예제에서는 디바이스를 회전시켰을 때도 앱이 작동해야 합니다.

Q: 디바이스 회전과 onRestart()가 무슨 상관이죠?

A: 디바이스를 회전시키면 액티비티가 종료되고 다시 생성됩니다. 스톱워치를 다시 실행하는 코드를 onStart()가 아니라 onRestart() 메서드에 구현하면 액티비티가 다시 생성되었을 때 스톱워치가 실행되지 않습니다. 반면 onStart() 메서드는 어떤 상황에서든 호출됩니다.

앱이 부분적으로 보이는 상태면 어떻게 될까요?

지금까지는 액티비티가 생성되고 종료되면서 어떤 일이 일어나는지 그리고 액티비티가 보이거나 보이지 않는 상태가 되면 무슨 일이 일어나는지 확인했습니다. 액티비티가 보이긴 하지만 포커스를 가지고 있지 않으면 어떻게 될까요?

액티비티가 보이는 상태지만 포커스를 가지고 있지 않으면 액티비티는 정지됩니다. 다른 액티비티가 전체 화면이 아니거나 투명한 상태일 때 우리 액티비티 위에 나타나면 이런 일이 일어날 수 있습니다. 가장 위에 있는 액티비티가 포커스를 갖게 되고 그 아래의 액티비티는 보이지만 멈춘 상태로 존재합니다.

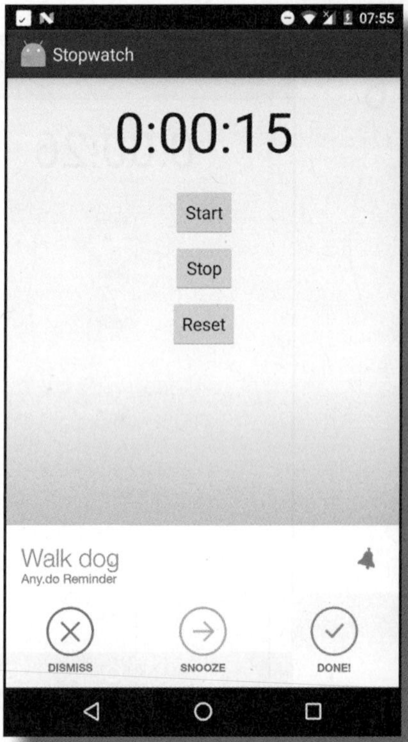

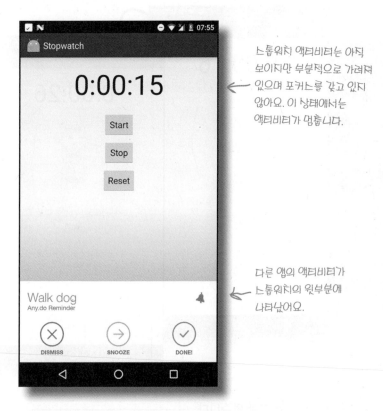

스톱워치 액티비티는 아직 보이지만 부분적으로 가려져 있으며 포커스를 갖고 있지 않아요. 이 상태에서는 액티비티가 멈춥니다.

다른 앱의 액티비티가 스톱워치의 윗부분에 나타났어요.

포커스를 잃었다면 사용자가 볼 수 있더라도 액티비티는 정지 상태예요. 정지 상태의 액티비티는 여전히 살아 있으며 모든 관련 정보를 유지해요.

액티비티가 정지할 때는 onPause(), 다시 활성화될 때는 onResume()이라는 생명주기 메서드가 각각 호출됩니다. 액티비티가 보이는 상태지만 다른 액티비티에 포커스가 있는 상태일 때는 onPause() 메서드가 호출됩니다. 액티비티가 사용자와 상호작용을 시작할 수 있는 상태가 되기 직전에 onResume() 메서드가 호출됩니다. 이들 메서드를 이용하면 액티비티가 정지했을 때 앱이 어떤 동작을 수행하도록 구현할 수 있습니다.

다음 페이지에서는 이 두 메서드가 지금까지 배운 생명주기 메서드와 어떻게 동작하는지 확인합니다.

액티비티 생명주기: 포그라운드 상태

이전에 살펴봤던 생명주기 다이어그램에 onResume()과 onPause() 메서드를 포함시켰습니다. 새로 추가한 부분은 진한 문자로 표시했습니다.

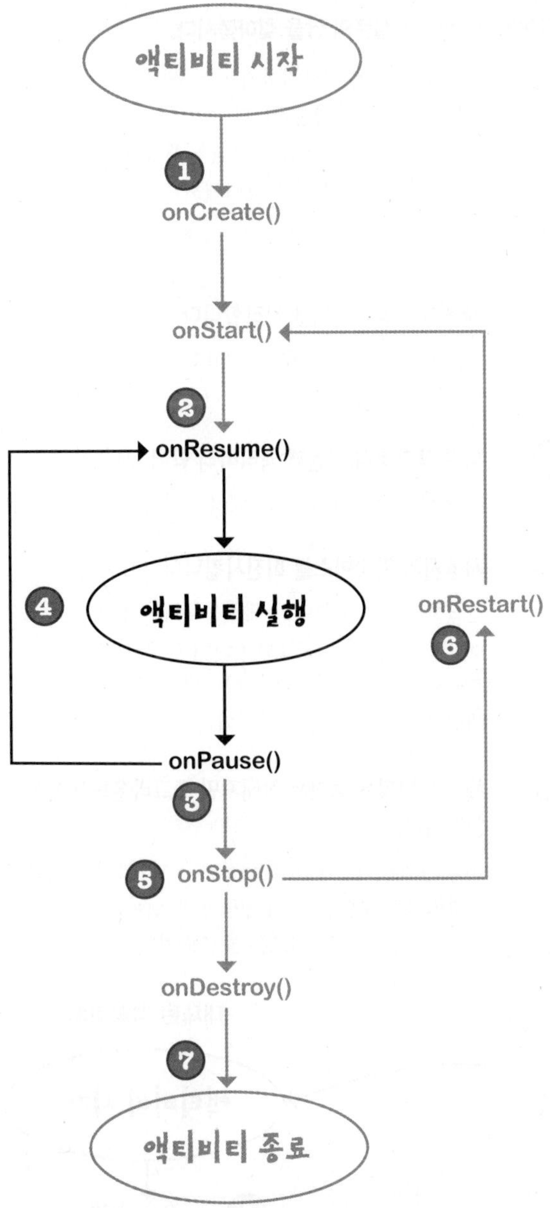

1 **액티비티가 시작되고 onCreate()와 onStart() 메서드가 실행됩니다.**
이 시점에서 액티비티는 보이는 상태지만 포커스를 갖고 있지 않습니다.

2 **onResume() 메서드가 실행됩니다. 액티비티가 포그라운드로 이동하기 직전에 이 메서드가 호출됩니다.**
onResume() 메서드가 실행된 이후부터 액티비티는 포커스를 가지며 사용자와 상호작용할 수 있습니다.

3 **액티비티가 포그라운드에서 사라지기 직전에 onPause() 메서드가 실행됩니다.**
onPause() 메서드가 실행된 이후부터 액티비티는 보이더라도 포커스를 가지지 않습니다.

4 **액티비티가 다시 포그라운드에 나타나면 onResume() 메서드가 호출됩니다.**
액티비티가 포커스를 잃었다 얻었다를 반복하면 이 단계가 여러 번 일어납니다.

5 **액티비티가 사용자에게 보이지 않으면 onStop() 메서드가 호출됩니다.**
onStop() 메서드가 호출된 이후부터 액티비티는 더 이상 보이지 않습니다.

6 **액티비티가 다시 사용자에게 보이면 onRestart() 메서드가 호출되고 이어서 onStart()와 onResume() 메서드가 차례로 호출됩니다.**
액티비티는 이 과정을 여러 번 반복할 수 있습니다.

7 **마지막으로 액티비티가 종료됩니다.**
액티비티가 종료되기 전에 onPause()와 onStop() 메서드가 호출됩니다.

전에 사용자가 디바이스를 회전시키면
액티비티가 종료되고 새 액티비티가 생성된다고
하셨잖아요. 디바이스가 회전된 상태에서 액티비티가
정지되면 어떻게 될까요? 그래도 액티비티가
같은 생명주기 메서드를 실행하나요?

좋은 질문입니다. Stopwatch 앱으로 돌아가기 전에 그 질문의 답을 찾아봅시다.

기존의 액티비티는 `onCreate()`에서 `onDestroy()`에 이르기까지 모든 생명주기 메서드를 거칩니다. 원래 액티비티가 종료되면 새 액티비티가 생성됩니다. 새 액티비티는 포그라운드에 있지 않으므로 `onCreate()`와 `onStart()` 생명주기 메서드만 호출됩니다. 다음은 액티비티가 포커스를 가지고 있지 않은 상태에서 디바이스를 회전시켰을 때 벌어지는 일입니다.

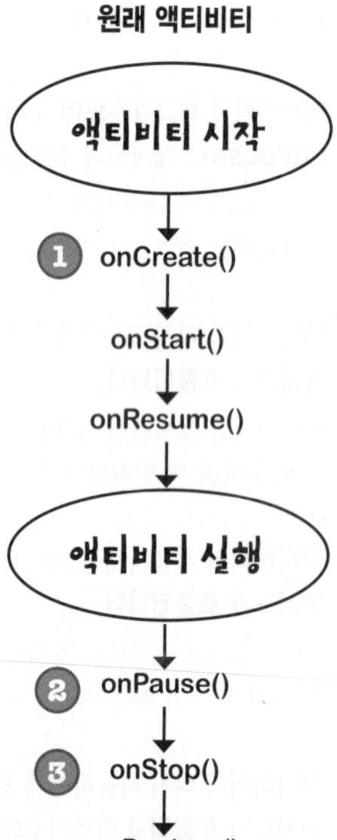

1. **사용자가 액티비티를 시작합니다.**
   액티비티 생명주기 메서드 `onCreate()`, `onStart()`, `onResume()`이 호출됩니다.

2. **다른 액티비티가 원래 액티비티 앞에 나타납니다.**
   원래 액티비티의 `onPause()` 메서드가 호출됩니다.

3. **사용자가 디바이스를 회전시킵니다.**
   안드로이드는 구성이 바뀌었음을 감지합니다. `onStop()`과 `onDestroy()` 메서드가 호출되며 안드로이드가 액티비티를 종료시킵니다. 대신 새 액티비티가 생성됩니다.

4. **새 액티비티는 보이는 상태지만 포그라운드에 있지 않습니다.**
   `onCreate()`와 `onStart()` 메서드가 호출됩니다. 액티비티가 보이는 상태지만 포커스는 없으므로 `onResume()` 메서드는 호출되지 않습니다.

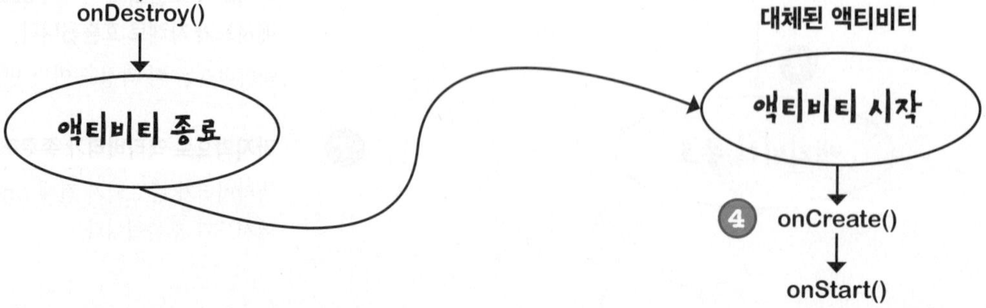

대체된 액티비티는 포그라운드에 있지 않으므로 '실행' 상태는 아니라는 말씀이군요. 그럼 액티비티에서 완전히 벗어나면... 그러니까 액티비티가 보이지 않는 상태로 이동해버리면 어떻게 될까요? 액티비티가 중지되면 onStop()이 호출되기 전에 onResume()과 onPause()가 먼저 호출될까요?

액티비티는 onPause()와 onResume()을 호출하지 않고 onStart()에서 onStop()으로 바로 이동할 수 있어요.

액티비티가 보이는 상태지만 포그라운드에 있지 않고 포커스를 받지 않는다면 onPause()와 onResume() 메서드가 **절대 호출되지 않습니다.**

액티비티가 포그라운드에 나타나고 포커스를 가질 때 onResume() 메서드가 호출됩니다. 액티비티가 다른 액티비티에 부분적으로 가려져 있다면 onResume() 메서드가 호출되지 않습니다.

마찬가지로 액티비티가 포그라운드에 보이지 않을 때만 onPause() 메서드가 호출됩니다. 액티비티가 더 이상 포그라운드에 있지 않으면 이 메서드가 호출되지 않습니다.

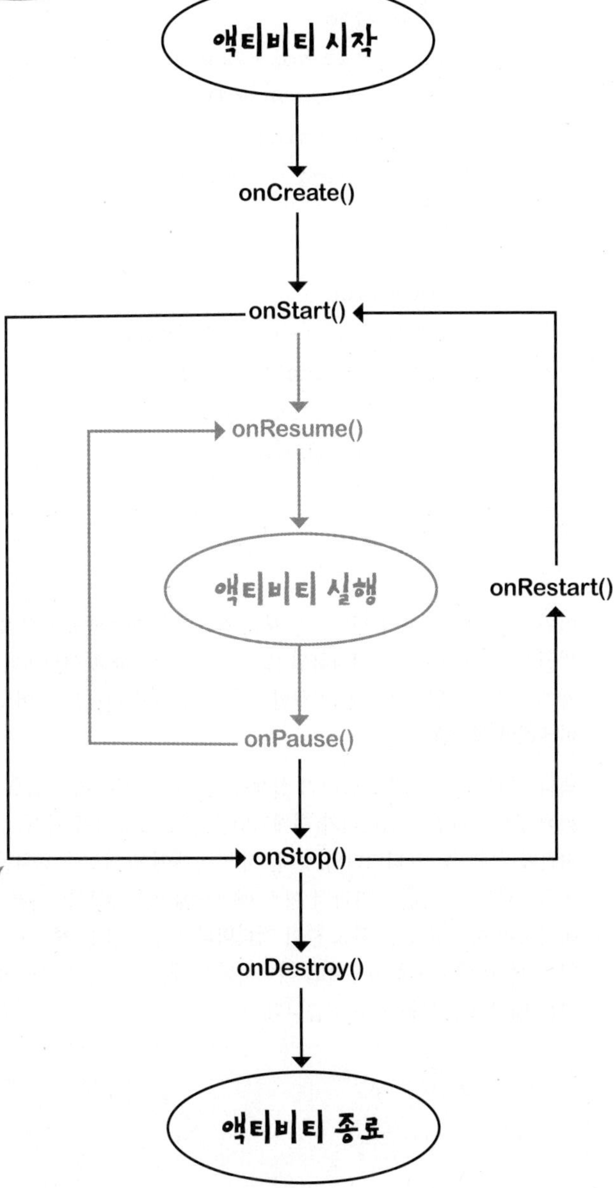

액티비티가 포그라운드에 나타나기도 전에 중지하거나 종료된다면 onStart() 메서드가 호출된 다음 onResume()와 onPause() 메서드는 호출되지 않고 바로 onStop() 메서드가 호출돼요.

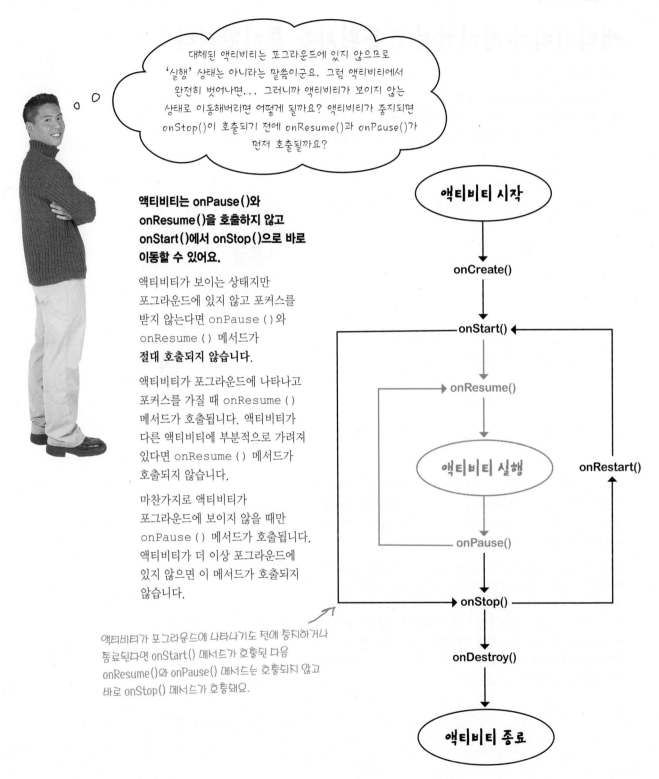

액티비티가 정지하면 스톱워치를 중지합니다

이제 스톱워치 앱으로 돌아갑시다.

지금까지는 Stopwatch 앱이 보이지 않으면 스톱워치를 중지했고 다시 보이면 앱을 다시 시작했습니다. 다음처럼 `onStop()` 메서드와 `onStart()` 메서드를 오버라이드해서 이 기능을 구현했습니다.

```
@Override
protected void onStop() {
    super.onStop();
    wasRunning = running;
    running = false;
}

@Override
protected void onStart() {
    super.onStart();
    if (wasRunning) {
        running = true;
    }
}
```

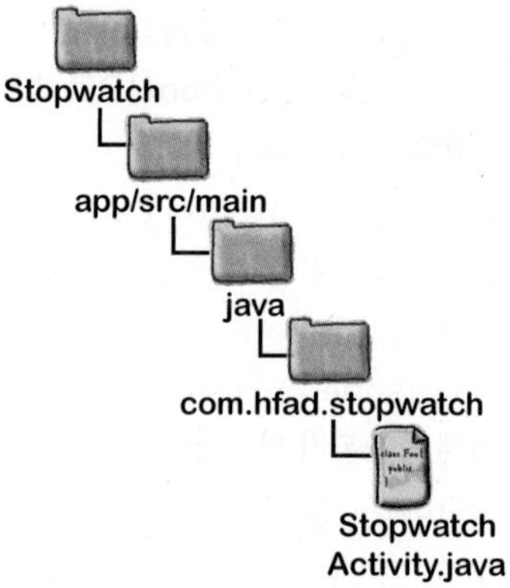

이번에는 앱이 부분적으로 보일 때만 지금처럼 행동하도록 앱을 바꿉시다. 액티비티가 정지하면 스톱워치를 중지하고 액티비티가 재개되면 스톱워치를 다시 시작합니다. 생명주기 메서드를 어떻게 이용해야 할까요?

액티비티가 정지하면 스톱워치 실행을 중지하고 기존에 스톱워치가 실행 중이었다면 액티비티가 재개되었을 때 스톱워치를 다시 시작합니다. 즉, 액티비티의 정지, 시작 상태에 맞춰 스톱워치를 동작시키는 것입니다. 따라서 여러 메서드에 있는 코드를 다른 곳에 복사하여 붙여넣기 할 필요 없이 액티비티가 정지 또는 중지 상태에 있을 때 한 메서드를 사용하고 액티비티가 재개되거나 시작될 때 또 다른 메서드를 사용할 수 있습니다.

onPause()와 onResume() 메서드 구현하기

먼저 액티비티가 재개되거나 시작되는 상황부터 구현합니다.

액티비티가 재개되면 onResume() 생명주기 메서드가 호출됩니다. 액티비티가 시작되면 onStart() 메서드가 호출된 다음 onResume() 메서드가 호출됩니다. 액티비티가 재개되었든 시작되었든 관계없이 항상 onResume() 메서드가 호출됩니다. 따라서 onStart()에 있던 코드를 onResume() 메서드로 이동시키면 액티비티가 재개되든 시작되든 관계없이 항상 우리 코드가 실행됩니다. 즉, 다음 코드처럼 onStart() 메서드를 제거하고 onResume() 메서드로 대체할 수 있습니다.

액티비티가 시작되거나 재개되면 onResume() 메서드가 호출돼요. 액티비티가 시작되든 재개되든 관계없이 앱은 항상 같은 동작을 수행해야 하므로 onResume() 메서드에 우리가 원하는 기능을 구현해요.

```
@Override
protected void onStart() {
    super.onStart();
    if (wasRunning) {
        running = true;
    }
}
@Override
protected void onResume() {
    super.onResume();
    if (wasRunning) {
        running = true;
    }
}
```

onStart() 메서드는 삭제해요.

onResume 메서드를 추가해요.

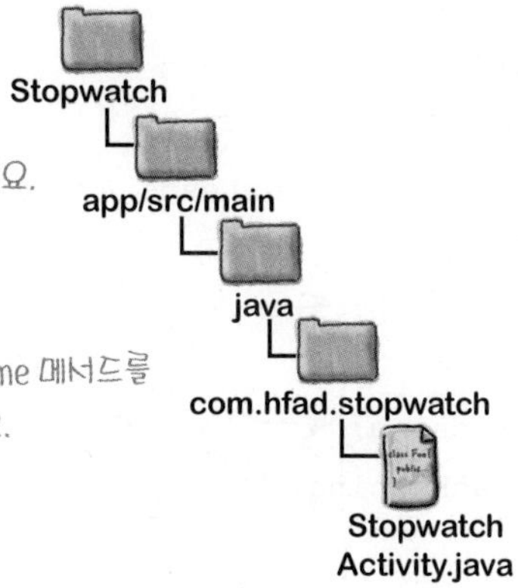

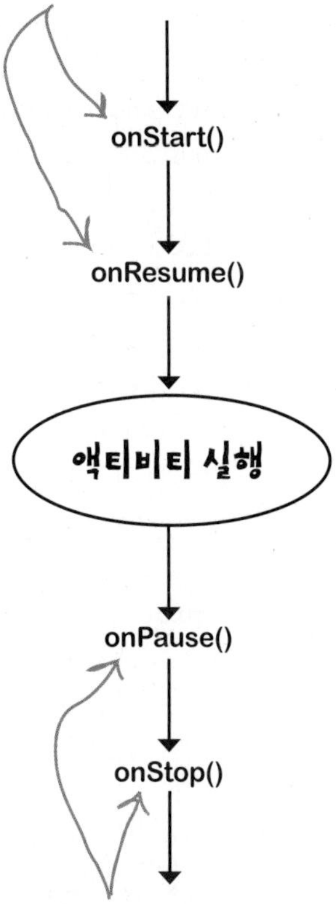

액티비티가 정지 또는 중지되었을 때도 비슷한 방법을 적용할 수 있습니다.

액티비티가 정지하면 액티비티의 onPause() 생명주기 메서드가 호출됩니다. 액티비티가 중지되면 액티비티의 onPause() 메서드가 호출된 다음 onStop() 메서드가 호출됩니다. 액티비티가 정지되든 중지되든 항상 onPause() 메서드가 호출되므로 onStop()에 구현했던 코드를 onPause()로 이동시키면 우리 코드를 항상 실행할 수 있습니다.

액티비티가 정지하거나 중지되면 onPause() 메서드가 호출돼요. 따라서 우리가 원하는 기능을 onPause()에 구현해요.

```
@Override
protected void onStop() {
    super.onStop();
    wasRunning = running;
    running = false;
}
@Override
protected void onPause() {
    super.onPause();
    wasRunning = running;
    running = false;
}
```

onStop() 메서드는 삭제해요.

onPause() 메서드를 추가해요.

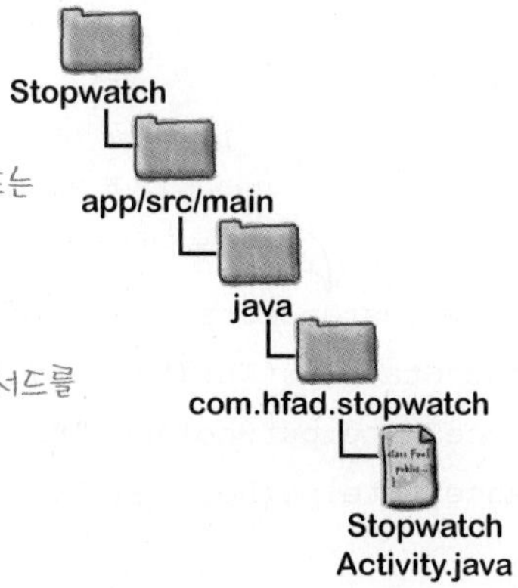

StopwatchActivity 전체 코드

다음은 완성된 앱의 StopwatchActivity.java 전체 코드입니다(바뀐 부분은 굵은 문자로 표시했습니다).

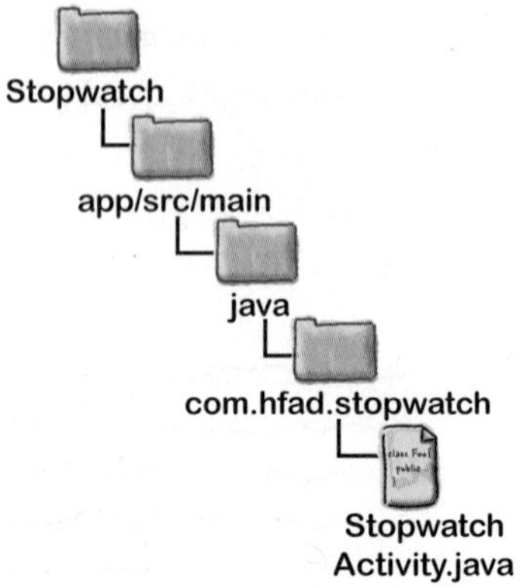


```
package com.hfad.stopwatch;

import android.app.Activity;
import android.os.Bundle;
import android.view.View;
import java.util.Locale;
import android.os.Handler;
import android.widget.TextView;

public class StopwatchActivity extends Activity {
    // 스톱워치에 표시하는 초
    private int seconds = 0;
    // 스톱워치가 실행 중인가?
    private boolean running;
    private boolean wasRunning;
```

seconds, running, wasRunning 변수를 이용해 지금까지 흐른 초, 스톱워치가 실행 중인지, 액티비티가 정지하기 전에 스톱워치가 실행 중이었는지 각각 확인해요.

```
    @Override
    protected void onCreate(Bundle savedInstanceState) {
        super.onCreate(savedInstanceState);
        setContentView(R.layout.activity_stopwatch);
        if (savedInstanceState != null) {
            seconds = savedInstanceState.getInt("seconds");
            running = savedInstanceState.getBoolean("running");
            wasRunning = savedInstanceState.getBoolean("wasRunning");
        }
        runTimer();
    }
```

액티비티가 종료되고 다시 생성됐다면 기존의 스톱워치 상태를 가져와요.

액티비티가 종료되기 전에 스톱워치의 상태를 저장해요.

```
    @Override
    public void onSaveInstanceState(Bundle savedInstanceState) {
        savedInstanceState.putInt("seconds", seconds);
        savedInstanceState.putBoolean("running", running);
        savedInstanceState.putBoolean("wasRunning", wasRunning);
    }
```

다음 페이지에 액티비티 코드가 이어져요.

액티비티 코드(계속)

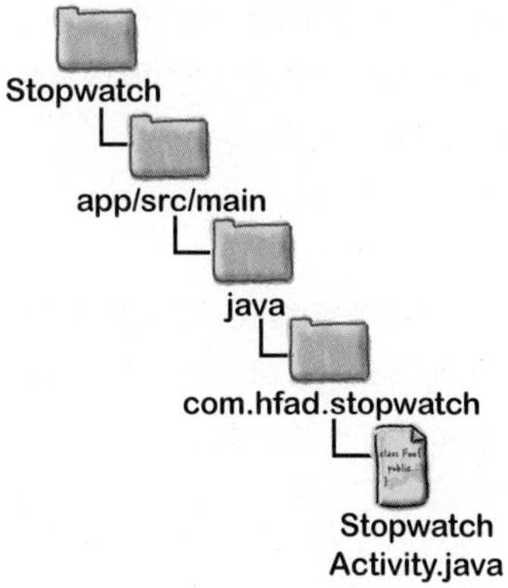


```
@Override
protected void onStop() {
    super.onStop();
    wasRunning = running;
    running = false;
}

@Override
protected void onStart() {
    super.onStart();
    if (wasRunning) {
        running = true;
    }
}
```

이 두 메서드는 삭제해요.

```
@Override
protected void onPause() {
    super.onPause();
    wasRunning = running;
    running = false;
}
```

액티비티가 정지되면 스톱워치를 중지해요.

```
@Override
protected void onResume() {
    super.onResume();
    if (wasRunning) {
        running = true;
    }
}
```

액티비티가 재개될 때 기존에 스톱워치가 실행 중이었다면 스톱워치를 다시 시작시켜요.

```
// Start 버튼을 클릭하면 스톱워치 실행
public void onClickStart(View view) {
    running = true;
}
```

Start 버튼을 클릭하면 이 메서드가 호출돼요.

다음 페이지에 액티비티 코드가 이어져요.

액티비티 코드(계속)

```
    // Stop 버튼을 클릭하면 스톱워치 중지
    public void onClickStop(View view) {
        running = false;
    }

    // Reset 버튼을 클릭하면 스톱워치 재설정
    public void onClickReset(View view) {
        running = false;
        seconds = 0;
    }

    // 타이머의 초 값 설정
    private void runTimer() {
        final TextView timeView = (TextView)findViewById(R.id.time_view);
        final Handler handler = new Handler();
        handler.post(new Runnable() {
            @Override
            public void run() {
                int hours = seconds/3600;
                int minutes = (seconds%3600)/60;
                int secs = seconds%60;
                String time = String.format(Locale.getDefault(),
                        "%d:%02d:%02d", hours, minutes, secs);
                timeView.setText(time);
                if (running) {
                    seconds++;
                }
                handler.postDelayed(this, 1000);
            }
        });
    }
}
```

Stop 버튼을 클릭하면 이 메서드가 호출돼요.

Reset 버튼을 클릭하면 이 메서드가 호출돼요.

runTimer() 메서드는 Handler를 이용해 초를 증가시키고 텍스트 뷰를 갱신해요.

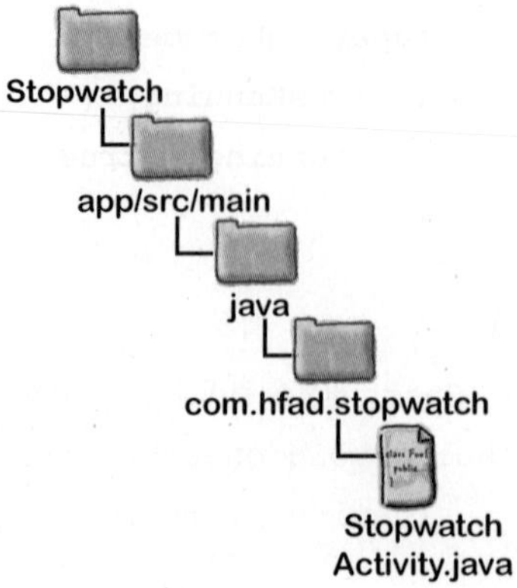

이제 코드를 실행하면서 앱이 어떻게 동작하는지 확인합시다.

앱을 실행하면 일어나는 일

1. **사용자가 앱을 실행하고 Start 버튼을 클릭하면 스톱워치가 시작됩니다.**
   `runTimer()` 메서드가 `time_view` 텍스트 뷰의 초를 증가시키기 시작합니다.

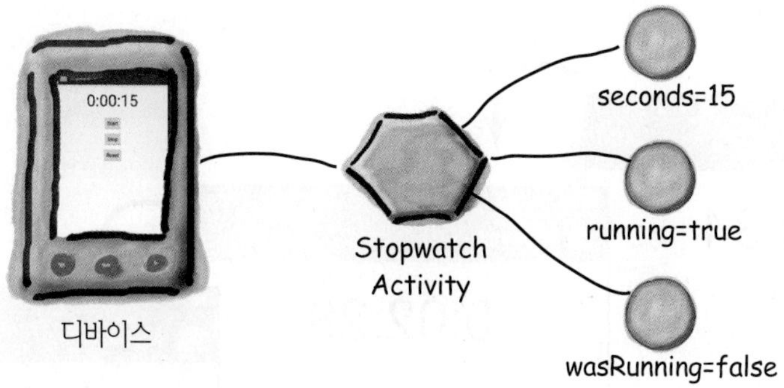

2. **다른 앱이 포그라운드에 나타나면서 StopwatchActivity가 부분적으로만 보입니다.**
   `onPause()` 메서드가 호출되면서 `running`은 `false`로, `wasRunning`은 `true`로 설정되고 초가 더 이상 증가하지 않아요.

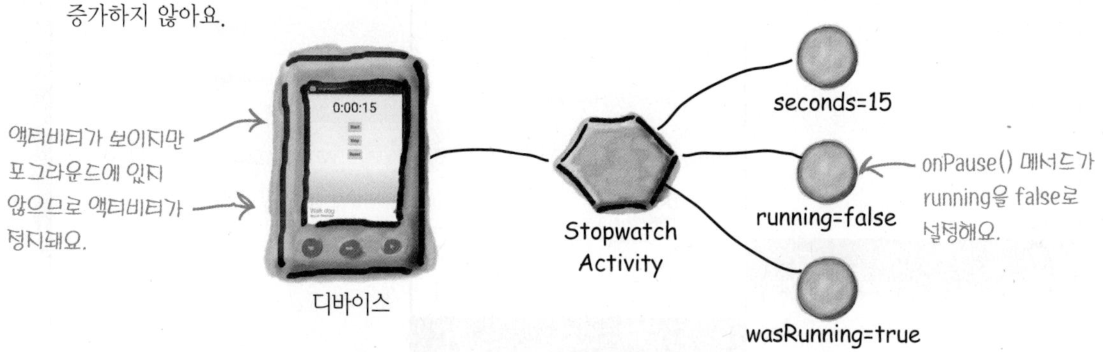

3. **StopwatchActivity가 포그라운드로 돌아오면 onResume() 메서드가 호출되면서 running이 true로 설정되고 초가 다시 증가하기 시작합니다.**

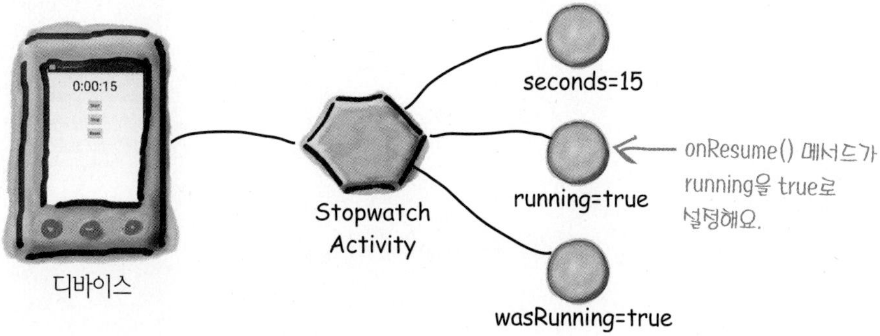

앱 시험 주행

지금까지 바꾼 코드를 저장한 다음 앱을 실행합니다. Start 버튼을 클릭하면 타이머가 시작합니다. 다른 액티비티에 의해 현재 액티비티가 부분적으로 가려지면 타이머가 정지하고 앱이 다시 포그라운드에 나타나면 타이머가 다시 시작됩니다.

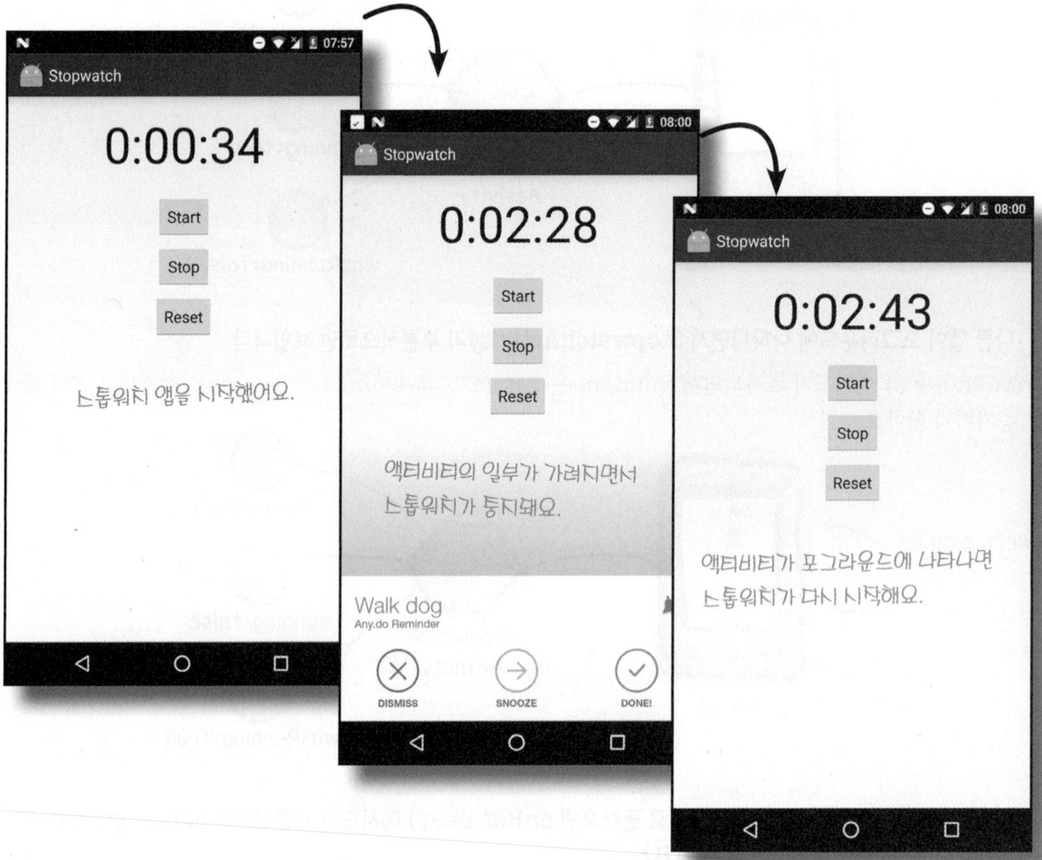

액티비티가 되어보아요

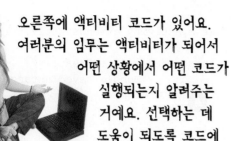

오른쪽에 액티비티 코드가 있어요. 여러분의 임무는 액티비티가 되어서 어떤 상황에서 어떤 코드가 실행되는지 알려주는 거예요. 선택하는 데 도움이 되도록 코드에 레이블을 붙였어요. 첫 번째 문제는 우리가 예시로 해결해 드렸어요.

사용자가 액티비티를 시작하고 사용하기 시작했습니다.

코드 토각 A, G, D가 실행됩니다. 액티비티가 생성되고 보이는 상태가 되며 포커스를 받습니다.

사용자가 액티비티를 시작하고 사용하기 시작한 상태에서 다른 앱으로 이동했습니다.

어려운 문제예요.

사용자가 액티비티를 시작하고 사용하기 시작한 상태에서 디바이스를 회전시킨 다음 다른 앱으로 이동했다가 다시 액티비티로 돌아왔습니다.

```
...
class MyActivity extends Activity{

    protected void onCreate(
            Bundle savedInstanceState) {
  (A)   // A 코드 실행
        ...
    }

    protected void onPause() {
  (B)   // B 코드 실행
        ...
    }

    protected void onRestart() {
  (C)   // C 코드 실행
        ...
    }

    protected void onResume() {
  (D)   // D 코드 실행
        ...
    }

    protected void onStop() {
  (E)   // E 코드 실행
        ...
    }

    protected void onRecreate() {
  (F)   // F 코드 실행
        ...
    }

    protected void onStart() {
  (G)   // G 코드 실행
        ...
    }

    protected void onDestroy() {
  (H)   // H 코드 실행
        ...
    }
}
```

액티비티가 되어보아요 정답

오른쪽에 액티비티 코드가 있어요. 여러분의 임무는 액티비티가 되어서 어떤 상황에서 어떤 코드가 실행되는지 알려주는 거예요. 선택하는 데 도움이 되도록 코드에 레이블을 붙였어요. 첫 번째 문제는 우리가 예시로 해결해 드렸어요.

```
...
class MyActivity extends Activity{

    protected void onCreate(
              Bundle savedInstanceState) {
  (A)  // A 코드 실행
       ...
    }

    protected void onPause() {
  (B)  // B 코드 실행
       ...
    }

    protected void onRestart() {
  (C)  // C 코드 실행
       ...
    }

    protected void onResume() {
  (D)  // D 코드 실행
       ...
    }

    protected void onStop() {
  (E)  // E 코드 실행
       ...
    }

    protected void onRecreate() {
  (F)  // F 코드 실행
       ...
    }

    protected void onStart() {
  (G)  // G 코드 실행
       ...
    }

    protected void onDestroy() {
  (H)  // H 코드 실행
       ...
    }
}
```

onRecreate()라는 생명주기 메서드는 존재하지 않아요.

사용자가 액티비티를 시작하고 사용하기 시작했습니다.

코드 토각 A, G, D가 실행됩니다. 액티비티가 생성되고 보이는 상태가 되며 포커스를 받습니다.

사용자가 액티비티를 시작하고 사용하기 시작한 상태에서 다른 앱으로 이동했습니다.

코드 토각 A, G, D, B, E가 실행됩니다. 액티비티가 생성되고 보이는 상태가 되며 포커스를 받습니다. 사용자가 다른 앱으로 이동하면 포커스를 잃으며 더 이상 사용자에게 보이지 않게 됩니다.

사용자가 액티비티를 시작하고 사용하기 시작한 상태에서 디바이스를 회전시킨 다음 다른 앱으로 이동했다가 다시 액티비티로 돌아왔습니다.

코드 토각 A, G, D, B, E, H, A, G, D, B, E, C, G, D가 실행됩니다. 먼저 액티비티가 생성되고 보이는 상태가 되며 포커스를 받습니다. 디바이스를 회전시키면 액티비티는 포커스를 잃고 보이지 않는 상태가 되며 종료됩니다. 그리고 다시 액티비티가 생성되고 보이는 상태가 되며 포커스를 받습니다. 사용자가 다른 앱으로 이동했다가 돌아오면 액티비티는 포커스를 잃으며 보이지 않는 상태가 되었다가 다시 보이는 상태가 되어 포커스를 받습니다.

유용한 생명주기 메서드 가이드

메서드	호출되는 상황	다음 메서드
onCreate()	처음 액티비티가 생성되면 호출됩니다. 뷰 생성하기 등 일반적인 정적 설정을 진행합니다. 또한 액티비티의 이전 상태를 저장한 `Bundle`이 인자로 전달됩니다.	`onStart()`
onRestart()	액티비티가 중지되었다가 다시 시작하기 직전에 호출됩니다.	`onStart()`
onStart()	액티비티가 보이는 상태가 되었을 때 호출됩니다. 액티비티가 포그라운드로 이동하면 `onResume()` 메서드가 이어서 호출되고 액티비티가 보이지 않는 상태가 되면 `onStop()` 메서드가 이어서 호출됩니다.	`onResume()` 또는 `onStop()`
onResume()	액티비티가 포그라운드로 이동했을 때 호출됩니다.	`onPause()`
onPause()	다른 실행 중인 액티비티 때문에 현재 액티비티가 더 이상 포그라운드에 있지 않게 되는 순간 호출됩니다. 이 메서드의 실행이 끝날 때까지 다음 액티비티는 재개되지 않으므로 이 메서드는 동작을 빨리 실행하고 반환해야 합니다. 액티비티가 포그라운드로 돌아오면 `onResume()` 메서드가 이어서 호출되고 액티비티가 보이지 않는 상태가 되면 `onStop()` 메서드가 이어서 호출됩니다.	`onResume()` 또는 `onStop()`
onStop()	액티비티가 더 이상 보이지 않는 상태에서 호출됩니다. 다른 액티비티가 현재 액티비티를 가렸거나 액티비티가 종료되었을 때 이런 상황이 발생할 수 있습니다. 액티비티가 다시 보이는 상태가 되면 `onRestart()` 메서드가 호출되고 액티비티가 종료되면 `onDestroy()` 메서드가 호출됩니다.	`onRestart()` 또는 `onDestroy()`
onDestroy()	액티비티가 종료되려는 순간 또는 액티비티가 종료를 시작했을 때 호출됩니다.	없음

CHAPTER 4

우리의 안드로이드 도구상자

4장을 마치면서 액티비티 생명주기 관련 기술을 도구상자에 추가했습니다.

이 책의 전체 코드는 https://tinyurl.com/HeadFirstAndroid에서 내려받을 수 있어요.

핵심정리

- 각각의 앱은 기본적으로 고유의 프로세스에서 실행됩니다.
- 메인 스레드만 사용자 인터페이스를 갱신할 수 있습니다.
- `Handler`를 이용해 코드의 실행을 계획하거나 다른 스레드로 코드를 전달할 수 있습니다.
- 디바이스 구성이 바뀌면 액티비티가 종료되고 새로 생성됩니다.
- 모든 액티비티는 `android.app.Activity` 클래스를 상속받습니다. `Activity` 클래스의 메서드를 오버라이드하는 모든 메서드는 상위 클래스의 메서드를 호출해야 합니다.
- `onSaveInstanceState(Bundle)` 메서드를 이용하면 액티비티가 종료되기 전에 필요한 상태 정보를 저장할 수 있습니다. `onCreate()` 메서드에서는 `Bundle`을 이용해 저장된 상태를 복원할 수 있습니다.
- `bundle.put*("name",values)` 메서드를 이용해 `Bundle`에 값을 추가할 수 있습니다. 값을 가져올 때는 `bundle.get*("name")` 메서드를 이용합니다.
- `onCreate()`와 `onDestroy()` 메서드는 액티비티의 생성과 종료를 처리합니다.
- `onRestart()`, `onStart()`, `onStop()` 메서드는 액티비티가 보이는지 여부와 관련된 작업을 처리합니다.
- `onResume()`과 `onPause()` 메서드는 액티비티가 포커스를 받거나 잃었을 때의 상황을 처리합니다.

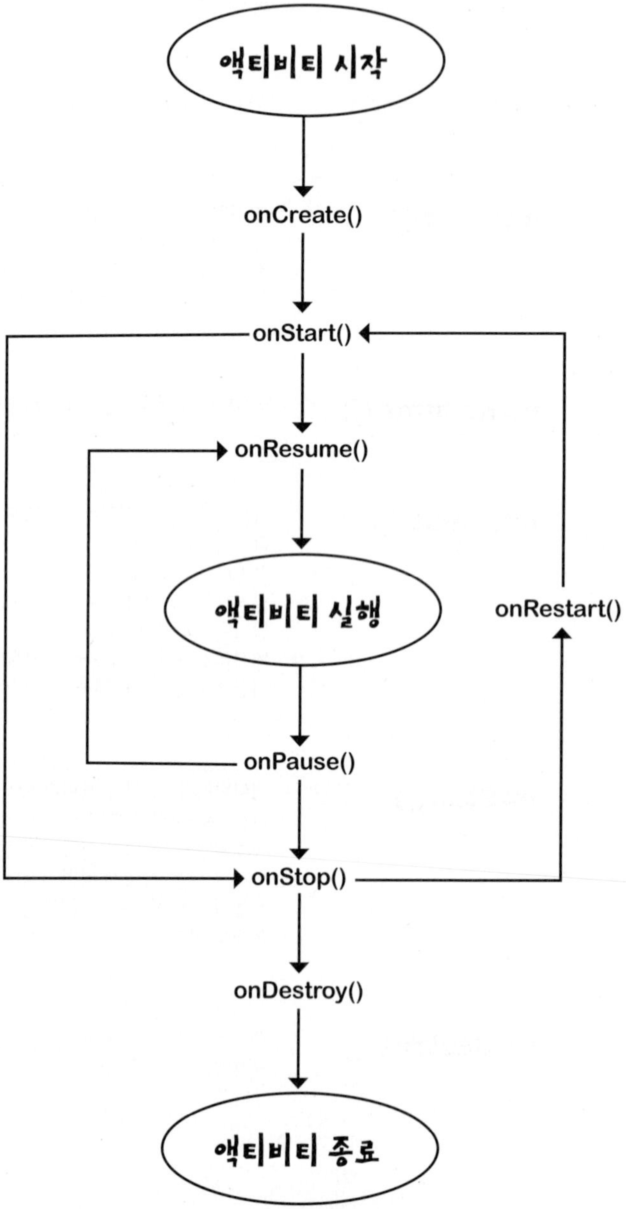

5 뷰와 뷰 그룹

뷰를 즐기세요

...그리고 이건 제가 미리 준비한 레이아웃이에요.

지금까지 선형 레이아웃을 이용해 GUI 컴포넌트를 배치하는 방법을 살펴봤는데 그건 빙산의 일각에 불과합니다.

이 장에서는 레이아웃을 **더 자세히 살펴보면서** 실제로 선형 레이아웃이 어떻게 작동하는지 확인합니다. 여러 뷰를 배치하는 데 사용하는 단순한 레이아웃인 **프레임 레이아웃**을 소개한 다음 어떤 **주요 GUI 컴포넌트**들이 있고 **어떻게 사용하는지** 설명합니다. 이 장을 모두 배우고 나면 지금까지 다양해보였던 레이아웃과 GUI 컴포넌트에 **생각보다 많은 공통점**이 있다는 사실을 알게 됩니다.

사용자 인터페이스는 레이아웃과 GUI 컴포넌트로 이루어집니다

지금까지 살펴본 것처럼 레이아웃 XML 파일로 화면의 모습을 정의합니다. 보통 레이아웃은 버튼, 텍스트 필드 등의 GUI 컴포넌트를 포함합니다. 사용자는 이런 컴포넌트들과 상호작용하면서 앱을 이용합니다.

지금까지 이 책에서 소개한 앱은 GUI 컴포넌트를 한 행이나 한 열로 배치하는 선형 레이아웃을 사용했습니다. 이를 더 잘 활용하려면 실제로 선형 레이아웃이 어떻게 작동하며 더 효과적으로 사용할 수 있는지 이해해야 합니다.

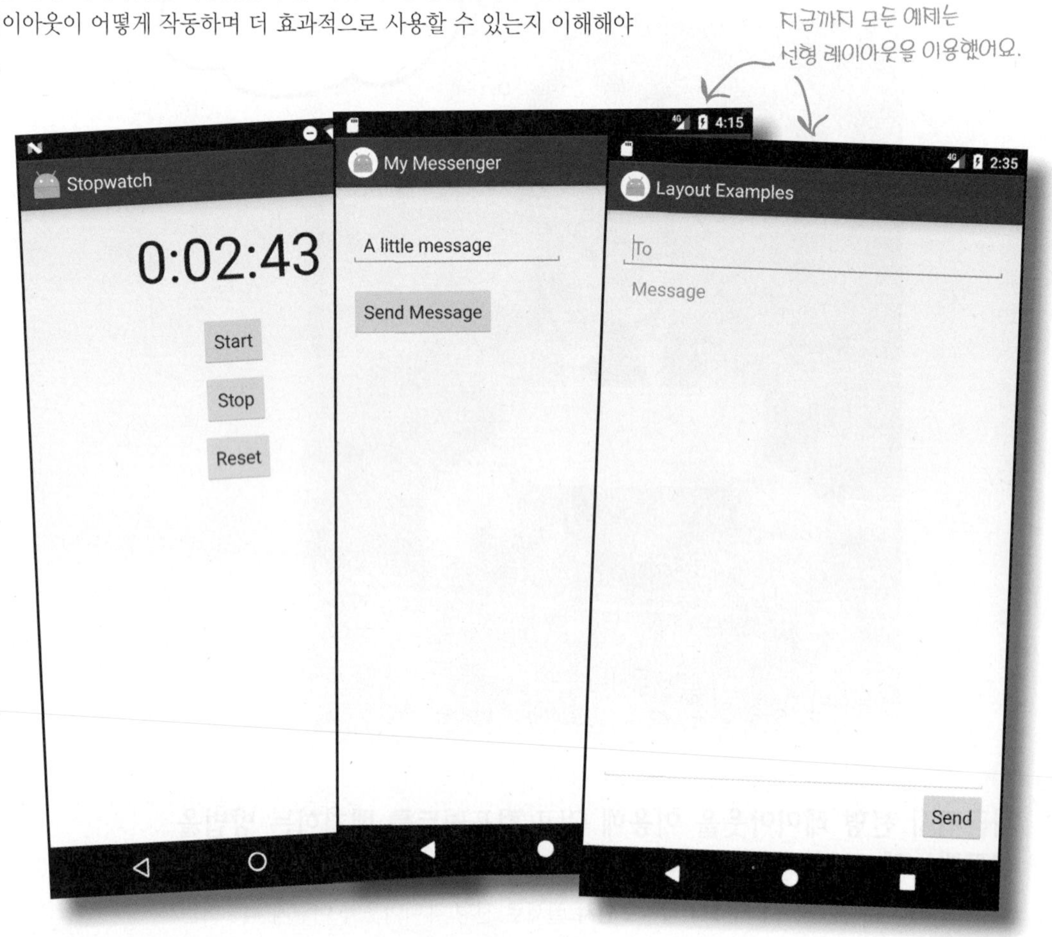

이 장에서는 선형 레이아웃을 조금 더 자세히 살펴보면서 이들의 친척인 프레임 레이아웃을 소개합니다. 또한 다양하게 상호작용할 수 있는 앱을 만들 수 있도록 도움을 주는 다양한 GUI 컴포넌트도 살펴봅니다.

우선 선형 레이아웃부터 확인합시다.

LinearLayout은 뷰를 한 행이나 한 열에 표시합니다

이미 살펴본 것처럼 선형 레이아웃은 뷰를 수직이나 수평으로 나란히 배치합니다. 뷰를 수직으로 배치하면 한 열에 뷰가 표시됩니다. 수평으로 배치하면 한 행에 뷰가 표시됩니다.

다음처럼 `<LinearLayout>`을 이용해 선형 레이아웃을 정의합니다.

```
<LinearLayout xmlns:android="http://schemas.android.com/apk/res/android"
    android:layout_width="match_parent"
    android:layout_height="match_parent"
    android:orientation="vertical"
    ...>
    ...
</LinearLayout>
```

<LinearLayout>을 이용해 선형 레이아웃을 정의해요.

layout_width와 layout_height로 레이아웃의 크기를 지정해요.

orientation은 뷰를 수직으로 표시할지 수평으로 표시할지 결정해요.

다른 속성도 포함할 수 있어요.

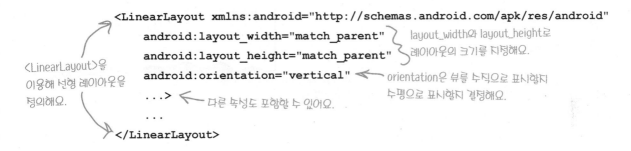

`xmlns:android` 속성은 안드로이드 네임스페이스를 지정할 때 사용하며 항상 `"http://schemas.android.com/apk/res/android"`라는 값을 가집니다.

반드시 레이아웃의 너비와 높이를 정의해야 해요

`android:layout_width`와 `android:layout_height`로 레이아웃의 너비와 높이를 지정할 수 있습니다. **이들은 모든 종류의 레이아웃과 뷰에 반드시 포함되어야 하는 속성입니다.**

`android:layout_width`와 `android:layout_height`의 값으로는 `"wrap_content"`, `"match_parent"`, 8dp 같은 특정 크기를 지정할 수 있습니다. `"wrap_content"`는 레이아웃이 포함하는 모든 뷰를 표시할 수 있을 만큼 충분히 큰 공간을 의미하며 `"match_parent"`는 레이아웃의 부모만큼 크게 하라는 의미입니다. 이 예제에서는 화면 크기에서 패딩(padding) 값을 뺀 크기입니다(패딩은 뒤에서 자세히 설명합니다). 보통은 `"match_parent"` 값을 흔히 사용합니다.

가끔 `android:layout_width`와 `android:layout_height`의 값이 `"fill_parent"`로 설정되어 있는 코드를 볼 수 있습니다. 이 값은 예전 버전의 안드로이드에서 사용했었지만 최근에는 `"match_parent"`로 대체되었습니다. 그리고 `"fill_parent"`는 더 이상 지원하지 않습니다.

아이디어 탐구

밀도 독립 픽셀(density-independent pixels) 이란 뭘까요?

일부 디바이스는 아주 작은 픽셀을 이용해 선명한 이미지를 만듭니다. 값이 저렴한 디바이스에서는 더 큰 픽셀, 즉 상대적으로 작은 수의 픽셀을 갖습니다. 밀도 독립 픽셀(dp)을 이용하면 픽셀 수가 작은 그룹의 디바이스와 픽셀 수가 많은 그룹의 디바이스를 구분해서 인터페이스를 생성할 필요가 없습니다. dp를 이용하면 거의 모든 디바이스에서 같은 값으로 계산할 수 있기 때문입니다.

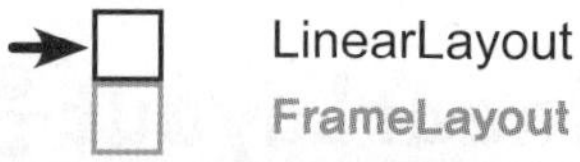

수직 방향 또는 수평 방향

`android:orientation` 속성으로 뷰를 배치할 방향을 지정할 수 있습니다.

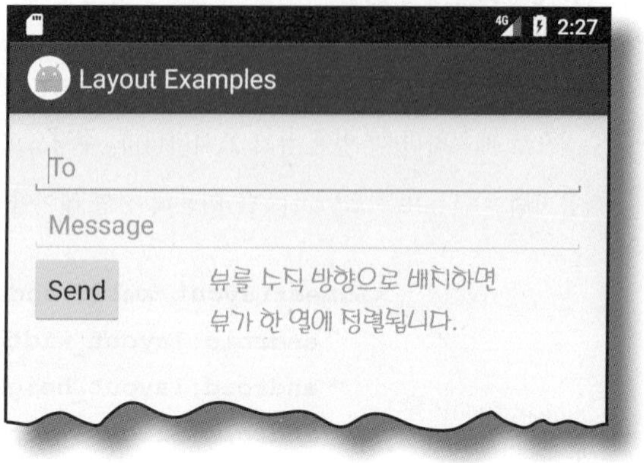

이전 장에서 살펴본 것처럼 다음은 뷰를 수직으로 배치하는 코드입니다.

```
android:orientation="vertical"
```

뷰를 수직으로 배치하면 뷰가 한 열에 표시됩니다.

다음은 뷰를 수평으로 배치하는 코드입니다.

```
android:orientation="horizontal"
```

뷰를 수평으로 배치하면 기본적으로 뷰가 왼쪽에서 오른쪽으로 표시됩니다. 보통 언어를 왼쪽에서 오른쪽으로 읽는 지역에서는 괜찮겠지만 오른쪽에서 왼쪽으로 읽는다면 어떨까요?

SDK API 17부터는 디바이스의 언어 설정에 따라 뷰의 방향을 바꿀 수 있습니다. 사용자의 언어가 오른쪽에서 왼쪽으로 읽는 언어라면 뷰도 오른쪽에서 왼쪽으로 표시되도록 만들 수 있습니다.

그러려면 다음처럼 AndroidManifest.xml 파일에 오른쪽에서 왼쪽으로 읽는 언어를 지원하는 앱이라고 설정해야 합니다.

```
<manifest ...>
    <application
        ...
        android:supportsRtl="true">
        ...
    </application>
</manifest>
```

안드로이드 스튜디오가 자동으로 이 코드를 추가했을 수도 있습니다. 이 설정은 반드시 <application> 태그 안에 추가되어야 합니다.

`suppportsRtl`은 '오른쪽에서 왼쪽으로 읽는 언어를 지원함(supports right-to-left languages)'을 의미합니다.

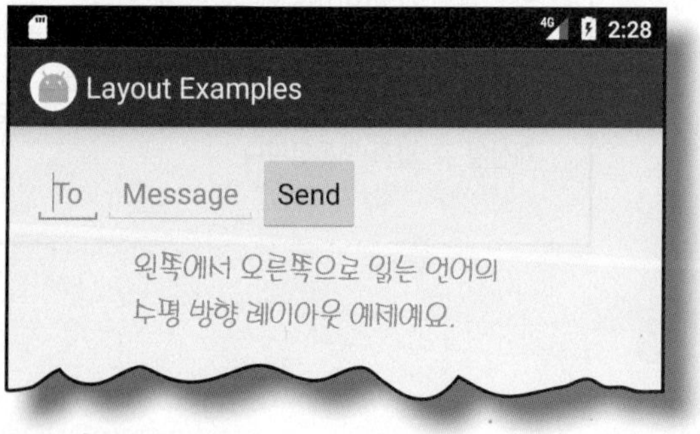

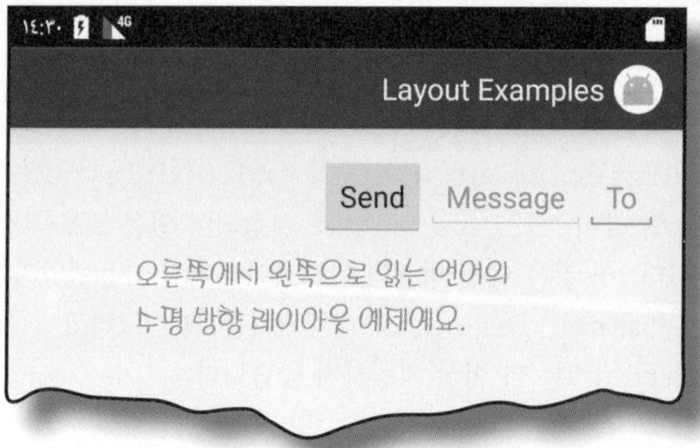

패딩은 공간을 추가합니다

레이아웃 주변으로 공간을 추가하고 싶으면 **padding** 속성을 설정합니다. 패딩 속성은 레이아웃의 경계면과 부모 사이에 얼마의 공간을 추가할지 안드로이드에 알려주는 값입니다. 다음은 레이아웃의 경계에 16dp의 패딩을 추가하는 코드입니다.

```
<LinearLayout ...
    android:padding="16dp" >
    ...
</LinearLayout>
```

레이아웃의 모든 경계에 같은 값의 패딩을 추가해요.

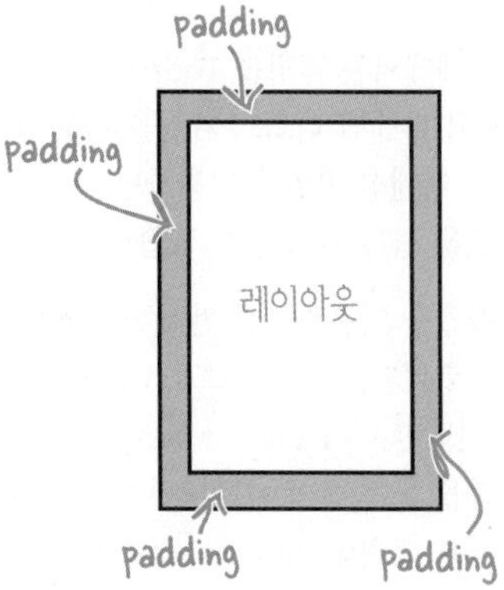

각 경계에 다른 패딩 값을 추가할 수도 있습니다. 다음은 레이아웃의 위쪽 경계에는 16dp, 나머지 경계에는 32dp의 패딩을 추가하는 코드입니다.

```
<LinearLayout ...
    android:paddingBottom="16dp"
    android:paddingLeft="16dp"
    android:paddingRight="16dp"
    android:paddingTop="32dp" >
    ...
</LinearLayout>
```

각 경계에 다른 값의 패딩을 추가할 수 있어요.

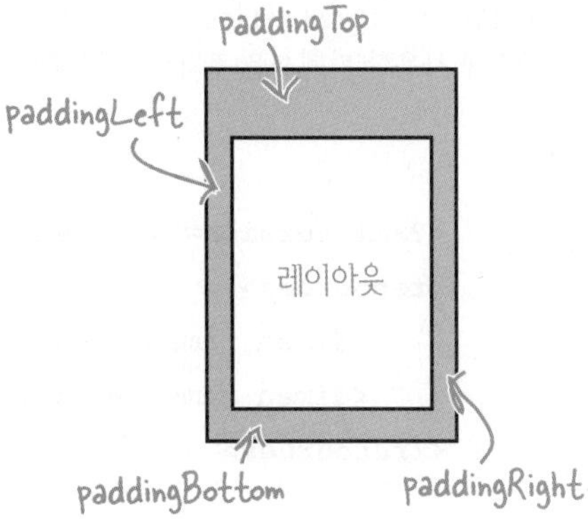

오른쪽에서 왼쪽으로 읽는 언어를 지원한다면 다음 코드를 이용합니다.

```
android:paddingStart="16dp"
```

그리고

```
android:paddingEnd="16dp"
```

이렇게 해서 레이아웃의 왼쪽과 오른쪽 경계가 아니라 시작과 끝 경계에 패딩을 추가할 수 있습니다.

`android:PaddingStart`는 레이아웃의 시작 경계에 패딩을 추가합니다. 왼쪽에서 오른쪽으로 읽는 언어에서는 시작 경계가 왼쪽이 되고 오른쪽에서 왼쪽으로 읽는 언어에서는 시작 경계가 오른쪽이 됩니다.

`android:PaddingEnd`는 레이아웃의 끝 경계에 패딩을 추가합니다. 왼쪽에서 오른쪽으로 읽는 언어에서는 끝 경계가 오른쪽이 되고 오른쪽에서 왼쪽으로 읽는 언어에서는 끝 경계가 왼쪽이 됩니다.

조심하세요!

시작 경계와 끝 경계는 API 17 이상에서만 사용할 수 있습니다.

이전 버전의 안드로이드에서 앱을 실행하려면 시작 경계와 끝 경계 속성을 사용하지 마세요.

LinearLayout
FrameLayout

디멘션 리소스 파일을 이용해 모든 레이아웃에 같은 패딩 적용하기

이전 페이지의 예제에서는 패딩을 16dp로 하드코딩했습니다. 하드코딩하지 않고 디멘션 리소스 파일을 이용해 패딩을 지정하는 방법도 있습니다. 디멘션 파일을 이용하면 앱의 모든 레이아웃에 적용하는 패딩 값을 쉽게 관리할 수 있습니다.

디멘션 리소스 파일을 이용하려면 먼저 프로젝트에 디멘션 리소스 파일을 추가해야 합니다. 안드로이드 스튜디오에서 app/src/main/res/values 폴더를 선택한 다음 File → New → Values resource File을 선택합니다. 이름을 묻는 창이 나타나면 'dimens'라고 입력하고 OK 버튼을 클릭합니다. 그러면 dimens.xml이라는 파일이 생성됩니다.

사용하는 안드로이드 버전에 따라 이미 파일이 만들어졌을 수도 있어요.

디멘션 리소스 파일을 생성했으면 <dimen> 요소를 이용해 디멘션을 추가할 수 있습니다. 다음은 dimens.xml 파일에 수평 마진과 수직 마진에 사용할 디멘션을 추가하는 예제입니다.

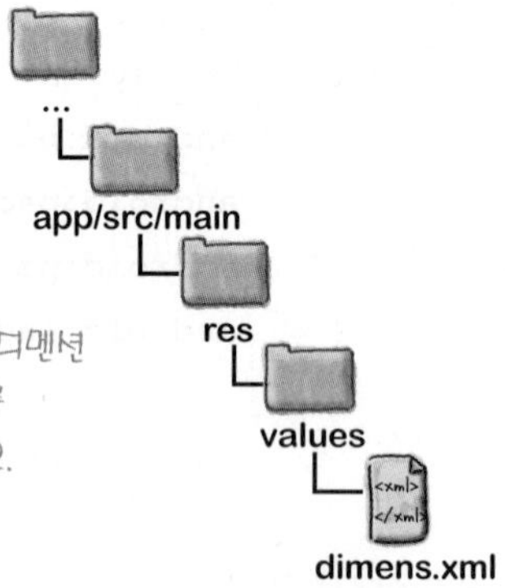


```
<?xml version="1.0" encoding="utf-8"?>
<resources>
    <dimen name="activity_horizontal_margin">16dp</dimen>
    <dimen name="activity_vertical_margin">16dp</dimen>
</resources>
```

두 개의 디멘션 리소스를 생성해요.

다음처럼 디멘션 리소스의 이름을 레이아웃 파일의 패딩 속성에 설정해 미리 정의한 디멘션 값을 사용할 수 있습니다.

paddingLeft와 paddingRight 속성을 @dimen/activity_horizontal_margin으로 설정했어요.

```
<LinearLayout ...
    android:paddingLeft="@dimen/activity_horizontal_margin"
    android:paddingRight="@dimen/activity_horizontal_margin"
    android:paddingTop="@dimen/activity_vertical_margin"
    android:paddingBottom="@dimen/activity_vertical_margin">
```

paddingTop과 paddingBottom 속성을 @dimen/activity_vertical_margin으로 설정했어요.

런타임에 안드로이드는 디멘션 리소스 파일에 정의된 속성의 값을 찾아 레이아웃에 적용합니다.

선형 레이아웃은 뷰를 레이아웃 XML에 정의된 순서대로 표시합니다

선형 레이아웃을 정의할 때는 표시할 순서대로 뷰를 정의합니다. 예를 들어 선형 레이아웃에서 버튼 상단에 텍스트 뷰를 표시하고 싶으면 텍스트 뷰를 먼저 정의해야 합니다.

```
<LinearLayout ... >
    <TextView
        android:layout_width="wrap_content"
        android:layout_height="wrap_content"
        android:text="@string/text_view1" />

    <Button
        android:layout_width="wrap_content"
        android:layout_height="wrap_content"
        android:text="@string/click_me" />
</LinearLayout>
```

XML에서 버튼 위에 텍스트 뷰를 정의하면 텍스트 뷰가 버튼 상단에 표시돼요.

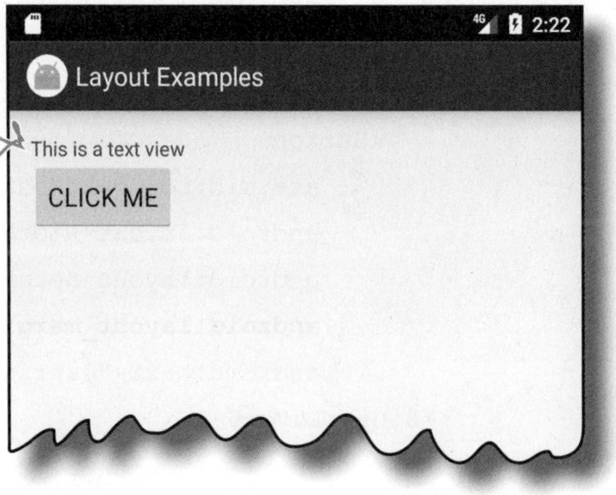

android:layout_width와 android:layout_height를 이용해 뷰의 너비와 높이를 지정할 수 있습니다. 다음 코드는

```
android:layout_width="wrap_content"
```

자신이 포함하는 콘텐트를 표시할 수 있을 만큼 충분한 크기를 의미합니다. 예를 들어 버튼이나 텍스트 뷰는 자신이 포함하는 텍스트를 표시할 만큼의 너비를 가져야 한다는 의미입니다. 다음 코드는

```
android:layout_width="match_parent"
```

부모 레이아웃의 크기만큼 뷰가 넓어야 한다는 의미입니다.

코드에서 뷰를 참조하려면 뷰에 ID를 지정해야 합니다. 예를 들어 다음은 "text_view"라는 ID를 텍스트 뷰에 할당하는 코드입니다.

```
...
    <TextView
        android:id="@+id/text_view"
        ... />
...
```

Android:layout_width와 Android:layout_height는 사용하는 레이아웃의 종류와 상관없이 모든 뷰에 정의해야 하는 속성이에요.

wrap_content, match_parent, 16dp 같은 특정 디멘션 값을 지정할 수 있어요.

LinearLayout
FrameLayout

마진으로 뷰 사이에 거리 추가하기

선형 레이아웃에 뷰를 배치할 때 기본적으로 뷰 사이에 간격이 거의 없습니다. 뷰에 한 개 이상의 **마진**을 추가해 뷰 사이의 간격을 늘릴 수 있습니다.

예를 들어 뷰 아래에 다른 뷰를 추가하면서 두 뷰 사이에 48dp의 공간을 추가하고 싶다고 가정합시다. 이때 다음처럼 아래 뷰의 위쪽에 48dp의 마진을 추가합니다.

```
LinearLayout ... >
    <Button
        android:id="@+id/button_click_me"
        ... />

    <Button
        android:id="@+id/button_below"
        android:layout_width="wrap_content"
        android:layout_height="wrap_content"
        android:layout_marginTop="48dp"
        android:text="@string/button_below" />
</LinearLayout>
```

아래 버튼의 위쪽에 마진을 추가해 두 뷰 사이에 공간을 확보할 수 있습니다.

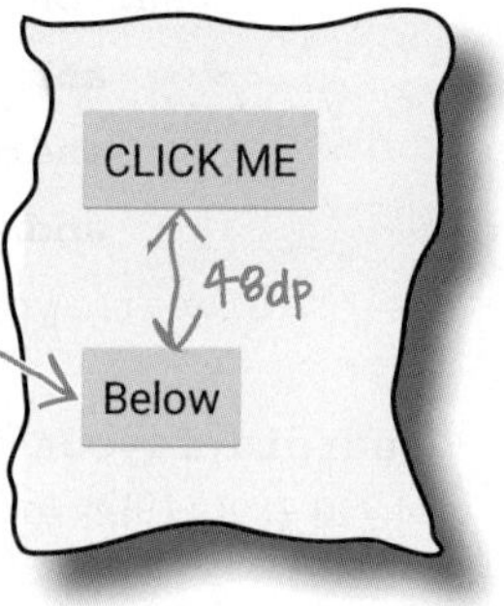

다음은 뷰에 공간을 추가할 수 있는 다양한 속성 목록입니다. 뷰에 속성을 추가하고 원하는 크기를 지정합니다.

```
android:attribute="8dp"
```

속성	하는 일	
layout_marginTop	뷰의 위쪽에 공간을 추가합니다.	
layout_marginBottom	뷰의 아래쪽에 공간을 추가합니다.	
layout_marginLeft, **layout_marginStart**	뷰의 왼쪽(또는 시작 부분)에 공간을 추가합니다.	
layout_marginRight, **layout_marginEnd**	뷰의 오른쪽(또는 끝 부분)에 공간을 추가합니다.	
layout_margin	뷰의 모든 방향에 같은 크기의 공간을 추가합니다.	

기본 선형 레이아웃을 바꿉시다

처음에는 선형 레이아웃이 기본적이며 바꾸기가 어렵다고 생각할 수 있습니다. 선형 레이아웃이 하는 일은 결국 뷰를 특정 순서로 정렬하는 것뿐이기 때문입니다. 하지만 선형 레이아웃의 속성을 잘 활용하면 레이아웃의 모양을 조금 더 유연하게 바꿀 수 있습니다. 기본적인 선형 레이아웃을 어떻게 바꿀 수 있는지 확인합시다.

현재 레이아웃에는 두 개의 편집할 수 있는 텍스트 필드와 한 개의 버튼이 있습니다. 두 개의 텍스트 필드는 아래 그림과 같이 화면에 수직으로 배치되어 있습니다.

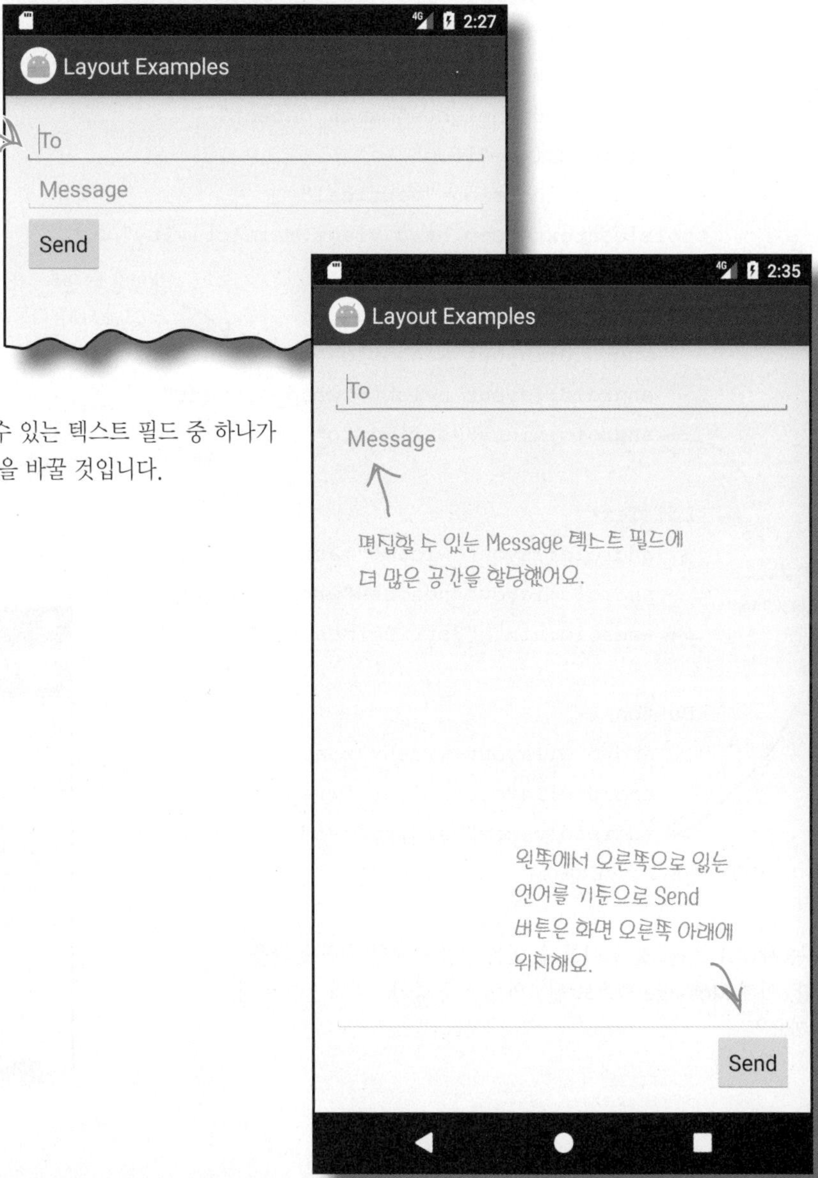
각각의 뷰는 수직 공간에서
최소 가능한 크기를 차지해요.
2:27
Layout Examples
To
Message
Send
2:35
Layout Examples
To
Message
편집할 수 있는 Message 텍스트 필드에
더 많은 공간을 할당했어요.
왼쪽에서 오른쪽으로 읽는
언어를 기준으로 Send
버튼은 화면 오른쪽 아래에
위치해요.
Send

이제 버튼을 구석에 배치하고, 편집할 수 있는 텍스트 필드 중 하나가 남은 공간을 모두 차지하도록 레이아웃을 바꿀 것입니다.

LinearLayout
FrameLayout

선형 레이아웃을 시작합니다

선형 레이아웃은 두 개의 편집할 수 있는 텍스트 필드와 한 개의 버튼을 포함하고 있습니다. 버튼의 레이블은 'Send'고 텍스트 필드는 각각 'To'와 'Message'라는 힌트를 갖고 있습니다.

힌트 텍스트는 편집할 수 있는 텍스트 필드가 비어 있을 때 표시되는 값으로, 사용자에게 어떤 종류의 텍스트를 입력할 수 있는지 알려주는 힌트를 제공합니다. `android:hint` 속성을 이용해 힌트 텍스트를 지정할 수 있습니다.

```
<LinearLayout xmlns:android="http://schemas.android.com/apk/res/android"
    xmlns:tools="http://schemas.android.com/tools"
    android:layout_width="match_parent"
    android:layout_height="match_parent"
    android:padding="16dp"
    android:orientation="vertical"
    tools:context="com.hfad.views.MainActivity" >

    <EditText
        android:layout_width="match_parent"
        android:layout_height="wrap_content"
        android:hint="@string/to" />

    <EditText
        android:layout_width="match_parent"
        android:layout_height="wrap_content"
        android:hint="@string/message" />

    <Button
        android:layout_width="wrap_content"
        android:layout_height="wrap_content"
        android:text="@string/send" />
</LinearLayout>
```

편집할 수 있는 텍스트 필드는 부모 레이아웃만큼의 너비를 가져요.

android:hint는 편집할 수 있는 텍스트 필드에 어떤 텍스트를 입력해야 하는지 사용자에게 알려줘요.

평소처럼 이들 문자열 값은 strings.xml에 정의되어 있어요.

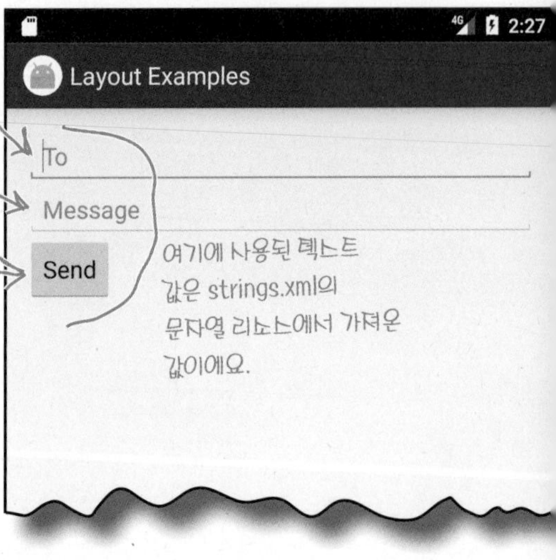

여기에 사용된 텍스트 값은 strings.xml의 문자열 리소스에서 가져온 값이에요.

모든 뷰는 자신의 콘텐트를 표시할 수 있을 만큼 충분한 수직 공간을 가집니다. 이제 Message 텍스트 필드의 높이를 증가시키려면 어떻게 해야 할까요?

무게를 추가해 뷰 늘리기

기본 레이아웃의 모든 뷰는 콘텐트에 필요한 만큼 수직 공간을 차지합니다. 여기서는 다른 뷰가 사용하지 않는 모든 수직 공간을 Message 텍스트 필드가 차지하도록 만들어야 합니다.

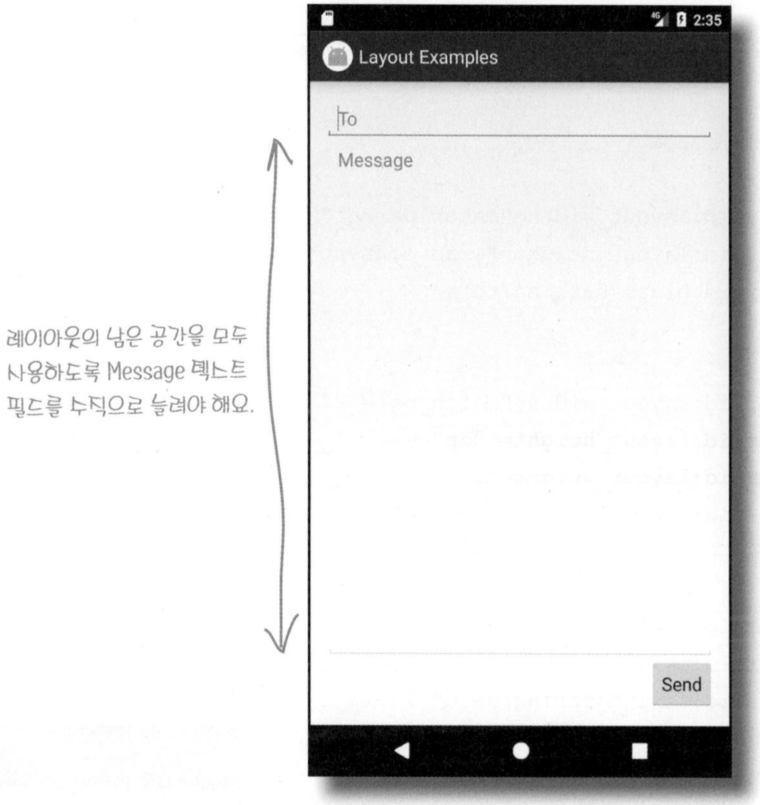
2:35
Layout Examples
To
Message
Send
레이아웃의 남은 공간을 모두 사용하도록 Message 텍스트 필드를 수직으로 늘려야 해요.

Message 텍스트 필드에 **무게**(weight)를 할당해 이를 달성할 수 있습니다. 뷰에 무게를 할당함으로써 레이아웃의 나머지 공간을 모두 차지하도록 지시할 수 있습니다.

다음처럼 뷰에 무게를 할당합니다.

```
android:layout_weight="number"
```

여기서 number는 0보다 큰 수여야 합니다.

뷰에 무게를 할당할 때 레이아웃은 각각의 뷰가 자신의 콘텐트를 표시할 수 있을 만큼 충분한 공간을 가지고 있는지 확인합니다. 즉, 우리 예제에서는 버튼이 텍스트를 표시할 수 있을 만큼 큰지, 각각의 편집할 수 있는 텍스트 필드는 힌트를 표시할 수 있을 만큼 충분한 공간이 있는지 등을 확인합니다. 확인이 끝나면 레이아웃은 나머지 공간을 가져다가 무게가 1 이상인 뷰에 무게의 값에 따라 비율적으로 공간을 할당합니다.

LinearLayout
FrameLayout

한 개의 뷰에 무게 추가하기

우리는 레이아웃의 나머지 공간을 Message 텍스트 필드가 차지하도록 만들어야 합니다. `layout_weight`를 1로 설정하면 이를 구현할 수 있습니다. 현재 레이아웃에는 오직 한 개의 뷰만 무게를 가지고 있으므로 Message 텍스트 필드가 화면의 나머지 수직 공간을 모두 차지합니다. 다음은 무게를 할당한 레이아웃 코드입니다.

```
<LinearLayout ... >
    <EditText
        android:layout_width="match_parent"
        android:layout_height="wrap_content"
        android:hint="@string/to" />

    <EditText
        android:layout_width="match_parent"
        android:layout_height="0dp"
        android:layout_weight="1"
        android:hint="@string/message" />

    <Button
        android:layout_width="wrap_content"
        android:layout_height="wrap_content"
        android:text="@string/send" />
</LinearLayout>
```

<EditText>와 <Button>은 layout_weight 속성을 가지고 있지 않아요. 따라서 이들은 자신의 콘텐트를 표시하는 데 필요한 공간만 차지해요.

이 뷰만 무게를 가지고 있어요. 따라서 이 뷰는 다른 뷰가 사용하지 않는 나머지 공간을 모두 차지하도록 확장돼요.

layout_height를 이용해 선형 레이아웃이 뷰의 높이를 결정해요. 높이를 "0dp"로 설정하면 안드로이드가 "wrap_content"의 값을 계산하지 않아도 되므로 더 효율적이에요.

편집할 수 있는 Message 텍스트 필드의 무게를 1로 설정한다는 것은 레이아웃의 다른 뷰가 차지하지 않은 나머지 공간을 모두 Message 텍스트 필드가 차지함을 의미합니다. 레이아웃 XML의 나머지 두 뷰는 무게를 설정하지 않았기 때문입니다.

Message 뷰는 무게 1을 갖고 있어요. Message 뷰만 무게를 설정했으므로 레이아웃의 나머지 수직 공간은 Message 뷰가 차지해요.

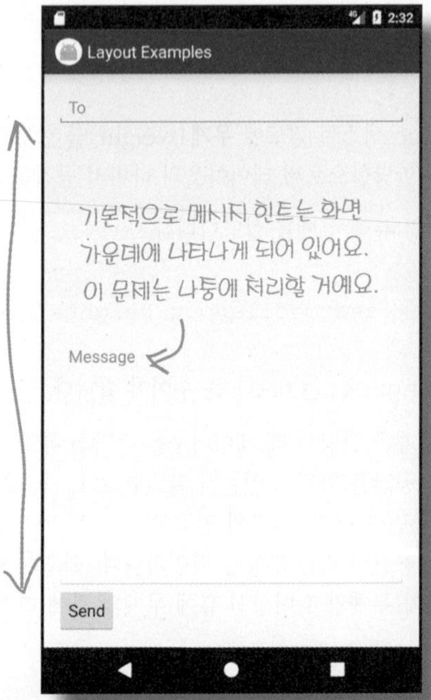
2:32
Layout Examples
To
기본적으로 메시지 힌트는 화면 가운데에 나타나게 되어 있어요. 이 문제는 나중에 처리할 거예요.
Message
Send

여러 뷰에 무게 추가하기

지금까지는 한 개의 뷰에 무게 속성을 추가했습니다. 하지만 여러 뷰에 무게를 추가하면 어떻게 될까요?

다음처럼 To 텍스트 필드는 무게를 1로 설정하고, Message 텍스트 필드는 무게를 2로 설정한다고 가정합시다.

```
<LinearLayout ... >
    ...
    <EditText
        android:layout_width="match_parent"
        android:layout_height="0dp"
        android:layout_weight="1"
        android:hint="@string/to" />

    <EditText
        android:layout_width="match_parent"
        android:layout_height="0dp"
        android:layout_weight="2"
        android:hint="@string/message" />
    ...
</LinearLayout>
```

각 뷰가 얼마의 공간을 차지할지 알아내려면 먼저 각 뷰의 layout_weight 속성의 값을 더해야 합니다. 우리 예제에서는 1+2=3입니다. 각 뷰는 전체 추가 공간에서 뷰의 무게를 무게 총합으로 나눈 비율만큼을 차지합니다. To 뷰는 무게가 1이므로 레이아웃의 나머지 공간의 1/3을 차지한다는 의미입니다. Message 뷰의 무게는 2이므로 나머지 공간의 2/3을 차지합니다.

이는 단지 예제일 뿐이에요. 우리가 만들려는 레이아웃 모양과는 조금 달라요.

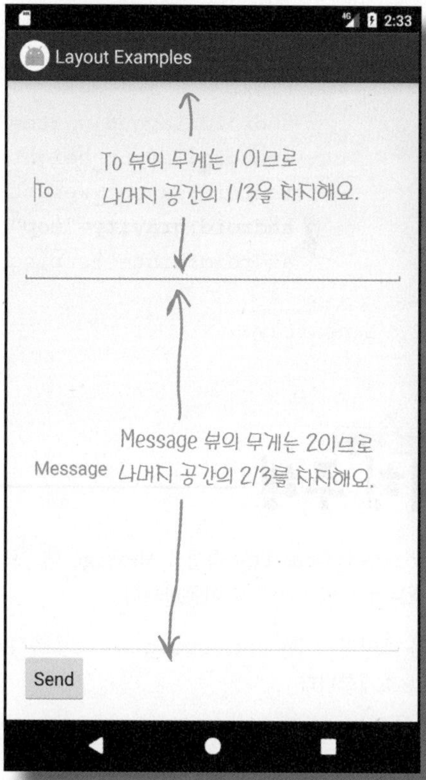
2:33
Layout Examples
To 뷰의 무게는 1이므로 나머지 공간의 1/3을 차지해요.
To
Message 뷰의 무게는 2이므로 나머지 공간의 2/3를 차지해요.
Message
Send

중력으로 뷰 콘텐트의 위치를 제어합니다

다음에는 Message 텍스트 필드 안의 힌트 텍스트의 위치를 조절해야 합니다. 현재는 뷰의 가운데에 텍스트가 나타나는데 이를 텍스트 필드의 위쪽으로 이동시켜야 합니다. android:gravity 속성을 이용하면 이를 구현할 수 있습니다.

android:gravity 속성은 텍스트 필드 안의 텍스트 위치 등 뷰 안의 콘텐트의 위치를 지정합니다. 뷰의 위쪽에 텍스트가 나타나게 하려면 다음과 같은 코드를 추가합니다.

```
android:gravity="top"
```

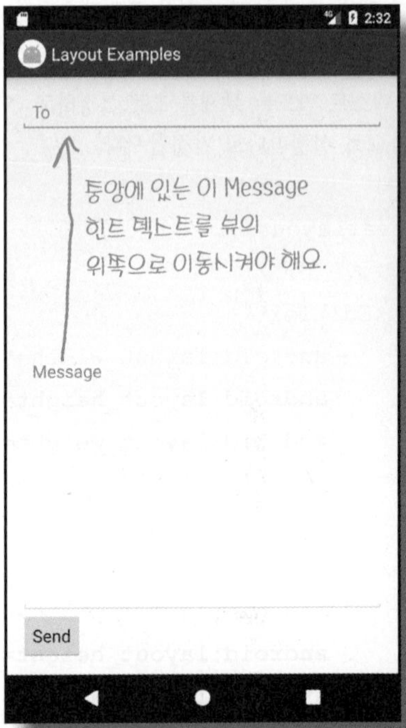
2:32
Layout Examples
To
중앙에 있는 이 Message 힌트 텍스트를 뷰의 위쪽으로 이동시켜야 해요.
Message
Send

다음 코드에서 보여주는 것처럼 힌트 텍스트가 뷰의 위쪽에 나타나도록 Message 텍스트 필드에 android:gravity 속성을 추가할 겁니다.

```
<LinearLayout ... >
    ...
    <EditText
        android:layout_width="match_parent"
        android:layout_height="0dp"
        android:layout_weight="1"
        android:gravity="top"
        android:hint="@string/message" />
    ...
</LinearLayout>
```

텍스트 필드 안의 텍스트를 텍스트 필드 위쪽에 표시해요.

시험 주행

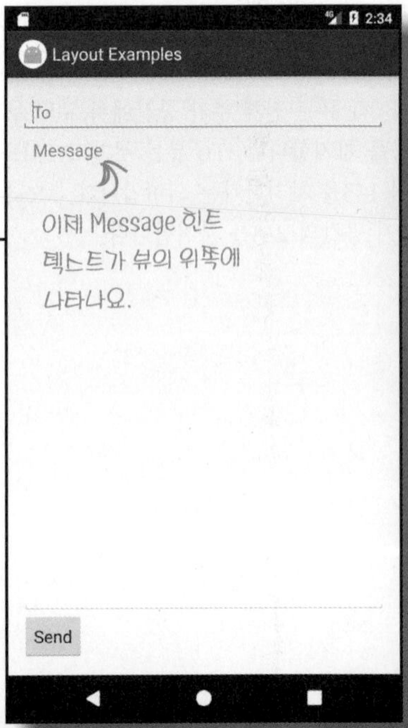
2:34
Layout Examples
To
Message
이제 Message 힌트 텍스트가 뷰의 위쪽에 나타나요.
Send

android:gravity 속성을 Message 텍스트 필드에 추가하면 힌트 텍스트가 뷰의 위쪽으로 이동합니다.

다음 페이지에서는 android:gravity 속성에 사용할 수 있는 다양한 값을 소개합니다.

→ LinearLayout
FrameLayout

android:gravity 속성에 사용할 수 있는 값

다음은 android:gravity 속성에 사용할 수 있는 값의 목록입니다. 뷰에 중력 속성을 추가하고 아래 나열된 값 중 하나를 설정합니다.

```
android:gravity="value"
```

android:gravity를 이용하면 뷰의 콘텐트를 뷰의 어디에 놓을지 정할 수 있어요.

값	하는 일
top	뷰의 콘텐트를 뷰의 위쪽에 놓습니다.
bottom	뷰의 콘텐트를 뷰의 아래쪽에 놓습니다.
left	뷰의 콘텐트를 뷰의 왼쪽에 놓습니다.
right	뷰의 콘텐트를 뷰의 오른쪽에 놓습니다.
start	뷰의 콘텐트를 뷰의 시작 부분에 놓습니다.
end	뷰의 콘텐트를 뷰의 끝 부분에 놓습니다.
center_vertical	뷰의 콘텐트를 수직으로 가운데에 놓습니다.
center_horizontal	뷰의 콘텐트를 수평으로 가운데에 놓습니다.
center	뷰의 콘텐트를 수직과 수평으로 가운데에 놓습니다.
fill_vertical	뷰의 콘텐트를 수직으로 채웁니다.
fill_horizontal	뷰의 콘텐트를 수평으로 채웁니다.
fill	뷰의 콘텐트를 수직과 수평으로 채웁니다.

start와 end 값은 API 17 이상에서만 사용할 수 있어요.

'|'를 이용해 중력 속성에 여러 값을 적용할 수도 있습니다. 예를 들어 다음 코드는 뷰의 콘텐트를 아래쪽 끝 모서리에 위치시킵니다.

```
android:gravity="bottom|end"
```

layout_gravity는 레이아웃 안에서 뷰의 위치를 제어합니다

레이아웃에 한 가지 더 바꿔야 할 부분이 있습니다. 현재 Send 버튼이 아래 왼쪽 모서리에 있습니다. Send 버튼의 위치를 끝 부분(왼쪽에서 오른쪽으로 읽는 언어에서는 아래 오른쪽)으로 옮겨야 합니다. android:layout_gravity 속성을 이용해 이를 구현할 수 있습니다.

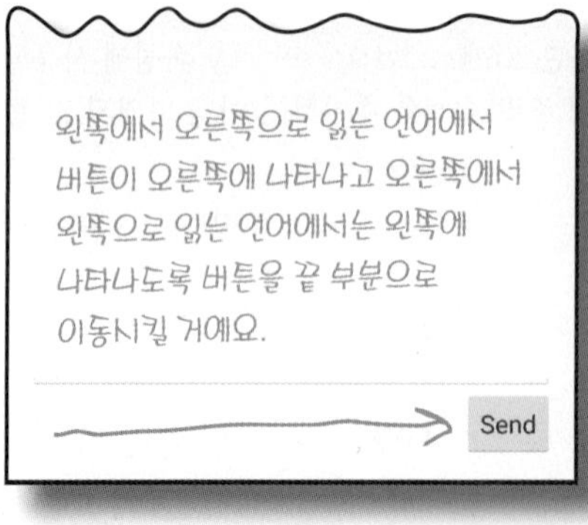

android:layout_gravity 속성으로 선형 레이아웃 안에 있는 뷰가 어디에 위치할 것인지 지정할 수 있습니다. 즉, 뷰를 오른쪽으로 밀거나 수평적으로 가운데에 배치할 수 있습니다. 다음 코드는 버튼을 끝 부분으로 이동시키는 예제입니다.

왼쪽에서 오른쪽으로 읽는 언어에서 버튼이 오른쪽에 나타나고 오른쪽에서 왼쪽으로 읽는 언어에서는 왼쪽에 나타나도록 버튼을 끝 부분으로 이동시킬 거예요.
Send

```
android:layout_gravity="end"
```

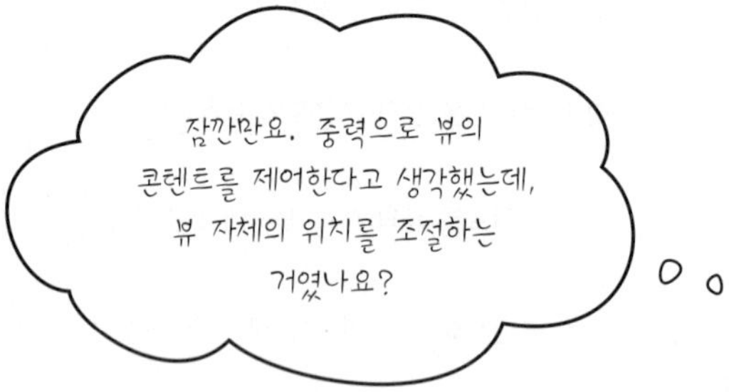

잠깐만요. 중력으로 뷰의 콘텐트를 제어한다고 생각했는데, 뷰 자체의 위치를 조절하는 거였나요?

선형 레이아웃은 gravity와 layout_gravity 두 가지 비슷한 이름의 속성을 가지고 있습니다.

몇 페이지 전에 android:gravity 속성을 이용해 텍스트 뷰 안의 Message 텍스트의 위치를 지정했습니다. 즉, android:gravity는 뷰의 **콘텐트**가 어디에 위치할지 지정합니다.

android:gravity_layout은 **뷰 자체의 위치**를 지정합니다. 즉, 사용할 수 있는 공간 내에서 뷰의 위치를 결정합니다. 우리 예제에서는 사용할 수 있는 공간에서 뷰를 끝 부분에 위치시킬 것이므로 다음과 같은 속성값을 이용합니다.

```
android:layout_gravity="end"
```

다음 페이지에서는 android:layout_gravity에 사용할 수 있는 다양한 값의 목록을 소개합니다.

android:gravity_layout 속성에 사용할 수 있는 값

다음은 android:gravity_layout 속성에 사용할 수 있는 값의 목록입니다. 뷰에 layout_gravity 속성을 추가하고 아래 나열된 값 중 하나를 설정합니다.

```
android:layout_gravity="value"
```

'|'를 이용해 뷰에 여러 layout_gravity 값을 설정할 수 있습니다. 예를 들어 android:layout_gravity="bottom|end"를 이용해 사용할 수 있는 공간에서 아래 끝 모서리로 뷰를 이동시킬 수 있어요.

값	하는 일
top, bottom, left, right	사용할 수 있는 공간에서 뷰를 위쪽, 아래쪽, 왼쪽, 오른쪽에 배치합니다.
start, end	사용할 수 있는 공간에서 뷰를 시작 또는 끝 부분에 배치합니다.
center_vertical, center_horizontal	사용할 수 있는 공간에서 뷰를 수직 또는 수평으로 중간에 배치합니다.
center	사용할 수 있는 공간에서 뷰를 수직과 수평으로 중간에 배치합니다.
fill_vertical, fill_horizontal	사용할 수 있는 공간에서 뷰를 수직 또는 수평으로 늘려 채웁니다.
fill	사용할 수 있는 공간으로 뷰를 수직 그리고 수평으로 늘려 채웁니다.

android:layout_gravity로 사용할 수 있는 공간에서 뷰를 어디에 배치할지 지정해요.

android:layout_gravity는 뷰 자체의 위치를 지정하는 반면 android:gravity는 뷰 콘텐트의 표시 위치를 지정해요.

선형 레이아웃 전체 코드

다음은 선형 레이아웃 전체 코드입니다.

```
<LinearLayout xmlns:android="http://schemas.android.com/apk/res/android"
    xmlns:tools="http://schemas.android.com/tools"
    android:layout_width="match_parent"
    android:layout_height="match_parent"
    android:padding="16dp"
    android:orientation="vertical"
    tools:context="com.hfad.views.MainActivity" >

    <EditText
        android:layout_width="match_parent"
        android:layout_height="wrap_content"
        android:hint="@string/to" />

    <EditText
        android:layout_width="match_parent"
        android:layout_height="0dp"
        android:layout_weight="1"
        android:gravity="top"
        android:hint="@string/message" />

    <Button
        android:layout_width="wrap_content"
        android:layout_height="wrap_content"
        android:layout_gravity="end"
        android:text="@string/send" />

</LinearLayout>
```

android:gravity와 android:layout_gravity는 서로 다른 속성이에요. android:gravity는 뷰의 콘텐트 위치와 관련이 있고 android:layout_gravity는 뷰 자체의 위치와 관련이 있어요.

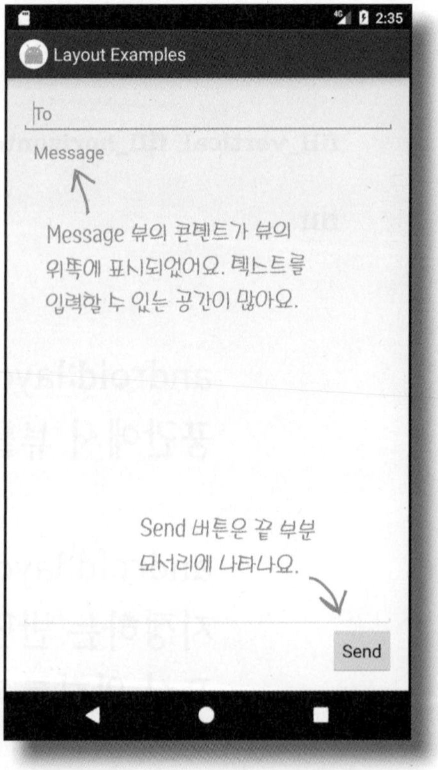
2:35
Layout Examples
To
Message
Message 뷰의 콘텐트가 뷰의 위쪽에 표시되었어요. 텍스트를 입력할 수 있는 공간이 많아요.
Send 버튼은 끝 부분 모서리에 나타나요.
Send

LinearLayout: 요약

아래에 선형 레이아웃을 생성하는 방법을 요약했습니다.

선형 레이아웃을 지정하는 방법

선형 레이아웃은 <LinearLayout>을 이용해 지정합니다. 이때 레이아웃의 너비, 높이, 방향을 반드시 지정해야 하지만 패딩은 선택사항입니다.

```
<LinearLayout xmlns:android="http://schemas.android.com/apk/res/android"
    android:layout_width="match_parent"
    android:layout_height="match_parent"
    android:orientation="vertical"
    ...>

    ...
</LinearLayout>
```

뷰는 코드의 순서대로 나타납니다

선형 레이아웃을 정의할 때는 화면에 보여주고 싶은 순서대로 뷰를 추가합니다.

무게 속성으로 뷰를 늘립니다

기본적으로 모든 뷰는 자신의 콘텐트를 표시할 수 있는 공간을 차지합니다.
뷰에 더 많은 공간을 할당하려면 무게 속성을 이용합니다.

```
android:layout_weight="1"
```

중력 속성으로 뷰의 콘텐트를 뷰의 어디에 위치시킬지 지정합니다

`android:gravity` 속성으로 뷰의 콘텐트(예를 들면 텍스트 필드의 텍스트)를 원하는 곳에 위치시킬 수 있습니다.

layout_gravity 속성으로 사용할 수 있는 공간에서 원하는 곳에 뷰를 위치시킬 수 있습니다

`android:layout_gravity` 속성으로 부모 레이아웃에서 뷰가 어디에 위치할지 지정할 수 있습니다. 예를 들어 뷰를 수평으로 가운데에 위치시키거나 끝 부분에 위치시킬 수 있습니다

지금까지 선형 레이아웃을 자세히 살펴봤습니다. 이번에는 **프레임 레이아웃**을 살펴볼 차례입니다.

프레임 레이아웃은 뷰를 겹쳐 쌓습니다

LinearLayout
FrameLayout

지금까지 살펴본 것처럼 선형 레이아웃은 뷰를 한 행이나 한 열에 배치합니다. 각 뷰는 화면에서 자신의 영역을 가지며 서로 공간이 겹치지 않습니다.

하지만 상황에 따라 뷰를 겹쳐야 할 수 있습니다. 예를 들어 이미지 위에 텍스트를 출력해야 할 수 있습니다. 선형 레이아웃으로는 이런 상황을 구현할 수 없습니다.

프레임 레이아웃은 뷰를 겹치게 배치할 수 있는 레이아웃 중 하나입니다. 뷰를 한 행이나 한 열에 배치하는 것이 아니라 다른 뷰의 윗부분에 쌓을 수 있습니다. 따라서 프레임 레이아웃을 이용하면 이미지 위에 텍스트를 표시할 수 있습니다.

프레임 레이아웃을 이용하면 뷰를 다른 뷰 위에 위치시킬 수 있어요. 예를 들어 이미지 위에 텍스트를 표시할 때 유용하죠.

프레임 레이아웃을 정의하는 방법

프레임 레이아웃은 다음처럼 <FrameLayout> 요소로 정의합니다.

```
<FrameLayout xmlns:android="http://schemas.android.com/apk/res/android"
    android:layout_width="match_parent"
    android:layout_height="match_parent"
    ...>

    ...

</FrameLayout>
```

<FrameLayout>으로 프레임 레이아웃을 정의해요.

선형 레이아웃에 사용한 것과 같은 속성을 사용했어요.

프레임 레이아웃 안에 쌓고 싶은 뷰를 여기에 추가해요.

선형 레이아웃처럼 프레임 레이아웃에서도 레이아웃의 너비와 높이를 결정하는 `android:layout_width`와 `layout_height` 속성을 반드시 지정해야 합니다.

새 프로젝트 만들기

이미지 위에 텍스트를 추가하면서 프레임 레이아웃이 어떻게 작동하는지 확인할 것입니다. 'Duck'이라는 이름과 'hfad.com'이라는 회사명을 이용해 `com.hfad.duck`이라는 패키지 이름을 사용하는 새 안드로이드 스튜디오 프로젝트를 생성합니다. 대부분의 API에서 작동하도록 최소 SDK를 API 수준 19로 지정합니다. 그리고 'MainActivity'라는 빈 액티비티와 'activity_main'이라는 레이아웃도 필요합니다. **액티비티를 생성할 때는 Backwards Compatibility (AppCompat) 옵션을 선택 해제합니다.**

☑ LinearLayout
→ ☐ FrameLayout

프로젝트에 이미지 추가하기

예제에서는 duck.jpg라는 이미지를 사용하므로 우리 프로젝트에 이미지를 추가해야 합니다.

안드로이드 스튜디오가 자동으로 drawable 리소스 폴더를 생성하지 않았다면 먼저 drawable 리소스 폴더를 생성해야 합니다. drawable은 앱의 이미지 리소스를 저장하는 기본 폴더입니다. 안드로이드 스튜디오 탐색기를 Project 뷰로 바꾼 다음 app/src/main/res 폴더를 선택합니다. 그리고 File → New → Android resource directory를 선택해 안드로이드 리소스 디렉터리 생성 메뉴를 실행합니다. Resource type은 'drawable'로 선택하고 Directory name도 'drawable'로 입력한 다음 OK 버튼을 클릭합니다.

drawable 폴더를 생성했으면 https://git.io/v9oet에서 duck.jpg 파일을 내려받은 다음 app/src/main/res/drawable 폴더에 추가합니다.

duck.jpg

activity_main.xml 파일에 프레임 레이아웃을 사용할 것이고 그 안에 이미지 뷰(이미지를 표시하는 뷰)와 텍스트 뷰를 추가할 겁니다. 다음처럼 여러분의 activity_main.xml 코드를 수정합니다.

```
<?xml version="1.0" encoding="utf-8"?>
<FrameLayout xmlns:android="http://schemas.android.com/apk/res/android"
    xmlns:tools="http://schemas.android.com/tools"
    android:layout_width="match_parent"
    android:layout_height="wrap_content"
    tools:context="com.hfad.duck.MainActivity">

    <ImageView
        android:layout_width="match_parent"
        android:layout_height="wrap_content"
        android:scaleType="centerCrop"
        android:src="@drawable/duck"/>

    <TextView
        android:layout_width="wrap_content"
        android:layout_height="wrap_content"
        android:padding="16dp"
        android:textSize="20sp"
        android:text="It's a duck!" />
</FrameLayout>
```

이번에는 프레임 레이아웃을 사용해요. (<FrameLayout>)

이미지를 프레임 레이아웃에 추가하는 코드예요. 이미지 뷰는 이 장 뒷부분에서 자세히 설명해요. (<ImageView>)

사용할 수 있는 공간에 맞게 이미지의 경계를 자르는 설정이에요. (android:scaleType="centerCrop")

drawable 폴더에 있는 'duck'이라는 이름의 이미지를 사용하라고 안드로이드에 말하는 거예요. (android:src="@drawable/duck")

프레임 레이아웃에 텍스트 뷰를 추가해요. (<TextView>)

텍스트의 크기를 증가시켰어요. (android:textSize="20sp")

실제 duck 앱에서는 이 텍스트를 문자열 리소스로 추가했을 거예요. (android:text="It's a duck!")

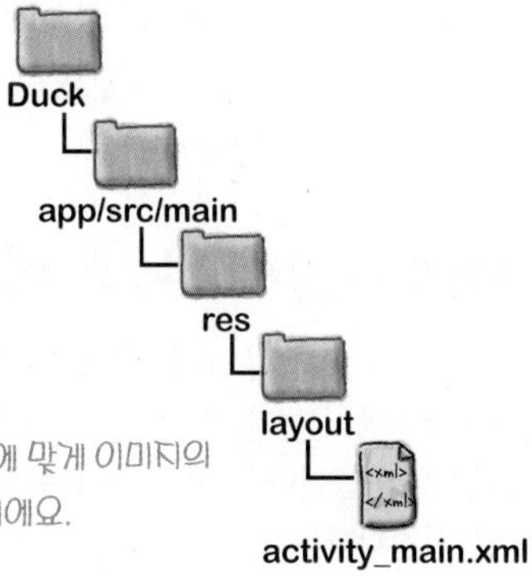

파일을 수정했으면 앱을 실행합니다. 다음 페이지에서는 이 코드가 무슨 동작을 하는지 설명합니다.

LinearLayout
FrameLayout

프레임 레이아웃은 레이아웃 XML에 정의된 순서대로 뷰를 쌓습니다

프레임 레이아웃을 정의할 때 뷰를 쌓고 싶은 순서대로 레이아웃에 코드를 추가합니다. 첫 번째 뷰가 먼저 나타나고 두 번째 뷰는 첫 번째 뷰 위에 쌓이는 방식입니다. 우리 예제에서는 이미지 위에 텍스트가 나타날 수 있도록 이미지 뷰를 추가한 다음 텍스트 뷰를 추가합니다.

```
<FrameLayout ...>
    <ImageView
        android:layout_width="match_parent"
        android:layout_height="wrap_content"
        android:scaleType="centerCrop"
        android:src="@drawable/duck"/>

    <TextView
        android:layout_width="wrap_content"
        android:layout_height="wrap_content"
        android:padding="16dp"
        android:textSize="20sp"
        android:text="It's a duck!" />
</FrameLayout>
```

이미지 뷰예요.

텍스트 뷰예요.

layout_gravity로 레이아웃 내의 뷰 위치 결정하기

기본적으로 프레임 레이아웃에 추가한 모든 뷰는 왼쪽 윗부분에 위치합니다. 선형 레이아웃에서 했던 것처럼 android:layout_gravity를 이용해 뷰의 위치를 바꿀 수 있습니다. 예를 들어 다음 코드는 텍스트 뷰를 이미지의 아래쪽 끝부분으로 이동시킵니다.

```
...
    <TextView
        android:layout_width="wrap_content"
        android:layout_height="wrap_content"
        android:padding="16dp"
        android:layout_gravity="bottom|end"
        android:textSize="20sp"
        android:text="It's a duck!" />
</FrameLayout>
```

이렇게 설정하면 텍스트가 아래쪽 끝 모서리로 이동해요.

LinearLayout
→ FrameLayout

레이아웃을 중첩할 수 있습니다

프레임 레이아웃의 단점 중 하나는 다른 레이아웃과 불필요하게 겹칠 수 있다는 점입니다. 예를 들어 아래 끝 모서리에 두 개의 텍스트 뷰를 한 개는 아래에 그리고 나머지 한 개는 그 위에 표시하고 싶을 수 있습니다.

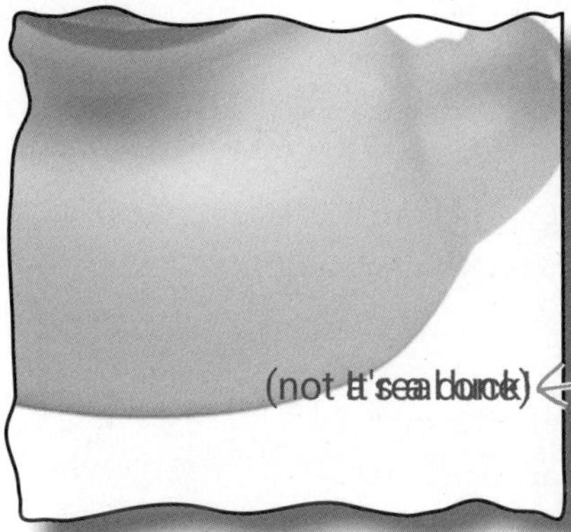

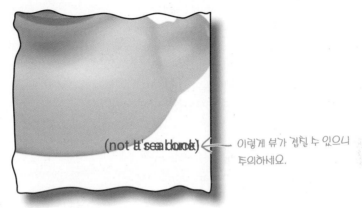

이렇게 뷰가 겹칠 수 있으니 주의하세요.

텍스트 뷰에 마진이나 패딩을 추가해서 문제를 해결할 수 있습니다. 하지만 두 텍스트를 선형으로 배치해 하나의 그룹으로 묶은 다음 프레임 레이아웃에 추가하면 문제를 더 깔끔하게 해결할 수 있습니다.

이미지 뷰와 선형 레이아웃을 포함하는 프레임 레이아웃이에요.

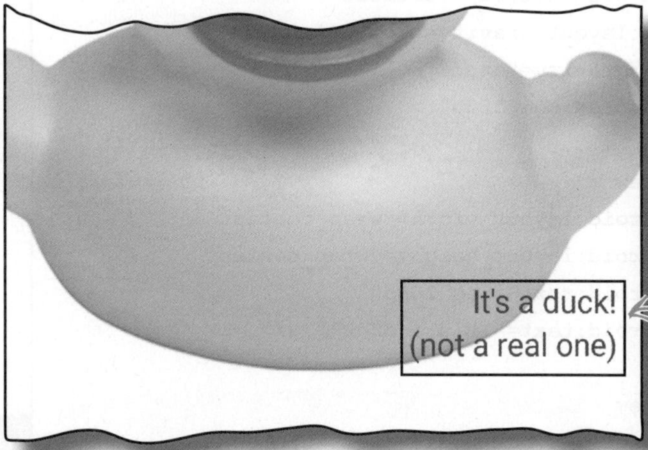

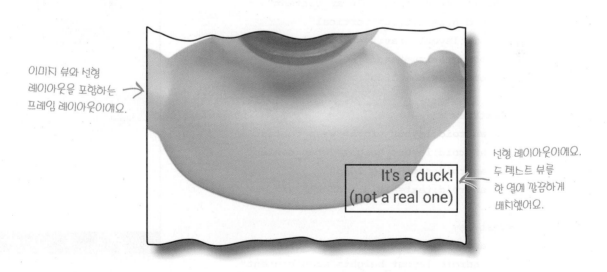

선형 레이아웃이에요. 두 텍스트 뷰를 한 열에 깔끔하게 배치했어요.

다음 페이지에서는 코드를 어떻게 바꿔야 하는지 전체 코드를 보여줍니다.

레이아웃을 중첩하는 전체 코드

LinearLayout
FrameLayout

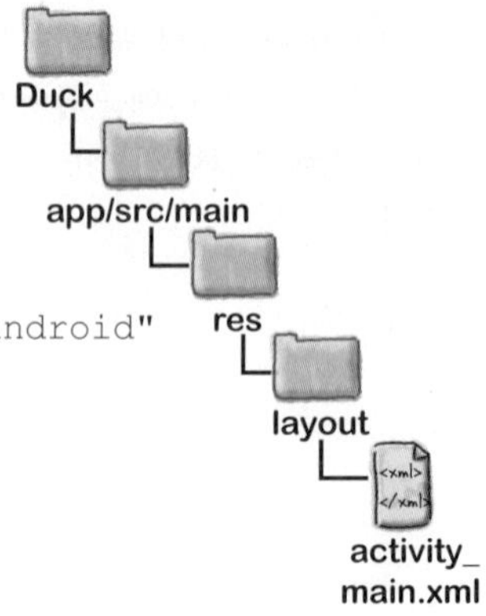

다음은 프레임 레이아웃 안에 선형 레이아웃을 중첩한 전체 코드입니다. 여러분의 activity_main.xml 파일을 다음처럼 바꾼 다음 앱을 실행해서 어떤 모습이 나타나는지 확인하세요.

```
<?xml version="1.0" encoding="utf-8"?>
<FrameLayout xmlns:android="http://schemas.android.com/apk/res/android"
    xmlns:tools="http://schemas.android.com/tools"
    android:layout_width="match_parent"
    android:layout_height="wrap_content"
    tools:context="com.hfad.duck.MainActivity">

    <ImageView
    android:layout_width="match_parent"
    android:layout_height="wrap_content"
    android:scaleType="centerCrop"
    android:src="@drawable/duck"/>

    <LinearLayout
        android:layout_width="wrap_content"
        android:layout_height="wrap_content"
        android:orientation="vertical"
        android:layout_gravity="bottom|end"
        android:gravity="end"
        android:padding="16dp" >

        <TextView
            android:layout_width="wrap_content"
            android:layout_height="wrap_content"
            android:textSize="20sp"
            android:text="It's a duck!"  />

        <TextView
            android:layout_width="wrap_content"
            android:layout_height="wrap_content"
            android:textSize="20sp"
            android:text="(not a real one)" />
    </LinearLayout>
</FrameLayout>
```

두 개의 텍스트 뷰를 포함할 수 있을 만큼 큰 선형 레이아웃을 추가했어요.

선형 레이아웃의 각 텍스트 뷰를 사용할 수 있는 공간의 끝부분으로 이동시켰어요.

선형 레이아웃을 프레임 레이아웃의 아래 끝 모서리로 이동시키는 설정이에요.

FrameLayout: 요약

LinearLayout
FrameLayout

아래에 프레임 레이아웃을 생성하는 방법을 요약했습니다.

프레임 레이아웃을 지정하는 방법

<FrameLayout>으로 프레임 레이아웃을 지정합니다. 반드시 레이아웃의 너비와 높이를 지정해야 합니다.

```
<FrameLayout xmlns:android="http://schemas.android.com/apk/res/android"
    android:layout_width="match_parent"
    android:layout_height="match_parent"
    ...>

    ...

</FrameLayout>
```

뷰는 코드에 나타나는 순서대로 쌓입니다

뷰는 프레임 레이아웃을 정의할 때 추가한 순서대로 쌓입니다. 첫 번째 뷰는 스택(stack)의 바닥에 쌓이고 다음 뷰는 그 위에 쌓이는 방식입니다.

layout_gravity로 뷰의 위치를 지정합니다

android:layout_gravity 속성은 프레임 레이아웃에서 뷰의 위치를 지정합니다. 예를 들어 뷰를 끝으로 이동시키거나 아래 끝 모서리로 이동시킬 수 있습니다.

지금까지 간단한 두 개의 안드로이드 레이아웃인 선형 레이아웃과 프레임 레이아웃을 살펴봤습니다. 이제 연습문제에 도전할 차례입니다.

레이아웃이 되어보아요

아래 다섯 개의 화면 중 세 개의 화면은 오른쪽 페이지에 있는 레이아웃으로 만들어졌습니다. 여러분이 할 일은 어떤 코드가 어떤 레이아웃을 만드는지 찾는 것입니다.

1

2

3

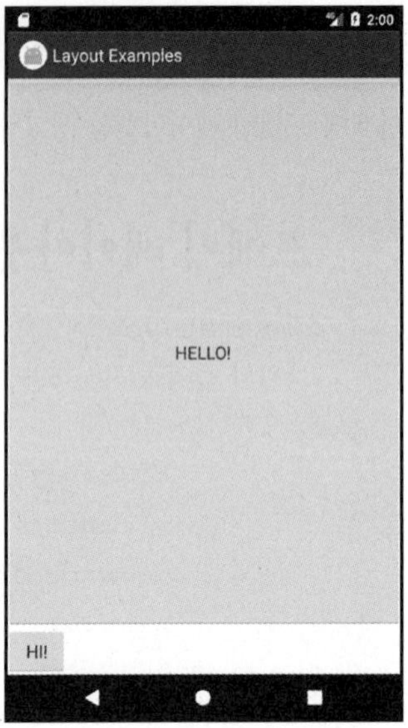

4

5

A

```
<LinearLayout xmlns:android=
        "http://schemas.android.com/apk/res/android"
    xmlns:tools="http://schemas.android.com/tools"
    android:layout_width="match_parent"
    android:layout_height="match_parent"
    android:orientation="vertical"
    tools:context="com.hfad.views.MainActivity" >
    <Button
        android:layout_width="match_parent"
        android:layout_height="match_parent"
        android:text="HELLO!" />
</LinearLayout>
```

B

```
<LinearLayout xmlns:android=
        "http://schemas.android.com/apk/res/android"
    xmlns:tools="http://schemas.android.com/tools"
    android:layout_width="match_parent"
    android:layout_height="match_parent"
    android:orientation="vertical"
    tools:context="com.hfad.views.MainActivity" >
    <Button
        android:layout_width="match_parent"
        android:layout_height="0dp"
        android:layout_weight="1"
        android:text="HELLO!" />
    <Button
        android:layout_width="wrap_content"
        android:layout_height="wrap_content"
        android:text="HI!" />
</LinearLayout>
```

C

```
<LinearLayout  xmlns:android=
        "http://schemas.android.com/apk/res/android"
    xmlns:tools="http://schemas.android.com/tools"
    android:layout_width="match_parent"
    android:layout_height="match_parent"
    android:orientation="vertical"
    tools:context="com.hfad.views.MainActivity" >
    <Button
        android:layout_width="wrap_content"
        android:layout_height="wrap_content"
        android:text="HELLO!" />
    <Button
        android:layout_width="wrap_content"
        android:layout_height="wrap_content"
        android:text="HI!" />
</LinearLayout>
```

레이아웃이 되어보아요 정답

아래 다섯 개의 화면 중 세 개의 화면은 오른쪽 페이지에 있는 레이아웃으로 만들어졌습니다. 여러분이 할 일은 어떤 코드가 어떤 레이아웃을 만드는지 찾는 것입니다.

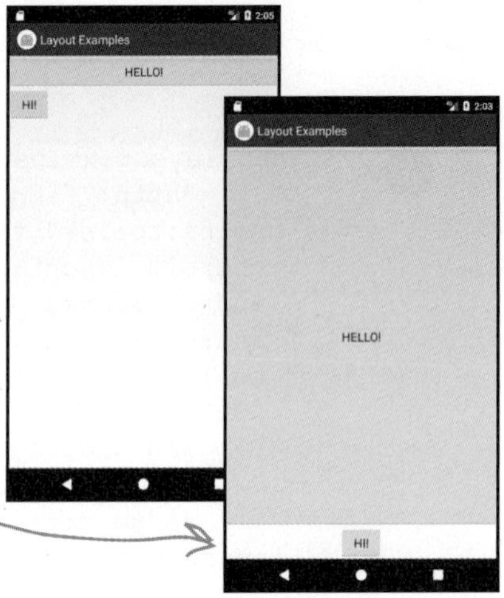

이런 화면을 만드는 레이아웃은 없었어요.

1

A

```
<LinearLayout xmlns:android=
        "http://schemas.android.com/apk/res/android"
    xmlns:tools="http://schemas.android.com/tools"
    android:layout_width="match_parent"
    android:layout_height="match_parent"
    android:orientation="vertical"
    tools:context="com.hfad.views.MainActivity" >
    <Button
        android:layout_width="match_parent"
        android:layout_height="match_parent"
        android:text="HELLO!" />
</LinearLayout>
```

화면을 가득 채우는 한 개의 버튼이 있어요.

3

B

```
<LinearLayout xmlns:android=
        "http://schemas.android.com/apk/res/android"
    xmlns:tools="http://schemas.android.com/tools"
    android:layout_width="match_parent"
    android:layout_height="match_parent"
    android:orientation="vertical"
    tools:context="com.hfad.views.MainActivity" >
    <Button
        android:layout_width="match_parent"
        android:layout_height="0dp"
        android:layout_weight="1"
        android:text="HELLO!" />
    <Button
        android:layout_width="wrap_content"
        android:layout_height="wrap_content"
        android:text="HI!" />
</LinearLayout>
```

이 버튼은 아래의 버튼에서 필요한 공간을 제외한 나머지 공간을 모두 차지해요.

4

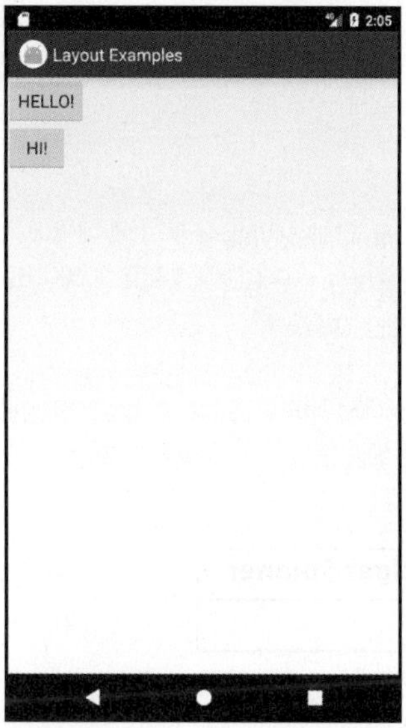

C

```
<LinearLayout  xmlns:android=
        "http://schemas.android.com/apk/res/android"
    xmlns:tools="http://schemas.android.com/tools"
    android:layout_width="match_parent"
    android:layout_height="match_parent"
    android:orientation="vertical"
    tools:context="com.hfad.views.MainActivity" >
    <Button
        android:layout_width="wrap_content"
        android:layout_height="wrap_content"
        android:text="HELLO!" />
    <Button
        android:layout_width="wrap_content"
        android:layout_height="wrap_content"
        android:text="HI!" />
</LinearLayout>
```

두 버튼 모두 layout_width와 layout_height를 "wrap_content"로 설정했으므로 콘텐트를 표시하는 데 필요한 공간만 차지해요.

레이아웃과 GUI 컴포넌트는 많은 공통점을 갖고 있습니다

지금까지 모든 레이아웃 유형이 여러 가지 공통 속성을 갖고 있다는 사실을 확인했습니다. 어떤 레이아웃을 사용하든 레이아웃의 너비와 높이를 지정하는 android:layout_width와 android:layout_height를 반드시 지정해야 합니다. 이는 레이아웃에만 적용되는 법칙이 아닙니다. 즉, 모든 GUI 컴포넌트 역시 android:layout_width와 android:layout_height를 반드시 지정해야 합니다.

모든 레이아웃과 GUI 컴포넌트는 안드로이드 View 클래스의 하위 클래스이기 때문입니다. 지금부터 이 부분을 자세히 살펴봅니다.

GUI 컴포넌트는 뷰의 일종입니다

GUI 컴포넌트는 모두 뷰의 일종이라는 사실을 이미 확인했습니다. 사실 모든 GUI 컴포넌트는 android.view.View 클래스를 상속받습니다. 따라서 사용자 인터페이스의 모든 GUI 컴포넌트는 공통 속성과 동작을 갖습니다. 예를 들어 모든 GUI 컴포넌트는 화면에 나타날 수 있으며 이들의 크기가 얼마여야 할지는 우리가 지정해야 합니다. 사용자 인터페이스의 모든 GUI 컴포넌트는 이런 기본 기능을 상속받아서 확장합니다.

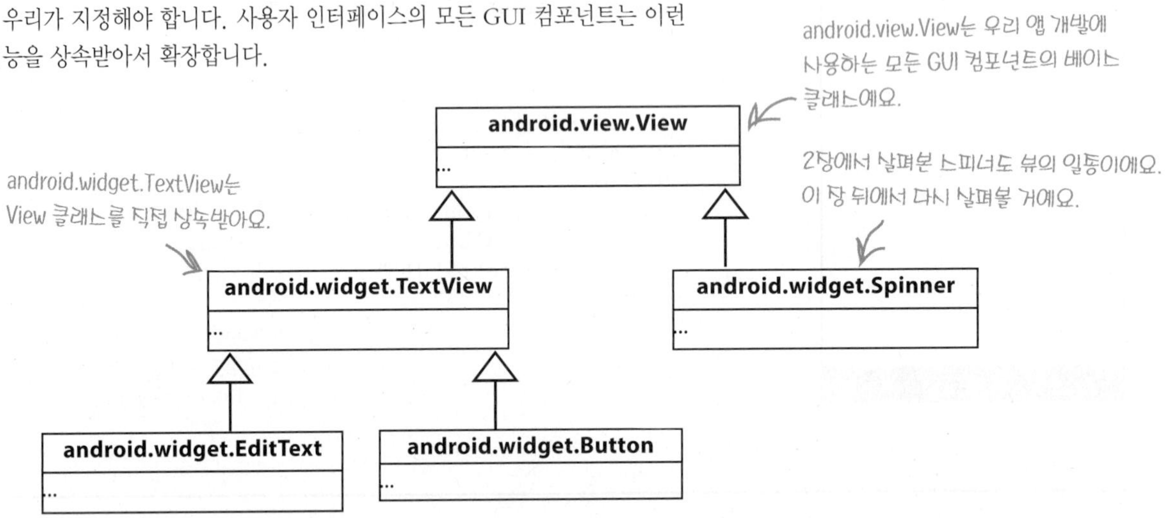
android.view.View는 우리 앱 개발에 사용하는 모든 GUI 컴포넌트의 베이스 클래스예요.
android.view.View
...
2장에서 살펴본 스피너도 뷰의 일종이에요. 이 장 뒤에서 다시 살펴볼 거예요.
android.widget.TextView는 View 클래스를 직접 상속받아요.
android.widget.TextView
...
android.widget.Spinner
...
android.widget.EditText
...
android.widget.Button
...

레이아웃은 ViewGroup이라는 뷰의 일종입니다

GUI 컴포넌트만 뷰의 일종인 것은 아닙니다. 내부적으로 레이아웃도 **뷰 그룹**이라 불리는 특별한 종류의 뷰에 해당합니다. 모든 레이아웃은 android.view.ViewGroup 클래스를 상속받습니다. 뷰 그룹은 다른 뷰를 포함할 수 있는 종류의 뷰입니다.

GUI 컴포넌트는 뷰의 일종이며 화면의 공간을 차지할 수 있는 객체예요.

레이아웃은 다른 뷰를 포함할 수 있는 특별한 뷰인 뷰 그룹의 일종이에요.

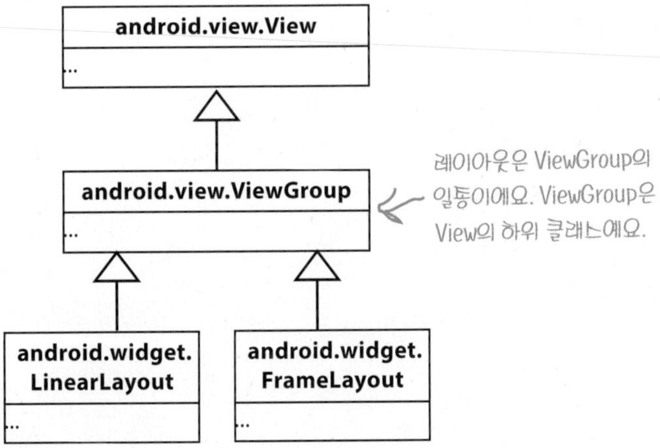
android.view.View
...
android.view.ViewGroup
...
레이아웃은 ViewGroup의 일종이에요. ViewGroup은 View의 하위 클래스예요.
android.widget.
LinearLayout
...
android.widget.
FrameLayout
...

뷰란 우리에게 무엇인가?

View 객체는 화면에서 정사각형의 공간을 차지합니다. View 객체는 모든 뷰가 안드로이드 마을에서 행복하게 살아가는 데 필요한 기능을 포함합니다. 그중에서도 다음은 우리가 중요하다고 생각하는 뷰의 특징입니다.

속성을 얻거나 설정하기

각 뷰는 결국 자바 객체이므로 액티비티 코드에 있는 속성을 얻거나 설정할 수 있습니다. 예를 들어 스피너에서 선택한 값을 가져오거나 텍스트 뷰의 텍스트를 바꿀 수 있습니다. 뷰의 종류에 따라 사용할 수 있는 속성과 메서드가 달라집니다.

뷰의 속성을 얻거나 설정할 수 있도록 각 뷰는 자신을 코드에서 참조할 수 있는 ID를 갖고 있습니다.

액티비티 코드에서 사용할 수 있는 뷰 메서드예요. 이들 메서드는 기본 View 클래스에서 제공하므로 모든 뷰와 뷰 그룹에서 사용할 수 있어요.

android.view.View
getId()
getHeight()
getWidth()
setVisibility(int)
findViewById(int)
isClickable()
isFocused()
requestFocus()
...

크기와 위치

안드로이드가 뷰의 크기를 알 수 있도록 우리는 뷰의 너비와 높이를 지정해야 합니다. 또한 뷰를 둘러싸는 패딩 값도 지정할 수 있습니다.

일단 화면에 뷰가 나타나면 뷰의 위치를 얻을 수 있으며 화면에 나타난 뷰의 실제 크기도 얻을 수 있습니다.

포커스 처리

안드로이드는 사용자의 동작에 따라 포커스를 어떻게 이동시킬지 결정합니다. 예를 들어 뷰가 사라지거나, 제거되거나, 나타나는 등의 상황이 발생했을 때 포커스를 처리합니다.

이벤트 처리와 리스너

뷰는 이벤트에 대응할 수 있습니다. 뷰에 어떤 일이 일어났을 때 앱이 대응할 수 있도록 직접 리스너를 생성할 수 있습니다. 예를 들어 모든 뷰는 포커스를 얻거나 잃었을 때 응답하며 버튼(그리고 모든 하위 클래스)은 버튼 클릭에 대응할 수 있습니다.

뷰 그룹도 뷰이므로 모든 레이아웃과 GUI 컴포넌트는 이와 같은 기능을 공유합니다.

레이아웃은 사실 뷰의 계층도입니다

XML을 이용해 정의하는 레이아웃은 사실상 뷰와 뷰 그룹의 계층 트리를 이룹니다. 예를 들어 다음은 버튼과 편집할 수 있는 텍스트 필드를 포함하는 선형 레이아웃입니다. 선형 레이아웃 자체는 뷰 그룹이며 버튼과 텍스트 필드는 뷰입니다. 뷰 그룹은 뷰의 부모이며 뷰는 뷰 그룹의 자식입니다.

```
<LinearLayout xmlns:android="http://schemas.android.com/apk/res/android"
    ... >

    <Button
        android:id="@+id/send"
        ... />

    <EditText
        android:id="@+id/message"
        ... />

</LinearLayout>
```

XML에서 많은 코드를 생략했어요. 핵심은 뷰 그룹이 포함하는 뷰니까요.

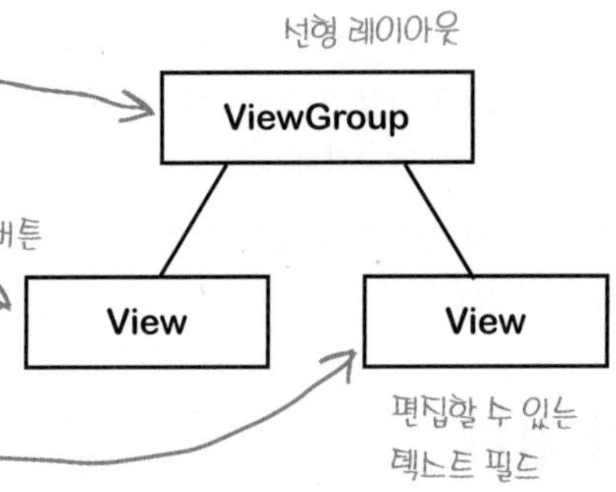

앱을 만들 때 내부적으로 레이아웃 XML은 View의 트리를 포함하는 ViewGroup 객체로 변환됩니다. 위 예제에서 버튼은 Button 객체로, 텍스트 뷰는 TextView 객체로 변환됩니다. Button과 TextView는 모두 View의 하위 클래스입니다.

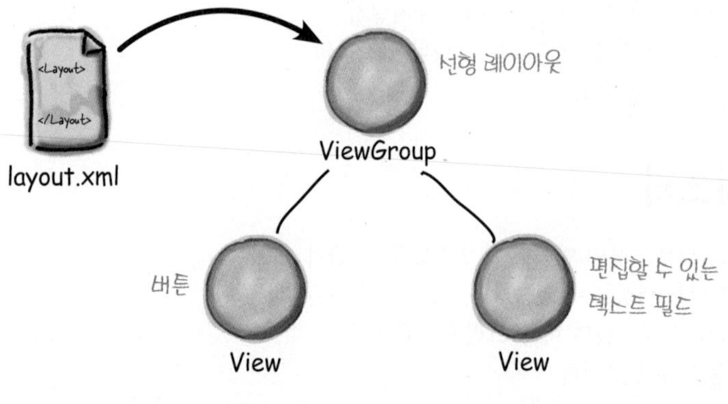

레이아웃의 뷰를 자바 코드로 제어할 수 있는 이유가 바로 이 때문입니다. 내부적으로 모든 뷰는 자바 View 객체로 변환됩니다.

뷰 가지고 놀기

가장 평범한 GUI 컴포넌트를 살펴봅시다. 이미 살펴본 컴포넌트를 포함해 여러 컴포넌트를 다시 검토합니다. 모든 API를 설명하긴 어려우므로 중요한 기능부터 설명합니다.

텍스트 뷰

텍스트를 표시할 때는 텍스트 뷰를 사용합니다.

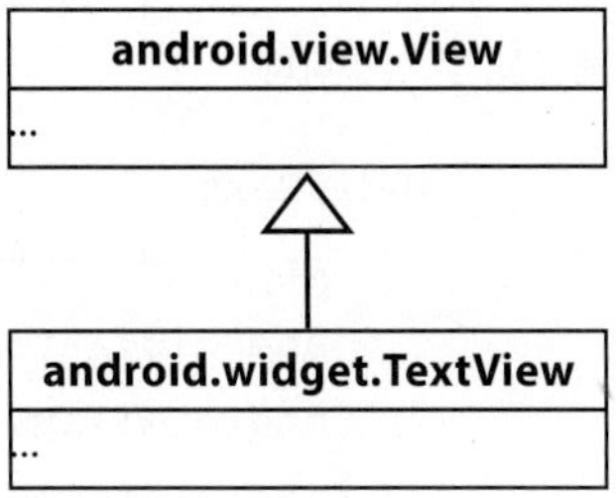

XML에 텍스트 뷰 정의하기

`<TextView>` 요소를 이용해 레이아웃에 텍스트 뷰를 정의할 수 있습니다. `android:text` 속성으로 표시하려는 텍스트를 설정할 수 있으며 보통 문자열 리소스로 텍스트 값을 제공합니다.

```
<TextView
    android:id="@+id/text_view"
    android:layout_width="wrap_content"
    android:layout_height="wrap_content"
    android:text="@string/text" />
```

`TextView` API는 텍스트 크기 같은 텍스트 뷰의 모양을 제어할 수 있는 여러 속성을 포함합니다. 다음처럼 `android:textSize` 속성으로 텍스트 크기를 바꿀 수 있습니다.

```
android:textSize="16sp"
```

스케일 독립 픽셀(scale-independent pixel, sp)을 이용해 텍스트 크기를 지정할 수 있습니다. 스케일 독립 픽셀은 사용자가 디바이스에서 큰 폰트를 사용하는지 따집니다. 즉, 텍스트 크기를 16sp로 같게 설정하더라도 작은 폰트를 사용하도록 구성한 디바이스에 비해 큰 폰트를 사용하도록 구성한 디바이스에서는 글자가 더 크게 보입니다.

액티비티 코드에서 사용하기

다음과 같은 코드로 텍스트 뷰에 텍스트를 표시할 수 있습니다.

```
TextView textView = (TextView) findViewById(R.id.text_view);
textView.setText("Some other String");
```

편집할 수 있는 텍스트 뷰

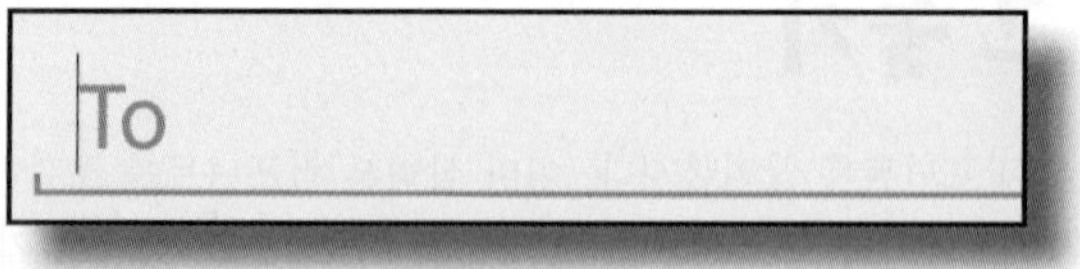

텍스트 뷰와 같지만 편집할 수 있습니다.

XML에 편집할 수 있는 텍스트 뷰 정의하기

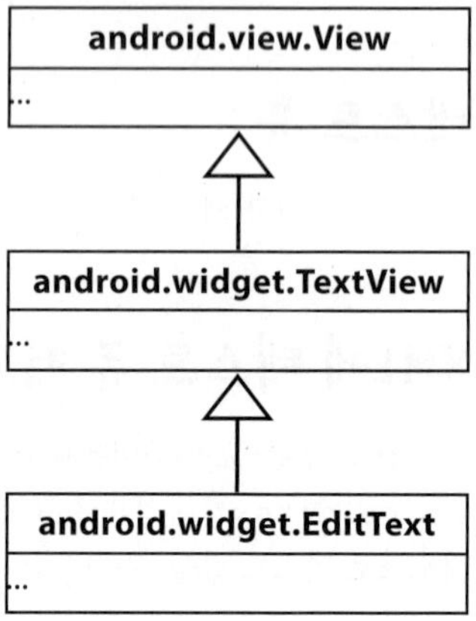

<EditText> 요소를 이용해 XML에 편집할 수 있는 텍스트 뷰를 정의할 수 있습니다. android:hint 속성을 이용해 사용자에게 필드에 무엇을 입력할 수 있는지 힌트를 제공할 수 있습니다.

```
<EditText
    android:id="@+id/edit_text"
    android:layout_width="wrap_content"
    android:layout_height="wrap_content"
    android:hint="@string/edit_text" />
```

android:inputType 속성을 이용해 사용자가 어떤 종류의 데이터를 입력해야 하는지 정의할 수 있습니다. 예를 들어 사용자가 숫자를 입력해야 한다면 다음처럼 inputType 속성을 설정할 수 있습니다.

```
android:inputType="number"
```

그러면 사용자가 숫자를 입력할 수 있도록 숫자 키패드가 나타납니다. 다음은 inputType 속성에 자주 사용하는 몇 가지 값입니다.

inputType에 사용할 수 있는 모든 값의 목록은 https://goo.gl/WC9rXW를 참고하세요.

값	하는 일
phone	휴대폰 번호 키패드를 제공합니다.
textPassword	텍스트 입력 키패드를 표시하지면 입력값은 표시하지 않습니다.
textCapSentences	단어나 문장의 첫 번째 문자를 대문자로 표시합니다.
textAutoCorrect	입력하는 텍스트를 자동으로 고칩니다.

| 문자를 이용해 여러 입력 형식을 지정할 수 있습니다. 예를 들어 다음은 첫 번째 문자를 대문자로 그리고 자동으로 오류를 고치는 설정입니다.

```
android:inputType="textCapSentences|textAutoCorrect"
```

액티비티 코드에서 사용하기

다음은 편집할 수 있는 텍스트 뷰에 입력한 텍스트를 가져오는 코드입니다.

```
EditText editText = (EditText) findViewById(R.id.edit_text);
String text = editText.getText().toString();
```

버튼

사용자가 클릭했을 때 어떤 동작을 수행하려면 버튼을 사용합니다.

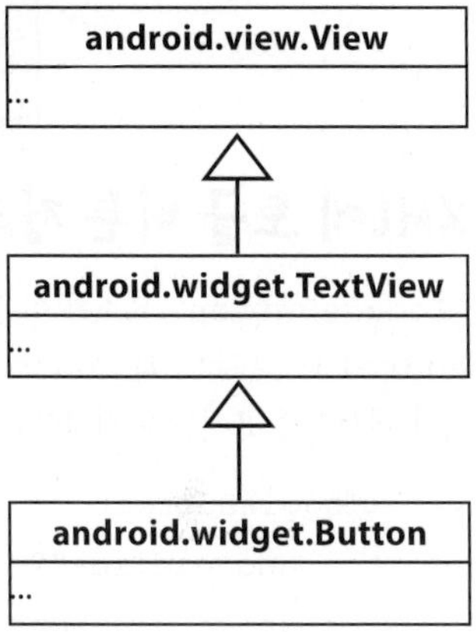

XML에 버튼 정의하기

<Button> 요소로 XML에 버튼을 정의할 수 있습니다. android:text 속성으로 버튼에 표시할 텍스트를 지정할 수 있습니다.

```
<Button
    android:id="@+id/button"
    android:layout_width="wrap_content"
    android:layout_height="wrap_content"
    android:text="@string/button_text" />
```

액티비티 코드에서 사용하기

다음 코드처럼 레이아웃 XML에서 android:onClick 속성에 액티비티 코드의 메서드 이름을 설정해서 사용자의 버튼 클릭에 응답할 수 있습니다.

```
android:onClick="onButtonClicked"
```

여러분 액티비티에 다음처럼 메서드를 정의합니다.

```
/** 버튼을 클릭하면 호출됨 */
public void onButtonClicked(View view) {
    // 버튼 클릭에 응답해 어떤 동작을 수행
}
```

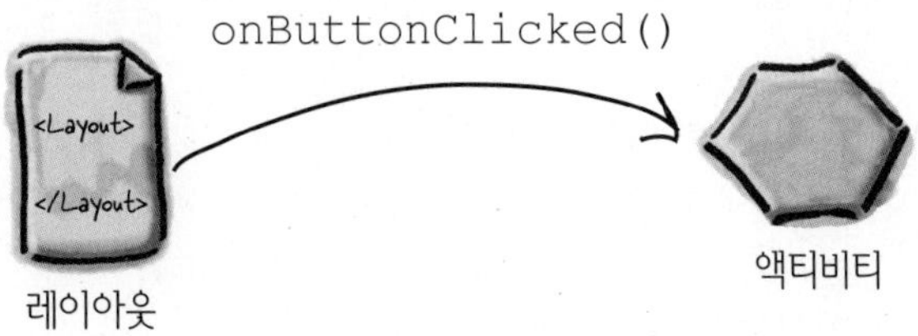

토글 버튼

토글 버튼을 이용하면 버튼을 클릭할 때마다 두 가지 상태 중 한 가지 상태로 바꿀 수 있습니다.

토글 버튼이 꺼져 있을 때의 모습이에요.

토글 버튼을 클릭하면 켜진 상태로 바뀌어요.

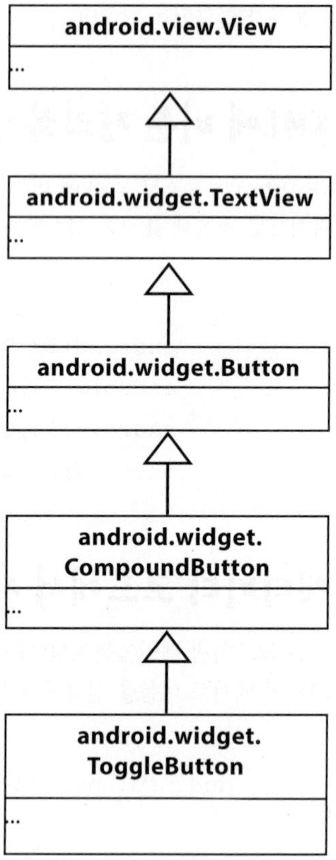

XML에 토글 버튼 정의하기

<ToggleButton> 요소를 이용해 XML에 토글 버튼을 정의할 수 있습니다. android:textOn과 android:textOff 속성으로 토글 버튼 상태에 따라 어떤 메시지를 표시할지 지정합니다.

```
<ToggleButton
    android:id="@+id/toggle_button"
    android:layout_width="wrap_content"
    android:layout_height="wrap_content"
    android:textOn="@string/on"
    android:textOff="@string/off" />
```

컴파운드 버튼(CompoundButton)은 두 가지 상태, 즉 선택된 상태와 선택되지 않은 상태를 갖는 버튼입니다. 컴파운드 버튼을 구현한 것이 토글 버튼이에요.

액티비티 코드에서 사용하기

레이아웃 XML에서 android:onClick 속성을 이용해 사용자의 클릭에 응답하도록 토글 버튼을 정의할 수 있습니다. 다음 코드처럼 액티비티 코드에서 호출할 메서드의 이름을 값으로 제공합니다.

```
android:onClick="onToggleButtonClicked"
```

일반 버튼을 클릭할 때와 같은 방법으로 메서드를 호출해요.

그리고 다음처럼 액티비티에 메서드를 정의합니다.

```
/** 토글 버튼을 클릭하면 호출돼요 */
public void onToggleButtonClicked(View view) {
    // 토글 버튼의 상태 얻기
    boolean on = ((ToggleButton) view).isChecked();
    if (on) {
        // 켜짐
    } else {
        // 꺼짐
    }
}
```

토글 버튼이 켜진 상태면 true를, 꺼진 상태면 false를 반환해요.

스위치

스위치는 토글 버튼과 비슷하게 동작하는 슬라이더 컨트롤입니다.

XML에 스위치 정의하기

<Switch> 요소를 이용해 XML에 스위치를 정의할 수 있습니다. android:textOn과 android:textOff로 스위치 상태에 따라 어떤 텍스트를 보여줄 것인지 지정할 수 있습니다.

```
<Switch
    android:id="@+id/switch_view"
    android:layout_width="wrap_content"
    android:layout_height="wrap_content"
    android:textOn="@string/on"
    android:textOff="@string/off" />
```

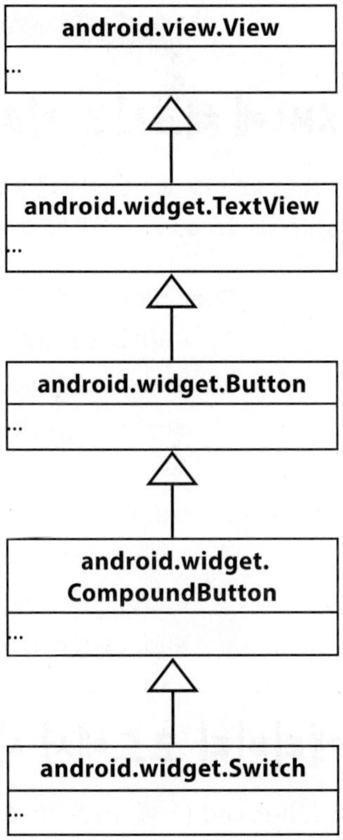

액티비티 코드에서 사용하기

레이아웃 XML에서 android:onClick 속성을 이용해 사용자의 클릭에 응답하도록 스위치를 정의할 수 있습니다. 다음 코드처럼 액티비티 코드에서 호출할 메서드의 이름을 값으로 제공합니다.

```
android:onClick="onSwitchClicked"
```

그리고 다음처럼 액티비티에 메서드를 정의합니다.

```
/** 스위치를 클릭하면 호출돼요 */
public void onSwitchClicked(View view) {
    // 스위치가 켜진 상태인가?
    boolean on = ((Switch) view).isChecked();

    if (on) {
        // 켜짐
    } else {
        // 꺼짐
    }
}
```

토글 버튼에서 사용한 코드와 아주 비슷해요.

체크박스

체크박스는 선택할 수 있는 다양한 옵션을 사용자에게 제공할 때 사용합니다. 각각의 체크박스는 다른 체크박스와 독립적으로 체크된 상태 또는 체크되지 않은 상태 중 하나의 상태를 갖습니다.

두 개의 체크박스가 있어요. 사용자는 우유(Milk)나 설탕(Sugar) 중 하나를 고르거나, 둘 다 고르거나, 아무것도 고르지 않을 수 있어요.

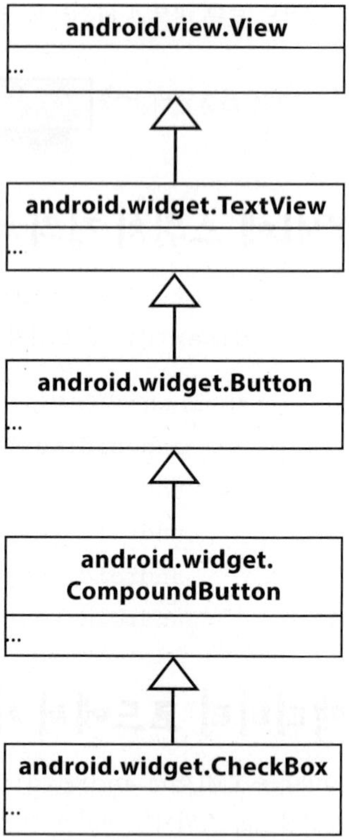

XML에 체크박스 정의하기

<CheckBox> 요소를 이용해 XML에 체크박스를 정의할 수 있습니다. android:text 속성으로 각 옵션에 표시할 텍스트를 지정합니다.

```
<CheckBox android:id="@+id/checkbox_milk"
    android:layout_width="wrap_content"
    android:layout_height="wrap_content"
    android:text="@string/milk" />

<CheckBox android:id="@+id/checkbox_sugar"
    android:layout_width="wrap_content"
    android:layout_height="wrap_content"
    android:text="@string/sugar" />
```

액티비티 코드에서 사용하기

isChecked() 메서드로 각 체크박스가 선택되어 있는지 확인할 수 있습니다. 메서드가 true를 반환하면 체크박스가 체크되어 있는 것입니다.

```
CheckBox checkbox = (CheckBox) findViewById(R.id.checkbox_milk);
boolean checked = checkbox.isChecked();
if (checked) {
    // 어떤 동작을 수행
}
```

체크박스(계속)

버튼처럼 android:onClick 속성을 레이아웃 XML에 정의해서 사용자의 체크박스 클릭에 응답할 수 있으며 이때 액티비티 코드에서 호출할 메서드를 값으로 설정합니다.

```
<CheckBox android:id="@+id/checkbox_milk"
    android:layout_width="wrap_content"
    android:layout_height="wrap_content"
    android:text="@string/milk"
    android:onClick="onCheckboxClicked"/>

<CheckBox android:id="@+id/checkbox_sugar"
    android:layout_width="wrap_content"
    android:layout_height="wrap_content"
    android:text="@string/sugar"
    android:onClick="onCheckboxClicked"/>
```

어떤 체크박스를 클릭하든 항상 onCheckboxClicked() 메서드가 호출돼요. 원한다면 서로 다른 메서드를 호출하도록 정의할 수 있어요.

그리고 다음처럼 액티비티에 메서드를 정의합니다.

```
public void onCheckboxClicked(View view) {
    // 클릭한 체크박스가 체크되어 있는 상태인가?
    boolean checked = ((CheckBox) view).isChecked();

    // 어떤 체크박스를 클릭했는지 확인
    switch(view.getId()) {
        case R.id.checkbox_milk:
            if (checked)
                // 밀크 커피
            else
                // 한밤에 달빛조차 없는 듯한 어둠
            break;
        case R.id.checkbox_sugar:
            if (checked)
                // 달콤한 맛
            else
                // 쓴 맛
            break;
    }
}
```

라디오 버튼

라디오 버튼은 사용자에게 여러 옵션을 표시한 다음 한 옵션을 선택하도록 하는 데 사용합니다.

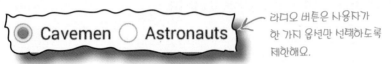

라디오 버튼은 사용자가 한 가지 옵션만 선택하도록 제한해요.

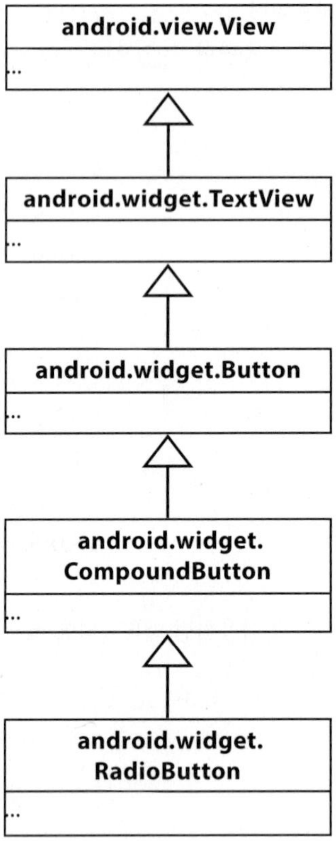

XML에 라디오 버튼 정의하기

<RadioGroup>이라는 특별한 종류의 뷰 그룹 태그를 이용해 라디오 그룹을 만들 수 있습니다. 그리고 이 태그 안에 <RadioButton> 태그를 이용해 개별 라디오 버튼을 정의합니다.

```
<RadioGroup android:id="@+id/radio_group"
    android:layout_width="match_parent"
    android:layout_height="wrap_content"
    android:orientation="vertical">

    <RadioButton android:id="@+id/radio_cavemen"
        android:layout_width="wrap_content"
        android:layout_height="wrap_content"
        android:text="@string/cavemen" />

    <RadioButton android:id="@+id/radio_astronauts"
        android:layout_width="wrap_content"
        android:layout_height="wrap_content"
        android:text="@string/astronauts" />
</RadioGroup>
```

라디오 버튼을 수평으로 표시할지 수직으로 표시할지 선택해요.

액티비티 코드에서 사용하기

getCheckedRadioButtonId() 메서드로 어떤 라디오 버튼이 선택되었는지 확인할 수 있습니다.

```
RadioGroup radioGroup = (RadioGroup) findViewById(R.id.radioGroup);
int id = radioGroup.getCheckedRadioButtonId();
if (id == -1){
    // 아이템이 선택되지 않음
}
else{
    RadioButton radioButton = findViewById(id);
}
```

라디오 버튼(계속)

레이아웃 XML에 android:onClick 속성을 정의하고 호출하려는 액티비티 코드의 메서드 이름을 설정함으로써 라디오 버튼의 클릭에 응답할 수 있습니다.

```
<RadioGroup android:id="@+id/radio_group"
    android:layout_width="match_parent"
    android:layout_height="wrap_content"
    android:orientation="vertical">

    <RadioButton android:id="@+id/radio_cavemen"
        android:layout_width="wrap_content"
        android:layout_height="wrap_content"
        android:text="@string/cavemen"
        android:onClick="onRadioButtonClicked" />

    <RadioButton android:id="@+id/radio_astronauts"
        android:layout_width="wrap_content"
        android:layout_height="wrap_content"
        android:text="@string/astronauts"
        android:onClick="onRadioButtonClicked" />
</RadioGroup>
```

라디오 버튼을 포함하는 라디오 그룹은 LinearLayout의 하위 클래스예요. 따라서 선형 레이아웃에서 사용한 모든 속성을 라디오 그룹에도 적용할 수 있어요.

그리고 다음처럼 액티비티에 메서드를 정의합니다.

```
public void onRadioButtonClicked(View view) {
    RadioGroup radioGroup = (RadioGroup) findViewById(R.id.radioGroup);
    int id = radioGroup.getCheckedRadioButtonId();
    switch(id) {
        case R.id.radio_cavemen:
            // Cavemen 승
            break;
        case R.id.radio_astronauts:
            // Astronauts 승
            break;
    }
}
```

스피너

이미 살펴본 것처럼 스피너는 하나의 값을 선택할 수 있는 드롭다운 목록을 제공합니다.

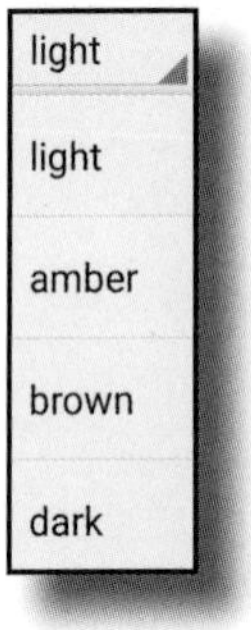

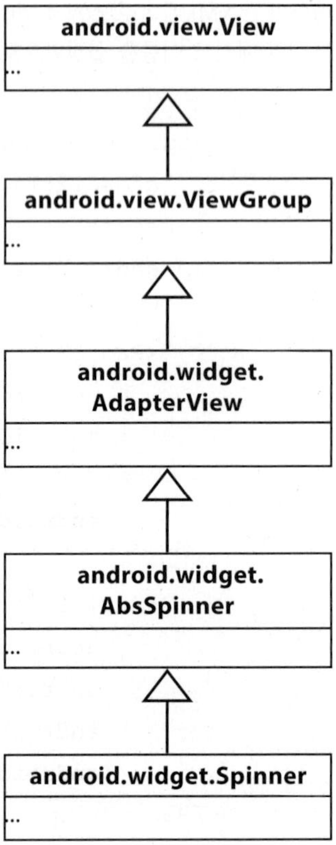

XML에 스피너 정의하기

<Spinner> 요소를 이용해 XML에 스피너를 정의할 수 있습니다. android:entries 속성에 문자열 배열을 지정해서 스피너에 사용할 항목을 정적 배열에 추가할 수 있습니다.

스피너에 데이터를 제공하는 방법은 다양해요. 자세한 사항은 뒤에서 설명할 거예요.

```
<Spinner
    android:id="@+id/spinner"
    android:layout_width="wrap_content"
    android:layout_height="wrap_content"
    android:entries="@array/spinner_values" />
```

다음처럼 strings.xml에 문자열 배열을 추가할 수 있습니다.

```
<string-array name="spinner_values">
    <item>light</item>
    <item>amber</item>
    <item>brown</item>
    <item>dark</item>
</string-array>
```

액티비티 코드에서 사용하기

getSelectedItem() 메서드의 결과를 문자열로 변환해서 현재 선택된 항목의 값을 얻을 수 있습니다.

```
Spinner spinner = (Spinner) findViewById(R.id.spinner);
String string = String.valueOf(spinner.getSelectedItem());
```

이미지 뷰

이미지 뷰로 이미지를 표시할 수 있습니다.

이미지를 포함하는 이미지 뷰예요.

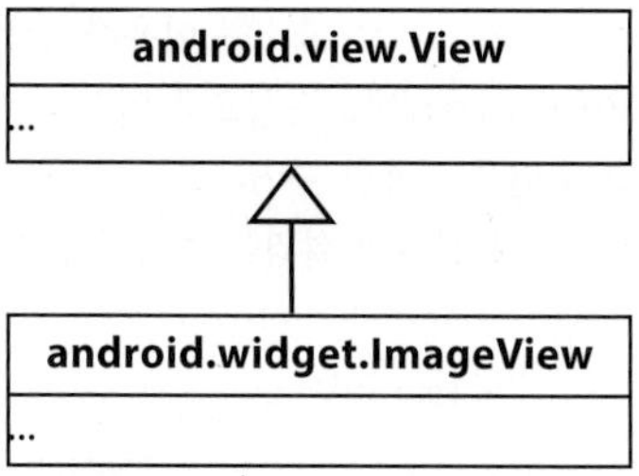

ImageView 클래스는 View를 직접 상속받아요.

프로젝트에 이미지 추가하기

먼저 앱에 이미지 리소스를 저장하는 기본 폴더인 drawable 리소스 폴더를 생성합니다. 프로젝트에서 app/src/main/res 폴더를 선택한 다음 File → New → Android resource directory를 선택해 안드로이드 리소스 디렉터리 생성 메뉴를 실행합니다. Resource type은 'drawable'로 선택하고 Directory name도 'drawable'로 입력한 다음 OK 버튼을 클릭합니다. 그리고 이미지를 app/src/main/res/drawable 폴더에 추가합니다.

필요하다면 디바이스의 화면 밀도에 따라 다른 이미지를 사용할 수도 있습니다. 즉, 높은 밀도의 화면을 가진 디바이스에는 고해상도 이미지를, 낮은 밀도의 화면을 가진 디바이스에는 저해상도 이미지를 사용할 수 있습니다. app/src/main/res에 다른 drawable 폴더를 생성해 이를 구현할 수 있습니다. 다음은 화면 밀도에 따라 안드로이드에서 사용하는 폴더 이름입니다.

`drawable-ldpi`	낮은 밀도(Low-density) 화면. 약 120dpi.
`drawable-mdpi`	중간 밀도(Medium-density) 화면. 약 160dpi.
`drawable-hdpi`	높은 밀도(High-density) 화면. 약 240dpi.
`drawable-xhdpi`	아주 높은 밀도(Extra-high-density) 화면. 약 320dpi.
`drawable-xxhdpi`	아주 아주 높은 밀도(Extra-extra-high-density) 화면. 약 480dpi.
`drawable-xxxhdpi`	아주 아주 아주 높은 밀도(Extra-extra-extra high-density) 화면. 약 640dpi.

실행하는 안드로이드 버전에 따라 이미 이런 폴더가 생성되어 있을 수 있어요.

각각의 drawable* 폴더에 다른 해상도의 이미지를 같은 이름으로 저장할 수 있습니다. 안드로이드는 런타임에 디바이스의 화면 밀도에 따라 어떤 폴더의 이미지를 사용할지 결정합니다. 예를 들어 아주 높은 밀도 화면을 가진 디바이스라면 drawable-xhdpi 폴더의 이미지를 사용합니다.

한 폴더에만 이미지가 저장되어 있으면 안드로이드는 모든 디바이스에 같은 이미지를 사용합니다. 화면 밀도와 관계없이 같은 이미지를 사용하고 싶다면 drawable 폴더에 이미지를 저장하세요.

이미지 뷰: 레이아웃 XML

<ImageView> 요소를 이용해 XML에 이미지 뷰를 정의할 수 있습니다. android:src 속성으로 어떤 이미지를 표시할지 설정할 수 있으며, 사용자가 쉽게 앱을 이용할 수 있도록 android:contentDescription으로 이미지에 문자열 설명을 추가할 수 있습니다.

```
<ImageView
    android:layout_width="200dp"
    android:layout_height="100dp"
    android:src="@drawable/starbuzz_logo"
    android:contentDescription="@string/starbuzz_logo" />
```

android:src 속성은 "@drawable/image_name" 형식으로 이루어지는데 여기서 image_name은 확장자를 제외한 이미지 이름입니다. 이미지 리소스 이름 앞에는 @drawable이 붙는데 이는 안드로이드에 한 개 또는 그 이상의 drawable* 폴더에 이미지가 저장되어 있음을 알려줍니다.

액티비티 코드에서 이미지 뷰 사용하기

setImageResource()와 setContentDescription() 메서드로 액티비티 코드에 이미지 소스를 설정하고 설명을 추가할 수 있습니다.

```
ImageView photo = (ImageView)findViewById(R.id.photo);
int image = R.drawable.starbuzz_logo;
String description = "This is the logo";
photo.setImageResource(image);
photo.setContentDescription(description);
```

위 코드는 drawable* 폴더에 저장된 starbuzz_logo 이미지를 찾아 photo라는 ID를 가진 이미지 뷰의 소스로 설정합니다. 액티비티 코드에서 이미지 리소스를 참조할 때 R.drawable.image_name 형식을 사용하는데 여기서 image_name은 확장자를 제외한 이미지의 이름입니다.

버튼에 이미지 추가하기

이미지 뷰뿐 아니라 버튼에도 이미지를 표시할 수 있습니다.

버튼에 텍스트와 이미지 표시하기

android:drawableRight 속성으로 이미지를 지정하면 왼쪽에 텍스트, 오른쪽에 이미지를 표시할 수 있습니다.

```
<Button
    android:layout_width="wrap_content"
    android:layout_height="wrap_content"
    android:drawableRight="@drawable/android"
    android:text="@string/click_me" />
```

버튼의 오른쪽에 안드로이드 이미지 리소스를 표시해요.

이미지를 왼쪽에 표시하고 싶으면 android:drawableLeft 속성을 사용합니다.

drawableStart와 drawableEnd를 이용하면 오른쪽에서 왼쪽으로 읽는 언어를 지원할 수 있어요.

```
<Button
    android:layout_width="wrap_content"
    android:layout_height="wrap_content"
    android:drawableLeft="@drawable/android"
    android:text="@string/click_me" />
```

android:drawableBottom 속성으로 텍스트 아래에 이미지를 표시할 수 있습니다.

```
<Button
    android:layout_width="wrap_content"
    android:layout_height="wrap_content"
    android:drawableBottom="@drawable/android"
    android:text="@string/click_me" />
```

android:drawableTop 속성으로 텍스트 위에 이미지를 표시할 수 있습니다.

```
<Button
    android:layout_width="wrap_content"
    android:layout_height="wrap_content"
    android:drawableTop="@drawable/android"
    android:text="@string/click_me" />
```

이미지 버튼

이미지 버튼은 버튼과 같지만 텍스트 없이 이미지만 포함합니다.

XML에 이미지 버튼 정의하기

<ImageButton> 요소를 이용해 XML에 이미지 버튼을 정의할 수 있습니다. android:src 속성으로 이미지 버튼에 표시할 이미지를 지정할 수 있습니다.

```
<ImageButton
    android:id="@+id/button"
    android:layout_width="wrap_content"
    android:layout_height="wrap_content"
    android:src="@drawable/button_icon" />
```

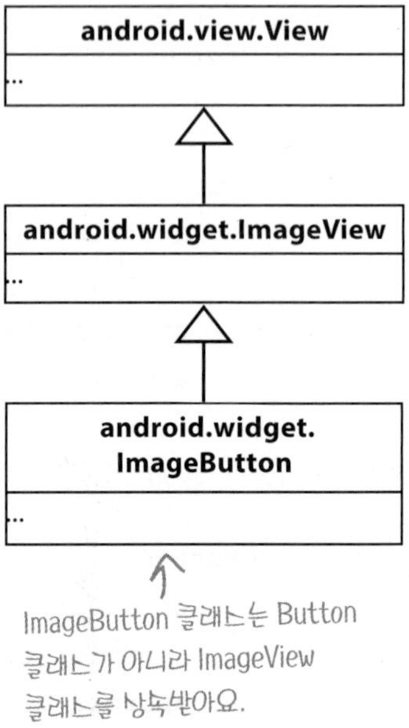

액티비티 코드에서 이미지 버튼 사용하기

레이아웃 XML에서 android:onClick 속성에 호출하려는 액티비티 메서드 이름을 설정해 사용자의 클릭에 응답하도록 이미지 버튼 정의할 수 있습니다.

```
android:onClick="onButtonClicked"
```

그리고 다음처럼 액티비티에 메서드를 정의합니다.

```
/** 이미지 버튼을 클릭하면 호출돼요 */
public void onButtonClicked(View view) {
    // 버튼 클릭에 응답해 어떤 동작을 수행
}
```

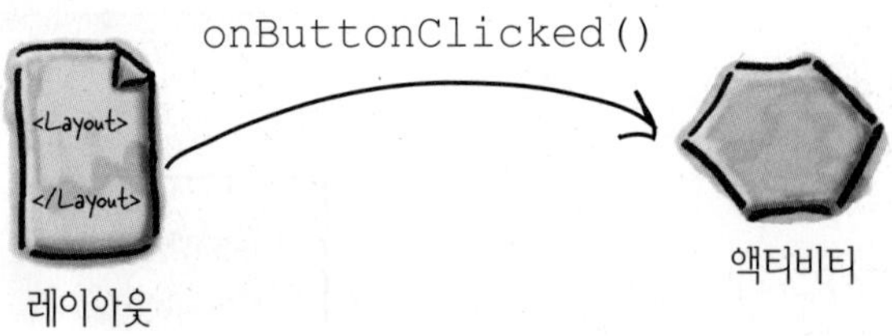

스크롤 뷰

디바이스의 화면은 한정되어 있으므로 레이아웃에 많은 뷰를 추가하면 문제가 생깁니다. 많은 레이아웃이 기본적으로 화면 아래로 이동할 수 있는 스크롤바를 제공하지 않기 때문이죠. 예를 들어 선형 레이아웃에 일곱 개의 큰 버튼을 추가해서 한 화면에 모두 보이지 않게 되었다고 가정합시다.

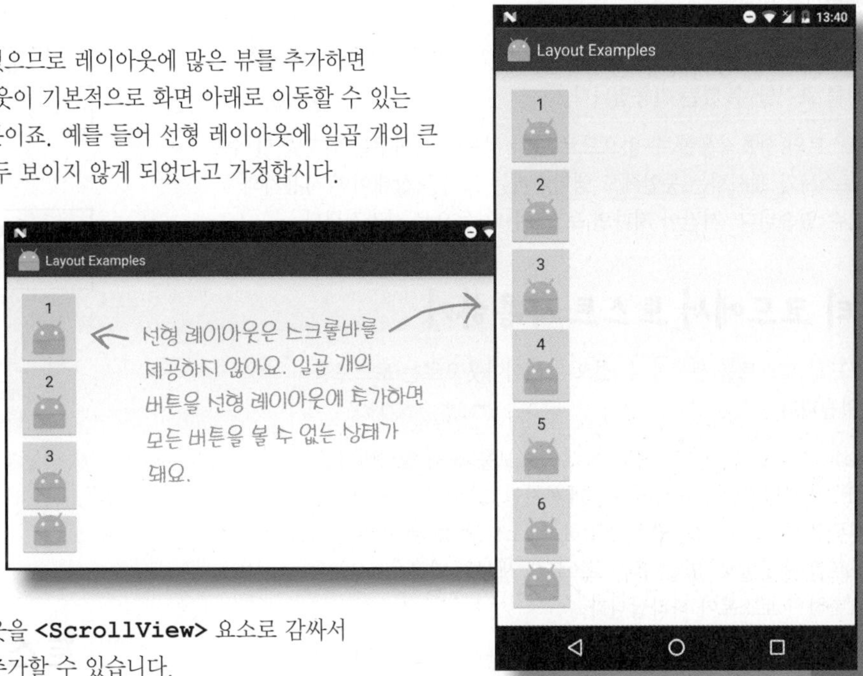
Layout Examples
선형 레이아웃은 스크롤바를 제공하지 않아요. 일곱 개의 버튼을 선형 레이아웃에 추가하면 모든 버튼을 볼 수 없는 상태가 돼요.

다음 코드처럼 기존의 레이아웃을 **<ScrollView>** 요소로 감싸서 레이아웃에 수직 스크롤바를 추가할 수 있습니다.

```
<ScrollView xmlns:android="http://schemas.android.com/apk/res/android"
    xmlns:tools="http://schemas.android.com/tools"
    android:layout_width="match_parent"
    android:layout_height="match_parent"
    tools:context="com.hfad.views.MainActivity" >

    <LinearLayout
        android:layout_width="match_parent"
        android:layout_height="match_parent"
        android:paddingBottom="16dp"
        android:paddingLeft="16dp"
        android:paddingRight="16dp"
        android:paddingTop="16dp"
        android:orientation="vertical" >
    ...
    </LinearLayout>
</ScrollView>
```

<ScrollView>가 최상위 요소가 되었으므로 이들 속성을 원래 레이아웃에서 <ScrollView>로 옮기세요.

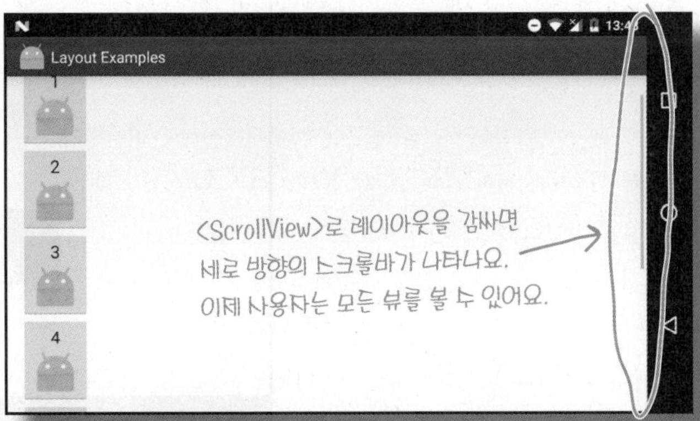
Layout Examples
<ScrollView>로 레이아웃을 감싸면 세로 방향의 스크롤바가 나타나요. 이제 사용자는 모든 뷰를 볼 수 있어요.

수평 스크롤바를 레이아웃에 추가하려면 **<HorizontalScrollView>**를 사용합니다.

토스트

마지막으로 토스트(toast)라는 위젯을 살펴봅시다. 토스트는 화면에 간단한 팝업 메시지를 표시할 수 있는 기능입니다.

사용자는 토스트와 상호작용할 수 없으므로 단지 정보를 보여주는 역할만 할 수 있습니다. 토스트가 표시되는 동안에도 액티비티는 보이는 상태이며 사용자와 상호작용할 수 있습니다. 시간이 지나면 토스트는 자동으로 사라집니다.

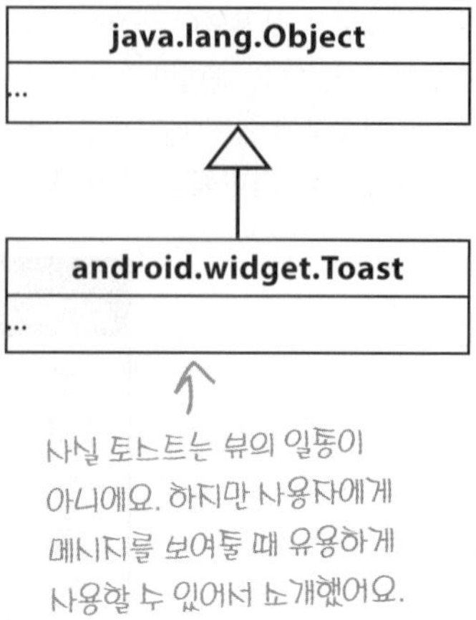
java.lang.Object
...
android.widget.Toast
...
사실 토스트는 뷰의 일종이 아니에요. 하지만 사용자에게 메시지를 보여줄 때 유용하게 사용할 수 있어서 소개했어요.

액티비티 코드에서 토스트 사용하기

액티비티 코드로 토스트를 생성할 수 있으며 레이아웃으로는 토스트를 정의할 수 없습니다.

Toast.makeText() 메서드에 Context(보통 현재 액티비티를 의미하는 this를 넘겨줌), 표시하려는 메시지인 CharSequence, 얼마나 오랫동안 메시지를 표시할지 결정하는 int 값 등 세 개의 인자를 전달해 토스트를 생성할 수 있습니다. 토스트를 생성한 다음 show() 메서드를 호출하면 토스트가 나타납니다.

다음은 짧은 시간동안 화면에 나타나는 토스트를 생성하는 코드입니다.

토스트는 토스터기의 토스트처럼 메시지를 보여줘요.

```
CharSequence text = "Hello, I'm a Toast!";
int duration = Toast.LENGTH_SHORT;

Toast toast = Toast.makeText(this, text, duration);
toast.show();
```

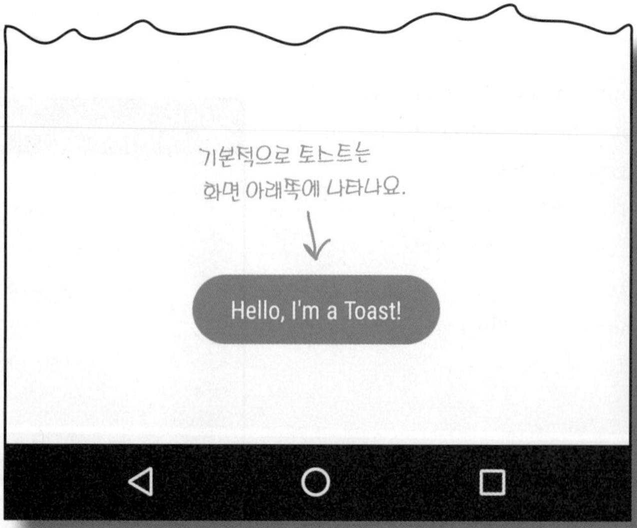
기본적으로 토스트는 화면 아래쪽에 나타나요.
Hello, I'm a Toast!

연습문제

지금까지 소개한 뷰를 실제 사용해봅시다. 다음과 같은 화면을 구성하도록 레이아웃을 생성하세요.

정말로 여기에 코드를 적고 싶진 않을 거예요. IDE를 사용하는 것이 더 좋겠죠?

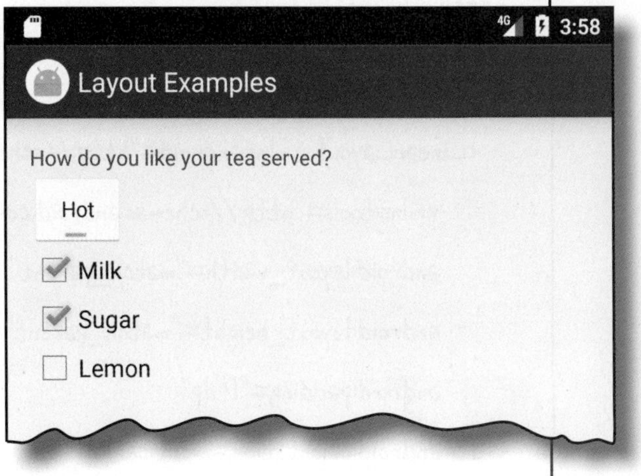

연습문제 정답

레이아웃을 생성하는 방법은 다양합니다. 정답은 하나가 아니니까 아래 코드와 여러분 코드가 같지 않다고 걱정하지 마세요.

```
<LinearLayout xmlns:android="http://schemas.android.com/apk/res/android"
    xmlns:tools="http://schemas.android.com/tools"
    android:layout_width="match_parent"
    android:layout_height="match_parent"
    android:padding="16dp"
    android:orientation="vertical"
    tools:context="com.hfad.layoutexamples.MainActivity" >

    <TextView
        android:layout_width="wrap_content"
        android:layout_height="wrap_content"
        android:text="How do you like your tea served?" />

    <ToggleButton
        android:layout_width="wrap_content"
        android:layout_height="wrap_content"
        android:textOn="Hot"
        android:textOff="Cold" />
```

토글 버튼으로 뜨거운 음료인지 찬 음료인지 표시했어요.

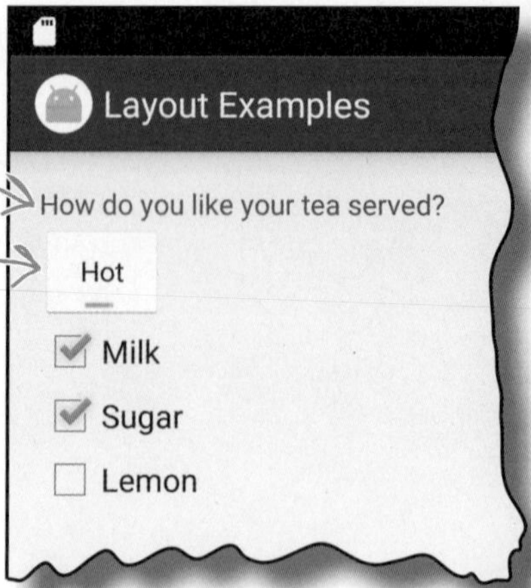

```
    <CheckBox android:id="@+id/checkbox_milk"
        android:layout_width="wrap_content"
        android:layout_height="wrap_content"
        android:text="Milk" />

    <CheckBox android:id="@+id/checkbox_sugar"
        android:layout_width="wrap_content"
        android:layout_height="wrap_content"
        android:text="Sugar" />

    <CheckBox android:id="@+id/checkbox_lemon"
        android:layout_width="wrap_content"
        android:layout_height="wrap_content"
        android:text="Lemon" />

</LinearLayout>
```

Milk, Sugar, Lemon 각 값을 체크박스로 표시했어요. 체크박스를 각각의 행으로 구성했죠.

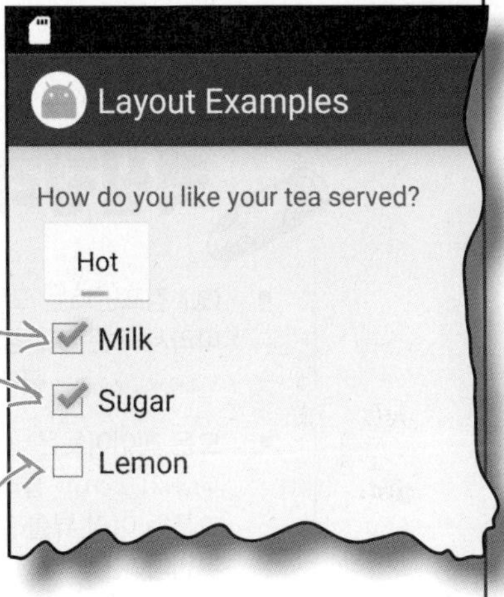

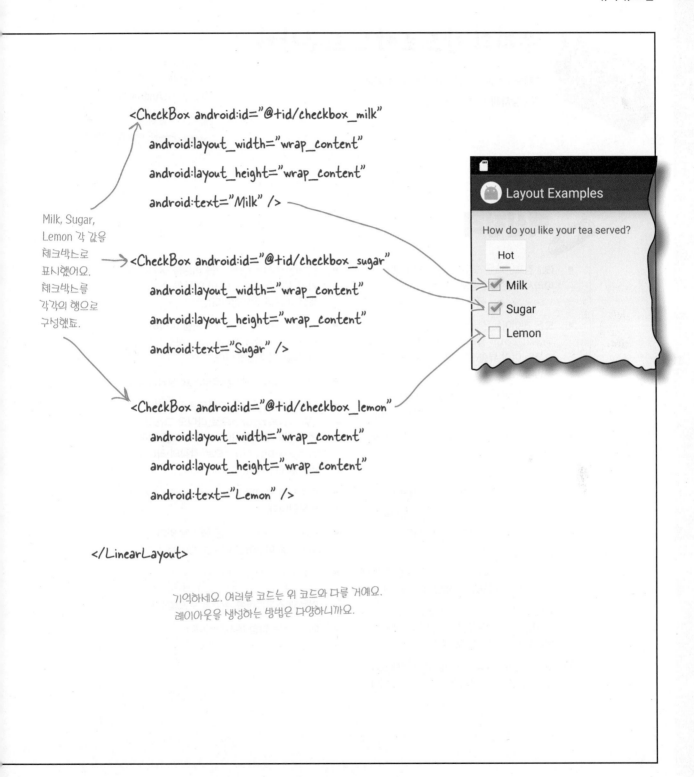

기억하세요. 여러분 코드는 위 코드와 다를 거예요. 레이아웃을 생성하는 방법은 다양하니까요.

CHAPTER 5

우리의 안드로이드 도구상자

5장을 마치면서 뷰와 뷰 그룹 관련 기술을 도구상자에 추가했습니다.

이 책의 전체 코드는 https://tinyurl.com/HeadFirstAndroid에서 내려받을 수 있어요.

핵심정리

- GUI 컴포넌트는 모두 뷰의 일종입니다. 따라서 모든 GUI 컴포넌트는 `android.view.View` 클래스를 상속받습니다.
- 모든 레이아웃은 `android.view.ViewGroup` 클래스를 상속받습니다. 뷰 그룹은 여러 뷰를 포함할 수 있는 종류의 뷰입니다.
- 레이아웃 XML 파일은 뷰의 계층 트리를 포함하는 `ViewGroup`으로 변환됩니다.
- 선형 레이아웃은 뷰를 수평 또는 수직으로 배치합니다. `android:orientation` 속성으로 배치 방향을 결정합니다.
- 프레임 레이아웃은 뷰를 겹쳐 쌓습니다.
- `android:padding*` 속성으로 뷰 주변의 패딩을 지정할 수 있습니다.
- 선형 레이아웃에서는 `android:layout_weight`을 이용해 특정 뷰에 추가 공간을 할당할 수 있습니다.
- `android:layout_gravity`로 사용할 수 있는 공간에서 뷰가 어디에 위치할지 지정할 수 있습니다.
- `android:gravity`로 뷰의 콘텐트가 뷰의 어디에 위치할지 결정할 수 있습니다.
- `<ToggleButton>`은 버튼을 클릭해 두 가지 상태를 서로 번갈아 이동할 수 있는 토글 버튼을 정의합니다.
- `<Switch>`는 토글 버튼처럼 동작하는 스위치 컨트롤을 정의합니다. API 수준 14 이상에서만 지원됩니다.
- `<CheckBox>`는 체크박스를 정의합니다.
- 여러 라디오 버튼을 그룹으로 만들려면 `<RadioGroup>`으로 라디오 그룹을 먼저 정의해야 합니다. 그리고 그룹 안에서 `<RadioButton>`으로 각각의 라디오 버튼을 만듭니다.
- 이미지를 표시할 때는 `<ImageView>`를 이용합니다.
- `<ImageButton>`은 텍스트 없이 이미지로 이루어진 버튼을 정의합니다.
- `<ScrollView>`나 `<HorizontalScrollView>`를 이용해 스크롤바를 추가할 수 있습니다.
- `Toast`는 팝업 메시지입니다.

6 컨스트레인트 레이아웃

모든 것을 제자리에 놓으세요

물론 그래야죠.
지금 청사진을 들고 있는데,
청사진에 따르면
발톱뼈는 발뼈에 붙어 있고 발뼈는
발목뼈에 붙어 있네요.

더 이상 미룰 수 없어요. 정말 멋진 레이아웃을 생성하는 방법을 알아야 해요.
사람들이 실제로 **사용**할 수 있는 앱을 만들려면 **우리가 의도한 모습대로 앱이 동작해야 합니다**. 지금까지 선형 레이아웃과 프레임 레이아웃을 사용했는데, 지금보다 더 복잡한 디자인이 필요하면 어떻게 할까요? 이런 문제를 해결할 수 있도록 안드로이드는 **시각적인 청사진(blueprint)으로 만들 수 있는** 새로운 **컨스트레인트 레이아웃**을 제공합니다. 이 장에서는 **컨스트레인트** 레이아웃으로 화면 크기와 방향에 상관없이 뷰의 위치와 크기를 조절하는 방법을 설명합니다. 여러분은 안드로이드 스튜디오가 **컨스트레인트를 추론하고 추가하도록** 만들어준 것이 얼마나 우리의 시간을 절약해주는지 알게 될 것입니다.

중첩 레이아웃은 비효율적일 수 있습니다

지금까지 선형 레이아웃과 프레임 레이아웃을 사용했는데, 지금보다 더 복잡한 디자인이 필요하면 어떻게 할까요? 선형 레이아웃과 프레임 레이아웃을 적절하게 중첩하면 복잡한 UI를 구현할 수 있지만 앱이 느려지고 코드의 가독성과 유지보수성이 떨어지는 문제가 생길 수 있습니다.

예를 들어 두 개의 항목으로 이루어진 두 개의 행을 포함하는 레이아웃을 생성한다고 가정합시다. 세 개의 선형 레이아웃을 이용하면 이를 구현할 수 있습니다. 한 개의 선형 레이아웃은 루트가 되고, 두 개의 중첩된 레이아웃이 각각의 행을 표현하면 됩니다.

선형 레이아웃은 뷰를 한 열이나 한 행으로만 표시할 수 있으므로 한 개의 선형 레이아웃으로는 이런 구조를 만들 수 없어요. 하지만 선형 레이아웃을 중첩하면 원하는 결과를 만들 수 있죠.

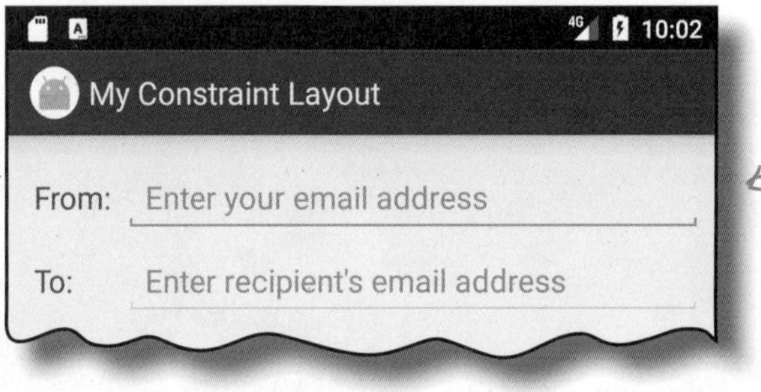

한 개의 선형 레이아웃을 루트로 각각의 행을 나머지 두 레이아웃으로 만들어 중첩할 수 있어요.

안드로이드가 디바이스 화면에 레이아웃을 출력할 때는 각 뷰가 위치해야 할 곳을 계산하려고 뷰 계층도를 생성합니다. 중첩된 레이아웃이 있다면 계층도가 훨씬 복잡해지며 안드로이드는 여러 번에 걸쳐 계층도를 만들어야 할 수도 있습니다.

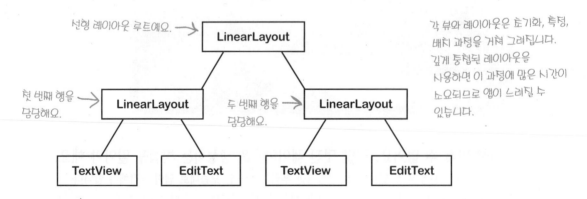

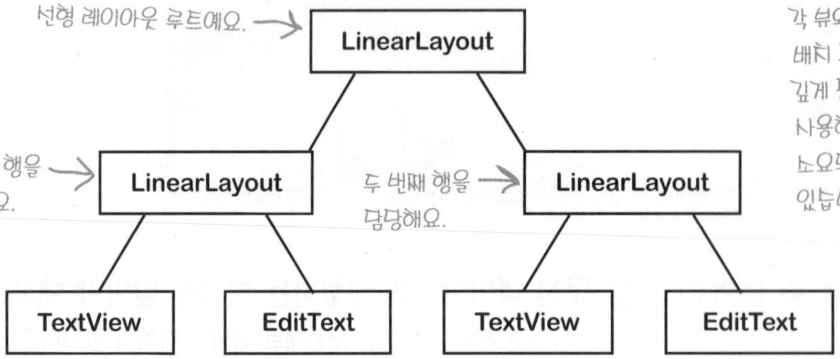

각 뷰와 레이아웃은 초기화, 측정, 배치 과정을 거쳐 그려집니다. 깊게 중첩된 레이아웃을 사용하면 이 과정에 많은 시간이 소요되므로 앱이 느려질 수 있습니다.

위 계층도는 비교적 간단한 편이지만 더 많은 뷰와 다양한 중첩된 뷰, 깊은 계층이 있다면 상황이 달라집니다. 계층도가 복잡하면 앱 성능에 장애가 되고 코드가 복잡해지므로 코드를 읽고 유지보수하기 어려워질 수 있습니다.

여러 레이아웃을 중첩하는 복잡한 UI가 있다면 **다른 종류의 레이아웃을 사용**하는 것이 좋습니다.

컨스트레인트 레이아웃을 소개합니다

이 장에서는 **컨스트레인트 레이아웃**이라는 새로운 종류의 레이아웃을 자세히 살펴봅니다. 컨스트레인트 레이아웃은 선형이나 프레임 레이아웃보다 복잡하지만 더 유연합니다. 컨스트레인트 레이아웃을 이용하면 중첩을 사용할 필요성이 줄어들어 더 평면적인 뷰 계층도가 되므로 복잡한 UI에 효율적입니다.

시각적으로 컨스트레인트 레이아웃을 설계할 수 있습니다

안드로이드 스튜디오의 디자인 편집기로 설계할 수 있다는 것이 컨스트레인트 레이아웃의 또 다른 장점입니다. XML과 직결되는 선형 레이아웃이나 프레임 레이아웃과 달리 컨스트레인트 레이아웃은 시각적으로 만들 수 있습니다. GUI 컴포넌트를 바로 디자인 편집기의 청사진 도구로 드래그 앤 드롭할 수 있으며 각 뷰가 어떻게 표시되어야 하는지 지정할 수 있습니다.

먼저 실제 컨스트레인트 레이아웃을 사용하는 방법을 설명하고 다음 UI를 만들어보겠습니다.

시각 도구로 컨스트레인트 레이아웃을 만들려면 안드로이드 스튜디오 2.3 버전 이상을 사용해야 합니다. 이전 버전의 안드로이드 스튜디오를 사용하고 있다면 업데이트를 확인하세요.

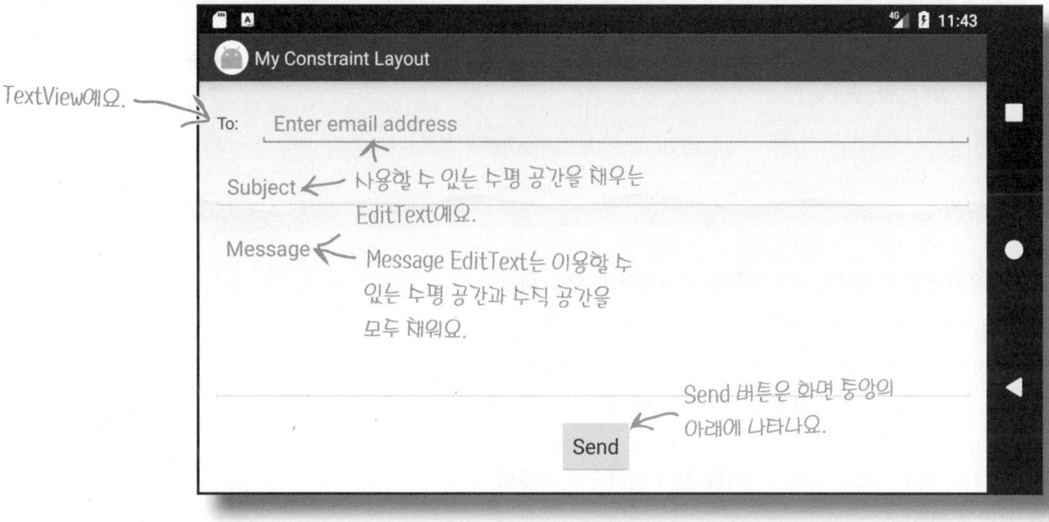

11:43
My Constraint Layout
TextView예요.
To:
Enter email address
Subject
사용할 수 있는 수평 공간을 채우는 EditText예요.
Message
Message EditText는 이용할 수 있는 수평 공간과 수직 공간을 모두 채워요.
Send 버튼은 화면 중앙의 아래에 나타나요.
Send

새 프로젝트 만들기

'My Constraint Layout'이라는 이름과 'hfad.com'이라는 회사 도메인으로 `com.hfad.myconstraintlayout`이라는 패키지 이름을 갖는 새 안드로이드 스튜디오 프로젝트를 만듭니다. 대부분의 API에서 동작하도록 최소 SDK를 API 수준 19로 지정합니다. 그리고 'MainActivity'라는 빈 액티비티와 'activity_main'이라는 레이아웃도 필요합니다. **액티비티를 생성할 때 Backwards Compatibility (AppCompat) 옵션을 선택 해제합니다.**

프로젝트에 컨스트레인트 레이아웃 라이브러리를 포함했는지 확인합니다

지금까지 살펴본 다른 레이아웃과 달리 컨스트레인트 레이아웃은 별도의 라이브러리로 제공되므로 컨스트레인트 레이아웃을 사용하려면 프로젝트에 디펜던시(dependency)로 추가해야 합니다. 라이브러리를 프로젝트에 디펜던시로 추가한다는 것은 앱에 라이브러리가 포함되며 사용자의 디바이스에 함께 설치된다는 뜻입니다.

아마 안드로이드 스튜디오가 이미 여러분 프로젝트에 컨스트레인트 레이아웃 라이브러리를 추가했겠지만 정말 그런지 확인합시다. 안드로이드 스튜디오에서 File → Project Structure를 선택합니다. 그리고 app 모듈을 클릭하고 Dependencies를 선택하면 다음과 같은 화면이 나타납니다.

이미 안드로이드 스튜디오가 컨스트레인트 레이아웃을 추가했다면 위 그림처럼 'com.android.support.constraint:constraint-layout'이 나타납니다.

라이브러리가 컨스트레인트 레이아웃 라이브러리를 추가하지 않았다면 직접 추가해야 합니다. Project Structure 화면 아래 또는 오른쪽에 있는 '+' 버튼을 클릭합니다. Library Dependency를 선택한 다음 목록에서 Constraint Layout Library 옵션을 선택합니다. 리스트에서 라이브러리를 찾기 어려우면 아래의 텍스트를 검색 창에 입력합니다.

```
com.android.support.constraint:constraint-layout:1.0.2
```

컨스트레인트 레이아웃 라이브러리가 프로젝트에 디펜던시로 추가되지 않았을 때만 직접 추가하세요.

OK 버튼을 클릭하면 컨스트레인트 레이아웃 라이브러리가 디펜던시 목록으로 추가됩니다. OK 버튼을 클릭해 설정을 저장하고 Project Structure 창을 닫습니다.

이제 프로젝트에 컨스트레인트 레이아웃 라이브러리를 추가했으니 레이아웃에 사용할 문자열 리소스를 추가합시다.

strings.xml에 문자열 리소스 추가하기

우리 레이아웃의 각 뷰는 텍스트 값이나 힌트를 표시하므로 이에 사용할 문자열 리소스를 추가해야 합니다. strings.xml에 다음 문자열 값을 추가합니다.

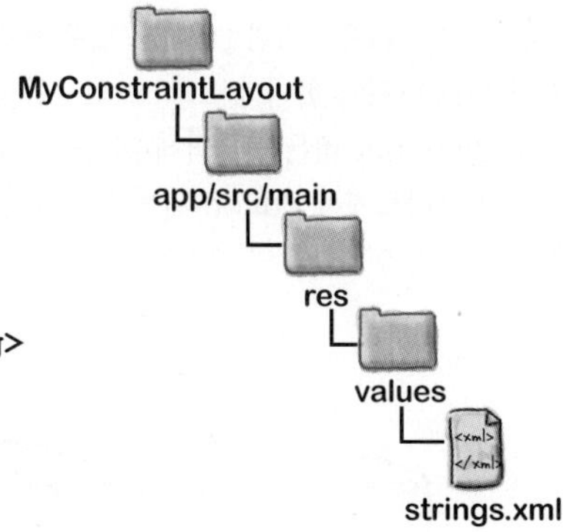


```
...
    <string name="to_label">To:</string>
    <string name="email_hint">Enter email address</string>
    <string name="subject_hint">Subject</string>
    <string name="message_hint">Message</string>
    <string name="send_button">Send</string>
...
```

문자열 리소스를 추가했으면 다음으로 레이아웃을 갱신합니다.

컨스트레인트 레이아웃을 사용하도록 activity_main.xml 바꾸기

컨스트레인트 레이아웃을 사용하려면 activity_main.xml 코드를 아래처럼 갱신해야 합니다(바뀐 부분은 굵은 문자로 표시했습니다).

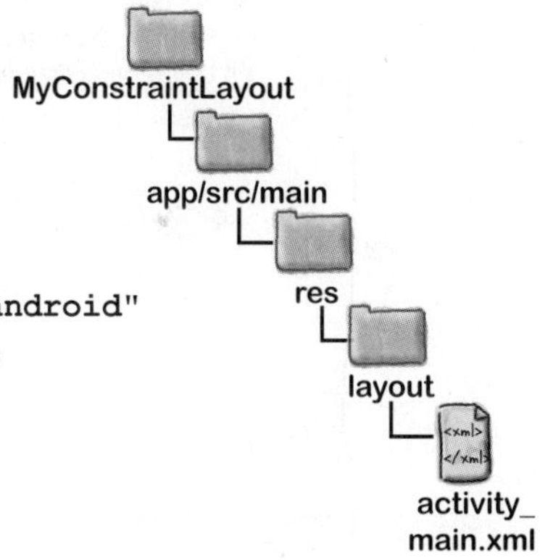


```
<?xml version="1.0" encoding="utf-8"?>
<android.support.constraint.ConstraintLayout
    xmlns:android="http://schemas.android.com/apk/res/android"
    xmlns:app="http://schemas.android.com/apk/res-auto"
    xmlns:tools="http://schemas.android.com/tools"
    android:layout_width="match_parent"
    android:layout_height="match_parent"
    tools:context="com.hfad.myconstraintlayout.MainActivity">

</android.support.constraint.ConstraintLayout>
```

컨스트레인트 레이아웃을 이렇게 정의해요.

안드로이드 스튜디오에서 자동으로 추가한 뷰가 있다면 모두 삭제하세요.

컨스트레인트 레이아웃을 정의했으니 이제 뷰를 추가할 수 있습니다. 뷰는 디자인 편집기의 청사진 도구로 추가합니다.

청사진 도구 사용하기

청사진 도구를 사용하려면 Design 탭을 눌러서 레이아웃 코드를 디자인 뷰로 바꿔야 합니다. 그리고 디자인 편집기의 툴바에서 Show Blueprint 버튼을 클릭해 청사진을 표시합니다. 디자인 편집기의 팔레트에서 Button 위젯을 청사진으로 드래그합니다. 그러면 레이아웃에 버튼이 추가됩니다.

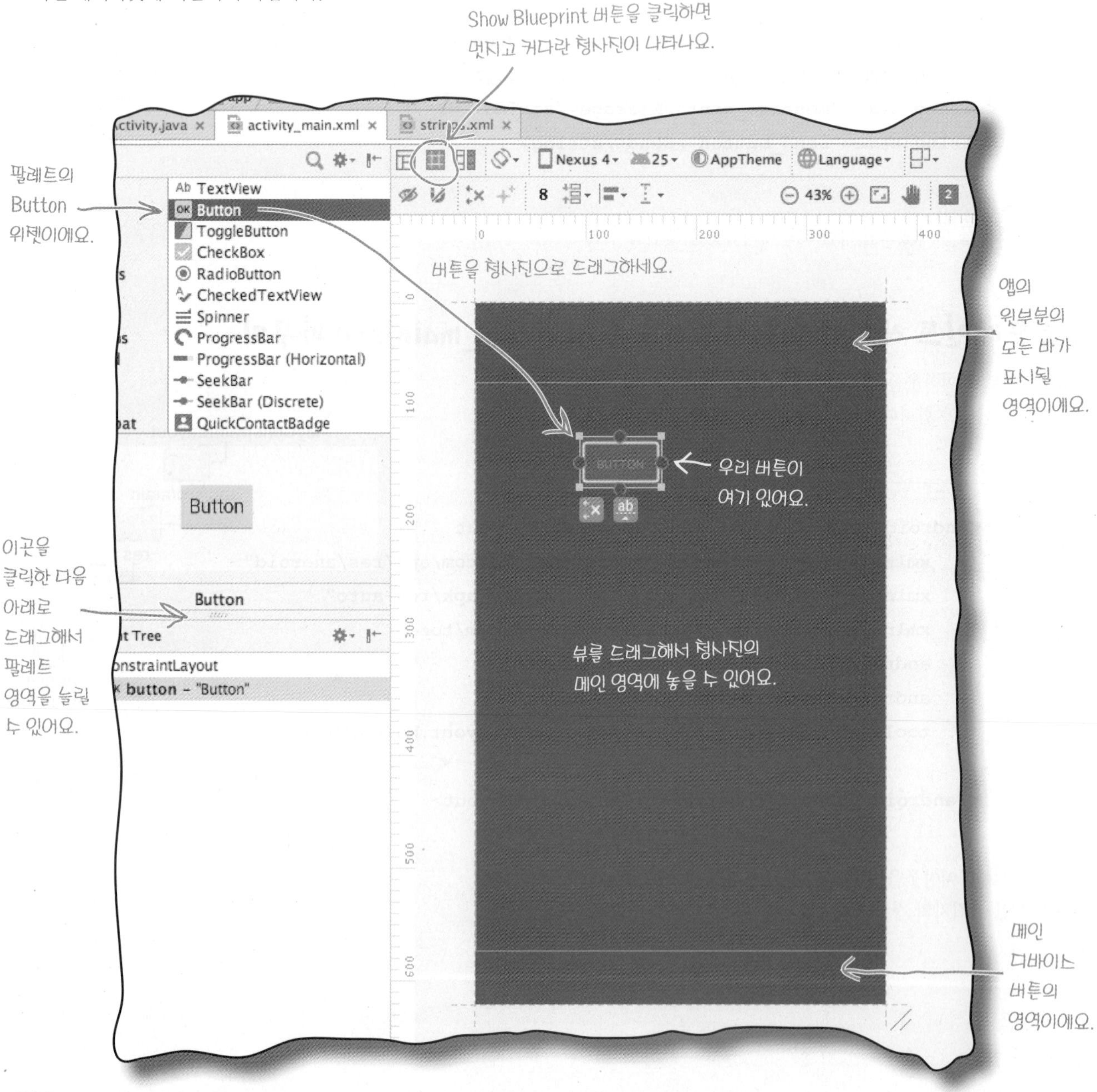
Show Blueprint 버튼을 클릭하면 멋지고 커다란 청사진이 나타나요.
팔레트의 Button 위젯이에요.
이곳을 클릭한 다음 아래로 드래그해서 팔레트 영역을 늘릴 수 있어요.
activity_main.xml
strings.xml
Nexus 4
AppTheme
Language
TextView
Button
ToggleButton
CheckBox
RadioButton
CheckedTextView
Spinner
ProgressBar
ProgressBar (Horizontal)
SeekBar
SeekBar (Discrete)
QuickContactBadge
ConstraintLayout
button - "Button"
버튼을 청사진으로 드래그하세요.
앱의 윗부분의 모든 바가 표시될 영역이에요.
BUTTON
우리 버튼이 여기 있어요.
뷰를 드래그해서 청사진의 메인 영역에 놓을 수 있어요.
메인 디바이스 버튼의 영역이에요.

컨스트레인트로 뷰 위치 정하기

컨스트레인트 레이아웃에서는 청사진의 특정 위치에 뷰를 드래그했다고 해서 뷰의 위치가 정해지는 것은 아닙니다. 컨스트레인트 레이아웃에서는 **컨스트레인트**(constraint)를 정의해서 뷰의 위치를 정합니다. 컨스트레인트를 뷰에 연결하거나 부착해서 레이아웃에 뷰의 위치를 알려줄 수 있습니다. 예를 들어 컨스트레인트로 뷰를 레이아웃의 시작 경계나 다른 뷰의 아래에 부착시킬 수 있습니다.

버튼에 수평 컨스트레인트를 추가합니다

레이아웃의 왼쪽 경계에 버튼을 부착하도록 컨스트레인트를 추가해보겠습니다.

먼저 버튼을 클릭해서 선택합니다. 뷰를 선택하면 주변에 경계 박스가 나타나며 모서리와 구석에 핸들이 나타납니다. 모서리의 사각형 핸들을 이용해 뷰의 크기를 조절할 수 있고 측면의 원형 핸들을 이용해 컨스트레인트를 추가할 수 있습니다.

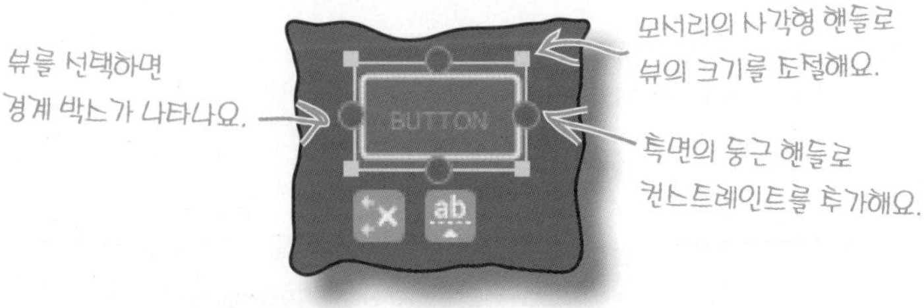

컨스트레인트를 추가하려면 뷰의 컨스트레인트 핸들 중 하나를 클릭한 다음 부착하려는 곳으로 드래그하세요. 우리는 버튼의 왼쪽 경계를 레이아웃의 왼쪽 경계에 부착할 것이므로 버튼의 왼쪽 컨스트레인트 핸들을 청사진의 왼쪽 경계로 드래그합니다.

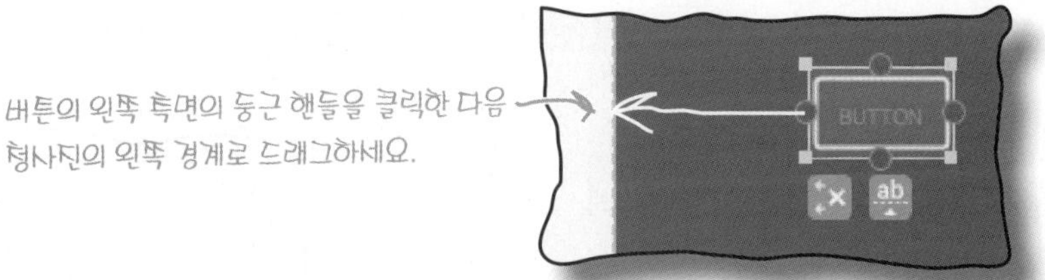

그러면 컨스트레인트가 추가되면서 버튼이 왼쪽으로 당겨집니다.

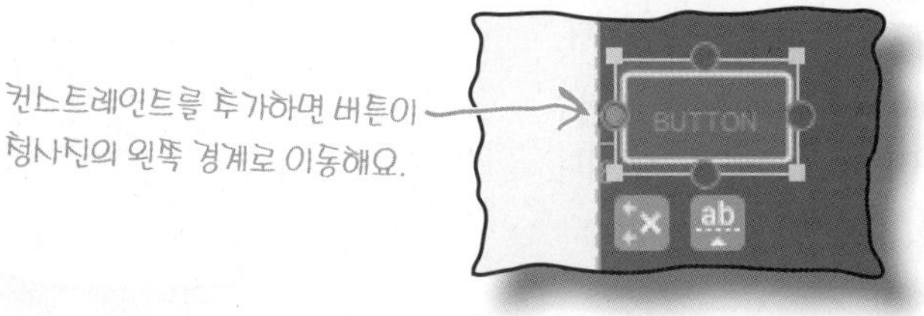

이렇게 수평 컨스트레인트를 추가했습니다. 이번에는 버튼에 수직 컨스트레인트를 추가합시다.

수직 컨스트레인트 추가하기

버튼을 레이아웃의 위쪽에 부착하는 두 번째 컨스트레인트를 추가합시다. 버튼의 위쪽 컨스트레인트 핸들을 클릭한 다음 청사진의 메인 영역 위쪽으로 드래그합니다. 그러면 두 번째 컨스트레인트가 추가되면서 버튼이 메인 영역 위쪽으로 이동합니다.

컨스트레인트 레이아웃의 모든 뷰는 자신의 위치를 지정할 수 있는 수평 컨스트레인트와 수직 컨스트레인트 최소 두 개의 컨스트레인트를 포함해야 합니다. 수평 컨스트레인트가 없으면 뷰는 런타임에 레이아웃의 시작 경계에 나타납니다. 수직 컨스트레인트가 없으면 뷰는 레이아웃 위에 나타납니다. **청사진의 어디에 뷰를 위치시켰는지와 관계없이 이런 일이 일어납니다.**

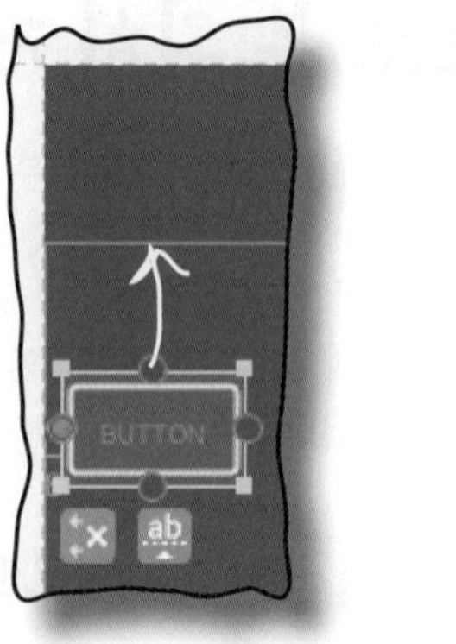
BUTTON
ab
버튼 위쪽 측면의 원형 핸들을 청사진의 위쪽 경계로 드래그하세요.

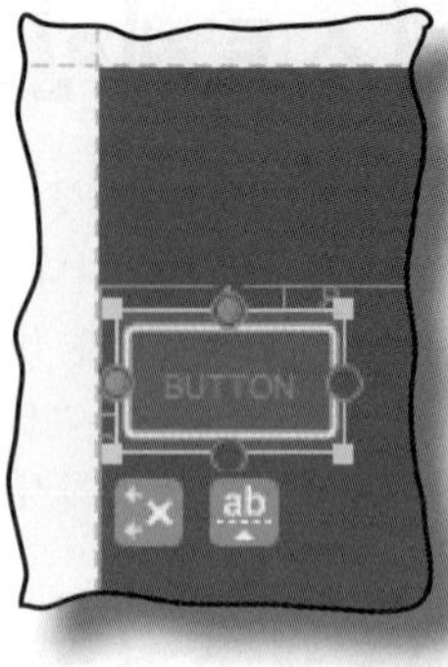
BUTTON
ab
버튼이 청사진의 위쪽 경계로 이동해요.

뷰의 마진 바꾸기

뷰에 컨스트레인트를 추가할 때 디자인 편집기는 자동으로 컨스트레인트의 경계에 마진을 추가합니다. 디자인 편집기에서 Default Margin 박스의 숫자를 조절해 기본 마진값을 조절할 수 있습니다.

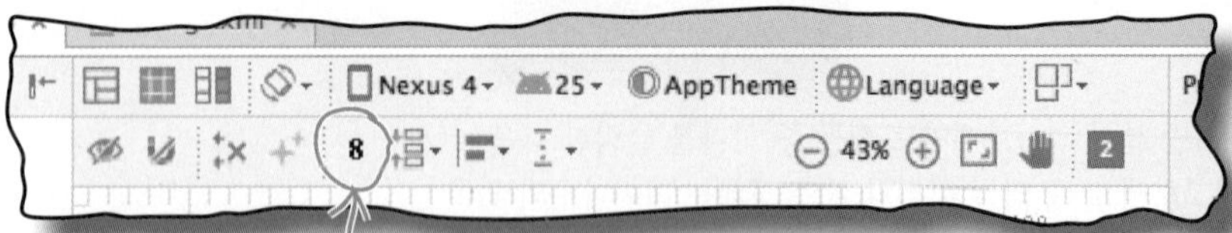
Nexus 4
25
AppTheme
Language
8
43%
2
기본 마진을 바꾸려면 여기 숫자(dps로 표시된)를 조절하세요.

기본 마진을 바꾸면 이후로는 새로운 마진값이 사용됩니다. 하지만 기존의 마진값은 바뀌지 않으므로 속성 창의 값을 이용해서 개별적으로 바꿔야 합니다.

속성 창은 디자인 편집기 옆에 별도의 패널에 나타납니다. 뷰를 선택하면 뷰의 컨스트레인트와 마진 크기가 속성 창에 나타납니다. 뷰의 모서리에 있는 숫자를 바꿔서 마진의 크기를 조절할 수 있습니다.

청사진에 있는 뷰를 클릭하고 드래그해서 뷰의 마진을 조절하는 방법도 있습니다. 이 방법은 속성 창에서 마진을 바꾸는 것과 효과가 같습니다.

다음 페이지로 넘어가기 전에 두 가지 방법을 이용해서 마진을 바꿔보세요.

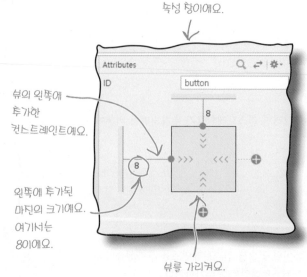

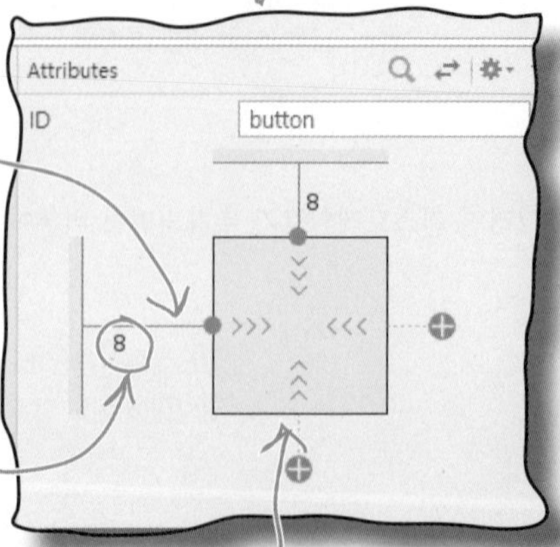
속성 창이에요.
Attributes
ID
button
8
8
뷰의 왼쪽에 추가한 컨스트레인트예요.
왼쪽에 추가된 마진의 크기예요. 여기서는 8이에요.
뷰를 가리켜요.

청사진의 변경은 XML에 반영됩니다

뷰를 청사진에 추가하고 컨스트레인트를 지정하면 이 변경이 XML의 레이아웃에 반영됩니다. 텍스트 뷰에서 코드를 확인하면 여러분 코드는 다음과 같은 상태일 겁니다(책과 조금 다르더라도 걱정하지 마세요).

```
<?xml version="1.0" encoding="utf-8"?>
<android.support.constraint.ConstraintLayout
    ...>

    <Button
        android:id="@+id/button"
        android:layout_width="wrap_content"
        android:layout_height="wrap_content"
        android:layout_marginLeft="8dp"
        android:layout_marginTop="32dp"
        android:text="Button"
        app:layout_constraintLeft_toLeftOf="parent"
        app:layout_constraintTop_toTopOf="parent" />

</android.support.constraint.ConstraintLayout>
```

디자인 편집기로 추가한 버튼이에요.

모두 이미 살펴본 속성이에요.

두 행은 컨스트레인트 레이아웃에만 적용돼요.

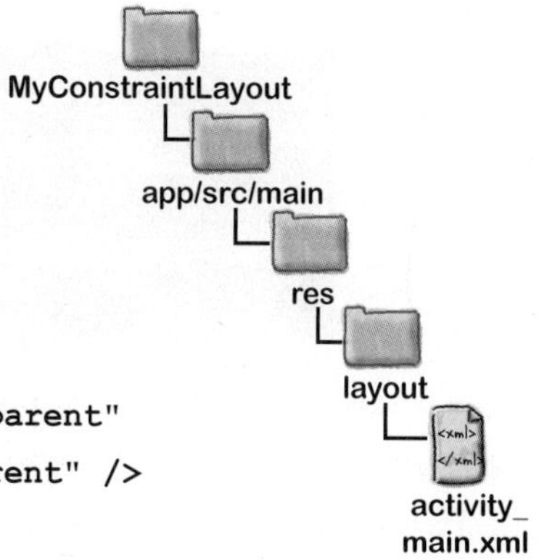

위 코드에서 확인한 것처럼 XML에 버튼이 포함되었습니다. 버튼 관련 코드 대부분은 앞 장에서 살펴본 내용과 크게 다르지 않습니다. 평소처럼 버튼의 너비, 높이, 마진이 지정되어 있습니다. 다만 왼쪽과 위쪽 경계에 추가된 뷰의 컨스트레인트를 지정하는 두 행의 코드가 생겼습니다.

```
<Button>
    ...
    app:layout_constraintLeft_toLeftOf="parent"
    app:layout_constraintTop_toTopOf="parent" />
```

버튼의 왼쪽과 위쪽 경계의 컨스트레인트를 묘사하는 행이에요.

버튼의 나머지 경계에 컨스트레인트를 추가하면 이와 비슷한 코드가 만들어집니다.

이제 디자인 뷰로 돌아와서 컨스트레인트 레이아웃에서 뷰의 위치를 정하는 기법을 살펴봅시다.

뷰를 가운데에 놓는 방법

지금까지 컨스트레인트로 뷰를 레이아웃의 경계에 부착시키는 방법을 살펴봤습니다. 이 방법으로 뷰를 왼쪽 위 구석에 배치할 순 있지만 뷰를 가운데에 배치하려면 어떻게 해야 할까요?

뷰를 레이아웃의 가운데에 배치하려면 뷰의 반대편 측면에 컨스트레인트를 추가해야 합니다. 먼저 수평으로 뷰를 가운데에 배치하는 방법을 살펴봅니다.

버튼을 선택한 다음 오른쪽 측면의 핸들을 클릭해서 레이아웃의 오른쪽 경계로 드래그합니다.

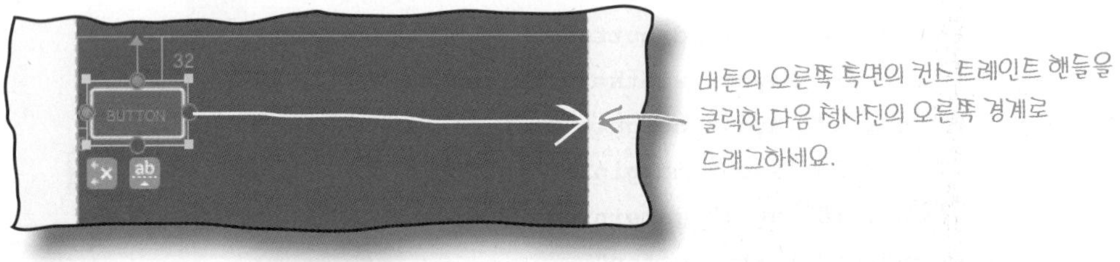

32
버튼이 가운데로 이동해요.
BUTTON
뷰의 양 옆의 컨스트레인트는 스프링으로 표시돼요.
버튼의 오른쪽 측면의 컨스트레인트 핸들을 클릭한 다음 청사진의 오른쪽 경계로 드래그하세요.

그러면 뷰의 오른쪽 경계에 컨스트레인트가 추가됩니다. 이렇게 해서 버튼에 양면에서 당기는 두 개의 수평 컨스트레인트가 추가되었고 버튼이 중앙으로 이동했습니다. 반대 방향으로 설정된 두 개의 컨스트레인트가 청사진에 스프링 모양으로 표시됩니다.

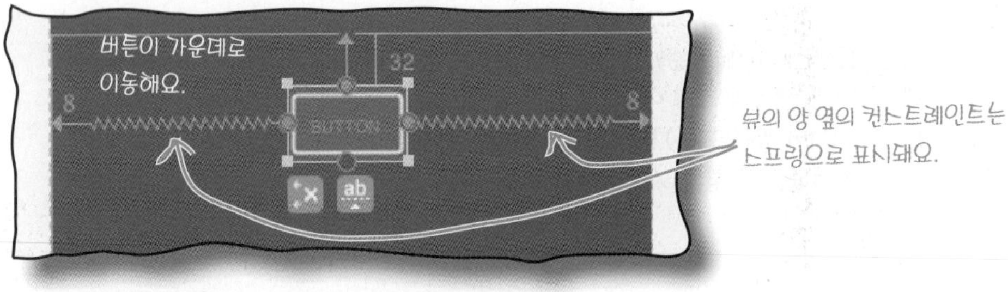

이제 버튼이 레이아웃의 양면에 부착되었으므로 화면 크기나 방향에 관계없이 항상 가운데에 표시됩니다. 앱을 실행하거나 청사진의 오른쪽 아래 모서리를 드래그해서 청사진의 크기를 바꿔보면 이를 확인할 수 있습니다.

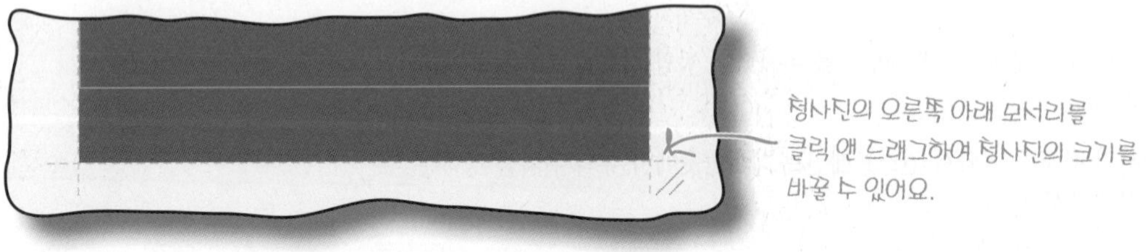

바이어스로 뷰의 위치 조절하기

뷰의 반대 측면에 컨스트레인트를 추가한 다음에는 **바이어스**(bias)로 상대적인 위치를 조절할 수 있습니다. 바이어스를 이용해 안드로이드에 뷰의 각 면의 비례적인 길이를 지시할 수 있습니다.

수평 바이어스를 조절해 버튼이 정 가운데에 위치하지 않도록 만들 수 있습니다. 먼저 버튼을 선택한 다음 뷰의 속성 창을 확인합니다. 뷰 다이어그램 아래에 숫자가 있는 슬라이더가 있습니다. 이는 뷰의 수평 바이어스를 백분율로 표시한 값입니다.

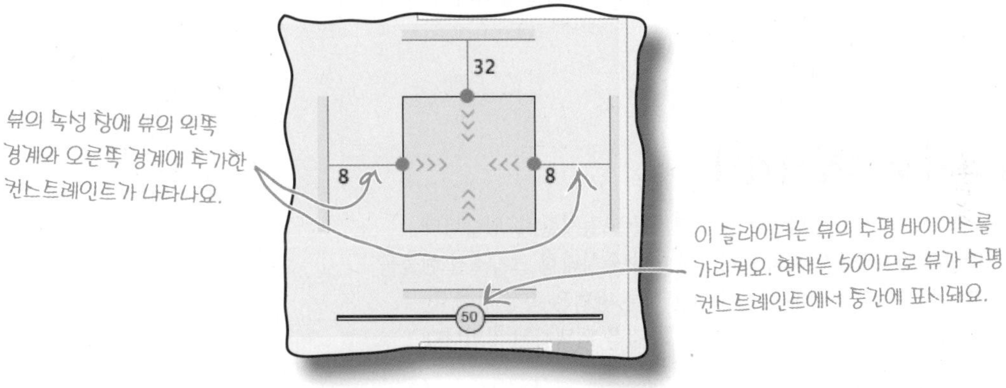
뷰의 속성 창에 뷰의 왼쪽 경계와 오른쪽 경계에 추가한 컨스트레인트가 나타나요.
32
8
8
50
이 슬라이더는 뷰의 수평 바이어스를 가리켜요. 현재는 50이므로 뷰가 수평 컨스트레인트에서 중간에 표시돼요.

슬라이더를 움직여 바이어스 값을 바꿀 수 있습니다. 슬라이더를 왼쪽으로 움직이면 청사진의 버튼도 왼쪽으로 움직입니다.

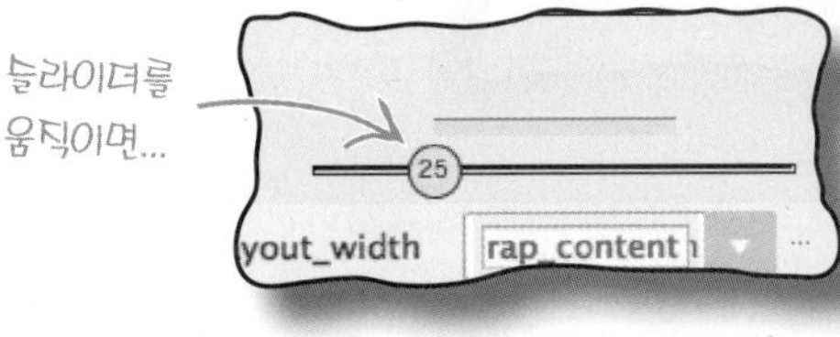

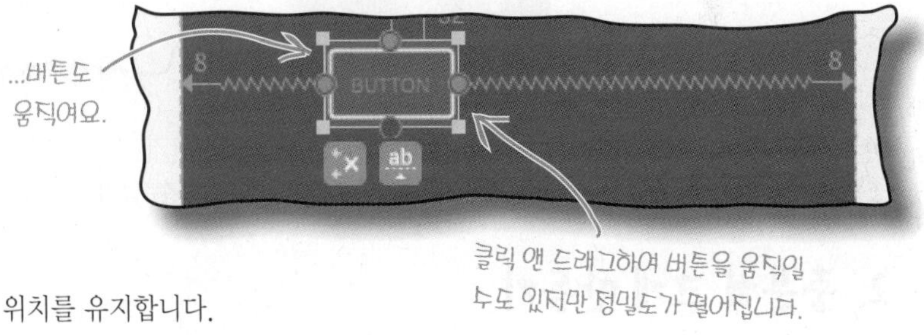
...버튼도 움직여요.
8
BUTTON
8
ab
클릭 앤 드래그하여 버튼을 움직일 수도 있지만 정밀도가 떨어집니다.

뷰는 화면 크기나 방향에 관계없이 항상 같은 상대적 위치를 유지합니다.

디자인 편집기로 바이어스를 추가하면 XML에도 적용됩니다. 예를 들어 뷰의 수평 바이어스를 25%로 조절하면 다음과 같은 코드가 뷰의 XML에 추가됩니다.

```
app:layout_constraintHorizontal_bias="0.25"
```

바이어스가 무엇인지 살펴봤으니 이번에는 뷰의 크기를 조절하는 방법을 확인합시다.

뷰의 크기를 조절하는 방법

컨스트레인트 레이아웃에서는 여러 가지 방법으로 뷰의 크기를 지정할 수 있습니다.

- 너비와 높이 값을 지정해서 뷰를 고정 크기로 만들기
- wrap_content로 뷰를 콘텐트를 표현할 수 있을 만큼 크게 만들기
- 컨스트레인트와 일치하는 크기로 만들기(단, 뷰의 양쪽 면에 컨스트레인트를 추가해야 함)
- 너비와 높이의 비율 지정하기. 예를 들어 너비를 높이의 두 배로 지정

위 옵션을 한 가지씩 살펴봅시다.

1. 뷰의 크기를 고정시키기

디자인 편집기에서는 두 가지 방법으로 뷰의 크기를 고정시킬 수 있습니다.
가장 간단한 방법은 청사진에서 뷰의 모서리에 나타난 사각형 크기조절 핸들을
클릭 앤 드래그하여 크기를 조절하는 것입니다. 다른 방법은 속성 창에서
layout_width와 layout_height 필드의 값을 입력하는 것입니다.

모서리에 있는 사각형 크기조절 핸들로 뷰의 크기를 조절할 수 있어요.

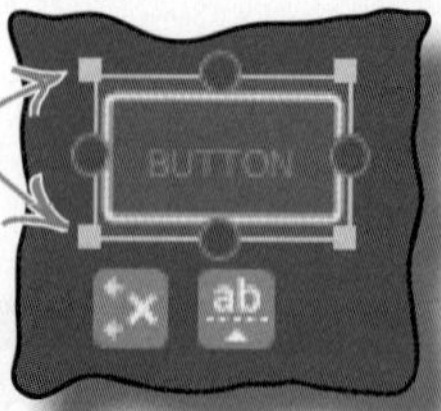

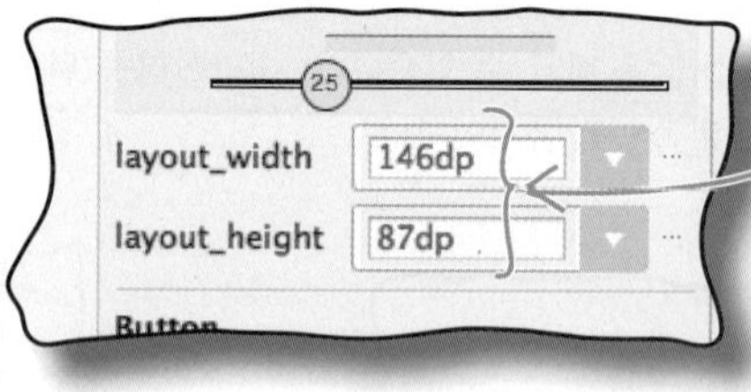

뷰의 속성 창에서 너비와 높이를 하드코딩하는 방법도 있어요.

보통 뷰의 크기를 고정시키는 것은 좋은 방법이 아닙니다. 화면 크기가 바뀌거나
콘텐트의 크기가 바뀌었을 때 그에 따라 뷰가 늘어나거나 줄어들 수 없기 때문입니다.

2. 충분히 크게 만들기

콘텐트를 표시할 수 있도록 충분한 크기로 만들려면 layout_width와
layout_height를 wrap_content로 설정합니다. 다음 그림처럼 뷰의
속성 창에서 이를 설정할 수 있습니다.

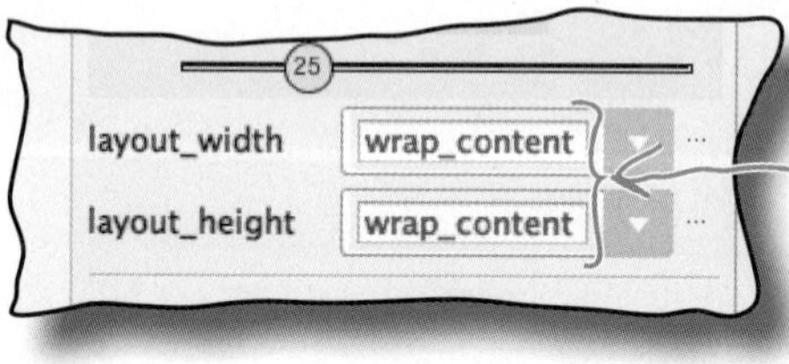

너비와 높이를 "wrap_content"로 설정하면 다른 레이아웃과 마찬가지로 콘텐트를 표시할 수 있을 정도로 충분한 크기가 돼요.

3. 뷰의 컨스트레인트와 맞추기

뷰의 양쪽 면에 컨스트레인트를 추가했다면 컨스트레인트 크기만큼 뷰의 크기를 넓게 만들 수 있습니다. 그러려면 너비와 높이를 각각 또는 모두 0dp로 설정합니다. 너비가 0dp면 뷰는 수평 컨스트레인트의 크기와 일치하는 너비를 가지며, 높이를 0dp로 설정하면 수직 컨스트레인트의 크기와 일치하는 높이를 가집니다.

우리 예제에서는 왼쪽 모서리와 오른쪽 모서리에 컨스트레인트를 추가했으므로 이들 컨스트레인트의 크기에 맞게 버튼의 크기를 조절할 수 있습니다. 뷰의 속성 창에서 `layout_width` 속성을 0dp로 설정합니다. 청사진에서 버튼이 수평 공간을 모두 차지합니다(마진 공간은 남겨둠).

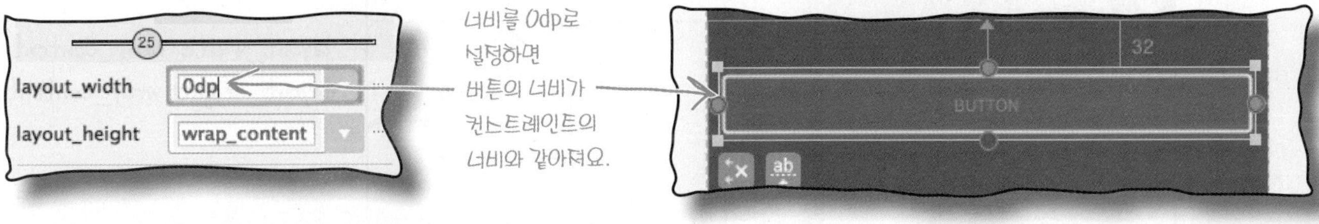

4. 너비:높이 비율 지정하기

마지막으로 너비와 높이의 비율을 지정하는 방법이 있습니다. 위에서처럼 뷰의 `layout_width`나 `layout_height`를 0dp로 지정한 다음 속성 창에 나타난 뷰 다이어그램의 왼쪽 위 모서리를 클릭합니다. 그러면 비율을 조절할 수 있는 ratio 필드가 나타납니다.

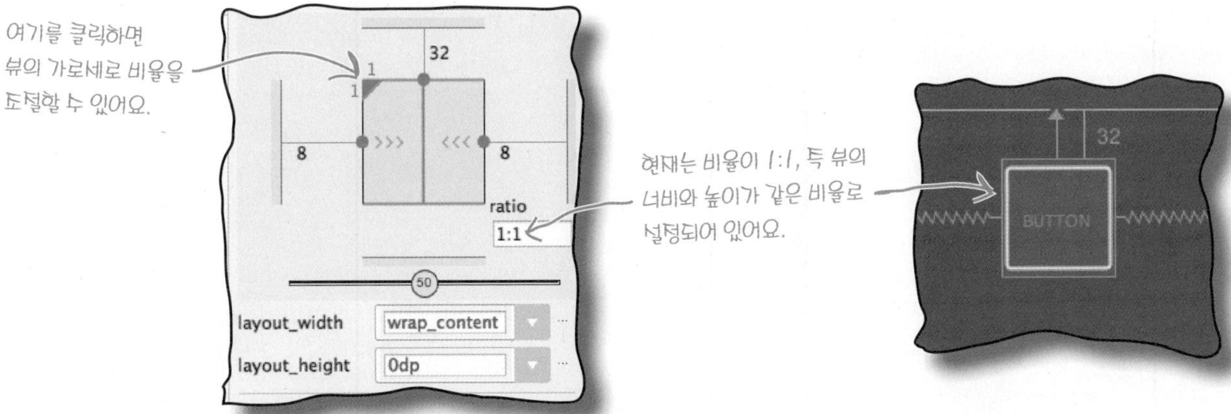

지금까지 뷰의 크기를 조절하는 방법을 살펴봤습니다. 다음 페이지의 연습문제로 넘어가기 전에 지금까지 배운 다양한 기법을 실험해보세요.

컨스트레인트가 되어보아요

여러분이 할 일은 컨스트레인트 레이아웃이 되어 아래 각각의 레이아웃 결과를 만드는 데 필요한 컨스트레인트를 그리는 겁니다. 각 뷰의 layout_width와 layout_height를 지정하고 필요하다면 바이어스도 지정해야 합니다. 첫 번째 문제는 어떻게 하는 것인지 예시를 보여주기 위해 우리가 해결했어요.

각 청사진에 뷰와 컨스트레인트를 추가하세요.

A

이런 화면이 나타나야 해요.

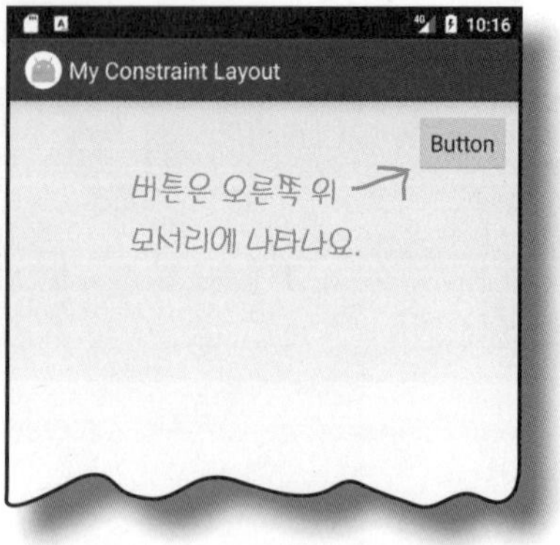

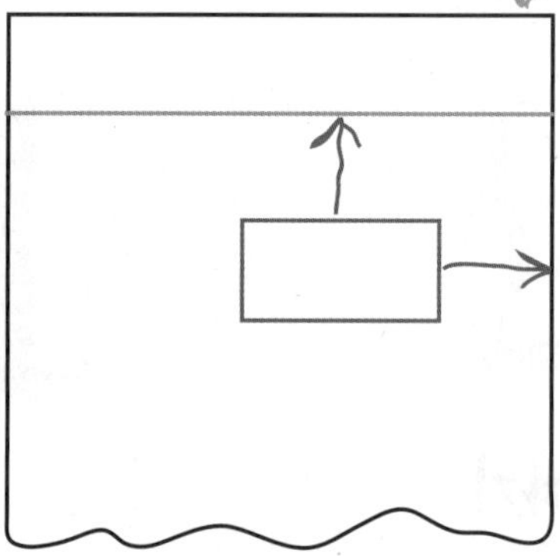

layout_width: wrap_content
layout_height: wrap_content

B

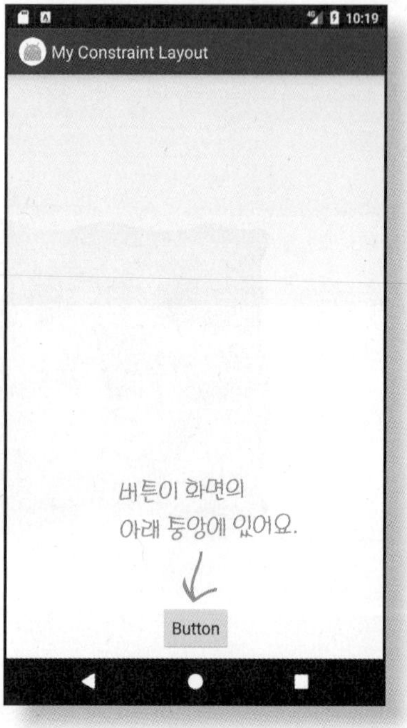

버튼이 사용할 수 있는 공간을 모두 채웠어요.

C

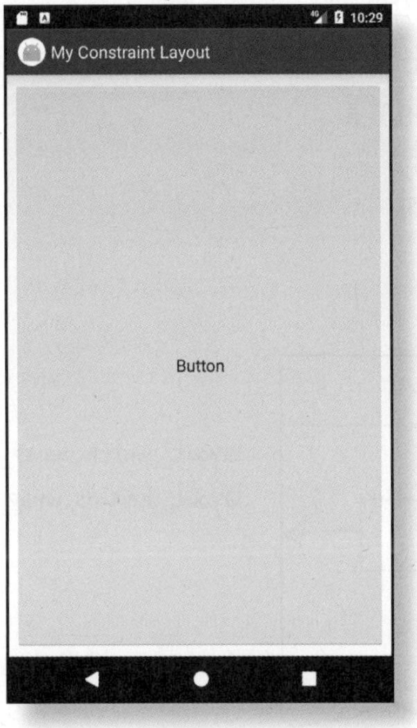

D

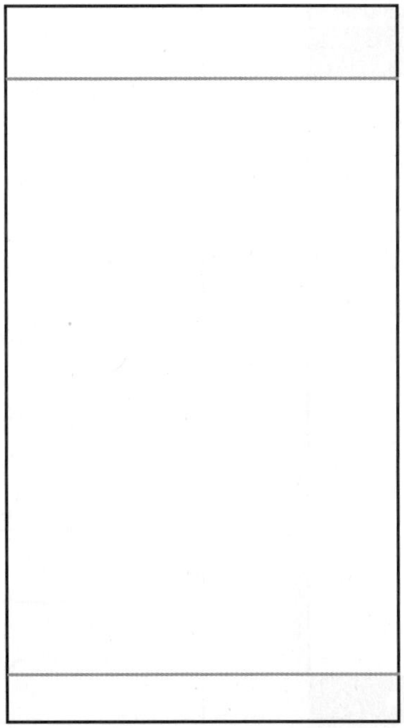

컨스트레인트가 되어보아요 정답

여러분이 할 일은 컨스트레인트 레이아웃이 되어 아래 각각의 레이아웃 결과를 만드는 데 필요한 컨스트레인트를 그리는 겁니다. 각 뷰의 layout_width와 layout_height를 지정하고 필요하다면 바이어스도 지정해야 합니다. 첫 번째 문제는 어떻게 하는 것인지 예시를 보여주기 위해 우리가 해결했어요.

A

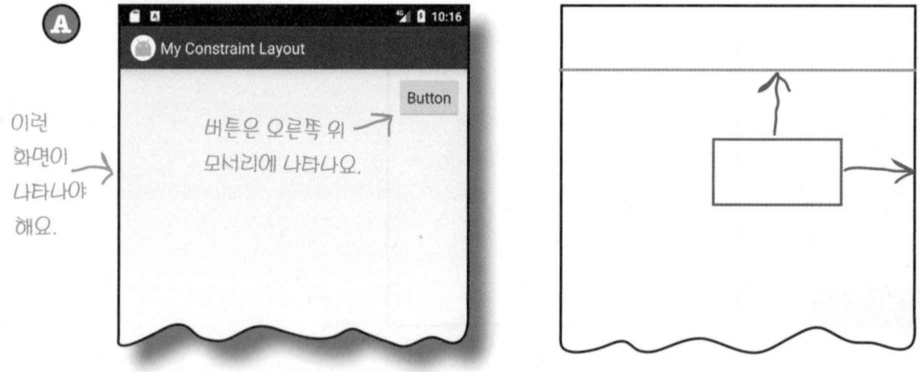
이런 화면이 나타나야 해요.
10:16
My Constraint Layout
Button
버튼은 오른쪽 위 모서리에 나타나요.

layout_width: wrap_content
layout_height: wrap_content

B

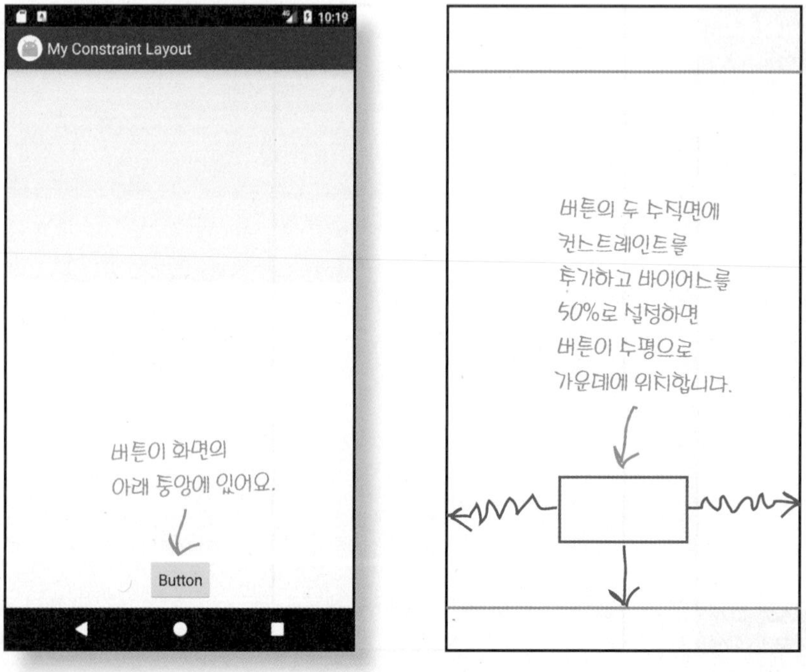
10:19
My Constraint Layout
버튼이 화면의 아래 중앙에 있어요.
Button
버튼의 두 수직면에 컨스트레인트를 추가하고 바이어스를 50%로 설정하면 버튼이 수평으로 가운데에 위치합니다.

layout_width: wrap_content
layout_height: wrap_content
bias: 50%

버튼이 사용할 수 있는 공간을 모두 채웠어요.

C

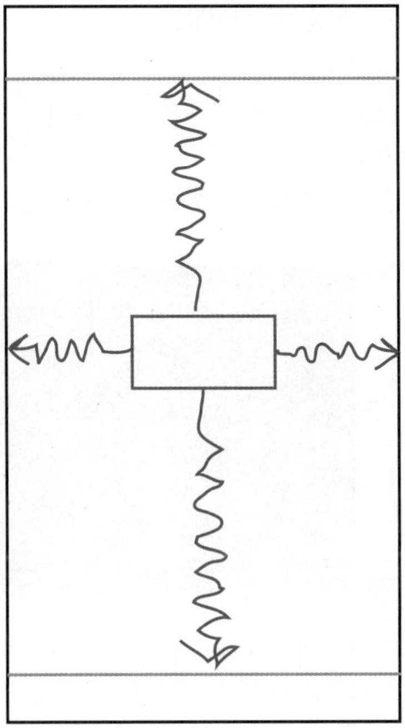

버튼이 모든 방향으로 뻗어야 하므로 모든 면에 컨스트레인트를 추가한 다음 너비와 높이를 0dp로 설정합니다.

layout_width: 0dp
layout_height: 0dp

D

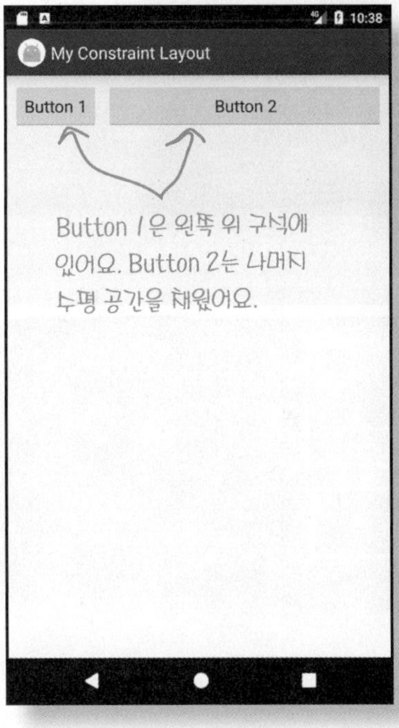

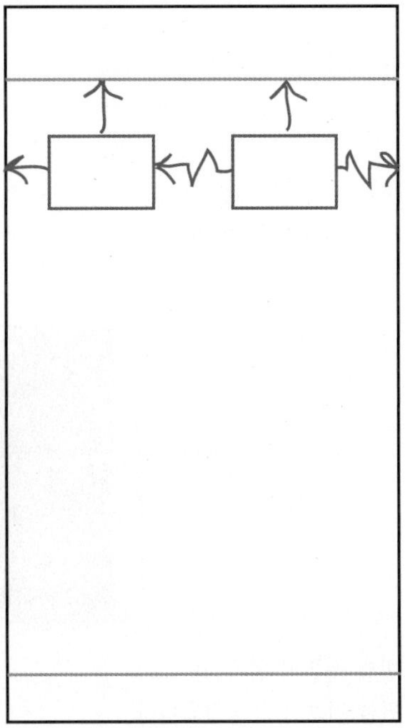

Button 1:
layout_width: wrap_content
layout_height: wrap_content

Button 2:
layout_width: 0dp
layout_height: wrap_content

Button 2가 나머지 수평 공간을 채우게 하려면 Button 2의 수직 경계에 컨스트레인트를 추가한 다음 너비를 0dp로 설정합니다. Button 2의 왼쪽 경계는 Button 1의 오른쪽 경계에 부착했어요.

뷰를 정렬하는 방법

앞에서는 뷰 한 개의 위치와 크기를 조절하는 방법을 살펴봤습니다. 지금부터는 여러 뷰를 정렬하는 방법을 살펴봅니다.

Show
이것이 Show Constraint 버튼이에요.
이 버튼을 클릭하면 레이아웃의 모든
컨스트레인트가 나타나거나 사라져요.

먼저 디자인 편집기의 툴바에서 Show Constraint 버튼을 클릭해 선택된 뷰뿐 아니라 청사진의 모든 뷰의 컨스트레인트를 표시합니다. 그리고 두 번째 버튼을 팔레트에서 청사진으로 드래그해 첫 번째 버튼 아래에 추가합니다.

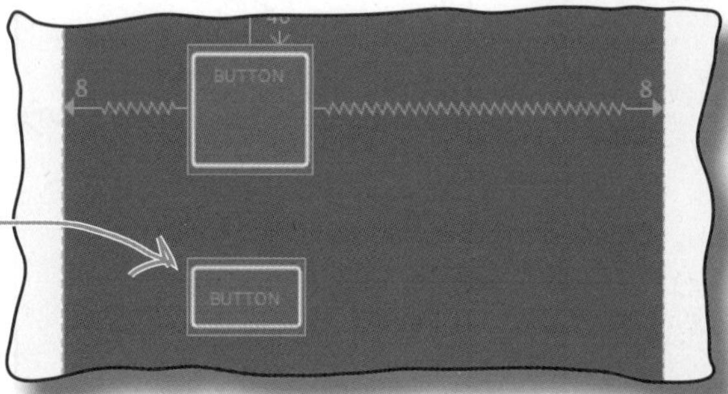

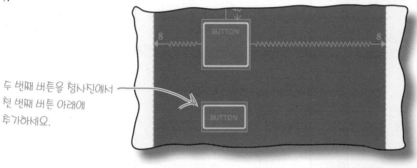

앱을 실행했을 때 두 번째 버튼이 첫 번째 버튼 아래에 나타나도록 하려면 두 번째 버튼의 위쪽 면을 첫 번째 버튼의 아래쪽 면에 부착시켜야 합니다. 이렇게 하려면 두 번째 버튼을 선택하고 위쪽 면의 컨스트레인트 핸들을 첫 번째 버튼의 아래쪽 면으로 드래그하여 컨스트레인트를 만듭니다.

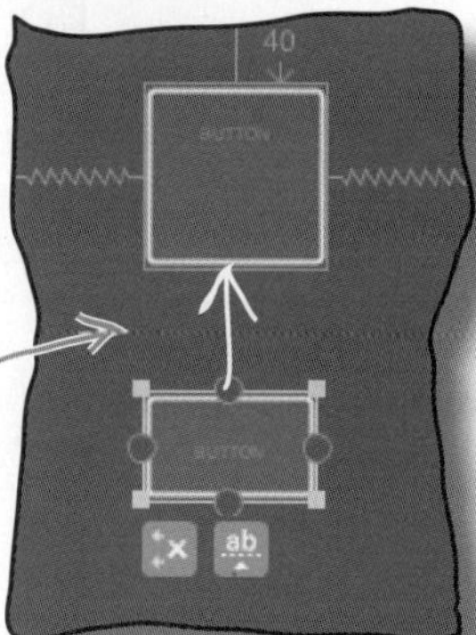

두 버튼의 왼쪽 경계를 정렬시키려면 시프트키를 누른 상태에서 두 버튼을 선택한 다음 디자인 편집기 툴바의 Align Left Edge 버튼을 클릭합니다.

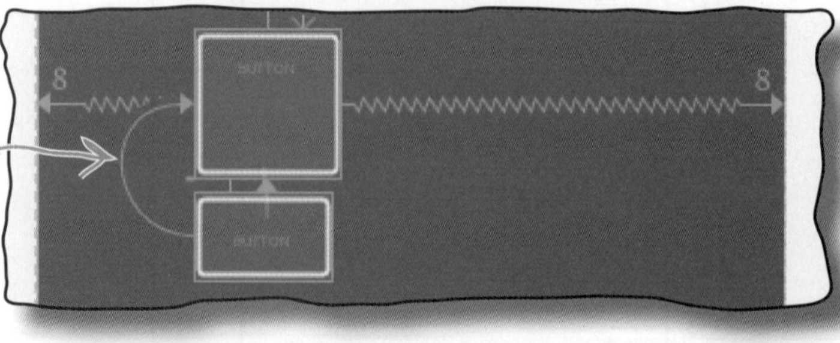

그러면 두 번째 버튼의 왼쪽 면에서 첫 번째 버튼의 왼쪽 면으로 컨스트레인트가 추가되면서 뷰의 왼쪽 면을 기준으로 정렬됩니다.

진짜 레이아웃 만들기

지금까지 컨스트레인트 레이아웃을 충분히 배웠으니 진짜 레이아웃을 만들 차례입니다. 다음과 같은 레이아웃을 생성할 겁니다.

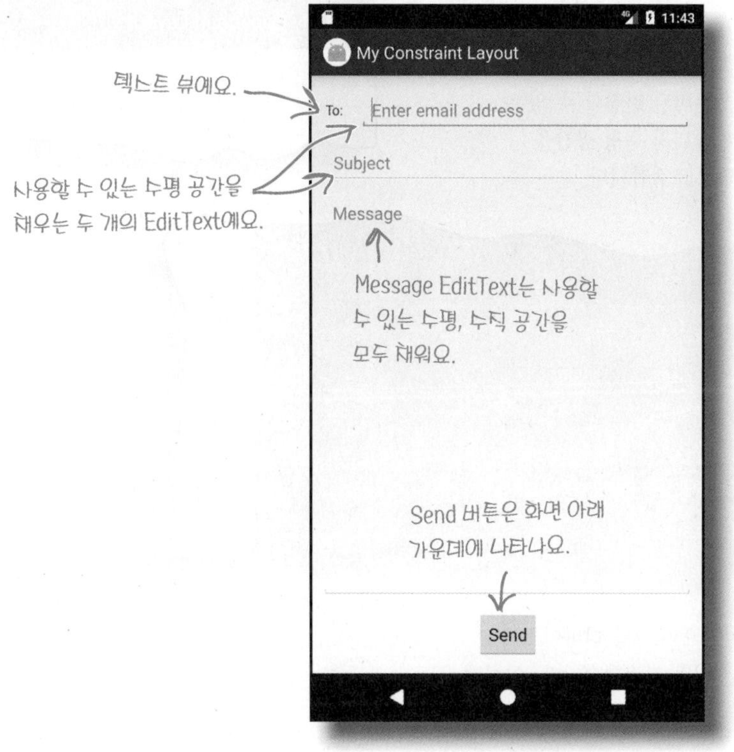
텍스트 뷰예요.
사용할 수 있는 수평 공간을 채우는 두 개의 EditText예요.
11:43
My Constraint Layout
To:
Enter email address
Subject
Message
Message EditText는 사용할 수 있는 수평, 수직 공간을 모두 채워요.
Send 버튼은 화면 아래 가운데에 나타나요.
Send

activity_main.xml을 처음부터 만들 것이므로 기존의 내용을 모두 삭제해서 청사진을 비운 다음 다음과 같은 코드로 시작합니다.

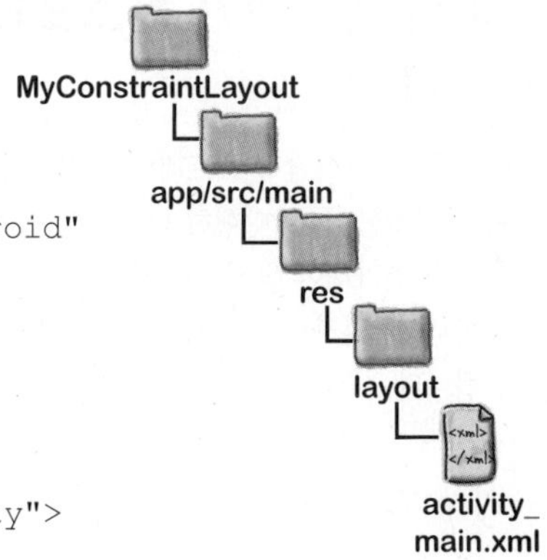
MyConstraintLayout
app/src/main
res
layout
activity_main.xml

```
<?xml version="1.0" encoding="utf-8"?>
<android.support.constraint.ConstraintLayout
    xmlns:android="http://schemas.android.com/apk/res/android"
    xmlns:app="http://schemas.android.com/apk/res-auto"
    xmlns:tools="http://schemas.android.com/tools"
    android:layout_width="match_parent"
    android:layout_height="match_parent"
    tools:context="com.hfad.myconstraintlayout.MainActivity">

</android.support.constraint.ConstraintLayout>
```

첫 번째 행의 뷰를 추가합니다

먼저 레이아웃의 가장 위에 텍스트 뷰와 편집할 수 있는 텍스트 필드를 추가합니다.

디자인 편집기로 전환한 다음 팔레트에서 TextView를 청사진의 왼쪽 위 모서리로 드래그 앤 드롭합니다. 그리고 E-mail 컴포넌트를 텍스트 뷰의 오른쪽으로 드래그합니다. E-mail 컴포넌트는 안드로이드의 이메일 키보드로 데이터를 입력할 수 있도록 준비된 편집할 수 있는 텍스트 필드입니다. 텍스트 뷰와 정렬되면서 나머지 수평 공간을 채우도록 E-mail 컴포넌트의 크기를 수동으로 조절합니다.

레이아웃의 첫 행에는 TextView 레이블과 이메일 주소를 넣는 EditText가 있어요.

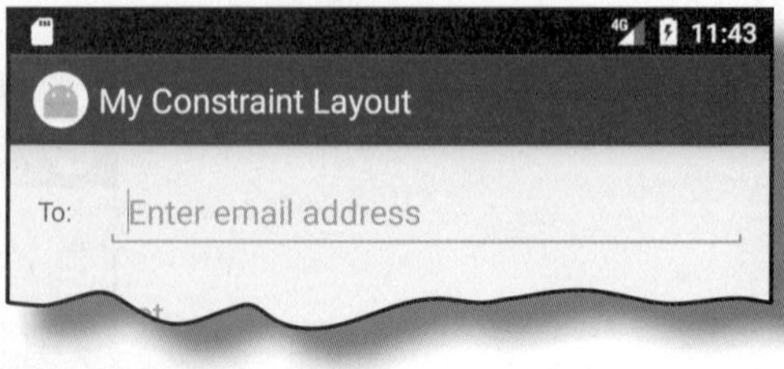

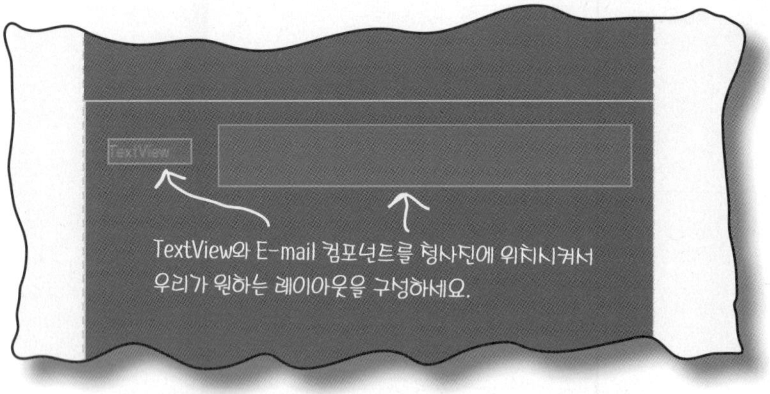

TextView
TextView와 E-mail 컴포넌트를 청사진에 위치시켜서
우리가 원하는 레이아웃을 구성하세요.

아직 뷰에 아무 컨스트레인트도 추가하지 않았으며 그냥 디바이스에 레이아웃이 나타났을 때 뷰가 어디에 나타날 지만 지정했습니다. 이렇게 한 이유는 **디자인 편집기가 컨스트레인트를 직접 알아내도록 하기 위해서입니다.**

디자인 편집기가 컨스트레인트를 추론하게 만들기

이미 살펴본 것처럼 컨스트레인트 레이아웃은 컨스트레인트로 뷰의 위치를 결정합니다. 다행히 디자인 편집기는 어떤 컨스트레인트가 필요하며 추가해야 할지 자동으로 알아내는 Infer Constraints 버튼을 제공합니다. 디자인 편집기의 툴바에서 이 버튼만 클릭하면 모든 게 해결됩니다.

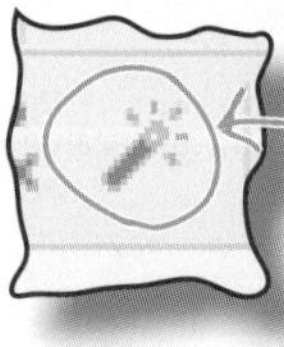

Infer Constraints 버튼이에요.
지금 클릭하세요.

Infer Constraints는 어떤 컨스트레인트를 추가할지 추측합니다

Infer Constraints 버튼을 클릭하면 디자인 편집기가 어떤 컨스트레인트를 추가해야 할지 알아내려 노력합니다. 아직은 기능이 완벽하지 않으며 실제 디바이스에서 레이아웃이 어떻게 동작하길 원하는지 우리 마음까지 읽을 수는 없습니다. 청사진에서 현재 뷰의 위치에 근거해 단순 추측을 할 뿐입니다.

다음은 Infer Constraints 버튼을 클릭한 결과입니다(뷰를 어떻게 배치했느냐에 따라 결과가 조금 달라질 수 있습니다).

Infer Constraints 버튼을 클릭했더니 두 뷰에 컨스트레인트가 추가되었어요.

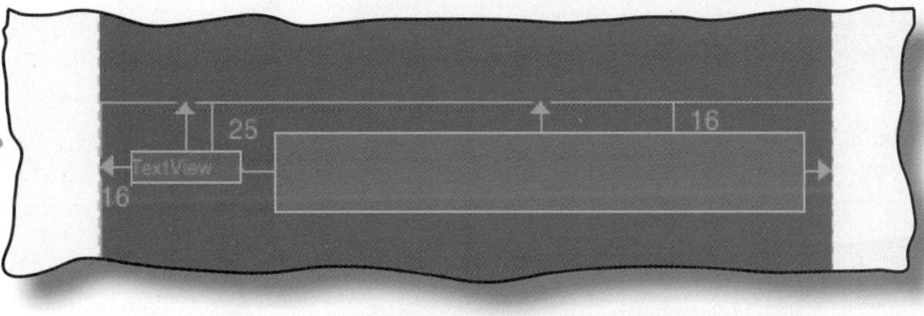

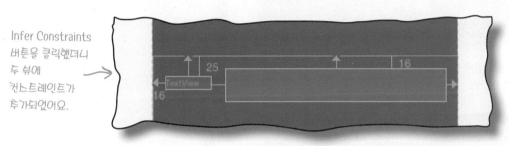

각 뷰를 클릭한 다음 속성 창에서 어떤 컨스트레인트가 추가되었는지 확인할 수 있어요.

Infer Constraints 기능이 추가한 결과가 마음에 들지 않으면 Edit 메뉴에서 Undo Infer Constraints를 선택해서 결과를 되돌리거나 각각의 컨스트레인트를 직접 조정할 수 있습니다.

청사진에 아이템을 추가하기 전에 뷰를 조정합시다. 먼저 청사진에서 텍스트 뷰를 선택한 다음 ID는 to_label로, 텍스트 값은 "@string/to_label"로 설정합니다. XML의 <TextView> 요소에 다음 코드를 추가하는 것과 같은 효과입니다.

ID를 갱신할 때 안드로이드 스튜디오가 코드를 바꾼다고 메시지를 출력해도 신경 쓸 필요 없어요. 뷰 ID를 바꾸면 당연히 발생하는 메시지니까요.

```
android:id="@+id/to_label"
android:text="@string/to_label"
```

뷰의 ID와 텍스트 값을 바꾸면 안드로이드 스튜디오가 이 두 행의 코드를 추가해요.

TextView의 텍스트 값을 바꾸려면 이 속성을 갱신하세요.

이번에는 E-mail 컴포넌트 EditText를 선택한 다음 ID는 email_address로, layout_height는 "wrap_content"로, 힌트는 "@string/email_hint"로 설정합니다. XML의 <EditText> 요소에 다음 코드를 추가한 것과 같은 효과입니다.

```
android:id="@+id/email_address"
android:layout_height="wrap_content"
android:hint="@string/email_hint"
```

뷰의 layout_height와 힌트 값을 바꾸면 안드로이드 스튜디오가 이 두 행의 코드를 추가해요.

청사진에 첫 번째 행의 뷰를 추가했습니다. 이제 다른 뷰를 추가합시다.

청사진에 두 번째 행의 뷰를 추가합니다

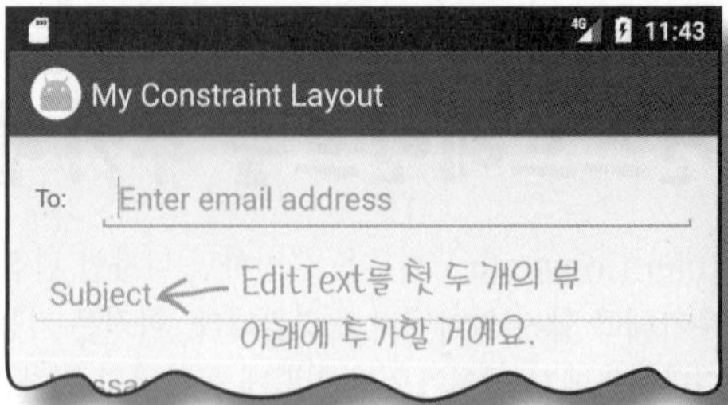

레이아웃의 다음 행에는 메시지 제목을 표시할 편집할 수 있는 텍스트 필드가 필요합니다. 팔레트에서 Plain Text 컴포넌트를 청사진으로 드래그해서 이미 추가한 두 항목 아래에 놓습니다. 그러면 청사진에 EditText가 추가됩니다. 그리고 컴포넌트의 크기와 위치를 다른 뷰와 맞추고 수평 공간을 채웁니다.

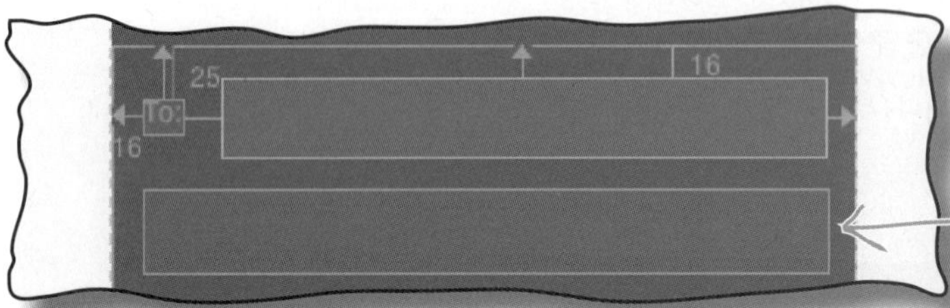

Plain Text 컴포넌트는 레이아웃에 EditText를 추가해요.

그리고 Infer Constraints 버튼을 클릭합니다. 디자인 편집기가 컨스트레인트 몇 개를 추가하는데 이번에는 새 컴포넌트의 위치를 조절했습니다.

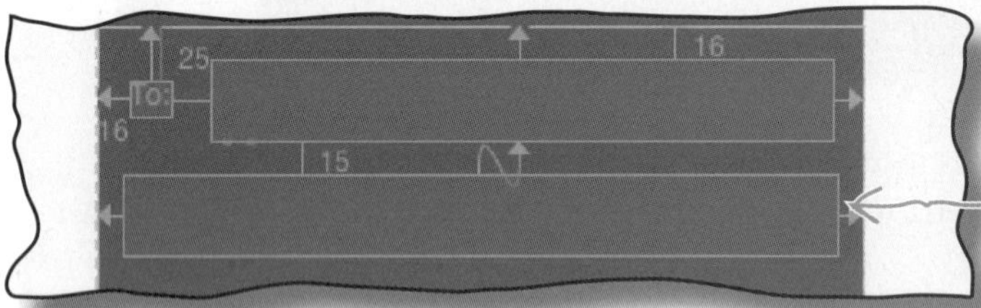

Infer Constraints 버튼을 클릭하면 디자인 편집기가 EditText에 컨스트레인트를 추가해요.

청사진에서 새 뷰를 선택한 다음 ID는 subject로, layout_height는 "wrap_content"로, 힌트는 "@string/subject_hint"로 설정한 다음 디자인 편집기가 추가한 text 속성의 텍스트는 삭제합니다.

버튼을 추가합니다

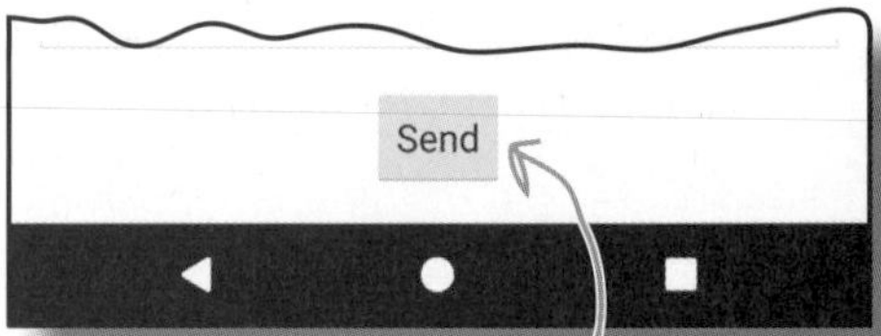

버튼을 레이아웃 아래쪽 수평 가운데에 위치시킬 거예요.

이번에는 레이아웃의 아래쪽에 버튼을 추가합니다. Button 컴포넌트를 청사진의 아래쪽으로 드래그하여 수평으로 가운데에 위치시킵니다. Infer Constraints 버튼을 클릭하면 디자인 편집기가 버튼에 컨스트레인트를 추가합니다.

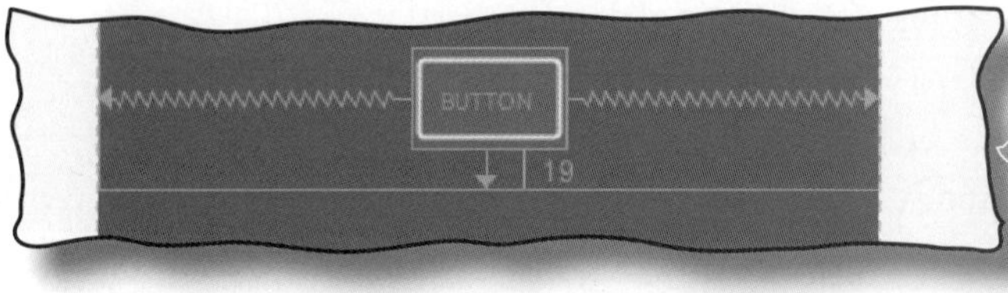

기억하세요. 여러분의 레이아웃에서 Infer Constraints 버튼을 클릭하면 책과 다른 결과가 나올 수도 있어요.

버튼의 ID는 send_button으로, 텍스트는 "@string/send_button"으로 설정합니다.

메시지 뷰를 추가합니다

레이아웃의 나머지 공간을 차지하도록 편집할 수 있는 텍스트 필드를 추가해야 합니다. 팔레트에서 Plain Text 컴포넌트를 드래그하여 청사진의 가운데에 놓습니다. 그리고 전체 영역을 채우도록 크기를 조절한 다음 Infer Constraints 버튼을 클릭합니다.

Subject
Message
Message EditText로 나머지 공간을 채워야 해요.
Send

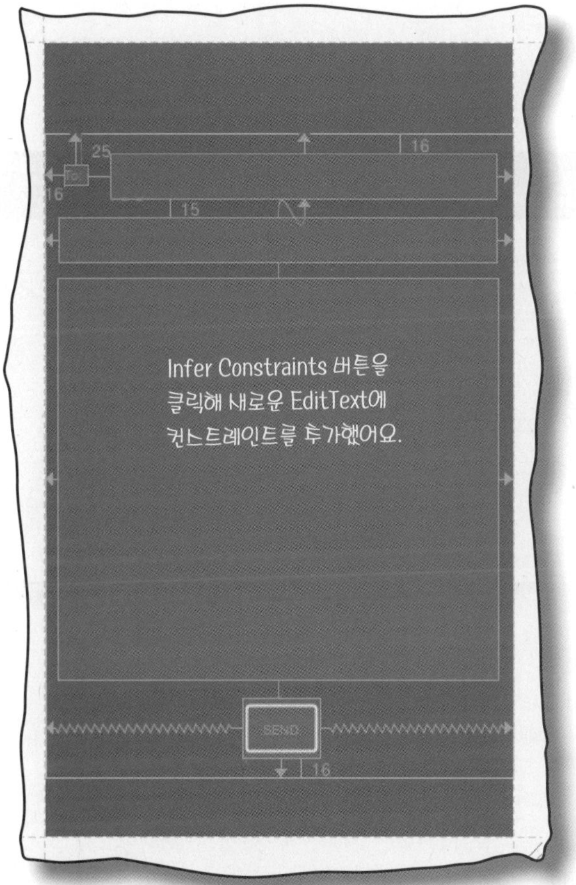
25
16
15
Infer Constraints 버튼을 클릭해 새로운 EditText에 컨스트레인트를 추가했어요.
SEND

모든 뷰를 추가한 다음 마지막에 Infer Constraints를 클릭할 수도 있어요. 하지만 우리 경험에 의하면 한 단계씩 진행하면서 Infer Constraints를 사용할 때 최상의 결과를 얻을 수 있어요. 여러분도 어떤 방법이 더 좋은지 실험해보세요.

청사진에서 새로운 컴포넌트를 선택한 다음 ID는 `message`로, 힌트는 `"@string/message_hint"`로, 중력은 `top`으로 설정하고 디자인 편집기가 추가한 `text` 속성에 값이 있으면 모두 삭제합니다.

중력 속성을 보려면 'View all properties' 버튼을 클릭하세요.

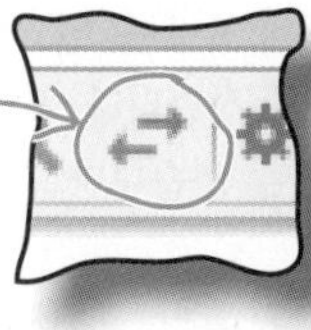

이제 앱을 시험 주행하면서 레이아웃의 모습을 직접 확인합시다.

앱 시험 주행

앱을 실행하면 우리가 기대했던 대로 MainActivity의 레이아웃이 나타납니다. 디바이스를 회전시키면 버튼은 가운데에 그대로 유지되며 이메일과 제목 필드는 수평 공간을 채우고 메시지 뷰가 나머지 공간을 채웁니다.

다양한 크기의 디바이스와 방향을 이용해 우리가 원하는 대로 컨스트레이트 레이아웃이 동작하는지 확인하세요. 이상하게 동작하는 부분이 있다면 뷰의 속성과 컨스트레이트를 변경하세요.

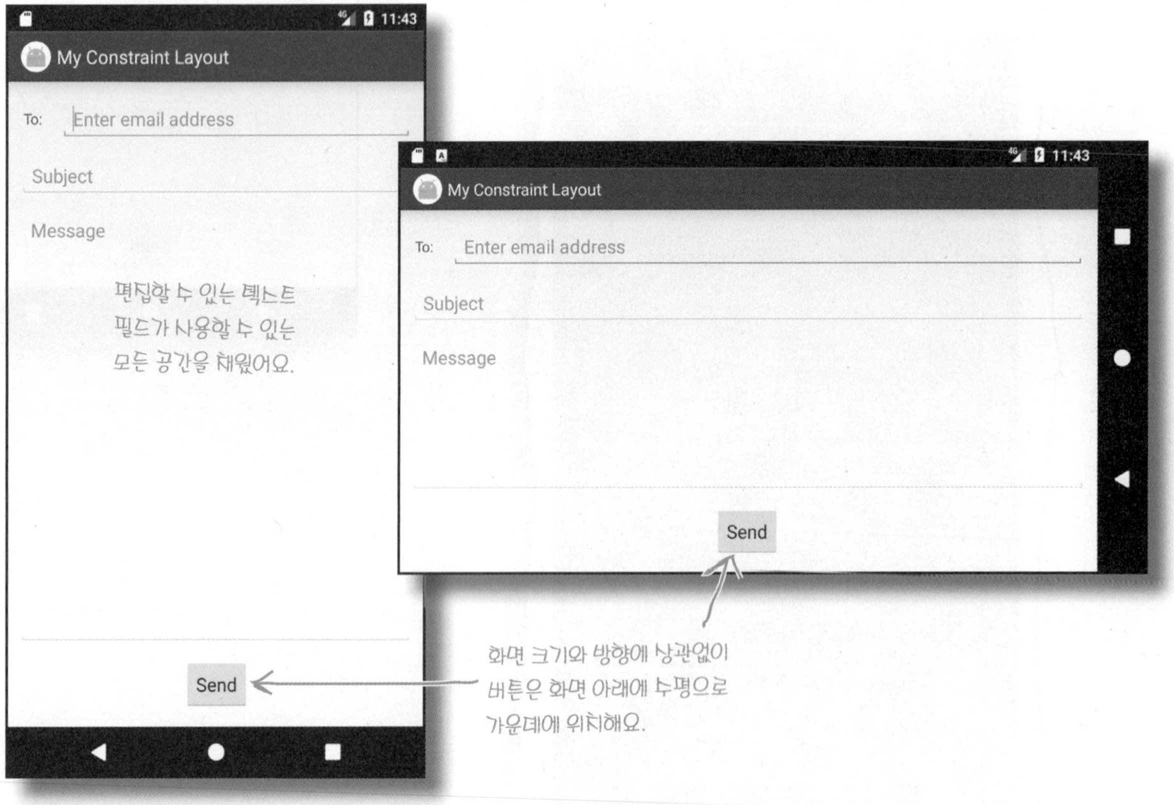

Infer Constraints 버튼을 클릭했을 때 디자인 편집기가 어떤 컨스트레이트를 추가했느냐에 따라 여러분의 레이아웃은 책과 조금 다르게 보일 수 있습니다. 이 기능은 아직 완벽하지 않지만 거의 원하는 대로 동작합니다. 또한 자동으로 추가된 컨스트레이트를 되돌리거나 바꿀 수 있습니다.

우리의 안드로이드 도구상자

6장을 마치면서 컨스트레인트 레이아웃 관련 기술을 도구상자에 추가했습니다.

이 책의 전체 코드는 https://tinyurl.com/HeadFirstAndroid에서 내려받을 수 있어요.

핵심정리

- 컨스트레인트 레이아웃은 안드로이드 스튜디오의 디자인 편집기에서 작동하도록 만들어졌습니다. 컨스트레인트 레이아웃은 별도의 라이브러리로 제공되며 최소 SDK가 API 수준 9 이상인 앱에서 사용할 수 있어요.
- 컨스트레인트를 추가해서 뷰를 위치시킬 수 있어요. 각 뷰는 최소 한 개의 수평 컨스트레인트와 수직 컨스트레인트를 포함해야 합니다.
- 뷰의 양쪽 면에 컨스트레인트를 추가해서 뷰를 가운데에 배치할 수 있어요. 뷰의 바이어스를 조절하여 컨스트레인트에서 위치를 바꿀 수 있습니다.
- 뷰가 양쪽 면에 컨스트레인트를 가지고 있으면 뷰의 크기가 컨스트레인트의 크기와 같게 되도록 만들 수 있어요.
- 뷰의 크기를 너비:높이의 비율로 지정할 수 있습니다.
- Infer Constraints 버튼을 클릭하면 청사진에서 현재 뷰의 위치에 따라 자동으로 컨스트레인트가 추가됩니다.

바보 같은 질문이란 없습니다

Q: 복합 레이아웃을 생성할 때 사용할 수 있는 게 컨스트레인트 레이아웃 하나뿐인가요?

A: 상대 레이아웃이나 그리드 레이아웃 같은 다른 레이아웃도 있지만 컨스트레인트 레이아웃 하나로 이들 레이아웃을 모두 대체할 수 있습니다. 컨스트레인트 레이아웃은 안드로이드 스튜디오의 디자인 편집기와 작동하도록 설계되어 있으므로 쉽게 컨스트레인트 레이아웃을 만들 수 있습니다.

상대 레이아웃이나 그리드 레이아웃은 부록 1에서 설명합니다.

Q: 컨스트레인트 레이아웃은 왜 별도의 라이브러리로 제공되죠?

A: 컨스트레인트 레이아웃은 다른 레이아웃에 비해 비교적 최근에 추가되었습니다. 그래서 예전 버전의 안드로이드를 지원하는 앱에서도 컨스트레인트를 사용할 수 있도록 라이브러리로 제공하는 것입니다. 호환성과 관련된 자세한 내용은 나중에 자세히 다룹니다.

Q: XML에서 컨스트레인트를 편집할 수도 있죠?

A: 그렇습니다. 하지만 컨스트레인트 레이아웃은 시각적으로 편집할 수 있도록 설계되어 있으므로 디자인 편집기에서 이용하는 방법만 다뤘습니다.

Q: Infer Constraints 기능을 사용했는데 원하는 결과가 안 나와요. 왜죠?

A: Infer Constraints 기능은 현재 청사진의 뷰의 위치를 이용해 컨스트레인트를 추측해야 하므로 항상 우리가 원하는 결과가 나오지 않을 수 있어요. 하지만 Infer Constraints 기능으로 앱에 적용된 설정을 바꿀 수 있습니다.

7 리스트 뷰와 어댑터

정돈하기

이런! 아이디어가 너무 많아요...
어쨌든 이 많은 아이디어를 이용해서
올해에 가장 많이 내려받은 앱을
만들 수 있을까?

정말 멋진 안드로이드 앱을 만드는 방법을 알고 싶나요?

지금까지 앱을 만드는 데 필요한 기본 기능을 배웠으니 이제 이들을 잘 **정리하는 방법**을 배울 차례입니다. 이 장에서는 다양한 아이디어를 구조화해서 **멋진 앱을 만드는 방법**을 배웁니다. 앱 디자인의 핵심에 **리스트 데이터**를 적용하는 방법과 이들을 **서로 연결해 사용하기 쉬운 강력한 앱**을 만드는 방법을 배웁니다. 그리고 처음으로 **이벤트 리스너**와 **어댑터**가 등장하며 이를 이용해 앱을 더욱 동적으로 만드는 방법도 살펴봅니다.

모든 앱은 아이디어에서 시작합니다

앱의 아이디어를 처음 떠올렸을 때 앱에 어떤 기능이 들어가야 할지 많은 고민을 하게 됩니다.

예를 들어 스타버즈 커피(Starbuzz Coffee)를 운영하는 어떤 친구는 자신의 커피숍으로 더 많은 손님을 끌어들일 수 있는 새 앱을 만들고 싶어 합니다. 다음은 앱에 포함되었으면 하는 몇 가지 아이디어입니다.

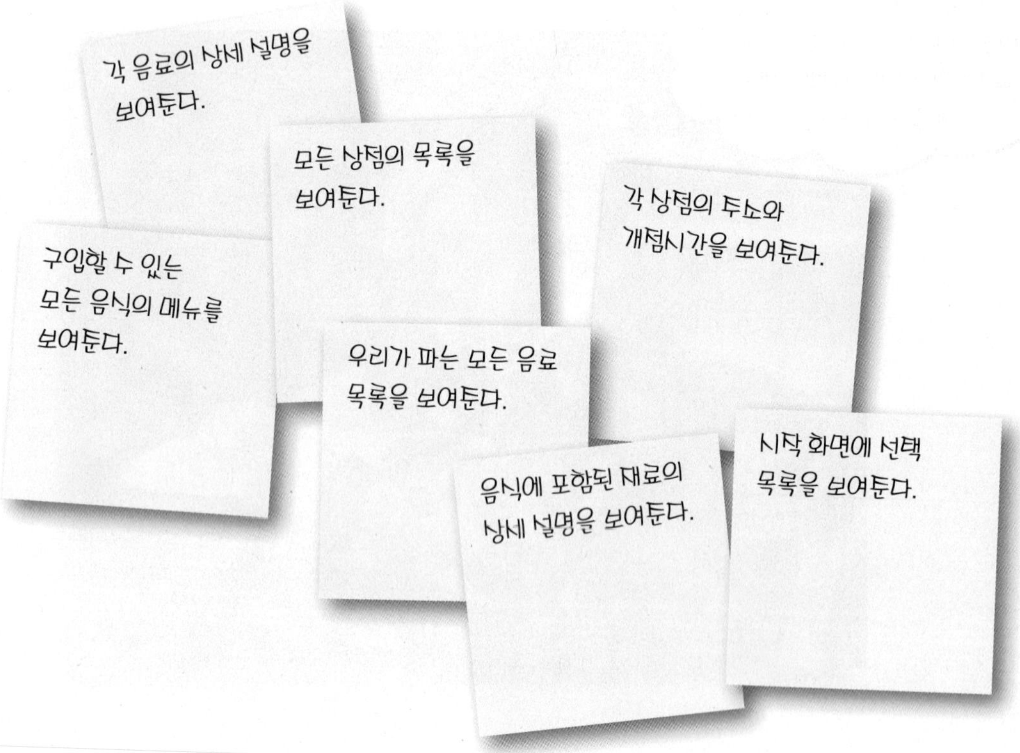
각 음료의 상세 설명을 보여준다.
모든 상점의 목록을 보여준다.
각 상점의 주소와 개점시간을 보여준다.
구입할 수 있는 모든 음식의 메뉴를 보여준다.
우리가 파는 모든 음료 목록을 보여준다.
시작 화면에 선택 목록을 보여준다.
음식에 포함된 재료의 상세 설명을 보여준다.

모두 유용한 앱을 만드는 데 필요한 아이디어입니다. 하지만 이 아이디어를 이용해 어떻게 직관적이며 잘 구성된 앱을 만들 수 있을까요?

아이디어를 정돈합니다

먼저 이들 아이디어를 **최상위 수준** 액티비티, **카테고리** 액티비티, **상세/편집** 액티비티 등 세 가지 종류의 액티비티로 정돈합니다.

최상위 수준 액티비티

최상위 수준 액티비티는 사용자에게 가장 중요한 것을 포함하며 따라서 쉽게 이 액티비티에 접근할 수 있는 수단을 제공합니다. 대부분의 앱에서 사용자가 보게 되는 첫 번째 액티비티가 바로 최상위 수준의 액티비티입니다.

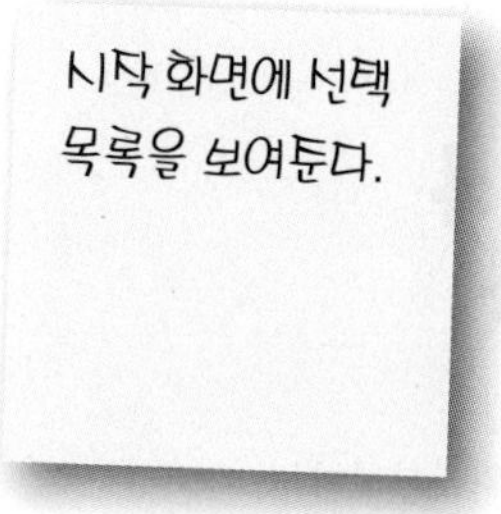

시작 화면에 선택 목록을 보여준다.

카테고리 액티비티

카테고리 액티비티는 리스트처럼 특정 카테고리에 해당하는 데이터를 보여줍니다. 이런 종류의 액티비티는 사용자가 상세/편집 액티비티로 이동할 수 있는 수단을 제공합니다. 예를 들어 카테고리 액티비티로 스타버즈에서 이용할 수 있는 모든 음료 목록을 보여줄 수 있습니다.

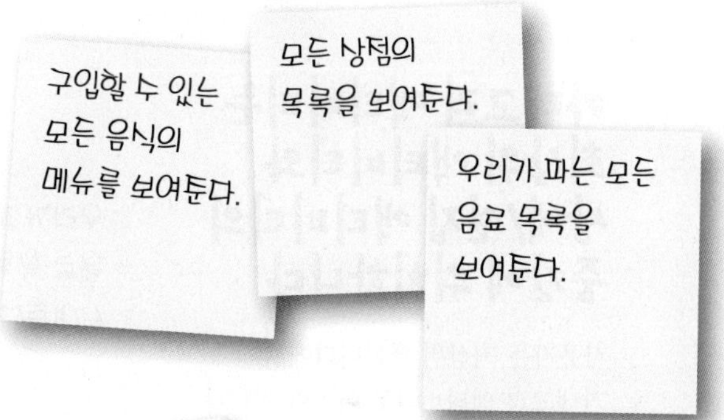

상세/편집 액티비티

상세/편집 액티비티는 특정 자료를 자세하게 보여주거나, 사용자가 데이터를 편집하는 기능 또는 새 데이터를 추가하는 기능을 제공합니다. 예를 들어 특정 음료를 자세하게 보여주는 액티비티가 상세/편집 액티비티입니다.

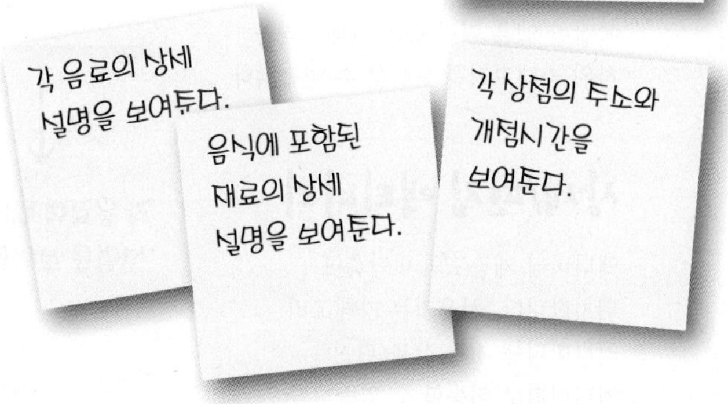

각 음료의 상세 설명을 보여준다.
음식에 포함된 재료의 상세 설명을 보여준다.
각 상점의 주소와 개점시간을 보여준다.

액티비티를 정돈했으면 이를 토대로 사용자가 액티비티 간에 어떻게 이동할지 보여주는 계층도를 만들 수 있습니다.

여러분은 어떤 앱을 만들고 싶은지 생각해보세요. 어떤 액티비티를 포함해야 하나요? 이들 액티비티를 최상위 수준 액티비티, 카테고리 액티비티, 상세/편집 액티비티로 정돈해보세요.

액티비티 간 이동하기

여러분의 아이디어를 최상위 수준 액티비티, 카테고리 액티비티, 상세/편집 액티비티로 정돈했으면 이를 이용해 앱의 액티비티 간에 어떻게 이동해야 하는지 파악할 수 있습니다. 보통은 최상위 수준의 액티비티에서 카테고리 액티비티를 거쳐 마지막에는 상세/편집 액티비티로 이동합니다.

최상위 액티비티가 가장 위로 갑니다

사용자가 가장 먼저 보게 되는 액티비티이므로 꼭대기에 위치합니다.

카테고리 액티비티는 최상위 액티비티와 상세/편집 액티비티의 중간에 위치합니다

사용자는 최상위 액티비티에서 카테고리 액티비티로 이동할 겁니다. 복잡한 앱은 여러 층의 카테고리와 하위 카테고리를 포함할 수 있습니다.

상세/편집 액티비티

액티비티 계층도의 바닥층에 위치합니다. 사용자는 카테고리 액티비티를 거쳐 상세/편집 액티비티로 이동할 수 있습니다.

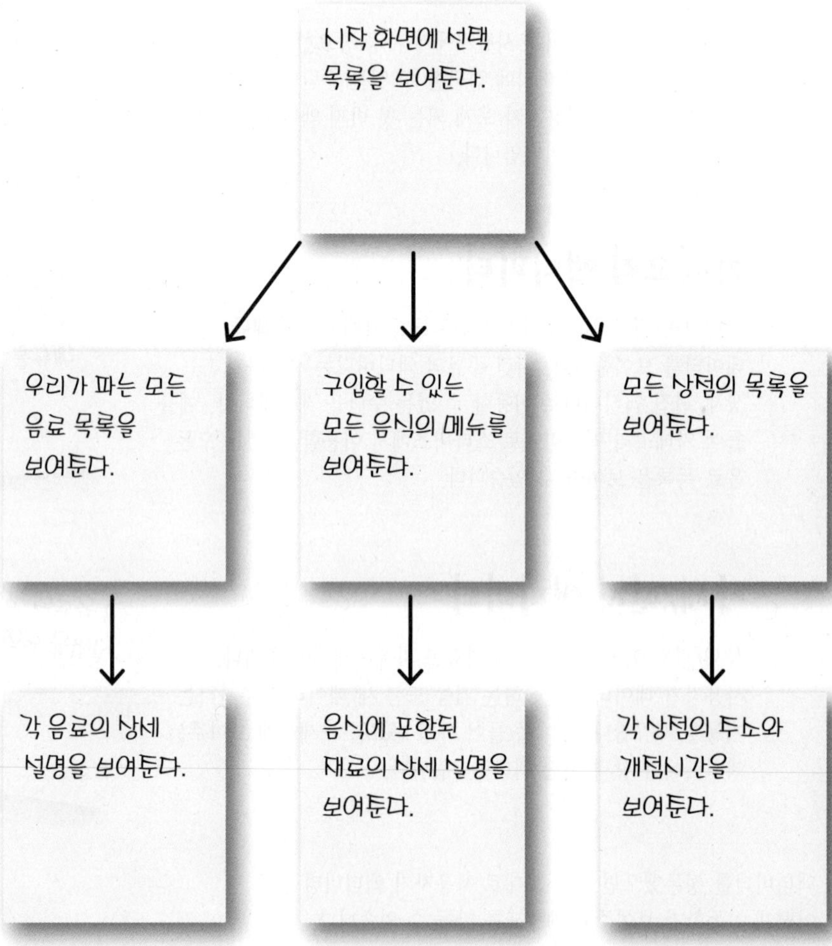
시작 화면에 선택 목록을 보여준다.
우리가 파는 모든 음료 목록을 보여준다.
구입할 수 있는 모든 음식의 메뉴를 보여준다.
모든 상점의 목록을 보여준다.
각 음료의 상세 설명을 보여준다.
음식에 포함된 재료의 상세 설명을 보여준다.
각 상점의 주소와 개점시간을 보여준다.

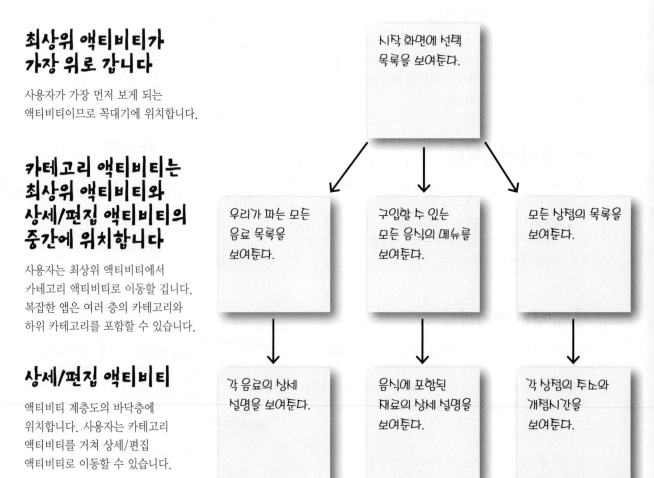

예를 들어 사용자가 Starbuzz에서 제공하는 음료의 상세 정보를 살펴보려 합니다. 먼저 사용자가 앱을 실행하면 옵션 목록을 제공하는 최상위 액티비티의 시작 화면이 나타납니다. 사용자가 옵션을 선택하면 음료수 목록이 나타납니다. 목록에서 음료를 선택해 특정 음료의 정보를 자세히 확인할 수 있습니다.

리스트 뷰로 데이터 탐색하기

이전 페이지의 설명처럼 앱을 구성하려면 액티비티 간에 탐색할 수 있는 수단이 필요합니다. 보통 **리스트 뷰**로 이를 구현합니다. 리스트 뷰로 이용할 수 있는 데이터 목록을 보여준 다음 각 데이터를 탐색할 수 있습니다.

이전 페이지에서 Starbuzz에서 판매하는 모든 음료 목록을 표시하는 카테고리 액티비티를 가지고 있다고 가정했습니다. 다음은 카테고리 액티비티의 모습입니다.

음료 목록을 포함하는 리스트 뷰예요.

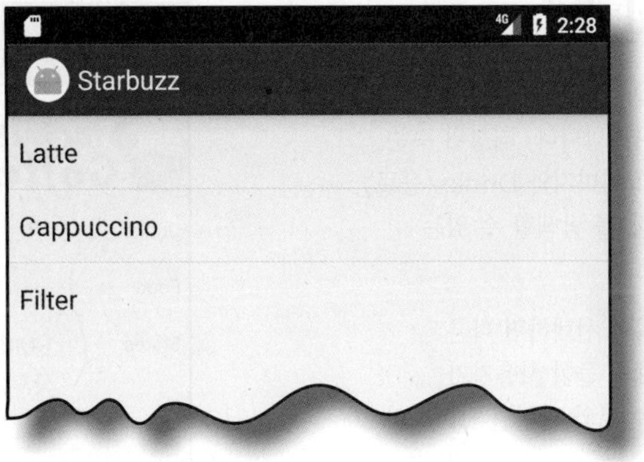

액티비티는 리스트 뷰를 이용해 Starbuzz에서 판매하는 모든 음료 목록을 표시합니다. 사용자가 특정 음료를 선택하면 음료 정보가 자세히 표시됩니다.

리스트 뷰에서 Latte 옵션을 선택하면 음료의 세부 정보를 포함하는 화면이 나타나요.

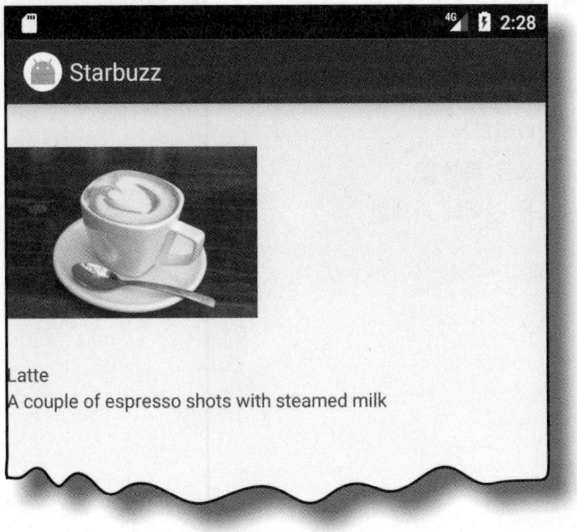

지금부터 Starbuzz 앱에 리스트 뷰를 구현하는 방법을 설명합니다.

Starbuzz 앱의 일부 구현하기

Starbuzz 앱에 사용할 모든 카테고리와 상세/편집 액티비티를 구현하지 않고 우선은 **음료만 구현합니다**. 앱을 실행했을 때 나타날 최상위 액티비티를 생성한 다음 음료 목록을 표현하는 카테고리 액티비티를 구현합니다. 그리고 한 음료의 세부 정보를 표시할 상세/편집 액티비티를 만듭니다.

최상위 수준 액티비티

사용자가 앱을 실행하면 앱의 주요 시작 화면인 최상위 수준 액티비티가 나타납니다. 최상위 수준 액티비티는 Starbuzz 로고 이미지와 Drinks(음료), Food(음식), Stores(상점)를 탐색할 수 있는 목록을 포함합니다.

사용자가 목록에서 한 항목을 선택하면 다른 액티비티로 이동합니다. 예를 들어 사용자가 Drinks를 클릭하면 앱은 음료와 관련된 카테고리 액티비티를 실행합니다.

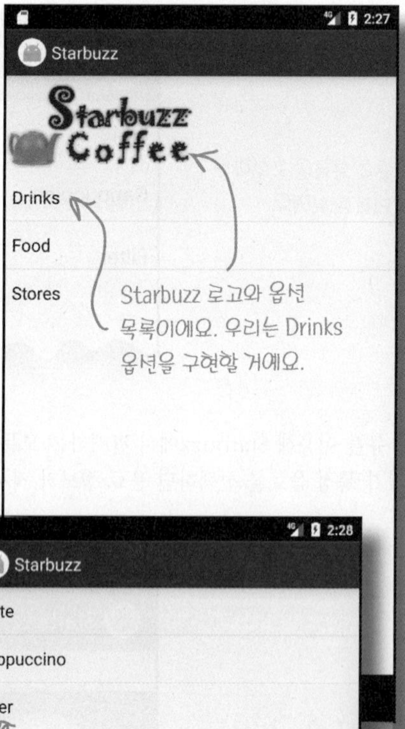
2:27
Starbuzz
Starbuzz Coffee
Drinks
Food
Stores
Starbuzz 로고와 옵션 목록이에요. 우리는 Drinks 옵션을 구현할 거예요.

음료 카테고리 액티비티

사용자가 최상위 수준 액티비티의 목록에서 Drinks를 선택하면 음료 카테고리 액티비티가 실행됩니다. 음료 카테고리 액티비티는 Starbuzz에서 판매하는 모든 음료 목록을 보여줍니다. 사용자는 한 음료를 선택해 자세한 정보를 확인할 수 있습니다.

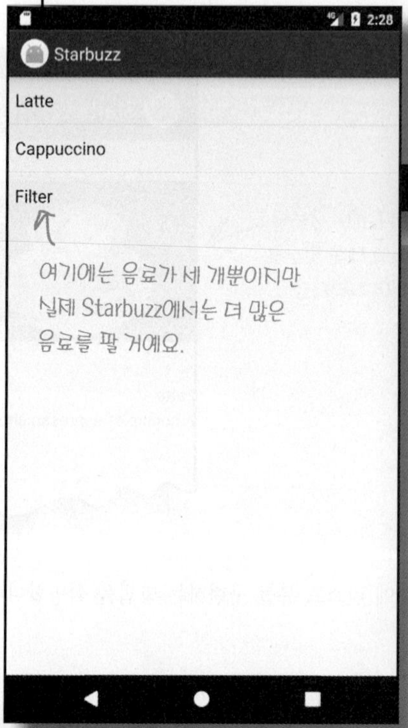
2:28
Starbuzz
Latte
Cappuccino
Filter
여기에는 음료가 세 개뿐이지만 실제 Starbuzz에서는 더 많은 음료를 팔 거예요.

음료 상세 액티비티

사용자가 카테고리 액티비티의 목록에서 한 음료를 선택하면 음료 상세 액티비티가 나타납니다.

음료 상세 액티비티는 사용자가 선택한 음료의 이름, 이미지, 설명 등 음료 정보를 구체적으로 표시합니다.

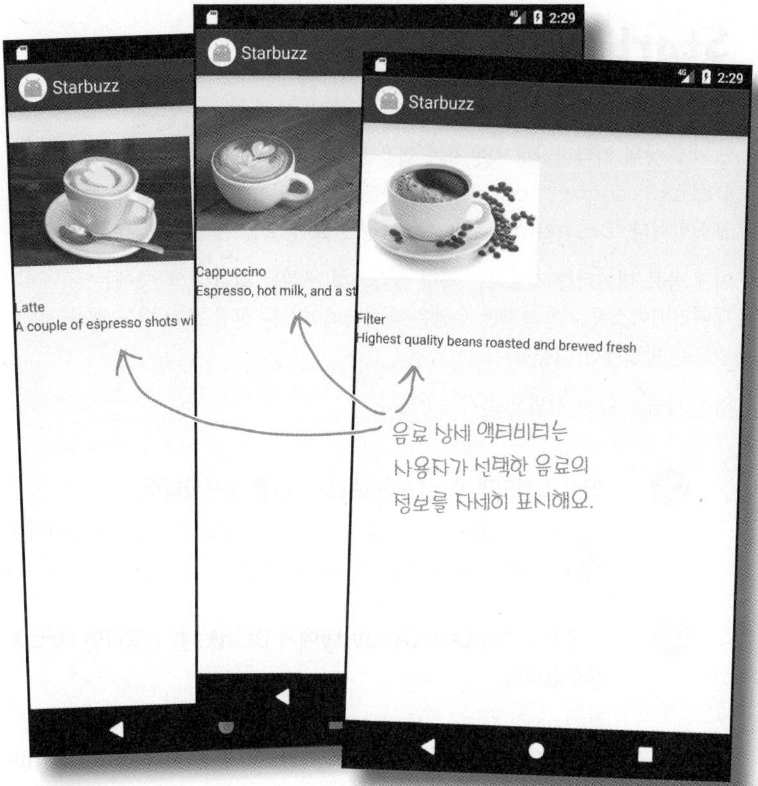

사용자가 앱을 탐색하는 방법

사용자는 최상위 수준 액티비티의 목록에서 Drinks를 선택해 음료 카테고리로 이동합니다. 그리고 음료 카테고리에서 한 음료를 선택해 음료 상세 액티비티로 이동합니다.

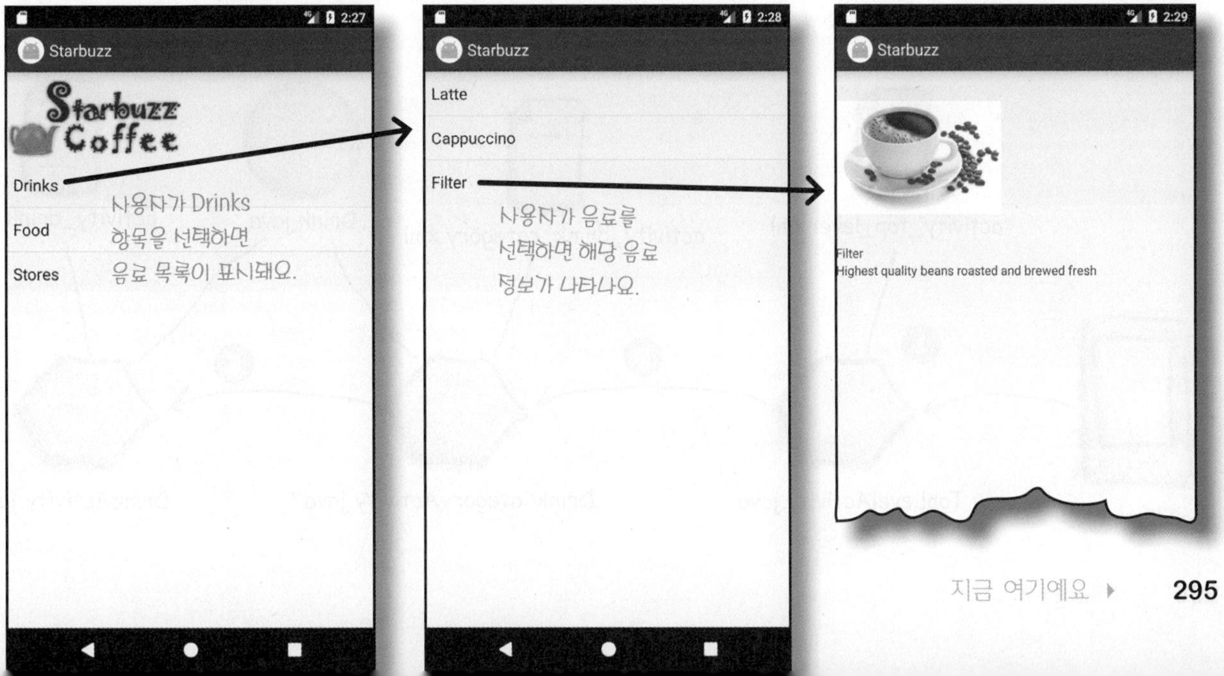

Starbuzz 앱 구조

앱은 세 개의 액티비티를 포함합니다. TopLevelActivity는 앱의 최상위 액티비티로 사용자가 앱을 탐색할 수 있도록 합니다. DrinkCategoryActivity는 카테고리 액티비티로 모든 음료 목록을 포함합니다. DrinkActivity는 특정 음료 정보를 자세히 표시합니다.

이제 음료 데이터를 저장하는 자바 클래스를 구현할 겁니다. 나중에는 데이터베이스를 이용하지만 우선은 데이터베이스는 신경 쓰지 말고 앱을 만드는 방법에만 집중합니다.

앱은 다음과 같은 방법으로 작동합니다.

1. **앱이 실행되면 TopLevelActivity를 실행합니다.**
   TopLevelActivity는 activity_top_level.xml을 레이아웃으로 사용합니다. 이 액티비티는 Drinks, Food, Stores라는 세 개의 옵션 목록을 표시합니다.

2. **사용자가 TopLevelActivity에서 Drinks를 선택하면 DrinkCategoryActivity가 실행됩니다.**
   DrinkCategoryActivity는 activity_drink_category.xml을 레이아웃으로 사용하며 모든 음료 목록을 표시합니다. 음료 목록 정보는 Drink.java 클래스 파일에서 가져옵니다.

3. **사용자가 DrinkCategoryActivity에서 음료를 클릭하면 DrinkActivity가 실행됩니다.**
   DrinkActivity는 activity_drink.xml을 레이아웃으로 사용합니다. 이 액티비티 역시 Drink.java 클래스 파일에서 자세한 음료 정보를 가져옵니다.

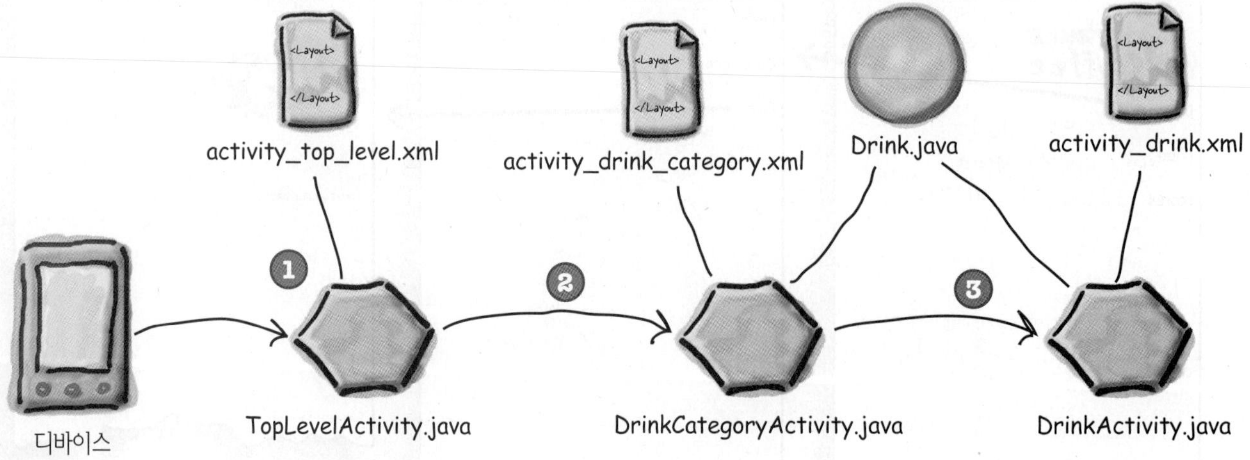

우리가 해야 할 일

우리는 다음 순서로 앱을 만들 것입니다.

1. **Drink 클래스와 이미지 리소스 추가**
   이용할 수 있는 음료의 세부 정보를 포함하는 클래스, 앱의 음료 이미지와 Starbuzz 로고가 필요합니다.

2. **TopLevelActivity와 레이아웃 생성**
   앱의 시작 화면입니다. Starbuzz 로고를 표시하며 옵션 목록을 탐색할 수 있는 기능을 제공합니다. `TopLevelActivity`의 Drinks 옵션을 클릭했을 때 `DrinkCategoryActivity`가 실행되어야 합니다.

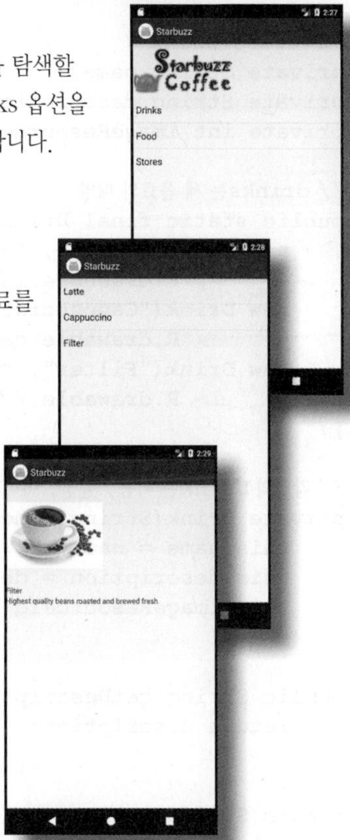

3. **DrinkCategoryActivity와 레이아웃 생성**
   이용할 수 있는 모든 음료 목록을 포함합니다. 사용자가 한 음료를 선택하면 `DrinkActivity`를 실행해야 합니다.

4. **DrinkActivity와 레이아웃 생성**
   `DrinkCategoryActivity`에서 사용자가 선택한 음료의 세부 정보를 표시하는 액티비티입니다.

프로젝트 만들기

지금까지 프로젝트를 만들었던 방법 그대로 새 프로젝트를 만듭니다.

'Starbuzz'라는 이름과 'hfad.com'이라는 회사 도메인으로 `com.hfad.starbuzz`라는 패키지 이름을 가진 새 안드로이드 프로젝트를 만듭니다. 최소 SDK 수준은 API 19로 지정합니다. 'TopLevelActivity'라는 빈 액티비티와 'activity_top_level'이라는 레이아웃을 만듭니다. **Backwards Compatibility (AppCompat) 옵션은 선택 해제합니다.**

→ **리소스 추가**
TopLevelActivity
DrinkCategoryActivity
DrinkActivity

Drink 클래스

앱에 Drink 클래스부터 추가합니다. Drink.java는 순수 자바 클래스 파일로 액티비티에서 사용할 음료 데이터를 저장합니다. Drink 클래스는 각각의 음료가 이름, 설명, 이미지 리소스 ID로 이루어진 세 개 음료의 배열을 정의합니다. 안드로이드 스튜디오의 탐색기를 Project 뷰로 전환하고 app/src/main/java 폴더에서 com.hfad.starbuzz 패키지를 선택한 다음 File → New... → Java Class를 선택합니다. 이름을 묻는 창이 나타나면 클래스 이름을 'Drink'로 하고 패키지 이름이 com.hfad.starbuzz인지 확인합니다. Drink.java의 코드를 다음처럼 바꾸고 파일을 저장합니다.

```
package com.hfad.starbuzz;

public class Drink {
    private String name;
    private String description;
    private int imageResourceId;

    // drinks는 세 음료의 배열
    public static final Drink[] drinks = {
        new Drink("Latte", "A couple of espresso shots with steamed milk",
                R.drawable.latte),
        new Drink("Cappuccino", "Espresso, hot milk, and a steamed milk foam",
                R.drawable.cappuccino),
        new Drink("Filter", "Highest quality beans roasted and brewed fresh",
                R.drawable.filter)
    };

    // 각각의 Drink는 이름, 설명, 이미지 리소스를 가지고 있음
    private Drink(String name, String description, int imageResourceId) {
        this.name = name;
        this.description = description;
        this.imageResourceId = imageResourceId;
    }

    public String getDescription() {
        return description;
    }

    public String getName() {
        return name;
    }

    public int getImageResourceId() {
        return imageResourceId;
    }

    public String toString() {
        return this.name;
    }
}
```

각각의 음료는 이름, 설명, 이미지 리소스 ID를 가지고 있어요. 이미지 리소스 ID는 다음 페이지에서 프로젝트에 추가할 음료 이미지를 가리켜요.

drinks는 세 음료의 배열이에요.

곧 추가할 음료 이미지예요.

Drink 생성자예요.

비공개 변수의 게터예요.

음료를 문자열화하면 음료의 이름이 반환돼요.

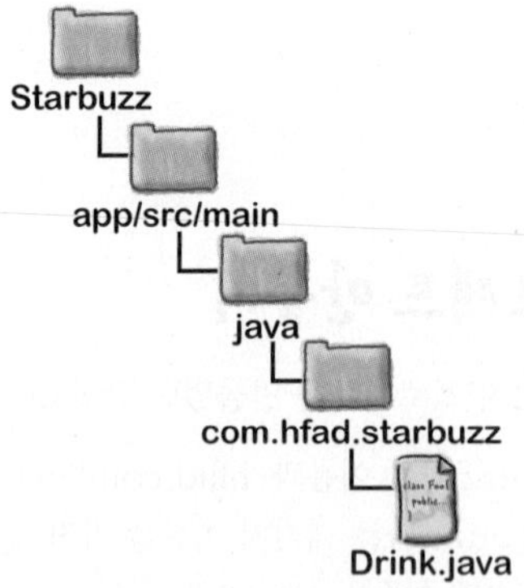

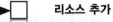

리소스 추가
TopLevelActivity
DrinkCategoryActivity
DrinkActivity

이미지 파일

Drink 코드는 R.drawable.latte, R.drawable.cappuccino, R.drawable.filter 세 개의 이미지 리소스 ID를 포함합니다. 이미지 리소스를 이용해 사용자에게 음료 이미지를 보여줄 수 있습니다. R.drawable.latte는 latte라는 음료의 이미지, R.drawable.cappuccino는 cappuccino라는 음료의 이미지, R.drawable.filter는 filter라는 음료의 이미지를 각각 가리킵니다.

이제 프로젝트에 최상위 수준의 액티비티에서 보여줄 Starbuzz 로고를 포함해 세 개의 음료 이미지를 추가해야 합니다. 폴더가 이미 생성되어 있지 않으면 Starbuzz 프로젝트에 app/src/main/res/drawable 폴더를 생성합니다. 안드로이드 스튜디오의 탐색기를 Project 뷰로 바꾸고 app/src/main/res 폴더를 선택한 다음 File → New...를 선택해 새로운 안드로이드 리소스 디렉터리를 생성합니다. 리소스 종류는 'drawable'로, 폴더 이름도 'drawable'로 설정한 다음 OK를 클릭합니다.

안드로이드 스튜디오가 이미 폴더를 추가했을 수도 있어요. 이때는 폴더를 다시 생성할 필요가 없어요.

프로젝트에 drawable 폴더를 생성했으면 https://git.io/v9oet에서 starbuzzlogo.png, cappuccino.png, filter.png, latte.png를 내려받습니다.

앱에 이미지를 추가할 때 화면 밀도에 따라 어떤 이미지를 사용할지 선택해야 합니다. 우리는 화면 밀도와 관계없이 같은 이미지를 사용할 것이므로 한 폴더에 이미지를 모두 추가합니다. 화면 밀도에 따라 각기 다른 이미지를 사용하려면 5장에서 설명한 부분을 참조해 알맞은 drawable* 폴더에 각각의 이미지를 저장해야 합니다.

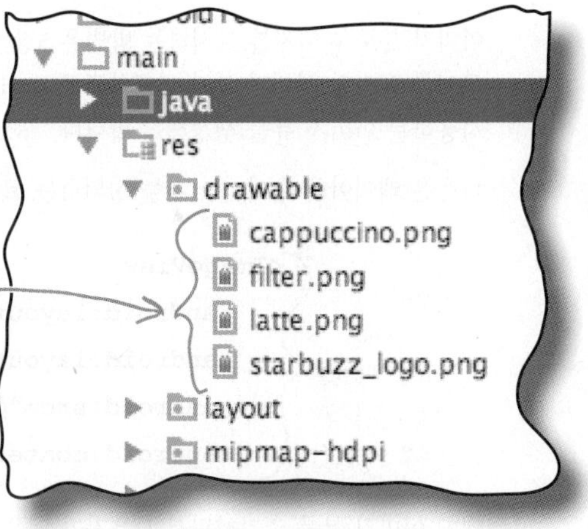

네 개의 이미지 파일을 추가했어요. drawable 폴더를 생성한 다음 이미지를 추가하세요.

프로젝트에 이미지를 추가하면 안드로이드가 R.drawable.image_name(image_name은 이미지의 이름을 가리킵니다) 형식의 ID를 각 이미지에 할당합니다. 예를 들어 latte.png에는 R.drawable.latte라는 ID가 할당되는데 이전 페이지의 Drink 클래스의 latte 이미지 리소스 ID와 일치합니다.

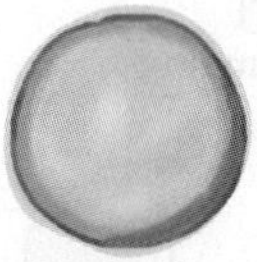

Drink

name: "Latte"
description: "A couple of expresso shots with steamed milk"
imageResourceId: R.drawable.latte

latte.png 이미지에는 R.drawable.latte라는 ID가 할당되었어요.

R.drawable.latte

프로젝트에 Drink 클래스와 이미지 리소스를 추가했으니 액티비티를 만들 차례입니다. 최상위 액티비티부터 시작합니다.

최상위 레이아웃은 이미지와 목록을 포함합니다

리소스 추가
TopLevelActivity
DrinkCategoryActivity
DrinkActivity

프로젝트를 만들면서 TopLevelActivity라는 기본 액티비티와 activity_top_level.xml이라는 레이아웃을 추가했습니다. 액티비티가 이미지와 옵션 목록을 표시하도록 레이아웃을 바꿔야 합니다.

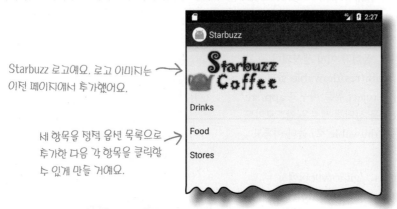

Starbuzz 로고예요. 로고 이미지는 이전 페이지에서 추가했어요.

세 항목을 정적 옵션 목록으로 추가한 다음 각 항목을 클릭할 수 있게 만들 거예요.

이미지 뷰로 이미지를 표시하는 방법은 5장에서 배웠습니다. 우리는 Starbuzz 로고를 표시할 이미지 뷰가 필요하므로 starbuzz_logo.png를 소스로 사용하는 이미지 뷰를 생성해야 합니다.

다음은 레이아웃에 이미지 뷰를 정의하는 코드입니다.

이 코드를 activity_top_level.xml에 추가할 거예요. 전체 코드는 곧 보여줄 거예요.

```
<ImageView
    android:layout_width="200dp"
    android:layout_height="100dp"
    android:src="@drawable/starbuzz_logo"
    android:contentDescription="@string/starbuzz_logo" />
```

이미지 표시 크기를 정의했어요.

앱에 추가한 starbuzz_logo.png를 이미지 소스로 사용해요.

사용자가 앱을 더욱 편하게 사용할 수 있도록 contentDescription을 추가했어요.

앱에 이미지 뷰를 추가하면서 사용자가 앱을 더욱 편하게 사용할 수 있도록 `android:contentDescription` 속성을 추가했습니다. 우리는 `"@string/starbuzz_logo"`라는 문자열 값을 사용하므로 다음처럼 strings.xml에 문자열 리소스를 추가합니다.

```
<resources>
    ...
    <string name="starbuzz_logo">Starbuzz logo</string>
</resources>
```

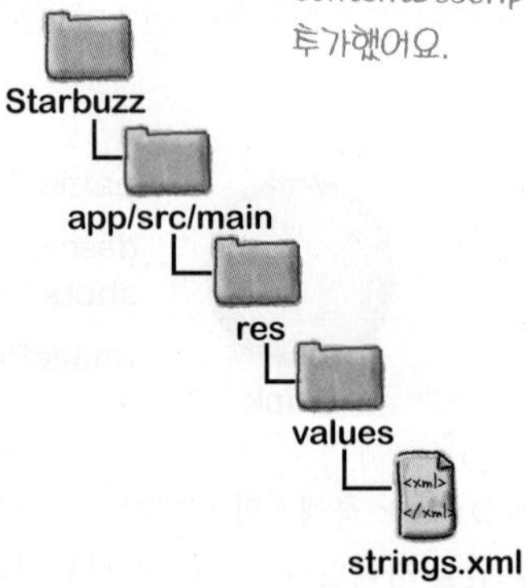

레이아웃에 이미지를 추가했으므로 이번에는 목록을 구현할 차례입니다.

리스트 뷰로 옵션 목록 표시하기

이전에도 설명했듯이 리스트 뷰를 이용하면 사용자가 앱을 탐색할 때 사용할 데이터를 세로로 표시할 수 있습니다. 옵션 목록을 표시하는 리스트 뷰를 레이아웃에 추가한 다음 다른 액티비티로 이동할 수 있는 기능도 구현할 것입니다.

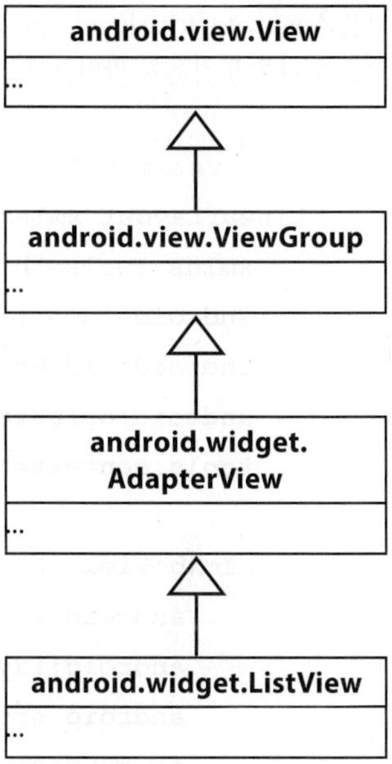

XML에 리스트 뷰를 정의하는 방법

<ListView> 요소를 이용해 레이아웃에 리스트 뷰를 정의할 수 있습니다. 그리고 android:entries 속성에 문자열 배열을 설정해서 사용할 항목의 배열을 리스트 뷰에 추가할 수 있습니다. 문자열 배열은 텍스트 뷰 형태로 리스트 뷰에 표시됩니다.

다음은 options라는 문자열 배열에서 값을 가져오는 리스트 뷰를 레이아웃에 추가하는 코드입니다.

다음 페이지에서는 이 코드를 activity_top_level.xml에 추가할 거예요.

```
<ListView
    android:id="@+id/list_options"
    android:layout_width="match_parent"
    android:layout_height="wrap_content"
    android:entries="@array/options" />
```

리스트 뷰를 정의해요.

리스트 뷰의 값은 options라는 배열에 정의했어요.

이전에 했던 것처럼 strings.xml에 배열을 정의합니다.

```
<resources>
    ...
    <string-array name="options">
        <item>Drinks</item>
        <item>Food</item>
        <item>Stores</item>
    </string-array>
</resources>
```

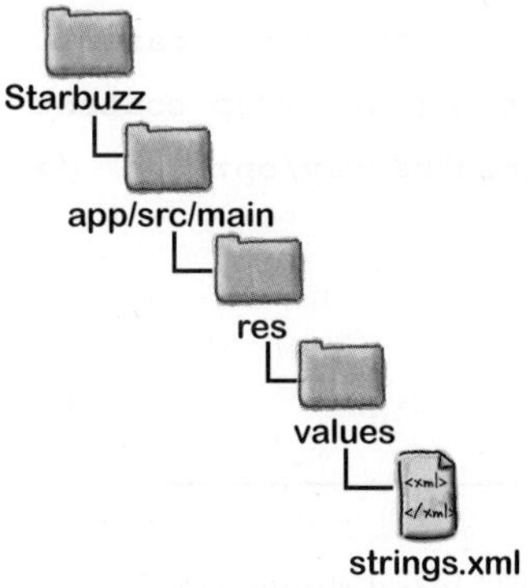

이제 리스트 뷰에 Drink, Food, Stores라는 세 개의 값이 나타납니다.

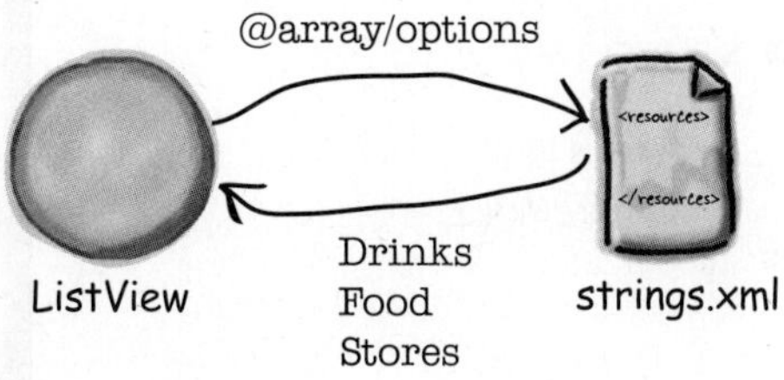

entries 속성으로 리스트 뷰에 options 배열 값을 추가할 수 있어요. 각 항목은 텍스트 뷰 형태로 리스트 뷰에 나타나요.

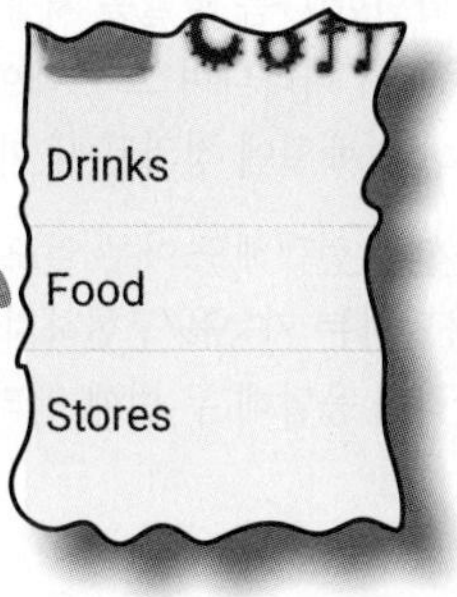

리소스 추가
→ TopLevelActivity
DrinkCategoryActivity
DrinkActivity

최상위 레이아웃 전체 코드

다음은 activity_top_level.xml 레이아웃 전체 코드입니다. 여러분 코드가 다음과 같은지 확인하세요.

```
<?xml version="1.0" encoding="utf-8"?>
<LinearLayout xmlns:android="http://schemas.android.com/apk/res/android"
    xmlns:tools="http://schemas.android.com/tools"
    android:layout_width="match_parent"
    android:layout_height="match_parent"
    android:orientation="vertical"
    tools:context="com.hfad.starbuzz.TopLevelActivity" >

    <ImageView
        android:layout_width="200dp"
        android:layout_height="100dp"
        android:src="@drawable/starbuzz_logo"
        android:contentDescription="@string/starbuzz_logo" />

    <ListView
        android:id="@+id/list_options"
        android:layout_width="match_parent"
        android:layout_height="wrap_content"
        android:entries="@array/options" />
</LinearLayout>
```

수직 방향의 선형 레이아웃을 사용했어요. Starbuzz 로고 아래에 리스트 뷰를 표시해요.

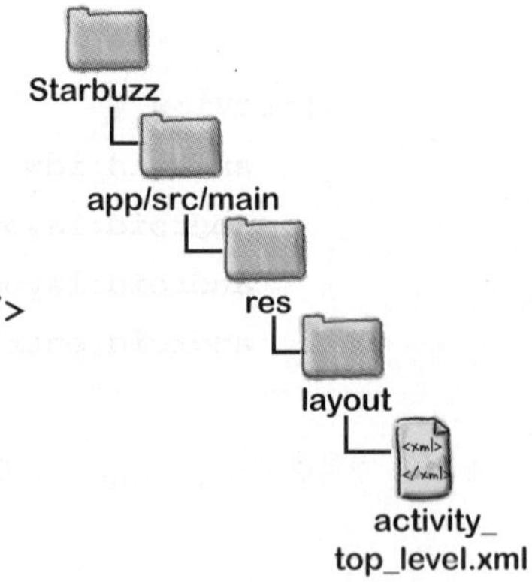

시험 주행

activity_top_level.xml을 위 코드처럼 바꾸고 strings.xml도 수정했는지 확인한 다음 파일을 저장합니다. 앱을 실행하면 화면에 Starbuzz 로고가 나타나며 그 아래에 리스트 뷰가 나타납니다. 리스트 뷰는 options 배열에 정의된 세 개의 값을 표시합니다.

목록에서 옵션을 선택해도 아무 일도 일어나지 않습니다. 아직 리스트 뷰 클릭에 응답하는 기능을 구현하지 않았기 때문입니다. 이번에는 사용자의 클릭에 응답해 두 번째 액티비티를 실행하도록 기능을 구현합니다.

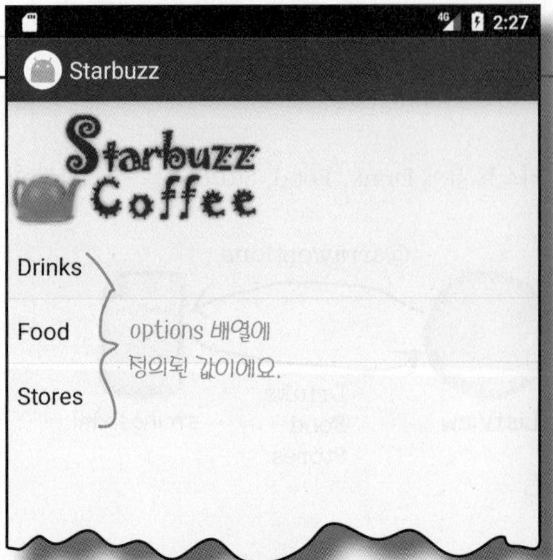

리스너를 이용해 리스트 뷰 클릭에 응답하기

이벤트 리스너를 구현하면 리스트 뷰를 클릭했을 때 어떤 동작을 수행할 수 있습니다.

이벤트 리스너를 이용하면 앱에 어떤 이벤트가 발생했을 때 예를 들면 뷰가 클릭되었을 때, 포커스를 받거나 잃었을 때, 디바이스에서 하드웨어 키를 눌렀을 때 이를 알아차릴 수 있습니다. 이벤트 리스너를 구현하면 리스트 뷰 클릭 등 사용자의 동작에 따라 앱이 어떤 동작을 수행하도록 만들 수 있습니다.

ListView는 어떤 일이 일어났을 때 액티비티가 어떤 동작을 수행하기 원하는지 알아야 해요.

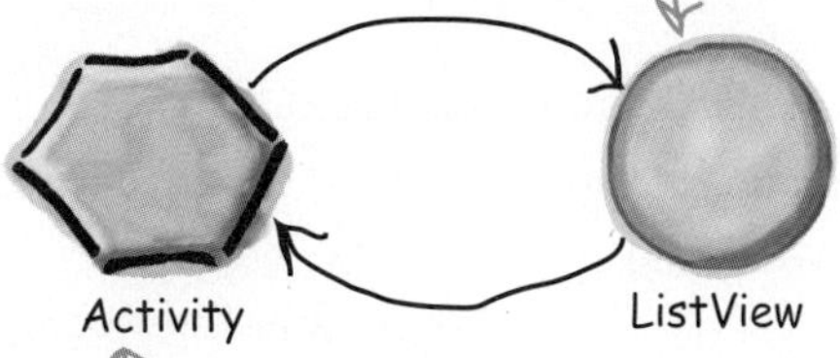

ListView는 액티비티가 대응할 수 있도록 항목이 클릭되면 액티비티에 이를 알려요.

항목 클릭에 응답하는 OnItemClickListener

리스트 뷰의 항목을 클릭했을 때 어떤 동작을 수행하려면 `OnItemClickListener`의 `onItemClick()` 메서드를 구현해야 합니다. `OnItemClickListener`는 항목이 클릭되었는지 기다리다가 클릭이 발생하면 `onItemClick()` 메서드를 호출합니다. `onItemClick()` 메서드는 어떤 항목이 클릭되었는지 알 수 있도록 클릭된 뷰 항목의 레퍼런스, 리스트 뷰에서 항목의 위치(0부터 시작), 데이터의 ID 등 여러 인자를 포함합니다.

리스트 뷰의 첫 번째 항목, 즉 0번째 위치의 항목을 클릭했을 때 `DrinkCategoryActivity`를 실행하려 합니다. 0번째 위치의 항목이 클릭되면 `DrinkCategoryActivity`를 시작할 인텐트를 만듭니다. 다음은 리스너를 구현하는 코드입니다. 다음 페이지에서 이 코드를 TopLevelActivity.java에 추가합니다.

OnItemClickListener는 AdapterView 클래스 안에 중첩되어 있어요. ListView는 AdapterView의 하위 클래스예요.

```
AdapterView.OnItemClickListener itemClickListener = new AdapterView.OnItemClickListener(){
    public void onItemClick(AdapterView<?> listView,
                            View itemView,
                            int position,
                            long id) {
        if (position == 0) {
            Intent intent = new Intent(TopLevelActivity.this, DrinkCategoryActivity.class);
            startActivity(intent);
        }
    }
};
```

클릭된 뷰예요(우리 예제에서는 리스트 뷰).

리스트 뷰에서 어떤 항목이 클릭되었는지 알려주는 인자로, 아이템의 뷰와 위치 등의 정보를 포함해요.

Drinks는 리스트 뷰의 첫 번째 항목이므로 0번째 위치예요.

TopLevelActivity에서 시작되는 인텐트예요.

DrinkCategoryActivity를 실행해요.

리스너를 구현했으므로 리스트 뷰에 이를 추가해야 합니다.

리스너를 리스트 뷰에 설정하기

- [x] 리소스 추가
- [ ] **TopLevelActivity**
- [ ] DrinkCategoryActivity
- [ ] DrinkActivity

OnClickItemListener를 생성했으면 이를 리스트 뷰에 설정해야 합니다. 리스너 자신을 한 개의 인자로 받는 ListView의 setOnItemClickListener()로 이를 구현할 수 있습니다.

```
AdapterView.OnItemClickListener itemClickListener = new AdapterView.OnItemClickListener(){
    public void onItemClick(AdapterView<?> listView,
        ...
    }
};
ListView listView = (ListView) findViewById(R.id.list_options);
listView.setOnItemClickListener(itemClickListener);
```

이 코드를 TopLevelActivity에 추가할 거예요. 맥락을 확인할 수 있도록 전체 코드를 아래와 다음 페이지에 제공했어요.

방금 생성한 리스너예요.

리스트 뷰에 리스너를 추가해야 사용자가 리스트 뷰의 항목을 클릭했을 때 이를 통지받을 수 있습니다. 리스너를 추가하지 않으면 리스트 뷰의 항목을 클릭해도 아무 일도 일어나지 않습니다.

TopLevelActivity 리스트 뷰가 클릭에 응답할 수 있도록 필요한 코드를 구현했습니다.

TopLevelActivity.java 전체 코드

다음은 TopLevelActivity.java 전체 코드입니다. 마법사가 생성한 기본 코드를 다음처럼 바꾼 다음 파일을 저장합니다.

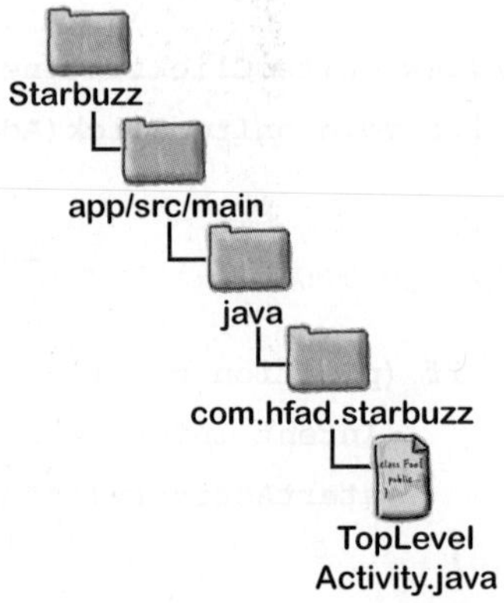


```
package com.hfad.starbuzz;

import android.app.Activity;
import android.os.Bundle;
import android.content.Intent;
import android.widget.AdapterView;
import android.widget.ListView;
import android.view.View;

public class TopLevelActivity extends Activity {
```

필요한 클래스이므로 임포트해야 해요.

Activity 클래스를 상속했는지 확인하세요.

TopLevelActivity.java(계속)

```
@Override
protected void onCreate(Bundle savedInstanceState) {
    super.onCreate(savedInstanceState);
    setContentView(R.layout.activity_top_level);
    // OnItemClickListener 생성
    AdapterView.OnItemClickListener itemClickListener =
                            new AdapterView.OnItemClickListener(){
        public void onItemClick(AdapterView<?> listView,
                            View itemView,
                            int position,
                            long id) {
            if (position == 0) {
                Intent intent = new Intent(TopLevelActivity.this,
                                      DrinkCategoryActivity.class);
                startActivity(intent);
            }
        }
    };
    // 리스너를 리스트 뷰에 추가
    ListView listView = (ListView) findViewById(R.id.list_options);
    listView.setOnItemClickListener(itemClickListener);
}
}
```

리스너를 생성해요.

리스너의 onItemClick() 메서드를 구현해요.

사용자가 Drinks 항목을 클릭하면 DrinkCategoryActivity를 실행해요. 이 액티비티는 곧 생성할 것이므로 액티비티가 존재하지 않는다고 안드로이드 스튜디오가 경고해도 일단 무시하세요.

리스너를 리스트 뷰에 추가해요.

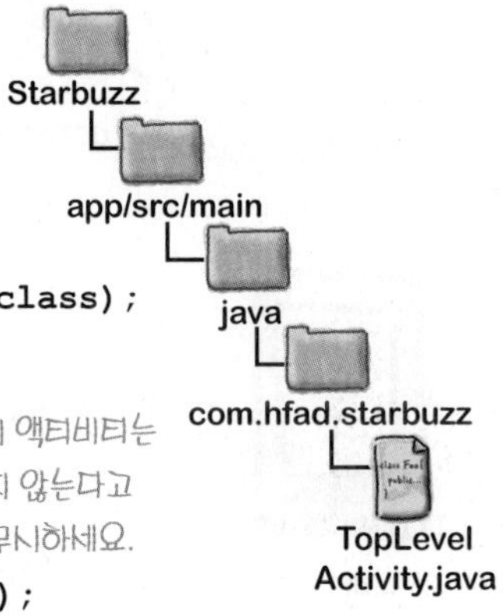

TopLevelActivity.java 코드가 수행하는 일

1 **TopLevelActivity의 onCreate() 메서드는 onItemClickListener를 생성하고 액티비티의 ListView와 연결합니다.**

2 **사용자가 리스트 뷰의 항목을 선택하면 onItemClickListener의 onItemClick() 메서드가 호출됩니다.**

Drinks 항목을 선택하면 `onItemClickListener`가 `DrinkCategoryActivity`를 실행할 인텐트를 생성합니다.

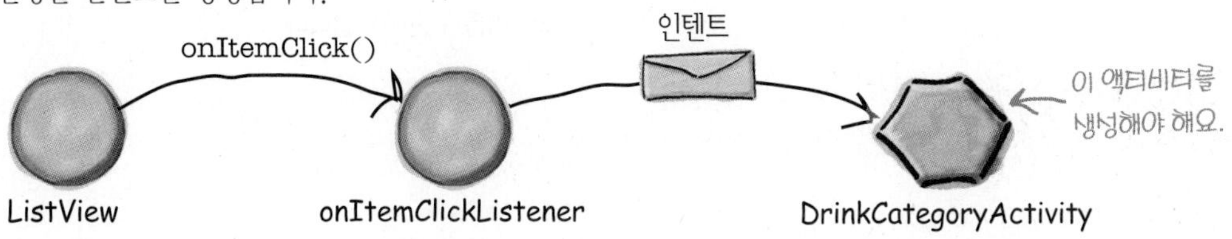

우리가 구현한 기능

리소스 추가
TopLevelActivity
DrinkCategoryActivity
DrinkActivity

지금까지 앱에 Drink.java를 추가했고 TopLevelActivity와 레이아웃을 생성했습니다.

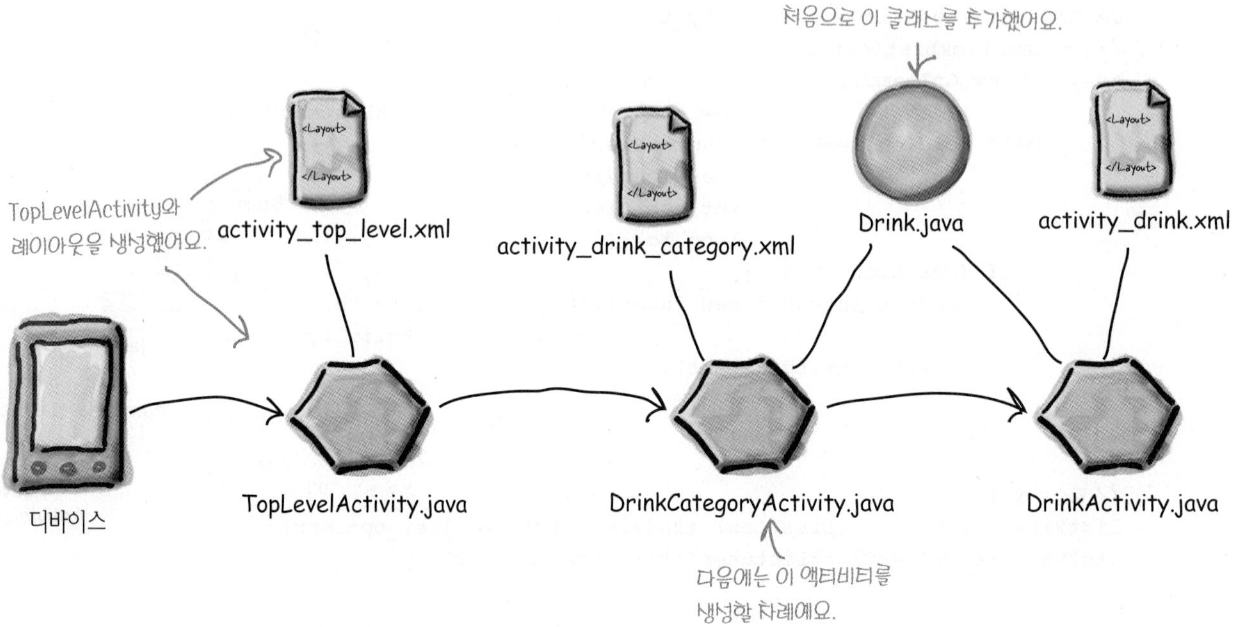

다음에는 사용자가 TopLevelActivity에서 Drinks 옵션을 클릭했을 때 실행할 DrinkCategoryActivity와 레이아웃을 생성해야 합니다.

바보 같은 질문이란 없습니다

Q: 리스트 뷰의 클릭에 응답하려면 왜 이벤트 리스너를 생성해야 하는 건가요? 레이아웃 코드에서 android:onClick 속성을 이용해도 되지 않나요?

A: android:onClick 속성은 버튼이나 CheckBox, RadioButton 등 Button의 하위 클래스의 뷰에만 사용할 수 있어요.

ListView 클래스는 Button의 하위 클래스가 아니므로 android:onClick 속성이 작동하지 않습니다. 그러므로 직접 리스너를 구현해야 합니다.

연습문제

다음은 다른 누군가의 프로젝트에서 가져온 액티비티 코드입니다. 사용자가 리스트 뷰의 항목을 클릭하면 텍스트 뷰에 항목의 텍스트를 표시해야 합니다(텍스트 뷰의 ID는 `text_view`이고 리스트 뷰의 ID는 `list_view`입니다). 아래 코드는 제대로 작동할까요? 제대로 작동하지 않는다면 그 이유가 뭘까요?

```
package com.hfad.ch06ex;

import android.app.Activity;
import android.os.Bundle;
import android.widget.AdapterView;
import android.widget.ListView;
import android.widget.TextView;
import android.view.View;

public class MainActivity extends Activity {

    @Override
    protected void onCreate(Bundle savedInstanceState) {
        super.onCreate(savedInstanceState);
        setContentView(R.layout.activity_main);
        final TextView textView = (TextView) findViewById(R.id.text_view);
        AdapterView.OnItemClickListener itemClickListener =
                new AdapterView.OnItemClickListener(){
                    public void onItemClick(AdapterView<?> listView,
                                            View v,
                                            int position,
                                            long id) {
                        TextView item = (TextView) v;
                        textView.setText(item.getText());
                    }
                };
        ListView listView = (ListView) findViewById(R.id.list_view);
    }
}
```

연습문제 정답

다음은 다른 누군가의 프로젝트에서 가져온 액티비티 코드입니다. 사용자가 리스트 뷰의 항목을 클릭하면 텍스트 뷰에 항목의 텍스트를 표시해야 합니다(텍스트 뷰의 ID는 `text_view`이고 리스트 뷰의 ID는 `list_view`입니다). 아래 코드는 제대로 작동할까요? 제대로 작동하지 않는다면 그 이유가 뭘까요?

```
package com.hfad.ch06ex;

import android.app.Activity;
import android.os.Bundle;
import android.widget.AdapterView;
import android.widget.ListView;
import android.widget.TextView;
import android.view.View;

public class MainActivity extends Activity {

    @Override
    protected void onCreate(Bundle savedInstanceState) {
        super.onCreate(savedInstanceState);
        setContentView(R.layout.activity_main);
        final TextView textView = (TextView) findViewById(R.id.text_view);
        AdapterView.OnItemClickListener itemClickListener =
                new AdapterView.OnItemClickListener(){
                    public void onItemClick(AdapterView<?> listView,
                                            View v,
                                            int position,
                                            long id) {
                        TextView item = (TextView) v;
                        textView.setText(item.getText());
                    }
                };
        ListView listView = (ListView) findViewById(R.id.list_view);
    }
}
```

ListView에서 클릭된 항목이에요. 클릭된 항목은 TextView이므로 getText()로 텍스트를 얻을 수 있어요.

마지막에 listView.setOnItemClickListener(itemClickListener); 부분이 빠져 있으므로 이 코드는 작동하지 않아요. 나머지 코드는 정상이에요.

카테고리 액티비티는 한 카테고리의 데이터를 표시합니다

- [x] 리소스 추가
- [x] TopLevelActivity
- [ ] → DrinkCategoryActivity
- [ ] DrinkActivity

이전에 설명한 것처럼 DrinkCategoryActivity는 카테고리 액티비티의 예입니다. 카테고리 액티비티는 특정 카테고리에 속하는 데이터를 보여주는 액티비티로 보통 리스트로 표시합니다. 카테고리 액티비티는 상세 데이터로 이동할 수 있는 기능을 제공합니다.

음료 목록을 표시하기 위해 DrinkCategoryActivity를 사용할 겁니다. 사용자가 특정 음료를 선택하면 해당 음료의 정보를 자세히 표시합니다.

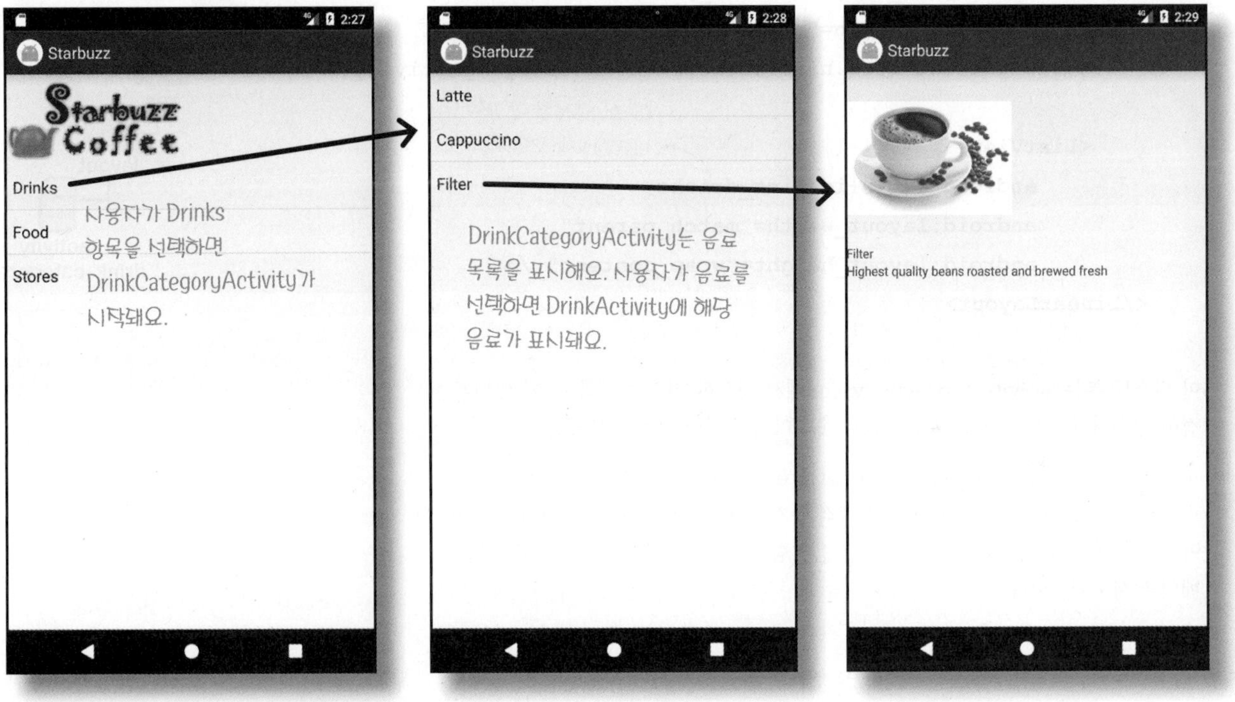

2:27
Starbuzz
Starbuzz Coffee
Drinks
Food
Stores
사용자가 Drinks 항목을 선택하면 DrinkCategoryActivity가 시작돼요.
2:28
Starbuzz
Latte
Cappuccino
Filter
DrinkCategoryActivity는 음료 목록을 표시해요. 사용자가 음료를 선택하면 DrinkActivity에 해당 음료가 표시돼요.
2:29
Starbuzz
Filter
Highest quality beans roasted and brewed fresh

DrinkCategoryActivity 생성

체크리스트의 다음 단계는 모든 음료 목록을 표시할 리스트 뷰를 포함하는 액티비티를 생성하는 것입니다. app/src/main/java 폴더에서 com.hfad.starbuzz 패키지를 선택한 다음 File → New... → Activity → Empty Activity를 선택합니다. 액티비티 이름은 'DrinkCategoryActivity'로, 레이아웃의 이름은 'activity_drink_category'로 하고 패키지 이름이 com.hfad.starbuzz인지 확인합니다. 그리고 **Backwards Compatibility (AppCompat) 옵션은 선택 해제합니다.**

여러분이 사용하는 안드로이드 스튜디오 버전에 따라 액티비티에 어떤 언어를 사용할 것인지 물을 수 있습니다. 이때는 자바를 선택하세요.

다음 페이지에서 레이아웃 코드를 바꿀 겁니다.

activity_drink_category.xml 갱신

- [x] 리소스 추가
- [x] TopLevelActivity
- [ ] → DrinkCategoryActivity
- [ ] DrinkActivity

다음은 activity_drink_category.xml 코드입니다. 보다시피 리스트 뷰를 포함하는 단순한 선형 레이아웃입니다. 여러분의 activity_drink_category.xml을 다음처럼 바꾸세요.

```
<?xml version="1.0" encoding="utf-8"?>
<LinearLayout xmlns:android="http://schemas.android.com/apk/res/android"
    xmlns:tools="http://schemas.android.com/tools"
    android:layout_width="match_parent"
    android:layout_height="match_parent"
    android:orientation="vertical"
    tools:context="com.hfad.starbuzz.DrinkCategoryActivity">

    <ListView
        android:id="@+id/list_drinks"
        android:layout_width="match_parent"
        android:layout_height="wrap_content" />
</LinearLayout>
```

이 레이아웃은 한 개의 ListView만 포함해요.

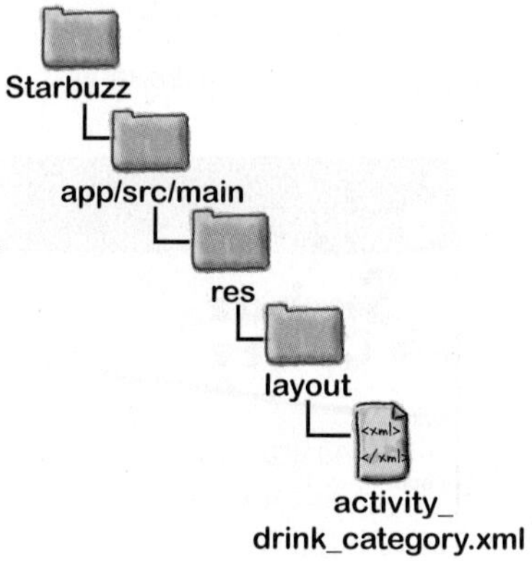

이 리스트 뷰는 activity_top_activity.xml에서 생성한 리스트 뷰와 한 가지 다른 점이 있습니다. android:entries 속성이 없습니다. 왜 그럴까요?

activity_top_level.xml에서는 android:entries 속성으로 데이터를 리스트 뷰에 연결했습니다. 데이터가 정적 문자열 배열 리소스로 존재했기 때문이 이렇게 구현할 수 있었습니다. 그래서 다음처럼 간단하게 strings.xml에 정의된 배열을 사용했습니다.

```
android:entries="@array/options"
```

여기서 options는 문자열 배열의 이름입니다.

strings.xml에 정적 배열이 정의되어 있을 때만 android:entries를 사용할 수 있습니다. 그 밖의 상황에서는 어떻게 해야 할까요? 자바 코드로 프로그래밍되어 생성되는 데이터나 데이터베이스의 데이터는 어떻게 처리해야 할까요? 이런 상황에서는 android:entries 속성을 사용할 수 없습니다.

리스트 뷰를 문자열 배열 리소스가 아닌 다른 데이터와 연결하려면 다른 방법이 필요합니다. 즉, 데이터와 연결할 코드를 액티비티에 구현해야 합니다. 우리 예제에서는 리스트 뷰를 Drink 클래스의 drinks 배열과 연결해야 합니다.

- [x] 리소스 추가
- [x] TopLevelActivity
- [ ] DrinkCategoryActivity
- [ ] DrinkActivity

비정적 데이터에는 어댑터를 사용하세요

자바 배열이나 데이터베이스처럼 strings.xml에 정의되어 있지 않은 데이터를 리스트 뷰로 표시하려면 **어댑터**를 사용해야 합니다. 어댑터는 데이터 소스와 리스트 뷰 사이의 다리 역할을 합니다.

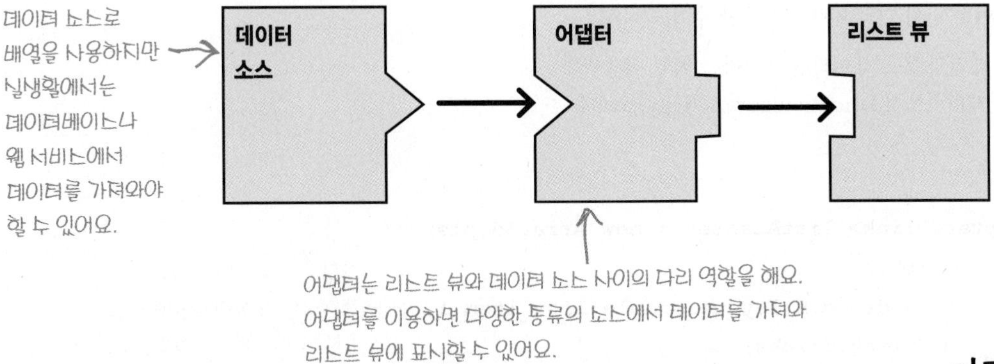
데이터 소스로 배열을 사용하지만 실생활에서는 데이터베이스나 웹 서비스에서 데이터를 가져와야 할 수 있어요.
데이터 소스
어댑터
리스트 뷰
어댑터는 리스트 뷰와 데이터 소스 사이의 다리 역할을 해요. 어댑터를 이용하면 다양한 종류의 소스에서 데이터를 가져와 리스트 뷰에 표시할 수 있어요.

다양한 종류의 어댑터가 있지만 여기서는 **배열 어댑터**만 살펴봅니다.

배열 어댑터는 배열을 뷰에 연결할 수 있도록 특화된 어댑터입니다. 배열 어댑터 뷰를 `AdapterView`의 모든 하위 클래스에 사용할 수 있으므로 이는 리스트 뷰, 스피너 등에 사용할 수 있다는 뜻입니다.

우리 예제에서는 배열 어댑터를 이용해 `Drink.drinks`의 데이터를 리스트 뷰에 표시할 겁니다.

어댑터는 뷰와 데이터 소스의 다리 역할을 해요. ArrayAdapter는 배열에 특화된 어댑터예요.

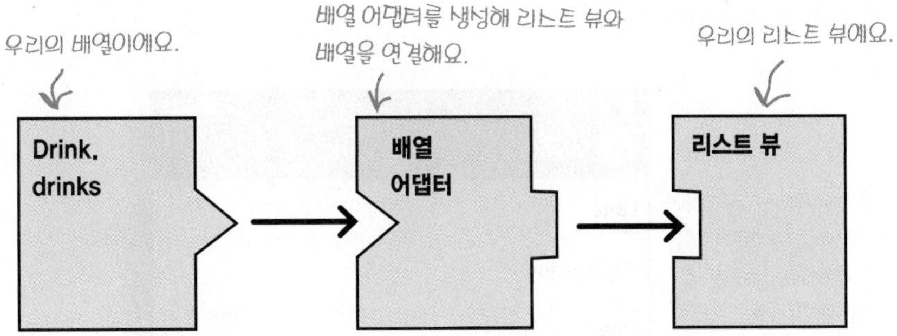
우리의 배열이에요.
배열 어댑터를 생성해 리스트 뷰와 배열을 연결해요.
우리의 리스트 뷰예요.
Drink.
drinks
배열
어댑터
리스트 뷰

다음 페이지에서 배열 어댑터가 실제로 어떻게 작동하는지 확인합니다.

배열 어댑터로 리스트 뷰와 배열 연결하기

- [x] 리소스 추가
- [x] TopLevelActivity
- [ ] → DrinkCategoryActivity
- [ ] DrinkActivity

배열 어댑터를 초기화한 다음 리스트 뷰에 연결할 수 있습니다.

배열 어댑터를 초기화하려면 리스트 뷰에 연결하려는 배열에 어떤 종류의 데이터가 포함될지 지정해야 합니다. 배열 어댑터에는 `Context`(보통 현재 액티비티를 가리킴), 배열의 각 항목을 어떻게 표시할지 지정하는 레이아웃 리소스, 그리고 배열 자신 이렇게 세 개의 인자를 사용할 수 있습니다.

다음은 `Drink.drinks` 배열의 음료 데이터를 표시하는 배열 어댑터를 생성하는 코드입니다(다음 페이지에서 DrinkCategoryActivity.java에 이 코드를 추가할 거예요).

```
ArrayAdapter<Drink> listAdapter = new ArrayAdapter<>(
        this,
        android.R.layout.simple_list_item_1,
        Drink.drinks);
```

'this'는 현재 액티비티를 가리켜요. Activity 클래스는 Context의 하위 클래스이기 때문이죠.

내장 레이아웃 리소스예요. 배열의 각 항목을 한 개의 텍스트 뷰로 표시하라고 배열 어댑터에 지시해요.

배열

이제 다음처럼 ListView의 `setAdapter()` 메서드로 배열 어댑터를 리스트 뷰에 연결합니다.

```
ListView listDrinks = (ListView) findViewById(R.id.list_drinks);
listDrinks.setAdapter(listAdapter);
```

내부적으로 배열 어댑터는 배열의 각 항목을 가져다가 `toString()` 메서드를 이용해 문자열로 변환한 다음 각 결과를 텍스트 뷰로 만듭니다. 그 결과 리스트 뷰의 한 행에 한 개의 텍스트 뷰가 나타납니다.

drinks 배열의 음료 목록이 나타났어요. 리스트 뷰의 각 행은 한 개의 텍스트 뷰로 이루어졌으며 각 텍스트 뷰에 음료 문자열이 나타나요.

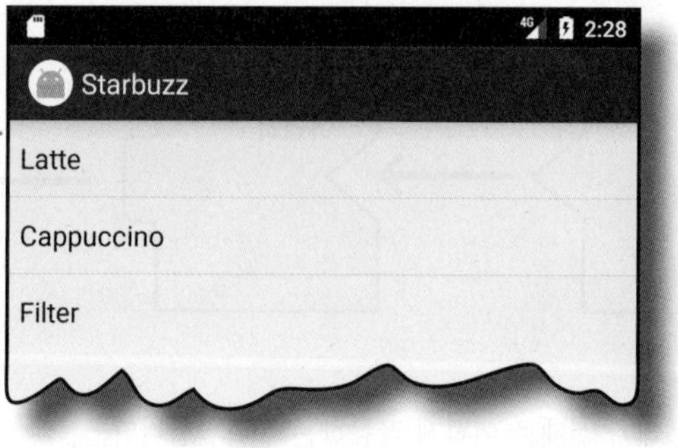

- [x] 리소스 추가
- [x] TopLevelActivity
- [ ] → DrinkCategoryActivity
- [ ] DrinkActivity

배열 어댑터를 DrinkCategoryActivity에 추가하기

리스트 뷰가 배열 어댑터를 이용해 Drink 클래스에서 음료 데이터를 가져오도록 DrinkCategoryActivity.java를 바꿀 겁니다. 액티비티가 생성되었을 때 리스트에 데이터를 채울 수 있도록 onCreate() 메서드에 이 기능을 구현합니다.

다음은 액티비티 전체 코드입니다(여러분의 DrinkCategoryActivity.java 파일도 아래 코드처럼 바꾸고 파일을 저장하세요).

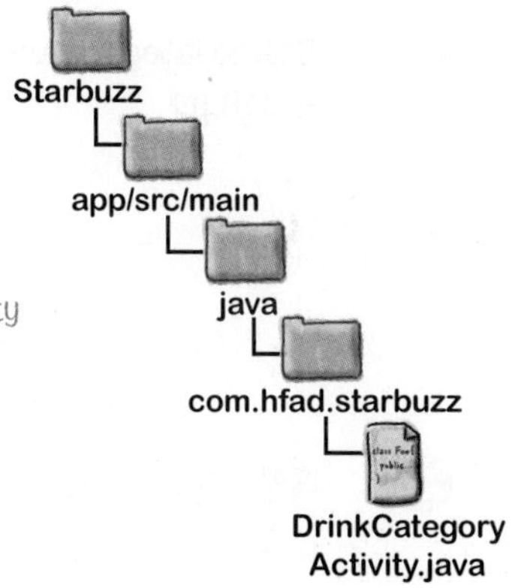


```
package com.hfad.starbuzz;

import android.app.Activity;
import android.os.Bundle;
import android.widget.ArrayAdapter;
import android.widget.ListView;

public class DrinkCategoryActivity extends Activity {

    @Override
    protected void onCreate(Bundle savedInstanceState) {
        super.onCreate(savedInstanceState);
        setContentView(R.layout.activity_drink_category);
        ArrayAdapter<Drink> listAdapter = new ArrayAdapter<>(
                this,
                android.R.layout.simple_list_item_1,
                Drink.drinks);
        ListView listDrinks = (ListView) findViewById(R.id.list_drinks);
        listDrinks.setAdapter(listAdapter);
    }
}
```

필요한 클래스를 임포트해요.

액티비티는 반드시 Activity 클래스를 상속받아야 해요.

drinks 배열의 데이터를 리스트 뷰에 추가해요.

지금까지 Drink 클래스의 음료 목록을 리스트 뷰로 표시하는 기능을 완성했습니다. 이제 코드를 실행하면 어떤 일이 일어나는지 확인합시다.

코드를 실행할 때 일어나는 일

1 사용자가 Drinks 옵션을 클릭하면 DrinkCategoryActivity가 실행됩니다.

이 액티비티의 레이아웃에는 `ListView`를 포함하는 `LinearLayout`이 있습니다.

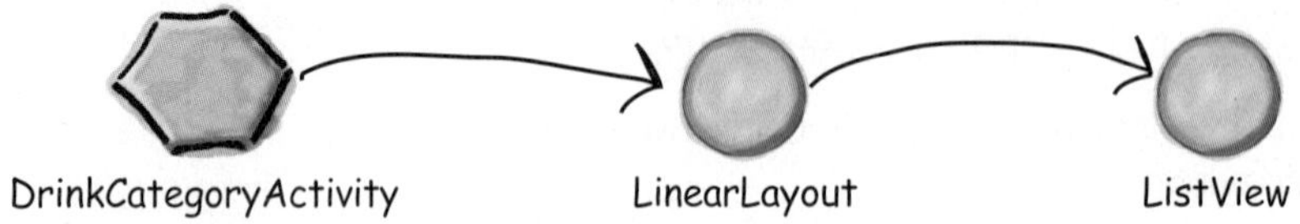

2 DrinkCategoryActivity는 Drink 객체 배열을 처리할 배열 어댑터 ArrayAdapter<Drink>를 생성합니다.

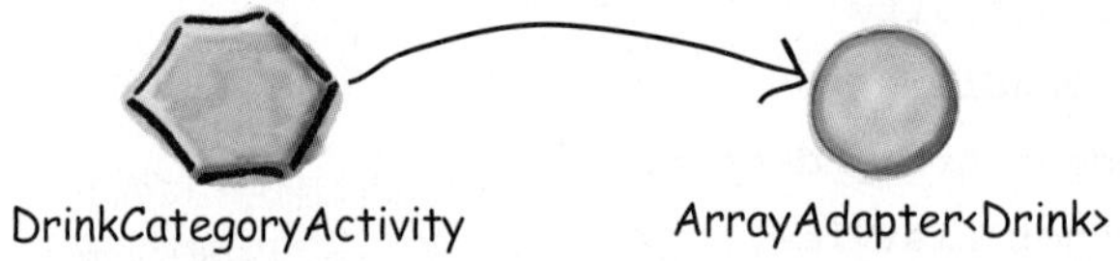

3 배열 어댑터는 Drink 클래스의 drinks 배열에서 데이터를 가져옵니다.

`Drink.toString()` 메서드로 각 음료의 이름을 반환받습니다.

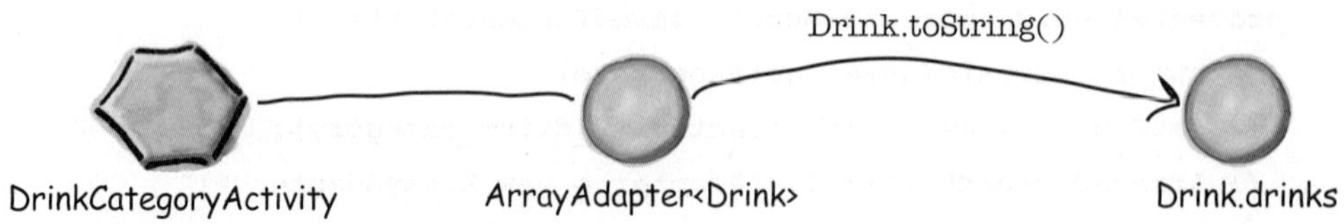

4 DrinkCategoryActivity는 setAdapter() 메서드를 이용해 ListView가 배열 어댑터를 사용하도록 설정합니다.

리스트 뷰는 배열 어댑터로 음료 이름 목록을 표시합니다.

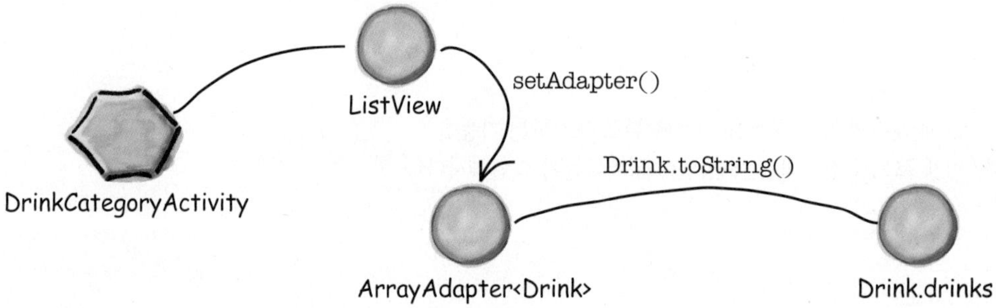

앱 시험 주행

리소스 추가
TopLevelActivity
DrinkCategoryActivity
DrinkActivity

앱을 실행하면 이전처럼 TopLevelActivity가 나타납니다. Drinks 항목을 선택하면 DrinkCategoryActivity가 실행됩니다. 그러면 Drink 자바 클래스에서 가져온 모든 음료 이름 목록이 나타납니다.

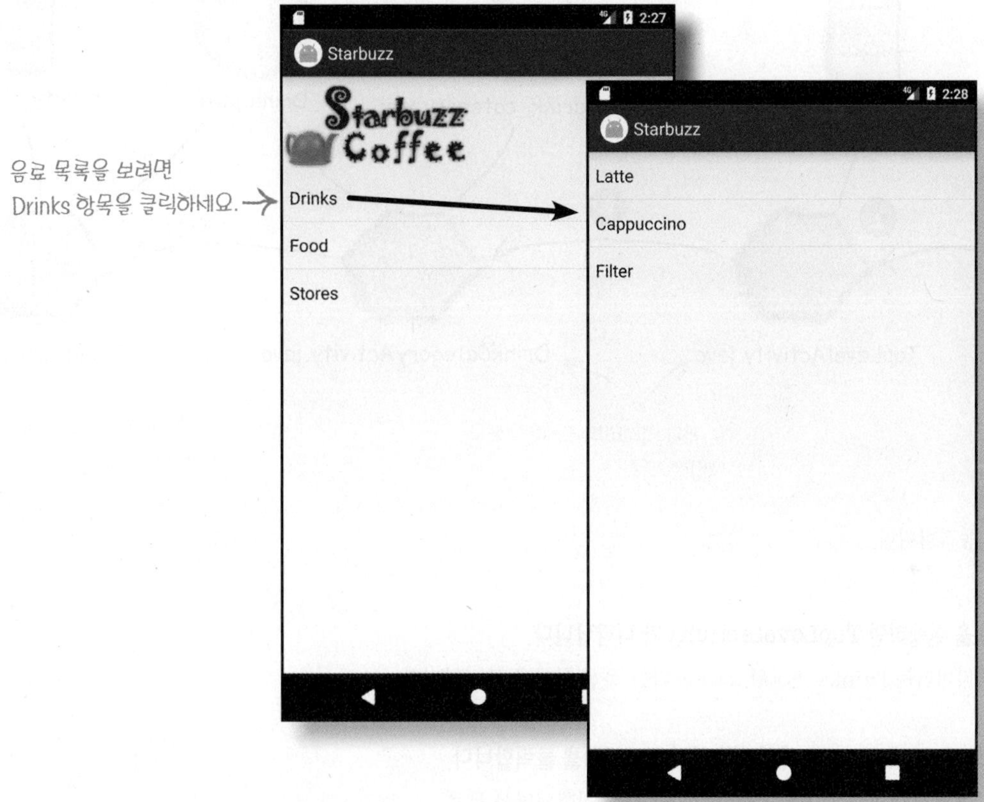

다음 페이지에서는 지금까지 구현한 앱을 검토하면서 어떤 기능을 구현해야 하는지 확인합니다.

앱 검토: 현재 앱의 상태

지금까지 앱에 Drink.java를 추가했으며, `TopLevelActivity`와 `DrinkCategoryActivity` 그리고 관련 레이아웃을 생성했습니다.

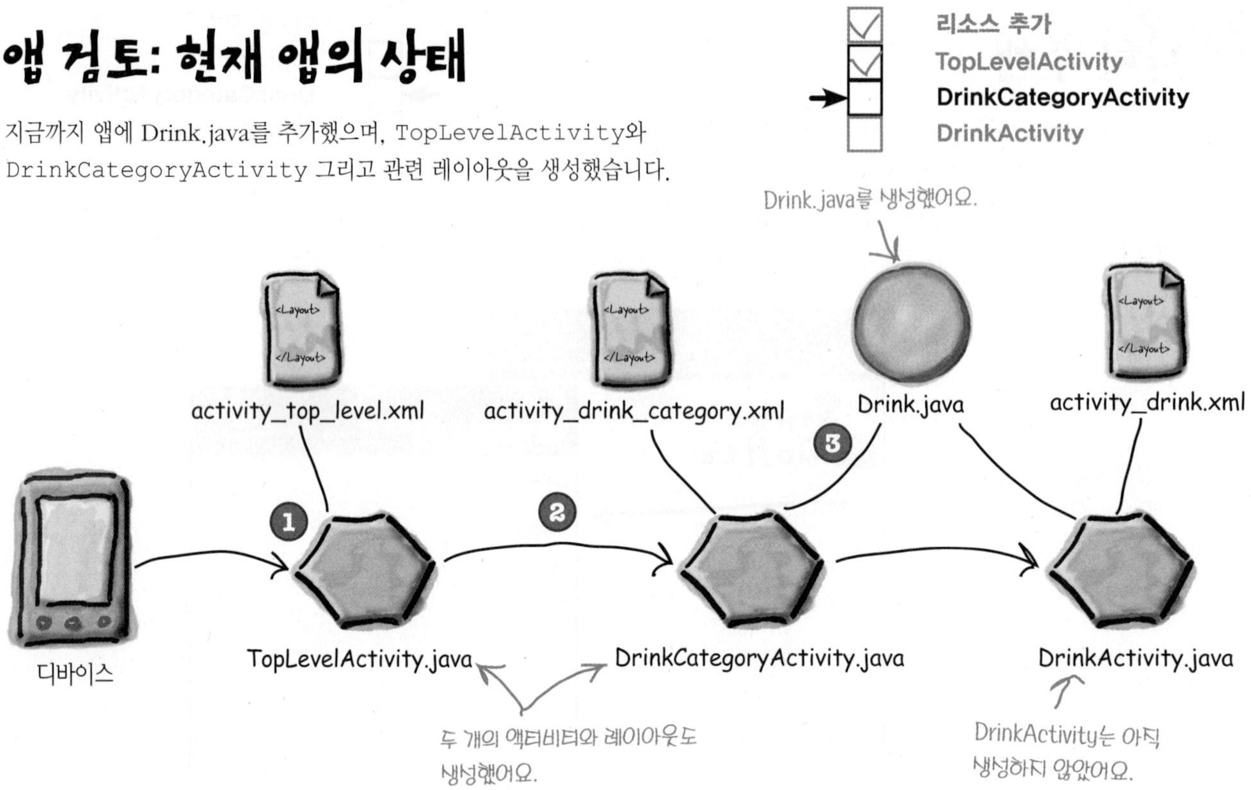

현재 앱은 다음처럼 동작합니다.

1. **앱을 실행하면 TopLevelActivity가 나타납니다.**
   액티비티는 Drinks, Food, Stores라는 옵션 목록을 표시합니다.

2. **TopLevelActivity에서 사용자가 Drinks를 클릭합니다.**
   그러면 `DrinkCategoryActivity`가 실행되면서 음료 목록이 나타납니다.

3. **DrinkCategoryActivity는 Drink.java 클래스 파일에서 음료 목록을 가져옵니다.**

다음에는 `DrinkCategoryActivity`가 `DrinkActivity`를 실행시키고 어떤 음료가 선택되었는지 정보를 알려주도록 만듭니다.

수영장 퍼즐

여러분의 **임무**는 색상의 자바 배열을 스피너로 연결하는 것입니다. 아래 수영장에서 코드 조각을 가져와 액티비티의 빈 칸에 채워 넣으세요. 한 개의 코드 조각을 여러 번 사용할 수 **없으며** 모든 조각을 사용할 필요는 없습니다.

스피너는 5장에서 살펴봤어요.

우리 앱에서 사용하는 액티비티가 아니에요.

```
...
public class MainActivity extends Activity {

    String[] colors = new String[] {"Red", "Orange", "Yellow", "Green", "Blue"};

    @Override
    protected void onCreate(Bundle savedInstanceState) {
        super.onCreate(savedInstanceState);
        setContentView(R.layout.activity_main);
        Spinner spinner = (..............) findViewById(R.id.spinner);
        ArrayAdapter<.............> adapter = new ArrayAdapter<>(
                .........,
                android.R.layout.simple_spinner_item,
                colors);
        spinner...................(adapter);
    }
}
```

이렇게 하면 배열의 모든 값이 스피너의 한 행에 표시돼요.

참고: 수영장의 각 코드 조각은 한 번만 사용할 수 있어요!

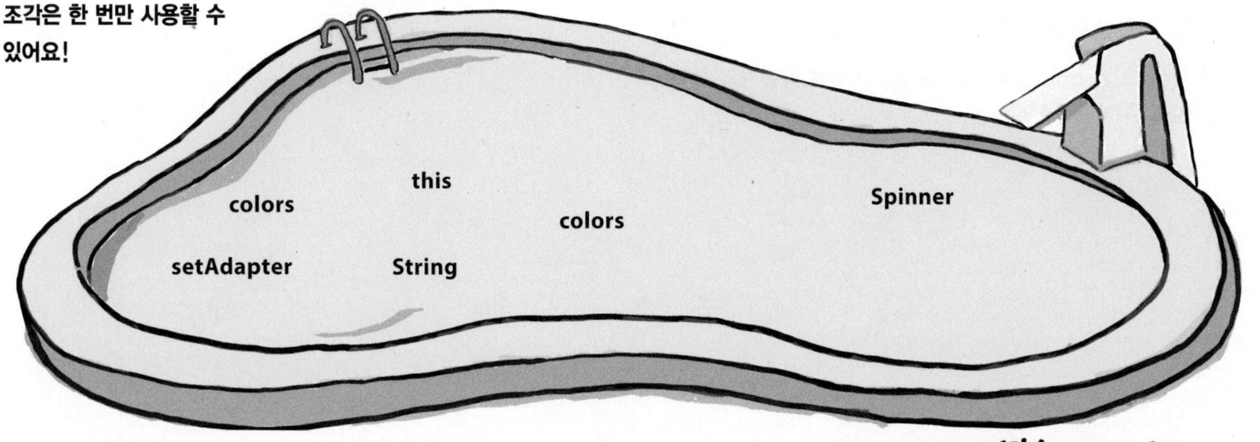

정답은 329페이지에.

TopLevelActivity의 클릭 처리 방법

- ☑ 리소스 추가
- ☑ TopLevelActivity
- → ☐ **DrinkCategoryActivity**
- ☐ DrinkActivity

이 장 앞부분에서 사용자가 TopLevelActivity에 있는 리스트 뷰에서 첫 번째 항목인 Drinks 옵션을 클릭하면 이에 응답해 DrinkCategoryActivity를 시작하도록 코드를 구현했습니다. 이를 위해 OnClickItemListener를 생성했고, onItemClick() 메서드를 구현한 다음 리스트 뷰에 리스너를 할당했습니다. 다음은 그 코드입니다.

```
AdapterView.OnItemClickListener itemClickListener =        리스너를 생성해요.
                                  new AdapterView.OnItemClickListener(){
    public void onItemClick(AdapterView<?> listView,  <-- 리스트 뷰예요.
                            View itemView,
                            int position,    } 사용자가 클릭한 아이템 뷰, 리스트에서의
                            long id) {       } 위치, 관련 데이터의 ID예요.
        if (position == 0) {
            Intent intent = new Intent(TopLevelActivity.this,
                                       DrinkCategoryActivity.class);
            startActivity(intent);
        }
    }
};
ListView listView = (ListView) findViewById(R.id.list_options);
listView.setOnItemClickListener(itemClickListener); <-- 리스너를 리스트 뷰에 추가해요.
```

리스트 뷰는 버튼처럼 클릭에 응답하는 메서드를 설정할 수 없으므로 이처럼 이벤트 리스너를 설정했습니다.

그럼 DrinkCategoryActivity는 어떻게 사용자의 클릭에 응답하도록 구현할까요?

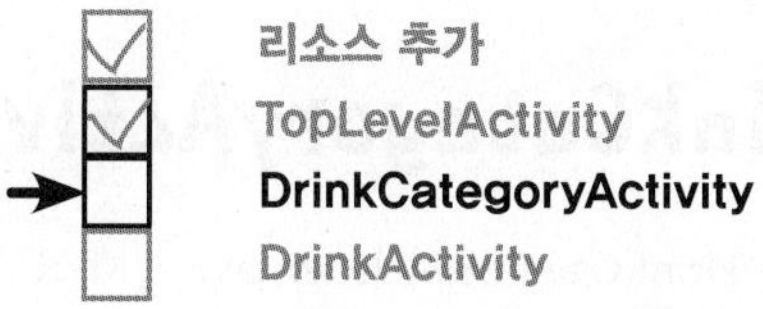

인텐트로 클릭한 항목의 ID를 전달합니다

카테고리 액티비티의 리스트 뷰로 항목을 표시할 때 보통 `onItemClick()` 메서드로 사용자가 클릭한 항목을 자세하게 보여주는 다른 액티비티를 시작합니다. 그러려면 두 번째 액티비티를 시작시킬 인텐트를 생성해야 합니다. 그리고 두 번째 액티비티가 시작되었을 때 선택된 항목 정보를 알 수 있도록 항목의 ID를 인텐트에 추가합니다.

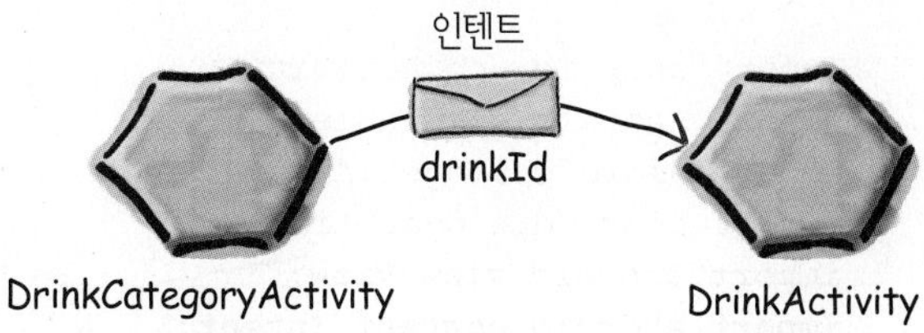

우리 예제에서는 `DrinkActivity`를 시작할 때 사용자가 선택한 음료의 ID를 전달해야 합니다. `DrinkActivity`는 이 정보를 이용해 사용자가 선택한 음료 정보를 자세히 표시할 수 있습니다. 다음은 인텐트를 생성하는 코드입니다.

DrinkCategoryActivity는 DrinkActivity를 실행시켜야 해요.

```
Intent intent = new Intent(DrinkCategoryActivity.this, DrinkActivity.class);
intent.putExtra(DrinkActivity.EXTRA_DRINKID, (int) id);
startActivity(intent);
```

사용자가 선택한 항목의 ID를 인텐트에 추가해요. drinks 배열의 인덱스가 바로 ID예요.

DrinkCategoryActivity와 DrinkActivity가 같은 이름을 사용할 수 있도록 상수로 이름을 정의해 정보를 추가했어요. DrinkActivity를 생성할 때 이 상수를 추가할 거예요.

보통 내부적으로 사용하는 데이터의 ID를 선택된 항목의 정보로 전달합니다. 내부적으로 배열 데이터를 사용했다면 ID는 항목의 인덱스가 됩니다. 데이터베이스를 사용했다면 ID는 테이블에 있는 레코드 ID가 됩니다. 이렇게 항목의 ID를 전달하면 두 번째 액티비티에서 쉽게 데이터의 세부 정보를 가져와 표시할 수 있습니다.

이렇게 하면 간단하게 `DrinkCategoryActivity`에서 `DrinkActivity`를 시작시켜 어떤 음료를 선택했는지 알려줄 수 있습니다. 다음 페이지에 전체 액티비티 코드가 있습니다.

- 리스소 추가
- TopLevelActivity
- **DrinkCategoryActivity**
- DrinkActivity

DrinkCategoryActivity 전체 코드

다음은 DrinkCategoryActivity.java 전체 코드입니다(여러분 코드에 새 메서드를 추가한 다음 파일을 저장하세요).

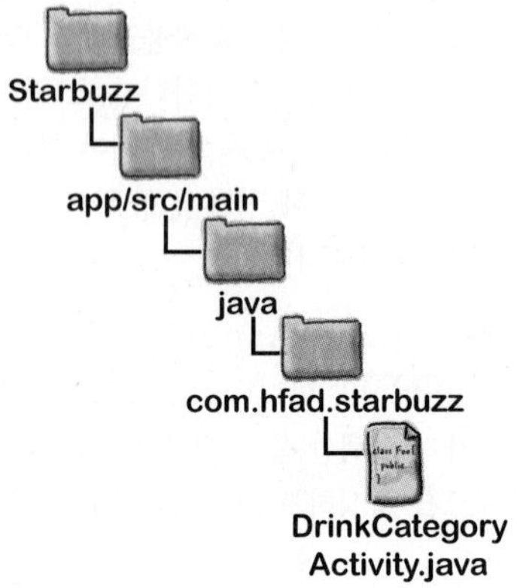


```
package com.hfad.starbuzz;

import android.app.Activity;
import android.os.Bundle;
import android.widget.ArrayAdapter;
import android.widget.ListView;
import android.view.View;
import android.content.Intent;
import android.widget.AdapterView;

public class DrinkCategoryActivity extends Activity {

    @Override
    protected void onCreate(Bundle savedInstanceState) {
        super.onCreate(savedInstanceState);
        setContentView(R.layout.activity_drink_category);
        ArrayAdapter<Drink> listAdapter = new ArrayAdapter<>(
                this,
                android.R.layout.simple_list_item_1,
                Drink.drinks);
        ListView listDrinks = (ListView) findViewById(R.id.list_drinks);
        listDrinks.setAdapter(listAdapter);

        // 리스너 생성
        AdapterView.OnItemClickListener itemClickListener =
                new AdapterView.OnItemClickListener(){
                    public void onItemClick(AdapterView<?> listDrinks,
                                            View itemView,
                                            int position,
                                            long id) {
                        // 사용자가 클릭한 음료를 DrinkActivity로 전달
                        Intent intent = new Intent(DrinkCategoryActivity.this,
                                                   DrinkActivity.class);
                        intent.putExtra(DrinkActivity.EXTRA_DRINKID, (int) id);
                        startActivity(intent);
                    }
                };

        // 리스너를 리스트 뷰에 할당
        listDrinks.setOnItemClickListener(itemClickListener);
    }
}
```

필요한 클래스이므로 임포트하세요.

클릭을 감지할 리스너를 생성해요.

리스트 뷰의 아이템을 클릭하면 호출되는 메서드예요.

사용자가 음료를 클릭하면 해당 항목의 ID를 DrinkActivity로 넘겨주면서 액티비티를 시작시켜요.

이제 곧 DrinkActivity를 추가할 것이므로 안드로이드 스튜디오의 경고는 무시하세요.

리소스 추가
TopLevelActivity
DrinkCategoryActivity
DrinkActivity

상세 액티비티는 한 레코드의 데이터를 표시합니다

이전에 설명한 것처럼 DrinkActivity는 상세 액티비티의 예입니다. 보통 카테고리 액티비티에서 상세 액티비티로 이동하며 상세 액티비티는 특정 레코드의 정보를 자세히 표시합니다.

DrinkActivity로 사용자가 선택한 음료의 정보를 자세히 표시할 것입니다. Drink 클래스는 음료의 이름, 설명, 이미지 리소스 ID를 포함하고 있으므로 이를 이용해 레이아웃에 정보를 표시합니다. 음료 이미지 리소스를 표시할 이미지 뷰, 그리고 음료 이름과 설명을 표시할 텍스트 뷰가 필요합니다.

app/src/main/java 폴더에서 com.hfad.starbuzz 패키지를 선택한 다음 File →New... → Activity → Empty Activity를 선택합니다. 액티비티 이름은 'DrinkActivity'로, 레이아웃 이름은 'activity_drink'로 하고 패키지 이름이 com.hfad.starbuzz인지 확인합니다. **Backwards Compatibility (AppCompat) 옵션은 선택 해제합니다.** 그리고 activity_drink.xml을 다음처럼 바꿉니다.

새 액티비티를 생성하세요.

액티비티 소스 언어를 물으면 자바 옵션을 선택하세요.

```
<?xml version="1.0" encoding="utf-8"?>
<LinearLayout xmlns:android="http://schemas.android.com/apk/res/android"
    xmlns:tools="http://schemas.android.com/tools"
    android:layout_width="match_parent"
    android:layout_height="match_parent"
    android:orientation="vertical"
    tools:context="com.hfad.starbuzz.DrinkActivity" >

    <ImageView
        android:id="@+id/photo"
        android:layout_width="190dp"
        android:layout_height="190dp" />

    <TextView
        android:id="@+id/name"
        android:layout_width="wrap_content"
        android:layout_height="wrap_content" />

    <TextView
        android:id="@+id/description"
        android:layout_width="match_parent"
        android:layout_height="wrap_content" />
</LinearLayout>
```

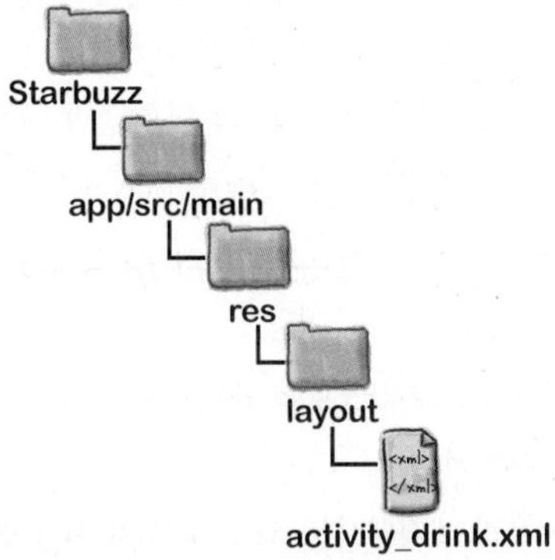

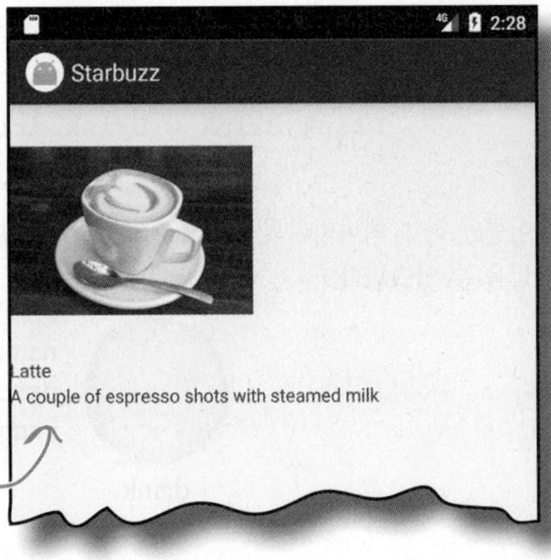

상세 액티비티의 레이아웃을 생성했으므로 뷰에 데이터를 넣을 차례입니다.

인텐트의 데이터 가져오기

- [x] 리소스 추가
- [x] TopLevelActivity
- [x] DrinkCategoryActivity
- [ ] **DrinkActivity**

지금까지 카테고리 액티비티의 리스트 뷰에서 항목을 클릭하면 상세 액티비티를 실행하도록 만들었습니다. 사용자가 항목을 선택하면 인텐트를 생성해 상세 액티비티를 실행합니다. 이때 사용자가 클릭한 항목의 ID를 인텐트에 추가할 수 있습니다.

상세 액티비티가 시작되면 인텐트에 추가된 정보를 가져와 뷰에 채울 수 있습니다. 우리 예제에서는 `DrinkActivity`를 시작시킨 인텐트에서 사용자가 선택한 음료 정보를 가져와 뷰에 채울 수 있습니다.

`DrinkCategoryActivity`를 생성할 때 사용자가 선택한 음료의 ID를 인텐트에 추가했습니다. 이때 추가 정보의 이름은 다음처럼 DrinkActivity.java에 상수로 정의했습니다.

```
public static final String EXTRA_DRINKID = "drinkId";
```

3장에서 살펴본 것처럼 시작된 액티비티는 `getIntent()` 메서드로 인턴트를 반환받을 수 있습니다. 인텐트에 추가된 정보가 있으면 `get*()` 메서드를 이용해 정보를 가져올 수 있습니다. 다음은 `DrinkActivity`를 실행시킨 인텐트에서 `EXTRA_DRINKID`에 저장된 값을 가져오는 코드입니다.

```
int drinkId = (Integer)getIntent().getExtras().get(EXTRA_DRINKID);
```

인텐트에서 정보를 가져왔으면 이를 이용해 자세한 음료 정보를 표시할 수 있습니다.

우리 예제에서는 `drinkId`로 사용자가 선택한 음료 정보를 알아낼 수 있습니다. `drinkId`는 음료의 ID로 `drinks` 배열의 인덱스를 가리킵니다. 따라서 사용자가 선택한 음료를 다음처럼 가져올 수 있습니다.

```
Drink drink = Drink.drinks[drinkId];
```

이렇게 하면 액티비티의 뷰에 표시할 모든 정보를 포함하는 `Drink` 객체를 얻을 수 있습니다.

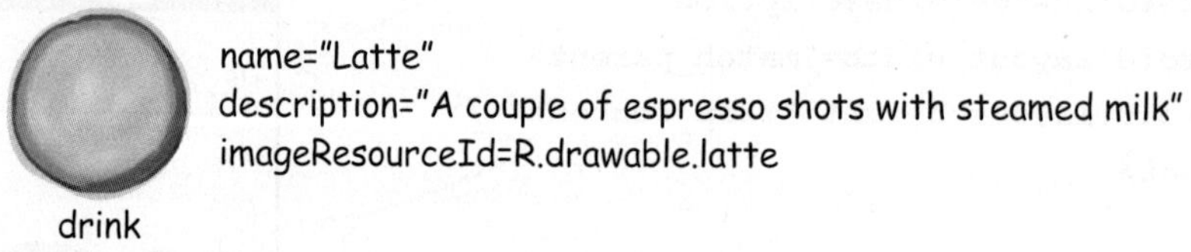

데이터로 뷰 갱신하기

인텐트에서 가져온 데이터를 이용해 상세 액티비티에 뷰의 정보를 갱신할 수 있습니다.

우리의 상세 액티비티는 두 개의 텍스트 뷰와 한 개의 이미지 뷰를 포함합니다. 각각의 뷰가 정확하게 관련 정보를 표시하도록 갱신해야 합니다.

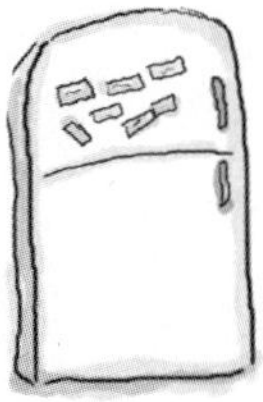

음료 자석

DrinkActivity 뷰에 알맞은 데이터가 표시되도록 자석을 옮기세요.

```
...
// 인텐트에서 음료 정보 얻기
int drinkId = (Integer)getIntent().getExtras().get(EXTRA_DRINKID);
Drink drink = Drink.drinks[drinkId];


// 음료 이름 가져오기
TextView name = (TextView)findViewById(R.id.name);

name.....................(drink.getName());


// 음료 설명 가져오기
TextView description = (TextView)findViewById(R.id.description);

description.....................(drink.getDescription());


// 음료 이미지 가져오기
ImageView photo = (ImageView)findViewById(R.id.photo);

photo.................................(drink.getImageResourceId());

photo...........................................(drink.getName());
...
```

setText

setContent

setContentDescription

setImageResourceId

setImageResource

setText

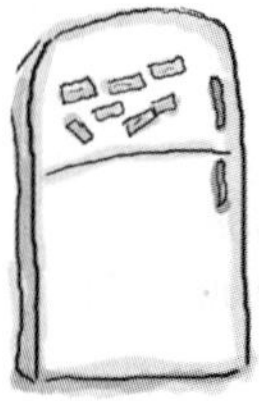

음료 자석 정답

DrinkActivity 뷰에 알맞은 데이터가 표시되도록 자석을 옮기세요.

```
...
// 인텐트에서 음료 정보 얻기
int drinkId = (Integer)getIntent().getExtras().get(EXTRA_DRINKID);
Drink drink = Drink.drinks[drinkId];

// 음료 이름 가져오기
TextView name = (TextView)findViewById(R.id.name);
name.setText(drink.getName());

// 음료 설명 가져오기
TextView description = (TextView)findViewById(R.id.description);
description.setText(drink.getDescription());

// 음료 이미지 가져오기
ImageView photo = (ImageView)findViewById(R.id.photo);
photo.setImageResource(drink.getImageResourceId());
photo.setContentDescription(drink.getName());
...
```

setText()로 텍스트 뷰의 텍스트를 설정해요.

setImageResource()로 이미지의 소스를 설정해요.

쉽게 앱을 사용할 수 있도록 만들어요.

필요 없는 자석이에요.

setContent

setImageResourceId

- [x] 리소스 추가
- [x] TopLevelActivity
- [x] DrinkCategoryActivity
- [ ] → DrinkActivity

DrinkActivity 코드

다음은 DrinkActivity.java 전체 코드입니다(마법사가 생성한 파일을 아래처럼 바꾸고 파일을 저장하세요).

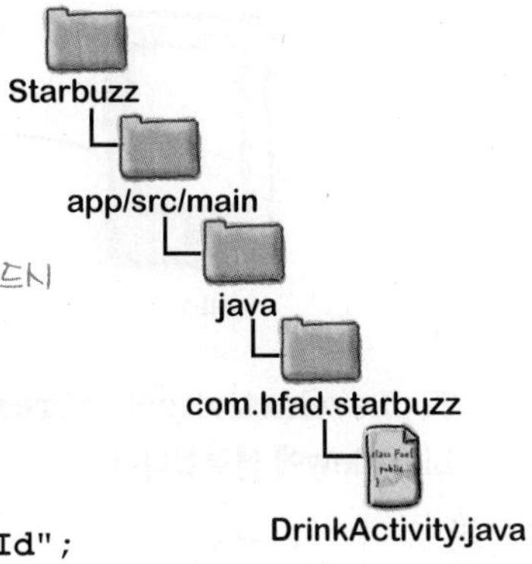


```
package com.hfad.starbuzz;

import android.app.Activity;
import android.os.Bundle;
import android.widget.ImageView;
import android.widget.TextView;

public class DrinkActivity extends Activity {

    public static final String EXTRA_DRINKID = "drinkId";

    @Override
    protected void onCreate(Bundle savedInstanceState) {
        super.onCreate(savedInstanceState);
        setContentView(R.layout.activity_drink);

        // 인텐트에서 음료 정보 얻기
        int drinkId = (Integer)getIntent().getExtras().get(EXTRA_DRINKID);
        Drink drink = Drink.drinks[drinkId];

        // 음료 이름 가져오기
        TextView name = (TextView)findViewById(R.id.name);
        name.setText(drink.getName());

        // 음료 설명 가져오기
        TextView description = (TextView)findViewById(R.id.description);
        description.setText(drink.getDescription());

        // 음료 이미지 가져오기
        ImageView photo = (ImageView)findViewById(R.id.photo);
        photo.setImageResource(drink.getImageResourceId());
        photo.setContentDescription(drink.getName());
    }
}
```

필요한 클래스를 임포트해요.

모든 액티비티는 반드시 Activity 클래스를 상속받아야 해요.

EXTRA_DRINKID를 상수로 추가해요.

drinkId로 사용자가 선택한 음료의 상세 정보를 가져와요.

뷰를 음료 데이터로 채워요.

앱을 실행하면 일어나는 일

- [x] 리소스 추가
- [x] TopLevelActivity
- [x] DrinkCategoryActivity
- [ ] DrinkActivity

1 **사용자가 앱을 실행하면 TopLevelActivity가 시작됩니다.**

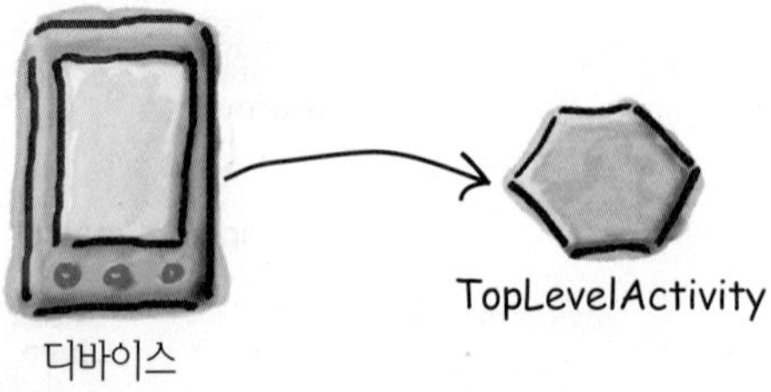

2 **TopLevelActivity의 onCreate() 메서드에서 onItemClickListener를 생성하고 액티비티의 ListView에 연결합니다.**

3 **사용자가 ListView의 항목을 클릭하면 onItemClickListener의 onItemClick() 메서드가 호출됩니다.**

Drinks 항목을 클릭하면 onItemClickListener가 DrinkCategoryActivity를 시작할 인텐트를 생성합니다.

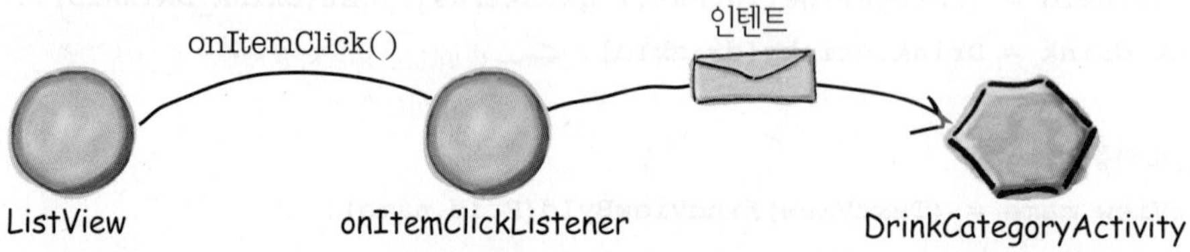

4 **DrinkCategoryActivity는 한 개의 ListView를 표시합니다.**

DrinkCategoryActivity 리스트 뷰는 ArrayAdapter<Drink>를 이용해 음료 이름 목록을 표시합니다.

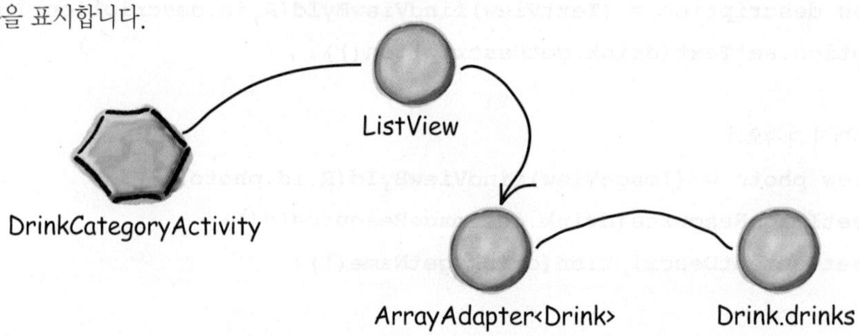

이야기는 계속됩니다

5 **사용자가 DrinkCategoryActivity의 ListView에서 음료를 선택하면 onItemClickListener의 onItemClick() 메서드가 호출됩니다.**

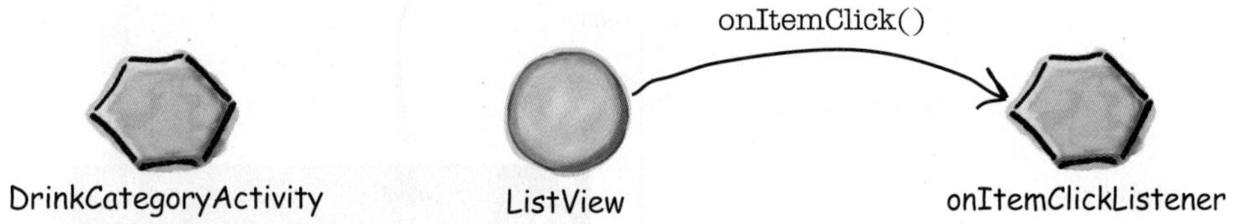

6 **onItemClick() 메서드는 DrinkActivity를 시작할 인텐트를 생성하며 동시에 음료 ID 추가 정보를 전달합니다.**

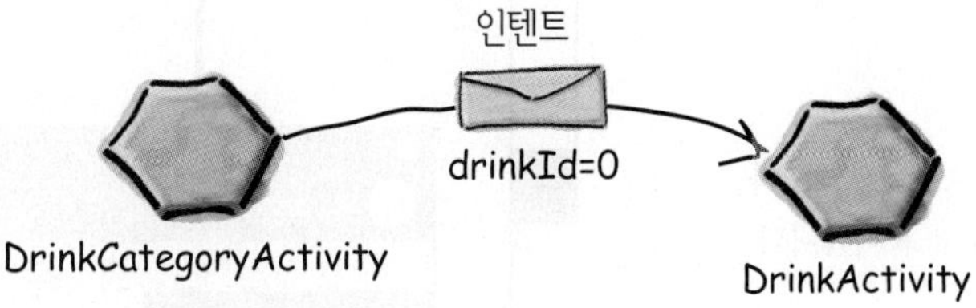

7 **DrinkActivity가 실행됩니다.**

액티비티가 실행되면 인텐트에서 음료 ID를 가져와서 Drink 클래스로부터 음료의 상세 정보를 얻어옵니다. 이 정보를 이용해 자신의 뷰를 갱신합니다.

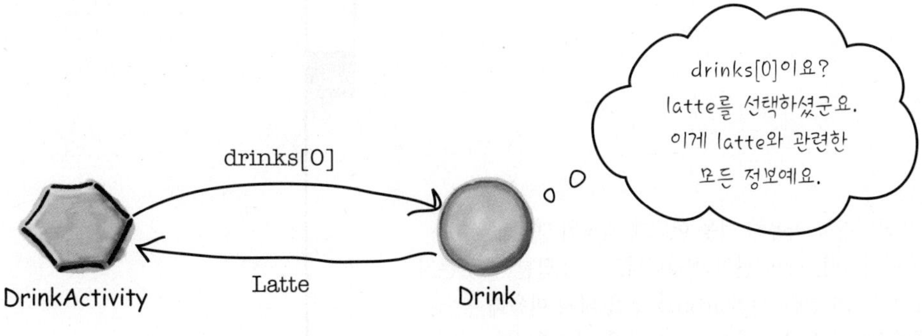

앱 시험 주행

앱을 실행하면 TopLevelActivity가 나타납니다.

Drinks 항목을 클릭하면 DrinkCategoryActivity가 실행됩니다. Drink 자바 클래스에서 모든 음료 목록을 가져와 표시합니다.

음료 목록 중 하나를 선택하면 DrinkActivity가 실행되면서 선택한 음료의 정보를 자세히 표시합니다.

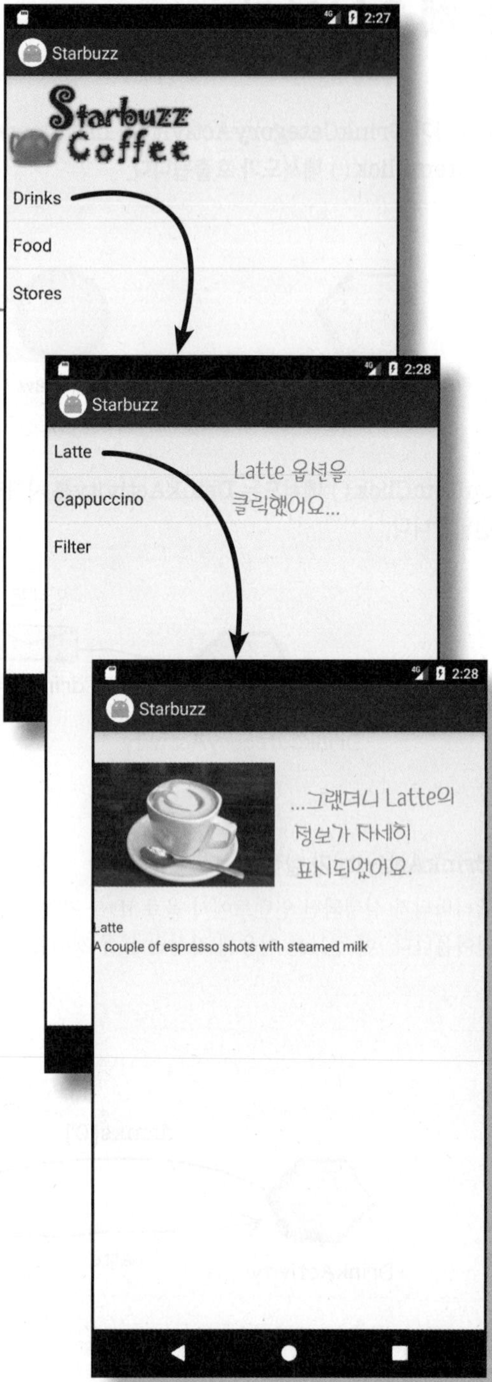
2:27
Starbuzz
Starbuzz Coffee
Drinks
Food
Stores
Drinks만 구현했으므로 다른 항목은 클릭해도 동작하지 않아요.
2:28
Starbuzz
Latte
Cappuccino
Filter
Latte 옵션을 클릭했어요...
2:28
Starbuzz
...그랬더니 Latte의 정보가 자세히 표시되었어요.
Latte
A couple of espresso shots with steamed milk

세 개의 액티비티를 이용해 앱을 어떻게 최상위 액티비티, 카테고리 액티비티, 상세/편집 액티비티로 구조화할 수 있는지 살펴봤습니다. 15장에서는 Starbuzz 앱을 다시 이용해 데이터베이스에서 음료를 가져오는 방법을 설명합니다.

수영장 퍼즐 정답

여러분의 **임무**는 색상의 자바 배열을 스피너로 연결하는 것입니다. 아래 수영장에서 코드 조각을 가져와 액티비티의 빈 칸에 채워 넣으세요. 한 개의 코드 조각을 여러 번 사용할 수 **없으며** 모든 조각을 사용할 필요는 없습니다.

```
...
public class MainActivity extends Activity {

    String[] colors = new String[] {"Red", "Orange", "Yellow", "Green", "Blue"};

    @Override
    protected void onCreate(Bundle savedInstanceState) {
        super.onCreate(savedInstanceState);
        setContentView(R.layout.activity_main);
        Spinner spinner = ( Spinner ) findViewById(R.id.spinner);
        ArrayAdapter< String > adapter = new ArrayAdapter<>(
                this ,
                android.R.layout.simple_spinner_item,
                colors);
        spinner. setAdapter (adapter);
    }
}
```

문자열 유형의 배열을 사용해요.

setAdapter()로 스피너가 배열 어댑터를 사용하도록 설정해요.

이 코드 조각은 사용할 필요가 없어요.

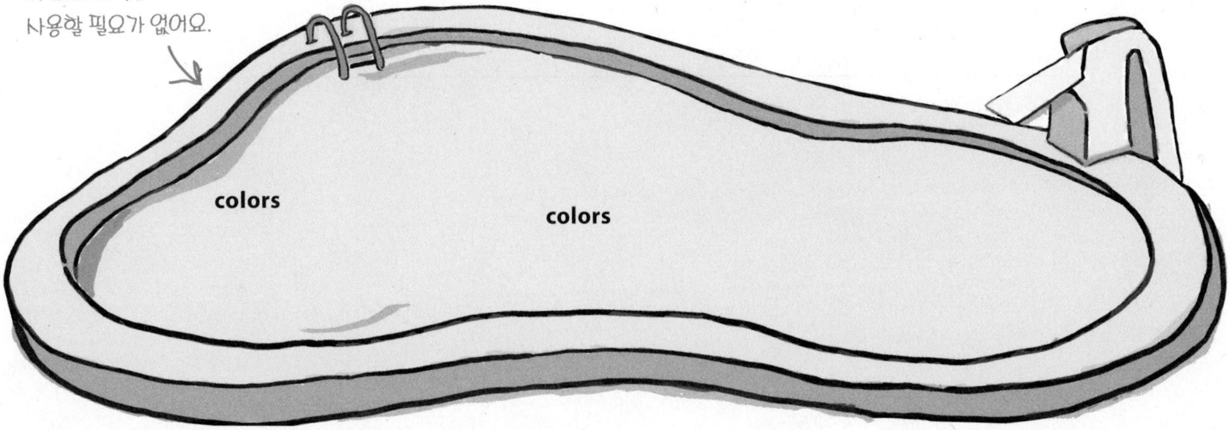

CHAPTER 7

우리의 안드로이드 도구상자

7장을 마치면서 리스트 뷰와 앱 설계 기술을 도구상자에 추가했습니다.

이 책의 전체 코드는 https://tinyurl.com/HeadFirstAndroid에서 내려받을 수 있어요.

핵심정리

- 액티비티의 아이디어를 최상위 액티비티, 카테고리 액티비티, 상세/편집 액티비티로 분류하세요. 카테고리 액티비티를 통해 최상위 액티비티에서 상세/편집 액티비티로 탐색할 수 있습니다.
- 리스트 뷰는 항목을 리스트로 표시합니다. `<ListView>` 요소로 레이아웃에 리스트 뷰를 추가하세요.
- 레이아웃 코드에서 `android:entries`를 이용해 strings.xml에 정의된 배열의 데이터를 리스트 뷰에 채웁니다.
- 어댑터는 `AdapterView`와 데이터 소스를 연결하는 다리 역할을 합니다. `ListView`와 `Spinner`는 모두 `AdapterView`의 일종입니다.
- `ArrayAdapter`는 배열에 특화된 어댑터입니다.
- `Button`의 클릭 이벤트는 레이아웃 코드에서 `android:onClick` 속성으로 처리할 수 있습니다. 그 밖의 뷰에서는 리스너를 생성하고 클릭 이벤트를 구현해서 처리해야 합니다.

8 지원 라이브러리와 앱 바

지름길 선택

누구나 지름길을 좋아합니다.

이 장에서는 **앱 바**를 이용해 앱에 숏컷(shortcut)을 추가하는 방법을 설명합니다. 먼저 앱 바에 액션을 추가해서 액티비티를 시작하는 방법을 알아보고 공유 액션 프로바이더로 다른 앱과 콘텐트를 공유하는 방법, 앱 바의 Up 버튼을 구현해 앱 내부를 탐색하는 방법을 설명합니다. 이 과정에서 강력한 **안드로이드 지원 라이브러리**(Android Support Libraries)도 살펴볼 겁니다. 안드로이드 지원 라이브러리는 예전 버전의 안드로이드에서 우리 앱을 멋지게 해주는 핵심 요소입니다.

좋은 앱은 깔끔한 구조를 가집니다

앞 장에서는 최적의 사용자 경험을 제공하는 앱의 구조를 만드는 방법을 살펴봤습니다. 앱을 만드는 한 가지 방법은 다음처럼 화면을 세 가지로 구분하는 것입니다.

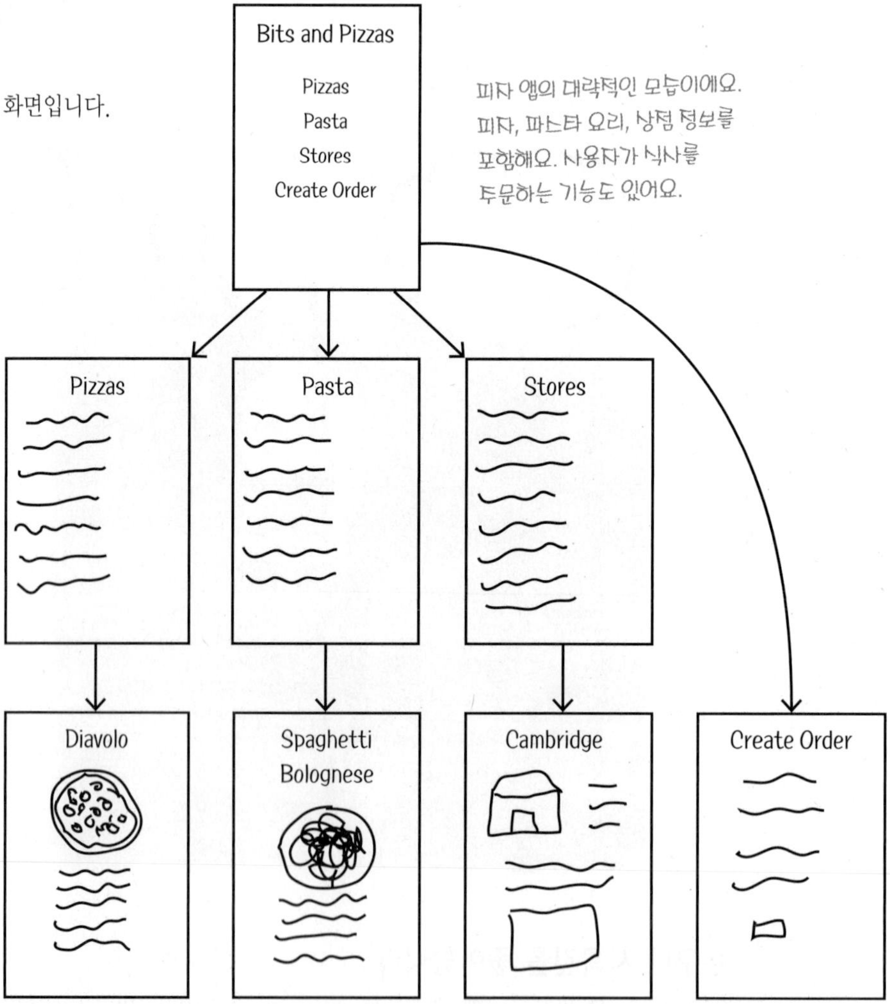

최상위 화면

보통 앱을 실행해서 처음 보게 되는 화면입니다.

카테고리 화면

특정 카테고리에 해당하는 데이터를 보통 리스트 형태로 보여줍니다. 사용자는 카테고리 화면에서 상세/편집 화면으로 탐색할 수 있습니다.

상세/편집 화면

특정 레코드를 상세히 보여주며 사용자가 레코드를 편집하거나 새로운 레코드를 추가할 수 있는 기능을 제공하는 화면입니다.

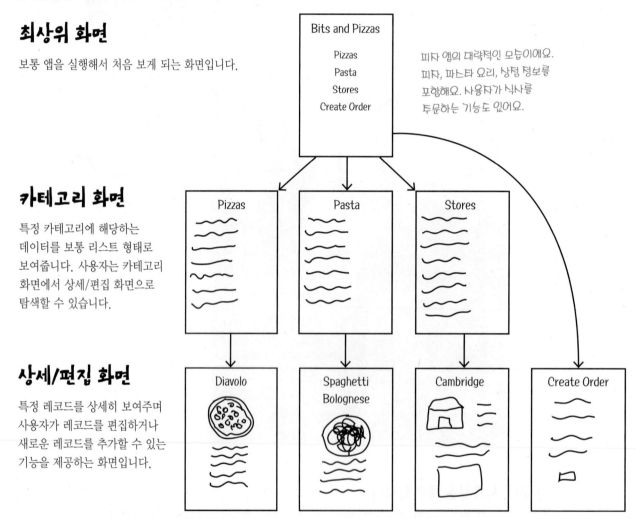

멋진 숏컷도 있습니다

사용자가 여러분 앱을 많이 사용하게 하려면 메뉴를 쉽게 이동할 수 있어야 합니다. 여기서는 앱을 숏컷으로 쉽게 탐색할 수 있으며 동시에 앱에 많은 정보를 포함할 수 있게 해주는 탐색형 뷰(navigational view)를 살펴볼 것입니다. 먼저 Pizza 앱의 최상위 화면부터 자세히 살펴봅시다.

다양한 종류의 탐색

Pizza 앱의 최상위 화면에는 사용자가 탐색할 수 있는 다양한 옵션 목록이 있습니다.

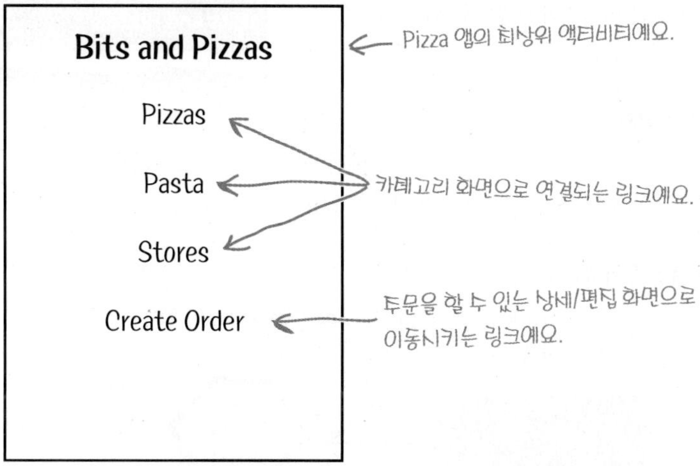
Bits and Pizzas
Pizzas
Pasta
Stores
Create Order
Pizza 앱의 최상위 액티비티예요.
카테고리 화면으로 연결되는 링크예요.
주문을 할 수 있는 상세/편집 화면으로 이동시키는 링크예요.

위의 세 가지 옵션은 카테고리 액티비티로 연결하는 링크입니다. 첫 번째는 피자 목록을, 두 번째는 파스타 목록을, 세 번째는 상점 목록을 보여줍니다. 사용자는 링크를 이용해 앱을 탐색할 수 있습니다.

앞 장에서 살펴봤던 탐색 옵션과 같아요.

네 번째 옵션은 사용자가 주문을 할 수 있는 상세/편집 액티비티로 연결해주는 링크입니다. 이 옵션으로 사용자는 **액션**을 수행할 수 있습니다.

안드로이드 앱에서는 **앱 바**에 액션을 추가할 수 있습니다. 앱 바는 주로 액티비티 윗부분에 나타나며 **액션 바**라고도 불립니다. 보통 앱의 가장 중요한 액션을 앱 바에 추가해서 화면 위쪽에 놓습니다.

Pizza 앱에서는 사용자가 어느 화면에서든 쉽게 주문을 할 수 있도록 Create Order 버튼을 포함하는 앱 바를 모든 액티비티의 윗부분에 추가합니다. 따라서 사용자는 어떤 화면에서나 피자를 주문할 수 있습니다.

이제 앱 바를 생성하는 방법을 살펴봅시다.

이것이 앱 바예요.
15:20
Bits and Pizzas
+
Hello World!
Create Order 버튼이에요.

우리가 해야 할 일

다음은 이 장에서는 해야 할 일입니다.

1. **기본 앱 바 추가하기**
   MainActivity라는 액티비티를 생성한 다음 테마를 적용해 그곳에 기본 앱 바를 추가합니다.

2. **기본 앱 바를 툴바로 교체하기**
   최신 앱 바 기능을 이용하려면 기본 앱 바를 툴바로 바꿔야 합니다. 툴바는 기본 앱 바와 비슷하게 생겼지만 더 많은 기능을 제공합니다.

3. **Create Order 옵션 추가하기**
   OrderActivity라는 새 액티비티를 생성하고 MainActivity의 앱 바에 OrderActivity를 여는 액션을 추가합니다.

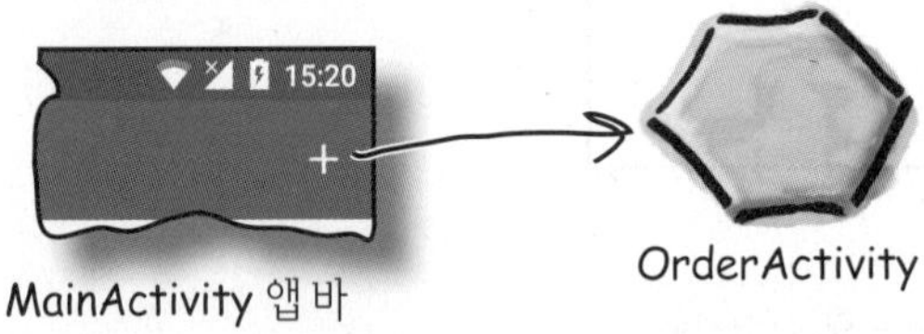

4. **Up 버튼 구현하기**
   사용자가 쉽게 MainActivity로 돌아올 수 있도록 OrderActivity의 앱 바에 Up 버튼을 구현합니다.

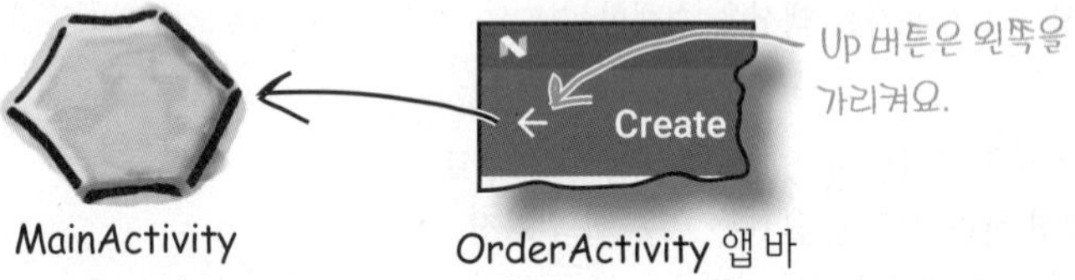

5. **공유 액션 프로바이더 추가하기**
   MainActivity의 앱 바에 공유 액션 프로바이더를 추가해서 사용자가 텍스트를 다른 앱과 공유하고 친구를 피자 앱으로 초대할 수 있는 기능을 제공합니다.

액션 프로바이더는 이 장 뒤에서 자세히 설명해요.

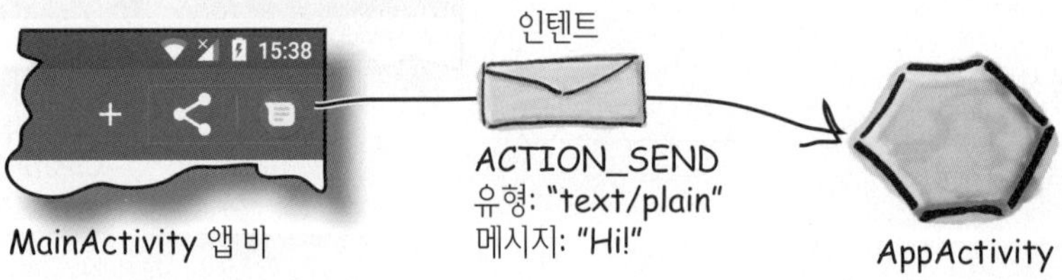

기본 앱 바를 추가하는 방법부터 살펴봅시다.

- ☐ 기본 앱 바
- ☐ 툴바
- ☐ 액션
- ☐ Up 버튼
- ☐ 공유 액션

테마를 적용해서 앱 바 추가하기

다양한 방법으로 앱 바를 활용할 수 있습니다.

- 앱이나 액티비티 이름을 표시해서 사용자가 앱의 어느 위치에 있는지 보여줍니다. 예를 들어 이메일 앱은 앱 바를 이용해 사용자가 받은 메일함에 있는지 스팸함에 있는지 알려줄 수 있습니다.
- 콘텐트 공유나 검색 수행처럼 예측할 수 있는 주요 액션을 제공합니다.
- 액션을 수행하기 위해 다른 액티비티로 이동합니다.

기본 앱 바를 추가하려면 앱 바를 포함하는 **테마**를 사용해야 합니다. 테마는 앱이 일관된 모습과 느낌을 유지할 수 있도록 액티비티나 앱에 적용하는 스타일입니다. 테마는 액티비티 배경이나 앱 바의 색상, 텍스트 스타일 등을 관리합니다.

안드로이드는 우리 앱에 사용할 수 있도록 여러 내장 테마를 제공합니다. Holo 테마는 안드로이드 초기 버전부터 제공되었으며 Material 테마는 조금 더 세련된 앱 모습을 제공하도록 비교적 최근에 추가되었습니다.

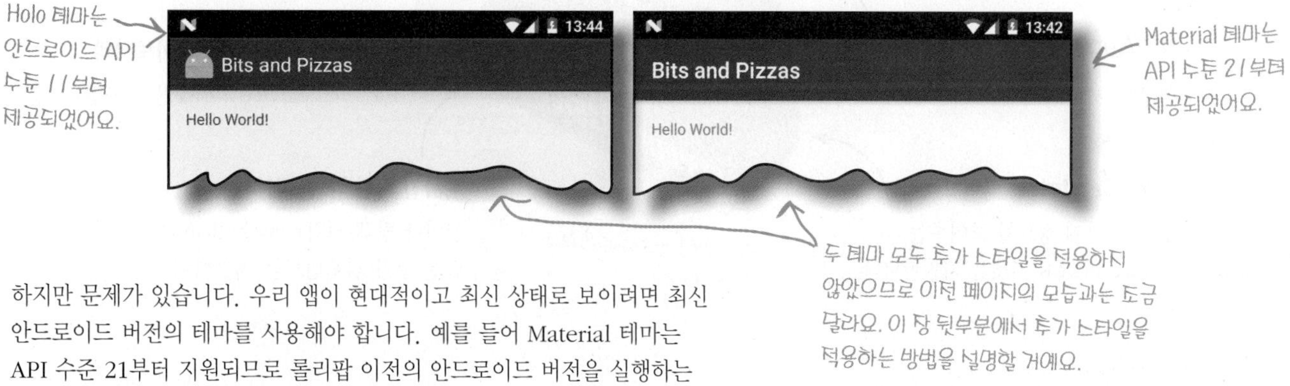
Holo 테마는 안드로이드 API 수준 11부터 제공되었어요.
13:44
Bits and Pizzas
Hello World!
13:42
Bits and Pizzas
Hello World!
Material 테마는 API 수준 21부터 제공되었어요.
두 테마 모두 추가 스타일을 적용하지 않았으므로 이전 페이지의 모습과는 조금 달라요. 이 장 뒷부분에서 추가 스타일을 적용하는 방법을 설명할 거예요.

하지만 문제가 있습니다. 우리 앱이 현대적이고 최신 상태로 보이려면 최신 안드로이드 버전의 테마를 사용해야 합니다. 예를 들어 Material 테마는 API 수준 21부터 지원되므로 롤리팝 이전의 안드로이드 버전을 실행하는 디바이스에서는 Material 테마를 사용할 수 없습니다.

테마만 문제되는 게 아닙니다. 안드로이드 새 버전이 출시될 때마다 사용자가 원했던 새로운 GUI 컴포넌트 등 새로운 기능이 추가되었습니다. 하지만 모든 사용자가 최신 버전의 안드로이드로 업그레이드하는 것은 아닙니다. 사실 대부분의 사람은 최신 버전에서 한 버전 이상 뒤처진 버전을 사용합니다.

대부분의 사용자가 최신 버전의 안드로이드를 사용하고 있지 않다면 어떻게 우리 앱에 최신 안드로이드 기능을 사용할 수 있을까? 어떻게 하면 세련된 앱의 모습을 유지하면서도 사용자의 안드로이드 버전과 관계없이 일관된 사용자 경험을 제공할 수 있을까?

지원 라이브러리를 이용하면 예전 버전의 안드로이드에서도 최신 기능을 이용할 수 있습니다

안드로이드 팀은 앞 페이지에서 제시한 문제를 **지원 라이브러리**(Support Libraries)로 해결했습니다.

안드로이드 지원 라이브러리는 이전 버전의 안드로이드에도 호환됩니다. 안드로이드 지원 라이브러리는 안드로이드 메인 릴리스에 포함되지 않지만 개발자가 앱을 만들면서 사용할 수 있는 새로운 안드로이드 기능을 제공합니다. 지원 라이브러리를 이용하면 다른 버전의 안드로이드를 사용하는 오래된 디바이스 사용자와 새로운 디바이스 사용자 모두에게 같은 사용자 경험을 제공할 수 있습니다.

현재 다음과 같은 지원 라이브러리의 기능을 사용할 수 있습니다.

v4 지원 라이브러리

애플리케이션 컴포넌트와 사용자 인터페이스 기능 지원 등 가장 큰 기능 집합을 제공합니다.

컨스트레인트 레이아웃 라이브러리

컨스트레인트 레이아웃을 생성할 수 있습니다. 6장에서 이 라이브러리의 기능을 사용했습니다.

v7 AppCompat 라이브러리

앱 바를 지원합니다.

v7 RecyclerView 라이브러리

`RecyclerView` 위젯을 지원합니다.

v7 Cardview 라이브러리

카드 안에 정보를 보여주는 `Cardview` 위젯을 지원합니다.

지원 라이브러리의 일부일 뿐이에요.

디자인 지원 라이브러리

탭이나 탐색 서랍(navigation drawer) 같은 추가 컴포넌트를 지원합니다.

각 라이브러리는 고유의 기능 집합을 제공합니다.

v7 AppCompat 라이브러리는 예전 버전의 안드로이드에서 사용할 수 있는 최신 테마를 포함합니다. 실제로 대부분의 사람이 API 수준 19 이상을 사용하므로 거의 모든 디바이스에서 이 라이브러리를 사용할 수 있습니다. 우리는 v7 AppCompat 라이브러리에서 제공하는 테마를 적용할 겁니다. 이 라이브러리 덕분에 우리가 대상으로 하는 모든 버전의 디바이스에 같은 모습과 같은 방식으로 작동하는 앱 바를 추가할 수 있습니다. 지원 라이브러리를 사용하려면 먼저 앱에 지원 라이브러리를 추가해야 합니다. 프로젝트를 만든 다음에 지원 라이브러리를 추가하는 방법을 설명할 겁니다.

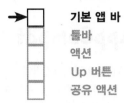

기본 앱 바
툴바
액션
Up 버튼
공유 액션

Pizza 앱 만들기

우선 Pizza 앱의 프로토타입을 생성합니다. 새로운 안드로이드 프로젝트를 만듭니다. 앱 이름은 'Bits and Pizzas'로, 회사 도메인은 'hfad.com'으로 하고 패키지 이름이 `com.hfad.bitsandpizzas`인지 확인합니다. 대부분의 디바이스에서 앱을 실행할 수 있도록 최소 SDK의 API 수준을 19로 설정합니다. 'MainActivity'라는 빈 액티비티와 'activity_main'이라는 레이아웃을 생성합니다. 이번에는 **Backwards Compatibility (AppCompat) 옵션을 선택합니다**(이유는 곧 설명할 겁니다).

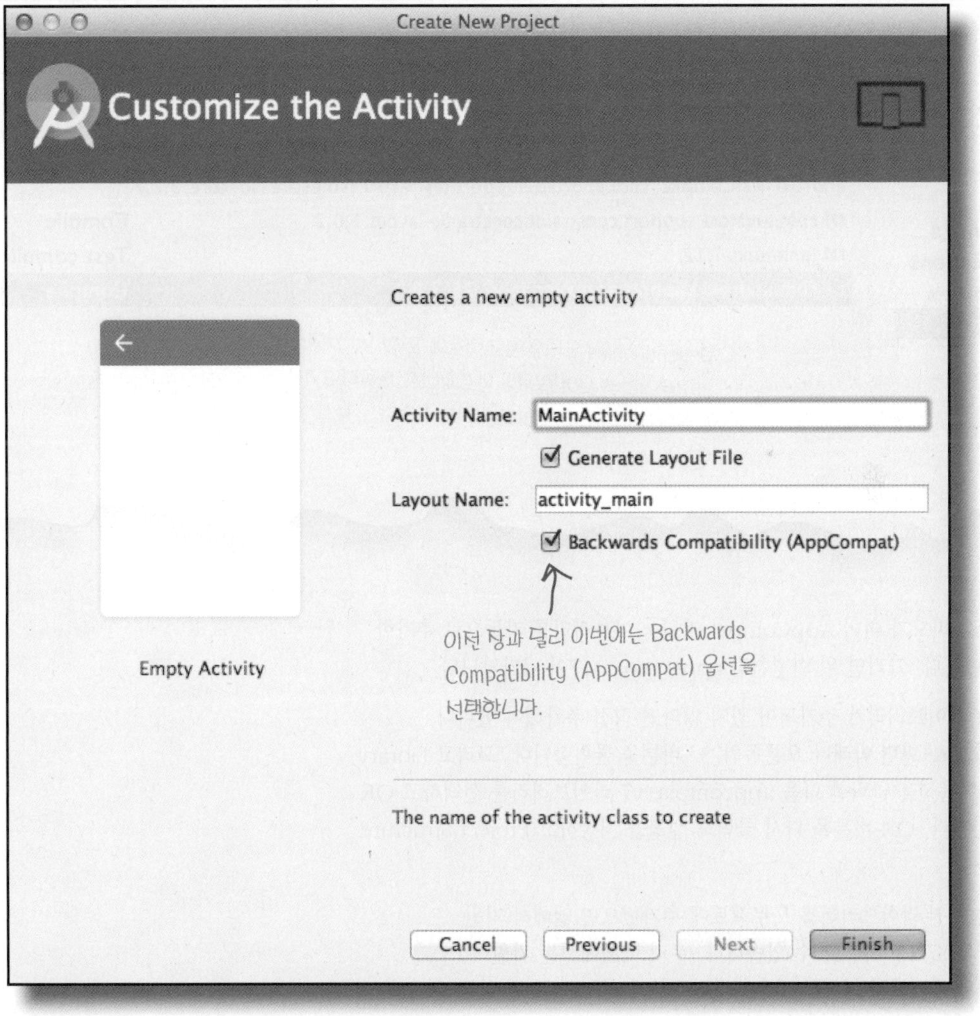

다음에는 프로젝트에 지원 라이브러리를 추가하는 방법을 살펴봅니다.

v7 AppCompat 지원 라이브러리 추가하기

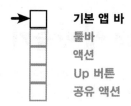

v7 AppCompat 라이브러리에서 제공하는 테마를 사용하려면 이 라이브러리를 우리 프로젝트에 디펜던시로 추가해야 합니다. 그러면 앱에 라이브러리가 포함되고 사용자의 디바이스로 내려받아집니다.

프로젝트에 포함할 지원 라이브러리 파일은 File → Project Structure 메뉴에서 관리할 수 있습니다. app 모듈을 선택한 다음 Dependencies를 선택합니다. 그러면 다음과 같은 화면이 나타납니다.

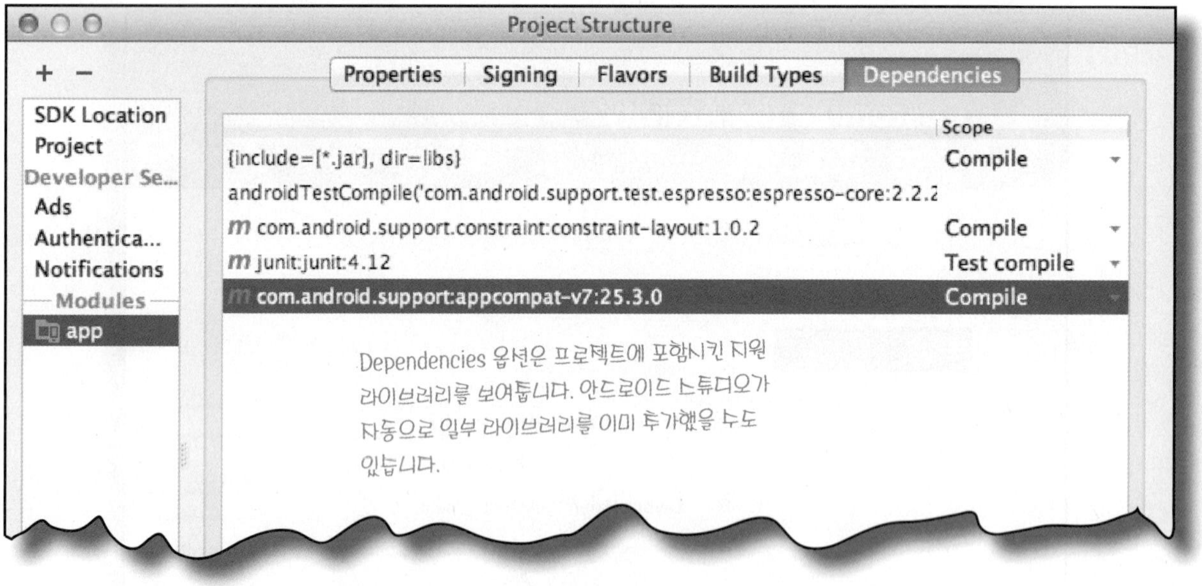

안드로이드 스튜디오가 이미 AppCompat 지원 라이브러리를 자동으로 추가한 상태일 수 있습니다. 그러면 위 화면처럼 appcompat-v7이 나타납니다.

AppCompat 라이브러리가 추가되어 있지 않다면 직접 추가해야 합니다. Project Structure 화면 아래나 오른쪽의 '+' 버튼을 클릭합니다. 그리고 Library Dependency 옵션을 클릭한 다음 appcompat-v7 라이브러리를 선택하고 OK 버튼을 클릭합니다. OK 버튼을 다시 클릭해 설정을 저장하고 Project Structure 창을 닫습니다.

AppCompat 지원 라이브러리를 프로젝트에 추가했으면 앱에서 지원 라이브러리의 리소스를 사용할 수 있습니다. 우리 예제에서는 지원 라이브러리에서 제공하는 테마를 이용해 `MainActivity`에 앱 바를 추가할 겁니다. 앱 바를 추가하기 전에 우리가 사용하는 `MainActivity`의 액티비티 종류를 확인하겠습니다.

AppCompatActivity는 AppCompat 테마를 사용할 수 있게 해줍니다

지금까지 생성한 액티비티는 `Activity` 클래스를 상속받았습니다. `Activity` 클래스는 모든 액티비티의 기본 클래스이므로 이를 상속받아야 진짜 액티비티가 되기 때문입니다. 하지만 AppCompat 테마를 사용할 때는 **`AppCompatActivity`**라는 특별한 종류의 액티비티를 사용해야 합니다.

`AppCompatActivity`는 `Activity`의 하위 클래스입니다. `AppCompatActivity`는 AppCompat 지원 라이브러리에서 제공하는 클래스로 AppCompat 테마와 작동하도록 만들어져 있습니다. **예전 버전의 안드로이드와 하위 호환성을 제공하도록 우리 액티비티에 앱 바를 추가하려면 `Activity` 클래스 대신 `AppCompatActivity` 클래스를 상속받아야 합니다.**

`AppCompatActivity`는 `Activity`의 하위 클래스이므로 지금까지 배운 액티비티와 모든 내용이 똑같이 작동합니다. `AppCompatActivity`는 지금까지 살펴본 방식대로 레이아웃을 활용하며 `Activity` 클래스의 모든 생명주기 메서드를 상속받습니다. 큰 차이점은 `AppCompatActivity`는 AppCompat 지원 라이브러리에서 제공하는 테마를 활용할 수 있도록 기능이 추가되어 있다는 것입니다.

다음은 `AppCompatActivity` 클래스의 계층도입니다.

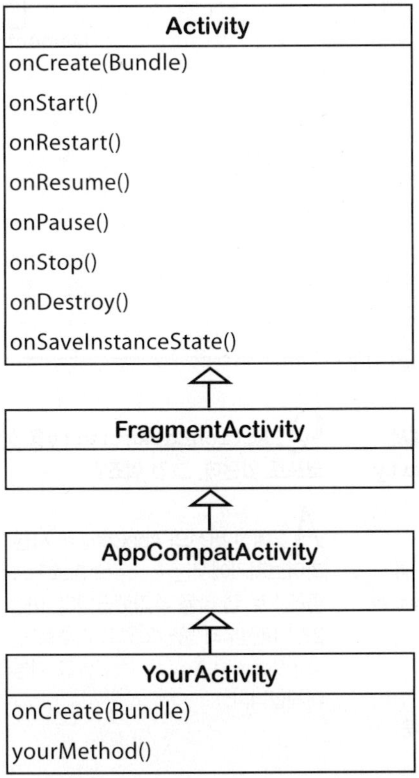

Activity 클래스
(android.app.Activity)
기본 버전의 생명주기 메서드를 구현하는 `Activity` 클래스

FragmentActivity 클래스
(android.support.v4.app.FragmentActivity)
프래그먼트를 사용하는 액티비티의 기본 클래스. 프래그먼트는 다음 장에서 설명합니다.

AppCompatActivity 클래스
(android.support.v7.app.AppCompatActivity)
지원 라이브러리 앱 바를 사용하는 액티비티의 기본 클래스

YourActivity 클래스
(com.hfad.foo)
우리 액티비티 클래스

다음 페이지에서는 `MainActivity`가 `AppCompatActivity`를 상속받도록 구현할 겁니다.

MainActivity는 AppCompatActivity가 되어야 합니다

- 기본 앱 바
- 툴바
- 액션
- Up 버튼
- 공유 액션

AppCompat에서 제공하는 테마를 사용해야 하므로 우리 액티비티는 `Activity` 대신 `AppCompatActivity` 클래스를 상속받아야 합니다. 다행히 프로젝트를 만들 때 Backwards Compatibility (AppCompat) 옵션을 선택하면 이 부분이 자동으로 적용됩니다. MainActivity.java 파일을 열어 여러분 코드가 다음과 같은지 확인하세요.

```
package com.hfad.bitsandpizzas;

import android.support.v7.app.AppCompatActivity;
import android.os.Bundle;

public class MainActivity extends AppCompatActivity {

    @Override
    protected void onCreate(Bundle savedInstanceState) {
        super.onCreate(savedInstanceState);
        setContentView(R.layout.activity_main);
    }
}
```

AppCompatActivity는 v7 AppCompat 지원 라이브러리에서 제공해요.

여러분 액티비티가 AppCompatActivity를 상속받는지 확인하세요.

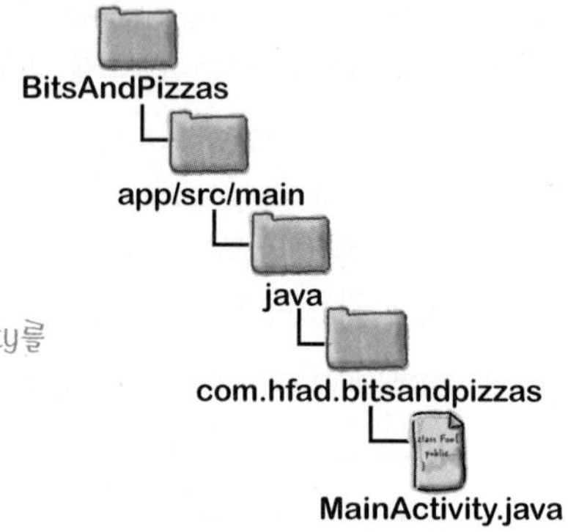

액티비티가 `AppCompatActivity`를 상속받는지 확인했으면 AppCompat 지원 라이브러리에서 제공하는 테마를 적용해 앱 바를 추가할 수 있습니다. 테마는 AndroidManifest.xml 파일에서 적용하는데 다음 페이지에서 그 방법을 설명합니다.

바보 같은 질문이란 없습니다

Q: 어떤 안드로이드 버전부터 지원 라이브러리를 사용할 수 있나요?

A: 사용하려는 지원 라이브러리의 버전에 따라 다릅니다. v4로 시작하는 24.2.0 이전 버전의 라이브러리는 API 수준 4 이상에서 사용할 수 있으며 v7로 시작하는 라이브러리는 API 수준 7 이상에서 사용할 수 있습니다. 24.2.0 지원 라이브러리가 출시되었을 때 모든 지원 라이브러리의 API 수준이 9로 지정되었습니다. 조만간 최소 API 수준이 더 올라갈 겁니다.

Q: 이전에도 안드로이드 스튜디오에서 우리 액티비티를 `AppCompatActivity`를 상속받도록 만들었습니다. 왜죠?

A: 안드로이드 스튜디오로 액티비티를 생성할 때 마법사가 Backwards Compatible (AppCompat) 옵션을 확인합니다. 이 옵션을 선택한 상태로 액티비티를 생성하면 안드로이드 스튜디오는 `AppCompatActivity`를 상속받도록 액티비티 코드를 생성합니다.

Q: `ActionBarActivity`를 상속받는 코드도 있던데, 그건 뭐죠?

A: 예전 버전의 AppCompat 지원 라이브러리에서는 `ActionBarActivity` 클래스로 앱 바를 추가했습니다. 이는 22.1 버전부터 중단되었고 이후로는 `AppCompatActivity`가 그 기능을 대체합니다.

AndroidManifest.xml로 앱 바의 모습을 바꿀 수 있습니다

이미 살펴본 것처럼 AndroidManifest.xml 파일은 앱이 포함한 액티비티 등 앱의 필수 정보를 제공합니다. AndroidManifest.xml 파일은 앱 바에 영향을 미치는 여러 속성도 포함하고 있습니다.

다음은 안드로이드 스튜디오가 생성한 AndroidManifest.xml 파일 코드입니다(핵심 부분을 굵은 문자로 표시했어요).

```
<?xml version="1.0" encoding="utf-8"?>
<manifest xmlns:android="http://schemas.android.com/apk/res/android"
    package="com.hfad.bitsandpizzas">
    <application
        android:allowBackup="true"
        android:icon="@mipmap/ic_launcher"
        android:roundIcon="@mipmap/ic_launcher_round"
        android:label="@string/app_name"
        android:supportsRtl="true"
        android:theme="@style/AppTheme">
        <activity android:name=".MainActivity">
            ...
        </activity>
    </application>
</manifest>
```

앱 아이콘. 안드로이드 스튜디오가 기본으로 제공하는 아이콘이에요.

사용자 친화적인 앱 이름

테마

android:icon 속성은 앱에 아이콘을 할당합니다. 이 아이콘은 앱의 런처 아이콘으로 사용되며 앱 바에 아이콘을 표시하는 테마를 사용하는 상황에서도 이 아이콘이 사용됩니다. 안드로이드 7.1 이상의 디바이스에서는 대신 **android:roundIcon**을 사용할 수 있습니다.

아이콘은 **밉맵**(mipmap) 리소스입니다. 밉맵이란 애플리케이션 아이콘으로 사용할 수 있는 이미지로 app/src/main/res의 mapmap* 폴더에 저장됩니다. 일반 drawerbles와 마찬가지로 다양한 화면 밀도에 따른 이미지를 적절한 이름의 mipmap 폴더에 저장할 수 있습니다. 예를 들어 고밀도 화면을 가진 디바이스는 mipmap-hdpi 폴더에 저장된 이미지를 사용합니다. @mipmap으로 레이아웃에서 밉맵 리소스를 참조할 수 있습니다.

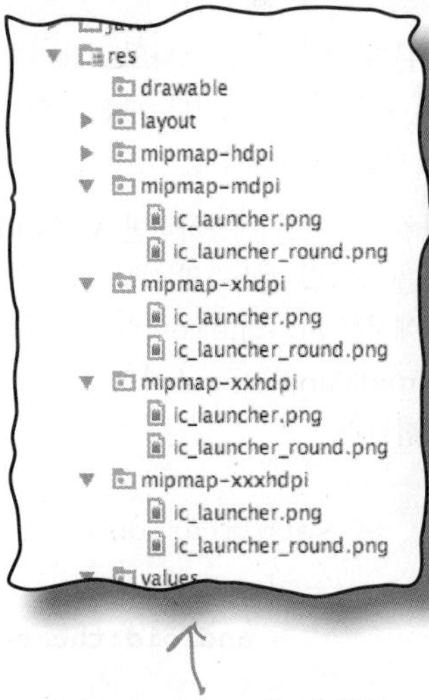

프로젝트를 만들 때 안드로이드 스튜디오가 mipmap* 폴더에 자동으로 아이콘을 추가했어요.

android:label 속성은 앱 바에 표시할 사용자 친화적인 레이블을 가리킵니다. 위 코드에서는 <application> 태그 안에 이 속성을 사용해 전체 앱의 레이블에 적용했습니다. 한 액티비티에만 적용하려면 이 속성을 <activity> 태그에 추가합니다.

android:theme 속성은 테마를 지정합니다. 이 속성을 <application> 요소에 사용하면 테마가 전체 앱에 적용됩니다. <activity> 요소에 사용하면 테마가 한 액티비티에만 적용됩니다.

다음 페이지에서는 테마를 적용하는 방법을 살펴봅니다.

테마를 적용하는 방법

두 가지 방법으로 앱에 테마를 적용할 수 있습니다.

- AndroidManifest.xml에 테마 하드코딩하기
- 스타일을 이용해 테마 적용하기

각각의 옵션을 자세히 살펴봅시다.

1. 테마 하드코딩하기

`android:theme` 속성에 원하는 테마의 이름을 지정해서 AndroidManifest.xml에 테마를 하드코딩할 수 있습니다. 예를 들어 light 배경에 dark 앱 바를 적용하려면 다음처럼 코딩합니다.

```
<application
    ...
    android:theme="Theme.AppCompat.Light.DarkActionBar">
```

이렇게 하면 기본 테마를 간단하게 적용할 수 있지만, 색상 등은 바꿀 수 없어요.

기본 테마를 바꾸지 않고 그대로 적용하면 이처럼 테마를 쉽게 적용할 수 있습니다.

2. 스타일로 테마 적용하기

대부분의 상황에서는 스타일로 테마를 적용하는데 그래야 테마의 모양을 바꿀 수 있기 때문입니다. 예를 들어 기본 테마의 주요 색상을 앱 브랜드에 맞게 바꿀 수 있습니다.

스타일로 테마를 적용하려면 AndroidManifest.xml의 `android:theme` 속성을 스타일 리소스의 이름(생성해야 해요)으로 설정합니다. 우리 예제에서는 `AppTheme`이라는 이름의 스타일 리소스를 사용할 것이므로 AndroidManifest.xml 파일의 `android:theme` 속성을 다음처럼 설정합니다.

```
<application
    ...
    android:theme="@style/AppTheme">
```

안드로이드 스튜디오가 AndroidManifest.xml에 이미 값을 추가했을 수도 있어요.

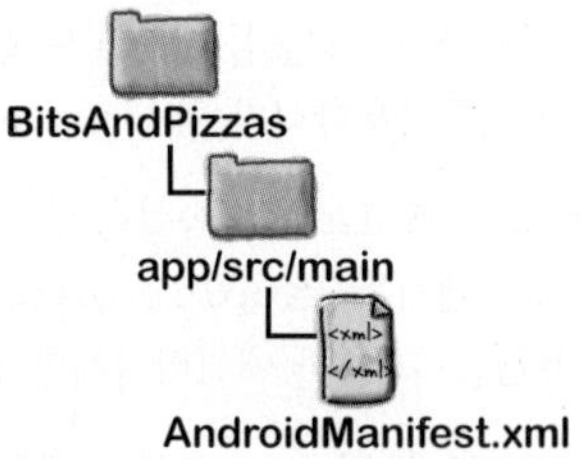

앞에 추가된 `@style`은 **스타일 리소스 파일**에 정의된 스타일을 앱에서 사용함을 가리킵니다. 이 부분은 다음 페이지에서 자세히 살펴볼 겁니다.

→ **기본 앱 바**
툴바
액션
Up 버튼
공유 액션

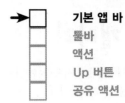

스타일 리소스 파일에 스타일 정의하기

스타일 리소스 파일은 앱에서 사용할 수 있는 여러 테마와 스타일의 구체적인 정보를 갖고 있습니다. 안드로이드 스튜디오로 프로젝트를 만들 때 IDE가 자동으로 app/src/main/res/values 폴더에 styles.xml이라는 기본 스타일 리소스 파일을 생성합니다.

안드로이드 스튜디오가 자동으로 이 파일을 생성하지 않으면 직접 파일을 생성해야 합니다. 안드로이드 스튜디오의 탐색기를 Project 뷰로 바꾼 다음 app/src/main/res/values 폴더를 선택하고 File 메뉴에서 New를 선택합니다. 그리고 Values resource file을 선택한 다음 이름을 'styles'로 설정합니다. OK 버튼을 클릭하면 안드로이드 스튜디오가 파일을 생성합니다.

다음은 기본 스타일 리소스 파일 모습입니다.

앱에서 사용하는 테마예요.

```
<resources>
    <style name="AppTheme" parent="Theme.AppCompat.Light.DarkActionBar">

    </style>
</resources>
```

← 테마를 커스터마이즈할 수 있는 추가 코드를 여기에 넣을 수 있어요. 이 부분은 2페이지 뒤에서 설명해요.

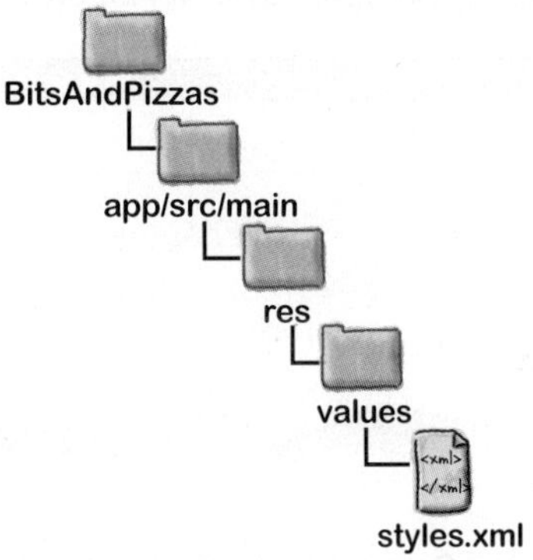

스타일 리소스 파일은 한 개 이상의 스타일을 포함할 수 있습니다. 각 스타일은 `<style>` 요소 안에 정의됩니다.

각 스타일은 반드시 이름을 가져야 하는데 이는 다음처럼 name 속성으로 설정할 수 있습니다.

```
name="AppTheme"
```

위 코드에서 스타일의 이름은 "AppTheme"이며 AndroidManifest.xml에서는 "@style/AppTheme"로 이 스타일을 참조할 수 있습니다.

parent 속성은 어떤 부모 스타일을 상속받아야 하는지 지정합니다.

```
parent="Theme.AppCompat.Light.DarkActionBar"
```

위 코드는 "**Theme.AppCompat.Light.DarkActionBar**"라는 부모의 스타일을 상속받으므로 light 배경과 dark 앱 바를 적용합니다. 다음 페이지에서는 안드로이드에서 제공하는 다양한 테마를 살펴볼 겁니다.

검은색 배경에 흰 글씨를 갖는 앱 바예요.

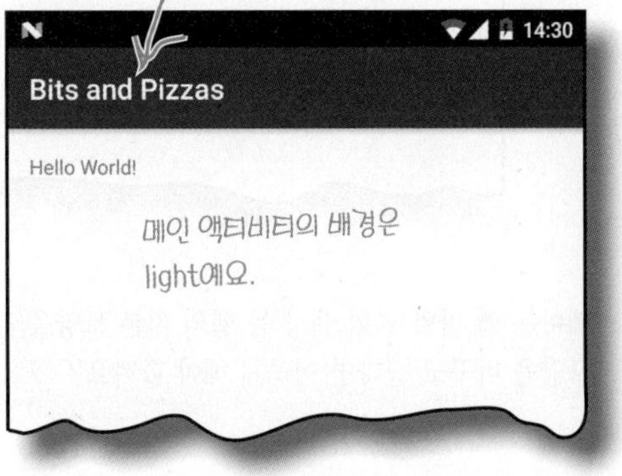

테마 갤러리

- 기본 앱 바
- 툴바
- 액션
- Up 버튼
- 공유 액션

안드로이드는 앱에서 사용할 수 있는 여러 테마를 제공합니다. 다음은 그중 몇 가지입니다.

Theme.AppCompat.Light

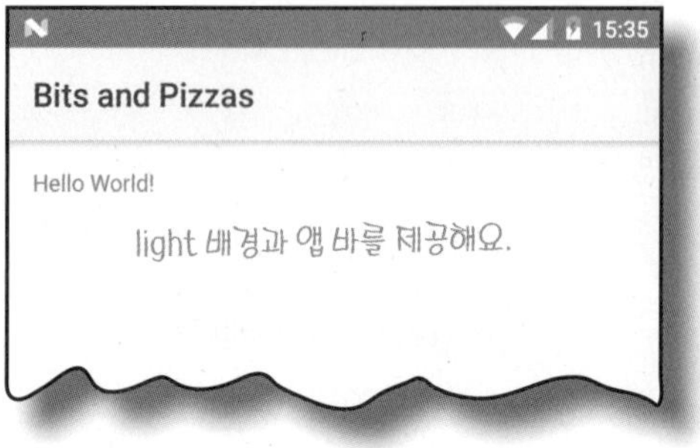
15:35
Bits and Pizzas
Hello World!
light 배경과 앱 바를 제공해요.

Theme.AppCompat

15:31
Bits and Pizzas
Hello World!
dark 배경과 dark 앱 바를 제공해요.

Theme.AppCompat.Light.NoActionBar

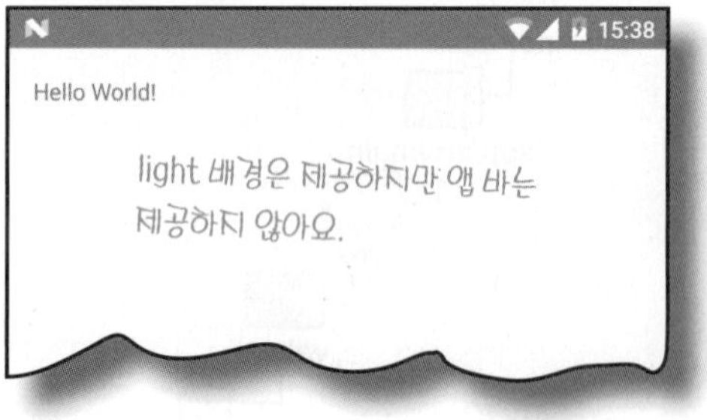
15:38
Hello World!
light 배경은 제공하지만 앱 바는 제공하지 않아요.

Theme.AppCompat.NoActionBar

15:41
Hello World!
dark 배경을 제공하며 앱 바는 제공하지 않아요.

Theme.AppCompat.Light.DarkActionBar

14:30
Bits and Pizzas
Hello World!
light 배경과 dark 앱 바를 제공해요.

낮에 적용할 색상과 밤에 적용할 색상을 제공하는 DayNight라는 테마도 있어요.

테마는 앱 바와 뷰의 색상 등 앱의 기본 모양을 결정합니다. 하지만 앱의 모양을 바꾸고 싶다면 어떻게 해야 할까요?

앱의 모양 바꾸기

스타일 리소스 파일의 테마 속성을 오버라이딩해서 앱의 모양을 바꿀 수 있습니다. 예를 들어 앱 바, 상태 바, UI 컨트롤의 색을 바꿀 수 있습니다. <style>에 <item> 요소를 추가해서 우리가 원하는 대로 테마를 오버라이드할 수 있습니다.

우리는 테마에서 세 가지 색을 오버라이드할 겁니다. 그러려면 먼저 styles.xml을 다음처럼 바꿔야 합니다.

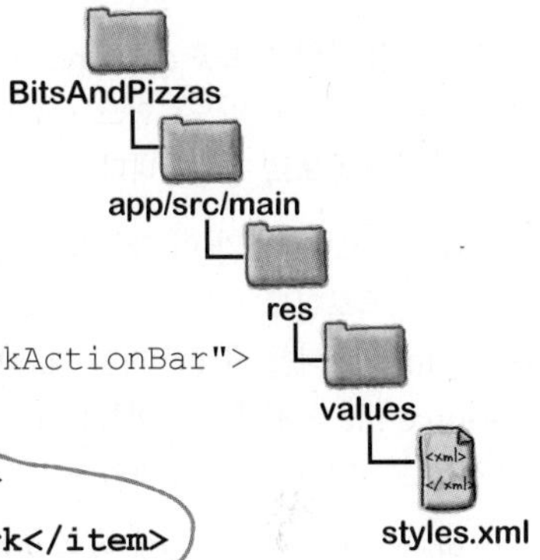

```
<resources>
    <!-- 기본 애플리케이션 테마 -->
    <style name="AppTheme" parent="Theme.AppCompat.Light.DarkActionBar">
        <!-- 여기에서 테마를 커스터마이즈합니다. -->
        <item name="colorPrimary">@color/colorPrimary</item>
        <item name="colorPrimaryDark">@color/colorPrimaryDark</item>
        <item name="colorAccent">@color/colorAccent</item>
    </style>
</resources>
```

테마의 세 가지 색을 바꾸는 세 개 행이에요.

위 코드는 세 개의 변경을 포함하고 있는데 각각 <item>으로 정의했습니다. 각 <item>은 테마의 어떤 부분을 바꾸고 싶은지 지정하는 name 속성과 변경할 값을 가지고 있습니다.

```
<item name="colorPrimary">@color/colorPrimary</item>
```

테마의 colorPrimary 부분의 값을 @color/colorPrimary 값으로 바꿔요.

name="colorPrimary"는 앱에 사용할 메인 색상을 가리킵니다. 이는 앱 바 그리고 우리 앱에 강한 인상을 주기 위한 특유의 색을 정의합니다.

name="colorPrimaryDark"는 메인 색상의 어두운 버전을 정의합니다. 상태 바에 사용되는 값입니다.

name="colorAccent"는 편집할 수 있는 텍스트, 체크박스 등 모든 UI 컨트롤에 사용하는 색상입니다.

<item>에 값을 지정해서 새로운 색상을 설정할 수 있습니다. 색상은 16진수 색상값으로 설정하거나 색상 리소스를 참조할 수 있습니다. 색상 리소스를 이용하는 방법은 다음 페이지에서 설명합니다.

colorPrimary는 앱 바의 색상이에요.

colorPrimaryDark는 상태 바의 색상이에요.

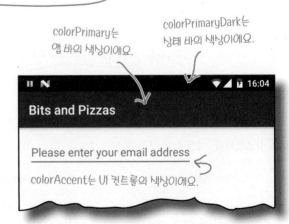

colorAccent는 UI 컨트롤의 색상이에요.

더 많은 테마 속성이 있지만 이를 모두 다루긴 어려워요. 더 자세한 사항은 https://developer.android.com/guide/topics/ui/themes.html을 참고하세요.

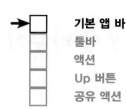

기본 앱 바
툴바
액션
Up 버튼
공유 액션

색상 리소스 파일에 색상 정의하기

색상 리소스 파일은 문자열 리소스 파일과 비슷하지만 문자열 대신 색상 정보를 포함한다는 점이 다릅니다. 색상 리소스 파일을 이용하면 한 곳에 색상 값을 정의하므로 앱의 색상 설계를 쉽게 바꿀 수 있습니다.

색상 리소스 파일은 보통 app/src/main/res/values 폴더에 colors.xml이라는 파일로 저장됩니다. 안드로이드 스튜디오로 프로젝트를 만들 때 IDE가 이 파일을 자동으로 생성합니다.

안드로이드 스튜디오가 이 파일을 자동으로 생성하지 않았다면 직접 생성해야 합니다. 안드로이드 스튜디오의 탐색기를 Project 뷰로 바꾸고 app/src/main/res/values 폴더를 선택한 다음 File 메뉴에서 New를 선택합니다. Values resource file을 선택하고 이름을 'colors'로 설정합니다. OK 버튼을 클릭하면 안드로이드 스튜디오가 이 파일을 생성합니다.

이제 여러분의 colors.xml 파일을 열어서 책의 코드와 같은지 확인합니다.

```
<?xml version="1.0" encoding="utf-8"?>
<resources>
    <color name="colorPrimary">#3F51B5</color>
    <color name="colorPrimaryDark">#303F9F</color>
    <color name="colorAccent">#FF4081</color>
</resources>
```

각각 색상 리소스예요.

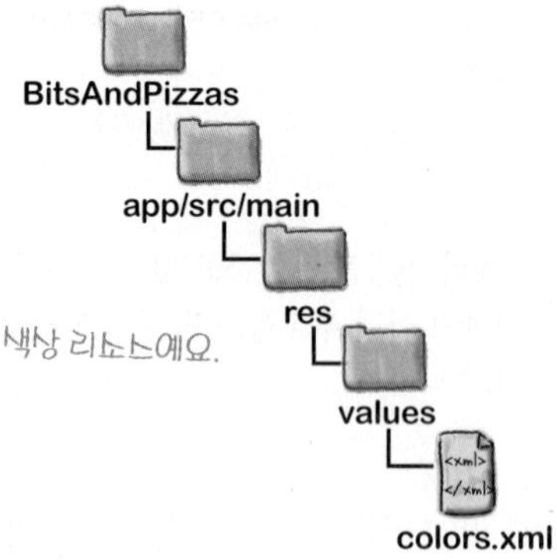

위 코드는 세 개의 색상 리소스를 정의합니다. 각각 이름과 값을 가집니다. 값은 16진수 색상값입니다.

색상 리소스임을 의미해요.

```
<color name="colorPrimary">#3F51B5</color>
```

"colorPrimary"라는 이름과 #3F51B5(파란색) 값을 가진 색상 리소스예요.

스타일 리소스 파일은 `@color/colorName`을 이용해 색상 리소스 파일의 값을 참조합니다. 예를 들어 다음 행은

```
<item name="colorPrimary">@color/colorPrimary</item>
```

테마에 사용된 `colorPrimary`의 값을 색상 리소스 파일에 정의된 `colorPrimary` 값으로 바꿉니다.

테마를 적용해 앱 바를 추가하는 방법을 살펴봤으므로 이제 `MainActivity`의 레이아웃을 갱신한 다음 앱을 시험 주행합시다.

→ 기본 앱 바
툴바
액션
Up 버튼
공유 액션

activity_main.xml 코드

MainActivity의 레이아웃에서 선형 레이아웃에 기본 텍스트를 출력할 것입니다. 여러분의 activity_main.xml을 다음처럼 바꾸세요.

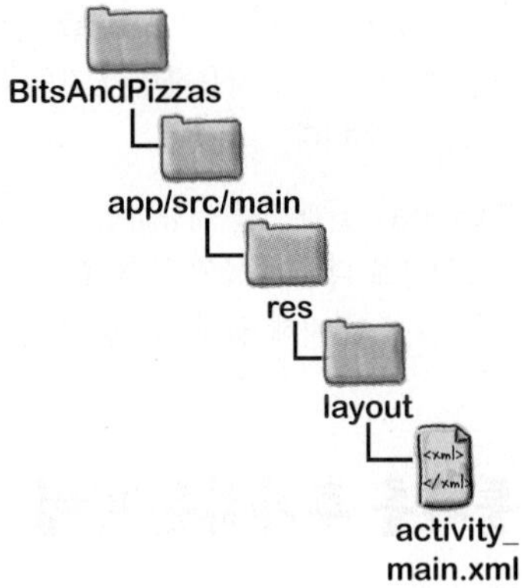


```
<?xml version="1.0" encoding="utf-8"?>
<LinearLayout
    xmlns:android="http://schemas.android.com/apk/res/android"
    xmlns:tools="http://schemas.android.com/tools"
    android:layout_width="match_parent"
    android:layout_height="match_parent"
    android:orientation="vertical"
    android:padding="16dp"
    tools:context="com.hfad.bitsandpizzas.MainActivity">

        <TextView
            android:layout_width="wrap_content"
            android:layout_height="wrap_content"
            android:text="Hello World!" />
</LinearLayout>
```

지금은 앱 바가 어떻게 동작하는지 확인할 것이므로 MainActivity 레이아웃에 기본 텍스트를 출력해요.

앱 시험 주행

앱을 실행하면 MainActivity가 나타납니다. 액티비티의 윗부분에 앱 바가 나타납니다.

앱 바예요. 기본 색상이 오버라이드되어서 파란색으로 바뀌었어요.

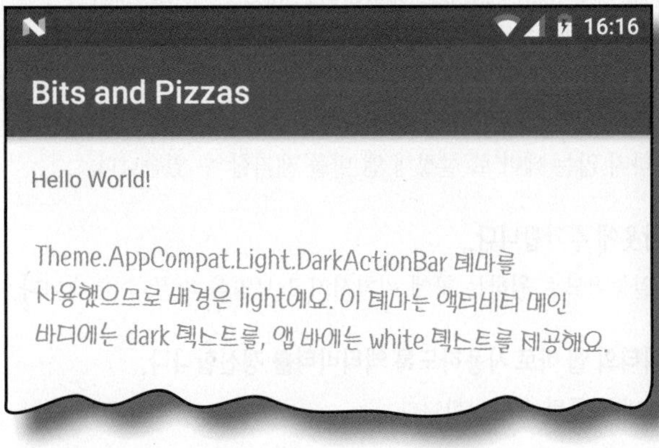

16:16
Bits and Pizzas
Hello World!
Theme.AppCompat.Light.DarkActionBar 테마를 사용했으므로 배경은 light예요. 이 테마는 액티비티 메인 바디에는 dark 텍스트를, 앱 바에는 white 텍스트를 제공해요.

상태 바의 기본 색상을 앱 바보다 어둡게 하기 위해 진한 파란색으로 오버라이드했어요.

액티비티에 기본 앱 바를 적용했습니다. 지금부터 테마와 색상을 마음대로 바꿔봅니다. 준비가 되었으면 페이지를 넘겨 다음으로 진행하세요.

ActionBar와 Toolbar

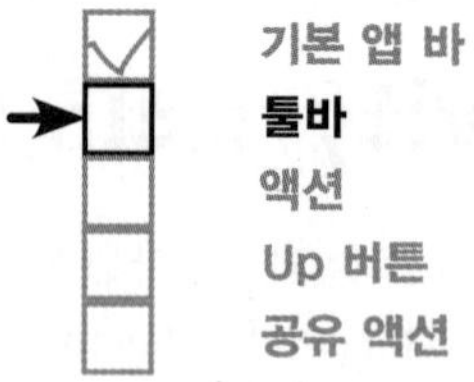

지금까지 앱 바를 포함하는 테마를 적용해 앱의 액티비티에 기본 앱 바를 추가하는 기능을 확인했습니다. 이렇게 쉽게 앱 바를 추가할 수 있지만 한 가지 단점이 있습니다. 최신 앱 바 기능을 모두 지원하지 않는다는 것입니다.

앱 바를 사용하는 모든 액티비티는 `ActionBar` 클래스로 앱 바를 사용합니다. 하지만 AppCompat 지원 라이브러리의 최신 앱 바 기능은 `ActionBar`가 아닌 `Toolbar` 클래스에 추가되었습니다. 이는 앱에 최신 앱 바 기능을 사용하려면 지원 라이브러리의 `Toolbar`를 이용해야 한다는 뜻입니다.

`Toolbar` 클래스를 이용하면 유연성도 증가합니다. 툴바는 뷰의 일종이므로 다른 종류의 뷰를 추가하듯이 레이아웃에 추가할 수 있으며 기본 앱 바에 비해 쉽게 위치를 지정하거나 제어할 수 있습니다.

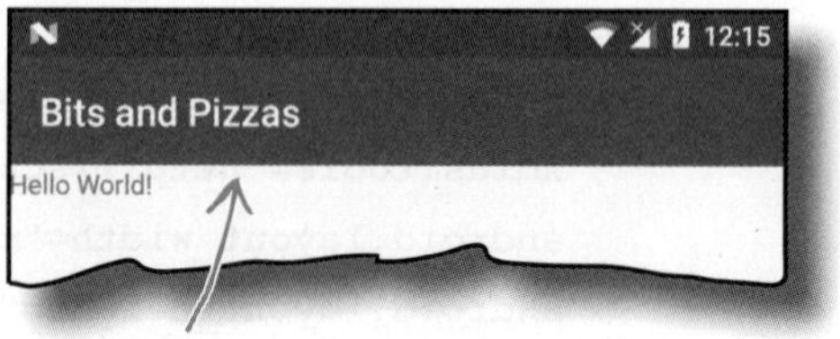

툴바는 기존의 앱 바와 똑같이 생겼지만 앱 바보다 더 유연하며 대부분의 최신 앱 바 기능도 제공합니다.

툴바를 추가하는 방법

앱 바에 지원 라이브러리의 툴바를 이용하도록 액티비티를 바꿔봅시다. 지원 라이브러리의 `Toolbar` 클래스를 이용하려면 다음 과정을 거쳐야 합니다.

1. **v7 AppCompat 지원 라이브러리를 디펜던시로 추가합니다.**
   `Toolbar` 클래스는 이 라이브러리에서 제공하기 때문입니다.

2. **액티비티가 AppCompatActivity 클래스를 상속받아야 합니다.**
   지원 라이브러리의 툴바를 사용하는 액티비티는 반드시 `AppCompatActivity`나 그 하위 클래스를 상속받아야 합니다.

3. **기존 앱 바를 제거합니다.**
   '앱 바를 포함하지 않는 테마'로 설정해 앱 바를 제거할 수 있습니다.

4. **툴바를 레이아웃에 추가합니다.**
   툴바는 뷰의 일종이므로 원하는 곳에 위치시키고 모양을 바꿀 수 있습니다.

5. **툴바를 액티비티의 앱 바로 사용하도록 액티비티를 갱신합니다.**
   그러면 액티비티가 툴바에 응답합니다.

이제부터 위 과정을 진행합니다.

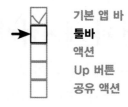

1. AppCompat 지원 라이브러리 추가하기

액티비티에서 지원 라이브러리의 `Toolbar` 클래스를 이용하려면 v7 AppCompat 지원 라이브러리를 프로젝트에 디펜던시로 추가해야 합니다. 우리는 이미 AppCompat 테마를 사용하는 과정에서 이 단계를 마쳤습니다.

안드로이드 스튜디오에서 File → Project Structure를 선택한 다음 app 모듈을 클릭하고 Dependencies를 선택해서 지원 라이브러리가 추가되었는지 확인합니다. 아래 그림처럼 목록에 v7 AppCompat 라이브러리가 나타나야 합니다.

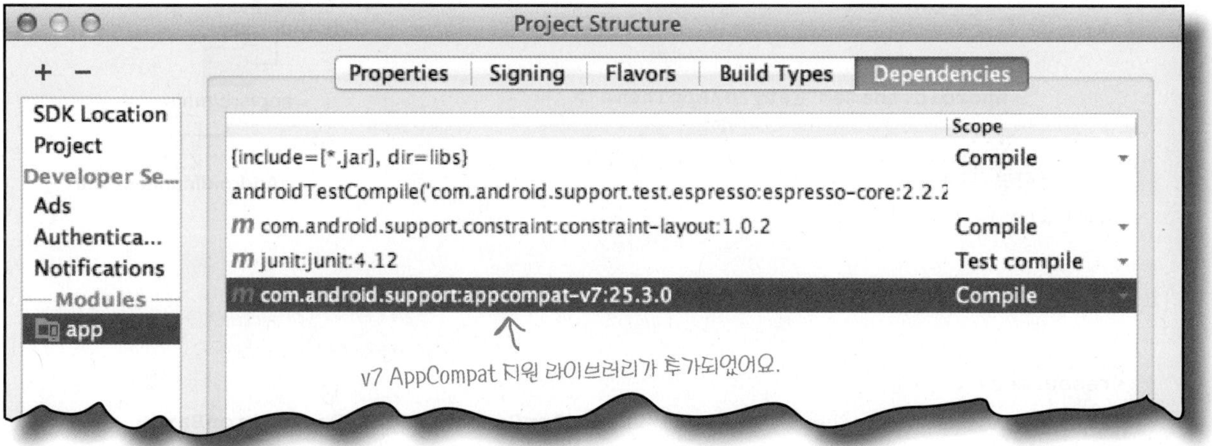

2. AppCompatActivity 클래스 상속받기

AppCompat 라이브러리의 테마를 사용하려면 액티비티가 `AppCompatActivity` 클래스를 상속받아야 했습니다. 지원 라이브러리의 툴바를 앱 바로 사용할 때도 마찬가지입니다.

이 장 앞부분에서 `AppCompatActivity`를 사용하도록 MainActivity.java를 변경했으므로 이 과정은 이미 완료되었습니다.

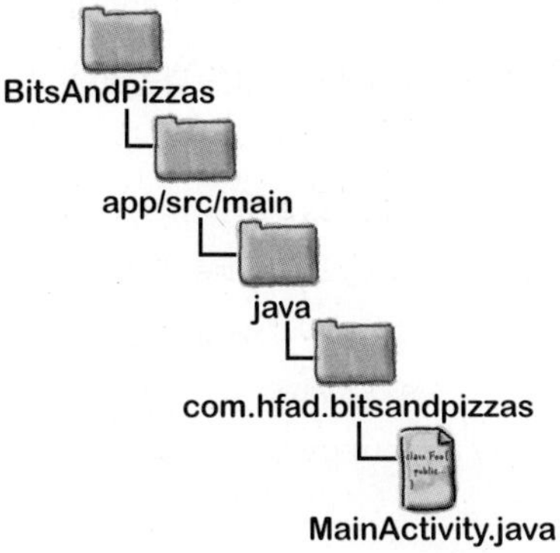


```
...
import android.support.v7.app.AppCompatActivity;

public class MainActivity extends AppCompatActivity {
    ...
}
```

우리 MainActivity는 이미 AppCompatActivity를 상속받아요.

이제 기존 앱 바를 제거할 차례입니다.

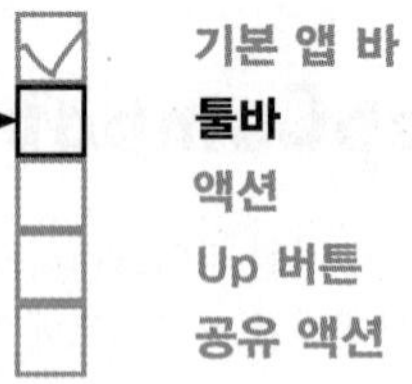

3. 앱 바 제거하기

테마를 적용해 앱 바를 추가한 것처럼 테마로 앱 바를 없앨 수 있습니다.

앱 바를 추가할 때는 앱 바를 포함하는 테마를 적용했습니다. 앞서 우리는 다음처럼 AndroidManifest.xml 파일의 theme 속성에 AppTheme라는 스타일을 적용했습니다.

```
<manifest xmlns:android="http://schemas.android.com/apk/res/android"
    package="com.hfad.bitsandpizzas">
    <application
        ...
        android:theme="@style/AppTheme">
        ...
    </application>
</manifest>
```

styles.xml에서 테마를 찾아요.

그리고 style.xml 파일에 테마를 정의했습니다.

```
<resources>
    <style name="AppTheme" parent="Theme.AppCompat.Light.DarkActionBar">
        ...
    </style>
</resources>
```

우리가 사용하는 테마예요. dark 앱 바를 표시하죠.

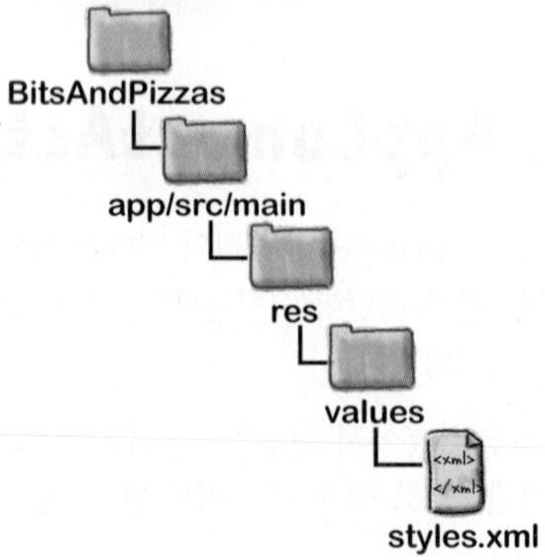

`Theme.AppCompat.Light.DarkActionBar` 테마를 이용하면 light 배경에 dark 앱 바를 제공해요. `Theme.AppCompat.Light.`**`NoActionBar`**를 적용하면 앱 바가 사라집니다. 앱 바만 없어질 뿐 나머지는 달라지지 않아요.

테마를 바꾸려면 styles.xml을 다음처럼 고칩니다.

```
<resources>
    <style name="AppTheme" parent="Theme.AppCompat.Light.~~Dark~~NoActionBar">
        ...
    </style>
</resources>
```

일부 색상을 오버라이드해서 테마를 바꿨어요. 이 코드는 그대로 유지해도 괜찮아요.

테마를 DarkActionBar에서 NoActionBar로 바꿨어요. 그러면 앱 바가 사라져요.

현재 앱 바를 없앴으면 툴바를 추가할 차례입니다.

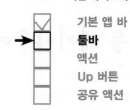

4. 툴바를 레이아웃에 추가하기

기본 앱 바
툴바
액션
Up 버튼
공유 액션

이전에 설명했듯이 툴바는 뷰이므로 레이아웃에 추가할 수 있습니다. 다음은 툴바 코드입니다.

```
<android.support.v7.widget.Toolbar
    android:id="@+id/toolbar"
    android:layout_width="match_parent"
    android:layout_height="?attr/actionBarSize"
    android:background="?attr/colorPrimary"
    android:theme="@style/ThemeOverlay.AppCompat.Dark.ActionBar" />
```

툴바를 정의해요.
액티비티 코드에서 툴바를 참조할 수 있도록 툴바에 ID를 할당해요.
툴바의 크기를 설정해요.
앱 바의 모양을 제어해요.

다음처럼 툴바를 정의할 수 있습니다.

```
<android.support.v7.widget.Toolbar
    ... />
```

지원 라이브러리에 있는 Toolbar 클래스의 전체 경로예요.

위 코드에서 android.support.v7.widget.Toolbar는 지원 라이브러리의 Toolbar 클래스의 전체 경로입니다.

툴바를 정의했으면 뷰 속성을 이용해 ID를 할당하고 모양을 설정합니다. 예를 들어 다음은 툴바를 부모처럼 넓게, 현재 테마의 기본 앱 바 크기만큼 높게 만드는 코드입니다.

```
android:layout_width="match_parent"
android:layout_height="?attr/actionBarSize"
```

부모만큼 넓게 기본 앱 바만큼 높게 툴바 크기를 설정해요.

앞에 붙은 ?attr은 현재 테마의 속성을 사용함을 의미합니다. 우리 예제에서 ?attr/actionBarSize는 현재 적용된 테마 앱 바의 높이입니다.

이전 앱 바와 비슷한 모양을 갖도록 툴바의 모양을 설정할 수 있습니다. 그러기 위해 다음 코드처럼 배경색을 바꾸고 **테마 오버레이**를 적용합니다.

```
android:background="?attr/colorPrimary"
android:theme="@style/ThemeOverlay.AppCompat.Dark.ActionBar"
```

툴바의 배경을 기본 앱 바와 같은 색으로 설정해요.

이전에 추가했던 앱 바와 비슷한 모양의 툴바를 만들어요. NoActionBar는 DarkActionBar 테마처럼 앱 바를 표시하지 않으므로 여기서는 테마 오버레이를 사용했어요.

테마 오버레이는 현재 테마의 일부 속성을 덮어써서 현재 테마를 바꾸는 특별한 종류의 테마입니다. 우리 툴바가 기존의 Theme.AppCompat.Light.DarkActionBar 테마의 앱 바와 비슷하게 보이도록 ThemeOverlay.AppCompat.Dark.ActionBar라는 테마 오버레이를 사용했습니다.

다음 페이지에서는 툴바를 레이아웃에 추가합니다.

툴바를 레이아웃에 추가하거나...

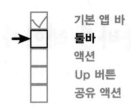

- [x] 기본 앱 바
- [ ] 툴바
- [ ] 액션
- [ ] Up 버튼
- [ ] 공유 액션

앱이 한 개의 액티비티를 가지고 있으면 보통 뷰를 추가하는 방식처럼 툴바를 레이아웃에 추가할 수 있습니다. 다음은 한 개의 액티비티에 툴바를 추가하는 예입니다(우리 앱은 여러 액티비티를 가지고 있으므로 이와 같은 방식을 사용하지 않아요).

```
<?xml version="1.0" encoding="utf-8"?>
<LinearLayout xmlns:android="http://schemas.android.com/apk/res/android"
    xmlns:tools="http://schemas.android.com/tools"
    android:layout_width="match_parent"
    android:layout_height="match_parent"
    android:orientation="vertical"
    tools:context="com.hfad.bitsandpizzas.MainActivity">

    <android.support.v7.widget.Toolbar
        android:id="@+id/toolbar"
        android:layout_width="match_parent"
        android:layout_height="?attr/actionBarSize"
        android:background="?attr/colorPrimary"
        android:theme="@style/ThemeOverlay.AppCompat.Dark.ActionBar" />

    <TextView
        android:layout_width="wrap_content"
        android:layout_height="wrap_content"
        android:text="Hello World!" />
</LinearLayout>
```

이 코드는 패딩을 포함하지 않아요. 툴바는 수평으로 화면을 채우기 때문이죠.

액티비티의 윗부분에 툴바를 표시하는 코드예요.

이 장 뒷부분에서 두 번째 액티비티를 추가할 것이므로 이 방법으로 툴바를 추가하지 않아요. 따라서 이 예제처럼 여러분 레이아웃 코드를 바꾸면 안 돼요.

선형 레이아웃을 사용하므로 텍스트 뷰는 툴바 아래에 나타나요.

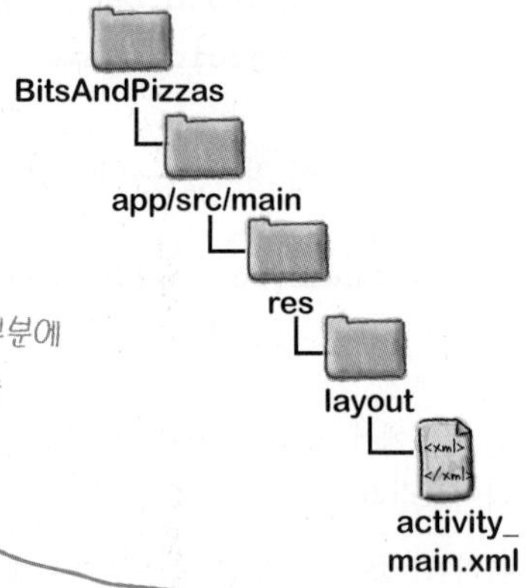

위 코드는 툴바를 액티비티의 윗부분에 표시합니다. 안드로이드 스튜디오가 생성한 텍스트 뷰는 툴바 아래 표시되도록 했습니다. 툴바도 뷰이므로 다른 뷰의 위치를 바꿀 때 이를 고려해야 합니다.

앱에 한 개의 액티비티만 있을 때는 이 코드가 아무 문제없이 작동합니다. 위 코드는 한 액티비티에만 적용되기 때문이죠. 하지만 앱에 여러 액티비티가 있다면 문제가 생깁니다. 툴바를 여러 액티비티에 표시하고 싶다면 각각의 액티비티에 툴바를 정의해야 하기 때문입니다. 툴바의 스타일을 바꾸고 싶다면 모든 레이아웃 파일을 찾아서 바꿔야 하는 문제도 생깁니다.

이 문제를 어떻게 해결할 수 있을까요?

- 기본 앱 바
- 툴바
- 액션
- Up 버튼
- 공유 액션

...툴바를 별도의 레이아웃으로 정의하세요

툴바를 별도의 레이아웃으로 정의하고 각 액티비티에서 툴바 레이아웃을 포함하는 방법도 있습니다. 툴바를 한 번만 정의하므로 툴바의 스타일을 바꾸고 싶으면 한 파일만 바꾸면 됩니다.

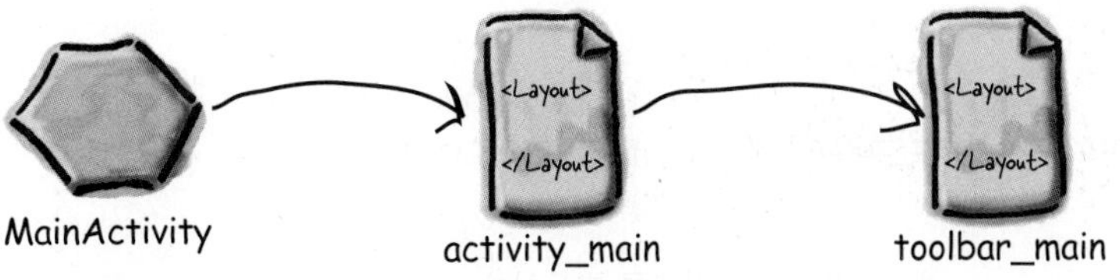

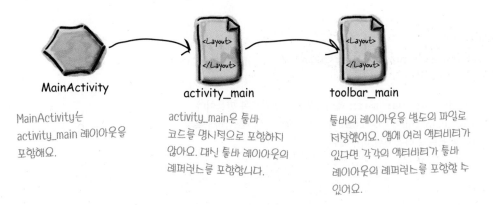

MainActivity는 activity_main 레이아웃을 포함해요.

activity_main은 툴바 코드를 명시적으로 포함하지 않아요. 대신 툴바 레이아웃의 레퍼런스를 포함합니다.

툴바의 레이아웃을 별도의 파일로 저장했어요. 앱에 여러 액티비티가 있다면 각각의 액티비티가 툴바 레이아웃의 레퍼런스를 포함할 수 있어요.

우리 앱에는 이 방법을 사용합니다. 새 레이아웃부터 생성합니다. 안드로이드 스튜디오의 탐색기를 Project 뷰로 바꾸고 app/src/res/main/layout 폴더를 선택한 다음 New → Layout resource file을 선택합니다. 이름을 'toolbar_main'으로 설정하고 OK 버튼을 클릭합니다. 그러면 toolbar_main.xml이라는 새 레이아웃 파일이 생성됩니다.

toolbar_main.xml 파일을 열어서 안드로이드 스튜디오가 생성한 코드를 다음처럼 바꿉니다.

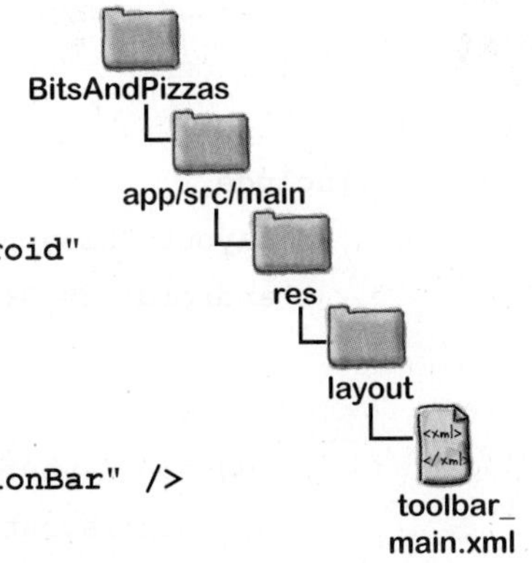


```
<android.support.v7.widget.Toolbar
    xmlns:android="http://schemas.android.com/apk/res/android"
    android:layout_width="match_parent"
    android:layout_height="?attr/actionBarSize"
    android:background="?attr/colorPrimary"
    android:theme="@style/ThemeOverlay.AppCompat.Dark.ActionBar" />
```

툴바 코드를 별도의 레이아웃 파일로 만들었으니 여러 액티비티에서 쉽게 툴바 레이아웃을 참조할 수 있어요.

이전에 살펴본 툴바 코드와 거의 같습니다. 액티비티의 메인 레이아웃 파일인 activity_main.xml에서 툴바의 `id` 속성을 정의할 것이므로 툴바 레이아웃 파일에는 `id` 속성이 없다는 점이 다릅니다.

다음 페이지에서는 activity_main.xml에 툴바 레이아웃을 포함하는 방법을 살펴봅니다.

액티비티의 레이아웃에 툴바 포함하기

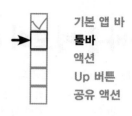

- [x] 기본 앱 바
- [ ] 툴바
- [ ] 액션
- [ ] Up 버튼
- [ ] 공유 액션

태그를 이용해 한 레이아웃에 다른 레이아웃을 표시할 수 있습니다. `<include>` 태그는 포함하려는 레이아웃 이름을 지정하는 `layout` 속성을 반드시 포함해야 합니다. 예를 들어 다음은 toolbar_main.xml 레이아웃을 포함하는 `<include>` 태그입니다.

```
<include
    layout="@layout/toolbar_main" />
```

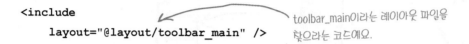

toolbar_main이라는 레이아웃 파일을 찾으라는 코드예요.

activity_main.xml 파일이 `toolbar_main` 레이아웃을 포함하도록 만들어야 합니다. 다음은 activity_main.xml이 `toolbar_main` 레이아웃을 포함하도록 바꾼 파일입니다. 여러분 코드도 다음처럼 바꾸세요.

```
<?xml version="1.0" encoding="utf-8"?>
<LinearLayout
    xmlns:android="http://schemas.android.com/apk/res/android"
    xmlns:tools="http://schemas.android.com/tools"
    android:layout_width="match_parent"
    android:layout_height="match_parent"
    android:orientation="vertical"
    android:padding="16dp"
    tools:context="com.hfad.bitsandpizzas.MainActivity">

    <include
        layout="@layout/toolbar_main"
        android:id="@+id/toolbar" />

    <TextView
        android:layout_width="wrap_content"
        android:layout_height="wrap_content"
        android:text="Hello World!" />
</LinearLayout>
```

툴바가 수평 공간을 모두 차지하도록 패딩을 제거해요. (`android:padding="16dp"` 줄에 취소선)

toolbar_main 레이아웃을 포함해요.

액티비티 코드에서 툴바를 참조할 수 있도록 툴바에 ID를 할당했어요.

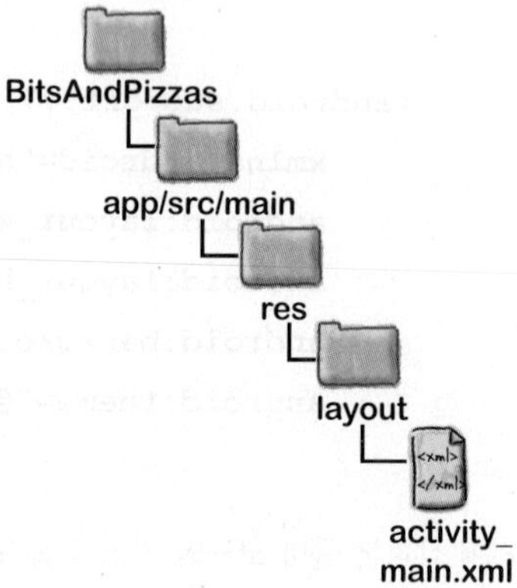

툴바를 레이아웃에 포함했으니 이제 한 가지 작업만 남았습니다.

- [x] 기본 앱 바
- [ ] 툴바
- [ ] 액션
- [ ] Up 버튼
- [ ] 공유 액션

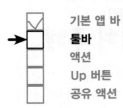

5. 툴바를 액티비티의 앱 바로 설정하기

마지막으로 MainActivity가 툴바를 앱 바로 사용하도록 설정해야 합니다.

지금까지 툴바를 레이아웃에 추가했습니다. 현재 툴바가 화면 위에 표시되지만 아직 앱 바 기능은 갖고 있지 않습니다. 예를 들어 지금 앱을 실행하면 이전 앱 바처럼 툴바에 앱 제목이 표시되지 않는다는 사실을 확인할 수 있습니다.

툴바가 앱 바처럼 동작하려면 액티비티의 onCreate() 메서드에서 액티비티의 앱 바로 설정하려는 툴바를 인자로 받는 AppCompatActivity의 setSupportActionBar() 메서드를 호출해야 합니다.

다음은 MainActivity.java 코드입니다. 여러분 코드를 다음처럼 바꾸세요.

툴바를 레이아웃에 추가한 다음 액티비티 코드를 바꾸지 않으면 아무것도 없이 단순한 띠만 나타나요.

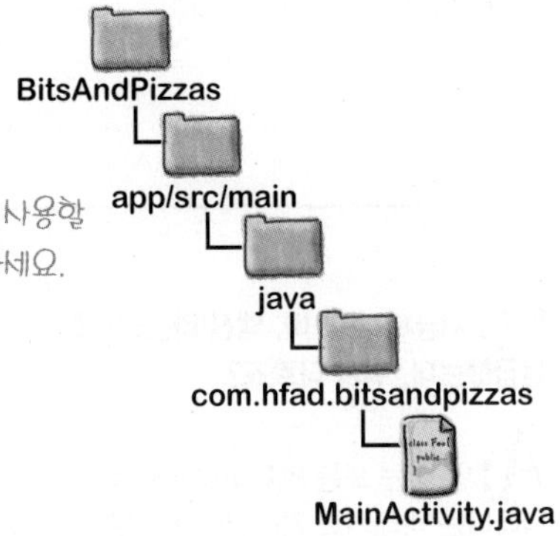


```
package com.hfad.bitsandpizzas;

import android.support.v7.app.AppCompatActivity;
import android.os.Bundle;
import android.support.v7.widget.Toolbar;

public class MainActivity extends AppCompatActivity {

    @Override
    protected void onCreate(Bundle savedInstanceState) {
        super.onCreate(savedInstanceState);
        setContentView(R.layout.activity_main);
        Toolbar toolbar = (Toolbar) findViewById(R.id.toolbar);
        setSupportActionBar(toolbar);
    }
}
```

Toolbar 클래스를 사용할 것이므로 임포트하세요.

툴바 레퍼런스를 가져와서 액티비티의 앱 바로 설정해요.

지원 라이브러리의 툴바를 사용할 것이므로 setSupportActionBar()를 호출했어요.

이렇게 해서 액티비티의 기본 앱 바를 툴바로 바꿨습니다. 이제 툴바가 어떻게 보이는지 확인합시다.

앱 시험 주행

- ☑ 기본 앱 바
- ☑ **툴바** ←
- ☐ 액션
- ☐ Up 버튼
- ☐ 공유 액션

앱을 실행하면 기존의 기본 앱 바 대신 새로운 툴바가 나타납니다. 툴바의 모습은 앱 바와 비슷하지만 툴바는 지원 라이브러리의 `Toolbar` 클래스에서 지원하는 최신 안드로이드 앱 바 기능을 포함합니다.

우리의 새로운 툴바예요. 기존의 앱 바와 생김새는 비슷하지만 유연성이 더 좋아요.

지금까지 앱 바를 추가하는 방법과 기본 앱 바를 툴바로 바꾸는 방법을 살펴봤습니다. 다음 페이지에서는 앱 바에 기능을 추가하는 방법을 살펴봅니다.

바보 같은 질문이란 없습니다

Q: 지금까지 앱 바, 액션 바, 툴바를 언급했는데, 뭐가 다르죠?

A: 앱 바는 보통 액티비티 윗부분에 나타나는 막대기를 가리킵니다. 기존 버전의 안드로이드에서는 `ActionBar` 클래스로 앱 바를 구현했기 때문에 앱 바를 액션 바라고도 부릅니다.

테마를 적용해서 앱 바를 추가할 때는 내부적으로 `ActionBar` 클래스가 사용됩니다. 새로운 앱 바 기능이 필요 없다면 `ActionBar`로도 충분합니다.

`Toolbar` 클래스를 이용하는 툴바를 구현해 앱 바를 추가하는 방법도 있습니다. 테마를 적용한 앱 바와 같은 모습이지만 툴바는 새로운 안드로이드 기능을 제공합니다.

Q: 툴바를 액티비티에 추가한 다음 앱을 실행했더니 화면 윗부분에 단순히 띠만 나타났어요. 심지어 앱 이름도 표시하지 않는데 왜 그런 거죠?

A: 우선 AndroidManifest.xml을 열어서 앱 레이블을 설정했는지 확인하세요. 앱 바는 앱 레이블 값을 참조하기 때문입니다.

또한 액티비티의 `onCreate()` 메서드에서 `setSupportActionBar()`를 호출했는지 확인하세요. 이 메서드를 호출해야 툴바를 액티비티의 앱 바로 설정하기 때문입니다. 이 메서드를 호출하지 않으면 앱의 이름이나 액티비티 이름이 툴바에 나타나지 않아요.

Q: 안드로이드 스튜디오가 생성한 파일에서 <include> 태그를 봤어요. 무슨 일을 하는 태그죠?

A: `<include>`는 한 레이아웃에서 다른 레이아웃을 포함할 때 사용하는 태그입니다. 여러분이 사용하는 안드로이드 스튜디오 버전 그리고 프로젝트 종류에 따라 안드로이드 스튜디오가 자동으로 레이아웃을 여러 파일로 분리할 수 있습니다.

- ☑ 기본 앱 바
- ☑ 툴바
- → ☐ **액션**
- ☐ Up 버튼
- ☐ 공유 액션

앱 바에 액션 추가하기

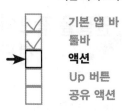

대부분의 앱에서는 앱 바에 액션을 추가합니다. 즉, 사용자가 앱 바의 버튼이나 텍스트를 클릭하면 어떤 동작을 수행합니다. 우리 예제에서는 앱 바에 'Create Order' 버튼을 추가할 겁니다. 이 버튼을 클릭하면 `OrderActivity`라는 새로운 액티비티가 실행됩니다.

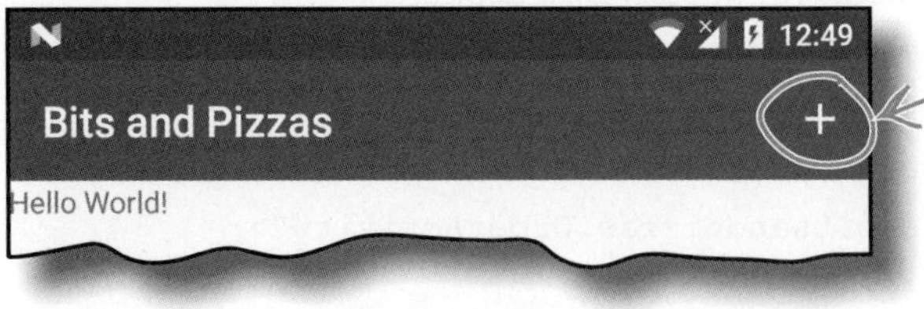

OrderActivity를 실행할 새로운 Create Order 액션을 생성할 거예요.

OrderActivity 생성하기

먼저 `OrderActivity`부터 생성합니다. app/src/main/java 폴더에서 `com.hfad.bitsandpizzas` 패키지를 선택한 다음 File → New... → Activity → Empty Activity를 선택합니다. 액티비티 이름은 'OrderActivity'로, 레이아웃 이름은 'activity_order'로 설정해 패키지 이름이 `com.hfad.bitsandpizzas`가 되도록 만들고 **Backwards Compatibility (AppCompat) 옵션을 선택합니다.**

액티비티의 소스 언어를 물어보면 자바 옵션을 선택합니다.

연필을 깎으며

`OrderActivity`에 `MainActivity`와 같은 툴바를 표시하려 합니다. 툴바를 표시하도록 activity_order.xml 파일의 코드를 완성하세요.

```
<?xml version="1.0" encoding="utf-8"?>
<LinearLayout xmlns:android="http://schemas.android.com/apk/res/android"
    xmlns:tools="http://schemas.android.com/tools"
    android:layout_width="match_parent"
    android:layout_height="match_parent"
    android:orientation="vertical"
    tools:context="com.hfad.bitsandpizzas.OrderActivity">
    ..................................................................
    ..................................................................
    ..................................................................

</LinearLayout>
```

여기에 툴바를 추가하는 코드가 필요해요.

연필을 깎으며 정답

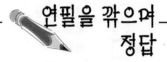

OrderActivity에 MainActivity와 같은 툴바를 표시하려 합니다. 툴바를 표시하도록 activity_order.xml 파일의 코드를 완성하세요.

```
<?xml version="1.0" encoding="utf-8"?>
<LinearLayout xmlns:android="http://schemas.android.com/apk/res/android"
    xmlns:tools="http://schemas.android.com/tools"
    android:layout_width="match_parent"
    android:layout_height="match_parent"
    android:orientation="vertical"
    tools:context="com.hfad.bitsandpizzas.OrderActivity">

    <include
        layout="@layout/toolbar_main"
        android:id="@+id/toolbar" />

</LinearLayout>
```

MainActivity에 추가했던 것과 같은 코드예요. activity_order 레이아웃에서 toolbar_main 레이아웃을 포함했어요.

activity_order.xml 갱신하기

툴바를 표시하도록 activity_order.xml부터 갱신합니다. 툴바는 이전에 생성한 레이아웃을 그대로 사용합니다.

다음은 갱신한 activity_order.xml 파일입니다. 여러분 코드도 다음과 같이 수정하세요.

```
<?xml version="1.0" encoding="utf-8"?>
<LinearLayout xmlns:android="http://schemas.android.com/apk/res/android"
    xmlns:tools="http://schemas.android.com/tools"
    android:layout_width="match_parent"
    android:layout_height="match_parent"
    android:orientation="vertical"
    tools:context="com.hfad.bitsandpizzas.OrderActivity">

    <include
        layout="@layout/toolbar_main"
        android:id="@+id/toolbar" />

</LinearLayout>
```

이전에 생성한 툴바 레이아웃을 추가해요.

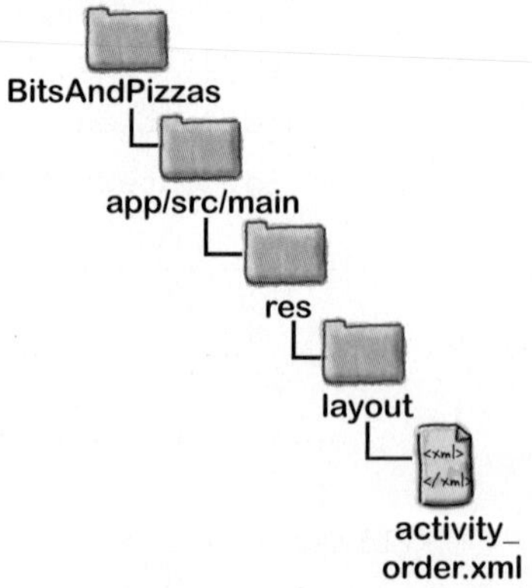

- [x] 기본 앱 바
- [x] 툴바
- [ ] → 액션
- [ ] Up 버튼
- [ ] 공유 액션

OrderActivity.java 갱신하기

이번에는 레이아웃에서 설정한 툴바를 액티비티의 앱 바로 사용하도록 `OrderActivity` 코드를 갱신할 차례입니다. 이전처럼 툴바를 인자로 전달해 `setSupportActionBar()` 메서드를 호출합니다.

다음은 OrderActivity.java 전체 코드입니다. 여러분 코드도 다음과 같이 바꾸세요.

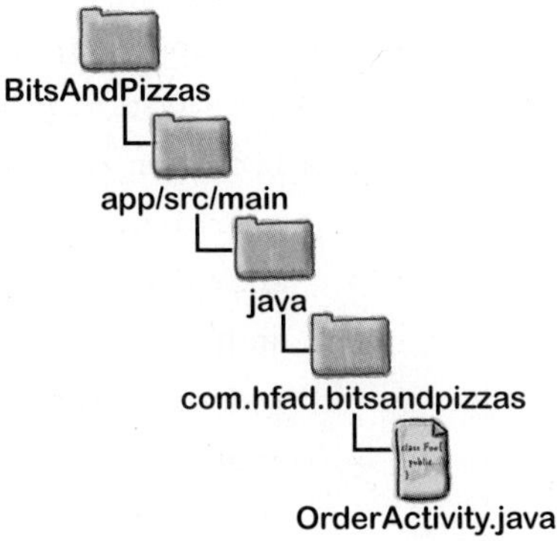


```
package com.hfad.bitsandpizzas;

import android.support.v7.app.AppCompatActivity;
import android.os.Bundle;
import android.support.v7.widget.Toolbar;

public class OrderActivity extends AppCompatActivity {

    @Override
    protected void onCreate(Bundle savedInstanceState) {
        super.onCreate(savedInstanceState);
        setContentView(R.layout.activity_order);
        Toolbar toolbar = (Toolbar) findViewById(R.id.toolbar);
        setSupportActionBar(toolbar);
    }
}
```

액티비티가 AppCompatActivity를 상속받도록 하세요.

툴바를 액티비티의 앱 바로 설정하세요.

액티비티 제목에 사용할 문자열 리소스 추가하기

`OrderActivity`를 시작할 액션을 생성하기 전에 한 가지 해야 할 일이 있습니다. `OrderActivity` 액티비티가 시작되면 앱 이름 대신 앱 바의 텍스트를 'Create Order'로 바꿔서 사용자가 현재 어디에 있는지 명확히 보여주려 합니다.

이렇게 하려면 액티비티의 제목으로 사용할 문자열 리소스를 먼저 추가해야 합니다. app/src/main/res/values 폴더에서 strings.xml 파일을 열고 다음 리소스를 추가합니다.

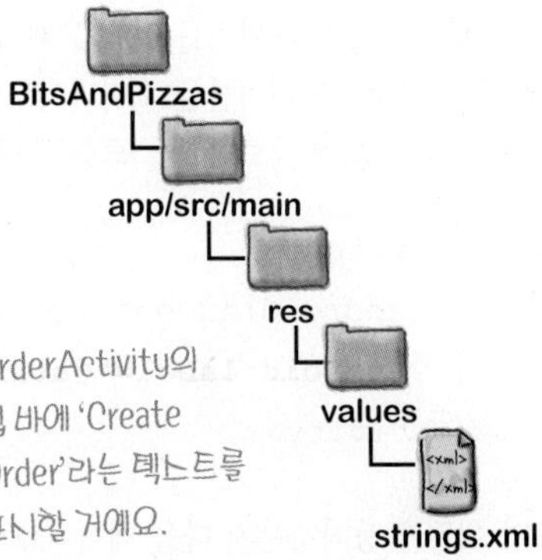


```
<string name="create_order">Create Order</string>
```

OrderActivity의 앱 바에 'Create Order'라는 텍스트를 표시할 거예요.

다음 페이지에서는 이 텍스트를 앱 바에 표시하도록 코드를 구현합니다.

레이블을 추가해서 앱 바 텍스트 바꾸기

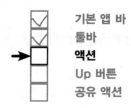

- [x] 기본 앱 바
- [x] 툴바
- [ ] **액션**
- [ ] Up 버튼
- [ ] 공유 액션

앞서 살펴본 것처럼 AndroidManifest.xml에 `label` 속성을 이용해 앱 바에 표시할 텍스트를 설정할 수 있습니다.

다음은 현재 AndroidManifest.xml 파일의 코드입니다. `<application>` 요소 안에 `@string/app_name` 값을 갖는 `label` 속성이 있습니다. 이렇게 하면 앱 전체의 앱 바에 앱 이름을 표시할 수 있습니다.

```
<?xml version="1.0" encoding="utf-8"?>
<manifest xmlns:android="http://schemas.android.com/apk/res/android"
    package="com.hfad.bitsandpizzas">
    <application
        android:allowBackup="true"
        android:icon="@mipmap/ic_launcher"
        android:roundIcon="@mipmap/ic_launcher_round"
        android:label="@string/app_name"
        android:supportsRtl="true"
        android:theme="@style/AppTheme">

        <activity android:name=".MainActivity">
            ...
        </activity>

        <activity android:name=".OrderActivity">
        </activity>

    </application>
</manifest>
```

label 속성으로 앱 바에 표시할 텍스트를 지정해요.

이전에 생성한 MainActivity 항목이에요.

OrderActivity 항목이에요. 우리가 새 액티비티를 생성했을 때 안드로이드 스튜디오가 자동으로 추가했어요.

`OrderActivity`가 포커스를 받았을 때 앱 바에 'Create Order'라는 텍스트가 표시되도록 `OrderActivity`의 레이블을 오버라이드할 겁니다. 먼저 `OrderActivity`의 `<activity>` 요소에 새로운 텍스트를 포함하는 새 `label` 속성을 추가합니다.

```
<activity
    android:name=".OrderActivity"
    android:label="@string/create_order">
</activity>
```

액티비티에 label을 추가하면 앱의 레이블 대신 액티비티의 레이블이 앱 바에 표시돼요.

이 코드가 어떻게 동작하는지 다음 페이지에서 자세히 설명합니다.

- [x] 기본 앱 바
- [x] 툴바
- [ ] **액션**
- [ ] Up 버튼
- [ ] 공유 액션

AndroidManifest.xml 코드

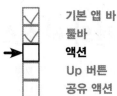

다음은 AndroidManifest.xml 코드입니다. 여러분 코드도 다음처럼 바꾸세요.

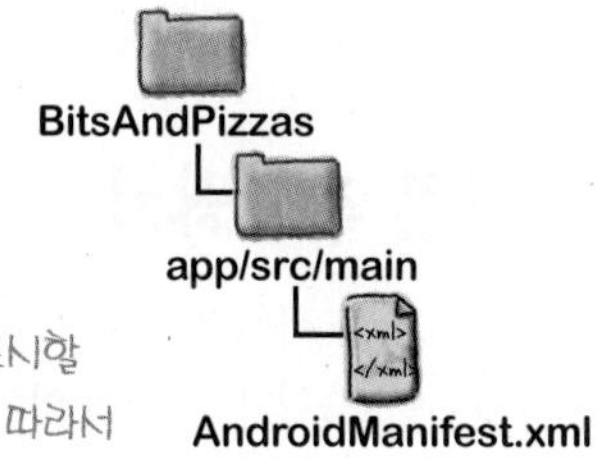


```
<?xml version="1.0" encoding="utf-8"?>
<manifest xmlns:android="http://schemas.android.com/apk/res/android"
    package="com.hfad.bitsandpizzas">
    <application
        ...
        android:label="@string/app_name"
        ...>

        <activity android:name=".MainActivity">
            ...
        </activity>

        <activity android:name=".OrderActivity"
            android:label="@string/create_order">
        </activity>

    </application>
</manifest>
```

앱 레이블은 전체 앱에 사용하는 기본 레이블이에요.

MainActivity의 코드는 바꾸지 않아요. 특별히 표시할 레이블이 없기 때문이죠. 따라서 <application> 요소에 설정된 레이블을 사용해요.

OrderActivity에 추가한 레이블은 앱의 레이블을 오버라이드해요. 따라서 앱 바에 다른 텍스트가 표시돼요.

OrderActivity에 필요한 작업을 마쳤습니다. 이제 OrderActivity를 시작할 수 있도록 액션을 앱 바에 추가할 차례입니다.

액션을 앱 바에 추가하는 방법

액션을 앱 바에 추가하려면 네 가지 작업이 필요합니다.

1. **액션의 아이콘과 텍스트로 사용할 리소스 추가하기**
2. **메뉴 리소스 파일에 액션 정의하기**
   앱 바에 어떤 액션이 필요한지 안드로이드에 지시합니다.
3. **앱 바에 메뉴 리소스를 추가하도록 액티비티에 지시하기**
   onCreateOptionsMenu() 메서드를 구현합니다.
4. **클릭했을 때 어떤 액션을 수행할지 코드로 정의하기**
   onOptionsItemSelected() 메서드를 구현합니다.

먼저 액션의 아이콘과 텍스트 리소스를 추가합니다.

1. 액션의 리소스 추가하기

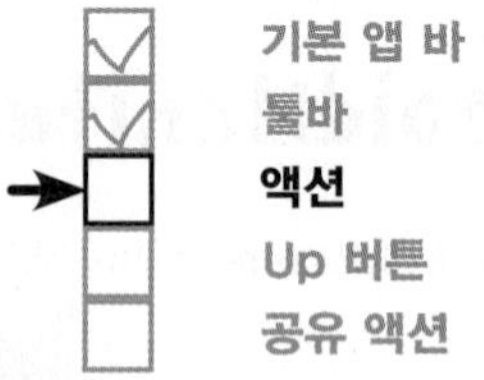

액션을 앱 바에 추가할 때는 보통 아이콘과 텍스트를 설정합니다. 액션이 앱 바의 메인 영역에 나타날 때는 아이콘이 사용됩니다. 액션이 메인 영역에 맞지 않으면 자동으로 앱 바의 오버플로(overflow)로 이동하며 아이콘 대신 텍스트가 나타납니다.

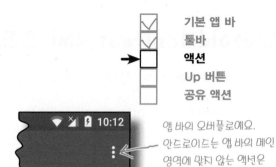

먼저 아이콘을 추가합니다.

앱 바의 오버플로예요. 안드로이드는 앱 바의 메인 영역에 맞지 않는 액션은 여기로 이동시켜요.

아이콘 추가하기

액션에 사용할 아이콘을 직접 생성하거나 구글에서 제공하는 아이콘을 사용할 수 있습니다. 구글의 아이콘은 https://material.io/icons/에서 확인할 수 있습니다.

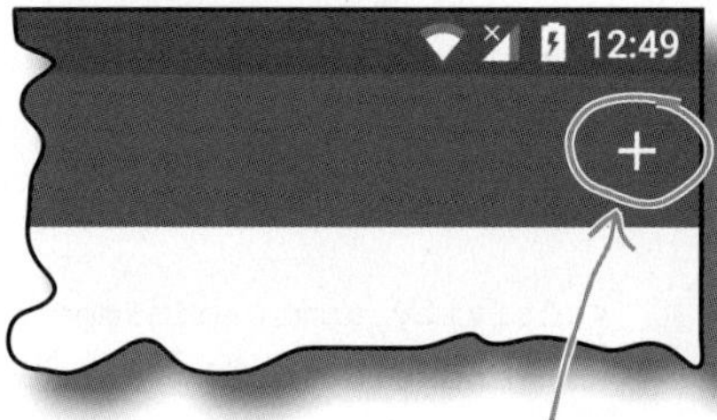

새 액션의 아이콘이에요.

우리는 'add' 아이콘 `ic_add_white_24dp`를 화면 밀도에 맞게 프로젝트의 drawable* 폴더에 각각 추가할 겁니다. 안드로이드는 디바이스의 화면 밀도에 따라 런타임에 어떤 아이콘을 사용할지 결정합니다.

먼저 안드로이드 스튜디오의 탐색기를 Project 뷰로 바꾸고 app/src/main/res 폴더를 선택한 다음 폴더가 이미 생성되어 있지 않다면 drawable-hdpi, drawable-mdpi, drawable-xhdpi, drawable-xxhdpi, drawable-xxxhdpi라는 폴더를 생성합니다. https://git.io/v9oet에서 Bits and Pizzas 이미지를 내려받습니다. 압축을 해제하고 drawable-hdpi 폴더에 있는 ic_add_white_24dp.png 이미지를 프로젝트의 drawable-hdpi 폴더에 추가합니다. 모든 폴더에 이 과정을 반복합니다.

액션의 제목을 문자열 리소스로 추가하기

액션에 아이콘을 추가한 다음에는 제목을 추가합니다. 앱 바의 메인 영역에 액션을 표시할 공간이 없으면 액션이 앱 바의 오버플로 영역에 표시되는데 이때 액션의 제목이 사용되기 때문입니다.

액션의 제목은 문자열 리소스로 생성합니다. app/src/main/res/values 폴더에서 strings.xml 파일을 열고 다음 문자열 리소스를 추가합니다.

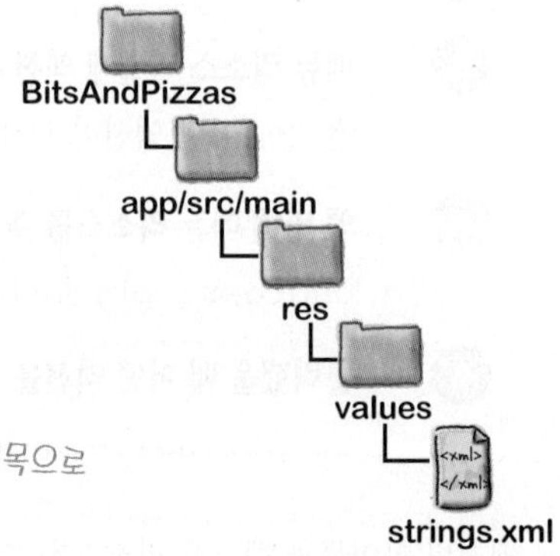


```
<string name="create_order_title">Create Order</string>
```

액션 항목의 제목으로 사용할 거예요.

액션에 아이콘과 제목 리소스를 추가했으니 메뉴 리소스 파일을 생성할 차례입니다.

- [x] 기본 앱 바
- [x] 툴바
- [ ] **액션**
- [ ] Up 버튼
- [ ] 공유 액션

2. 메뉴 리소스 파일 생성하기

메뉴 리소스 파일로 앱 바에 어떤 액션을 표시할지 지정할 수 있습니다. 앱은 여러 메뉴 리소스 파일을 가질 수 있습니다. 예를 들어 각각의 액션 집합을 별도의 메뉴 리소스 파일에 저장할 수 있습니다. 액티비티의 앱 바에 다른 액션을 표시할 때 이 기능을 유용하게 활용할 수 있습니다.

app/src/main/res/menu 폴더에 menu_main.xml이라는 새 메뉴 리소스 파일을 생성하겠습니다. 모든 메뉴 리소스 파일은 이 폴더에 저장합니다.

안드로이드 스튜디오가 이미 이 파일을 생성했을 수도 있어요. 그러면 단순히 파일 내용을 아래 코드로 바꾸세요.

app/src/main/res 폴더를 선택한 다음 File → New → Android resource file 옵션을 선택합니다. 리소스 파일 이름과 리소스 유형을 물어보면 리소스 파일 이름은 'menu_main'으로, 리소스 유형은 'Menu'로 지정하고 디렉터리 이름이 menu인지 확인합니다. OK 버튼을 클릭하면 안드로이드 스튜디오가 pp/src/main/res/menu 폴더에 리소스 파일을 생성합니다.

다음은 새 액션을 추가하는 코드입니다. 여러분의 menu_main.xml을 다음처럼 바꾸세요.

```
<?xml version="1.0" encoding="utf-8"?>
<menu xmlns:android="http://schemas.android.com/apk/res/android"
    xmlns:app="http://schemas.android.com/apk/res-auto">

    <item android:id="@+id/action_create_order"
        android:title="@string/create_order_title"
        android:icon="@drawable/ic_add_white_24dp"
        android:orderInCategory="1"
        app:showAsAction="ifRoom" />
</menu>
```

<menu> 요소는 이 파일이 메뉴 리소스 파일임을 알려요.

<item> 요소로 액션을 정의해요.

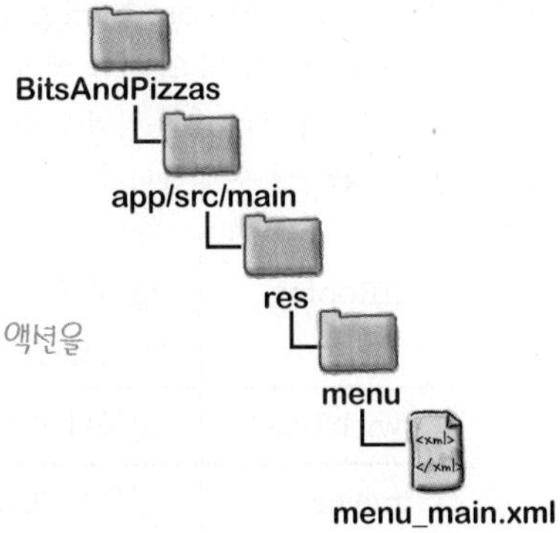

메뉴 리소스 파일은 루트에 <menu> 요소를 포함합니다. <menu> 요소는 여러 <item> 요소를 포함하며 각 <item> 요소는 각각의 액션을 정의합니다. 우리 예제에서는 한 개의 액션을 정의합니다.

<item>의 속성으로 각 액션을 자세히 정의할 수 있습니다. 위 예제 코드는 action_create_order이라는 id로 액션을 생성합니다. id를 설정해야 액티비티 코드에서 액션을 참조할 수 있고 사용자가 액션을 클릭했을 때 응답할 수 있기 때문입니다.

액션은 아이콘, 텍스트 등 액션이 앱 바에 어떻게 나타날지 결정하는 여러 속성도 포함합니다. 다음 페이지에서는 이들 속성을 살펴봅니다.

액션의 모습 바꾸기

- [x] 기본 앱 바
- [x] 툴바
- [ ] **액션**
- [ ] Up 버튼
- [ ] 공유 액션

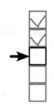

앱 바에 표시할 액션을 생성해 아이콘으로 표시할 수 있습니다. 모든 드로워블 리소스를 아이콘으로 사용할 수 있습니다. 다음처럼 icon 속성으로 아이콘을 설정합니다.

```
android:icon="@drawable/ic_add_white_24dp"
```

아이콘으로 사용할 drawable 리소스의 이름이에요.

상황에 따라 안드로이드가 액션의 아이콘을 표시할 수 없습니다. 액션에 아이콘을 설정하지 않았거나 앱 바의 액션이 메인 영역이 아닌 오버플로에 표시될 수 있기 때문입니다. 따라서 아이콘 대신 액션의 텍스트가 표시될 상황을 대비해 액션의 제목을 설정하는 것이 좋습니다. 다음처럼 title 속성으로 액션의 제목을 설정할 수 있습니다.

```
android:title="@string/create_order_title"
```

항상 제목이 표시되는 것은 아니지만 액션이 오버플로에 나타날 때를 대비해 제목을 설정하는 것이 좋아요.

앱 바가 여러 액션을 포함한다면 액션이 나타나는 순서를 정의할 수 있습니다. 이를 위해 액션의 순서를 반영하는 정숫값을 받는 orderInCategory 속성을 사용합니다. 작은 숫자값을 갖는 액션이 큰 숫자값을 갖는 액션보다 먼저 나타납니다.

```
android:orderInCategory="1"
```

1의 orderInCategory 값을 갖는 액션은 10의 값을 갖는 액션보다 먼저 나타나요.

마지막으로 showAsAction 속성으로 항목이 앱 바에서 어떻게 나타날지 지정할 수 있습니다. 예를 들어 항목이 앱 바의 메인 영역이 아니라 오버플로에 나타나게 하거나, 공간이 있을 때만 앱 바의 메인 영역에 추가할 수 있습니다. showAsAction 속성은 다음과 같은 값을 가질 수 있습니다.

"ifRoom"	앱 바에 공간이 있으면 그곳에 항목을 추가합니다. 공간이 없으면 오버플로에 추가합니다.
"withText"	항목의 제목 텍스트를 포함합니다.
"never"	항목을 오버플로 영역에 추가하며 앱 바 메인 영역에는 절대 표시하지 않습니다.
"always"	항상 항목을 앱 바의 메인 영역에 추가합니다. 이 옵션은 꼭 필요할 때만 사용해야 합니다. 이 옵션을 너무 많은 항목에 적용하면 서로 겹칠 수 있기 때문입니다.

액션의 모양을 조절하는 다른 속성도 있지만 이들이 가장 많이 사용되는 속성이에요.

우리 예제에서는 앱 바에 공간이 있을 때만 메인 영역에 액션을 표시할 것이므로 다음처럼 설정합니다.

```
app:showAsAction="ifRoom"
```

이렇게 메뉴 리소스 파일을 완성했습니다. 이제 액티비티에 onCreateOptionsMenu() 메서드를 구현할 차례입니다.

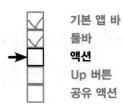

3. onCreateOptionsMenu() 메서드로 앱 바에 메뉴 추가하기

메뉴 리소스 파일을 생성했으면 액티비티의 `onCreateOptionsMenu()` 메서드를 구현해서 앱 바에 액션을 추가할 수 있습니다. 앱 바에 메뉴가 생성되면 `onCreateOptionsMenu()` 메서드가 호출됩니다. `onCreateOptionsMenu()` 메서드는 메뉴 리소스 파일을 자바 객체로 만든 `Menu` 객체를 인자로 받습니다.

다음은 MainActivity.java의 `onCreateOptionsMenu()` 구현 코드입니다(여러분 코드도 다음처럼 바꾸세요).

```
package com.hfad.bitsandpizzas;

import android.view.Menu;
...

public class MainActivity extends AppCompatActivity {

    ...

    @Override
    public boolean onCreateOptionsMenu(Menu menu) {
        // 메뉴 인플레이트. 아이템을 앱 바에 추가합니다.
        getMenuInflater().inflate(R.menu.menu_main, menu);
        return super.onCreateOptionsMenu(menu);
    }
}
```

onCreateOptionsMenu() 메서드에서 Menu 클래스를 사용해요.

이 메서드를 구현하면 메뉴 리소스 파일의 항목을 앱 바에 추가할 수 있어요.

onCreateOptionsMenu() 메서드는 보통 이런 모습이에요.

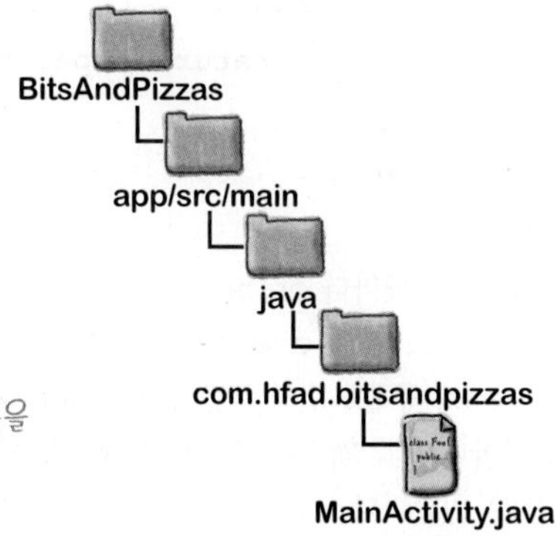

다음 행은

```
getMenuInflater().inflate(R.menu.menu_main, menu);
```

메뉴 리소스 파일이에요.

메뉴 리소스 파일을 자바로 표현한 Menu 객체예요.

메뉴 리소스 파일을 인플레이트(inflate)하는 코드입니다. 즉, 메뉴 리소스 파일을 자바로 표현한 `Menu` 객체를 생성하고 메뉴 리소스 파일에 포함된 액션을 `MenuItems`로 표현합니다. 이들은 앱 바에 추가됩니다.

이제 액션을 클릭하면 `OrderActivity`를 시작하도록 구현해야 합니다. 이 부분은 다음 페이지에서 설명합니다.

4. onOptionsItemSelected() 메서드로 액션 아이템 클릭에 대응하기

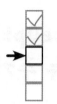

기본 앱 바
툴바
액션
Up 버튼
공유 액션

앱 바의 액션을 클릭했을 때 액티비티의 onOptionsItemSelected() 메서드를 이용해 대응할 수 있습니다.

```
@Override
public boolean onOptionsItemSelected(MenuItem item) {
    switch (item.getItemId()) {
        ...
        default:
            return super.onOptionsItemSelected(item);
    }
}
```

MenuItem 객체는 앱 바에서 클릭된 액션이에요.

액션의 ID를 얻어요.

액션을 클릭할 때마다 onOptionsItemSelected() 메서드가 호출됩니다. onOptionsItemSelected() 메서드는 앱 바에서 클릭된 액션을 표현하는 MenuItem 객체를 인자로 받습니다. MenuItem의 getItemId() 메서드로 액션의 ID를 알아내서 새 액티비티를 시작하는 등 클릭된 액션이 무엇이냐에 따라 필요한 동작을 수행할 수 있습니다.

우리 예제에서는 액션을 클릭했을 때 OrderActivity를 실행합니다. 다음은 액션을 클릭했을 때 OrderActivity를 실행하는 onOptionsItemSelected() 메서드 구현 코드입니다.

```
@Override
public boolean onOptionsItemSelected(MenuItem item) {
    switch (item.getItemId()) {
        case R.id.action_create_order:
            // Create Order 항목을 클릭하면 실행하는 코드
            Intent intent = new Intent(this, OrderActivity.class);
            startActivity(intent);
            return true;
        default:
            return super.onOptionsItemSelected(item);
    }
}
```

Create Order 액션을 클릭하면 OrderActivity를 시작시키는 인텐트예요.

클릭한 아이템을 처리했다는 의미로 true를 반환해요.

MainActivity.java 전체 코드는 다음 페이지에 있습니다.

- [x] 기본 앱 바
- [x] 툴바
- [ ] **액션**
- [ ] Up 버튼
- [ ] 공유 액션

MainActivity.java 전체 코드

다음은 MainActivity.java 전체 코드입니다. 여러분 파일도 아래 코드처럼 바꾸세요. 바뀐 부분은 굵은 문자로 표시했습니다.

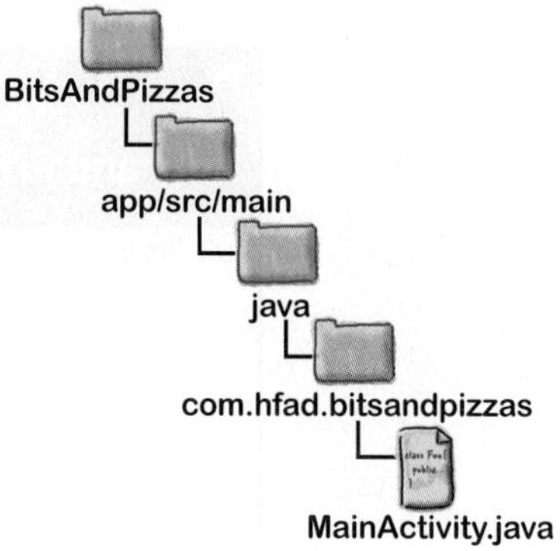


```
package com.hfad.bitsandpizzas;

import android.support.v7.app.AppCompatActivity;
import android.os.Bundle;
import android.support.v7.widget.Toolbar;
import android.view.Menu;
import android.view.MenuItem;
import android.content.Intent;

public class MainActivity extends AppCompatActivity {

    @Override
    protected void onCreate(Bundle savedInstanceState) {
        super.onCreate(savedInstanceState);
        setContentView(R.layout.activity_main);
        Toolbar toolbar = (Toolbar) findViewById(R.id.toolbar);
        setSupportActionBar(toolbar);
    }

    @Override
    public boolean onCreateOptionsMenu(Menu menu) {
        getMenuInflater().inflate(R.menu.menu_main, menu);
        return super.onCreateOptionsMenu(menu);
    }

    @Override
    public boolean onOptionsItemSelected(MenuItem item) {
        switch (item.getItemId()) {
            case R.id.action_create_order:
                Intent intent = new Intent(this, OrderActivity.class);
                startActivity(intent);
                return true;
            default:
                return super.onOptionsItemSelected(item);
        }
    }
}
```

onOptionsItemSelected() 메서드에서 사용하는 클래스이므로 임포트하세요.

앱 바의 액션을 클릭하면 호출되는 메서드예요.

앱을 실행해 어떻게 동작하는지 직접 확인합시다.

앱 시험 주행

앱을 실행하면 MainActivity 앱 바에 Create Order 액션이 나타납니다. 액션 항목을 클릭하면 OrderActivity가 시작됩니다.

- 기본 앱 바
- 툴바
- 액션
- Up 버튼
- 공유 액션

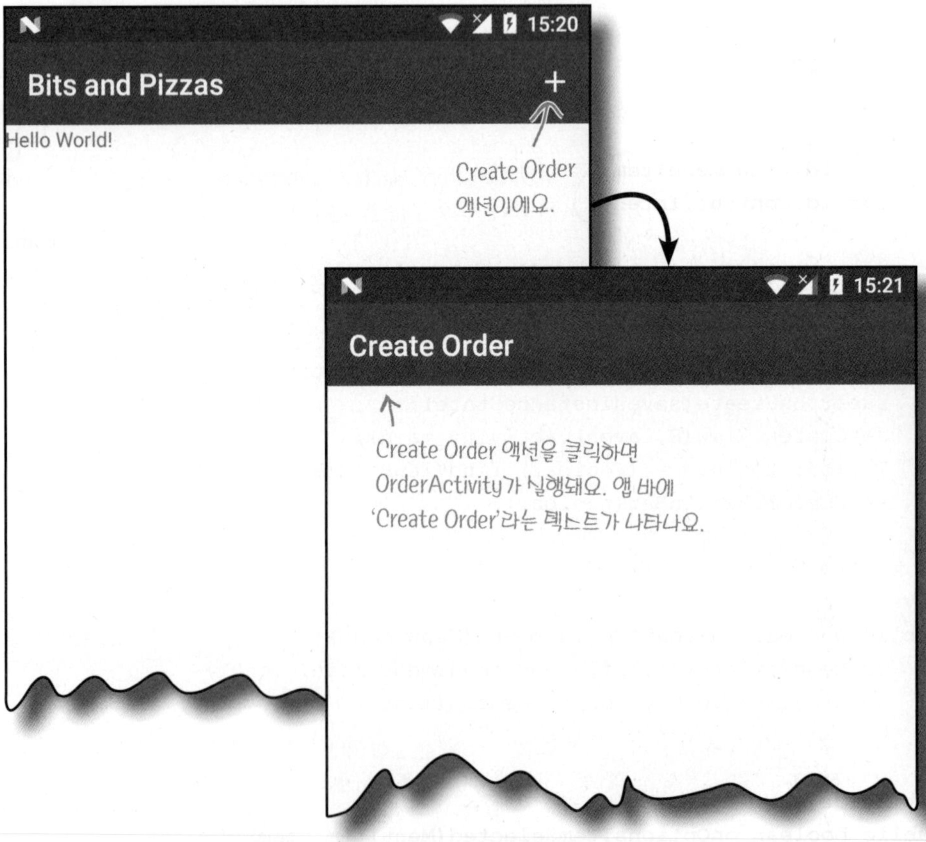

15:20
Bits and Pizzas
Hello World!
Create Order 액션이에요.
15:21
Create Order
Create Order 액션을 클릭하면 OrderActivity가 실행돼요. 앱 바에 'Create Order'라는 텍스트가 나타나요.

그런데 MainActivity로 어떻게 돌아갈 수 있죠?

OrderActivity에서 MainActivity로 돌아가려면 디바이스의 Back 버튼을 클릭해야 합니다. 하지만 앱 바를 이용해 뒤로 가고 싶다면 어떻게 해야 할까요?

OrderActivity의 앱 바에 MainActivity를 실행하는 액션을 추가할 수 있지만 이보다 더 좋은 방법이 있습니다. OrderActivity의 앱 바에서 Up 버튼을 활성화하면 쉽게 MainActivity로 돌아갈 수 있습니다.

Up 내비게이션 활성화

- [x] 기본 앱 바
- [x] 툴바
- [x] 액션
- [ ] Up 버튼
- [ ] 공유 액션

앱이 액티비티 안의 액티비티로 탐색하는 구조를 갖는다면 사용자가 계층 관계에 따라 액티비티를 탐색할 수 있도록 앱 바의 Up 버튼을 활성화할 수 있습니다. 예를 들어 우리 앱의 `MainActivity`는 앱 바에 두 번째 액티비티 `OrderActivity`를 실행하는 액션을 포함합니다. `OrderActivity` 앱 바의 Up 버튼을 활성화하면 사용자는 이 버튼을 클릭해 `MainActivity`로 돌아갈 수 있습니다.

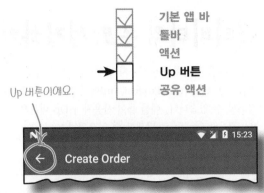

Up 버튼이에요.
15:23
Create Order

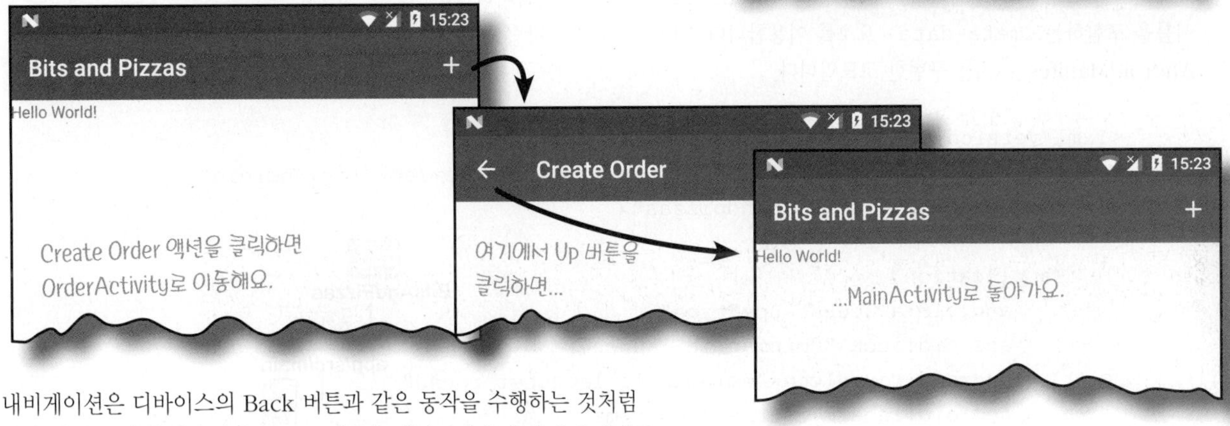

15:23
Bits and Pizzas
Hello World!
Create Order 액션을 클릭하면
OrderActivity로 이동해요.
Create Order
여기에서 Up 버튼을
클릭하면...
Bits and Pizzas
Hello World!
...MainActivity로 돌아가요.

Up 내비게이션은 디바이스의 Back 버튼과 같은 동작을 수행하는 것처럼 보이지만 사실 그렇지 않습니다. Back 버튼은 액티비티가 추가된 순서대로 뒤로 돌아갑니다. 하지만 Up 버튼은 앱의 계층 구조에 따라 이전 계층의 액티비티로 돌아갑니다. 앱이 여러 액티비티를 포함한다면 Up 버튼을 제공하는 것이 바람직하며 그렇지 않으면 사용자는 여러 번 Back 버튼을 클릭해야 할 수 있습니다.

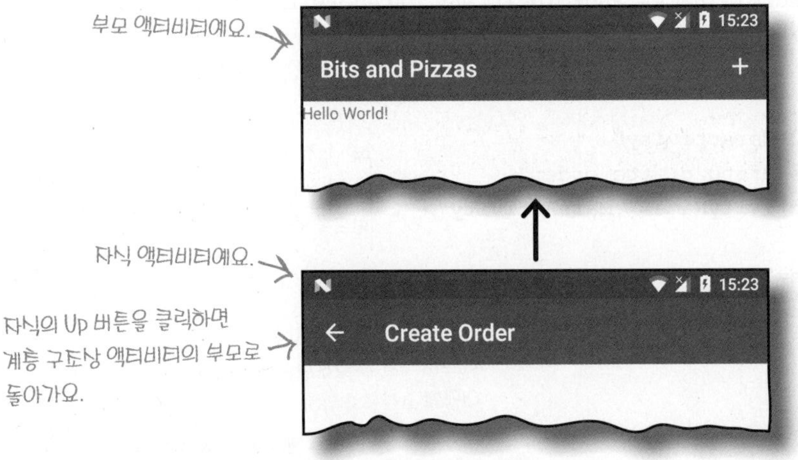

부모 액티비티예요.
15:23
Bits and Pizzas
Hello World!
자식 액티비티예요.
자식의 Up 버튼을 클릭하면
계층 구조상 액티비티의 부모로
돌아가요.
Create Order

Back 버튼을 클릭하면 이전 액티비티로 돌아가요.

Up 버튼을 클릭하면 앱의 계층 구조상 전 단계로 돌아가죠.

`OrderActivity` 앱 바의 Up 버튼을 활성화할 것입니다. 그리고 Up 버튼을 클릭하면 `MainActivity`를 표시합니다.

액티비티의 부모 설정하기

- [x] 기본 앱 바
- [x] 툴바
- [x] 액션
- [ ] **Up 버튼**
- [ ] 공유 액션

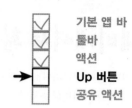

Up 버튼을 활성화하면 사용자가 앱 액티비티 계층의 이전 단계로 돌아갈 수 있습니다. AndroidManifest.xml에서 각 액티비티의 부모를 설정해 계층을 정의할 수 있습니다. 예를 들어 사용자가 Up 버튼으로 `OrderActivity`에서 `MainActivity`로 탐색할 수 있으려면 `MainActivity`를 `OrderActivity`의 부모로 설정해야 합니다.

API 수준 16 이상에서는 `android:parentActivityName` 속성으로 부모 액티비티를 설정할 수 있습니다. 이전 버전의 안드로이드에서는 부모 액티비티의 이름을 포함하는 `<meta-data>` 요소를 이용합니다. 다음은 두 가지 방법으로 AndroidManifest.xml를 구현한 코드입니다.

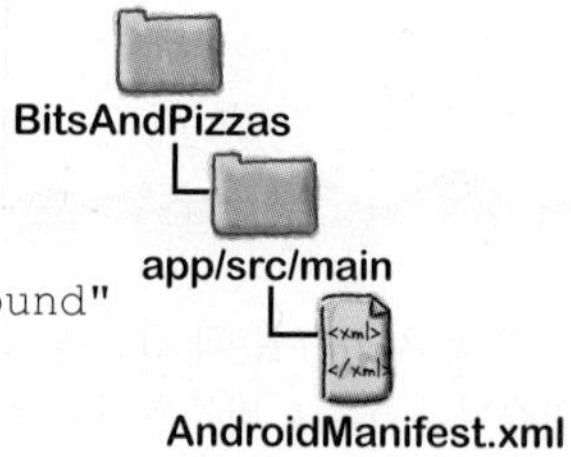


```
<?xml version="1.0" encoding="utf-8"?>
<manifest xmlns:android="http://schemas.android.com/apk/res/android"
    package="com.hfad.bitsandpizzas">

    <application
        android:allowBackup="true"
        android:icon="@mipmap/ic_launcher"
        android:roundIcon="@mipmap/ic_launcher_round"
        android:label="@string/app_name"
        android:supportsRtl="true"
        android:theme="@style/AppTheme">
        <activity android:name=".MainActivity">
            <intent-filter>
                <action android:name="android.intent.action.MAIN" />
                <category android:name="android.intent.category.LAUNCHER" />
            </intent-filter>
        </activity>
        <activity
            android:name=".OrderActivity"
            android:label="@string/create_order"
            android:parentActivityName=".MainActivity">
            <meta-data
                android:name="android.support.PARENT_ACTIVITY"
                android:value=".MainActivity" />
        </activity>
    </application>

</manifest>
```

API 수준 16 이상을 지원하는 앱에서는 이 행의 코드를 사용해요. OrderActivity의 부모를 MainActivity로 설정하는 코드예요.

API 수준 16 미만을 지원하는 앱에서는 <meta-data> 요소를 사용하세요. 어떻게 코드를 추가하는지 보여주려고 코드를 추가했지만 실제 코드 수행에는 아무 영향을 주지 않아요.

마지막으로 `OrderActivity`의 Up 버튼을 활성화해야 합니다.

- [x] 기본 앱 바
- [x] 툴바
- [x] 액션
- [ ] **Up 버튼**
- [ ] 공유 액션

Up 버튼 활성화하기

액티비티 코드로 Up 버튼을 활성화할 수 있습니다. 먼저 `getSupportActionBar()` 메서드로 액티비티의 앱 바 레퍼런스를 얻습니다. `getSupportActionBar()` 메서드는 `ActionBar` 유형의 객체를 반환합니다. 그리고 `ActionBar`의 `setDisplayHomeAsUpEnabled()` 메서드에 `true` 값을 인자로 전달해 호출합니다.

```
ActionBar actionBar = getSupportActionBar();
actionBar.setDisplayHomeAsUpEnabled(true);
```

액티비티의 Up 버튼을 활성화하려면 반드시 부모를 설정해야 합니다.

부모를 설정하지 않으면 `setDisplayHomeAsUpEnabled()` 메서드를 호출할 때 널 포인터 예외가 발생합니다.

`OrderActivity`의 Up 버튼을 활성화하려면 OrderActivity.java의 `onCreate()` 메서드에 위 코드를 추가합니다.
다음은 OrderActivity.java 전체 코드입니다.

```
package com.hfad.bitsandpizzas;

import android.support.v7.app.AppCompatActivity;
import android.os.Bundle;
import android.support.v7.widget.Toolbar;
import android.support.v7.app.ActionBar;

public class OrderActivity extends AppCompatActivity {

    @Override
    protected void onCreate(Bundle savedInstanceState) {
        super.onCreate(savedInstanceState);
        setContentView(R.layout.activity_order);
        Toolbar toolbar = (Toolbar) findViewById(R.id.toolbar);
        setSupportActionBar(toolbar);
        ActionBar actionBar = getSupportActionBar();
        actionBar.setDisplayHomeAsUpEnabled(true);
    }
}
```

ActionBar 클래스를 사용할 것이므로 임포트하세요. ActionBar 클래스는 AppCompat 지원 라이브러리에서 제공해요.

지원 라이브러리에서 제공하는 툴바를 이용하므로 getSupportActionBar() 메서드를 호출해요.

Up 버튼을 활성화하는 코드예요. 앱 바에 툴바를 추가했지만 Up 버튼을 활성화할 때는 ActionBar의 메서드를 사용해요.

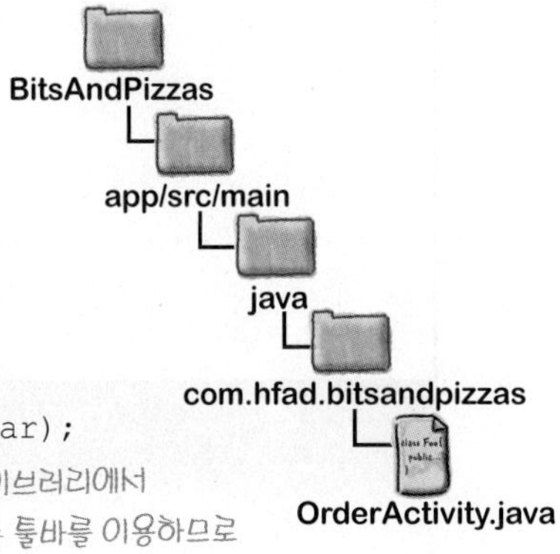

이렇게 해서 Up 버튼을 활성화했습니다. 앱을 실행해서 어떻게 동작하는지 확인합시다.

앱 시험 주행

앱을 실행하고 Create Order 액션 항목을 클릭하면 전처럼 OrderActivity가 나타납니다.

이번에는 OrderActivity의 앱 바에 Up 버튼이 나타납니다.
Up 버튼을 클릭하면 계층상 부모인 MainActivity로 돌아갑니다.

- [x] 기본 앱 바
- [x] 툴바
- [x] 액션
- [x] Up 버튼
- [ ] 공유 액션

Create Order 버튼을 클릭하면 OrderActivity가 시작돼요.
15:23
Bits and Pizzas
Hello World!
MainActivity 화면이에요.
Create Order
OrderActivity는 Up 버튼을 포함해요. 이 버튼을 클릭하면...
...OrderActivity의 부모인 MainActivity가 나타나요.

지금까지 앱에 앱 바를 추가하는 방법과 간단한 액션을 추가하는 방법을 살펴봤습니다. 다음에는 **액션 프로바이더**(action provider)를 이용한 조금 더 복잡한 액션 사용 방법을 알아봅니다.

- [x] 기본 앱 바
- [x] 툴바
- [x] 액션
- [x] Up 버튼
- [ ] **공유 액션**

앱 바로 콘텐트 공유하기

이번에는 앱 바에 액션 프로바이더를 추가하는 방법을 살펴봅니다. 액션 프로바이더는 자신만의 모양과 동작을 정의하는 액션입니다.

특히 사용자가 앱의 콘텐트를 지메일과 같은 다른 앱과 공유할 때 사용하는 공유 액션 프로바이더 사용법을 설명합니다. 예를 들어 특정 피자의 정보를 다른 사람에게 전달할 수 있습니다.

공유 액션 프로바이더는 이미 아이콘이 있으므로 아이콘을 따로 추가할 필요가 없습니다. 공유 액션 프로바이더를 클릭하면 콘텐트를 공유하는 데 사용할 수 있는 앱 목록이 표시됩니다. 콘텐트를 공유하는 데 가장 흔히 사용되는 앱의 아이콘도 별도로 추가합니다.

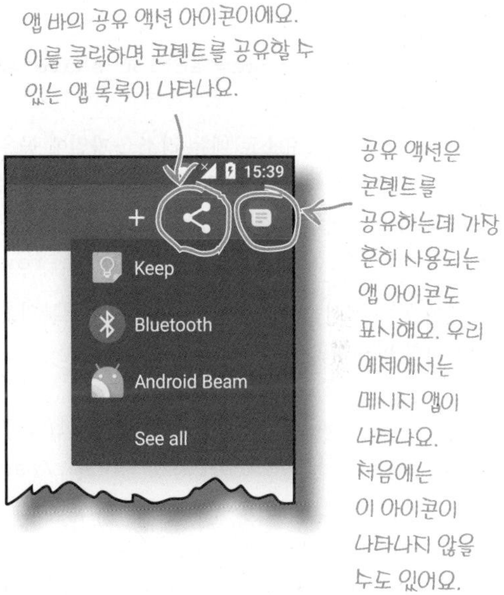

앱 바의 공유 액션 아이콘이에요. 이를 클릭하면 콘텐트를 공유할 수 있는 앱 목록이 나타나요.
15:39
+
Keep
Bluetooth
Android Beam
See all
공유 액션은 콘텐트를 공유하는데 가장 흔히 사용되는 앱 아이콘도 표시해요. 우리 예제에서는 메시지 앱이 나타나요. 처음에는 이 아이콘이 나타나지 않을 수도 있어요.

인텐트로 콘텐트를 공유합니다

공유 액션 프로바이더로 콘텐트를 공유하려면 콘텐트와 형식을 정의하는 인텐트를 전달해야 합니다. 예를 들어 ACTION_SEND 액션으로 텍스트를 전달하는 인텐트를 정의하면 공유 액션은 기기에서 텍스트를 공유할 수 있는 앱의 목록을 제공합니다.

다음은 공유 액션이 작동하는 방법입니다(실제 동작 모습은 다음 두 페이지를 통해 살펴봅니다).

1. **액티비티가 인텐트를 생성해 공유 액션 프로바이더로 전달합니다.**
   인텐트는 공유할 콘텐트, 형식, 액션을 정의합니다.

2. **사용자가 공유 액션을 클릭하면 공유 액션은 인텐트를 이용해 사용자에게 인텐트를 처리할 수 있는 앱 목록을 보여줍니다.**
   사용자가 앱을 선택하면 공유 액션 프로바이더는 인텐트를 처리할 수 있는 앱의 액티비티로 인텐트를 전달합니다.

공유 액션 프로바이더를 menu_main.xml에 추가하기

메뉴 리소스 파일을 이용해 앱 바에 공유 액션을 추가할 수 있습니다.

먼저 strings.xml에 action_share 문자열을 추가합니다. 이 문자열은 공유 액션이 오버플로에 나타날 경우 공유 액션 제목으로 사용합니다.

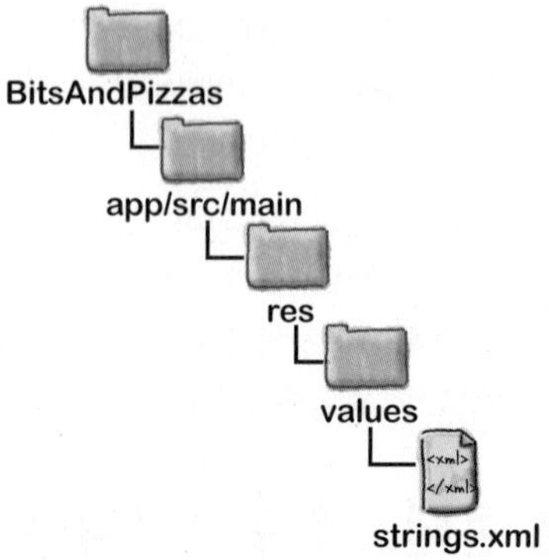


```
<string name="action_share">Share</string>
```

이전처럼 <item> 요소로 메뉴 리소스 파일에 공유 액션을 추가합니다. 하지만 이번에는 공유 액션 프로바이더를 사용한다는 사실을 지정해야 합니다. 그렇게 하려면 app:actionProviderClass 속성의 값을 android.support.v7.widget.ShareActionProvider로 설정합니다.

다음은 공유 액션을 추가한 코드입니다. 여러분의 menu_main.xml을 다음처럼 바꾸세요.

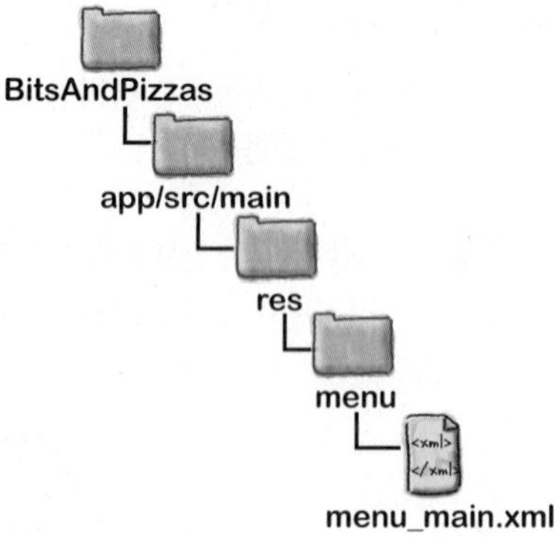


```
<?xml version="1.0" encoding="utf-8"?>
<menu xmlns:android="http://schemas.android.com/apk/res/android"
    xmlns:app="http://schemas.android.com/apk/res-auto">

    <item android:id="@+id/action_create_order"
        android:title="@string/create_order_title"
        android:icon="@drawable/ic_add_white_24dp"
        android:orderInCategory="1"
        app:showAsAction="ifRoom" />

    <item android:id="@+id/action_share"
        android:title="@string/action_share"
        android:orderInCategory="2"
        app:showAsAction="ifRoom"
        app:actionProviderClass="android.support.v7.widget.ShareActionProvider" />

</menu>
```

앱 바에 공간이 있으면 공유 액션 프로바이더를 표시해요.

공유 액션 프로바이더 클래스예요. AppCompat 지원 라이브러리에서 제공합니다.

이전에 설명한 것처럼 공유 액션을 메뉴 리소스 파일에 추가할 때는 아이콘을 설정할 필요 없습니다. 공유 액션 프로바이더는 이미 아이콘을 정의하고 있기 때문이죠.

앱 바에 공유 액션을 추가했으니 이번에는 공유할 콘텐트를 지정합시다.

인텐트로 콘텐트 지정하기

- [x] 기본 앱 바
- [x] 툴바
- [x] 액션
- [x] Up 버튼
- [ ] **공유 액션**

공유 액션을 클릭했을 때 콘텐트를 공유하려면 액티비티 코드에 무엇을 공유할지 지정해야 합니다. 공유 액션 프로바이더의 `setShareIntent()` 메서드에 인텐트를 설정해서 공유할 콘텐트를 지정할 수 있습니다. 다음은 공유 액션을 클릭했을 때 기본 텍스트를 공유하는 예제 코드입니다.

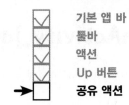

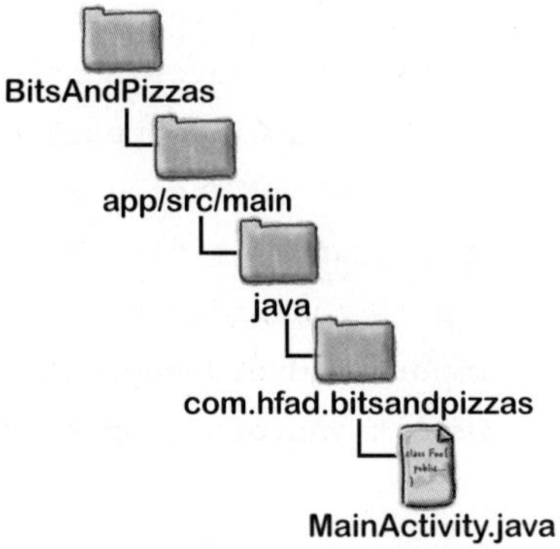


```
package com.hfad.bitsandpizzas;

...
import android.support.v7.widget.ShareActionProvider;
import android.support.v4.view.MenuItemCompat;

public class MainActivity extends AppCompatActivity {

    private ShareActionProvider shareActionProvider;

    ...
    @Override
    public boolean onCreateOptionsMenu(Menu menu) {
        getMenuInflater().inflate(R.menu.menu_main, menu);
        MenuItem menuItem = menu.findItem(R.id.action_share);
        shareActionProvider =
                (ShareActionProvider) MenuItemCompat.getActionProvider(menuItem);
        setShareActionIntent("Want to join me for pizza?");
        return super.onCreateOptionsMenu(menu);
    }

    private void setShareActionIntent(String text) {
        Intent intent = new Intent(Intent.ACTION_SEND);
        intent.setType("text/plain");
        intent.putExtra(Intent.EXTRA_TEXT, text);
        shareActionProvider.setShareIntent(intent);
    }
}
```

추가로 사용하는 클래스이므로 임포트하세요.

ShareActionProvider 비공개 변수를 추가하세요.

공유 액션 프로바이더의 레퍼런스를 얻어서 비공개 변수에 할당하세요. 그리고 setShareActionIntent() 메서드를 호출하세요.

setShareActionIntent() 메서드를 생성했어요. 이 메서드에서 인텐트를 생성하고 공유 액션 프로바이더의 setShareIntent() 메서드를 이용해 공유 액션 프로바이더로 전달합니다.

공유하려는 콘텐트가 바뀔 때마다 공유 프로바이더의 `setShareIntent()` 메서드를 호출해야 합니다. 예를 들어 사진 앱에서 이미지를 넘기는 상황이라면 현재 사진을 공유 프로바이더로 전달해야 합니다.

다음 페이지에서 전체 액티비티 코드를 보여준 다음 앱을 실행해서 어떻게 동작하는지 확인합니다.

MainActivity.java 전체 코드

- [x] 기본 앱 바
- [x] 툴바
- [x] 액션
- [x] Up 버튼
- [ ] **공유 액션**

다음은 MainActivity.java 전체 코드입니다. 여러분 파일도 다음처럼 바꾸세요.

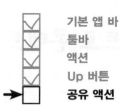

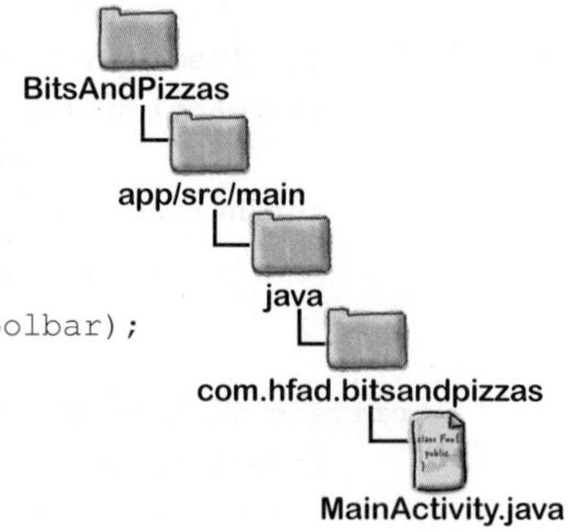


```
package com.hfad.bitsandpizzas;

import android.support.v7.app.AppCompatActivity;
import android.os.Bundle;
import android.support.v7.widget.Toolbar;
import android.view.Menu;
import android.view.MenuItem;
import android.content.Intent;
import android.support.v7.widget.ShareActionProvider;
import android.support.v4.view.MenuItemCompat;

public class MainActivity extends AppCompatActivity {

    private ShareActionProvider shareActionProvider;

    @Override
    protected void onCreate(Bundle savedInstanceState) {
        super.onCreate(savedInstanceState);
        setContentView(R.layout.activity_main);
        Toolbar toolbar = (Toolbar) findViewById(R.id.toolbar);
        setSupportActionBar(toolbar);
    }

    @Override
    public boolean onCreateOptionsMenu(Menu menu) {
        getMenuInflater().inflate(R.menu.menu_main, menu);
        MenuItem menuItem = menu.findItem(R.id.action_share);
        shareActionProvider =
                (ShareActionProvider) MenuItemCompat.getActionProvider(menuItem);
        setShareActionIntent("Want to join me for pizza?");
        return super.onCreateOptionsMenu(menu);
    }
```

추가로 사용하는 클래스이므로 임포트하세요. (ShareActionProvider, MenuItemCompat 임포트)

공유 액션으로 공유하려는 기본 텍스트예요. (setShareActionIntent)

다음 페이지에 코드가 이어져요.

MainActivity 코드(계속)

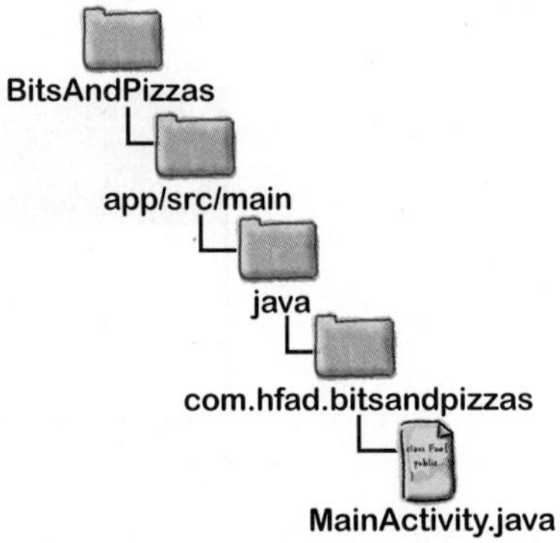


```
    private void setShareActionIntent(String text) {
        Intent intent = new Intent(Intent.ACTION_SEND);
        intent.setType("text/plain");
        intent.putExtra(Intent.EXTRA_TEXT, text);
        shareActionProvider.setShareIntent(intent);
    }

    @Override
    public boolean onOptionsItemSelected(MenuItem item) {
        switch (item.getItemId()) {
            case R.id.action_create_order:
                // Create Order 항목을 클릭하면 실행하는 코드
                Intent intent = new Intent(this, OrderActivity.class);
                startActivity(intent);
                return true;
            default:
                return super.onOptionsItemSelected(item);
        }
    }
}
```

공유 액션 프로바이더에 기본 텍스트를 설정해요.

다음 페이지에서는 앱을 시험 주행해서 무슨 일이 일어나는지 확인합니다.

앱 시험 주행

- ☑ 기본 앱 바
- ☑ 툴바
- ☑ 액션
- ☑ Up 버튼
- → ☑ **공유 액션**

앱을 실행하면 앱 바에 공유 액션이 표시됩니다.

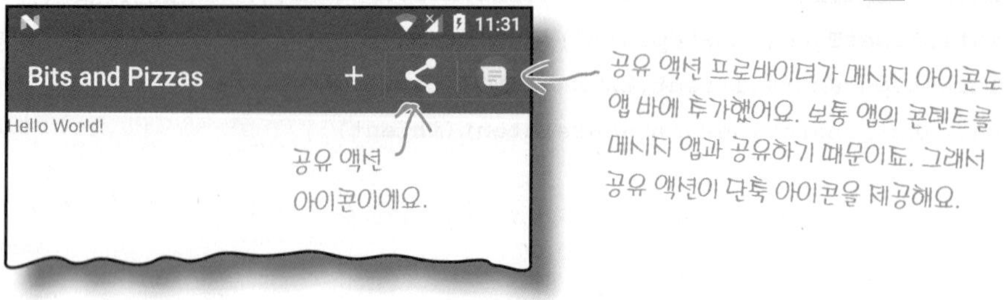

11:31
Bits and Pizzas
Hello World!
앱을 선택하면 기본 텍스트가 공유돼요. 디바이스의 메시지 앱을 선택하면 텍스트가 메시지의 본문으로 설정돼요.
공유 액션 아이콘이에요.
공유 액션 프로바이더가 메시지 아이콘도 앱 바에 추가했어요. 보통 앱의 콘텐트를 메시지 앱과 공유하기 때문이죠. 그래서 공유 액션이 단축 아이콘을 제공해요.

공유 액션을 클릭하면 우리가 공유하려는 인텐트를 받을 수 있는 앱 목록을 보여줍니다.

콘텐트를 공유할 앱을 선택하면 해당 앱이 실행되면서 기본 텍스트가 실행된 앱과 공유됩니다.

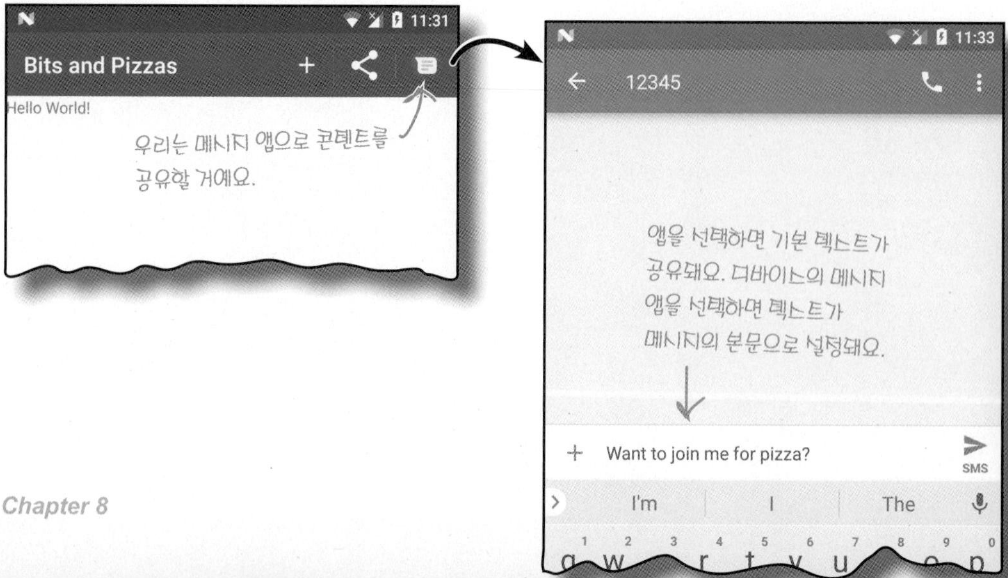

우리의 안드로이드 도구상자

8장을 마치면서 안드로이드 지원 라이브러리와 앱 바 기술을 도구상자에 추가했습니다.

이 책의 전체 코드는 https://tinyurl.com/HeadFirstAndroid에서 내려받을 수 있어요.

CHAPTER 8

핵심정리

- 앱 바를 포함하는 테마를 적용해 기본 앱 바를 추가할 수 있습니다.
- 안드로이드 지원 라이브러리는 과거 버전의 안드로이드와 하위 호환성을 제공합니다.
- `AppCompatActivity` 클래스는 v7 AppCompat 지원 라이브러리에서 제공하는 액티비티의 일종입니다. 과거 버전의 안드로이드와 하위 호환성을 제공하도록 앱 바를 액티비티에 추가하려면 `AppCompatActivity`를 상속받아야 합니다.
- AndroidManifest.xml에서 `android:theme` 속성으로 적용할 테마를 지정합니다.
- `<style>` 요소로 스타일 리소스 파일에 스타일을 정의합니다. `name` 속성으로 스타일 이름을 정의합니다. `parent` 속성은 속성을 상속받을 부모 스타일을 지정합니다.
- 최신 앱 바 기능은 v7 AppCompat 지원 라이브러리의 `Toolbar` 클래스에서 제공합니다. 툴바를 앱 바로 사용할 수 있습니다.
- 메뉴 리소스 파일을 이용해 앱 바에 액션을 추가할 수 있습니다.
- 액티비티의 `onCreateOptionsMenu()` 메서드를 구현해서 메뉴 리소스 파일의 항목을 앱 바에 추가할 수 있습니다.
- 액티비티의 `onOptionsItemSelected()` 메서드를 구현해서 항목을 클릭했을 때 무슨 동작을 실행할지 결정할 수 있습니다.
- 앱의 계층도에서 이전 액티비티로 탐색을 허용하려면 Up 버튼을 앱 바에 추가합니다. 계층도는 AndroidManifest.xml에 지정합니다. `ActionBar`의 `setDisplayHomeAsUpEnabled()` 메서드로 Up 버튼을 활성화할 수 있습니다.
- 앱 바에 공유 액션 프로바이더를 추가해서 콘텐트를 공유할 수 있습니다. 메뉴 리소스 파일을 이용해 공유 액션 프로바이더를 추가할 수 있습니다. 공유 액션 프로바이더의 `setShareIntent()` 메서드에 공유하려는 콘텐트 정보를 담은 인텐트를 전달하여 호출하세요.

9 프래그먼트

모듈화하세요

같은 일을 여러 장소에서 해야 하다니... 제 몸뚱이가 여러 조각으로 나눠지는 느낌이 들어요.

지금까지 앱을 실행하는 디바이스의 종류와 관계없이 같은 방식으로 작동하는 앱을 만드는 방법을 살펴봤습니다.

하지만 디바이스가 폰인지 태블릿인지에 따라 동작 방법을 다르게 하고 싶다면 어떻게 할까요? 이런 상황에서는 **여러 액티비티에서 재활용**할 수 있는 모듈화 코드 컴포넌트인 **프래그먼트**가 필요합니다. 이 장에서는 **기본 프래그먼트**와 **리스트 프래그먼트**를 생성하는 방법, **액티비티에 프래그먼트를 추가하는 방법**, 프래그먼트와 액티비티가 서로 **통신**하는 방법을 설명합니다.

모든 디바이스에서 앱은 같은 모습을 유지해야 합니다

안드로이드 개발의 멋진 점은 한 개의 앱을 다양한 화면 크기와 프로세서를 가진 디바이스에서 같은 방식으로 동작할 수 있게 만들 수 있다는 것입니다. 그렇다고 항상 모든 앱이 모든 디바이스에서 똑같이 보여야 한다는 것은 아닙니다.

폰에서

폰에서 실행한 앱의 모습을 확인하세요. 운동 목록을 표시하는데 그중 하나를 선택하면 자세한 내용이 나타납니다.

목록에서 한 항목을 선택하면 두 번째 액티비티가 실행돼요.

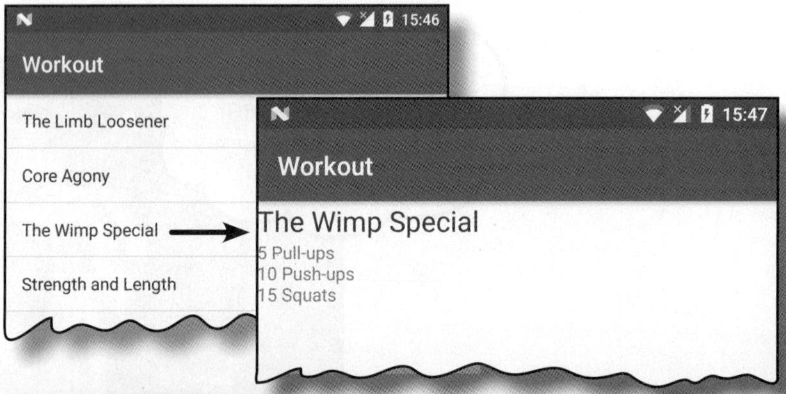

태블릿에서

태블릿처럼 큰 디바이스에는 더 많은 공간이 있으므로 한 화면에 모든 정보를 포함하는 것이 좋습니다. 태블릿에서는 운동 목록을 화면의 일부에 표시하고 사용자가 항목을 클릭하면 자세한 정보를 오른쪽에 표시합니다.

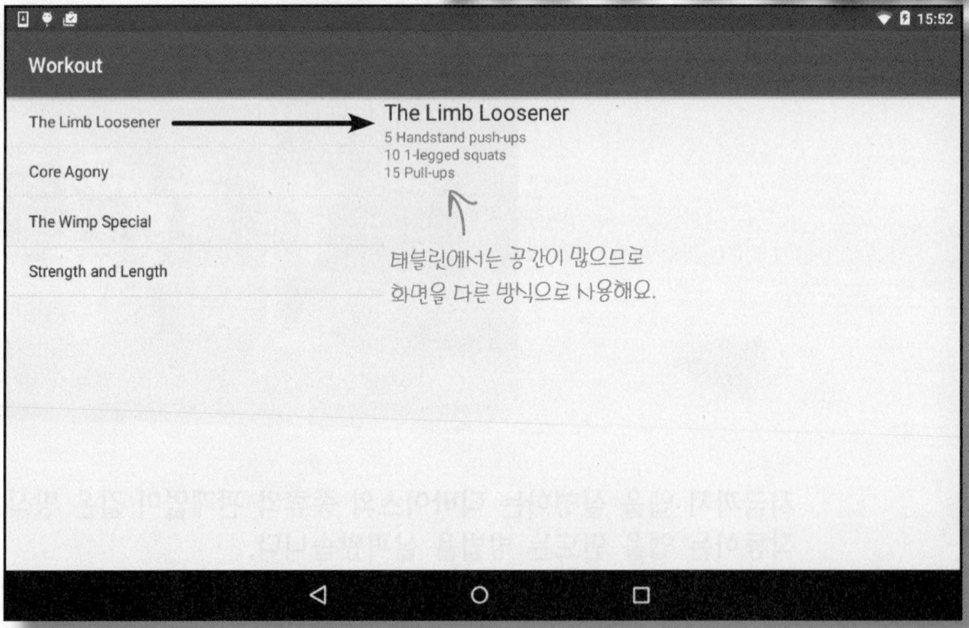

이처럼 폰과 태블릿의 사용자 인터페이스를 다르게 구현하려면 큰 디바이스용 레이아웃과 작은 디바이스용 레이아웃을 따로 만들어야 합니다.

여러분 앱도 디바이스 크기에 따라 다르게 동작해야 할 거예요

다른 디바이스에 다른 레이아웃을 사용한다고 문제가 해결되는 것은 아닙니다. 디바이스의 종류에 따라 다르게 동작하도록 다른 자바 코드도 필요합니다. 우리의 Workout 예제 앱에서는 **태블릿용 액티비티 한 개**와 **폰용 액티비티 두 개**를 사용했습니다.

폰에서

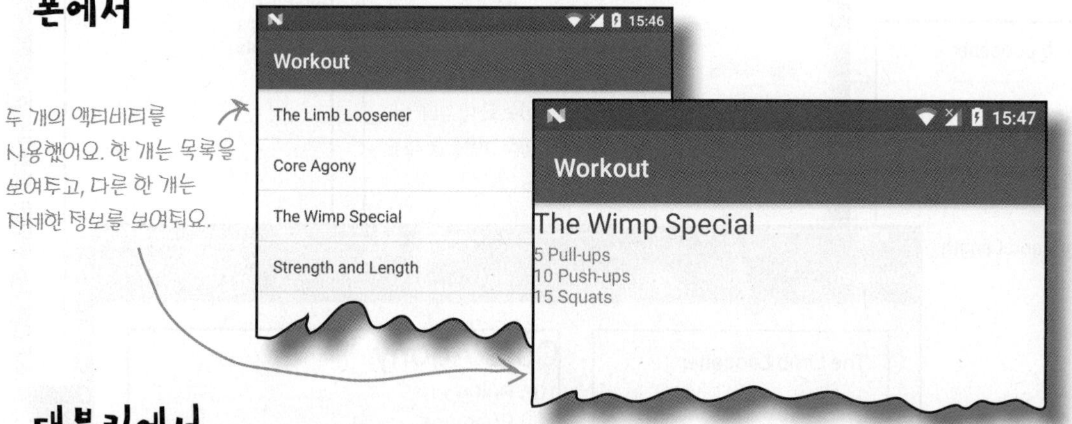

태블릿에서

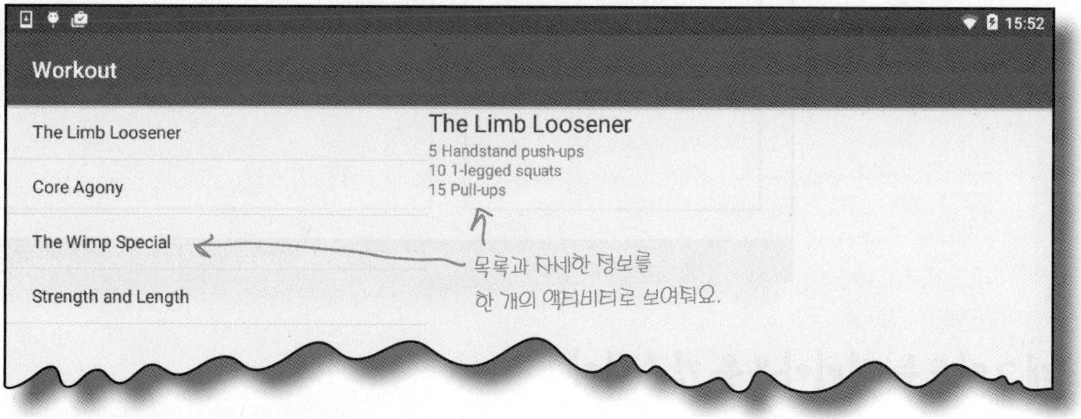

그러면 코드가 중복될 수 있습니다

폰에서 실행되는 두 번째 액티비티는 자세한 운동 정보를 레이아웃에 추가해야 합니다. 하지만 이 코드는 태블릿에서 실행하는 앱의 메인 액티비티에도 필요합니다. 따라서 같은 코드를 여러 액티비티에서 실행해야 합니다.

프래그먼트를 이용하면 두 개의 액티비티에서 코드를 중복하지 않을 수 있습니다. 프래그먼트란 뭘까요?

프래그먼트로 코드를 재사용할 수 있습니다

프래그먼트는 재사용할 수 있는 컴포넌트나 하위 액티비티와 같습니다. 프래그먼트로 화면의 일부를 제어하거나 여러 화면에서 재사용할 수 있습니다. 즉, 운동 목록과 자세한 운동 정보를 각각의 프래그먼트로 생성한 다음 레이아웃에서 이 프래그먼트를 재사용할 수 있습니다.

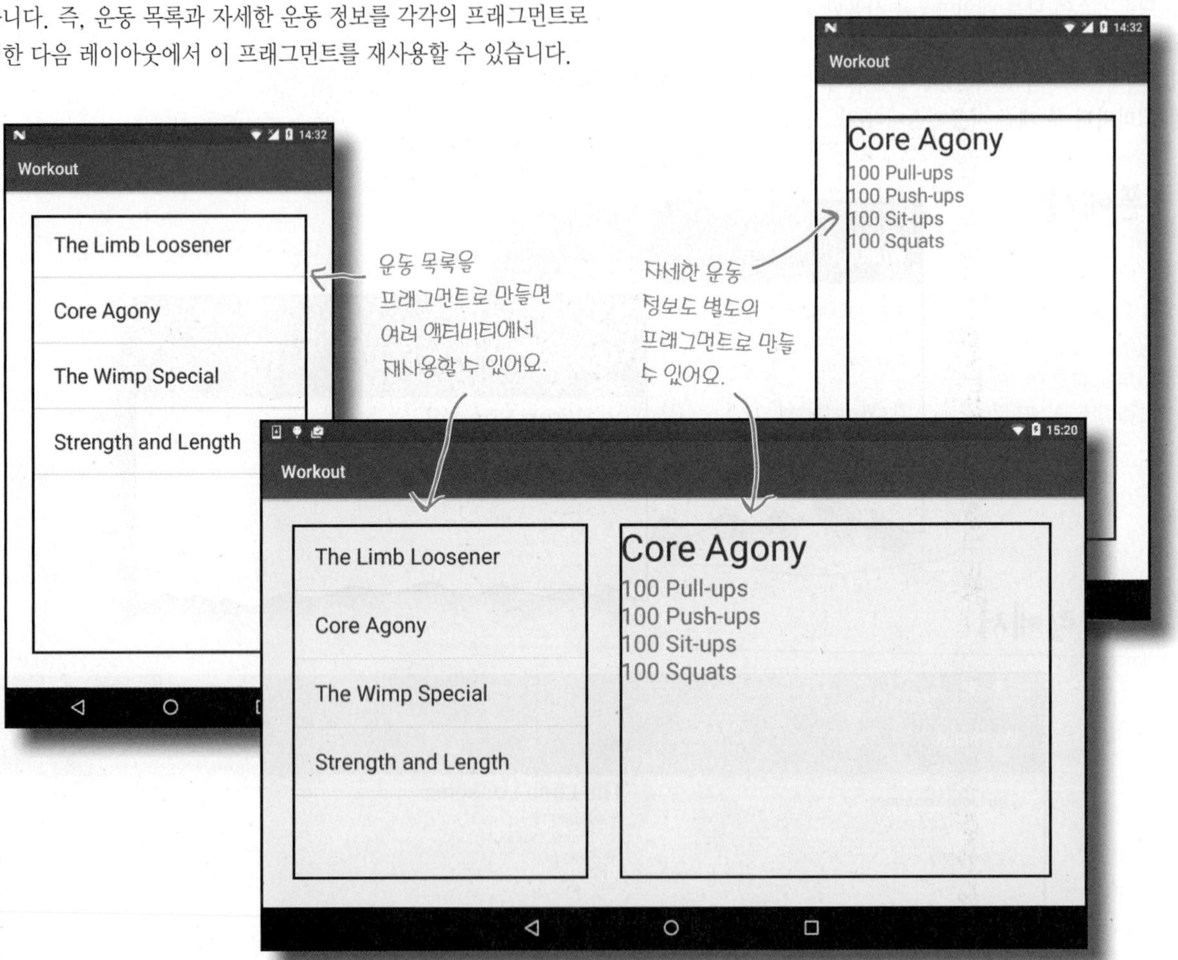

프래그먼트는 레이아웃을 갖습니다

액티비티처럼 프래그먼트도 레이아웃을 갖습니다. 설계를 잘 하면 프래그먼트의 자바 코드로 인터페이스의 모든 것을 제어할 수 있습니다. 프래그먼트 코드에 레이아웃의 모든 컨트롤을 포함하면 앱의 어디에서나 프래그먼트를 쉽게 재사용할 수 있습니다.

지금부터 Workout 앱을 만들면서 프래그먼트를 생성하고 사용하는 방법을 설명합니다.

폰 버전의 앱

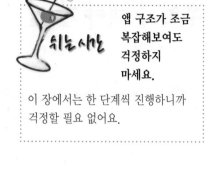

앱 구조가 조금 복잡해보여도 걱정하지 마세요.

이 장에서는 한 단계씩 진행하니까 걱정할 필요 없어요.

이 장에서는 폰 버전의 앱을 만들고 다음 장에서는 태블릿 버전을 만들면서 프래그먼트를 재사용합니다. 폰 버전의 앱은 다음처럼 작동합니다.

1. **앱이 실행되면 MainActivity가 시작합니다.**
   MainActivity는 WorkoutListFragment라는 프래그먼트를 포함하는 activity_main.xml을 레이아웃으로 사용합니다.

2. **WorkoutListFragment는 운동 목록을 표시합니다.**

3. **사용자가 한 가지 운동을 선택하면 DetailActivity가 시작합니다.**
   DetailActivity는 WorkoutDetailFragment라는 프래그먼트를 포함하는 activity_detail.xml을 레이아웃으로 사용합니다.

4. **WorkoutDetailFragment는 fragment_workout_detail.xml을 레이아웃으로 사용합니다.**
   사용자가 선택한 운동의 자세한 정보를 표시합니다.

5. **WorkoutListFragment와 WorkoutDetailFragment는 Workout.java에서 운동 데이터를 가져옵니다.**
   Workout.java는 Workouts의 배열을 포함합니다.

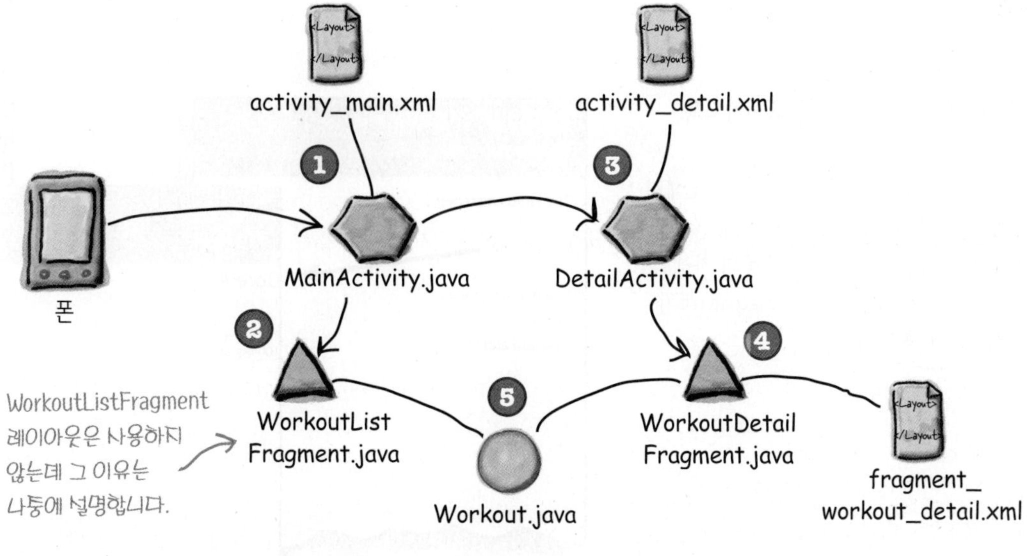

다음 페이지에서 앱을 만드는 과정을 확인합니다.

우리가 해야 할 일

우리는 크게 세 가지 단계로 앱을 만들 겁니다.

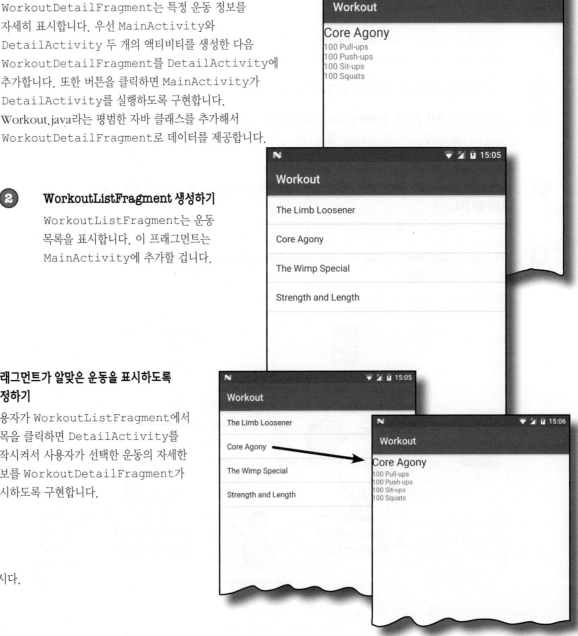

1. **WorkoutDetailFragment 생성하기**

   `WorkoutDetailFragment`는 특정 운동 정보를 자세히 표시합니다. 우선 `MainActivity`와 `DetailActivity` 두 개의 액티비티를 생성한 다음 `WorkoutDetailFragment`를 `DetailActivity`에 추가합니다. 또한 버튼을 클릭하면 `MainActivity`가 `DetailActivity`를 실행하도록 구현합니다. Workout.java라는 평범한 자바 클래스를 추가해서 `WorkoutDetailFragment`로 데이터를 제공합니다.

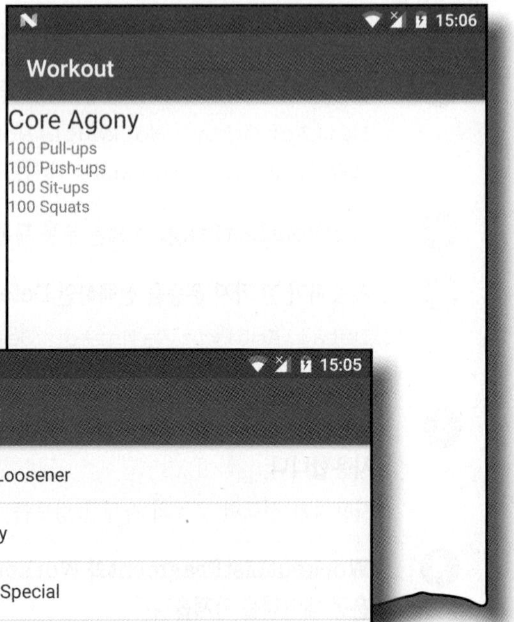

2. **WorkoutListFragment 생성하기**

   `WorkoutListFragment`는 운동 목록을 표시합니다. 이 프래그먼트는 `MainActivity`에 추가할 겁니다.

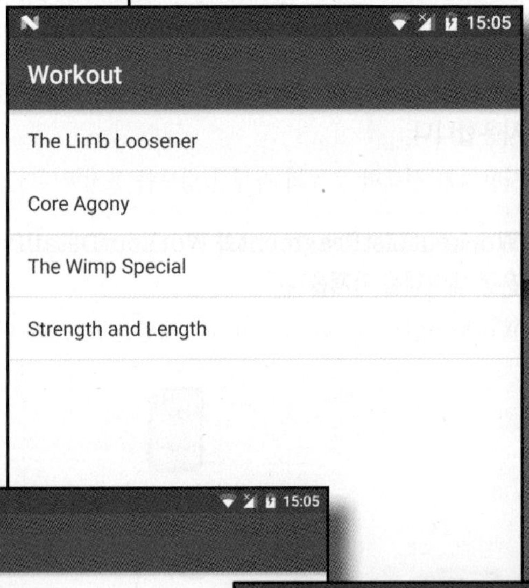

3. **프래그먼트가 알맞은 운동을 표시하도록 조정하기**

   사용자가 `WorkoutListFragment`에서 항목을 클릭하면 `DetailActivity`를 시작시켜서 사용자가 선택한 운동의 자세한 정보를 `WorkoutDetailFragment`가 표시하도록 구현합니다.

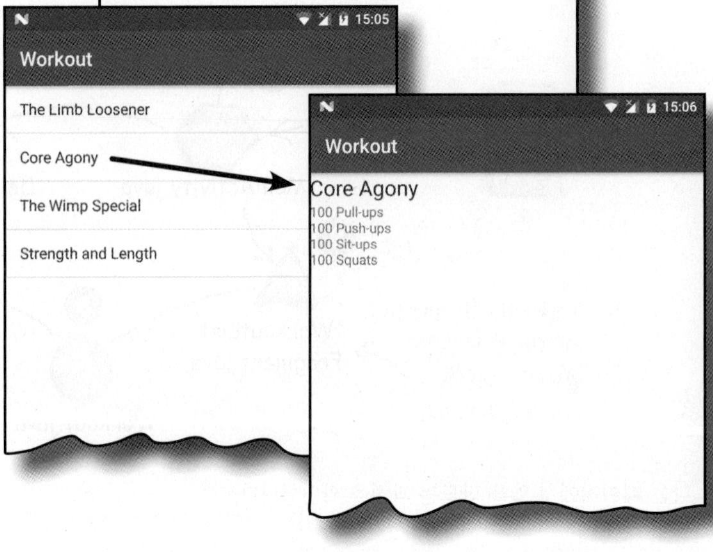

이제 시작합시다.

WorkoutDetailFragment
WorkoutListFragment
프래그먼트 조정

프로젝트와 액티비티 만들기

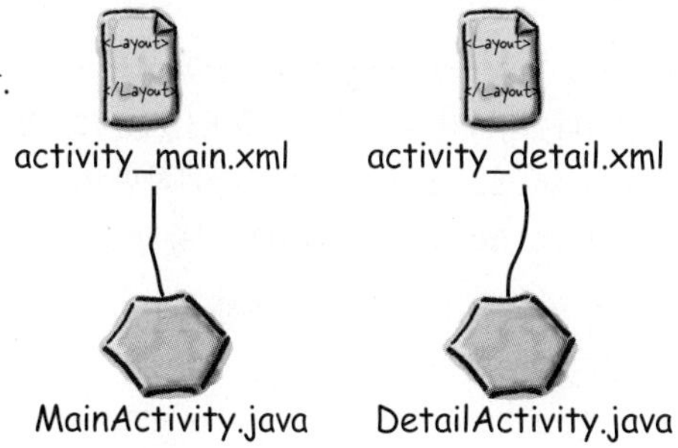

MainActivity와 DetailActivity 두 개의 액티비티를 포함하는 프로젝트부터 만듭니다. MainActivity는 운동 목록을 표시하는 프래그먼트에, DetailActivity는 특정 운동의 정보를 자세히 표시하는 프래그먼트에 사용합니다.

먼저 'Workout'이라는 이름과 'hfad.com'이라는 회사 도메인으로 com.hfad.workout이라는 패키지 이름을 가진 안드로이드 프로젝트를 만듭니다. 대부분의 디바이스로 앱을 실행할 수 있도록 최소 SDK 수준은 API 19로 설정합니다. 액티비티 이름은 'MainActivity'로, 레이아웃 이름은 'layout_main'으로 설정합니다. **Backwards Compatibility (AppCompat) 옵션을 선택합니다.**

app/src/main/java 폴더에 있는 com.hfad.workout 패키지를 선택한 다음 File → New... → Activity → Empty Activity를 선택합니다. 액티비티 이름은 'DetailActivity'로, 레이아웃 이름은 'activity_detail'로 설정합니다. 패키지 이름이 com.hfad.workout인지 확인하고 **Backwards Compatibility (AppCompat) 옵션을 선택합니다.**

액티비티 소스 언어를 물어보면 자바를 선택하세요.

AppCompat 지원 라이브러리 추가하기

v7 AppCompat 라이브러리에서 제공하는 액티비티와 프래그먼트를 사용할 것이므로 라이브러리를 프로젝트에 디펜던시로 추가해야 합니다. 이를 위해 File 메뉴에서 Project Structure를 선택하고 app 모듈을 클릭한 다음 Dependencies를 선택합니다.

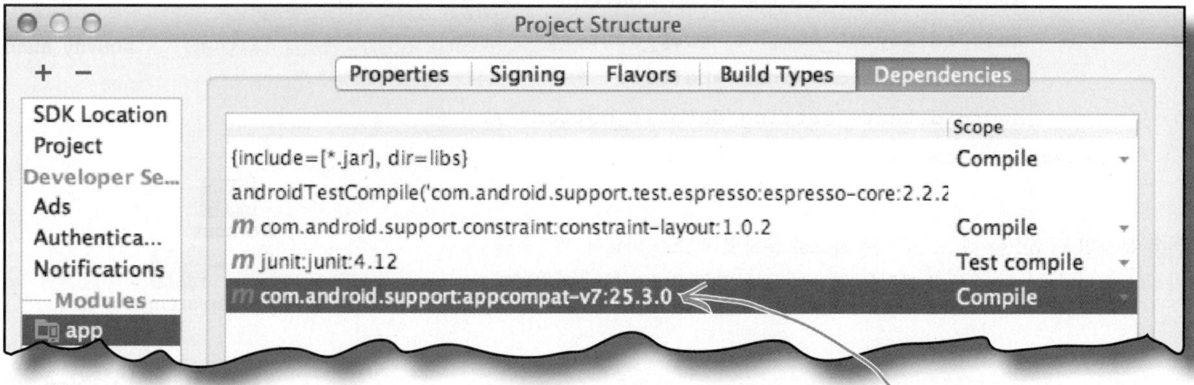

v7 AppCompat 지원 라이브러리예요.

안드로이드 스튜디오가 이미 v7 AppCompat 지원 라이브러리를 프로젝트에 추가했다면 Dependencies 목록에서 이를 확인할 수 있습니다. 지원 라이브러리가 추가되어 있지 않다면 직접 추가해야 합니다. 이를 위해 화면 아래 또는 오른쪽에 있는 '+' 버튼을 클릭합니다. Library Dependency 옵션을 선택하고 옵션 목록에서 appcompat-v7 라이브러리를 선택한 다음 OK 버튼을 클릭해 설정을 저장합니다.

v7 AppCompat 지원 라이브러리가 추가되었다면 Project Structure 창을 닫습니다. 다음 페이지에서는 MainActivity를 갱신합니다.

버튼을 MainActivity의 레이아웃에 추가하기

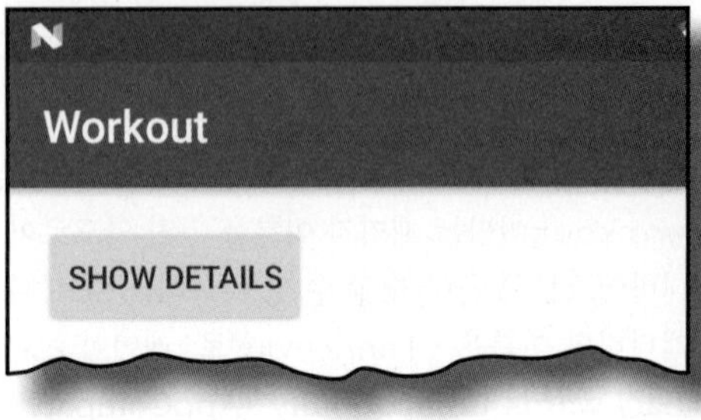

DetailActivity를 시작할 버튼을 MainActivity에 추가할 겁니다. 여기서는 DetailActivity의 프래그먼트를 먼저 구현하는데 MainActivity에 버튼을 추가하면 MainActivity에서 DetailActivity로 쉽게 이동할 수 있기 때문입니다.

먼저 버튼을 레이아웃에 추가합니다. activity_main.xml 파일을 열어 여러분 코드를 아래처럼 바꿉니다.

```
<?xml version="1.0" encoding="utf-8"?>
<LinearLayout xmlns:android="http://schemas.android.com/apk/res/android"
    xmlns:tools="http://schemas.android.com/tools"
    android:layout_width="match_parent"
    android:layout_height="match_parent"
    android:padding="16dp"
    android:orientation="vertical"
    tools:context="com.hfad.workout.MainActivity">

    <Button
        android:layout_width="wrap_content"
        android:layout_height="wrap_content"
        android:onClick="onShowDetails"
        android:text="@string/details_button" />
</LinearLayout>
```

추가하려는 버튼이에요.

버튼을 클릭하면 MainActivity의 onShowDetails() 메서드가 호출돼요. 이 메서드를 구현해야 합니다.

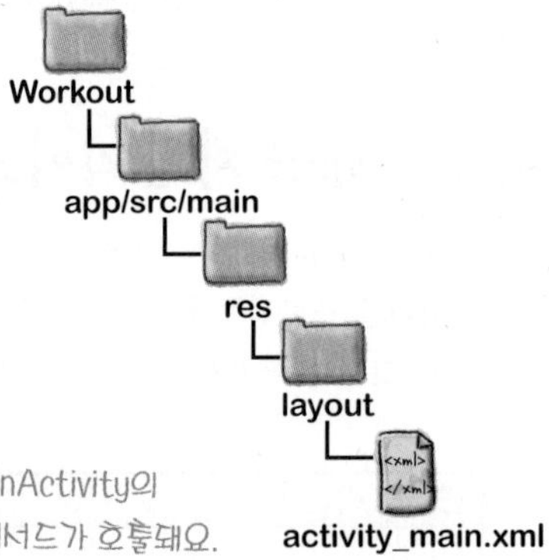

버튼은 문자열 리소스를 텍스트로 사용하므로 문자열 리소스 파일에 텍스트를 추가해야 합니다. strings.xml 파일을 열고 다음 문자열 리소스를 추가합니다.

```
<resources>
    ...
    <string name="details_button">Show details</string>
</resources>
```

버튼에 표시할 텍스트예요.

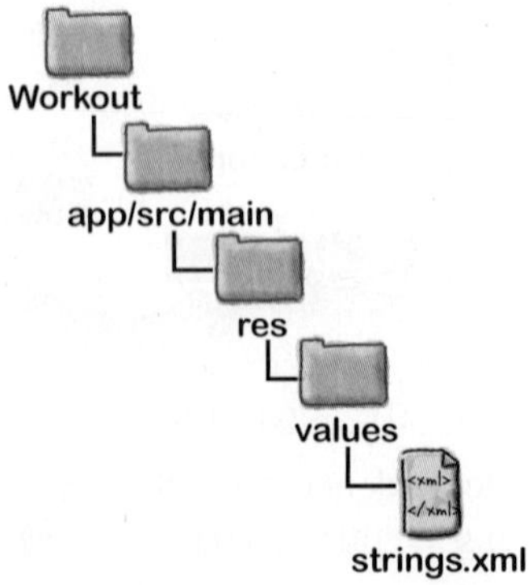

버튼을 클릭하면 MainActivity의 onShowDetails() 메서드가 호출되도록 설정했습니다. 이제 onShowDetails() 메서드를 구현합니다.

버튼 클릭에 응답하게 만들기

MainActivity의 버튼을 클릭하면 DetailActivity를 실행해야 합니다. 이를 위해 MainActivity의 onShowDetails() 메서드를 추가합니다. 지금까지 살펴본 것처럼 이 메서드는 인텐트로 DetailActivity를 실행합니다.

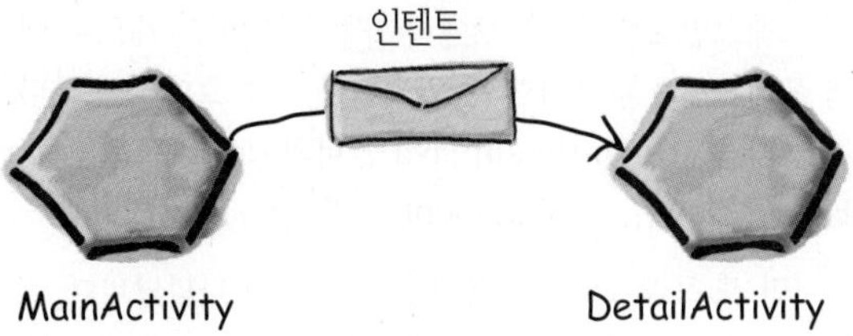

다음은 MainActivity.java 전체 코드입니다. 여러분 코드도 다음처럼 바꾸세요.

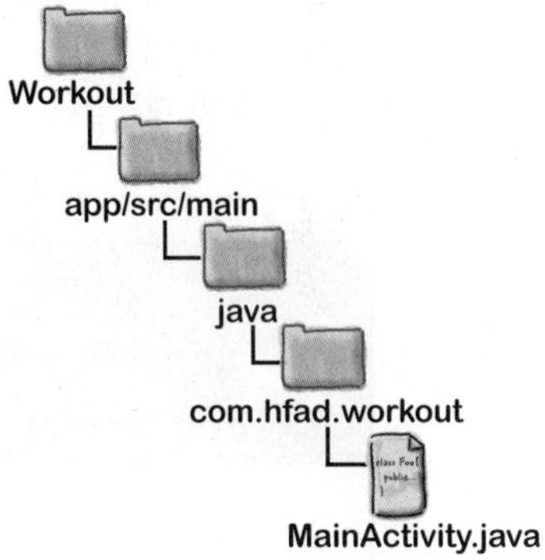


```
package com.hfad.workout;

import android.support.v7.app.AppCompatActivity;
import android.os.Bundle;
import android.view.View;
import android.content.Intent;

public class MainActivity extends AppCompatActivity {

    @Override
    protected void onCreate(Bundle savedInstanceState) {
        super.onCreate(savedInstanceState);
        setContentView(R.layout.activity_main);
    }

    public void onShowDetails(View view) {
        Intent intent = new Intent(this, DetailActivity.class);
        startActivity(intent);
    }
}
```

액티비티는 AppCompatActivity를 상속받아요.

버튼을 클릭하면 이 메서드가 호출되면서 DetailActivity가 실행돼요.

MainActivity가 DetailActivity를 실행하도록 구현했습니다. 다음 페이지에서는 WorkoutDetailFragment라는 프래그먼트를 프로젝트에 추가한 다음 DetailActivity에 프래그먼트를 적용합니다.

프래그먼트를 프로젝트에 추가하는 방법

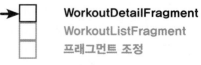

WorkoutDetailFragment
WorkoutListFragment
프래그먼트 조정

한 운동의 정보를 자세히 표시하는 WorkoutDetailFragment라는 새 프래그먼트를 프로젝트에 추가할 것입니다. 새로운 액티비티를 추가하는 방법처럼 새 프래그먼트를 추가할 수 있습니다. 안드로이드 스튜디오의 탐색기를 Project 뷰로 바꾼 다음 app/src/main/java 폴더의 com.hfad.workout 패키지를 선택하고 File → New... → Fragment → Fragment (Blank)를 선택합니다.

그러면 새 프래그먼트의 옵션을 묻는 창이 나타납니다. 프래그먼트 이름은 'WorkoutDetailFragment'로, 레이아웃 XML을 생성하는 옵션을 선택하고, 프래그먼트 레이아웃 이름을 'fragment_workout_detail'로 설정합니다. 프래그먼트 팩토리 메서드와 인터페이스 콜백을 포함하는 옵션은 선택 해제합니다. 이 옵션이 만드는 추가 코드를 사용할 일이 없기 때문입니다. 마지막으로 Finish 버튼을 클릭합니다.

나중에 따로 시간을 내서 이 옵션이 만드는 추가 코드를 살펴보세요. 어쩌면 여러분에게 도움이 되는 기능일 수도 있으니까요.

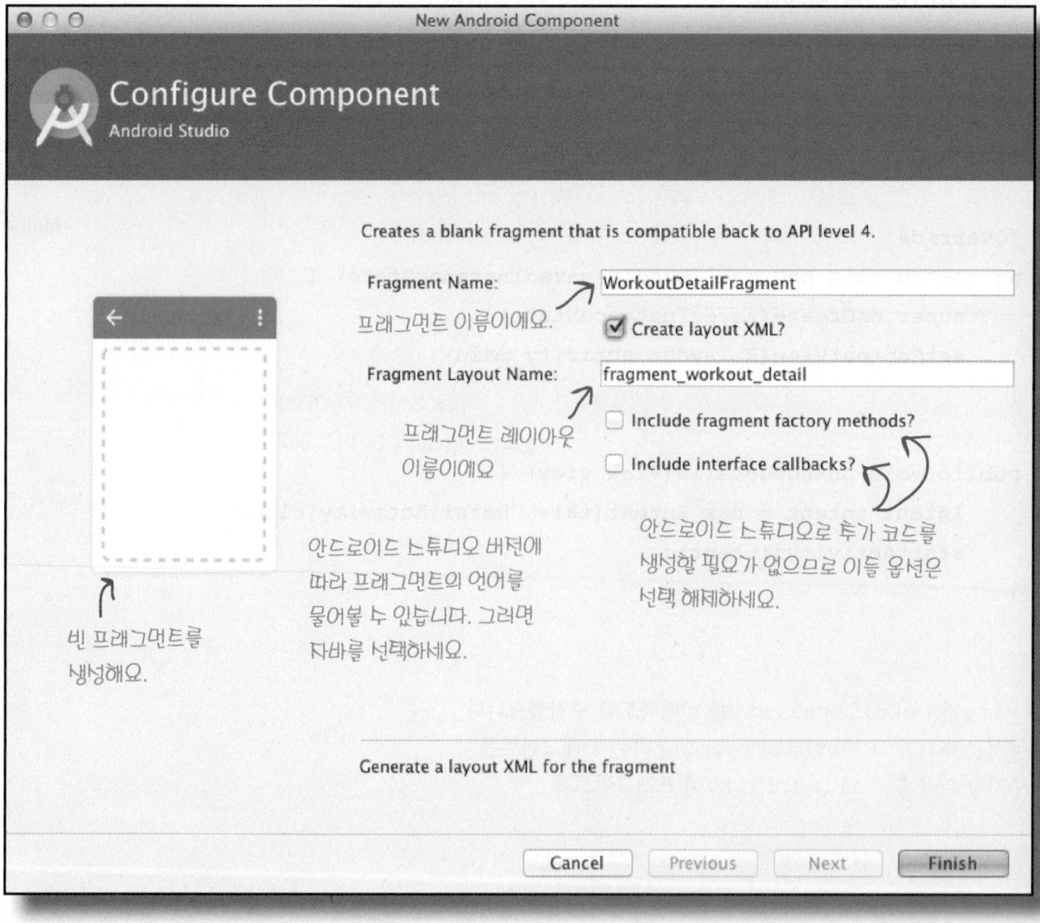

New Android Component
Configure Component
Android Studio
Creates a blank fragment that is compatible back to API level 4.
Fragment Name:
WorkoutDetailFragment
프래그먼트 이름이에요.
Create layout XML?
Fragment Layout Name:
fragment_workout_detail
프래그먼트 레이아웃 이름이에요
Include fragment factory methods?
Include interface callbacks?
안드로이드 스튜디오로 추가 코드를 생성할 필요가 없으므로 이들 옵션은 선택 해제하세요.
안드로이드 스튜디오 버전에 따라 프래그먼트의 언어를 물어볼 수 있습니다. 그러면 자바를 선택하세요.
빈 프래그먼트를 생성해요.
Generate a layout XML for the fragment
Cancel
Previous
Next
Finish

Finish 버튼을 클릭하면 안드로이드 스튜디오가 새 프래그먼트를 생성해 프로젝트에 추가합니다.

WorkoutDetailFragment
WorkoutListFragment
프래그먼트 조정

프래그먼트의 모습

프래그먼트를 생성하면 안드로이드 스튜디오가 프래그먼트의 자바 파일과 프래그먼트 레이아웃의 XML 코드 등 두 개의 파일을 생성합니다. 자바 코드는 프래그먼트의 동작을 지정하며 레이아웃은 프래그먼트의 모양을 정의합니다.

먼저 자바 코드를 살펴봅니다. app/src/main/java 폴더의 `com.hfad.workout` 패키지로 가서 안드로이드 스튜디오가 생성한 WorkoutDetailFragment.java 파일을 엽니다. 그리고 파일의 내용을 다음 코드로 바꿉니다.

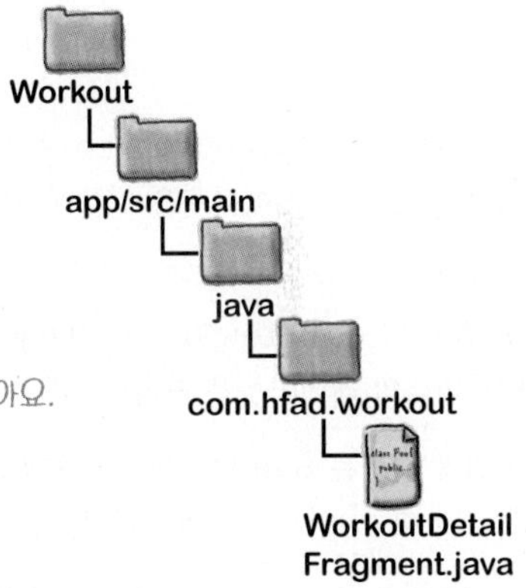


```
package com.hfad.workout;

import android.support.v4.app.Fragment;
import android.os.Bundle;
import android.view.LayoutInflater;
import android.view.View;
import android.view.ViewGroup;

public class WorkoutDetailFragment extends Fragment {

    @Override
    public View onCreateView(LayoutInflater inflater, ViewGroup container,
                             Bundle savedInstanceState) {
        return inflater.inflate(R.layout.fragment_workout_detail, container, false);
    }
}
```

안드로이드 지원 라이브러리의 Fragment 클래스를 사용해요.

WorkoutDetailFragment는 Fragment 클래스를 상속받아요.

onCreateView() 메서드예요. 프래그먼트 레이아웃이 필요할 때 안드로이드가 호출하는 코드예요.

프래그먼트가 어떤 레이아웃을 사용하는지 안드로이드에 알려줘요. 우리 예제에서는 fragment_workout_detail을 사용해요.

위 코드는 기본 프래그먼트를 생성합니다. 프래그먼트는 액티비티 코드와 비슷한 코드로 구현됩니다.

프래그먼트를 생성하려면 먼저 `Fragment`나 그 하위 클래스를 상속받아야 합니다. 우리는 지원 라이브러리의 프래그먼트를 사용하므로 `android.support.v4.app.Fragment` 클래스를 상속받습니다. 지원 라이브러리의 프래그먼트는 이전 안드로이드 버전에 하위 호환성을 제공하며 최신 프래그먼트 기능을 포함하기 때문입니다.

프래그먼트는 프래그먼트의 레이아웃이 필요할 때마다 안드로이드가 호출하는 `onCreateView()` 메서드를 구현합니다. 이 메서드에서 프래그먼트가 사용하는 레이아웃을 지정합니다. `onCreateView()` 메서드는 선택사항이지만 레이아웃을 포함하는 프래그먼트에서는 이 메서드를 구현해야 합니다. 사실 대부분의 프래그먼트가 이 메서드를 구현합니다. 다음 페이지에서 이 메서드를 더 자세히 살펴봅니다.

프래그먼트의 onCreateView() 메서드

WorkoutDetailFragment
WorkoutListFragment
프래그먼트 조정

onCreateView() 메서드는 프래그먼트의 사용자 인터페이스를 가리키는 View 객체를 반환합니다. 안드로이드가 사용자 인터페이스를 인스턴스화할 준비가 되었을 때 이 메서드를 호출하며 메서드는 세 개의 인자를 받습니다.

```
public View onCreateView(LayoutInflater inflater,
                         ViewGroup container,
                         Bundle savedInstanceState) {
}
```

onCreateView() 메서드는 안드로이드가 프래그먼트 레이아웃을 필요로 할 때 호출됩니다.

첫 번째 인자 LayoutInflator는 프래그먼트 레이아웃을 인플레이트하는 데 사용합니다. 레이아웃을 인플레이트하면 XML 뷰를 자바 객체로 변환합니다.

두 번째 인자는 ViewGroup입니다. ViewGroup은 프래그먼트를 포함할 액티비티의 레이아웃을 가리킵니다.

마지막 인자는 Bundle입니다. 프래그먼트의 상태를 저장했다가 다시 살려낼 때 이 인자를 사용합니다.

LayoutInflator의 inflate() 메서드로 프래그먼트의 레이아웃을 지정합니다.

```
public View onCreateView(LayoutInflater inflater,
                         ViewGroup container,
                         Bundle savedInstanceState) {
    return inflater.inflate(R.layout.fragment_workout_detail,
                  container,
                  false);
}
```

XML 프래그먼트 레이아웃을 자바 객체로 인플레이트해요.

모든 프래그먼트는 인자가 없는 공개 생성자를 반드시 제공해야 합니다.

안드로이드가 프래그먼트를 인스턴스화할 때 이 생성자를 사용하는데 이 생성자가 없으면 런타임 예외가 발생하기 때문입니다.

엄밀히 말해 한 개 이상의 인자를 갖는 **다른** 생성자를 포함하는 상황에서만 명시적으로 인자가 없는 공개 생성자를 추가해야 합니다. 생성자가 없으면 자바 컴파일러가 자동으로 인자가 없는 공개 생성자를 추가하기 때문이죠.

위 메서드는 액티비티의 setContentView() 메서드에 해당합니다. 이 메서드로 프래그먼트가 사용할 레이아웃을 지정하는데 우리 예제에서는 R.layout.fragment_workout_detail을 사용합니다.

inflate() 메서드의 container 인자는 프래그먼트 레이아웃을 추가할 액티비티의 ViewGroup을 가리킵니다. 프래그먼트의 onCreateView() 메서드의 두 번째 인자로 ViewGroup을 전달합니다.

프래그먼트 코드를 살펴봤으니 이번에는 레이아웃 코드를 살펴봅시다.

프래그먼트 레이아웃 코드는 액티비티 레이아웃 코드와 비슷합니다

이미 설명한 것처럼 프래그먼트는 레이아웃 파일로 모양을 정의합니다. 프래그먼트 레이아웃 코드는 액티비티 레이아웃 코드와 거의 비슷하므로 액티비티 레이아웃 코드를 구현할 때 이용했던 뷰와 레이아웃 코드를 프래그먼트 레이아웃 코드에도 이용할 수 있습니다.

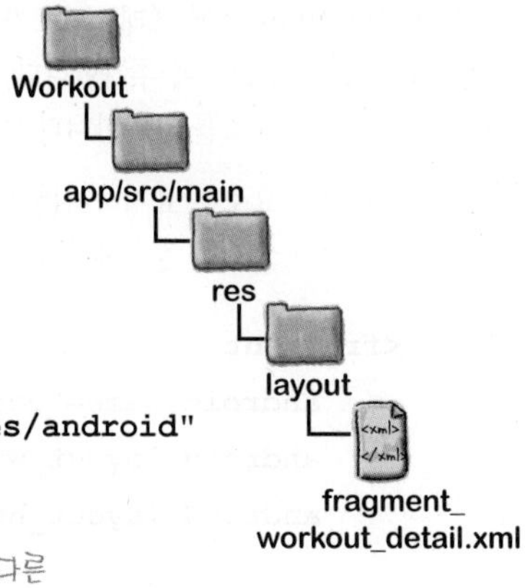

프래그먼트의 레이아웃에 운동 제목과 설명을 표시할 두 개의 텍스트 뷰를 추가할 것입니다.

app/src/res/layout 폴더에서 fragment_workout_detail.xml 파일을 열고 다음 코드로 바꾸세요.

```
<LinearLayout xmlns:android="http://schemas.android.com/apk/res/android"
    android:layout_height="match_parent"
    android:layout_width="match_parent"
    android:orientation="vertical">

    <TextView
        android:layout_width="wrap_content"
        android:layout_height="wrap_content"
        android:textAppearance="?android:attr/textAppearanceLarge"
        android:text="@string/workout_title"
        android:id="@+id/textTitle" />

    <TextView
        android:layout_width="wrap_content"
        android:layout_height="wrap_content"
        android:text="@string/workout_description"
        android:id="@+id/textDescription" />
</LinearLayout>
```

예제에서는 프래그먼트에 LinearLayout을 사용했는데 다른 종류의 레이아웃도 사용할 수 있어요.

별도의 텍스트 뷰로 운동 제목과 설명을 표시해요.

텍스트 모양을 크게 만들어요.

정적 문자열 리소스예요.

지금은 프래그먼트가 작동하는 것을 확인할 목적으로 정적 문자열로 정의한 제목과 설명을 사용합니다. strings.xml 파일을 열고 다음 문자열 리소스를 추가합니다.

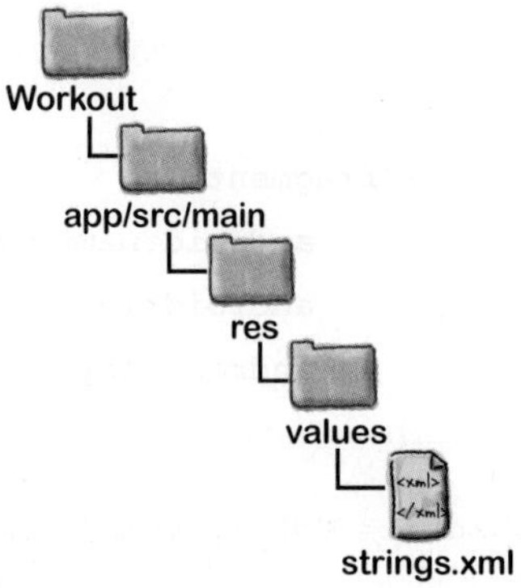


```
<resources>
    ...
    <string name="workout_title">Title</string>
    <string name="workout_description">Description</string>
</resources>
```

프래그먼트에 표시할 기본 텍스트예요.

지금까지 프래그먼트를 구현했습니다. 다음 페이지에서는 프래그먼트를 액티비티에 추가하는 방법을 살펴봅니다.

프래그먼트를 액티비티의 레이아웃에 추가하기

액티비티의 레이아웃에 프래그먼트가 표시되도록 WorkoutDetailFragment를 DetailActivity에 추가합니다. 이를 위해 DetailActivity의 레이아웃에 <fragment> 요소를 추가합니다.

<fragment> 요소는 표시하려는 프래그먼트의 이름을 지정하는 뷰입니다. 다음처럼 <fragment> 요소를 정의합니다.

```
<fragment
    android:name="com.hfad.workout.WorkoutDetailFragment"
    android:layout_width="match_parent"
    android:layout_height="match_parent" />
```

프래그먼트 클래스의 전체 이름이에요.

android:name 속성에 프래그먼트의 전체 경로를 포함한 이름을 할당해 프래그먼트를 지정합니다. 우리 예제에서는 com.hfad.workout 패키지의 WorkoutDetailFragment를 사용합니다.

```
android:name="com.hfad.workout.WorkoutDetailFragment"
```

안드로이드가 액티비티 레이아웃을 생성할 때 <fragment> 요소를 프래그먼트의 onCreateView() 메서드가 반환하는 View 객체로 바꿉니다. 반환된 뷰는 프래그먼트의 사용자 인터페이스이므로 <fragment>는 사실상 프래그먼트 레이아웃을 삽입하는 플레이스홀더입니다.

다른 요소를 추가하는 것과 같은 방법으로 <fragment> 요소를 추가합니다. 예를 들어 다음은 선형 레이아웃에 프래그먼트를 추가하는 방법입니다.

```
<?xml version="1.0" encoding="utf-8"?>
<LinearLayout xmlns:android="http://schemas.android.com/apk/res/android"
    android:orientation="vertical"
    android:layout_width="match_parent"
    android:layout_height="match_parent">

    <fragment
        android:name="com.hfad.workout.WorkoutDetailFragment"
        android:layout_width="match_parent"
        android:layout_height="match_parent" />
</LinearLayout>
```

프래그먼트를 액티비티의 레이아웃에 추가해요.

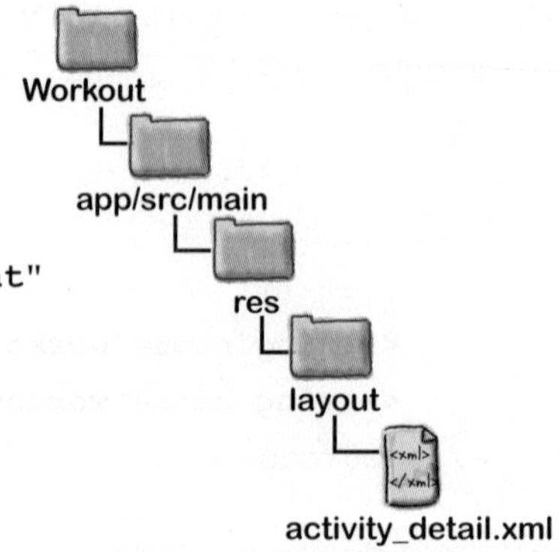

레이아웃에 다른 뷰가 없고 한 개의 프래그먼트만 있다면 레이아웃 코드를 더 단순화할 수 있습니다.

WorkoutDetailFragment
WorkoutListFragment
프래그먼트 조정

레이아웃 단순화

레이아웃이 한 개의 프래그먼트만 포함하고 다른 뷰는 포함하지 않는다면 루트 레이아웃 요소를 삭제해서 레이아웃 코드를 단순화할 수 있습니다.

모든 레이아웃 파일은 반드시 한 개의 뷰나 뷰 그룹을 루트 요소로 갖습니다. 이는 레이아웃에 여러 항목이 있으면 이들 항목을 선형 레이아웃 같은 뷰 그룹에 추가해야 한다는 뜻입니다.

레이아웃이 한 개의 프래그먼트를 포함하면 <fragment> 요소를 레이아웃 파일의 루트로 설정할 수 있습니다. <fragment> 요소가 뷰의 유형이고, 런타임에 안드로이드가 이를 프래그먼트의 레이아웃으로 바꾸기 때문입니다.

이전 페이지의 예제에서는 선형 레이아웃에 프래그먼트를 포함했습니다. 하지만 레이아웃이 다른 뷰를 포함하지 않으므로 다음처럼 선형 레이아웃은 제거할 수 있습니다.

레이아웃 파일은 한 개의 뷰나 뷰 그룹을 루트 요소로 가져야 해요. 액티비티가 한 개의 프래그먼트만 포함하면 프래그먼트 자체가 루트 요소가 될 수 있어요.

```
<?xml version="1.0" encoding="utf-8"?>
<fragment
    xmlns:android="http://schemas.android.com/apk/res/android"
    android:name="com.hfad.workout.WorkoutDetailFragment"
    android:layout_width="match_parent"
    android:layout_height="match_parent" />
```

마치 레이아웃이 한 개의 프래그먼트만 포함하는 것처럼 레이아웃에 프래그먼트를 추가할 수 있어요.

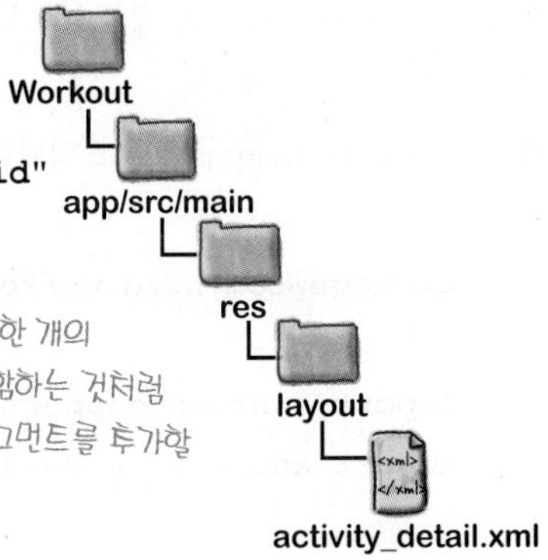

이전 페이지와 완전히 같은 동작을 수행하지만 훨씬 간단해졌습니다.

`DetailActivity`의 레이아웃에 필요한 것은 위 코드가 전부이므로 여러분의 activity_detail.xml 파일을 위와 같이 바꿉니다.

다음 페이지에서는 액티비티 코드를 살펴봅니다.

지원 라이브러리 프래그먼트는 FragmentActivity를 상속받는 액티비티가 필요합니다

프래그먼트를 액티비티에 추가할 때는 프래그먼트와 액티비티 간의 상호작용을 제어하는 코드를 구현해야 합니다. 이 예제는 이 장 뒤에서 소개합니다.

현재는 WorkoutDetailFragment가 정적 데이터만 포함하고 있습니다. DetailActivity는 프래그먼트를 표시만 할 뿐 프래그먼트와 아직 상호작용할 필요는 없으므로 상호작용에 필요한 코드를 액티비티에 구현할 필요는 없습니다.

하지만 알아야 할 중요한 사실이 있습니다. 우리 예제처럼 지원 라이브러리의 프래그먼트를 사용하려면 **액티비티가 FragmentActivity 또는 그 하위 클래스를 상속받아야 한다**는 겁니다. FragmentActivity 클래스는 지원 라이브러리 프래그먼트와 작동하도록 설계되었으므로 액티비티가 이 클래스를 상속받지 않으면 코드가 제대로 동작하지 않습니다.

사실 이 부분은 문제가 아닙니다. AppCompatActivity 클래스는 이미 FragmentActivity의 하위 클래스기 때문이죠. 따라서 우리 액티비티가 AppCompatActivity 클래스를 상속받으면 지원 라이브러리 프래그먼트가 아무 문제없이 작동합니다.

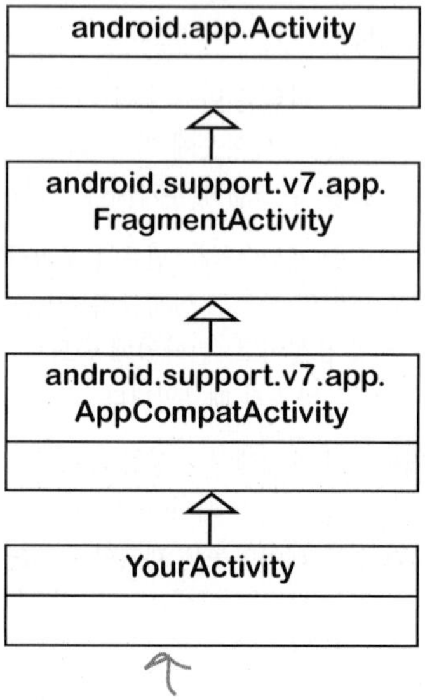

액티비티가 FragmentActivity나 AppCompatActivity 등의 하위 클래스를 상속받으면 지원 라이브러리의 프래그먼트를 사용할 수 있어요.

다음은 DetailActivity.java 코드입니다. 여러분 코드도 다음처럼 바꾸세요.

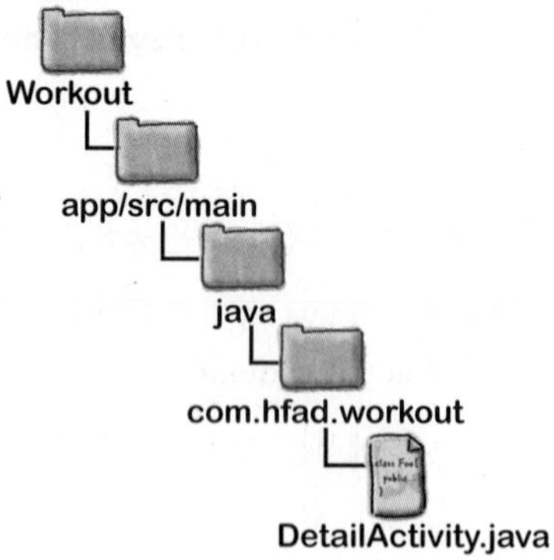


```
package com.hfad.workout;

import android.support.v7.app.AppCompatActivity;
import android.os.Bundle;

public class DetailActivity extends AppCompatActivity {

    @Override
    protected void onCreate(Bundle savedInstanceState) {
        super.onCreate(savedInstanceState);
        setContentView(R.layout.activity_detail);
    }
}
```

DetailActivity는 AppCompatActivity를 상속받아요.

액티비티에 WorkoutDetailFragment를 표시하는 데 필요한 코드를 모두 구현했습니다. 이제 앱을 실행해서 어떻게 동작하는지 확인합시다.

코드가 하는 일

WorkoutDetailFragment
WorkoutListFragment
프래그먼트 조정

코드를 실행하면 어떤 일이 일어나는지 살펴봅시다.

1 앱을 실행하면 MainActivity가 생성됩니다.

사용자가 `MainActivity`의 버튼을 클릭해 `DetailActivity`를 실행합니다.

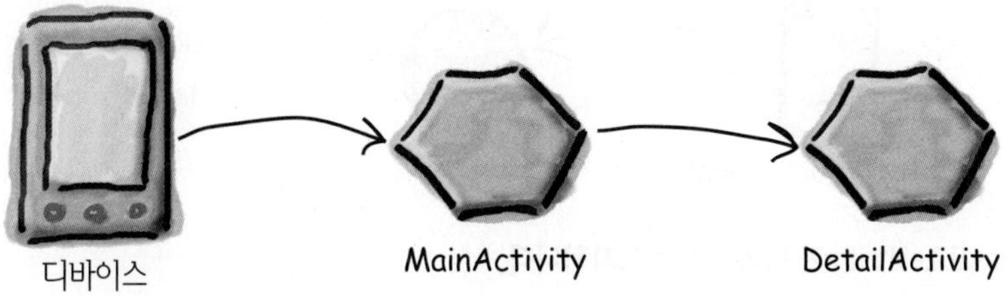

2 DetailActivity의 onCreate() 메서드가 실행됩니다.

`onCreate()` 메서드는 activity_detail.xml을 `DetailActivity`의 레이아웃으로 사용하라고 지시합니다.

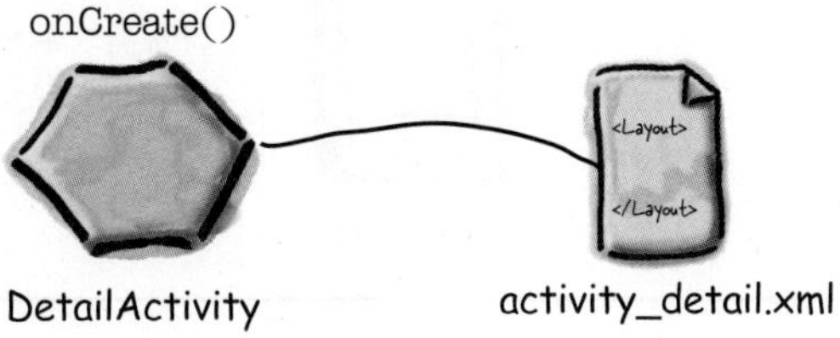

3 activity_detail.xml은 WorkoutDetailFragment를 가리키는 〈fragment〉 요소를 포함합니다.

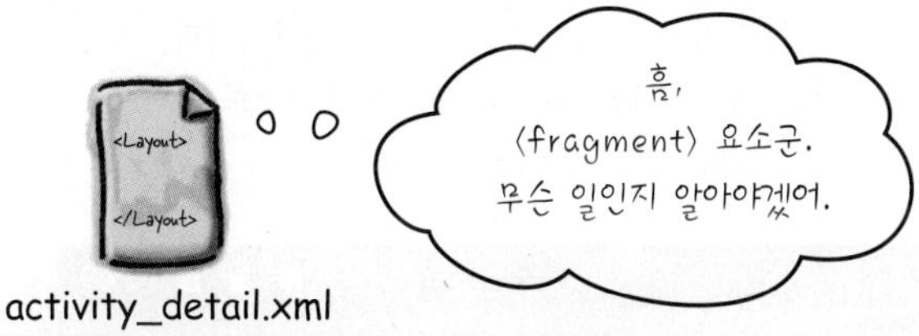

4 WorkoutDetailFragment의 onCreateView() 메서드가 호출됩니다.

`onCreateView()` 메서드는 `WorkoutDetailFragment`의 레이아웃으로 fragment_workout_detail.xml을 사용하라고 지시합니다. 그리고 레이아웃을 `View` 객체로 인플레이트합니다.

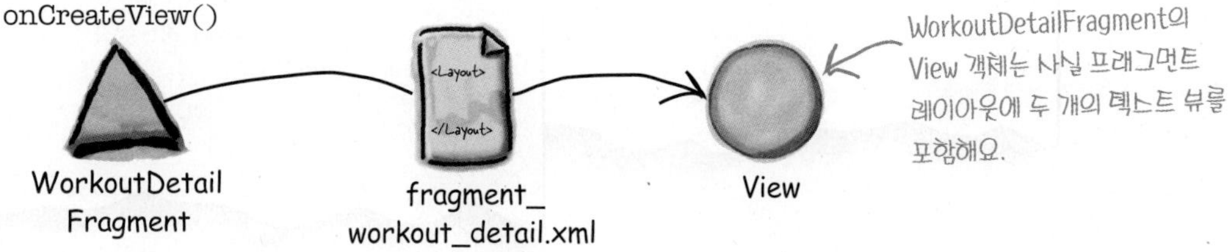

이야기는 계속됩니다

WorkoutDetailFragment
WorkoutListFragment
프래그먼트 조정

5 activity_detail.xml의 View가 View 자바 객체로 인플레이트됩니다.

DetailActivity 레이아웃은 XML의 <fragment> 요소에 WorkoutDetailFragment의 View 객체를 사용합니다.

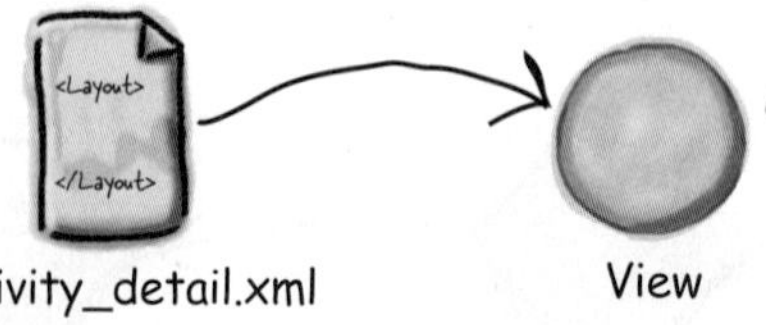

6 마지막으로 DetailActivity가 디바이스에 표시됩니다.

DetailActivity의 레이아웃은 WorkoutDetailFragment를 포함합니다.

WorkoutDetailFragment가 DetailActivity에 표시돼요. 아래 시험 주행에서 더 자세히 확인할 수 있어요.
에뮬레이터

앱 시험 주행

앱을 실행하면 MainActivity가 실행됩니다.

MainActivity의 버튼을 클릭하면 DetailActivity가 시작됩니다. DetailActivity는 WorkoutDetailFragment를 포함하므로 WorkoutDetailFragment가 디바이스 화면에 나타납니다.

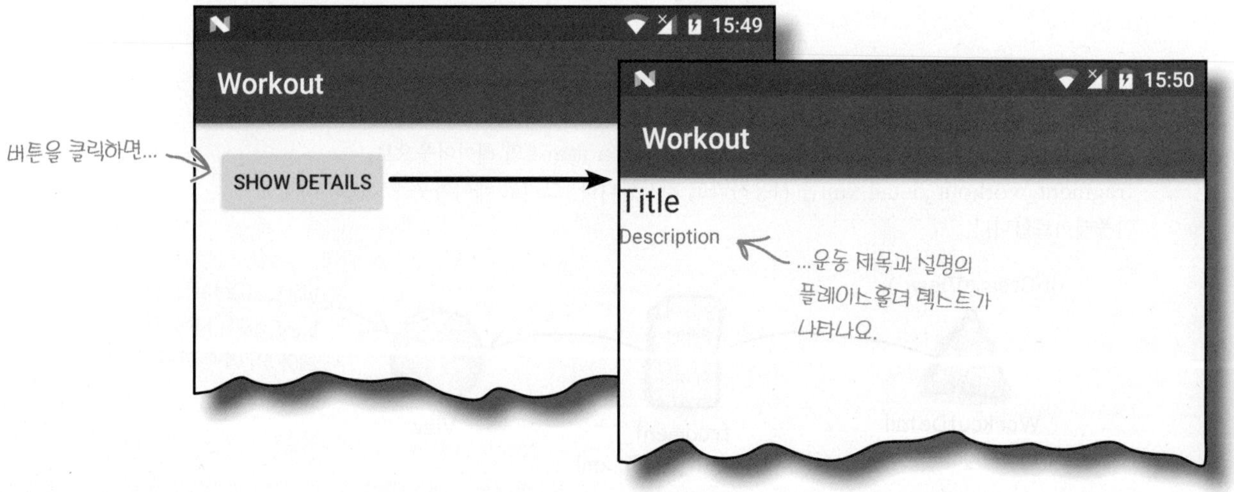

레이아웃이 되어보아요

여러분의 임무는 레이아웃이 되어 아래 각각의 레이아웃이 유효한지 아닌지 체크하고 그 이유를 설명하는 겁니다. 아래 레이아웃 코드에서 참조하는 프래그먼트나 문자열 리소스는 이미 존재한다고 가정합니다.

A

```
<?xml version="1.0" encoding="utf-8"?>
<fragment
    xmlns:android="http://schemas.android.com/apk/res/android"
    android:name="com.hfad.workout.WorkoutDetailFragment"
    android:layout_width="match_parent"
    android:layout_height="match_parent" />
```

B

```
<?xml version="1.0" encoding="utf-8"?>
<fragment
    xmlns:android="http://schemas.android.com/apk/res/android"
    android:name="com.hfad.workout.WorkoutDetailFragment"
    android:layout_width="match_parent"
    android:layout_height="match_parent" />
<Button
    android:layout_width="wrap_content"
    android:layout_height="wrap_content"
    android:text="@string/details_button" />
```

C

```
<?xml version="1.0" encoding="utf-8"?>
<Button
    xmlns:android="http://schemas.android.com/apk/res/android"
    android:layout_width="wrap_content"
    android:layout_height="wrap_content"
    android:text="@string/details_button" />
```

레이아웃이 되어보아요 정답

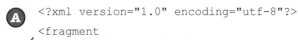

여러분의 임무는 레이아웃이 되어 아래 각각의 레이아웃이 유효한지 아닌지 체크하고 그 이유를 설명하는 겁니다. 아래 레이아웃 코드에서 참조하는 프래그먼트나 문자열 리소스는 이미 존재한다고 가정합니다.

A ✓

```
<?xml version="1.0" encoding="utf-8"?>
<fragment
    xmlns:android="http://schemas.android.com/apk/res/android"
    android:name="com.hfad.workout.WorkoutDetailFragment"
    android:layout_width="match_parent"
    android:layout_height="match_parent" />
```

한 개의 프래그먼트를 포함하므로 유효한 레이아웃입니다.

B ✗

```
<?xml version="1.0" encoding="utf-8"?>
<fragment
    xmlns:android="http://schemas.android.com/apk/res/android"
    android:name="com.hfad.workout.WorkoutDetailFragment"
    android:layout_width="match_parent"
    android:layout_height="match_parent" />
<Button
    android:layout_width="wrap_content"
    android:layout_height="wrap_content"
    android:text="@string/details_button" />
```

유효하지 않은 레이아웃이에요. 레이아웃은 반드시 루트 요소에 한 개의 View나 ViewGroup을 가져야 합니다. 레이아웃을 올바로 고치려면 fragment와 Button을 ViewGroup으로 추가해야 합니다.

C ✓

```
<?xml version="1.0" encoding="utf-8"?>
<Button
    xmlns:android="http://schemas.android.com/apk/res/android"
    android:layout_width="wrap_content"
    android:layout_height="wrap_content"
    android:text="@string/details_button" />
```

한 개의 View(여기서는 버튼)를 루트 요소로 가지는 유효한 레이아웃입니다.

→ WorkoutDetailFragment
WorkoutListFragment
프래그먼트 조정

프래그먼트와 액티비티 상호작용

지금까지 단순한 프래그먼트를 액티비티에 추가했습니다. 다음에는 프래그먼트와 액티비티가 상호작용하게 해야 합니다.

먼저 WorkoutDetailFragment가 현재 플레이스홀더 텍스트 대신 운동 정보를 자세히 표시하도록 바꿔야 합니다.

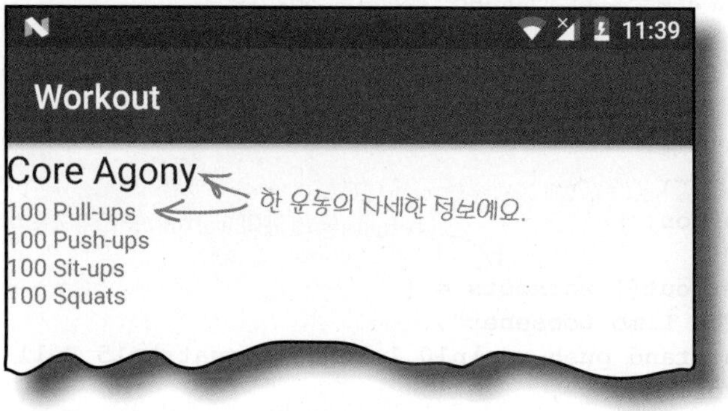

우선 현재 표시되는 정적 텍스트를 프래그먼트 레이아웃에서 제거합니다. fragment_workout_detail.xml 파일을 열어서 다음처럼 바꿉니다.

```
<LinearLayout xmlns:android="http://schemas.android.com/apk/res/android"
    ...
    <TextView
        android:layout_width="wrap_content"
        android:layout_height="wrap_content"
        android:textAppearance="?android:attr/textAppearanceLarge"
        android:text="@string/workout_title"
        android:id="@+id/textTitle" />

    <TextView
        android:layout_width="wrap_content"
        android:layout_height="wrap_content"
        android:text="@string/workout_description"
        android:id="@+id/textDescription" />
</LinearLayout>
```

두 행은 삭제하세요.

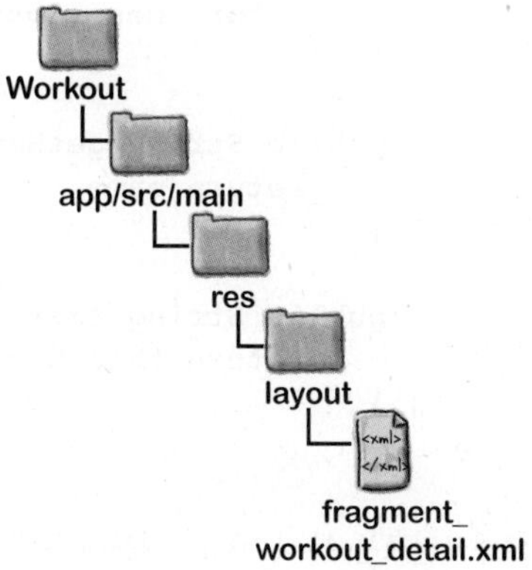

다음 페이지에서는 운동 데이터를 포함하는 새 클래스를 프로젝트에 추가합니다.

Workout 클래스

WorkoutDetailFragment
WorkoutListFragment
프래그먼트 조정

Workout.java라는 순수 자바 파일에 운동 데이터를 저장할 겁니다. 앱은 이 클래스에서 운동 정보를 가져옵니다. 클래스는 네 개의 운동 정보를 포함하는 배열을 정의합니다. 각 운동 정보에는 이름과 설명이 포함됩니다. 프로젝트의 app/src/main/java 폴더에서 `com.hfad.workout` 패키지를 선택한 다음 File → New... → Java Class를 선택합니다. 클래스 이름을 'Workout'으로 설정하고 패키지 이름이 `com.hfad.workout`인지 확인합니다. Workout.java 파일을 다음 코드로 바꾸고 파일을 저장합니다.

```
package com.hfad.workout;

public class Workout {
    private String name;
    private String description;

    public static final Workout[] workouts = {
            new Workout("The Limb Loosener",
                    "5 Handstand push-ups\n10 1-legged squats\n15 Pull-ups"),
            new Workout("Core Agony",
                    "100 Pull-ups\n100 Push-ups\n100 Sit-ups\n100 Squats"),
            new Workout("The Wimp Special",
                    "5 Pull-ups\n10 Push-ups\n15 Squats"),
            new Workout("Strength and Length",
                    "500 meter run\n21 x 1.5 pood kettleball swing\n21 x pull-ups")
    };

    // 각 Workout은 이름과 설명을 포함
    private Workout(String name, String description) {
        this.name = name;
        this.description = description;
    }

    public String getDescription() {
        return description;
    }

    public String getName() {
        return name;
    }

    public String toString() {
        return this.name;
    }
}
```

각 Workout은 이름과 설명으로 구성돼요.

workouts는 네 개의 Workout을 포함하는 배열이에요.

비공개 변수의 게터예요.

Workout의 문자열 표현으로 이름을 사용해요.

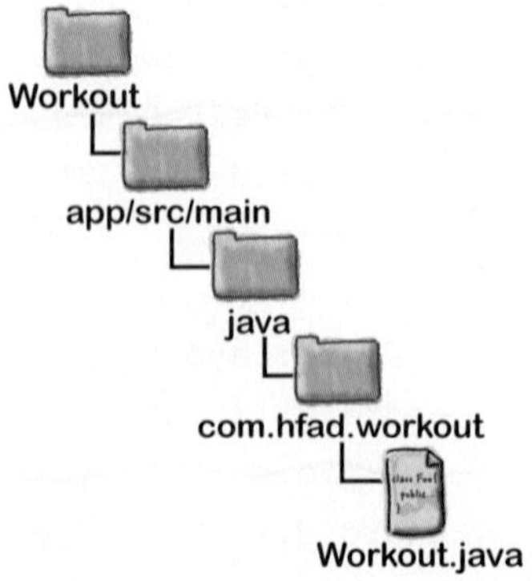

프래그먼트는 이 데이터를 이용해 특정 운동 정보를 자세히 표시합니다. 지금부터 이 부분을 살펴봅니다.

- → WorkoutDetailFragment
- WorkoutListFragment
- 프래그먼트 조정

운동 ID를 프래그먼트로 전달하기

프래그먼트를 사용하는 액티비티가 있으면 액티비티는 어떤 방식으로든 프래그먼트와 의사소통을 해야 합니다. 예를 들어 레코드를 자세히 표시하는 프래그먼트가 있다면 액티비티가 어떤 레코드를 자세히 표시할지 프래그먼트에 알려줘야 합니다.

우리 예제에서는 WorkoutDetailFragment가 특정 운동 정보를 자세히 표시합니다. 그러려면 프래그먼트에 운동 ID 값을 설정하는 단순한 세터 메서드를 추가해야 합니다. 그러면 액티비티는 이 메서드로 운동 ID를 설정합니다. 나중에 운동 ID를 이용해 프래그먼트의 뷰를 갱신합니다.

다음은 WorkoutDetailFragment를 바꾼 코드입니다(여러분 코드도 다음처럼 바꾸세요).

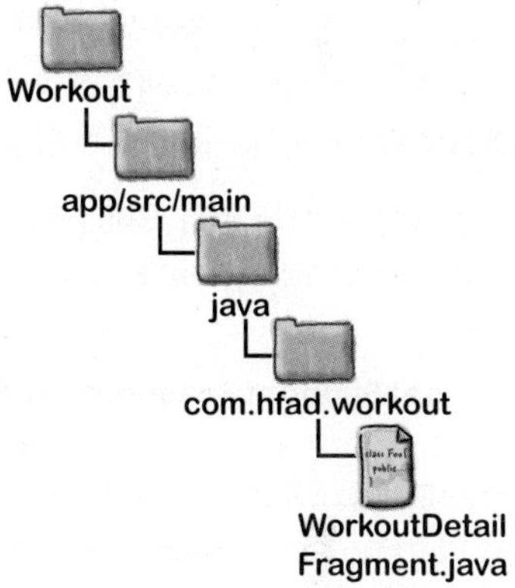


```
package com.hfad.workout;

import android.support.v4.app.Fragment;
import android.os.Bundle;
import android.view.LayoutInflater;
import android.view.View;
import android.view.ViewGroup;

public class WorkoutDetailFragment extends Fragment {
    private long workoutId; <- 사용자가 선택한 운동의 ID예요.
                               이 값을 이용해 나중에 프래그먼트의 뷰에
                               자세한 운동 정보를 설정해요.
    @Override
    public View onCreateView(LayoutInflater inflater, ViewGroup container,
                             Bundle savedInstanceState) {
        return inflater.inflate(R.layout.fragment_workout_detail, container, false);
    }

    public void setWorkout(long id) { <- 운동 ID를 설정하는 세터 메서드예요.
        this.workoutId = id;             액티비티는 이 메서드를 이용해
    }                                    운동 ID의 값을 설정해요.
}
```

DetailActivity가 프래그먼트의 setWorkout() 메서드를 호출하고 특정 운동의 ID를 전달하도록 만들어야 합니다. 그러려면 액티비티가 프래그먼트의 레퍼런스를 갖고 있어야 합니다. 어떻게 그럴 수 있을까요?

WorkoutDetailFragment
WorkoutListFragment
프래그먼트 조정

프래그먼트 관리자로 프래그먼트 관리하기

액티비티가 프래그먼트와 상호작용하려면 먼저 프래그먼트의 레퍼런스를 얻어야 합니다. 액티비티의 **프래그먼트 관리자**를 이용해 액티비티의 프래그먼트 레퍼런스를 얻을 수 있습니다. 프래그먼트 관리자는 액티비티가 사용하는 프래그먼트를 추적하는 데 사용됩니다.

`getFragmentManager()`나 `getSupportFragmentManager()`로 프래그먼트 관리자의 레퍼런스를 얻을 수 있습니다. `getSupportFragmentManager()` 메서드는 우리 예제처럼 지원 라이브러리에서 제공하는 프래그먼트를 관리하는 프래그먼트 관리자의 레퍼런스를 반환하며 `getFragmentManager()` 메서드는 네이티브 안드로이드 프래그먼트 클래스를 관리하는 프래그먼트 관리자의 레퍼런스를 반환합니다. 그리고 프래그먼트 관리자의 `findFragmentById()` 메서드로 프래그먼트의 레퍼런스를 얻을 수 있습니다.

우리는 지원 라이브러리의 프래그먼트를 사용하므로 다음처럼 `getSupportFragmentManager()` 메서드를 호출합니다.

```
getSupportFragmentManager().findFragmentById(R.id.fragment_id)
```

액티비티 레이아웃의 프래그먼트 ID예요.

findFragmentById()는 프래그먼트의 레퍼런스를 얻기 위해 사용한다는 점만 다를 뿐 findViewById()와 비슷해요.

우리는 `DetailActivity`의 프래그먼트 관리자로 `WorkoutDetailFragment`의 레퍼런스를 얻습니다. 그러려면 먼저 프래그먼트에 ID를 할당해야 합니다.

액티비티의 레이아웃에 포함된 프래그먼트에 ID를 할당합니다. activity_detail.xml 파일을 열고 다음 코드에서 강조 표시한 행을 추가하여 액티비티의 프래그먼트에 ID를 추가합니다.

```
<?xml version="1.0" encoding="utf-8"?>
<fragment xmlns:android="http://schemas.android.com/apk/res/android"
    android:name="com.hfad.workout.WorkoutDetailFragment"
    android:id="@+id/detail_frag"
    android:layout_width="match_parent"
    android:layout_height="match_parent" />
```

프래그먼트에 ID를 추가했어요.

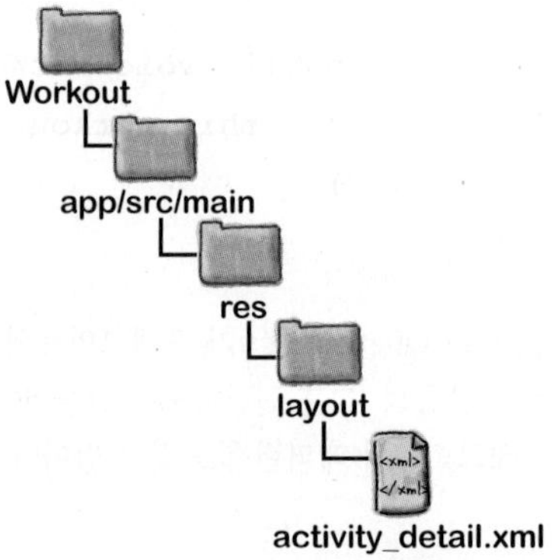

위 코드는 프래그먼트에 `detail_frag`라는 ID를 할당합니다. 다음 페이지에서는 이 ID로 프래그먼트의 레퍼런스를 얻습니다.

WorkoutDetailFragment
WorkoutListFragment
프래그먼트 조정

액티비티로 운동 ID 설정하기

프래그먼트의 레퍼런스를 얻으려면 다음 코드를 추가합니다.

```
WorkoutDetailFragment frag = (WorkoutDetailFragment)
        getSupportFragmentManager().findFragmentById(R.id.detail_frag);
```

그리고 프래그먼트의 setWorkout() 메서드를 호출하여 어떤 운동의 정보를 자세히 표시하는지 지정합니다. 우선은 값을 하드코딩해서 코드가 제대로 작동하는지부터 확인합니다. 나중에는 사용자가 정보를 보고자 하는 운동을 선택하도록 코드를 바꿀 겁니다.

다음은 이를 반영한 DetailActivity.java 코드입니다. 여러분 코드도 다음처럼 바꾸세요.

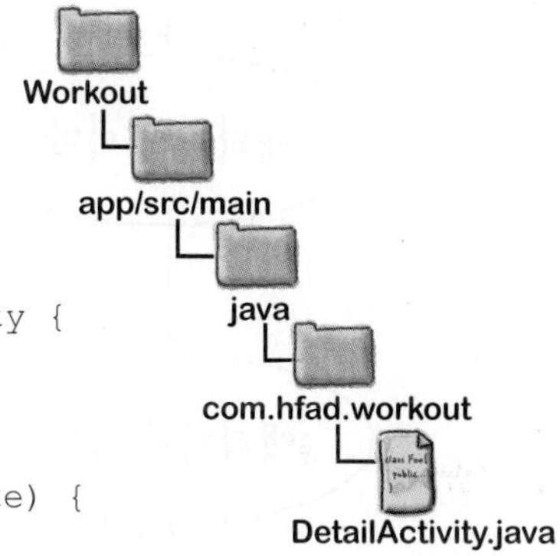


```
package com.hfad.workout;

import android.support.v7.app.AppCompatActivity;
import android.os.Bundle;

public class DetailActivity extends AppCompatActivity {

    @Override
    protected void onCreate(Bundle savedInstanceState) {
        super.onCreate(savedInstanceState);
        setContentView(R.layout.activity_detail);
        WorkoutDetailFragment frag = (WorkoutDetailFragment)
                getSupportFragmentManager().findFragmentById(R.id.detail_frag);
        frag.setWorkout(1);
    }
}
```

WorkoutDetailFragment가 제대로 운동 정보를 표시하는지 확인할 수 있도록 값을 하드코딩했어요.

WorkoutDetailFragment 레퍼런스를 얻어요. 액티비티의 레이아웃에 detail_frag라는 값으로 ID를 설정했어요.

위 코드에서 확인할 수 있는 것처럼 setContentView()를 호출한 다음 프래그먼트의 레퍼런스를 얻습니다. setContentView()를 호출하기 전에는 프래그먼트가 생성되지 않으므로 이를 고려해 프래그먼트 레퍼런스를 얻어야 합니다.

다음에는 프래그먼트가 사용자에게 표시될 때 프래그먼트의 뷰를 갱신해야 합니다. 하지만 프래그먼트의 올바른 메서드에 코드를 추가하려면 프래그먼트의 생명주기를 이해해야 합니다.

WorkoutDetailFragment
WorkoutListFragment
프래그먼트 조정

액티비티 상태 다시보기

액티비티와 마찬가지로 프래그먼트도 특정 시점에 호출되는 몇 가지 핵심 생명주기 메서드를 갖고 있습니다. 이들 메서드가 무엇을 수행하며 언제 호출되는지 알아야 프래그먼트를 제대로 구현할 수 있습니다.

프래그먼트는 액티비티 안에 포함되어 동작하므로 프래그먼트의 생명주기는 액티비티의 생명주기와 밀접한 관련이 있습니다. 다음은 이미 살펴본 액티비티의 상태입니다. 다음 페이지에서는 이 상태가 프래그먼트와 어떤 관련이 있는지 살펴봅니다.

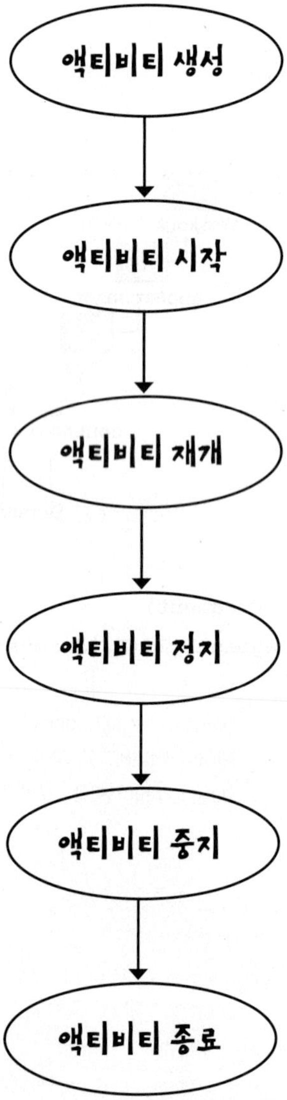

onCreate() 메서드가 실행되면서 액티비티가 생성됩니다.

액티비티가 초기화되지만 아직 화면에 보이지 않습니다.

onStart() 메서드가 실행되면서 액티비티가 시작됩니다.

액티비티가 보이지만 포커스를 갖지 않습니다.

onResume() 메서드가 실행되면서 액티비티가 재개됩니다.

액티비티가 보이며 포커스를 가집니다.

onPause() 메서드가 실행되면서 액티비티가 정지합니다.

액티비티가 보이는 상태지만 더 이상 포커스를 갖지 않습니다.

onStop() 메서드가 호출되면서 액티비티가 중지합니다.

더 이상 보이지 않지만 아직 존재하는 상태입니다.

onDestroy() 메서드가 실행되면서 액티비티가 종료됩니다.

액티비티가 더 이상 존재하지 않습니다.

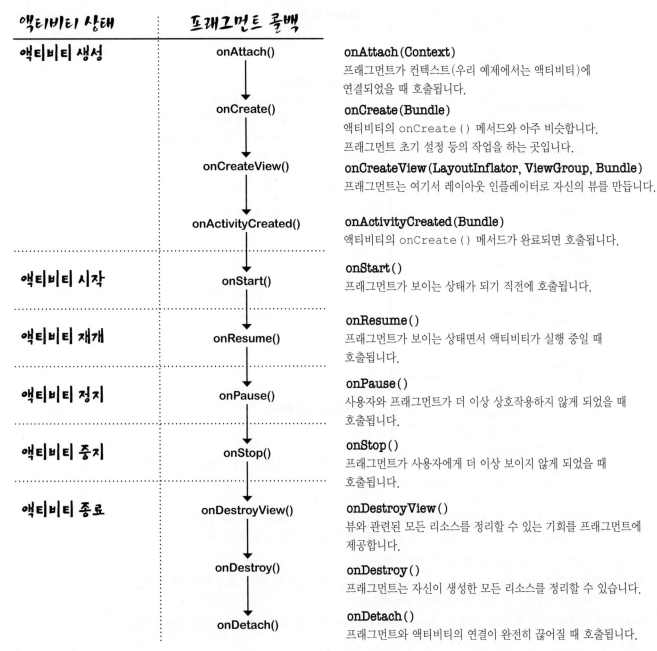

WorkoutDetailFragment
WorkoutListFragment
프래그먼트 조정

프래그먼트 생명주기

프래그먼트의 생명주기는 액티비티의 생명주기와 매우 비슷하지만 더 많은 단계를 갖고 있습니다. 이는 프래그먼트를 포함하는 액티비티와 상호작용해야 하기 때문입니다. 다음은 다양한 액티비티 상태에 따른 프래그먼트 생명주기 메서드를 보여주는 표입니다.

액티비티 상태	프래그먼트 콜백	
액티비티 생성	onAttach()	**onAttach(Context)** 프래그먼트가 컨텍스트(우리 예제에서는 액티비티)에 연결되었을 때 호출됩니다.
	onCreate()	**onCreate(Bundle)** 액티비티의 `onCreate()` 메서드와 아주 비슷합니다. 프래그먼트 초기 설정 등의 작업을 하는 곳입니다.
	onCreateView()	**onCreateView(LayoutInflator, ViewGroup, Bundle)** 프래그먼트는 여기서 레이아웃 인플레이터로 자신의 뷰를 만듭니다.
	onActivityCreated()	**onActivityCreated(Bundle)** 액티비티의 `onCreate()` 메서드가 완료되면 호출됩니다.
액티비티 시작	onStart()	**onStart()** 프래그먼트가 보이는 상태가 되기 직전에 호출됩니다.
액티비티 재개	onResume()	**onResume()** 프래그먼트가 보이는 상태면서 액티비티가 실행 중일 때 호출됩니다.
액티비티 정지	onPause()	**onPause()** 사용자와 프래그먼트가 더 이상 상호작용하지 않게 되었을 때 호출됩니다.
액티비티 중지	onStop()	**onStop()** 프래그먼트가 사용자에게 더 이상 보이지 않게 되었을 때 호출됩니다.
액티비티 종료	onDestroyView()	**onDestroyView()** 뷰와 관련된 모든 리소스를 정리할 수 있는 기회를 프래그먼트에 제공합니다.
	onDestroy()	**onDestroy()** 프래그먼트는 자신이 생성한 모든 리소스를 정리할 수 있습니다.
	onDetach()	**onDetach()** 프래그먼트와 액티비티의 연결이 완전히 끊어질 때 호출됩니다.

프래그먼트는 생명주기 메서드를 상속받습니다

이전에도 살펴본 것처럼 우리 프래그먼트는 안드로이드의 Fragment 클래스를 상속받습니다. 그 덕분에 우리 프래그먼트는 프래그먼트의 생명주기 메서드에 접근할 수 있습니다. 다음은 클래스 계층도입니다.

WorkoutDetailFragment
WorkoutListFragment
프래그먼트 조정

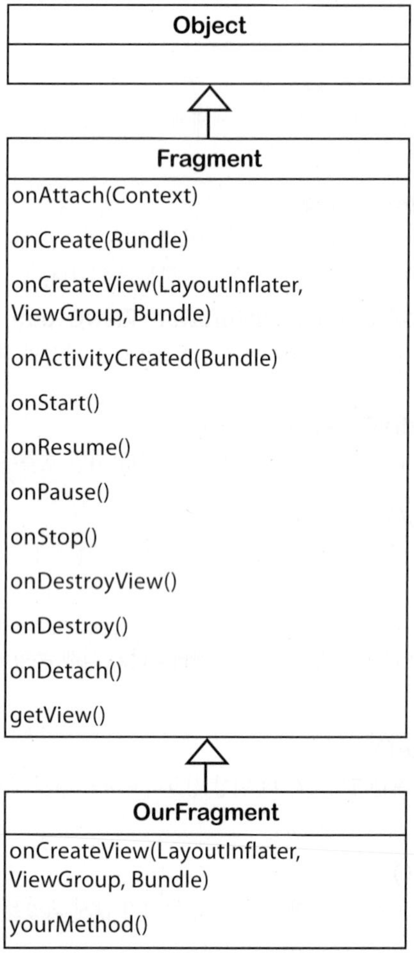

Object 클래스
(java.lang.Object)

Fragment 클래스
(android.support.v4.app.Fragment)

Fragment 클래스는 기본 버전의 생명주기 메서드를 구현합니다. getView()처럼 프래그먼트에 필요한 다른 메서드도 구현합니다.

OurFragment 클래스
(com.hfad.foo)

프래그먼트 동작의 대부분은 우리 프래그먼트가 상속받는 상위 클래스에서 처리됩니다. 여러분이 할 일은 필요한 메서드를 오버라이드하는 것뿐입니다.

프래그먼트는 액티비티와 비슷한 점이 많지만 Fragment 클래스는 Activity 클래스를 상속받지 않습니다. 따라서 몇몇 메서드는 액티비티에서는 이용할 수 있지만 프래그먼트에서는 이용할 수 없습니다.

Fragment 클래스는 Context 클래스를 구현하지 않습니다. 액티비티와 달리 프래그먼트는 컨텍스트 유형이 아니므로 앱 환경의 전역 정보에 접근할 수 없습니다. 대신 프래그먼트는 자신의 부모 액티비티 등 다른 객체의 컨텍스트를 이용해 이런 정보에 접근할 수 있습니다.

프래그먼트의 생명주기를 배웠으니 이제 WorkoutDetailFragment의 뷰를 갱신하는 문제로 돌아갑시다.

프래그먼트의 onStart() 메서드에서 뷰의 값 설정하기

WorkoutDetailFragment가 자세한 운동 정보로 뷰를 갱신하도록 구현해야 합니다. 액티비티가 보이는 상태가 되고 프래그먼트의 onStart() 메서드가 호출될 때 이 작업을 해야 합니다. 여러분 코드를 다음처럼 바꾸세요.

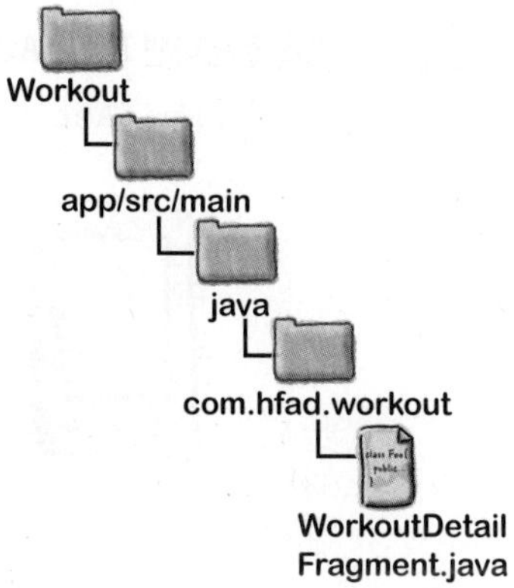


```
package com.hfad.workout;

import android.support.v4.app.Fragment;
import android.os.Bundle;
import android.view.LayoutInflater;
import android.view.View;
import android.view.ViewGroup;
import android.widget.TextView;

public class WorkoutDetailFragment extends Fragment {
    private long workoutId;

    @Override
    public View onCreateView(LayoutInflater inflater, ViewGroup container,
                             Bundle savedInstanceState) {
        return inflater.inflate(R.layout.fragment_workout_detail, container, false);
    }

    @Override
    public void onStart() {
        super.onStart();
        View view = getView();
        if (view != null) {
            TextView title = (TextView) view.findViewById(R.id.textTitle);
            Workout workout = Workout.workouts[(int) workoutId];
            title.setText(workout.getName());
            TextView description = (TextView) view.findViewById(R.id.textDescription);
            description.setText(workout.getDescription());
        }
    }

    public void setWorkout(long id) {
        this.workoutId = id;
    }
}
```

onStart() 메서드에서 사용하는 클래스예요.

getView() 메서드는 프래그먼트의 루트 뷰를 반환해요. 이 뷰를 이용해 운동 제목과 설명 텍스트 뷰의 레퍼런스를 얻을 수 있어요.

이전 페이지에서 설명한 것처럼 프래그먼트는 액티비티와 다르므로 액티비티가 제공하는 모든 메서드를 프래그먼트에서 사용할 수 있는 것은 아닙니다. 예를 들어 프래그먼트는 findViewById() 메서드를 제공하지 않습니다. 프래그먼트의 뷰 레퍼런스를 얻으려면 먼저 getView() 메서드로 프래그먼트의 루트 뷰의 레퍼런스를 얻은 다음 루트 뷰의 자식을 찾아야 합니다.

다음 페이지에서는 코드를 실행하면 어떤 일이 일어나는지 살펴봅니다.

프래그먼트 생명주기 메서드를 구현할 때는 항상 상위 클래스를 호출해야 해요.

코드를 실행하면 일어나는 일

- **WorkoutDetailFragment**
- WorkoutListFragment
- 프래그먼트 조정

코드를 실행하면 어떤 일이 일어나는지 살펴봅시다.

1 앱을 실행하면 MainActivity가 생성됩니다.

사용자가 MainActivity의 버튼을 클릭하면 DetailActivity가 실행됩니다.

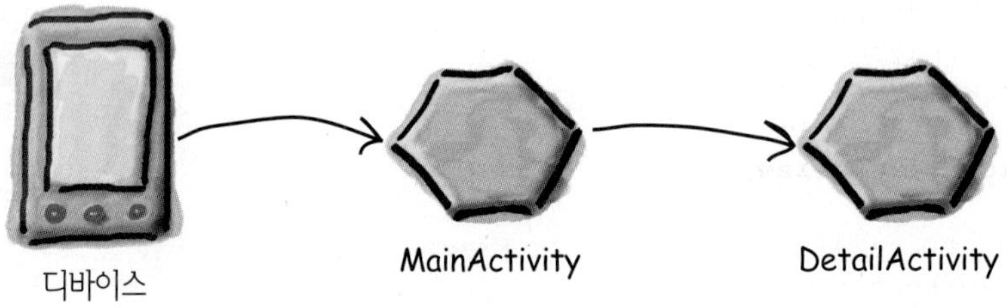

2 DetailActivity의 onCreate() 메서드가 실행됩니다.

onCreate() 메서드는 DetailActivity의 레이아웃으로 activity_detail.xml을 사용하라고 지시합니다. activity_detail.xml은 detail_frag라는 ID를 가지며 WorkoutDetailFragment를 참조하는 <fragment> 요소를 포함합니다.

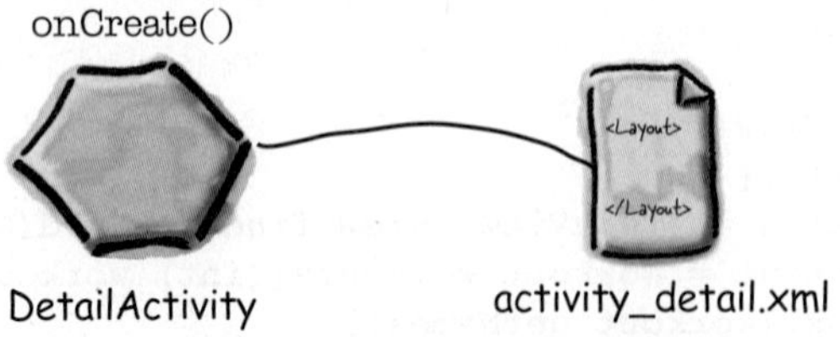

3 WorkoutDetailFragment의 onCreateView() 메서드가 실행됩니다.

onCreateView() 메서드는 WorkoutDetailFragment의 레이아웃으로 fragment_workout_detail.xml을 사용하라고 지시합니다. 그리고 레이아웃을 View 객체로 인플레이트합니다.

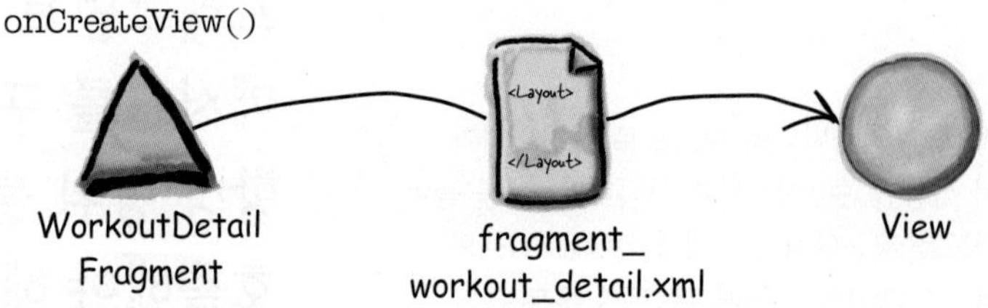

이야기는 계속됩니다

- [x] WorkoutDetailFragment
- [ ] WorkoutListFragment
- [ ] 프래그먼트 조정

4 activity_detail.xml의 View는 View 자바 객체로 인플레이트됩니다.

DetailActivity는 WorkoutDetailFragment의 View 객체를 자신의 레이아웃 XML의 <fragment> 요소 자리에 대치하며 detail_frag라는 ID를 할당합니다.

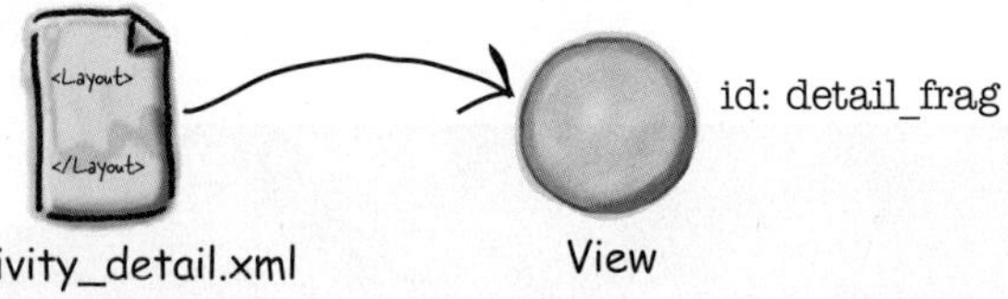

5 DetailActivity의 onCreate() 메서드가 계속 실행됩니다.

DetailActivity는 프래그먼트 관리자에 detail_frag라는 ID를 가진 프래그먼트를 요구해 WorkoutDetailFragment의 레퍼런스를 얻습니다.

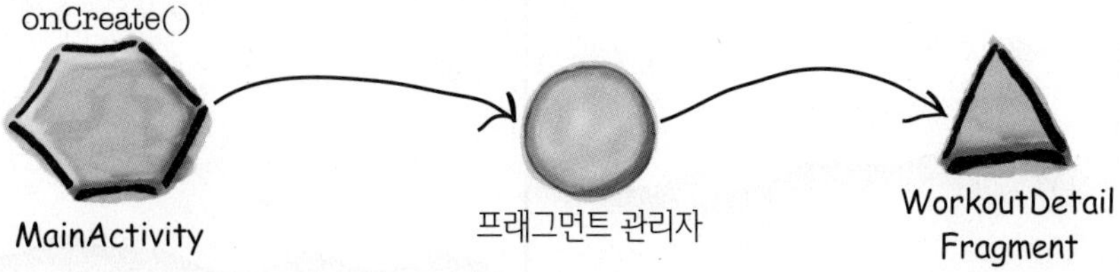

6 DetailActivity는 WorkoutDetailFragment의 setWorkout() 메서드를 호출합니다.

DetailActivity는 WorkoutDetailFragment에 운동 ID 1을 전달합니다. 프래그먼트는 workoutId 변수를 1로 설정합니다.

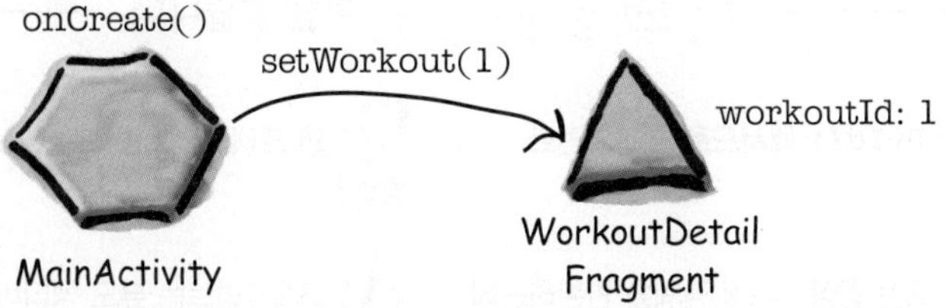

7 프래그먼트는 onStart() 메서드의 운동 ID 값을 이용해 자신의 뷰의 값을 설정합니다.

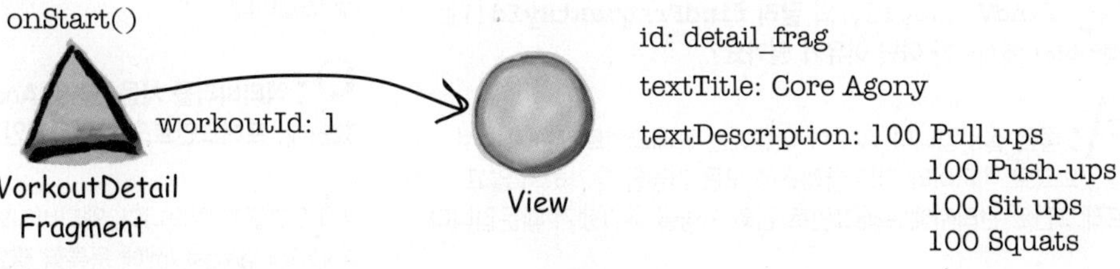

프래그먼트가 뷰를 갱신하도록 구현했으니 앱을 시험 주행합시다.

앱 시험 주행

- [x] **WorkoutDetailFragment**
- [ ] WorkoutListFragment
- [ ] 프래그먼트 조정

앱을 실행하면 `MainActivity`가 실행됩니다.

`MainActivity`의 버튼을 클릭하면 `DetailActivity`가 실행됩니다. `DetailActivity`는 `WorkoutDetailFragment`를 포함하며 프래그먼트는 Core Agony 운동의 정보를 자세히 표시합니다.

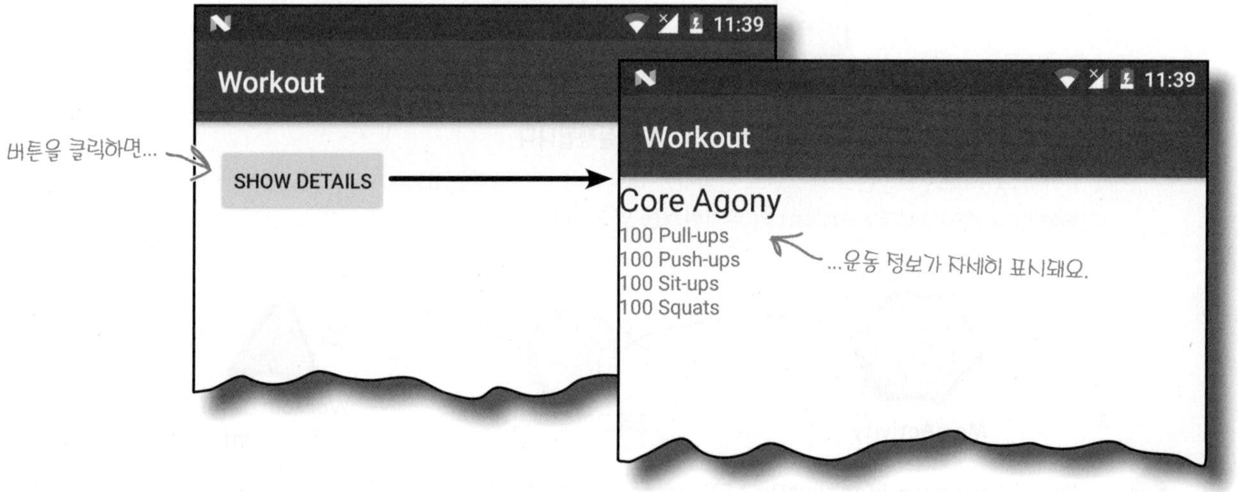

바보 같은 질문이란 없습니다

Q: 액티비티는 왜 `findViewById()` 메서드로 프래그먼트 레퍼런스를 얻지 못하죠?

A: `findViewById()` 메서드는 항상 `View` 객체를 반환하는데 놀랍게도 프래그먼트는 뷰가 아니기 때문입니다.

Q: `findViewById()`와 달리 `findFragmentById()`는 액티비티 메서드가 아닌 이유가 뭔가요?

A: 좋은 질문입니다. API 11 이전에는 프래그먼트가 존재하지 않았으므로 액티비티 기본 클래스에 모든 기능을 추가하지 않고 프래그먼트 관리자에 프래그먼트 관리 기능을 추가했기 때문입니다.

Q: 왜 프래그먼트는 `findViewById()` 메서드를 제공하지 않죠?

A: 프래그먼트는 뷰도 액티비티도 아니기 때문입니다. 대신 `getView()` 메서드로 프래그먼트의 루트 뷰 레퍼런스를 얻을 수 있으며 뷰의 `findViewById()` 메서드로 루트 뷰의 자식에 접근할 수 있습니다.

Q: 액티비티를 사용하려면 AndroidManifest.xml에 등록해야 했는데, 프래그먼트도 마찬가지인가요?

A: 그렇지 않습니다. 액티비티와 달리 프래그먼트는 AndroidManifest.xml에 등록할 필요가 없습니다.

- [x] WorkoutDetailFragment
- [ ] WorkoutListFragment
- [ ] 프래그먼트 조정

지금까지 한 일

앱의 구조와 우리가 해야 할 일을 다시 나열합니다.

1. **앱이 실행되면 MainActivity를 실행합니다.**
   MainActivity는 activity_main.xml을 레이아웃으로 사용하며 레이아웃은 WorkoutListFragment라는 프래그먼트를 포함합니다.

2. **WorkoutListFragment는 운동 목록을 표시합니다.**

3. **사용자가 운동 목록 중 하나를 클릭하면 DetailActivity가 실행됩니다.**
   DetailActivity는 activity_detail.xml을 레이아웃으로 사용하며 WorkoutDetailFragment라는 프래그먼트를 포함합니다.

4. **WorkoutDetailFragment는 fragment_workout_detail.xml을 레이아웃으로 사용합니다.**
   사용자가 선택한 운동의 자세한 정보를 표시합니다.

5. **WorkoutListFragment와 WorkoutDetailFragment는 Workout.java에서 운동 정보를 가져옵니다.**
   Workout.java는 Workout으로 이루어진 배열을 포함합니다.

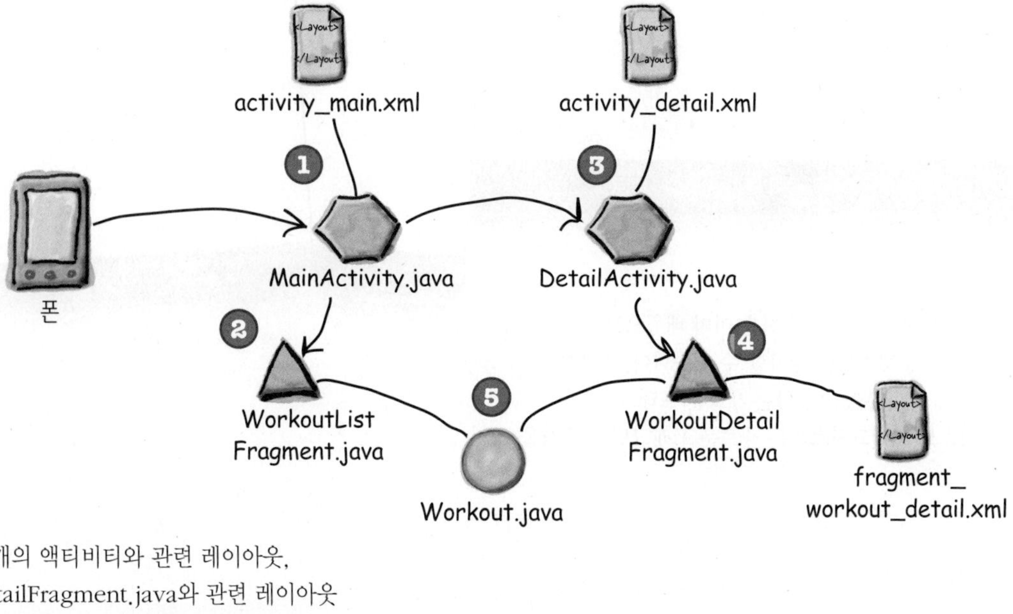

지금까지 두 개의 액티비티와 관련 레이아웃, WorkoutDetailFragment.java와 관련 레이아웃 그리고 Workout.java를 생성했습니다. 이제 WorkoutListFragment를 생성할 차례입니다.

리스트로 프래그먼트를 생성해야 합니다

WorkoutDetailFragment
WorkoutListFragment
프래그먼트 조정

사용자가 선택할 수 있는 운동 목록을 포함하는 두 번째 프래그먼트 `WorkoutListFragment`를 생성할 차례입니다. 이 기능을 프래그먼트로 구현하는 이유는 나중에 폰과 태블릿 사용자 인터페이스에서 이를 재활용할 수 있기 때문입니다.

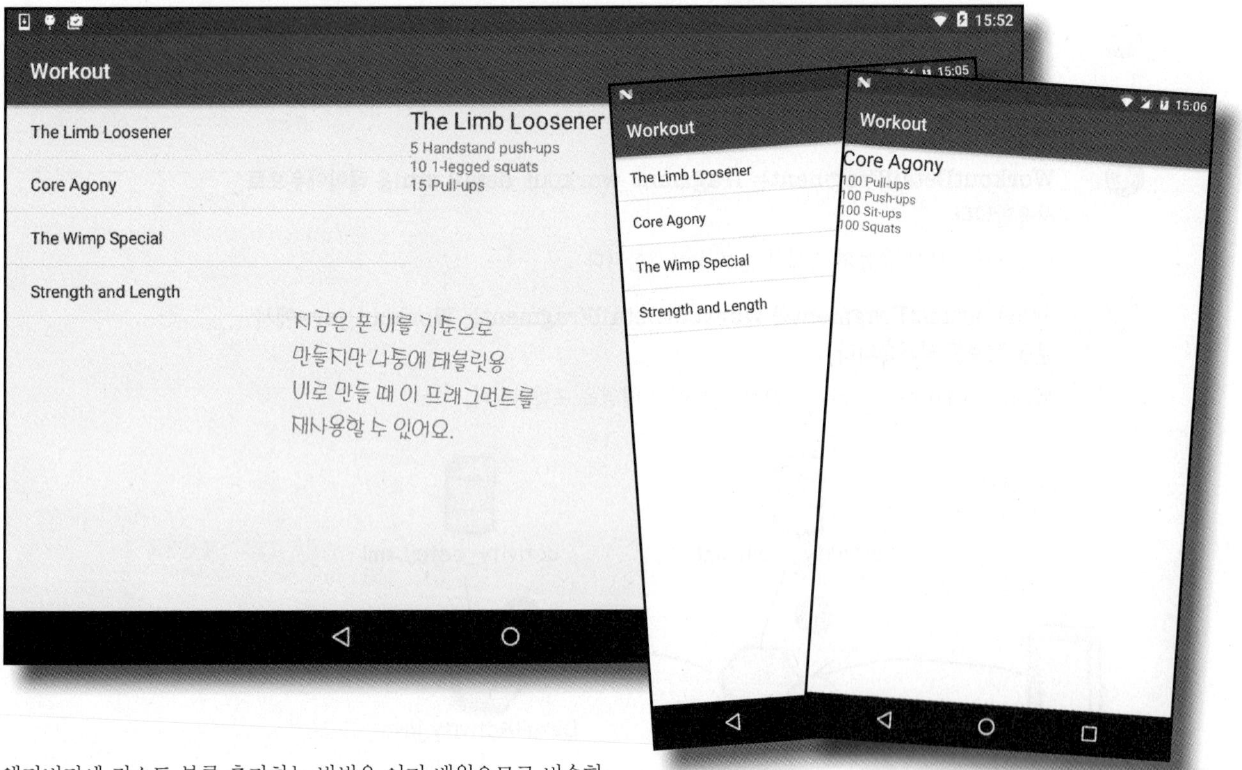

액티비티에 리스트 뷰를 추가하는 방법은 이미 배웠으므로 비슷한 방법으로 프래그먼트에 리스트를 추가할 수 있습니다. 하지만 이번에는 한 개의 리스트 뷰를 포함하는 새로운 프래그먼트를 생성하지 않고 **리스트 프래그먼트**라는 새로운 프래그먼트 유형을 사용할 겁니다.

WorkoutDetailFragment
WorkoutListFragment
프래그먼트 조정

리스트만 포함하는 프래그먼트를 리스트 프래그먼트라 부릅니다

리스트 프래그먼트는 리스트에 특화된 프래그먼트의 유형입니다. 리스트 프래그먼트는 자동으로 리스트 뷰와 연결되므로 리스트 뷰를 따로 생성할 필요는 없습니다. 다음은 리스트 프래그먼트 예입니다.

리스트 프래그먼트는 자신만의 리스트 뷰를 포함하므로 리스트 뷰를 따로 추가할 필요가 없어요. 리스트 프래그먼트에 데이터만 제공하면 돼요.

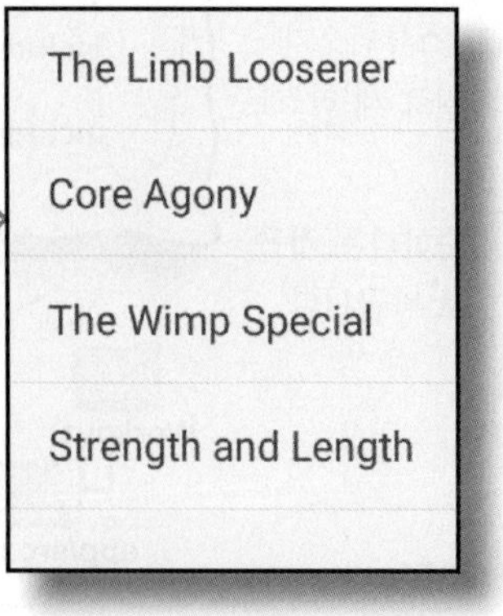

ListFragment는 Fragment의 하위 클래스예요.

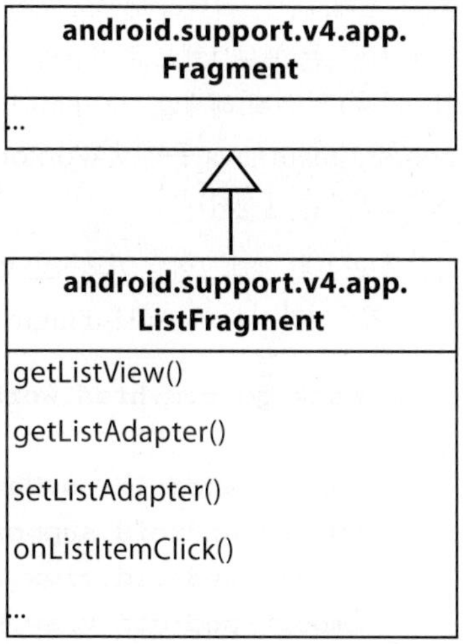

리스트 프래그먼트로 데이터 카테고리를 표시하면 여러 장점이 생깁니다.

- **레이아웃을 생성할 필요가 없습니다.**
  리스트 프래그먼트는 자신의 레이아웃을 프로그램으로 정의하므로 XML 레이아웃을 생성하거나 관리할 필요가 없습니다. 리스트 프래그먼트가 만든 레이아웃에는 한 개의 리스트 뷰가 포함됩니다. 리스트 프래그먼트의 `getListView()` 메서드로 이 리스트 뷰에 접근할 수 있습니다. 이를 이용해 리스트 뷰에 표시할 데이터를 지정할 수 있습니다.

- **이벤트 리스너를 구현할 필요가 없습니다.**
  `ListFragment` 클래스는 리스트 뷰의 항목을 클릭했을 때 동작하는 리스너를 자동으로 구현합니다. 따라서 이벤트 리스너를 생성해 등록할 필요 없이 리스트 프래그먼트의 `onListItemClick()` 메서드만 구현하면 됩니다. 이렇게 하면 사용자가 리스트 뷰의 항목을 클릭했을 때 프래그먼트가 응답할 수 있도록 쉽게 코드를 구현할 수 있습니다. 이 부분은 나중에 살펴봅니다.

리스트 프래그먼트는 리스트 뷰에 특화된 프래그먼트의 일종이에요. 리스트 뷰를 포함하는 기본 레이아웃을 갖고 있어요.

리스트 프래그먼트 코드는 어떤 모습일까요?

WorkoutDetailFragment
WorkoutListFragment
프래그먼트 조정

리스트 프래그먼트를 생성하는 방법

보통 프래그먼트를 추가하는 것과 같은 방법으로 리스트 프래그먼트를 프로젝트에 추가할 수 있습니다. app/src/main/java 폴더에서 `com.hfad.workout` 패키지를 선택한 다음 File → New... → Fragment → Fragment (Blank)를 선택합니다. 프래그먼트 이름은 'WorkoutListFragment'로 하고, XML 만들기 옵션, 프래그먼트 팩토리 메서드 포함 옵션, 인터페이스 콜백 포함 옵션(리스트 프래그먼트는 프로그램으로 자신의 레이아웃을 정의하므로 이 옵션은 필요 없습니다)은 선택 해제합니다. Finish 버튼을 클릭하면 안드로이드 스튜디오가 app/src/main/java 폴더에 WorkoutListFragment.java라는 파일로 새 리스트 프래그먼트를 생성합니다.

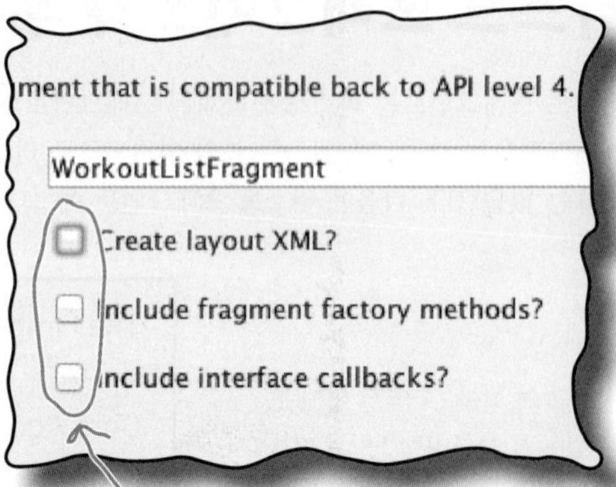

이들 옵션은 사용하지 않으므로 선택 해제하세요. 프래그먼트의 소스 언어를 물어보면 자바를 선택하세요.

다음은 리스트 프래그먼트 기본 코드입니다. 일반 프래그먼트와 비슷하다는 것을 알 수 있습니다. WorkoutListFragment.java의 코드를 아래 코드로 바꿉니다.

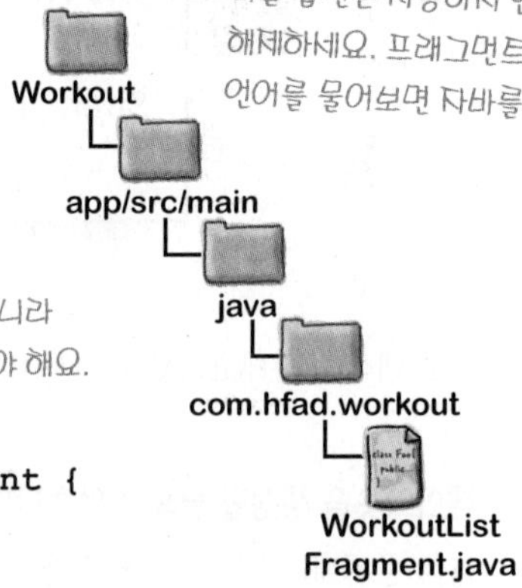


```
package com.hfad.workout;

import android.os.Bundle;
import android.support.v4.app.ListFragment;
import android.view.LayoutInflater;
import android.view.View;
import android.view.ViewGroup;

public class WorkoutListFragment extends ListFragment {

    @Override
    public View onCreateView(LayoutInflater inflater, ViewGroup container,
                             Bundle savedInstanceState) {
        return super.onCreateView(inflater, container, savedInstanceState);
    }
}
```

액티비티는 Fragment가 아니라 ListFragment를 상속받아야 해요.

상위 클래스의 onCreateView()를 호출하면 ListFragment의 기본 레이아웃을 반환해요.

위 코드는 `WorkoutListFragment`라는 기본 리스트 프래그먼트를 생성하는 코드입니다. 리스트 프래그먼트이므로 `Fragment`가 아니라 `ListFragment` 클래스를 상속받았어요.

`onCreateView()` 메서드는 선택사항입니다. 뷰가 생성될 때마다 `onCreateView()` 메서드가 호출됩니다. 우리는 프래그먼트가 생성될 때 리스트 뷰에 데이터를 채울 수 있도록 `onCreateView()` 메서드를 구현할 것입니다. 이 시점에 해야 할 작업이 없다면 `onCreateView()` 메서드를 반드시 구현할 필요는 없습니다.

다음에는 `onCreateView()` 메서드에서 리스트 뷰에 데이터를 추가합니다.

바보 같은 질문이란 없습니다

Q: 리스트 프래그먼트를 생성할 때 왜 Fragment (List)가 아니라 Fragment (Blank) 옵션을 선택했죠?

A: Fragment (List) 옵션은 조금 더 복잡한 코드를 만들며, 대부분의 경우 이 코드를 사용할 필요가 없기 때문입니다. Fragment (Blank)가 더 단순한 코드를 만듭니다.

어댑터 다시보기

☑ WorkoutDetailFragment
→ ☐ WorkoutListFragment
☐ 프래그먼트 조정

7장에서는 어댑터로 데이터와 리스튜 뷰를 연결했습니다. 어댑터는 데이터와 리스트 뷰 사이의 다리 역할을 합니다. 프래그먼트의 리스트 뷰나 리스트 프래그먼트에서도 마찬가지입니다.

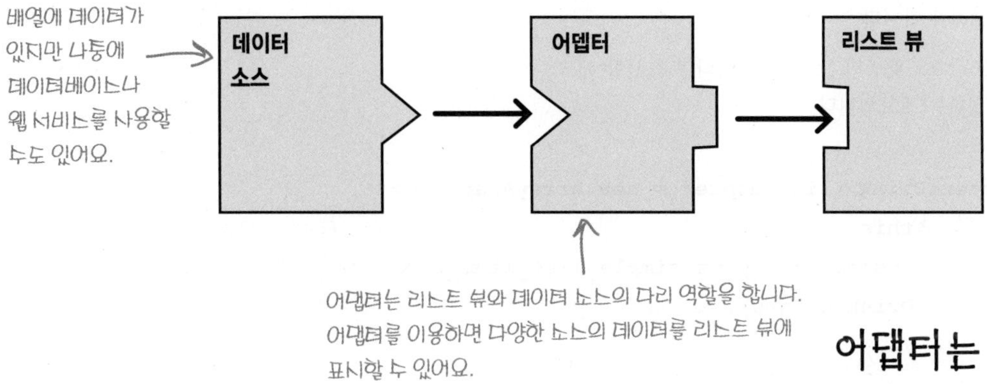

배열에 데이터가 있지만 나중에 데이터베이스나 웹 서비스를 사용할 수도 있어요.
데이터 소스
어뎁터
리스트 뷰
어댑터는 리스트 뷰와 데이터 소스의 다리 역할을 합니다. 어댑터를 이용하면 다양한 소스의 데이터를 리스트 뷰에 표시할 수 있어요.

어댑터는 뷰와 데이터 소스 사이의 다리 역할을 해요. 배열 어댑터는 배열과 잘 작동하도록 특화된 어댑터에요.

WorkoutListFragment의 리스트 뷰에 운동 이름 배열을 제공해야 하므로 이전처럼 배열을 리스트 뷰와 연결할 수 있는 배열 어댑터를 사용할 겁니다. 이전에 설명한 것처럼 배열 어댑터는 배열을 뷰와 연결할 수 있도록 특화된 어댑터입니다. 배열 어댑터는 AdapterView 클래스와 그 하위 클래스에 사용할 수 있으므로 리스트 뷰, 스피너 모두에 사용할 수 있습니다.

우리 예제에서는 Workout 클래스의 데이터를 리스트 뷰에 표시할 때 배열 어댑터를 사용합니다.

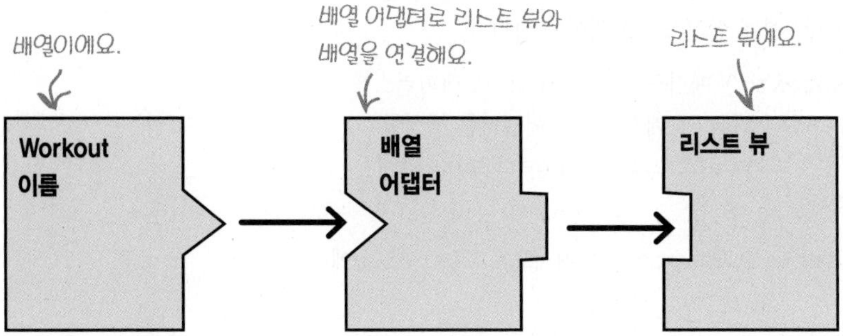

다음 페이지에서 이를 실제로 구현합니다.

기존의 배열 어댑터

WorkoutDetailFragment
WorkoutListFragment
프래그먼트 조정

7장에서 배열 어댑터를 초기화한 다음 리스트 뷰에 연결했습니다.

배열 어댑터를 초기화하려면 리스트 뷰에 연결하려는 배열이 어떤 데이터 유형을 포함하고 있는지 지정해야 합니다. 그리고 Context(보통 현재 액티비티), 각 배열 항목을 어떻게 표시할지 지정하는 레이아웃 리소스, 배열 자체 등 세 개의 인자를 전달해야 합니다.

다음은 7장에서 Drink.drinks 배열의 Drink 데이터를 표시할 때 사용했던 배열 어댑터를 생성하는 코드입니다.

```
ArrayAdapter<Drink> listAdapter = new ArrayAdapter<>(
        this,
        android.R.layout.simple_list_item_1,
        Drink.drinks);
```

현재 컨텍스트예요. 7장에서는 현재 액티비티였죠.

내장 레이아웃 리소스예요. 배열 어댑터가 배열의 각 항목을 한 개의 텍스트 뷰로 표시한다는 의미예요.

배열이에요.

하지만 7장과는 상황이 조금 달라졌습니다. 7장에서는 배열 어댑터로 액티비티에 데이터를 표시했습니다. 하지만 이번에는 데이터를 프래그먼트에 표시해야 합니다. 뭐가 다를까요?

프래그먼트는 컨텍스트의 하위 클래스가 아닙니다

이전에도 설명했듯이 Activity는 Context 클래스의 하위 클래스입니다. 즉, 우리가 생성한 모든 액티비티는 앱 환경의 전역 정보에 접근할 수 있습니다.

하지만 Fragment는 Context 클래스의 하위 클래스가 아닙니다. 따라서 프래그먼트는 전역 정보에 접근할 수 없으며 this로 현재 컨텍스트를 배열 어댑터에 전달할 수 없습니다. 대신 다른 방법으로 현재 컨텍스트를 얻어야 합니다.

한 가지 방법은 다른 객체의 getContext() 메서드로 현재 컨텍스트 레퍼런스를 얻는 것입니다. 프래그먼트의 onCreateView() 메서드에서 어댑터를 생성할 때 onCreateView() 메서드의 인자 LayoutInflator의 getContext() 메서드로 컨텍스트를 얻을 수 있습니다.

어댑터를 생성했으면 프래그먼트의 setListAdapter() 메서드로 ListView에 연결합니다.

```
setListAdapter(listAdapter);
```

다음 페이지에서 전체 코드를 보여줍니다.

갱신된 WorkoutListFragment 코드

- [x] WorkoutDetailFragment
- [ ] **WorkoutListFragment**
- [ ] 프래그먼트 조정

운동 이름으로 리스트 뷰를 채우도록 WorkoutListFragment.java 코드를 바꿨습니다. 여러분 코드도 다음처럼 바꾸고 파일을 저장하세요.

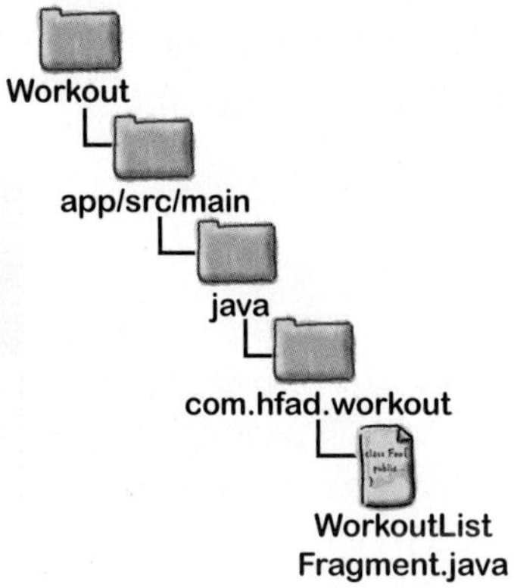


```
package com.hfad.workout;

import android.os.Bundle;
import android.support.v4.app.ListFragment;
import android.view.LayoutInflater;
import android.view.View;
import android.view.ViewGroup;
import android.widget.ArrayAdapter;

public class WorkoutListFragment extends ListFragment {

    @Override
    public View onCreateView(LayoutInflater inflater, ViewGroup container,
                             Bundle savedInstanceState) {
        String[] names = new String[Workout.workouts.length];
        for (int i = 0; i < names.length; i++) {
            names[i] = Workout.workouts[i].getName();
        }

        ArrayAdapter<String> adapter = new ArrayAdapter<>(
            inflater.getContext(), android.R.layout.simple_list_item_1,
            names);
        setListAdapter(adapter);

        return super.onCreateView(inflater, container, savedInstanceState);
    }
}
```

onCreateView() 메서드에서 이 클래스를 사용해요. (import android.widget.ArrayAdapter;)

운동 이름을 저장하는 문자열 배열을 생성해요.

배열 어댑터를 생성해요.

레이아웃 인플레이터에서 컨텍스트를 얻어요.

배열 어댑터를 리스트 뷰에 연결해요.

WorkoutListFragment가 운동 목록을 포함했으니 MainActivity에 추가할 차례입니다.

MainActivity 레이아웃에 WorkoutListFragment 표시하기

새 WorkoutListFragment를 MainActivity의 layout_main.xml에 추가할 겁니다. 현재 레이아웃은 MainActivity에서 DetailActivity로 탐색할 수 있는 버튼을 표시하고 있습니다.

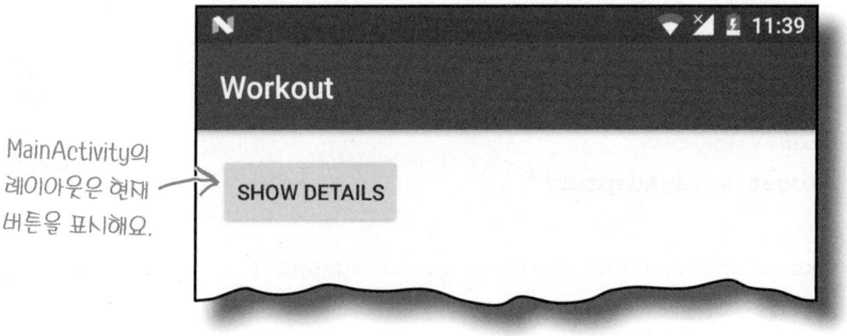

이 버튼을 삭제하고 WorkoutListFragment를 표시해야 합니다. 다음은 새 버전의 레이아웃 모습입니다.

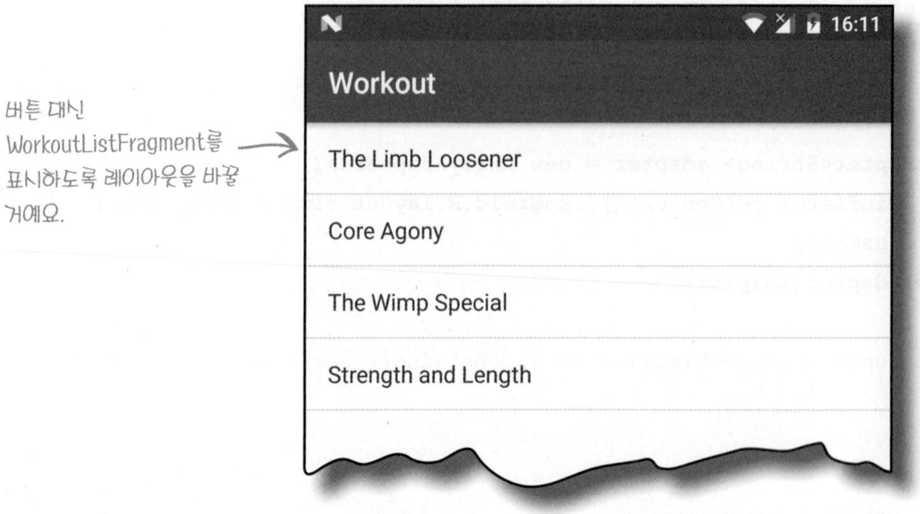

코드를 어떻게 구현해야 할까요? 다음 페이지에 연습문제가 있습니다.

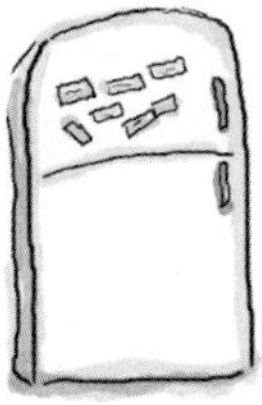

레이아웃 자석

누군가 새 버전의 activity_main.xml을 냉장고 문에 붙여놓았습니다. 안타깝게도 우리가 문을 너무 세게 닫는 바람에 몇 개의 자석이 문에서 떨어졌어요. 다시 레이아웃 자석을 붙여주시겠어요? 모든 자석을 사용할 필요는 없어요.

레이아웃은 `WorkoutListFragment`를 표시해야 합니다.

```
<?xml version="1.0" encoding="utf-8"?>

<.................... xmlns:android="http://schemas.android.com/apk/res/android"

    ........................ =" ...................................................... "

    android:layout_width="match_parent"

    android:layout_height="match_parent"/>
```

```
fragment
android:fragment
Fragment
com.hfad.workout.
LinearLayout
WorkoutListFragment
android:name
```

레이아웃 자석 정답

누군가 새 버전의 activity_main.xml을 냉장고 문에 붙여놓았습니다. 안타깝게도 우리가 문을 너무 세게 닫는 바람에 몇 개의 자석이 문에서 떨어졌어요. 다시 레이아웃 자석을 붙여주시겠어요? 모든 자석을 사용할 필요는 없어요.

레이아웃은 WorkoutListFragment를 표시해야 합니다.

```
<?xml version="1.0" encoding="utf-8"?>

<fragment xmlns:android="http://schemas.android.com/apk/res/android"

    android:name="com.hfad.workout.WorkoutListFragment"

    android:layout_width="match_parent"

    android:layout_height="match_parent"/>
```

<fragment> 요소로 프래그먼트를 정의해요.

프래그먼트의 전체 이름이 필요해요.

android:fragment

Fragment

LinearLayout

필요 없는 자석이에요.

activity_main.xml 코드

- ☑ WorkoutDetailFragment
- → ☐ WorkoutListFragment
- ☐ 프래그먼트 조정

MainActivity가 한 개의 프래그먼트만 포함하므로 현재의 거의 모든 코드를 제거할 수 있습니다.

다음은 간단하게 바꾼 activity_main.xml 코드입니다. 훨씬 단순해졌습니다. 여러분 코드도 다음처럼 바꾸세요.

레이아웃이 한 개의 프래그먼트만 포함하므로 LinearLayout을 삭제할 수 있어요.

```
<?xml version="1.0" encoding="utf-8"?>
<LinearLayout xmlns:android="http://schemas.android.com/apk/res/android"
    xmlns:tools="http://schemas.android.com/tools"
    android:layout_width="match_parent"
    android:layout_height="match_parent"
    android:padding="16dp"
    android:orientation="vertical"
    tools:context="com.hfad.workout.MainActivity">

    <Button
        android:layout_width="wrap_content"
        android:layout_height="wrap_content"
        android:onClick="onShowDetails"
        android:text="@string/details_button" />
</LinearLayout>
```

이 버튼은 더 이상 필요 없어요.

프래그먼트예요.

```
<fragment xmlns:android="http://schemas.android.com/apk/res/android"
    android:name="com.hfad.workout.WorkoutListFragment"
    android:layout_width="match_parent"
    android:layout_height="match_parent"/>
```

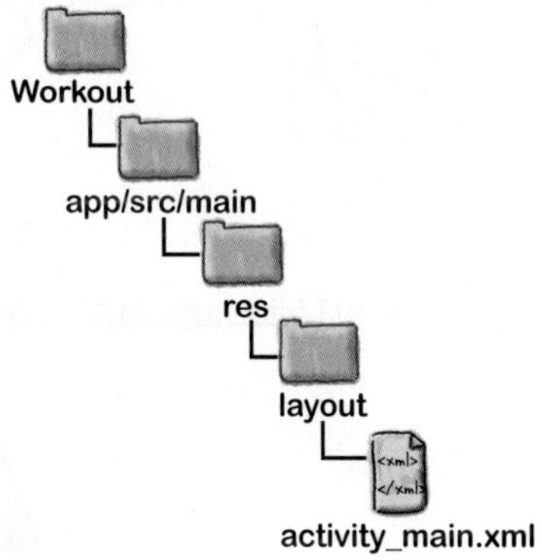

지금부터 코드를 실행하면 어떤 일이 일어나는지 살펴봅니다.

코드를 실행하면 일어나는 일

- ☑ WorkoutDetailFragment
- → ☐ **WorkoutListFragment**
- ☐ 프래그먼트 조정

앱을 실행하면 다음과 같을 일이 일어납니다.

1 앱을 실행하면 MainActivity가 생성됩니다.

MainActivity의 onCreate() 메서드가 실행됩니다. 이는 activity_main.xml이 MainActivity의 레이아웃으로 사용되도록 지정합니다. activity_main.xml은 WorkoutListFragment를 가리키는 <fragment> 요소를 포함합니다.

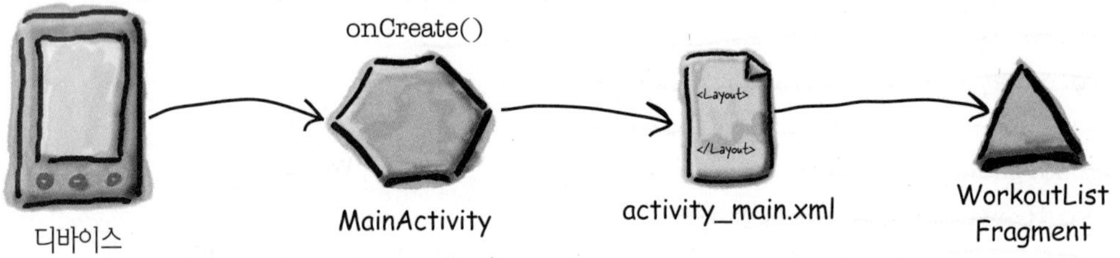

2 WorkoutListFragment는 ListFragment이므로 ListView를 레이아웃으로 사용합니다.

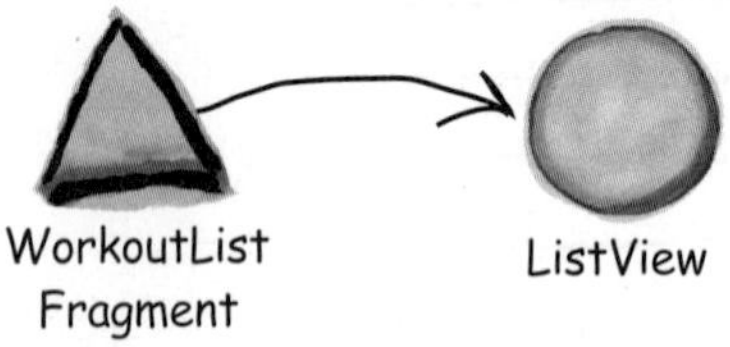

3 WorkoutListFragment는 문자열 객체 배열을 처리하는 배열 어댑터인 ArrayAdapter〈String〉을 생성합니다.

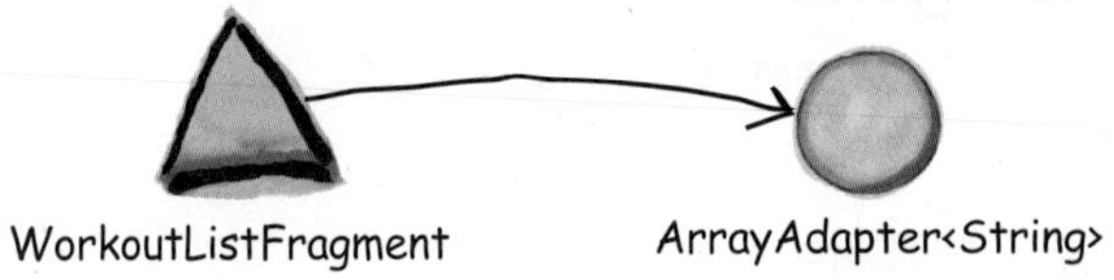

4 ArrayAdapter〈String〉은 names 배열에서 데이터를 가져옵니다.

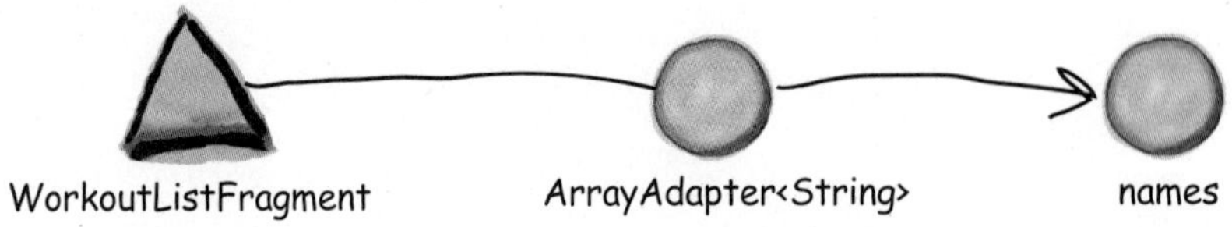

이야기는 계속됩니다...

5 **WorkoutListFragment는 setListAdapter() 메서드를 이용해 배열 어댑터를 ListView에 연결합니다.**

리스트 뷰는 배열 어댑터를 이용해 운동 이름 목록을 표시합니다.

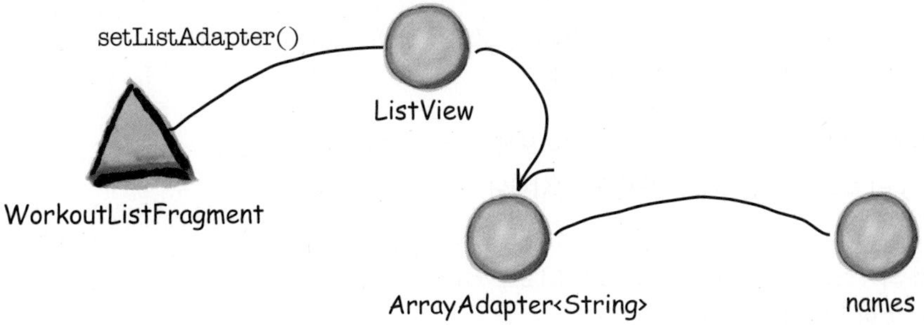

앱 시험 주행

앱을 실행하면 MainActivity가 시작됩니다.

MainActivity의 레이아웃은 WorkoutListFragment를 포함합니다. 프래그먼트는 운동 이름의 목록을 포함하며 액티비티에 이를 표시합니다.

Workout 클래스에서 가져온 운동 목록이에요.

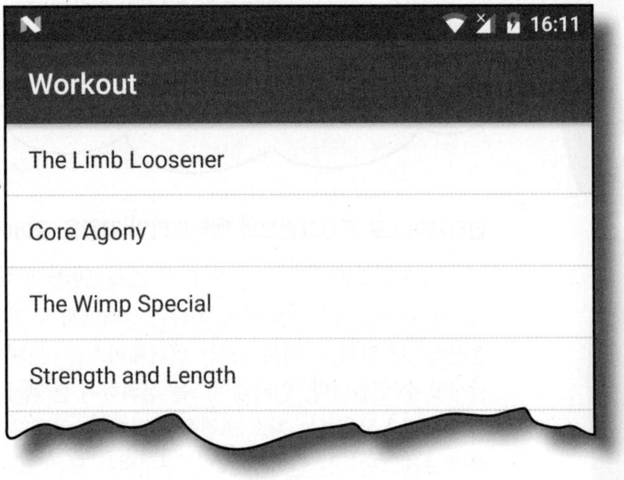

멋지게 동작합니다. 그런데 운동 목록을 클릭해도 아무 반응이 없습니다. 사용자가 운동 목록을 클릭하면 자세한 운동 정보를 표시하도록 코드를 구현해야 합니다.

리스트를 세부로 연결하기

- [x] WorkoutDetailFragment
- [x] WorkoutListFragment
- → [ ] **프래그먼트 조정**

운동을 클릭했을 때 다양한 방법으로 DetailActivity를 실행해 자세한 정보를 보여줄 수 있습니다. 그중에서 다음과 같은 방법을 사용합니다.

1. WorkoutListFragment에 클릭 이벤트를 기다리는 코드를 추가합니다.

2. 코드가 실행되면 DetailActivity를 실행하는 코드를 MainActivity.java에서 호출하는데 이때 선택된 운동 ID를 전달합니다.

3. 프래그먼트가 올바른 운동의 세부사항을 표시하도록 DetailActivity에서 WorkoutDetailFragment로 ID를 전달합니다.

MainActivity와 직접 의사소통할 수 있도록 WorkoutListFragment에 코드를 구현하지 않았는데 그 이유를 아시나요?

재사용 때문입니다. 어디에서나 재사용할 수 있도록 프래그먼트가 자신을 포함하는 환경을 가능한 한 신경 쓰지 않게 만들었습니다. 자신을 사용하는 액티비티를 더 많이 알면 알수록 그 프래그먼트를 재사용하기 어려워집니다.

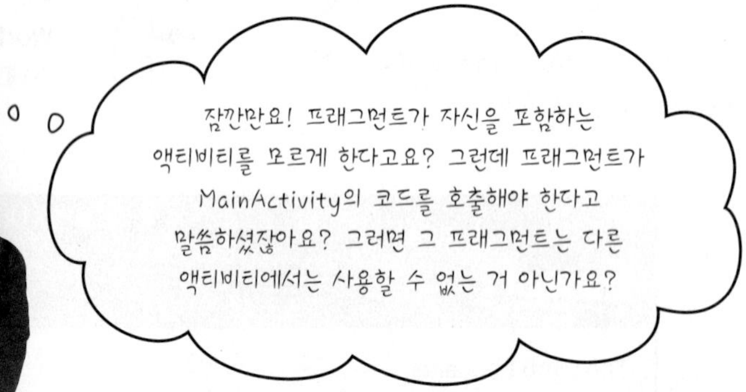

잠깐만요! 프래그먼트가 자신을 포함하는
액티비티를 모르게 한다고요? 그런데 프래그먼트가
MainActivity의 코드를 호출해야 한다고
말씀하셨잖아요? 그러면 그 프래그먼트는 다른
액티비티에서는 사용할 수 없는 거 아닌가요?

인터페이스로 프래그먼트와 액티비티의 결합을 끊어야 합니다.

서로 상호작용하는 두 개의 객체, 즉 프래그먼트와 액티비티가 있는데 우리는 상대방을 알지 못하는 상태에서 두 객체가 통신했으면 합니다. 자바에서는 인터페이스를 이용해 이를 달성할 수 있습니다. 인터페이스를 정의하여 한 객체가 다른 객체와 상호작용하는 최소 조건을 지정할 수 있습니다. 이렇게 하면 프래그먼트는 인터페이스를 구현하는 모든 액티비티와 상호작용할 수 있습니다.

- [x] WorkoutDetailFragment
- [x] WorkoutListFragment
- [ ] **프래그먼트 조정**

인터페이스로 프래그먼트의 결합을 끊어야 합니다

우리는 **Listener**라는 인터페이스를 생성할 겁니다. MainActivity가 인터페이스를 구현하면 어떤 항목이 클릭되었을 때 WorkoutListFragment는 이를 MainActivity에 알려줄 수 있습니다. 그러려면 WorkoutListFragment와 MainActivity 코드를 바꿔야 합니다.

WorkoutListFragment가 해야 할 일

WorkoutListFragment부터 살펴봅니다. 다음과 같은 순서로 작업을 해야 합니다.

1. **인터페이스를 정의합니다.**
   WorkoutListFragment에 리스너의 인터페이스를 정의합니다. WorkoutListFragment가 액티비티와 상호작용하는 것이 목적이므로 인터페이스를 프래그먼트에 정의합니다.

2. **WorkoutListFragment를 추가할 때 리스너(우리 예제에서는 MainActivity)를 등록합니다.**
   MainActivity에 WorkoutListFragment 레퍼런스를 전달합니다.

3. **어떤 항목이 클릭되었는지 리스너에 알립니다.**
   이제 MainActivity는 클릭에 응답할 수 있습니다.

연결된 액티비티와 프래그먼트가 상호작용해야 할 때마다 이 과정을 거쳐야 해요.

각각을 어떻게 구현하는지 설명한 다음에 전체 코드를 소개합니다.

1. 리스트 인터페이스 정의하기

itemClicked()라는 인터페이스 메서드를 정의하여 이 메서드를 구현하는 모든 액티비티가 아이템 클릭에 응답할 수 있게 합니다. itemClicked() 메서드는 클릭된 항목의 ID 값을 인자로 받습니다.

다음은 인터페이스 코드입니다.

Listener 인터페이스를 호출할 거예요.

```
interface Listener {
    void itemClicked(long id);
};
```

Listener 인터페이스를 구현하는 모든 액티비티는 이 메서드를 포함해야 해요. 프래그먼트의 항목을 클릭했을 때 이 메서드를 이용해 액티비티가 응답할 수 있어요.

다음 페이지에서는 리스너를 등록하는 방법을 설명합니다.

WorkoutDetailFragment
WorkoutListFragment
→ **프래그먼트 조정**

2. 리스너 등록하기

WorkoutListFragment를 부착하는 액티비티에 레퍼런스를 저장해야 합니다. 이 액티비티는 Listener 인터페이스를 구현하므로 WorkoutListFragment에 다음처럼 비공개 변수를 추가합니다.

```
private Listener listener;
```

WorkoutListFragment를 액티비티에 연결할 때 이 변수를 설정합니다. 프래그먼트를 액티비티에 연결할 때 onAttach() 메서드가 호출됩니다(프래그먼트 생명주기를 떠올리세요). 이 메서드로 리스너 값을 설정합니다.

```
public void onAttach(Context context) {
    super.onAttach(context);
    this.listener = (Listener)context;
}
```

프래그먼트를 연결하는 컨텍스트(여기서는 액티비티)예요.

3. 클릭에 응답하기

WorkoutListFragment의 항목을 클릭하면 리스너의 itemClicked() 메서드를 호출해야 합니다. 이전 페이지에서 인터페이스에 이 메서드를 정의했습니다. 그런데 항목이 클릭되었는지 어떻게 알 수 있을까요?

리스트 프래그먼트의 항목을 클릭할 때마다 리스트 프래그먼트의 onListItemClick() 메서드가 호출됩니다. 다음은 onListItemClick() 메서드 코드입니다.

```
public void onListItemClick(ListView listView,
                            View itemView,
                            int position,
                            long id) {
    // 뭔가 수행함
}
```

리스트 뷰예요.

리스트 뷰에서 클릭된 항목, 위치, ID예요.

onListItemClick() 메서드는 리스트 뷰, 클릭된 항목, 위치, 내부 데이터의 ID 등 네 개의 인자를 받습니다. 이 메서드를 이용해 사용자가 클릭한 운동 ID를 리스너로 전달할 수 있습니다.

```
public void onListItemClick(ListView listView, View itemView, int position, long id) {
    if (listener != null) {
        listener.itemClicked(id);
    }
}
```

사용자가 선택한 운동의 ID를 인자로 전달하여 액티비티의 itemClicked() 메서드를 호출합니다.

- [x] WorkoutDetailFragment
- [x] WorkoutListFragment
- [ ] **프래그먼트 조정**

WorkoutListFragment.java 코드

다음은 WorkoutListFragment.java 전체 코드입니다(여러분 코드도 다음처럼 바꾸세요).

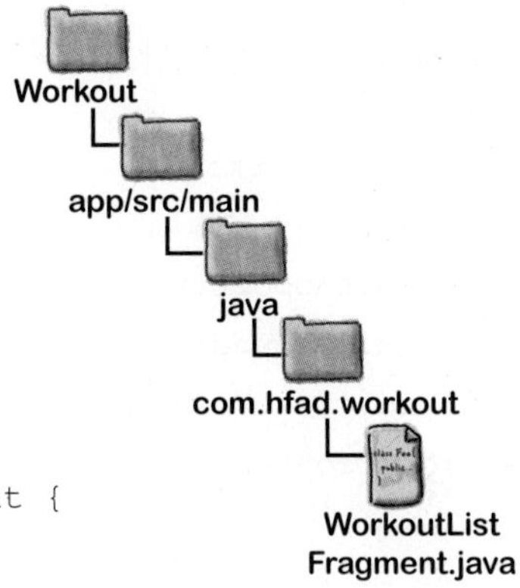


```
package com.hfad.workout;

import android.os.Bundle;
import android.support.v4.app.ListFragment;
import android.view.LayoutInflater;
import android.view.View;
import android.view.ViewGroup;
import android.widget.ArrayAdapter;
import android.content.Context;
import android.widget.ListView;
```

임포트해야 할 클래스예요.

```
public class WorkoutListFragment extends ListFragment {

    static interface Listener {
        void itemClicked(long id);
    };

    private Listener listener;
```

리스너를 프래그먼트에 추가하세요.

```
    @Override
    public View onCreateView(LayoutInflater inflater, ViewGroup container,
                             Bundle savedInstanceState) {
        String[] names = new String[Workout.workouts.length];
        for (int i = 0; i < names.length; i++) {
            names[i] = Workout.workouts[i].getName();
        }
        ArrayAdapter<String> adapter = new ArrayAdapter<>(
                inflater.getContext(), android.R.layout.simple_list_item_1,
                names);
        setListAdapter(adapter);
        return super.onCreateView(inflater, container, savedInstanceState);
    }

    @Override
    public void onAttach(Context context) {
        super.onAttach(context);
        this.listener = (Listener)context;
    }
```

프래그먼트를 액티비티에 연결하면 이 메서드가 호출돼요. Activity는 Context의 하위 클래스예요.

```
    @Override
    public void onListItemClick(ListView listView, View itemView, int position, long id) {
        if (listener != null) {
            listener.itemClicked(id);
        }
    }
}
```

ListView의 항목이 클릭되면 리스너에 알려요.

MainActivity에 인터페이스를 구현해야 합니다

방금 전에 생성한 Listener 인터페이스를 MainActivity에 구현해야 합니다. 인터페이스는 itemClicked() 메서드를 정의하므로 사용자가 선택한 운동 ID를 전달해 DetailActivity를 실행하도록 이 메서드를 구현합니다.

다음은 MainActivity.java 전체 코드입니다. 여러분 코드도 다음처럼 바꾸세요.

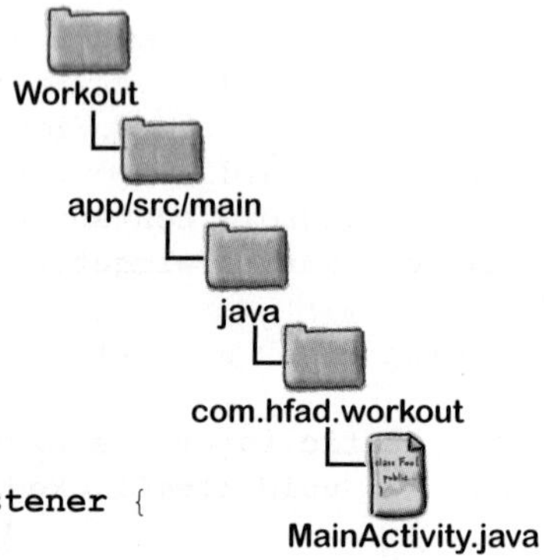


```
package com.hfad.workout;

import android.support.v7.app.AppCompatActivity;
import android.os.Bundle;
import android.view.View;
import android.content.Intent;

public class MainActivity extends AppCompatActivity
                          implements WorkoutListFragment.Listener {
```

WorkoutListFragment에 정의된 리스너 인터페이스를 구현해요.

```
    @Override
    protected void onCreate(Bundle savedInstanceState) {
        super.onCreate(savedInstanceState);
        setContentView(R.layout.activity_main);
    }

    public void onShowDetails(View view) {
        Intent intent = new Intent(this, DetailActivity.class);
        startActivity(intent);
    }
```

MainActivity의 버튼에서 호출하는 메서드예요. 버튼을 삭제했으므로 이 메서드는 더 이상 필요 없어요.

인터페이스에서 정의한 메서드이므로 구현해야 해요.

```
    @Override
    public void itemClicked(long id) {
        Intent intent = new Intent(this, DetailActivity.class);
        intent.putExtra(DetailActivity.EXTRA_WORKOUT_ID, (int)id);
        startActivity(intent);
    }
}
```

운동 ID를 DetailActivity로 전달해요. EXTRA_WORKOUT_ID는 DetailActivity에 정의한 상수 이름이에요.

이렇게 해서 MainActivity에 필요한 코드를 모두 구현했습니다. 이제 한 가지만 바꾸면 됩니다.

DetailActivity는 WorkoutDetailFragment로 ID를 전달해야 합니다

지금까지 WorkoutListFragment는 사용자가 클릭한 운동 ID를 MainActivity로 전달했고, MainActivity는 이를 DetailActivity로 전달했습니다. 이제 이 ID를 DetailActivity에서 WorkoutDetailFragment로 전달하는 작업이 필요합니다.

- ☑ WorkoutDetailFragment
- ☑ WorkoutListFragment
- → ☐ **프래그먼트 조정**

다음은 이를 반영한 DetailActivity 코드입니다. 여러분의 DetailActivity.java도 다음처럼 바꾸세요.

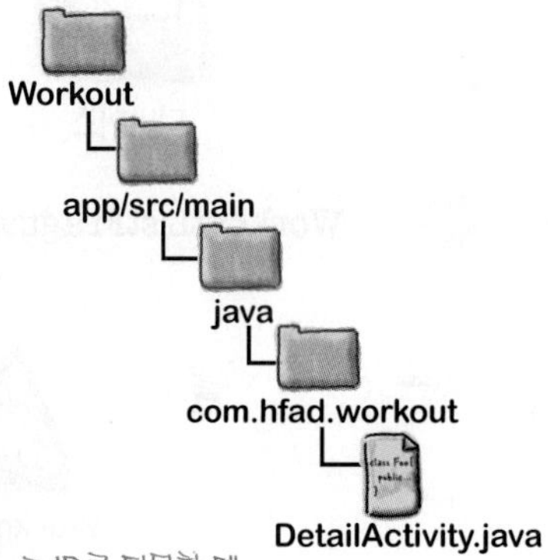


```
package com.hfad.workout;

import android.support.v7.app.AppCompatActivity;
import android.os.Bundle;

public class DetailActivity extends AppCompatActivity {

    public static final String EXTRA_WORKOUT_ID = "id";

    @Override
    protected void onCreate(Bundle savedInstanceState) {
        super.onCreate(savedInstanceState);
        setContentView(R.layout.activity_detail);
        WorkoutDetailFragment frag = (WorkoutDetailFragment)
                getSupportFragmentManager().findFragmentById(R.id.detail_frag);
        frag.setWorkout(1);
        int workoutId = (int) getIntent().getExtras().get(EXTRA_WORKOUT_ID);
        frag.setWorkout(workoutId);
    }
}
```

MainActivity에서 DetailActivity로 ID를 전달할 때 값을 하드코딩하지 않도록 상수를 사용해요.

ID를 1로 하드코딩하지 않으므로 이 행은 삭제하세요. (~~frag.setWorkout(1);~~)

인텐트에서 ID를 얻고 setWorkout() 메서드로 프래그먼트에 전달해요.

다음 두 페이지에서 코드를 실행하면 어떤 일이 일어나는지 살펴봅니다.

코드를 실행하면 일어나는 일

- [x] WorkoutDetailFragment
- [x] WorkoutListFragment
- [ ] **프래그먼트 조정**

앱을 실행하면 다음과 같은 일이 일어납니다.

1. **앱을 실행하면 MainActivity가 시작됩니다.**

   `WorkoutListFragment`가 `MainActivity`로 연결되고 `WorkoutListFragment`의 `onAttach()` 메서드가 실행됩니다.

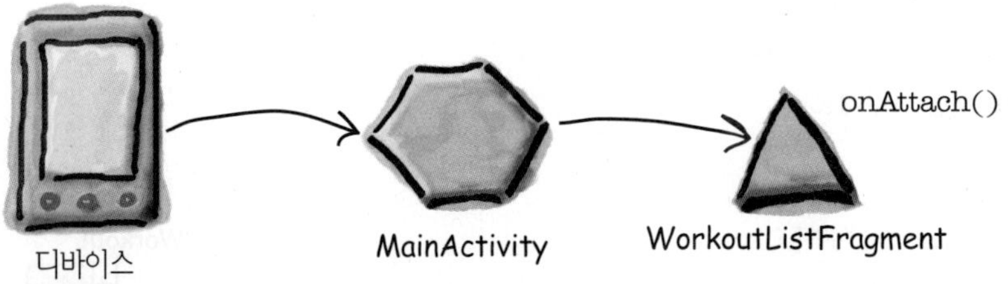

2. **WorkoutListFragment가 MainActivity를 리스너로 등록합니다.**

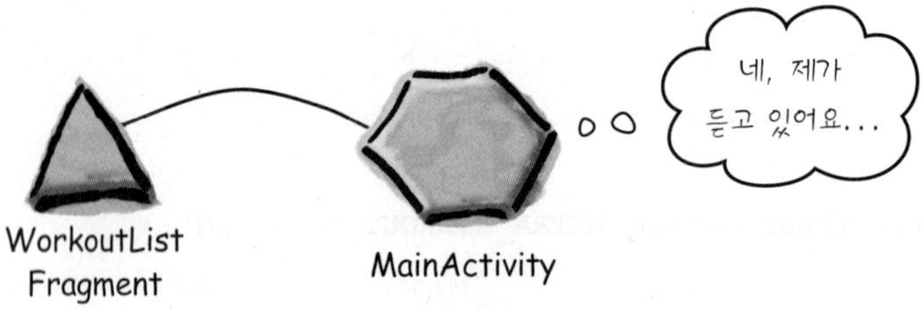

3. **WorkoutListFragment에서 항목을 선택하면 프래그먼트의 onListItemClick() 메서드가 호출됩니다.**

   이 메서드는 클릭한 운동의 ID(여기서는 1)를 인자로 전달해 `MainActivity`의 `itemClicked()` 메서드를 호출합니다.

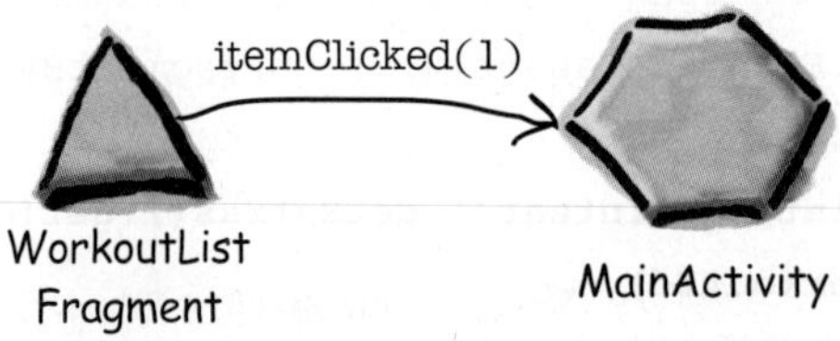

4. **MainActivity의 itemClicked() 메서드가 DetailActivity를 실행하면서 인텐트로 운동 ID 값을 전달합니다.**

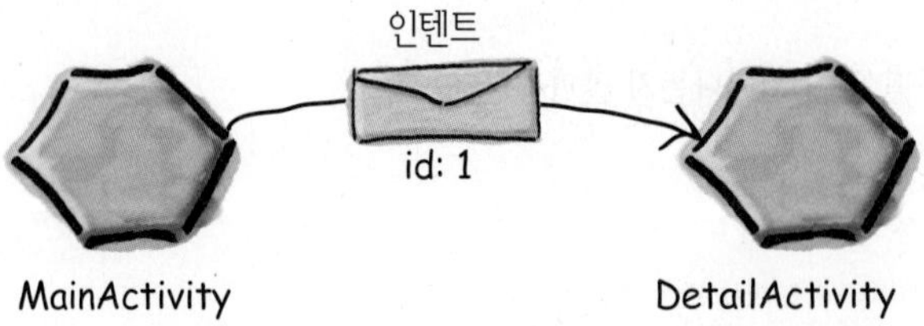

이야기는 계속됩니다...

- [x] WorkoutDetailFragment
- [x] WorkoutListFragment
- [ ] **프래그먼트 조정**

5 **DetailActivity는 WorkoutDetailFragment의 setWorkout() 메서드를 호출하면서 운동 ID 값을 전달합니다.**

WorkoutDetailFragment는 운동 ID(여기서는 1)를 이용해 운동 제목과 설명을 뷰에 표시합니다.

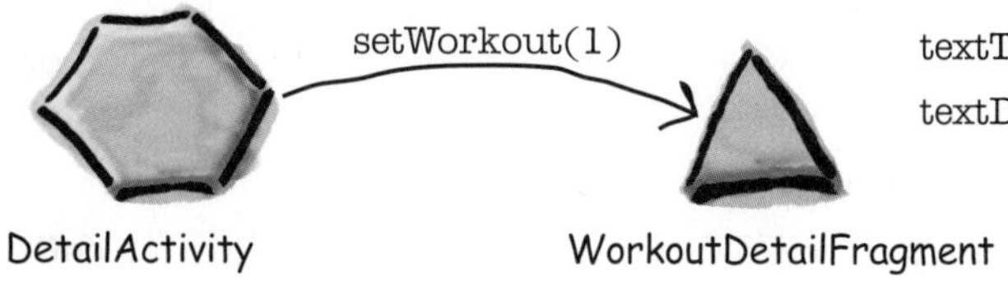

textTitle: Core Agony
textDescription: 100 Pull ups
100 Push-ups
100 Sit ups
100 Squats

앱 시험 주행

- [x] WorkoutDetailFragment
- [x] WorkoutListFragment
- [x] **프래그먼트 조정**

앱을 실행하면 MainActivity가 실행됩니다. 이는 운동 목록을 WorkoutListFragment에 표시합니다.

사용자가 운동 중 하나를 클릭하면 DetailActivity가 나타납니다. DetailActivity는 선택한 운동 정보를 자세히 표시합니다.

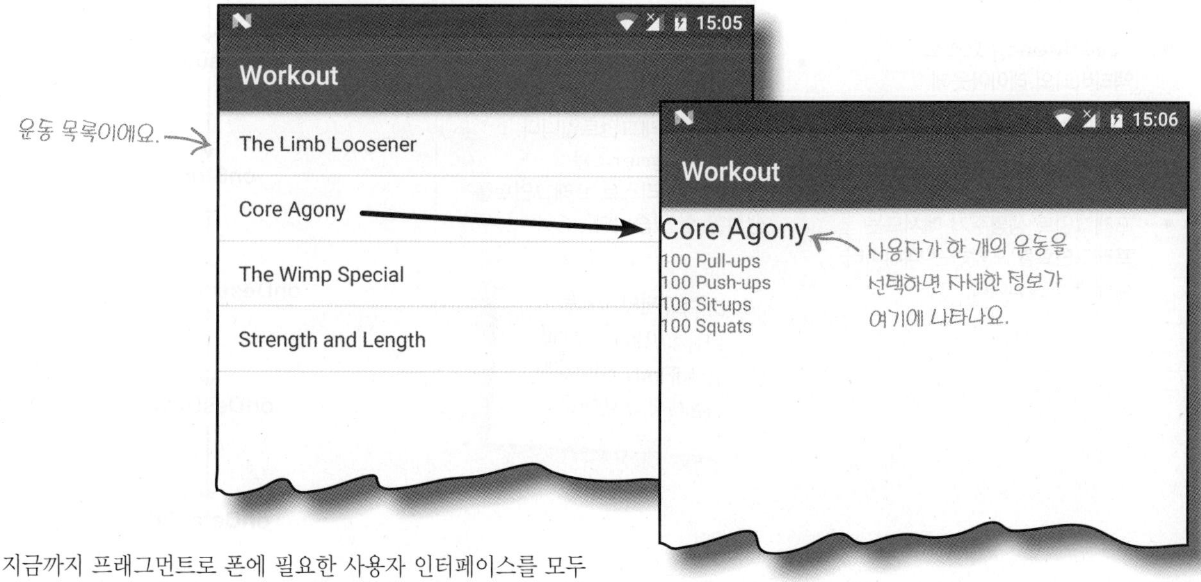

지금까지 프래그먼트로 폰에 필요한 사용자 인터페이스를 모두 구현했습니다. 다음 장에서는 프래그먼트를 재사용하는 방법과 태블릿에 적합한 다른 사용자 인터페이스를 생성하는 방법을 설명합니다.

CHAPTER 9

우리의 안드로이드 도구상자

9장을 마치면서 프래그먼트 기술을 도구상자에 추가했습니다.

핵심정리

- 화면 일부를 제어할 때 프래그먼트를 사용합니다. 다양한 액티비티에서 프래그먼트를 재사용할 수 있습니다.
- 프래그먼트는 관련 레이아웃을 가지고 있습니다.
- 안드로이드가 프래그먼트의 레이아웃을 필요로 할 때마다 `onCreateView()` 메서드가 호출됩니다.
- `<fragment>` 요소로 액티비티의 레이아웃에 프래그먼트를 추가할 수 있으며 `name` 속성으로 이름을 할당할 수 있습니다.
- 프래그먼트 생명주기 메서드는 프래그먼트를 포함하는 액티비티 상태와 연결됩니다.
- `Fragment` 클래스는 `Activity` 클래스를 상속받지도 `Context` 클래스를 구현하지도 않습니다.
- `Fragment`는 `findViewById()` 메서드를 제공하지 않습니다. 대신 `getView()` 메서드로 루트 뷰 레퍼런스를 얻은 다음 반환된 뷰의 `findViewById()` 메서드를 호출할 수 있습니다.
- 리스트 프래그먼트는 온전한 `ListView`를 제공하는 프래그먼트입니다. `ListFragment`를 상속받아서 리스트 프래그먼트를 생성할 수 있습니다.

이 책의 전체 코드는 https://tinyurl.com/HeadFirstAndroid에서 내려받을 수 있어요.

프래그먼트 생명주기 메서드

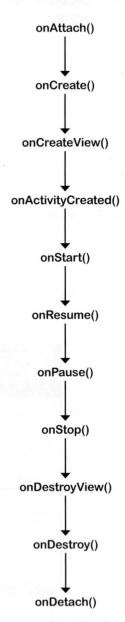

onAttach()
↓
onCreate()
↓
onCreateView()
↓
onActivityCreated()
↓
onStart()
↓
onResume()
↓
onPause()
↓
onStop()
↓
onDestroyView()
↓
onDestroy()
↓
onDetach()

10 큰 인터페이스용 프래그먼트

다양한 크기, 다양한 인터페이스

그들은 태블릿을 사용한다고요? 이런... UI를 다시 설계해야겠네요.

지금까지는 작은 화면의 디바이스에서 실행되는 앱을 만들었습니다.

하지만 사용자가 태블릿을 가지고 있다면 어떨까요? 이 장에서는 앱이 실행되는 디바이스에 따라 **모습과 동작이 달라지도록 유연한 사용자 인터페이스를 생성**하는 방법을 설명합니다. 그리고 **백 스택**과 **프래그먼트 트랜잭션**을 이용해 Back 버튼을 클릭했을 때 앱을 제어하는 방법을 보여줍니다. 마지막으로 프래그먼트의 **상태를 저장했다가 복원**하는 방법도 설명합니다.

Workout 앱은 폰이나 태블릿에서 모두 같은 모습으로 실행됩니다

앞 장에서는 폰에서 작동하는 Workout 앱을 만들었습니다.

다시 요약하면 앱을 실행하면 `MainActivity`가 실행됩니다. `MainActivity`는 `WorkoutListFragment`라는 운동 목록을 표시하는 프래그먼트를 포함합니다. 사용자가 특정 운동을 선택하면 `DetailActivity`가 실행되면서 `WorkoutDetailFragment`의 내용이 자세히 표시됩니다.

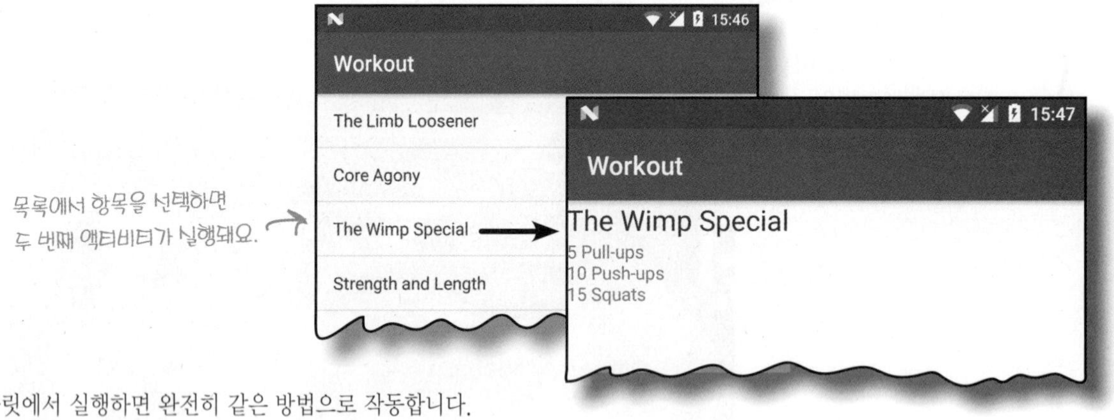

앱을 태블릿에서 실행하면 완전히 같은 방법으로 작동합니다. 하지만 화면이 크기 때문에 활용하지 못한 빈 사용자 인터페이스 공간이 많습니다.

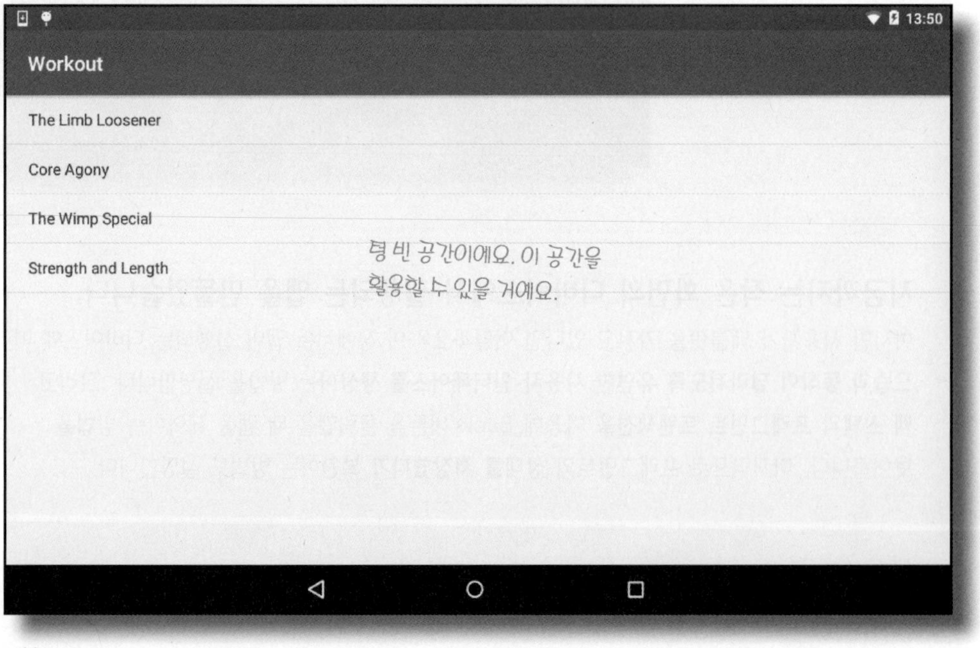

큰 인터페이스용 설계

운동 목록의 오른쪽 공간에 운동 정보를 자세히 표시하면 빈 공간을 더 잘 활용할 수 있습니다. 사용자가 특정 운동을 선택하면 두 번째 액티비티로 이동하지 않고 같은 화면에서 운동 정보를 자세히 표시합니다.

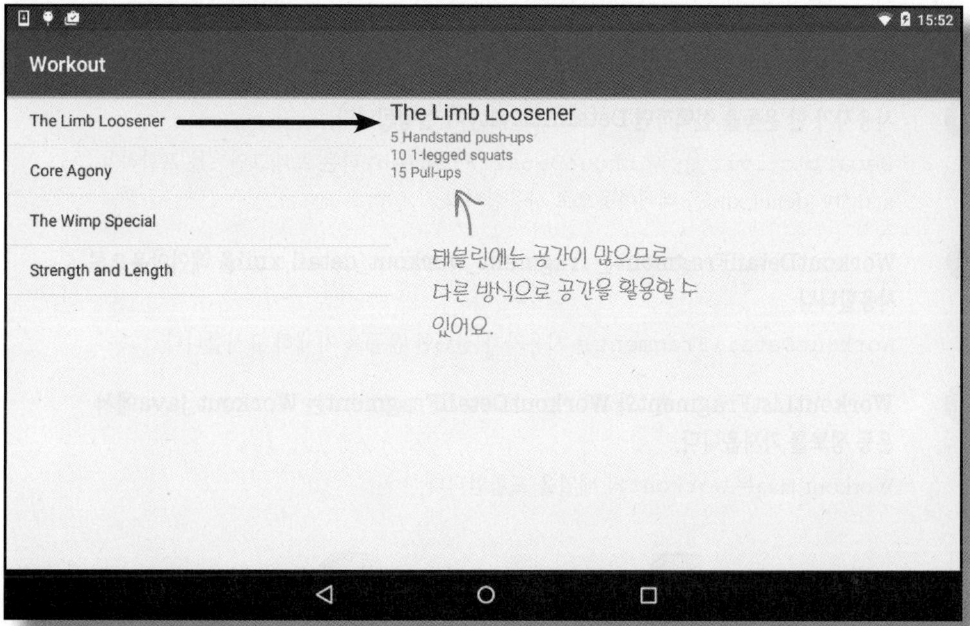

하지만 앱을 완전히 바꾸고 싶진 않습니다. 폰에서는 기존처럼 앱이 실행되어야 합니다.

앱이 실행되는 디바이스에 따라 앱의 실행 방식을 적용하려 합니다. 앱이 폰에서 실행되면 자세한 운동 정보를 다른 액티비티에 표시합니다(현재 구현한 동작이에요). 앱이 태블릿에서 실행되면 자세한 운동 정보를 운동 목록 옆에 표시합니다.

더 진행하기 전에 현재 앱의 구조를 다시 한번 검토합시다.

폰 버전 앱

앞 장에서 만든 폰 버전 앱은 다음처럼 작동합니다.

1. **앱을 실행하면 MainActivity가 시작됩니다.**

   `MainActivity`는 `WorkoutListFragment`라는 프래그먼트를 포함하는 activity_main.xml을 레이아웃으로 사용합니다.

2. **WorkoutListFragment는 운동 목록을 표시합니다.**

3. **사용자가 한 운동을 선택하면 DetailActivity가 실행됩니다.**

   `DetailActivity`는 `WorkoutDetailFragment`라는 프래그먼트를 포함하는 activity_detail.xml을 레이아웃으로 사용합니다.

4. **WorkoutDetailFragment는 fragment_workout_detail.xml을 레이아웃으로 사용합니다.**

   `WorkoutDetailFragment`는 사용자가 선택한 운동을 자세히 표시합니다.

5. **WorkoutListFragment와 WorkoutDetailFragment는 Workout.java에서 운동 정보를 가져옵니다.**

   Workout.java는 `Workout`의 배열을 포함합니다.

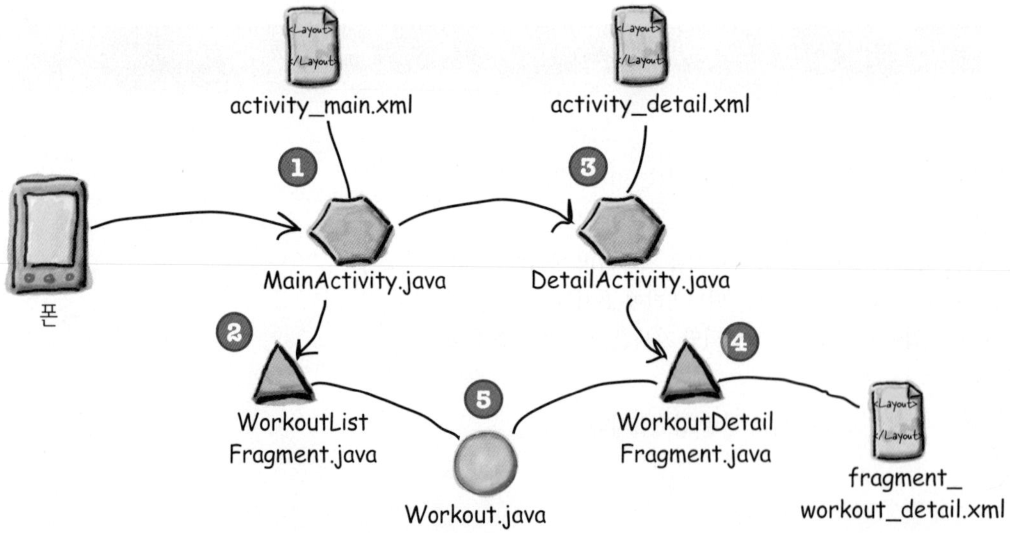

태블릿에서는 작동이 어떻게 달라질까요?

태블릿 버전 앱

태블릿에서 앱을 실행하면 다음처럼 작동해야 합니다.

1. **앱을 실행하면 이전처럼 MainActivity가 시작됩니다.**
   MainActivity는 activity_main.xml을 레이아웃으로 사용합니다.

2. **MainActivity의 레이아웃은 WorkoutListFragment와 WorkoutDetailFragment 두 개의 프래그먼트를 포함합니다.**

3. **WorkoutListFragment는 운동 목록을 표시합니다.**
   리스트 프래그먼트이므로 별도의 레이아웃 파일이 없습니다.

4. **사용자가 한 운동을 선택하면 자세한 정보가 WorkoutDetailFragment에 표시됩니다.**
   WorkoutDetailFragment는 fragment_workout_detail.xml을 레이아웃으로 사용합니다.

5. **두 프래그먼트는 이전처럼 Workout.java에서 데이터를 가져옵니다.**

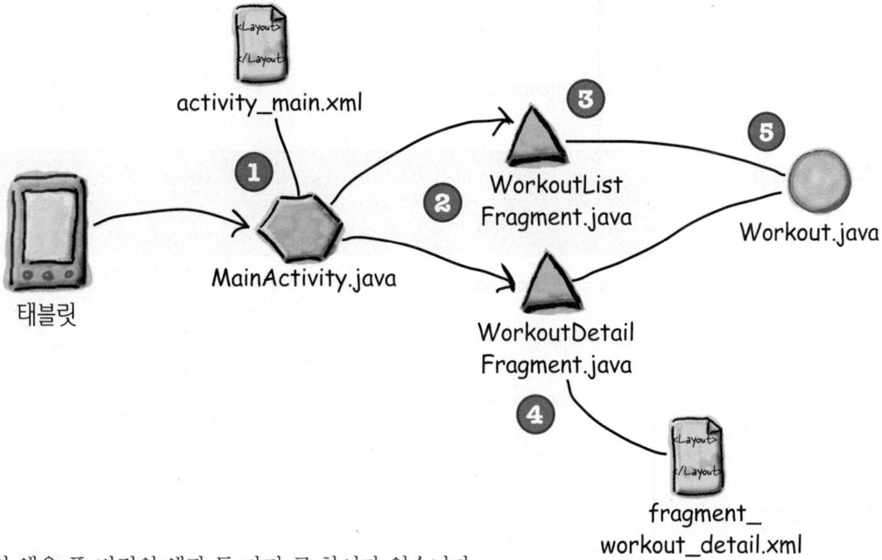

태블릿 버전의 앱은 폰 버전의 앱과 두 가지 큰 차이가 있습니다.

첫째는 MainActivity의 레이아웃이 WorkoutListFragment뿐 아니라 다른 프래그먼트도 표시합니다.

둘째는 사용자가 한 운동을 선택했을 때 DetailActivity를 시작할 필요가 없습니다. 대신 MainActivity에서 WorkoutDetailFragment를 표시합니다.

다음 페이지에서 태블릿 버전의 앱을 단계적으로 구현합니다.

우리가 하려는 작업입니다

다음과 같은 단계로 앱을 바꿀 것입니다.

1. **태블릿 AVD(안드로이드 가상 디바이스)를 생성합니다.**
   태블릿용 새 UI를 생성할 것이므로 그것을 실행할 새 태블릿 AVD를 만듭니다. 태블릿 AVD를 이용해 큰 화면의 디바이스에서 앱이 어떻게 보이고 동작하는지 확인할 수 있습니다.

2. **새 태블릿 레이아웃을 생성합니다.**
   큰 화면의 디바이스에서 작동하는 새 레이아웃에 기존에 생성한 프래그먼트를 재사용할 것입니다. 처음에는 첫 번째 운동 정보를 자세히 표시하므로 두 프래그먼트를 모두 볼 수 있습니다.

3. **사용자가 선택한 운동의 자세한 정보를 표시합니다.**
   사용자가 선택한 운동 정보를 자세히 표시하도록 앱을 갱신할 겁니다.

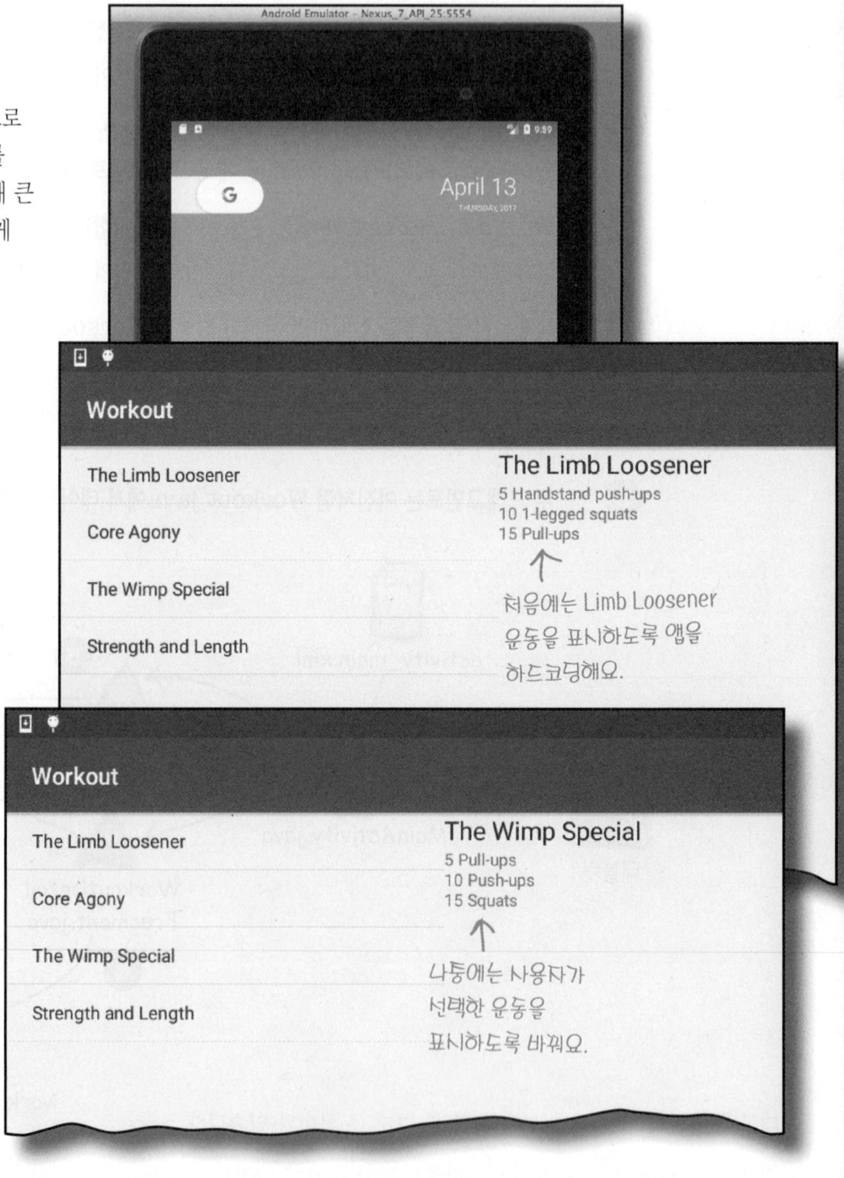

직접 해보세요!

이 장에서는 기존의 Workout 앱을 갱신할 것이므로 안드로이드 스튜디오에서 9장의 Workout 프로젝트를 여세요.

태블릿 AVD 생성하기

앱을 바꾸기 전에 태블릿에서 앱의 모습과 동작을 확인할 수 있도록 API 수준 25를 실행하는 새 Nexus 7 AVD를 생성합니다. 이 과정은 1장에서 Nexus 5X AVD를 생성했을 때와 거의 비슷합니다.

안드로이드 가상 디바이스 관리자 열기

AVD는 AVD 관리자를 사용하여 생성합니다. Tools → Android → AVD Manager를 선택합니다.

이미 설정한 AVD 목록을 포함하는 창이 나타납니다. 화면 아래의 Create Virtual Device 버튼을 클릭합니다.

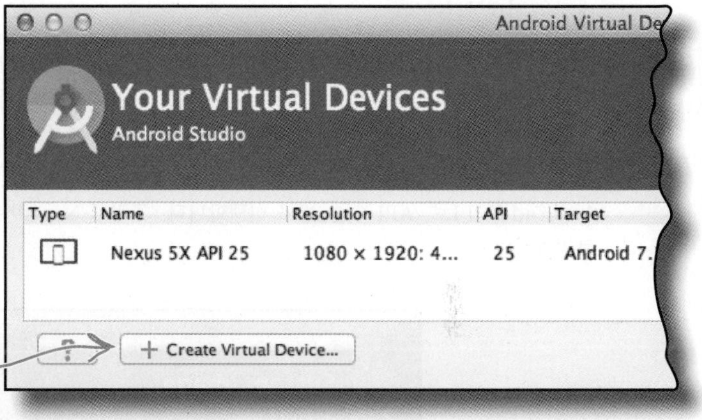

Create Virtual Device 버튼을 클릭해 AVD를 생성해요.

하드웨어 선택하기

디바이스 정의를 선택하는 창이 나타나면 AVD가 실행할 디바이스의 종류를 선택합니다.

우리는 넥서스 7 태블릿에서 실행되는 앱의 모습을 확인할 것입니다. 따라서 Category 메뉴에서 Tablet을 선택하고 목록에서 Nexus 7을 선택합니다. 그리고 Next 버튼을 클릭합니다.

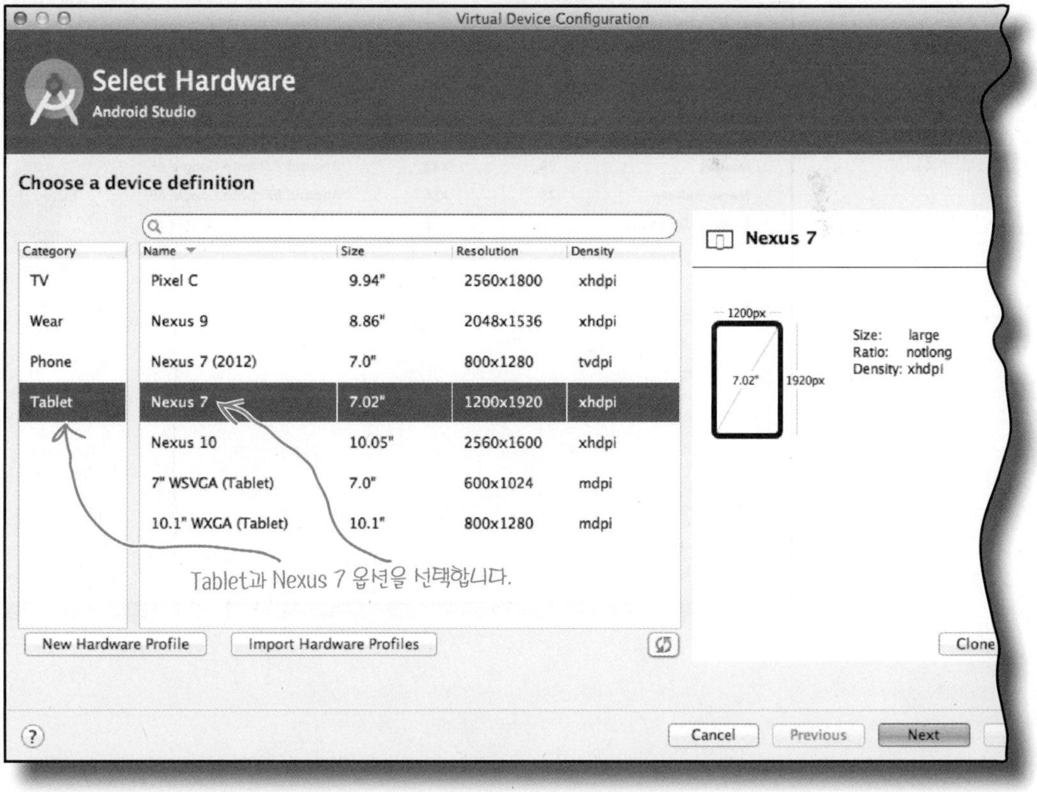

Tablet과 Nexus 7 옵션을 선택합니다.

AVD 만들기
레이아웃 만들기
운동 보여주기

태블릿 AVD 생성하기(계속)

시스템 이미지 선택하기

다음으로 시스템 이미지를 선택합니다. 시스템 이미지는 설치된 안드로이드 운영체제 버전을 결정합니다. AVD에 사용할 안드로이드 버전을 선택합니다.

우리가 만드는 앱과 호환되는 API 수준의 시스템 이미지를 선택해야 합니다. 예를 들어 앱이 최소 API 수준 19 이상을 지원한다면 최소 API 수준 19 이상의 시스템 이미지를 선택해야 합니다. 1장에서처럼 AVD의 API 수준을 25로 실행할 것이므로 릴리스명을 Nougat으로, 타깃을 Android 7.1.1로, API 수준 25로 선택합니다. 그리고 Next 버튼을 클릭합니다.

1장과 같은 시스템 이미지를 선택해요.

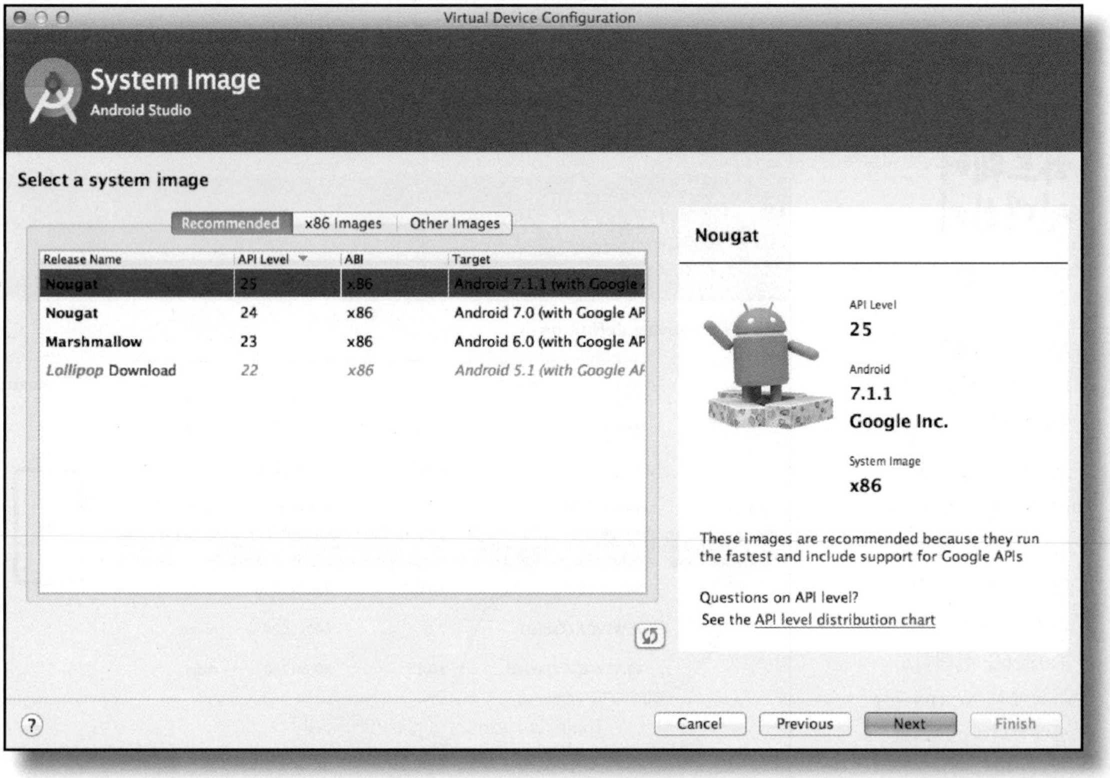

태블릿 AVD 생성하기(계속)

AVD 구성 확인

다음 화면에서는 AVD 구성을 확인합니다. 이 화면에서는 지금까지 선택한 옵션을 요약해서 보여주는데 원하면 옵션을 바꿀 수 있습니다. 화면 시작 방향을 Landscape로 바꾼 다음 Finish 버튼을 클릭합니다.

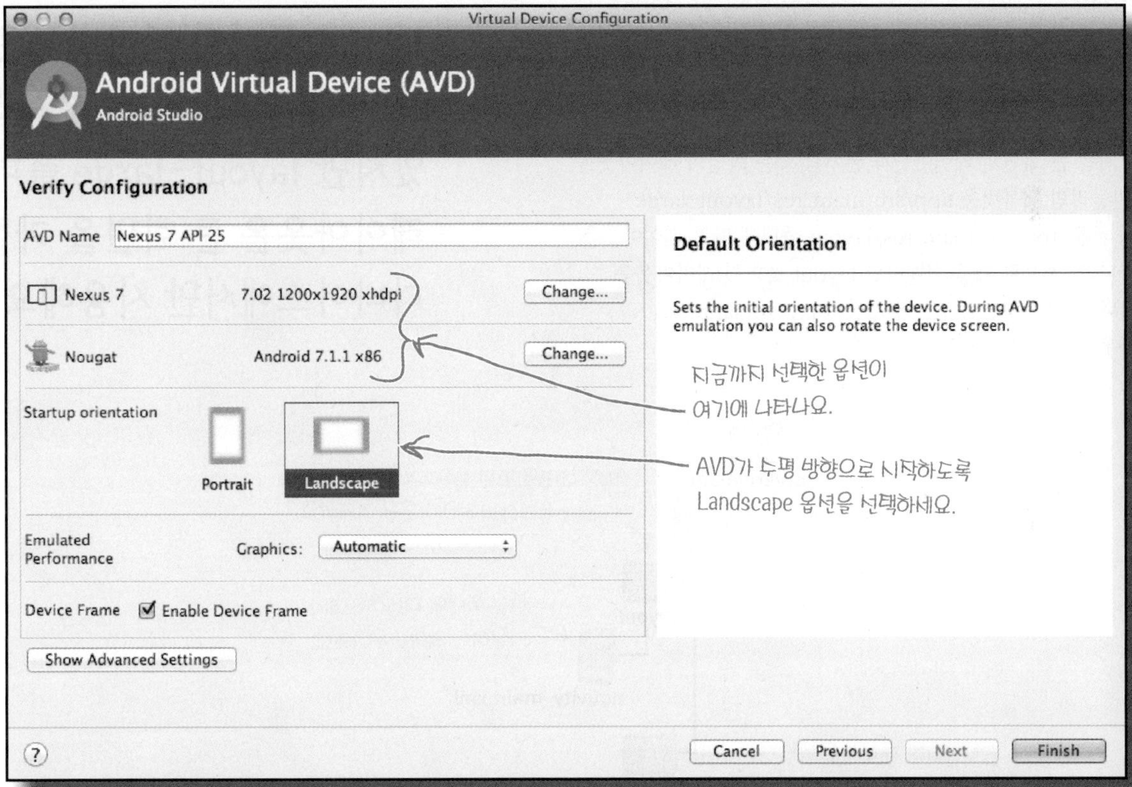

AVD 관리자가 넥서스 7 AVD를 생성하기 시작하고 작업이 완료되면 디바이스 목록에 표시됩니다. 이제 AVD 관리자를 닫습니다.

태블릿 AVD를 생성했으므로 Workout 앱을 바꿉니다. 우리는 폰에서 앱이 실행되는지 아니면 태블릿에서 실행되는지에 따라 다른 레이아웃을 사용하려 합니다. 이를 어떻게 구현할 수 있을까요?

화면 전용 리소스는 화면 전용 폴더에 넣습니다

AVD 만들기
레이아웃 만들기
운동 보여주기

이전에 화면 크기에 따라 다양한 크기의 이미지를 다양한 drawable* 폴더에 저장한다는 것을 설명했습니다. 예를 들어 고밀도 화면에 사용할 이미지는 drawable-hdpi 폴더에 저장합니다.

레이아웃, 메뉴, 값 등의 다른 리소스에도 같은 규칙을 적용할 수 있습니다. 다양한 화면 명세에 따라 같은 리소스를 다양한 버전으로 생성하려면 적절한 이름의 다양한 리소스 폴더를 생성해 리소스를 추가합니다. 런타임에 디바이스는 자신의 화면 명세와 가장 근접한 폴더에서 리소스를 가져옵니다.

태블릿처럼 큰 화면의 레이아웃과 폰처럼 작은 화면의 레이아웃을 따로 만들려면 태블릿용 app/src/main/res/layout-large 폴더와 폰용 app/src/main/res/layout 폴더에 따로 레이아웃을 저장합니다. 폰으로 앱을 실행하면 layout 폴더의 레이아웃을 사용합니다. 태블릿으로 앱을 실행하면 layout-large 폴더의 레이아웃을 사용합니다.

안드로이드는 리소스 폴더 이름을 이용해 런타임에 사용할 리소스를 결정해요.

layout 폴더의 레이아웃은 모든 디바이스에서 사용할 수 있지만 layout-large 폴더의 레이아웃은 큰 화면을 가진 디바이스에서만 사용해요.

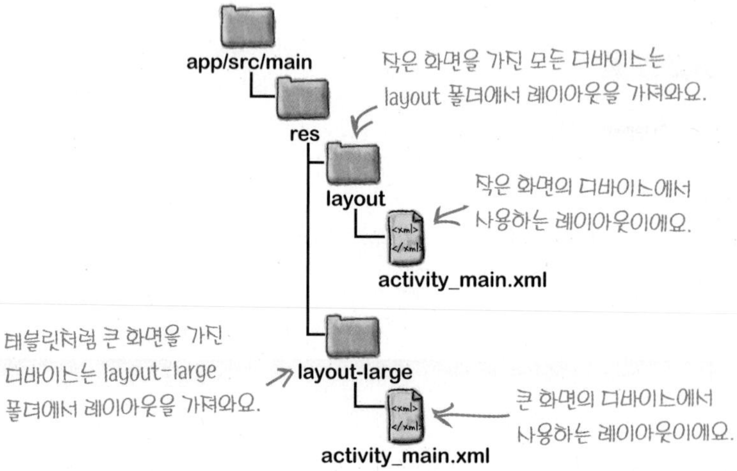

app/src/main
res
layout
activity_main.xml
layout-large
activity_main.xml
작은 화면을 가진 모든 디바이스는 layout 폴더에서 레이아웃을 가져와요.
작은 화면의 디바이스에서 사용하는 레이아웃이에요.
태블릿처럼 큰 화면을 가진 디바이스는 layout-large 폴더에서 레이아웃을 가져와요.
큰 화면의 디바이스에서 사용하는 레이아웃이에요.

다음 페이지에서는 리소스 폴더 이름으로 사용할 수 있는 모든 옵션을 설명합니다.

다양한 폴더 옵션

우리는 모든 종류의 리소스(drawable, 이미지, 레이아웃, 메뉴, 값 등)를 다른 폴더에 저장해 디바이스의 종류에 따라 사용하도록 지정할 수 있습니다. 화면 관련 폴더 이름에는 화면 크기, 밀도, 방향, 가로세로 비율 등을 하이픈 뒤에 추가할 수 있습니다. 예를 들어 Landscape 모드의 큰 태블릿에서 사용할 레이아웃은 layout-xlarge-land라는 폴더를 생성해 저장할 수 있습니다. 다음은 폴더 이름으로 사용할 수 있는 다양한 옵션입니다.

리소스 종류를 반드시 지정하세요.

화면 밀도는 인치당 점 수로 계산해요.

리소스 유형	화면 크기	화면 밀도	방향	가로 세로 비율
drawable	-small	-ldpi	-land	-long
layout	-normal	-mdpi	-port	-notlong
menu	-large	-hdpi		
mipmap	-xlarge	-xhdpi		
values		-xxhdpi		
		-xxxhdpi		
		-nodpi		
		-tvdpi		

높이가 큰 화면에서는 long을 사용해요.

앱 아이콘에 mipmap 리소스를 사용해요. 과거 버전의 안드로이드 스튜디오에서는 drawable을 사용했었어요.

밀도 독립적인 리소스예요. 크기를 조절하지 않는 이미지 리소스에는 -nodpi를 사용하세요(예를 들면 drawable-nodpi 폴더).

안드로이드는 런타임에 디바이스 명세를 확인해 가장 잘 맞는 리소스를 사용합니다. 정확히 일치하는 리소스가 없으면 현재 디바이스보다 작은 화면용으로 설계된 리소스를 사용합니다. 현재 화면보다 큰 화면용 리소스만 설정되어 있다면 앱이 크래시됩니다.

앱이 특정 화면 크기에서만 작동하게 만들려면 `<supports-screens>` 속성을 사용하여 AndroidManifest.xml에 정의합니다. 예를 들어 다음은 작은 화면의 디바이스에서 앱이 실행되지 않도록 강제하는 설정입니다.

```
<supports-screens android:smallScreens="false"/>
```

위의 다양한 폴더 이름을 사용해 폰과 태블릿에서 사용할 레이아웃을 생성할 수 있습니다.

더 자세한 설정 정보는 다음을 참고하세요.
https://developer.android.com/guide/practices/screens_support.html

폴더 구조가 되어보아요

아래에 액티비티 코드가 있습니다. 큰 화면의 디바이스와 작은 화면의 디바이스에서 앱을 실행할 때 각각 다른 레이아웃을 사용하려 합니다. 어떤 폴더 구조를 가져야 할까요?

```
import android.app.Activity;     ← 액티비티예요.
import android.os.Bundle;

public class MainActivity extends Activity {

    @Override
    protected void onCreate(Bundle savedInstanceState) {
        super.onCreate(savedInstanceState);
        setContentView(R.layout.activity_main);
    ...
    }
}
```

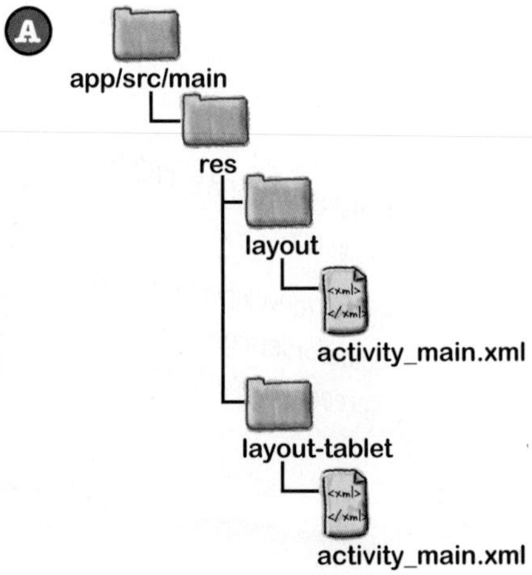

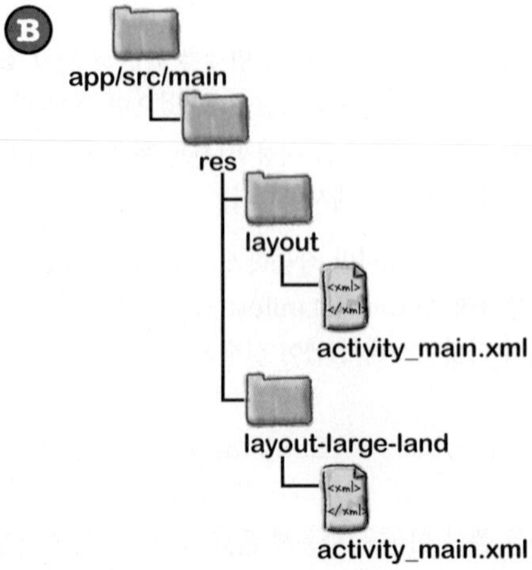

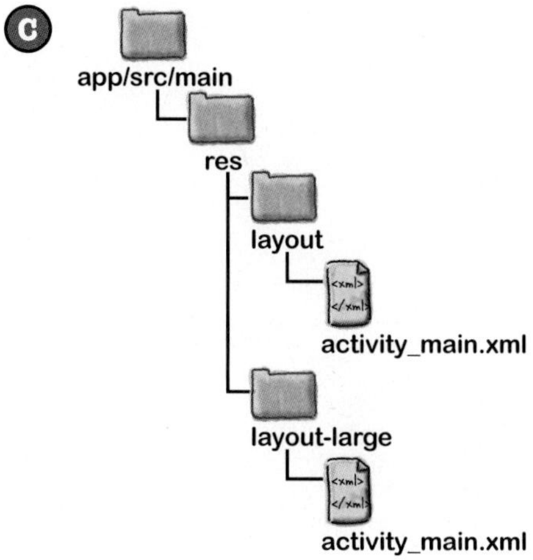
C
app/src/main
res
layout
activity_main.xml
layout-large
activity_main.xml

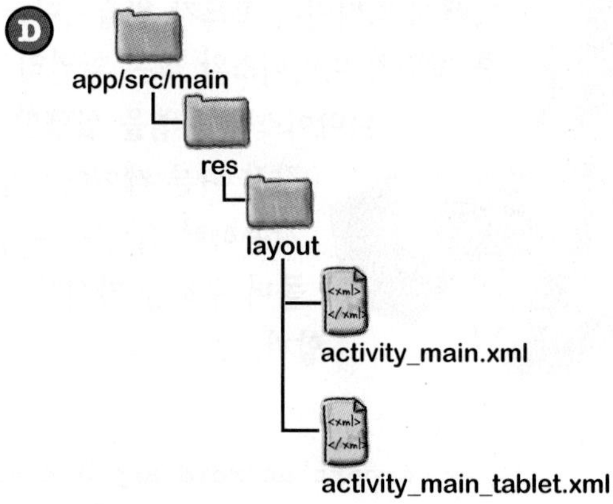
D
app/src/main
res
layout
activity_main.xml
activity_main_tablet.xml

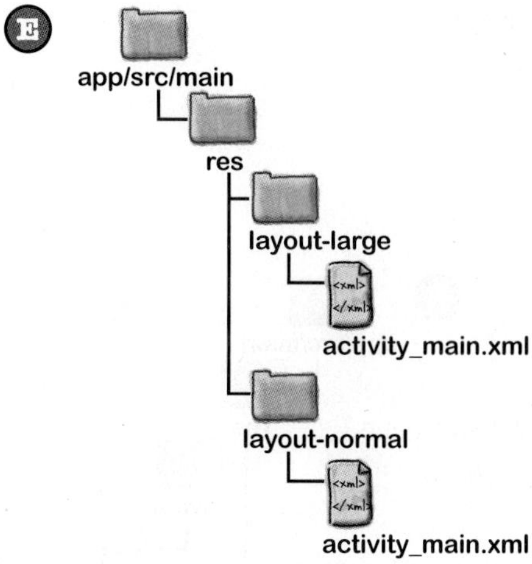
E
app/src/main
res
layout-large
activity_main.xml
layout-normal
activity_main.xml

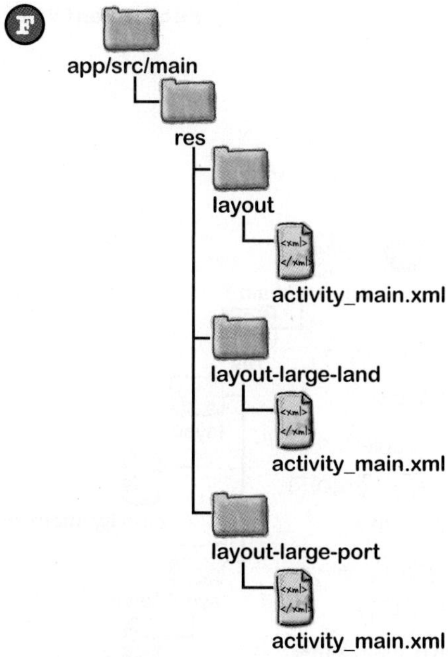
F
app/src/main
res
layout
activity_main.xml
layout-large-land
activity_main.xml
layout-large-port
activity_main.xml

폴더 구조가 되어보아요 정답

아래에 액티비티 코드가 있습니다. 큰 화면의 디바이스와 작은 화면의 디바이스에서 앱을 실행할 때 각각 다른 레이아웃을 사용하려 합니다. 어떤 폴더 구조를 가져야 할까요?

```
import android.app.Activity;
import android.os.Bundle;

public class MainActivity extends Activity {

    @Override
    protected void onCreate(Bundle savedInstanceState) {
        super.onCreate(savedInstanceState);
        setContentView(R.layout.activity_main);
    ...
    }
}
```

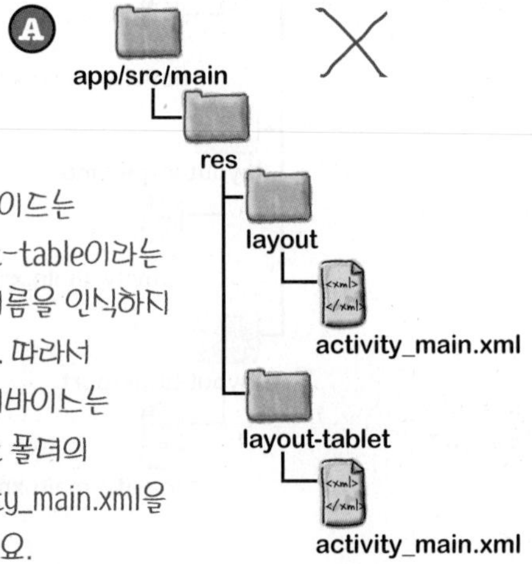

안드로이드는 layout-table이라는 폴더 이름을 인식하지 못해요. 따라서 모든 디바이스는 layout 폴더의 activity_main.xml을 사용해요.

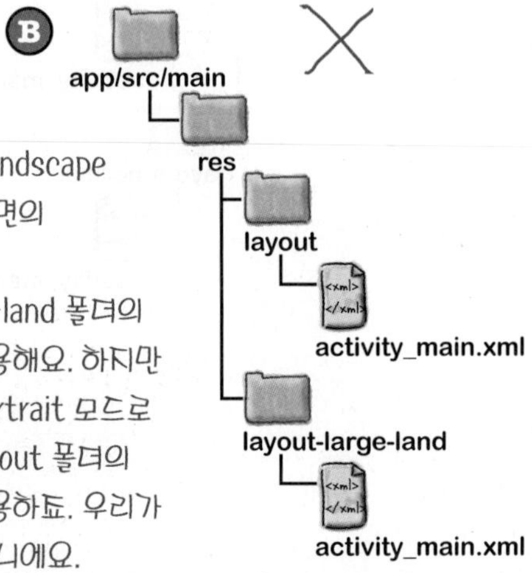

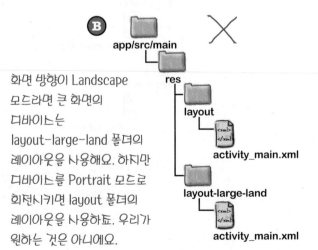

화면 방향이 Landscape 모드라면 큰 화면의 디바이스는 layout-large-land 폴더의 레이아웃을 사용해요. 하지만 디바이스를 Portrait 모드로 회전시키면 layout 폴더의 레이아웃을 사용하죠. 우리가 원하는 것은 아니에요.

C

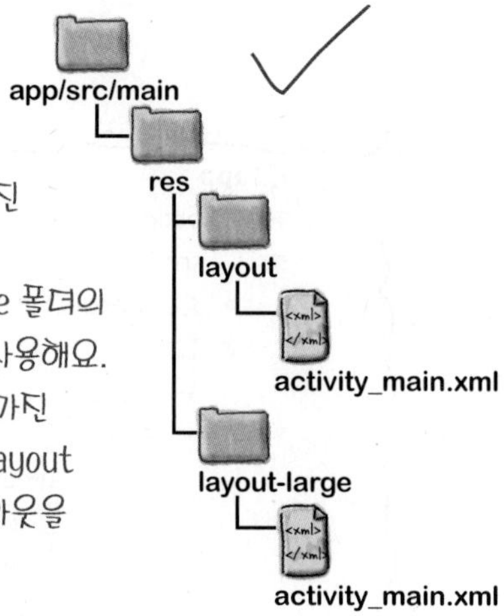

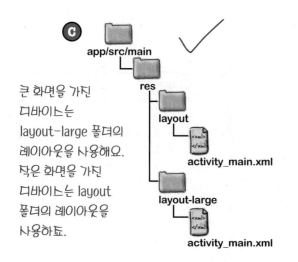

큰 화면을 가진 디바이스는 layout-large 폴더의 레이아웃을 사용해요. 작은 화면을 가진 디바이스는 layout 폴더의 레이아웃을 사용하죠.

D

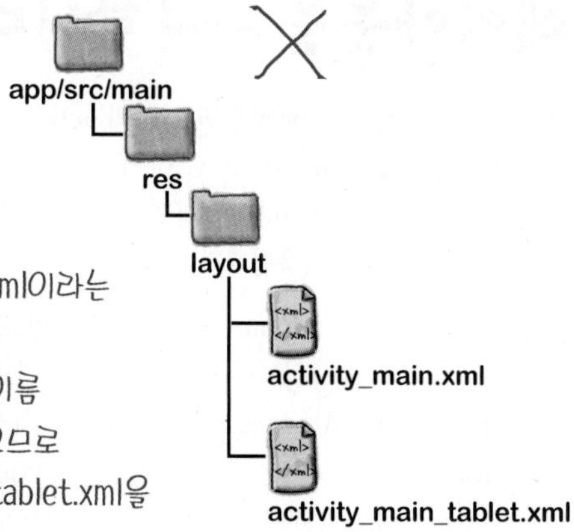

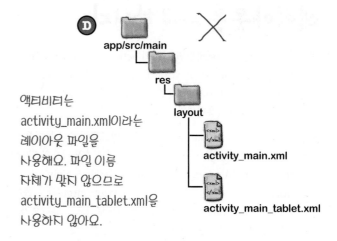

액티비티는 activity_main.xml이라는 레이아웃 파일을 사용해요. 파일 이름 자체가 맞지 않으므로 activity_main_tablet.xml을 사용하지 않아요.

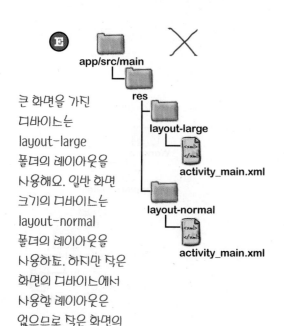

E

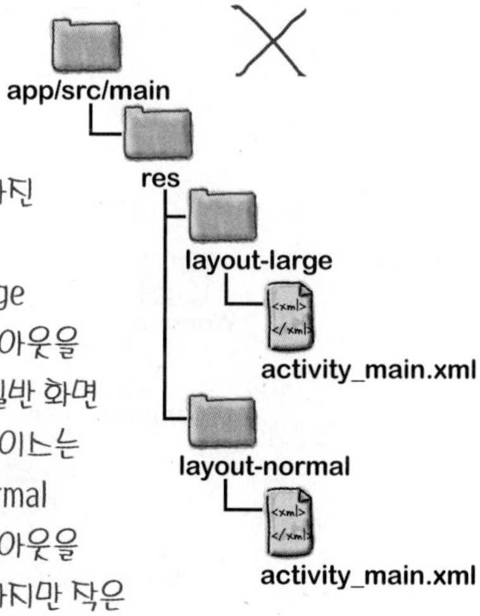

큰 화면을 가진 디바이스는 layout-large 폴더의 레이아웃을 사용해요. 일반 화면 크기의 디바이스는 layout-normal 폴더의 레이아웃을 사용하죠. 하지만 작은 화면의 디바이스에서 사용할 레이아웃은 없으므로 작은 화면의 디바이스에서는 앱이 실행되지 않아요.

F

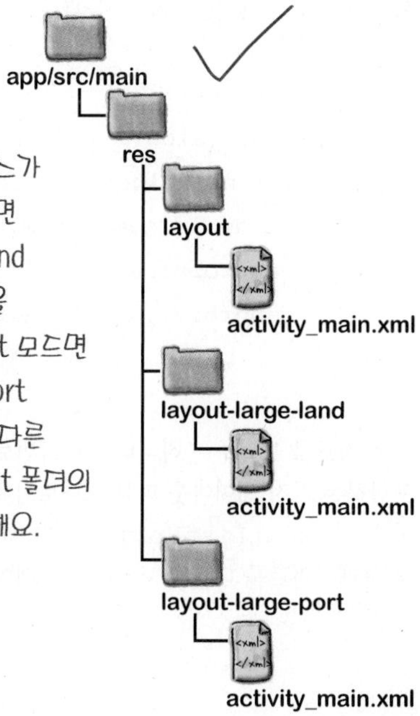

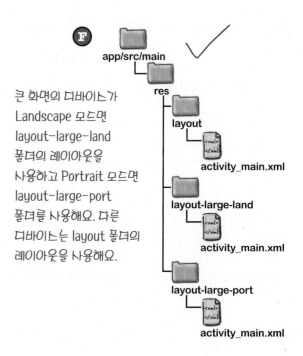

큰 화면의 디바이스가 Landscape 모드면 layout-large-land 폴더의 레이아웃을 사용하고 Portrait 모드면 layout-large-port 폴더를 사용해요. 다른 디바이스는 layout 폴더의 레이아웃을 사용해요.

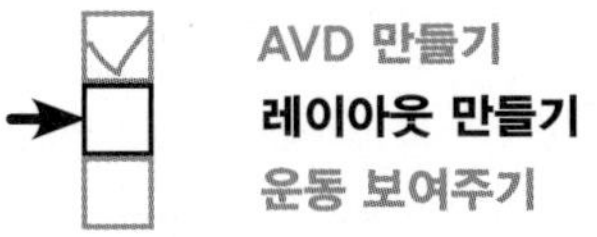

태블릿은 layout-large 폴더의 레이아웃을 사용합니다

태블릿 버전의 앱을 실행하려면 기존의 activity_main.xml 레이아웃 파일을 app/src/main/res/layout-large로 복사한 다음 레이아웃 파일의 코드를 갱신합니다. 큰 화면을 가진 디바이스에서만 이 레이아웃 파일을 사용합니다.

app/src/main/res/layout-large 폴더가 안드로이드 스튜디오 프로젝트에 없으면 생성해야 합니다. 안드로이드 스튜디오의 탐색기를 열고 app/src/main/res 폴더를 선택한 다음 File → New... → Directory를 선택합니다. 창이 나타나면 'layout-large'라는 폴더 이름을 입력합니다. OK 버튼을 클릭하면 안드로이드 스튜디오가 app/src/main/res/layout-large 폴더를 생성합니다.

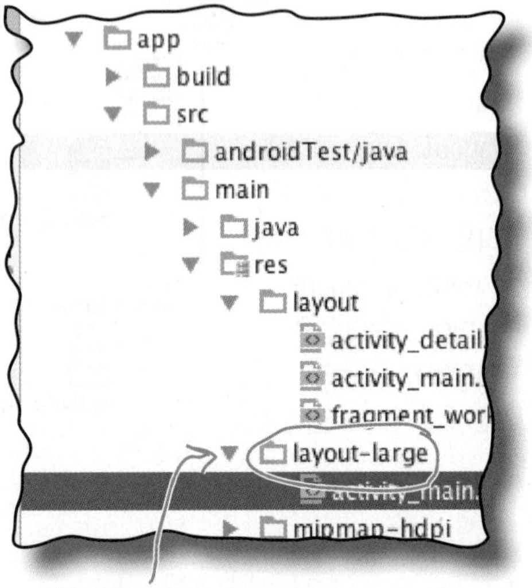

안드로이드 스튜디오가 생성한 폴더예요.

탐색기에서 activity_main.xml 파일을 선택한 다음 Edit 메뉴에서 Copy를 선택합니다. 그리고 새로 생성한 layout-large 폴더를 선택한 다음 Edit 메뉴에서 Paste를 선택하면 안드로이드 스튜디오가 activity_main.xml 파일을 app/src/main/res/layout-large 폴더로 복사합니다.

새로 붙여넣은 파일을 열면 다음과 같은 코드가 있습니다.

```
<?xml version="1.0" encoding="utf-8"?>
<fragment xmlns:android="http://schemas.android.com/apk/res/android"
    android:name="com.hfad.workout.WorkoutListFragment"
    android:layout_width="match_parent"
    android:layout_height="match_parent"/>
```

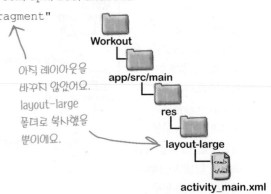

아직 레이아웃을 바꾸지 않았어요. layout-large 폴더로 복사했을 뿐이에요.

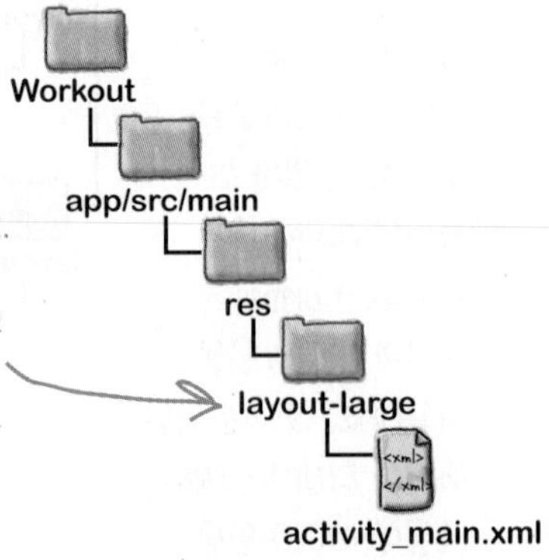

운동 정보를 보여주는 하나의 프래그먼트 WorkoutListFragment를 포함하는 이전 레이아웃 파일 그대로입니다.
이제 WorkoutListFragment와 WorkoutDetailFragment 두 프래그먼트를 나란히 보여주도록 레이아웃을 바꿔야 합니다.

☑ AVD 만들기
→ ☐ 레이아웃 만들기
☐ 운동 보여주기

layout-large 버전의 레이아웃은 두 개의 프래그먼트를 표시해야 합니다

layout-large 폴더의 activity_main.xml이 두 개의 프래그먼트를 포함하도록 바꿔야 합니다. 먼저 수평 방향의 선형 레이아웃에 프래그먼트를 추가합니다. `WorkoutListFragment`가 5분의 2, `WorkoutDetailFragment`가 5분의 3 공간을 차지하도록 설정합니다.

다음은 이렇게 설정한 activity_main.xml 파일입니다. 여러분 코드도 다음처럼 바꾸세요. layout-large 폴더에 있는 태블릿 버전의 레이아웃을 작업해야 한다는 사실 기억하세요.

두 프래그먼트가 나란히 표시되도록 수평 방향의 LinearLayout에 두 프래그먼트를 추가했어요.

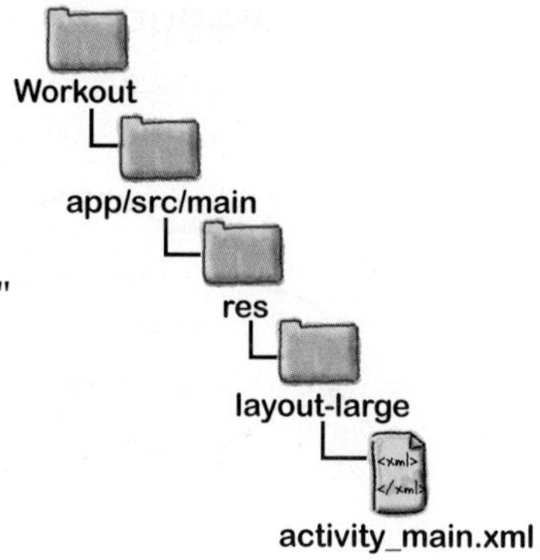


```
<?xml version="1.0" encoding="utf-8"?>
<LinearLayout xmlns:android="http://schemas.android.com/apk/res/android"
    android:orientation="horizontal"
    android:layout_width="match_parent"
    android:layout_height="match_parent">

    <fragment
        android:name="com.hfad.workout.WorkoutListFragment"
        android:id="@+id/list_frag"
        android:layout_width="0dp"
        android:layout_weight="2"
        android:layout_height="match_parent"/>

    <fragment
        android:name="com.hfad.workout.WorkoutDetailFragment"
        android:id="@+id/detail_frag"
        android:layout_width="0dp"
        android:layout_weight="3"
        android:layout_height="match_parent"/>
</LinearLayout>
```

WorkoutListFragment는 이미 레이아웃에 포함되어 있어요.

각 프래그먼트를 어디에 추가했는지 안드로이드가 추적할 수 있도록 프래그먼트에 ID를 할당했어요.

MainActivity의 레이아웃에 WorkoutDetailFragment를 추가했어요.

다음 페이지에서는 코드를 실행할 때 어떤 일이 일어나는지 살펴봅니다.

바꾼 코드가 하는 일

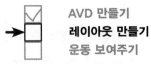

- [x] AVD 만들기
- [ ] **레이아웃 만들기**
- [ ] 운동 보여주기

앱을 시험 주행하기 전에 코드를 실행하면 어떤 일이 일어나는지 확인합시다.

1 앱을 실행하면 MainActivity가 실행됩니다.

MainActivity의 onCreate() 메서드가 실행됩니다. activity_main.xml을 MainActivity의 레이아웃으로 지정합니다.

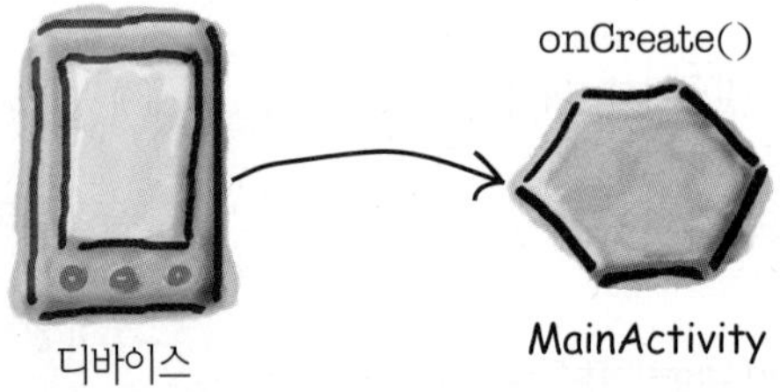

2a 앱을 태블릿에서 실행하면 layout-large 폴더의 activity_main.xml 파일을 사용합니다.

레이아웃은 WorkoutListFragment와 WorkoutDetailFragment를 나란히 표시합니다.

디바이스 화면이 크네요. 큰 화면 버전의 레이아웃을 사용해야겠어요.
안드로이드
layout-large
activity_main.xml

2b 앱을 작은 화면의 디바이스에서 실행하면 layout 폴더의 activity_main.xml을 사용합니다.

레이아웃은 WorkoutListFragment만 표시합니다.

디바이스 화면이 크지 않네요. layout 폴더의 버전을 사용해야겠어요.
안드로이드
layout
activity_main.xml

앱 시험 주행

AVD 만들기
레이아웃 만들기
운동 보여주기

앱을 폰에서 실행하면 이전처럼 실행됩니다. MainActivity는 운동 목록을 표시하며, 한 운동을 선택하면 DetailActivity가 실행되면서 자세한 운동 정보가 나타납니다.

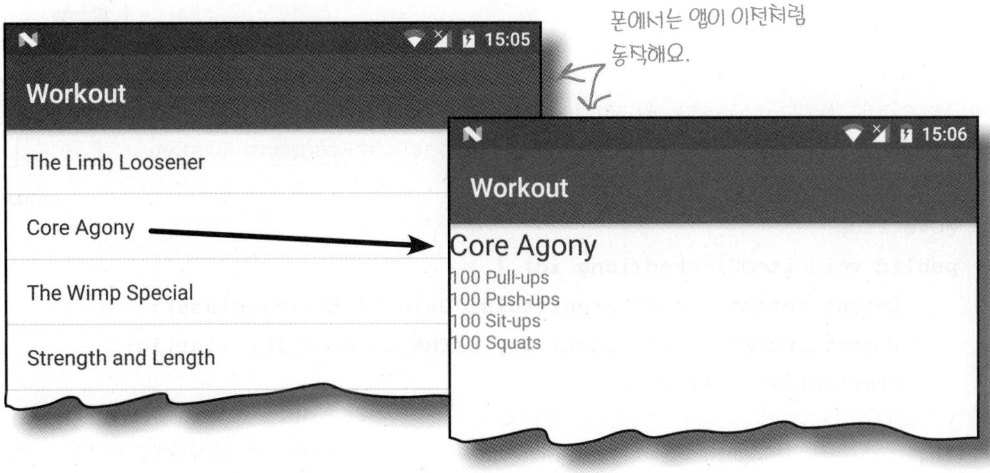

앱을 태블릿에서 실행하면 MainActivity가 나타나면서 왼쪽에는 운동 목록이 오른쪽에는 첫 번째 운동 정보가 자세히 표시됩니다.

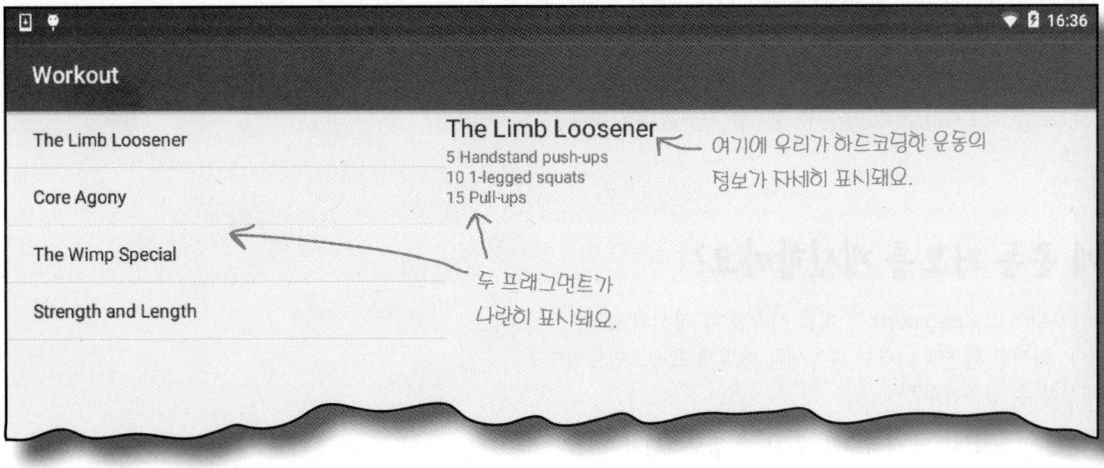

목록에서 운동을 선택하더라도 DetailActivity가 그대로 나타납니다. 태블릿에서는 더 이상 DetailActivity를 실행하지 않도록 코드를 바꿔야 합니다. 사용자가 MainActivity에서 운동을 선택하면 첫 번째 운동이 아닌 사용자가 선택한 운동 정보를 표시해야 합니다.

itemClicked() 코드를 바꿔야 합니다

- [x] AVD 만들기
- [x] 레이아웃 만들기
- [ ] **운동 보여주기**

WorkoutListFragment의 항목을 클릭했을 때 동작을 바꿔야 합니다. 즉, MainActivity의 itemClicked() 메서드의 코드를 바꿉니다. 다음은 현재 코드입니다.

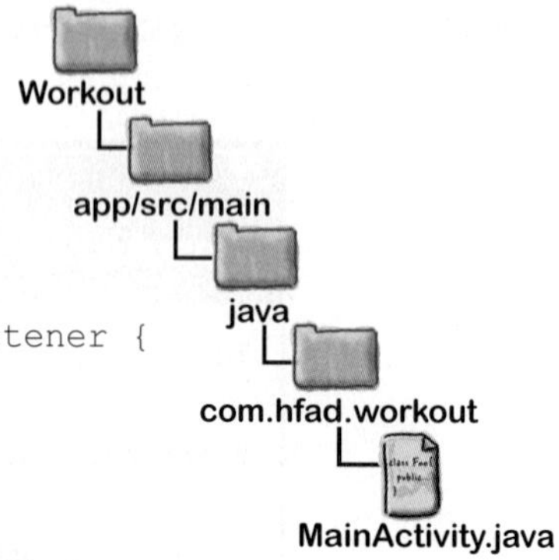


```
...

public class MainActivity extends AppCompatActivity
                          implements WorkoutListFragment.Listener {
...
    @Override
    public void itemClicked(long id) {
        Intent intent = new Intent(this, DetailActivity.class);
        intent.putExtra(DetailActivity.EXTRA_WORKOUT_ID, (int)id);
        startActivity(intent);
    }
}
```

앞 장에서 구현한 itemClicked() 메서드예요. DetailActivity를 실행하고 사용자가 선택한 운동 ID를 전달해요.

현재 코드는 사용자가 운동 목록을 선택하면 DetailActivity를 실행합니다. 앱을 폰처럼 작은 화면의 디바이스에서 실행할 때만 이처럼 동작하도록 코드를 바꿔야 합니다. 앱을 큰 화면에서 실행할 때 사용자가 운동을 선택하면 운동 목록의 오른쪽에 있는 WorkoutDetailFragment에 운동 정보를 자세히 표시해야 합니다.

어떻게 운동 정보를 갱신할까요?

WorkoutDetailFragment는 처음 시작할 때 자신의 뷰를 갱신합니다. 하지만 화면에 나타난 다음에는 어떻게 프래그먼트의 정보를 갱신할 수 있을까요?

아마 여러분은 프래그먼트의 생명주기 메서드를 검토하면서 어디가 좋을지 고민하고 있을지 모릅니다. **텍스트가 바뀌어야 할 때마다 우리는 완전히 새로운 프래그먼트를 이용해 기존의 프래그먼트를 대치하는 기법을 사용할 겁니다.**

지금부터 그 이유를 설명합니다...

프래그먼트가 Back 버튼에 작동해야 합니다

사용자가 폰으로 앱을 실행했습니다. 운동 목록에서 운동을 선택하면 다른 액티비티로 자세한 운동 정보가 표시됩니다. 여기서 Back 버튼을 클릭하면 다시 운동 목록으로 돌아옵니다.

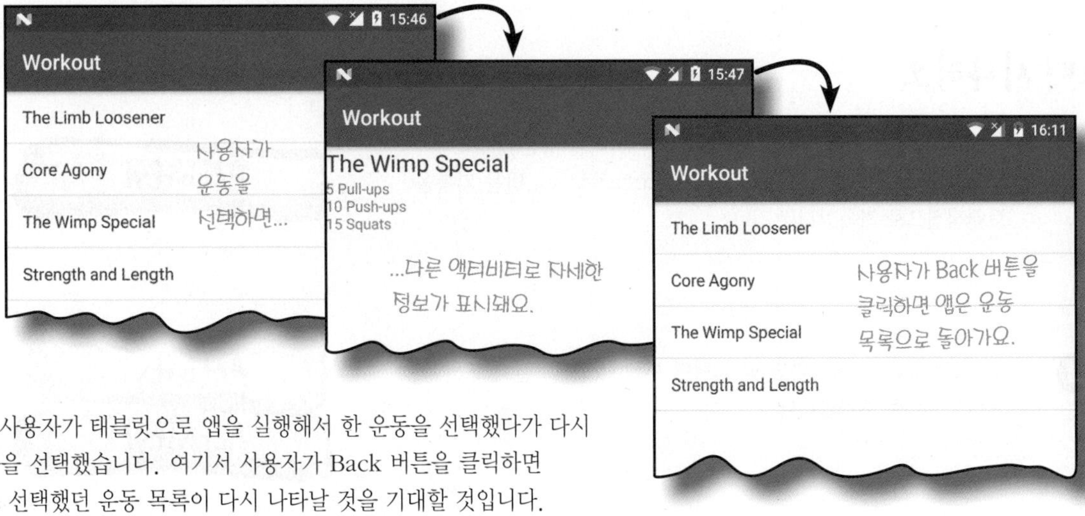

이번에는 사용자가 태블릿으로 앱을 실행해서 한 운동을 선택했다가 다시 다른 운동을 선택했습니다. 여기서 사용자가 Back 버튼을 클릭하면 첫 번째로 선택했던 운동 목록이 다시 나타날 것을 기대할 것입니다.

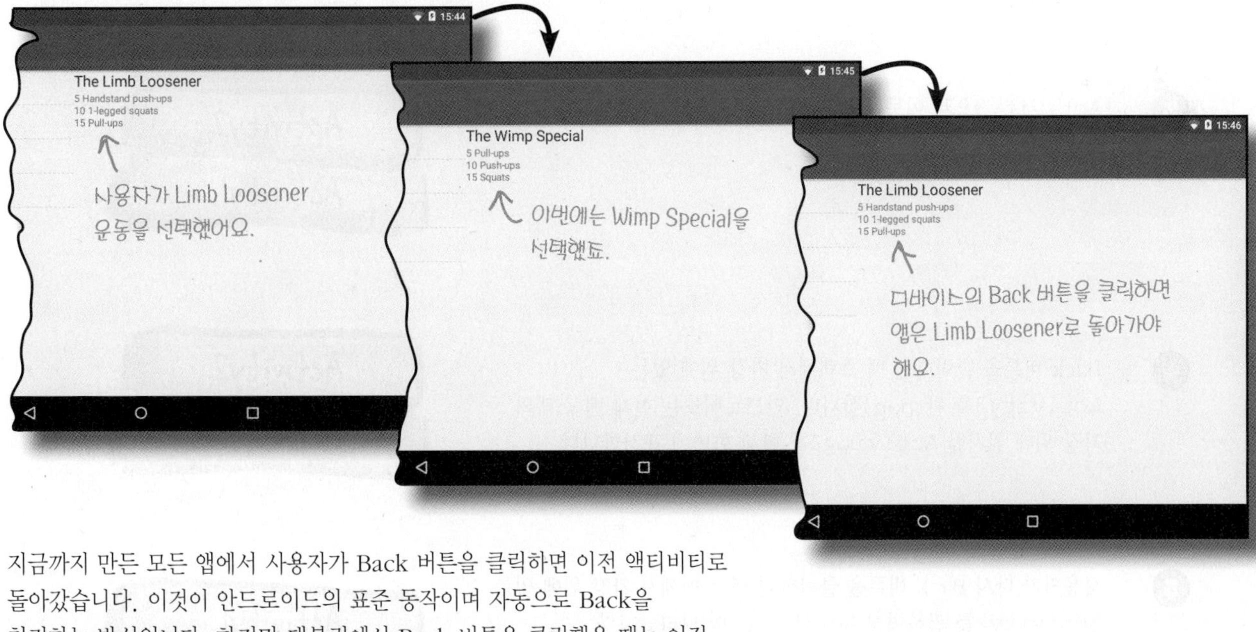

지금까지 만든 모든 앱에서 사용자가 Back 버튼을 클릭하면 이전 액티비티로 돌아갔습니다. 이것이 안드로이드의 표준 동작이며 자동으로 Back을 처리하는 방식입니다. 하지만 태블릿에서 Back 버튼을 클릭했을 때는 이전 액티비티로 돌아가는 것이 아니라 이전 프래그먼트 상태로 돌아가야 합니다.

AVD 만들기
레이아웃 만들기
운동 보여주기

백 스택에 오신 것을 환영합니다

앱의 한 액티비티에서 다른 액티비티로 이동할 때 안드로이드는 사용자가 방문한 액티비티를 **백 스택**(back stack)에 저장합니다. 백 스택은 디바이스에서 방문한 정보를 저장하는 공간으로 각각의 장소를 별도의 트랜잭션으로 기록합니다.

백 스택 시나리오

1. 앱에서 Activity1이라는 가상의 액티비티를 방문했다고 가정합시다. 안드로이드는 백 스택에 Activity1 방문 기록을 트랜잭션으로 기록합니다.

2. Activity2로 이동하면 백 스택에 Activity2를 별도의 트랜잭션으로 추가합니다.

3. Activity3으로 이동합니다. 백 스택에 Activity3이 추가됩니다.

4. Back 버튼을 클릭하면 백 스택에서 가장 위에 있는 Activity3을 팝(pop)합니다. 안드로이드는 현재 백 스택의 가장 위에 위치한 Activity2를 현재 화면에 표시합니다.

5. 사용자가 다시 Back 버튼을 클릭하면 백 스택에서 가장 위에 있는 Activity2를 팝하면서 Activity1이 나타납니다.

액티비티에만 백 스택 트랜잭션이 적용되는 것은 아닙니다

액티비티에서 백 스택이 어떻게 작동하는지 설명했는데 사실 액티비티에만 백 스택 트랜잭션이 적용되는 것은 아닙니다. 백 스택은 프래그먼트 바뀜 등을 포함한 모든 종류의 트랜잭션에 적용됩니다.

WorkoutDetailFragment에 두 개의 프래그먼트 트랜잭션이 있어요. 위에 있는 프래그먼트는 Core Agony 정보를 표시하고 아래 있는 프래그먼트는 Wimp Special 정보를 표시해요.

따라서 액티비티와 마찬가지로 사용자가 Back 버튼을 클릭하면 프래그먼트도 이전 상태로 돌아갈 수 있습니다.

사용자가 Back 버튼을 클릭하면 Core Agony를 포함하는 백 스택의 가장 위의 프래그먼트가 팝됩니다. 그리고 Wimp Special 정보가 표시되죠.

그럼 어떻게 프래그먼트 변경을 백 스택에 별도의 트랜잭션으로 저장할 수 있을까요?

갱신하지 말고 대체합니다

사용자가 다른 운동을 선택할 때마다 전체 `WorkoutDetailFragment`를 새 인스턴스로 대체합니다. `WorkoutDetailFragment`의 새 인스턴스는 사용자가 선택한 운동 정보를 표시합니다. 이런 방식으로 프래그먼트 교체를 별도의 트랜잭션으로 백 스택에 저장할 수 있습니다. 사용자가 Back 버튼을 클릭하면 가장 최근의 트랜잭션이 스택에서 팝되어 사라지면서 바로 이전에 선택했던 운동 정보가 나타납니다.

이렇게 하려면 한 프래그먼트를 다른 프래그먼트로 바꾸는 방법을 알아야 합니다. 다음 페이지에서 이를 설명합니다.

사용자가 한 액티비티에서 다른 액티비티로 탐색할 때 안드로이드는 백 스택을 만들어요. 각 액티비티는 개별 트랜잭션으로 기록돼요.

프레임 레이아웃을 이용하여 프로그램으로 프래그먼트 바꾸기

- [x] AVD 만들기
- [x] 레이아웃 만들기
- [ ] 운동 보여주기

MainActivity의 태블릿 사용자 인터페이스의 한 프래그먼트를 다른 프래그먼트로 바꾸려면 layout-large 폴더에 저장된 activity_main.xml 레이아웃 파일의 코드를 바꿔야 합니다. 기존처럼 <fragment> 요소로 직접 WorkoutDetailFragment를 추가하지 않고 프레임 레이아웃을 사용합니다.

(프레임 레이아웃은 5장에서 설명했어요.)

우리는 프래그먼트를 프레임 레이아웃에 프로그램으로 추가할 겁니다. WorkoutListFragment 리스트 뷰의 항목을 클릭할 때마다 프레임 레이아웃의 콘텐트를 올바른 운동의 자세한 정보를 표시하는 WorkoutDetailFragment의 새 인스턴스로 바꿉니다.

다음은 layout-large 폴더에 저장된 새 버전의 activity_main.xml 파일입니다. 여러분 코드도 다음처럼 바꾸세요.

⟨FrameLayout⟩으로 프래그먼트를 추가한 다음 백 스택에 프래그먼트 트랜잭션을 저장하는 등 필요할 때마다 프래그먼트를 프로그램으로 바꿀 수 있어요.

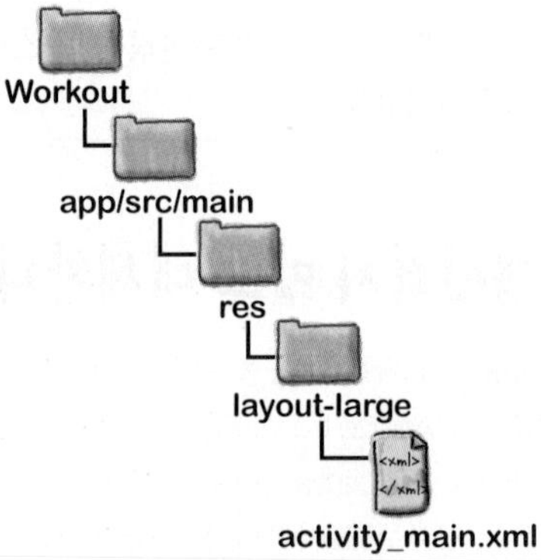


```
<?xml version="1.0" encoding="utf-8"?>
<LinearLayout xmlns:android="http://schemas.android.com/apk/res/android"
    android:orientation="horizontal"
    android:layout_width="match_parent"
    android:layout_height="match_parent">

    <fragment
        android:name="com.hfad.workout.WorkoutListFragment"
        android:id="@+id/list_frag"
        android:layout_width="0dp"
        android:layout_weight="2"
        android:layout_height="match_parent"/>

    <fragment
    <FrameLayout
        android:name="com.hfad.workout.WorkoutDetailFragment"
        android:id="@+id/detail_frag"
        android:id="@+id/fragment_container"
        android:layout_width="0dp"
        android:layout_weight="3"
        android:layout_height="match_parent"/>
</LinearLayout>
```

(`<fragment`, `android:name="com.hfad.workout.WorkoutDetailFragment"`, `android:id="@+id/detail_frag"` 줄은 삭제 표시되어 있습니다.)

- FrameLayout 안에 프래그먼트를 표시할 거예요.
- 프레임 레이아웃에 프래그먼트를 프로그램으로 추가할 거예요.
- 액티비티에서 참조할 수 있도록 FrameLayout에 fragment_container라는 ID를 설정해요.

- ☑ AVD 만들기
- ☑ 레이아웃 만들기
- → ☐ 운동 보여주기

디바이스가 어떤 레이아웃을 사용하고 있는지 알아내기

앱이 폰 또는 태블릿에서 실행되느냐에 따라 사용자가 운동을 선택했을 때 `MainActivity`가 다른 동작을 수행하도록 만들 겁니다. 레이아웃이 이전 페이지에서 추가한 프레임 레이아웃을 포함하는지 여부에 따라 앱이 어떤 버전의 레이아웃을 사용하고 있는지 알아낼 수 있습니다.

앱을 태블릿에서 실행하면 디바이스는 layout-large 폴더에 저장된 버전의 activity_main.xml을 사용할 겁니다. 이 레이아웃은 `fragment_container`라는 ID를 가진 프레임 레이아웃을 포함합니다. 사용자가 한 운동을 선택하면 프레임 레이아웃에 새 `WorkoutDetailFragment` 인스턴스를 표시합니다.

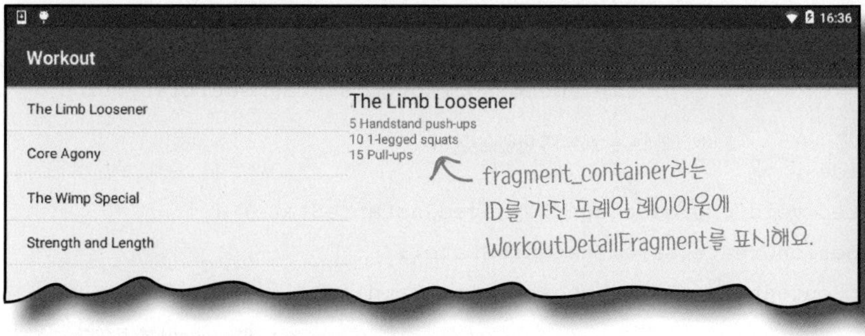

앱을 폰에서 실행하면 디바이스는 layout 폴더의 activity_main.xml을 사용할 것입니다. 이 레이아웃은 프레임 레이아웃을 포함하지 않습니다. 사용자가 운동을 선택하면 현재처럼 `MainActivity`가 `DetailActivity`를 실행합니다.

폰에서는 MainActivity가 프레임 레이아웃을 포함하지 않아요.

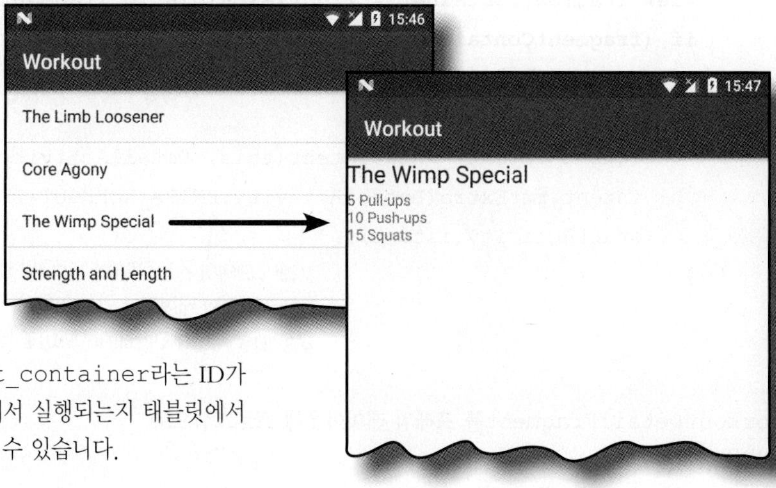

`MainActivity` 코드로 `fragment_container`라는 ID가 존재하는지 확인할 수 있다면 앱이 폰에서 실행되는지 태블릿에서 실행되는지에 따라 다른 동작을 수행할 수 있습니다.

갱신한 MainActivity 코드

- [x] AVD 만들기
- [x] 레이아웃 만들기
- → [ ] **운동 보여주기**

itemClicked() 메서드에서 fragment_container라는 ID를 가진 뷰를 찾도록 MainActivity 코드를 갱신했습니다. 이 뷰를 찾았는지 찾지 못했는지에 따라 다른 동작을 수행할 수 있습니다.

다음은 MainActivity.java 전체 코드입니다. 여러분 코드도 다음처럼 바꾸세요.

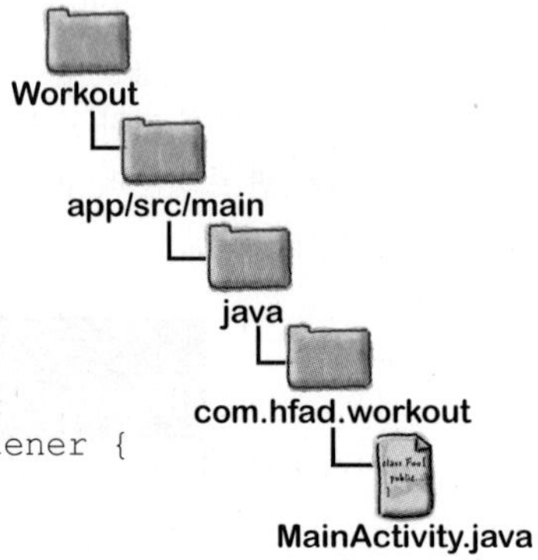


```
package com.hfad.workout;

import android.support.v7.app.AppCompatActivity;
import android.os.Bundle;
import android.view.View;
import android.content.Intent;

public class MainActivity extends AppCompatActivity
                          implements WorkoutListFragment.Listener {

    @Override
    protected void onCreate(Bundle savedInstanceState) {
        super.onCreate(savedInstanceState);
        setContentView(R.layout.activity_main);
    }

    @Override
    public void itemClicked(long id) {
        View fragmentContainer = findViewById(R.id.fragment_container);
        if (fragmentContainer != null) {
            // 프래그먼트를 FrameLayout에 추가
        } else {
            Intent intent = new Intent(this, DetailActivity.class);
            intent.putExtra(DetailActivity.EXTRA_WORKOUT_ID, (int) id);
            startActivity(intent);
        }
    }
}
```

이 메서드는 바꾸지 않았어요.

WorkoutDetailFragment를 포함하는 프레임 레이아웃 레퍼런스를 얻어요. 앱이 큰 화면을 가진 디바이스에서 실행될 때만 값이 존재해요.

프레임 레이아웃이 존재할 때 수행할 코드를 구현해요.

프레임 레이아웃이 존재하지 않으면 앱은 작은 화면의 디바이스에서 실행되고 있는 거예요. 따라서 이전처럼 운동 ID를 전달해 DetailActivity를 실행해요.

다음에는 WorkoutDetailFragment를 프레임 레이아웃에 프로그램으로 추가하는 방법을 살펴봅니다.

☑ AVD 만들기
☑ 레이아웃 만들기
→ ☐ 운동 보여주기

프래그먼트 트랜잭션 사용하기

액티비티가 실행 중이라면 프로그램으로 액티비티의 레이아웃에 프래그먼트를 추가할 수 있습니다. 그러려면 프레임 레이아웃처럼 프래그먼트를 추가할 뷰 그룹이 필요합니다.

프래그먼트 트랜잭션을 이용해 런타임에 프래그먼트를 추가, 교체, 삭제할 수 있습니다. 프래그먼트 트랜잭션이란 동시에 프래그먼트에 적용하려는 모든 변경사항의 집합을 가리킵니다.

프래그먼트 트랜잭션을 생성할 때는 다음 세 가지 작업이 필요합니다.

1. **트랜잭션 시작하기**
   트랜잭션에 기록하려는 여러 변경이 시작됨을 안드로이드에 알립니다.

2. **변경사항 지정하기**
   트랜잭션으로 그룹화할 모든 액션을 지정합니다. 프래그먼트 추가, 교체, 제거, 프래그먼트 데이터 갱신, 백 스택에 프래그먼트 추가 등이 여기에 해당합니다.

3. **트랜잭션 커밋하기**
   트랜잭션을 마치고 모든 변경사항을 적용합니다.

1. 트랜잭션 시작하기

우리는 액티비티의 프래그먼트 관리자 레퍼런스를 얻어 트랜잭션을 시작합니다. 앞 장에서 프래그먼트 관리자로 액티비티에서 사용하는 모든 프래그먼트를 관리했던 사실을 기억할 것입니다. 우리 예제처럼 지원 라이브러리의 프래그먼트를 사용한다면 다음 메서드로 프래그먼트 관리자 레퍼런스를 얻을 수 있습니다.

```
getSupportFragmentManager();
```

← 지원 라이브러리에서 프래그먼트를 처리하는 프래그먼트 관리자를 반환해요.

프래그먼트 관리자 레퍼런스를 얻었으면 `beginTransaction()` 메서드로 트랜잭션을 시작합니다.

```
FragmentTransaction transaction = getSupportFragmentManager().beginTransaction();
```

↑ 프래그먼트 트랜잭션이 시작돼요.

이것이 트랜잭션을 시작하는 데 필요한 모든 것입니다.
다음 페이지에서는 원하는 변경사항을 지정하는 방법을 살펴봅니다.

AVD 만들기
레이아웃 만들기
운동 보여주기

2. 변경사항 지정하기

트랜잭션을 시작한 다음에는 트랜잭션에 포함시킬 변경사항을 지정해야 합니다.

프래그먼트를 액티비티의 레이아웃에 추가하려면 프래그먼트 트랜잭션의 add() 메서드를 호출합니다. 이 메서드는 프래그먼트를 추가하려는 뷰 그룹의 리소스 ID와 추가하려는 프래그먼트 등 두 개의 인자를 받습니다. 다음은 add() 메서드를 호출하는 코드입니다.

```
WorkoutDetailFragment fragment = new WorkoutDetailFragment(); ← 프래그먼트를 생성해요.
transaction.add(R.id.fragment_container, fragment); ← 프래그먼트를 뷰 그룹에 추가해요.
```

프래그먼트를 바꾸려면 replace() 메서드를 이용합니다.

```
transaction.replace(R.id.fragment_container, fragment); ← 프래그먼트를 바꿔요.
```

프래그먼트를 저거하려면 remove() 메서드를 이용합니다.

```
transaction.remove(fragment); ← 프래그먼트를 제거해요.
```

setTransition() 메서드로 트랜잭션에 적용할 변환 애니메이션의 종류를 설정할 수 있습니다. 선택사항입니다.

```
transaction.setTransition(transition); ← 변환을 꼭 설정할 필요는 없어요.
```

위 코드에서 transition은 애니메이션의 종류를 가리킵니다. TRANSIT_FRAGMENT_CLOSE(스택에서 제거되는 프래그먼트), TRANSIT_FRAGMENT_OPEN(추가되는 프래그먼트), TRANSIT_FRAGMENT_FADE(희미해지고 또렷해지는 프래그먼트), TRANSIT_NONE(애니메이션 없음) 등의 옵션을 사용할 수 있습니다. 기본값은 '애니메이션 없음'입니다.

트랜잭션에 포함할 모든 액션을 지정했으면 addToBackStack() 메서드로 트랜잭션을 백 스택에 추가합니다. 이 메서드는 트랜잭션의 레이블로 사용하는 문자열 이름을 한 개의 인자로 받습니다. 프로그램으로 트랜잭션을 반환받을 때 이 인자의 값이 필요합니다. 대부분의 상황에서는 레이블을 사용하지 않으므로 다음처럼 null 값을 전달할 수 있습니다.

```
transaction.addToBackStack(null); ← 대부분의 상황에서는 트랜잭션을 반환받을 필요가
                                    없으므로 null로 설정할 수 있어요.
```

AVD 만들기
레이아웃 만들기
운동 보여주기

3. 트랜잭션 커밋하기

마지막으로 트랜잭션을 커밋합니다. 이로써 지정한 변경사항이 적용되고 트랜잭션이 마무리됩니다. 다음처럼 트랜잭션의 commit() 메서드로 트랜잭션을 커밋합니다.

```
transaction.commit();
```

프래그먼트 트랜잭션을 생성하는 방법을 살펴봤으니 이를 MainActivity에 적용해 사용자가 특정 운동을 클릭할 때마다 이를 표시하도록 WorkoutDetailFragment 코드를 구현합시다.

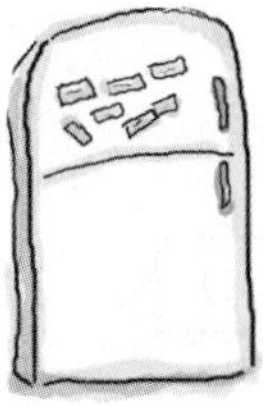

액티비티 자석

MainActivity에서 새 버전의 itemClicked() 메서드를 구현하려 합니다. 사용자가 새 운동을 클릭할 때마다 WorkoutDetailFragment에 해당 운동 정보가 표시되어야 합니다. 아래 코드를 마무리하세요.

```
public void itemClicked(long id) {
    View fragmentContainer = findViewById(R.id.fragment_container);
    if (fragmentContainer != null) {
        WorkoutDetailFragment details = new WorkoutDetailFragment();

        FragmentTransaction ft = getSupportFragmentManager(). ............ ;
        details.setWorkout(id);

        ft. ............ (R.id.fragment_container, ............ );

        ft. ............ (FragmentTransaction.TRANSIT_FRAGMENT_FADE);

        ft. ............ (null);

        ft. ............ ;
    } else {
        Intent intent = new Intent(this, DetailActivity.class);
        intent.putExtra(DetailActivity.EXTRA_WORKOUT_ID, (int) id);
        startActivity(intent);
    }
}
```

모든 자석을 사용할 필요는 없어요.

replace
commit()
beginTransaction()
setTransition
startTransaction()
details
endTransaction()
addToBackStack

액티비티 자석 정답

MainActivity에서 새 버전의 itemClicked() 메서드를 구현하려 합니다. 사용자가 새 운동을 클릭할 때마다 WorkoutDetailFragment에 해당 운동 정보가 표시되어야 합니다. 아래 코드를 마무리하세요.

```
public void itemClicked(long id) {
    View fragmentContainer = findViewById(R.id.fragment_container);
    if (fragmentContainer != null) {
        WorkoutDetailFragment details = new WorkoutDetailFragment();

        FragmentTransaction ft = getSupportFragmentManager().beginTransaction();
        details.setWorkout(id);
        ft.replace(R.id.fragment_container, details);
        ft.setTransition(FragmentTransaction.TRANSIT_FRAGMENT_FADE);
        ft.addToBackStack(null);
        ft.commit();
    } else {
        Intent intent = new Intent(this, DetailActivity.class);
        intent.putExtra(DetailActivity.EXTRA_WORKOUT_ID, (int) id);
        startActivity(intent);
    }
}
```

트랜잭션을 시작해요. (beginTransaction())

사용자가 운동을 클릭하면 프래그먼트를 새 인스턴스로 바꿔요. (replace)

WorkoutDetailFragment의 새 인스턴스예요. 사용자가 선택한 운동 정보를 자세히 표시하죠. (details)

프래그먼트에 희미해지고(페이드인) 또렷해지는(페이드아웃) 효과를 설정해요. (setTransition)

트랜잭션을 백 스택에 추가해요. (addToBackStack)

트랜잭션을 커밋해요. (commit())

endTransaction() ← 필요 없는 자석이에요. → startTransaction()

- [x] AVD 만들기
- [x] 레이아웃 만들기
- [ ] 운동 보여주기

새 기능을 적용한 MainActivity 코드

여기서는 올바른 운동 정보를 표시하는 WorkoutDetailFragment의 새 인스턴스를 만들어 액티비티에 프래그먼트를 표시한 다음 트랜잭션을 백 스택에 추가할 겁니다. 다음은 전체 코드입니다. 여러분의 MainActivity.java도 다음처럼 바꾸세요.

```
package com.hfad.workout;

import android.support.v4.app.FragmentTransaction;
...

public class MainActivity extends AppCompatActivity
                        implements WorkoutListFragment.Listener {

    @Override
    protected void onCreate(Bundle savedInstanceState) {
        super.onCreate(savedInstanceState);
        setContentView(R.layout.activity_main);
    }

    @Override
    public void itemClicked(long id) {
        View fragmentContainer = findViewById(R.id.fragment_container);
        if (fragmentContainer != null) {
            WorkoutDetailFragment details = new WorkoutDetailFragment();
            FragmentTransaction ft = getSupportFragmentManager().beginTransaction();
            details.setWorkout(id);
            ft.replace(R.id.fragment_container, details);
            ft.setTransition(FragmentTransaction.TRANSIT_FRAGMENT_FADE);
            ft.addToBackStack(null);
            ft.commit();
        } else {
            Intent intent = new Intent(this, DetailActivity.class);
            intent.putExtra(DetailActivity.EXTRA_WORKOUT_ID, (int) id);
            startActivity(intent);
        }
    }
}
```

- import 줄: 지원 라이브러리의 Fragment를 사용했으므로 지원 라이브러리의 FragmentTransaction을 임포트해요.
- onCreate: 이 메서드는 바꾸지 않았어요.
- FragmentTransaction ft = ...: 프래그먼트 트랜잭션을 시작해요.
- ft.replace(...): 프래그먼트를 바꿔요.
- ft.setTransition(...): 새로운 프래그먼트와 예전 프래그먼트가 각각 희미해지고 또렷해지도록 설정해요.
- ft.addToBackStack(null): 트랜잭션을 백 스택에 추가해요.
- ft.commit(): 트랜잭션을 커밋해요.

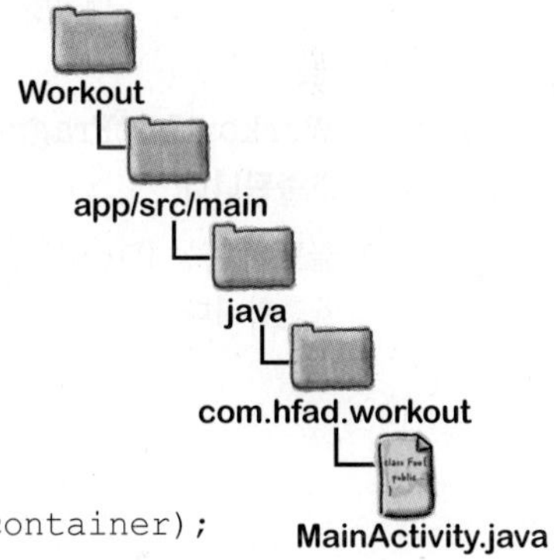

다음 페이지에서는 코드를 실행하면 어떤 일이 일어나는지 살펴봅니다.

코드를 실행하면 일어나는 일

- [x] AVD 만들기
- [x] 레이아웃 만들기
- [ ] **운동 보여주기**

다음은 앱을 실행했을 때 일어나는 일입니다.

1 태블릿으로 앱을 실행하면 MainActivity가 시작됩니다.

WorkoutListFragment가 MainActivity로 연결되고 MainActivity는 WorkoutListFragment의 리스너로 등록됩니다.

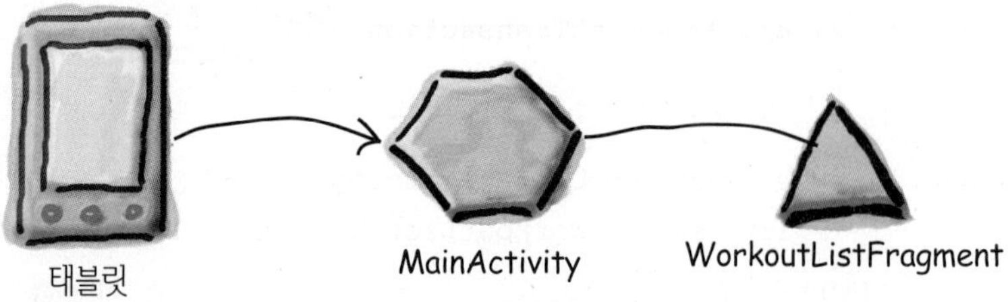

2 WorkoutListFragment의 항목을 클릭하면 프래그먼트의 onListItemClicked() 메서드가 호출됩니다.

클릭된 운동 ID(예제에서는 1)를 전달하면서 MainActivity의 itemClicked() 메서드를 호출합니다.

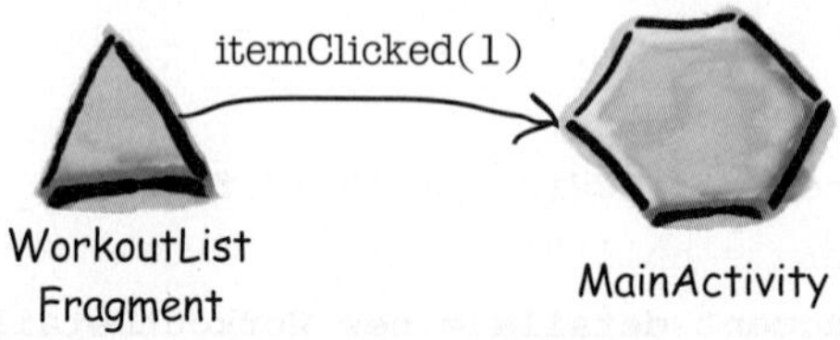

3 MainActivity의 itemClicked() 메서드는 앱이 태블릿에서 실행 중임을 확인합니다.

WorkoutDetailFragment의 새 인스턴스를 만들고 새로운 프래그먼트 트랜잭션을 시작합니다.

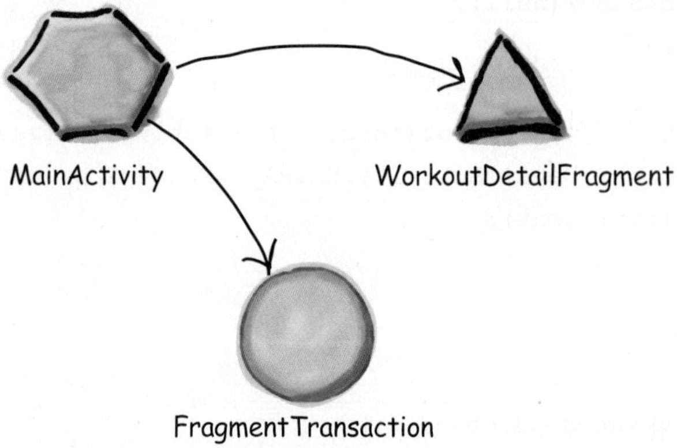

이야기는 계속됩니다...

4 **트랜잭션의 일부로, WorkoutDetailFragment의 뷰가 선택된 운동 정보(여기서는 ID 1)로 갱신됩니다.**

프래그먼트를 `MainActivity` 레이아웃의 프레임 레이아웃(`fragment_container`)으로 추가하고 전체 트랜잭션은 백 스택으로 추가합니다.

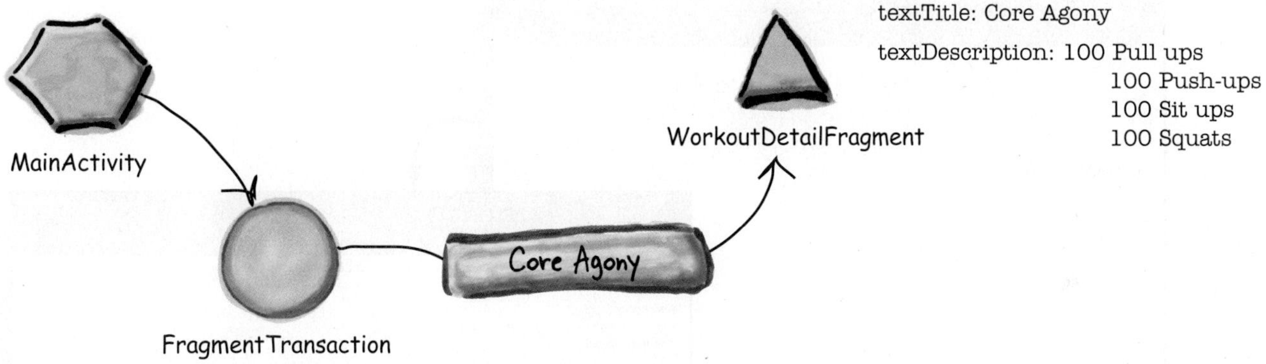

5 **MainActivity는 트랜잭션을 커밋합니다.**

트랜잭션의 모든 변경이 적용되면서 `WorkoutListFragment` 옆에 `WorkoutDetailFragment`가 표시됩니다.

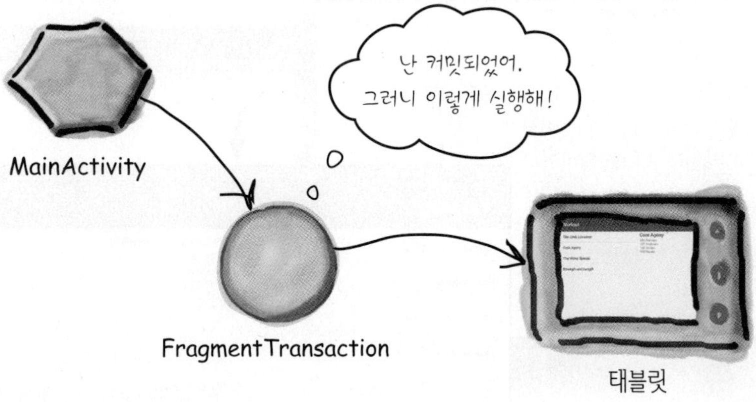

다음 페이지에서는 앱을 시험 주행합니다.

앱 시험 주행

- AVD 만들기
- 레이아웃 만들기
- → 운동 보여주기

앱을 실행하면 화면 왼쪽에 운동 목록이 나타납니다. 사용자가 한 운동을 선택하면 자세한 운동 정보가 오른쪽에 나타납니다. 다른 운동을 선택한 다음 Back 버튼을 클릭하면 이전에 화면에 나타났던 운동 정보가 다시 나타납니다.

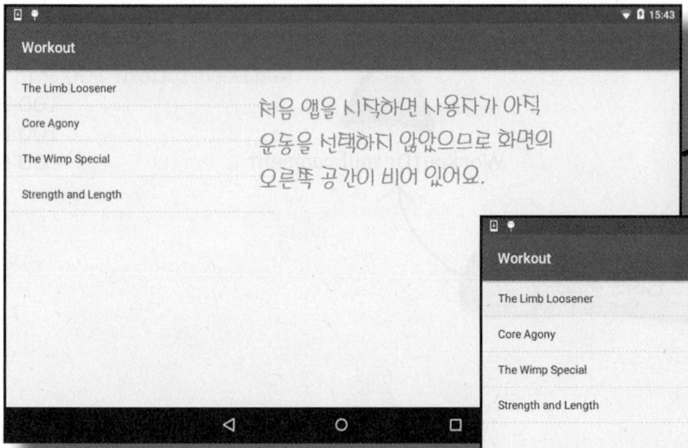

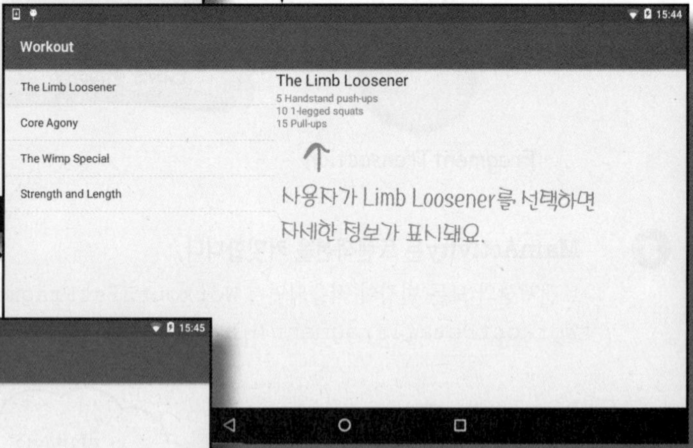

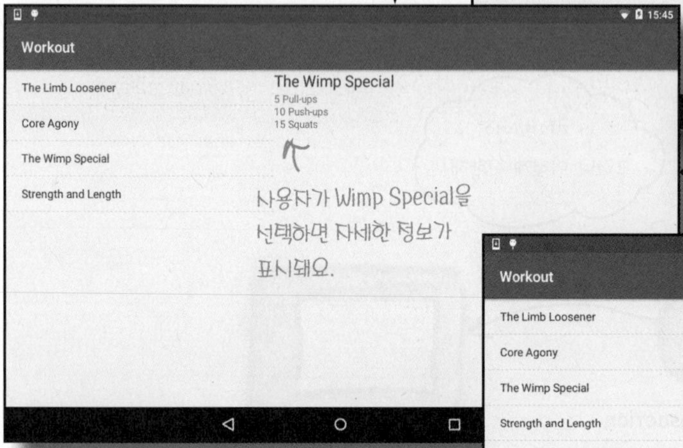

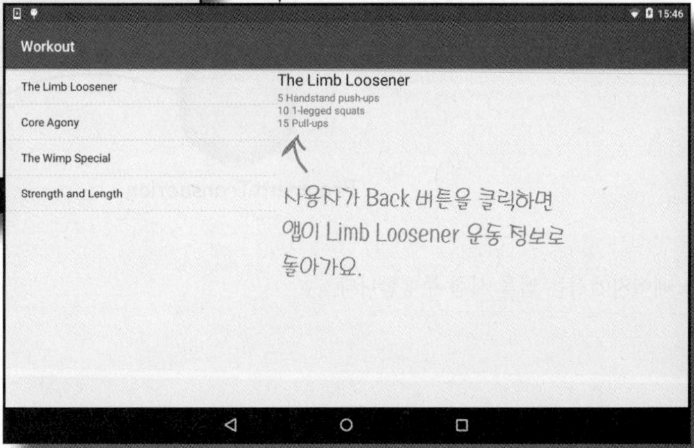

화면을 회전시키지 않는다면 모든 기능이 잘 작동합니다. 하지만 화면을 회전시키면 문제가 발생합니다. 어떤 문제인지 확인합시다.

태블릿을 회전시키면 앱이 망가집니다

앱을 폰에서 실행한 다음 디바이스를 회전시키면 앱이 예상대로 작동합니다. 사용자가 선택한 운동 정보가 정상적으로 화면에 나타나죠.

하지만 앱을 태블릿에서 실행하면 문제가 발생합니다. 어떤 운동 정보를 선택했든 상관없이 디바이스를 회전시키면 무조건 첫 번째 운동 정보가 표시됩니다.

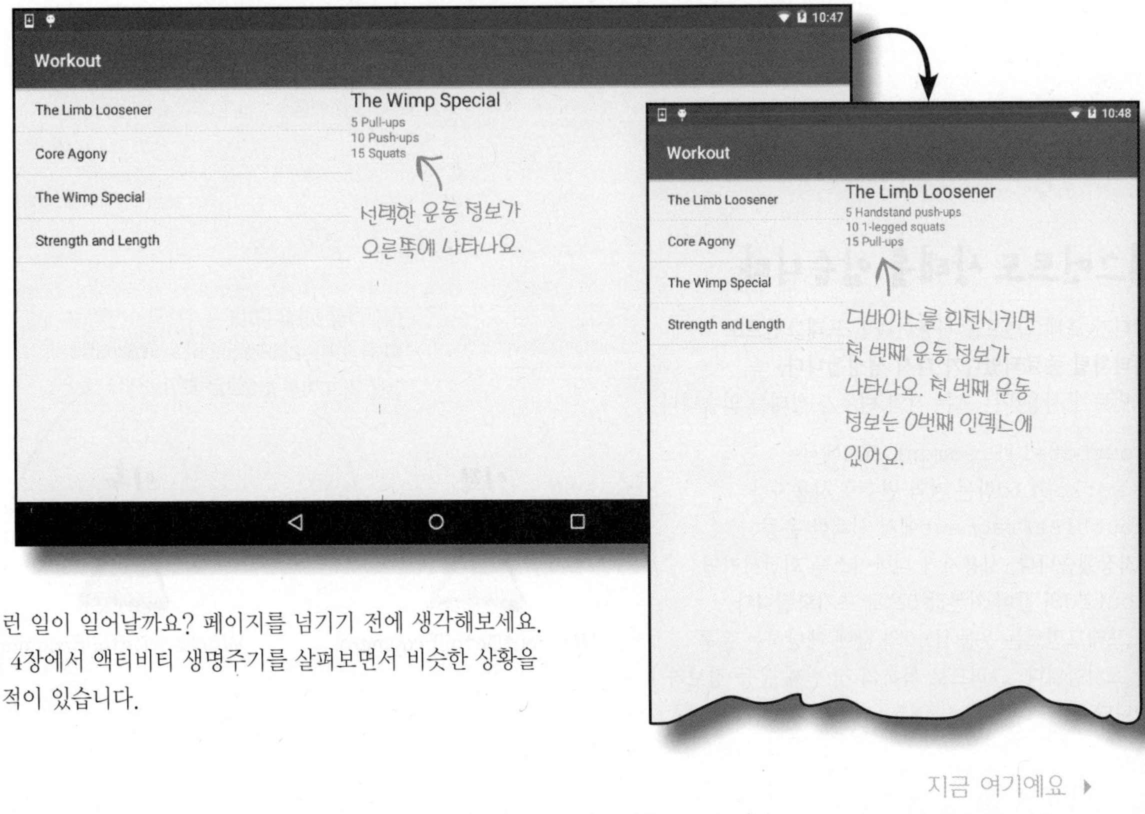

왜 이런 일이 일어날까요? 페이지를 넘기기 전에 생각해보세요. 힌트: 4장에서 액티비티 생명주기를 살펴보면서 비슷한 상황을 겪은 적이 있습니다.

액티비티 상태 저장하기(다시 확인)

4장에서 처음 액티비티 생명주기를 살펴보면서 디바이스를 회전시켰을 때 안드로이드가 어떻게 액티비티를 종료하고 다시 생성하는지 배웠습니다. 이때 액티비티가 사용하던 지역 변수가 사라졌습니다. 이 문제를 해결하려고 액티비티의 지역 변수를 `onSaveInstanceState()` 메서드에 저장했습니다.

```
public void onSaveInstanceState(Bundle savedInstanceState) {
    savedInstanceState.putInt("seconds", seconds);
    savedInstanceState.putBoolean("running", running);
}
```

4장에서 onSaveInstanceState() 메서드로 이 두 변수의 상태를 저장했어요.

그리고 액티비티의 `onCreate()` 메서드에서 변수의 상태를 복원했습니다.

```
protected void onCreate(Bundle savedInstanceState) {
    ...
    if (savedInstanceState != null) {
        seconds = savedInstanceState.getInt("seconds");
        running = savedInstanceState.getBoolean("running");
    }
    ...
}
```

onCreate() 메서드에서 변수의 상태를 복원했어요.

그래서 이 내용이 현재 문제와 무슨 관련이 있나요?

프래그먼트도 상태를 잃습니다

액티비티가 프래그먼트를 사용한다면 **프래그먼트도 액티비티처럼 종료되었다가 다시 생성됩니다.** 즉, 프래그먼트가 사용하는 모든 지역 변수가 상태를 잃습니다.

`WorkoutDetailFragment` 코드에서 우리는 `workoutId`라는 지역 변수로 사용자가 `WorkoutListFragment`에서 선택한 운동 ID를 저장했습니다. 사용자가 디바이스를 회전시키면 `workoutId`의 값이 기본값 0으로 초기화됩니다. 그리고 프래그먼트는 운동 ID 0의 값에 해당하는 운동 정보를 표시합니다. 그러므로 목록의 첫 번째 운동 정보가 표시됩니다.

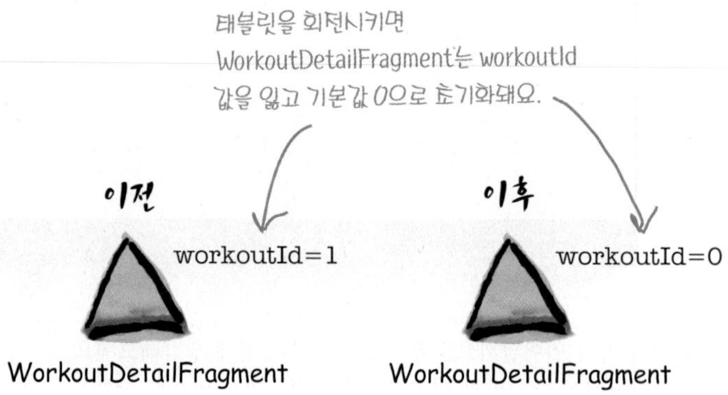
태블릿을 회전시키면 WorkoutDetailFragment는 workoutId 값을 잃고 기본값 0으로 초기화돼요.
이전
workoutId=1
WorkoutDetailFragment
이후
workoutId=0
WorkoutDetailFragment

프래그먼트의 상태를 저장하고...

액티비티에서 이 문제를 해결했던 방법과 비슷한 방법으로 프래그먼트의 문제를 해결할 수 있습니다.

먼저 프래그먼트의 onSaveInstanceState() 메서드를 오버라이드합니다. 이 메서드는 액티비티의 onSaveInstanceState() 메서드와 비슷하게 작동합니다. 즉, 프래그먼트가 종료되기 직전에 onSaveInstanceState() 메서드가 호출되며 한 개의 Bundle 인자를 받습니다. Bundle을 이용해 필요한 변수의 값을 저장할 수 있습니다.

우리 예제에서는 workoutId 변수의 상태를 저장해야 하므로 다음과 같은 코드가 필요합니다.

```
public void onSaveInstanceState(Bundle savedInstanceState) {
    savedInstanceState.putLong("workoutId", workoutId);
}
```

프래그먼트가 종료되기 전에 onSaveInstanceState() 메서드가 호출돼요.

변수의 상태를 저장했으면 프래그먼트가 다시 생성될 때 이를 복원할 수 있습니다.

...onCreate()로 상태를 복원합니다

액티비티처럼 프래그먼트에도 한 개의 Bundle 인자를 받는 onCreate()가 있습니다. Bundle에는 프래그먼트의 onSaveInstanceState() 메서드의 변수 상태가 저장되어 있으므로 프래그먼트의 onCreate() 메서드에서 저장된 변수의 상태를 복원할 수 있습니다.

우리 예제에서는 다음과 같은 코드를 이용해 workoutId 변수의 상태를 복원합니다.

```
public void onCreate(Bundle savedInstanceState){
    super.onCreate(savedInstanceState);
    if (savedInstanceState != null) {
        workoutId = savedInstanceState.getLong("workoutId");
    }
}
```

Bundle을 이용해 기존의 workoutId 변수 상태를 가져올 수 있어요.

다음 페이지에서 전체 코드를 소개합니다.

모든 내용을 적용한 WorkoutDetailFragment.java 코드

프래그먼트가 종료되기 전에 workoutId 변수의 상태를 저장한 다음 프래그먼트가 다시 생성될 때 workoutId 변수를 복원하도록 WorkoutDetailFragment.java 코드를 바꿨습니다. 다음은 바꾼 코드입니다. 여러분의 WorkoutDetailFragment.java도 다음처럼 바꾸세요.

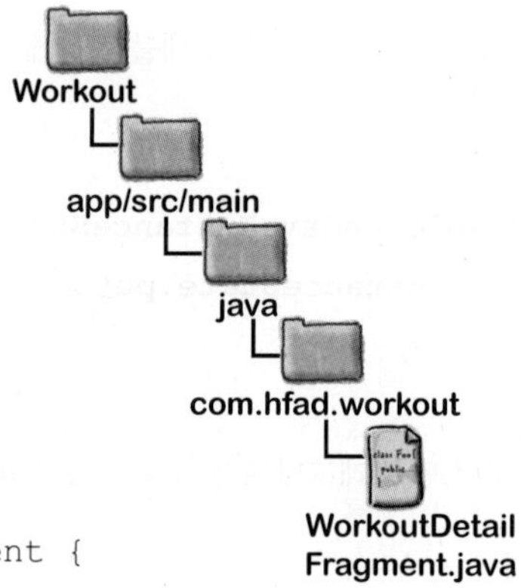


```
package com.hfad.workout;

import android.support.v4.app.Fragment;
import android.os.Bundle;
import android.view.LayoutInflater;
import android.view.View;
import android.view.ViewGroup;
import android.widget.TextView;

public class WorkoutDetailFragment extends Fragment {
    private long workoutId;

    @Override
    public void onCreate(Bundle savedInstanceState){
        super.onCreate(savedInstanceState);
        if (savedInstanceState != null) {
            workoutId = savedInstanceState.getLong("workoutId");
        }
    }

    @Override
    public View onCreateView(LayoutInflater inflater, ViewGroup container,
                             Bundle savedInstanceState) {
        return inflater.inflate(R.layout.fragment_workout_detail, container, false);
    }
```

onCreate() 메서드를 추가해요.

workoutId의 값을 설정해요.

다음 페이지에 코드가 이어져요.

WorkoutDetailFragment 코드(계속)

```
    @Override
    public void onStart() {
        super.onStart();
        View view = getView();
        if (view != null) {
            TextView title = (TextView) view.findViewById(R.id.textTitle);
            Workout workout = Workout.workouts[(int) workoutId];
            title.setText(workout.getName());
            TextView description = (TextView) view.findViewById(R.id.textDescription);
            description.setText(workout.getDescription());
        }
    }

    @Override
    public void onSaveInstanceState(Bundle savedInstanceState) {
        savedInstanceState.putLong("workoutId", workoutId);
    }

    public void setWorkout(long id) {
        this.workoutId = id;
    }
}
```

프래그먼트가 종료되기 전에 savedInstanceState 번들에 workoutId의 값을 저장해요. onCreate() 메서드에서 이 값을 다시 가져올 거예요.

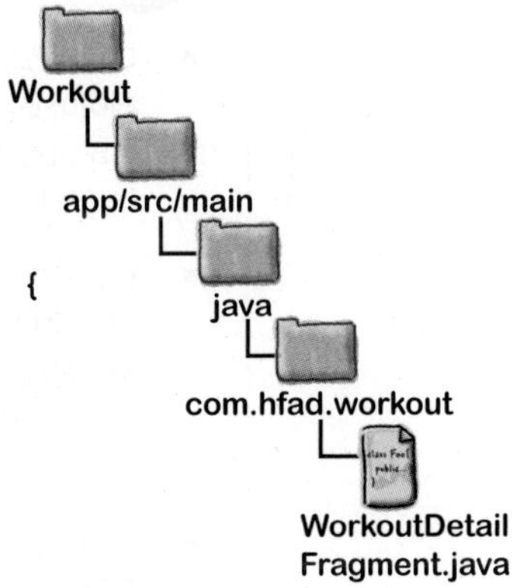

앱 시험 주행

이제 앱을 태블릿에서 실행한 다음 디바이스를 회전시키면 사용자가 선택한 운동 정보가 계속 화면에 유지됩니다.

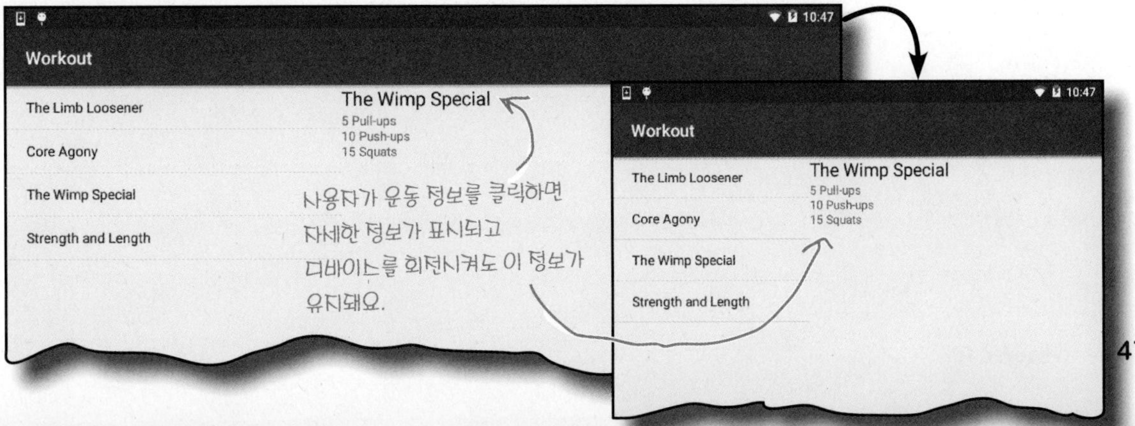

CHAPTER 10

우리의 안드로이드 도구상자

10장을 마치면서 큰 인터페이스용 프래그먼트 기술을 도구상자에 추가했습니다.

이 책의 전체 코드는 https://tinyurl.com/HeadFirstAndroid에서 내려받을 수 있어요.

핵심정리

- 디바이스의 알맞은 폴더에 별도의 레이아웃을 추가함으로써 다양한 디바이스에 다양한 앱의 모습을 제공할 수 있어요.
- 안드로이드는 사용자가 방문한 장소를 백 스택에 별도의 트랜잭션으로 저장합니다. Back 버튼을 클릭하면 가장 최근의 트랜잭션이 백 스택에서 팝됩니다.
- 프래그먼트 트랜잭션을 이용해 프로그램으로 프래그먼트를 추가, 교체, 삭제하려면 프레임 레이아웃을 사용합니다.
- `FragmentManager`의 `beginTransaction()` 메서드로 트랜잭션을 시작합니다. 그러면 `FragmentTransaction` 객체가 생성됩니다.
- `FragmentTransaction`의 `add()`, `replace()`, `remove()` 메서드로 프래그먼트를 추가, 교체, 삭제할 수 있습니다.
- `FragmentTransaction`의 `addToBackStack()` 메서드로 트랜잭션을 백 스택에 추가합니다.
- `FragmentTransaction`의 `commit()` 메서드로 트랜잭션을 커밋합니다. 트랜잭션의 모든 변경사항을 적용합니다.
- 프래그먼트 변수의 상태를 `Fragment`의 `onSaveInstanceState()` 메서드에 저장하세요.
- `Fragment`의 `onCreate()` 메서드로 프래그먼트 변수의 상태를 복원합니다.

11 동적 프래그먼트

프래그먼트 중첩하기

트랜잭션이 사방에서 몰려와서 Back 버튼이 미쳐버릴 지경이었어요. 그래서 getChildFragmentManager() 메서드로 한 방 먹였죠! 그랬더니 모든 것이 정상으로 돌아왔어요.

지금까지는 정적 프래그먼트를 생성하는 방법을 살펴봤습니다.

그런데 프래그먼트를 **동적**으로 이용하려면 어떻게 해야 할까요? 동적 액티비티에서는 동적 프래그먼트를 자주 사용하는데 이를 처리하려면 주의해야 할 점이 있습니다. 이 장에서는 **동적 액티비티**를 **동적 프래그먼트**로 바꾸는 방법을 소개합니다. **프래그먼트 트랜잭션**을 어떻게 이용해야 **프래그먼트 상태를 관리**하는 데 도움이 되는지 알 수 있을 거예요. 마지막으로 **한 프래그먼트를 다른 프래그먼트에 중첩**하는 방법과 다루기 힘든 백 스택 동작을 **자식 프래그먼트 관리자**로 제어하는 방법을 확인할 수 있습니다.

동적 프래그먼트 추가하기

9장과 10장에서는 프래그먼트를 생성하는 방법과 액티비티에 추가하는 방법 그리고 둘을 연결하는 방법을 살펴봤습니다. 이 과정에서 운동 목록을 표시하는 리스트 프래그먼트와 운동 정보를 표시하는 프래그먼트를 생성했습니다.

지금까지 생성한 프래그먼트는 모두 정적 프래그먼트입니다. 프래그먼트를 표시한 다음에는 내용을 바꿀 수 없습니다. 나중에 프래그먼트를 새 인스턴스로 바꾸긴 했지만 프래그먼트 자체의 내용은 갱신할 수 없습니다.

이 장에서는 프래그먼트를 조금 더 동적으로 다루는 방법을 살펴봅니다. 즉, 프래그먼트를 표시한 다음에 프래그먼트의 뷰를 갱신할 것입니다. 4장에서 생성한 스톱워치 액티비티를 스톱워치 프래그먼트로 바꾸면서 동적 프래그먼트를 설명합니다. 운동 정보 아래에 스톱워치가 나타나도록 새로운 스톱워치 프래그먼트를 `WorkoutDetailFragment`에 추가할 겁니다.

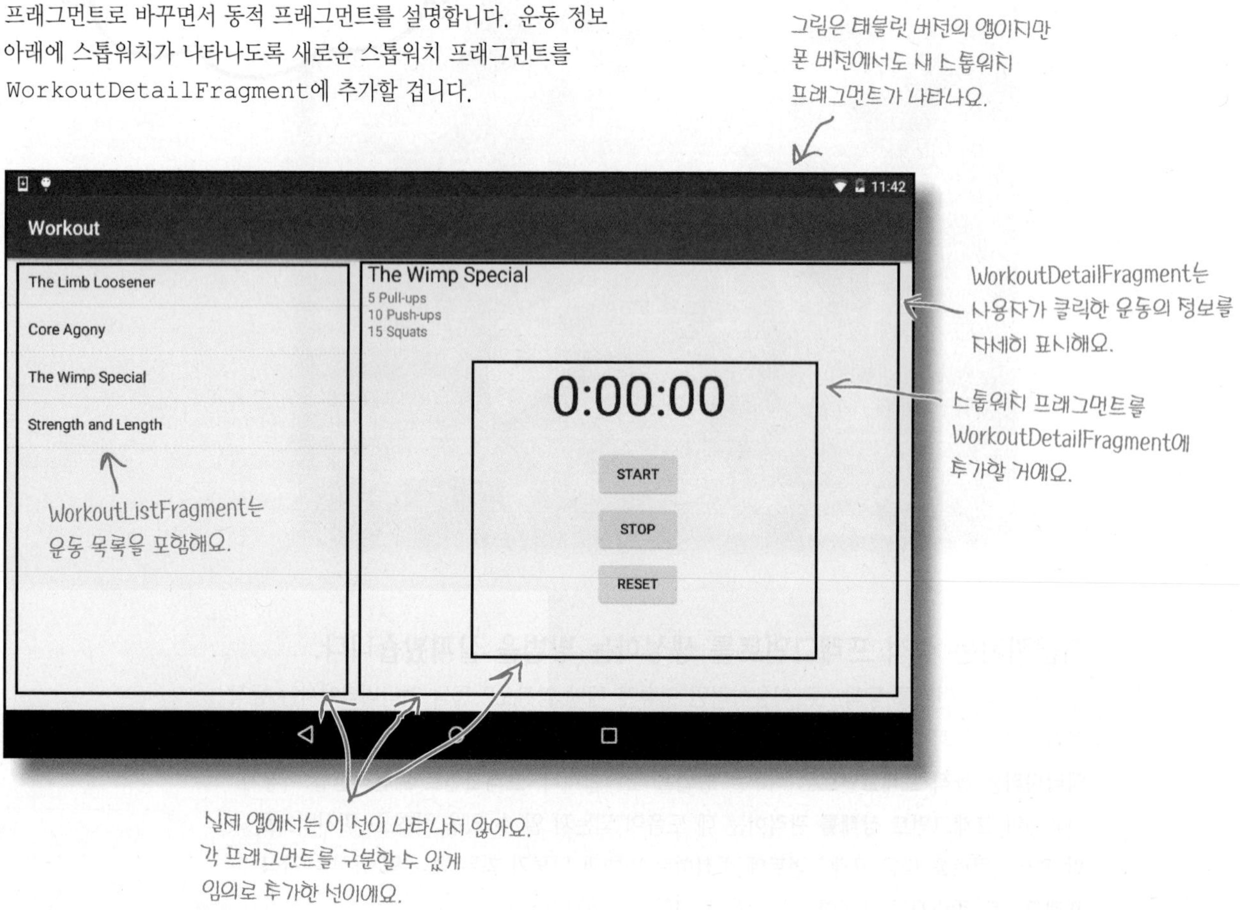

그림은 태블릿 버전의 앱이지만 폰 버전에서도 새 스톱워치 프래그먼트가 나타나요.
11:42
Workout
The Limb Loosener
Core Agony
The Wimp Special
Strength and Length
The Wimp Special
5 Pull-ups
10 Push-ups
15 Squats
0:00:00
START
STOP
RESET
WorkoutDetailFragment는 사용자가 클릭한 운동의 정보를 자세히 표시해요.
스톱워치 프래그먼트를 WorkoutDetailFragment에 추가할 거예요.
WorkoutListFragment는 운동 목록을 포함해요.
실제 앱에서는 이 선이 나타나지 않아요. 각 프래그먼트를 구분할 수 있게 임의로 추가한 선이에요.

우리가 해야 할 일

스톱워치를 표현하도록 앱을 변경하려면 다음 단계를 거쳐야 합니다.

1. **StopwatchActivity를 StopwatchFragment로 변환하기**

   4장의 StopwatchActivity 코드를 가져와 프래그먼트 코드로 바꿉니다. 우선은 TempActivity라는 새로운 임시 액티비티로 프래그먼트가 잘 작동하는지 확인합니다. 앱이 시작되면 임시로 TempActivity를 실행하도록 앱도 변경합니다.

2. **StopwatchFragment 시험하기**

   StopwatchActivity는 Start, Stop, Reset 버튼을 포함합니다. 스톱워치 코드를 프래그먼트로 변환한 뒤에도 버튼이 제대로 작동하는지 확인해야 합니다.

   사용자가 디바이스를 회전시키면 StopwatchFragment에 어떤 일이 일어나는지도 확인해야 합니다.

3. **StopwatchFragment를 WorkoutDetailFragment에 추가하기**

   StopwatchFragment가 잘 작동하는지 확인했으면 이를 WorkoutDetailFragment에 추가합니다.

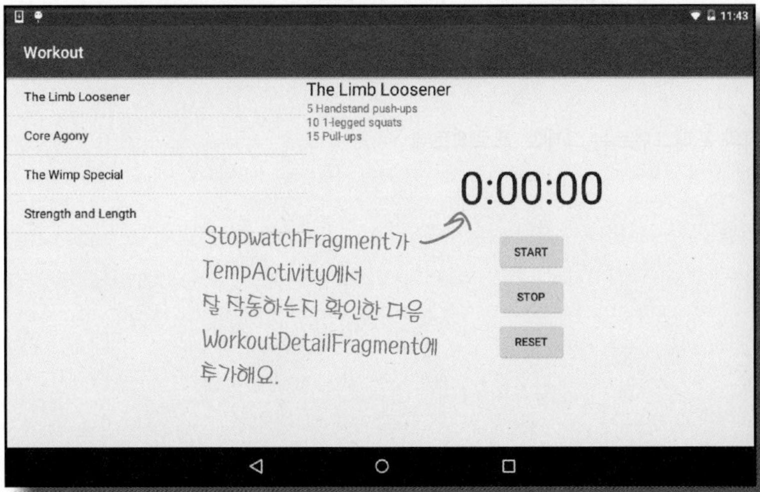

직접 해보세요!

이 장에서는 Workout 앱을 갱신할 것입니다. 그러므로 안드로이드 스튜디오에서 Workout 프로젝트를 여세요.

이제 시작합시다.

새 버전의 앱

스톱워치 변환
스톱워치 시험
프래그먼트 추가

StopwatchFragment를 TempActivity라는 새 임시 액티비티에서 작동하도록 앱을 바꿀 겁니다. 그러면 StopwatchFragment를 WorkoutDetailFragment에 추가하기 전에 StopwatchFragment가 제대로 작동하는지 확인할 수 있기 때문이죠.

새 버전의 앱은 다음처럼 작동합니다.

1. **앱을 시작하면 TempActivity가 실행됩니다.**

   TempActivity는 StopwatchFragment를 포함하는 activity_temp.xml을 레이아웃으로 사용합니다.

2. **StopwatchFragment가 Start, Stop, Reset 버튼을 가진 스톱워치를 표시합니다.**

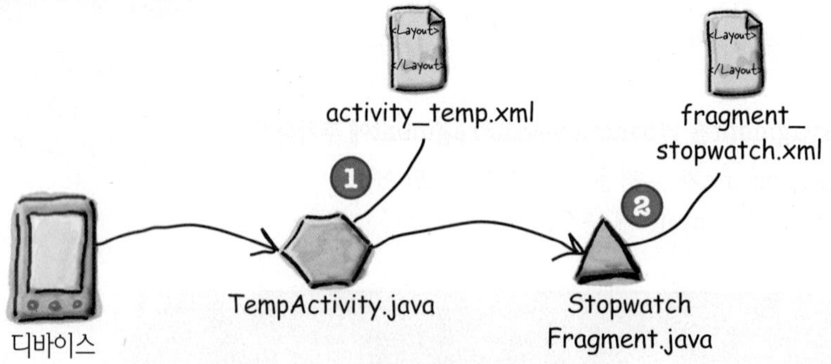

9장과 10장에서 생성한 모든 액티비티와 프래그먼트는 그대로 프로젝트에 유지됩니다.

TempActivity 생성하기

- ➔ ☐ **스톱워치 변환**
- ☐ **스톱워치 시험**
- ☐ **프래그먼트 추가**

먼저 TempActivity부터 생성합니다. 안드로이드 스튜디오의 탐색기를 Project 뷰로 바꾼 다음 app/src/main/java 폴더의 com.hfad.workout 패키지를 선택하고 File → New... → Activity → Empty Activity를 선택합니다. 액티비티 이름은 'TempActivity'로, 레이아웃 이름은 'activity_temp'로 설정하고 패키지 이름이 com.hfad.workout인지 확인합니다. **Backwards Compatibility (AppCompat)** 옵션을 선택합니다.

액티비티 소스 언어를 물어보면 자바 옵션을 선택하세요.

앱을 실행하면 MainActivity 대신 TempActivity를 실행하도록 앱을 바꿀 겁니다. 이렇게 하려면 MainActivity의 런처 인텐트 필터를 TempActivity로 바꿉니다. app/src/main 폴더의 AndroidManifest.xml 파일을 열어 다음처럼 바꿉니다.

```
<?xml version="1.0" encoding="utf-8"?>
<manifest xmlns:android="http://schemas.android.com/apk/res/android"
    package="com.hfad.workout">

    <application
        ...
        <activity android:name=".MainActivity">
            <intent-filter>
                <action android:name="android.intent.action.MAIN" />
                <category android:name="android.intent.category.LAUNCHER" />
            </intent-filter>
        </activity>
        <activity android:name=".DetailActivity" />
        <activity android:name=".TempActivity">
            <intent-filter>
                <action android:name="android.intent.action.MAIN" />
                <category android:name="android.intent.category.LAUNCHER" />
            </intent-filter>
        </activity>
    </application>

</manifest>
```

앱의 메인 액티비티를 설정하는 코드예요.

앱을 실행할 때 이 액티비티를 사용할 수 있다는 의미예요.

다음 페이지에서는 TempActivity를 갱신할 겁니다.

TempActivity는 AppCompatActivity를 상속받아야 합니다

→ **스톱워치 변환**
스톱워치 시험
프래그먼트 추가

지금까지는 우리 앱에 지원 라이브러리에서 제공하는 프래그먼트를 사용했습니다. 9장에서 살펴본 것처럼 지원 라이브러리의 프래그먼트를 사용하는 모든 액티비티는 `FragmentActivity` 클래스나 `AppCompatActivity` 같은 하위 클래스를 반드시 상속받아야 합니다. 그렇지 않으면 코드가 실행되지 않습니다.

그 밖의 다른 액티비티는 `AppCompatActivity`를 상속받으므로 `TempActivity`도 `AppCompatActivity`를 상속받도록 만들 겁니다. 다음은 TempActivity.java 코드입니다. 여러분 코드도 다음처럼 바꾸세요.

```
package com.hfad.workout;

import android.support.v7.app.AppCompatActivity;
import android.os.Bundle;

public class TempActivity extends AppCompatActivity {

    @Override
    protected void onCreate(Bundle savedInstanceState) {
        super.onCreate(savedInstanceState);
        setContentView(R.layout.activity_temp);
    }
}
```

이 액티비티는 AppCompatActivity를 상속받아요.

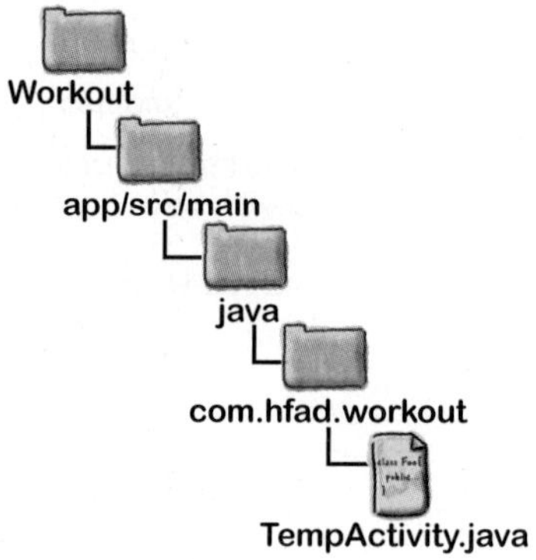

새 스톱워치 프래그먼트를 추가합니다

우리는 fragment_stopwatch.xml 레이아웃을 사용하는 StopwatchFragment.java라는 새 스톱워치 프래그먼트를 추가할 겁니다. 4장에서 생성했던 스톱워치 액티비티로 이 프래그먼트를 생성합니다.

액티비티와 프래그먼트는 비슷하게 동작한다는 사실을 이미 배웠으며 프래그먼트는 액티비티와 달리 `Activity`의 하위 클래스가 아니라는 사실도 알고 있습니다. **프래그먼트처럼 작동하도록 기존의 스톱워치 액티비티 코드를 다시 구현하는 방법이 있을까요?**

프래그먼트와 액티비티는 생명주기가 비슷하지만...

액티비티를 프래그먼트 코드로 다시 구현하려면 액티비티와 프래그먼트의 비슷한 점과 다른 점을 모두 이해해야 합니다. 프래그먼트와 액티비티의 생명주기를 보면 둘이 아주 비슷하다는 것을 알 수 있습니다.

생명주기 메서드	액티비티	프래그먼트
onAttach()		✓
onCreate()	✓	✓
onCreateView()		✓
onActivityCreated()		✓
onStart()	✓	✓
onPause()	✓	✓
onResume()	✓	✓
onStop()	✓	✓
onDestroyView()		✓
onRestart()	✓	
onDestroy()	✓	✓
onDetach()		✓

...메서드는 조금 다릅니다

프래그먼트 생명주기 메서드는 액티비티 생명주기 메서드와 거의 비슷하지만 중요한 차이점이 있습니다. 즉, 액티비티 생명주기 메서드는 **protected**로 선언하는 반면 프래그먼트 생명주기 메서드는 **public**으로 선언합니다. 이미 살펴본 것처럼 레이아웃 리소스 파일로 액티비티와 프래그먼트를 생성하는 방법은 서로 다릅니다.

또한 프래그먼트에서는 `findViewById()` 메서드를 직접 호출할 수 없습니다. 대신 `View` 객체의 레퍼런스를 먼저 찾은 다음 그 뷰의 `findViewById()` 메서드를 호출합니다.

이렇게 둘 사이의 비슷한 점과 다른 점을 생각하면서 코드를 구현합시다...

연필을 깎으며

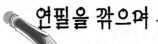

다음은 이전에 구현한 StopwatchActivity 코드입니다. 이 코드를 StopwatchFragment라는 프래그먼트로 바꾸려 합니다. 연필을 이용해 필요한 부분을 바꾸세요. 이때 다음을 기억하세요.

- activity_stopwatch.xml 대신 fragment_stopwatch.xml이라는 레이아웃을 사용합니다.
- 메서드 접근 제한자가 맞는지 확인합니다.
- 레이아웃은 어떻게 지정할까요?
- runTimer() 메서드에서 findViewById()를 호출할 수 없으니 runTimer()에 View 객체를 넘겨줘야 할 수도 있습니다.

```
public class StopwatchActivity extends Activity {
    // 스톱워치에 표시된 초
    private int seconds = 0;          ← 지금까지 흐른 초
    // 스톱워치가 실행 중인가?
    private boolean running;          ← running은 스톱워치가 실행 중인지 여부를 알려줘요.
    private boolean wasRunning;       ← wasRunning은 스톱워치가 정지하기 전에
                                        실행 중이었는지 알려줘요.
    @Override
    protected void onCreate(Bundle savedInstanceState) {
        super.onCreate(savedInstanceState);
        setContentView(R.layout.activity_stopwatch);
        if (savedInstanceState != null) {
            seconds = savedInstanceState.getInt("seconds");
            running = savedInstanceState.getBoolean("running");
            wasRunning = savedInstanceState.getBoolean("wasRunning");
        }
        runTimer();                   ← runTimer() 메서드를
    }                                   시작해요.

    @Override
    protected void onPause() {        ← 액티비티가 정지하면
        super.onPause();                스톱워치를 중지해요.
        wasRunning = running;
        running = false;
    }
```

액티비티가 종료되었다 다시 생성되는 상황이라면 savedInstanceState Bundle에서 변수 상태를 복원해요.

```
    @Override
    protected void onResume() {
        super.onResume();
        if (wasRunning) {
            running = true;
        }
    }

    @Override
    public void onSaveInstanceState(Bundle savedInstanceState) {
        savedInstanceState.putInt("seconds", seconds);
        savedInstanceState.putBoolean("running", running);
        savedInstanceState.putBoolean("wasRunning", wasRunning);
    }

    public void onClickStart(View view) {
        running = true;
    }

    public void onClickStop(View view) {
        running = false;
    }

    public void onClickReset(View view) {
        running = false;
        seconds = 0;
    }

    private void runTimer() {
        final TextView timeView = (TextView)findViewById(R.id.time_view);
        final Handler handler = new Handler();
        handler.post(new Runnable() {
            @Override
            public void run() {
                int hours = seconds/3600;
                int minutes = (seconds%3600)/60;
                int secs = seconds%60;
                String time = String.format(Locale.getDefault(),
                        "%d:%02d:%02d", hours, minutes, secs);
                timeView.setText(time);
                if (running) {
                    seconds++;
                }
                handler.postDelayed(this, 1000);
            }
        });
    }
}
```

액티비티가 다시 시작되면 스톱워치를 시작해요.

액티비티가 종료되기 전에 액티비티의 상태를 저장해요.

어떤 버튼을 클릭했느냐에 따라 스톱워치를 시작, 중지, 재설정해요.

Handler를 이용해서 초를 증가시키는 코드와 매초 텍스트를 갱신하는 코드를 보내요.

연필을 깎으며 정답

다음은 이전에 구현한 `StopwatchActivity` 코드입니다. 이 코드를 `StopwatchFragment`라는 프래그먼트로 바꾸려 합니다. 연필을 이용해 필요한 부분을 바꾸세요. 이때 다음을 기억하세요.

- activity_stopwatch.xml 대신 fragment_stopwatch.xml이라는 레이아웃을 사용합니다.
- 메서드 접근 제한자가 맞는지 확인합니다.
- 레이아웃은 어떻게 지정할까요?
- `runTimer()` 메서드에서 `findViewById()`를 호출할 수 없으니 `runTimer()`에 `View` 객체를 넘겨줘야 할 수도 있습니다.

새로운 이름이에요.

```
public class ~~StopwatchActivity~~ StopwatchFragment extends ~~Activity~~ Fragment
    // 스톱워치에 표시된 초
    private int seconds = 0;
    // 스톱워치가 실행 중인가?
    private boolean running;
    private boolean wasRunning;

    @Override
    ~~protected~~ public void onCreate(Bundle savedInstanceState) {
        super.onCreate(savedInstanceState);
        ~~setContentView(R.layout.activity_stopwatch);~~
        if (savedInstanceState != null) {
            seconds = savedInstanceState.getInt("seconds");
            running = savedInstanceState.getBoolean("running");
            wasRunning = savedInstanceState.getBoolean("wasRunning");
        }
        ~~runTimer();~~
    }

    @Override
    public View onCreateView(LayoutInflater inflater, ViewGroup container,
                             Bundle savedInstanceState) {
        View layout = inflater.inflate(R.layout.fragment_stopwatch, container, false);
        runTimer(layout);
        return layout;
    }

    @Override
    ~~protected~~ public void onPause() {
        super.onPause();
        wasRunning = running;
        running = false;
    }
```

Activity 대신 Fragment를 상속받아요.

이 메서드는 public으로 바꿔야 해요. (onCreate)

onCreate() 메서드에서 프래그먼트의 레이아웃을 설정하지 않아요.

레이아웃을 설정하지 않아서 뷰가 없는 상태이므로 아직 runTimer()를 호출하지 않아요.

onCreate() 메서드에 이 코드를 남겨둘 수 있어요.

onCreateView() 메서드에서 프래그먼트의 레이아웃을 설정해요.

레이아웃 뷰를 runTimer() 메서드로 전달해요.

이 메서드는 public으로 바꿔야 해요. (onPause)

```
    @Override                    ← 이 메서드는 public으로 바꿔야 해요.
    protected public void onResume() {
        super.onResume();
        if (wasRunning) {
            running = true;
        }
    }

    @Override
    public void onSaveInstanceState(Bundle savedInstanceState) {
        savedInstanceState.putInt("seconds", seconds);
        savedInstanceState.putBoolean("running", running);
        savedInstanceState.putBoolean("wasRunning", wasRunning);
    }

    public void onClickStart(View view) {
        running = true;
    }

    public void onClickStop(View view) {
        running = false;
    }

    public void onClickReset(View view) {
        running = false;
        seconds = 0;              runTimer() 메서드는 View를
    }                             인자로 받아요.

    private void runTimer( View view ) {
        final TextView timeView = (TextView) view.findViewById(R.id.time_view);
        final Handler handler = new Handler();
        handler.post(new Runnable() {          view 파라미터로 findViewById()를
            @Override                           호출해요.
            public void run() {
                int hours = seconds/3600;
                int minutes = (seconds%3600)/60;
                int secs = seconds%60;
                String time = String.format(Locale.getDefault(),
                        "%d:%02d:%02d", hours, minutes, secs);
                timeView.setText(time);
                if (running) {
                    seconds++;
                }
                handler.postDelayed(this, 1000);
            }
        });
    }
}
```

StopwatchFragment.java 코드

- 스톱워치 변환
- 스톱워치 시험
- 프래그먼트 추가

StopwatchFragment를 우리 앱에서 사용할 수 있도록 Workout 프로젝트에 추가할 겁니다. 9장에서 했던 방식으로 프래그먼트를 추가할 수 있습니다. app/src/main/java 폴더에서 com.hfad.workout 패키지를 선택한 다음 File → New... → Fragment → Fragment (Blank)를 선택합니다. 프래그먼트 이름은 'StopwatchFragment'로, 레이아웃 이름은 'fragment_stopwatch'로 합니다. 프래그먼트 팩토리 메서드와 인터페이스 콜백 포함 옵션은 선택 해제합니다.

프래그먼트의 소스 언어를 물어보면 자바 옵션을 선택하세요.

Finish 버튼을 클릭하면 안드로이드 스튜디오는 StopwatchFragment.java라는 새 파일을 app/src/main/java 폴더에 생성합니다. 안드로이드 스튜디오가 생성한 파일을 다음처럼 바꿉니다(이전 페이지의 연습문제에서 푼 코드예요).

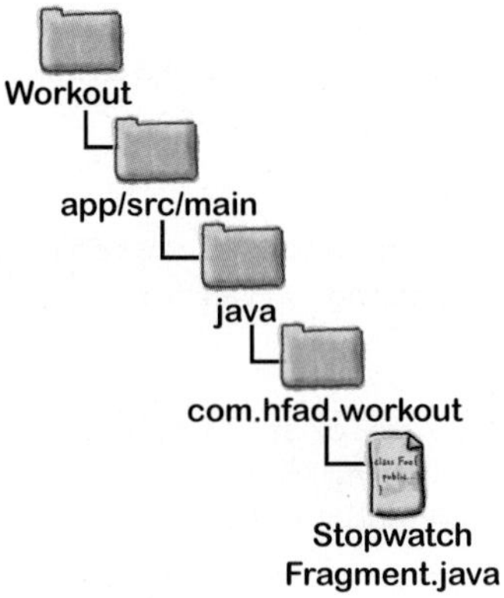


```
package com.hfad.workout;

import android.os.Bundle;
import android.os.Handler;
import android.support.v4.app.Fragment;
import android.view.LayoutInflater;
import android.view.View;
import android.view.ViewGroup;
import android.widget.TextView;
import java.util.Locale;

public class StopwatchFragment extends Fragment {
    // 스톱워치에 표시된 초
    private int seconds = 0;
    // 스톱워치가 실행 중인가?
    private boolean running;
    private boolean wasRunning;

    @Override
    public void onCreate(Bundle savedInstanceState) {
        super.onCreate(savedInstanceState);
        if (savedInstanceState != null) {
            seconds = savedInstanceState.getInt("seconds");
            running = savedInstanceState.getBoolean("running");
            wasRunning = savedInstanceState.getBoolean("wasRunning");
        }
    }
```

seconds: 지금까지 흐른 초

running은 스톱워치가 실행 중인지 여부를 알려줘요.

wasRunning은 스톱워치가 정지하기 전에 실행 중이었는지 알려줘요.

액티비티가 종료되었다 다시 생성되는 상황이라면 savedInstanceState Bundle에서 변수 상태를 복원해요.

다음 페이지에 코드가 이어져요.

StopwatchFragment 코드(계속)

- → 스톱워치 변환
- 스톱워치 시험
- 프래그먼트 추가

```
    @Override
    public View onCreateView(LayoutInflater inflater, ViewGroup container,
                             Bundle savedInstanceState) {
        View layout = inflater.inflate(R.layout.fragment_stopwatch, container, false);
        runTimer(layout);
        return layout;
    }

    @Override
    public void onPause() {
        super.onPause();
        wasRunning = running;
        running = false;
    }

    @Override
    public void onResume() {
        super.onResume();
        if (wasRunning) {
            running = true;
        }
    }

    @Override
    public void onSaveInstanceState(Bundle savedInstanceState) {
        savedInstanceState.putInt("seconds", seconds);
        savedInstanceState.putBoolean("running", running);
        savedInstanceState.putBoolean("wasRunning", wasRunning);
    }

    public void onClickStart(View view) {
        running = true;
    }
```

프래그먼트의 레이아웃을 설정하고 레이아웃을 전달해 runTimer() 메서드를 호출해요.

프래그먼트가 정지하면 스톱워치가 실행 중이었는지 기록하고 스톱워치를 중지해요.

정지하기 전에 스톱워치가 실행 중이었다면 스톱워치를 다시 실행해요.

액티비티가 종료되기 전에 Bundle에 변숫값을 저장해요. 사용자가 디바이스를 회전시킬 때 사용하는 코드예요.

사용자가 Start 버튼을 클릭하면 이 코드를 실행해요.

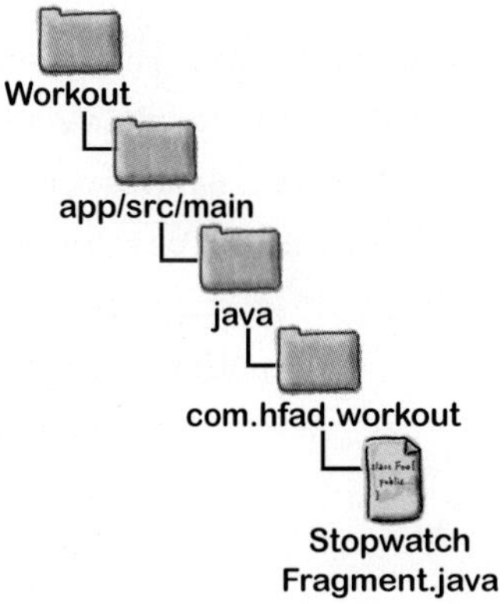

다음 페이지에 코드가 이어져요.

StopwatchFragment 코드(계속)

스톱워치 변환
스톱워치 시험
프래그먼트 추가

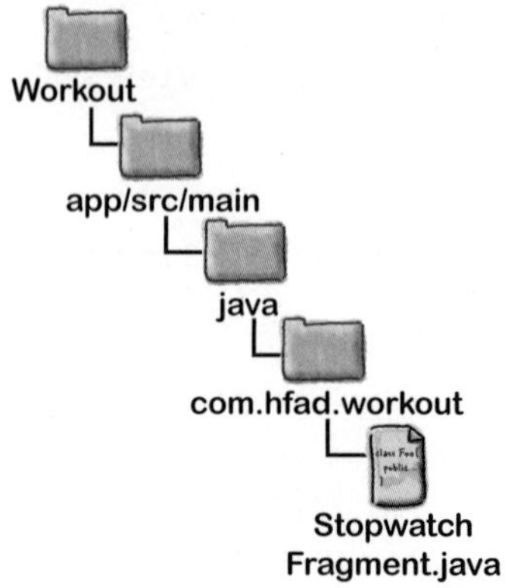


```
    public void onClickStop(View view) {
        running = false;
    }

    public void onClickReset(View view) {
        running = false;
        seconds = 0;
    }

    private void runTimer(View view) {
        final TextView timeView = (TextView) view.findViewById(R.id.time_view);
        final Handler handler = new Handler();
        handler.post(new Runnable() {
            @Override
            public void run() {
                int hours = seconds/3600;
                int minutes = (seconds%3600)/60;
                int secs = seconds%60;
                String time = String.format(Locale.getDefault(),
                        "%d:%02d:%02d", hours, minutes, secs);
                timeView.setText(time);
                if (running) {
                    seconds++;
                }
                handler.postDelayed(this, 1000);
            }
        });
    }
}
```

사용자가 Stop 버튼을 클릭하면 이 코드를 실행해요.

사용자가 Reset 버튼을 클릭하면 이 코드를 실행해요.

Handler에 코드를 추가한다는 것은 코드를 백그라운드 스레드에서 수행한다는 의미예요.

스톱워치에 흐른 초를 표시해요.

스톱워치가 실행 중이면 초를 증가시켜요.

Handler 코드를 매초 실행해요.

StopwatchFragment에 필요한 모든 자바 코드를 구현했습니다. 이제 안드로이드가 생성한 프래그먼트 레이아웃 코드를 바꿀 차례입니다.

스톱워치 변환
스톱워치 시험
프래그먼트 추가

StopwatchFragment 레이아웃

우리는 원래의 Stopwatch 앱에 사용했던 레이아웃을 그대로 StopwatchFragment에 사용할 겁니다. fragment_stopwatch.xml의 내용을 다음 코드로 바꾸세요.

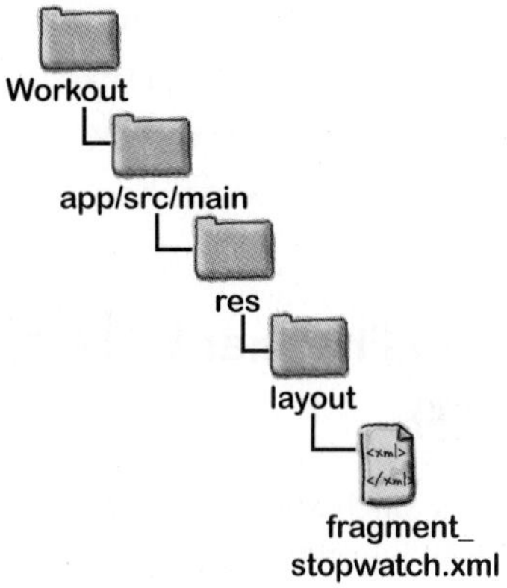


```
<?xml version="1.0" encoding="utf-8"?>
<LinearLayout xmlns:android="http://schemas.android.com/apk/res/android"
    xmlns:tools="http://schemas.android.com/tools"
    android:layout_width="match_parent"
    android:layout_height="match_parent"
    android:orientation="vertical"
    android:padding="16dp">

    <TextView
        android:id="@+id/time_view"
        android:layout_width="wrap_content"
        android:layout_height="wrap_content"
        android:layout_gravity="center_horizontal"
        android:textAppearance="@android:style/TextAppearance.Large"
        android:textSize="56sp" />

    <Button
        android:id="@+id/start_button"
        android:layout_width="wrap_content"
        android:layout_height="wrap_content"
        android:layout_gravity="center_horizontal"
        android:layout_marginTop="20dp"
        android:onClick="onClickStart"
        android:text="@string/start" />

    <Button
        android:id="@+id/stop_button"
        android:layout_width="wrap_content"
        android:layout_height="wrap_content"
        android:layout_gravity="center_horizontal"
        android:layout_marginTop="8dp"
        android:onClick="onClickStop"
        android:text="@string/stop" />
```

지금까지 흐른 시, 분, 초예요.

Start 버튼이에요.

Stop 버튼이에요.

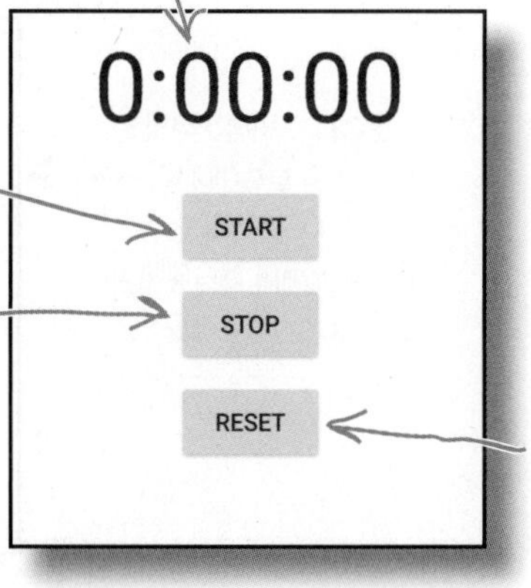

Reset 버튼 코드는 다음 페이지에 있어요.

스톱워치 변환
스톱워치 시험
프래그먼트 추가

StopwatchFragment 레이아웃(계속)

```
    <Button
        android:id="@+id/reset_button"
        android:layout_width="wrap_content"
        android:layout_height="wrap_content"
        android:layout_gravity="center_horizontal"
        android:layout_marginTop="8dp"
        android:onClick="onClickReset"
        android:text="@string/reset" />
</LinearLayout>
```

Reset 버튼이에요.

StopwatchFragment 레이아웃은 문자열 값을 사용합니다

fragment_stopwatch.xml 코드는 Start, Stop, Reset 버튼의 텍스트에 문자열을 사용합니다. 따라서 strings.xml에 다음 값을 추가합니다.

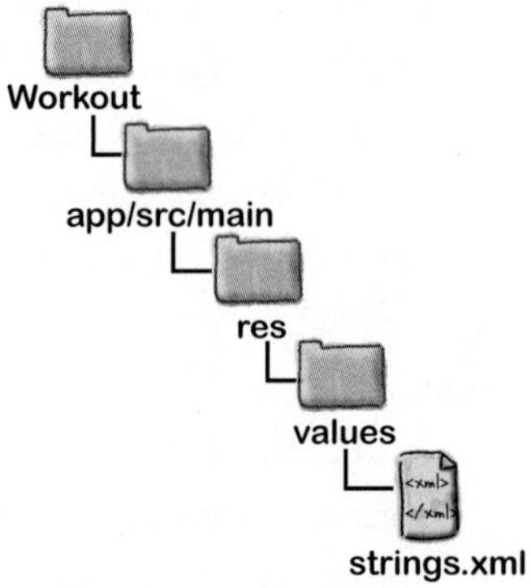


```
...
    <string name="start">Start</string>
    <string name="stop">Stop</string>
    <string name="reset">Reset</string>
...
```

버튼 레이블이에요.

스톱워치 프래그먼트의 모양을 기존의 액티비티와 같은 상태로 만들었어요. 다른 점은 이것을 다른 액티비티와 프래그먼트에서 사용한다는 사실입니다.

스톱워치가 액티비티였을 때와 같은 모습이에요. 하지만 지금은 여러 액티비티에서 재사용할 수 있는 프래그먼트예요.

다음에 할 일은 TempActivity 레이아웃에 이를 표시하는 겁니다.

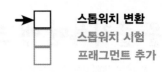

StopwatchFragment를 TempActivity의 레이아웃에 추가하기

- 스톱워치 변환
- 스톱워치 시험
- 프래그먼트 추가

<fragment> 요소를 이용하면 가장 간단하게 TempActivity의 레이아웃에 StopwatchFragment를 추가할 수 있습니다. <fragment> 요소를 이용하면 프래그먼트 트랜잭션 코드를 구현하지 않고 직접 레이아웃에 프래그먼트를 추가할 수 있기 때문입니다.

다음은 activity_temp.xml 코드입니다. 여러분 코드를 다음처럼 바꾸세요.

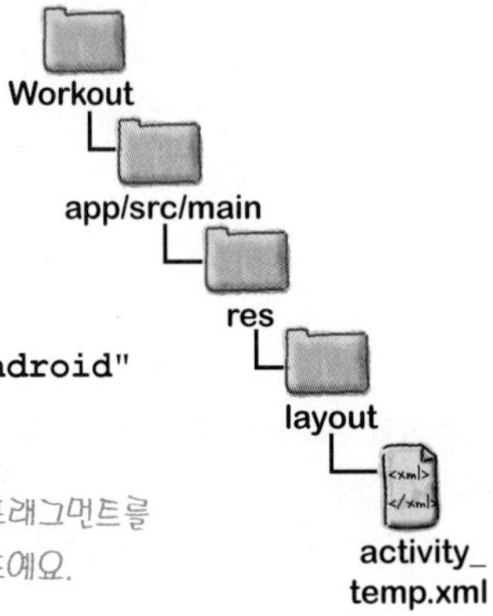


```
<?xml version="1.0" encoding="utf-8"?>
<fragment xmlns:android="http://schemas.android.com/apk/res/android"
    android:name="com.hfad.workout.StopwatchFragment"
    android:layout_width="match_parent"
    android:layout_height="match_parent"/>
```

액티비티에 프래그먼트를 추가하는 코드예요.

StopwatchFragment를 실행할 준비가 되었습니다.
이제 시험 주행을 합시다.

앱 시험 주행

앱을 실행하면 StopwatchFragment를 포함하는 TempActivity가 나타납니다. 스톱워치는 0으로 설정됩니다.

앱을 실행하면 MainActivity가 아니라 TempActivity가 실행돼요. 예상한대로 TempActivity는 StopwatchFragment를 표시해요.

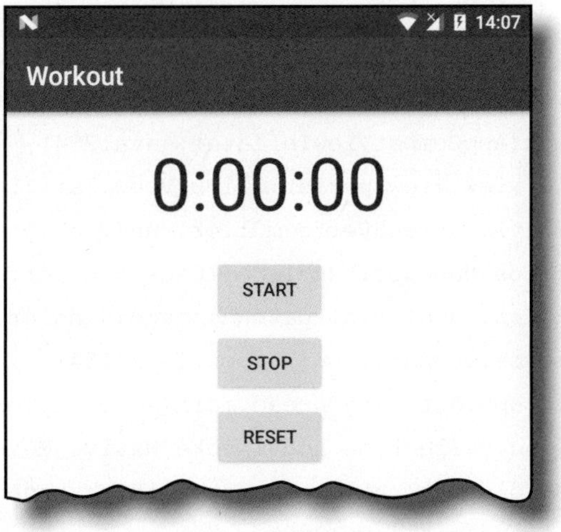

다음에는 StopwatchFragment의 버튼이 작동하는지 확인합니다.

버튼을 클릭하면 앱 크래시가 발생합니다

스톱워치 변환
스톱워치 시험
프래그먼트 추가

Workout 앱의 새 스톱워치에서 버튼을 클릭하면 앱이 크래시됩니다.

StopwatchFragment의 Start 버튼을 클릭하면 이런 일이 일어나요.

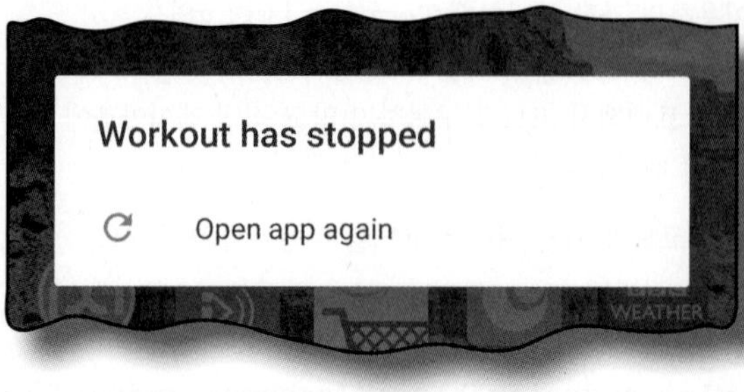

스톱워치 액티비티를 프래그먼트로 변환하면서 버튼 관련 코드는 바꾸지 않았습니다. 액티비티로 구현했을 때는 잘 작동하던 버튼인데 왜 프래그먼트에서는 크래시가 발생할까요?

다음은 안드로이드 스튜디오가 출력한 에러입니다. 왜 문제가 발생했는지 알 수 있겠어요?

이런 누가

```
04-13 11:56:43.623 10583-10583/com.hfad.workout E/AndroidRuntime: FATAL EXCEPTION: main
    Process: com.hfad.workout, PID: 10583
    java.lang.IllegalStateException: Could not find method onClickStart(View) in a
    parent or ancestor Context for android:onClick attribute defined on view class
    android.support.v7.widget.AppCompatButton with id 'start_button'
        at android.support.v7.app.AppCompatViewInflater$DeclaredOnClickListener.
            resolveMethod(AppCompatViewInflater.java:327)
        at android.support.v7.app.AppCompatViewInflater$DeclaredOnClickListener.
            onClick(AppCompatViewInflater.java:284)
        at android.view.View.performClick(View.java:5609)
        at android.view.View$PerformClick.run(View.java:22262)
        at android.os.Handler.handleCallback(Handler.java:751)
        at android.os.Handler.dispatchMessage(Handler.java:95)
        at android.os.Looper.loop(Looper.java:154)
        at android.app.ActivityThread.main(ActivityThread.java:6077)
        at java.lang.reflect.Method.invoke(Native Method)
        at com.android.internal.os.ZygoteInit$MethodAndArgsCaller.
            run(ZygoteInit.java:865)
        at com.android.internal.os.ZygoteInit.main(ZygoteInit.java:755)
```

StopwatchFragment 레이아웃 코드를 확인합시다

StopwatchFragment 레이아웃 코드에서 액티비티에서와 같은 방식, 즉 android:onClick 속성으로 버튼의 메서드를 연결해서 버튼을 눌렀을 때 어떤 메서드를 호출할지 지정했습니다.

액티비티에서 사용했던 레이아웃을 그대로 스톱워치 프래그먼트에 사용하고 있어요.

```
<?xml version="1.0" encoding="utf-8"?>
<LinearLayout xmlns:android="http://schemas.android.com/apk/res/android"
    ...
    <Button
        android:id="@+id/start_button"
        android:layout_width="wrap_content"
        android:layout_height="wrap_content"
        android:layout_gravity="center_horizontal"
        android:layout_marginTop="20dp"
        android:onClick="onClickStart"
        android:text="@string/start" />

    <Button
        android:id="@+id/stop_button"
        android:layout_width="wrap_content"
        android:layout_height="wrap_content"
        android:layout_gravity="center_horizontal"
        android:layout_marginTop="8dp"
        android:onClick="onClickStop"
        android:text="@string/stop" />

    <Button
        android:id="@+id/reset_button"
        android:layout_width="wrap_content"
        android:layout_height="wrap_content"
        android:layout_gravity="center_horizontal"
        android:layout_marginTop="8dp"
        android:onClick="onClickReset"
        android:text="@string/reset" />
</LinearLayout>
```

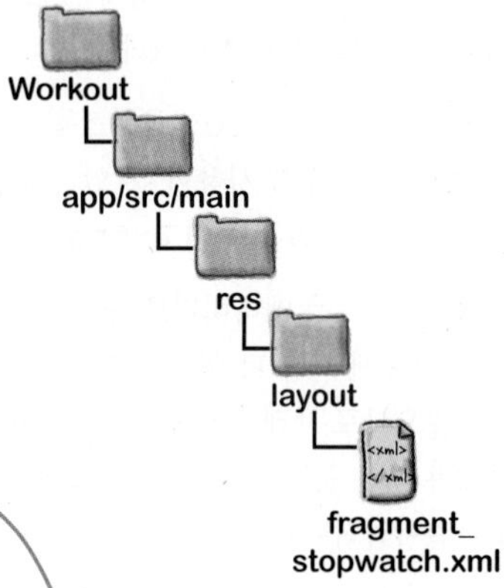

버튼을 클릭했을 때 어떤 메서드를 호출할지 레이아웃에 android:onClick 속성으로 지정했어요.

액티비티에서는 잘 작동했는데 프래그먼트에서는 왜 문제가 생길까요?

스톱워치 변환
스톱워치 시험
프래그먼트 추가

onClick 속성은 프래그먼트가 아니라 액티비티의 메서드를 호출합니다

뷰를 클릭했을 때 android:onClick 속성으로 어떤 메서드를 호출할지 지정하는 부분에 큰 문제가 있습니다. 이 속성은 불러들일 메서드를 **현재 액티비티**에 대해 지정합니다. 뷰가 액티비티의 레이아웃에 있을 때는 문제가 없습니다. 하지만 뷰가 프래그먼트에 있으면 문제가 생깁니다. 안드로이드는 프래그먼트의 메서드를 호출하지 않고 부모 액티비티에서 이 메서드를 찾는데 메서드가 액티비티에 정의되어 있지 않으면 크래시가 발생합니다. 그래서 이전 페이지의 에러 메시지가 나타난 겁니다.

android:onClick을 발견하면
제 이야기라고 생각해요.
그래서 프래그먼트의 메서드가
아니라 제 메서드를 실행하죠.
액티비티

버튼만의 문제가 아닙니다. Button 클래스를 상속받는 모든 뷰는 android:onClick 속성을 사용할 수 있기 때문입니다. 체크박스, 라디오 버튼, 스위치, 토글 버튼 등이 Button 클래스를 상속받습니다.

이제 프래그먼트의 메서드를 액티비티로 옮겨서 문제를 해결할 수 있지만 단점이 있습니다. 이렇게 하면 더 이상 프래그먼트가 자체적으로 모든 기능을 포함하지 않으므로 프래그먼트를 재사용하려는 모든 액티비티에서 이 코드를 포함해야 하는 문제가 생깁니다. 프래그먼트에서 이 문제를 해결하는 방법을 알아봅시다.

프래그먼트의 메서드를 호출하도록 버튼 클릭 설정하기

액티비티가 아니라 프래그먼트의 메서드를 호출하도록 버튼 클릭을 설정하려면 세 가지 작업을 해야 합니다.

1. **프래그먼트 레이아웃에 있는 android:onClick 레퍼런스를 삭제합니다.**
   onClick 속성이 사용되면 버튼을 클릭했을 때 액티비티의 메서드를 찾으려 하므로 이 코드를 프래그먼트 레이아웃에서 삭제합니다.

2. **onClick 메서드의 시그너처를 바꿉니다. 선택사항입니다.** ← 이 과정은 선택사항이지만 코드를 정리할 수 있는 좋은 기회예요.
   onClickStart(), onClickStop(), onClickReset() 메서드를 구현할 때 접근자를 public으로 설정하고 한 개의 View 인자를 제공했습니다. 사용자가 버튼을 클릭했을 때 이 메서드를 호출하기 때문입니다. 하지만 더 이상 android:onClick 속성을 사용하지 않으므로 이 메서드를 private로 만들고 View 파라미터는 삭제합니다.

3. **OnClickListener를 구현해서 버튼을 프래그먼트의 메서드와 연결합니다.**
   이제 버튼을 클릭하면 적절한 메서드가 호출됩니다.

이 작업을 StopwatchFragment에서 시작합시다.

1. 프래그먼트의 레이아웃에서 onClick 속성 제거하기

- ✓ 스톱워치 변환
- → 스톱워치 시험
- 프래그먼트 추가

먼저 프래그먼트의 레이아웃에서 android:onClick 행을 제거해야 합니다. 그래야 버튼을 클릭했을 때 안드로이드가 존재하지 않는 메서드를 더 이상 호출하지 않습니다.

```
<?xml version="1.0" encoding="utf-8"?>
<LinearLayout xmlns:android="http://schemas.android.com/apk/res/android"
    ...
    <Button
        android:id="@+id/start_button"
        android:layout_width="wrap_content"
        android:layout_height="wrap_content"
        android:layout_gravity="center_horizontal"
        android:layout_marginTop="20dp"
        android:onClick="onClickStart"
        android:text="@string/start" />

    <Button
        android:id="@+id/stop_button"
        android:layout_width="wrap_content"
        android:layout_height="wrap_content"
        android:layout_gravity="center_horizontal"
        android:layout_marginTop="8dp"
        android:onClick="onClickStop"
        android:text="@string/stop" />

    <Button
        android:id="@+id/reset_button"
        android:layout_width="wrap_content"
        android:layout_height="wrap_content"
        android:layout_gravity="center_horizontal"
        android:layout_marginTop="8dp"
        android:onClick="onClickReset"
        android:text="@string/reset" />
</LinearLayout>
```

스톱워치 레이아웃에서 onClick 속성을 제거하세요.

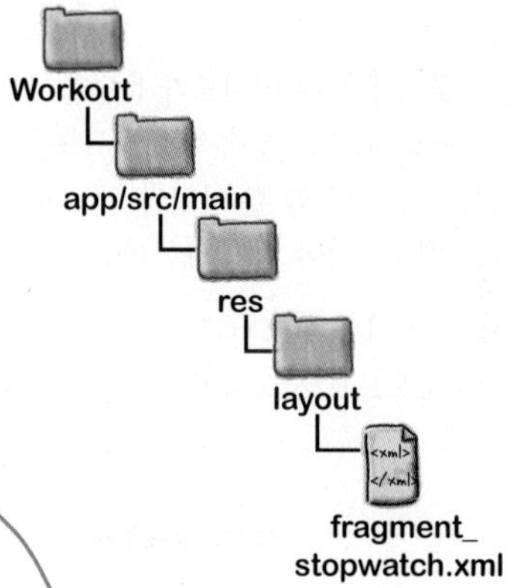

다음으로 onClickStart(), onClickStop(), onClickReset() 코드를 정리합니다.

2. onClick... 메서드 시그너처 바꾸기

스톱워치 변환
스톱워치 시험
프래그먼트 추가

4장에서 `StopwatchActivity`에 `onClickStart()`, `onClickStop()`, `onClickReset()` 메서드를 생성했을 때 다음 시그너처를 사용했습니다.

```
public void onClickStart(View view) {
}
```

public 메서드여야 해요.
반환값은 void예요.
메서드는 View 유형의 파라미터 하나를 가져야 해요.

사용자가 버튼을 클릭했을 때 메서드가 응답할 수 있도록 하기 위해서였어요. `android:onClick` 속성에 메서드를 지정하려면 XML에 정의된 함수 이름이 같아야 할 뿐 아니라 반드시 public 접근자를 가진 void를 반환하는 메서드여야 했기 때문이죠.

프래그먼트에서는 더 이상 `android:onClick` 속성을 레이아웃 코드에 사용할 수 없으므로 시그너처를 다음과 같이 바꿉니다.

```
private void onClickStart() {
}
```

public일 필요가 없으므로 private로 바꿔요.
View 파라미터는 더 이상 필요 없어요.

이제 프래그먼트 코드를 바꿉시다. StopwatchFragment.java의 `onClickStart()`, `onClickStop()`, `onClickReset()` 메서드를 다음처럼 바꿉니다.

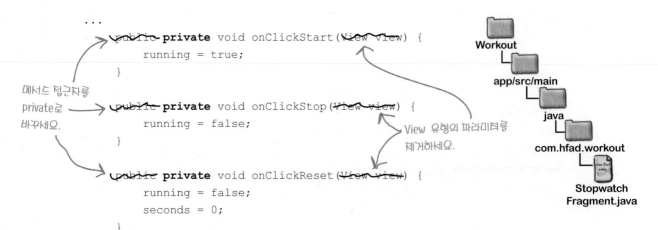

```
...
    public private void onClickStart(View view) {
        running = true;
    }

    public private void onClickStop(View view) {
        running = false;
    }

    public private void onClickReset(View view) {
        running = false;
        seconds = 0;
    }
...
```

메서드 접근자를 private로 바꾸세요.
View 유형의 파라미터를 제거하세요.

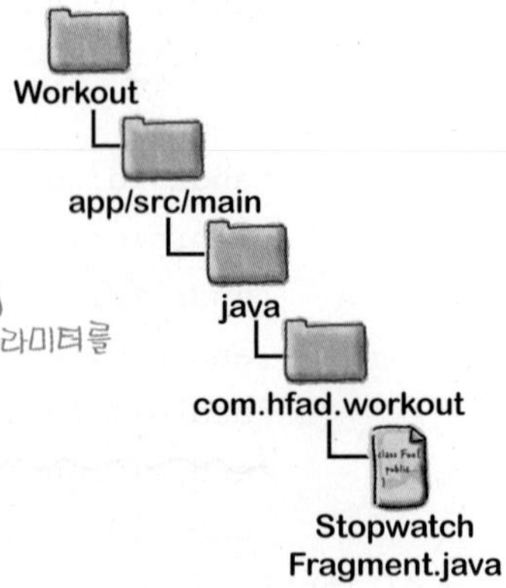

3. 프래그먼트가 OnClickListener를 구현하도록 만듭니다

버튼을 클릭했을 때 StopwatchFragment의 메서드를 호출하려면 다음처럼 프래그먼트가 View.OnClickListener 인터페이스를 구현해야 합니다.

프래그먼트를 OnClickListener로 만들어요.

```
public class StopwatchFragment extends Fragment implements View.OnClickListener {
    ...
}
```

그러면 StopwatchFragment는 View.OnClickListener 유형이 되어 뷰를 클릭했을 때 이에 응답할 수 있게 됩니다.

View.OnClickListener의 onClick() 메서드를 구현하면서 어떤 동작을 수행할지 정의합니다.

```
@Override
public void onClick(View v) {
    ...
}
```

프래그먼트 코드에서 onClick() 메서드를 오버라이드해야 해요.

onClick() 메서드는 사용자가 클릭한 뷰를 인자로 받습니다. 뷰의 getId() 메서드로 사용자가 클릭한 뷰를 알아내고 이에 맞게 대응할 수 있습니다.

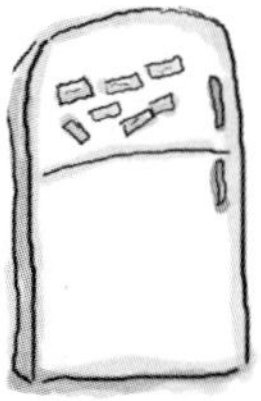

코드 자석

StopwatchFragment의 onClick() 메서드를 완성하세요. Start 버튼을 클릭하면 onClickStart()를, Stop 버튼을 클릭하면 onClickStop()을, Reset 버튼을 클릭하면 onClickReset() 메서드를 각각 호출해야 합니다.

getId() | R.id.stop_button | getName() | onClickReset | onClickStop | v | true | true | true | View

```
@Override
public void onClick(View v) {

    switch (.........:.....................) {
        case R.id.start_button:
            onClickStart();
            break;

        case ......................................:

            ............................();
            break;
        case R.id.reset_button:

            ............................();
    }
}
```

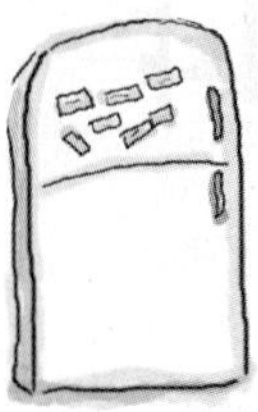

코드 자석 정답

StopwatchFragment의 onClick() 메서드를 완성하세요.
Start 버튼을 클릭하면 onClickStart()를, Stop 버튼을 클릭하면 onClickStop()을, Reset 버튼을 클릭하면 onClickReset() 메서드를 각각 호출해야 합니다.

```
@Override
public void onClick(View v) {

    switch ( v . getId() ) {
        case R.id.start_button:
            onClickStart();
            break;

        case R.id.stop_button :
            onClickStop ();
            break;
        case R.id.reset_button:
            onClickReset ();
    }
}
```

이 자석은 필요 없어요.

`getName()` `true` `true` `true` `View`

StopwatchFragment의 onClick() 메서드

StopwatchFragment.java 코드를 바꿔야 합니다. 한 번에 한 가지씩 바꿔야 할 코드를 살펴본 다음 나중에 전체 코드를 소개합니다.

다음은 어떤 버튼을 클릭했느냐에 따라 StopwatchFragment에 onClick() 메서드가 동작하도록 구현한 코드입니다.

```
@Override
public void onClick(View v) {          // 사용자가 클릭한 뷰예요.
    switch (v.getId()) {               // 어떤 뷰를 클릭했는지 확인해요.
        case R.id.start_button:
            onClickStart();            // Start 버튼을 클릭하면 onClickStart() 메서드를 호출해요.
            break;
        case R.id.stop_button:         // Stop 버튼을 클릭하면 onClickStop() 메서드를 호출해요.
            onClickStop();
            break;
        case R.id.reset_button:        // Reset 버튼을 클릭하면 onClickReset() 메서드를 호출해요.
            onClickReset();
            break;
    }
}
```

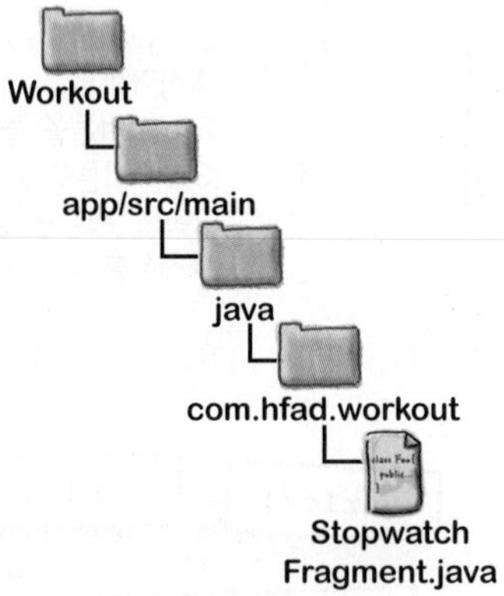

버튼이 동작하려면 리스너를 프래그먼트의 버튼에 연결해야 합니다.

OnClickListener를 버튼에 연결하기

- [x] 스톱워치 변환
- [ ] 스톱워치 시험 ←
- [ ] 프래그먼트 추가

뷰가 클릭에 응답하려면 뷰의 `setOnClickListener()` 메서드를 호출해야 합니다. `setOnClickListener()` 메서드는 한 개의 `OnClickListener`를 인자로 받습니다. `StopwatchFragment`는 `OnClickListener` 인터페이스를 구현하므로 `this`를 이용해 `setOnClickListener`에 프래그먼트를 `OnClickListener`로 전달할 수 있습니다.

예를 들어 다음은 Start 버튼에 `OnClickListener`를 연결하는 코드입니다.

버튼의 레퍼런스를 얻어요.

```
Button startButton = (Button) layout.findViewById(R.id.start_button);
startButton.setOnClickListener(this);
```

버튼에 리스너를 연결해요.

프래그먼트의 뷰가 생성된 다음에 각 뷰의 `setOnClickListener()` 메서드를 호출해야 합니다. 즉, 다음처럼 `setOnClickListener()` 메서드를 `StopwatchFragment`의 `onCreateView()` 메서드에 추가해야 합니다.

```
@Override
public View onCreateView(LayoutInflater inflater, ViewGroup container,
                         Bundle savedInstanceState) {
    View layout = inflater.inflate(R.layout.fragment_stopwatch, container, false);
    runTimer(layout);
    Button startButton = (Button)layout.findViewById(R.id.start_button);
    startButton.setOnClickListener(this);
    Button stopButton = (Button)layout.findViewById(R.id.stop_button);
    stopButton.setOnClickListener(this);
    Button resetButton = (Button)layout.findViewById(R.id.reset_button);
    resetButton.setOnClickListener(this);
    return layout;
}
```

리스너를 각 버튼에 연결해요.

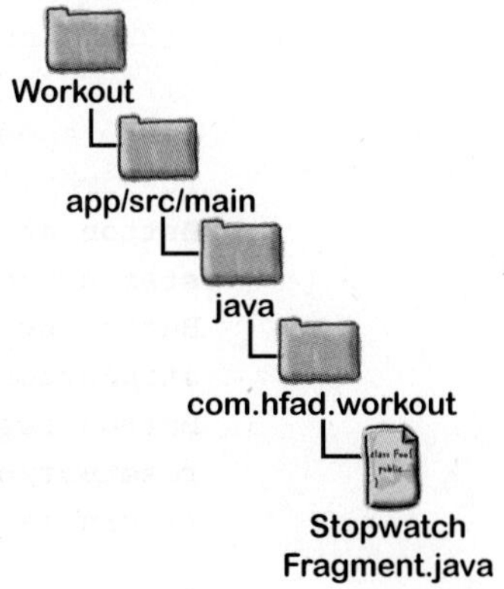

다음 페이지에서 `StopwatchFragment` 전체 코드를 소개합니다.

StopwatchFragment 전체 코드

스톱워치 변환
→ 스톱워치 시험
프래그먼트 추가

다음은 바꾼 기능을 모두 적용한 StopwatchFragment.java 코드입니다.
여러분 코드도 다음처럼 바꾸세요.

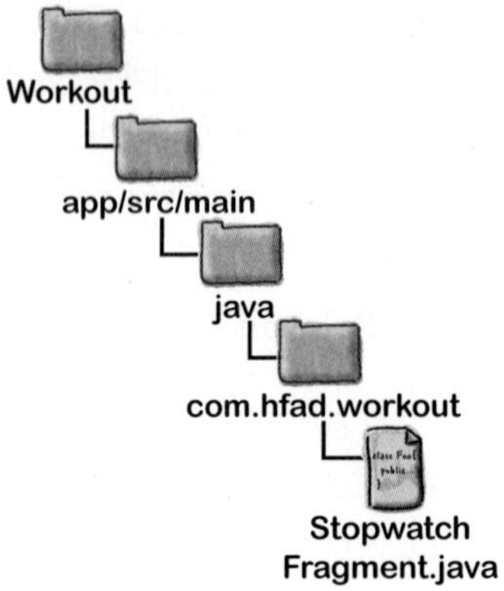


```
package com.hfad.workout;

import java.util.Locale;
import android.os.Bundle;
import android.os.Handler;
import android.support.v4.app.Fragment;
import android.view.LayoutInflater;
import android.view.View;
import android.view.ViewGroup;
import android.widget.TextView;
import android.widget.Button;   ← Button 클래스를 사용하므로 임포트하세요.

public class StopwatchFragment extends Fragment implements View.OnClickListener {
    // 스톱워치에 표시된 초
    private int seconds = 0;
    // 스톱워치가 실행 중인가?
    private boolean running;
    private boolean wasRunning;

    @Override
    public void onCreate(Bundle savedInstanceState) {
        super.onCreate(savedInstanceState);
        if (savedInstanceState != null) {
            seconds = savedInstanceState.getInt("seconds");
            running = savedInstanceState.getBoolean("running");
            wasRunning = savedInstanceState.getBoolean("wasRunning");
        }
    }

    @Override
    public View onCreateView(LayoutInflater inflater, ViewGroup container,
                             Bundle savedInstanceState) {
        View layout = inflater.inflate(R.layout.fragment_stopwatch, container, false);
        runTimer(layout);
        Button startButton = (Button)layout.findViewById(R.id.start_button);
        startButton.setOnClickListener(this);
        Button stopButton = (Button)layout.findViewById(R.id.stop_button);
        stopButton.setOnClickListener(this);
        Button resetButton = (Button)layout.findViewById(R.id.reset_button);
        resetButton.setOnClickListener(this);
        return layout;
    }
```

프래그먼트는 View.OnClickListener 인터페이스를 구현해야 해요.

onCreate() 메서드는 바꾸지 않았어요.

리스너를 버튼에 연결하도록 onCreateView() 메서드를 바꿨어요.

다음 페이지에 코드가 이어져요. →

StopwatchFragment 코드(계속)

- ☑ 스톱워치 변환
- ☐ 스톱워치 시험
- ☐ 프래그먼트 추가

```
@Override
public void onClick(View v) {
    switch (v.getId()) {
        case R.id.start_button:
            onClickStart();
            break;
        case R.id.stop_button:
            onClickStop();
            break;
        case R.id.reset_button:
            onClickReset();
            break;
    }
}

@Override
public void onPause() {
    super.onPause();
    wasRunning = running;
    running = false;
}

@Override
public void onResume() {
    super.onResume();
    if (wasRunning) {
        running = true;
    }
}

@Override
public void onSaveInstanceState(Bundle savedInstanceState) {
    savedInstanceState.putInt("seconds", seconds);
    savedInstanceState.putBoolean("running", running);
    savedInstanceState.putBoolean("wasRunning", wasRunning);
}
```

OnClickListener 인터페이스를 구현하고 있으므로 onClick() 메서드를 오버라이드해야 해요.

클릭된 버튼에 따라 프래그먼트의 적절한 메서드를 호출해요.

이들 메서드는 바꾸지 않았어요.

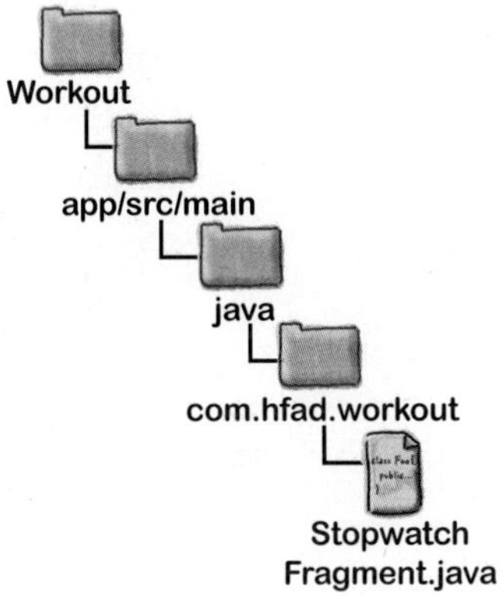

다음 페이지에 코드가 이어져요.

StopwatchFragment 코드(계속)

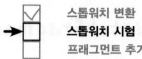

스톱워치 변환
스톱워치 시험
프래그먼트 추가

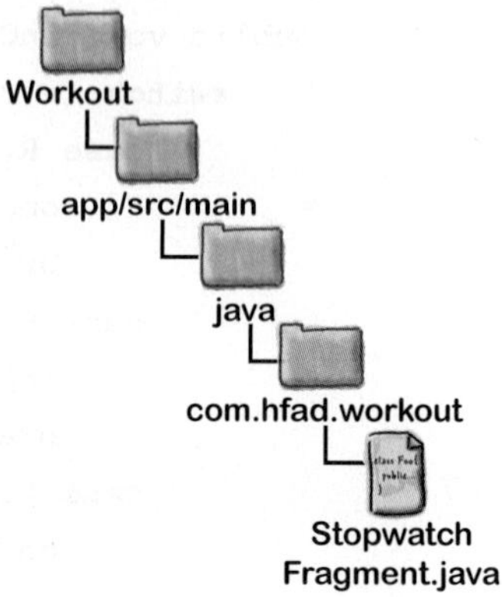


```
    private void onClickStart() {
        running = true;
    }

    private void onClickStop() {
        running = false;
    }

    private void onClickReset() {
        running = false;
        seconds = 0;
    }
```

이들 메서드의 접근자를 private로 바꿨어요. 더 이상 필요 없는 View 파라미터는 삭제했어요.

이 메서드는 바꾸지 않았어요.

```
    private void runTimer(View view) {
        final TextView timeView = (TextView) view.findViewById(R.id.time_view);
        final Handler handler = new Handler();
        handler.post(new Runnable() {
            @Override
            public void run() {
                int hours = seconds/3600;
                int minutes = (seconds%3600)/60;
                int secs = seconds%60;
                String time = String.format(Locale.getDefault(),
                        "%d:%02d:%02d", hours, minutes, secs);
                timeView.setText(time);
                if (running) {
                    seconds++;
                }
                handler.postDelayed(this, 1000);
            }
        });
    }
}
```

StopwatchFragment.java에 필요한 모든 구현을 마쳤습니다. 이제 앱을 실행해서 어떤 일이 일어나는지 확인합시다.

스톱워치 변환
스톱워치 시험
프래그먼트 추가

앱 시험 주행

앱을 실행하면 전처럼 스톱워치가 나타납니다. 하지만 이번에는 Start, Stop, Reset 버튼이 모두 잘 작동합니다.

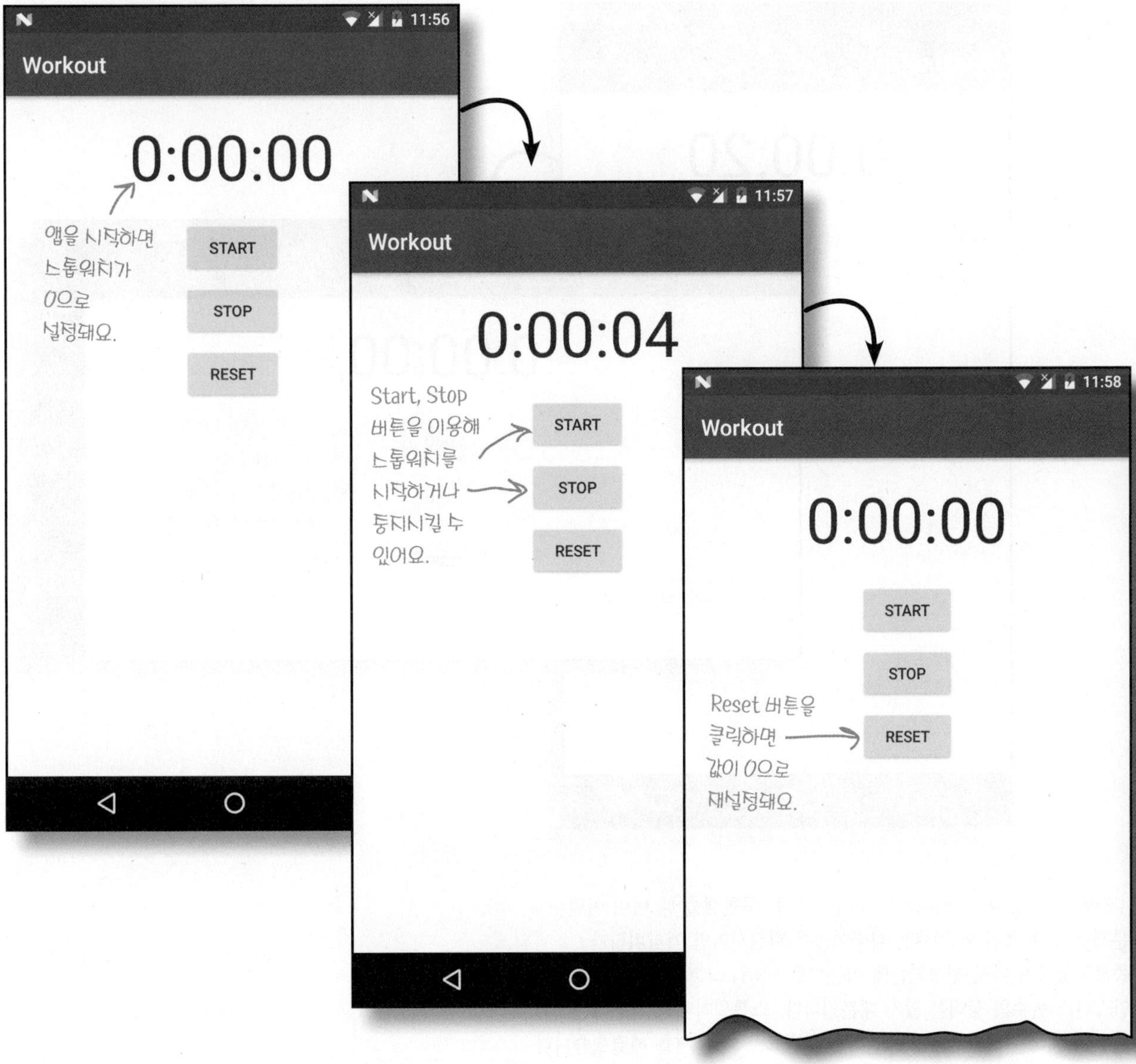

버튼 작동을 완료했으니 다음에는 디바이스를 회전시켰을 때 무슨 일이 일어나는지 확인합니다.

디바이스를 회전시키면 스톱워치가 재설정됩니다

아직 한 가지 문제가 남았습니다. 디바이스를 회전시키면 스톱워치가 0으로 재설정됩니다.

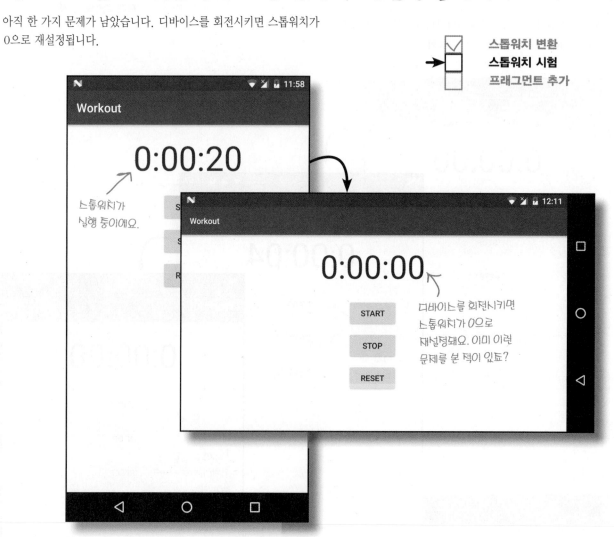

- [x] 스톱워치 변환
- [ ] **스톱워치 시험**
- [ ] 프래그먼트 추가

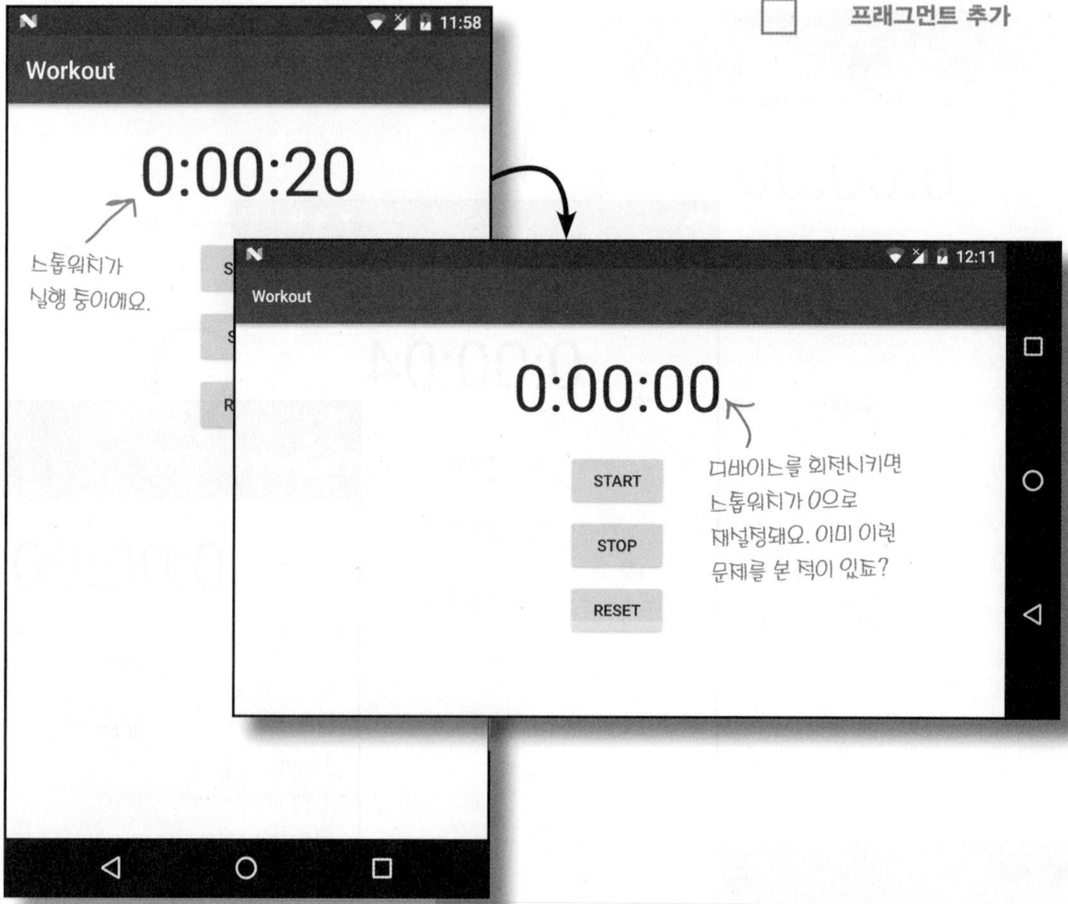
11:58
Workout
0:00:20
스톱워치가 실행 중이에요.
12:11
Workout
0:00:00
START
STOP
RESET
디바이스를 회전시키면 스톱워치가 0으로 재설정돼요. 이미 이런 문제를 본 적이 있죠?

4장에서 StopwatchActivity를 처음 구현했을 때 이미 이런 문제를 겪은 적이 있습니다. 디바이스를 회전시키면 액티비티가 종료되었다가 다시 생성되는데 이는 StopwatchActivity가 인스턴스 변수의 상태를 잃기 때문입니다. 스톱워치에서 사용하는 변수의 상태를 저장했다가 복원하는 방법으로 이 문제를 해결했습니다.

하지만 이번에는 StopwatchFragment 때문에 문제가 발생한 것이 아닙니다. 이번 문제는 우리가 StopwatchFragment를 TempActivity에 어떻게 추가했는지에 따라 발생합니다.

정적 프래그먼트에는 <fragment>를 사용하세요...

- [x] 스톱워치 변환
- [ ] 스톱워치 시험
- [ ] 프래그먼트 추가

StopwatchFragment를 TempActivity의 레이아웃에 추가할 때 다음 코드처럼 <fragment> 요소를 이용했습니다.

```
<?xml version="1.0" encoding="utf-8"?>
<fragment xmlns:android="http://schemas.android.com/apk/res/android"
    android:name="com.hfad.workout.StopwatchFragment"
    android:layout_width="match_parent"
    android:layout_height="match_parent"/>
```

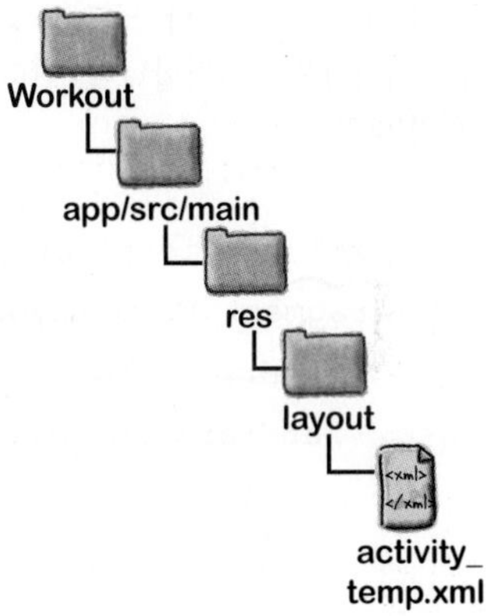

이렇게 하면 가장 쉽게 프래그먼트를 액티비티에 추가하고 그 결과를 확인할 수 있기 때문입니다.

9장에서 설명한 것처럼 <fragment>는 프래그먼트 레이아웃이 삽입되는 플레이스홀더입니다. 안드로이드는 액티비티 레이아웃을 생성할 때 <fragment> 요소를 프래그먼트의 사용자 인터페이스로 대치합니다.

디바이스를 회전시키면 안드로이드가 액티비티를 다시 생성합니다. 액티비티에 <fragment> 요소가 있으면 액티비티를 다시 생성할 때마다 새로운 버전의 프래그먼트를 다시 삽입합니다. 즉, 예전 프래그먼트가 사라지고 기본값을 갖는 새로운 인스턴스 변수가 돌아옵니다. 이 예제에서는 스톱워치가 0으로 돌아옵니다.

...하지만 동적 프래그먼트에는 프래그먼트 트랜잭션이 필요합니다

정적 프래그먼트에 <fragment> 요소를 사용하면 앱이 잘 작동합니다. 하지만 스톱워치처럼 동적 프래그먼트에서는 프래그먼트 트랜잭션을 이용해 프래그먼트를 추가해야 합니다.

이제 <fragment>로 StopwatchFragment를 TempActivity의 레이아웃에 추가했던 코드를 삭제합니다. 대신 프래그먼트 트랜잭션을 이용합니다. 그러려면 activity_temp.xml과 TempActivity.java 코드를 모두 바꿔야 합니다.

FrameLayout을 사용하도록 activity_temp.xml 바꾸기

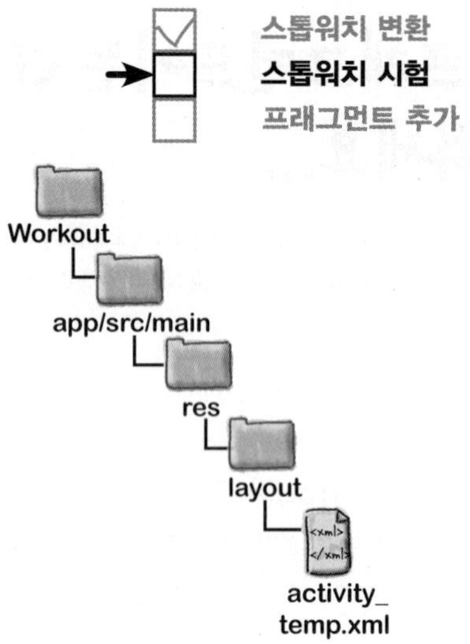

앞 장에서 배운 것처럼 프래그먼트 트랜잭션으로 프래그먼트를 액티비티에 추가하려면 액티비티 레이아웃에 프래그먼트 플레이스홀더를 추가해야 합니다. 앞 장에서는 레이아웃에 프레임 레이아웃을 추가한 다음 자바 코드에서 이를 참조할 수 있도록 ID를 할당했습니다.

activity_temp.xml에도 이런 작업을 해야 합니다. `<fragment>` 요소를 프레임 레이아웃으로 바꾸고 `stopwatch_container`라는 ID를 프레임 레이아웃에 할당합니다. 여러분의 activity_temp.xml을 다음 코드처럼 바꾸세요.

```
<?xml version="1.0" encoding="utf-8"?>
<fragment FrameLayout xmlns:android="http://schemas.android.com/apk/res/android"
    android:name="com.hfad.workout.StopwatchFragment"
    android:id="@+id/stopwatch_container"
    android:layout_width="match_parent"
    android:layout_height="match_parent"/>
```

fragment를 FrameLayout으로 바꾸세요.

이 행은 삭제하세요.

프래그먼트 트랜잭션을 TempActivity.java에 추가하기

프레임 레이아웃을 액티비티의 레이아웃에 추가했으면 프래그먼트를 프레임 레이아웃에 추가할 프래그먼트 트랜잭션을 만듭니다.

`TempActivity`가 생성될 때 `StopwatchFragment`를 `TempActivity`에 추가해야 합니다. 이 때 기존의 프래그먼트가 없으면 새 프래그먼트를 생성해야 합니다. 그리고 기존의 프래그먼트를 오버라이드하지 않습니다.

이를 위해 `TempActivity`의 `onCreate()` 메서드에 `savedInstanceState`의 `Bundle` 인자가 null인지 확인하는 코드를 추가합니다.

`savedInstanceState`가 null이면 `TempActivity`가 처음 생성됐다는 의미입니다. 이때는 `StopwatchFragment`의 인스턴스를 액티비티에 추가합니다.

`savedInstanceState`가 null이 아니면 `TempActivity`가 종료되었다가 다시 생성되었다는 의미입니다. 이때는 기존 프래그먼트가 있는 것이므로 `StopwatchFragment`의 인스턴스를 새로 만들어 액티비티에 추가하지 않습니다. 기존 프래그먼트를 오버라이드할 수 있기 때문입니다.

수영장 퍼즐

여러분의 **임무**는 수영장에서 코드 조각을 가져다가 TempActivity.java의 빈 칸에 넣는 것입니다. 같은 코드 조각을 한 번 이상 사용하지 **않으며** 모든 코드 조각을 사용할 필요도 없습니다. StopwatchFragment의 인스턴스를 TempActivity에 추가하는 프래그먼트 트랜잭션을 완성하는 것이 여러분의 **목표**입니다.

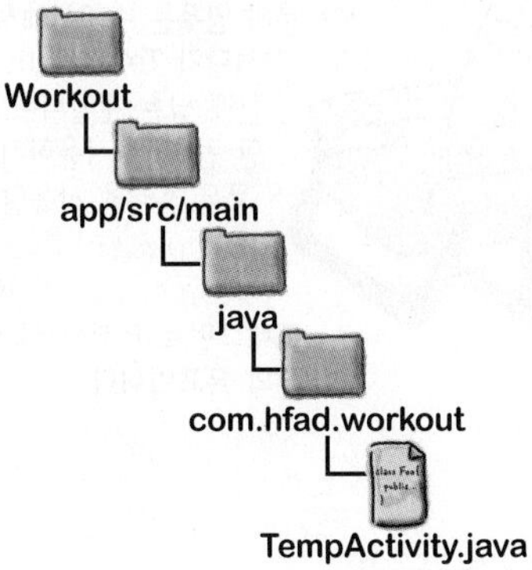


```
@Override
protected void onCreate(Bundle savedInstanceState) {
    super.onCreate(savedInstanceState);
    setContentView(R.layout.activity_temp);
    if (savedInstanceState == null) {
        StopwatchFragment stopwatch = new StopwatchFragment();
        FragmentTransaction ft = .....................................;
        ft.add(R.id.stopwatch_container, ...............);
        ft. ...................(null);
        ft.setTransition(FragmentTransaction.TRANSIT_FRAGMENT_FADE);
        ft. ...................;
    }
}
```

참고: 수영장의 각 코드 조각은 한 번만 사용할 수 있어요!

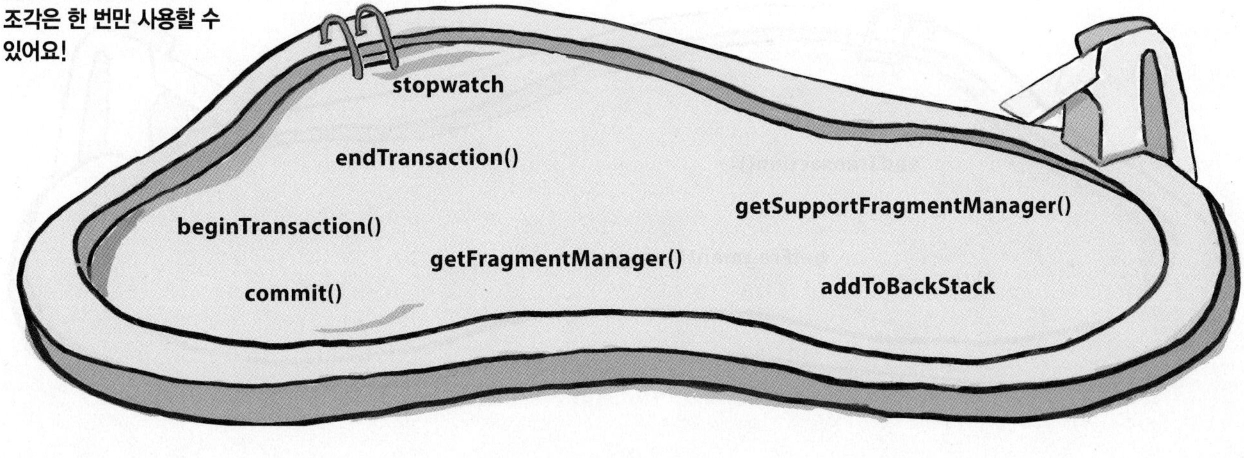

수영장 퍼즐 정답

여러분의 **임무**는 수영장에서 코드 조각을 가져다가 TempActivity.java의 빈 칸에 넣는 것입니다. 같은 코드 조각을 한 번 이상 사용하지 **않으며** 모든 코드 조각을 사용할 필요도 없습니다. StopwatchFragment의 인스턴스를 TempActivity에 추가하는 프래그먼트 트랜잭션을 완성하는 것이 여러분의 **목표**입니다.

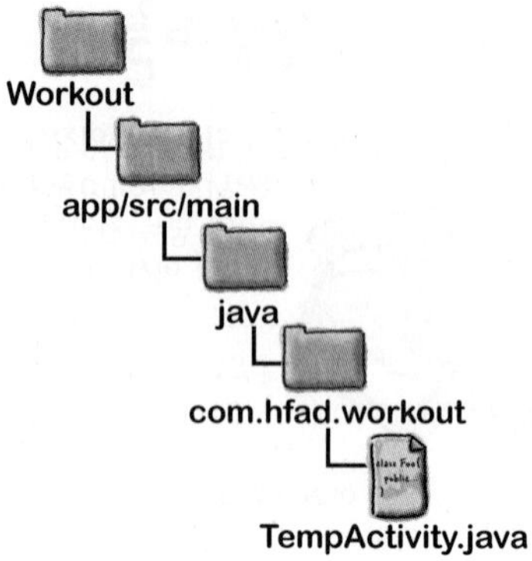


```
@Override
protected void onCreate(Bundle savedInstanceState) {
    super.onCreate(savedInstanceState);
    setContentView(R.layout.activity_temp);
    if (savedInstanceState == null) {
        StopwatchFragment stopwatch = new StopwatchFragment();
        FragmentTransaction ft = getSupportFragmentManager().beginTransaction();
        ft.add(R.id.stopwatch_container, stopwatch);
        ft.addToBackStack(null);
        ft.setTransition(FragmentTransaction.TRANSIT_FRAGMENT_FADE);
        ft.commit();
    }
}
```

프래그먼트 트랜잭션을 시작해요. 우리는 지원 라이브러리의 프래그먼트를 사용하므로 getFragmentManager() 대신 getSupportFragmentManager() 메서드를 이용해야 해요.

StopwatchFragment의 인스턴스를 TempActivity의 레이아웃에 추가해요.

트랜잭션을 백 스택에 추가해요.

트랜잭션을 커밋해요.

필요 없는 코드 조각이에요.

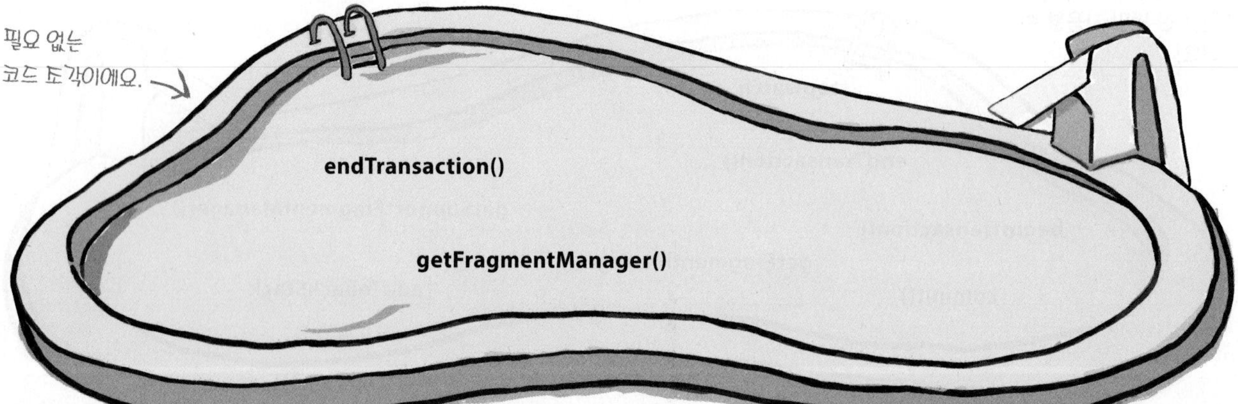

TempActivity.java 전체 코드

- [x] 스톱워치 변환
- [ ] **스톱워치 시험**
- [ ] 프래그먼트 추가

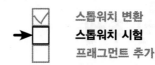

StopwatchFragment를 TempActivity에 추가하는 프래그먼트 트랜잭션을 TempActivity.java에 구현했습니다. 아래는 전체 코드입니다. 여러분의 TempActivity.java 파일을 다음처럼 바꾸세요.

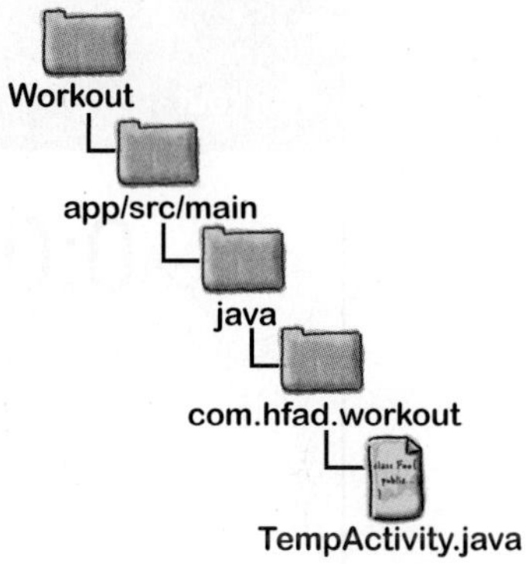


```
package com.hfad.workout;

import android.support.v4.app.FragmentTransaction;
import android.support.v7.app.AppCompatActivity;
import android.os.Bundle;

public class TempActivity extends AppCompatActivity {

    @Override
    protected void onCreate(Bundle savedInstanceState) {
        super.onCreate(savedInstanceState);
        setContentView(R.layout.activity_temp);
        if (savedInstanceState == null) {
            StopwatchFragment stopwatch = new StopwatchFragment();
            FragmentTransaction ft = getSupportFragmentManager().beginTransaction();
            ft.add(R.id.stopwatch_container, stopwatch);
            ft.addToBackStack(null);
            ft.setTransition(FragmentTransaction.TRANSIT_FRAGMENT_FADE);
            ft.commit();
        }
    }
}
```

지원 라이브러리의 FragmentTransaction 클래스를 임포트해야 해요.

액티비티가 종료되었다가 다시 생성되는 상황이 아닐 때만 프래그먼트를 추가해요.

프래그먼트 트랜잭션을 시작해요.

stopwatch를 추가하고 트랜잭션을 백 스택에 추가해요.

프래그먼트를 바꿀 때 희미해지고 또렷해지는 효과를 지정했어요.

트랜잭션을 커밋해요. 변경이 적용돼요.

프래그먼트 트랜잭션으로 StopwatchFragment를 TempActivity에 추가하는 데 필요한 모든 코드를 구현했습니다. 이제 코드를 실행하면 어떤 일이 일어나는지 확인합시다.

앱 시험 주행

앱을 실행하면 전처럼 스톱워치가 나타납니다. Start, Stop, Reset 버튼이 모두 잘 작동하며 디바이스를 회전시켜도 스톱워치가 계속 실행됩니다.

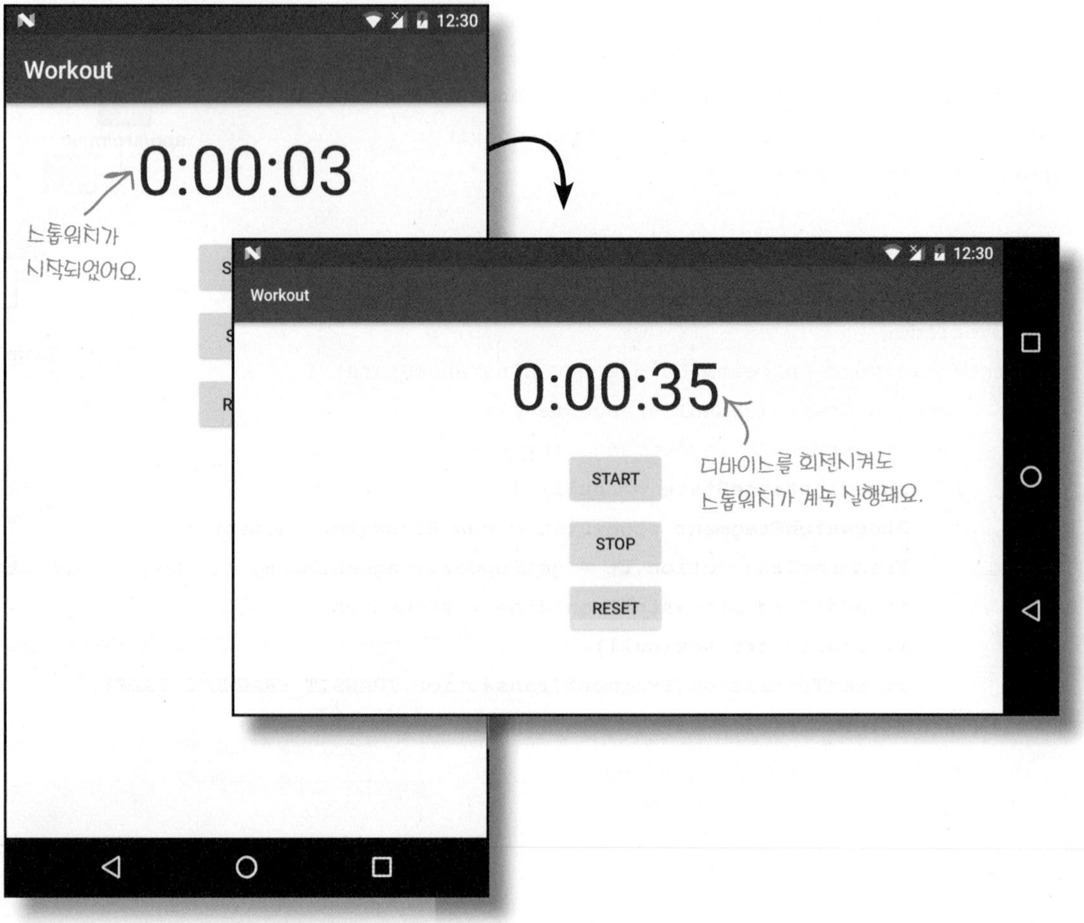

이 장을 시작하면서 임시 액티비티로 StopwatchFragment의 동작을 먼저 확인한다고 설명했습니다. 이제 StopwatchFragment가 잘 작동한다는 사실을 확인했으므로 StopwatchFragment를 WorkoutDetailFragment에 재사용할 수 있습니다.

스톱워치를 WorkoutDetailFragment에 추가하기

자세한 운동 정보 아래에 스톱워치가 나타나도록 StopwatchFragment를 WorkoutDetailFragment에 추가할 겁니다. 사용자가 운동을 선택하면 스톱워치가 자세한 운동 정보와 함께 나타납니다.

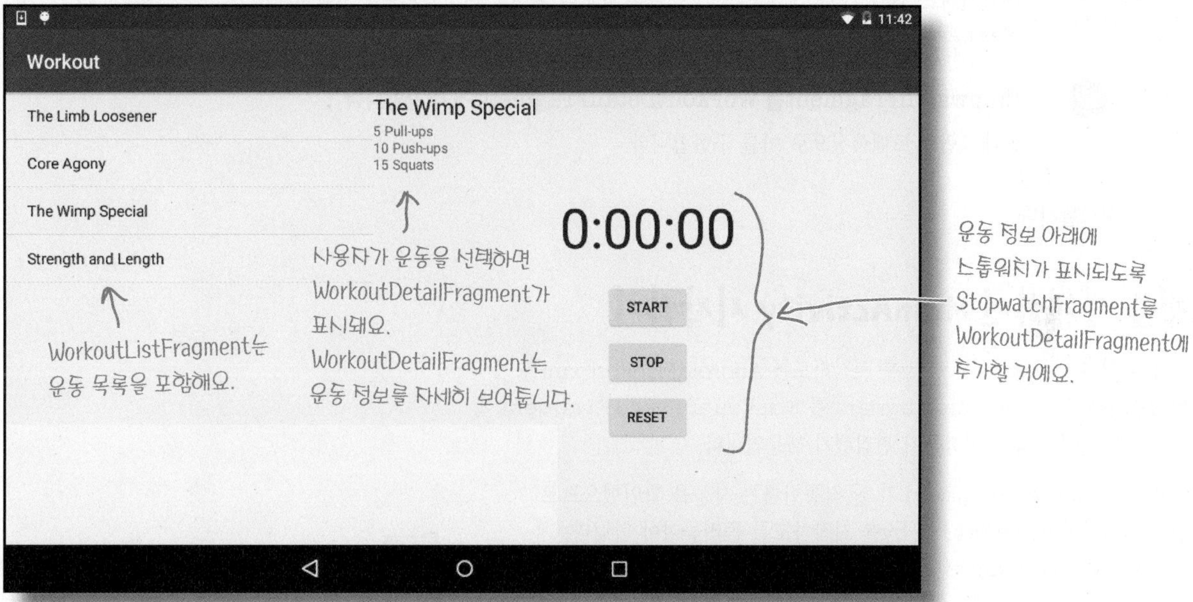

11:42
Workout
The Limb Loosener
Core Agony
The Wimp Special
Strength and Length
The Wimp Special
5 Pull-ups
10 Push-ups
15 Squats
0:00:00
START
STOP
RESET
WorkoutListFragment는 운동 목록을 포함해요.
사용자가 운동을 선택하면 WorkoutDetailFragment가 표시돼요. WorkoutDetailFragment는 운동 정보를 자세히 보여줍니다.
운동 정보 아래에 스톱워치가 표시되도록 StopwatchFragment를 WorkoutDetailFragment에 추가할 거예요.

앱은 다음처럼 작동할 것입니다.

1. **앱을 실행하면 MainActivity가 시작됩니다.**

   MainActivity는 운동 목록을 보여주는 WorkoutListFragment를 포함합니다.

2. **사용자가 운동을 선택하면 WorkoutDetailFragment가 나타납니다.**

   WorkoutDetailFragment는 자세한 운동 정보를 보여주며 StopwatchFragment도 포함합니다.

3. **StopwatchFragment가 스톱워치를 표시합니다.**

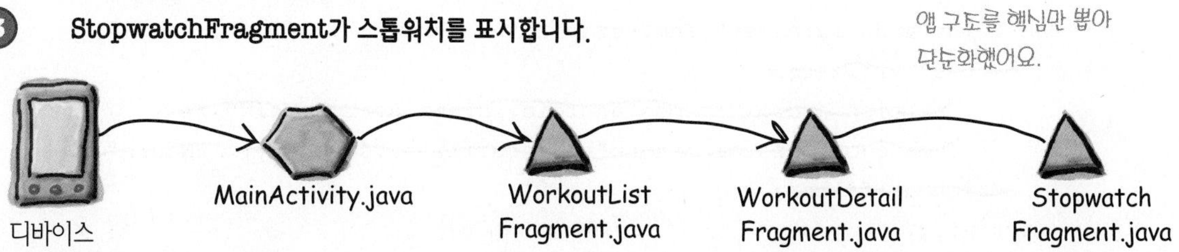

앱 구조를 핵심만 뽑아 단순화했어요.
디바이스
MainActivity.java
WorkoutList Fragment.java
WorkoutDetail Fragment.java
Stopwatch Fragment.java

이제부터 각 과정을 자세히 설명합니다.

우리가 해야 할 일

- ☑ 스톱워치 변환
- ☑ 스톱워치 시험
- → ☐ 프래그먼트 추가

새 버전의 앱을 만들어 실행하려면 다음 두 과정을 거쳐야 합니다.

1. **앱을 실행하면 MainActivity를 시작하도록 만듭니다.**
   지금까지는 앱이 TempActivity를 시작하도록 임시로 바꿨습니다. 이제 다시 MainActivity를 시작하도록 앱을 돌려놓습니다.

2. **StopwatchFragment를 WorkoutDetailFragment에 추가합니다.**
   프래그먼트 트랜잭션으로 이를 구현합니다.

작업을 시작합시다.

앱을 실행하면 MainActivity 시작하기

앞에서 앱이 TempActivity를 시작하도록 AndroidManifest.xml을 바꿨습니다. StopwatchFragment를 WorkoutDetailFragment에 추가하기 전에 기능을 시험하기 편리했기 때문입니다.

이제 StopwatchFragment가 잘 작동한다는 사실을 확인했으므로 앱을 실행하면 MainActivity를 시작하도록 돌려놓아야 합니다. AndroidManifest.xml을 다음처럼 바꿉니다.

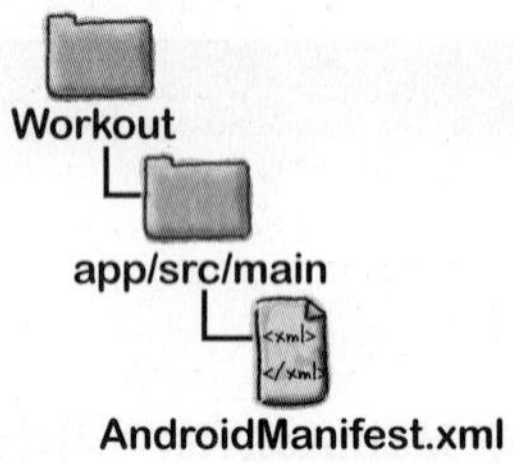


```
...
    <application
        ...
        <activity android:name=".MainActivity">
            <intent-filter>
                <action android:name="android.intent.action.MAIN" />
                <category android:name="android.intent.category.LAUNCHER" />
            </intent-filter>
        </activity>
        <activity android:name=".DetailActivity" />
        <activity android:name=".TempActivity">
            <intent-filter>
                <action android:name="android.intent.action.MAIN" />
                <category android:name="android.intent.category.LAUNCHER" />
            </intent-filter>
        </activity>
    </application>
...
```

앱을 실행하면 MainActivity를 시작하도록 인텐트 필터를 추가해요.

TempActivity에서는 인텐트 필터를 삭제해요.

- ☑ 스톱워치 변환
- ☑ 스톱워치 시험
- → ☐ 프래그먼트 추가

프래그먼트가 나타날 곳에 FrameLayout을 추가합니다

이번에는 StopwatchFragment를 WorkoutDetailFragment에 추가합니다. activity_temp.xml에 작업했던 것처럼 fragment_workout_detail.xml에 프레임 레이아웃을 추가하는 방법을 사용합니다. 그리고 프래그먼트 트랜잭션으로 StopwatchFragment를 WorkoutDetailFragment에 추가합니다.

다음은 fragment_workout_detail.xml 파일입니다. 여러분 코드도 다음처럼 바꾸세요.

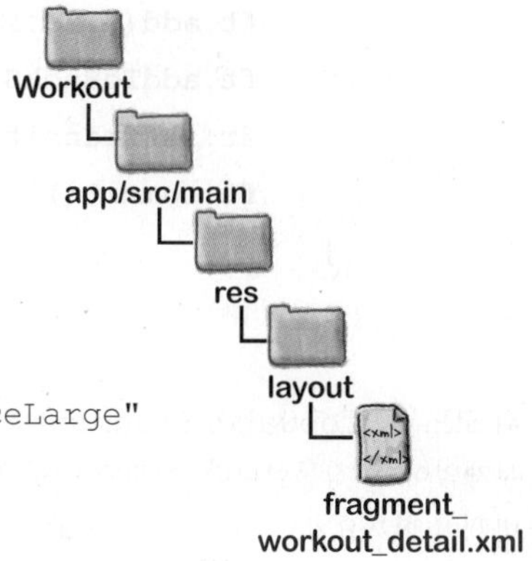

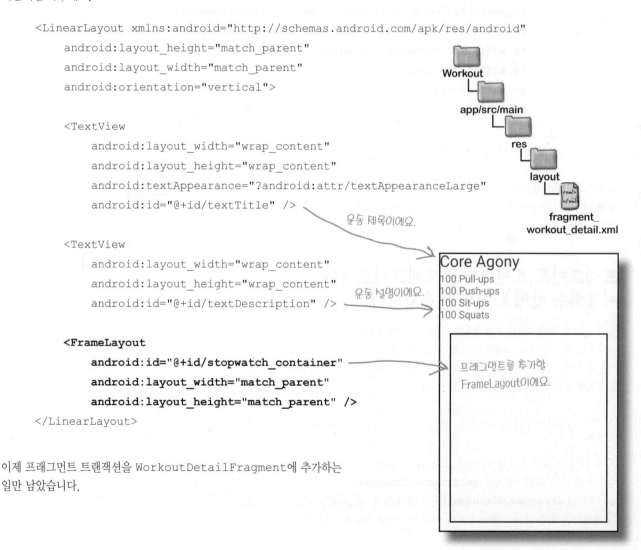

```
<LinearLayout xmlns:android="http://schemas.android.com/apk/res/android"
    android:layout_height="match_parent"
    android:layout_width="match_parent"
    android:orientation="vertical">

    <TextView
        android:layout_width="wrap_content"
        android:layout_height="wrap_content"
        android:textAppearance="?android:attr/textAppearanceLarge"
        android:id="@+id/textTitle" />

    <TextView
        android:layout_width="wrap_content"
        android:layout_height="wrap_content"
        android:id="@+id/textDescription" />

    <FrameLayout
        android:id="@+id/stopwatch_container"
        android:layout_width="match_parent"
        android:layout_height="match_parent" />
</LinearLayout>
```

운동 제목이에요.

운동 설명이에요.

프래그먼트를 추가할 FrameLayout이에요.

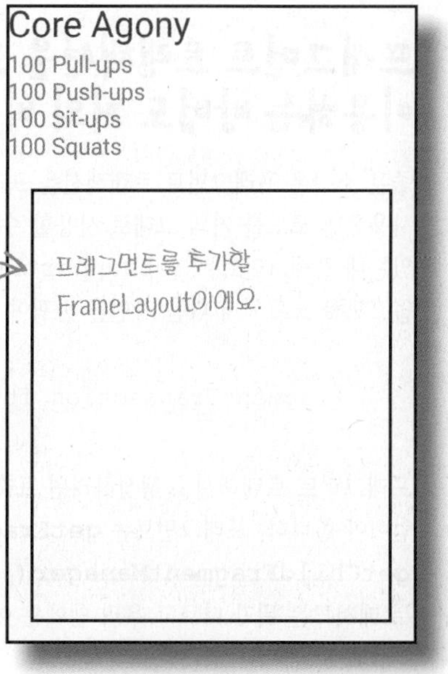

이제 프래그먼트 트랜잭션을 WorkoutDetailFragment에 추가하는 일만 남았습니다.

지금까지는 액티비티에서만 프래그먼트 트랜잭션을 사용했습니다

스톱워치 변환
스톱워치 시험
프래그먼트 추가

앞에서는 StopwatchFragment를 TempActivity의 레이아웃에 추가하기 위해 다음 코드를 TempActivity.java에 추가했습니다.

```
protected void onCreate(Bundle savedInstanceState) {
    super.onCreate(savedInstanceState);
    setContentView(R.layout.activity_temp);
    if (savedInstanceState == null) {
        StopwatchFragment stopwatch = new StopwatchFragment();
        FragmentTransaction ft = getSupportFragmentManager().beginTransaction();
        ft.add(R.id.stopwatch_container, stopwatch);
        ft.addToBackStack(null);
        ft.setTransition(FragmentTransaction.TRANSIT_FRAGMENT_FADE);
        ft.commit();
    }
}
```

TempActivity가 생성될 때 StopwatchFragment를 TempActivity에 추가하는 코드예요.

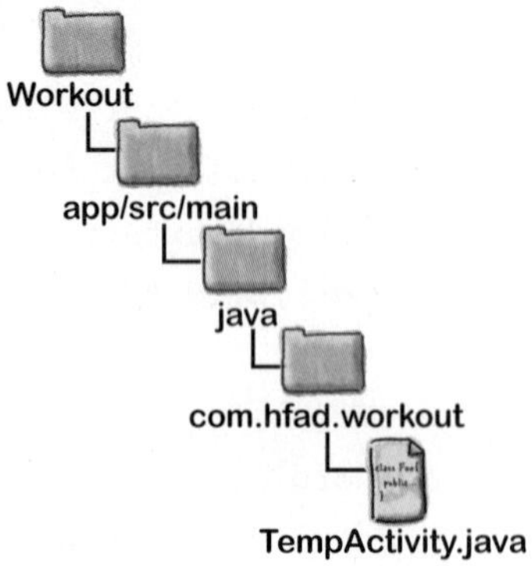

위 코드는 StopwatchFragment를 액티비티에 추가할 때는 아무 문제없이 잘 작동합니다. 하지만 이를 프래그먼트에 추가하려면 뭘 바꿔야 할까요?

프래그먼트 트랜잭션을 프래그먼트에서 이용하는 방법도 거의 비슷합니다

좋은 소식은 프래그먼트 트랜잭션을 프래그먼트에서 이용할 때 액티비티에서 사용했던 코드를 거의 그대로 사용할 수 있다는 겁니다. 한 가지 다른 점이 있는데 프래그먼트는 getSupportFragmentManager() 메서드가 없으므로 코드에서 다음 라인을 바꿔야 합니다.

```
FragmentTransaction ft = getSupportFragmentManager().beginTransaction();
```

프래그먼트 트랜잭션을 생성하려면 프래그먼트 관리자 레퍼런스를 얻어야 합니다. 프래그먼트는 **getFragmentManager()**와 **getChildFragmentManager()** 두 개의 메서드를 제공합니다. 두 메서드는 뭐가 다르고 우리 앱에는 어떤 메서드를 사용해야 할까요?

getFragmentManager()는 백 스택에 추가 트랜잭션을 생성합니다

getFragmentManager() 메서드는 프래그먼트의 부모 액티비티와 관련된 프래그먼트 관리자를 반환합니다. 이 프래그먼트 관리자로 생성한 모든 프래그먼트 트랜잭션은 개별 트랜잭션으로 백 스택에 추가됩니다.

우리 예제에서는 사용자가 운동을 선택하면 앱이 운동 정보와 스톱워치를 표시해야 합니다. MainActivity는 WorkoutDetailFragment를 표시하는 트랜잭션을 생성합니다. getFragmentManager()를 사용해 StopwatchFragment를 표시하는 트랜잭션을 생성하면 이는 개별 트랜잭션으로 백 스택에 추가됩니다.

두 트랜잭션으로 운동 정보와 스톱워치를 표시하면 사용자가 Back 버튼을 클릭했을 때 문제가 발생합니다.

사용자가 운동을 클릭했다고 가정합니다. 자세한 운동 정보와 스톱워치가 나타납니다. 사용자가 Back 버튼을 클릭하면 운동을 선택하기 전의 상태로 돌아가야 합니다. 하지만 **Back 버튼을 클릭하면 백 스택의 마지막 트랜잭션을 팝합니다**. 즉, 운동 정보와 스톱워치를 두 개의 트랜잭션으로 생성하면 사용자가 Back 버튼을 클릭했을 때 스톱워치만 제거됩니다. Back 버튼을 한 번 더 클릭해야 운동 정보도 제거됩니다.

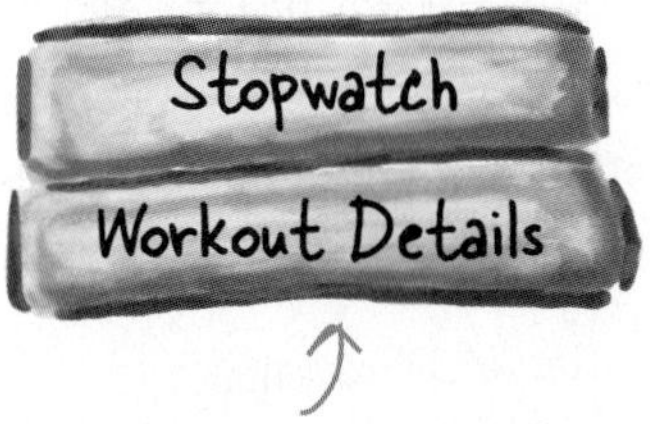

WorkoutDetailFragment 트랜잭션이 백 스택에 추가되었고, StopwatchFragment 트랜잭션이 별도로 추가되었어요.

사용자가 Back 버튼을 클릭하면 StopwatchFragment 트랜잭션이 백 스택에서 팝되어 사라져요. WorkoutDetailFragment 트랜잭션은 백 스택에 유지돼요.

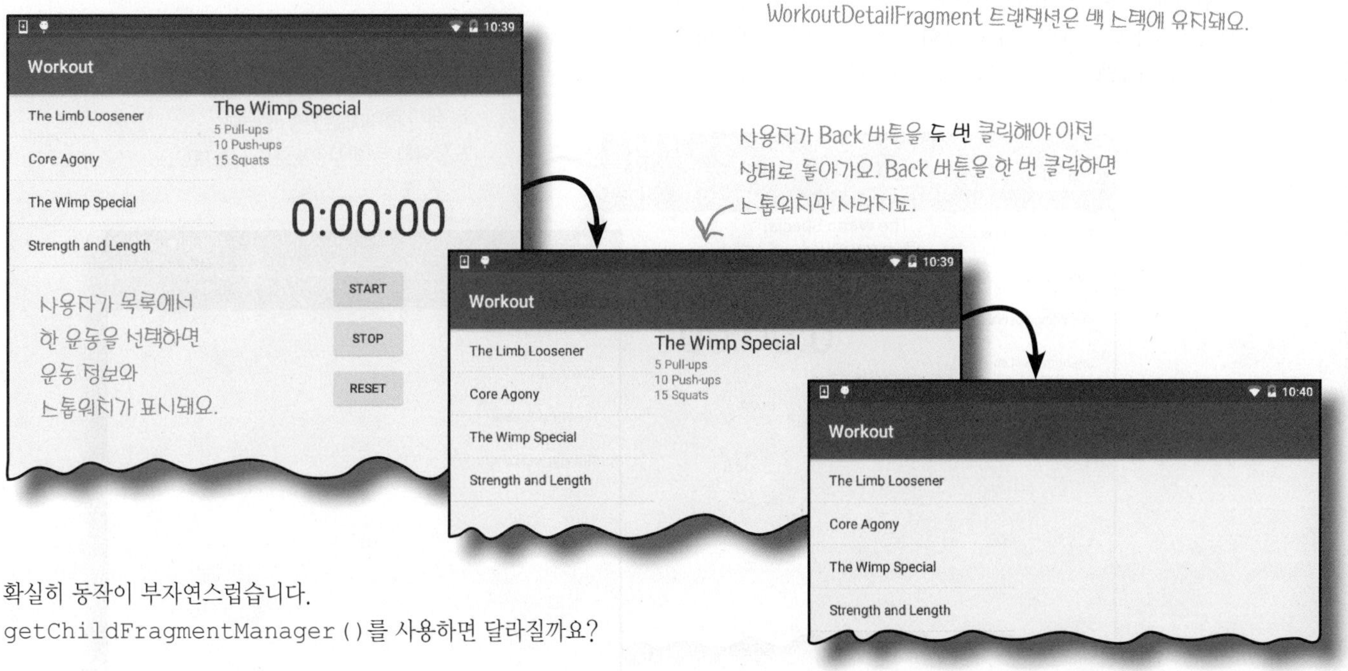

확실히 동작이 부자연스럽습니다.
getChildFragmentManager()를 사용하면 달라질까요?

getChildFragmentManager()로 중첩 프래그먼트 생성하기

- ☑ 스톱워치 변환
- ☑ 스톱워치 시험
- → ☐ 프래그먼트 추가

getChildFragmentManager() 메서드는 프래그먼트의 부모 프래그먼트와 관련된 프래그먼트 관리자를 반환합니다. 이 프래그먼트 관리자로 생성하는 모든 프래그먼트 트랜잭션은 개별 트랜잭션이 아니라 부모 프래그먼트 트랜잭션 안에 포함되어 백 스택에 추가됩니다.

우리 예제에서는 WorkoutDetailFragment를 표시하는 프래그먼트 트랜잭션이 StopwatchFragment를 표시하는 두 번째 트랜잭션을 포함합니다.

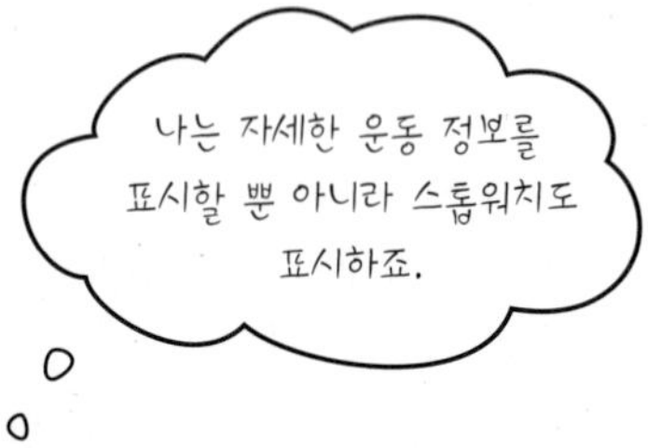

나는 자세한 운동 정보를 표시할 뿐 아니라 스톱워치도 표시하죠.

StopwatchFragment를 추가하는 트랜잭션이 WorkoutDetailFragment를 추가하는 트랜잭션 안에 중첩돼요.

사용자가 운동을 클릭하면 여전히 WorkoutDetailFragment와 StopwatchFragment가 표시되지만 Back 버튼을 클릭하면 이번에는 다른 동작을 수행합니다. 두 개의 트랜잭션이 중첩되었으므로 사용자가 Back 버튼을 클릭하면 두 트랜잭션이 모두 백 스택에서 팝됩니다. 사용자가 Back 버튼을 한 번만 클릭해도 운동 정보와 스톱워치가 모두 제거됩니다. 우리가 원하는 동작이 이것이므로 앱에 getChildFragmentManager() 메서드를 사용합니다.

이번에는 사용자가 Back 버튼을 한 번만 클릭해도 운동 정보와 스톱워치 트랜잭션이 모두 사라져요.

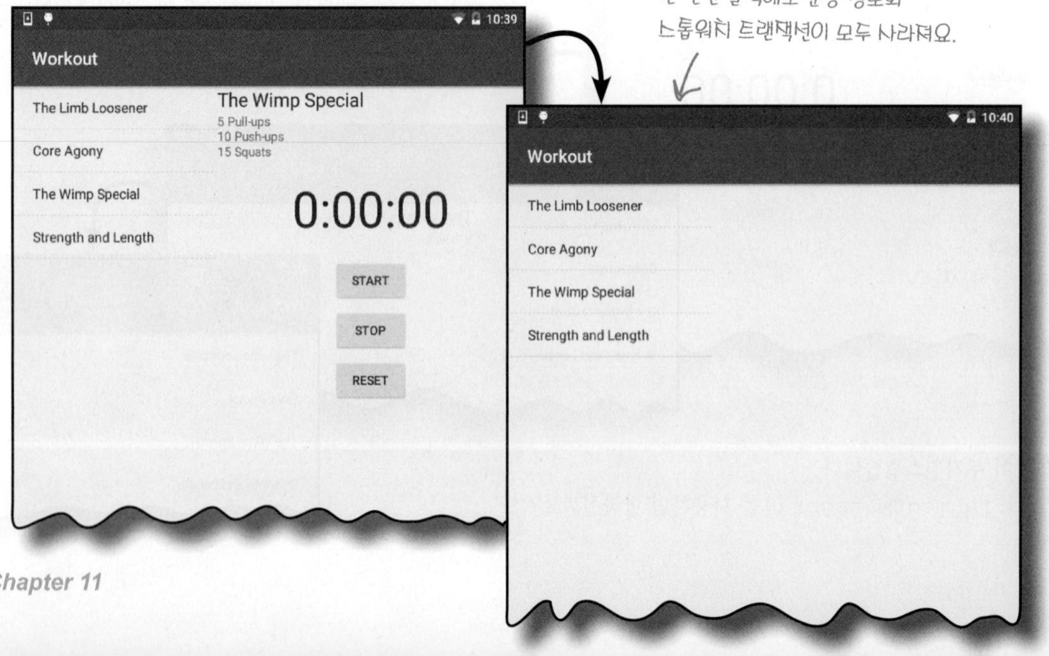

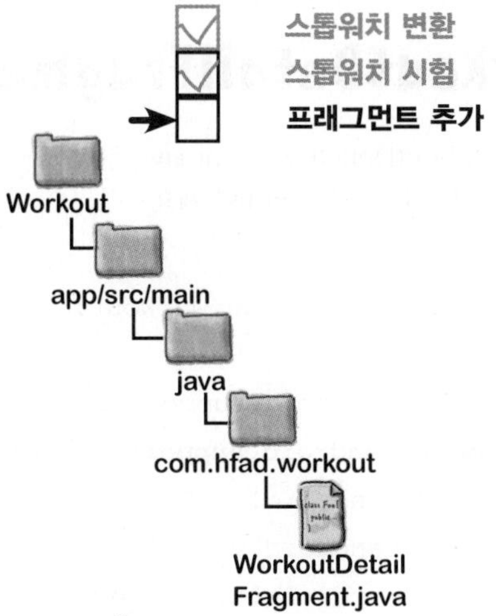

getChildFragmentManager() 프래그먼트 트랜잭션 코드 모습

StopwatchFragment를 WorkoutDetailFragment에 추가하는 코드를 구현했습니다. 다음 코드에서 확인할 수 있는 것처럼 getChildFragmentManager()가 반환하는 프래그먼트 관리자로 프래그먼트 트랜잭션을 생성했습니다.

```
public void onCreate(Bundle savedInstanceState) {
    super.onCreate(savedInstanceState);
    if (savedInstanceState == null) {
        StopwatchFragment stopwatch = new StopwatchFragment();
        FragmentTransaction ft = getChildFragmentManager().beginTransaction();
        ft.add(R.id.stopwatch_container, stopwatch);
        ft.addToBackStack(null);
        ft.setTransition(FragmentTransaction.TRANSIT_FRAGMENT_FADE);
        ft.commit();
    } else {
        workoutId = savedInstanceState.getLong("workoutId");
    }
}
```

getSupportFragmentManager() 대신 getChildFragmentManager()를 이용해요.

나머지 코드는 그대로예요.

여러분의 WorkoutDetailFragment.java를 위 코드처럼 바꾸세요. 전체 코드는 다음 페이지에 있습니다.

바보 같은 질문이란 없습니다

Q: 자식 프래그먼트 관리자를 이용하면 한 프래그먼트를 다른 프래그먼트 안에 중첩시킬 수 있다는 것은 알겠어요. 그런데 한 프래그먼트를 다른 프래그먼트 안에 중첩시키고, 또 중첩시키고, 또 중첩시키면 무슨 일이 일어나죠?

A: 모든 트랜잭션이 한 개 액티비티 수준의 트랜잭션으로 중첩됩니다. 사용자가 Back 버튼을 클릭하면 모든 중첩된 자식 트랜잭션 집합이 취소됩니다.

Q: 프래그먼트는 액티비티보다 복잡한 것 같아요. 그래도 앱에 꼭 사용해야 하나요?

A: 여러분 앱이 무엇을 하느냐에 달려 있습니다. 프래그먼트를 사용하면 다양한 화면 크기를 지원한다는 장점이 있습니다. 예를 들어 태블릿에서는 프래그먼트를 나란히 표시하고 작은 디바이스에서는 별도의 화면으로 표시할 수 있죠. 다음 장에서 프래그먼트와 관련된 UI 디자인 요구사항을 확인할 수 있습니다.

WorkoutDetailFragment.java 전체 코드

- [x] 스톱워치 변환
- [x] 스톱워치 시험
- [ ] 프래그먼트 추가

다음은 WorkoutDetailFragment.java 전체 코드입니다.
여러분 파일도 다음 코드처럼 바꾸세요.

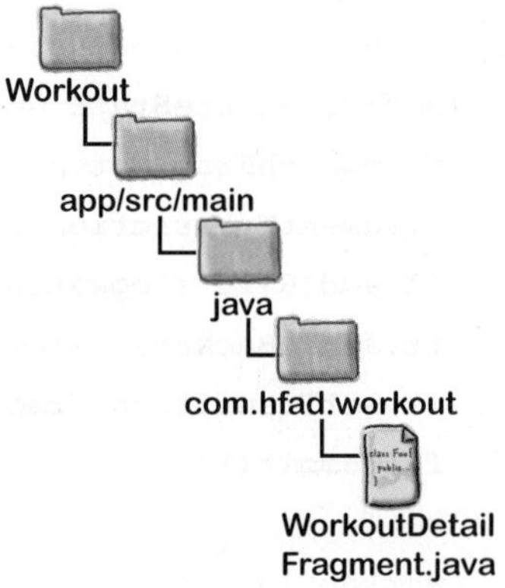


```
package com.hfad.workout;

import android.support.v4.app.Fragment;
import android.support.v4.app.FragmentTransaction;
import android.os.Bundle;
import android.view.LayoutInflater;
import android.view.View;
import android.view.ViewGroup;
import android.widget.TextView;

public class WorkoutDetailFragment extends Fragment {
    private long workoutId;

    @Override
    public void onCreate(Bundle savedInstanceState) {
        super.onCreate(savedInstanceState);
        if (savedInstanceState != null) {
        if (savedInstanceState == null) {
            StopwatchFragment stopwatch = new StopwatchFragment();
            FragmentTransaction ft = getChildFragmentManager().beginTransaction();
            ft.add(R.id.stopwatch_container, stopwatch);
            ft.addToBackStack(null);
            ft.setTransition(FragmentTransaction.TRANSIT_FRAGMENT_FADE);
            ft.commit();
        } else {
            workoutId = savedInstanceState.getLong("workoutId");
        }
    }
```

서포트 라이브러리의 FragmentTransaction 클래스를 임포트하세요.

~~if (savedInstanceState != null) {~~ ← 이 행은 삭제해요.

액티비티가 종료된 후 다시 생성되는 상황이 아닐 때만 프래그먼트를 추가해요.

프래그먼트 트랜잭션을 시작해요.

스톱워치를 추가한 다음 백 스택에 트랜잭션을 추가해요.

프래그먼트를 바꿀 때 희미해지고 또렷해지는 효과를 설정해요.

트랜잭션을 커밋해요.

다음 페이지에 코드가 이어져요.

WorkoutDetailFragment 코드(계속)

- [x] 스톱워치 변환
- [x] 스톱워치 시험
- [ ] 프래그먼트 추가

```
    @Override
    public View onCreateView(LayoutInflater inflater, ViewGroup container,
                             Bundle savedInstanceState) {
        return inflater.inflate(R.layout.fragment_workout_detail, container, false);
    }

    @Override
    public void onStart() {
        super.onStart();
        View view = getView();
        if (view != null) {
            TextView title = (TextView) view.findViewById(R.id.textTitle);
            Workout workout = Workout.workouts[(int) workoutId];
            title.setText(workout.getName());
            TextView description = (TextView) view.findViewById(R.id.textDescription);
            description.setText(workout.getDescription());
        }
    }

    @Override
    public void onSaveInstanceState(Bundle savedInstanceState) {
        savedInstanceState.putLong("workoutId", workoutId);
    }

    public void setWorkout(long id) {
        this.workoutId = id;
    }
}
```

이 페이지의 코드는 바꾸지 않았어요.

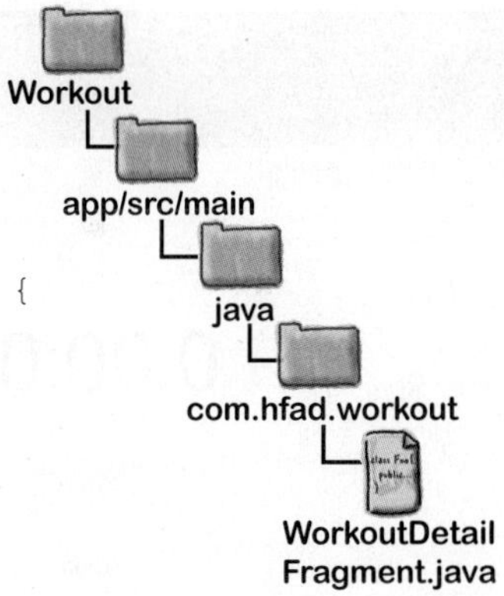

앱에 필요한 모든 기능을 구현했습니다. 이제 시험 주행을 하여 앱이 제대로 작동하는지 확인합시다.

앱 시험 주행

- 스톱워치 변환
- 스톱워치 시험
- 프래그먼트 추가

태블릿에서 앱을 시험합니다.

앱을 실행하면 MainActivity가 표시됩니다.

사용자가 한 운동을 선택하면 해당 운동 정보와 함께 스톱워치가 표시돼요. 두 번째 운동을 선택한 다음 Back 버튼을 클릭하면 첫 번째 운동 정보가 표시돼요.

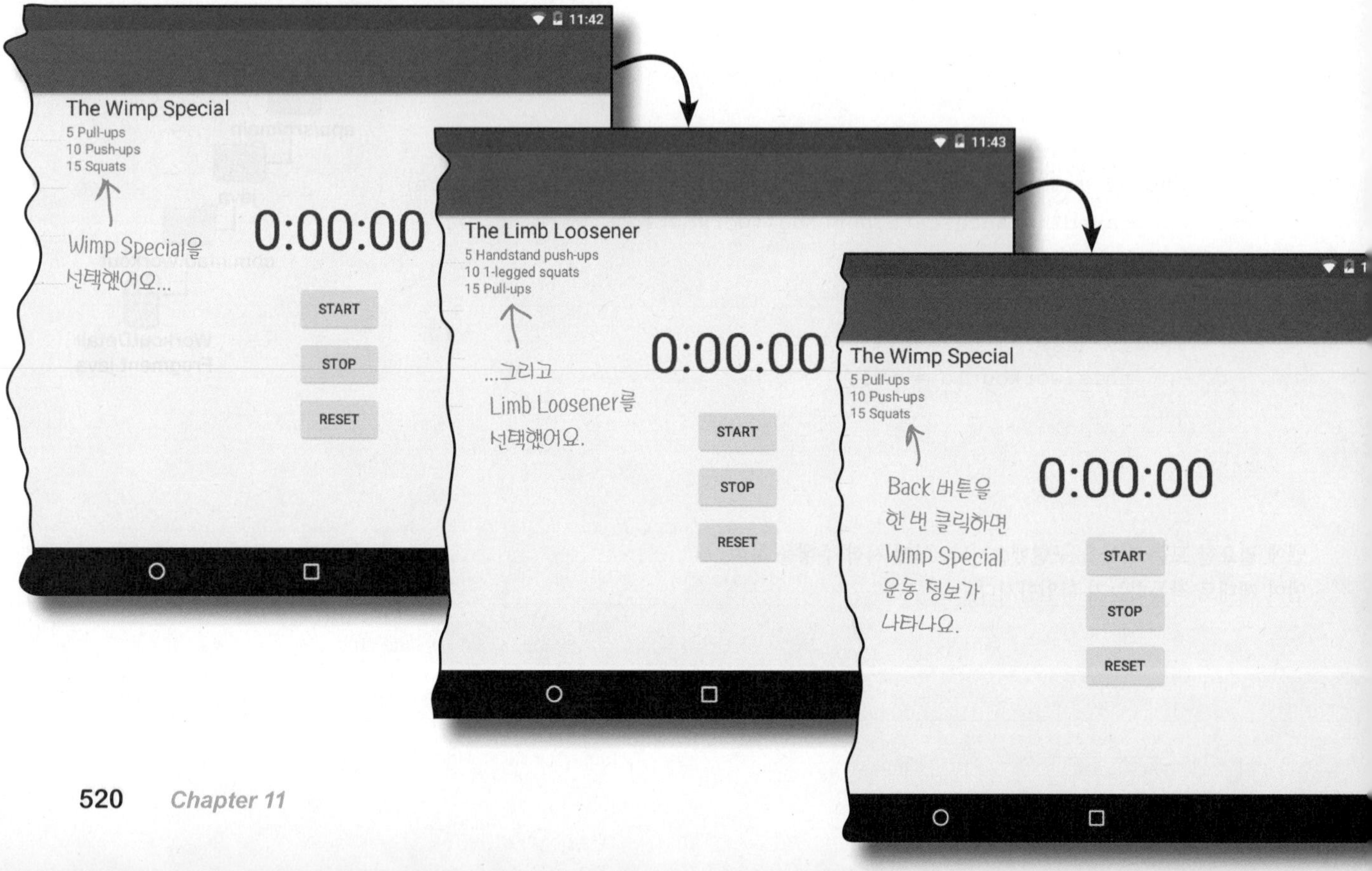

앱 시험 주행(계속)

스톱워치 변환
스톱워치 시험
프래그먼트 추가

사용자가 스톱워치의 버튼을 클릭하면 예상대로 작동합니다. 디바이스를 회전시켜도 스톱워치 상태가 유지됩니다.

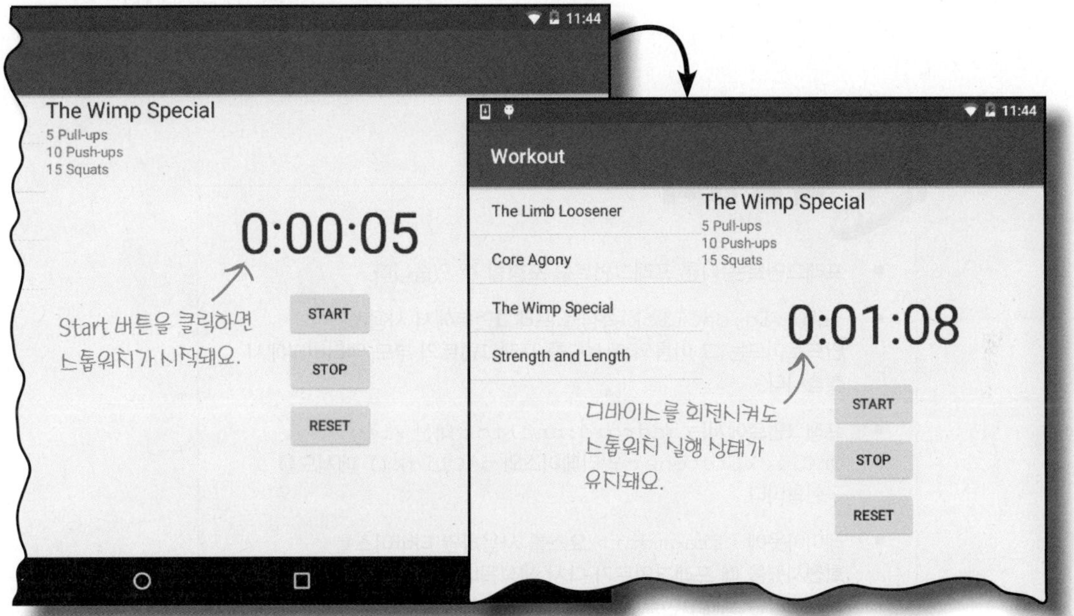

앱을 폰에서 실행하면 WorkoutDetailFragment가 별도의 액티비티 DetailActivity로 표시됩니다. 운동 정보 아래에 스톱워치가 표시되며 모든 기능이 예상대로 작동합니다.

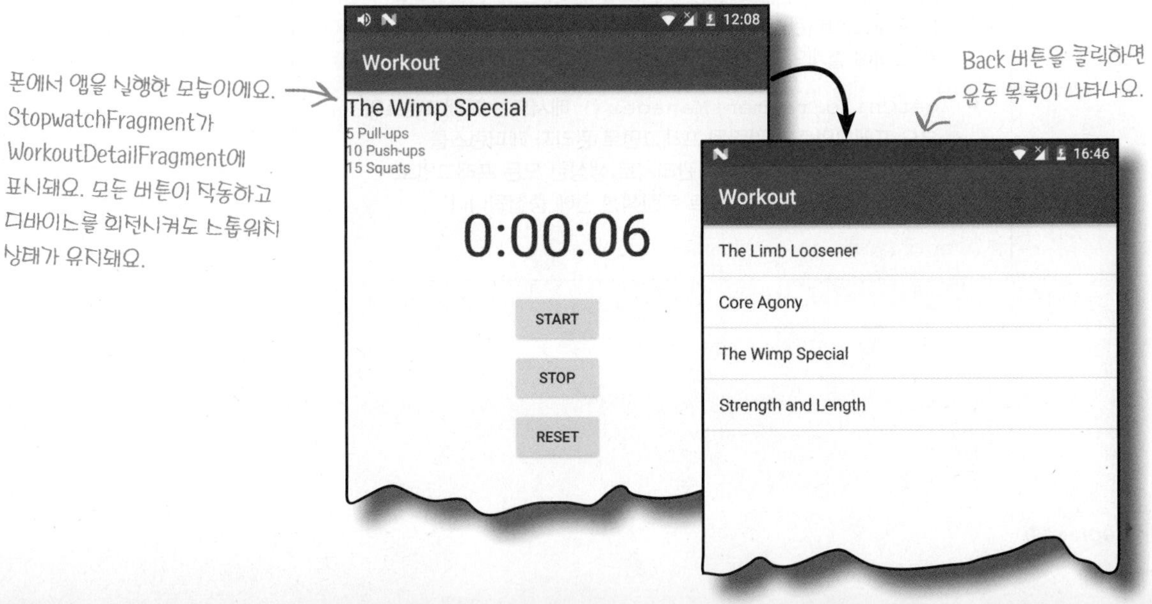

CHAPTER 11

우리의 안드로이드 도구상자

11장을 마치면서 동적 프래그먼트 기술을 도구상자에 추가했습니다.

이 책의 전체 코드는 https://tinyurl.com/HeadFirstAndroid에서 내려받을 수 있어요.

핵심정리

- 프래그먼트는 다른 프래그먼트를 포함할 수 있습니다.
- `android:onClick` 속성을 프래그먼트에서 사용하면 안드로이드는 그 이름의 메서드를 프래그먼트의 부모 액티비티에서 찾습니다.
- 프래그먼트에서는 `android:onClick` 대신 `View.OnClickListener` 인터페이스와 `onClick()` 메서드를 구현합니다.
- 레이아웃에 `<fragment>` 요소를 사용하면 디바이스를 회전시켰을 때 프래그먼트가 다시 생성됩니다. 프래그먼트가 동적이라면 프래그먼트 트랜잭션을 이용해야 합니다.
- 프래그먼트는 관리자를 반환하는 `getFragmentManager()`와 `getChildFragmentManager()` 두 개의 메서드를 제공합니다.
- `getFragmentManager()` 메서드는 프래그먼트의 부모 액티비티와 관련된 프래그먼트 관리자 레퍼런스를 반환합니다. 이 프래그먼트 관리자로 생성한 모든 프래그먼트 트랜잭션은 백 스택에 별개의 트랜잭션으로 추가됩니다.
- `getChildFragmentManager()` 메서드는 프래그먼트의 부모 프래그먼트와 관련된 프래그먼트 관리자 레퍼런스를 반환합니다. 이 프래그먼트 관리자로 생성한 모든 프래그먼트 트랜잭션은 부모 프래그먼트 트랜잭션 안에 중첩됩니다.

12 디자인 지원 라이브러리

오른쪽으로 스와이프하세요

토스트 말고도 정말 다양한
제품이 있네요. 이 스낵바
정말 마음에 들어요.
COFFEE

풍부하고 멋진 UI를 가진 앱을 만드는 방법이 궁금하다고요?

안드로이드 디자인 지원 라이브러리가 릴리스되면서 직관적인 UI를 가진 앱을 더 쉽게 만들 수 있게 되었어요. 이 장에서는 **안드로이드 디자인 지원 라이브러리**에서 제공하는 멋진 기능을 일부 소개합니다. 앱을 더 쉽게 탐색할 수 있도록 **탭**을 추가하는 방법을 설명할 것이고, 마음대로 툴바를 접거나 스크롤되도록 **애니메이션**으로 만드는 방법을 배웁니다. **플로팅 액션 버튼**으로 공통 사용자 액션을 추가하는 방법도 설명합니다. 마지막으로 사용자가 상호작용할 수 있는 짧은 정보 전달 메시지를 표현하는 **스낵바** 기능도 소개합니다.

Bits and Pizzas 앱 다시보기

8장에서 사용했던 Bits and Pizzas 앱의 최상위 화면 스케치입니다. 이 스케치에는 사용자가 이동할 수 있는 장소 목록이 나열되어 있습니다. 처음 세 옵션은 피자, 파스타, 상점 카테고리 화면과 연결되어 있고 마지막 옵션은 주문을 하는 화면과 연결되어 있습니다.

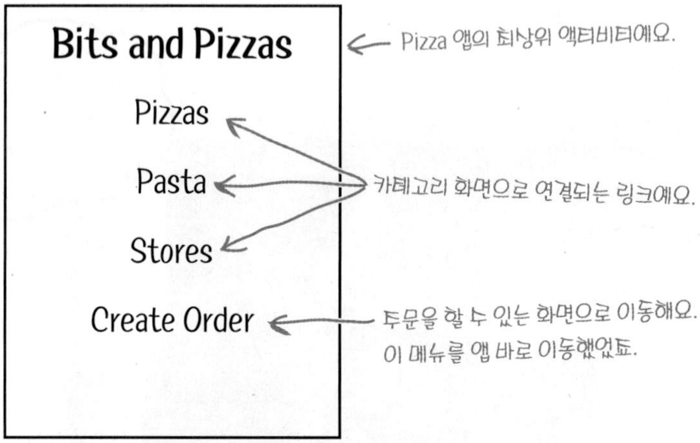
Bits and Pizzas
Pizzas
Pasta
Stores
Create Order
Pizza 앱의 최상위 액티비티예요.
카테고리 화면으로 연결되는 링크예요.
주문을 할 수 있는 화면으로 이동해요.
이 메뉴를 앱 바로 이동했었죠.

지금까지 액션을 앱 바에 추가하는 방법을 배웠습니다. 주문하기나 피드백 보내기 같이 간단한 명령은 이렇게 처리할 수 있습니다. 하지만 카테고리 화면이라면 어떨까요? 카테고리 화면은 액션을 실행하기보다는 앱을 탐색하는 용도이므로 다른 접근 방법이 필요합니다.

Bits and Pizzas에 **탭 내비게이션**을 사용할 것입니다. 툴바 아래에 각 옵션을 가리키는 탭을 표시합니다. 사용자가 탭을 클릭하면 해당 옵션이 표시됩니다. 왼쪽, 오른쪽 스와이프(swipe)로 탭을 이동할 수도 있습니다.

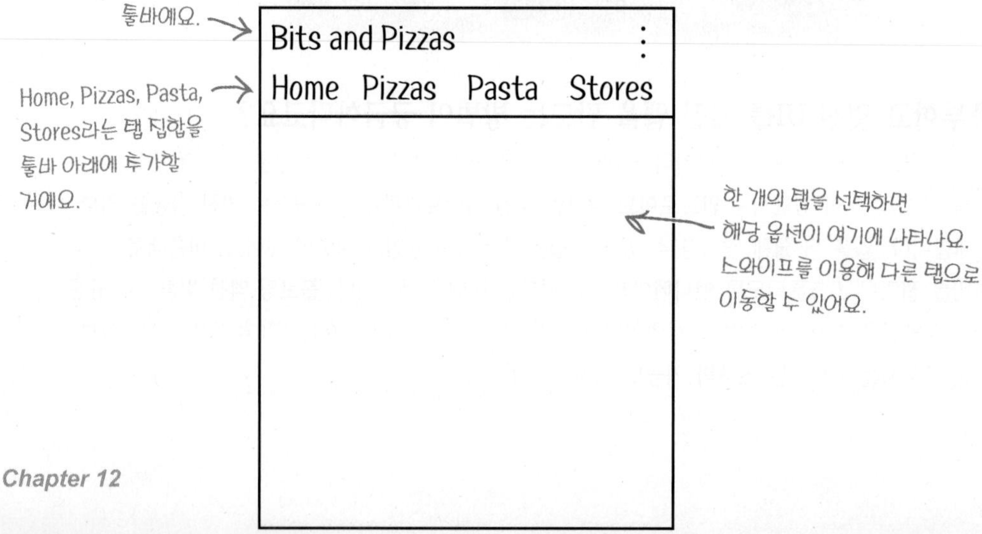
툴바예요.
Bits and Pizzas
Home Pizzas Pasta Stores
Home, Pizzas, Pasta, Stores라는 탭 집합을 툴바 아래에 추가할 거예요.
한 개의 탭을 선택하면 해당 옵션이 여기에 나타나요. 스와이프를 이용해 다른 탭으로 이동할 수 있어요.

앱 구조

탭을 사용하도록 MainActivity를 바꿀 것입니다. 앱의 주요 영역을 쉽게 탐색할 수 있도록 Home, Pizzas, Pasta, Stores 옵션을 포함하는 탭을 만듭니다.

여기서는 이들 옵션에 대한 프래그먼트를 생성할 겁니다. 사용자가 탭을 클릭하면 해당 옵션의 프래그먼트가 화면에 나타납니다.

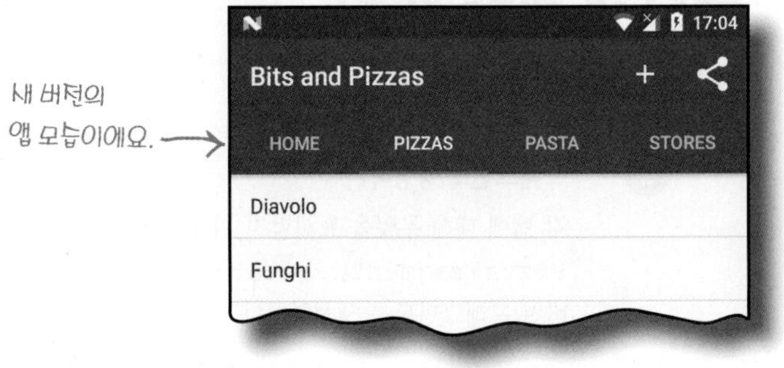

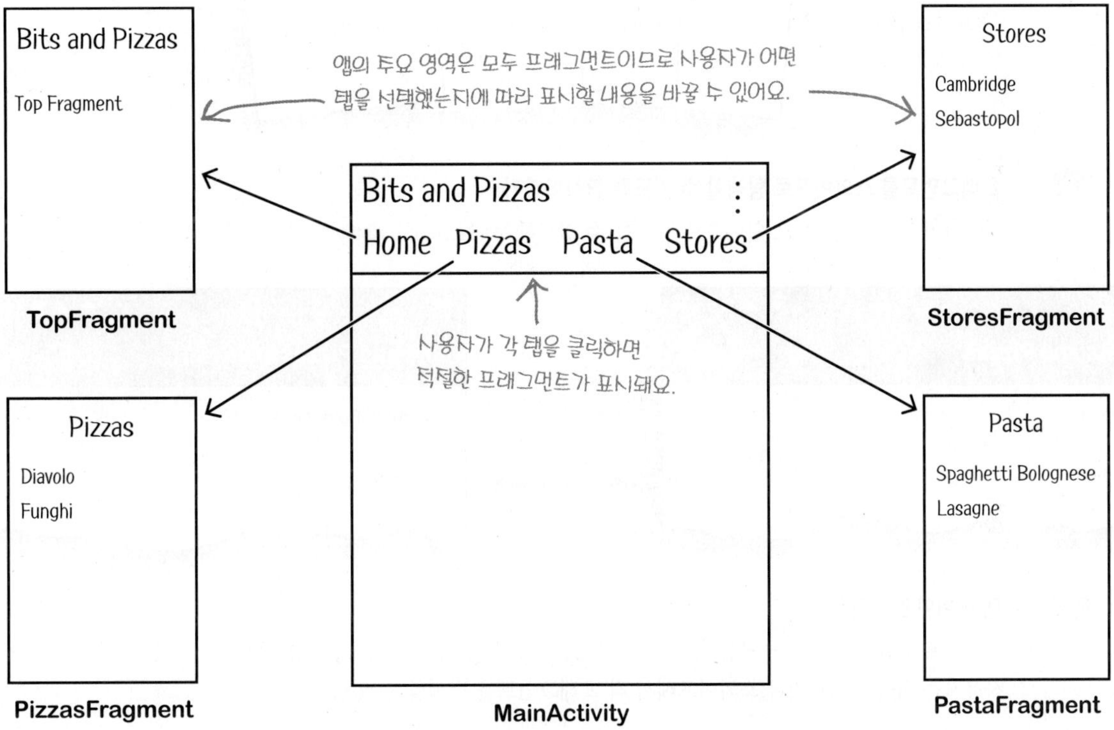

다음 페이지에서 어떤 단계로 앱을 만드는지 설명합니다.

우리가 해야 할 일

탭을 추가하려면 다음 세 단계를 거쳐야 합니다.

1 프래그먼트 생성하기

각 탭에 대해 무엇을 표시할지 쉽게 결정할 수 있도록 `TopFragment`, `PizzaFragment`, `PastaFragment`, `StoresFragment` 네 개의 기본 버전 프래그먼트를 생성합니다.

네 개 프래그먼트를 생성해요.

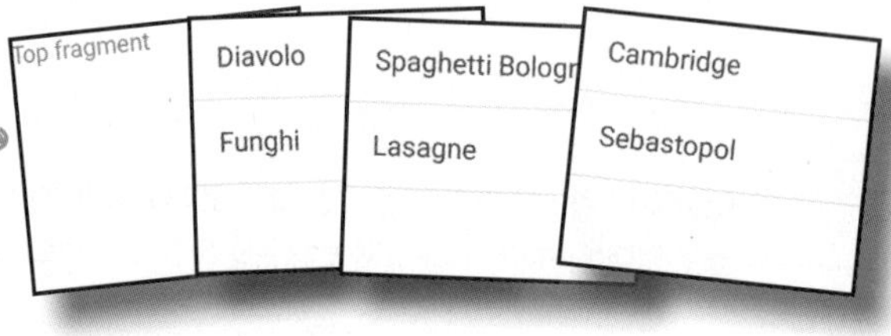

2 프래그먼트를 스와이프로 탐색할 수 있도록 활성화하기

사용자가 프래그먼트를 스와이프로 탐색할 수 있도록 `MainActivity`를 바꿉니다.

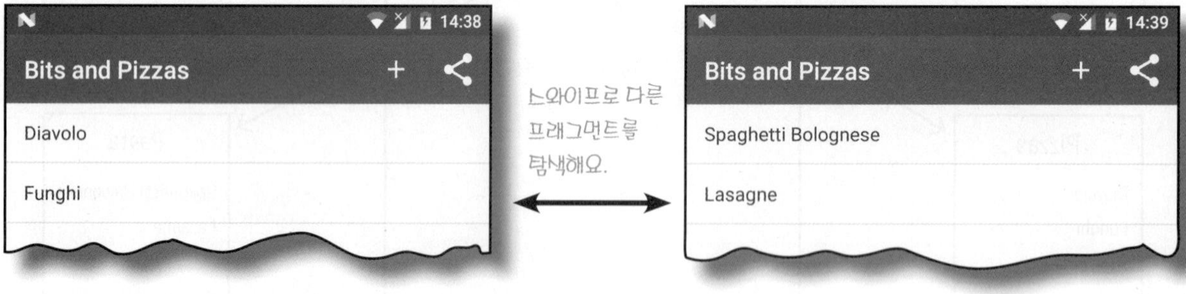

3 탭 레이아웃 추가하기

스와이프 탐색과 연계되어 작동할 `MainActivity`에 탭 레이아웃을 추가합니다. 사용자는 탭을 클릭하거나 스와이프해서 각 프래그먼트를 탐색할 수 있습니다.

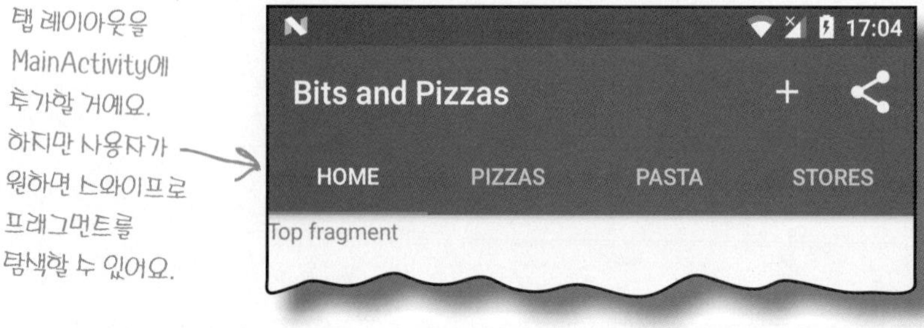

직접 해보세요!

이 장에서는 Bits and Pizzas 앱을 바꿉니다. 안드로이드 스튜디오에서 8장의 Bits and Pizzas 프로젝트를 여세요.

프래그먼트부터 생성합니다.

→ **프래그먼트 추가**
스와이프 추가
탭 추가

TopFragment 생성하기

TopFragment로 Home 탭의 내용을 표시합니다. 우선은 어떤 프래그먼트가 화면에 표시되는지만 알 수 있도록 'Top fragment'라는 간단한 텍스트를 표시합니다. app/src/main/java 폴더에서 com.hfad.bitsandpizzas 패키지를 선택하고 File → New... → Fragment → Fragment (Blank)를 선택합니다. 프래그먼트 이름은 'TopFragment'로, 레이아웃 이름은 'fragment_top'으로 설정합니다. 그리고 TopFragment.java 파일을 다음 코드로 바꾸세요.

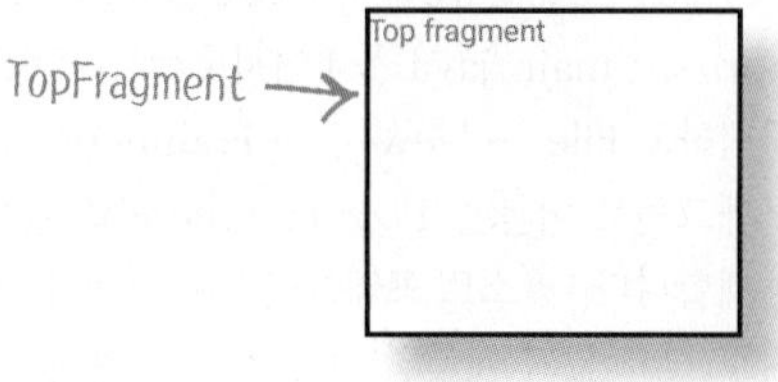

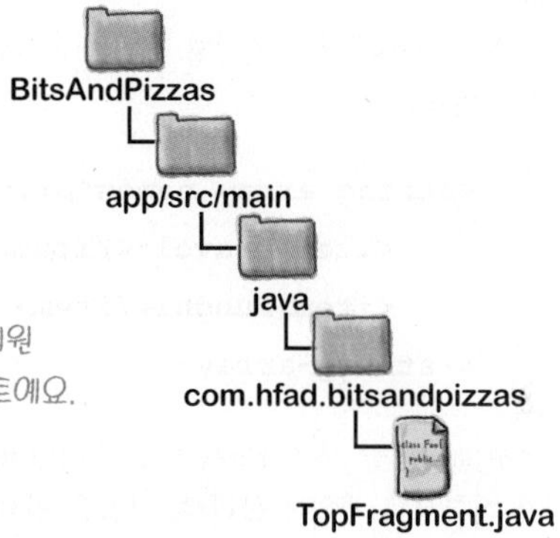

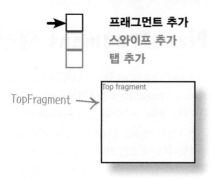

```
package com.hfad.bitsandpizzas;

import android.os.Bundle;
import android.support.v4.app.Fragment;
import android.view.LayoutInflater;
import android.view.View;
import android.view.ViewGroup;

public class TopFragment extends Fragment {

    @Override
    public View onCreateView(LayoutInflater inflater, ViewGroup container,
                             Bundle savedInstanceState) {
        return inflater.inflate(R.layout.fragment_top, container, false);
    }
}
```

TopFragment.java는 지원 라이브러리의 프래그먼트예요.

다음 문자열 리소스를 strings.xml에 추가하세요. 이 문자열은 프래그먼트 레이아웃에서 사용합니다.

```
<string name="title_top">Top fragment</string>
```

strings.xml에 문자열 리소스를 추가하세요. TopFragment가 표시되고 있음을 알 수 있도록 레이아웃에서 사용할 값이에요.

그리고 fragment_top.xml을 다음처럼 바꾸세요.

```
<LinearLayout xmlns:android="http://schemas.android.com/apk/res/android"
    xmlns:tools="http://schemas.android.com/tools"
    android:layout_width="match_parent"
    android:layout_height="match_parent"
    android:orientation="vertical"
    tools:context="com.hfad.bitsandpizzas.TopFragment">

    <TextView
        android:layout_width="match_parent"
        android:layout_height="match_parent"
        android:text="@string/title_top" />
</LinearLayout>
```

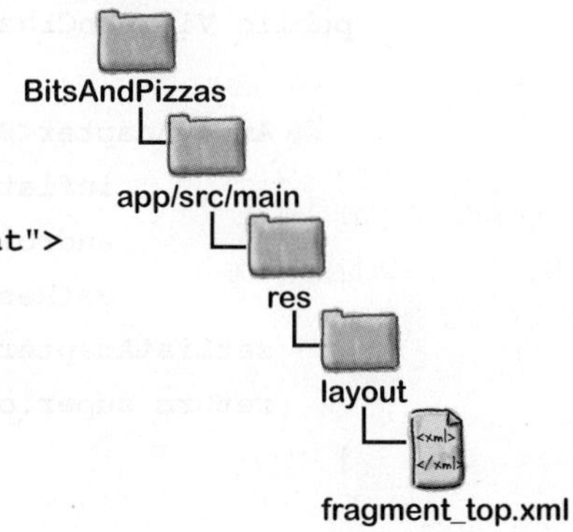

프래그먼트 추가
스와이프 추가
탭 추가

PizzaFragment 생성하기

PizzaFragment라는 ListFragment를 사용해 피자 목록을 표시합니다. app/src/main/java 폴더에서 com.hfad.bitsandpizzas 패키지를 선택하고 File → New... → Fragment → Fragment (Blank)를 선택합니다. 프래그먼트 이름은 'PizzaFragment'로 설정하고, 레이아웃 생성하기 옵션은 선택 해제합니다. 리스트 프래그먼트는 자체적으로 레이아웃을 포함하므로 레이아웃이 따로 필요 없기 때문입니다.

더 복잡한 코드를 만드는 Fragment (List) 옵션은 선택하지 마세요.

PizzaFragment →

다음으로 "pizzas"라는 문자열 배열 리소스를 strings.xml에 추가합니다(피자 이름을 포함해요).

```
<string-array name="pizzas">
    <item>Diavolo</item>
    <item>Funghi</item>
</string-array>
```

pizzas 배열을 strings.xml에 추가해요.

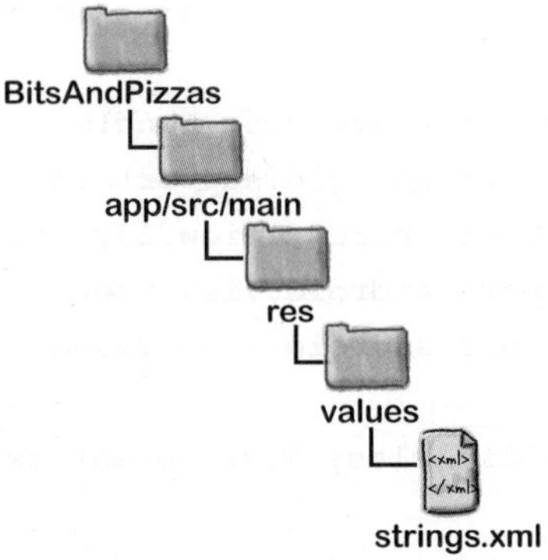

ListFragment를 사용하도록 PizzaFragment.java 코드를 바꿉니다. 리스트뷰를 피자 이름으로 채워야 합니다. 다음은 필요한 기능을 구현한 코드입니다.

```
package com.hfad.bitsandpizzas;

import android.os.Bundle;
import android.support.v4.app.ListFragment;
import android.view.LayoutInflater;
import android.view.View;
import android.view.ViewGroup;
import android.widget.ArrayAdapter;

public class PizzaFragment extends ListFragment {

    @Override
    public View onCreateView(LayoutInflater inflater, ViewGroup container,
                             Bundle savedInstanceState) {
        ArrayAdapter<String> adapter = new ArrayAdapter<>(
                inflater.getContext(),
                android.R.layout.simple_list_item_1,
                getResources().getStringArray(R.array.pizzas));
        setListAdapter(adapter);
        return super.onCreateView(inflater, container, savedInstanceState);
    }
}
```

ListFragment로 피자 목록을 표시해요.

ArrayAdapter를 이용해 ListFragment의 ListView에 피자 이름을 채워요.

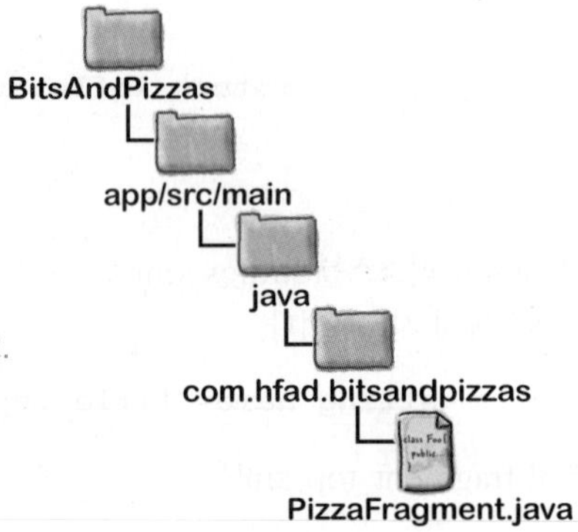

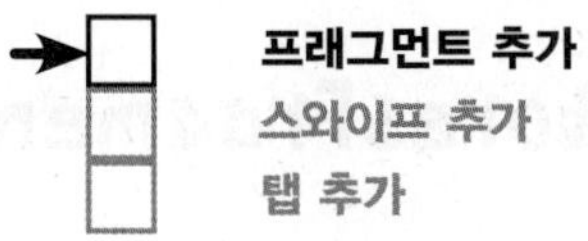

PastaFragment 생성하기

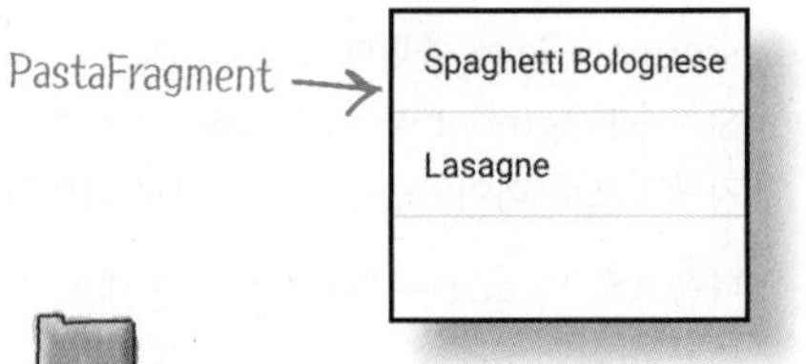

PastaFragment라는 ListFragment로 파스타 목록을 표시합니다. app/src/main/java 폴더에서 com.hfad.bitsandpizzas 패키지를 선택하고 'PastaFragment'라는 빈 프래그먼트를 생성합니다. 리스트 프래그먼트는 자체적으로 레이아웃을 포함하므로 레이아웃 생성 옵션은 선택 해제합니다.

다음으로 "pasta"라는 문자열 배열 리소스를 strings.xml에 추가합니다(파스타 이름을 포함해요).

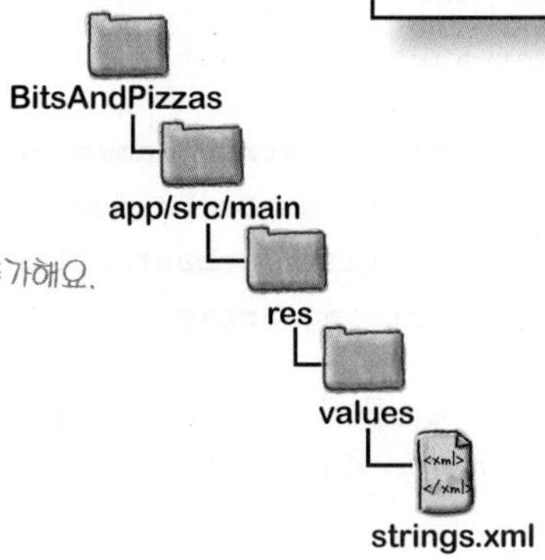


```
<string-array name="pasta">
    <item>Spaghetti Bolognese</item>
    <item>Lasagne</item>
</string-array>
```

pasta 배열을 strings.xml에 추가해요.

ListFragment를 사용해 파스타 이름 목록을 표시하도록 PizzaFragment.java 코드를 바꿉니다. 다음은 필요한 기능을 구현한 코드입니다.

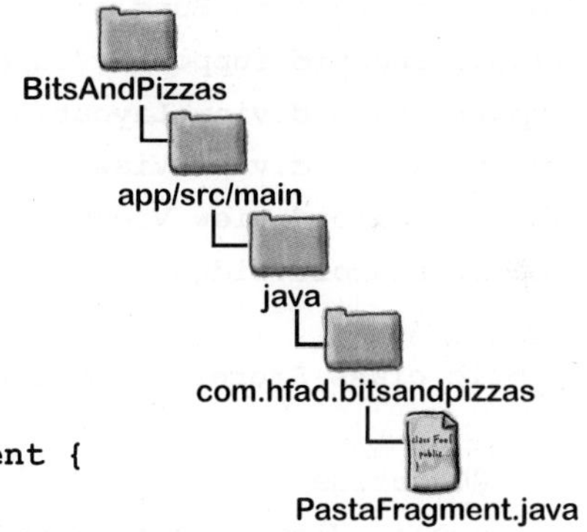


```
package com.hfad.bitsandpizzas;

import android.os.Bundle;
import android.support.v4.app.ListFragment;
import android.view.LayoutInflater;
import android.view.View;
import android.view.ViewGroup;
import android.widget.ArrayAdapter;

public class PastaFragment extends ListFragment {

    @Override
    public View onCreateView(LayoutInflater inflater, ViewGroup container,
                             Bundle savedInstanceState) {
        ArrayAdapter<String> adapter = new ArrayAdapter<>(
                inflater.getContext(),
                android.R.layout.simple_list_item_1,
                getResources().getStringArray(R.array.pasta));
        setListAdapter(adapter);
        return super.onCreateView(inflater, container, savedInstanceState);
    }
}
```

StoresFragment 생성하기

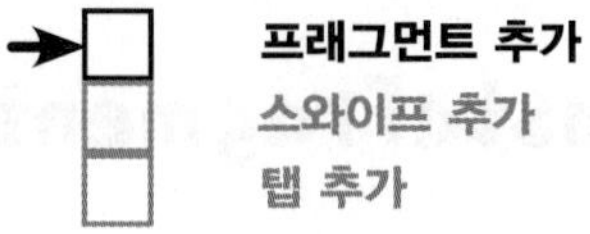

StoresFragment라는 ListFragment로 상점 목록을 표시합니다. app/src/main/java 폴더에서 com.hfad.bitsandpizzas 패키지를 선택하고 'StoresFragment'라는 빈 프래그먼트를 생성합니다. 리스트 프래그먼트는 자체적으로 레이아웃을 포함하므로 레이아웃 생성 옵션은 선택 해제합니다.

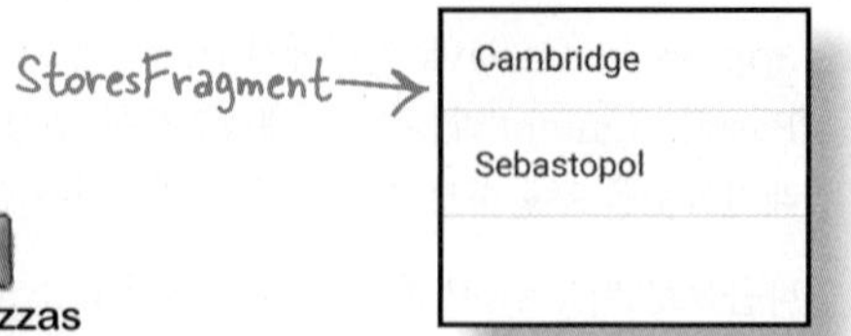

다음으로 "stores"라는 문자열 배열 리소스를 strings.xml에 추가합니다(상점 이름을 포함해요).

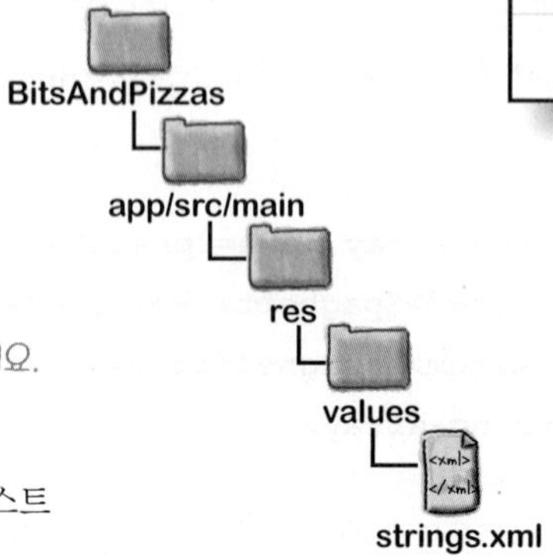


```
<string-array name="stores">
    <item>Cambridge</item>
    <item>Sebastopol</item>
</string-array>
```

stores 배열을 strings.xml에 추가해요.

ListFragment를 사용하도록 StoresFragment.java 코드를 바꿉니다. 리스트 뷰를 상점 이름으로 채워야 합니다. 다음은 필요한 기능을 구현한 코드입니다.

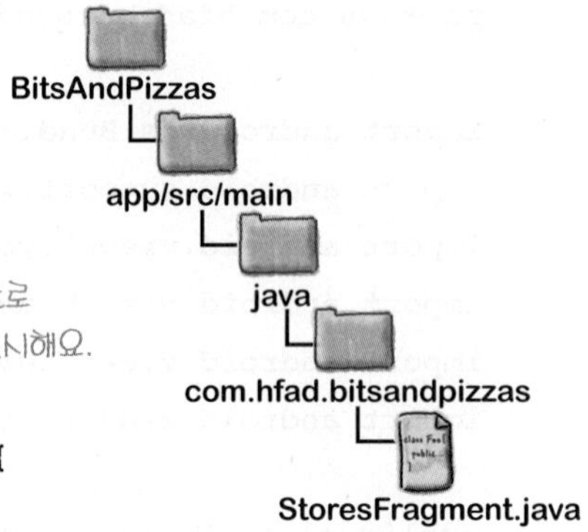


```
package com.hfad.bitsandpizzas;

import android.os.Bundle;
import android.support.v4.app.ListFragment;
import android.view.LayoutInflater;
import android.view.View;
import android.view.ViewGroup;
import android.widget.ArrayAdapter;

public class StoresFragment extends ListFragment {

    @Override
    public View onCreateView(LayoutInflater inflater, ViewGroup container,
                             Bundle savedInstanceState) {
        ArrayAdapter<String> adapter = new ArrayAdapter<>(
                inflater.getContext(),
                android.R.layout.simple_list_item_1,
                getResources().getStringArray(R.array.stores));
        setListAdapter(adapter);
        return super.onCreateView(inflater, container, savedInstanceState);
    }
}
```

ListFragment로 상점 목록을 표시해요.

필요한 모든 프래그먼트를 추가했으므로 다음 단계로 넘어갑시다.

- [x] 프래그먼트 추가
- [ ] **스와이프 추가**
- [ ] 탭 추가

뷰 페이저로 프래그먼트 스와이프하기

우리가 생성한 여러 프래그먼트를 스와이프로 탐색할 수 있어야 합니다. 이 기능은 레이아웃에서 각 페이지를 스와이프할 수 있게 하는 뷰 그룹인 **뷰 페이저**(view pager)로 구현합니다. 각 페이지는 분리된 프래그먼트를 포함합니다.

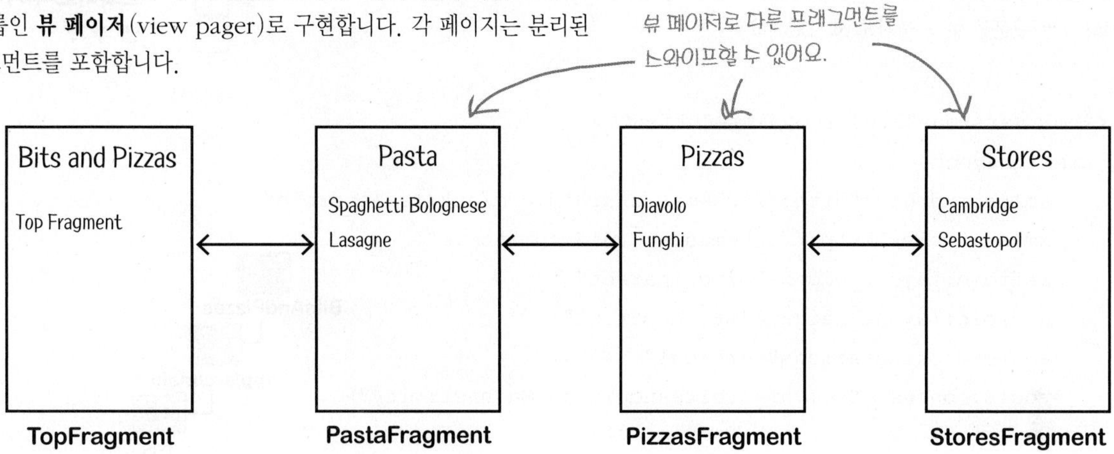

뷰 페이저를 레이아웃에 추가한 다음 어떤 프래그먼트를 표시할지 액티비티 코드로 구현해서 뷰 페이저를 이용할 수 있습니다. `ViewPager` 클래스는 v7 AppCompat 지원 라이브러리에 포함된 v4 지원 라이브러리에서 제공하므로 이 두 라이브러리 중 하나를 프로젝트에 디펜던시로 추가해야 합니다. 우리 예제에서는 이미 8장에서 v7 AppCompat 지원 라이브러리를 추가했습니다.

File 메뉴에서 Project Structure를 선택한 다음 app 모듈의 Dependencies에서 안드로이드 스튜디오의 프로젝트에 포함된 지원 라이브러리를 확인할 수 있습니다.

뷰 페이저 레이아웃 코드 모습

다음 코드로 뷰 페이저를 레이아웃에 추가합니다.

ViewPager 클래스는 v4 지원 라이브러리에서 제공해요(그리고 v4 지원 라이브러리는 v7 AppCompat 지원 라이브러리에 포함되어 있어요).

```
<android.support.v4.view.ViewPager
    android:id="@+id/pager"
    android:layout_width="match_parent"
    android:layout_height="match_parent" />
```

액티비티 코드에서 뷰 페이저를 제어할 수 있도록 ViewPager에 ID를 할당해요.

위 코드는 뷰 페이저를 정의하면서 `pager`라는 ID를 할당합니다. 각 뷰 페이저는 액티비티에서 참조할 수 있도록 반드시 ID를 가져야 합니다. ID가 없으면 뷰 페이저의 각 페이지에 어떤 프래그먼트를 표시할지 지정할 수 없습니다.

우리는 `MainActivity`에 뷰 페이저를 추가할 것입니다. 다음 페이지에서는 `MainActivity`의 레이아웃 전체 코드를 소개합니다.

MainActivity의 레이아웃에 뷰 페이저 추가하기

MainActivity의 레이아웃에서 기존 텍스트 뷰는 삭제하고 뷰 페이저를 추가합니다. activity_main.xml 파일을 열고 다음 코드로 바꾸세요(바뀐 부분은 굵은 문자로 표시했어요).

프래그먼트 추가
스와이프 추가
탭 추가

```
<?xml version="1.0" encoding="utf-8"?>
<LinearLayout
    xmlns:android="http://schemas.android.com/apk/res/android"
    xmlns:tools="http://schemas.android.com/tools"
    android:layout_width="match_parent"
    android:layout_height="match_parent"
    android:orientation="vertical"
    tools:context="com.hfad.bitsandpizzas.MainActivity">

    <include
        layout="@layout/toolbar_main"
        android:id="@+id/toolbar" />

    <android.support.v4.view.ViewPager
        android:id="@+id/pager"
        android:layout_width="match_parent"
        android:layout_height="match_parent" />

    <TextView
        android:layout_width="wrap_content"
        android:layout_height="wrap_content"
        android:text="Hello World!" />

</LinearLayout>
```

ViewPager를 툴바 아래에 추가해요.

MainActivity의 TextView는 더 이상 필요 없으므로 이들 행은 삭제해요.

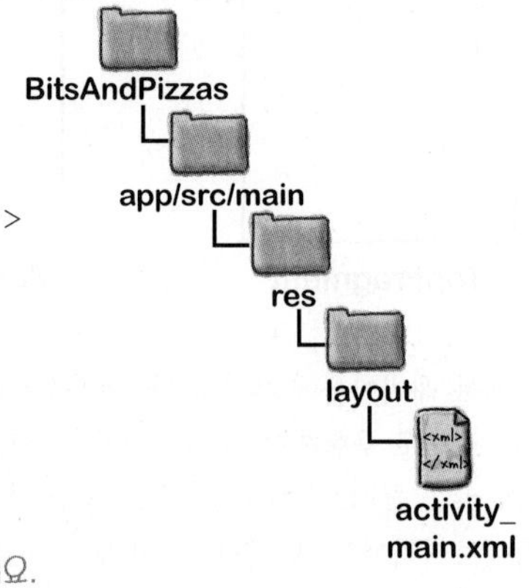

레이아웃에 뷰 페이저를 추가했습니다. 새 뷰 페이저로 프래그먼트를 표시하려면 액티비티에 코드를 구현해야 합니다. 다음 페이지에서 이 작업을 합니다.

- [x] 프래그먼트 추가
- [ ] 스와이프 추가 ←
- [ ] 탭 추가

프래그먼트 페이저 어댑터를 사용하도록 페이저 설정하기

페이저의 각 페이지에 프래그먼트를 표시하려면 페이저가 포함하는 페이지 수와 각 페이지에 어떤 프래그먼트를 표시해야 하는지 두 개의 정보를 전달해야 합니다. **프래그먼트 페이저 어댑터**를 생성해서 액티비티 코드에 추가할 때 이를 구현할 수 있습니다.

프래그먼트 페이저 어댑터는 뷰 페이저의 페이지에 프래그먼트를 추가하도록 특화된 어댑터입니다. 사용자가 방문하는 각 프래그먼트는 메모리에 유지되므로 보통 소량의 정적 페이지에는 한 개의 프래그먼트를 사용합니다.

많은 페이지를 가진 뷰 페이저에는 **프래그먼트 상태 페이저 어댑터**를 사용해요. 이 장에서는 이 어댑터를 소개하지 않지만 코드는 거의 같아요.

프래그먼트 페이저 어댑터 코드는 다음과 같습니다.

```
private class SectionsPagerAdapter extends FragmentPagerAdapter {

    public SectionsPagerAdapter(FragmentManager fm) {
        super(fm);
    }

    @Override
    public int getCount() {
        // ViewPager의 페이지 수
    }

    @Override
    public Fragment getItem(int position) {
        // 각 페이지에 표시할 프래그먼트
    }
}
```

MainActivity의 내부 클래스로 추가하므로 private로 설정해요.

FragmentPagerAdapter 클래스를 상속받아요.

FragmentManager 인자를 받는 생성자가 반드시 있어야 해요.

뷰 페이저의 페이지 수를 지정하는 getCount() 메서드를 오버라이드해야 해요.

각 페이지에 표시할 프래그먼트를 지정해요. 0으로 시작하는 숫자로 위치를 지정해요.

프래그먼트 페이지 어댑터를 생성할 때 getCount()와 getItem() 두 개의 메서드를 **반드시** 오버라이드해야 합니다. getCount()로 뷰 페이지에 있는 페이지 수를 지정하고 getItem()으로 각 페이지에 표시할 프래그먼트를 지정합니다.

다음 페이지에서 Bits and Pizzas 프래그먼트 페이저 어댑터 코드를 보여줍니다.

프래그먼트 페이저 어댑터 코드

프래그먼트 추가
→ 스와이프 추가
탭 추가

우리 뷰 페이저는 네 개의 페이지를 갖습니다. 첫 페이지에 `TopFragment`를, 두 번째에 `PizzaFragment`를, 세 번째에 `PastaFragment`를, 네 번째에 `StoresFragment`를 표시할 겁니다.

그러려면 `SectionsPagerAdapter`라는 프래그먼트 페이저 어댑터를 구현해야 합니다. 다음은 `SectionsPagerAdapter` 코드입니다(나중에 MainActivity.java에 추가할 거예요).

```
private class SectionsPagerAdapter extends FragmentPagerAdapter {

    public SectionsPagerAdapter(FragmentManager fm) {
        super(fm);
    }

    @Override
    public int getCount() {
        return 4;
    }

    @Override
    public Fragment getItem(int position) {
        switch (position) {
            case 0:
                return new TopFragment();
            case 1:
                return new PizzaFragment();
            case 2:
                return new PastaFragment();
            case 3:
                return new StoresFragment();
        }
        return null;
    }
}
```

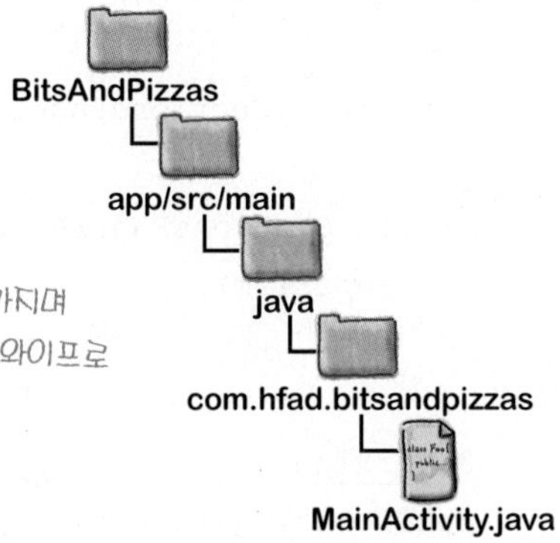

우리 ViewPager는 네 개의 페이지를 가지며 각 페이지가 프래그먼트를 포함하며 스와이프로 프래그먼트를 탐색할 수 있어야 해요.

TopFragment를 표시한 다음 ViewPager의 0 위치에 새 인스턴스를 반환해요.

getCount() 메서드로 네 개의 페이지를 지정하고 getItem() 메서드는 각 페이지의 위치에 따라 알맞은 프래그먼트를 반환해요.

`SectionsPagerAdapter` 코드를 구현했습니다. 이제 어댑터에 사용할 뷰 페이저를 얻어야 합니다.

프래그먼트 추가
→ 스와이프 추가
탭 추가

프래그먼트 페이저 어댑터를 뷰 페이저에 연결하기

마지막으로 뷰 페이저가 SectionsPagerAdapter를 사용할 수 있도록 이를 뷰 페이저 어댑터에 연결해야 합니다. ViewPager의 setAdapter() 메서드에 프래그먼트 페이저 어댑터 인스턴스의 레퍼런스를 인자로 전달해 프래그먼트 페이저 어댑터를 뷰 페이저에 연결할 수 있습니다.

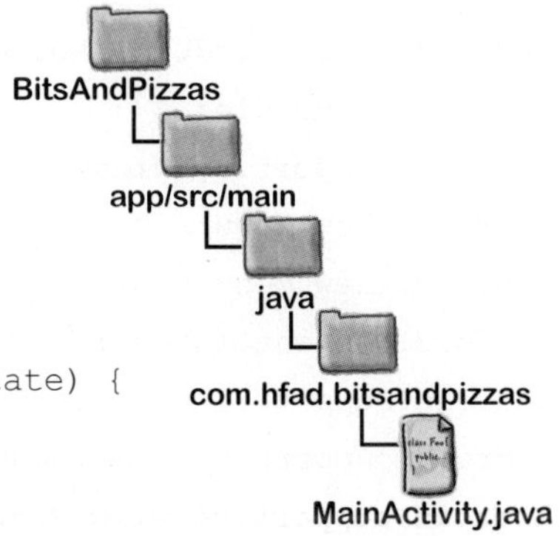

다음은 이전 페이지에서 생성한 프래그먼트 페이저 어댑터를 뷰 페이저로 연결하는 코드입니다.

```
@Override
protected void onCreate(Bundle savedInstanceState) {
    super.onCreate(savedInstanceState);
    ...
    // SectionsPagerAdapter를 ViewPager에 연결
    SectionsPagerAdapter pagerAdapter =
                         new SectionsPagerAdapter(getSupportFragmentManager());
    ViewPager pager = (ViewPager) findViewById(R.id.pager);
    pager.setAdapter(pagerAdapter);
}
```

우리가 생성한 FragmentPagerAdapter를 ViewPager로 연결해요.

지원 프래그먼트를 사용하므로 어댑터를 지원 프래그먼트 관리자로 전달해야 해요.

프래그먼트에 스와이프 기능을 추가했습니다. 다음 페이지에서는 MainActivity 전체 코드를 보여줍니다.

바보 같은 질문이란 없습니다

Q: 언제 앱에 탭을 사용해야 하죠?

A: 탭은 소량의 섹션이나 카테고리를 효율적으로 탐색할 수 있도록 도와줍니다. 보통 탭 한 개에 한 개의 카테고리를 넣습니다.

Q: 카테고리가 많으면요? 그래도 탭을 사용할 수 있나요?

A: 사용할 수는 있지만 내비게이션 서랍 같은 다른 형태의 탐색 방법을 고려해볼 수 있습니다. 내비게이션 서랍은 화면 옆에서 미끄러져 나타나는 패널입니다. 14장에서 내비게이션 서랍을 생성하는 방법을 설명합니다.

Q: 프래그먼트 상태 페이저 어댑터라는 것을 언급했는데, 그건 뭐죠?

A: 프래그먼트 상태 페이저 어댑터는 프래그먼트 페이저 어댑터와 비슷하지만 프래그먼트의 상태를 저장하고 복원하는 일을 처리한다는 점이 다릅니다. 프래그먼트 상태 페이저 어댑터는 페이지가 보이지 않으면 자신의 프래그먼트를 종료시킬 수 있다는 점에서 더 효율적으로 메모리를 사용합니다. 따라서 많은 페이지를 포함하는 뷰 페이저에서 유용하게 활용됩니다.

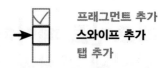

프래그먼트 추가
스와이프 추가
탭 추가

MainActivity 전체 코드

다음은 MainActivity.java 전체 코드입니다. 여러분 파일도 다음 코드처럼 바꾸세요(굵게 표시한 부분을 참조하세요).

```
package com.hfad.bitsandpizzas;

import android.support.v7.app.AppCompatActivity;
import android.os.Bundle;
import android.support.v7.widget.Toolbar;
import android.view.Menu;
import android.view.MenuItem;
import android.content.Intent;
import android.support.v7.widget.ShareActionProvider;
import android.support.v4.view.MenuItemCompat;
import android.support.v4.view.ViewPager;
import android.support.v4.app.Fragment;
import android.support.v4.app.FragmentManager;
import android.support.v4.app.FragmentPagerAdapter;

public class MainActivity extends AppCompatActivity {

    private ShareActionProvider shareActionProvider;

    @Override
    protected void onCreate(Bundle savedInstanceState) {
        super.onCreate(savedInstanceState);
        setContentView(R.layout.activity_main);
        Toolbar toolbar = (Toolbar) findViewById(R.id.toolbar);
        setSupportActionBar(toolbar);

        // SectionsPagerAdapter를 ViewPager에 연결
        SectionsPagerAdapter pagerAdapter =
                    new SectionsPagerAdapter(getSupportFragmentManager());
        ViewPager pager = (ViewPager) findViewById(R.id.pager);
        pager.setAdapter(pagerAdapter);
    }
```

추가로 사용하는 클래스를 임포트해야 해요.

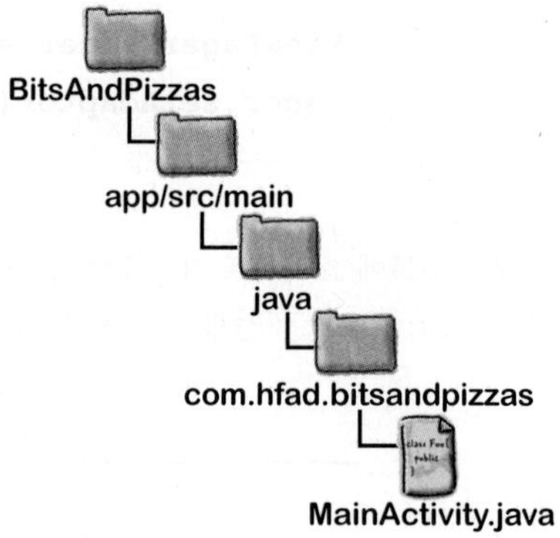

FragmentPagerAdapter를 ViewPager에 연결해요.

다음 페이지에 코드가 이어져요.

MainActivity 전체 코드(계속)

- [x] 프래그먼트 추가
- [ ] → 스와이프 추가
- [ ] 탭 추가

이 페이지에는
바뀐 코드가 없어요.

```
@Override
public boolean onCreateOptionsMenu(Menu menu) {
    getMenuInflater().inflate(R.menu.menu_main, menu);
    MenuItem menuItem = menu.findItem(R.id.action_share);
    shareActionProvider =
            (ShareActionProvider) MenuItemCompat.getActionProvider(menuItem);
    setShareActionIntent("Want to join me for pizza?");
    return super.onCreateOptionsMenu(menu);
}

@Override
public boolean onOptionsItemSelected(MenuItem item) {
    switch (item.getItemId()) {
        case R.id.action_create_order:
            Intent intent = new Intent(this, OrderActivity.class);
            startActivity(intent);
            return true;
        default:
            return super.onOptionsItemSelected(item);
    }
}

private void setShareActionIntent(String text) {
    Intent intent = new Intent(Intent.ACTION_SEND);
    intent.setType("text/plain");
    intent.putExtra(Intent.EXTRA_TEXT, text);
    shareActionProvider.setShareIntent(intent);
}
```

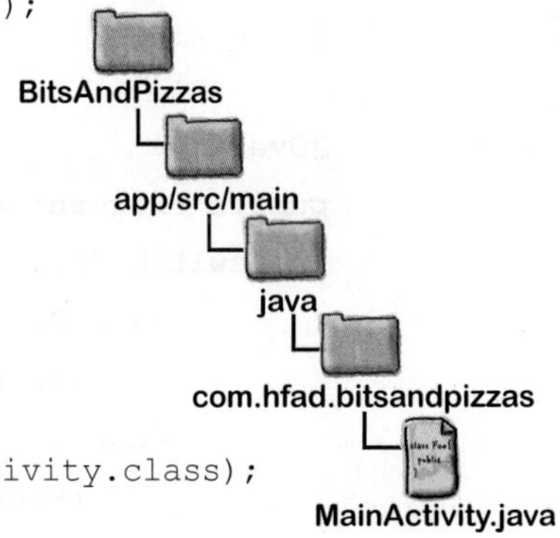

다음 페이지에
코드가 이어져요.

MainActivity 전체 코드(계속)

프래그먼트 추가
스와이프 추가
탭 추가

```
    private class SectionsPagerAdapter extends FragmentPagerAdapter {

        public SectionsPagerAdapter(FragmentManager fm) {
            super(fm);
        }

        @Override
        public int getCount() {
            return 4;
        }

        @Override
        public Fragment getItem(int position) {
            switch (position) {
                case 0:
                    return new TopFragment();
                case 1:
                    return new PizzaFragment();
                case 2:
                    return new PastaFragment();
                case 3:
                    return new StoresFragment();
            }
            return null;
        }
    }
}
```

ViewPager로 정보를 전달하는 FragmentPagerAdapter예요.

ViewPager가 몇 개의 페이지를 갖는지 지정해요.

각 페이지에 어떤 프래그먼트를 표시할지 지정해요.

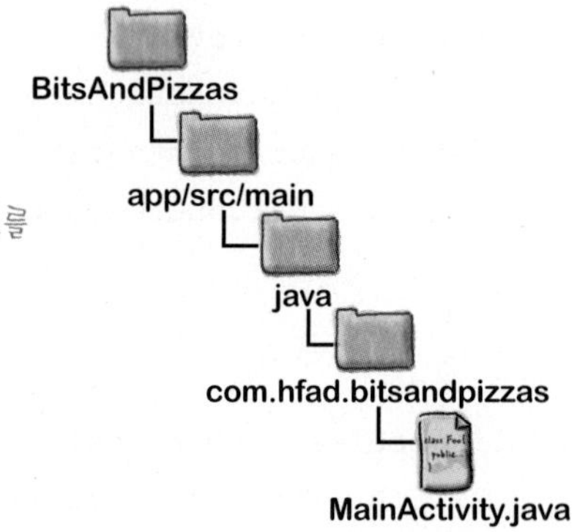

MainActivity에 필요한 코드를 모두 구현했으므로 앱을 시험 주행해서 어떤 일이 일어나는지 확인합시다.

앱 시험 주행

프래그먼트 추가
스와이프 추가
탭 추가

앱을 실행하면 TopFragment가 나타납니다. 화면을 왼쪽으로 스와이프하면 PizzaFragment가 나타나고, 다음엔 PastaFragment, StoresFragment 순으로 나타납니다. StoresFragment에서 화면을 오른쪽으로 스와이프하면 PastaFragment, PizzaFragment, TopFragment 순으로 프래그먼트가 나타납니다.

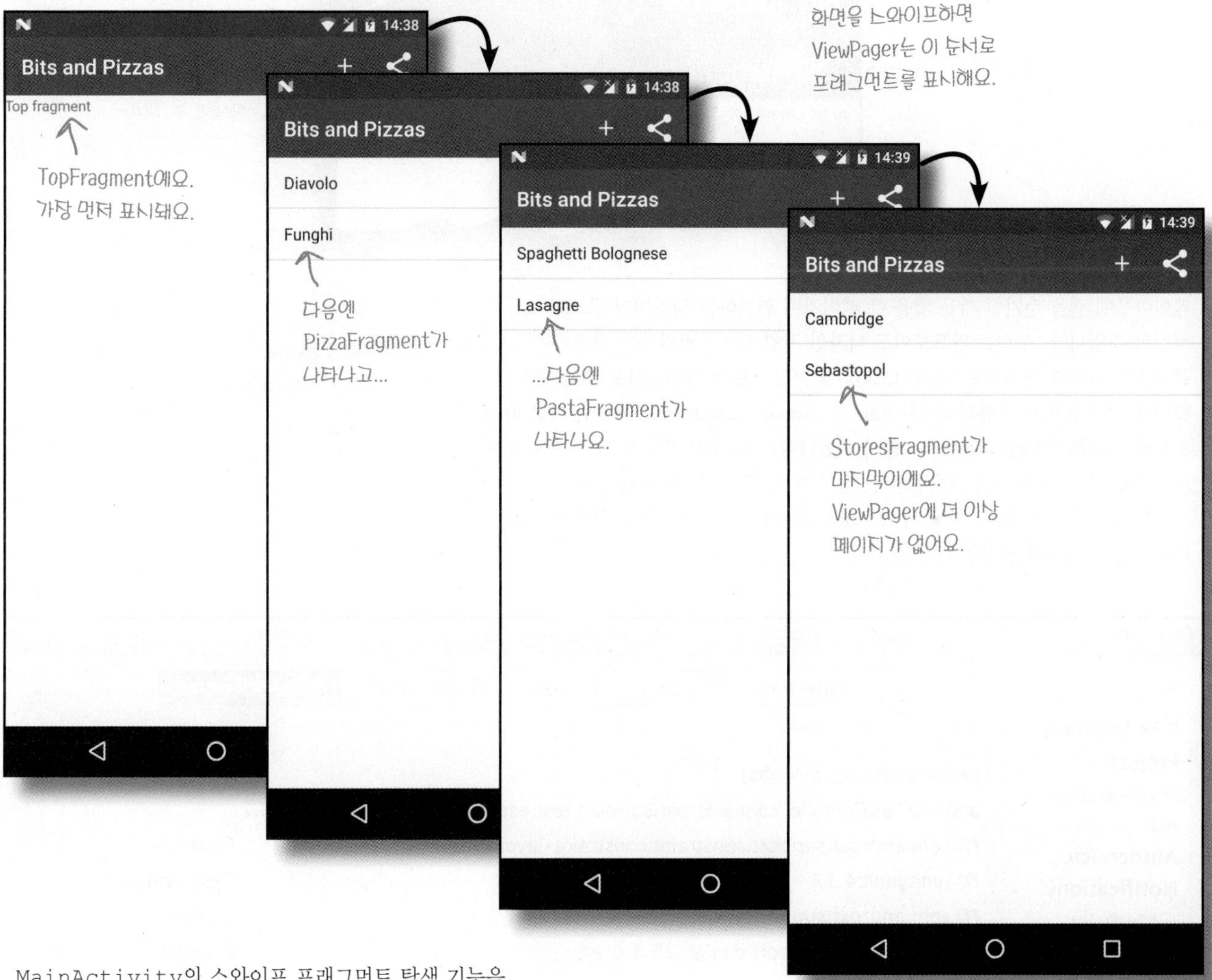

화면을 스와이프하면 ViewPager는 이 순서로 프래그먼트를 표시해요.
Bits and Pizzas
Top fragment
TopFragment에요. 가장 먼저 표시돼요.
Diavolo
Funghi
다음엔 PizzaFragment가 나타나고...
Spaghetti Bolognese
Lasagne
...다음엔 PastaFragment가 나타나요.
Cambridge
Sebastopol
StoresFragment가 마지막이에요. ViewPager에 더 이상 페이지가 없어요.

MainActivity의 스와이프 프래그먼트 탐색 기능을 구현했으니 이제 탭을 추가합시다.

탭 탐색을 MainActivity에 추가하기

프래그먼트 추가
스와이프 추가
탭 추가

프래그먼트를 탐색할 수 있도록 탭을 MainActivity에 추가할 겁니다. 각각의 탭이 한 프래그먼트를 표시하며 사용자가 탭을 선택하면 관련 프래그먼트가 타나납니다. 또한 기존의 뷰 페이저를 이용해 탭을 스와이프하는 기능도 추가합니다.

레이아웃에 탭을 추가한 다음 탭을 뷰 페이저에 연결하는 액티비티 코드를 작성할 것입니다. 우리는 **안드로이드 디자인 지원 라이브러리**에서 제공하는 클래스를 사용할 것이므로 이 라이브러리를 프로젝트에 디펜던시로 추가해야 합니다. 안드로이드 스튜디오에서 File → Project Structure를 선택한 다음 app 모듈을 클릭하고 Dependencies를 선택합니다. 프로젝트 의존성 화면 아래 또는 오른쪽에 있는 '+' 버튼을 클릭합니다. 창이 뜨면 Library Dependency 옵션을 선택한 다음 라이브러리 목록에서 Design Library를 선택합니다. 마지막으로 OK 버튼을 클릭해 설정을 저장합니다.

디자인 지원 라이브러리는 잠시 뒤에 자세히 설명해요.

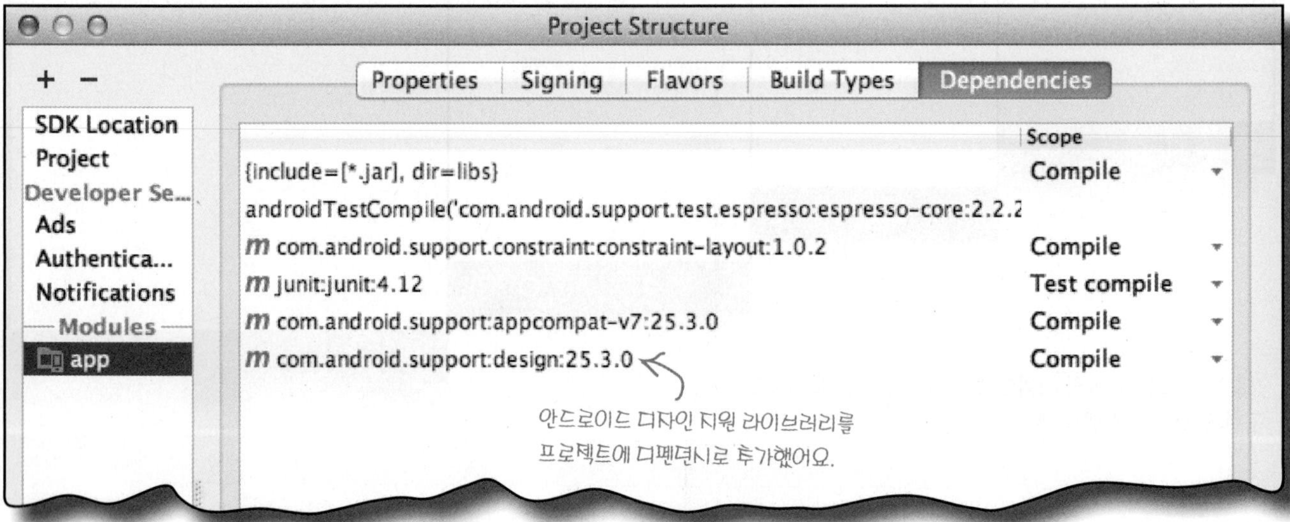

- [x] 프래그먼트 추가
- [x] 스와이프 추가
- [ ] 탭 추가

탭을 레이아웃에 추가하는 방법

디자인 지원 라이브러리에서 제공하는 **TabLayout**과 **AppBarLayout** 두 컴포넌트를 이용해 탭을 우리 레이아웃에 추가합니다. TabLayout은 탭을 추가할 때 사용하고 AppBarLayout은 탭과 툴바를 그룹으로 만드는 데 사용합니다.

다음은 탭을 레이아웃에 추가하는 코드입니다.

```
<android.support.design.widget.AppBarLayout
    android:layout_width="match_parent"
    android:layout_height="wrap_content"
    android:theme="@style/ThemeOverlay.AppCompat.Dark.ActionBar" >

    <android.support.v7.widget.Toolbar
        android:id="@+id/toolbar"
        android:layout_width="match_parent"
        android:layout_height="?attr/actionBarSize" />

    <android.support.design.widget.TabLayout
        android:id="@+id/tabs"
        android:layout_width="match_parent"
        android:layout_height="wrap_content" />

</android.support.design.widget.AppBarLayout>
```

디자인 지원 라이브러리에서 AppBarLayout을 제공해요.

Toolbar와 TabLayout이 같은 모습을 가지도록 테마를 적용하는 행이에요.

AppBarLayout 안에 Toolbar를 포함해요.

디자인 지원 라이브러리에서 TabLayout을 제공해요. 이를 AppBarLayout에 추가해요.

Toolbar와 TabLayout 요소를 액티비티 코드로 제어하려면 레퍼런스를 얻어야 하므로 둘 다 ID를 갖습니다.

AppBarLayout은 Toolbar와 TabLayout을 포함합니다. AppBarLayout은 앱 바와 작동하도록 만들어진 수직 선형 레이아웃입니다. android:theme 속성은 Toolbar와 TabLayout의 스타일을 설정하는 데 사용됩니다. 우리 예제에서는 ThemeOverlay.AppCompat.Dark.ActionBar 테마를 사용합니다.

다음 페이지에서는 탭을 MainActivity의 레이아웃에 추가하는 코드를 소개합니다.

MainActivity의 레이아웃에 탭 추가하기

- [x] 프래그먼트 추가
- [x] 스와이프 추가
- → [ ] 탭 추가

다음은 activity_main.xml 코드입니다. 여러분 코드도 다음처럼 바꾸세요(굵게 표시한 문자를 참조하세요).

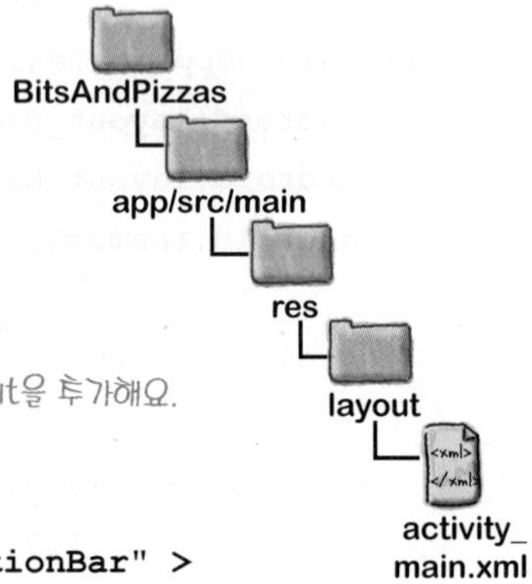


```
<?xml version="1.0" encoding="utf-8"?>
<LinearLayout
    xmlns:android="http://schemas.android.com/apk/res/android"
    xmlns:tools="http://schemas.android.com/tools"
    android:layout_width="match_parent"
    android:layout_height="match_parent"
    android:orientation="vertical"
    tools:context="com.hfad.bitsandpizzas.MainActivity">

    <android.support.design.widget.AppBarLayout
        android:layout_width="match_parent"
        android:layout_height="wrap_content"
        android:theme="@style/ThemeOverlay.AppCompat.Dark.ActionBar" >

    <include
        layout="@layout/toolbar_main"
        android:id="@+id/toolbar" />
        <android.support.v7.widget.Toolbar
            android:id="@+id/toolbar"
            android:layout_width="match_parent"
            android:layout_height="?attr/actionBarSize" />

        <android.support.design.widget.TabLayout
            android:id="@+id/tabs"
            android:layout_width="match_parent"
            android:layout_height="wrap_content" />
    </android.support.design.widget.AppBarLayout>

    <android.support.v4.view.ViewPager
        android:id="@+id/pager"
        android:layout_width="match_parent"
        android:layout_height="match_parent" />
</LinearLayout>
```

AppBarLayout을 추가해요.

Toolbar 코드를 분리된 파일로 만들지 않고 activity_main.xml에 추가했어요. 한 곳에서 모든 코드를 보여줄 수 있기 때문이죠. 실제 프로젝트라면 <include>로 코드를 포함할 수 있어요.

Toolbar는 AppBarLayout에 포함돼요.

AppBarLayout 안에 TabLayout을 추가해요.

- ☑ 프래그먼트 추가
- ☑ 스와이프 추가
- → ☐ 탭 추가

탭 레이아웃을 뷰 페이저에 연결하기

탭 레이아웃을 추가한 다음에는 이를 제어할 액티비티 코드를 구현해야 합니다. 어떤 탭에 프래그먼트를 표시할지 같은 대부분의 탭 동작은 기존에 생성한 뷰 페이저로 구현합니다. 뷰 페이저의 프래그먼트 페이저 어댑터로 각 탭에 표시할 문자열을 지정하는 메서드를 구현한 다음 뷰 페이저를 탭 레이아웃에 연결합니다.

우리는 각 탭에 나타날 텍스트를 문자열 리소스로 지정합니다. strings.xml 파일을 열어 다음 문자열을 추가하세요.

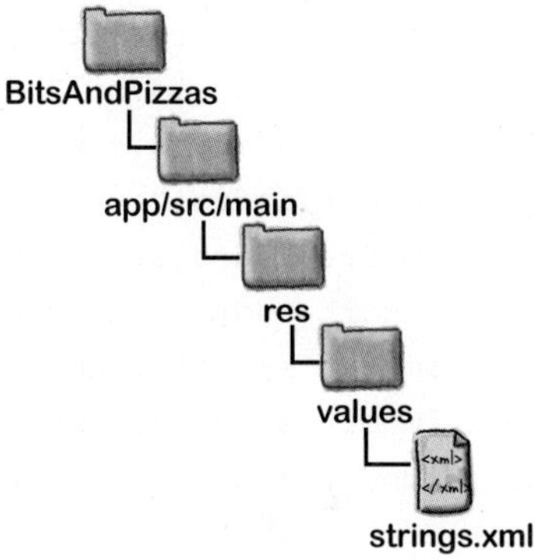


```
<string name="home_tab">Home</string>
<string name="pizza_tab">Pizzas</string>
<string name="pasta_tab">Pasta</string>
<string name="store_tab">Stores</string>
```

탭에 표시할 문자열이에요.

각 탭에 문자열을 추가하려면 프래그먼트 페이저 어댑터의 getPageTitle() 메서드를 구현합니다. 이 메서드는 탭 위치 값(int) 한 개를 인자로 받으며 탭에 표시할 문자열을 반환합니다. 다음은 위 문자열 리소스를 네 개의 탭에 추가하는 코드입니다(다음 페이지에서 이 코드를 MainActivity.java에 추가합니다).

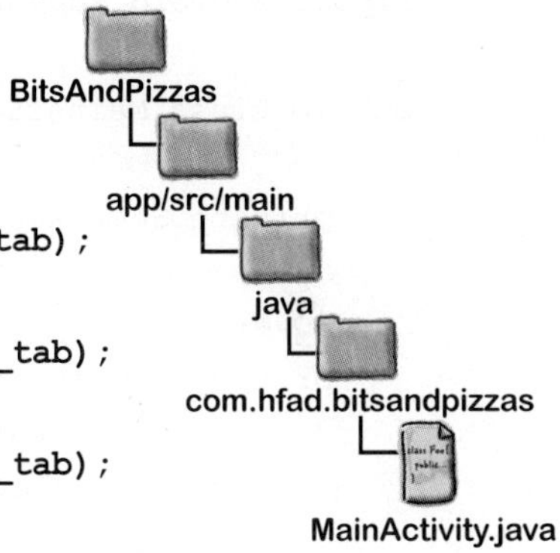


```
@Override
public CharSequence getPageTitle(int position) {
    switch (position) {
        case 0:
            return getResources().getText(R.string.home_tab);
        case 1:
            return getResources().getText(R.string.pizza_tab);
        case 2:
            return getResources().getText(R.string.pasta_tab);
        case 3:
            return getResources().getText(R.string.store_tab);
    }
    return null;
}
```

이전에 생성한 프래그먼트 페이저 어댑터에 새로 추가한 메서드예요.

문자열 리소스를 탭에 추가하는 행이에요.

마지막으로 뷰 페이저를 탭 레이아웃에 연결해야 합니다. TabLayout 객체의 setupWithViewPager() 메서드에 ViewPager 객체 레퍼런스를 인자로 전달해 호출함으로써 이를 구현할 수 있습니다.

```
TabLayout tabLayout = (TabLayout) findViewById(R.id.tabs);
tabLayout.setupWithViewPager(pager);
```

ViewPager를 TabLayout으로 연결하는 행이에요. TabLayout은 ViewPager를 이용해 몇 개의 탭이 있으며 각 탭이 무엇을 해야 하는지 결정해요.

탭 관련 기능을 모두 구현했습니다. 다음 페이지에서는 MainActivity 전체 코드를 보여줄 겁니다.

MainActivity.java 전체 코드

- [x] 프래그먼트 추가
- [x] 스와이프 추가
- [ ] 탭 추가

다음은 MainActivity.java 전체 코드입니다. 여러분 파일도 다음처럼 바꾸세요(굵은 문자로 표시한 부분을 참조하세요).

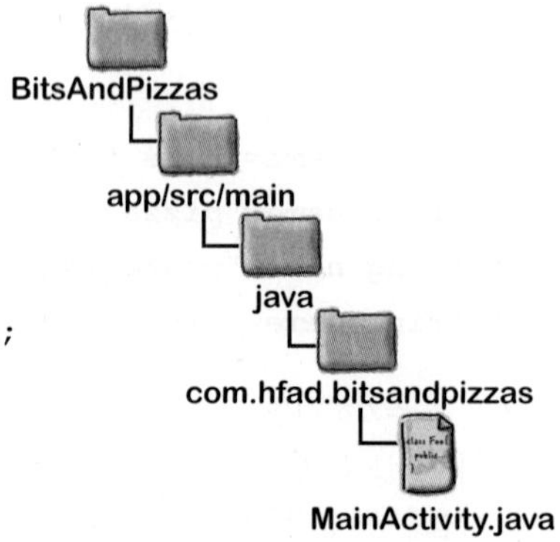


```
package com.hfad.bitsandpizzas;

import android.support.v7.app.AppCompatActivity;
import android.os.Bundle;
import android.support.v7.widget.Toolbar;
import android.view.Menu;
import android.view.MenuItem;
import android.content.Intent;
import android.support.v7.widget.ShareActionProvider;
import android.support.v4.view.MenuItemCompat;
import android.support.v4.view.ViewPager;
import android.support.v4.app.Fragment;
import android.support.v4.app.FragmentManager;
import android.support.v4.app.FragmentPagerAdapter;
import android.support.design.widget.TabLayout;

public class MainActivity extends AppCompatActivity {

    private ShareActionProvider shareActionProvider;

    @Override
    protected void onCreate(Bundle savedInstanceState) {
        super.onCreate(savedInstanceState);
        setContentView(R.layout.activity_main);
        Toolbar toolbar = (Toolbar) findViewById(R.id.toolbar);
        setSupportActionBar(toolbar);

        // SectionsPagerAdapter를 ViewPager에 연결
        SectionsPagerAdapter pagerAdapter =
                    new SectionsPagerAdapter(getSupportFragmentManager());
        ViewPager pager = (ViewPager) findViewById(R.id.pager);
        pager.setAdapter(pagerAdapter);

        // ViewPager를 TabLayout에 연결
        TabLayout tabLayout = (TabLayout) findViewById(R.id.tabs);
        tabLayout.setupWithViewPager(pager);
    }
```

TabLayout 클래스를 사용하므로 임포트하세요.

ViewPager를 TabLayout으로 연결해요.

다음 페이지에 코드가 이어져요.

MainActivity.java 코드(계속)

- [x] 프래그먼트 추가
- [x] 스와이프 추가
- → [ ] 탭 추가

이 페이지의 코드는 바뀌지 않았어요.

```
@Override
public boolean onCreateOptionsMenu(Menu menu) {
    getMenuInflater().inflate(R.menu.menu_main, menu);
    MenuItem menuItem = menu.findItem(R.id.action_share);
    shareActionProvider =
            (ShareActionProvider) MenuItemCompat.getActionProvider(menuItem);
    setShareActionIntent("Want to join me for pizza?");
    return super.onCreateOptionsMenu(menu);
}

@Override
public boolean onOptionsItemSelected(MenuItem item) {
    switch (item.getItemId()) {
        case R.id.action_create_order:
            Intent intent = new Intent(this, OrderActivity.class);
            startActivity(intent);
            return true;
        default:
            return super.onOptionsItemSelected(item);
    }
}

private void setShareActionIntent(String text) {
    Intent intent = new Intent(Intent.ACTION_SEND);
    intent.setType("text/plain");
    intent.putExtra(Intent.EXTRA_TEXT, text);
    shareActionProvider.setShareIntent(intent);
}
```

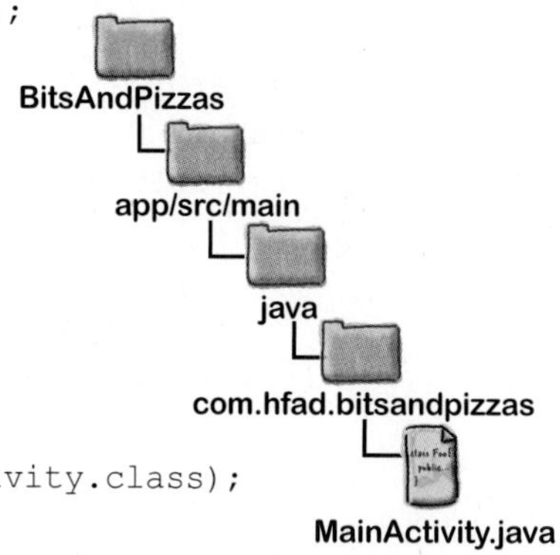

다음 페이지에 코드가 이어져요.

MainActivity.java 코드(계속)

프래그먼트 추가
스와이프 추가
탭 추가

```
    private class SectionsPagerAdapter extends FragmentPagerAdapter {

        public SectionsPagerAdapter(FragmentManager fm) {
            super(fm);
        }

        @Override
        public int getCount() {
            return 4;
        }

        @Override
        public Fragment getItem(int position) {
            switch (position) {
                case 0:
                    return new TopFragment();
                case 1:
                    return new PizzaFragment();
                case 2:
                    return new PastaFragment();
                case 3:
                    return new StoresFragment();
            }
            return null;
        }

        @Override
        public CharSequence getPageTitle(int position) {
            switch (position) {
                case 0:
                    return getResources().getText(R.string.home_tab);
                case 1:
                    return getResources().getText(R.string.pizza_tab);
                case 2:
                    return getResources().getText(R.string.pasta_tab);
                case 3:
                    return getResources().getText(R.string.store_tab);
            }
            return null;
        }
    }
}
```

텍스트를 탭에 추가하는 메서드예요.

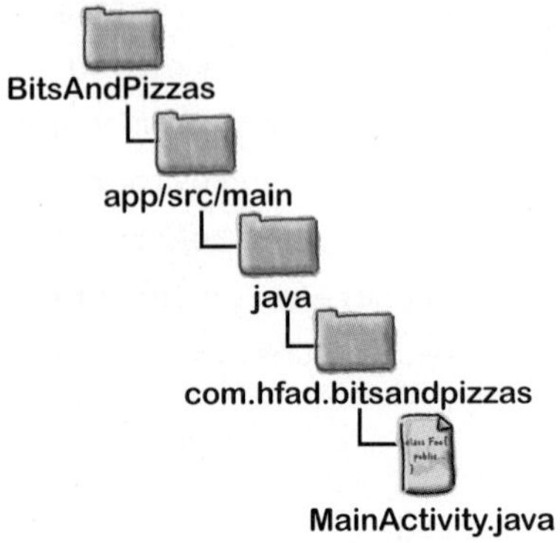

앱 시험 주행

앱을 실행하면 탭 레이아웃을 포함하는 MainActivity가 시작됩니다. 전처럼 프래그먼트를 스와이프할 수 있으며 탭으로도 프래그먼트를 탐색할 수 있습니다.

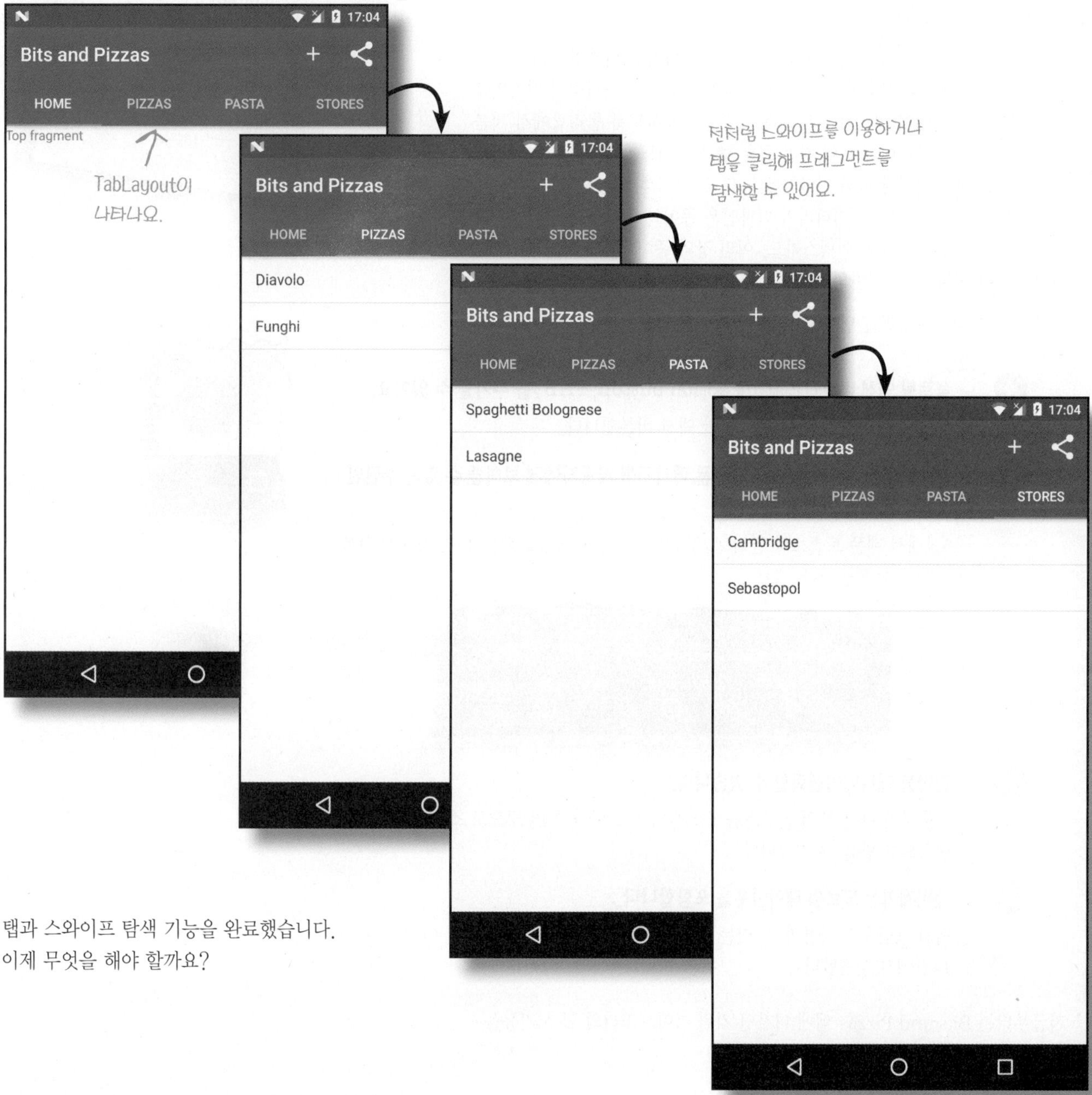

탭과 스와이프 탐색 기능을 완료했습니다.
이제 무엇을 해야 할까요?

디자인 지원 라이브러리는 머티리얼 디자인 구현을 도와줍니다

지금까지 사용자가 쉽게 앱을 탐색하도록 앱에 탭을 추가했습니다. 이 과정에서 디자인 지원 라이브러리가 제공하는 `TabLayout`, `AppBarLayout` 두 가지 컴포넌트를 사용했습니다.

디자인 지원 라이브러리는 개발자가 앱에 쉽게 **머티리얼 디자인**(material design) 컴포넌트를 사용할 수 있도록 만들어졌습니다. 머티리얼 디자인은 모든 안드로이드 앱이 일관적인 모습과 느낌을 제공하도록 롤리팝에서 처음 소개되었습니다. 플레이 스토어 같은 구글 앱에서 서드파티 개발자가 개발한 앱으로 이동해도 이질감 없이 편안함을 느낄 수 있게 하는 것이 머티리얼 디자인의 핵심 사상입니다. 머티리얼 디자인은 종이와 잉크에서 영감을 받았으며 실생활에서 사용하는 사물(인덱스카드, 여러 장의 종이 등)의 모양과 동작을 반영할 수 있도록 인쇄 기반의 디자인 원칙과 움직임을 사용합니다.

> **머티리얼 디자인**
>
> 머티리얼 디자인의 전체 명세(그리고 변화)는 다음 주소에서 확인할 수 있어요.
>
> https://material.io/guidelines/

디자인 지원 라이브러리는 탭 외에 다양한 기능을 제공합니다.

- **플로팅 액션 버튼(floating action button, FAB)을 추가할 수 있어요.**
  메인 화면 위에 떠다니는 특별한 액션 버튼입니다.

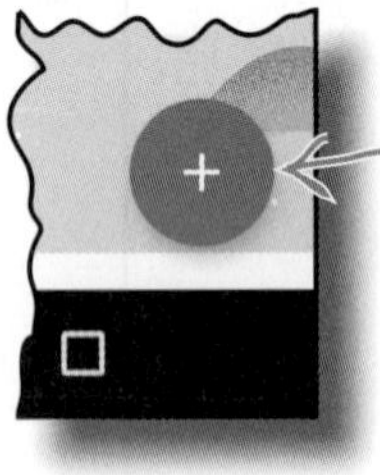

- **토스트의 대안으로 대화형의 단문 메시지를 사용자에게 보여줄 수 있는 수단인 스낵바를 포함합니다.**
  5장에서 배운 토스트와 달리 스낵바에는 사용자가 상호작용할 수 있는 액션을 추가할 수 있습니다.

Closed Home - BBC News
UNDO
스낵바에요. 토스트와 비슷하지만 조금 더 대화형이라는 점이 달라요.

- **툴바를 애니메이션화할 수 있습니다.**
  사용자가 다른 뷰의 콘텐트를 스크롤하면 툴바가 화면 밖으로 스크롤되거나 접히도록 만들 수 있습니다.

- **내비게이션 드로워 레이아웃을 포함합니다.**
  탭의 대안으로 사용할 수 있는 미끄러지는 드로워를 제공합니다. 이 기능은 14장에서 설명합니다.

지금부터는 Bits and Pizzas 앱에 디자인 지원 라이브러리의 일부 기능을 구현하는 방법을 설명합니다.

우리가 해야 할 일

디자인 지원 라이브러리에서 제공하는 유용한 기능 몇 개를 Bits and Pizzas에 추가할 것입니다. 다음 순서로 작업을 진행합니다.

1. **MainActivity의 툴바 스크롤 활성화하기**

   사용자가 기존에 추가한 뷰 페이저의 콘텐트를 스크롤하면 툴바도 함께 스크롤되도록 `MainActivity` 코드를 바꿉니다. `TopFragment`에 스크롤할 수 있는 콘텐트를 추가해 기능이 제대로 작동하는지 확인할 겁니다.

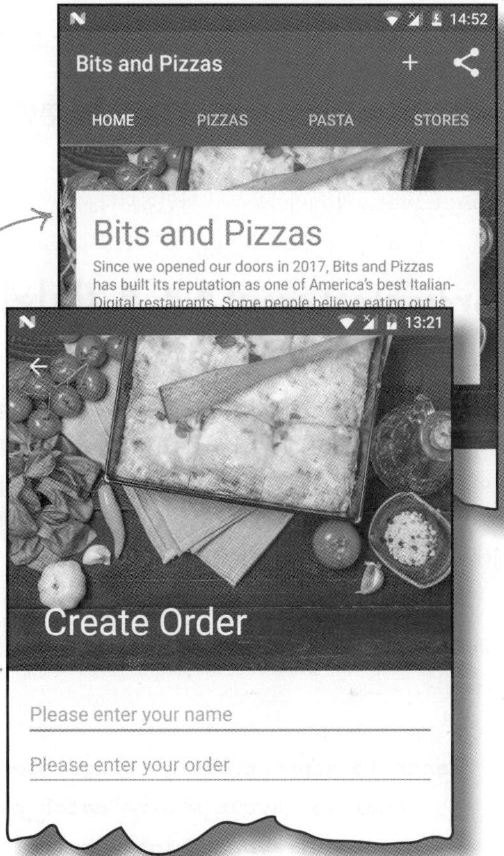

사용자가 콘텐트를 스크롤하면 툴바도 위로 스크롤돼요.

2. **OrderActivity에 추가하기**

   처음에는 단순하게 접히는 툴바를 `OrderActivity`에 추가합니다. 사용자가 `OrderActivity`의 콘텐트를 스크롤하면 툴바가 접힙니다. 접히는 기능이 작동한다는 사실을 확인했으면 툴바에 이미지를 추가합니다.

툴바에 이미지를 추가했어요. 사용자가 메인 콘텐트를 스크롤하면 툴바가 접혀요.

3. **FAB을 OrderActivity에 추가하기**

   오른쪽 아래 모서리에 FAB(플로팅 액션 버튼)을 표시합니다.

floating action button

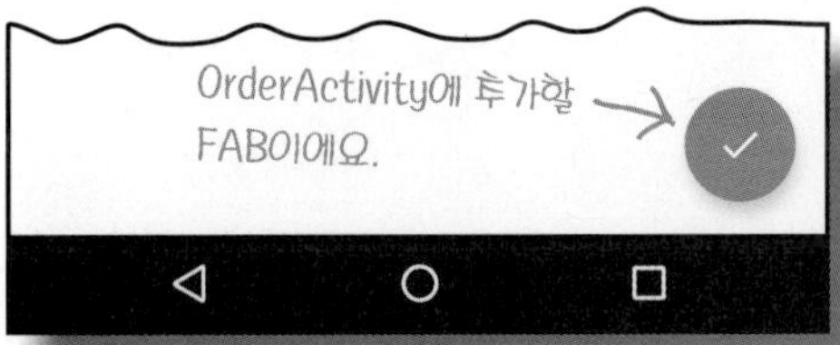

4. **FAB으로 스낵바 표시하기**

   사용자가 FAB을 클릭하면 스낵바가 나타납니다. 스낵바가 나타나면 FAB이 위로 이동하고 스낵바가 사라지면 다시 아래로 내려옵니다.

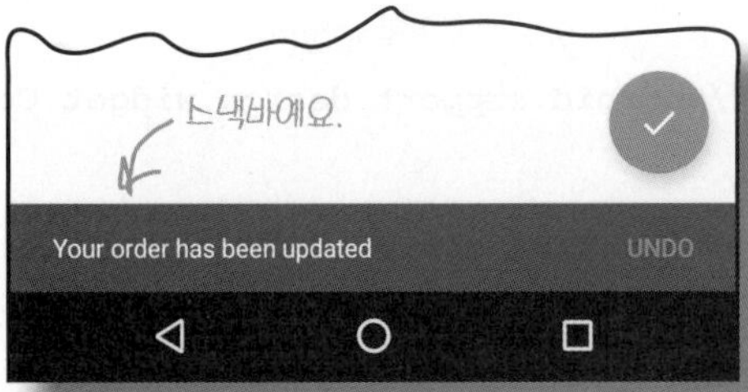

사용자가 뷰 페이저에서 콘텐트를 스크롤할 때 툴바도 스크롤되도록 구현을 시작합니다.

스크롤에 응답하도록 툴바 구현하기

사용자가 TopFragment의 콘텐트를 스크롤하면 MainActivity의 툴바도 스크롤되도록 앱을 바꿉니다. 그러려면 두 가지 작업을 해야 합니다.

1. **MainActivity의 레이아웃에서 툴바 스크롤 활성화하기**

2. **TopFragment에 스크롤할 수 있는 콘텐트 추가하기**

MainActivity의 레이아웃부터 확인합니다.

사용자가 TopFragment의 콘텐트를 스크롤하면 툴바도 스크롤되게 만들 거예요.

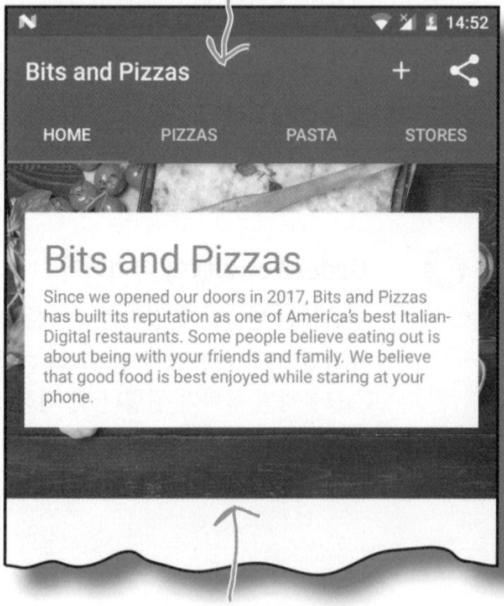

TopFragment에 스크롤할 수 있는 콘텐트를 추가할 거예요.

CoordinatorLayout으로 뷰 사이에 애니메이션 설정하기

프래그먼트의 콘텐트를 스크롤할 때 툴바도 움직이게 하려면 **코디네이터 레이아웃**을 MainActivity에 추가해야 합니다. 코디네이터 레이아웃은 프레임 레이아웃의 성능을 개선한 듯한 레이아웃으로, 뷰 사이의 애니메이션과 전이를 조정(coordinate)하는 데 사용됩니다. 예제에서는 코디네이터 레이아웃으로 TopFragment의 스크롤할 수 있는 콘텐트와 MainActivity의 툴바를 조정합니다.

다음과 같은 코드로 코디네이터 레이아웃을 액티비티의 레이아웃에 추가할 수 있습니다.

```
<android.support.design.widget.CoordinatorLayout
    android:layout_width="match_parent"
    android:layout_height="match_parent">

    ...

</android.support.design.widget.CoordinatorLayout>
```

CoordinatorLayout은 디자인 지원 라이브러리에서 제공해요.

조정하려는 모든 뷰를 CoordinatorLayout에 추가할 수 있어요.

애니메이션을 조정하려는 모든 뷰는 반드시 <CoordinatorLayout> 요소에 포함시켜야 합니다. 우리 예제에서는 툴바와 뷰 페이저 콘텐트 사이의 애니메이션을 조정할 것이므로 이들을 코디네이터 레이아웃에 추가해야 합니다.

CoordinatorLayout으로 한 뷰가 다른 뷰에 영향을 주도록 조정할 수 있어요.

MainActivity의 레이아웃에 코디네이터 레이아웃 추가하기

다음은 activity_main.xml의 선형 레이아웃을 코디네이터 레이아웃으로 바꾼 코드입니다. 여러분 코드도 다음처럼 바꾸세요(굵게 표시한 문자를 참조하세요).

```
<?xml version="1.0" encoding="utf-8"?>
<android.support.design.widget.CoordinatorLayout
<LinearLayout
    xmlns:android="http://schemas.android.com/apk/res/android"
    xmlns:app="http://schemas.android.com/apk/res-auto"
    xmlns:tools="http://schemas.android.com/tools"
    android:layout_width="match_parent"
    android:layout_height="match_parent"
    android:orientation="vertical"
    tools:context="com.hfad.bitsandpizzas.MainActivity">

    <android.support.design.widget.AppBarLayout
        android:layout_width="match_parent"
        android:layout_height="wrap_content"
        android:theme="@style/ThemeOverlay.AppCompat.Dark.ActionBar">

        <android.support.v7.widget.Toolbar
            android:id="@+id/toolbar"
            android:layout_width="match_parent"
            android:layout_height="?attr/actionBarSize" />

        <android.support.design.widget.TabLayout
            android:id="@+id/tabs"
            android:layout_width="match_parent"
            android:layout_height="wrap_content" />
    </android.support.design.widget.AppBarLayout>

    <android.support.v4.view.ViewPager
        android:id="@+id/pager"
        android:layout_width="match_parent"
        android:layout_height="match_parent" />
</android.support.design.widget.CoordinatorLayout>
</LinearLayout>
```

LinearLayout을 CoordinatorLayout으로 바꿔요. (<LinearLayout 삭제)

앞으로 등장할 속성을 사용하려면 앱 네임스페이스를 추가해야 해요.

LinearLayout을 더 이상 사용하지 않으므로 이 행은 삭제해요. (android:orientation="vertical")

LinearLayout을 CoordinatorLayout으로 바꿔요. (</LinearLayout> 삭제)

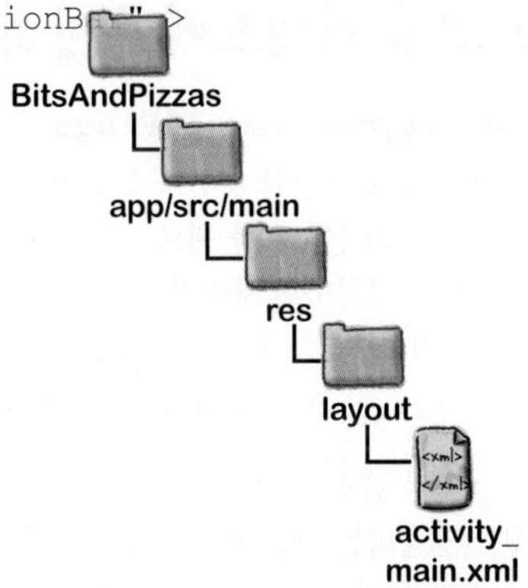

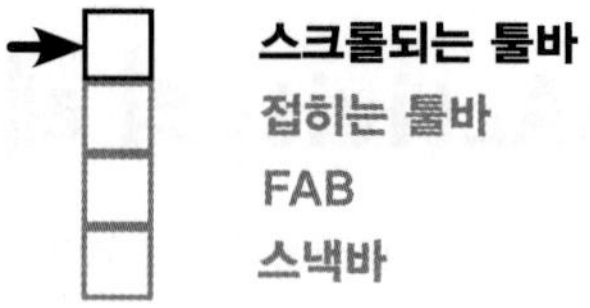

스크롤 동작을 조정하는 방법

뷰를 코디네이터 레이아웃에 추가한 다음에는 동작을 설정해야 합니다. 우리 예제에서는 다른 뷰의 스크롤 이벤트에 응답해 툴바가 스크롤되어야 합니다. 즉, 사용자가 **스크롤할 뷰를 마크하고 이에 응답하도록 툴바를 설정합니다.**

사용자가 스크롤할 뷰 마크하기

app:layout_behavior 속성을 내장 문자열 "@string/appbar_scrolling_view_behavior"로 설정해 사용자가 스크롤할 뷰를 마크할 수 있습니다. 이 속성은 앱 바 레이아웃에 있는 뷰를 사용자가 스크롤하면 뭔가를 수행하고 싶다는 사실을 코디네이터 레이아웃에 알립니다. 우리 예제에서는 사용자가 뷰의 페이저 콘텐트를 스크롤하면 이에 응답해 툴바를 스크롤해야 하므로 app:layout_behavior 속성을 ViewPager 요소로 설정합니다.

```
<android.support.v4.view.ViewPager
    ...
    app:layout_behavior="@string/appbar_scrolling_view_behavior" />
```

사용자가 콘텐트를 스크롤하면 이에 응답하도록 CoordinatorLayout에 알리는 코드예요.

스크롤 이벤트에 응답하도록 툴바 설정하기

app:layout_scrollFlags 속성으로 스크롤 이벤트에 앱 바 레이아웃의 뷰가 어떻게 응답할 것인지 설정할 수 있습니다. 우리 예제에서는 사용자가 뷰 페이저의 콘텐트를 위로 스크롤하면 툴바가 화면 밖으로 스크롤되고, 아래로 스크롤하면 툴바가 다시 제자리에 나타나도록 설정해야 합니다. 그러려면 먼저 Toolbar의 app:layout_scrollFlags 속성을 "scroll|enterAlways"로 설정해야 합니다.

scroll 값은 뷰가 화면 밖으로 스크롤될 수 있음을 가리킵니다. 이 값이 없으면 툴바는 화면 윗부분에 고정됩니다. enterAlways 값은 사용자가 해당 뷰를 아래로 스크롤했을 때 원래 위치로 빨리 돌아와야 한다는 의미입니다. 이 값을 지정하지 않아도 툴바가 스크롤되지만 속도가 느립니다.

다음은 툴바의 스크롤을 활성화하는 코드입니다.

스크롤을 이용하려면 반드시 앱 바 레이아웃 안에 툴바를 포함해야 합니다. 앱 바 레이아웃과 코디네이터 레이아웃이 함께 툴바 스크롤을 작동시킵니다.

```
<android.support.v7.widget.Toolbar
    ...
    app:layout_scrollFlags="scroll|enterAlways" />
```

사용자가 콘텐트를 스크롤할 때 Toolbar가 어떻게 대응해야 하는지 CoordinatorLayout(과 AppBarLayout)에 설정하는 코드예요.

다음 페이지에서 MainActivity의 레이아웃 전체 코드를 보여줍니다.

툴바가 스크롤에 대응하도록 설정한 코드

스크롤되는 툴바
접히는 툴바
FAB
스낵바

다음은 갱신된 activity_main.xml 파일입니다. 여러분 파일도 다음 코드처럼 바꾸세요(굵게 표시한 문자를 참조하세요).

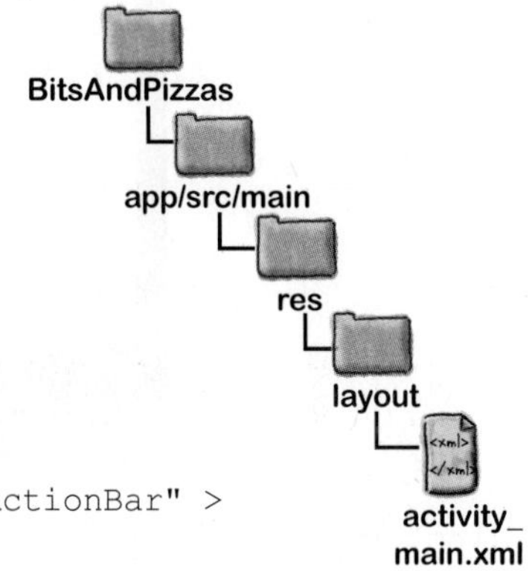


```
<?xml version="1.0" encoding="utf-8"?>
<android.support.design.widget.CoordinatorLayout
    xmlns:android="http://schemas.android.com/apk/res/android"
    xmlns:app="http://schemas.android.com/apk/res-auto"
    xmlns:tools="http://schemas.android.com/tools"
    android:layout_width="match_parent"
    android:layout_height="match_parent"
    tools:context="com.hfad.bitsandpizzas.MainActivity">

    <android.support.design.widget.AppBarLayout
        android:layout_width="match_parent"
        android:layout_height="wrap_content"
        android:theme="@style/ThemeOverlay.AppCompat.Dark.ActionBar" >

        <android.support.v7.widget.Toolbar
            android:id="@+id/toolbar"
            android:layout_width="match_parent"
            android:layout_height="?attr/actionBarSize"
            app:layout_scrollFlags="scroll|enterAlways" />

        <android.support.design.widget.TabLayout
            android:id="@+id/tabs"
            android:layout_width="match_parent"
            android:layout_height="wrap_content" />
    </android.support.design.widget.AppBarLayout>

    <android.support.v4.view.ViewPager
        android:id="@+id/pager"
        android:layout_width="match_parent"
        android:layout_height="match_parent"
        app:layout_behavior="@string/appbar_scrolling_view_behavior" />
</android.support.design.widget.CoordinatorLayout>
```

툴바 스크롤을 활성화하는 행이에요. TabLayout도 스크롤하려면 여기에 코드를 추가하세요.

사용자가 스크롤하려는 콘텐트를 포함하는 뷰를 마크하는 행이에요.

MainActivity에 필요한 모든 코드를 구현했습니다. 이제 TopFragment에 스크롤할 수 있는 콘텐트를 추가할 겁니다.

TopFragment에 스크롤할 수 있는 콘텐트 추가하기

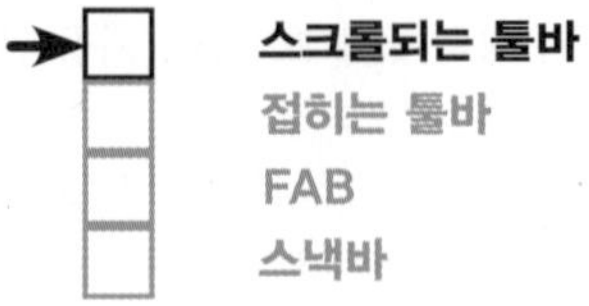

스크롤할 수 있는 콘텐트를 포함하도록 TopFragment의 레이아웃을 바꿉니다. Bits and Pizzas 레스토랑의 이미지 중 하나와 회사 서비스 정신을 소개하는 텍스트를 추가합니다.

다음은 TopFragment의 새로운 버전입니다.

TopFragment가 이미지와 텍스트를 포함하도록 바꿀 거예요. 사용자가 프래그먼트의 전체 콘텐트를 스크롤할 수 있게 만들 거예요.

먼저 프로젝트에 문자열 리소스와 이미지 리소스를 추가합니다.

문자열 리소스와 이미지 리소스 추가하기

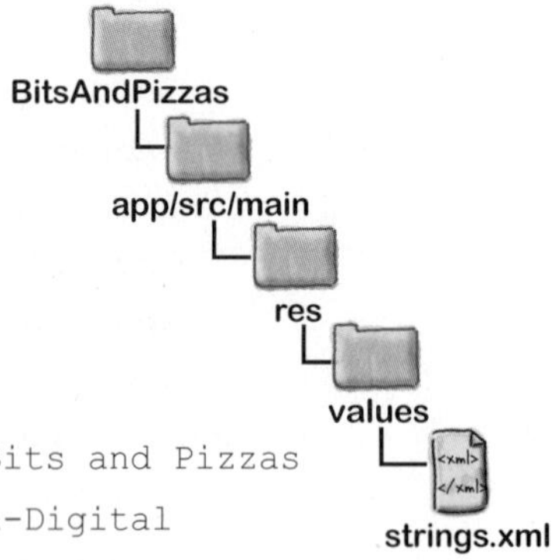

먼저 문자열 리소스를 추가합니다. strings.xml 파일을 열고 다음을 추가합니다.

```
<string name="company_name">Bits and Pizzas</string>
<string name="restaurant_image">Restaurant image</string>
<string name="home_text">Since we opened our doors in 2017, Bits and Pizzas
    has built its reputation as one of America's best Italian-Digital
    restaurants. Some people believe eating out is about being with your
    friends and family. We believe that good food is best enjoyed while
    staring at your phone.</string>
```

그리고 레스토랑 이미지를 drawable-nodpi 폴더에 추가합니다. 우선 안드로이드 스튜디오의 탐색기를 Project 뷰로 바꾸고 app/src/main/res/drawable-nodpi 폴더가 프로젝트에 있는지 확인합니다. 폴더가 없으면 app/src/main/res 폴더를 선택한 다음 File 메뉴에서 New... 옵션을 선택하고 새 안드로이드 리소스 디렉터리를 생성하는 옵션을 클릭합니다. 리소스 종류는 'drawable'로, 이름은 'drawable-nodpi'로 설정하고 OK를 클릭합니다.

drawable-nodpi 폴더를 생성했으면 https://git.io/v9oet에서 restaurant.jpg 파일을 내려받아 drawable-nodpi 폴더에 추가합니다.

drawable-nodpi 폴더에 이 이미지를 추가하세요.

중첩된 스크롤 뷰로 콘텐트 스크롤 활성화하기

중첩된 스크롤 뷰로 사용자가 TopFragment의 콘텐트를 스크롤할 수 있게 만듭니다. 이 뷰는 일반 스크롤 뷰처럼 작동하지만 중첩된 스크롤을 활성화한다는 점이 다릅니다. 이는 코디네이터 레이아웃은 중첩된 스크롤 이벤트만 기다리므로 중요합니다. 레이아웃에 일반 스크롤 뷰를 사용하면 사용자가 콘텐트를 스크롤할 때 툴바가 스크롤되지 않습니다.

중첩된 스크롤을 활성화하는 다른 뷰로 리사이클러 뷰가 있어요. 리사이클러 뷰 사용 방법은 13장에서 설명할 거예요.

다음처럼 레이아웃에 중첩된 스크롤 뷰를 추가합니다.

```
<android.support.v4.widget.NestedScrollView
    android:layout_width="match_parent"
    android:layout_height="match_parent" >

    ...

</android.support.v4.widget.NestedScrollView >
```

NestedScrollView는 디자인 지원 라이브러리에서 제공해요.

사용자에게 스크롤을 제공하려는 모든 뷰를 NestedScrollView에 추가해요.

사용자가 스크롤해야 하는 뷰를 모두 중첩된 스크롤 뷰에 추가하세요. 뷰가 한 개뿐이면 바로 뷰를 중첩된 스크롤 뷰에 추가할 수 있어요. 하지만 뷰가 여러 개면 이들을 스크롤 뷰에 개별 레이아웃으로 추가해야 합니다. 중첩된 스크롤 뷰는 오직 한 개의 직계 자식을 가질 수 있기 때문이죠. 예를 들어 다음은 선형 레이아웃을 이용해 중첩된 스크롤 뷰에 두 개의 텍스트 뷰를 추가하는 코드입니다.

```
<android.support.v4.widget.NestedScrollView
    android:layout_width="match_parent"
    android:layout_height="match_parent" >

    <LinearLayout
        ... >

        <TextView
            ... />

        <TextView
            ... />
    </LinearLayout>

</android.support.v4.widget.NestedScrollView >
```

예제에서는 LinearLayout을 사용했지만 어떤 종류의 레이아웃이든 사용할 수 있어요. 핵심은 NestedScrollView가 한 개의 직계 자식만 가질 수 있다는 사실이에요. NestedScrollView에 여러 뷰(여기서는 두 개의 TextView)를 추가하려면 이들을 먼저 다른 레이아웃에 추가해야 해요.

이제 중첩된 스크롤 뷰를 사용하도록 TopFragment 레이아웃을 갱신합니다.

우리가 만들 TopFragment의 레이아웃 구조

스크롤되는 툴바
접히는 툴바
FAB
스낵바

이제 레스토랑 이미지와 텍스트를 TopFragment에 추가할 수 있습니다.
코드를 구현하기 전에 TopFragment의 구조를 자세히 살펴봅시다.

1. 전체 프래그먼트를 스크롤할 수 있어야 합니다. 그러려면 모든 뷰를 중첩된 스크롤 뷰에 추가해야 합니다.
2. Bits and Pizzas의 회사명과 텍스트를 두 개의 텍스트 뷰로 표시합니다. 이들 텍스트 뷰를 흰색 배경을 가진 수직 선형 레이아웃에 추가합니다.
3. 두 개의 텍스트 뷰를 포함하는 선형 레이아웃을 이미지 위에 표시합니다. 이는 프레임 레이아웃을 이용해 구현합니다.

결과적으로 우리는 프레임 레이아웃을 포함하는 중첩된 스크롤 뷰를 레이아웃으로 사용합니다. 프레임 레이아웃은 이미지 뷰와 선형 레이아웃 두 요소를 포함합니다. 선형 레이아웃은 회사명과 서비스 정신을 표시하는 두 개의 텍스트 뷰를 포함합니다.

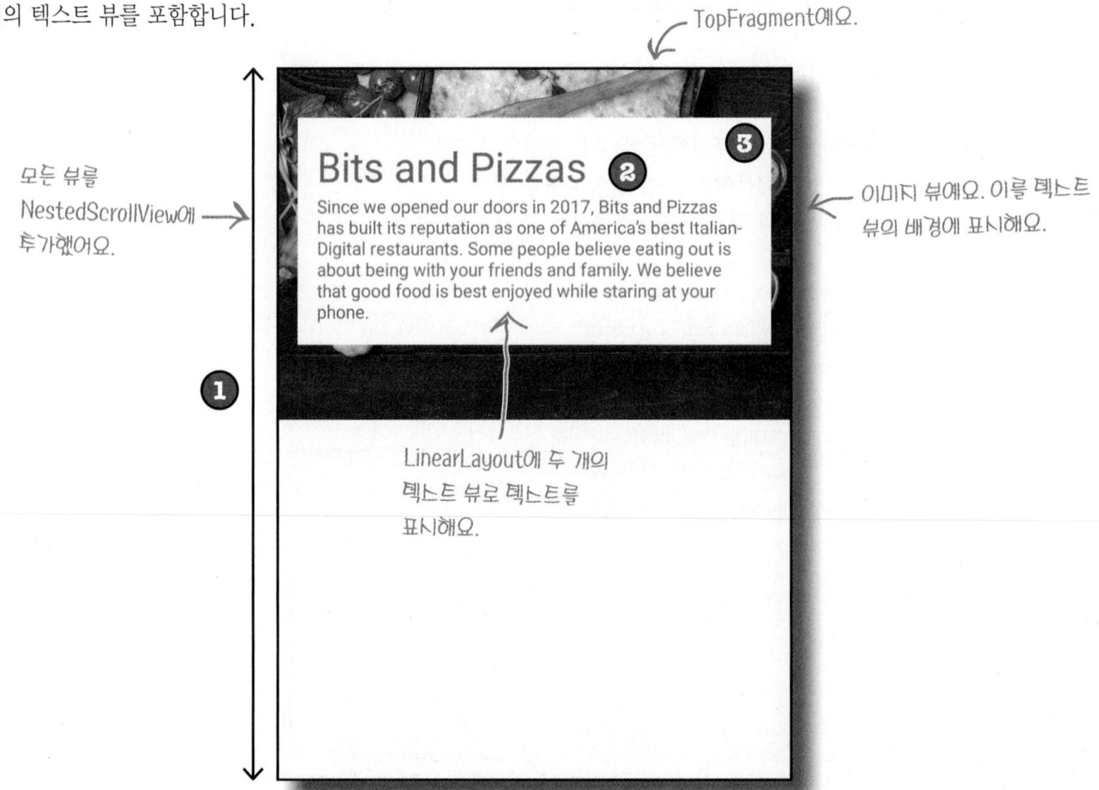

다음 페이지에서는 fragment_top.xml 전체 코드를 보여줍니다.
여러분 파일도 다음처럼 바꾸고 앱을 시험 주행합시다.

→ 스크롤되는 툴바
접히는 툴바
FAB
스낵바

fragment_top.xml 코드

다음은 fragment_top.xml 전체 코드입니다(여러분 파일도 다음처럼 바꾸세요).

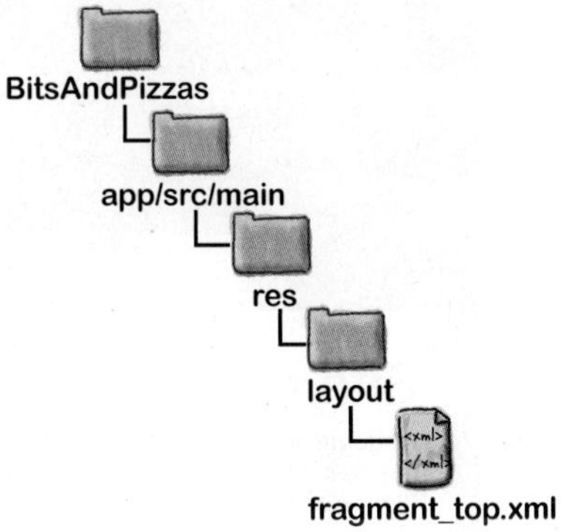


```
<android.support.v4.widget.NestedScrollView
    xmlns:android="http://schemas.android.com/apk/res/android"
    xmlns:tools="http://schemas.android.com/tools"
    android:layout_width="match_parent"
    android:layout_height="match_parent"
    tools:context="com.hfad.bitsandpizzas.TopFragment">

    <FrameLayout
        android:layout_width="match_parent"
        android:layout_height="wrap_content" >

        <ImageView android:id="@+id/info_image"
            android:layout_width="match_parent"
            android:layout_height="wrap_content"
            android:scaleType="centerCrop"
            android:src="@drawable/restaurant"
            android:contentDescription="@string/restaurant_image" />

        <LinearLayout
            android:layout_width="match_parent"
            android:layout_height="wrap_content"
            android:layout_marginTop="40dp"
            android:layout_marginLeft="16dp"
            android:layout_marginRight="16dp"
            android:padding="16dp"
            android:background="#FFFFFF"
            android:orientation="vertical">

            <TextView
                android:textSize="32sp"
                android:layout_width="match_parent"
                android:layout_height="wrap_content"
                android:text="@string/company_name" />

            <TextView
                android:layout_width="match_parent"
                android:layout_height="wrap_content"
                android:text="@string/home_text" />
        </LinearLayout>
    </FrameLayout>
</android.support.v4.widget.NestedScrollView>
```

전체 프래그먼트를 스크롤할 수 있어야 해요.

이미지 위에 텍스트를 놓아야 하므로 FrameLayout을 사용했어요.

흰색 배경을 가진 LinearLayout에 텍스트 뷰를 추가했고 주변에 공간을 추가하도록 마진을 설정했어요.

앱 시험 주행

- [x] **스크롤되는 툴바**
- [ ] 접히는 툴바
- [ ] FAB
- [ ] 스낵바

앱을 실행하면 TopFragment가 새 레이아웃을 표시해요. 콘텐트를 스크롤하면 툴바도 스크롤돼요.

사용자가 콘텐트를 위로 스크롤하면 툴바도 위로 스크롤돼요.

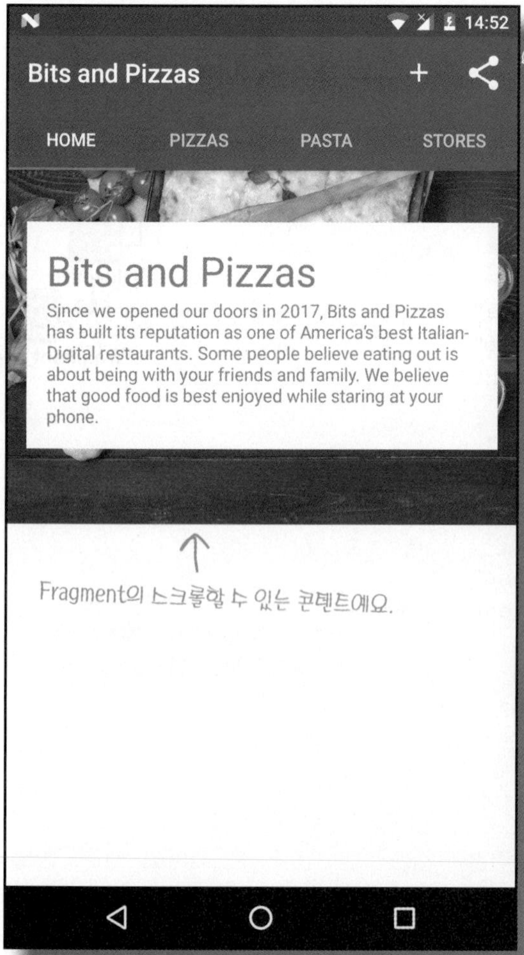

Fragment의 스크롤할 수 있는 콘텐트예요.

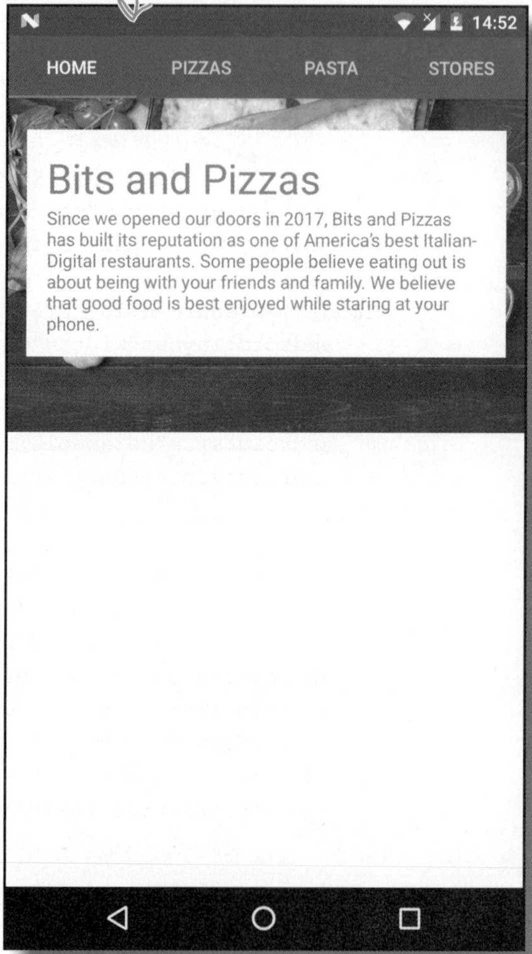

툴바를 스크롤할 수 있게 함으로써 콘텐트를 표시할 수 있는 공간이 커졌습니다. 툴바의 동작을 제어하는 액티비티나 프래그먼트 코드는 구현할 필요가 없었습니다. 이러한 기능은 디자인 지원 라이브러리에서 제공하는 위젯에서 제공하기 때문입니다.

- ☑ 스크롤되는 툴바
- → ☐ **접히는 툴바**
- ☐ FAB
- ☐ 스낵바

OrderActivity에 접히는 툴바 추가하기

접히는 툴바를 이용해 툴바를 스크롤하는 방법도 있습니다.. 처음에는 큰 툴바가 나타났다가 사용자가 콘텐트를 위로 스크롤하면 줄어들고 다시 화면의 콘텐트를 아래로 스크롤하면 늘어납니다. 접히는 툴바에 이미지를 추가할 수도 있는데 최소 높이에 이르면 이미지가 사라지고 툴바가 늘어나면 다시 나타납니다.

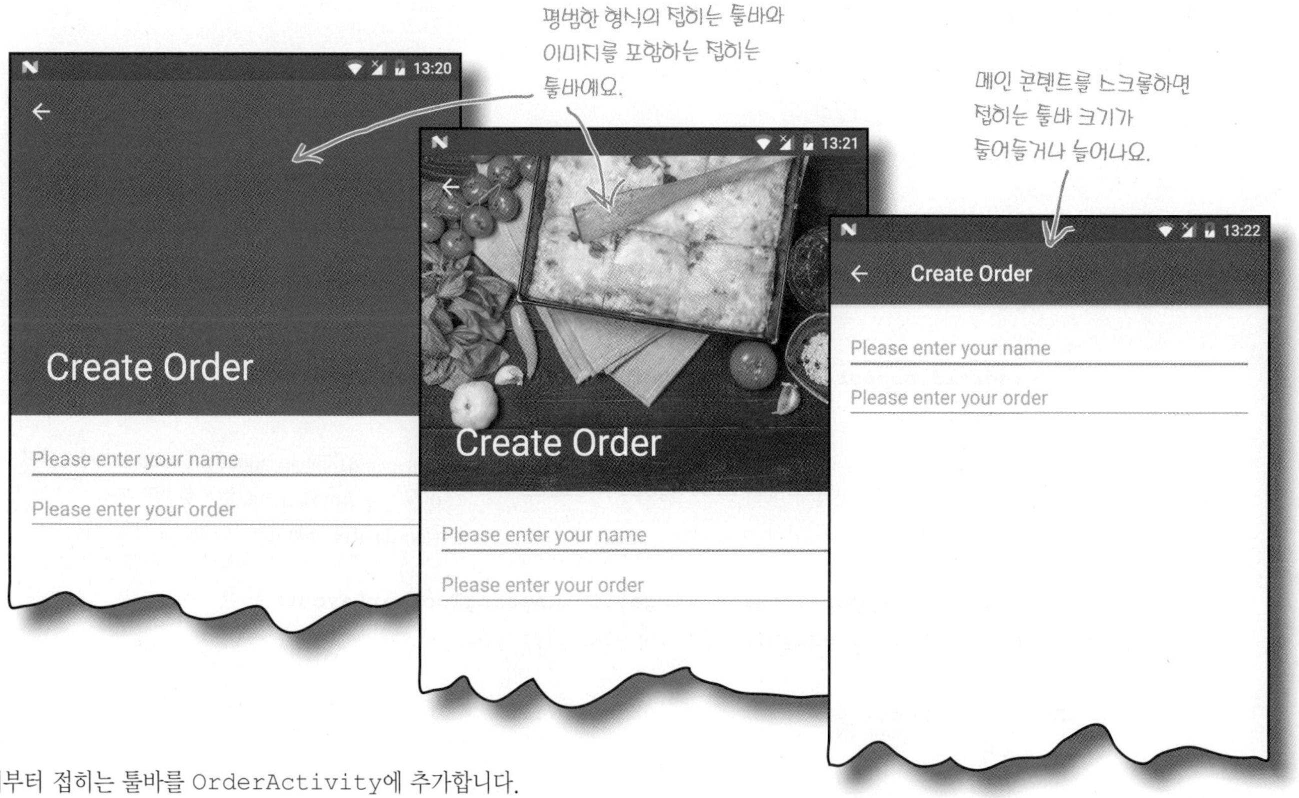

이제부터 접히는 툴바를 `OrderActivity`에 추가합니다.

우선 문자열 리소스를 추가합니다

`OrderActivity`의 레이아웃에 사용할 문자열 리소스를 strings.xml에 추가합니다. strings.xml 파일을 열고 다음 리소스를 추가하세요.

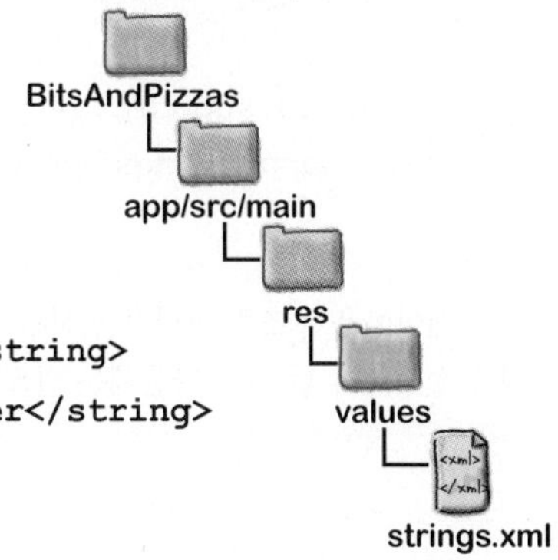


```
<string name="order_name_hint">Please enter your name</string>
<string name="order_details_hint">Please enter your order</string>
```

다음 페이지에서는 레이아웃을 바꿉니다.

평범한 형식의 접히는 툴바 생성하기

- ☑ 스크롤되는 툴바
- → ☐ 접히는 툴바
- ☐ FAB
- ☐ 스낵바

디자인 지원 라이브러리의 접히는 툴바 레이아웃으로 액티비티의 레이아웃에 접히는 툴바를 추가합니다. 먼저 코디네이터 레이아웃에 포함된 앱 바 레이아웃에 접히는 툴바 레이아웃을 추가해야 합니다. 접히는 툴바 레이아웃은 접고자 하는 툴바를 포함해야 합니다.

접히는 툴바는 다른 뷰의 스크롤 이벤트에 응답해야 하므로 스크롤할 수 있는 콘텐트를 중첩된 스크롤 뷰를 이용해 코디네이터 레이아웃에 추가해야 합니다.

다음은 접히는 툴바를 사용하는 레이아웃 파일 구조입니다.

```
<android.support.design.widget.CoordinatorLayout
    ... >

    <android.support.design.widget.AppBarLayout
        ... >

        <android.support.design.widget.CollapsingToolbarLayout
            ... >

            <android.support.v7.widget.Toolbar
                ... />

        </android.support.design.widget.CollapsingToolbarLayout>
    </android.support.design.widget.AppBarLayout>

    <android.support.v4.widget.NestedScrollView
        ...>

        ...

    </android.support.v4.widget.NestedScrollView>
</android.support.design.widget.CoordinatorLayout>
```

CollapsingToolbarLayout을 CoordinatorLayout 안에 있는 AppBarLayout에 추가했어요. CoordinatorLayout은 Toolbar를 포함해요.

스크롤할 수 있는 콘텐트는 여기에 들어가요.

이런 특별한 레이아웃 구조뿐 아니라 접히는 툴바가 제대로 작동하려면 몇 개의 주요 속성을 설정해야 합니다. 다음에는 필요한 설정을 살펴봅니다.

- [x] 스크롤되는 툴바
- [ ] 접히는 툴바
- [ ] FAB
- [ ] 스낵바

중첩된 스크롤 뷰 속성

전처럼 코디네이터 레이아웃에 사용자가 스크롤할 것으로 예상되는 뷰를 지정해야 합니다. 중첩된 스크롤 뷰의 layout_behavior 속성을 "@string/appbar_scrolling_view_behavior"로 설정합니다.

```
<android.support.v4.widget.NestedScrollView
    ...
    app:layout_behavior="@string/appbar_scrolling_view_behavior" >
```

스크롤되는 툴바를 생성할 때와 같아요.

접히는 툴바 레이아웃 속성

접히는 툴바 레이아웃이 스크롤 이벤트에 따라 접히거나 펼쳐지게 만들려면 layout_scrollFlags 속성을 지정해야 합니다. 우리 예제에서는 표준 툴바 크기로 툴바가 접히도록 만들어야 하므로 layout_scrollFlags 속성값을 "scroll|exitUntilCollapsed"로 설정합니다.

```
<android.support.design.widget.CollapsingToolbarLayout
    ...
    app:layout_scrollFlags="scroll|exitUntilCollapsed" >
```

툴바가 완전히 접힐 때까지 들어가도록 설정해요.

앱 바 레이아웃 속성

이전처럼 앱 바 레이아웃에 테마를 적용해 콘텐트의 모양을 제어합니다. 앱 바 레이아웃 콘텐트의 높이도 지정해야 합니다. 이 최대 높이만큼 접히는 툴바가 확장됩니다. 이전처럼 "@style/ThemeOverlay.AppCompat.Dark.ActionBar" 테마를 적용하고 높이는 300dp를 지정합니다.

```
<android.support.design.widget.AppBarLayout
    android:layout_width="match_parent"
    android:layout_height="300dp"
    android:theme="@style/ThemeOverlay.AppCompat.Dark.ActionBar" >
```

접히는 툴바의 최대 높이예요.

툴바 속성

툴바에 Up 버튼 같은 항목이 있다면 툴바가 접히면서 스크롤될 수 있습니다. layout_collapseMode 속성을 "pin"으로 설정하면 이를 방지할 수 있습니다.

```
<android.support.v7.widget.Toolbar
    android:id="@+id/toolbar"
    android:layout_width="match_parent"
    android:layout_height="?attr/actionBarSize"
    app:layout_collapseMode="pin" />
```

Up 버튼 같은 툴바의 항목을 화면 윗부분에 고정시켜요.

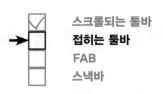

접히는 툴바를 action_order.xml로 추가하는 전체 코드

- ☑ 스크롤되는 툴바
- → ☐ 접히는 툴바
- ☐ FAB
- ☐ 스낵바

다음은 접히는 툴바를 OrderActivity에 추가하는 코드입니다. 여러분의 action_order.xml 코드도 다음처럼 바꾸세요.

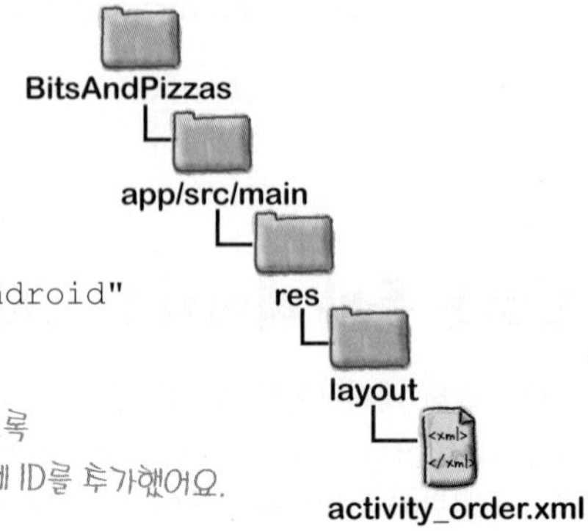


```
<?xml version="1.0" encoding="utf-8"?>
<android.support.design.widget.CoordinatorLayout
    xmlns:android="http://schemas.android.com/apk/res/android"
    xmlns:app="http://schemas.android.com/apk/res-auto"
    android:id="@+id/coordinator"
    android:layout_width="match_parent"
    android:layout_height="match_parent" >

    <android.support.design.widget.AppBarLayout
        android:layout_width="match_parent"
        android:layout_height="300dp"
        android:theme="@style/ThemeOverlay.AppCompat.Dark.ActionBar" >

        <android.support.design.widget.CollapsingToolbarLayout
            android:layout_width="match_parent"
            android:layout_height="match_parent"
            app:layout_scrollFlags="scroll|exitUntilCollapsed" >

            <android.support.v7.widget.Toolbar
                android:id="@+id/toolbar"
                android:layout_width="match_parent"
                android:layout_height="?attr/actionBarSize"
                app:layout_collapseMode="pin" />

        </android.support.design.widget.CollapsingToolbarLayout>
    </android.support.design.widget.AppBarLayout>
```

← 나중에 사용할 수 있도록 CoordinatorLayout에 ID를 추가했어요.

← CollapsingToolbarLayout이에요. AppBarLayout 안에 정의해야 해요.

← CollapsingToolbarLayout은 툴바를 포함해요.

다음 페이지에 코드가 이어져요. →

action_order.xml 코드(계속)

- ☑ 스크롤되는 툴바
- → ☐ **접히는 툴바**
- ☐ FAB
- ☐ 스낵바

```
<android.support.v4.widget.NestedScrollView
    android:layout_width="match_parent"
    android:layout_height="match_parent"
    app:layout_behavior="@string/appbar_scrolling_view_behavior" >

    <LinearLayout
        android:layout_width="match_parent"
        android:layout_height="wrap_content"
        android:orientation="vertical"
        android:padding = "16dp" >

        <EditText
            android:layout_width="match_parent"
            android:layout_height="wrap_content"
            android:hint="@string/order_name_hint" />

        <EditText
            android:layout_width="match_parent"
            android:layout_height="wrap_content"
            android:hint="@string/order_details_hint" />

    </LinearLayout>

</android.support.v4.widget.NestedScrollView>

</android.support.design.widget.CoordinatorLayout>
```

NestedScrollView는 사용자가 스크롤할 수 있는 콘텐트를 포함해요.

LinearLayout으로 스크롤할 수 있는 콘텐트의 위치를 지정해요.

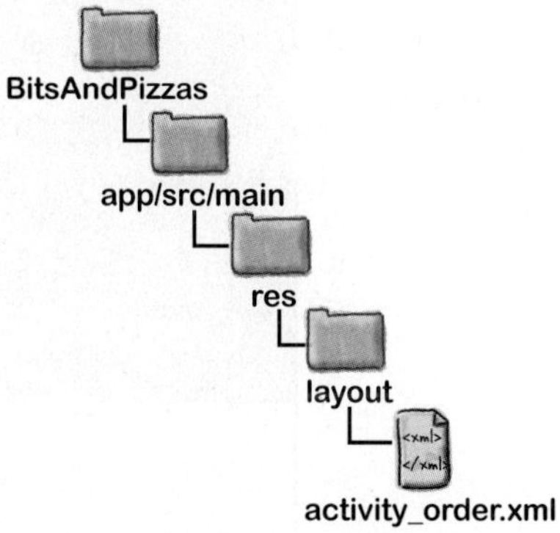

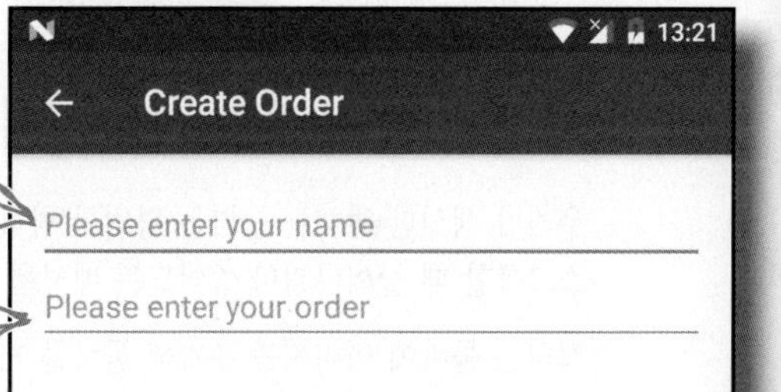

EditText로 레이아웃에 스크롤할 수 있는 콘텐트를 추가해요.

앱을 실행해서 어떤 일이 일어나는지 확인합시다.

앱 시험 주행

- [x] 스크롤되는 툴바
- [ ] **접히는 툴바**
- [ ] FAB
- [ ] 스낵바

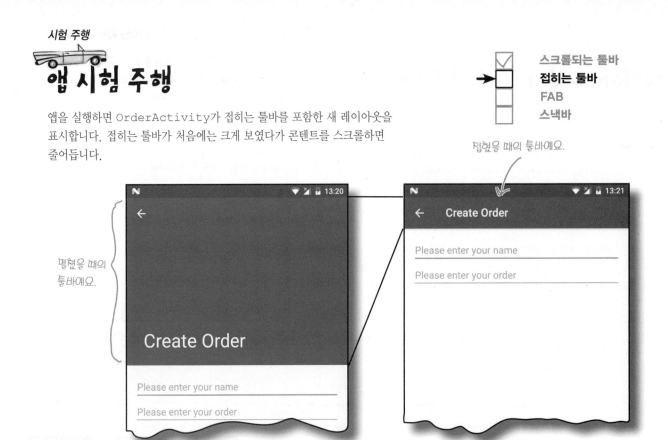

앱을 실행하면 OrderActivity가 접히는 툴바를 포함한 새 레이아웃을 표시합니다. 접히는 툴바가 처음에는 크게 보였다가 콘텐트를 스크롤하면 줄어듭니다.

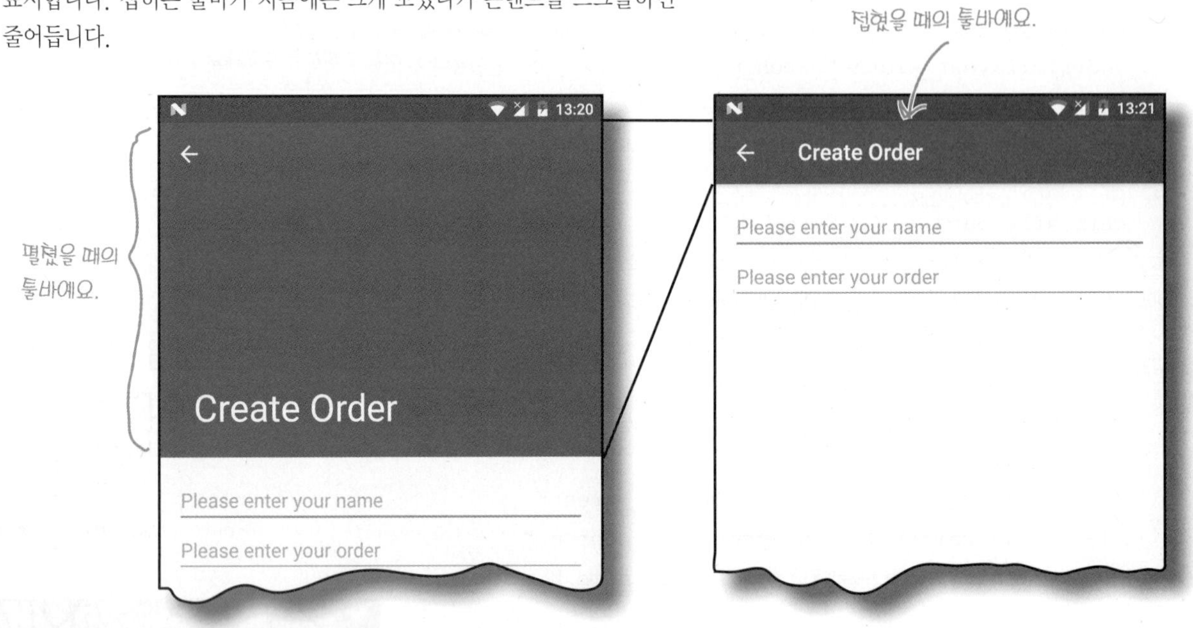

접히는 툴바에도 이미지를 추가할 수 있습니다

우리가 생성한 접히는 툴바는 평범한 형식입니다. 액티비티의 콘텐트를 스크롤할 때 늘어나거나 줄어드는 배경은 단색으로 이루어져 있습니다.

접히는 툴바에 이미지를 추가해 툴바를 개선할 수 있습니다. 접히는 툴바가 펼쳐진 상태에서는 이미지를 표시하고 줄어들면 표준 툴바를 표시합니다.

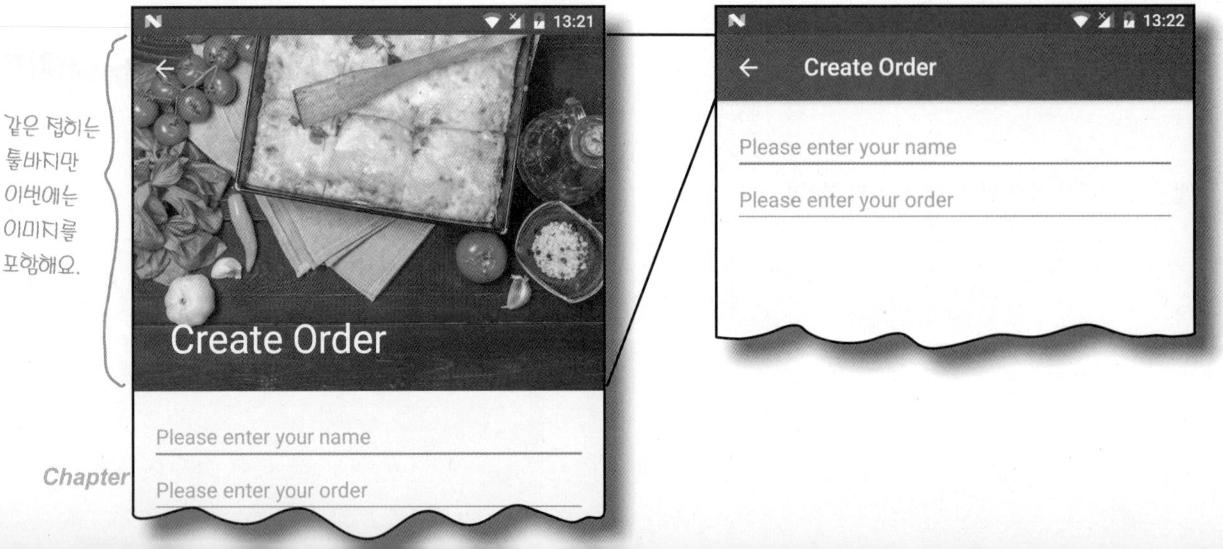

접히는 툴바에 이미지를 추가하는 방법

기존에 생성한 접히는 툴바에 이미지를 추가할 것입니다. 편의상 `TopFragment`에 추가했던 이미지를 그대로 사용합니다.

`CollapsingToolbarLayout`에 이미지를 지정하는 `ImageView`를 추가해서 접히는 툴바에 이미지를 추가합니다. 추가 선택사항으로 `ImageView`에 시차(parallax) 효과를 추가해 이미지가 다른 툴바와 다른 속도로 스크롤되도록 할 수 있습니다. 이렇게 하려면 `ImageView`의 `layout_collapseMode` 속성을 `"parallax"`로 설정합니다.

우리는 'restaurant'라는 드로워블(drawable)을 이미지로 사용합니다. 다음은 우리가 사용할 코드입니다.

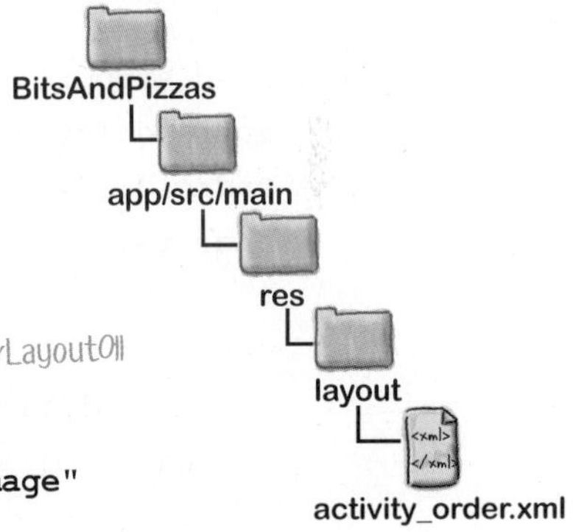


```
<android.support.design.widget.CollapsingToolbarLayout
...  >

    <ImageView
        android:layout_width="match_parent"
        android:layout_height="match_parent"
        android:scaleType="centerCrop"
        android:src="@drawable/restaurant"
        android:contentDescription="@string/restaurant_image"
        app:layout_collapseMode="parallax" />

    <Toolbar
        ... >

</android.support.design.widget.CollapsingToolbarLayout>
```

이미지를 AppBarLayout에 맞게 잘라내요. (`android:scaleType="centerCrop"`)

이 행은 선택사항이에요. 이미지가 다른 콘텐트와 다른 속도로 스크롤되도록 시차 애니메이션을 추가해요. (`app:layout_collapseMode="parallax"`)

기본적으로 툴바가 접혀도 이미지는 배경으로 표시됩니다. 툴바가 접혔을 때 단순 배경으로 돌아가려면 `CollapsingToolbarLayout`의 `contentScrim` 속성에 색상값을 설정합니다. 우리는 이전의 배경 색상이 필요하므로 `"?attr/colorPrimary"`로 설정합니다.

```
<android.support.design.widget.CollapsingToolbarLayout
    ...
    app:layout_scrollFlags="scroll|exitUntilCollapsed"
    app:contentScrim="?attr/colorPrimary" >
```

접혔을 때 툴바의 배경을 기본 색상으로 바꾸는 행이에요. (`app:contentScrim="?attr/colorPrimary"`)

필요한 구현을 모두 살펴봤고 다음 페이지에서 코드를 수정한 다음 시험 주행을 합니다.

기능을 구현한 activity_order.xml 코드

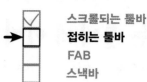

☑ 스크롤되는 툴바
→ ☐ 접히는 툴바
☐ FAB
☐ 스낵바

다음은 접히는 툴바에 이미지를 추가한 action_order.xml 코드입니다(굵은 문자로 표시한 부분을 참조해 여러분 코드도 바꾸세요).

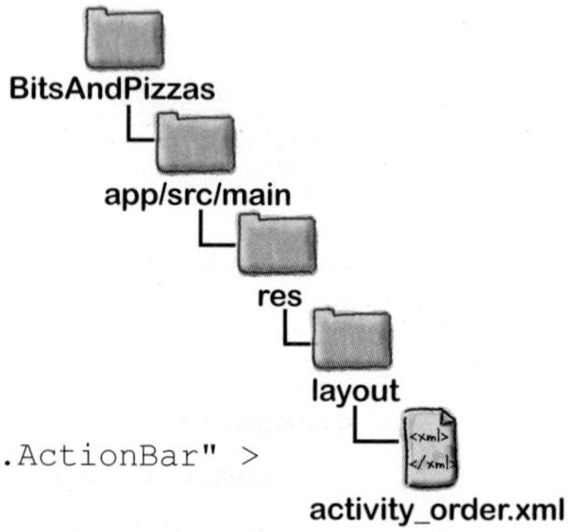


```
<?xml version="1.0" encoding="utf-8"?>
<android.support.design.widget.CoordinatorLayout
    xmlns:android="http://schemas.android.com/apk/res/android"
    xmlns:app="http://schemas.android.com/apk/res-auto"
    android:id="@+id/coordinator"
    android:layout_width="match_parent"
    android:layout_height="match_parent" >

    <android.support.design.widget.AppBarLayout
        android:layout_width="match_parent"
        android:layout_height="300dp"
        android:theme="@style/ThemeOverlay.AppCompat.Dark.ActionBar" >

        <android.support.design.widget.CollapsingToolbarLayout
            android:layout_width="match_parent"
            android:layout_height="match_parent"
            app:layout_scrollFlags="scroll|exitUntilCollapsed"
            app:contentScrim="?attr/colorPrimary" >

            <ImageView
                android:layout_width="match_parent"
                android:layout_height="match_parent"
                android:scaleType="centerCrop"
                android:src="@drawable/restaurant"
                android:contentDescription="@string/restaurant_image"
                app:layout_collapseMode="parallax" />

            <android.support.v7.widget.Toolbar
                android:id="@+id/toolbar"
                android:layout_width="match_parent"
                android:layout_height="?attr/actionBarSize"
                app:layout_collapseMode="pin" />

        </android.support.design.widget.CollapsingToolbarLayout>
    </android.support.design.widget.AppBarLayout>
```

app:contentScrim 행: 툴바가 접혔을 때 배경색을 바꾸는 행이에요.

ImageView 블록: 접히는 툴바에 이미지를 추가하는 행이에요. 멋진 시차 애니메이션을 사용했어요.

다음 페이지에 코드가 이어져요.

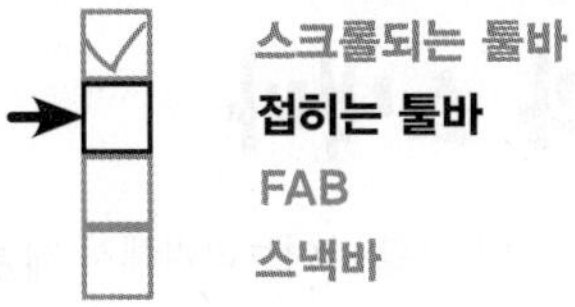

activity_order.xml 코드(계속)

```
    <android.support.v4.widget.NestedScrollView
        android:layout_width="match_parent"
        android:layout_height="match_parent"
        app:layout_behavior="@string/appbar_scrolling_view_behavior" >

        ...

    </android.support.v4.widget.NestedScrollView>
</android.support.design.widget.CoordinatorLayout>
```

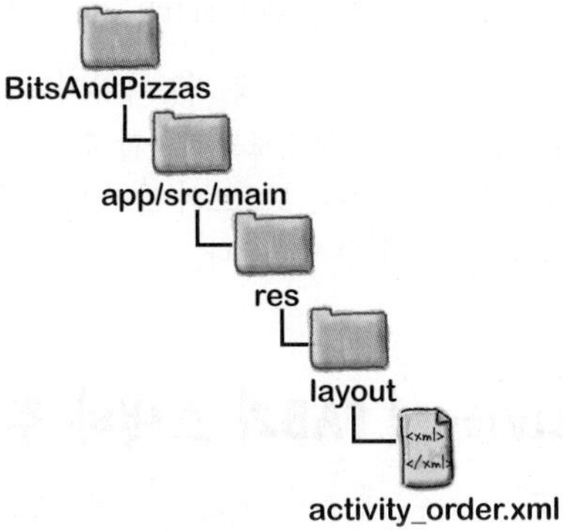

앱을 실행하면 어떤 일이 일어나는지 확인합시다.

앱 시험 주행

앱을 실행하면 OrderActivity의 접히는 툴바는 이미지를 포함합니다. 툴바를 접으면 이미지가 흐려지고 툴바의 배경이 원래 색으로 바뀝니다. 툴바를 펼치면 이미지가 다시 나타납니다.

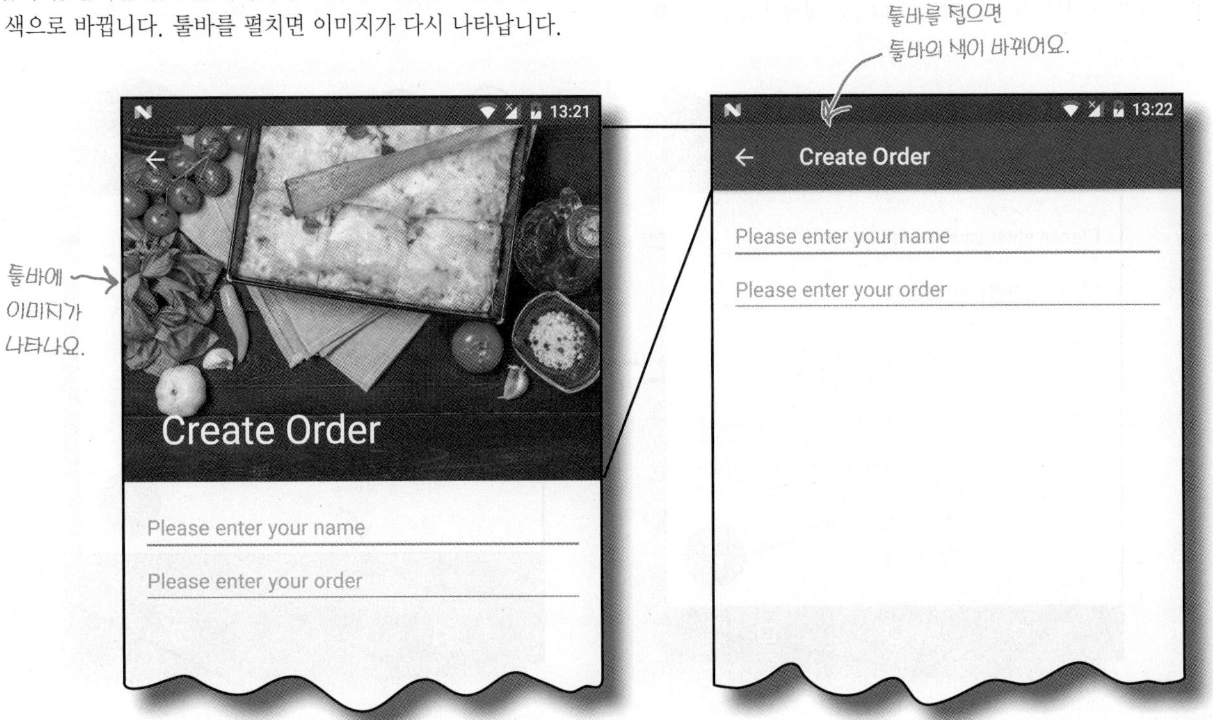

FAB과 스낵바

여기서는 디자인 지원 라이브러리에서 제공하는 FAB과 스낵바 기능을 OrderActivity에 추가합니다.

FAB은 **플로팅 액션 버튼**입니다. 보통 오른쪽 아래 화면 모서리에 동그란 아이콘으로 표시됩니다. 자주 사용하는 액션이나 사용자에게 중요한 기능을 명확하게 보여줄 때 사용합니다.

스낵바는 토스트와 비슷하지만 상호작용 기능이 추가되었습니다. 스낵바는 사용자에게 어떤 동작의 정보를 제공할 수 있게 화면 아래에 짧은 메시지를 표시합니다. 토스트와 달리 되돌리기 동작 같은 액션을 스낵바에 추가할 수 있습니다.

구글 캘린더 앱의 FAB이에요. 화면 오른쪽 아래에 떠있는 버튼 형태며, 이를 이용해 이벤트를 추가할 수 있어요.

웹 페이지를 닫으면 크롬 앱에서 표시하는 스낵바예요. 스낵바의 실행 취소(UNDO) 액션을 눌러서 페이지를 다시 열 수 있어요.

OrderActivity에 FAB과 스낵바 추가하기

FAB을 OrderActivity에 추가합시다. 사용자가 FAB을 클릭하면 메시지를 포함하는 스낵바를 표시합니다. 실생활에서는 FAB으로 사용자의 피자 주문을 저장하는 액션을 수행할 수 있지만 이 책에서는 위젯을 앱에 추가하는 방법을 보여주는 것에 집중할 것입니다.

다음은 새 버전의 OrderActivity를 실행한 모습이에요.

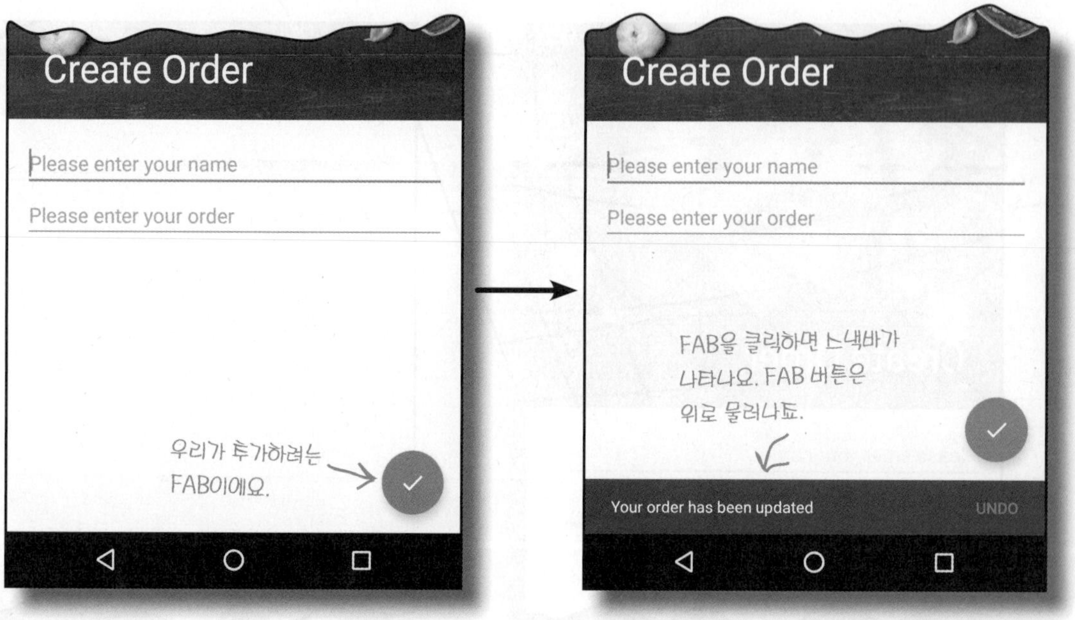

- 스크롤되는 툴바
- 접히는 툴바
- FAB
- 스낵바

FAB 아이콘 추가하기

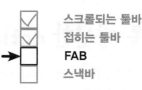

우선 FAB에 사용할 아이콘을 프로젝트에 추가합니다. 직접 아이콘을 생성해도 되지만 구글에서 제공하는 아이콘(https://design.google.com/icons/)을 사용할 수도 있습니다.

우리는 'done' 아이콘인 ic_done_white_24dp를 화면 밀도에 따라 프로젝트의 drawable* 폴더에 추가합니다. 그러면 안드로이드는 런타임에 디바이스의 화면 밀도에 따라 적당한 버전의 아이콘을 사용합니다.

FAB에 사용할 아이콘이에요.

먼저 안드로이드 스튜디오의 탐색기를 Project 뷰로 바꾸고 app/src/main/res 폴더를 선택한 다음 drawable-hdpi, drawable-mdpi, drawable-xhdpi, drawable-xxhdpi, drawable-xxxhdpi 폴더가 존재하지 않으면 폴더를 생성합니다. 그리고 http://tinyurl.com/HeadFirstAndroidDoneIcons를 방문해서 ic_done_white_24dp Bits and Pizzas 이미지를 내려받습니다. drawable-hdpi 폴더의 이미지를 프로젝트의 drawable-hdpi 폴더에 추가하고 다른 폴더도 이 과정을 반복해서 이미지를 추가합니다.

FAB을 레이아웃에 추가하는 방법

다음 코드로 레이아웃에 FAB을 추가할 수 있습니다.

```
<android.support.design.widget.CoordinatorLayout ...>

    ...

    <android.support.design.widget.FloatingActionButton
        android:layout_width="wrap_content"
        android:layout_height="wrap_content"
        android:layout_gravity="end|bottom"
        android:layout_margin="16dp"
        android:src="@drawable/ic_done_white_24dp"
        android:onClick="onClickDone" />

</android.support.design.widget.CoordinatorLayout>
```

FAB을 추가하는 코드는 ImageButton을 추가하는 코드와 비슷해요. FloatingActionButton은 ImageButton의 하위 클래스이기 때문이죠.

FAB을 액티비티에 사용하면 onClick 속성으로 FAB이 클릭되었을 때 호출될 메서드를 지정할 수 있어요.

위 코드는 화면 오른쪽 아래 모서리에 16dp 마진을 두고 FAB을 추가하는 코드입니다. src 속성으로 FAB 아이콘을 ic_done_white_24dp 드로워블로 설정했습니다. 또한 FAB의 onClick 속성을 사용해서 FAB을 클릭하면 레이아웃 액티비티의 onClickDone() 메서드를 호출하도록 지정했습니다. 이 메서드는 나중에 구현합니다.

보통 레이아웃의 여러 뷰의 움직임을 조정할 수 있도록 FAB을 CoordinatorLayout 안에 사용합니다. 우리 예제에서는 스낵바가 나타나면 FAB을 위로 이동시켜야 합니다.

다음 페이지에서는 OrderActivity의 레이아웃 코드를 보여줍니다.

머티리얼 디자인 가이드라인은 한 화면에 두 개 이상의 FAB을 사용하지 말 것을 권장합니다.

기능을 갱신한 action_order.xml 코드

- [x] 스크롤되는 툴바
- [x] 접히는 툴바
- [ ] FAB
- [ ] 스낵바

다음은 기능을 갱신한 activity_order.xml 코드입니다(굵게 표시한 문자를 참조해 여러분 코드도 바꾸세요).

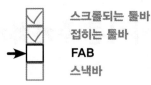

이 페이지의 코드는 바꾸지 않았어요.

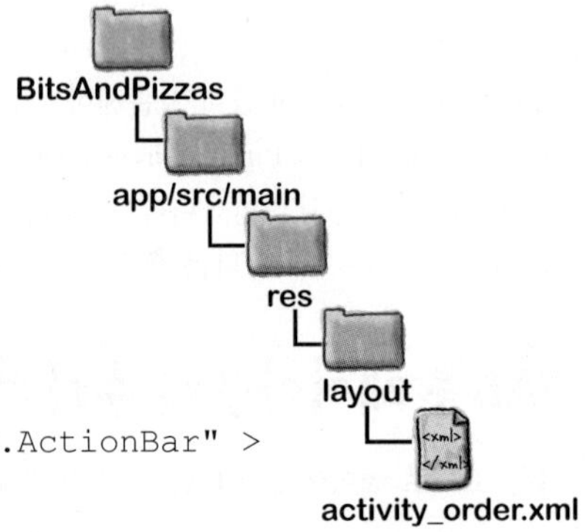


```
<?xml version="1.0" encoding="utf-8"?>
<android.support.design.widget.CoordinatorLayout
    xmlns:android="http://schemas.android.com/apk/res/android"
    xmlns:app="http://schemas.android.com/apk/res-auto"
    android:id="@+id/coordinator"
    android:layout_width="match_parent"
    android:layout_height="match_parent" >

    <android.support.design.widget.AppBarLayout
        android:layout_width="match_parent"
        android:layout_height="300dp"
        android:theme="@style/ThemeOverlay.AppCompat.Dark.ActionBar" >

        <android.support.design.widget.CollapsingToolbarLayout
            android:layout_width="match_parent"
            android:layout_height="match_parent"
            app:layout_scrollFlags="scroll|exitUntilCollapsed"
            app:contentScrim="?attr/colorPrimary" >

            <ImageView
                android:layout_width="match_parent"
                android:layout_height="match_parent"
                android:scaleType="centerCrop"
                android:src="@drawable/restaurant"
                android:contentDescription="@string/restaurant_image"
                app:layout_collapseMode="parallax" />

            <android.support.v7.widget.Toolbar
                android:id="@+id/toolbar"
                android:layout_width="match_parent"
                android:layout_height="?attr/actionBarSize"
                app:layout_collapseMode="pin" />

        </android.support.design.widget.CollapsingToolbarLayout>
    </android.support.design.widget.AppBarLayout>
```

다음 페이지에 코드가 이어져요.

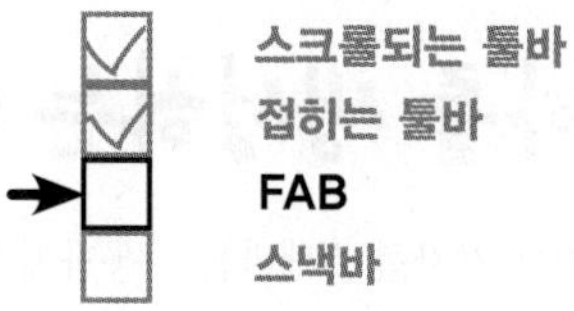

activity_order.xml 코드(계속)

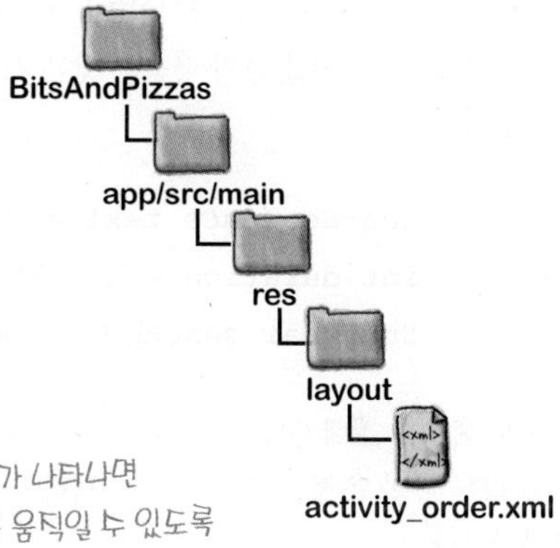


```
    <android.support.v4.widget.NestedScrollView
        android:layout_width="match_parent"
        android:layout_height="match_parent"
        app:layout_behavior="@string/appbar_scrolling_view_behavior" >

        <LinearLayout
            ...
        </LinearLayout>

    </android.support.v4.widget.NestedScrollView>

    <android.support.design.widget.FloatingActionButton
        android:layout_width="wrap_content"
        android:layout_height="wrap_content"
        android:layout_gravity="end|bottom"
        android:layout_margin="16dp"
        android:src="@drawable/ic_done_white_24dp"
        android:onClick="onClickDone" />

</android.support.design.widget.CoordinatorLayout>
```

스낵바가 나타나면 FAB을 움직일 수 있도록 CoordinatorLayout에 FAB을 추가해요.

OrderActivity에 onClickDone() 메서드 추가하기

FAB을 `OrderActivity`의 레이아웃에 추가했으니 FAB을 클릭했을 때의 동작을 액티비티 코드로 구현해야 합니다. FAB의 `onClick` 속성으로 지정한 메서드를 액티비티에 추가하여(즉, 버튼 이벤트와 같은 방법으로) 이를 구현할 수 있습니다.

`onClick` 속성을 `"onClickDone"`으로 설정했으므로 OrderActivity.java에 `onClickDone()`이라는 메소드를 추가해야 합니다.

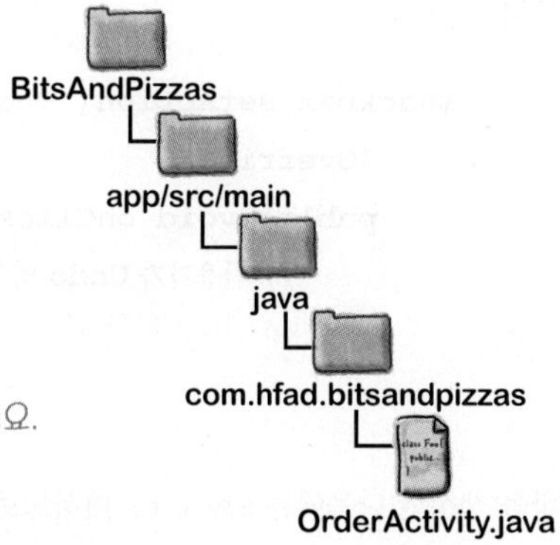


```
public void onClickDone(View view) {
    // FAB을 클릭하면 실행되는 코드
}
```

지금 이 코드를 추가할 필요는 없어요. 뒤에서 전체 코드를 보여주니까요.

사용자가 FAB을 클릭하면 스낵바를 표시하도록 코드를 구현합시다.

스낵바를 생성하는 방법

- [x] 스크롤되는 툴바
- [x] 접히는 툴바
- [x] FAB
- [ ] **스낵바**

이전에 설명한 것처럼 스택바는 사용자에게 짧은 메시지를 보여주면서 화면 아래에 나타나는 바입니다. 토스트와 비슷하지만 사용자와 상호작용을 할 수 있다는 점이 다릅니다.

스낵바는 Snackbar.make() 메서드로 생성합니다. 이 메서드는 스낵바를 포함하는 View, 표시하려는 텍스트, 지속 시간(int) 등 세 가지 인자를 받습니다. 예를 들어 다음은 짧은 시간동안 화면에 나타나는 스낵바 코드입니다.

```
CharSequence text = "Hello, I'm a Snackbar!";
int duration = Snackbar.LENGTH_SHORT;
Snackbar snackbar = Snackbar.make(findViewById(R.id.coordinator, text, duration);
```

문자열 리소스를 표시하고 싶으면 텍스트 대신 리소스 ID를 전달하세요.

위 코드에서는 스낵바를 포함하는 뷰로 coordinator를 사용했습니다. 보통 다른 뷰와 조정할 수 있도록 스낵바를 액티비티의 코디네이터에 추가합니다.

스낵바 지속 시간을 LENGTH_SHORT로 설정했는데 이는 짧은 시간 동안 스낵바가 표시됨을 의미합니다. 긴 시간을 의미하는 LENGTH_LONG과 무한을 의미하는 LENGTH_INDEFINITE 옵션도 사용할 수 있습니다. 어떤 옵션을 사용하든 사용자가 스낵바를 스와이프하여 화면에서 사라지게 할 수 있습니다.

setAction() 메서드로 스낵바에 액션을 추가할 수 있습니다. 예를 들어 사용자에게 방금 수행한 동작을 취소할 수 있는 액션을 제공할 수 있습니다. setAction() 메서드는 액션에 표시할 텍스트와 View.OnClickListener() 두 개의 인자를 받습니다. 사용자가 액션을 클릭했을 때 수행할 코드는 모두 리스너의 onClick() 이벤트에 정의합니다.

setAction() 메서드에 액션에 표시할 텍스트와 View.OnClickListener를 인자로 전달해요.

```
snackbar.setAction("Undo", new View.OnClickListener() {
    @Override
    public void onClick(View view) {
        // 사용자가 Undo 액션을 클릭하면 실행할 코드
    }
});
```

사용자가 Undo 액션을 클릭했을 때 실행할 동작을 지정해요.

스낵바를 생성한 다음에는 show() 메서드로 화면에 표시합니다.

```
snackbar.show();
```

수영장 퍼즐

여러분의 **임무**는 OrderActivity의 onClickDone() 메서드로 스낵바를 나타나게 하는 것입니다. 스낵바는 클릭했을 때 토스트를 보여주는 "Undo"라는 액션도 포함합니다. 수영장에 있는 코드 조각을 이용해 빈 행을 채우세요. 한 코드 조각은 한 번 이상 사용할 수 **없으며** 모든 코드 조각을 사용할 필요는 없습니다.

```
public void onClickDone(View view) {
    CharSequence text = "Your order has been updated";
    int duration = ........................................;
    Snackbar snackbar = Snackbar. ...............(findViewById(R.id.coordinator), .............., ..............);
    snackbar.setAction("Undo", new View.OnClickListener() {
        @Override
        public void onClick(View view) {
            Toast toast = Toast. ................ OrderActivity.this, "Undone!", ..................................);
            toast. ................;
        }
    });
    snackbar. ................;
}
```

참고: 퍼즐 조각은 한 번만 사용할 수 있어요!

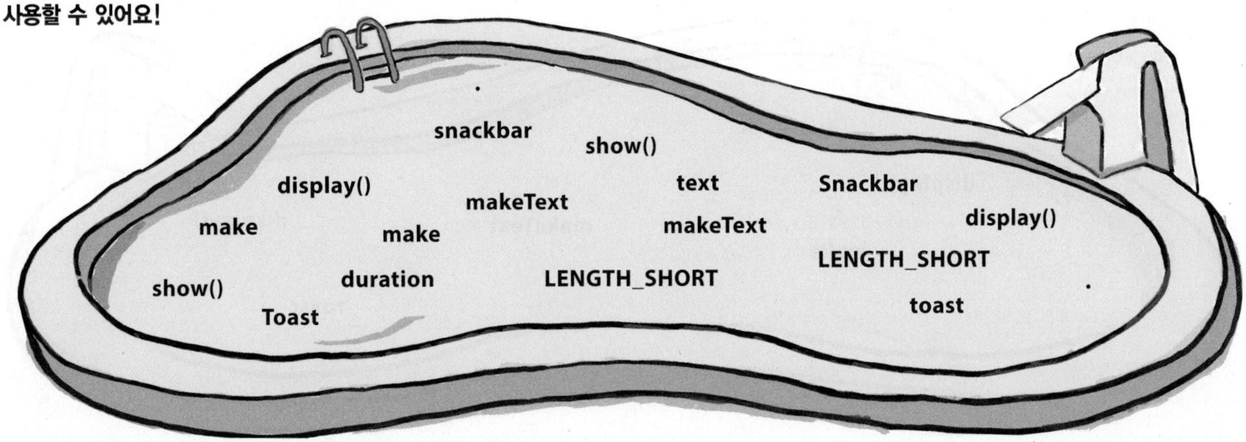

수영장 퍼즐 정답

여러분의 **임무**는 OrderActivity의 onClickDone() 메서드로 스낵바를 나타나게 하는 것입니다. 스낵바는 클릭했을 때 토스트를 보여주는 "Undo"라는 액션도 포함합니다. 수영장에 있는 코드 조각을 이용해 빈 행을 채우세요. 한 코드 조각은 한 번 이상 사용할 수 **없으며** 모든 코드 조각을 사용할 필요는 없습니다.

```
public void onClickDone(View view) {
    CharSequence text = "Your order has been updated";
    int duration = Snackbar . LENGTH_SHORT ;
    Snackbar snackbar = Snackbar. make (findViewById(R.id.coordinator), text , duration );
    snackbar.setAction("Undo", new View.OnClickListener() {
        @Override
        public void onClick(View view) {
            Toast toast = Toast. makeText OrderActivity.this, "Undone!", Toast . LENGTH_SHORT );
            toast. show() ;
        }
    });
    snackbar. show() ;
}
```

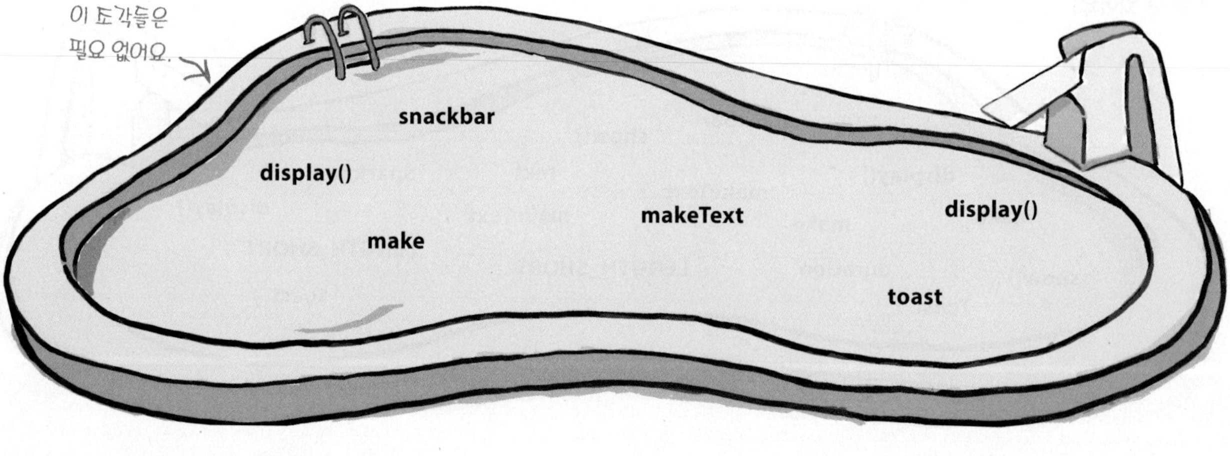

- [x] 스크롤되는 툴바
- [x] 접히는 툴바
- [x] FAB
- [ ] **스낵바**

OrderActivity.java 전체 코드

스낵바에 액션을 추가하는 코드를 포함한 OrderActivity.java 전체 코드입니다. 여러분 파일도 다음처럼 바꾸세요(굵은 문자로 표시한 부분을 참조하세요).

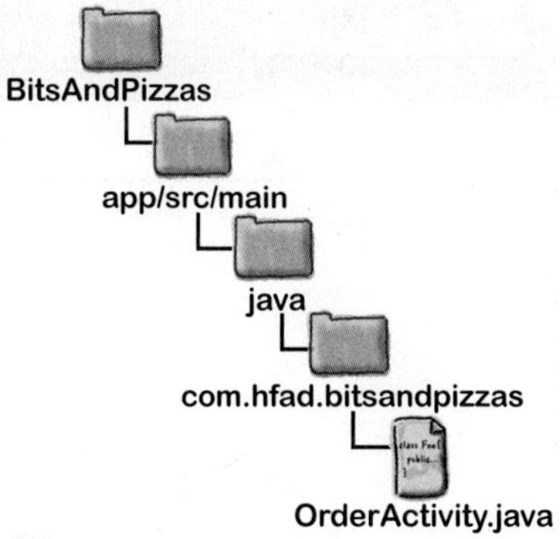


```
package com.hfad.bitsandpizzas;

import android.support.v7.app.AppCompatActivity;
import android.os.Bundle;
import android.support.v7.widget.Toolbar;
import android.support.v7.app.ActionBar;
import android.view.View;
import android.support.design.widget.Snackbar;
import android.widget.Toast;
```

새로 사용하는 클래스이므로 임포트하세요.

```
public class OrderActivity extends AppCompatActivity {

    @Override
    protected void onCreate(Bundle savedInstanceState) {
        super.onCreate(savedInstanceState);
        setContentView(R.layout.activity_order);
        Toolbar toolbar = (Toolbar) findViewById(R.id.toolbar);
        setSupportActionBar(toolbar);
        ActionBar actionBar = getSupportActionBar();
        actionBar.setDisplayHomeAsUpEnabled(true);
    }
```

사용자가 FAB을 클릭하면 이 메서드가 호출돼요.

```
    public void onClickDone(View view) {
        CharSequence text = "Your order has been updated";
        int duration = Snackbar.LENGTH_SHORT;
        Snackbar snackbar = Snackbar.make(findViewById(R.id.coordinator), text, duration);
        snackbar.setAction("Undo", new View.OnClickListener() {
            @Override
            public void onClick(View view) {
                Toast toast = Toast.makeText(OrderActivity.this, "Undone!", Toast.LENGTH_SHORT);
                toast.show();
            }
        });
        snackbar.show();
    }
}
```

- 스낵바를 생성해요. (Snackbar snackbar = ...)
- 스낵바에 액션을 추가해요. (snackbar.setAction(...))
- 사용자가 스낵바의 액션을 클릭하면 토스트를 보여줘요.
- 스낵바를 표시해요. (snackbar.show())

앱 시험 주행

- 스크롤되는 툴바
- 접히는 툴바
- FAB
- 스낵바

앱을 실행하면 `OrderActivity`에 FAB이 나타납니다. FAB을 클릭하면 스낵바가 나타나면서 FAB이 위로 올라가요. 스낵바의 Undo 액션을 클릭하면 토스트가 나타나요.

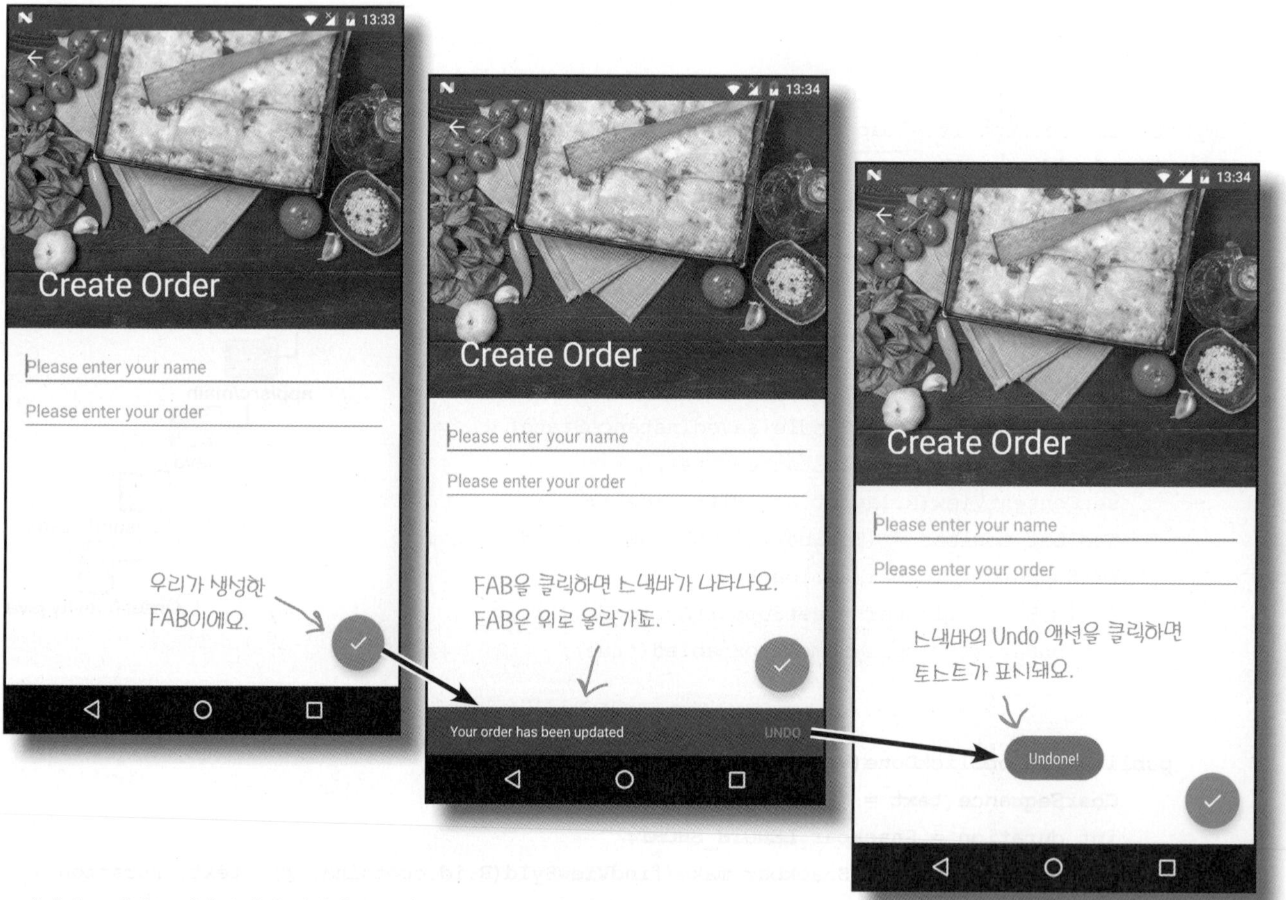
13:33
Create Order
Please enter your name
Please enter your order
우리가 생성한 FAB이에요.
13:34
Create Order
Please enter your name
Please enter your order
FAB을 클릭하면 스낵바가 나타나요. FAB은 위로 올라가요.
Your order has been updated
UNDO
13:34
Create Order
Please enter your name
Please enter your order
스낵바의 Undo 액션을 클릭하면 토스트가 표시돼요.
Undone!

보다시피 스낵바는 사용자에게 메시지를 보여주므로 토스트와 비슷한 점이 많아요. 하지만 사용자가 우리가 보여주는 정보와 상호작용할 수 있게 하려면 스낵바를 이용해야 해요.

CHAPTER 12

우리의 안드로이드 도구상자

12장을 마치면서 디자인 지원 라이브러리 기술을 도구상자에 추가했습니다.

이 책의 전체 코드는 https://tinyurl.com/HeadFirstAndroid에서 내려받을 수 있어요.

핵심정리

- **뷰 페이저**로 스와이프 탐색을 활성화할 수 있습니다.
- **프래그먼트 페이저 어댑터**를 구현해 뷰 페이저에 페이지 정보를 전달할 수 있습니다.
- 프래그먼트 페이저 어댑터의 `getCount()` 메서드는 얼마나 많은 페이지가 있는지 뷰 페이저에 알려줍니다. `getItem()` 메서드로 각 페이지에 어떤 프래그먼트가 표시되어야 하는지 지정합니다.
- **탭 레이아웃**을 구현해 탭 내비게이션을 추가합니다. 툴바와 탭 레이아웃을 레이아웃 코드의 **앱 바 레이아웃** 안에 추가한 다음 탭 레이아웃을 액티비티 코드의 뷰 페이저로 연결합니다.
- 탭 레이아웃은 **안드로이드 디자인 지원 라이브러리**에서 제공합니다. 이 라이브러리는 앱에 **머티리얼 디자인 가이드라인**을 구현하는 데 도움을 줍니다.
- **코디네이터 레이아웃**으로 뷰 간의 애니메이션을 조정합니다.
- 코디네이터 레이아웃이 조정할 수 있는 스크롤 가능한 콘텐트를 **중첩된 스크롤 뷰**를 사용하여 추가합니다.
- 사용자의 스크롤 액션에 응답해 접거나 펴는 툴바를 추가하려면 **접히는 툴바 레이아웃**을 사용하세요.
- **FAB**(플로팅 액션 버튼)을 이용하면 사용자가 공통 액션이나 중요한 사용자 액션을 쉽게 이용할 수 있도록 제공할 수 있어요.
- **스낵바**로 사용자가 상호작용할 수 있는 짧은 메시지를 표시할 수 있어요.

13 리사이클러 뷰와 카드 뷰

재활용하기

리스트 뷰가 대단한 기능을 가지고 있지는 않지만 대부분의 앱에서 핵심 기능을 담당한다는 사실은 이미 확인했습니다. 지금까지 살펴본 머티리얼 디자인 컴포넌트와 비교하면 리스트 뷰는 다소 평범합니다. 이 장에서는 더 많은 유연성과 미티리얼 정신에 맞는 진보된 형식의 리스트인 **리사이클러 뷰**를 소개합니다. 우리의 데이터에 맞는 **어댑터**를 생성하는 방법과 단 두 행의 코드로 리스트의 모양을 완전히 바꾸는 방법을 설명합니다. 또한 3D 머티리얼 디자인 형식으로 데이터를 제공하는 **카드 뷰**를 사용하는 방법도 설명합니다.

Bits and Pizzas 앱에 아직 개선할 부분이 남아 있습니다

앞 장에서 디자인 지원 라이브러리에서 제공하는 탭 레이아웃, FAB, 접히는 툴바 등을 Bits and Pizzas 앱에 추가했습니다. 이렇게 함으로써 사용자가 앱을 조금 더 쉽게 탐색할 수 있게 되었으며 일관적인 머티리얼 디자인의 모습과 느낌을 갖게 되었습니다. 이미 언급했듯이 머티리얼 디자인은 종이와 잉크에 영감을 받았으며 실생활의 사물(인덱스카드, 여러 장의 종이 등)의 모양과 동작을 반영할 수 있도록 인쇄 기반의 디자인 원칙과 움직임을 사용합니다. 하지만 우리가 살펴보지 않은 주요 부분이 있는데 바로 리스트입니다.

현재는 가능한 피자, 파스타, 상점을 나타내기 위해 리스트 뷰를 `PizzaFragment`, `PastaFragment`, `StoresFragment`에 사용하고 있습니다. 앱의 다른 부분과 달리 리스트는 현재 아주 평범한 모습이며, 다른 컴포넌트와 비슷한 모습과 느낌을 갖도록 추가로 작업을 할 수 있습니다.

리스트 뷰의 또 다른 단점은 중첩된 스크롤을 구현하지 않는다는 사실입니다. 앞 장에서는 사용자가 액티비티 프래그먼트 콘텐트를 스크롤하면 `MainActivity`의 툴바가 이에 응답하도록 만들었습니다. 이 기능은 `TopFragment`에 중첩된 스크롤 뷰를 이용해 구현했습니다. 하지만 다른 프래그먼트는 중첩된 스크롤을 사용하지 않으므로 다른 프래그먼트에서 콘텐트를 스크롤하면 툴바가 고정된 채로 남아 있습니다.

`PizzaFragment`에 **리사이클러 뷰**를 이용해서 이 문제를 해결합시다. 리사이클러 뷰는 중첩된 스크롤을 구현하는 리스트 뷰의 세련되고 유연한 버전입니다. 리스트 뷰에 각 피자 이름을 표시하는 것으로 끝나지 않고 리사이클러 뷰로 이미지도 표시할 겁니다.

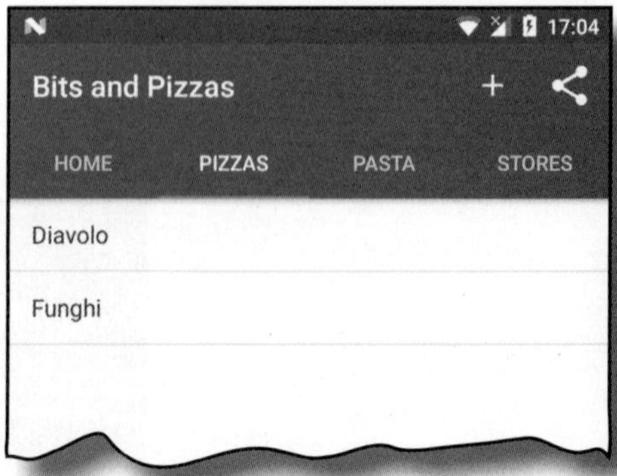
17:04
Bits and Pizzas
HOME
PIZZAS
PASTA
STORES
Diavolo
Funghi
현재 PizzaFragment예요. 피자 리스트를 포함하며 아주 단순한 모양이에요.

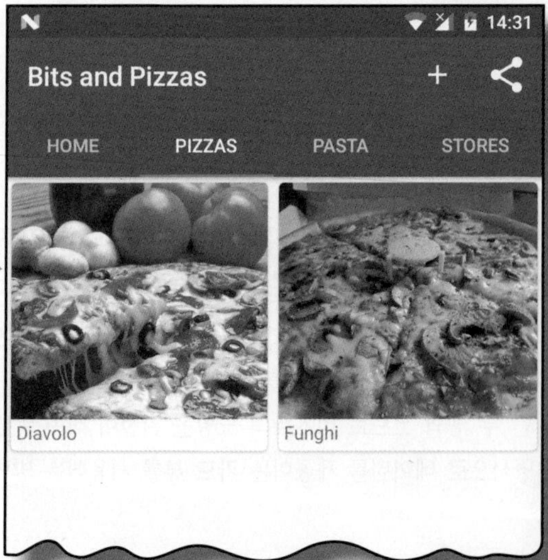
14:31
Bits and Pizzas
HOME
PIZZAS
PASTA
STORES
Diavolo
Funghi
PizzaFragment에 추가하려는 리사이클러 뷰예요.
리사이클러 뷰를 스크롤하면 툴바도 움직여요. TopFragment처럼 동작해요.

10,000피트 상공에서 리사이클러 뷰 내려다보기

코드를 살펴보기 전에 먼저 리사이클러 뷰의 작동 방법을 살펴봅시다. 리사이클러 뷰는 리스트 뷰보다 유연하므로 더 많은 설정이 필요합니다.

리스트 뷰처럼 리사이클러 뷰도 화면 밖에 있는 뷰를 포함한 많은 뷰 컬렉션을 작은 개수의 뷰를 이용해 효율적으로 관리합니다. 이때 리스트 뷰에 비해 데이터 표시 방법을 더 유연하게 구성할 수 있습니다.

리사이클러 뷰에서는 **어댑터**로 데이터에 접근할 수 있습니다. 하지만 리스트 뷰와 달리 배열 어댑터 같은 내장 안드로이드 어댑터를 사용하지 않습니다. 리사이클러 뷰에서는 **우리 데이터에 맞는 어댑터를 직접 구현해야 합니다.** 데이터의 유형이 무엇인지, 뷰를 어떻게 생성하는지, 데이터를 어떻게 뷰에 연결하는지 등을 지정해야 합니다.

리사이클러 뷰의 항목 위치는 **레이아웃 관리자**로 지정합니다. 선형 리스트나 그리드 등에 아이템을 위치시킬 수 있는 여러 내장 레이아웃 관리자가 있습니다.

다음 그림은 모든 요소를 보여줍니다.

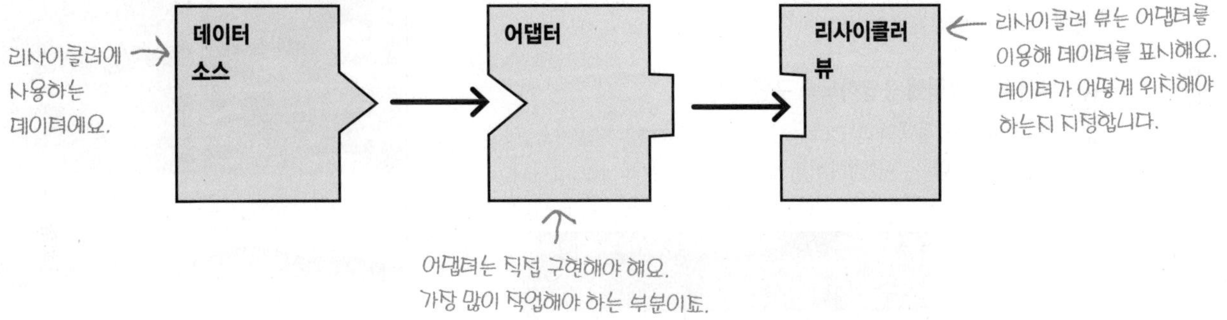

우리 예제에서는 리사이클러 뷰로 피자 이름과 이미지를 표시합니다. 다음 페이지에서 이 작업을 진행하는 단계를 설명합니다.

우리가 해야 할 일

다음 다섯 단계를 거쳐 리사이클러 뷰를 구현합니다.

1. **피자 데이터를 프로젝트에 추가하기**
   피자 이미지와 새로운 `Pizza` 클래스를 프로젝트에 추가합니다. 이 클래스를 리사이클러 뷰의 데이터 소스로 설정합니다.

2. **피자 데이터를 보여줄 카드 뷰 생성하기**
   리사이클러 뷰의 각 피자를 별도의 카드에 표시되는 것처럼 만들 것입니다. 카드 뷰라는 새로운 종류의 뷰로 이를 구현합니다.

3. **리사이클러 뷰 어댑터 생성하기**
   이전 페이지에서 설명한 것처럼 리사이클러 뷰를 이용하려면 직접 어댑터를 구현해야 합니다. 우리 예제에서는 피자 데이터를 카드 뷰의 각 항목에 연결하는 어댑터가 필요합니다. 그리고 리사이클러 뷰로 각 카드를 표시할 수 있습니다.

4. **리사이클러 뷰를 PizzaFragment에 추가하기**
   어댑터를 생성한 다음에는 리사이클러 뷰를 `PizzaFragment`에 추가합니다. 어댑터와 레이아웃 관리자를 이용해 피자 데이터를 두 개의 그리드 열로 표시합니다.

5. **리사이클러 뷰가 클릭에 응답하도록 구현하기**
   사용자가 한 피자를 선택하면 `PizzaDetailActivity`라는 새로운 액티비티를 시작합니다. 이 액티비티에 피자 정보를 표시할 겁니다.

피자 데이터를 표시하는 카드 뷰예요.

리사이클러 뷰예요.

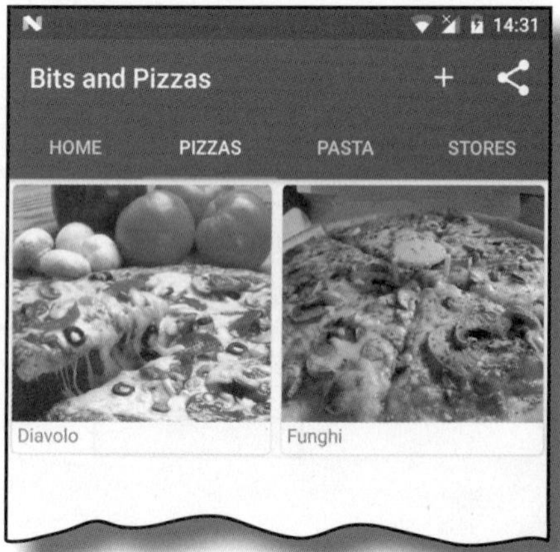

PizzaDetailActivity예요.

직접 해보세요!

이 장에서는 기존의 Bits and Pizzas 앱을 갱신하므로 안드로이드 스튜디오에서 Bits and Pizzas 프로젝트를 여세요.

우선 피자 데이터를 추가합니다.

- ➜ 피자 데이터
- 카드 뷰
- 어댑터
- 리사이클러 뷰
- 클릭

피자 데이터 추가하기

피자 이미지를 Bits and Pizzas 프로젝트에 추가합니다. https://git.io/v9oet에서 diavolo.jpg와 funghi.jpg를 내려받은 다음 app/src/main/res/drawable-nodpi 폴더에 추가합니다. 앞 장에서 이미지를 추가할 때 이 폴더를 이미 만들었습니다.

피자 이미지예요.

Pizza 클래스 추가하기

`Pizza` 클래스를 추가한 다음 이 클래스에서 데이터를 얻을 것입니다. 이 클래스는 두 개의 피자 정보를 포함하는 pizzas 배열을 정의하며 각 피자는 이름과 이미지 리소스 ID 정보를 포함합니다. 안드로이드 스튜디오의 탐색기를 Project 뷰로 바꾸고 app/src/main/java 폴더에서 `com.hfad.bitsandpizzas` 패키지를 선택한 다음 File → New... → Java Class를 선택합니다. 클래스 이름은 'Pizza'로 하고 패키지 이름이 `com.hfad.bitsandpizzas`인지 확인합니다. Pizza.java 코드를 다음처럼 바꿉니다.

실제 앱에서는 데이터베이스를 사용할 거예요. 우리는 편의상 자바 클래스를 이용해요.

```
package com.hfad.bitsandpizzas;

public class Pizza {
    private String name;
    private int imageResourceId;

    public static final Pizza[] pizzas = {
            new Pizza("Diavolo", R.drawable.diavolo),
            new Pizza("Funghi", R.drawable.funghi)
    };

    private Pizza(String name, int imageResourceId) {
        this.name = name;
        this.imageResourceId = imageResourceId;
    }

    public String getName() {
        return name;
    }

    public int getImageResourceId() {
        return imageResourceId;
    }
}
```

각 피자는 이름과 이미지 리소스 ID를 가져요. 이미지 리소스 ID는 위에서 프로젝트에 추가한 피자 이미지를 가리켜요.

Pizza 클래스 생성자

비공개 변수의 게터예요.

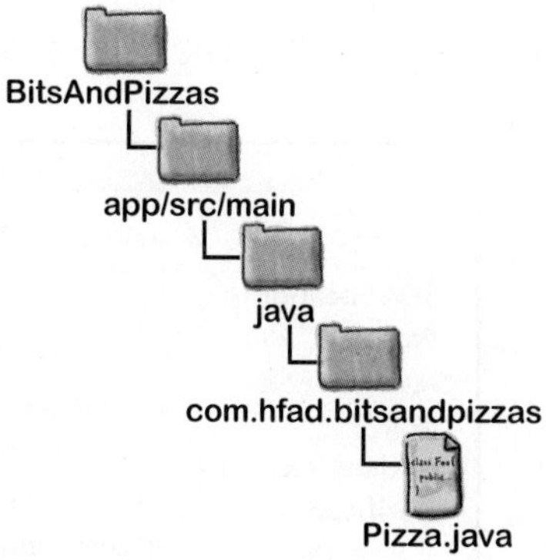

카드에 피자 데이터 표시하기

- [x] 피자 데이터
- [ ] **카드 뷰**
- [ ] 어댑터
- [ ] 리사이클러 뷰
- [ ] 클릭

이제 피자 데이터의 레이아웃을 정의해야 합니다. 리사이클러 뷰의 각 항목이 어떻게 표시되어야 하는지 결정하는 리사이클러 뷰의 어댑터에서 이 레이아웃을 사용합니다. 우리는 이 레이아웃에 **카드 뷰**를 사용합니다.

카드 뷰는 가상의 카드에 정보를 표시할 수 있는 프레임 레이아웃의 일종입니다. 카드 뷰는 둥근 모서리를 가질 수 있으며 배경 위에 떠 있음을 보여줄 수 있도록 그림자를 표시할 수 있습니다. 우리 예제에서는 리사이클러 뷰에 피자 정보를 포함하는 각각의 카드 뷰가 표시되도록 구현합니다.

카드 뷰예요. 카드 뷰로 리사이클러 뷰에 피자 데이터를 표시해요.

CardView와 RecyclerView 지원 라이브러리 추가하기

카드 뷰와 리사이클러 뷰는 CardView와 RecyclerView v7 지원 라이브러리에서 제공합니다. 따라서 각각의 지원 라이브러리를 프로젝트에 디펜던시로 추가해야 합니다.

안드로이드 스튜디오에서 File → Project Structure를 선택합니다. Project Structure 창에서 'app' 옵션을 클릭하고 Dependencies 탭을 선택합니다. 그리고 화면 아래나 오른쪽에 있는 '+' 버튼을 클릭한 다음 'Library dependency' 옵션을 선택하고 CardView 라이브러리를 추가합니다. 이 과정을 반복해 RecyclerView-v7 라이브러리도 추가한 다음 OK 버튼을 클릭해 설정을 저장합니다.

두 라이브러리를 모두 추가했는지 확인하세요.

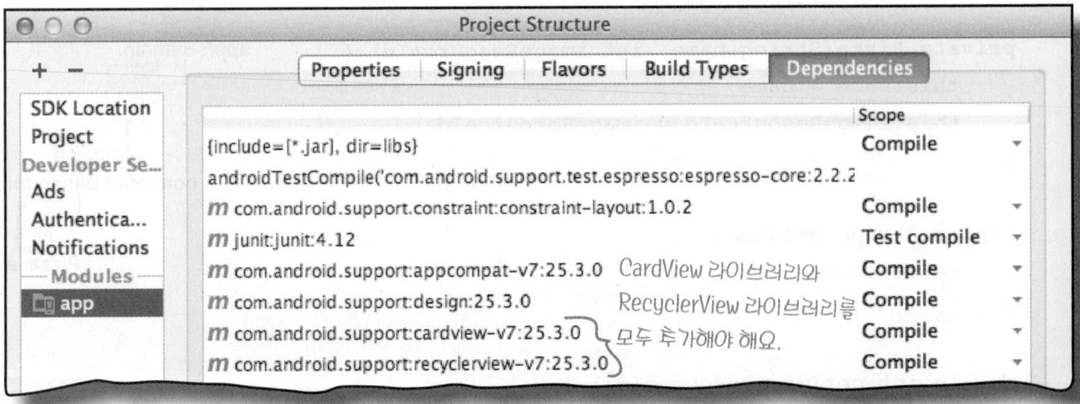

필요한 지원 라이브러리를 추가했으면 피자 데이터에 사용할 카드 뷰를 생성합니다.

- ☑ 피자 데이터
- ➔ **카드 뷰**
- 어댑터
- 리사이클러 뷰
- 클릭

카드 뷰를 생성하는 방법

이미지와 설명을 표시하는 카드 뷰를 생성합니다. 지금은 각 피자의 이미지와 이름을 카드 뷰에 사용하지만 나중에는 이 레이아웃을 파스타와 상점에도 적용할 겁니다.

레이아웃에 <CardView> 요소를 추가해서 카드 뷰를 생성할 수 있습니다. 리사이클러 뷰에 카드 뷰를 사용하려면 카드 뷰에 사용할 새 레이아웃 파일을 생성해야 합니다. app/src/main/res/layout 폴더를 선택한 다음 File → New → Layout resource file을 선택합니다. 레이아웃 이름은 'card_captioned_image'로 설정합니다.

다음은 카드 뷰를 레이아웃에 추가하는 코드입니다.

```
<android.support.v7.widget.CardView
    xmlns:android="http://schemas.android.com/apk/res/android"
    xmlns:card_view="http://schemas.android.com/apk/res-auto"
    android:id="@+id/card_view"
    android:layout_width="match_parent"
    android:layout_height="200dp"
    android:layout_margin="4dp"
    card_view:cardElevation="2dp"
    card_view:cardCornerRadius="4dp">

    ...

</android.support.v7.widget.CardView>
```

CardView를 정의해요.

카드의 고도(elevation) 값으로 그림자를 추가해요.

카드 뷰의 모서리를 둥글게 설정해요.

여기에 CardView에 표시할 뷰를 추가해요.

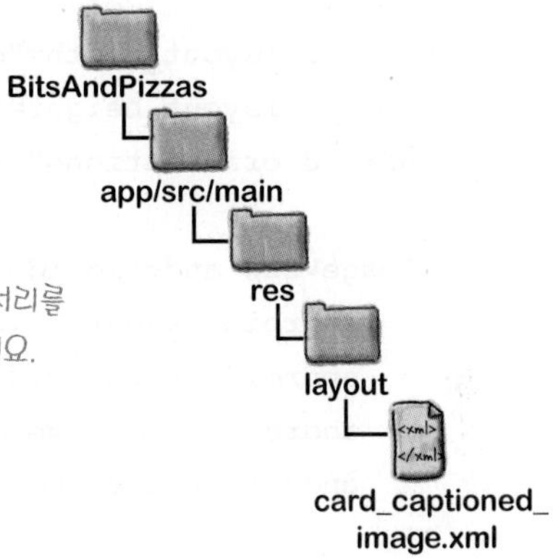

카드 모서리를 둥글게 하고 그림자를 이용해 배경 위에 떠 있는 효과를 줄 수 있도록 위 코드에서는 다음과 같이 네임영역을 추가했습니다.

```
xmlns:card_view="http://schemas.android.com/apk/res-auto"
```

`card_view:cardCornerRadius` 속성으로 모서리를 둥글게 설정하고, `card_view:cardElevation` 속성으로 고도를 설정해 그림자를 만듭니다.

카드 뷰를 정의했으면 카드 뷰에 표시할 뷰를 추가합니다. 우리 예제에서는 피자 이름과 이미지를 표시할 텍스트 뷰와 이미지 뷰가 필요합니다. 다음 페이지에서 전체 코드를 보여줍니다.

card_captioned_image.xml 전체 코드

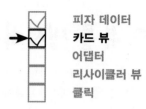

피자 데이터
카드 뷰
어댑터
리사이클러 뷰
클릭

다음은 card_captioned_image.xml 전체 코드입니다(여러분 파일도 아래 코드처럼 바꾸세요).

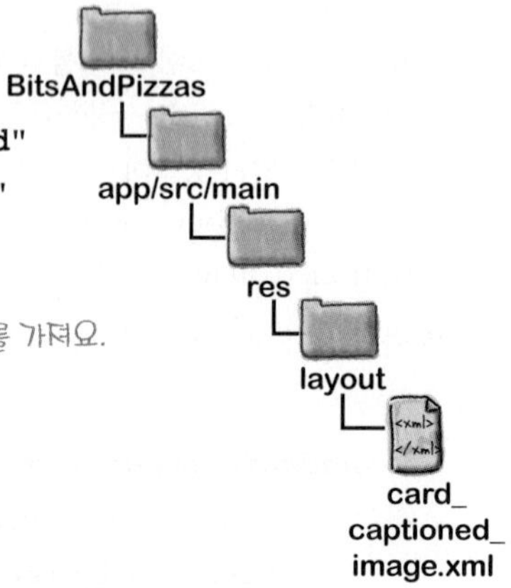


```
<?xml version="1.0" encoding="utf-8"?>
<android.support.v7.widget.CardView
    xmlns:android="http://schemas.android.com/apk/res/android"
    xmlns:card_view="http://schemas.android.com/apk/res-auto"
    android:id="@+id/card_view"
    android:layout_width="match_parent"
    android:layout_height="200dp"
    android:layout_margin="5dp"
    card_view:cardElevation="2dp"
    card_view:cardCornerRadius="4dp">

    <LinearLayout
        android:layout_width="match_parent"
        android:layout_height="match_parent"
        android:orientation="vertical">

        <ImageView android:id="@+id/info_image"
            android:layout_height="0dp"
            android:layout_width="match_parent"
            android:layout_weight="1.0"
            android:scaleType="centerCrop"/>

        <TextView
            android:id="@+id/info_text"
            android:layout_marginLeft="4dp"
            android:layout_marginBottom="4dp"
            android:layout_height="wrap_content"
            android:layout_width="match_parent"/>
    </LinearLayout>
</android.support.v7.widget.CardView>
```

부모만큼의 너비와 200dp의 높이를 가져요.

CardView는 오직 한 개의 직계 자식을 가질 수 있으므로 ImageView와 TextView를 선형 레이아웃에 추가했어요.

이미지는 CardView가 허용하는 최대 너비로 표시돼요.

centerCrop을 이용해 이미지 비율을 똑같이 조절해요.

CardView는 ImageView와 TextView를 포함해요.

데이터를 추가한 CardView 모습이에요. 이는 리사이클러 뷰 어댑터로 구현해요.

위 레이아웃은 명시적으로 피자 데이터를 지정하지 않습니다. 따라서 이 레이아웃을 이미지와 설명을 포함하는 모든 종류의 데이터(예를 들면 파스타)에 적용할 수 있습니다.

카드 뷰에 사용할 레이아웃을 생성했으니 리사이클러 뷰 어댑터를 생성할 차례입니다.

- [x] 피자 데이터
- [x] 카드 뷰
- [ ] **어댑터** ←
- [ ] 리사이클러 뷰
- [ ] 클릭

리사이클러 뷰 어댑터 작동 원리

이전에 설명한 것처럼 앱에 리사이클러 뷰를 사용하려면 리사이클러 뷰 어댑터를 생성해야 합니다. 리스트 뷰와 달리 리사이클러 뷰는 안드로이드에서 제공하는 내장 어댑터를 사용하지 않기 때문입니다. 어댑터를 직접 구현하는 것이 처음에는 어려워 보일 수 있지만 내장 어댑터를 사용하는 것보다 유연하다는 장점이 있습니다.

어댑터는 리사이클러 뷰 안에서 보여줄 뷰를 생성하는 일과 각 뷰를 데이터에 연결하는 일 등 두 가지 주요 작업을 수행합니다. 우리 예제에서는 리사이클러 뷰가 피자 이미지와 설명을 포함하는 카드 집합을 표시해야 합니다. 따라서 어댑터로 각 카드를 생성하고 데이터를 카드와 연결해야 합니다.

지금부터 리사이클러 뷰 어댑터를 생성할 겁니다. 다음 단계로 리사이클러 뷰를 생성합니다.

1. **어댑터가 어떤 종류의 데이터를 취급하는지 지정합니다.**
   우리는 피자 데이터를 어댑터에 활용할 겁니다. 각 피자는 이름과 리소스 ID를 가지므로 어댑터에 피자 이름 배열과 이미지 리소스 ID 배열을 전달합니다.

2. **어댑터가 제공할 뷰를 정의합니다.**
   card_captioned_image.xml로 정의한 피자 카드 집합에 데이터를 채워야 합니다. 그리고 한 리사이클러 뷰에서 한 카드에 한 개의 피자 정보가 제공되도록 카드 집합을 생성해야 합니다.

3. **데이터를 카드에 연결합니다.**
   마지막으로 피자 데이터를 카드에 표시해야 합니다. 그러려면 `info_text` 텍스트 뷰에는 피자 이름을, `info_image` 이미지 뷰에는 피자 이미지 정보를 제공해야 합니다.

먼저 프로젝트에 `RecyclerView.Adapter` 클래스부터 추가합니다.

바보 같은 질문이란 없습니다

Q: 왜 안드로이드는 리사이클러 뷰 전용 내장 어댑터를 제공하지 않죠?

A: 리사이클러 뷰 어댑터는 표시할 데이터만 지정하는 것이 아니기 때문입니다. 어댑터로 컬렉션의 각 항목을 어떻게 표시할 것인지 뷰도 지정해야 합니다. 결론적으로 리사이클러 뷰 어댑터는 리스트 뷰 어댑터에 비해 더 강력하지만 일반성은 떨어집니다.

리사이클러 뷰 어댑터 추가하기

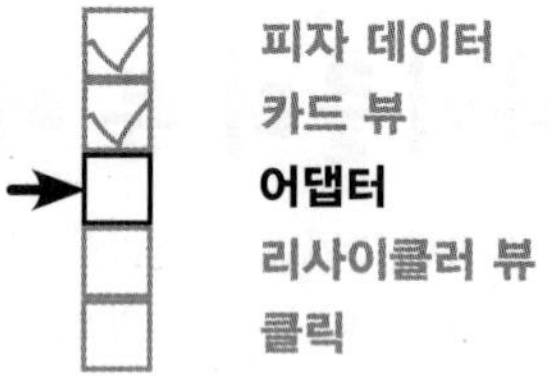

RecyclerView.Adapter 클래스를 상속받고 다양한 메서드를 오버라이드해서 리사이클러 뷰를 생성할 수 있습니다. 지금부터 리사이클러 뷰 어댑터를 구현하는 방법을 설명할 겁니다. 또한 각 데이터 항목에 어떤 뷰를 사용할 것인지 어댑터에 알려주는 ViewHolder를 내부 클래스로 정의할 겁니다.

우리는 CaptionedImagesAdapter라는 리사이클러 뷰 어댑터를 생성합니다. 안드로이드 스튜디오로 app/src/main/java 폴더의 com.hfad.bitsandpizzas 패키지를 선택하고 File → New... → Java Class를 선택합니다. 이름은 'CaptionedImagesAdapter'로 설정하고 패키지 이름이 com.hfad.bitsandpizzas인지 확인합니다. 그리고 CaptionedImagesAdapter.java의 내용을 다음 코드로 바꿉니다.

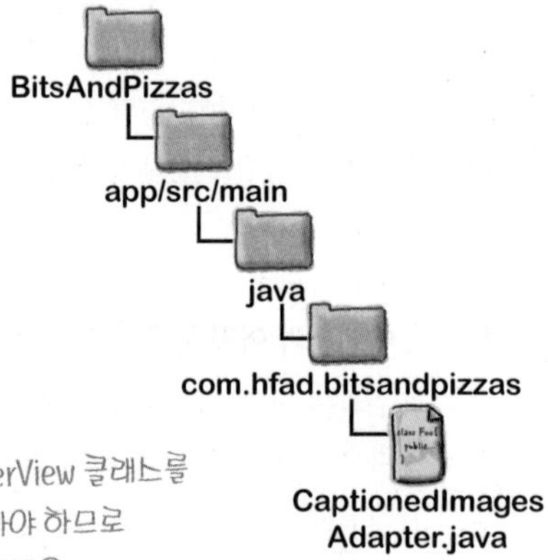


```
package com.hfad.bitsandpizzas;

import android.support.v7.widget.RecyclerView;

class CaptionedImagesAdapter extends
        RecyclerView.Adapter<CaptionedImagesAdapter.ViewHolder>{

    public static class ViewHolder extends RecyclerView.ViewHolder {
        // 각 항목에 사용할 뷰 정의
    }
}
```

RecyclerView 클래스를 상속받아야 하므로 임포트하세요.

각 데이터 항목에 어떤 뷰를 사용할지 지정할 때는 ViewHolder를 사용해요.

ViewHolder를 내부 클래스로 정의합니다. 이 클래스는 뒤에서 완성할 거예요.

보다시피 ViewHolder 내부 클래스는 어댑터의 핵심 부분입니다. 현재는 ViewHolder 클래스의 구현을 비워두었지만 나중에 다시 구현할 겁니다.

뷰 홀더를 자세히 살펴보기 전에 생성자를 추가해서 어댑터에 어떤 종류의 데이터를 사용할 것인지 알립니다.

위 코드를 프로젝트에 추가했을 때 안드로이드 스튜디오가 에러 메시지를 출력하더라도 걱정하지 마세요.

아직 코드가 완성되지 않았다는 경고일 뿐이니까요. 어댑터가 어떻게 동작해야 하는지 지정하는 여러 메서드를 오버라이드해야 하는데 다음 페이지에서 이 작업을 시작합니다.

어댑터에 어떤 데이터를 작업해야 할지 알려주고...

리사이클러 뷰 어댑터를 정의할 때는 어떤 종류의 데이터를 사용할 것인지 지정해야 합니다. 어댑터가 사용할 데이터 유형을 인자로 갖는 생성자를 정의함으로써 이를 구현할 수 있습니다.

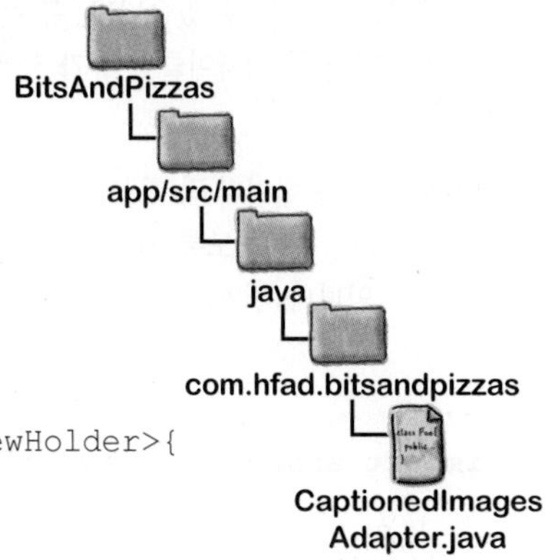

우리 예제에서는 어댑터가 `String` 설명과 `int` 이미지 ID를 생성자의 인자로 사용합니다. 그러므로 우리는 생성자에 `String[]`과 `int[]` 파라미터를 추가할 것이며, 이 배열을 비공개 변수로 저장할 겁니다. 다음은 이를 구현한 코드입니다. 여러분의 CaptionedImagesAdapter.java를 지금 바꾸거나 나중에 전체 코드를 참조해서 바꾸세요.

```
class CaptionedImagesAdapter extends
        RecyclerView.Adapter<CaptionedImagesAdapter.ViewHolder>{

    private String[] captions;
    private int[] imageIds;
...
    public CaptionedImagesAdapter(String[] captions, int[] imageIds){
        this.captions = captions;
        this.imageIds = imageIds;
    }
}
```

피자 데이터를 저장하는 변수예요.

생성자를 이용해 데이터를 어댑터에 전달해요.

...getItemCount() 메서드를 구현합니다

얼마나 많은 데이터가 있는지도 어댑터에 알려줘야 합니다. 이는 `RecyclerViewAdapter`의 `getItemCount()` 메서드를 오버라이드해서 구현합니다. 이 메서드는 데이터 항목 수를 가리키는 `int` 값을 반환합니다. 어댑터로 전달한 설명의 개수를 이용해 항목 수를 알 수 있습니다. 다음은 `getItemCount()` 구현 코드입니다.

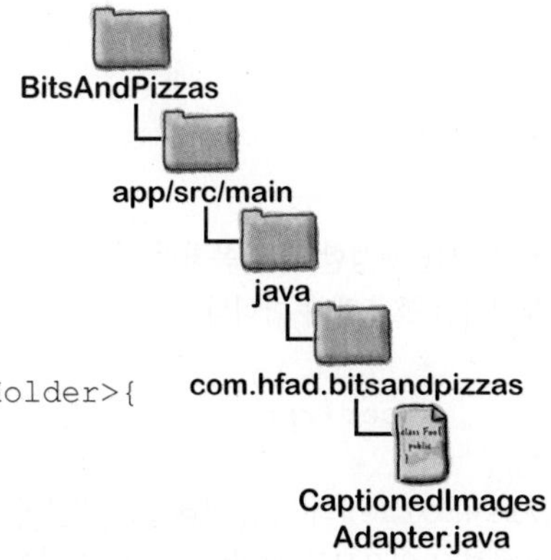


```
class CaptionedImagesAdapter extends
        RecyclerView.Adapter<CaptionedImagesAdapter.ViewHolder>{
...
    @Override
    public int getItemCount(){
        return captions.length;
    }
}
```

captions 배열의 길이가 리사이클러 뷰의 항목 수와 같아요.

다음에는 어댑터의 뷰 홀더를 정의합니다.

어댑터의 뷰 홀더 정의하기

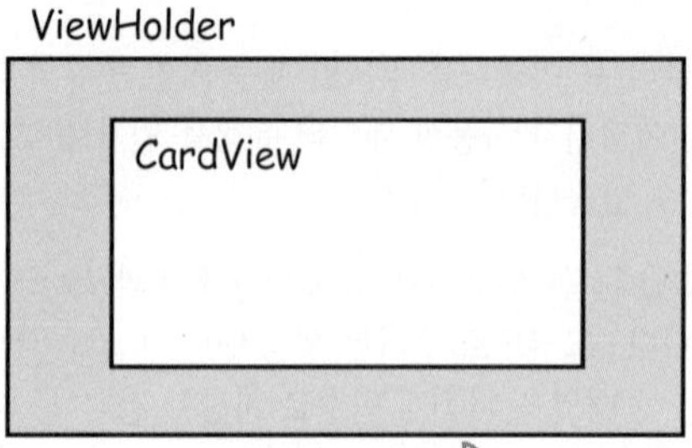

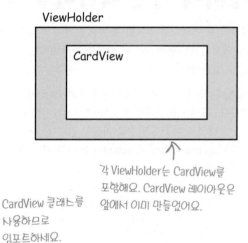

각 ViewHolder는 CardView를 포함해요. CardView 레이아웃은 앞에서 이미 만들었어요.

리사이클러 뷰는 뷰 홀더를 이용해 주어진 각 항목에 어떤 뷰를 사용할지 결정합니다. 뷰 홀더란 리사이클러 뷰가 표시하려는 뷰를 저장하는 기능으로 생각할 수 있습니다. 뷰 홀더는 뷰뿐 아니라 레이아웃에서의 위치 등 리사이클러 뷰가 사용할 수 있는 정보도 포함합니다.

우리 예제에서는 피자 데이터 각 항목을 카드, 즉 어댑터의 뷰 홀더가 카드 뷰를 사용하도록 지정해야 합니다. 다음은 이를 구현한 코드입니다(전체 코드는 나중에 소개합니다).

```
...
import android.support.v7.widget.CardView;

class CaptionedImagesAdapter extends
        RecyclerView.Adapter<CaptionedImagesAdapter.ViewHolder>{
...
    public static class ViewHolder extends RecyclerView.ViewHolder {

        private CardView cardView;

        public ViewHolder(CardView v) {
            super(v);
            cardView = v;
        }
    }
}
```

CardView 클래스를 사용하므로 임포트하세요.

리사이클러 뷰로 CardView를 표시해야 하므로 ViewHolder가 CardView를 포함하도록 지정해요. 다른 유형의 데이터를 리사이클러 뷰로 표시하려면 여기서 정의하세요.

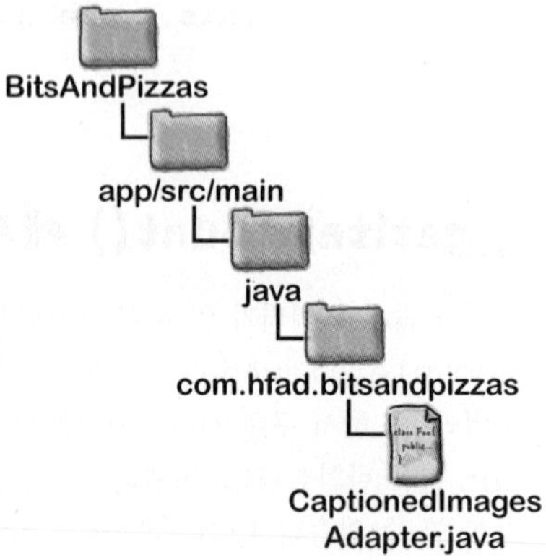

뷰 홀더를 생성할 때 다음처럼 반드시 ViewHolder의 상위 클래스 생성자를 호출해야 합니다.

```
super(v);
```

ViewHolder의 상위 클래스는 리사이클러 뷰의 항목 위치 같은 메타데이터를 포함하고 있으므로 어댑터가 제대로 작동하려면 관련 정보가 제대로 설정되도록 상위 클래스의 생성자를 호출해야 합니다.

뷰 홀더를 정의했으니 어댑터에 뷰 홀더를 어떻게 생성하는지 지정해야 합니다. 어댑터의 onCreateViewHolder() 메서드를 오버라이드해서 이를 구현합니다.

onCreateViewHolder() 메서드 오버라이드하기

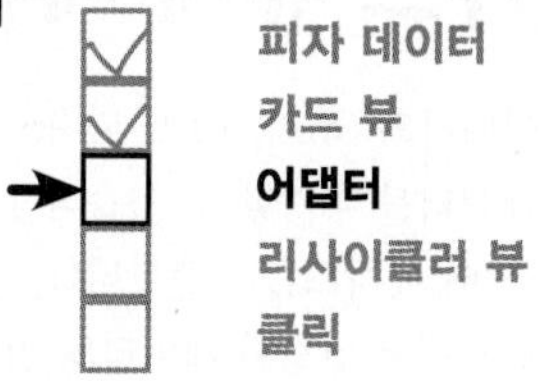

리사이클러 뷰에서 새 뷰 홀더가 필요할 때 onCreateViewHolder() 메서드가 호출됩니다. 리사이클러 뷰가 처음 만들어지면서 처음 화면에 표시할 뷰 홀더 집합을 만들 때 이 메서드를 반복 호출합니다.

이 메서드는 ViewGroup 부모 객체(리사이클러 뷰 자신)와 리스트 항목에 다양한 종류의 뷰를 표시할 때 사용하는 정숫값 viewType 두 개의 인자를 받습니다. 그리고 뷰 홀더 객체를 반환합니다. 다음은 메서드 코드입니다.

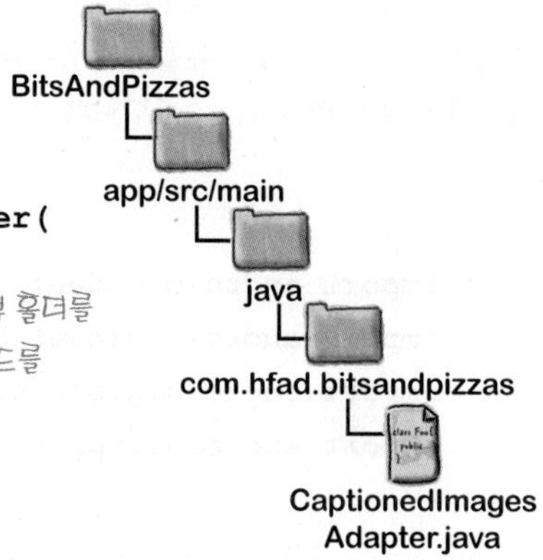


```
@Override
public CaptionedImagesAdapter.ViewHolder onCreateViewHolder(
        ViewGroup parent, int viewType){
    // ViewHolder를 인스턴스화하는 코드
}
```

리사이클러 뷰가 뷰 홀더를 생성할 때 이 메서드를 호출해요.

뷰 홀더를 인스턴스화하는 데 필요한 코드를 위 메서드에 추가합니다. 뷰 홀더를 인스턴스화하려면 이전 페이지에서 정의한 ViewHolder의 생성자를 호출해야 합니다. 생성자는 CardView 한 개의 인자를 받습니다. 다음 코드에서 보여주는 것처럼 이전에 생성한 card_captioned_image.xml 레이아웃을 이용해 CardView를 생성합니다.

LayoutInflater 객체 얻기

```
CardView cv = (CardView) LayoutInflater.from(parent.getContext())
        .inflate(R.layout.card_captioned_image, parent, false);
```

LayoutInflater를 이용해 레이아웃을 CardView로 변환해요. 프래그먼트의 onCreateView()에서 보았던 것과 거의 같은 코드예요.

다음은 onCreateViewHolder() 메서드 전체 코드입니다(나중에 이 코드를 어댑터에 추가할 거예요).

```
@Override
public CaptionedImagesAdapter.ViewHolder onCreateViewHolder(
                ViewGroup parent, int viewType){
    CardView cv = (CardView) LayoutInflater.from(parent.getContext())
            .inflate(R.layout.card_captioned_image, parent, false);
    return new ViewHolder(cv);
}
```

ViewHolder의 콘텐트에 어떤 레이아웃을 사용할지 지정해요.

이제 어댑터가 뷰 홀더를 생성할 수 있으므로 카드 뷰에 데이터를 채울 수 있습니다.

카드 뷰에 데이터 추가하기

어댑터의 onBindViewHolder() 메서드를 구현해서 카드 뷰에 데이터를 추가할 수 있습니다. 리사이클러 뷰가 뷰 홀더의 데이터를 표시할 때 이 메서드를 호출합니다. 이 메서드는 데이터를 연결할 뷰 홀더와 데이터 집합에서 연결할 데이터의 위치 두 가지를 인자로 받습니다.

우리 카드 뷰는 info_image ID를 가진 이미지 뷰와 info_text ID를 가진 텍스트 뷰 두 개의 뷰를 포함합니다. captions와 imageIds 배열을 이용해 각각의 데이터를 추출합니다. 다음은 이 기능을 구현한 코드입니다.

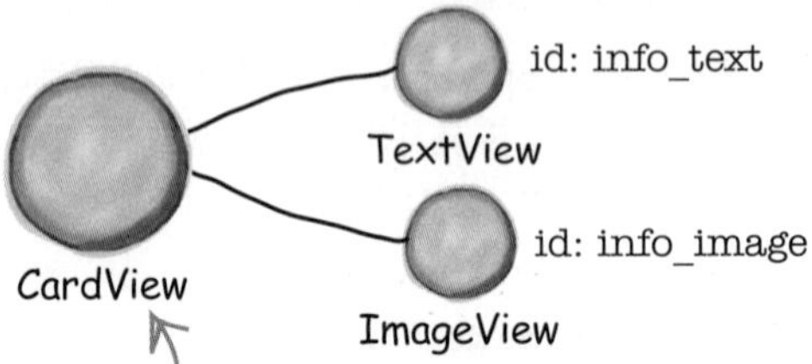

각 CardView는 TextView와 ImageView를 포함해요. 각 피자의 설명과 이미지를 이들 CardView에 채우세요.

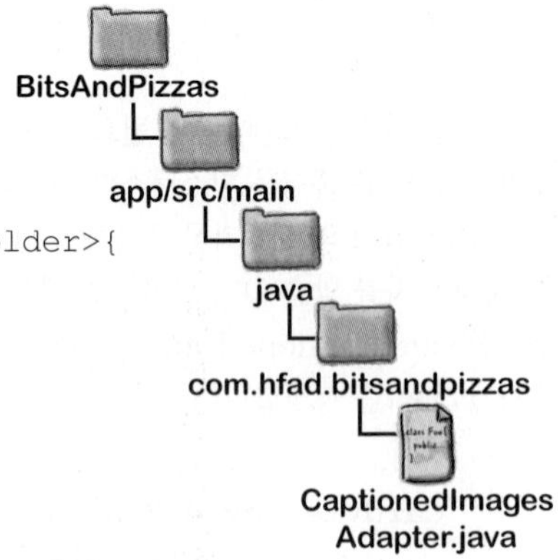


```
...
import android.widget.ImageView;
import android.widget.TextView;
import android.graphics.drawable.Drawable;
import android.support.v4.content.ContextCompat;

class CaptionedImagesAdapter extends
        RecyclerView.Adapter<CaptionedImagesAdapter.ViewHolder>{

    private String[] captions;
    private int[] imageIds;

    ...

    @Override
    public void onBindViewHolder(ViewHolder holder, int position){
        CardView cardView = holder.cardView;
        ImageView imageView = (ImageView)cardView.findViewById(R.id.info_image);
        Drawable drawable =
                ContextCompat.getDrawable(cardView.getContext(), imageIds[position]);
        imageView.setImageDrawable(drawable);
        imageView.setContentDescription(captions[position]);
        TextView textView = (TextView)cardView.findViewById(R.id.info_text);
        textView.setText(captions[position]);
    }
}
```

추가로 사용하는 클래스이므로 임포트하세요.

이전에 추가한 변수예요. 피자의 설명과 이미지 리소스 ID를 포함해요.

리사이클러 뷰는 데이터를 표현할 뷰 홀더를 사용(또는 재사용)할 때 이 메서드를 호출해요.

ImageView에 이미지를 표시해요.

TextView에 설명을 표시해요.

어댑터 코드를 완성했습니다. 전체 코드를 봅시다.

CaptionedImagesAdapter.java 전체 코드

- [x] 피자 데이터
- [x] 카드 뷰
- [ ] 어댑터
- [ ] 리사이클러 뷰
- [ ] 클릭

다음은 전체 어댑터 코드입니다.
여러분의 CaptionedImagesAdapter.java를 다음처럼 바꾸세요.

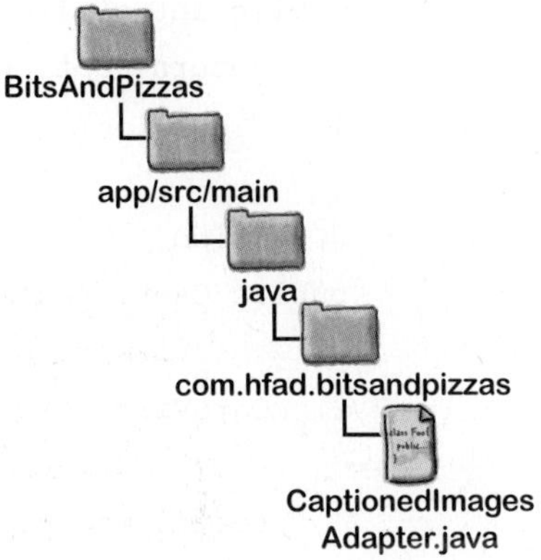


```
package com.hfad.bitsandpizzas;

import android.support.v7.widget.RecyclerView;
import android.support.v7.widget.CardView;
import android.view.ViewGroup;
import android.view.LayoutInflater;
import android.widget.ImageView;
import android.widget.TextView;
import android.graphics.drawable.Drawable;
import android.support.v4.content.ContextCompat;

class CaptionedImagesAdapter extends
        RecyclerView.Adapter<CaptionedImagesAdapter.ViewHolder>{

    private String[] captions;
    private int[] imageIds;

    public static class ViewHolder extends RecyclerView.ViewHolder {

        private CardView cardView;

        public ViewHolder(CardView v) {
            super(v);
            cardView = v;
        }
    }

    public CaptionedImagesAdapter(String[] captions, int[] imageIds){
        this.captions = captions;
        this.imageIds = imageIds;
    }
```

우리가 사용하는 클래스이므로 임포트하세요.

캡션과 이미지 리소스 ID를 저장하는 변수예요.

각 ViewHolder는 CardView를 표시해요.

생성자를 통해 데이터를 어댑터로 전달해요.

다음 페이지에 코드가 이어져요.

CaptionedImagesAdapter.java 전체 코드(계속)

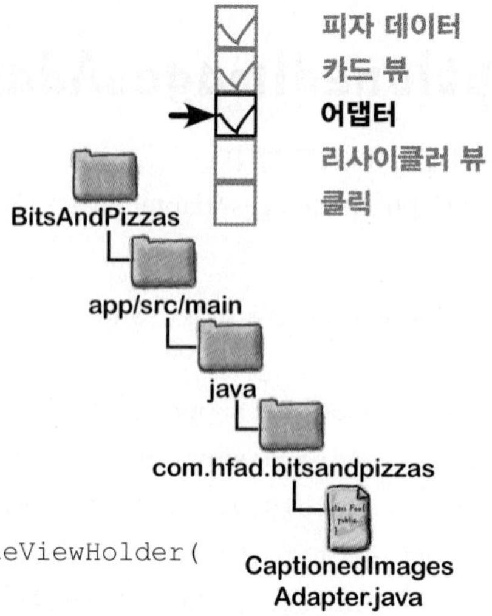


```
    @Override
    public int getItemCount(){
        return captions.length;
    }

    @Override
    public CaptionedImagesAdapter.ViewHolder onCreateViewHolder(
            ViewGroup parent, int viewType){
        CardView cv = (CardView) LayoutInflater.from(parent.getContext())
                .inflate(R.layout.card_captioned_image, parent, false);
        return new ViewHolder(cv);
    }

    @Override
    public void onBindViewHolder(ViewHolder holder, int position){
        CardView cardView = holder.cardView;
        ImageView imageView = (ImageView)cardView.findViewById(R.id.info_image);
        Drawable drawable =
                ContextCompat.getDrawable(cardView.getContext(), imageIds[position]);
        imageView.setImageDrawable(drawable);
        imageView.setContentDescription(captions[position]);
        TextView textView = (TextView)cardView.findViewById(R.id.info_text);
        textView.setText(captions[position]);
    }
}
```

데이터 항목 수예요.

우리가 생성한 CardView 레이아웃을 사용해요.

CardView의 ImageView와 TextView에 데이터를 채워요.

어댑터 전체 코드를 구현했습니다. 이제 뭘 해야 할까요?

피자 데이터
카드 뷰
어댑터
리사이클러 뷰
클릭

리사이클러 뷰 생성하기

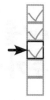

지금까지 설명과 이미지를 표시하는 카드 뷰 레이아웃과, 카드를 생성하고 데이터를 채우는 어댑터를 생성했습니다. 다음에는 어댑터가 피자 이미지와 설명을 카드에 채울 수 있도록 피자 데이터를 어댑터에 전달하는 리사이클러 뷰를 생성할 차례입니다. 결국에는 리사이클러 뷰가 카드를 표시합니다.

기존의 `PizzaFragment`에 리사이클러 뷰를 추가할 겁니다. 사용자가 `MainActivity`에서 Pizzas 탭을 클릭하면 피자 카드가 나타납니다.

PizzaFragment의 리사이클러 뷰 모습이에요. 피자 카드를 두 열 그리드에 표시해요.

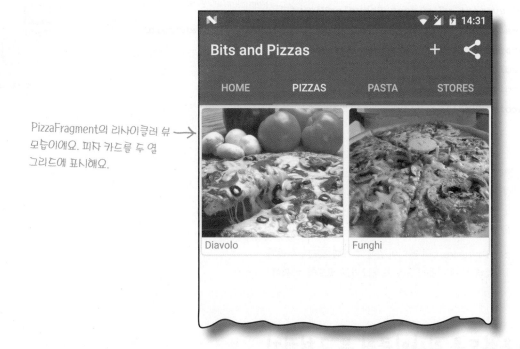

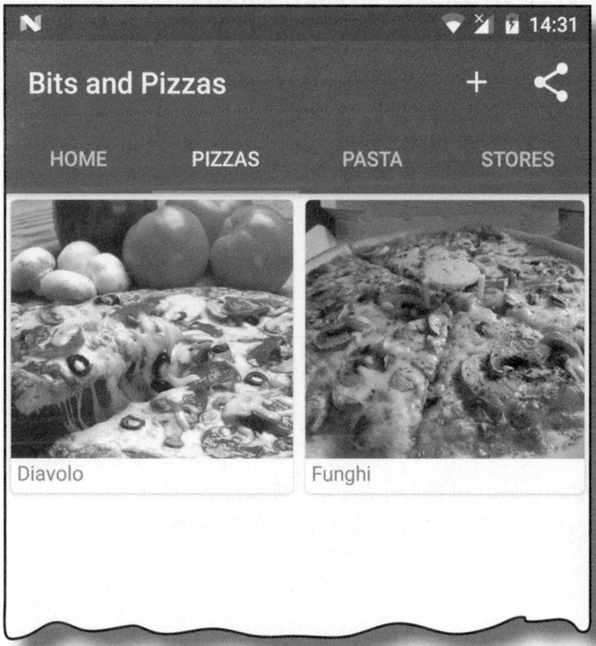

PizzaFragment에 레이아웃 추가하기

리사이클러 뷰를 추가하기 전에 `PizzaFragment`에서 사용할 새 레이아웃 파일을 프로젝트에 추가합니다. 처음에 `PizzaFragment`를 `ListFragment`로 생성했고 지금까지 내장 레이아웃을 사용했기 때문입니다.

안드로이드 스튜디오에서 app/src/main/res/layout 폴더를 선택한 다음 File → New → Layout resource file을 선택합니다. 레이아웃 이름은 'fragment_pizza'로 설정합니다.

RecyclerView를 PizzaFragment 레이아웃에 추가하기

RecyclerView 지원 라이브러리에서 제공하는 <RecyclerView> 요소를 이용해 레이아웃에 리사이클러 뷰를 추가할 수 있습니다.

PizzaFragment 레이아웃은 한 개의 리사이클러만 표시하면 됩니다. 다음은 fragment_pizza.xml 전체 코드입니다(여러분 코드도 다음처럼 바꾸세요).

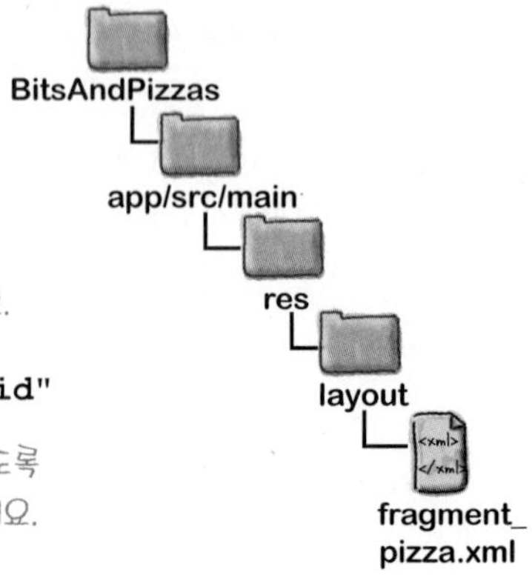


```
<android.support.v7.widget.RecyclerView
    xmlns:android="http://schemas.android.com/apk/res/android"
    android:id="@+id/pizza_recycler"
    android:layout_width="match_parent"
    android:layout_height="match_parent"
    android:scrollbars="vertical" />
```

RecyclerView를 정의해요.

자바 코드에서 참조할 수 있도록 리사이클러 뷰에 ID를 할당해요.

수직 스크롤바를 추가해요.

android:scrollbars 속성으로 리사이클러 뷰에 스크롤바를 추가합니다. 리사이클러 뷰는 수직으로 스크롤해야 하므로 스크롤 속성을 "vertical"로 설정합니다. PizzaFragment 코드에서 참조할 수 있도록 리사이클러 뷰에 ID도 할당했습니다. 이는 리사이클러 뷰의 행동을 제어하기 위해 필요합니다.

리사이클러 뷰를 PizzaFragment의 레이아웃에 추가했으므로 우리가 생성한 어댑터를 리사이클러 뷰가 사용하도록 프래그먼트 코드를 바꿔야 합니다.

어댑터를 사용하도록 리사이클러 뷰 구현하기

어댑터를 사용하도록 리사이클러 뷰를 구현하려면 두 가지 작업이 필요합니다. 우선 어댑터에 어떤 데이터를 사용할지 알려줘야 하며 어댑터를 리사이클러 뷰에 연결해야 합니다. 생성자로 피자 이름과 이미지 리소스 ID를 전달함으로써 어댑터에 우리가 사용할 데이터를 알려줄 수 있습니다. 그리고 RecyclerView의 setAdapter() 메서드로 리사이클러 뷰에 어댑터를 할당합니다.

이 기능은 이미 구현했었던 내용이므로 다음 페이지에서 바로 PizzaFragment 전체 코드를 보여줍니다.

- [x] 피자 데이터
- [x] 카드 뷰
- [x] 어댑터
- [ ] **리사이클러 뷰**
- [ ] 클릭

PizzaFragment.java 전체 코드

다음은 PizzaFragment.java 전체 코드입니다(여러분 코드도 다음처럼 바꾸세요).

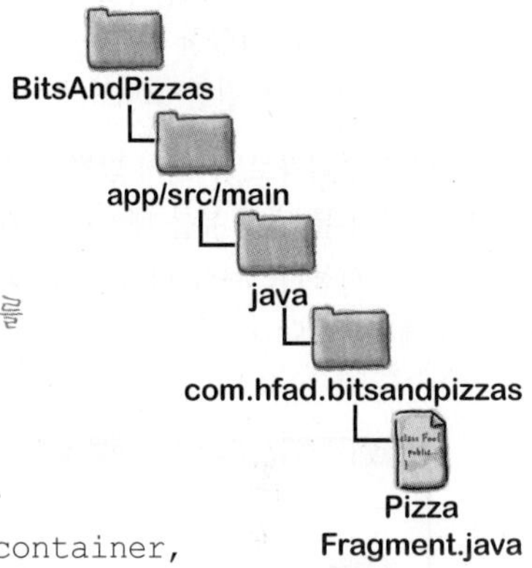


```
package com.hfad.bitsandpizzas;

import android.os.Bundle;
import android.support.v4.app.ListFragment;
import android.view.LayoutInflater;
import android.view.View;
import android.view.ViewGroup;
import android.widget.ArrayAdapter;
import android.support.v7.widget.RecyclerView;

public class PizzaFragment extends ListFragment {

    @Override
    public View onCreateView(LayoutInflater inflater, ViewGroup container,
                             Bundle savedInstanceState) {
        ArrayAdapter<String> adapter = new ArrayAdapter<>(
                inflater.getContext(),
                android.R.layout.simple_list_item_1,
                getResources().getStringArray(R.array.pizzas));
        setListAdapter(adapter);
        return super.onCreateView(inflater, container, savedInstanceState);
        RecyclerView pizzaRecycler = (RecyclerView)inflater.inflate(
                             R.layout.fragment_pizza, container, false);

        String[] pizzaNames = new String[Pizza.pizzas.length];
        for (int i = 0; i < pizzaNames.length; i++) {
            pizzaNames[i] = Pizza.pizzas[i].getName();
        }

        int[] pizzaImages = new int[Pizza.pizzas.length];
        for (int i = 0; i < pizzaImages.length; i++) {
            pizzaImages[i] = Pizza.pizzas[i].getImageResourceId();
        }

        CaptionedImagesAdapter adapter = new CaptionedImagesAdapter(pizzaNames, pizzaImages);
        pizzaRecycler.setAdapter(adapter);
        return pizzaRecycler;
    }
}
```

(코드 속 주석)
- PizzaFragment를 ListFragment가 아니라 그냥 Fragment로 바꿨어요. (import 행의 "List"에 취소선)
- ArrayAdapter는 더 이상 사용하지 않으므로 삭제해요. (ArrayAdapter import 행에 취소선)
- RecyclerView 클래스를 임포트하세요.
- ListFragment를 Fragment로 바꾸세요. (extends 뒤의 "List"에 취소선)
- 더 이상 필요 없는 행이므로 삭제하세요. (ArrayAdapter 생성부터 return super.onCreateView(...)까지의 행에 취소선)
- 이전 페이지에서 바꾼 레이아웃을 사용해요.
- 피자 이름을 문자열 배열에 추가하고 int 배열에 피자 이미지를 추가해요.
- 배열을 어댑터로 전달해요.

이제 리사이클러 뷰의 뷰를 어떻게 배치할 것인지 지정하는 작업만 남았습니다.

리사이클러 뷰는 레이아웃 관리자로 뷰를 배치합니다

리사이클러 뷰는 자신의 뷰를 배치하는 방법에서 리스트 뷰보다 유연성을 제공합니다. 리스트 뷰는 자신의 뷰를 수직 리스트로 표시하지만 리사이클러 뷰는 다양한 옵션을 제공합니다. 리사이클러 뷰에서는 선형 리스트, 그리드, 엇갈림 그리드 등 여러 옵션을 이용할 수 있습니다.

레이아웃 관리자로 뷰 배치 방법을 지정할 수 있습니다. 레이아웃 관리자는 리사이클러 뷰 내에 뷰를 배치하는 기능을 담당합니다. 어떤 종류의 관리자를 사용하느냐에 따라 항목 배치 방법이 달라집니다. 다음은 항목 배치 예제입니다.

레이아웃 관리자를 직접 구현하는 방법도 있지만 이 책에서는 다루지 않아요. 'android recyclerview layoutmanager'로 인터넷을 검색하면 회전목마 형식에서 원형에 이르기까지 여러분 코드에 사용할 수 있는 다양한 서드파티 구현을 찾을 수 있습니다.

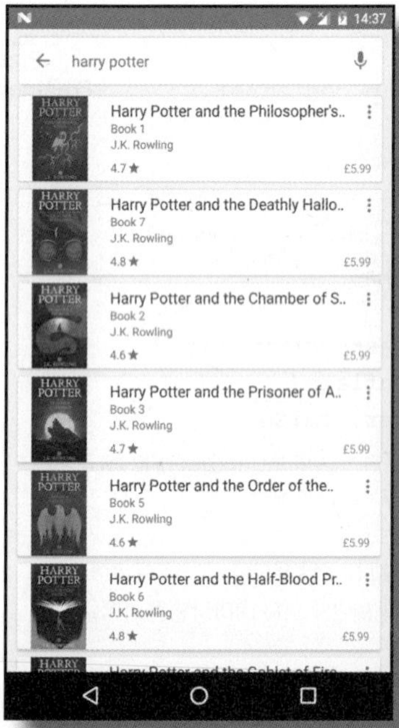

선형 레이아웃 관리자

항목을 수직 리스트나 수평 리스트로 배치합니다.

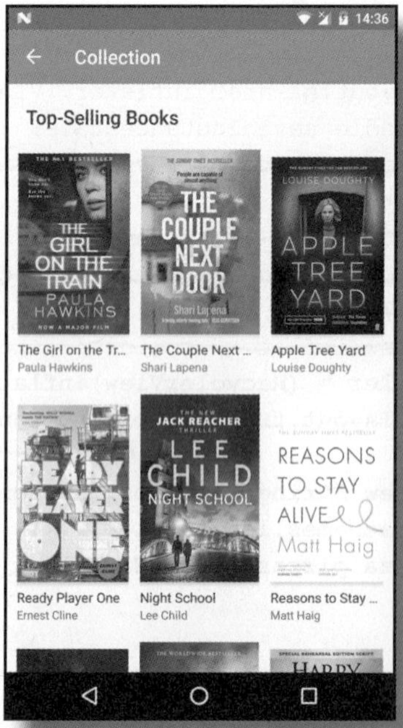

그리드 레이아웃 관리자

항목을 그리드에 배치합니다.

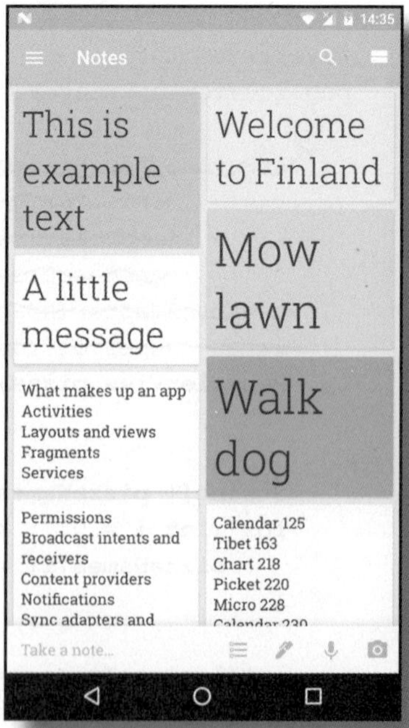

엇갈림 그리드 레이아웃 관리자

다양한 크기의 항목을 엇갈림 그리드에 배치합니다.

다음 페이지에서는 레이아웃 관리자를 리사이클러 뷰에 사용하는 방법을 설명합니다.

레이아웃 관리자 지정하기

- [x] 피자 데이터
- [x] 카드 뷰
- [x] 어댑터
- [ ] 리사이클러 뷰
- [ ] 클릭

사용하고자 하는 유형의 새 레이아웃 관리자 인스턴스를 생성하고 리사이클러 뷰에 연결해서 어떤 레이아웃 관리자를 사용할지 지정해야 합니다.

선형 레이아웃 관리자

뷰를 선형 리스트에 표시하도록 리사이클러 뷰에 지시하려면 다음 코드를 이용합니다.

```
LinearLayoutManager layoutManager = new LinearLayoutManager(getActivity());
pizzaRecycler.setLayoutManager(layoutManager);
```

Context를 제공해요. 이 코드를 액티비티에서 사용한다면 getActivity() 대신 this를 사용하세요.

LinearLayoutManager 생성자는 Context 한 개의 인자를 받습니다. 액티비티에서 이 코드를 사용하면 보통 현재 액티비티를 가리키는 this를 컨텍스트로 전달합니다. 우리 리사이클러 뷰는 프래그먼트에 있으므로 getActivity() 메서드를 사용합니다.

그리드 레이아웃 관리자

그리드 레이아웃 관리자를 지정하는 코드는 선형 레이아웃 관리자를 지정하는 코드와 비슷하지만 GridLayoutManager 객체를 생성한다는 점이 다릅니다. GridLayoutManager는 생성자에 Context와 그리드의 열 수를 지정하는 int 값 등 두 개의 인자를 받습니다.

두 개의 열을 갖도록 GridLayoutManager를 설정해요.

```
GridLayoutManager layoutManager = new GridLayoutManager(getActivity(), 2);
```

그리드의 방향을 바꿀 수도 있습니다. 방향과 뷰를 역순으로 표시할지 여부 등 두 개의 인자를 추가로 생성자에 전달합니다.

GridLayoutManager를 수평 방향으로 설정해요.

```
GridLayoutManager layoutManager =
        new GridLayoutManager(getActivity(), 1, GridLayoutManager.HORIZONTAL, false);
```

리스트를 역순으로 표시하려면 true로 설정하세요.

엇갈림 그리드 레이아웃 관리자

StaggeredGridLayoutManager 객체를 생성해서 엇갈림 그리드 레이아웃 관리자를 사용하도록 리사이클러 뷰를 설정할 수 있습니다. StaggeredGridLayoutManager는 생성자에 열이나 행의 개수를 가리키는 int와 방향을 가리키는 int 등 두 개의 인자를 받습니다. 예를 들어 다음은 수직으로 두 개의 행을 갖는 엇갈림 그리드 레이아웃을 지정하는 코드입니다.

수직 방향의 엇갈림 그리드를 설정해요.

```
StaggeredGridLayoutManager layoutManager =
        new StaggeredGridLayoutManager(2, StaggeredGridLayoutManager.VERTICAL);
```

레이아웃 관리자를 리사이클러 뷰에 추가합시다.

PastaFragment.java 전체 코드

- [x] 피자 데이터
- [x] 카드 뷰
- [x] 어댑터
- [ ] **리사이클러 뷰**
- [ ] 클릭

GridLayoutManager를 이용해 피자 데이터를 그리드에 표시합니다. 다음은 이 기능을 구현한 PizzaFragment.java 전체 코드입니다(굵은 문자로 표시한 부분을 참조해 여러분 코드도 바꾸세요).

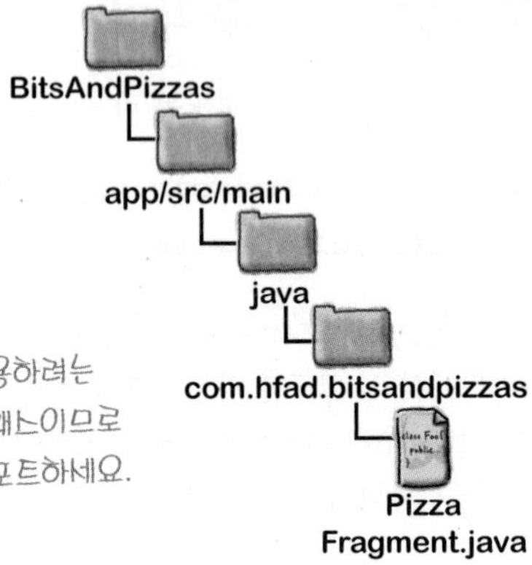


```
package com.hfad.bitsandpizzas;

import android.os.Bundle;
import android.support.v4.app.Fragment;
import android.view.LayoutInflater;
import android.view.View;
import android.view.ViewGroup;
import android.support.v7.widget.RecyclerView;
import android.support.v7.widget.GridLayoutManager;

public class PizzaFragment extends Fragment {

    @Override
    public View onCreateView(LayoutInflater inflater, ViewGroup container,
                             Bundle savedInstanceState) {
        RecyclerView pizzaRecycler = (RecyclerView)inflater.inflate(
                R.layout.fragment_pizza, container, false);

        String[] pizzaNames = new String[Pizza.pizzas.length];
        for (int i = 0; i < pizzaNames.length; i++) {
            pizzaNames[i] = Pizza.pizzas[i].getName();
        }

        int[] pizzaImages = new int[Pizza.pizzas.length];
        for (int i = 0; i < pizzaImages.length; i++) {
            pizzaImages[i] = Pizza.pizzas[i].getImageResourceId();
        }

        CaptionedImagesAdapter adapter = new CaptionedImagesAdapter(pizzaNames, pizzaImages);
        pizzaRecycler.setAdapter(adapter);
        GridLayoutManager layoutManager = new GridLayoutManager(getActivity(), 2);
        pizzaRecycler.setLayoutManager(layoutManager);
        return pizzaRecycler;
    }
}
```

사용하려는 클래스이므로 임포트하세요.

두 열을 가진 그리드에 CardView를 표시할 것이므로 GridLayoutManager를 사용해요.

코드를 실행하면 어떤 일이 일어나는지 확인한 다음 앱을 시험 주행합니다.

코드를 실행하면 일어나는 일

- [x] 피자 데이터
- [x] 카드 뷰
- [x] 어댑터
- [ ] **리사이클러 뷰**
- [ ] 클릭

1. **사용자가 MainActivity의 Pizzas 탭을 클릭합니다.**

   PizzaFragment가 나타나면서 onCreateView() 메서드가 실행됩니다.

2. **PizzaFragment의 onCreateView() 메서드가 새 CaptionedImagesAdapter를 생성합니다.**

   이 메서드는 어댑터의 생성자를 통해 피자 이름과 이미지를 전달하며 어댑터를 리사이클러 뷰에 설정합니다.

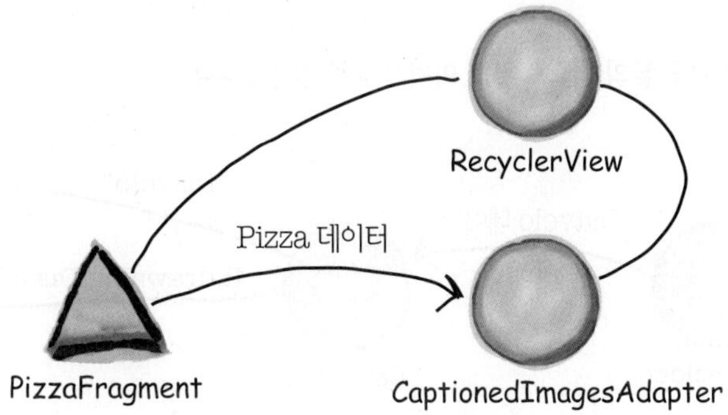

3. **PizzaFragment의 onCreateView() 메서드는 GridLayoutManager를 생성한 다음 리사이클러 뷰에 할당합니다.**

   GridLayoutManager는 뷰를 그리드에 표현함을 의미합니다. 리사이클러 뷰가 수직 스크롤바를 갖고 있으므로 리스트를 수직으로 표시합니다.

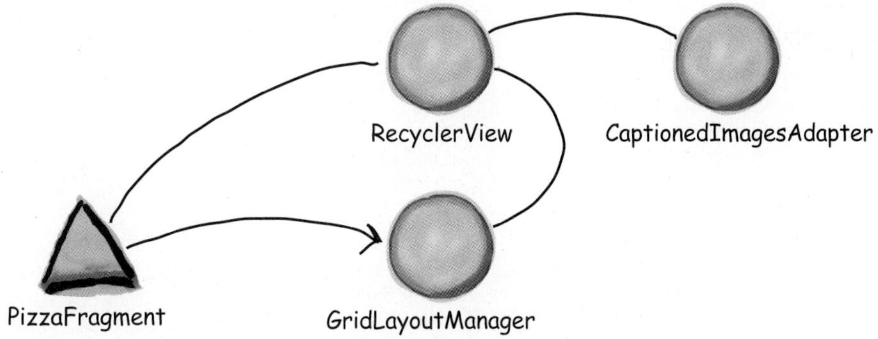

이야기는 계속됩니다

- ☑ 피자 데이터
- ☑ 카드 뷰
- ☑ 어댑터
- → ☐ **리사이클러 뷰**
- ☐ 클릭

4 **어댑터가 리사이클러 뷰가 표시할 각 CardView의 뷰 홀더를 생성합니다.**

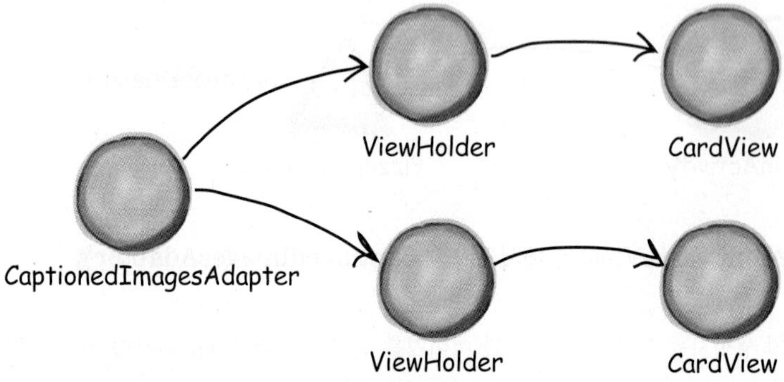

5 **어댑터가 피자 이름과 이미지를 각 카드 뷰의 텍스트 뷰와 이미지 뷰로 연결합니다.**

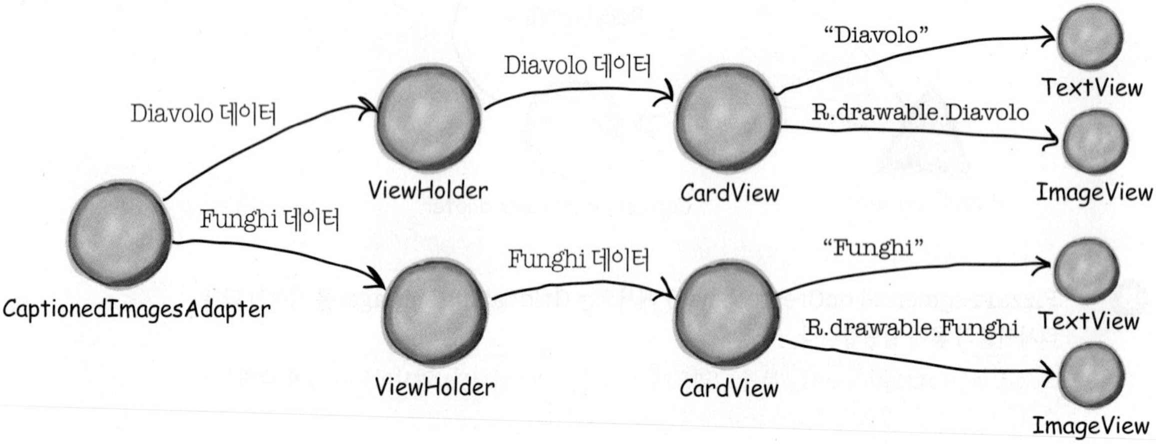

앱을 실행해서 어떤 모습인지 확인합시다.

앱 시험 주행

- ☑ 피자 데이터
- ☑ 카드 뷰
- ☑ 어댑터
- ☑ **리사이클러 뷰**
- ☐ 클릭

앱을 실행하면 MainActivity가 나타납니다. 사용자가 스와이프하거나 Pizzas 탭을 클릭하면 피자가 그리드에 표시됩니다. 피자 정보를 스크롤하면 MainActivity의 툴바가 응답합니다.

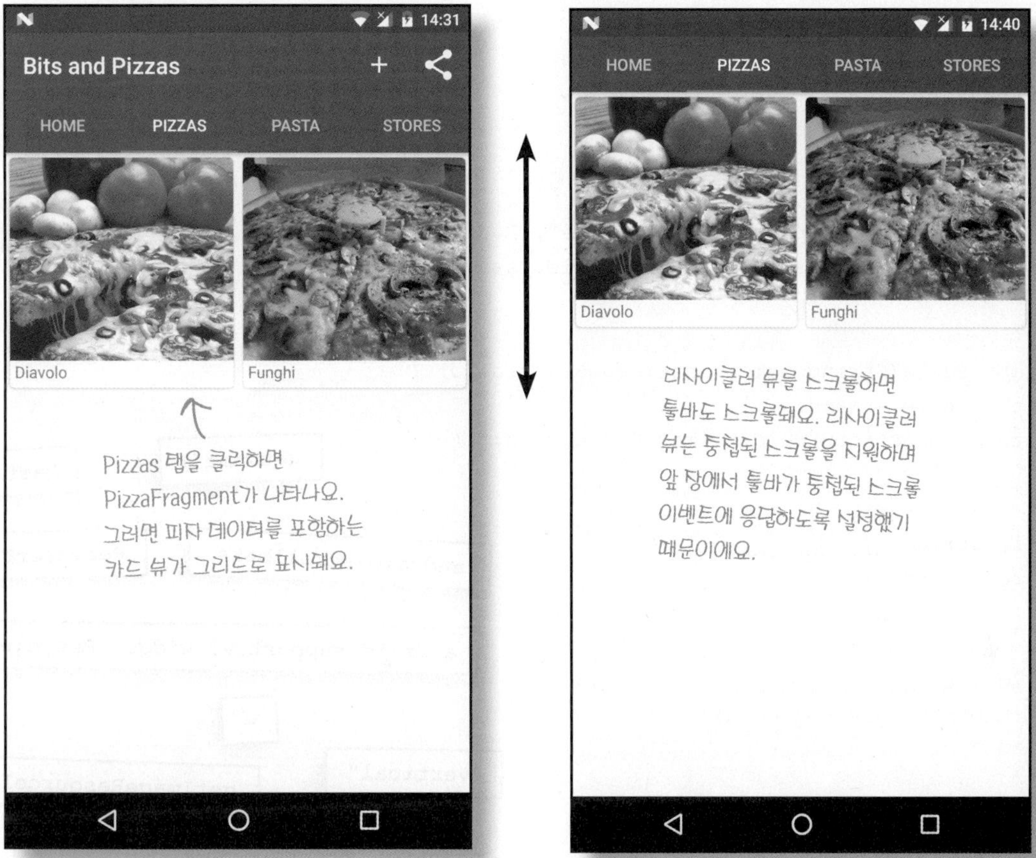
14:31
Bits and Pizzas
HOME
PIZZAS
PASTA
STORES
Diavolo
Funghi
Pizzas 탭을 클릭하면 PizzaFragment가 나타나요. 그러면 피자 데이터를 포함하는 카드 뷰가 그리드로 표시돼요.
14:40
HOME
PIZZAS
PASTA
STORES
Diavolo
Funghi
리사이클러 뷰를 스크롤하면 툴바도 스크롤돼요. 리사이클러 뷰는 통합된 스크롤을 지원하며 앞 장에서 툴바가 통합된 스크롤 이벤트에 응답하도록 설정했기 때문이에요.

보다시피 리사이클러 뷰를 추가하는 것은 리스트 뷰를 추가하는 것보다 복잡하지만 더 유연합니다. 리사이클러 뷰에서 가장 큰 작업은 리사이클러 뷰 어댑터를 우리 데이터와 상황에 맞게 구현하는 부분입니다. 하지만 일단 이를 구현하면 앱 어디서나 재사용할 수 있습니다. 예를 들어 파스타 카드를 리사이클러 뷰에 표시하고 싶다고 합니다. 이때 이전에 생성한 어댑터에 피자 정보 대신 파스타 정보를 전달하면 됩니다.

다음 내용을 진행하기 전에 연습문제를 풀어보세요.

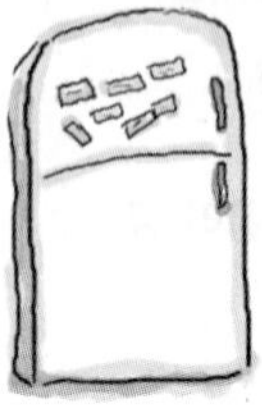

리사이클러 뷰 자석

이 페이지와 다음 페이지의 자석을 이용해 파스타 메뉴를 표시할 새 리사이클러 뷰를 생성하세요. 리사이클러 뷰는 파스타 요리의 이름과 이미지를 표시하는 카드 뷰 그리드를 포함해야 합니다.

Pasta 클래스 코드예요.

```
package com.hfad.bitsandpizzas;

public class Pasta {
    private String name;
    private int imageResourceId;

    public static final...............[] pastas = {
            new Pasta("Spaghetti Bolognese", R.drawable.spag_bol),
            new Pasta("Lasagne", R.drawable.lasagne)
    };

    private Pasta(String name, int imageResourceId) {
        this.name = name;
        this.imageResourceId = imageResourceId;
    }

    public String .......................{
        return name;
    }

    public int .........................................{
        return imageResourceId;
    }
}
```

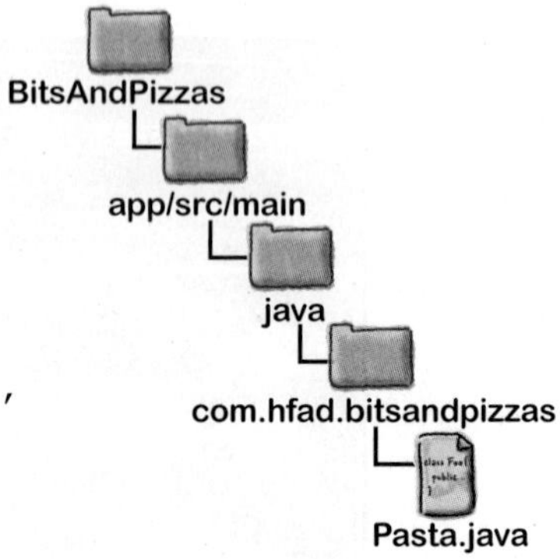

getName()

Pasta

android:scrollbars

RecyclerView

android.support.v7.widget.RecyclerView

=

"vertical"

getImageResourceId()

레이아웃 코드예요.

```
< .........................................................................
    xmlns:android="http://schemas.android.com/apk/res/android"
    android:id="@+id/pasta_recycler"

    .........................................................................
    android:layout_width="match_parent"
    android:layout_height="match_parent"/>
```

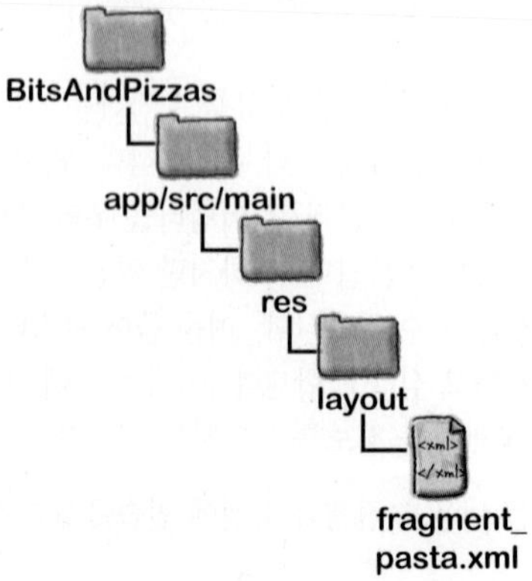

PastaFragment.java 코드예요.

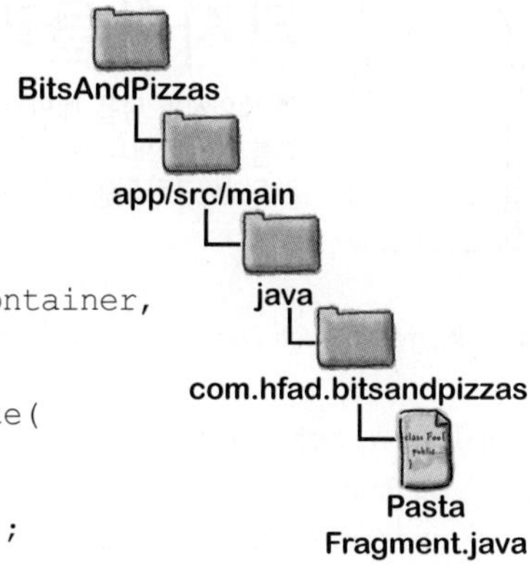


```
...

public class PastaFragment extends Fragment {

    @Override
    public View onCreateView(LayoutInflater inflater, ViewGroup container,
                             Bundle savedInstanceState) {
        RecyclerView pastaRecycler = (RecyclerView)inflater.inflate(

                ..............................................., container, false);

        String[] pastaNames = new String[Pasta.pastas.length];
        for (int i = 0; i < pastaNames.length; i++) {
            pastaNames[i] = Pasta.pastas[i].getName();
        }

        int[] pastaImages = new int[Pasta.pastas.length];
        for (int i = 0; i < pastaImages.length; i++) {
            pastaImages[i] = Pasta.pastas[i].getImageResourceId();
        }

       .......................................... adapter =

                     new ........................................(pastaNames, ..........................);
        pastaRecycler.setAdapter(adapter);

       .................................. layoutManager = new ................................(getActivity(), 2);
        pastaRecycler.setLayoutManager(layoutManager);
        return pastaRecycler;
    }
}
```

CaptionedImagesAdapter

ArrayAdapter

CaptionedImagesAdapter

GridLayout

GridLayoutManager

R.layout.fragment_pasta

pastaImages

GridLayout

ArrayAdapter

GridLayoutManager

리사이클러 뷰 자석 정답

이 페이지와 다음 페이지의 자석을 이용해 파스타 메뉴를 표시할 새 리사이클러 뷰를 생성하세요. 리사이클러 뷰는 파스타 요리의 이름과 이미지를 표시하는 카드 뷰 그리드를 포함해야 합니다.

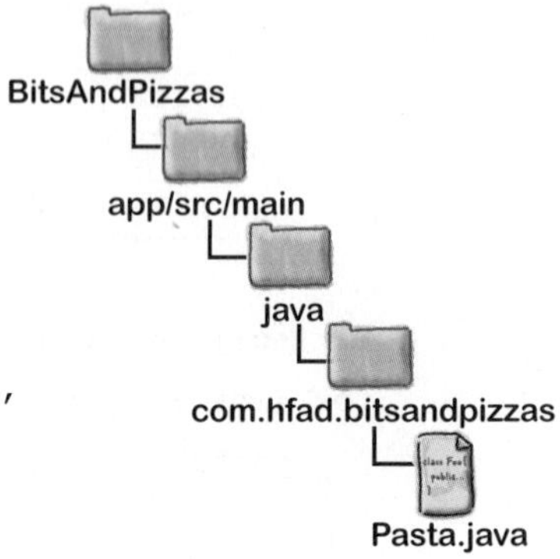


```
package com.hfad.bitsandpizzas;

public class Pasta {
    private String name;
    private int imageResourceId;

    public static final Pasta[] pastas = {
            new Pasta("Spaghetti Bolognese", R.drawable.spag_bol),
            new Pasta("Lasagne", R.drawable.lasagne)
    };

    private Pasta(String name, int imageResourceId) {
        this.name = name;
        this.imageResourceId = imageResourceId;
    }

    public String getName() {
        return name;
    }

    public int getImageResourceId() {
        return imageResourceId;
    }
}
```

파스타 객체 배열이에요.

PastaFragment.java에서 사용하는 메서드예요.

RecyclerView

사용하지 않은 자석이에요.

리사이클러 뷰를 레이아웃에 추가해요.

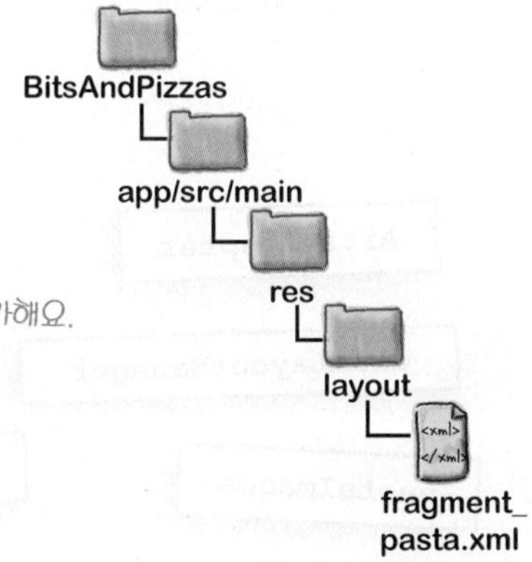


```
<android.support.v7.widget.RecyclerView
    xmlns:android="http://schemas.android.com/apk/res/android"
    android:id="@+id/pasta_recycler"
    android:scrollbars="vertical"
    android:layout_width="match_parent"
    android:layout_height="match_parent"/>
```

수직 스크롤바를 추가해요.

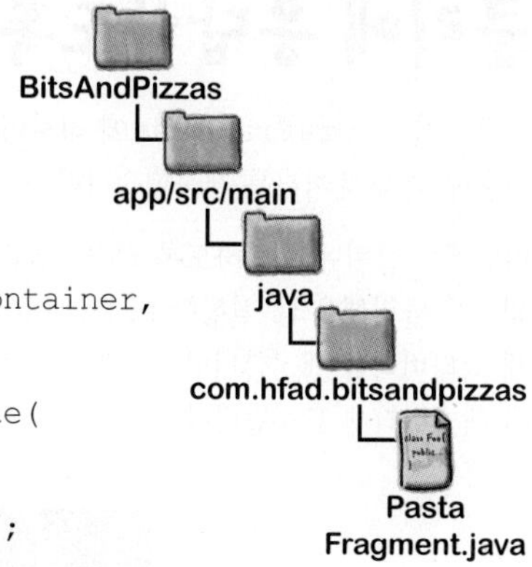


```
...

public class PastaFragment extends Fragment {

    @Override
    public View onCreateView(LayoutInflater inflater, ViewGroup container,
                             Bundle savedInstanceState) {
        RecyclerView pastaRecycler = (RecyclerView)inflater.inflate(
                R.layout.fragment_pasta, container, false);

        String[] pastaNames = new String[Pasta.pastas.length];
        for (int i = 0; i < pastaNames.length; i++) {
            pastaNames[i] = Pasta.pastas[i].getName();
        }

        int[] pastaImages = new int[Pasta.pastas.length];
        for (int i = 0; i < pastaImages.length; i++) {
            pastaImages[i] = Pasta.pastas[i].getImageResourceId();
        }

        CaptionedImagesAdapter adapter =
                new CaptionedImagesAdapter(pastaNames, pastaImages);
        pastaRecycler.setAdapter(adapter);

        GridLayoutManager layoutManager = new GridLayoutManager(getActivity(), 2);
        pastaRecycler.setLayoutManager(layoutManager);
        return pastaRecycler;
    }
}
```

이 레이아웃을 사용해요.

이전에 구현한 CaptionedImagesAdapter를 사용해요.

파스타 이름과 이미지를 어댑터로 전달해요.

GridLayoutManager로 그리드에 카드 뷰를 표시해요.

필요 없는 자석이에요.

GridLayout

GridLayout

ArrayAdapter

ArrayAdapter

클릭에 응답하도록 리사이클러 뷰 구현하기

- [x] 피자 데이터
- [x] 카드 뷰
- [x] 어댑터
- [x] 리사이클러 뷰
- [ ] **클릭**

지금까지 PizzaFragment에 리사이클러 뷰를 추가했고 어댑터를 이용해 피자 데이터를 제공했습니다.

이번에는 클릭에 응답하도록 리사이클러 뷰를 구현합니다. 사용자가 피자를 클릭했을 때 실행할 PizzaDetailActivity라는 새 액티비티를 생성합니다. 사용자가 선택한 피자 이름과 이미지가 이 액티비티에 표시됩니다.

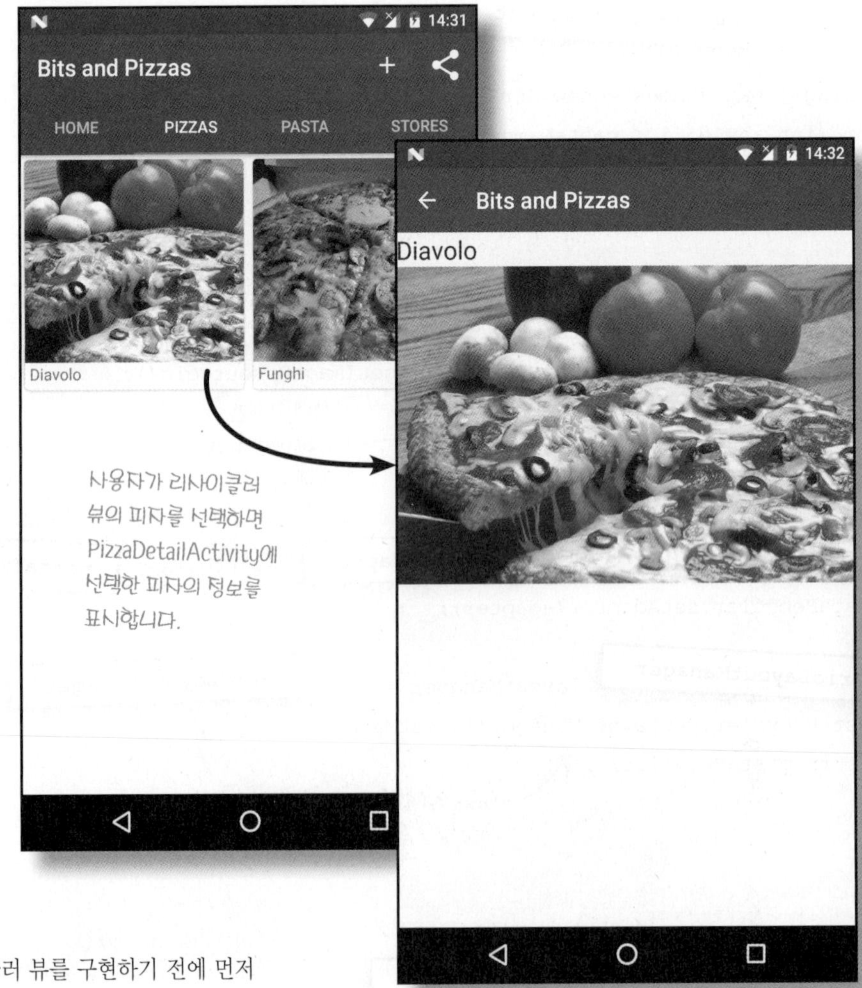

클릭에 응답하는 리사이클러 뷰를 구현하기 전에 먼저 PizzaDetailActivity를 생성합니다.

- [x] 피자 데이터
- [x] 카드 뷰
- [x] 어댑터
- [x] 리사이클러 뷰
- [ ] **클릭**

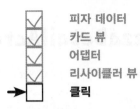

PizzaDetailActivity 생성하기

PizzaDetailActivity를 생성하려면 Bits and Pizzas 폴더 구조에서 com.hfad.bitsandpizzas 패키지를 선택한 다음 File → New... → Activity → Empty Activity를 선택합니다. 액티비티의 이름은 'PizzaDetailActivity'로, 레이아웃 이름은 'activity_pizza_detail'로 설정하고 패키지 이름이 com.hfad.bitsandpizzas인지 확인한 다음 **Backwards Compatibility (AppCompat) 옵션을 선택합니다.**

액티비티의 소스 언어를 물어보면 자바를 선택하세요.

PizzaDetailActivity의 레이아웃을 코드를 바꿉시다. activity_pizza_detail.xml 파일을 열고 피자 정보를 표시하는 데 사용할 텍스트 뷰와 이미지 뷰를 추가합니다. 다음 코드를 참조해 파일을 바꾸세요.

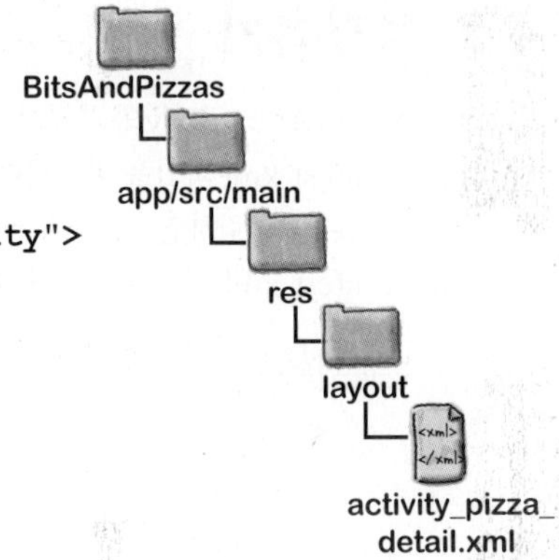


```
<?xml version="1.0" encoding="utf-8"?>
<LinearLayout xmlns:android="http://schemas.android.com/apk/res/android"
    xmlns:tools="http://schemas.android.com/tools"
    android:layout_width="match_parent"
    android:layout_height="match_parent"
    android:orientation="vertical"
    tools:context="com.hfad.bitsandpizzas.PizzaDetailActivity">

    <include
        layout="@layout/toolbar_main"
        android:id="@+id/toolbar" />

    <TextView
        android:id="@+id/pizza_text"
        android:layout_width="wrap_content"
        android:layout_height="wrap_content"
        android:textAppearance="?android:attr/textAppearanceLarge" />

    <ImageView
        android:id="@+id/pizza_image"
        android:layout_height="wrap_content"
        android:layout_width="match_parent"
        android:adjustViewBounds="true"/>
</LinearLayout>
```

액티비티에 툴바를 추가해요.

TextView에는 피자 이름을 표시해요.

ImageView에는 피자 이미지를 넣어요.

다음 페이지에서는 PizzaDetailActivity.java에 필요한 코드를 살펴봅니다.

- [x] 피자 데이터
- [x] 카드 뷰
- [x] 어댑터
- [x] 리사이클러 뷰
- [ ] 클릭

PizzaDetailActivity가 수행해야 할 일

PizzaDetailActivity는 다음 두 작업을 수행해야 합니다.

- PizzaDetailActivity의 주 기능은 사용자가 선택한 피자 이름과 이미지를 표시하는 것입니다. 따라서 액티비티를 시작한 인텐트에서 선택한 피자의 ID를 얻어야 합니다. 사용자가 리사이클러 뷰에서 한 피자를 선택하면 PastaFragment는 PizzaDetailActivity로 선택한 피자의 ID를 전달합니다.

- 사용자가 MainActivity로 돌아갈 수 있도록 PizzaDetailActivity의 Up 버튼을 활성화합니다.

AndroidManifest.xml로 PizzaDetailActivity의 부모 설정하기

PizzaDetailActivity의 부모를 MainActivity로 설정하도록 AndroidManifest.xml 파일을 바꿉니다. 그래야 사용자가 PizzaDetailActivity 앱 바의 Up 버튼을 클릭하면 MainActivity로 돌아갑니다. 다음은 이 기능을 추가한 AndroidManifest.xml 파일입니다(굵게 표시한 문자를 찾아 여러분 코드도 바꾸세요).

```
<manifest ...>
    <application
        ...>
        <activity
            android:name=".MainActivity">
            ...
        </activity>
        <activity
            android:name=".OrderActivity"
            ...
        </activity>
        <activity
            android:name=".PizzaDetailActivity"
            android:parentActivityName=".MainActivity">
        </activity>
    </application>
</manifest>
```

PizzaDetailActivity의 부모를 MainActivity로 설정해요.

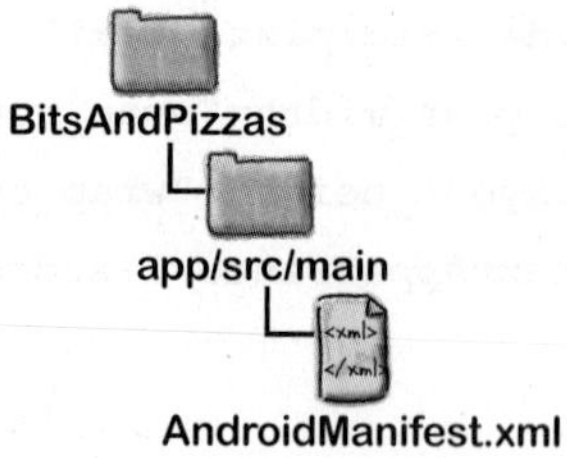

이번에는 PizzaDetailActivity.java를 갱신합니다. 어떻게 작업해야 하는지는 이미 모두 설명했으니 바로 전체 코드를 봅시다.

- [x] 피자 데이터
- [x] 카드 뷰
- [x] 어댑터
- [x] 리사이클러 뷰
- [ ] 클릭

PizzaDetailActivity.java 코드

다음은 PizzaDetailActivity.java 전체 코드입니다. 여러분 코드도 다음처럼 바꾸세요.

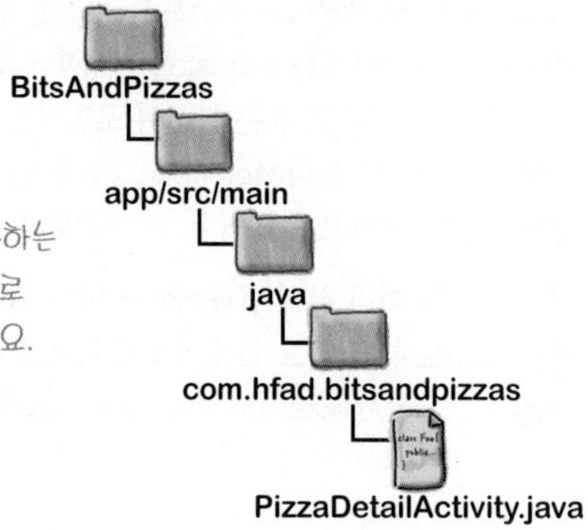


```
package com.hfad.bitsandpizzas;

import android.support.v7.app.ActionBar;
import android.support.v7.app.AppCompatActivity;
import android.os.Bundle;
import android.support.v7.widget.Toolbar;
import android.widget.ImageView;
import android.widget.TextView;
import android.support.v4.content.ContextCompat;

public class PizzaDetailActivity extends AppCompatActivity {

    public static final String EXTRA_PIZZA_ID = "pizzaId";

    @Override
    protected void onCreate(Bundle savedInstanceState) {
        super.onCreate(savedInstanceState);
        setContentView(R.layout.activity_pizza_detail);

        // 툴바를 액티비티의 앱 바로 설정
        Toolbar toolbar = (Toolbar) findViewById(R.id.toolbar);
        setSupportActionBar(toolbar);
        ActionBar actionBar = getSupportActionBar();
        actionBar.setDisplayHomeAsUpEnabled(true);

        // 피자 정보를 표시
        int pizzaId = (Integer)getIntent().getExtras().get(EXTRA_PIZZA_ID);
        String pizzaName = Pizza.pizzas[pizzaId].getName();
        TextView textView = (TextView)findViewById(R.id.pizza_text);
        textView.setText(pizzaName);
        int pizzaImage = Pizza.pizzas[pizzaId].getImageResourceId();
        ImageView imageView = (ImageView)findViewById(R.id.pizza_image);
        imageView.setImageDrawable(ContextCompat.getDrawable(this, pizzaImage));
        imageView.setContentDescription(pizzaName);
    }
}
```

우리가 사용하는 클래스이므로 임포트하세요.

인텐트에 정보를 추가할 때 이 상수를 이용해 피자의 ID를 전달해요.

Up 버튼을 활성화해요.

피자 ID를 이용해 TextView와 ImageView에 데이터를 채워요.

인텐트로부터 사용자가 선택한 피자 정보를 얻어요.

리사이클러 클릭 이벤트 구현하기

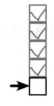

피자 데이터
카드 뷰
어댑터
리사이클러 뷰
클릭

이번에는 사용자가 특정 피자를 선택했을 때 PizzaDetailActivity를 시작할 수 있도록 리사이클러 뷰의 클릭 이벤트를 구현할 차례입니다.

리스트 뷰로 내비게이션 리스트를 생성한 상황에서는 리스트 뷰에 OnItemClickListener를 제공함으로써 사용자의 클릭 이벤트에 응답할 수 있습니다. 리스트 뷰는 자신이 포함하는 모든 뷰의 클릭을 기다리다가 클릭이 발생하면 리스트 뷰의 OnItemClickListener를 호출합니다. 따라서 간단한 코드로 클릭 이벤트에 응답할 수 있습니다.

리스트 뷰는 여러 상위 클래스에서 많은 기능을 상속받습니다. 하지만 리사이클러 뷰는 리스트 뷰와 부모 클래스가 다르므로 이런 내장 메서드가 풍부하지 않습니다. 다음은 ListView와 RecyclerView의 클래스 계층도입니다.

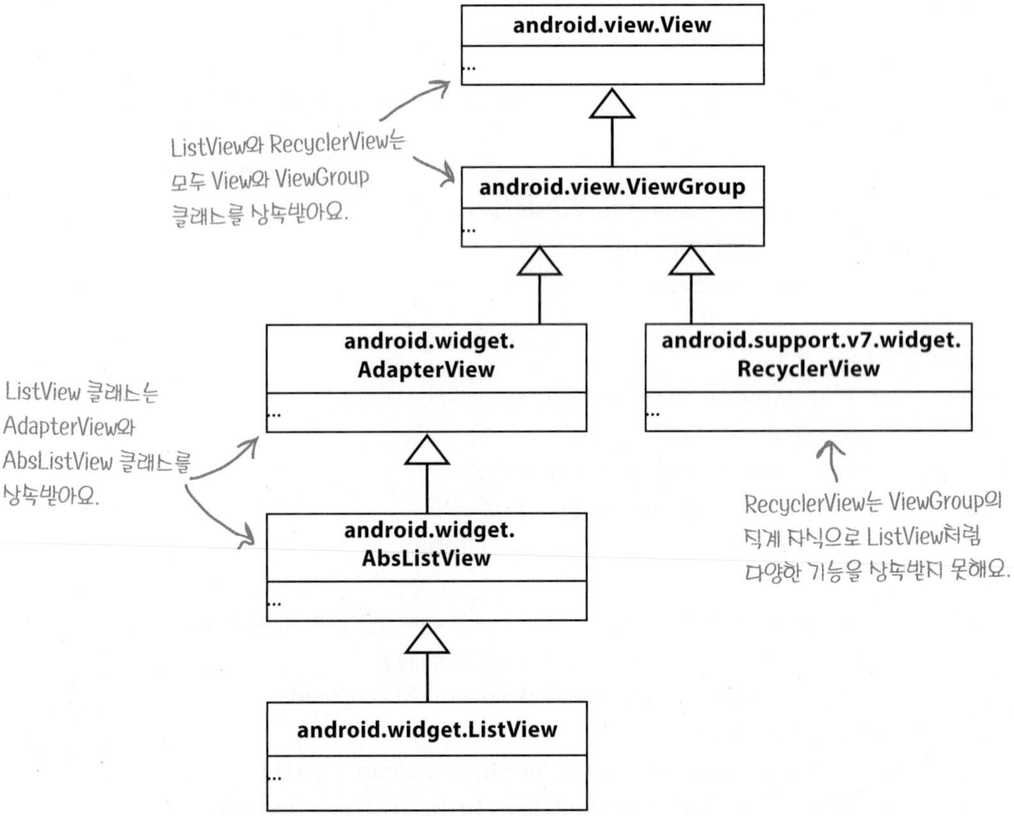

따라서 리사이클러 뷰의 유연성이 더 좋지만 우리가 직접 구현해야 하는 기능도 많아집니다. 리사이클러 뷰가 클릭에 응답하도록 만들려면 어떻게 해야 할까요?

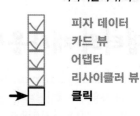

어댑터로 뷰 이벤트를 들을 수 있습니다

- [x] 피자 데이터
- [x] 카드 뷰
- [x] 어댑터
- [x] 리사이클러 뷰
- [ ] 클릭

리사이클러 뷰에서 클릭 이벤트에 응답하려면 포함된 뷰에 접근해야 합니다. 리사이클러 뷰가 포함하는 뷰는 모두 어댑터 안에서 생성됩니다. 화면에 뷰가 나타나면 리사이클러 뷰는 CaptionedImagesAdapter의 onBindViewHolder() 메서드를 호출해 리스트 항목의 내용에 맞게 카드 뷰를 만듭니다.

사용자가 리사이클러 뷰의 한 피자 카드를 선택하면 그 피자의 위치를 전달하면서 PizzaDetailActivity를 시작해야 합니다. 그러므로 다음처럼 어댑터 안에 액티비티 시작 코드를 추가할 수 있습니다.

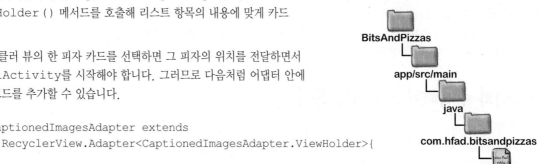

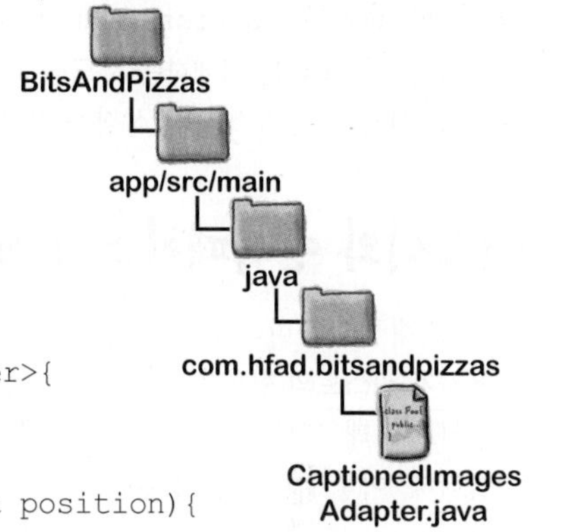


```
class CaptionedImagesAdapter extends
        RecyclerView.Adapter<CaptionedImagesAdapter.ViewHolder>{
...
    @Override
    public void onBindViewHolder(ViewHolder holder, final int position){
        final CardView cardView = holder.cardView;
        ImageView imageView = (ImageView)cardView.findViewById(R.id.info_image);
        Drawable drawable =
                ContextCompat.getDrawable(cardView.getContext(), imageIds[position]);
        imageView.setImageDrawable(drawable);
        imageView.setContentDescription(captions[position]);
        TextView textView = (TextView)cardView.findViewById(R.id.info_text);
        textView.setText(captions[position]);
        cardView.setOnClickListener(new View.OnClickListener(){
            @Override
            public void onClick(View v) {
                Intent intent = new Intent(cardView.getContext(), PizzaDetailActivity.class);
                intent.putExtra(PizzaDetailActivity.EXTRA_PIZZA_ID, position);
                cardView.getContext().startActivity(intent);
            }
        });
    }
}
```

단지 예제일 뿐이니까 아직 어댑터 코드를 바꾸지 마세요.

어댑터에 이 코드를 추가해서 CardView를 클릭했을 때 PizzaDetailActivity를 시작할 수 있어요.

하지만 이렇게 구현할 수도 있다는 것이지 좋다는 의미는 아닙니다.

브레인 파워

어댑터 클래스에 코드를 추가해서 클릭 이벤트에 응답할 수도 있습니다. 그런데 그렇게 하지 않는 이유를 아시나요?

어댑터의 재사용성 유지하기

피자 데이터
카드 뷰
어댑터
리사이클러 뷰
클릭

CaptionedImagesAdapter에 클릭 이벤트 처리 코드를 구현하면 그만큼 이 어댑터의 사용처가 제한됩니다. 우리가 만드는 앱을 생각해보겠습니다. 우리는 피자, 파스타, 상점의 목록을 표시해야 합니다. 각각의 목록을 이미지와 설명으로 표시할 것입니다. 하지만 CaptionedImagesAdapter 클래스가 피자 세부 정보를 표시하는 액티비티를 실행하는 코드를 포함한다면 이를 파스타나 상점 목록에는 사용할 수 없습니다. 결국 파스타용, 상점용 어댑터를 따로 생성해야 합니다.

어댑터와 인터페이스의 결합 끊기

이 방법 대신 액티비티를 시작하는 코드를 어댑터 외부에 구현할 것입니다. 사용자가 리스트의 항목을 클릭하면 어댑터가 리스트를 포함하는 프래그먼트를 호출하고 프래그먼트는 다음 액티비티를 시작하는 인텐트를 시작할 수 있습니다. 이렇게 버튼 클릭 이벤트를 프래그먼트가 처리하도록 위임함으로써 CaptionedImagesAdapter를 피자, 파스타, 상점 목록에 재사용할 수 있습니다.

9장에서 프래그먼트와 액티비티의 결합을 끊는 비슷한 패턴을 이미 살펴봤습니다. 다음처럼 CaptionedImagesAdapter 안에 Listener 인터페이스를 생성합니다.

```
interface Listener {
    void onClick(int position);
}
```

그리고 리사이클러 뷰의 카드 뷰를 클릭하면 리스너의 onClick() 메서드를 호출합니다. 그리고 이 인터페이스를 구현하도록 PizzaFragment에 코드를 추가합니다. 그러면 프래그먼트가 클릭 이벤트에 응답해 액티비티를 시작시킬 수 있습니다.

런타임에 다음과 같은 일이 일어납니다.

1. 사용자가 리사이클러 뷰의 카드 뷰를 클릭
2. Listener의 onClick() 메서드가 호출됨
3. PastaFragment에 onClick() 메서드를 구현함.
   프래그먼트의 코드가 PizzaDetailActivity를 시작시킴

CaptionedImagesAdapter.java 코드 구현을 시작합시다.

- [x] 피자 데이터
- [x] 카드 뷰
- [x] 어댑터
- [x] 리사이클러 뷰
- [ ] → 클릭

인터페이스를 어댑터에 추가하기

사용자가 카드 뷰를 클릭하면 `Listener`의 `onClick()` 메서드가 호출되도록 CaptionedImagesAdapter.java 코드에 `Listener` 인터페이스 구현 코드를 추가했습니다.

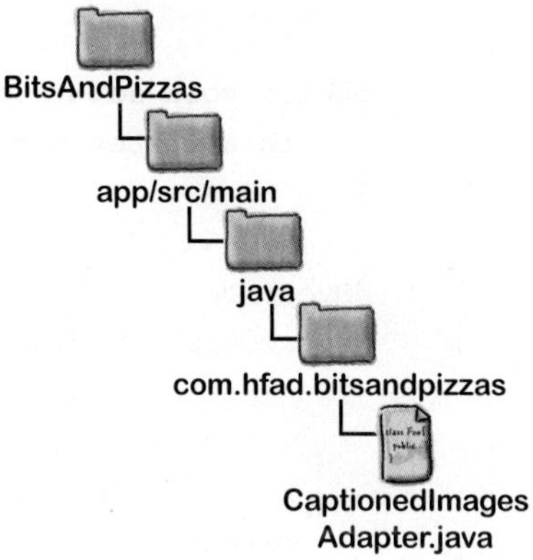


```
package com.hfad.bitsandpizzas;

import android.support.v7.widget.RecyclerView;
import android.support.v7.widget.CardView;
import android.view.ViewGroup;
import android.view.LayoutInflater;
import android.widget.ImageView;
import android.widget.TextView;
import android.graphics.drawable.Drawable;
import android.support.v4.content.ContextCompat;
import android.view.View;   <- 추가로 사용하는 클래스를 임포트하세요.

class CaptionedImagesAdapter extends
        RecyclerView.Adapter<CaptionedImagesAdapter.ViewHolder>{

    private String[] captions;
    private int[] imageIds;
    private Listener listener;   <- Listener를 비공개 변수로 추가해요.

    interface Listener {   <- 인터페이스를 추가해요.
        void onClick(int position);
    }

    public static class ViewHolder extends RecyclerView.ViewHolder {

        private CardView cardView;

        public ViewHolder(CardView v) {
            super(v);
            cardView = v;
        }
    }

    public CaptionedImagesAdapter(String[] captions, int[] imageIds){
        this.captions = captions;
        this.imageIds = imageIds;
    }
```

다음 페이지에 코드가 이어져요.

CaptionedImagesAdapter.java 코드(계속)

피자 데이터
카드 뷰
어댑터
리사이클러 뷰
→ 클릭

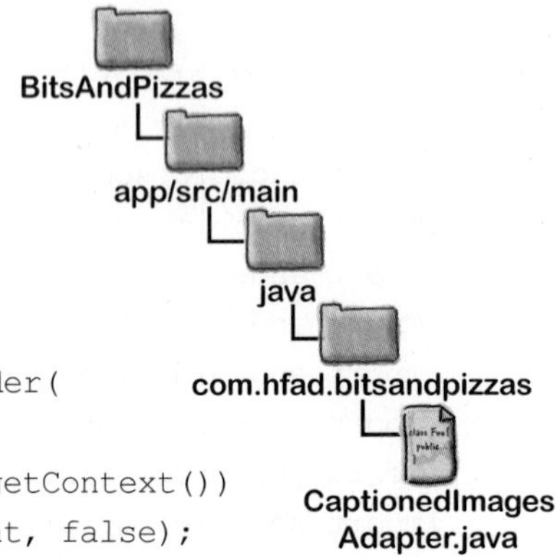


```
    @Override
    public int getItemCount(){
        return captions.length;
    }

    public void setListener(Listener listener){
        this.listener = listener;
    }

    @Override
    public CaptionedImagesAdapter.ViewHolder onCreateViewHolder(
            ViewGroup parent, int viewType){
        CardView cv = (CardView) LayoutInflater.from(parent.getContext())
                .inflate(R.layout.card_captioned_image, parent, false);
        return new ViewHolder(cv);
    }

    @Override
    public void onBindViewHolder(ViewHolder holder, final int position){
        CardView cardView = holder.cardView;
        ImageView imageView = (ImageView)cardView.findViewById(R.id.info_image);
        Drawable drawable =
                ContextCompat.getDrawable(cardView.getContext(), imageIds[position]);
        imageView.setImageDrawable(drawable);
        imageView.setContentDescription(captions[position]);
        TextView textView = (TextView)cardView.findViewById(R.id.info_text);
        textView.setText(captions[position]);
        cardView.setOnClickListener(new View.OnClickListener() {
            @Override
            public void onClick(View v) {
                if (listener != null) {
                    listener.onClick(position);
                }
            }
        });
    }
}
```

액티비티와 프래그먼트는 이 메서드를 이용해 리스너를 등록해요. (setListener)

내부 클래스에서 사용하는 변수이므로 위치 변수를 final로 바꿔야 해요. (final)

리스너를 CardView에 추가해요. (cardView.setOnClickListener)

CardView를 클릭하면 리스너의 onClick() 메서드를 호출해요. (onClick)

리스너를 어댑터에 추가했으므로 이번엔 PastaFragment를 구현합니다.

- [x] 피자 데이터
- [x] 카드 뷰
- [x] 어댑터
- [x] 리사이클러 뷰
- [ ] 클릭

PizzaFragment.java에 리스너 구현하기

리사이클러 뷰의 카드 뷰를 클릭하면 PizzaDetailActivity가 시작되도록 CaptionedImagesAdapter의 Listener 인터페이스를 PizzaFragment에 구현합니다. 다음은 이 기능을 구현한 코드입니다. 굵게 표시한 문자를 참조해 여러분 코드도 다음처럼 바꾸세요.

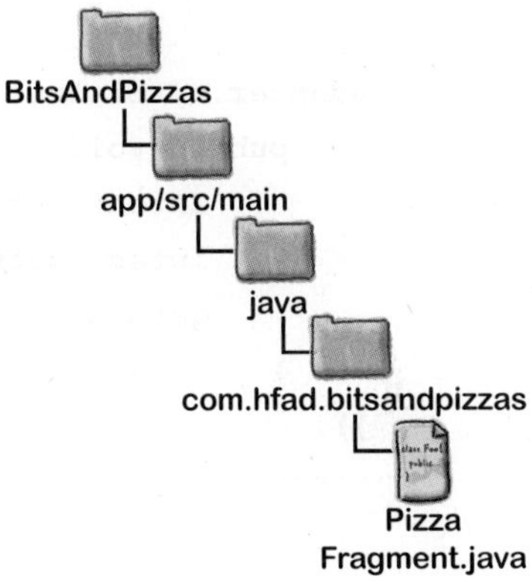


```
package com.hfad.bitsandpizzas;

import android.os.Bundle;
import android.support.v4.app.Fragment;
import android.view.LayoutInflater;
import android.view.View;
import android.view.ViewGroup;
import android.support.v7.widget.RecyclerView;
import android.support.v7.widget.GridLayoutManager;
import android.content.Intent;

public class PizzaFragment extends Fragment {

    @Override
    public View onCreateView(LayoutInflater inflater, ViewGroup container,
                             Bundle savedInstanceState) {
        RecyclerView pizzaRecycler = (RecyclerView)inflater.inflate(
                R.layout.fragment_pizza, container, false);

        String[] pizzaNames = new String[Pizza.pizzas.length];
        for (int i = 0; i < pizzaNames.length; i++) {
            pizzaNames[i] = Pizza.pizzas[i].getName();
        }

        int[] pizzaImages = new int[Pizza.pizzas.length];
        for (int i = 0; i < pizzaImages.length; i++) {
            pizzaImages[i] = Pizza.pizzas[i].getImageResourceId();
        }
```

← 인텐트로 액티비티를 시작하므로 Intent 클래스를 임포트하세요.

다음 페이지에 코드가 이어져요. →

- [x] 피자 데이터
- [x] 카드 뷰
- [x] 어댑터
- [x] 리사이클러 뷰
- [ ] 클릭

PizzaFragment.java 코드(계속)

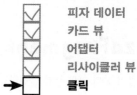

```
        CaptionedImagesAdapter adapter =
                new CaptionedImagesAdapter(pizzaNames, pizzaImages);
        pizzaRecycler.setAdapter(adapter);
        GridLayoutManager layoutManager = new GridLayoutManager(getActivity(), 2);
        pizzaRecycler.setLayoutManager(layoutManager);

        adapter.setListener(new CaptionedImagesAdapter.Listener() {
            public void onClick(int position) {
                Intent intent = new Intent(getActivity(), PizzaDetailActivity.class);
                intent.putExtra(PizzaDetailActivity.EXTRA_PIZZA_ID, position);
                getActivity().startActivity(intent);
            }
        });
        return pizzaRecycler;
    }
}
```

Listener의 onClick() 메서드를 구현한 코드예요. 사용자가 선택한 피자의 ID를 전달하면서 PizzaDetailActivity를 시작시켜요.

리사이클러 뷰가 클릭에 응답하는 데 필요한 모든 코드를 구현했습니다. 이렇게 코드를 구현하면 이미지 뷰와 텍스트 뷰로 이루어진 다양한 유형의 데이터를 포함하는 같은 어댑터와 카드 뷰를 재사용할 수 있습니다.

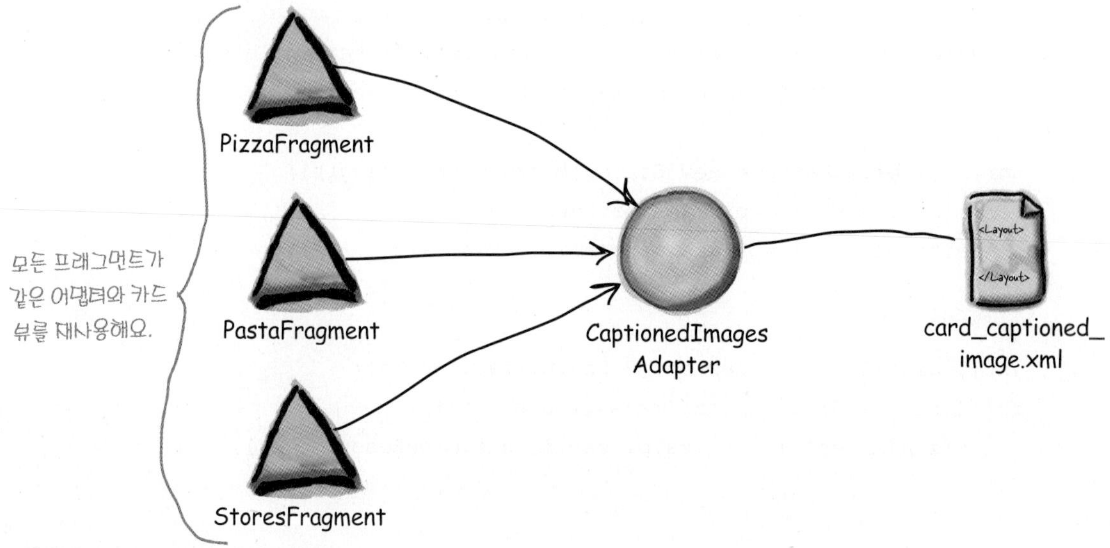

코드를 실행하면 어떤 일이 일어나는지 확인합시다.

앱 시험 주행

- 피자 데이터
- 카드 뷰
- 어댑터
- 리사이클러 뷰
- 클릭

앱을 실행하고 Pizzas 탭을 클릭하면 `PizzaFragment`가 나타납니다. 사용자가 한 피자를 클릭하면 `PizzaDetailActivity`가 나타나면서 피자 정보가 자세히 표시됩니다.

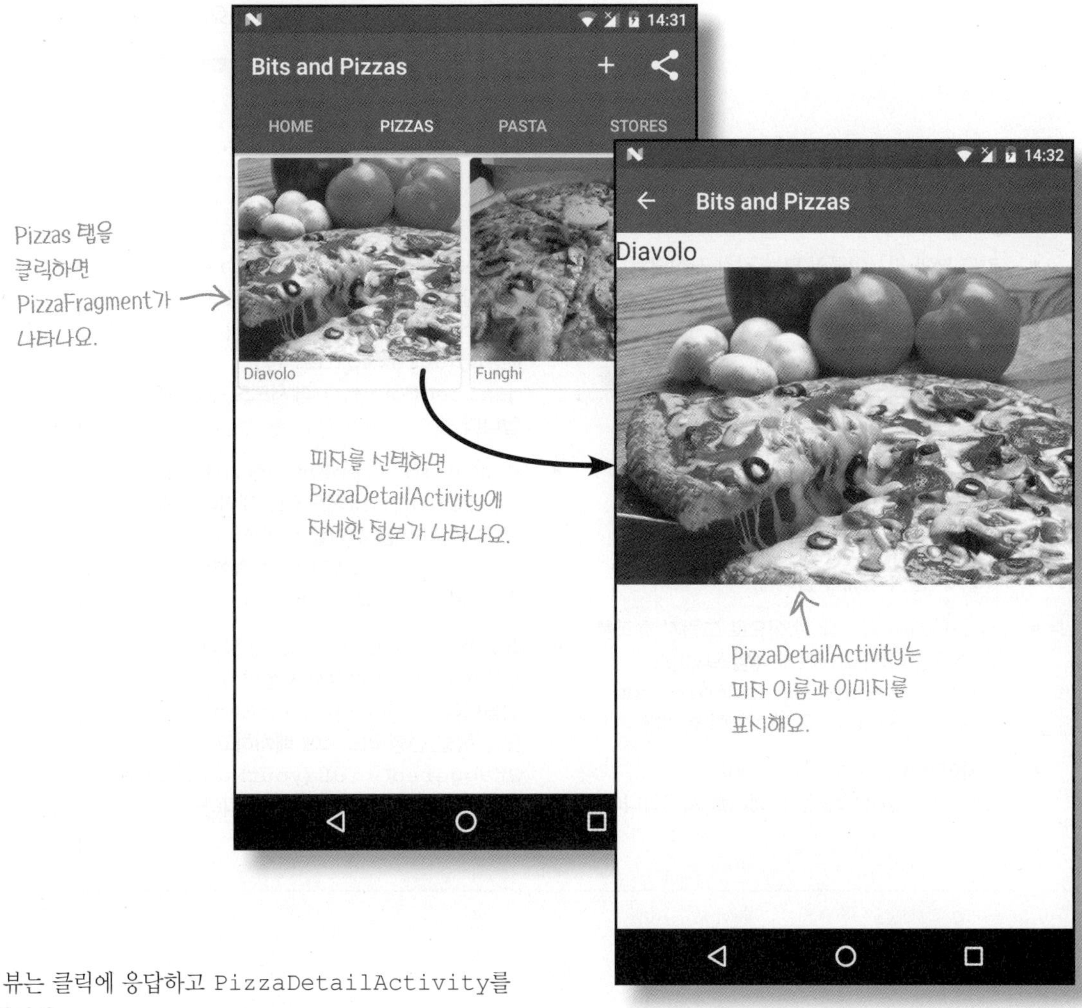
14:31
Bits and Pizzas
HOME
PIZZAS
PASTA
STORES
Diavolo
Funghi
14:32
Bits and Pizzas
Diavolo
Pizzas 탭을 클릭하면 PizzaFragment가 나타나요.
피자를 선택하면 PizzaDetailActivity에 자세한 정보가 나타나요.
PizzaDetailActivity는 피자 이름과 이미지를 표시해요.

카드 뷰는 클릭에 응답하고 `PizzaDetailActivity`를 표시합니다.

CHAPTER 13

우리의 안드로이드 도구상자

13장을 마치면서 리사이클러 뷰와 카드 뷰 기술을 도구상자에 추가했습니다.

이 책의 전체 코드는 https://tinyurl.com/HeadFirstAndroid에서 내려받을 수 있어요.

핵심정리

- 카드 뷰와 리사이클러 뷰는 각각 자신만의 지원 라이브러리를 갖습니다.
- `<android.support.v7.widget.CardView>` 요소로 레이아웃에 카드 뷰를 추가합니다.
- `cardCornerRadius` 속성으로 카드 뷰의 모서리를 둥글게 만들 수 있습니다. 그러려면 네임스페이스 `"http://schemas.android.com/apk/res-auto"`를 추가해야 합니다.
- `cardElevation` 속성으로 그림자 효과를 줄 수 있습니다. 그러려면 네임스페이스 `"http://schemas.android.com/apk/res-auto"`를 추가해야 합니다.
- 리사이클러 뷰는 `RecyclerView.Adapter`를 상속받는 어댑터를 사용합니다.
- 직접 `RecyclerView.Adapter`를 구현할 때는 반드시 뷰 홀더를 정의하고 `onCreateViewHolder()`, `onBindViewHolder()`, `getItemCount()` 메서드도 구현해야 합니다.
- `<android.support.v7.widget.RecyclerView>` 요소로 레이아웃에 리사이클러 뷰를 추가할 수 있습니다. `android:scrollbars` 속성으로 스크롤바를 추가할 수 있습니다.
- 레이아웃 관리자로 리사이클러 뷰에 항목을 어떻게 배치할지 지정할 수 있습니다. `LinearLayoutManager`는 항목을 선형 리스트에 배치하고, `StaggeredGridLayoutManager`는 항목을 엇갈림 그리드에 배치합니다.

14 내비게이션 드로워

이동하기

행운의 내비게이션 드로워와
함께라면 길을 잃어버릴 염려가
절대 없어요.

탭으로 앱을 쉽게 탐색할 수 있다는 것은 이미 확인했습니다.

하지만 탭의 숫자가 너무 많거나 탭을 섹션으로 나누고 싶다면 여러분의 새로운 절친 **내비게이션 드로워**를 사용하세요. 이 장에서는 한 번의 터치로 액티비티 옆에서 미끄러져 나오거나 미끄러져 들어가는 내비게이션 드로워를 생성하는 방법을 보여줄 겁니다. **내비게이션 뷰**를 이용해 헤더를 제공하는 방법과 사용자가 앱의 주요 메뉴를 쉽게 탐색하도록 **구조화된 메뉴 항목 집합**을 제공하는 방법을 배웁니다. 그리고 사용자의 가벼운 터치나 스와이프에 드로워가 응답하도록 **내비게이션 뷰 리스너**를 설정하는 방법도 배웁니다.

탭 레이아웃으로도 쉽게 탐색할 수 있지만...

12장에서는 사용자가 앱을 쉽게 탐색할 수 있는 방법으로 탭 레이아웃을 소개했습니다. Bits and Pizzas 앱에 Home, Pizzas, Pasta, Stores 카테고리의 탭을 추가했습니다.

앱에 같은 수준의 카테고리 화면이 많지 않을 때는 탭 레이아웃이 유용합니다. 하지만 탭이 많거나 탭을 섹션으로 그룹화하려면 어떻게 해야 할까요?

...내비게이션 드로워는 더 다양한 옵션을 제공합니다

많은 옵션을 탐색하거나 옵션을 섹션으로 그룹화하려면 **내비게이션 드로워**를 고려해볼 수 있습니다. 내비게이션 드로워는 미끄러져 나타나는 패널로 그 안에는 앱의 다른 기능으로 이동하는 링크나 다양한 섹션을 그룹화한 메뉴 등을 포함합니다. 예를 들어 Gmail 앱은 이메일 카테고리, 최근 레이블, 모든 레이블 등의 섹션을 포함하는 내비게이션 드로워를 제공합니다.

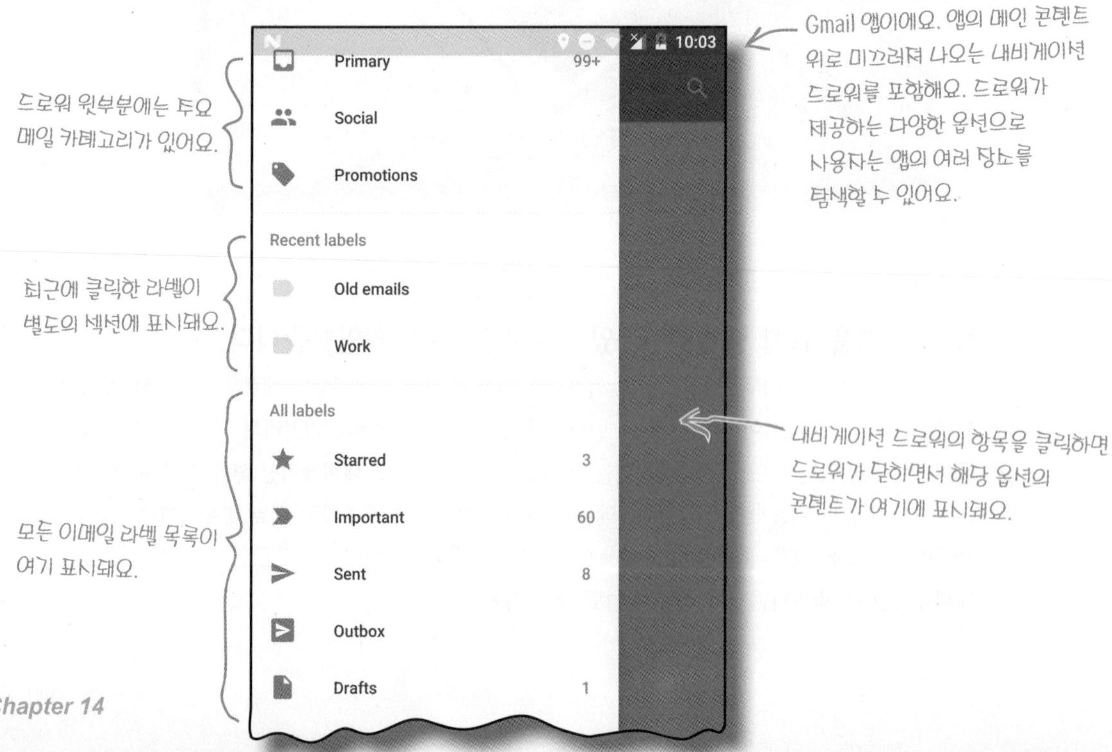
10:03
Primary 99+
Social
Promotions
Recent labels
Old emails
Work
All labels
Starred 3
Important 60
Sent 8
Outbox
Drafts 1
드로워 윗부분에는 주요 메일 카테고리가 있어요.
최근에 클릭한 라벨이 별도의 섹션에 표시돼요.
모든 이메일 라벨 목록이 여기 표시돼요.
Gmail 앱이에요. 앱의 메인 콘텐트 위로 미끄러져 나오는 내비게이션 드로워를 포함해요. 드로워가 제공하는 다양한 옵션으로 사용자는 앱의 여러 장소를 탐색할 수 있어요.
내비게이션 드로워의 항목을 클릭하면 드로워가 닫히면서 해당 옵션의 콘텐트가 여기에 표시돼요.

새 이메일 앱의 내비게이션 드로워를 생성할 겁니다

우리는 CatChat이라는 새 이메일 앱에 내비게이션 드로워를 구현할 겁니다. 내비게이션 드로워는 이미지와 텍스트로 구성된 헤더와 여러 옵션을 포함합니다. 사용자의 받은 메시지함, 임시 메시지함, 보낸 메시지함, 휴지통 등을 메인 옵션으로 제공합니다. 또한 도움말과 피드백 옵션을 제공하는 별도의 지원 섹션도 제공합니다.

CatChat 앱이에요.
내비게이션 드로워의 헤더예요.
드로워의 메인 옵션이에요.
Help, Feedback 옵션은 별도의 지원 섹션으로 제공해요.
앱의 메인 콘텐트를 여기에 표시해요.
12:04
CatChat
spot@catchat.com
Mesagez
Draftz
Sent mesagez
In da trash
Support
Halp
Giv us feedback

내비게이션 드로워는 다양한 컴포넌트로 이루어집니다.
다음 페이지에서 자세히 살펴볼 겁니다.

내비게이션 드로워 분석

액티비티의 레이아웃에 **드로워 레이아웃**을 추가해 내비게이션 드로워를 구현할 수 있습니다. 내비게이션 드로워는 열거나 닫을 수 있으며 두 개의 뷰가 필요합니다.

1. **메인 콘텐트를 표시할 뷰**
   보통 툴바와 프레임 레이아웃으로 이루어지며 프래그먼트를 표시하는 데 사용합니다.

2. **드로워 콘텐트를 표시할 뷰**
   보통 내비게이션 뷰로 이루어지며 대부분의 드로워 동작을 제어합니다.

드로워를 닫으면 드로워 레이아웃은 일반 액티비티와 같은 모습으로 돌아갑니다. 이때 메인 콘텐트를 포함하는 레이아웃을 표시합니다.

12:03
CatChat
Inbox
드로워가 닫히면 기존의 평범한 액티비티와 같은 모습이에요.
액티비티의 메인 콘텐트예요. 보통 프래그먼트를 이용하며 툴바와 프레임 레이아웃을 포함해요.

내비게이션 드로워를 열면 액티비티 메인 콘텐트 위로 드로워 콘텐트를 표시합니다. 보통 내비게이션 뷰로 드로워 콘텐트를 표시하며 내비게이션 뷰는 드로워 헤더 이미지와 옵션 목록을 표시합니다. 옵션을 선택하면 새 액티비티가 시작되거나 액티비티의 프레임 레이아웃에 프래그먼트를 표시합니다.

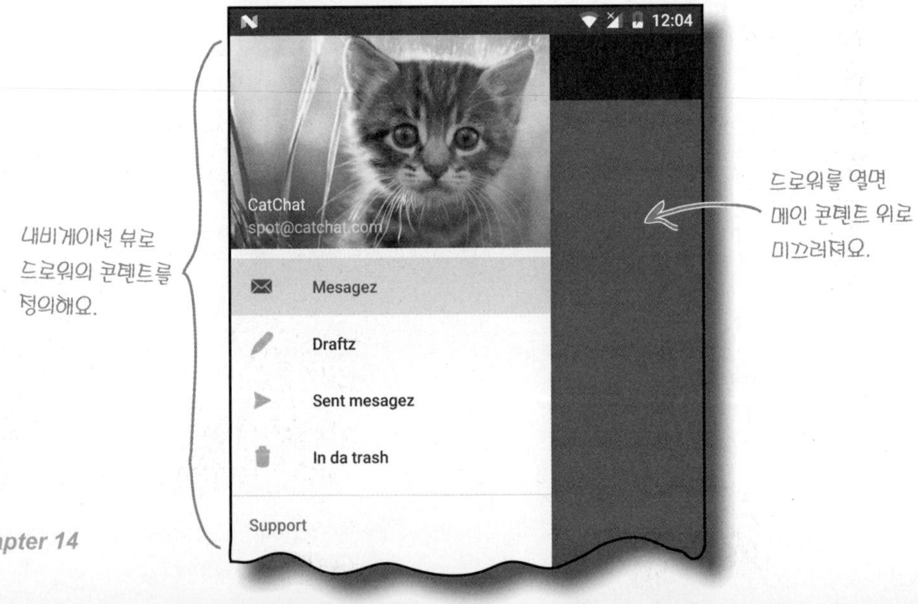
12:04
CatChat
spot@catchat.com
Mesagez
Draftz
Sent mesagez
In da trash
Support
내비게이션 뷰로 드로워의 콘텐트를 정의해요.
드로워를 열면 메인 콘텐트 위로 미끄러져요.

우리가 해야 할 일

CatChat 앱에 내비게이션 드로워를 생성하려면 다음 네 단계를 거쳐야 합니다.

1. **앱 콘텐트를 표시할 기본 프래그먼트와 액티비티 생성**
   사용자가 내비게이션 드로워에서 옵션을 선택하면 해당 옵션의 프래그먼트나 액티비티를 표시합니다. `InboxFragment`, `DraftsFragment`, `SentItemsFragment`, `TrashFragment`, 그리고 `HelpActivity`와 `FeedbackActivity`를 생성합니다.

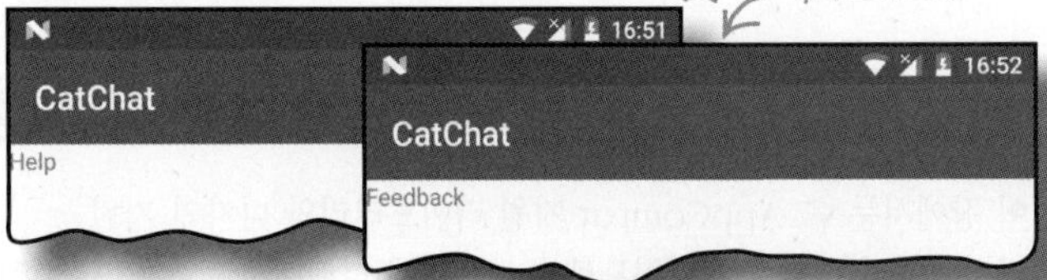

2. **드로워의 헤더 생성**
   nav_header.xml이라는 드로워의 헤더 레이아웃을 생성합니다. 드로워의 헤더 레이아웃은 이미지와 텍스트를 포함합니다.

3. **드로워 옵션 생성**
   menu_nav.xml이라는 드로워 옵션을 보여줄 메뉴를 생성합니다.

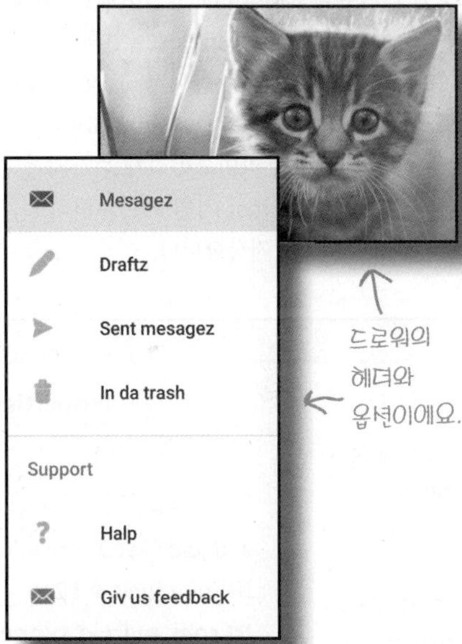

4. **내비게이션 드로워 생성**
   내비게이션 드로워를 앱의 메인 액티비티에 추가하고 메인 액티비티가 헤더와 옵션을 표시하도록 구현할 겁니다. 그리고 드로워의 동작을 제어할 액티비티 코드를 구현합니다.

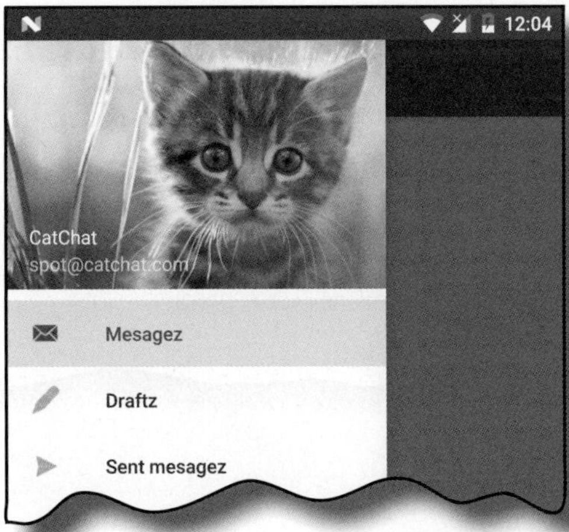

시작합니다.

프래그먼트/액티비티
헤더
옵션
드로워

CatChat 프로젝트 만들기

가장 먼저 새 CatChat 앱 프로젝트를 만들어야 합니다. 'CatChat'이라는 이름과 'hfad.com' 회사 도메인으로 빈 액티비티를 포함하는 새 안드로이드 프로젝트를 만듭니다. 패키지 이름이 `com.hfad.catchat`인지 확인합니다. 대부분의 디바이스에서 앱을 실행할 수 있도록 최소 SDK는 API 수준 19로 설정합니다. 액티비티 이름은 'MainActivity'로, 레이아웃 이름은 'activity_main'으로 설정하고 **Backwards Compatibility (AppCompat) 옵션은 선택 해제합니다.**

v7 AppCompat 지원 라이브러리와 디자인 지원 라이브러리 추가

이 장에서는 v7 AppCompat 지원 라이브러리와 디자인 지원 라이브러리를 사용할 것이므로 프로젝트에 디펜던시로 추가해야 합니다. 안드로이드 스튜디오에서 File → Project Structure를 선택한 다음 app 모듈을 클릭하고 Dependencies를 선택합니다. 창이 나타나면 아래나 오른쪽에 있는 '+' 버튼을 누릅니다. Library Dependency 옵션을 누르고 라이브러리 목록에서 Design Library를 선택합니다. 프로젝트에 v7 AppCompat 지원 라이브러리가 추가되어 있지 않다면 이 과정을 반복해서 v7 AppCompat 지원 라이브러리도 추가합니다. 그리고 OK 버튼을 클릭해 설정을 저장합니다.

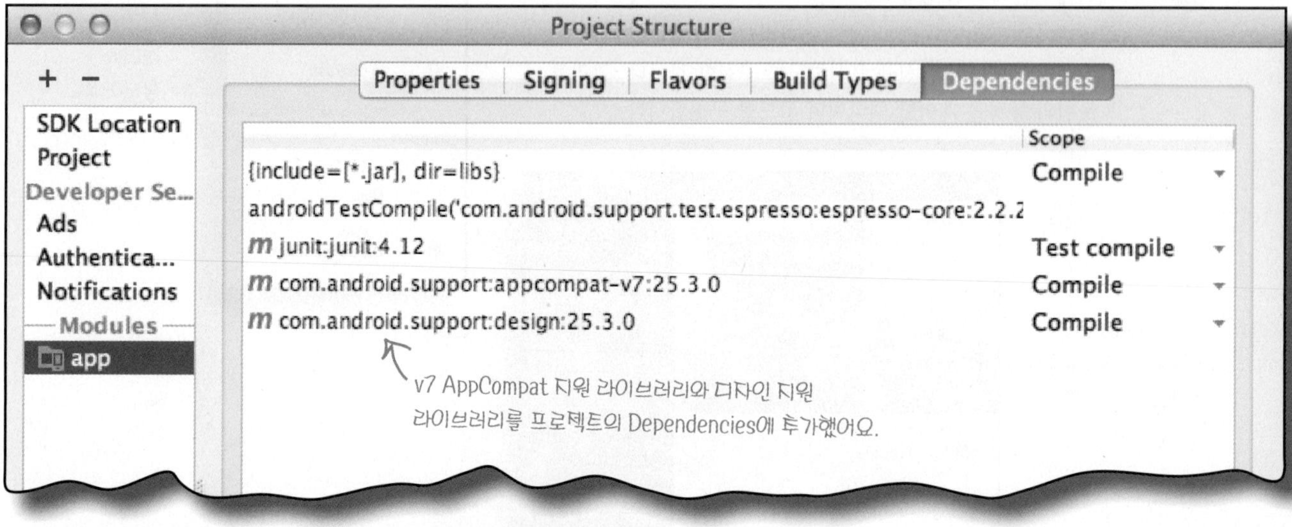

다음에는 앱의 받은 메시지함, 임시 메시지함, 보낸 메시지함, 휴지통으로 사용할 네 개의 기본 프래그먼트를 만듭니다. 그리고 나중에 이 프래그먼트를 이용해 내비게이션 드로워 코드를 구현합니다.

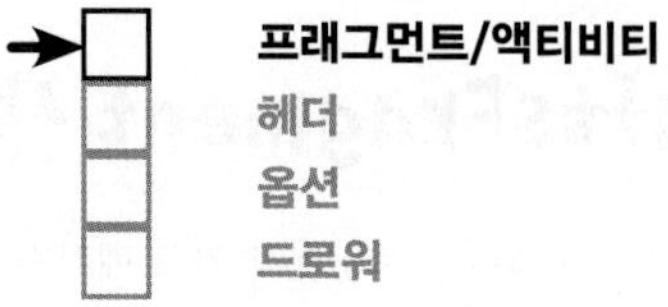

InboxFragment 생성

사용자가 내비게이션 드로워에서 받은 메시지함 옵션을 클릭하면 InboxFragment를 표시할 겁니다. app/src/main/java 폴더에서 `com.hfad.catchat` 패키지를 선택한 다음 File → New... → Fragment → Fragment (Blank)를 선택합니다. 프래그먼트 이름은 'InboxFragment'로, 레이아웃 이름은 'fragment_inbox'로 설정합니다. 그리고 InboxFragment.java 파일의 코드를 다음처럼 바꿉니다.

InboxFragment의 모습이에요.

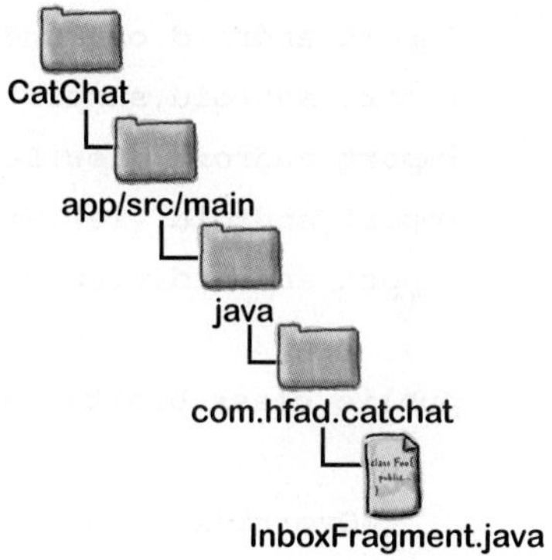


```java
package com.hfad.catchat;

import android.os.Bundle;
import android.support.v4.app.Fragment;
import android.view.LayoutInflater;
import android.view.View;
import android.view.ViewGroup;

public class InboxFragment extends Fragment {

    @Override
    public View onCreateView(LayoutInflater inflater, ViewGroup container,
                             Bundle savedInstanceState) {
        return inflater.inflate(R.layout.fragment_inbox, container, false);
    }
}
```

모든 프래그먼트는 지원 라이브러리의 Fragment 클래스를 사용해요.

다음은 fragment_inbox.xml 코드입니다(여러분 코드도 다음처럼 바꾸세요).

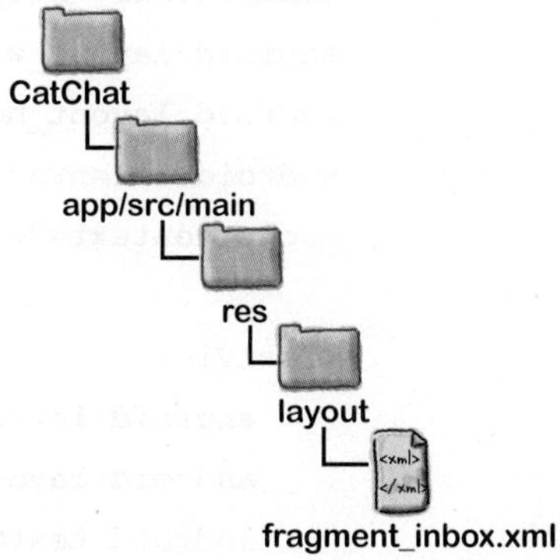


```xml
<LinearLayout xmlns:android="http://schemas.android.com/apk/res/android"
    xmlns:tools="http://schemas.android.com/tools"
    android:layout_width="match_parent"
    android:layout_height="match_parent"
    android:orientation="vertical"
    tools:context="com.hfad.catchat.InboxFragment">

    <TextView
        android:layout_width="match_parent"
        android:layout_height="match_parent"
        android:text="Inbox" />
</LinearLayout>
```

InboxFragment의 레이아웃은 TextView만 포함해요. 프래그먼트가 표시되었는지 쉽게 확인할 수 있도록 텍스트를 추가했어요.

DraftsFragment 생성

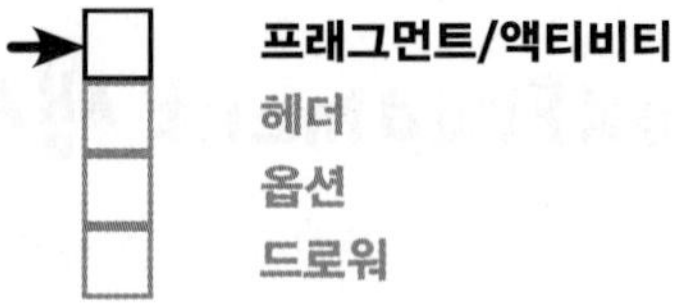

사용자가 내비게이션 서랍에서 임시 메시지함 옵션을 클릭하면 DraftsFragment를 보여줍니다. app/src/main/java 폴더에서 com.hfad.catchat 패키지를 선택한 다음 'DraftsFragment'라는 프래그먼트와 'fragment_drafts'라는 레이아웃을 생성합니다. 그리고 DraftsFragment.java 파일을 다음 코드처럼 바꿉니다.

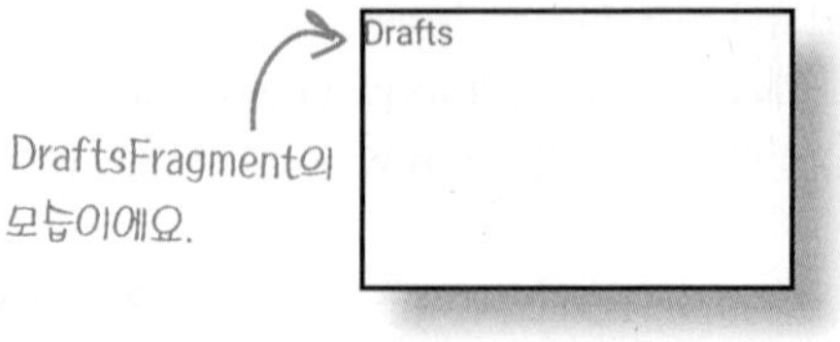

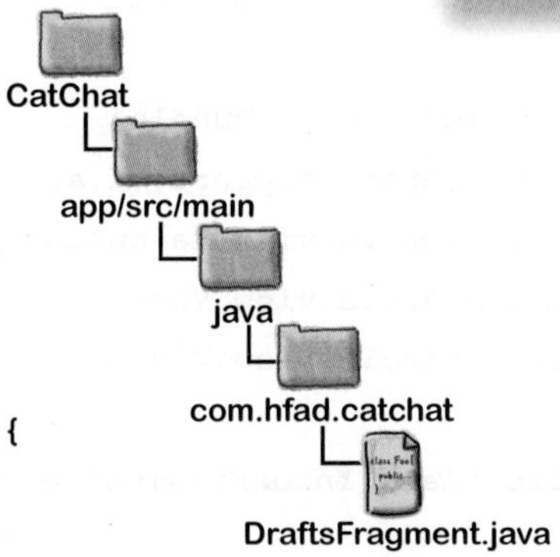


```
package com.hfad.catchat;

import android.os.Bundle;
import android.support.v4.app.Fragment;
import android.view.LayoutInflater;
import android.view.View;
import android.view.ViewGroup;

public class DraftsFragment extends Fragment {

    @Override
    public View onCreateView(LayoutInflater inflater, ViewGroup container,
                             Bundle savedInstanceState) {
        return inflater.inflate(R.layout.fragment_drafts, container, false);
    }
}
```

다음은 fragment_drafts.xml 코드입니다(여러분 코드도 다음처럼 바꾸세요).

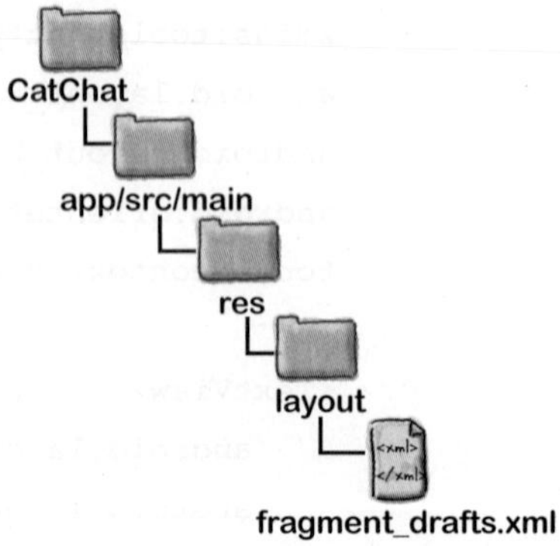


```
<LinearLayout xmlns:android="http://schemas.android.com/apk/res/android"
    xmlns:tools="http://schemas.android.com/tools"
    android:layout_width="match_parent"
    android:layout_height="match_parent"
    android:orientation="vertical"
    tools:context="com.hfad.catchat.DraftsFragment">

    <TextView
        android:layout_width="match_parent"
        android:layout_height="match_parent"
        android:text="Drafts" />
</LinearLayout>
```

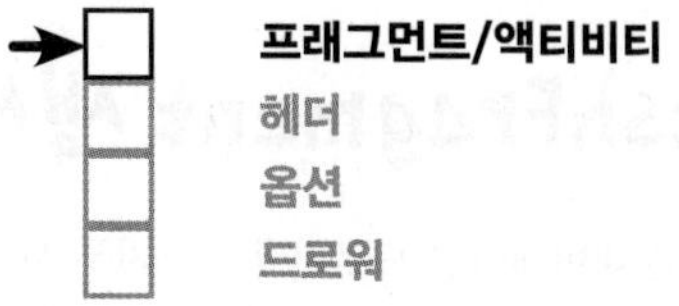

SentItemsFragment 생성

사용자가 내비게이션 드로워에서 보낸 메시지함 옵션을 클릭하면 `SentItemsFragment`를 보여줄 것입니다. app/src/main/java 폴더에서 `com.hfad.catchat` 패키지를 선택한 다음 'SentItemsFragment'라는 프래그먼트와 'fragment_sent_items'라는 레이아웃을 만듭니다. 그리고 SentItemsFragment.java 파일을 다음 코드처럼 바꿉니다.

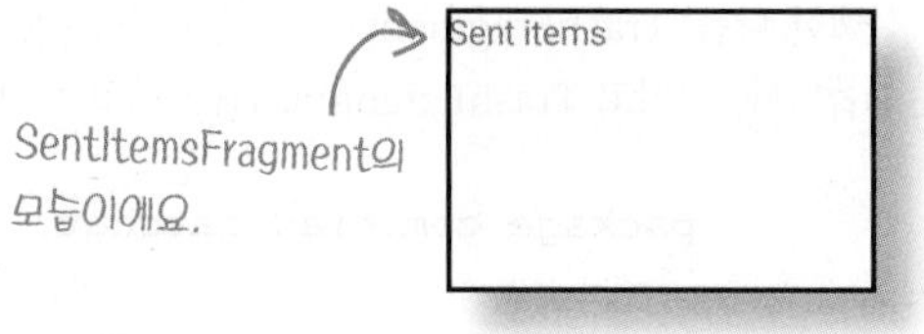


```
package com.hfad.catchat;

import android.os.Bundle;
import android.support.v4.app.Fragment;
import android.view.LayoutInflater;
import android.view.View;
import android.view.ViewGroup;

public class SentItemsFragment extends Fragment {

    @Override
    public View onCreateView(LayoutInflater inflater, ViewGroup container,
                             Bundle savedInstanceState) {
        return inflater.inflate(R.layout.fragment_sent_items, container, false);
    }
}
```

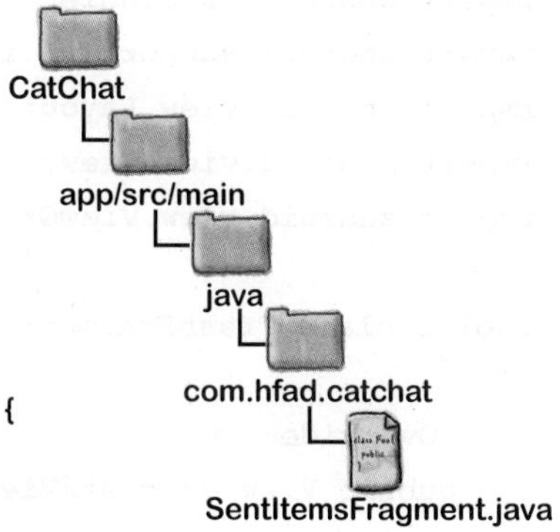

다음은 fragment_sent_items.xml 코드입니다(여러분 코드도 다음처럼 바꾸세요).

```
<LinearLayout xmlns:android="http://schemas.android.com/apk/res/android"
    xmlns:tools="http://schemas.android.com/tools"
    android:layout_width="match_parent"
    android:layout_height="match_parent"
    android:orientation="vertical"
    tools:context="com.hfad.catchat.SentItemsFragment">

    <TextView
        android:layout_width="match_parent"
        android:layout_height="match_parent"
        android:text="Sent items" />
</LinearLayout>
```

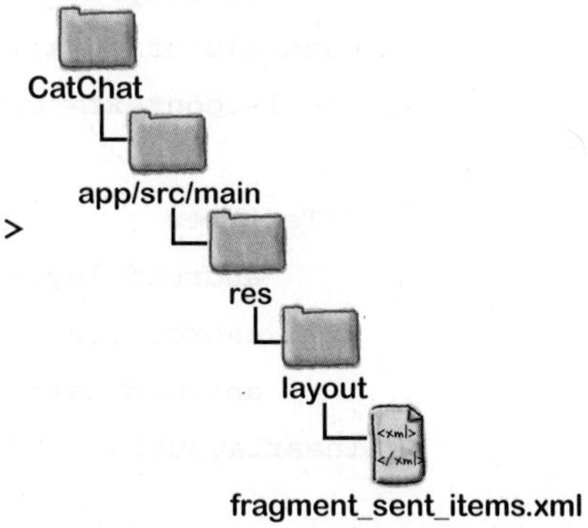

TrashFragment 생성

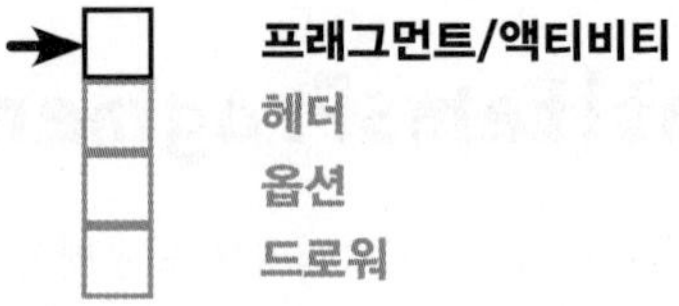

사용자가 내비게이션 드로워에서 휴지통 옵션을 클릭하면 `TrashFragment`를 보여줄 겁니다. app/src/main/java 폴더에서 `com.hfad.catchat` 패키지를 선택한 다음 'TrashFragment'라는 프래그먼트와 'fragment_trash'라는 레이아웃을 만듭니다. 그리고 TrashFragment.java 파일을 다음 코드처럼 바꿉니다.

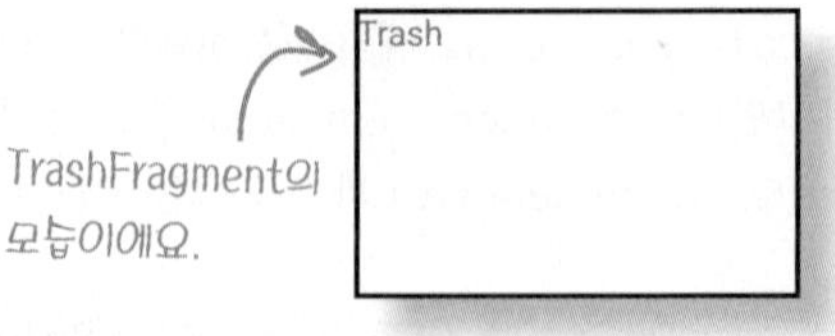


```
package com.hfad.catchat;

import android.os.Bundle;
import android.support.v4.app.Fragment;
import android.view.LayoutInflater;
import android.view.View;
import android.view.ViewGroup;

public class TrashFragment extends Fragment {

    @Override
    public View onCreateView(LayoutInflater inflater, ViewGroup container,
                             Bundle savedInstanceState) {
        return inflater.inflate(R.layout.fragment_trash, container, false);
    }
}
```

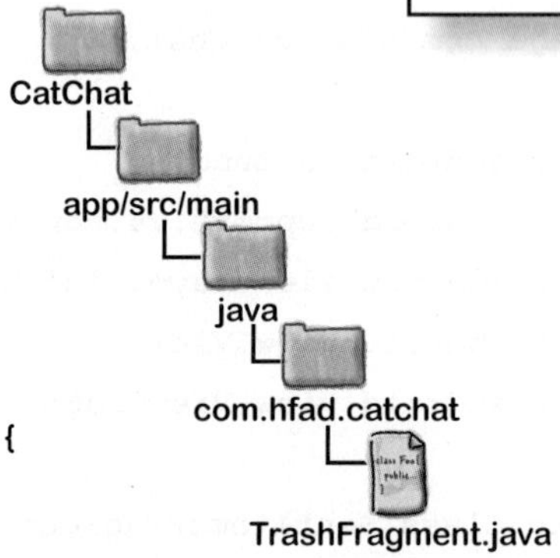

다음은 fragment_trash.xml 코드입니다(여러분 코드도 다음처럼 바꾸세요).

```
<LinearLayout xmlns:android="http://schemas.android.com/apk/res/android"
    xmlns:tools="http://schemas.android.com/tools"
    android:layout_width="match_parent"
    android:layout_height="match_parent"
    android:orientation="vertical"
    tools:context="com.hfad.catchat.TrashFragment">

    <TextView
        android:layout_width="match_parent"
        android:layout_height="match_parent"
        android:text="Trash" />
</LinearLayout>
```

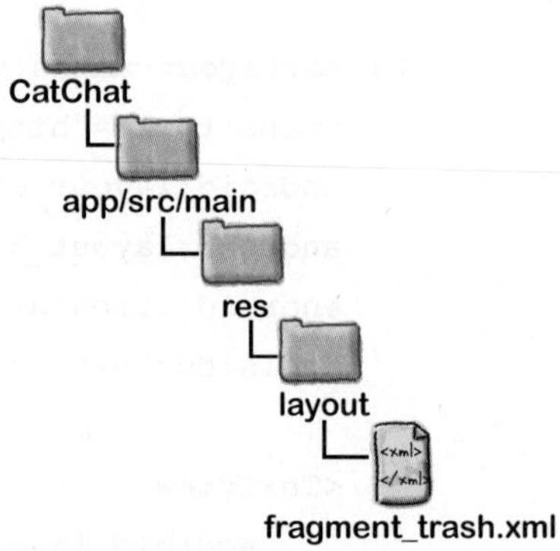

필요한 모든 프래그먼트를 구현했습니다. 다음에는 액티비티에 포함할 툴바를 생성합니다.

툴바 레이아웃 생성

- → 프래그먼트/액티비티
- 헤더
- 옵션
- 드로워

잠시 뒤에 생성할 여러 액티비티의 레이아웃에서 툴바를 포함할 수 있도록 툴바를 별도의 레이아웃으로 추가합니다. 안드로이드 스튜디오의 탐색기를 Project 뷰로 바꾸고 app/src/main/layout 폴더에서 File → New → Layout resource file을 선택합니다. 레이아웃 파일 이름을 'toolbar_main'으로 입력하고 OK를 클릭합니다.

toolbar_main.xml 파일을 열고 안드로이드 스튜디오가 생성한 코드를 다음처럼 바꿉니다.

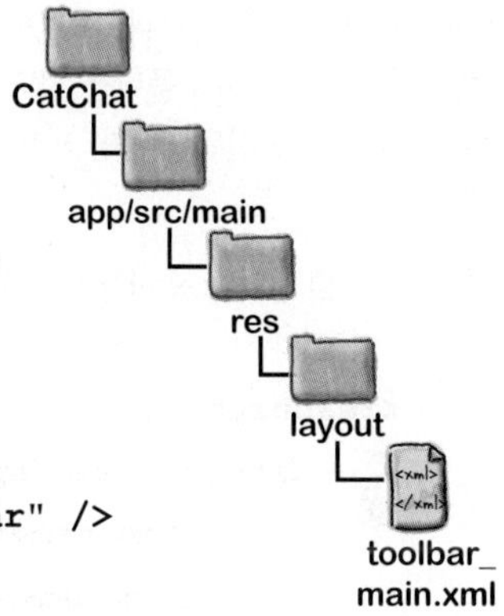

이전에 사용했던 툴바 코드예요.

```
<android.support.v7.widget.Toolbar
    xmlns:android="http://schemas.android.com/apk/res/android"
    android:layout_width="match_parent"
    android:layout_height="?attr/actionBarSize"
    android:background="?attr/colorPrimary"
    android:theme="@style/ThemeOverlay.AppCompat.Dark.ActionBar" />
```

액티비티에 툴바를 추가하기 전에 액티비티에서 사용하는 테마를 바꿔야 합니다. 앱의 스타일 리소스를 이용해 테마를 바꿉니다.

우선 AndroidManifest.xml 파일을 열어 테마 속성을 "@style/AppTheme"로 설정합니다. 안드로이드 스튜디오가 이미 속성을 설정했을 수도 있습니다. 테마 속성이 제대로 설정되어 있지 않으면 아래 코드처럼 설정합니다.

```
<?xml version="1.0" encoding="utf-8"?>
<manifest ...>
    <application
        android:allowBackup="true"
        android:icon="@mipmap/ic_launcher"
        android:label="@string/app_name"
        android:roundIcon="@mipmap/ic_launcher_round"
        android:supportsRtl="true"
        android:theme="@style/AppTheme">
        <activity android:name=".MainActivity">
            ...
        </activity>
    </application>
</manifest>
```

안드로이드 스튜디오가 이미 이렇게 설정해 놓았을 거예요.

다음 페이지에서 AppTheme 스타일을 바꿉니다.

앱의 테마 바꾸기

→ 프래그먼트/액티비티
헤더
옵션
드로워

여기서는 "Theme.AppCompat.Light.NoActionBar" 테마를 사용하도록 AppTheme 스타일을 바꿉니다. 또한 원래 테마에서 사용했던 일부 색상도 오버라이드합니다.

먼저 app/src/main/res/values 폴더에서 안드로이드 스튜디오가 생성한 styles.xml 파일을 엽니다. 파일이 존재하지 않으면 생성해야 합니다. 그렇게 하려면 values 폴더를 선택한 다음 File → New → Values resource file을 선택합니다. 파일 이름을 물으면 'styles'로 설정하고 OK를 클릭합니다.

다음 코드처럼 styles.xml을 바꾸세요.

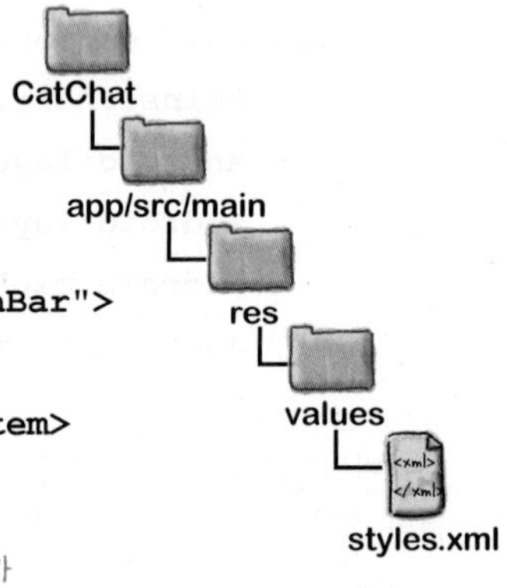


```
<resources>
    <style name="AppTheme" parent="Theme.AppCompat.Light.NoActionBar">
        <item name="colorPrimary">@color/colorPrimary</item>
        <item name="colorPrimaryDark">@color/colorPrimaryDark</item>
        <item name="colorAccent">@color/colorAccent</item>
    </style>
</resources>
```

이 테마를 적용해 기본 앱 바를 제거해요(기본 앱 바를 툴바로 바꿀 거예요).

안드로이드 스튜디오가 이런 색상을 추가했을 거예요.

AppTheme 스타일은 색상 리소스를 사용하므로 colors.xml에 색상 리소스를 추가해야 합니다. 먼저 안드로이드가 app/src/main/res/values 폴더에 colors.xml을 생성했는지 확인합니다(파일이 없으면 직접 생성하세요). 그리고 아래 코드처럼 colors.xml 파일을 바꿉니다.

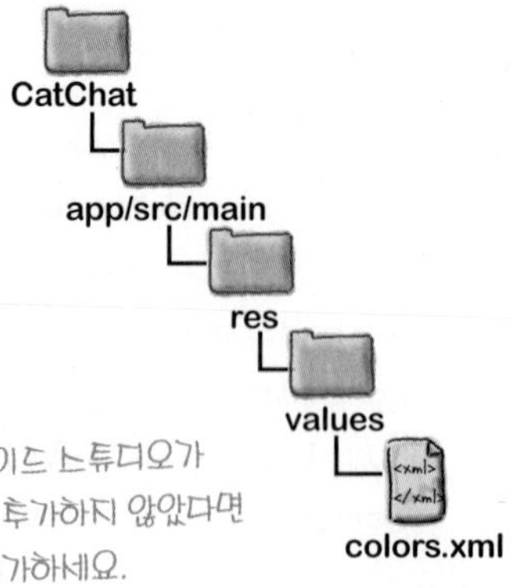


```
<?xml version="1.0" encoding="utf-8"?>
<resources>
    <color name="colorPrimary">#3F51B5</color>
    <color name="colorPrimaryDark">#303F9F</color>
    <color name="colorAccent">#FF4081</color>
</resources>
```

안드로이드 스튜디오가 색상을 추가하지 않았다면 직접 추가하세요.

툴바를 사용하도록 스타일을 설정했으므로 내비게이션 드로워에 필요한 도움말과 피드백 옵션에 사용할 두 개의 액티비티를 생성합니다. 사용자가 관련 옵션을 선택하면 적절한 액티비티를 보여줄 겁니다.

- → 프래그먼트/액티비티
- 헤더
- 옵션
- 드로워

HelpActivity 생성

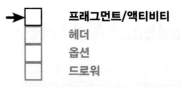

먼저 HelpActivity를 생성할 겁니다. 안드로이드 스튜디오에서 com.hfad.catchat 패키지를 선택한 다음 File → New를 선택합니다. 빈 액티비티를 생성하는 옵션을 선택한 다음 액티비티 이름은 'HelpActivity'로, 레이아웃 이름은 'activity_help'로 설정합니다. 패키지 이름이 com.hfad.catchat인지 확인합니다. **Backwards Compatibility (AppCompat) 옵션은 선택합니다.** 그리고 activity_help.xml 파일을 다음 코드처럼 바꿉니다.

```
<?xml version="1.0" encoding="utf-8"?>
<LinearLayout xmlns:android="http://schemas.android.com/apk/res/android"
    xmlns:tools="http://schemas.android.com/tools"
    android:layout_width="match_parent"
    android:layout_height="match_parent"
    android:orientation="vertical"
    tools:context="com.hfad.catchat.HelpActivity">

    <include
        layout="@layout/toolbar_main"
        android:id="@+id/toolbar" />

    <TextView
        android:layout_width="match_parent"
        android:layout_height="match_parent"
        android:text="Help" />
</LinearLayout>
```

툴바와 'Help' 텍스트를 HelpActivity에 추가해요.

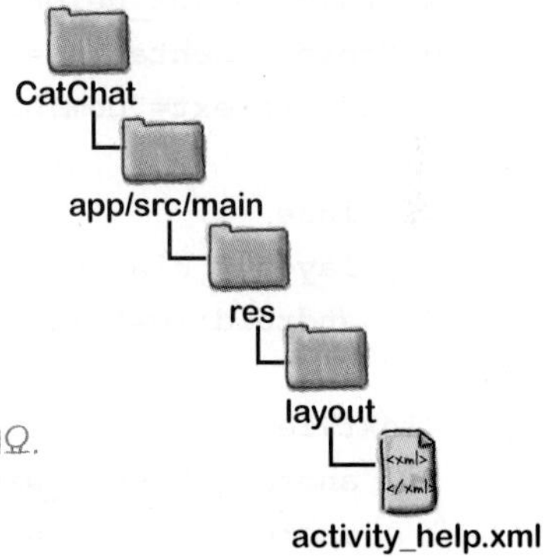

그리고 HelpActivity.java를 다음 코드처럼 바꾸세요.

```
package com.hfad.catchat;

import android.support.v7.app.AppCompatActivity;
import android.os.Bundle;
import android.support.v7.widget.Toolbar;

public class HelpActivity extends AppCompatActivity {

    @Override
    protected void onCreate(Bundle savedInstanceState) {
        super.onCreate(savedInstanceState);
        setContentView(R.layout.activity_help);
        Toolbar toolbar = (Toolbar) findViewById(R.id.toolbar);
        setSupportActionBar(toolbar);
    }
}
```

AppCompat 테마를 사용하므로 액티비티는 AppCompatActivity를 상속받아야 해요.

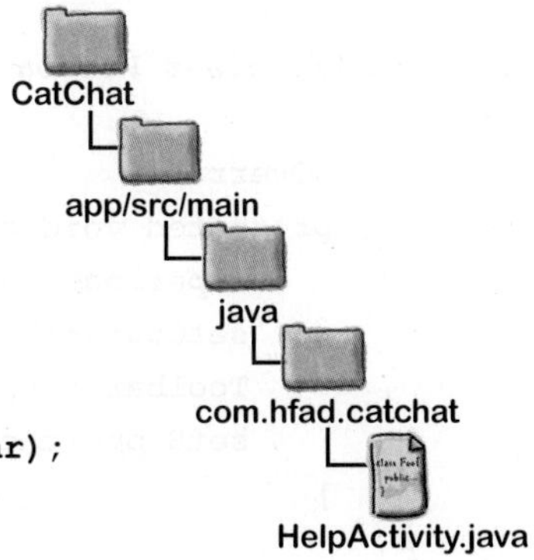

FeedbackActivity 생성

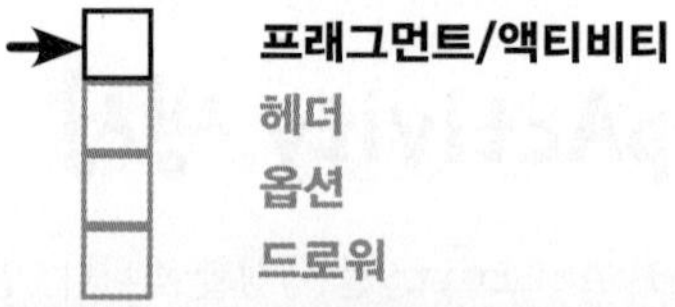

다시 com.hfad.catchat 패키지를 선택한 다음 'HelpActivity'라는 빈 액티비티와 'activity_feedbak'이라는 레이아웃을 만듭니다. 패키지 이름이 com.hfad.catchat로 되어 있는지 확인합니다. **Backwards Compatibility (AppCompat) 옵션은 선택합니다.** 그리고 activity_feedbak.xml 파일을 다음 코드처럼 바꿉니다.

```
<?xml version="1.0" encoding="utf-8"?>
<LinearLayout xmlns:android="http://schemas.android.com/apk/res/android"
    xmlns:tools="http://schemas.android.com/tools"
    android:layout_width="match_parent"
    android:layout_height="match_parent"
    android:orientation="vertical"
    tools:context="com.hfad.catchat.FeedbackActivity">

    <include
        layout="@layout/toolbar_main"
        android:id="@+id/toolbar" />

    <TextView
        android:layout_width="match_parent"
        android:layout_height="match_parent"
        android:text="Feedback" />
</LinearLayout>
```

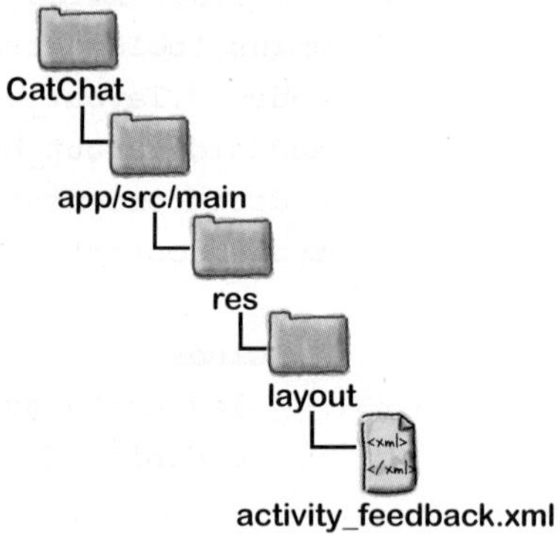

그리고 FeedbackActivity.java를 다음 코드처럼 바꾸세요.

```
package com.hfad.catchat;

import android.support.v7.app.AppCompatActivity;
import android.os.Bundle;
import android.support.v7.widget.Toolbar;

public class FeedbackActivity extends AppCompatActivity {

    @Override
    protected void onCreate(Bundle savedInstanceState) {
        super.onCreate(savedInstanceState);
        setContentView(R.layout.activity_feedback);
        Toolbar toolbar = (Toolbar) findViewById(R.id.toolbar);
        setSupportActionBar(toolbar);
    }
}
```

이 액티비티도 AppCompatActivity를 상속받아야 해요.

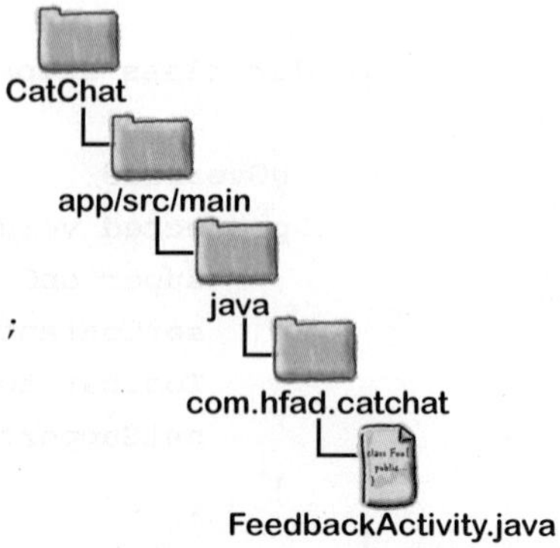

내비게이션 드로워를 생성해야 합니다

- [x] 프래그먼트/액티비티
- [ ] 헤더
- [ ] 옵션
- [ ] 드로워

내비게이션 드로워의 옵션과 연결할 모든 프래그먼트와 액티비티를 프로젝트에 추가했습니다. 다음으로 내비게이션 드로워를 생성합니다.

내비게이션 드로워는 두 개의 컴포넌트로 이루어집니다.

내비게이션 드로워 헤더

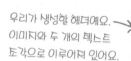

내비게이션 드로워의 윗부분에 나타나는 레이아웃입니다. 보통 이미지와 텍스트로 이루어집니다. 예를 들어 사용자의 사진과 이메일 계정을 표시할 수 있습니다.

우리가 생성할 헤더예요. 이미지와 두 개의 텍스트 조각으로 이루어져 있어요.

옵션 집합

헤더 아래의 내비게이션 드로워에 표시할 옵션 집합을 정의합니다. 사용자가 옵션을 선택하면 해당 화면이 내비게이션 드로워의 액티비티나 새로운 액티비티의 프래그먼트로 표시됩니다.

내비게이션 드로워에 포함할 옵션이에요.

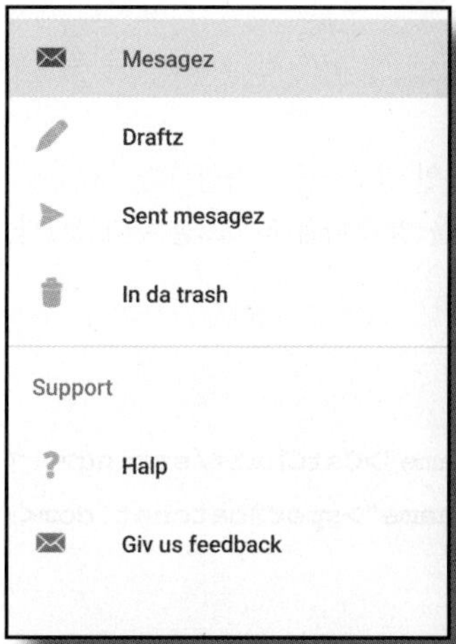

위 두 가지 컴포넌트를 생성한 다음 MainActivity에서 이들을 이용해 내비게이션 드로워를 구현할 겁니다. 먼저 내비게이션 드로워 헤더부터 시작합니다.

내비게이션 드로워의 헤더 생성

프래그먼트/액티비티
헤더
옵션
드로워

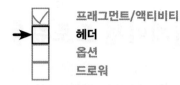

내비게이션 드로워의 헤더에 새 레이아웃 파일을 추가할 수 있습니다. nav_header.xml이라는 새 파일을 이용할 것입니다. 안드로이드 스튜디오에서 app/src/main/res/layout 폴더를 선택하고 File → New → Layout resource file을 선택합니다. 레이아웃 이름은 'nav_header'로 설정합니다.

우리 레이아웃은 한 개의 이미지와 두 개의 텍스트 뷰로 이루어졌습니다. 즉, 이미지 파일을 프로젝트에 드로워블로, 두 개의 텍스트를 문자열 리소스로 추가해야 합니다. 먼저 이미지부터 추가합니다.

이미지 파일 추가하기

이미지 파일을 추가하려면 먼저 안드로이드 스튜디오의 탐색기를 Project 뷰로 바꾸고 프로젝트에 app/src/main/res/drawable 폴더가 있는지 확인합니다. 이 폴더가 없으면 프로젝트의 app/src/main/res 폴더를 선택한 다음 File → New...를 선택하고 새 Android resource directory를 생성하는 옵션을 클릭합니다. 리소스 형식은 drawable로, 이름은 'drawable'로 설정하고 OK 버튼을 클릭합니다.

drawable 폴더를 생성했으면 https://git.io/v9oet에서 kitten_small.jpg 파일을 내려받아 drawable 폴더에 추가합니다.

문자열 리소스 추가하기

이번에는 텍스트 뷰에 사용할 두 개의 문자열 리소스를 추가합니다. app/src/main/res/values/strings.xml 파일을 열고 다음 리소스를 추가합니다.

```
<resources>
    ...
    <string name="app_name">CatChat</string>
    <string name="user_name">spot@catchat.com</string>
</resources>
```

안드로이드 스튜디오가 이미 이 문자열을 기본값으로 추가했을 수도 있어요.

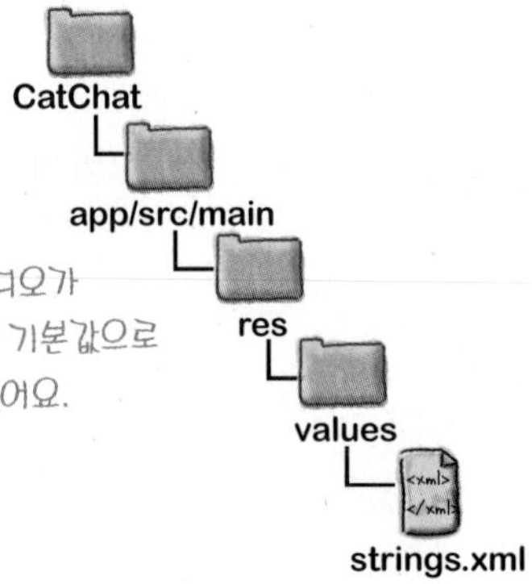

리소스를 추가했으니 레이아웃을 구현합니다. 레이아웃에 필요한 모든 내용은 이미 배웠으므로 바로 전체 코드를 소개합니다.

- 프래그먼트/액티비티
- → 헤더
- 옵션
- 드로워

nav_header.xml 전체 코드

다음은 nav_header.xml 전체 코드입니다. 여러분 파일도 다음 코드처럼 바꾸세요.

```
<?xml version="1.0" encoding="utf-8"?>
<FrameLayout xmlns:android="http://schemas.android.com/apk/res/android"
    android:layout_width="match_parent"
    android:layout_height="180dp"
    android:theme="@style/ThemeOverlay.AppCompat.Dark" >

    <ImageView
        android:layout_width="wrap_content"
        android:layout_height="wrap_content"
        android:scaleType="centerCrop"
        android:src="@drawable/kitten_small" />

    <LinearLayout
        android:layout_width="wrap_content"
        android:layout_height="match_parent"
        android:orientation="vertical"
        android:gravity="bottom|start"
        android:layout_margin="16dp" >

        <TextView
            android:layout_width="wrap_content"
            android:layout_height="wrap_content"
            android:text="@string/app_name"
            android:textAppearance="@style/TextAppearance.AppCompat.Body1" />

        <TextView
            android:layout_width="wrap_content"
            android:layout_height="wrap_content"
            android:text="@string/user_name" />
    </LinearLayout>
</FrameLayout>
```

드로워가 너무 많은 공간을 차지하지 않도록 명시적으로 레이아웃 높이를 180dp로 설정했어요.

이미지 배경이 아주 어두우므로 이 테마로 텍스트를 밝게 만들었어요.

LinearLayout이 이미지 뷰 위에 나타나요. 이미지 아래쪽에 텍스트를 표시하는 데 사용해요.

텍스트를 조금 굵게 만드는 내장 스타일이에요. AppCompat 지원 라이브러리에서 제공해요.

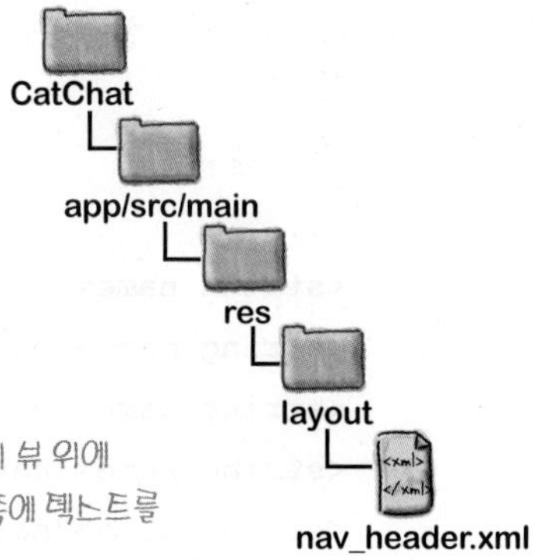

드로워의 헤더를 생성했고 이제 옵션 목록을 생성할 차례입니다.

드로워는 메뉴에서 옵션을 얻습니다

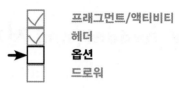

- ☑ 프래그먼트/액티비티
- ☑ 헤더
- ☐ **옵션**
- ☐ 드로워

내비게이션 드로워는 메뉴 리소스 파일에서 옵션 목록을 얻습니다. 앱 바에 옵션 집합을 추가하는 코드와 비슷한 코드가 필요합니다.

내비게이션 드로워에 옵션을 추가하는 코드를 구현하기 전에 프로젝트에 메뉴 리소스 파일을 추가해야 합니다. 그러려면 안드로이드 스튜디오에서 app/src/main/res 폴더를 선택한 다음 File → New를 선택합니다. 그리고 Android resource file을 생성하는 메뉴를 선택합니다. 리소스 파일 이름과 종류를 묻는 창이 나타나면 파일 이름은 'menu_nav'로, 리소스 종류는 'Menu'로 설정하고 디렉터리 이름을 'menu'로 설정합니다. OK 버튼을 클릭하면 안드로이드 스튜디오가 파일을 만듭니다.

이제 나중에 메뉴 항목의 제목으로 사용할 문자열 리소스를 추가해야 합니다. strings.xml 파일을 열고 다음 리소스를 추가하세요.

```
<resources>
    ...
    <string name="nav_inbox">Mesagez</string>
    <string name="nav_drafts">Draftz</string>
    <string name="nav_sent">Sent mesagez</string>
    <string name="nav_trash">In da trash</string>
    <string name="nav_support">Support</string>
    <string name="nav_help">Halp</string>
    <string name="nav_feedback">Giv us feedback</string>
</resources>
```

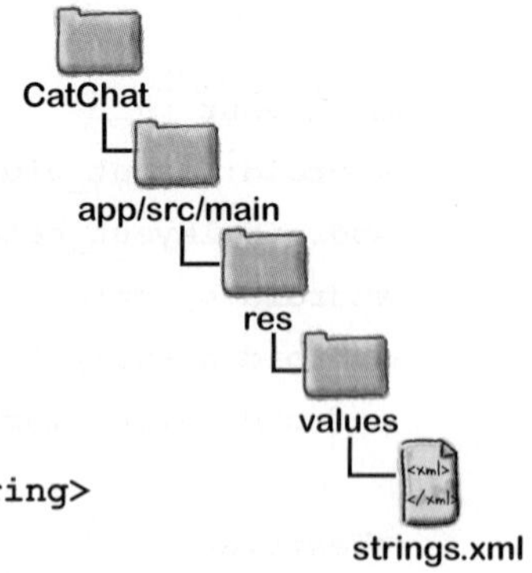

다음에는 메뉴 코드를 구현합니다.

메뉴는 두 섹션으로 생성해야 합니다

이전에도 설명한 것처럼 내비게이션 드로워의 항목을 두 섹션으로 나눕니다. 첫 번째 섹션은 앱에서 사용자가 이동할 수 있는 받은 메시지함, 임시 메시지함, 보낸 메시지함, 휴지통 등 메인 옵션을 포함합니다. 도움말과 피드백 옵션은 별개의 지원 섹션에 추가합니다.

메인 옵션을 추가합시다.

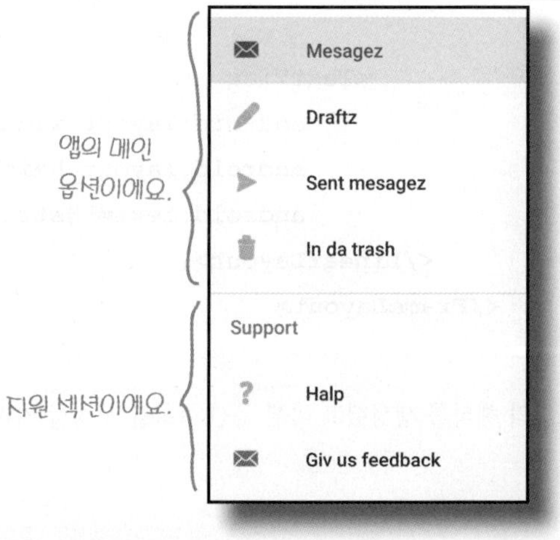

- [x] 프래그먼트/액티비티
- [x] 헤더
- → [ ] 옵션
- [ ] 드로워

드로워에 표시할 순서대로 항목을 추가합니다

보통 가장 많이 사용하는 옵션이 리스트 상단에 나타나도록 내비게이션 드로워의 옵션 집합을 설계합니다. 우리 예제에서는 받은 메시지함, 임시 메시지함, 보낸 메시지함, 휴지통 옵션을 많이 사용합니다.

드로워에 표시하고 싶은 순서대로 메뉴 리소스 파일에 항목을 추가합니다. 자바 코드에서 참조할 수 있도록 각 항목에 ID를 할당하고 표시할 텍스트를 제목으로 설정합니다. 항목의 텍스트 옆에 표시할 아이콘도 지정할 수 있습니다. 다음은 'inbox' 항목의 코드 예제입니다.

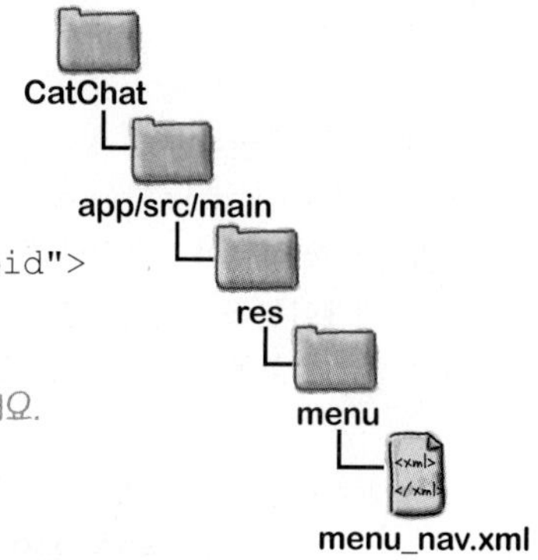


```
<?xml version="1.0" encoding="utf-8"?>
<menu xmlns:android="http://schemas.android.com/apk/res/android">

    <item
        android:id="@+id/nav_inbox"
        android:icon="@android:drawable/sym_action_email"
        android:title="@string/nav_inbox" />

    ...

</menu>
```

항목을 클릭했을 때 액티비티 코드가 응답할 수 있도록 항목에 ID를 할당해요.

이메일 아이콘을 표시하는 데 사용할 수 있는 내장 드로워블이에요.

내비게이션 드로워에 표시할 텍스트예요.

위 코드에서는 안드로이드의 내장 아이콘 중 하나인 "@android:drawable/sym_action_email"을 사용했습니다. 안드로이드는 우리 앱에 사용할 수 있는 내장 아이콘 집합을 제공합니다. "@android:drawable"은 안드로이드가 제공하는 아이콘 중 하나를 사용하겠다는 의미입니다. 안드로이드 스튜디오에서 아이콘 이름을 입력하기 시작하면 이용할 수 있는 전체 아이콘 목록을 확인할 수 있습니다.

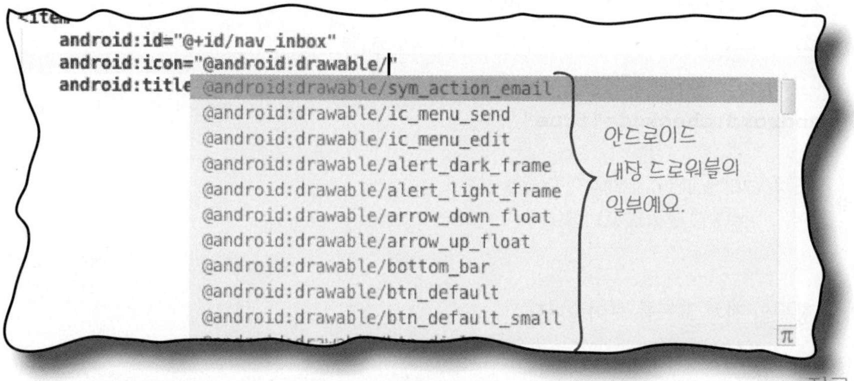

항목을 그룹화하는 방법

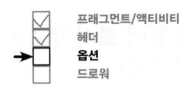

프래그먼트/액티비티
헤더
옵션
드로워

각 메뉴는 개별적으로 추가해도 되고 그룹으로 추가해도 됩니다. 다음 코드처럼 <group> 요소를 이용해 그룹을 정의합니다.

```
<menu xmlns:android="http://schemas.android.com/apk/res/android">
    <group>
        ...
    </group>
</menu>
```

이 그룹에 포함할 모든 항목을 여기에 추가하세요.

그룹을 정의하면 그룹의 모든 항목에 속성을 적용할 때 유용합니다. 예를 들어 그룹의 android:checkableBehavior 속성을 "single"로 정의하면 드로워에서 사용자가 선택한 항목이 강조됩니다. 덕분에 현재 선택된 옵션을 쉽게 확인할 수 있으며, 내비게이션 드로워의 액티비티(우리 예제에서는 MainActivity) 안에서 사용자가 선택한 항목을 프래그먼트로 표시할 때 유용합니다.

```
<menu xmlns:android="http://schemas.android.com/apk/res/android">
    <group android:checkableBehavior="single">
        ...
    </group>
</menu>
```

그룹에서 사용자가 선택한 옵션 한 개가 강조 표시됨을 의미해요.

android:checked 속성을 "true"로 설정하면 내비게이션 드로워의 한 항목이 기본값으로 강조 표시됩니다. 예를 들어 다음 코드는 받은 메시지함 항목을 강조 표시합니다.

```
<menu xmlns:android="http://schemas.android.com/apk/res/android">
    <group android:checkableBehavior="single">
        <item
            android:id="@+id/nav_inbox"
            android:icon="@android:drawable/sym_action_email"
            android:title="@string/nav_inbox"
            android:checked="true" />
      ...
    </group>
</menu>
```

내비게이션 드로워의 한 항목을 기본값으로 강조 표시해요.

다음 페이지에서 네 개 메뉴 항목의 전체 코드를 보여줍니다.

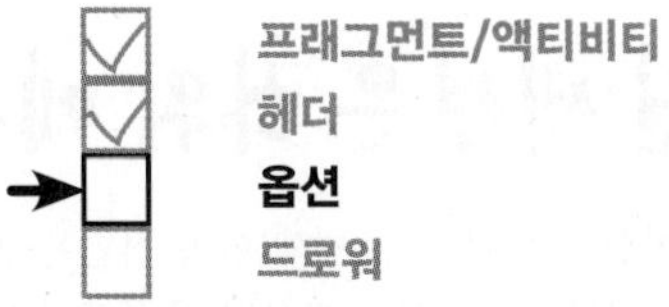

첫 섹션에 그룹을 사용합니다

우리는 메뉴 리소스 파일에 받은 메시지함, 임시 메시지함, 보낸 메시지함, 휴지통 옵션을 그룹으로 추가하고 기본값으로 첫 번째 항목을 강조 표시할 겁니다. 각 옵션은 모두 `MainActivity`에 표시할 프래그먼트이므로 네 개의 항목을 한 그룹으로 묶습니다.

다음은 menu_nav.xml 코드입니다. 여러분 코드도 다음처럼 바꾸세요.

이 페이지의 코드는 이 네 항목을 추가해요.

```
<?xml version="1.0" encoding="utf-8"?>
<menu xmlns:android="http://schemas.android.com/apk/res/android">

    <group android:checkableBehavior="single">
        <item
            android:id="@+id/nav_inbox"
            android:icon="@android:drawable/sym_action_email"
            android:title="@string/nav_inbox"
            android:checked="true" />
        <item
            android:id="@+id/nav_drafts"
            android:icon="@android:drawable/ic_menu_edit"
            android:title="@string/nav_drafts" />
        <item
            android:id="@+id/nav_sent"
            android:icon="@android:drawable/ic_menu_send"
            android:title="@string/nav_sent" />
        <item
            android:id="@+id/nav_trash"
            android:icon="@android:drawable/ic_menu_delete"
            android:title="@string/nav_trash" />
    </group>

</menu>
```

이 그룹과 그룹에 포함된 네 항목을 메뉴 리소스 파일에 추가한 다음 내비게이션 드로워에 표시해요.

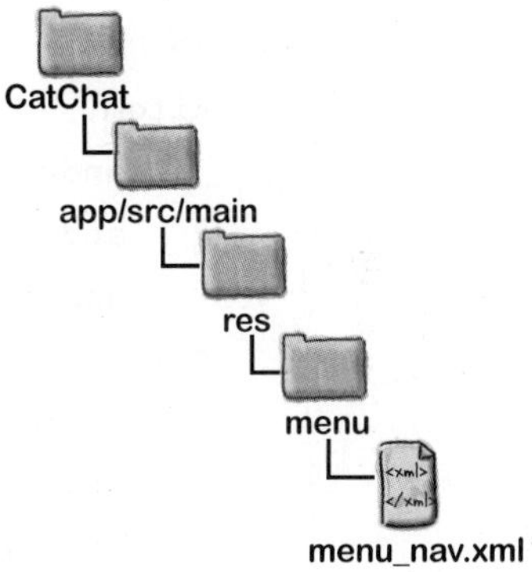

첫 번째 그룹 항목을 구현했습니다. 이제 나머지 항목을 살펴봅니다.

지원 섹션은 하위 메뉴로 추가합니다

- [x] 프래그먼트/액티비티
- [x] 헤더
- [ ] → 옵션
- [ ] 드로워

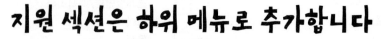

내비게이션 드로워의 두 번째 항목 집합은 별도의 섹션에 추가합니다. 사용자가 선택할 수 있는 도움말 옵션과 피드백 옵션에는 'Support'라는 머리글을 붙입니다.

먼저 Support 머리글을 별도의 항목으로 추가합니다. 단순한 머리글이므로 제목만 설정하고 아이콘이나 클릭에 응답하는 데 필요한 ID 등은 설정하지 않습니다.

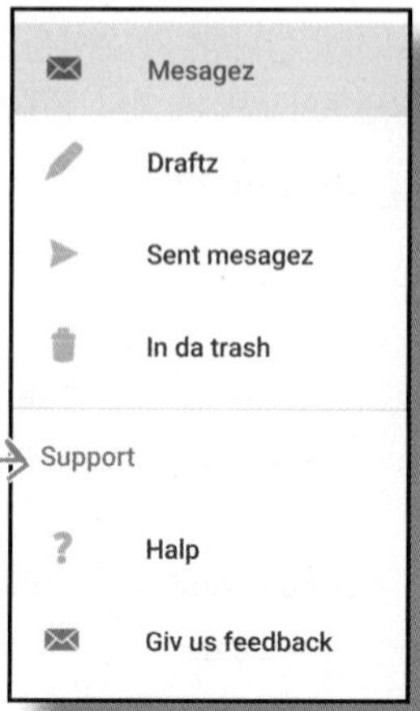


```
...
    <item android:title="@string/nav_support">
    </item>
...
```

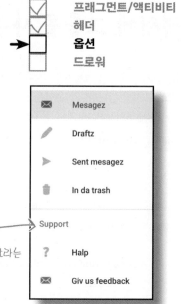

내비게이션 드로워에 Support라는 머리글을 추가해요.

도움말 옵션과 피드백 옵션은 Support 섹션에 표시해야 하므로 두 옵션을 지원 항목 안의 하위 메뉴에 별도의 항목으로 추가합니다.

```
...
    <item android:title="@string/nav_support">
        <menu>
            <item
                android:id="@+id/nav_help"
                android:icon="@android:drawable/ic_menu_help"
                android:title="@string/nav_help"/>
            <item
                android:id="@+id/nav_feedback"
                android:icon="@android:drawable/sym_action_email"
                android:title="@string/nav_feedback" />
        </menu>
    </item>
...
```

Support 항목 안에 하위 메뉴를 정의해요.

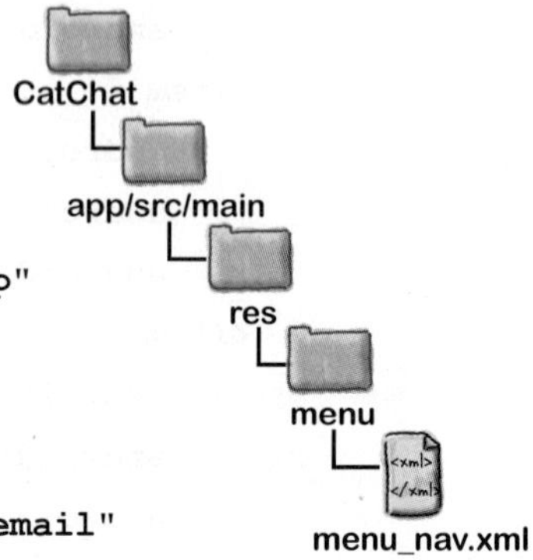

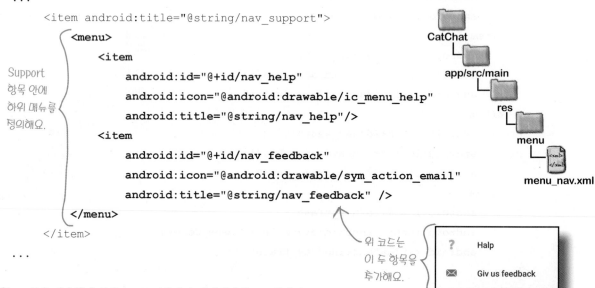

위 코드는 이 두 항목을 추가해요.

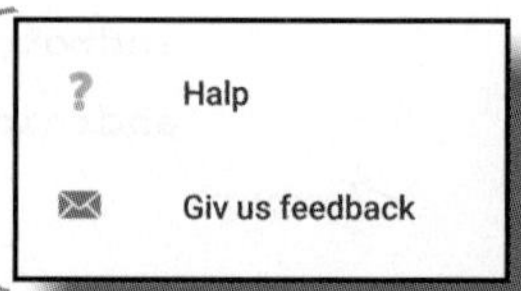

이번에는 그룹을 사용하지 않았으므로 사용자가 내비게이션 드로워에서 항목을 선택해도 강조 표시되지 않습니다. 도움말 옵션과 피드백 옵션은 내비게이션 드로워의 액티비티에 프래그먼트로 표시하지 않고 새 액티비티로 표시하기 때문입니다.

다음 페이지에서 전체 코드를 보여줍니다.

프래그먼트/액티비티
헤더
옵션
드로워

menu_nav.xml 전체 코드

다음은 menu_nav.xml 전체 코드입니다. 여러분 코드도 다음처럼 바꾸세요.

```
<?xml version="1.0" encoding="utf-8"?>
<menu xmlns:android="http://schemas.android.com/apk/res/android">
    <group android:checkableBehavior="single">
        <item
            android:id="@+id/nav_inbox"
            android:icon="@android:drawable/sym_action_email"
            android:title="@string/nav_inbox" />
        <item
            android:id="@+id/nav_drafts"
            android:icon="@android:drawable/ic_menu_edit"
            android:title="@string/nav_drafts" />
        <item
            android:id="@+id/nav_sent"
            android:icon="@android:drawable/ic_menu_send"
            android:title="@string/nav_sent" />
        <item
            android:id="@+id/nav_trash"
            android:icon="@android:drawable/ic_menu_delete"
            android:title="@string/nav_trash" />
    </group>

    <item android:title="@string/nav_support">
        <menu>
            <item
                android:id="@+id/nav_help"
                android:icon="@android:drawable/ic_menu_help"
                android:title="@string/nav_help"/>
            <item
                android:id="@+id/nav_feedback"
                android:icon="@android:drawable/sym_action_email"
                android:title="@string/nav_feedback" />
        </menu>
    </item>
</menu>
```

메인 옵션이에요.

지원 섹션이에요.

이 페이지의 코드는 전체 메뉴를 생성해요.

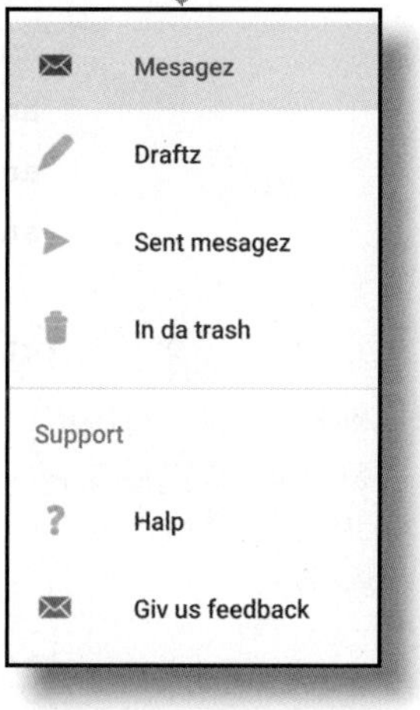

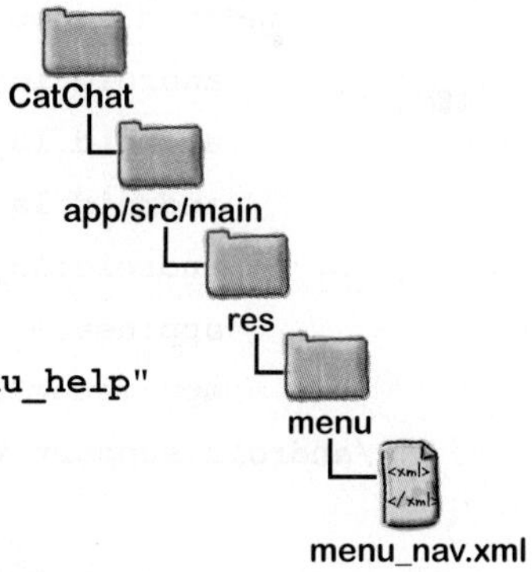

메뉴와 내비게이션 드로워 헤더 레이아웃을 추가했으므로 실제 드로워를 구현할 차례입니다.

내비게이션 드로워를 생성하는 방법

- [x] 프래그먼트/액티비티
- [x] 헤더
- [x] 옵션
- [ ] → 드로워

드로워 레이아웃을 액티비티의 레이아웃에 루트 요소로 추가해 내비게이션 드로워를 생성합니다. 드로워 레이아웃은 두 가지 요소가 필요합니다. 하나는 액티비티 콘텐트의 뷰 또는 뷰 그룹이고, 다른 하나는 드로워를 정의하는 내비게이션 뷰입니다.

```
<?xml version="1.0" encoding="utf-8"?>
<android.support.v4.widget.DrawerLayout
    xmlns:android="http://schemas.android.com/apk/res/android"
    xmlns:app="http://schemas.android.com/apk/res-auto"
    android:id="@+id/drawer_layout"
    android:layout_width="match_parent"
    android:layout_height="match_parent" >

    <LinearLayout
        android:layout_width="match_parent"
        android:layout_height="match_parent"
        android:orientation="vertical" >
        ...
    </LinearLayout>

    <android.support.design.widget.NavigationView
        android:id="@+id/nav_view"
        android:layout_width="wrap_content"
        android:layout_height="match_parent"
        android:layout_gravity="start"
        app:headerLayout="@layout/nav_header"
        app:menu="@menu/menu_nav" />
</android.support.v4.widget.DrawerLayout>
```

DrawerLayout으로 드로워를 정의해요.

액티비티 코드에서 참조할 수 있도록 ID를 할당해요.

DrawerLayout의 첫 번째 뷰는 액티비티 메인 콘텐트의 레이아웃이에요. 드로워가 닫혔을 때 보이는 내용이에요.

NavigationView는 드로워의 콘텐트를 정의해요.

드로워를 액티비티의 시작 경계(왼쪽에서 오른쪽으로 읽는 언어에서는 왼쪽 끝)와 연결해요.

드로워 헤더의 레이아웃이에요.

드로워의 옵션을 포함하는 메뉴 리소스 파일이에요.

<NavigationView>에는 드로워의 모양을 제어하는 headerLayout과 menu 두 가지 핵심 속성이 있습니다.

app:headerLayout 속성은 내비게이션 드로워의 헤더에 사용할 레이아웃(우리 예제에서는 nav_header.xml)을 지정합니다. 이 속성은 선택사항입니다.

app:menu 속성으로 어떤 메뉴 리소스 파일(우리 예제에서는 menu_drawer.xml)에 드로워 옵션이 있는지 지정합니다. 이 속성을 포함하지 않으면 내비게이션 드로워에 아무 항목도 나타나지 않습니다.

activity_main.xml 전체 코드

- ☑ 프래그먼트/액티비티
- ☑ 헤더
- ☑ 옵션
- → ☐ 드로워

이 장 앞에서 생성한 헤더 레이아웃과 메뉴를 사용하는 내비게이션 드로워를 MainActivity의 레이아웃에 추가할 겁니다. 레이아웃의 메인 콘텐트는 툴바와 프레임 레이아웃으로 이루어집니다. 나중에 프레임 레이아웃을 이용해 프래그먼트를 표시할 겁니다.

다음은 activity_main.xml 전체 코드입니다. 여러분 코드도 다음처럼 바꾸세요.

```
<?xml version="1.0" encoding="utf-8"?>
<android.support.v4.widget.DrawerLayout
    xmlns:android="http://schemas.android.com/apk/res/android"
    xmlns:app="http://schemas.android.com/apk/res-auto"
    android:id="@+id/drawer_layout"
    android:layout_width="match_parent"
    android:layout_height="match_parent" >

    <LinearLayout
        android:layout_width="match_parent"
        android:layout_height="match_parent"
        android:orientation="vertical" >

        <include
            layout="@layout/toolbar_main"
            android:id="@+id/toolbar" />

        <FrameLayout
            android:id="@+id/content_frame"
            android:layout_width="match_parent"
            android:layout_height="match_parent" />
    </LinearLayout>

    <android.support.design.widget.NavigationView
        android:id="@+id/nav_view"
        android:layout_width="wrap_content"
        android:layout_height="match_parent"
        android:layout_gravity="start"
        app:headerLayout="@layout/nav_header"
        app:menu="@menu/menu_nav" />
</android.support.v4.widget.DrawerLayout>
```

레이아웃의 루트 요소는 DrawerLayout이에요.

액티비티 코드에서 참조할 수 있도록 ID를 할당해요.

드로워의 메인 콘텐트예요.

액티비티의 메인 콘텐트는 Toolbar와 FrameLayout으로 구성돼요. FrameLayout에 프래그먼트를 표시해요.

NavigationView는 드로워의 모양과 여러 동작을 정의해요. 액티비티 코드에서 참조할 수 있도록 NavigationView에도 ID를 할당해요.

이전에 생성한 레이아웃을 드로워의 헤더에 사용하고 옵션 목록은 메뉴 리소스 파일로 제공해요.

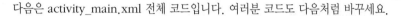

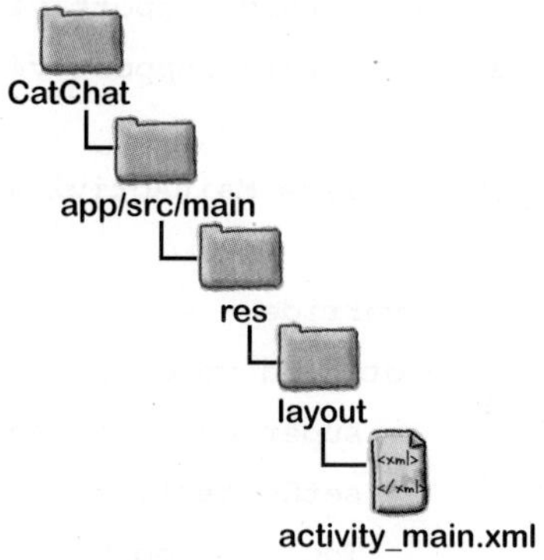

앱을 실행해서 내비게이션 드로워의 모습을 확인하기 전에 액티비티가 생성되었을 때 프레임 레이아웃에 InboxFragment가 표시되도록 MainActivity를 바꿉니다.

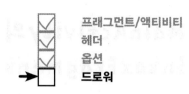

MainActivity의 프레임 레이아웃에 InboxFragment 추가하기

- [x] 프래그먼트/액티비티
- [x] 헤더
- [x] 옵션
- [ ] 드로워

메뉴 리소스 파일을 생성했을 때 받은 메시지함 옵션을 강조하도록 기본값으로 설정했습니다. 따라서 드로워의 콘텐트와 연결되도록 `MainActivity`가 생성되었을 때 프레임 레이아웃에 `InboxFragment`를 표시합니다. 또한 툴바를 액티비티의 앱 바로 설정해 앱의 제목을 표시합니다.

다음은 MainActivity.java 코드입니다. 여러분 코드도 다음처럼 바꾸세요.

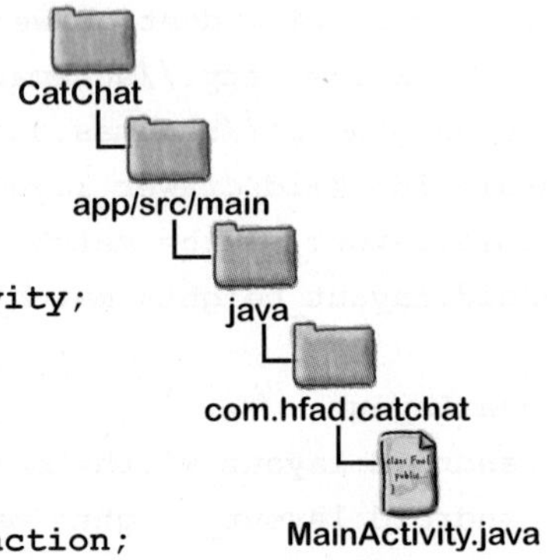


```
package com.hfad.catchat;

import android.support.v7.app.AppCompatActivity;
import android.os.Bundle;
import android.support.v7.widget.Toolbar;
import android.support.v4.app.Fragment;
import android.support.v4.app.FragmentTransaction;

public class MainActivity extends AppCompatActivity {

    @Override
    protected void onCreate(Bundle savedInstanceState) {
        super.onCreate(savedInstanceState);
        setContentView(R.layout.activity_main);
        Toolbar toolbar = (Toolbar) findViewById(R.id.toolbar);
        setSupportActionBar(toolbar);

        Fragment fragment = new InboxFragment();
        FragmentTransaction ft = getSupportFragmentManager().beginTransaction();
        ft.add(R.id.content_frame, fragment);
        ft.commit();
    }
}
```

AppCompat 테마와 지원 프래그먼트를 사용해야 하므로 액티비티가 AppCompatActivity 클래스를 상속했는지 확인하세요.

Toolbar를 액티비티의 앱 바로 설정해요.

프래그먼트 트랜잭션을 이용해 InboxFragment의 인스턴스를 표시해요.

앱을 실행해서 어떤 일이 일어나는지 확인합시다.

앱 시험 주행

- [x] 프래그먼트/액티비티
- [x] 헤더
- [x] 옵션
- [ ] **드로워**

앱을 실행하면 MainActivity에 InboxFragment가 나타납니다. 앱을 스와이프하면 화면 왼쪽에서 내비게이션 드로워가 나타납니다. 내비게이션 드로워는 헤더 레이아웃과 우리가 메뉴 리소스 파일에 정의한 옵션 목록을 포함합니다. 첫 번째 옵션이 자동으로 강조 표시됩니다.

오른쪽에서 왼쪽으로 읽는 언어에서는 드로워가 화면 왼쪽이 아니라 오른쪽에 나타나요.

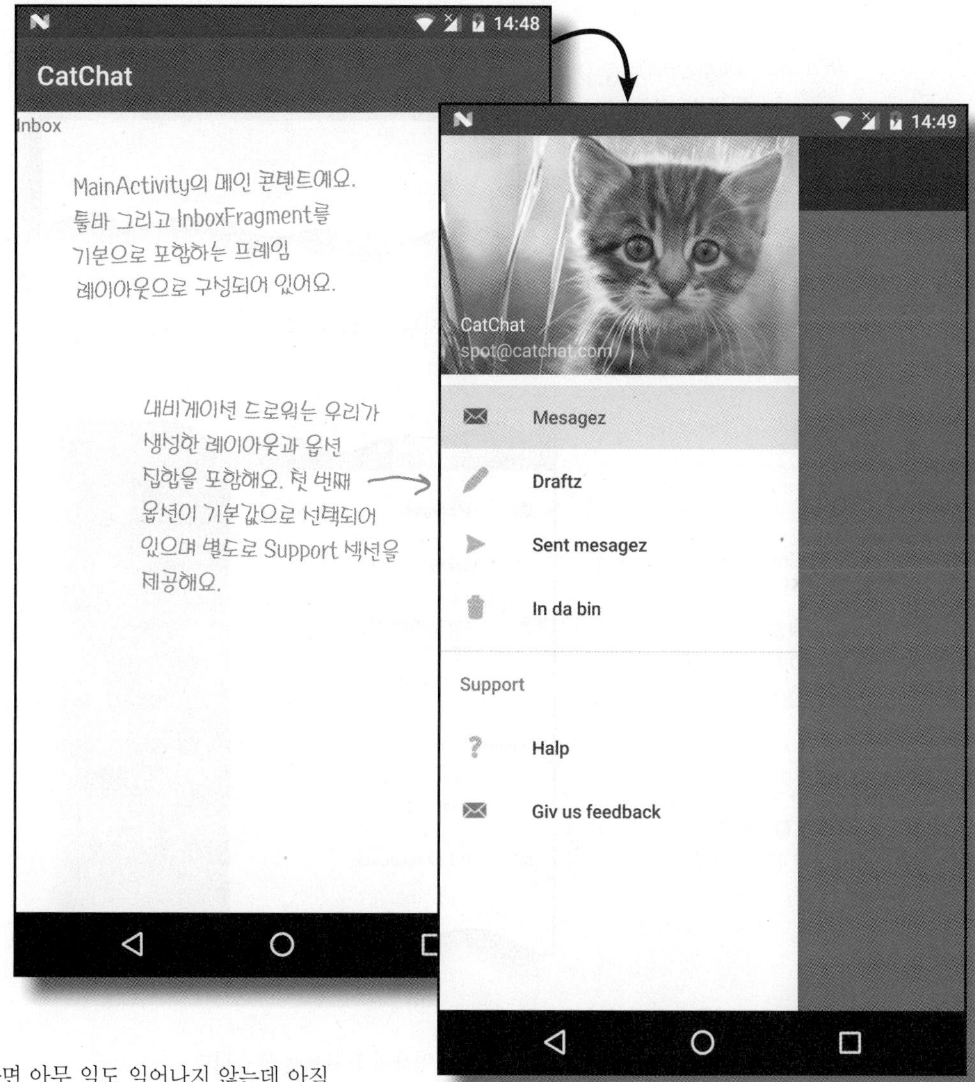
14:48
CatChat
Inbox
MainActivity의 메인 콘텐트예요. 툴바 그리고 InboxFragment를 기본으로 포함하는 프레임 레이아웃으로 구성되어 있어요.
내비게이션 드로워는 우리가 생성한 레이아웃과 옵션 집합을 포함해요. 첫 번째 옵션이 기본값으로 선택되어 있으며 별도로 Support 섹션을 제공해요.
14:49
CatChat
spot@catchat.com
Mesagez
Draftz
Sent mesagez
In da bin
Support
Halp
Giv us feedback

드로워 옵션을 클릭하면 아무 일도 일어나지 않는데 아직 MainActivity에 드로워를 동작시킬 코드를 구현하지 않았기 때문입니다. 이제 드로워를 동작시키는 코드를 구현합시다.

프래그먼트/액티비티
헤더
옵션
드로워

액티비티 코드가 해야 할 일

액티비티 코드는 다음 세 가지 일을 해야 합니다.

1. **드로워 토글 추가하기**
   사용자에게 액티비티가 내비게이션 드로워를 포함한다는 사실을 시각적으로 알려줍니다. 툴바에 '버거' 아이콘이 추가되며 이 아이콘을 이용해 드로워를 열 수 있습니다.

'버거' 아이콘이에요. 이 아이콘을 클릭하면 내비게이션 드로워가 열려요.

2. **클릭에 응답하도록 드로워 구현하기**
   사용자가 내비게이션 드로워에서 한 옵션을 클릭하면 적절한 프래그먼트나 액티비티에 내용을 표시하고 드로워를 닫습니다.

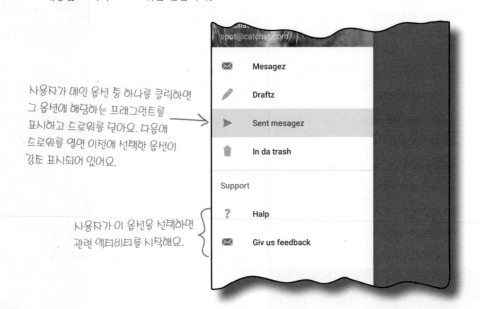

사용자가 메인 옵션 중 하나를 클릭하면 그 옵션에 해당하는 프래그먼트를 표시하고 드로워를 닫아요. 다음에 드로워를 열면 이전에 선택한 옵션이 강조 표시되어 있어요.

사용자가 이 옵션을 선택하면 관련 액티비티를 시작해요.

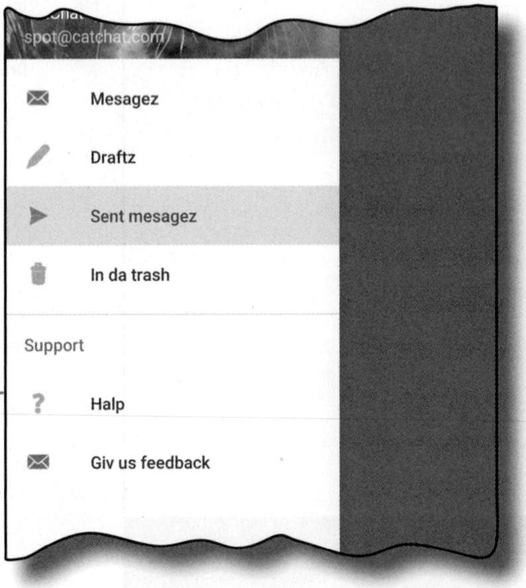

3. **사용자가 Back 버튼을 클릭하면 드로워 닫기**
   드로워가 열려 있을 때 사용자가 Back 버튼을 클릭하면 드로워를 닫습니다. 이미 드로워가 닫힌 상태면 평소처럼 Back 버튼의 기능을 수행합니다.

다음 페이지에서 드로워 토글을 추가합니다.

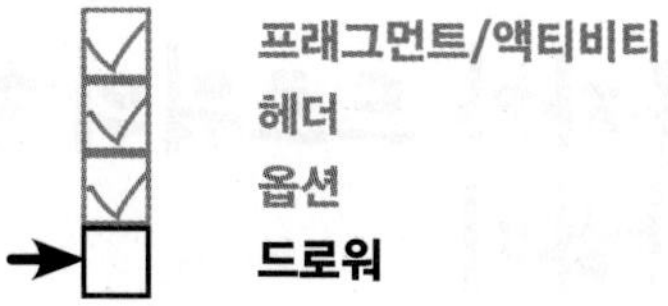

드로워 토글 추가하기

먼저 툴바의 아이콘을 눌러 내비게이션 드로워를 열 수 있도록 드로워 토글을 추가합니다.

우선 'open drawer'와 'close drawer' 액션을 설명하는 두 개의 문자열 리소스를 만듭니다. 이는 접근성 용도로 사용하는 문자열입니다. strings.xml에 다음 두 문자열을 추가합니다.

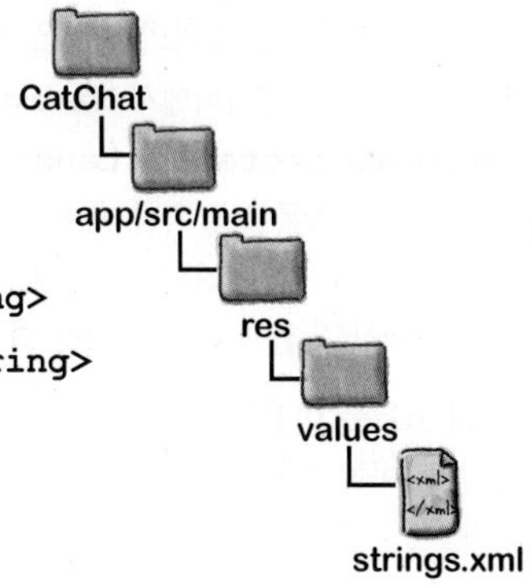


```
<string name="nav_open_drawer">Open navigation drawer</string>
<string name="nav_close_drawer">Close navigation drawer</string>
```

ActionBarDrawerToggle 클래스의 새 인스턴스를 생성하고 드로워 레이아웃에 추가하는 코드를 액티비티의 onCreate() 메서드에 구현해서 드로워 토글을 생성합니다. 여기서 일단 코드를 보여주고, 나중에 이 코드를 MainActivity에 추가할 겁니다.

ActionBarDrawerToggle 생성자는 현재 액티비티, 드로워 레이아웃, 툴바, (이전에 추가한) 드로워 열기와 닫기에 사용할 두 개의 문자열 리소스 ID 등 총 다섯 개의 인자를 받습니다.

```
Toolbar toolbar = (Toolbar) findViewById(R.id.toolbar);
...
DrawerLayout drawer = (DrawerLayout) findViewById(R.id.drawer_layout);
ActionBarDrawerToggle toggle = new ActionBarDrawerToggle(this,
                                                         drawer,
                                                         toolbar,
                                                         R.string.nav_open_drawer,
                                                         R.string.nav_close_drawer);
```

현재 액티비티예요.

툴바에 버거 아이콘을 추가해요.

액티비티의 DrawerLayout이에요.

액티비티의 툴바예요.

문자열은 접근성을 위해 필요해요.

드로워 토글을 생성한 다음 DrawerLayout의 addDrawerListener() 메서드에 인자로 전달해 드로워 레이아웃으로 추가할 수 있습니다.

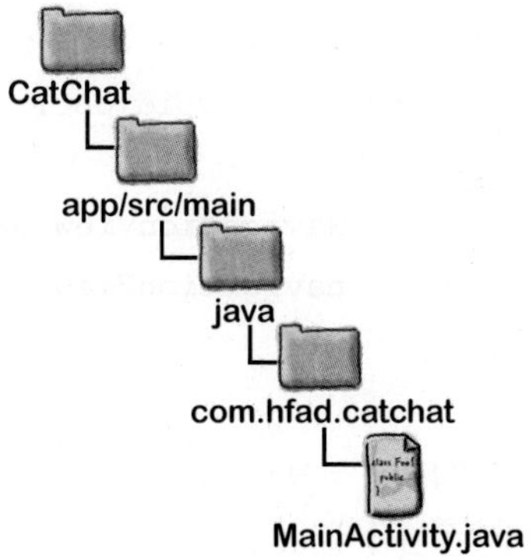


```
drawer.addDrawerListener(toggle);
```

마지막으로 토글의 syncState() 메서드로 툴바의 아이콘과 드로워의 상태를 동기화합니다. 드로워를 열려고 아이콘을 클릭하면 아이콘이 바뀌기 때문입니다.

```
toggle.syncState();
```

뒤에서 MainActivity의 onCreate() 메서드에 드로워 토글을 추가할 겁니다.

사용자가 드로워의 항목을 클릭하면 응답하기

- [x] 프래그먼트/액티비티
- [x] 헤더
- [x] 옵션
- [ ] 드로워

다음으로 내비게이션 드로워의 항목을 클릭하면 MainActivity가 응답할 수 있도록 액티비티에서 **NavigationView.OnNavigationItemSelectedListener** 인터페이스를 구현합니다. 그러면 사용자가 항목을 클릭할 때마다 MainActivity에 구현한 onNavigationItemSelected() 메서드가 호출됩니다. 이 메서드가 호출되면 선택한 옵션에 따라 적절한 화면을 보여줍니다.

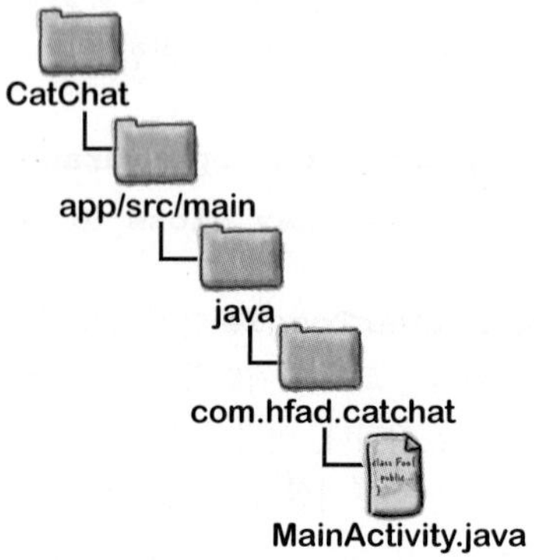

먼저 아래 코드를 이용해 MainActivity에 필요한 인터페이스를 구현합니다. 아래 코드는 MainActivity를 내비게이션 뷰의 리스너로 만듭니다.

```
...
import android.support.design.widget.NavigationView;

public class MainActivity extends AppCompatActivity
                        implements NavigationView.OnNavigationItemSelectedListener {
    ...
}
```

이 인터페이스를 구현하면 사용자가 내비게이션 드로워의 항목을 클릭했을 때 액티비티가 이에 응답할 수 있어요.

다음으로 사용자가 드로워의 옵션을 선택하면 이를 통지받을 수 있도록 리스너인 MainActivity를 내비게이션 뷰에 등록합니다. 액티비티의 onCreate() 메서드에서 내비게이션 뷰의 레퍼런스를 얻은 다음 뷰의 setNavigationItemSelectedListener() 메서드를 호출합니다.

```
@Override
protected void onCreate(Bundle savedInstanceState) {
    ...
    NavigationView navigationView = (NavigationView) findViewById(R.id.nav_view);
    navigationView.setNavigationItemSelectedListener(this);
}
```

사용자가 항목을 클릭하면 이를 통지받을 수 있도록 내비게이션 뷰에 액티비티를 리스너로 등록해요.

마지막으로 onNavigationItemSelected() 메서드를 구현합니다.

프래그먼트/액티비티
헤더
옵션
드로워

onNavigationItemSelected() 메서드 구현

사용자가 내비게이션 드로워의 항목을 선택하면 onNavigationItemSelected() 메서드가 호출됩니다. 이 메서드는 사용자가 클릭한 항목을 가리키는 MenuItem을 인자로 받으며 드로워의 항목을 강조 표시해야 하는지 가리키는 불린값을 반환합니다.

```
@Override
public boolean onNavigationItemSelected(MenuItem item) {
    // 내비게이션 클릭을 처리하는 코드
}
```

드로워의 항목을 클릭할 때마다 이 메서드가 호출돼요. 클릭한 항목을 인자로 받아요.

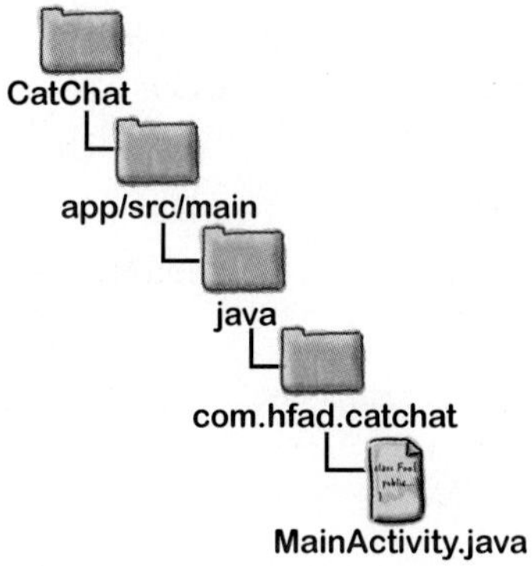

이 메서드는 클릭한 항목에 맞는 적절한 화면을 표시합니다. 액티비티를 표시해야 하는 상황이면 인텐트를 이용합니다. 프래그먼트를 표시해야 하는 상황이면 프래그먼트 트랜잭션을 이용해 MainActivity 프레임 레이아웃에 프래그먼트를 표시합니다.

내비게이션 드로워에서 항목을 선택해 프래그먼트를 표시할 때 이전처럼 백 스택에 트랜잭션을 추가할 필요가 없습니다. Back 버튼을 클릭했을 때 사용자가 드로워에서 선택했던 이전 항목으로 되돌아갈 필요가 없기 때문입니다. 따라서 이 예제에서는 다음과 같은 프래그먼트 트랜잭션 코드를 사용합니다.

```
FragmentTransaction ft = getSupportFragmentManager().beginTransaction();
ft.replace(R.id.content_frame, fragment);
ft.commit();
```

이전과 비슷한 프래그먼트 트랜잭션 코드지만 이번에는 액티비티의 백 스택에 트랜잭션을 추가하지 않아요.

마지막으로 드로워를 닫아야 합니다. 드로워 레이아웃의 레퍼런스를 이용해 closeDrawer() 메서드를 호출합니다.

```
DrawerLayout drawer = (DrawerLayout) findViewById(R.id.drawer_layout);
drawer.closeDrawer(GravityCompat.START);
```

드로워를 액티비티 시작 경계에 부착했으므로 GravityCompat.START를 사용합니다. 드로워를 액티비티의 끝쪽 경계에 부착했다면 GravityCompat.END를 사용해야 합니다.

이 코드를 호출하면 드로워가 액티비티의 시작 경계로 미끄러져 사라집니다.

onNavigationItemSelected() 메서드를 구현하는 데 필요한 모든 코드를 확인했습니다. 이제 다음 페이지의 연습문제를 풀어보세요.

코드 자석

사용자가 내비게이션 드로워의 항목을 클릭하면 그에 맞는 내용을 표시해야 합니다. 프래그먼트를 사용해야 하는 상황이면 content_frame 레이아웃에 이를 표시합니다. 액티비티를 사용해야 하는 상황이면 액티비티를 시작합니다. 마지막으로 내비게이션 드로워를 닫습니다.

이 페이지와 다음 페이지의 코드를 완성할 때 모든 코드 자석을 사용할 필요는 없습니다.

```
@Override
public boolean onNavigationItemSelected(MenuItem item) {

    int id = item.........................;
    Fragment fragment = null;
    Intent intent = null;

    switch(...............){
        case R.id.nav_drafts:

            fragment = ..............................................;

            .................;
        case R.id.nav_sent:

            fragment = ....................................................;

            .................;
        case R.id.nav_trash:

            fragment = ..............................................;

            .................;
        case R.id.nav_help:

            intent = new Intent(.................,.....................................);

            .................;
```

```
        case R.id.nav_feedback:
            intent = new Intent(..........,..........................);
            .........;
        default:
            fragment = ...........................;
    }

    if (..............!= null) {
        FragmentTransaction ft = getSupportFragmentManager().......................;
        ft.replace(R.id.content_frame, ..............);
        ft...............;
    } else {
        startActivity(.............);
    }

    DrawerLayout drawer = (DrawerLayout) findViewById(R.id.drawer_layout);
    drawer................(.........................);
    return true;
}
```

closeDrawer
GravityCompat.START
fragment
FeedbackActivity.class
new
this
beginTransaction()
break
break
intent
DraftsFragment()
break
break
HelpActivity.class
TrashFragment()
break
InboxFragment()
getItemId()
id
HelpActivity
SentItemsFragment()
new
START
new
this
commit()
new
FeedbackActivity
fragment

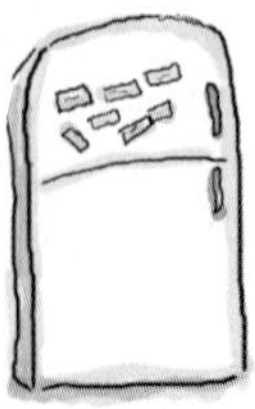

코드 자석 정답

사용자가 내비게이션 드로워의 항목을 클릭하면 그에 맞는 내용을 표시해야 합니다. 프래그먼트를 사용해야 하는 상황이면 content_frame 레이아웃에 이를 표시합니다. 액티비티를 사용해야 하는 상황이면 액티비티를 시작합니다. 마지막으로 내비게이션 드로워를 닫습니다.

이 페이지와 다음 페이지의 코드를 완성할 때 모든 코드 자석을 사용할 필요는 없습니다.

```
@Override
public boolean onNavigationItemSelected(MenuItem item) {

    int id = item.getItemId();
    Fragment fragment = null;
    Intent intent = null;

    switch(id){
        case R.id.nav_drafts:

            fragment = new DraftsFragment();

            break;
        case R.id.nav_sent:

            fragment = new SentItemsFragment();

            break;
        case R.id.nav_trash:

            fragment = new TrashFragment();

            break;
        case R.id.nav_help:

            intent = new Intent(this, HelpActivity.class);

            break;
```

선택한 항목의 ID를 얻어요.

fragment 변수에 표시할 프래그먼트 인스턴스를 저장해요.

도움말 옵션을 클릭했을 때는 HelpActivity를 시작할 인텐트를 만들어요.

```
        case R.id.nav_feedback:
            intent = new Intent(this, FeedbackActivity.class);
            break;
        default:
            fragment = new InboxFragment();
    }

    if (fragment != null) {
        FragmentTransaction ft = getSupportFragmentManager().beginTransaction();
        ft.replace(R.id.content_frame, fragment);
        ft.commit();
    } else {
        startActivity(intent);
    }

    DrawerLayout drawer = (DrawerLayout) findViewById(R.id.drawer_layout);
    drawer.closeDrawer(GravityCompat.START);
    return true;
}
```

피드백 옵션을 클릭했을 때는 FeedbackActivity를 시작해요.

드로워의 첫 번째 항목인 InboxFragment를 기본값으로 표시해요.

프래그먼트 트랜잭션을 이용해 프래그먼트를 표시해요.

액티비티를 표시할 때는 액티비티를 시작시킬 인텐트를 만들어요.

마지막으로 드로워를 닫아요.

잠시 뒤에 이 코드를 MainActivity.java에 추가할 거예요.

사용할 필요가 없는 자석이에요.

HelpActivity

FeedbackActivity

START

사용자가 Back 버튼을 클릭하면 드로워 닫기

- [x] 프래그먼트/액티비티
- [x] 헤더
- [x] 옵션
- [ ] → 드로워

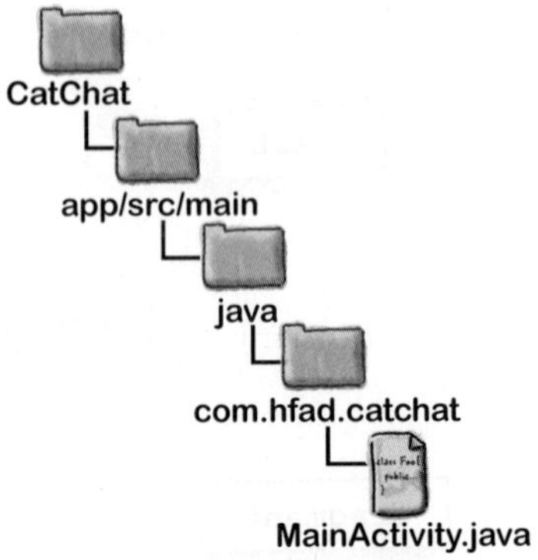

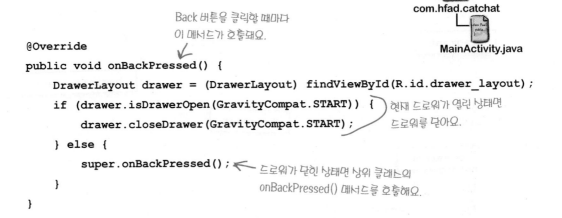

마지막으로 Back 버튼을 클릭했을 때 어떤 동작을 수행할지 구현합니다. 내비게이션 드로워가 열려있을 때 Back 버튼을 클릭하면 드로워가 닫힙니다. 이미 드로워가 닫힌 상태면 Back 버튼은 평소처럼 동작합니다.

Back 버튼을 클릭할 때마다 호출되는 액티비티의 `onBackPressed()` 메서드를 오버라이드해서 Back 버튼의 동작을 제어할 수 있습니다. 다음은 `onBackPressed()` 메서드 코드입니다.

```
@Override
public void onBackPressed() {
    DrawerLayout drawer = (DrawerLayout) findViewById(R.id.drawer_layout);
    if (drawer.isDrawerOpen(GravityCompat.START)) {
        drawer.closeDrawer(GravityCompat.START);
    } else {
        super.onBackPressed();
    }
}
```

Back 버튼을 클릭할 때마다 이 메서드가 호출돼요.

현재 드로워가 열린 상태면 드로워를 닫아요.

드로워가 닫힌 상태면 상위 클래스의 onBackPressed() 메서드를 호출해요.

`MainActivity`에 필요한 코드를 모두 확인했습니다. 지금부터 MainActivity.java 전체 코드를 살펴본 다음 시험 주행을 합니다.

바보 같은 질문이란 없습니다

Q: 드로워 콘텐트는 꼭 내비게이션 뷰를 사용해 표시해야 하나요?

A: 반드시 그럴 필요는 없지만 내비게이션 뷰를 사용하면 편리합니다. 안드로이드 디자인 라이브러리가 출시되기 전에는 리스트 뷰를 사용했습니다. 지금도 리스트 뷰를 사용할 수 있지만 더 많은 코드를 구현해야 합니다.

Q: 액티비티가 한 개 이상의 내비게이션 드로워를 포함할 수 있나요?

A: 액티비티는 레이아웃의 수직 모서리마다 오직 한 개의 내비게이션 드로워를 포함할 수 있습니다. 두 번째 내비게이션 드로워를 추가하려면 첫 번째 내비게이션 드로워 아래에 내비게이션 뷰를 추가하세요.

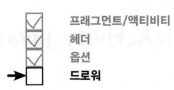

프래그먼트/액티비티
헤더
옵션
드로워

MainActivity.java 전체 코드

다음은 MainActivity.java 전체 코드입니다. 여러분 코드도 다음처럼 바꾸세요.

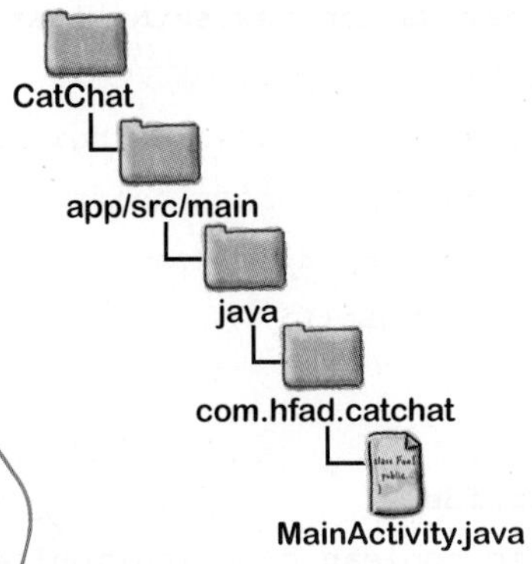


```java
package com.hfad.catchat;

import android.support.v7.app.AppCompatActivity;
import android.os.Bundle;
import android.support.v7.widget.Toolbar;
import android.support.v4.app.Fragment;
import android.support.v4.app.FragmentTransaction;
import android.support.v4.widget.DrawerLayout;
import android.support.v7.app.ActionBarDrawerToggle;
import android.support.design.widget.NavigationView;
import android.view.MenuItem;
import android.content.Intent;
import android.support.v4.view.GravityCompat;

public class MainActivity extends AppCompatActivity
                          implements NavigationView.OnNavigationItemSelectedListener {

    @Override
    protected void onCreate(Bundle savedInstanceState) {
        super.onCreate(savedInstanceState);
        setContentView(R.layout.activity_main);
        Toolbar toolbar = (Toolbar) findViewById(R.id.toolbar);
        setSupportActionBar(toolbar);

        DrawerLayout drawer = (DrawerLayout) findViewById(R.id.drawer_layout);
        ActionBarDrawerToggle toggle = new ActionBarDrawerToggle(this,
                                                                 drawer,
                                                                 toolbar,
                                                                 R.string.nav_open_drawer,
                                                                 R.string.nav_close_drawer);

        drawer.addDrawerListener(toggle);
        toggle.syncState();
```

추가로 사용하는 클래스를 임포트하세요.

액티비티가 인터페이스를 구현해 클릭 이벤트를 받을 수 있어요.

드로워 토글을 추가해요.

다음 페이지에 코드가 이어져요.

MainActivity.java(계속)

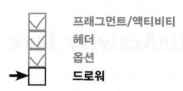

- [x] 프래그먼트/액티비티
- [x] 헤더
- [x] 옵션
- [ ] 드로워 ←

```
        NavigationView navigationView = (NavigationView) findViewById(R.id.nav_view);
        navigationView.setNavigationItemSelectedListener(this);

        Fragment fragment = new InboxFragment();
        FragmentTransaction ft = getSupportFragmentManager().beginTransaction();
        ft.add(R.id.content_frame, fragment);
        ft.commit();
    }
```

액티비티를 내비게이션 뷰의 리스너로 등록해요.

사용자가 드로워에서 한 항목을 클릭하면 이 메서드가 호출돼요.

```
    @Override
    public boolean onNavigationItemSelected(MenuItem item) {
        int id = item.getItemId();
        Fragment fragment = null;
        Intent intent = null;

        switch(id){
            case R.id.nav_drafts:
                fragment = new DraftsFragment();
                break;
            case R.id.nav_sent:
                fragment = new SentItemsFragment();
                break;
            case R.id.nav_trash:
                fragment = new TrashFragment();
                break;
            case R.id.nav_help:
                intent = new Intent(this, HelpActivity.class);
                break;
            case R.id.nav_feedback:
                intent = new Intent(this, FeedbackActivity.class);
                break;
            default:
                fragment = new InboxFragment();
        }
```

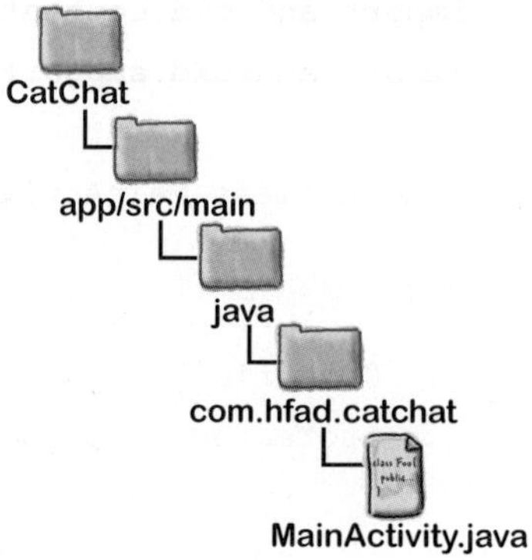

다음 페이지에 코드가 이어져요.

MainActivity.java(계속)

☑ 프래그먼트/액티비티
☑ 헤더
☑ 옵션
→☐ **드로워**

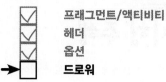

```
        if (fragment != null) {
            FragmentTransaction ft = getSupportFragmentManager().beginTransaction();
            ft.replace(R.id.content_frame, fragment);
            ft.commit();
        } else {
            startActivity(intent);
        }

        DrawerLayout drawer = (DrawerLayout) findViewById(R.id.drawer_layout);
        drawer.closeDrawer(GravityCompat.START);
        return true;
    }

    @Override
    public void onBackPressed() {
        DrawerLayout drawer = (DrawerLayout) findViewById(R.id.drawer_layout);
        if (drawer.isDrawerOpen(GravityCompat.START)) {
            drawer.closeDrawer(GravityCompat.START);
        } else {
            super.onBackPressed();
        }
    }
}
```

사용자가 드로워에서 선택한 옵션에 맞는 프래그먼트나 액티비티를 표시해요.

사용자가 옵션 중 하나를 선택하면 드로워를 닫아요.

드로워가 열린 상태에서 사용자가 Back 버튼을 클릭하면 드로워를 닫아요.

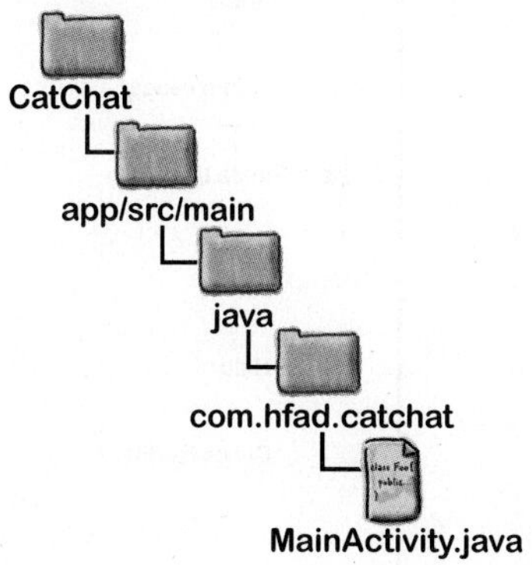

코드를 실행하면 어떤 일이 일어나는지 확인합시다.

앱 시험 주행

앱을 실행하면 툴바에 드로워 토글 아이콘이 나타납니다. 아이콘을 클릭하면 드로워가 열립니다. 처음 네 옵션 중 하나를 클릭하면 그에 해당하는 프래그먼트를 MainActivity에 표시하고 드로워를 닫습니다. 다음에 드로워를 열면 이전에 선택한 항목이 강조되어 있습니다. 마지막 두 옵션 중 하나를 클릭하면 액티비티가 시작됩니다.

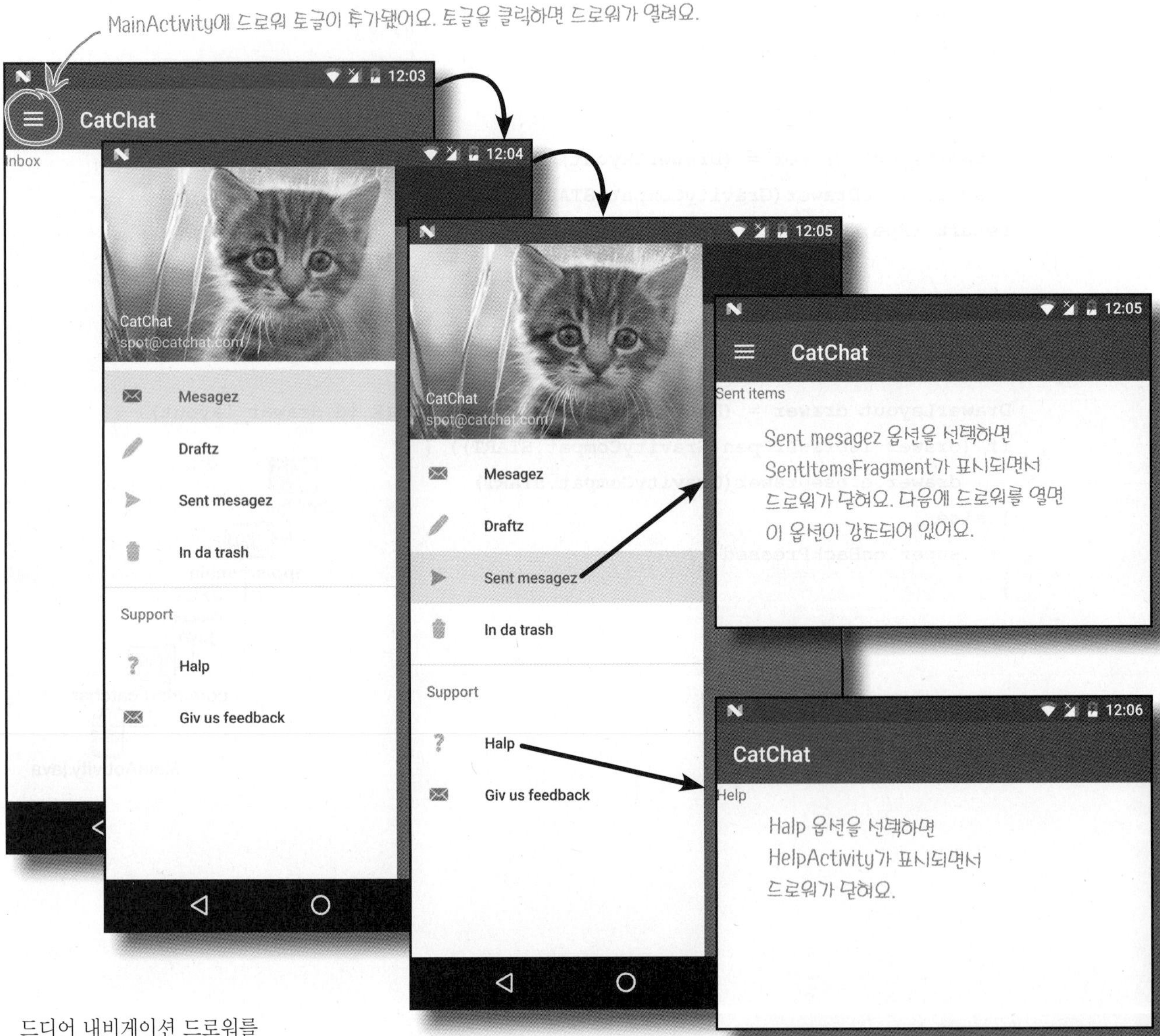

드디어 내비게이션 드로워를 완성했습니다.

CHAPTER 14

우리의 안드로이드 도구상자

14장을 마치면서 내비게이션 드로워 기술을 도구상자에 추가했습니다.

이 책의 전체 코드는 https://tinyurl.com/HeadFirstAndroid에서 내려받을 수 있어요.

핵심정리

- 제공할 숏컷의 숫자가 많으면 내비게이션 드로워를 사용하거나 숏컷을 섹션으로 그룹화합니다.
- 액티비티의 레이아웃에 **드로워 레이아웃**을 추가해 내비게이션 드로워를 생성합니다. 드로워 레이아웃의 첫 번째 요소는 액티비티의 메인 콘텐트를 정의하는 뷰로, 보통 레이아웃은 `Toolbar`와 `FrameLayout`을 포함합니다. 드로워 레이아웃의 두 번째 요소는 드로워의 콘텐트를 정의하며 보통 `NavigationView`를 사용합니다.
- **`NavigationView`**는 디자인 지원 라이브러리에서 제공합니다. 대부분의 드로워 동작을 제어합니다.
- 레이아웃을 생성해 드로워에 헤더를 추가하고 내비게이션 뷰의 `headerLayout` 속성에 헤더의 리소스 ID를 추가할 수 있습니다.
- 메뉴 리소스를 생성해 드로워에 추가한 다음 내비게이션 뷰의 `menu` 속성에 메뉴의 리소스 ID를 추가합니다.
- 드로워에 표시하려는 순서대로 메뉴 리소스에 항목을 추가합니다.
- 사용자가 선택한 항목을 드로워에서 강조하려면 메뉴 아이템을 그룹으로 추가한 다음 그룹의 `checkableBehavior` 속성은 `"single"`로 설정합니다.
- **`ActionBarDrawerToggle`**을 이용해 액티비티의 툴바에 '버거' 아이콘을 표시할 수 있습니다. 이 아이콘은 액티비티가 내비게이션 드로워를 제공함을 보여줍니다. 아이콘을 클릭하면 드로워가 열립니다.
- 액티비티에 **`NavigationView.OnNavigationItemSelectedListener`** 인터페이스를 구현함으로써 드로워 항목 클릭에 응답할 수 있습니다. 액티비티를 내비게이션 뷰의 리스너로 등록한 다음 `onNavigationItemSelected()` 메서드를 구현합니다.
- `DrawerLayout`의 `closeDrawer()` 메서드를 이용해 내비게이션 드로워를 닫습니다.

15 SQLite 데이터베이스

데이터베이스를 작동시키세요

제가 지속되길 바란다고 말한 건 데이터베이스에 기록해야 한다는 의미였어요.

최고 득점을 기록하거나 트윗을 저장하려면 앱은 어딘가에 데이터를 저장해야 합니다. 안드로이드에서는 보통 여러분 데이터를 **SQLite 데이터베이스**에 안전하게 저장합니다. 이 장에서는 **SQLite 헬퍼**를 이용해 **데이터베이스를 생성하고, 데이터베이스에 테이블을 추가하고, 데이터를 채우는 방법**을 설명합니다. 또한 우리 데이터베이스 구조를 완벽하게 **업그레이드**하는 방법과 기존 작업으로 되돌리기 위해 **다운그레이드**하는 방법을 설명합니다.

Starbuzz로 돌아와서

7장에서 Starbuzz Coffee 앱을 만들었습니다. 이 앱은 Starbuzz에서 이용할 수 있는 음료 정보를 사용자가 탐색할 수 있도록 다양한 화면을 제공합니다.

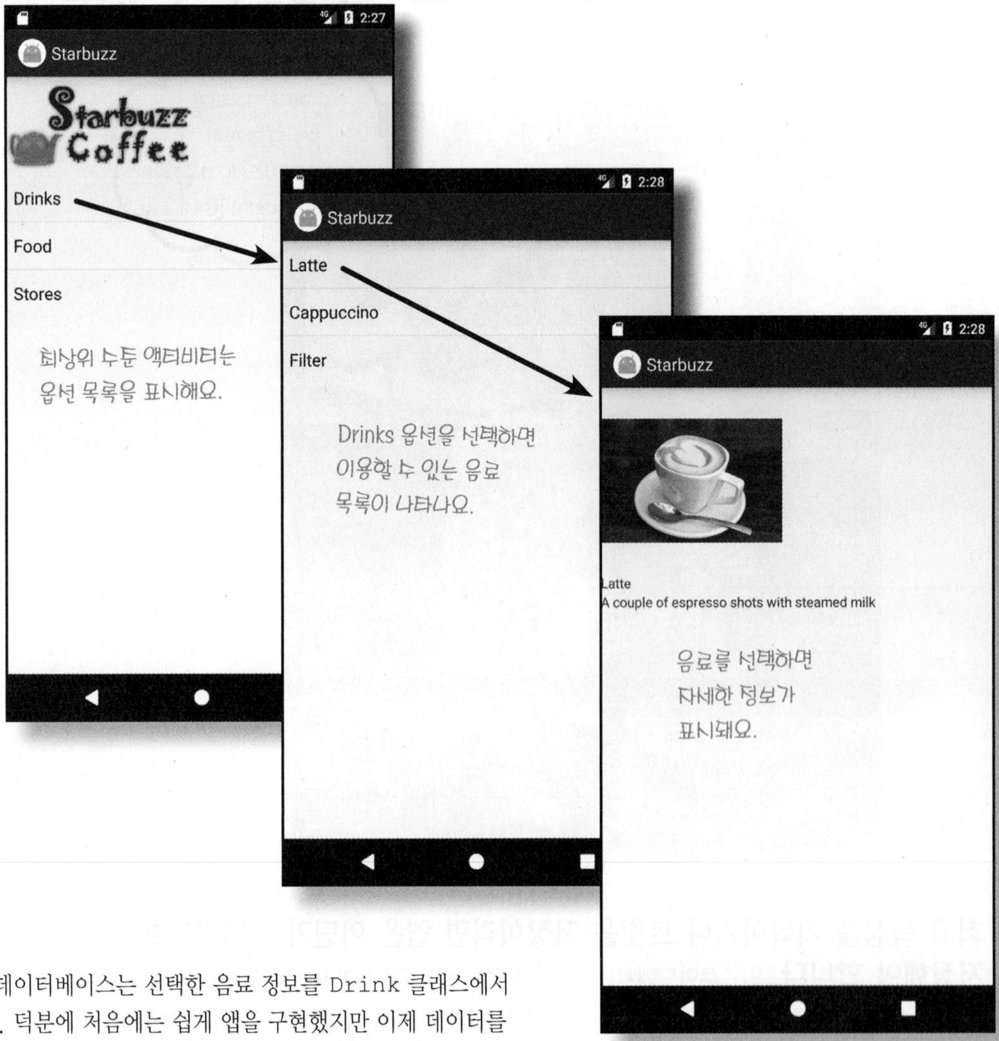
2:27
Starbuzz
Starbuzz Coffee
Drinks
Food
Stores
최상위 수준 액티비티는 옵션 목록을 표시해요.
2:28
Starbuzz
Latte
Cappuccino
Filter
Drinks 옵션을 선택하면 이용할 수 있는 음료 목록이 나타나요.
2:28
Starbuzz
Latte
A couple of espresso shots with steamed milk
음료를 선택하면 자세한 정보가 표시돼요.

Starbuzz 데이터베이스는 선택한 음료 정보를 `Drink` 클래스에서 가져옵니다. 덕분에 처음에는 쉽게 앱을 구현했지만 이제 데이터를 영구적으로 저장할 수 있는 더 좋은 방법이 필요합니다.

이 장과 다음 장에서는 Starbuzz 앱이 SQLite 데이터베이스에서 데이터를 가져오도록 앱을 개선합니다. 이 장에서는 데이터베이스를 생성하는 방법을 살펴보고 다음 장에서는 이를 액티비티와 연결하는 방법을 설명합니다.

안드로이드는 데이터를 영구 저장하기 위해 SQLite 데이터베이스를 사용합니다

모든 앱은 데이터를 저장해야 하는데 안드로이드에서는 **SQLite 데이터베이스**를 사용합니다. 왜 SQLite를 사용할까요?

- **가볍습니다.**
  대부분의 데이터베이스 시스템은 작동하려면 특별한 데이터베이스 서버 프로세스가 필요합니다. 하지만 SQLite 데이터베이스는 단순히 파일이므로 이와 다릅니다. 데이터베이스를 사용하지 않을 때는 아무 프로세스도 사용하지 않습니다. 모바일 디바이스에서 프로세스 사용은 배터리 소모를 의미하므로 이 점은 아주 중요합니다.

- **단일 사용자에 최적화되어 있습니다.**
  데이터베이스와 소통하는 것은 우리 앱뿐이므로 사용자명과 패스워드 등으로 사용자를 확인할 필요가 없습니다.

- **안정적이고 빠릅니다.**
  SQLite는 놀라울 정도로 안정적입니다. SQLite는 데이터베이스 트랜잭션을 지원합니다. 즉, 여러 데이터를 갱신하다가 뭔가 잘못되었다면 SQLite가 데이터를 원래 상태로 복원할 수 있습니다. 또한 데이터를 읽고 쓰는 코드가 C 코드로 최적화되어 있습니다. 덕분에 작업 속도가 빠를 뿐더러 CPU 소비도 줄어듭니다.

이 장에서는 SQLite의 기본 내용을 살펴봅니다.

앱에서 많은 데이터베이스 작업을 할 예정이라면 SQLite와 SQL을 더 자세히 살펴보길 권장합니다.

데이터베이스는 어디에 저장되는가?

안드로이드는 자동으로 각 앱에 대해 데이터베이스 저장 폴더를 생성합니다. Starbuzz 앱의 데이터베이스를 생성하면 디바이스에서 다음과 같은 위치에 저장됩니다.

/data/data/com.hfad.starbuzz/databases

com.hfad.starbuzz는 앱의 고유 식별자예요.

앱은 이 폴더에 여러 데이터베이스를 저장할 수 있습니다. 각 데이터베이스는 두 개의 파일을 포함합니다.

하나는 **데이터베이스 파일**로 우리 데이터베이스와 같은 이름을 갖습니다(예를 들면 starbuzz). 이 파일이 SQLite 데이터베이스 메인 파일입니다. 모든 데이터는 이 파일에 저장됩니다.

다른 하나는 **저널 파일**(journal file)입니다. 데이터베이스와 이름이 같지만 'starbuzz-journal'처럼 뒤에 '-journal'이 붙습니다. 저널 파일에는 데이터베이스에 적용한 모든 변경사항이 저장됩니다. 문제가 발생하면 안드로이드는 저널 파일을 이용해 최근 변경사항을 취소합니다.

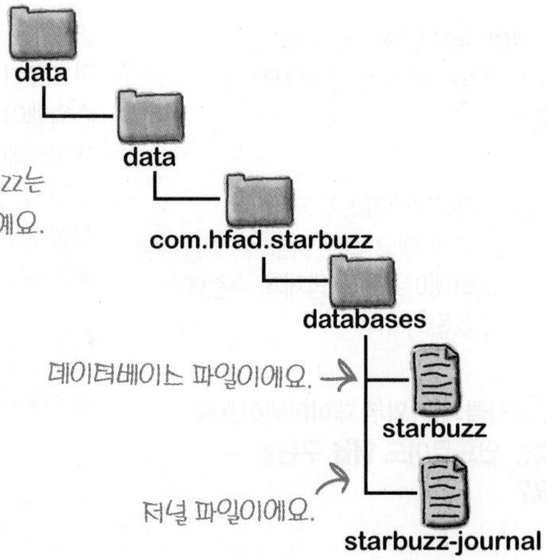

안드로이드는 여러 SQLite 클래스를 제공합니다

안드로이드는 SQLite 데이터베이스를 관리하는 데 필요한 클래스 집합을 제공합니다. 그중에서도 다음 세 가지 객체가 핵심적인 일을 수행합니다.

SQLite 헬퍼

SQLite 헬퍼는 데이터베이스를 생성하고 관리하는 기능을 제공합니다. `SQLiteOpenHelper` 클래스를 상속받아 SQLite 헬퍼를 생성할 수 있습니다.

SQLite 데이터베이스

`SQLiteDatabase` 클래스는 데이터베이스에 접근하는 기능을 제공합니다. JDBC의 `SQLConnection`에 해당합니다.

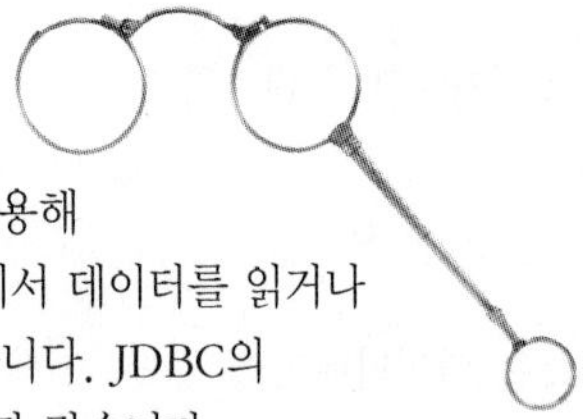

커서

`Cursor`를 이용해 데이터베이스에서 데이터를 읽거나 기록할 수 있습니다. JDBC의 `ResultSet`과 같습니다.

위 객체를 이용해 SQLite 데이터베이스를 생성하고 현재 앱에서 데이터를 영구 저장하기 위해 `Drink` 클래스를 우리가 생성한 SQLite 데이터베이스로 바꿀 것입니다.

바보 같은 질문이란 없습니다

Q: 데이터베이스에 사용자명과 패스워드가 없는데 보안을 유지할 수 있나요?

A: 앱의 데이터베이스가 저장된 디렉터리는 오직 해당 앱만 읽을 수 있습니다. 따라서 데이터베이스는 운영체제 수준에서 안전하게 보호됩니다.

Q: 오라클처럼 외부 데이터베이스를 이용하는 안드로이드 앱을 구현할 수 있나요?

A: 물론 그렇게 할 수 있습니다. 다만 안드로이드에서 리소스를 얼마나 사용하는지 주의해야 합니다. 예를 들어 웹 서비스로 데이터베이스에 접근하면 배터리 소모를 줄일 수 있습니다. 이렇게 데이터베이스와의 직접 통신을 피함으로써 리소스를 사용하지 않는 방법도 있습니다.

Q: 왜 안드로이드는 JDBC로 SQLite에 접속하지 않는 거죠?

A: SQLite 데이터베이스에 JDBC는 너무 과하기 때문입니다. JDBC를 구성하는 데이터베이스 드라이버 레이어는 유연하지만 그만큼 안드로이드 디바이스의 배터리를 소비합니다.

Q: 앱 디렉터리 안에 데이터베이스 디렉터리가 존재하는 건가요?

A: 그렇지 않습니다. 데이터베이스와 앱 코드는 별개의 디렉터리에 저장됩니다. 그러므로 앱이 새 버전으로 업그레이드되더라도 데이터베이스의 데이터는 안전하게 유지됩니다.

현재 Starbuzz 앱 구조

다음은 현재 Starbuzz 앱 구조입니다.

1. **TopLevelActivity가 옵션 목록 Drinks, Food, Stores를 표시합니다.**

2. **사용자가 Drinks 옵션을 선택하면 DrinkCategoryActivity가 실행됩니다.**
   이 액티비티는 자바 `Drink` 클래스에서 음료 목록을 가져와 보여줍니다.

3. **사용자가 음료를 선택하면 DrinkActivity에 자세한 정보가 표시됩니다.**
   `DrinkActivity`는 자바 `Drink` 클래스에서 음료 정보를 가져옵니다.

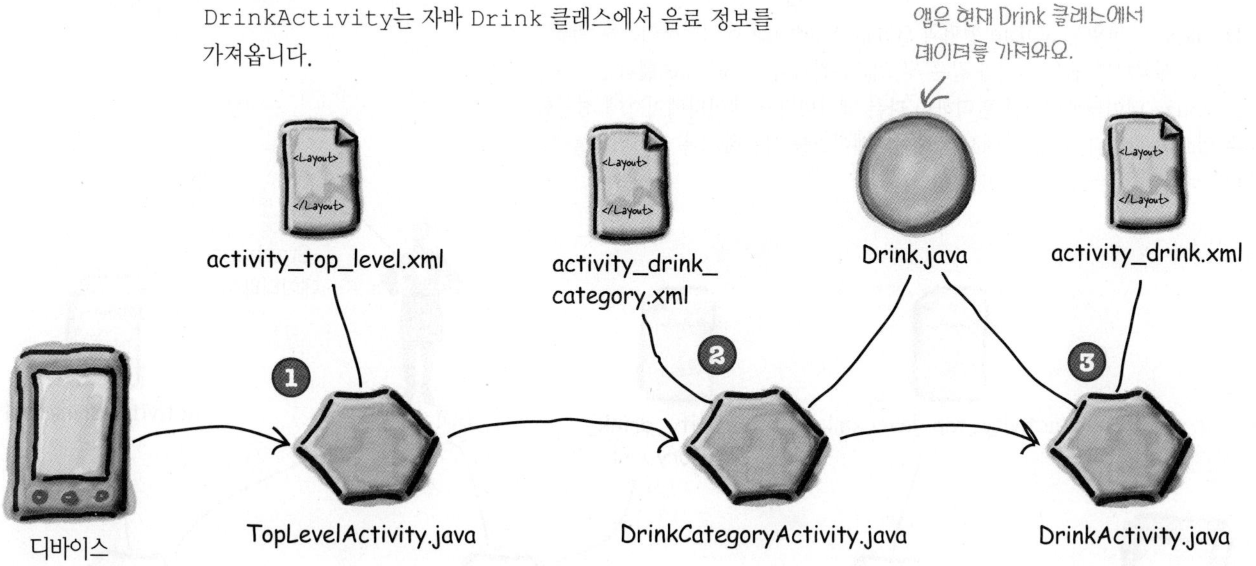

SQLite 데이터베이스를 사용하려면 앱 구조를 어떻게 바꿔야 할까요?

직접 해보세요!

이 장에서는 Starbuzz 앱을 이용하므로 안드로이드 스튜디오에서 기존의 Starbuzz 프로젝트를 여세요.

데이터베이스를 사용하도록 앱 바꾸기

SQLite 헬퍼를 이용해 Starbuzz 앱에 사용할 SQLite 데이터베이스를 생성합니다. 기존의 `Drink` 자바 클래스를 데이터베이스로 바꿔야 하므로 SQLite 헬퍼로 다음과 같은 작업을 해야 합니다.

1. **데이터베이스 생성하기**
   먼저 SQLite 헬퍼로 Starbuzz 데이터베이스 버전 1(초기 버전)을 생성합니다.

2. **DRINK 테이블 생성하고 음료 정보 채우기**
   데이터베이스를 생성한 다음에는 그 안에 테이블도 생성해야 합니다. 테이블 구조는 현재 `Drink` 클래스의 속성을 반영해야 하므로 각 음료의 이름, 설명, 이미지 리소스 ID를 포함해야 합니다. 그리고 세 음료를 테이블에 추가합니다.

Drink.java 파일을 SQLite 헬퍼와 SQLite Starbuzz 데이터베이스로 바꾼 부분을 제외하면 앱은 이전과 같은 구조를 유지합니다. SQLite 헬퍼는 Starbuzz 데이터베이스를 관리하며 다른 액티비티가 데이터베이스에 접근할 수 있도록 합니다. 다음 장에서는 데이터베이스를 사용하도록 액티비티를 바꿉니다.

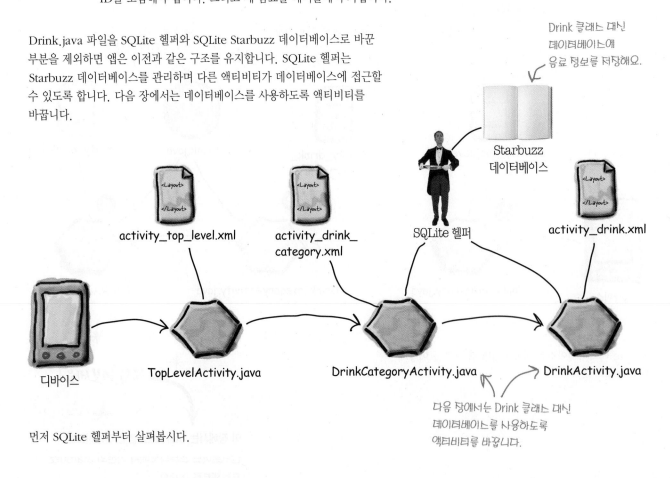

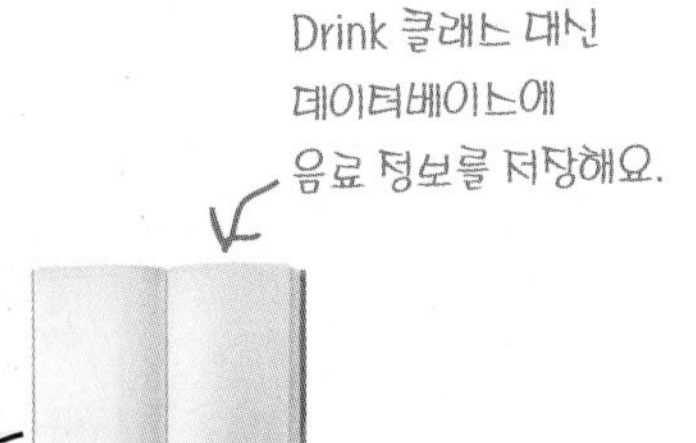

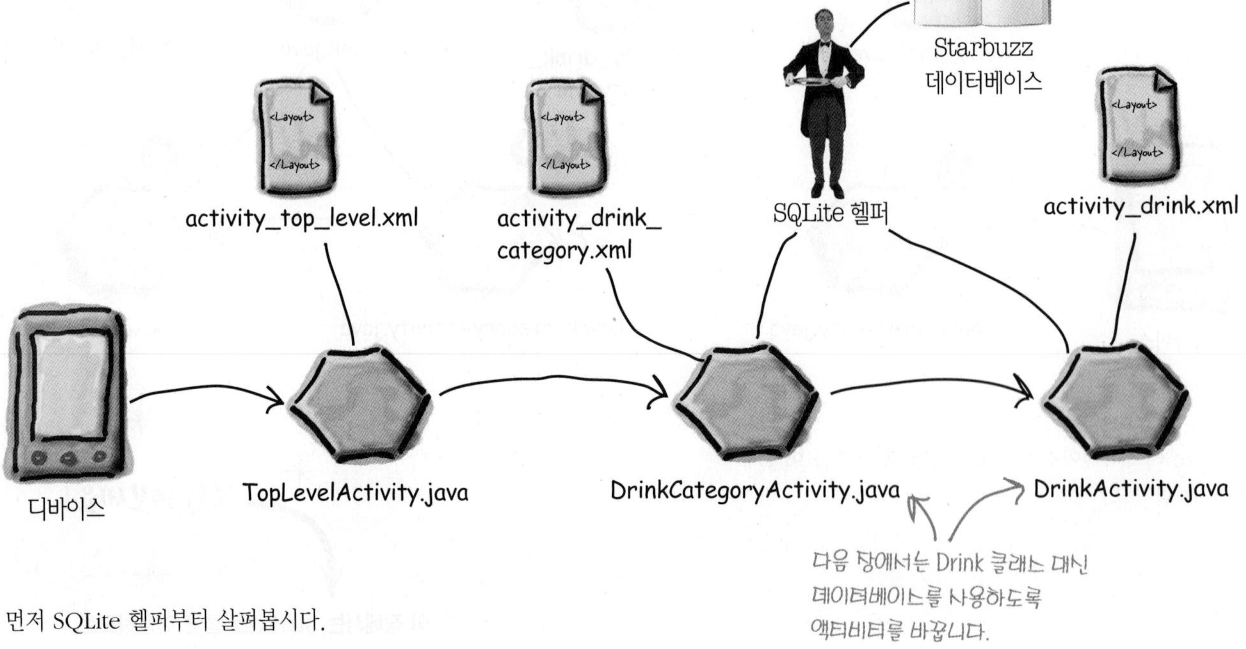

먼저 SQLite 헬퍼부터 살펴봅시다.

SQLite 헬퍼는 우리 데이터베이스를 관리합니다

SQLiteOpenHelper 클래스를 이용해 SQLite 데이터베이스를 생성하고 관리할 수 있습니다. 일반적인 데이터베이스 관리 작업을 담당하는 개인 비서라고 생각할 수 있습니다.

SQLite 헬퍼가 지원하는 몇 가지 작업을 살펴봅시다.

데이터베이스 생성하기

처음 앱을 설치했을 때는 데이터베이스 파일이 존재하지 않습니다. SQLite 헬퍼는 올바른 이름과 테이블 구조를 갖는 데이터베이스 파일이 생성되도록 준비합니다.

데이터베이스에 접근하기

데이터베이스 파일이 어디에 저장되어 있는지에 관한 아주 자세한 정보까지 앱이 알아야 할 필요가 없으므로 필요할 때 앱이 데이터베이스 객체를 사용할 수 있도록 SQLite 헬퍼가 도와줍니다. 24시간 365일을 쉬지 않죠.

SQLite 헬퍼

데이터베이스를 깔끔한 상태로 유지하기

시간이 흐르면서 데이터베이스의 구조는 바뀌기 마련입니다. 예전 버전의 데이터베이스를 빛나고, 세련되고, 필요한 모든 최신 데이터베이스 구조를 가진 버전으로 유지 관리하는 것도 SQLite 헬퍼의 업무입니다.

SQLite 헬퍼 생성하기

데이터베이스 생성하기
테이블 생성하기

SQLiteOpenHelper 클래스를 상속받아 SQLite 헬퍼 클래스를 생성할 수 있습니다. 이때 onCreate()와 onUpgrade() 메서드를 **반드시** 오버라이드해야 합니다. 이 메서드는 선택사항이 아닙니다.

디바이스에 처음 데이터베이스가 생성될 때 onCreate() 메서드가 호출됩니다. 이 메서드는 앱에 필요한 테이블을 생성하는 데 필요한 모든 코드를 포함합니다.

onUpgrade() 메서드는 데이터베이스가 갱신될 때 호출됩니다. 예를 들어 앱을 출시한 다음에 데이터베이스 구조를 바꾸려면 이 메서드를 이용합니다.

우리 앱에서는 StarbuzzDatabaseHelper라는 SQLite 헬퍼를 사용할 것입니다. 안드로이드 스튜디오의 탐색기를 Project 뷰로 바꾸고 app/src/main/java 폴더의 com.hfad.starbuzz 패키지를 선택한 다음 File → New... → Java Class를 선택합니다. 클래스 이름은 'StarbuzzDatabaseHelper'로 설정하고 패키지 이름이 com.hfad.starbuzz인지 확인한 다음 파일 내용을 아래 코드로 바꿉니다.

```
package com.hfad.starbuzz;

import android.database.sqlite.SQLiteOpenHelper;
import android.content.Context;
import android.database.sqlite.SQLiteDatabase;

class StarbuzzDatabaseHelper extends SQLiteOpenHelper {

    StarbuzzDatabaseHelper(Context context) {
    }

    @Override
    public void onCreate(SQLiteDatabase db) {
    }

    @Override
    public void onUpgrade(SQLiteDatabase db, int oldVersion, int newVersion) {
    }
}
```

SQLiteOpenHelper 클래스의 전체 경로예요.

SQLite 헬퍼는 반드시 SQLiteOpenHelper 클래스를 상속받아야 해요.

다음 페이지에서 생성자 코드를 구현해요.

onCreate()와 onUpgrade() 메서드는 반드시 구현하세요. 지금은 메서드가 비어 있지만 나중에 자세히 살펴볼 거예요.

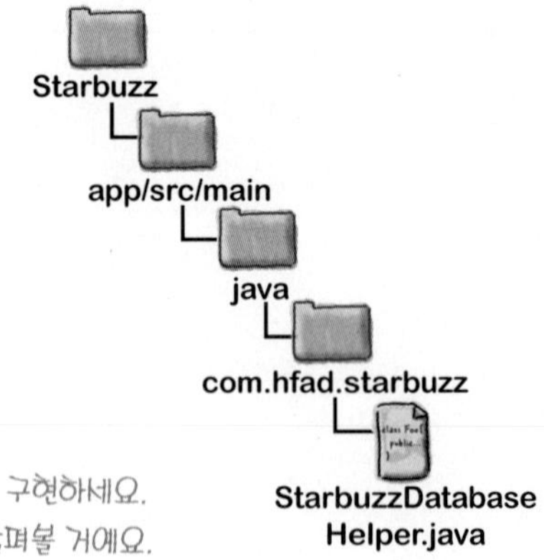

SQLite에 헬퍼가 수행해야 할 일을 알려주기 위해 메서드에 코드를 추가해야 합니다. 가장 먼저 해야 할 일은 어떤 데이터베이스를 생성할 것인지 SQLite 헬퍼에 알려주는 겁니다.

데이터베이스 생성하기
테이블 생성하기

데이터베이스 지정하기

데이터베이스를 생성하려면 SQLite 헬퍼에 두 가지 정보를 전달해야 합니다.

첫째는 데이터베이스 이름을 정해야 합니다. 앱이 종료되어도 디바이스에 데이터베이스가 남아 있도록 하려면 이름이 필요합니다. 데이터베이스 이름을 지정하지 않으면 메모리에만 있다가 데이터베이스를 닫을 때 사라집니다.

앱을 시험하는 동에는 데이터베이스를 메모리에 생성하는 것이 유용할 수도 있어요.

둘째는 데이터베이스 버전 정보를 제공해야 합니다. 데이터베이스는 1에서 시작하는 정숫값을 버전 정보로 사용합니다. SQLite 헬퍼는 이 버전 정보를 이용해 데이터베이스를 업그레이드할지 결정합니다.

데이터베이스 이름과 버전을 `SQLiteOpenHelper` 상위 클래스의 생성자로 전달합니다. 우리는 'starbuzz'라는 이름과 첫 번째 버전의 데이터베이스를 의미하는 1 값을 사용합니다. 다음은 이를 구현한 코드입니다(여러분의 StarbuzzDatabaseHelper.java 파일을 다음 코드처럼 바꾸세요).

SQLite 데이터베이스

```
...
class StarbuzzDatabaseHelper extends SQLiteOpenHelper {

    private static final String DB_NAME = "starbuzz"; // 데이터베이스 이름
    private static final int DB_VERSION = 1; // 데이터베이스 버전

    StarbuzzDatabaseHelper(Context context) {
        super(context, DB_NAME, null, DB_VERSION);
    }
...
}
```

SQLiteOpenHelper 상위 클래스의 생성자를 데이터베이스 이름과 버전을 전달해 호출해요.

이 파라미터는 커서와 관련된 추가 기능이에요. 커서는 다음 장에서 설명해요.

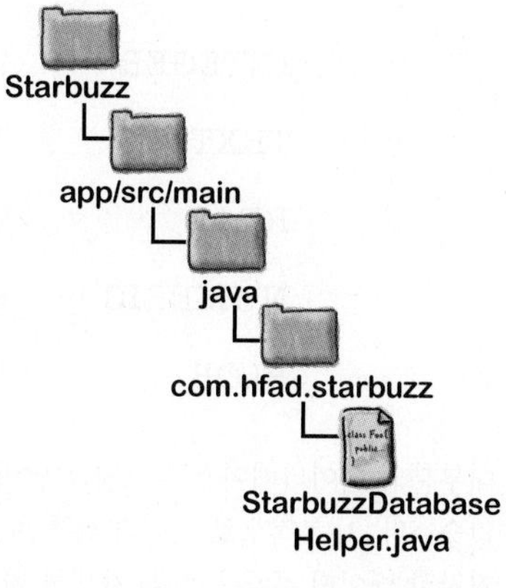

생성자가 데이터베이스 정보를 지정한다고 해서 바로 데이터베이스가 생성되는 것은 아닙니다. SQLite 헬퍼는 앱이 데이터베이스에 접근할 때까지 기다렸다가 그때 데이터베이스를 생성합니다.

SQLite 헬퍼에 데이터베이스를 생성하는 데 필요한 모든 정보를 전달했습니다. 이제 테이블을 생성하는 데 필요한 정보를 전달할 차례입니다.

데이터베이스 생성하기
테이블 생성하기

SQLite 데이터베이스 내부

SQLite 데이터베이스의 데이터는 테이블에 저장됩니다. 테이블은 여러 행을 포함하며 각 행은 여러 열로 나뉘어 있습니다. 열은 숫자나 텍스트 같은 하나의 정보 조각을 포함합니다.

필요한 정보의 유형에 맞게 테이블을 생성해야 합니다. 예를 들어 우리 Starbuzz 앱에서는 음료 데이터를 저장할 테이블이 필요합니다. 음료 테이블은 다음과 같은 모습을 갖습니다.

_id, NAME, DESCRIPTION, IMAGE_RESOURCE_ID가 테이블의 열이에요. Drink 클래스에서 사용했던 속성의 이름과 비슷해요.

_id	NAME	DESCRIPTION	IMAGE_RESOURCE_ID
1	"Latte"	"Espresso and steamed milk"	54543543
2	"Cappuccino"	"Espresso, hot milk and steamed-milk foam"	654334453
3	"Filter"	"Our best drip coffee"	44324234

원하는 열을 **기본 키**(primary key)로 설정할 수 있습니다. 기본 키는 한 행의 고유 식별자입니다. 그러므로 기본 키로 설정한 열에 같은 값이 들어 있는 행은 데이터베이스에 저장할 수 없습니다.

보통 테이블에 정숫값을 포함하는 _id 열을 추가하고 이를 기본 키로 설정할 것을 권장합니다. 안드로이드 코드는 정숫값을 가진 _id 열을 찾는데 이를 미리 만들어두어야 문제가 없기 때문입니다.

안드로이드에서는 기본 키를 _id 열로 지정하는 것이 규칙입니다. 안드로이드 코드는 우리 데이터에 _id 열이 포함되어 있다고 기대해요. 이 규칙을 따르지 않으면 데이터베이스에서 데이터를 추출해 사용자 인터페이스로 보여주는 데 곤란을 겪을 수 있어요.

저장 클래스와 데이터 유형

테이블의 각 열은 특정 유형의 데이터를 포함하도록 만들어졌습니다. 예를 들어 우리의 DRINK 테이블에서 DESCRIPTION 열은 텍스트 데이터만 저장합니다. 아래는 SQLite에서 사용할 수 있는 주요 데이터 유형과 각 유형이 저장할 수 있는 데이터입니다.

INTEGER	정수 유형
TEXT	문자열 유형
REAL	부동소수점수(floating-point) 유형
NUMERIC	불린, 날짜, 날짜-시간
BLOB	이진 대형 객체(Binary Large Object)

대부분의 데이터베이스 시스템과 달리 SQLite에서는 열 크기를 지정할 필요가 없습니다. 내부적으로 데이터 유형은 더 다양한 저장 클래스로 변환됩니다. 따라서 저장할 데이터 종류를 아주 자세히 지정하거나 데이터 크기를 명시할 필요가 없습니다.

구조화된 질의 언어(SQL)로 테이블 생성하기

SQLite와 상호작용하는 모든 앱은 구조화된 질의 언어(Structured Query Language)라 불리는 표준 데이터베이스 언어를 이용해야 합니다. SQL은 대부분의 데이터베이스에서 사용하는 언어입니다. DRINK 테이블을 생성할 때도 SQL을 사용합니다.

다음은 테이블을 생성하는 SQL 명령문입니다.

_id 열은 기본 키예요.

```
CREATE TABLE DRINK (_id INTEGER PRIMARY KEY AUTOINCREMENT,
                    NAME TEXT,
                    DESCRIPTION TEXT,
                    IMAGE_RESOURCE_ID INTEGER)
```

테이블 이름이에요.

테이블 열이에요.

CREATE TABLE 명령문으로 테이블에 어떤 열이 있으며 각 열은 어떤 데이터 유형을 포함하는지 지정할 수 있습니다. _id 열은 테이블의 기본 키이며 AUTOINCREMENT라는 특별 키워드는 테이블에 새 행을 저장할 때마다 SQLite가 고유 정수를 자동으로 생성한다는 의미입니다.

데이터베이스를 생성하면 onCreate() 메서드를 호출합니다

SQLite 헬퍼는 SQLite 데이터베이스를 생성하는 일을 담당합니다. 처음에 데이터베이스를 사용해야 하는 상황에서 디바이스에 데이터베이스가 생성되고 SQLite 헬퍼의 onCreate() 메서드가 호출됩니다. onCreate() 메서드는 생성된 데이터베이스 객체를 가리키는 SQLiteDatabase 객체 한 개를 인자로 제공합니다.

SQLiteDatabase의 execSQL() 메서드로 데이터베이스에 SQL을 실행할 수 있습니다. 이 메서드는 실행하려는 SQL 한 개를 인자로 받습니다.

SQLiteDatabase 클래스로 데이터베이스에 접근할 수 있습니다.

```
execSQL(String sql);
```

데이터베이스의 문자열에 SQL을 실행해요.

우리는 onCreate() 메서드를 이용해 DRINK 테이블을 생성합니다. 다음은 테이블을 생성하는 코드입니다(나중에 실제로 코드를 추가합니다).

```
public void onCreate(SQLiteDatabase db){
    db.execSQL("CREATE TABLE DRINK ("
               + "_id INTEGER PRIMARY KEY AUTOINCREMENT, "
               + "NAME TEXT, "
               + "DESCRIPTION TEXT, "
               + "IMAGE_RESOURCE_ID INTEGER);");
}
```

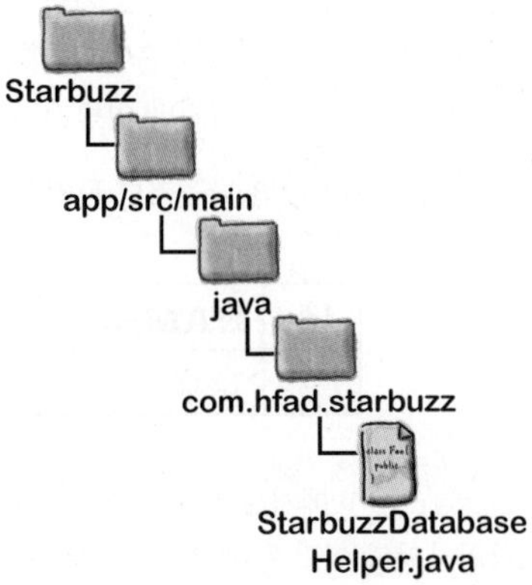

그러면 빈 DRINK 테이블이 생성됩니다. 이제 테이블에 어떻게 음료 데이터를 채우는지 알아봅시다.

insert() 메서드로 데이터 추가하기

☑ 데이터베이스 생성하기
→☐ 테이블 생성하기

데이터를 SQLite 데이터베이스에 추가하려면 테이블에 어떤 값을 삽입할지 지정해야 합니다. 그러려면 **ContentValues** 객체를 생성해야 합니다.

```
ContentValues drinkValues = new ContentValues();
```

ContentValues 객체는 데이터 집합을 설명합니다. 보통 각 데이터 행을 한 개의 ContentValues로 생성합니다.

put() 메서드를 이용해 ContentValues 객체에 데이터를 추가합니다. 이 메서드는 이름/값 쌍의 데이터를 추가합니다. NAME은 데이터를 추가하려는 열이고 value는 데이터입니다.

```
contentValues.put("NAME", "value");
```

NAME은 데이터를 추가하려는 열이에요. value는 값을 가리켜요.

예를 들어 다음은 put() 메서드로 라떼의 이름, 설명, 이미지 리소스 ID를 drinkValues라는 ContentValues 객체에 추가하는 코드입니다.

```
drinkValues.put("NAME", "Latte");
drinkValues.put("DESCRIPTION", "Espresso and steamed milk");
drinkValues.put("IMAGE_RESOURCE_ID", R.drawable.latte);
```

한 행의 데이터예요.

'Latte'를 NAME 열에 추가해요.

'Espresso and steamed milk'를 DESCRIPTION 열에 추가해요.

한 번에 한 개의 값을 put()으로 입력할 수 있어요.

ContentValues 객체에 데이터 행을 추가한 다음 SQLiteDatabase의 insert() 메서드로 이를 테이블에 추가할 수 있습니다. 이 메서드를 호출하면 데이터를 테이블에 삽입하고 삽입된 레코드의 ID를 반환합니다. 예를 들어 다음은 drinkValues의 데이터를 DRINK 테이블에 삽입하는 코드입니다.

```
db.insert("DRINK", null, drinkValues);
```

테이블에 한 행을 삽입해요.

중간 파라미터는 보통 위 코드처럼 null로 설정합니다. 그러면 ContentValues 객체가 비어 있을 때 테이블에 빈 행을 삽입할 수 있습니다. null 값을 테이블의 열 이름으로 바꿀 수도 있지만 이렇게 하는 것은 바람직하지 않습니다.

위 코드를 실행하면 다음처럼 DRINK 테이블에 Latte 열이 추가됩니다.

_id	NAME	DESCRIPTION	IMAGE_RESOURCE_ID
1	"Latte"	"Espresso and steamed milk"	54543543

새 레코드가 멋지게 테이블에 삽입되었어요.

insert() 메서드는 한 번에 한 개의 행을 삽입합니다. 여러 레코드를 삽입하려면 어떻게 해야 할까요?

데이터베이스 생성하기
테이블 생성하기

여러 레코드 삽입하기

테이블에 여러 레코드를 삽입하려면 insert() 메서드를 반복 호출합니다. 메서드를 호출할 때마다 각 행을 삽입합니다.

보통 한 행의 데이터를 삽입하는 메서드를 생성하고 원하는 횟수만큼 이 메서드를 반복 호출해 여러 행을 삽입합니다. 예를 들어 다음은 DRINK 테이블에 음료 정보를 삽입하는 insertDrink() 메서드입니다.

```
private static void insertDrink(SQLiteDatabase db,
                                String name,
                                String description,
                                int resourceId) {
    ContentValues drinkValues = new ContentValues();
    drinkValues.put("NAME", name);
    drinkValues.put("DESCRIPTION", description);
    drinkValues.put("IMAGE_RESOURCE_ID", resourceId);
    db.insert("DRINK", null, drinkValues);
}
```

레코드를 삽입하려는 데이터베이스예요.

데이터를 메서드의 인자로 전달해요.

데이터를 이용해 ContentValues 객체를 생성해요.

데이터를 삽입해요.

DRINK 테이블에 세 개의 음료를 삽입하려면 다음처럼 한 번에 한 개 행의 데이터를 전달해 메서드를 세 번 호출합니다.

```
insertDrink(db, "Latte", "Espresso and steamed milk", R.drawable.latte);
insertDrink(db, "Cappuccino", "Espresso, hot milk and steamed-milk foam",
            R.drawable.cappuccino);
insertDrink(db, "Filter", "Our best drip coffee", R.drawable.filter);
```

지금까지 테이블에 데이터를 삽입하는 방법을 살펴봤습니다. 다음 페이지에서는 지금까지 배운 기능을 포함하는 StarbuzzDatabaseHelper.java 코드를 소개합니다.

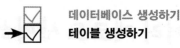

데이터베이스 생성하기
테이블 생성하기

StarbuzzDatabaseHelper 코드

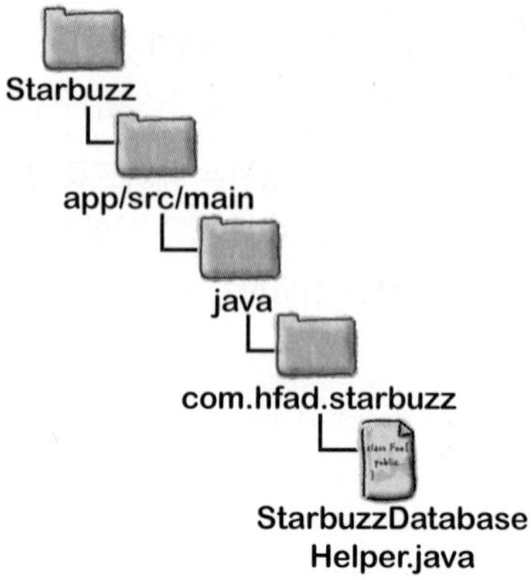

다음은 StarbuzzDatabaseHelper.java 전체 코드입니다(여러분 코드도 다음처럼 바꾸세요).

```
package com.hfad.starbuzz;

import android.content.ContentValues;
import android.content.Context;
import android.database.sqlite.SQLiteDatabase;
import android.database.sqlite.SQLiteOpenHelper;

class StarbuzzDatabaseHelper extends SQLiteOpenHelper{

    private static final String DB_NAME = "starbuzz"; // 데이터베이스 이름
    private static final int DB_VERSION = 1; // 데이터베이스 버전

    StarbuzzDatabaseHelper(Context context){
        super(context, DB_NAME, null, DB_VERSION);
    }

    @Override
    public void onCreate(SQLiteDatabase db){
        db.execSQL("CREATE TABLE DRINK (_id INTEGER PRIMARY KEY AUTOINCREMENT, "
                + "NAME TEXT, "
                + "DESCRIPTION TEXT, "
                + "IMAGE_RESOURCE_ID INTEGER);");
        insertDrink(db, "Latte", "Espresso and steamed milk", R.drawable.latte);
        insertDrink(db, "Cappuccino", "Espresso, hot milk and steamed-milk foam",
                R.drawable.cappuccino);
        insertDrink(db, "Filter", "Our best drip coffee", R.drawable.filter);
    }

    @Override
    public void onUpgrade(SQLiteDatabase db, int oldVersion, int newVersion) {
    }

    private static void insertDrink(SQLiteDatabase db, String name,
                                    String description, int resourceId) {
        ContentValues drinkValues = new ContentValues();
        drinkValues.put("NAME", name);
        drinkValues.put("DESCRIPTION", description);
        drinkValues.put("IMAGE_RESOURCE_ID", resourceId);
        db.insert("DRINK", null, drinkValues);
    }
}
```

추가해야 하는 임포트문이에요.

데이터베이스 이름과 버전을 설정해요. 데이터베이스의 첫 번째 버전이므로 1로 설정해요.

데이터베이스가 처음 생성되면 onCreate() 메서드가 호출되므로 이 메서드를 이용해 테이블을 생성하고 데이터를 삽입해요.

DRINK 테이블을 생성해요.

각 음료를 각각의 행으로 삽입해요.

데이터베이스를 업그레이드할 때 onUpgrade() 메서드를 호출해요. onUpgrade() 메서드는 다음에 살펴볼 거예요.

여러 음료를 삽입해야 하므로 메서드를 따로 생성해서 이 작업을 수행해요.

SQLite 헬퍼 코드가 하는 일

1 사용자가 앱을 설치하고 실행합니다.

앱이 데이터베이스를 사용해야 할 때 SQLite 헬퍼는 데이터베이스가 존재하는지 확인합니다.

2 데이터베이스가 존재하지 않으면 생성합니다.

SQLite 헬퍼에 지정되어 있는 이름과 버전 숫자를 이용해 데이터베이스를 생성합니다.

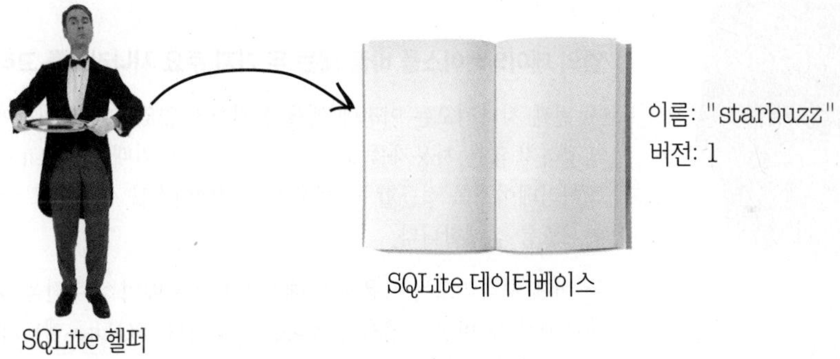

3 데이터베이스가 생성되면 SQLite 헬퍼의 onCreate() 메서드가 호출돼요.

데이터베이스에 DRINK 테이블을 추가하고 레코드를 채웁니다.

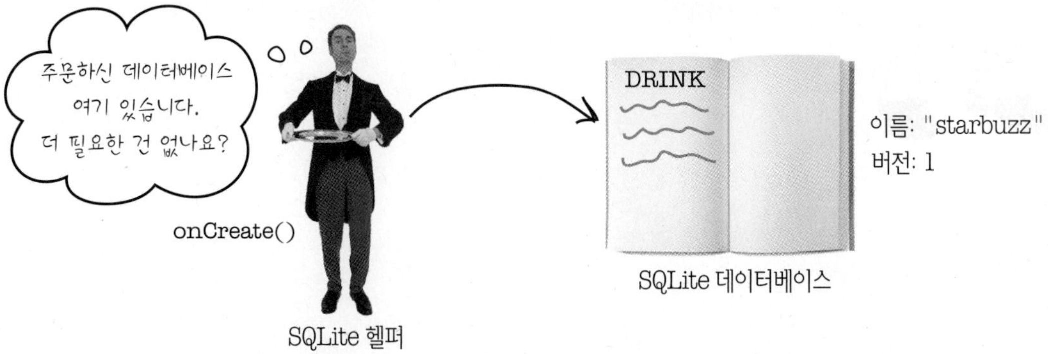

데이터베이스를 바꾸려면 어떻게 하죠?

지금까지는 SQLite 데이터베이스를 생성해 데이터를 영구 저장하는 방법을 살펴봤습니다. 하지만 이미 생성한 데이터베이스를 바꾸려면 어떻게 하죠?

예를 들어 많은 사용자가 우리 Starbuzz 앱을 이미 설치한 상태인데 DRINK 테이블에 FAVORITE라는 새 열을 추가해야 합니다. 새 사용자와 기존 사용자 모두의 앱에 이 변경을 어떻게 적용할 수 있을까요?

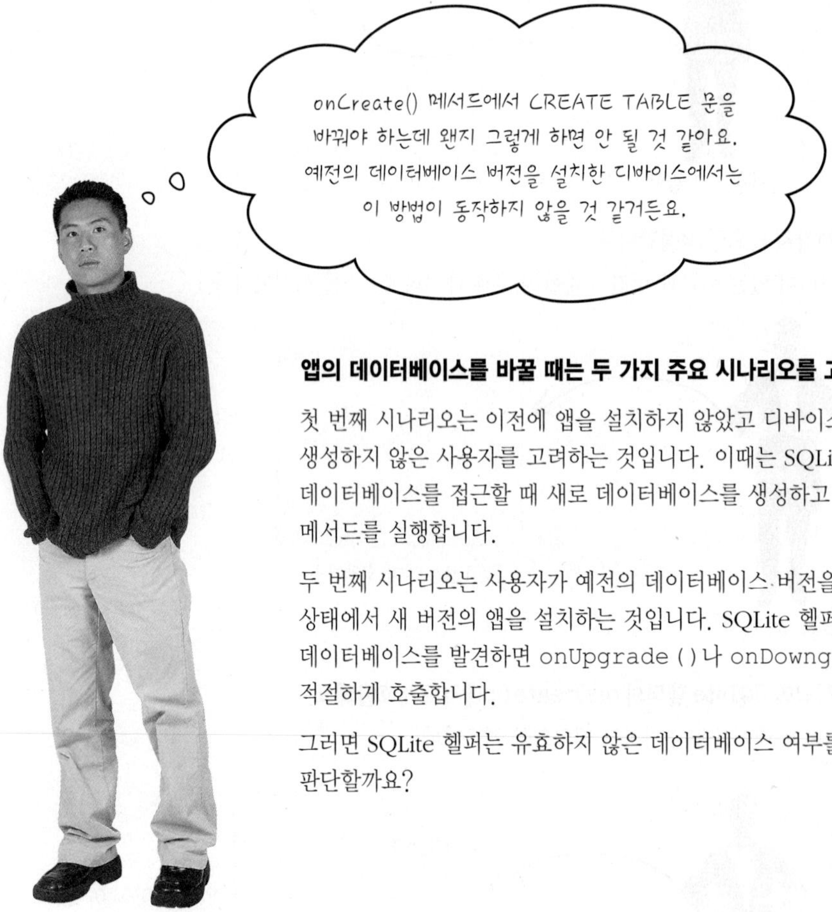

onCreate() 메서드에서 CREATE TABLE 문을
바꿔야 하는데 왠지 그렇게 하면 안 될 것 같아요.
예전의 데이터베이스 버전을 설치한 디바이스에서는
이 방법이 동작하지 않을 것 같거든요.

앱의 데이터베이스를 바꿀 때는 두 가지 주요 시나리오를 고려해야 합니다.

첫 번째 시나리오는 이전에 앱을 설치하지 않았고 디바이스에 데이터베이스를 생성하지 않은 사용자를 고려하는 것입니다. 이때는 SQLite 헬퍼가 처음 데이터베이스를 접근할 때 새로 데이터베이스를 생성하고 `onCreate()` 메서드를 실행합니다.

두 번째 시나리오는 사용자가 예전의 데이터베이스 버전을 갖고 있는 상태에서 새 버전의 앱을 설치하는 것입니다. SQLite 헬퍼가 유효하지 않은 데이터베이스를 발견하면 `onUpgrade()`나 `onDowngrade()` 메서드를 적절하게 호출합니다.

그러면 SQLite 헬퍼는 유효하지 않은 데이터베이스 여부를 어떻게 판단할까요?

→☐ 데이터베이스 갱신하기

SQLite 데이터베이스는 버전 숫자를 갖고 있습니다

SQLite 헬퍼는 버전 숫자를 이용해 SQLite 데이터베이스를 갱신해야 하는지 판단합니다. SQLite 헬퍼의 생성자에서 `SQLiteOpenHelper` 상위 클래스에 버전 정보를 전달함으로써 버전을 지정합니다.

이전에 우리는 다음처럼 데이터베이스 버전을 지정했습니다.

```
...
    private static final String DB_NAME = "starbuzz";
    private static final int DB_VERSION = 1;

    StarbuzzDatabaseHelper(Context context) {
        super(context, DB_NAME, null, DB_VERSION);
    }
...
```

데이터베이스가 생성되면 SQLite 헬퍼에 버전 숫자가 설정되며 SQLite 헬퍼의 `onCreate()` 메서드가 호출됩니다.

데이터베이스를 갱신하려면 SQLite 헬퍼 코드의 버전 정보를 바꿔야 합니다. 데이터베이스를 업그레이드하려면 이전보다 높은 숫자를 설정하고 데이터베이스를 다운그레이드하려면 이전보다 낮은 숫자를 설정합니다.

```
...
    private static final int DB_VERSION = 2;
...
```

← 데이터베이스가 업그레이드되도록 버전 숫자를 높였어요.

대부분의 상황에서는 데이터베이스를 업그레이드하므로 버전 숫자를 높입니다. 이전 업그레이드에서 문제가 발생했을 때는 데이터베이스를 다운그레이드합니다.

사용자가 디바이스에 최신 버전의 앱을 설치한 다음 데이터베이스를 처음 접근할 때 SQLite 헬퍼는 자신이 가지고 있는 버전 정보와 디바이스에 설치되어 있는 데이터베이스의 버전 정보를 비교합니다.

SQLite 헬퍼 코드의 버전 숫자가 기존 데이터베이스의 버전 숫자보다 **높으면** SQLite 헬퍼의 **`onUpgrade()`** 메서드를 호출합니다. 반면 SQLite 헬퍼 코드의 버전 숫자가 기존 데이터베이스의 버전 숫자보다 **낮으면** SQLite 헬퍼의 **`onDowngrade()`** 메서드를 호출합니다.

어떤 메서드가 호출되든 기존의 데이터베이스는 SQLite 헬퍼의 버전 숫자로 바뀝니다.

아이디어 탐구

SQLite 데이터베이스는 SQLite 헬퍼가 사용하는 버전 숫자를 지원하며 내부 스키마 버전도 지원합니다. 테이블 구조 등 데이터베이스 스키마를 바꾸면 스키마 버전도 1씩 증가합니다. 스키마 버전은 SQLite가 내부적으로 사용하는 값으로 우리가 제어할 수 없습니다.

버전 숫자를 바꾸면 일어나는 일

SQLite 헬퍼의 버전 숫자를 1에서 2로 바꾼 다음 새 버전의 앱을 릴리스하면 어떤 일이 일어나는지 확인합시다. 처음 앱을 설치하는 시나리오와 기존 사용자가 새 앱을 설치하는 시나리오 두 가지를 모두 살펴봅니다.

시나리오 1: 사용자가 처음 앱을 설치하는 상황

1. **사용자가 처음 앱을 설치하면 데이터베이스가 존재하지 않으므로 SQLite 헬퍼가 데이터베이스를 생성합니다.**

   SQLite 헬퍼는 데이터베이스 이름과 자신의 코드에 지정되어 있는 버전 숫자를 이용합니다.

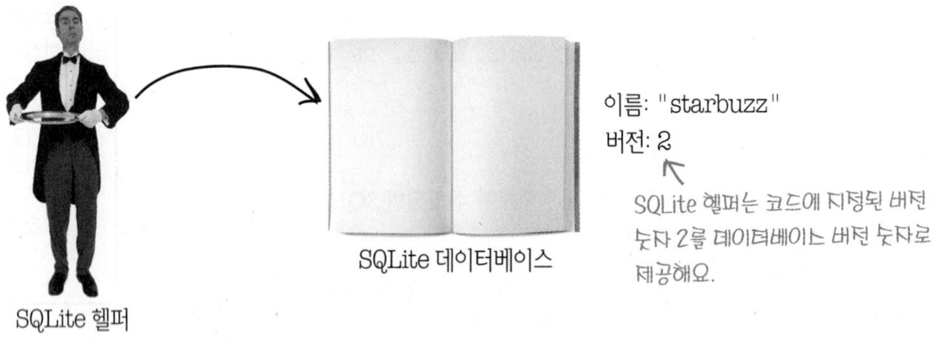

2. **데이터베이스가 생성되면 SQLite 헬퍼의 onCreate() 메서드가 호출됩니다.**

   `onCreate()` 메서드는 데이터베이스를 채우는 코드를 포함합니다.

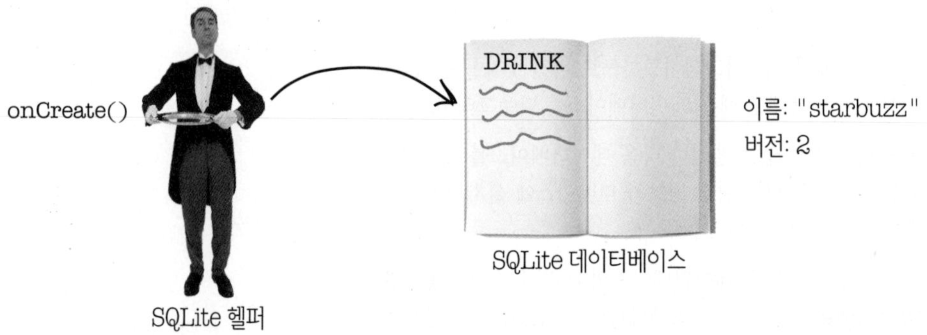

사용자가 앱을 처음 설치할 때는 이런 일이 일어납니다. 기존 사용자가 새 버전의 앱을 설치하면 어떻게 될까요?

시나리오 2: 기존 사용자가 앱을 설치하는 상황

1. **사용자가 새 버전의 앱을 설치하면 SQLite 헬퍼는 기존 데이터베이스가 존재하는지 확인합니다.**
   데이터베이스가 존재하면 SQLite 헬퍼는 데이터베이스를 다시 생성하지 않습니다.

고객님께서는 기존의
버전 1 데이터베이스를
가지고 있군요.
DRINK
이름: "starbuzz"
버전: 1
SQLite 데이터베이스
SQLite 헬퍼

2. **SQLite 헬퍼는 SQLite 헬퍼 코드에 지정된 버전 숫자와 기존 데이터베이스의 버전 숫자를 확인합니다.**
   SQLite 헬퍼의 버전 숫자가 기존 데이터베이스의 버전 숫자보다 높으면 onUpgrade() 메서드를 호출합니다. SQLite 헬퍼의 버전 숫자가 기존 데이터베이스의 숫자보다 낮으면 onDowngrade() 메서드를 호출합니다. SQLite 헬퍼 코드에 지정된 버전으로 데이터베이스의 버전 숫자가 바뀝니다.

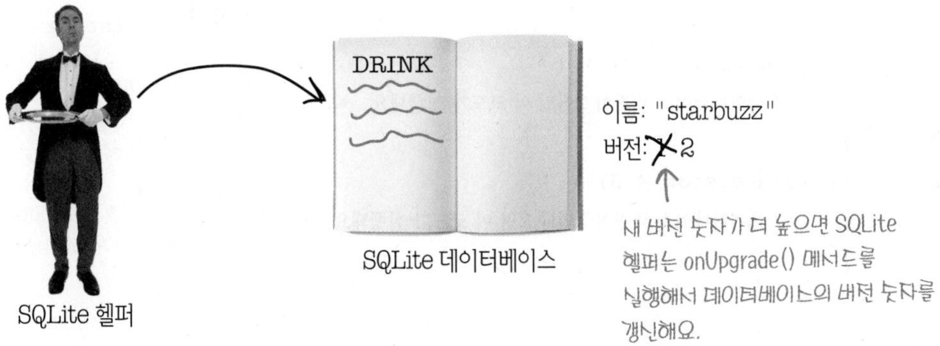
DRINK
이름: "starbuzz"
버전: 1 2
새 버전 숫자가 더 높으면 SQLite 헬퍼는 onUpgrade() 메서드를 실행해서 데이터베이스의 버전 숫자를 갱신해요.
SQLite 데이터베이스
SQLite 헬퍼

지금까지 onUpgrade()와 onDowngrade()가 어떤 상황에서 호출되는지 확인했으므로 이 메서드를 어떻게 활용하는지 살펴봅시다.

onUpgrade() 메서드로 데이터베이스 업그레이드하기

onUpgrade() 메서드는 SQLite 데이터베이스, 사용자 데이터베이스의 버전 숫자, SQLiteOpenHelper 상위 클래스로 전달할 데이터베이스의 새 버전 숫자 등 세 가지 인자를 받습니다.

```
@Override
public void onUpgrade(SQLiteDatabase db, int oldVersion, int newVersion) {
    // 여러분 코드를 여기에 추가하세요.
}
```

유효하지 않은 사용자의 데이터베이스 버전

SQLite 코드에 설정된 새 버전

기억하세요. 데이터베이스를 업그레이드하려면 기존 버전보다 새 버전의 숫자가 높아야 해요.

사용자 데이터베이스의 버전이 몇인지에 따라 데이터베이스를 어떻게 바꿀지 결정되므로 버전 숫자는 아주 중요합니다. 예를 들어 기존 사용자의 데이터베이스 버전이 1이고 SQLite 헬퍼의 버전이 더 높다고 가정하면 다음과 같은 코드를 사용합니다.

```
@Override
public void onUpgrade(SQLiteDatabase db, int oldVersion, int newVersion) {
    if (oldVersion == 1) {
        // 데이터베이스 버전이 1이면 이 코드가 실행돼요.
    }
}
```

사용자의 데이터베이스 버전이 1이고 SQLite 헬퍼의 버전이 더 높을 때만 이 코드가 실행돼요.

버전 숫자를 이용해 다음처럼 연속적인 갱신을 적용할 수 있습니다.

```
@Override
public void onUpgrade(SQLiteDatabase db, int oldVersion, int newVersion) {
    if (oldVersion == 1) {
        // 데이터베이스 버전이 1이면 이 코드가 실행돼요.
    }
    if (oldVersion < 3) {
        // 데이터베이스 버전이 1이나 2면 이 코드가 실행돼요.
    }
}
```

사용자의 데이터베이스 버전이 1일 때만 이 코드가 실행돼요.

사용자의 데이터베이스 버전이 1이나 2면 이 코드가 실행돼요.

이런 방법으로 사용자가 기존에 어떤 버전의 앱을 설치했는지 관계없이 원하는 대로 데이터베이스 구조를 바꿀 수 있습니다.

onDowngrade() 메서드는 onUpgrade() 메서드와 비슷하게 작동합니다. 다음 페이지에서는 onDowngrade() 메서드를 살펴봅니다.

onDowngrade() 메서드로 데이터베이스 다운그레이드하기

onDowngrade() 메서드는 데이터베이스를 이전 버전으로 되돌리는 작업을 수행하므로 onUpgrade() 메서드에 비해 드물게 사용됩니다. 새 버전의 앱을 릴리스했는데 나중에 버그가 발견되었을 때 onDowngrade() 메서드를 활용할 수 있습니다.

onUpgrade() 메서드처럼 onDowngrade() 메서드도 다운그레이드하려는 SQLite 데이터베이스, 사용자 데이터베이스의 버전 숫자, SQLiteOpenHelper 상위 클래스로 전달할 데이터베이스의 새 버전 숫자 등 세 개의 인자를 받습니다.

```
@Override
public void onDowngrade(SQLiteDatabase db, int oldVersion, int newVersion) {
    // 여러분 코드를 여기에 추가하세요.
}
```

데이터베이스를 다운그레이드하려면 기존 버전보다 새 버전의 숫자가 낮아야 해요.

onUpgrade() 메서드처럼 버전 숫자를 이용해 특정 버전으로 데이터베이스 구조를 되돌릴 수 있습니다. 예를 들어 다음은 버전 3의 데이터베이스를 가진 사용자에게 적용하는 코드입니다.

```
@Override
public void onDowngrade(SQLiteDatabase db, int oldVersion, int newVersion) {
    if (oldVersion == 3) {
        // 데이터베이스 버전이 3이면 이 코드가 실행돼요.
    }
}
```

사용자가 버전 3의 데이터베이스를 가지고 있으면 데이터베이스가 아래 버전으로 다운그레이드돼요.

데이터베이스를 업그레이드하고 다운그레이드하는 방법을 살펴봤으니 이제 조금 더 흔히 발생하는 시나리오인 업그레이드 방법을 자세히 살펴봅시다.

→☐ 데이터베이스 갱신하기

데이터베이스 업그레이드하기

DRINK 테이블에 새 열을 추가해 데이터베이스를 업그레이드한다고 가정합니다. 새로운 사용자와 기존 사용자 모두에게 이를 적용할 수 있어야 하므로 onCreate() 메서드와 onUpgrade() 메서드를 둘 다 바꿔야 합니다. onCreate() 메서드는 모든 새로운 사용자가 새 열을 포함하도록 만들고 onUpgrade() 메서드는 기존 사용자가 새 열을 포함하도록 만듭니다.

비슷한 코드를 onCreate()와 onUpgrade() 두 메서드에 넣는 것보다는 updateMyDatabase()라는 별개의 메서드를 생성해 onCreate() 메서드와 onUpgrade() 메서드에서 호출하도록 합니다. 현재 onCreate() 메서드에 있는 코드를 새로운 updateMyDatabase() 메서드로 이동시키고 새로운 열을 추가하는 코드를 구현합니다. 이렇게 하면 데이터베이스 코드를 한 곳에 구현하므로 데이터베이스를 바꿀 때마다 무엇을 바꿨는지 쉽게 추적할 수 있습니다.

다음은 StarbuzzDatabaseHelper.java 전체 코드입니다(여러분 코드도 다음처럼 바꾸세요).

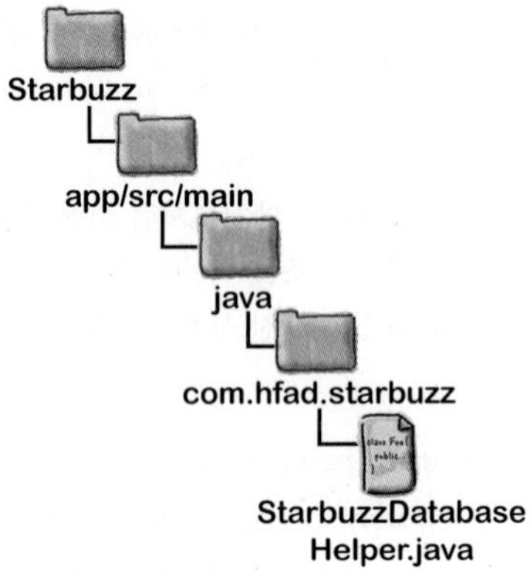


```
package com.hfad.starbuzz;

import android.content.ContentValues;
import android.content.Context;
import android.database.sqlite.SQLiteDatabase;
import android.database.sqlite.SQLiteOpenHelper;

class StarbuzzDatabaseHelper extends SQLiteOpenHelper{

    private static final String DB_NAME = "starbuzz"; // 데이터베이스 이름
    private static final int DB_VERSION = 2; // 데이터베이스 버전

    StarbuzzDatabaseHelper(Context context){
        super(context, DB_NAME, null, DB_VERSION);
    }

    @Override
    public void onCreate(SQLiteDatabase db){
        updateMyDatabase(db, 0, DB_VERSION);
    }
```

버전 숫자를 큰 정수로 바꿔서 SQLite 헬퍼에 데이터베이스를 업그레이드 할 것임을 가리켜요.

기존의 onCreate() 메서드에 있던 코드를 updateMyDatabase() 호출 코드로 바꿔요.

다음 페이지에 코드가 이어져요.

→☐ 데이터베이스 갱신하기

SQLite 헬퍼 코드(계속)

```
    @Override
    public void onUpgrade(SQLiteDatabase db, int oldVersion, int newVersion) {
        updateMyDatabase(db, oldVersion, newVersion);
    }

    private static void insertDrink(SQLiteDatabase db, String name,
                                    String description, int resourceId) {
        ContentValues drinkValues = new ContentValues();
        drinkValues.put("NAME", name);
        drinkValues.put("DESCRIPTION", description);
        drinkValues.put("IMAGE_RESOURCE_ID", resourceId);
        db.insert("DRINK", null, drinkValues);
    }

    private void updateMyDatabase(SQLiteDatabase db, int oldVersion, int newVersion) {
        if (oldVersion < 1) {
            db.execSQL("CREATE TABLE DRINK (_id INTEGER PRIMARY KEY AUTOINCREMENT, "
                    + "NAME TEXT, "
                    + "DESCRIPTION TEXT, "
                    + "IMAGE_RESOURCE_ID INTEGER);");
            insertDrink(db, "Latte", "Espresso and steamed milk", R.drawable.latte);
            insertDrink(db, "Cappuccino", "Espresso, hot milk and steamed-milk foam",
                    R.drawable.cappuccino);
            insertDrink(db, "Filter", "Our best drip coffee", R.drawable.filter);
        }
        if (oldVersion < 2) {
            // 새로운 열을 추가하는 코드
        }
    }
}
```

onUpgrade() 메서드에서 인자를 이용해 updateMyDatabase() 메서드를 호출해요.

이전에 onCreate() 메서드에서 구현했던 코드예요.

사용자가 버전 1의 데이터베이스를 이미 가지고 있을 때 여기에 있는 코드가 실행돼요. 다음에 구현할 부분이에요.

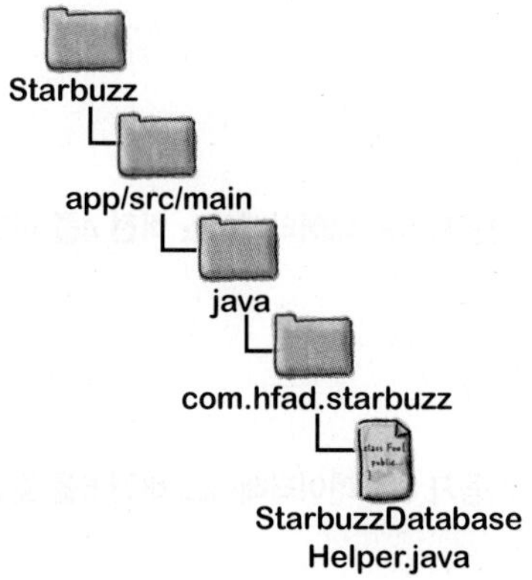

다음에는 데이터베이스를 업그레이드하는 코드를 구현합니다.
그전에 다음 페이지의 연습문제를 풀어보세요.

SQLite 헬퍼가 되어보아요

오른쪽에 SQLite 헬퍼 코드가 있습니다. 여러분의 임무는 SQLite 헬퍼가 되어서 어떤 코드가 어떤 사용자에게 적용되는지 맞추는 것입니다. 각 코드에 레이블을 붙여 놓았습니다. 첫 번째 문제는 예시로 풀어드렸어요.

```
...

class MyHelper extends SQLiteOpenHelper{

    StarbuzzDatabaseHelper(Context context){
        super(context, "fred", null, 4);
    }

    @Override
    public void onCreate(SQLiteDatabase db){
  (A)   // 코드 A 실행
        ...
    }

    @Override
    public void onUpgrade(SQLiteDatabase db,
                          int oldVersion,
                          int newVersion){
        if (oldVersion < 2) {
      (B)   // 코드 B 실행
            ...
        }
        if (oldVersion == 3) {
      (C)   // 코드 C 실행
            ...
        }
  (D)   // 코드 D 실행
        ...
    }

    @Override
    public void onDowngrade(SQLiteDatabase db,
                            int oldVersion,
                            int newVersion){
        if (oldVersion == 3) {
      (E)   // 코드 E 실행
            ...
        }
        if (oldVersion < 6) {
      (F)   // 코드 F 실행
            ...
        }
    }
}
```

사용자 1은 앱을 처음 실행합니다.

코드 조각 A. 사용자는 데이터베이스를 가지고 있지 않으므로 onCreate() 메서드가 실행됩니다.

사용자 2는 데이터베이스 버전 1을 갖고 있습니다.

사용자 3은 데이터베이스 버전 2를 갖고 있습니다.

사용자 4는 데이터베이스 버전 3을 갖고 있습니다.

사용자 5는 데이터베이스 버전 4를 갖고 있습니다.

사용자 6은 데이터베이스 버전 5를 갖고 있습니다.

정답은 696페이지에

→☐ 데이터베이스 갱신하기

기존 데이터베이스 업그레이드

데이터베이스를 업그레이드하려면 두 종류의 액션을 수행해야 합니다.

- **데이터베이스 레코드 바꾸기**

  앞서 우리는 SQLiteDatabase의 insert() 메서드로 데이터베이스에 레코드를 추가했습니다. 데이터베이스를 업그레이드할 때는 레코드를 추가하거나 기존 레코드를 갱신, 삭제하는 작업이 필요할 수 있습니다.

- **데이터베이스 구조 바꾸기**

  데이터베이스에 테이블을 생성하는 방법은 이미 배웠습니다. 하지만 기존 테이블에 열을 추가하거나, 테이블의 이름을 바꾸거나, 테이블을 완전히 삭제하는 방법도 알아야 합니다.

먼저 데이터베이스 레코드를 갱신하는 방법을 살펴봅니다.

데이터베이스 레코드를 갱신하는 방법

레코드를 삽입하는 것과 비슷한 방법으로 레코드를 갱신할 수 있습니다.

먼저 바꾸려는 값을 지정한 ContentValues 객체를 새로 생성합니다. 예를 들어 DRINK 테이블의 Latte 데이터의 DESCRIPTION 필드를 'Tasty'로 바꾸려 한다고 가정합시다.

_id	NAME	DESCRIPTION	IMAGE_RESOURCE_ID
1	"Latte"	~~"Espresso and steamed milk"~~ "Tasty"	54543543

그러려면 다음처럼 데이터를 갱신하는 데 필요한 ContentValues를 새로 생성해야 합니다.

```
ContentValues drinkValues = new ContentValues();
drinkValues.put("DESCRIPTION", "Tasty");
```

← DESCRIPTION 열의 값을 Tasty로 바꿔야 하므로 이름은 'DESCRIPTION'으로, 값은 'Tasty'로 설정해요.

레코드를 갱신할 때 ContentValues에 전체 데이터가 아니라 바꾸길 원하는 값만 지정한다는 사실을 주의하세요.

ContentValues 객체에 바꿀 데이터를 추가했으면 SQLiteDatabase의 update() 메서드로 데이터를 갱신할 수 있습니다. 이 부분은 다음 페이지에서 설명합니다.

데이터베이스 갱신하기

update() 메서드로 레코드 갱신하기

update() 메서드로 데이터베이스의 레코드를 갱신하고 갱신된 레코드의 번호를 반환받을 수 있습니다. update() 메서드를 호출하려면 갱신하려는 레코드가 들어 있는 테이블을 지정하고, 갱신하려는 값을 포함하는 ContentValues와 갱신할 조건을 제공해야 합니다.

예를 들어 다음은 음료 이름이 'Latte'인 레코드의 DESCRIPTION을 'Tasty'로 바꾸는 코드입니다.

```
ContentValues drinkValues = new ContentValues();
drinkValues.put("DESCRIPTION", "Tasty");
db.update("DRINK",
          drinkValues,
          "NAME = ?",
          new String[] {"Latte"});
```

"DRINK" ← 갱신하려는 레코드를 포함하는 테이블 이름이에요.

drinkValues ← 새 값을 포함하는 ContentValues 객체예요.

"NAME = ?", new String[] {"Latte"} ← 데이터를 갱신할 조건이에요. 여기서는 조건이 NAME = "Latte"입니다.

new String[] {"Latte"} ← "NAME = ?" 문에서 ?가 "Latte"로 치환돼요.

update() 메서드의 첫 번째 인자는 갱신하려는 테이블의 이름입니다(우리 예제에서는 DRINK 테이블).

두 번째 인자는 갱신하려는 값을 포함하는 ContentValues 객체입니다. 위 예제에서 우리는 DESCRIPTION 열의 값을 'Tasty'로 바꾸도록 "DESCRIPTION"과 "Tasty"를 ContentValues 객체에 추가했습니다.

마지막 두 인자는 갱신 조건을 이용해 어떤 레코드를 갱신할 것인지 지정합니다. 두 인자는 SQL 문의 WHERE 절을 구성합니다.

세 번째 인자는 조건에서 열 이름을 지정합니다. 우리는 NAME 열에 'Latte'라는 값을 가진 레코드를 갱신해야 하므로 "NAME = ?"라는 표현을 사용했습니다. 이는 NAME 열이 어떤 값과 일치해야 한다는 표현입니다. 여기서 ? 기호는 값의 플레이스홀더입니다.

마지막 인자인 문자열 배열은 조건문의 값을 제공합니다. 우리 예제에서는 NAME 열의 값이 'Latte'인 레코드를 갱신합니다.

```
new String[] {"Latte"});
```

다음 페이지에서 좀 더 복잡한 조건을 살펴봅니다.

update() 메서드의 마지막 두 인자를 모두 null로 설정하면 테이블의 모든 레코드를 갱신합니다.

예를 들어 아래 코드는

```
db.update("DRINK",
          drinkValues,
          null, null);
```

DRINK 테이블의 모든 레코드를 갱신합니다.

여러 열에 조건 적용하기

여러 열에 조건을 적용할 수도 있습니다. 예를 들어 다음은 'Latte'라는 이름이나 'Our best drip coffee'라는 설명을 가진 모든 음료의 정보를 갱신하는 코드입니다.

```
db.update("DRINK",
          drinkValues,
          "NAME = ? OR DESCRIPTION = ?",
          new String[] {"Latte", "Our best drip coffee"});
```

NAME = "Latte" 또는 DESCRIPTION = "Our best drip coffee"를 의미해요.

각각의 ? 플레이스홀더는 이 배열의 값으로 치환돼요. 배열에 포함된 값의 개수는 ?의 개수와 일치해야 합니다.

update() 메서드의 세 번째 인자에 열 이름을 나열해서 여러 열에 조건을 적용할 수 있습니다. 각 조건으로 추가하려는 값을 각각의 플레이스홀더 ?에 추가합니다. 그리고 update() 메서드의 네 번째 인자에 조건의 값을 지정합니다.

조건을 포함하는 열에 어떤 유형의 데이터가 저장되어 있든 상관없이 조건값은 반드시 문자열이어야 합니다. 예를 들어 다음은 _id(숫자)가 1인 DRINK 레코드를 갱신하는 코드입니다.

```
db.update("DRINK",
          drinkValues,
          "_id = ?",
          new String[] {Integer.toString(1)});
```

정수 1을 문자열 값으로 바꿔요.

delete() 메서드로 레코드 삭제하기

SQLiteDatabase의 delete() 메서드로 레코드를 삭제할 수 있습니다. delete() 메서드는 지금까지 살펴본 update() 메서드와 비슷한 방법으로 작동합니다. 삭제할 레코드를 포함하는 테이블과 데이터를 삭제할 조건을 지정합니다. 예를 들어 다음은 'Latte'라는 이름을 가진 모든 레코드를 DRINK 테이블에서 삭제하는 코드입니다.

```
db.delete("DRINK",
          "NAME = ?",
          new String[] {"Latte"});
```

update() 메서드와 얼마나 비슷한지 확인하세요.

전체 행이 삭제돼요.

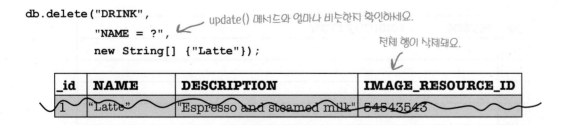

_id	NAME	DESCRIPTION	IMAGE_RESOURCE_ID
1	"Latte"	"Espresso and steamed milk"	54543543

첫 번째 인자는 삭제할 레코드를 포함하고 있는 테이블 이름입니다(우리 예제에서는 DRINK). 두 번째 인자와 세 번째 인자로 삭제하려는 레코드의 조건을 지정합니다(즉, NAME = "Latte"인 레코드 삭제).

연필을 깎으며

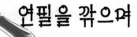

다음은 SQLiteOpenHelper 클래스의 onCreate() 메서드입니다. 여러분의 임무는 onCreate() 메서드가 실행되었을 때 DRINK 테이블의 NAME과 DESCRIPTION 열에 어떤 값이 추가되었는지 맞추는 겁니다.

```
@Override
public void onCreate(SQLiteDatabase db) {
    ContentValues espresso = new ContentValues();
    espresso.put("NAME", "Espresso");
    ContentValues americano = new ContentValues();
    americano.put("NAME", "Americano");
    ContentValues latte = new ContentValues();
    latte.put("NAME", "Latte");
    ContentValues filter = new ContentValues();
    filter.put("DESCRIPTION", "Filter");
    ContentValues mochachino = new ContentValues();
    mochachino.put("NAME", "Mochachino");

    db.execSQL("CREATE TABLE DRINK ("
               + "_id INTEGER PRIMARY KEY AUTOINCREMENT, "
               + "NAME TEXT, "
               + "DESCRIPTION TEXT);");
    db.insert("DRINK", null, espresso);
    db.insert("DRINK", null, americano);
    db.delete("DRINK", null, null);
    db.insert("DRINK", null, latte);
    db.update("DRINK", mochachino, "NAME = ?", new String[] {"Espresso"});
    db.insert("DRINK", null, filter);
}
```

_id 열의 값은 채울 필요 없어요.

_id	NAME	DESCRIPTION

정답은 697페이지에

데이터베이스 구조 바꾸기

데이터베이스 레코드를 생성하고, 갱신하고, 삭제하는 작업뿐 아니라 데이터베이스 구조를 바꾸는 방법도 알아야 합니다. 예를 들어 우리는 DRINK 테이블에 FAVORITE라는 새 열을 추가해야 합니다.

SQL로 테이블에 새 열 추가하기

앞에서 다음과 같이 CREATE TABLE이라는 SQL 문으로 테이블을 생성하는 방법을 확인했습니다.

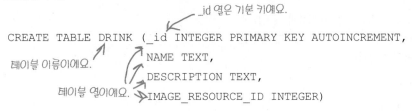

```
CREATE TABLE DRINK (_id INTEGER PRIMARY KEY AUTOINCREMENT,
                    NAME TEXT,
                    DESCRIPTION TEXT,
                    IMAGE_RESOURCE_ID INTEGER)
```

_id 열은 기본 키예요.

테이블 이름이에요.

테이블 열이에요.

ALTER TABLE이라는 SQL 문으로 기존 테이블을 바꿀 수도 있습니다. 예를 들어 다음은 테이블에 열을 추가하는 명령문입니다.

```
ALTER TABLE DRINK
ADD COLUMN FAVORITE NUMERIC
```

테이블 이름이에요.

추가하려는 열이에요.

위 예제에서는 DRINK 테이블에 숫자값을 포함하는 FAVORITE라는 열을 추가했습니다.

테이블 이름 바꾸기

ALTER TABLE 문으로 테이블 이름을 바꿀 수도 있습니다. 예를 들어 다음은 DRINK 테이블을 FOO라는 이름으로 바꾸는 명령문입니다.

```
ALTER TABLE DRINK
RENAME TO FOO
```

현재 테이블 이름이에요.

새로운 테이블 이름이에요.

다음 페이지에서는 데이터베이스에서 테이블을 삭제하는 방법을 설명합니다.

DROP TABLE 명령문으로 테이블 삭제하기

DROP TABLE 명령문으로 테이블을 삭제할 수 있습니다. 다음은 DRINK 테이블을 삭제하는 명령문입니다.

```
DROP TABLE DRINK
```

← 삭제하려는 테이블 이름이에요.

이 명령은 데이터베이스 스키마에서 더 이상 필요 없는 테이블을 찾아서 삭제해 공간을 확보할 때 유용하게 사용할 수 있습니다. 테이블과 테이블에 저장된 데이터를 모두 삭제하므로 테이블을 삭제하려는 것이 맞는지 확인한 다음에 주의해서 DROP TABLE을 사용해야 합니다.

execSQL()로 SQL 실행하기

앞에서 살펴본 것처럼 SQLiteDatabase의 execSQL() 메서드로 SQL 명령문을 실행할 수 있습니다.

```
SQLiteDatabase.execSQL(String sql);
```

데이터베이스에 SQL을 실행해야 할 때마다 언제든 execSQL() 메서드를 사용할 수 있습니다. 예를 들어 다음은 DRINK 테이블에 새로운 FAVORITE 열을 추가하는 SQL의 실행 코드입니다.

```
db.execSQL("ALTER TABLE DRINK ADD COLUMN FAVORITE NUMERIC;");
```

데이터베이스를 업그레이드할 때 알아야 할 여러 기능을 배웠으므로 StarbuzzDatabaseHelper.java에 배운 내용을 적용합시다.

데이터베이스 갱신하기

SQLite 헬퍼 전체 코드

다음은 DRINK 테이블에 새 FAVORITE 열을 추가하는 기능을 포함한 StarbuzzDatabaseHelper.java 전체 코드입니다. 여러분 코드도 굵은 문자로 표시한 부분을 참조해 바꾸세요.

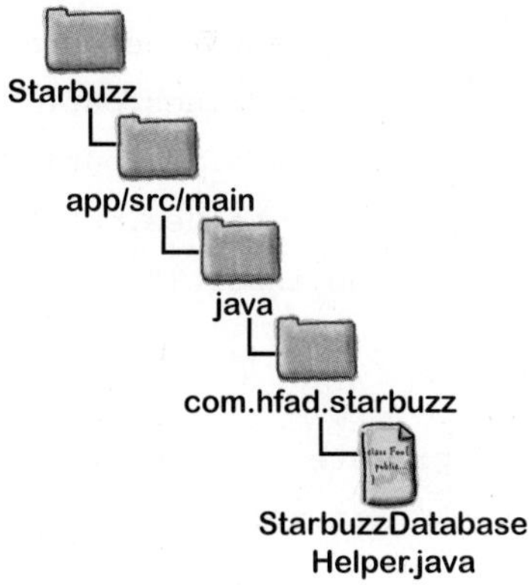


```
package com.hfad.starbuzz;

import android.content.ContentValues;
import android.content.Context;
import android.database.sqlite.SQLiteDatabase;
import android.database.sqlite.SQLiteOpenHelper;

class StarbuzzDatabaseHelper extends SQLiteOpenHelper{

    private static final String DB_NAME = "starbuzz"; // 데이터베이스 이름
    private static final int DB_VERSION = 2; // 데이트베이스 버전

    StarbuzzDatabaseHelper(Context context){
        super(context, DB_NAME, null, DB_VERSION);
    }

    @Override
    public void onCreate(SQLiteDatabase db){
        updateMyDatabase(db, 0, DB_VERSION);
    }

    @Override
    public void onUpgrade(SQLiteDatabase db, int oldVersion, int newVersion) {
        updateMyDatabase(db, oldVersion, newVersion);
    }
```

SQLite 헬퍼가 데이터베이스 업그레이드임을 알 수 있도록 버전 숫자를 증가시켜요.

데이터베이스 테이블을 생성하는 코드는 updateMyDatabase() 메서드에 있어요.

데이터베이스를 업그레이드하는 코드는 updateMyDatabase() 메서드에 있어요.

다음 페이지에 코드가 이어져요.

SQLite 헬퍼 코드(계속)

```
    private static void insertDrink(SQLiteDatabase db, String name,
                                    String description, int resourceId) {
        ContentValues drinkValues = new ContentValues();
        drinkValues.put("NAME", name);
        drinkValues.put("DESCRIPTION", description);
        drinkValues.put("IMAGE_RESOURCE_ID", resourceId);
        db.insert("DRINK", null, drinkValues);
    }

    private void updateMyDatabase(SQLiteDatabase db, int oldVersion, int newVersion) {
        if (oldVersion < 1) {
            db.execSQL("CREATE TABLE DRINK (_id INTEGER PRIMARY KEY AUTOINCREMENT, "
                    + "NAME TEXT, "
                    + "DESCRIPTION TEXT, "
                    + "IMAGE_RESOURCE_ID INTEGER);");
            insertDrink(db, "Latte", "Espresso and steamed milk", R.drawable.latte);
            insertDrink(db, "Cappuccino", "Espresso, hot milk and steamed-milk foam",
                    R.drawable.cappuccino);
            insertDrink(db, "Filter", "Our best drip coffee", R.drawable.filter);
        }
        if (oldVersion < 2) {
            db.execSQL("ALTER TABLE DRINK ADD COLUMN FAVORITE NUMERIC;");
        }
    }
}
```

DRINK 테이블에 숫자 유형의 FAVORITE 열을 추가해요.

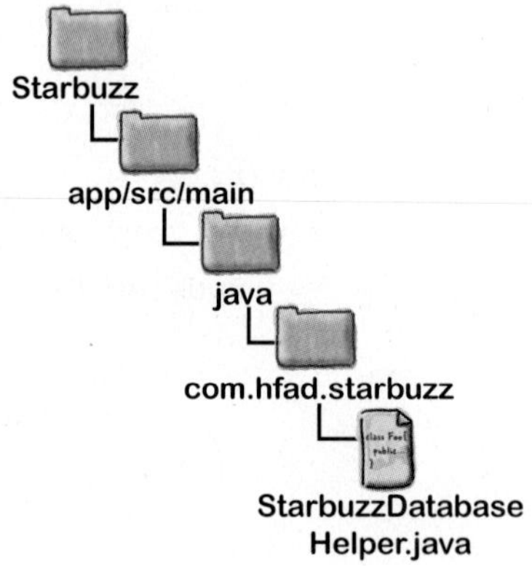

SQLite 헬퍼의 새로운 코드는 기존 사용자가 데이터베이스에 접근했을 때 DRINK 테이블에 FAVORITE라는 새 열을 추가합니다. 또한 새로운 앱 사용자는 새 열을 포함한 새 데이터베이스가 처음부터 생성됩니다.

다음 페이지에서는 코드를 실행하면 어떤 일이 일어나는지 확인합니다. 그리고 다음 장에서는 액티비티에서 데이터베이스 데이터를 사용하는 방법을 설명합니다.

코드를 실행하면 일어나는 일

1 앱이 처음 데이터베이스에 접근할 때 SQLite 헬퍼는 기존의 데이터베이스가 있는지 확인합니다.

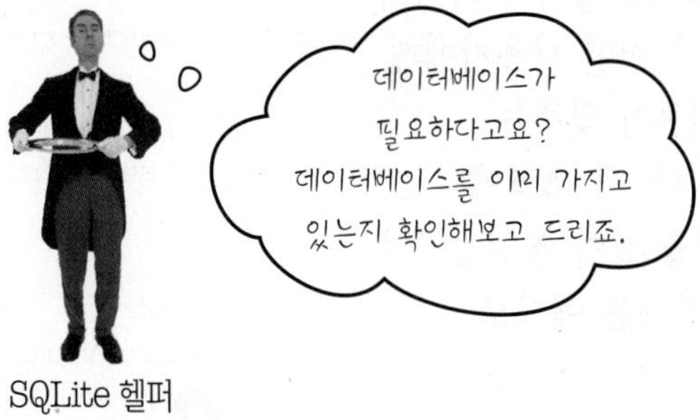

2a 데이터베이스가 존재하지 않으면 SQLite 헬퍼는 데이터베이스를 생성하고 자신의 onCreate() 메서드를 실행합니다.

onCreate() 메서드는 updateMyDatabase() 메서드를 실행합니다. updateMyDatabase() 메서드는 새 FAVORITE 열을 포함하는 DRINK 테이블을 생성하고 테이블에 레코드를 추가합니다.

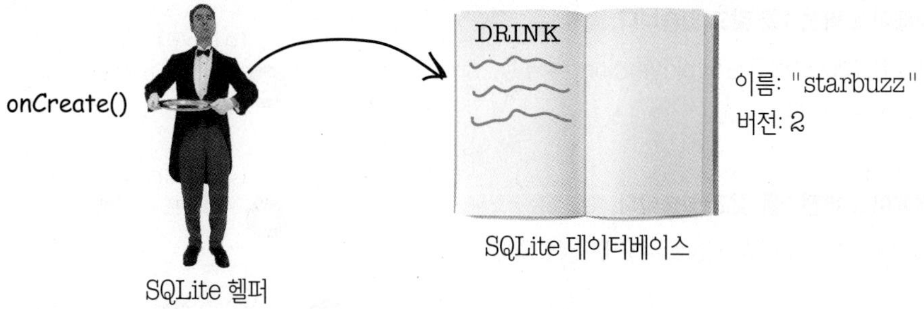

2b 데이터베이스가 존재하면 SQLite 헬퍼는 SQLite 헬퍼 코드의 버전 숫자와 데이터베이스의 버전 숫자를 비교합니다.

SQLite 헬퍼의 버전 숫자가 데이터베이스의 버전 숫자보다 높으면 onUpgrade() 메서드를 호출합니다. SQLite 헬퍼 버전 숫자가 데이터베이스의 버전 숫자보다 낮으면 onDowngrade() 메서드를 호출합니다. 현재 SQLite 헬퍼의 버전 숫자가 데이터베이스 버전 숫자보다 높으므로 헬퍼의 onUpgrade() 메서드가 호출됩니다. 이때 updateMyDatabase() 메서드가 호출되면서 DRINK 테이블에 새 FAVORITE 열이 추가됩니다.

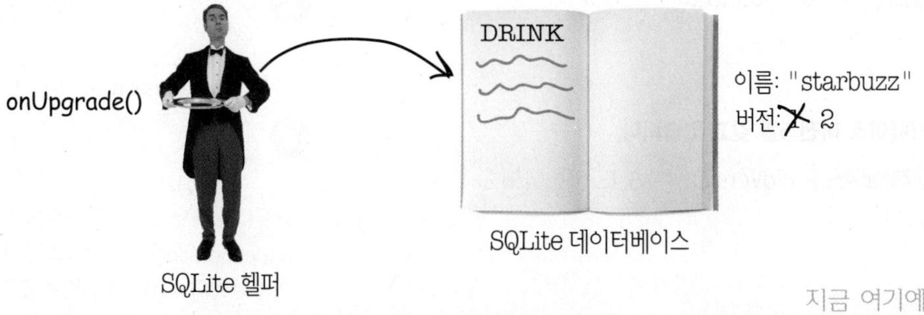

SQLite 헬퍼가 되어보아요 정답

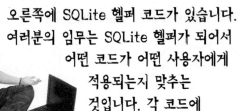

오른쪽에 SQLite 헬퍼 코드가 있습니다. 여러분의 임무는 SQLite 헬퍼가 되어서 어떤 코드가 어떤 사용자에게 적용되는지 맞추는 것입니다. 각 코드에 레이블을 붙여 놓았습니다. 첫 번째 문제는 예시로 풀어드렸어요.

사용자 1은 앱을 처음 실행합니다.

코드 토각 A. 사용자는 데이터베이스를 가지고 있지 않으므로 onCreate() 메서드가 실행됩니다.

사용자 2는 데이터베이스 버전 1을 갖고 있습니다.

코드 토각 B 그리고 D. 데이터베이스는 oldVersion == 1 조건에 의해 업그레이드됩니다.

사용자 3은 데이터베이스 버전 2를 갖고 있습니다.

코드 토각 D. 데이터베이스는 oldVersion == 2 조건에 의해 업그레이드됩니다.

사용자 4는 데이터베이스 버전 3을 갖고 있습니다.

코드 토각 C 그리고 D. 데이터베이스는 oldVersion == 3 조건에 의해 업그레이드됩니다.

사용자 5는 데이터베이스 버전 4를 갖고 있습니다.

없음. 사용자는 올바른 버전의 데이터베이스를 갖고 있습니다.

사용자 6은 데이터베이스 버전 5를 갖고 있습니다.

코드 토각 F. 데이터베이스는 oldVersion == 5 조건에 의해 다운그레이드됩니다.

```
...
class MyHelper extends SQLiteOpenHelper{

    StarbuzzDatabaseHelper(Context context){
        super(context, "fred", null, 4);
    }

    @Override
    public void onCreate(SQLiteDatabase db){
  (A)   // 코드 A 실행
        ...
    }

    @Override
    public void onUpgrade(SQLiteDatabase db,
                          int oldVersion,
                          int newVersion){
        if (oldVersion < 2) {
  (B)       // 코드 B 실행
            ...
        }
        if (oldVersion == 3) {
  (C)       // 코드 C 실행
            ...
        }
  (D)   // 코드 D 실행
        ...
    }

    @Override
    public void onDowngrade(SQLiteDatabase db,
                            int oldVersion,
                            int newVersion){
        if (oldVersion == 3) {
  (E)       // 코드 E 실행
            ...
        }
        if (oldVersion < 6) {
  (F)       // 코드 F 실행
            ...
        }
    }
}
```

데이터베이스의 새 버전은 4예요.

(A) 사용자가 데이터베이스를 갖고 있지 않을 때만 onCreate() 메서드가 실행돼요.

(B) 사용자가 버전 1을 갖고 있으면 이 코드가 실행돼요.

(C) 사용자가 버전 3을 갖고 있으면 이 코드가 실행돼요.

(D) 사용자가 버전 1, 2 또는 3을 갖고 있으면 이 코드가 실행돼요.

(E) 사용자가 버전 3을 갖고 있으면 다운그레이드가 아니라 업그레이드가 필요하므로 이 코드는 절대 실행되지 않아요.

(F) 사용자가 버전 5를 갖고 있으면 실행돼요. onDowngrade()를 실행하려면 사용자는 현재 헬퍼의 버전 숫자인 4보다 큰 버전을 갖고 있어야 해요.

연필을 깎으며 정답

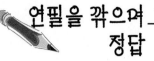

다음은 SQLiteOpenHelper 클래스의 onCreate() 메서드입니다. 여러분의 임무는 onCreate() 메서드가 실행되었을 때 DRINK 테이블의 NAME과 DESCRIPTION 열에 어떤 값이 추가되었는지 맞추는 겁니다.

```
@Override
public void onCreate(SQLiteDatabase db) {
    ContentValues espresso = new ContentValues();
    espresso.put("NAME", "Espresso");
    ContentValues americano = new ContentValues();
    americano.put("NAME", "Americano");
    ContentValues latte = new ContentValues();
    latte.put("NAME", "Latte");
    ContentValues filter = new ContentValues();
    filter.put("DESCRIPTION", "Filter");
    ContentValues mochachino = new ContentValues();
    mochachino.put("NAME", "Mochachino");

    db.execSQL("CREATE TABLE DRINK ("
                + "_id INTEGER PRIMARY KEY AUTOINCREMENT, "
                + "NAME TEXT, "
                + "DESCRIPTION TEXT);");
    db.insert("DRINK", null, espresso);
    db.insert("DRINK", null, americano);
    db.delete("DRINK", null, null);
    db.insert("DRINK", null, latte);
    db.update("DRINK", mochachino, "NAME = ?", new String[] {"Espresso"});
    db.insert("DRINK", null, filter);
}
```

- db.execSQL("CREATE TABLE DRINK (" ← _id, NAME, DESCRIPTION 열을 가진 테이블을 생성해요.
- db.insert("DRINK", null, espresso); ← NAME 열에 Espresso를 삽입해요.
- db.insert("DRINK", null, americano); ← NAME 열에 Americano를 삽입해요.
- db.delete("DRINK", null, null); ← 모든 음료를 삭제해요.
- db.insert("DRINK", null, latte); ← NAME 열에 Latte를 삽입해요.
- db.update(...) ← NAME이 Espresso인 레코드를 찾아 NAME을 Mochachino로 설정해요. 아무 레코드도 바뀌지 않아요.
- db.insert("DRINK", null, filter); ← DESCRIPTION 열에 FILTER를 추가해요.

위 코드를 실행한 최종 결과예요. →

_id	NAME	DESCRIPTION
	Latte	
		Filter

CHAPTER 15

우리의 안드로이드 도구상자

15장을 마치면서 데이터베이스를 생성하고, 갱신하고, 업그레이드하는 기술을 도구상자에 추가했습니다.

이 책의 전체 코드는 https://tinyurl.com/HeadFirstAndroid에서 내려받을 수 있어요.

핵심정리

- 안드로이드는 SQLite를 백엔드 데이터베이스로 사용해 데이터를 영구 저장합니다.
- `SQLiteDatabase` 클래스로 SQLite 데이터베이스에 접근할 수 있습니다.
- SQLite 헬퍼를 이용해 SQLite 데이터베이스를 생성하고 관리할 수 있습니다. `SQLiteOpenHelper` 클래스를 상속받아 SQLite 헬퍼를 생성할 수 있습니다.
- `SQLiteOpenHelper`의 `onCreate()` 메서드와 `onUpgrade()` 메서드를 구현해야 합니다.
- 데이터베이스는 처음 접근할 때 생성됩니다. 이때 데이터베이스의 이름과 버전 숫자를 제공해야 합니다. 데이터베이스의 이름을 제공하지 않으면 데이터베이스가 메모리에서만 생성됩니다.
- 데이터베이스가 처음 생성되면 `onCreate()` 메서드가 호출됩니다.
- 데이터베이스를 업그레이드할 때는 `onUpgrade()` 메서드가 호출됩니다.
- `SQLiteDatabase`의 `execSQL(String)` 메서드로 SQL을 실행합니다.
- `ALTER TABLE`이라는 SQL 문으로 기존 테이블을 바꿀 수 있습니다. `RENAME TO`를 이용해 테이블의 이름을 바꾸거나 `ADD COLUMN`으로 테이블에 열을 추가할 수 있습니다.
- `DROP TABLE`이라는 SQL 문으로 테이블을 삭제할 수 있습니다.
- `insert()` 메서드로 테이블에 레코드를 삽입합니다.
- `update()` 메서드로 레코드를 갱신합니다.
- `delete()` 메서드로 테이블에서 레코드를 삭제합니다.

16 기본 커서

데이터 추출하기

찰스가
EXPENSIVE_GIFT 테이블에서
뭐든지 반환할 수 있는 커서를
선물했어요.

그런데 앱을 어떻게 SQLite 데이터베이스로 연결하죠?

지금까지 SQLite 헬퍼로 SQLite 데이터베이스를 생성하는 방법을 배웠습니다. 이번에는 액티비티에서 데이터베이스에 접근하는 방법을 배울 차례입니다. 이 장에서는 데이터베이스에서 데이터를 읽는 방법에 집중합니다. 특히 **커서를 이용해 데이터베이스에서 데이터를 가져오는 방법**을 살펴봅니다. **커서를 이동하는 방법**과 **커서로 데이터에 접근하는 방법**을 설명합니다. 마지막으로 **커서 어댑터**를 이용해 커서와 리스트 뷰를 연결하는 방법을 살펴봅니다.

지금까지의 이야기...

앞 장에서 Starbuzz Coffee에 사용할 SQLite 헬퍼를 생성했습니다. SQLite 헬퍼는 Starbuzz 데이터베이스를 생성하고, DRINK 테이블을 추가하고, 테이블에 음료 정보를 채웁니다.

Starbuzz 앱의 액티비티는 현재 DRINK 자바 클래스에서 데이터를 가져옵니다. 이제 액티비티가 SQLite 데이터베이스에서 데이터를 가져오도록 앱을 바꿔야 합니다.

현재 앱이 작동하는 방법을 다시 살펴봅니다.

SQLite 헬퍼를 생성했고, Starbuzz 데이터베이스를 생성할 수 있는 코드를 헬퍼에 추가했어요.
아직 액티비티에서는 이 코드를 사용하지 않고 있어요.
Starbuzz 데이터베이스
SQLite 헬퍼

1. **TopLevelActivity가 Drinks, Food, Sotres 옵션 목록을 표시합니다.**

2. **사용자가 Drinks 옵션을 클릭하면 DrinkCategoryActivity를 시작합니다.**
   이 액티비티는 `Drink` 자바 클래스에서 데이터를 가져와 음료 목록을 표시합니다.

3. **사용자가 한 음료를 클릭하면 DrinkActivity에 자세한 정보가 표시됩니다.**
   `DrinkActivity`는 `Drink` 자바 클래스에서 자세한 음료 정보를 가져옵니다.

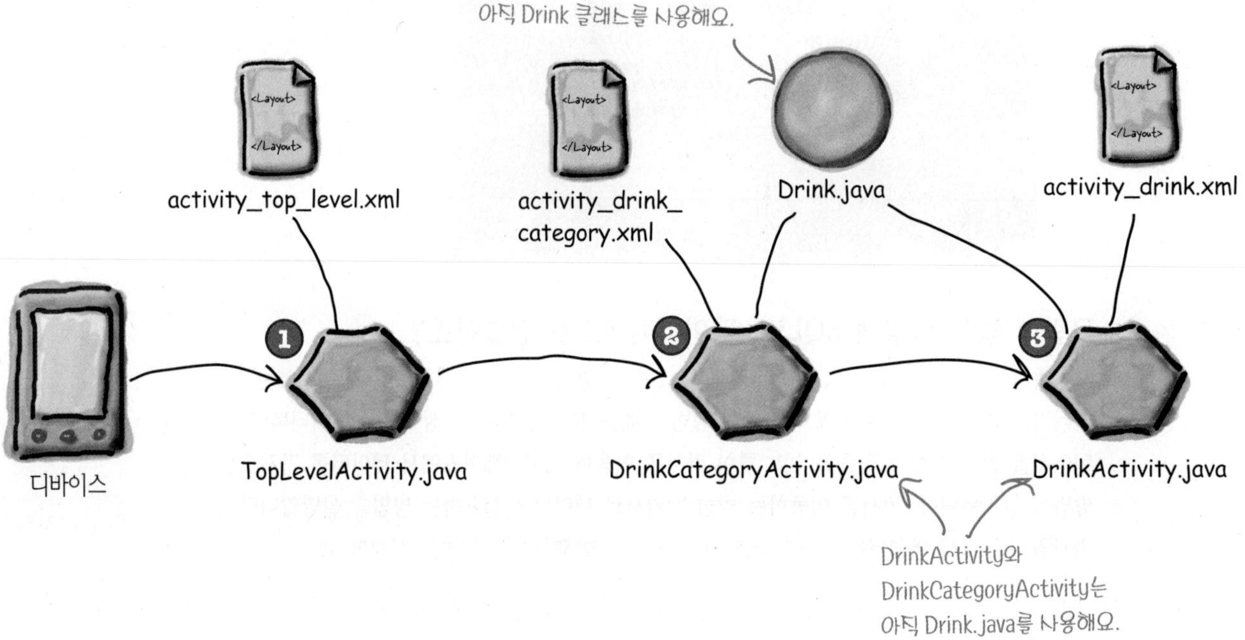
아직 Drink 클래스를 사용해요.
<Layout>
</Layout>
activity_top_level.xml
activity_drink_category.xml
Drink.java
activity_drink.xml
디바이스
TopLevelActivity.java
DrinkCategoryActivity.java
DrinkActivity.java
DrinkActivity와 DrinkCategoryActivity는 아직 Drink.java를 사용해요.

새 Starbuzz 앱 구조

DrinkActivity와 DrinkCategoryActivity 액티비티는 아직 Drink 클래스를 사용합니다. SQLite 헬퍼의 도움을 받아 SQLite 데이터베이스에서 데이터를 읽도록 액티비티 코드를 바꿔야 합니다.

다음은 Starbuzz 앱의 새로운 구조입니다.

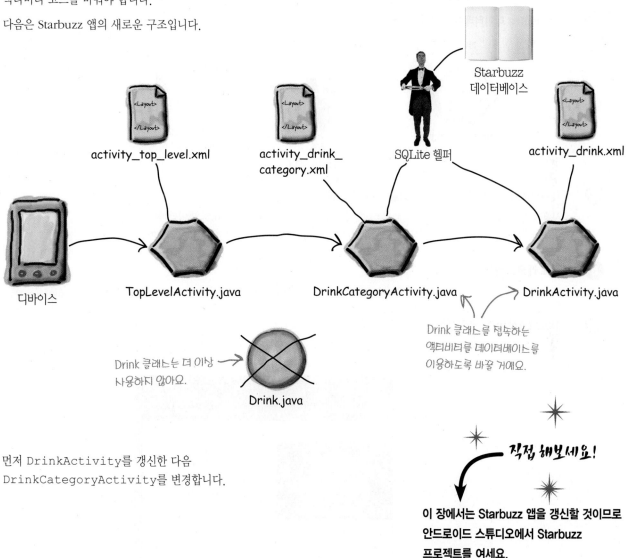

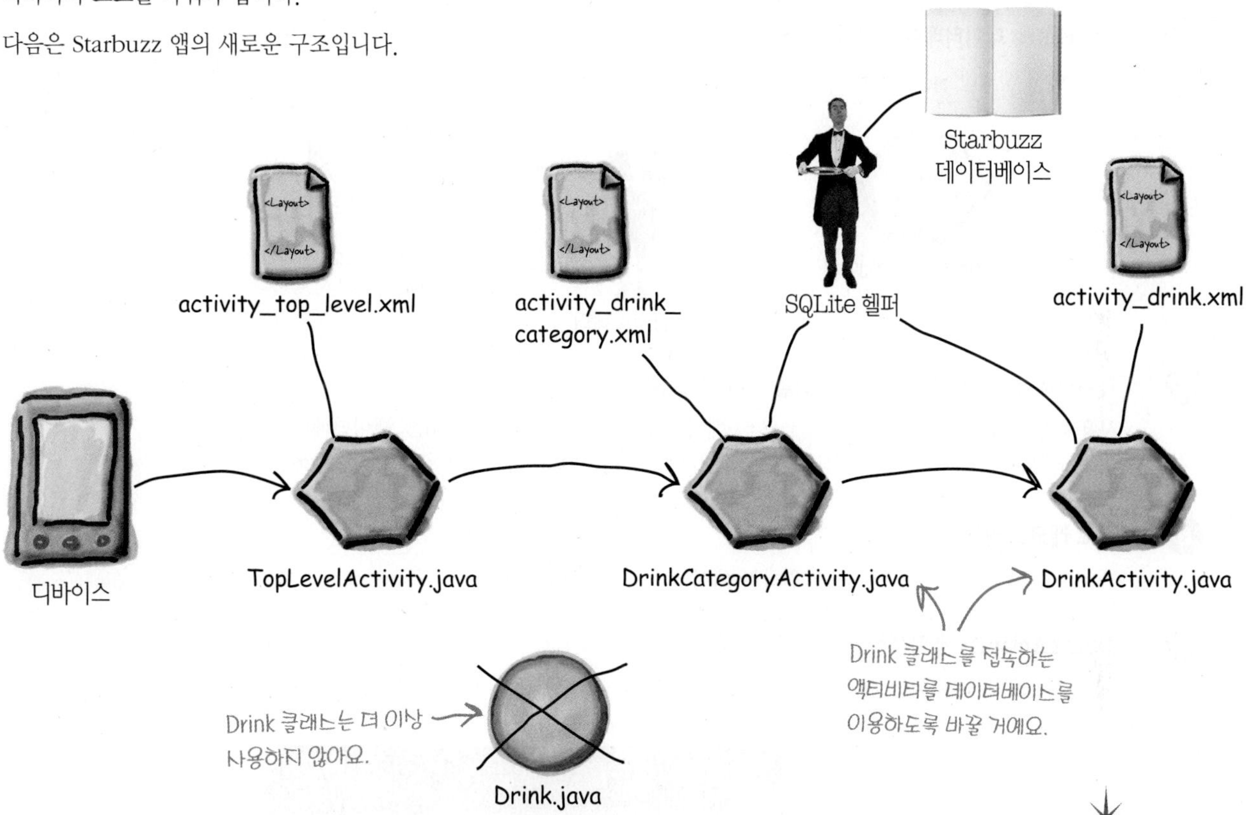

먼저 DrinkActivity를 갱신한 다음 DrinkCategoryActivity를 변경합니다.

직접 해보세요!

이 장에서는 Starbuzz 앱을 갱신할 것이므로 안드로이드 스튜디오에서 Starbuzz 프로젝트를 여세요.

Starbuzz 데이터베이스를 사용하도록 DrinkActivity를 바꿀 때 해야 할 일

`DrinkActivity`가 Starbuzz 데이터베이스를 사용하도록 바꾸려면 몇 가지 작업을 해야 합니다.

1. **Starbuzz 데이터베이스 레퍼런스 얻기**

   앞 장에서 생성한 Starbuzz SQLite 헬퍼를 이용해 이 작업을 수행합니다.

DrinkActivity.java
SQLite 헬퍼
Starbuzz
데이터베이스

2. **데이터베이스에서 음료 데이터를 읽을 커서 생성하기**

   사용자가 `DrinkCategoryActivity`에서 선택한 음료 정보를 Starbuzz 데이터베이스에서 읽어야 합니다. 커서를 이용해 이 데이터에 접근할 수 있습니다(이 부분은 곧 설명할 거예요).

3. **음료 레코드 탐색하기**

   커서로 데이터를 가져오려면 먼저 원하는 데이터를 탐색해야 합니다.

4. **DrinkActivity에 자세한 음료 정보 표시하기**

   커서로 음료 레코드를 탐색했으면 데이터를 읽어 `DrinkActivity`에 표시합니다.

2:28
Starbuzz
DrinkActivity는
사용자가 선택한
음료 정보를 자세히
표시해요.
Latte
A couple of espresso shots with steamed milk

작업을 시작하기 전에 7장에서 생성한 DrinkActivity.java의 상태를 다시 확인하세요.

- → 데이터베이스 레퍼런스
- 커서 생성
- 레코드로 이동
- 음료 정보 표시

현재 DrinkActivity 코드

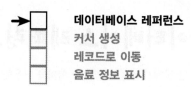

다음은 현재 DrinkActivity.java 코드 상태입니다. `onCreate()` 메서드에서 사용자가 선택한 음료 ID를 얻고 `Drink` 클래스에서 자세한 정보를 얻은 다음 음료 속성을 이용해 액티비티의 뷰에 표시합니다. `onCreate()` 메서드가 Starbuzz 데이터베이스에서 데이터를 얻도록 바꿔야 합니다.

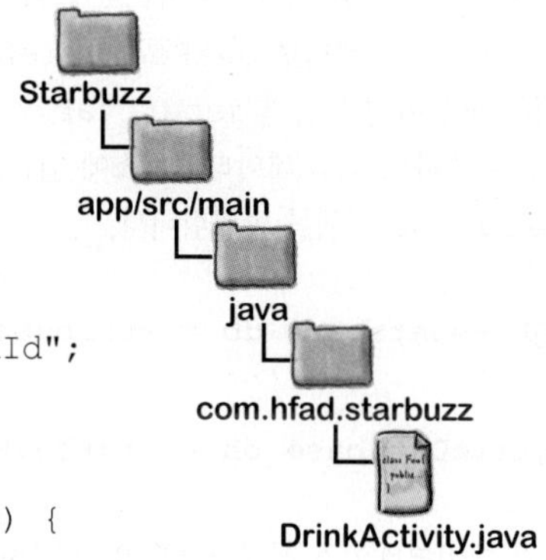


```
package com.hfad.starbuzz;

...  ← 임포트문은 생략했어요.

public class DrinkActivity extends Activity {

    public static final String EXTRA_DRINKID = "drinkId";

    @Override
    protected void onCreate(Bundle savedInstanceState) {
        super.onCreate(savedInstanceState);
        setContentView(R.layout.activity_drink);

        // 인텐트에서 음료 정보 얻기
        int drinkId = (Integer)getIntent().getExtras().get(EXTRA_DRINKID);
        Drink drink = Drink.drinks[drinkId];

        // 음료 이름 추가
        TextView name = (TextView)findViewById(R.id.name);
        name.setText(drink.getName());

        // 음료 설명 추가
        TextView description = (TextView)findViewById(R.id.description);
        description.setText(drink.getDescription());

        // 음료 이미지 추가
        ImageView photo = (ImageView)findViewById(R.id.photo);
        photo.setImageResource(drink.getImageResourceId());
        photo.setContentDescription(drink.getName());
    }
}
```

사용자가 선택한 음료예요. (EXTRA_DRINKID)

인텐트로 전달받은 음료 ID를 이용해 Drink 클래스에서 자세한 음료 정보를 가져와요. 데이터베이스에서 음료를 가져오도록 이 코드를 바꿔야 해요.

레이아웃의 뷰에 Drink 클래스 대신 데이터베이스에서 가져온 값을 채워야 해요.

데이터베이스 레퍼런스 얻기

데이터베이스 레퍼런스
커서 생성
레코드로 이동
음료 정보 표시

먼저 앞 장에서 생성한 SQLite 헬퍼를 이용해 Starbuzz 데이터베이스 레퍼런스를 얻어야 합니다. 그러려면 SQLite 헬퍼의 레퍼런스부터 얻어야 합니다.

```
SQLiteOpenHelper starbuzzDatabaseHelper = new StarbuzzDatabaseHelper(this);
```

컨텍스트예요. 이 코드에서는 현재 액티비티를 가리켜요.

그리고 SQLite 헬퍼의 getReadableDatabase() 메서드나 getWritableDatabase() 메서드로 데이터베이스 레퍼런스를 얻습니다. 데이터베이스를 읽기만 한다면 getReadableDatabase() 메서드를 이용하고 갱신 작업이 필요하면 getWritableDatabase() 메서드를 사용합니다. 두 메서드 모두 데이터베이스에 접근하는 데 사용할 수 있는 SQLiteDatabase 객체를 반환합니다.

```
SQLiteDatabase db = starbuzzDatabaseHelper.getReadableDatabase();
```

또는

```
SQLiteDatabase db = starbuzzDatabaseHelper.getWritableDatabase();
```

안드로이드가 데이터베이스 레퍼런스를 얻지 못하면 SQLiteException이 발생합니다. 예를 들어 데이터베이스에 읽고/쓰기 위해 getWritableDatabase() 메서드를 호출했는데 디스크가 가득차서 데이터베이스에 기록할 수 없다면 이 예외가 발생할 수 있습니다.

우리 예제에서는 데이터베이스에서 읽기 작업만 하므로 getReadableDatabase() 메서드를 사용합니다. 안드로이드가 데이터베이스 레퍼런스를 얻지 못하면 SQLiteException이 발생합니다. 예외가 발생하면 사용자가 데이터베이스를 사용할 수 없다는 사실을 토스트(팝업 메시지)로 표시합니다.

```
SQLiteOpenHelper starbuzzDatabaseHelper = new StarbuzzDatabaseHelper(this);
try {
    SQLiteDatabase db = starbuzzDatabaseHelper.getReadableDatabase();
    // 데이터베이스에서 레코드를 읽는 코드
} catch(SQLiteException e) {
    Toast toast = Toast.makeText(this,
                                 "Database unavailable",
                                 Toast.LENGTH_SHORT);
    toast.show();
}
```

'Database unavailable'이라는 메시지를 몇 초 동안 표시할 토스트를 생성하는 코드예요.

토스트를 표시하는 행이에요.

데이터베이스 레퍼런스를 얻었으면 커서를 이용해 데이터를 추출할 수 있습니다. 커서를 살펴봅시다.

커서로 데이터베이스에서 데이터 추출하기

앞 장에서 설명한 것처럼 **커서**로 데이터베이스의 데이터를 읽거나 기록할 수 있습니다. 우리가 접근하려는 데이터를 지정하면 커서가 관련 데이터를 데이터베이스에서 추출합니다. 그리고 제공된 커서를 이용해 레코드를 탐색할 수 있습니다.

- [x] 데이터베이스 레퍼런스
- [ ] **커서 생성**
- [ ] 레코드로 이동
- [ ] 음료 정보 표시

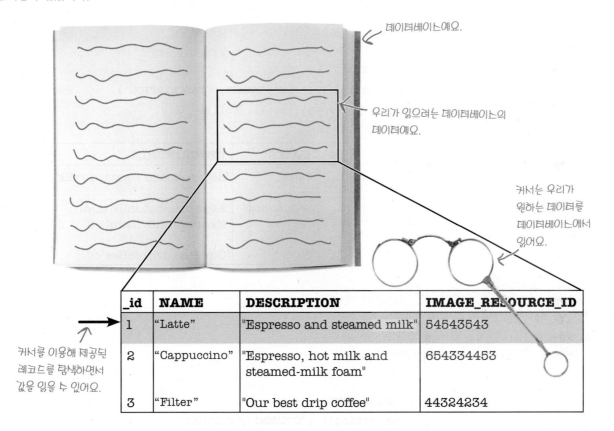

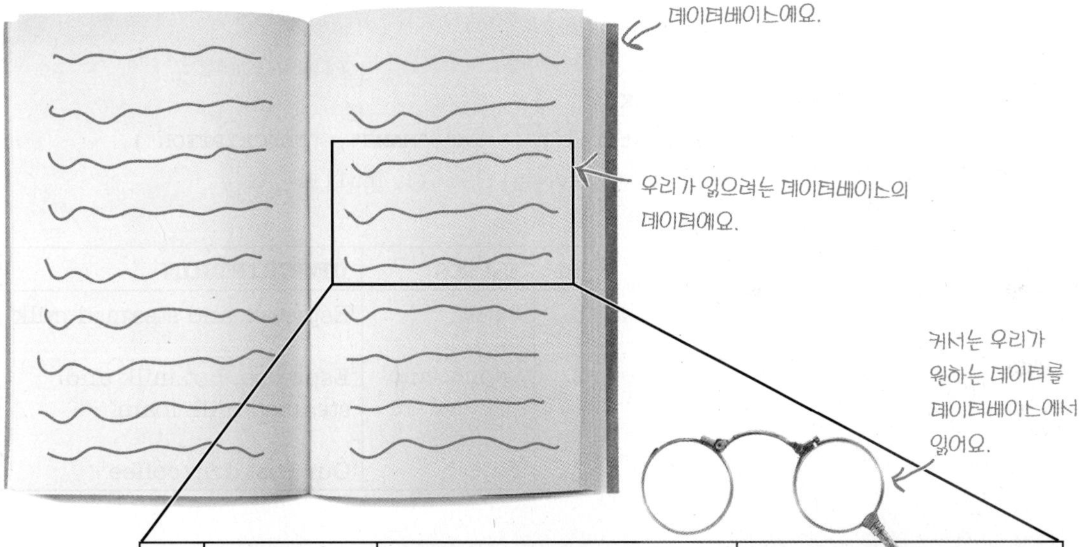

데이터베이스예요.
우리가 읽으려는 데이터베이스의 데이터예요.
커서는 우리가 원하는 데이터를 데이터베이스에서 읽어요.
커서를 이용해 제공된 레코드를 탐색하면서 값을 읽을 수 있어요.

_id	NAME	DESCRIPTION	IMAGE_RESOURCE_ID
1	"Latte"	"Espresso and steamed milk"	54543543
2	"Cappuccino"	"Espresso, hot milk and steamed-milk foam"	654334453
3	"Filter"	"Our best drip coffee"	44324234

데이터베이스 쿼리를 이용해 커서를 생성합니다. 데이터베이스 쿼리로 데이터베이스에서 접근하려는 레코드를 지정할 수 있습니다. 예를 들어 DRINK 테이블에서 모든 레코드 또는 하나의 특정 레코드를 접근한다고 합시다. 그러면 레코드가 커서에 반환됩니다.

SQLiteDatabase의 query() 메서드로 커서를 생성할 수 있습니다.

query() 메서드는 Cursor 객체를 반환해요.

```
Cursor cursor = db.query(...);
```

query() 메서드의 인자를 여기로 전달해요. 인자는 다음 몇 페이지에서 설명해요.

다양한 파라미터를 갖는 여러 오버로드된 query() 메서드 버전이 있지만 모든 메서드를 설명하지 않고 가장 흔히 사용하는 방법만 보여줄 것입니다.

테이블에서 모든 레코드 가져오기

데이터베이스 레퍼런스
커서 생성
레코드로 이동
음료 정보 표시

가장 간단한 데이터베이스 쿼리는 데이터베이스의 특정 테이블에서 모든 레코드를 가져오는 것입니다. 특히 액티비티의 리스트에 모든 레코드를 표시할 때 이 쿼리를 이용할 수 있습니다. 예를 들어 다음은 DRINK 테이블에 저장된 모든 레코드의 _id, NAME, DESCRIPTION 열의 값을 반환하는 코드입니다.

테이블의 이름이에요.

값을 원하는 열이에요.

```
Cursor cursor = db.query("DRINK",
                         new String[] {"_id","NAME", "DESCRIPTION"},
                         null, null, null, null, null);
```

테이블의 모든 레코드를 반환받으려면 인자를 null로 설정해요.

위 쿼리는 DRINK 테이블의 _id, NAME, DESCRIPTION 열에 들어 있는 모든 데이터를 반환해요.

_id	NAME	DESCRIPTION
1	'Latte'	"Espresso and steamed milk"
2	'Cappuccino'	"Espresso, hot milk and steamed-milk foam"
3	'Filter'	"Our best drip coffee"

특정 테이블의 모든 레코드를 반환받으려면 query() 메서드의 첫 번째 인자에는 테이블의 이름을, 두 번째 인자에는 열의 이름을 포함하는 문자열 배열을 지정합니다. 모든 레코드를 반환하는 쿼리에서는 다른 인자는 사용하지 않으므로 모두 null로 설정합니다.

반환받으려는 값이 들어 있는 열을 문자열 배열로 지정해요.

```
Cursor cursor = db.query("TABLE_NAME",
                         new String[] {"COLUMN1","COLUMN2"},
                         null, null, null, null, null);
```

나머지 다섯 개의 인자는 null로 설정하세요.

다음에는 특정 순서로 레코드를 반환하는 방법을 살펴봅니다.

내부적으로 안드로이드는 query() 메서드를 SQL SELECT 문으로 만듭니다.

특정 순서로 레코드 반환하기

- 데이터베이스 레퍼런스
- → 커서 생성
- 레코드로 이동
- 음료 정보 표시

앱에서 레코드를 특정 순서로 표시하려면 쿼리를 이용해 한 열을 기준으로 데이터를 정렬해야 합니다. 예를 들어 음료 이름을 알파벳순으로 표시할 때 이 기능을 유용하게 사용할 수 있습니다.

기본적으로 테이블의 데이터는 삽입된 순서, 즉 _id 순서로 정렬되어 있습니다.

_id	NAME	DESCRIPTION	IMAGE_RESOURCE_ID	FAVORITE
1	"Latte"	"Espresso and steamed milk"	54543543	0
2	"Cappuccino"	"Espresso, hot milk and steamed-milk foam"	654334453	0
3	"Filter"	"Our best drip coffee"	44324234	1

_id, NAME, FAVORITE 열을 포함하는 데이터를 NAME 순으로 정렬해서 가져오려면 다음 쿼리를 이용합니다.

```
Cursor cursor = db.query("DRINK",
        new String[] {"_id", "NAME", "FAVORITE"},
        null, null, null, null,
        "NAME ASC");
```

NAME을 기준으로 오름차순 정렬해요.

_id	NAME	FAVORITE
2	"Cappuccino"	0
3	"Filter"	1
1	"Latte"	0

ASC 키워드는 해당 열을 오름차순으로 정렬한다는 의미입니다. ASC를 따로 지정하지 않더라도 열은 기본적으로 오름차순으로 정렬됩니다. 데이터를 내림차순으로 정렬하려면 DESC를 사용합니다.

여러 열을 정렬 기준으로 사용할 수 있습니다. 예를 들어 다음 쿼리는 FAVORITE를 기준으로 내림차순 정렬한 다음 NAME을 기준으로 오름차순 정렬합니다.

```
Cursor cursor = db.query("DRINK",
        new String[] {"_id", "NAME", "FAVORITE"},
        null, null, null, null,
        "FAVORITE DESC, NAME");
```

FAVORITE를 기준으로 내림차순 정렬한 다음 NAME을 기준으로 오름차순 정렬해요.

_id	NAME	FAVORITE
3	"Filter"	1
2	"Cappuccino"	0
1	"Latte"	0

다음에는 데이터베이스에서 선택한 데이터를 반환하는 방법을 살펴봅니다.

선택된 레코드 반환하기

- [x] 데이터베이스 레퍼런스
- [ ] **커서 생성**
- [ ] 레코드로 이동
- [ ] 음료 정보 표시

앞 장에서 했던 것처럼 데이터에 조건을 지정해서 데이터를 거를 수 있습니다. 예를 들어 다음은 DRINK 테이블에서 음료 이름이 'Latte'인 데이터만 반환하는 코드입니다.

```
Cursor cursor = db.query("DRINK",
                         new String[] {"_id", "NAME", "DESCRIPTION"},
                         "NAME = ?",
                         new String[] {"Latte"},
                         null, null, null);
```

반환받으려는 열을 지정했어요.

NAME 열이 'Latte'인 레코드를 반환받고 싶어요.

_id	NAME	DESCRIPTION
1	"Latte"	"Espresso and steamed milk"

이 쿼리는 DRINK 테이블에서 NAME 열이 'Latte'인 모든 레코드의 NAME과 DESCRIPTION 열을 반환해요.

쿼리의 세 번째와 네 번째 인자에는 데이터가 만족해야 하는 조건을 지정합니다.

세 번째 인자에는 조건 열을 지정합니다. 우리는 예제에서 NAME 열이 'Latte'인 레코드를 찾고 있으므로 "NAME = ?"을 세 번째 인자로 지정했습니다. 이렇게 해서 NAME 열이 특정 값을 갖는 레코드를 찾을 수 있는데 여기서 ? 기호는 값의 플레이스홀더입니다.

네 번째 인자는 조건의 값을 지정하는 문자열 배열입니다. 위 예제에서 NAME 열의 값을 'Latte'로 지정해야 하므로 다음 조건을 사용합니다.

```
new String[] {"Latte"};
```

조건을 적용할 데이터 형식이 무엇인지와 관계없이 조건은 반드시 문자열 배열로 지정해야 합니다. 예를 들어 다음은 DRINK 테이블에서 drink_id가 1인 레코드를 반환하는 코드입니다.

```
Cursor cursor = db.query("DRINK",
                         new String[] {"_id", "NAME", "DESCRIPTION"},
                         "_id = ?",
                         new String[] {Integer.toString(1)},
                         null, null, null);
```

정수 1을 문자열 값으로 변환해요.

지금까지 query()로 커서를 생성하는 가장 흔한 방법을 살펴봤습니다. 이제 DrinkActivity.java에 필요한 커서를 생성하는 연습문제를 풀어보세요.

query() 메서드와 관련한 더 자세한 내용은 SQLiteDatabase 문서를 확인하세요.

https://developer.android.com/reference/android/database/sqlite/SQLiteDatabase.html

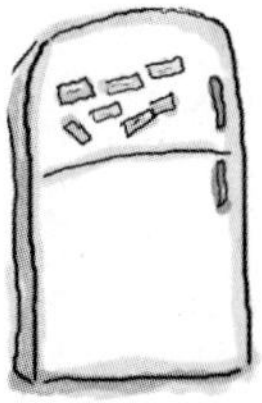

코드 자석

DrinkActivity 코드에서 인텐트로 전달된 음료 ID에 해당하는 음료 이름, 설명, 이미지 리소스 ID를 얻으려 합니다. 이 작업을 하는 커서를 생성해보세요.

```
...
int drinkId = (Integer)getIntent().getExtras().get(EXTRA_DRINKID);

// 커서 생성
SQLiteOpenHelper starbuzzDatabaseHelper = new StarbuzzDatabaseHelper(this);
try {
    SQLiteDatabase db = starbuzzDatabaseHelper.getReadableDatabase();

    Cursor cursor = db.query(..................,

              new String[] {.............................., .............................., .....................................},

              "................................",

              new String[] {.............................................................................},

          null, null, null);
} catch(SQLiteException e) {
    Toast toast = Toast.makeText(this, "Database unavailable", Toast.LENGTH_SHORT);
    toast.show();
}
...
```

모든 자석을 사용할 필요는 없어요.

toString "NAME" drinkId "DRINK" "IMAGE_RESOURCE_ID"

) _id "DESCRIPTION" ? Integer = (id .

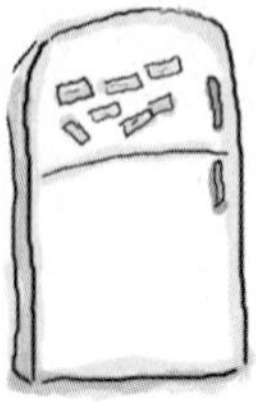

코드 자석 정답

DrinkActivity 코드에서 인텐트로 전달된 음료 ID에 해당하는 음료 이름, 설명, 이미지 리소스 ID를 얻으려 합니다. 이 작업을 하는 커서를 생성해보세요.

```
...
int drinkId = (Integer)getIntent().getExtras().get(EXTRA_DRINKID);

// 커서 생성
SQLiteOpenHelper starbuzzDatabaseHelper = new StarbuzzDatabaseHelper(this);
try {
    SQLiteDatabase db = starbuzzDatabaseHelper.getReadableDatabase();

    Cursor cursor = db.query( "DRINK" ,
            new String[] { "NAME" , "DESCRIPTION" , "IMAGE_RESOURCE_ID" },
            " _id = ? ",
            new String[] { Integer . toString ( drinkId ) },
        null, null, null);
} catch(SQLiteException e) {
    Toast toast = Toast.makeText(this, "Database unavailable", Toast.LENGTH_SHORT);
    toast.show();
}
...
```

DRINK 테이블에 접근해요.

NAME, DESCRIPTION, IMAGE_RESOURCE_ID를 얻어요.

_id가 drinkId와 일치하면.

drinkId는 정수이므로 문자열로 바꿔요.

필요 없는 자석이에요.

```
id
```

현재 DrinkActivity 코드

데이터베이스 레퍼런스
→ 커서 생성
레코드로 이동
음료 정보 표시

DrinkActivity.java의 onCreate() 메서드 코드를 Drink 자바 클래스 대신 Starbuzz 데이터베이스에서 음료 정보를 얻도록 바꿨습니다. 다음은 지금까지 완료한 코드입니다(DrinkActivity.java를 아직 바꾸지 말고 뒤에서 전체 코드를 소개할 때 적용할 것을 권장합니다).

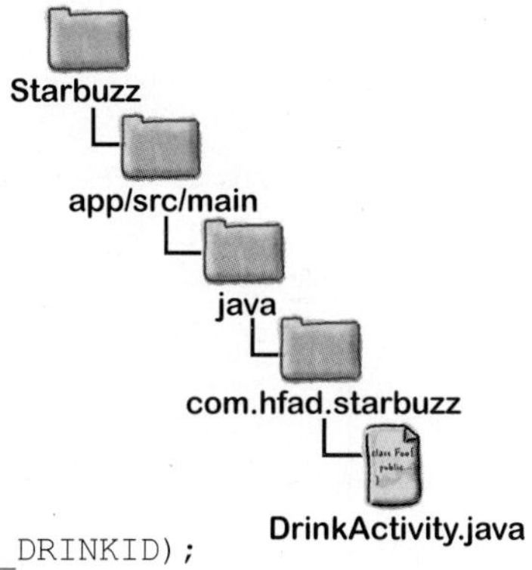


```
package com.hfad.starbuzz;
...
public class DrinkActivity extends Activity {

    public static final String EXTRA_DRINKID = "drinkId";

    @Override
    protected void onCreate(Bundle savedInstanceState) {
        super.onCreate(savedInstanceState);
        setContentView(R.layout.activity_drink);

        // 인텐트에서 음료 정보 얻기
        int drinkId = (Integer)getIntent().getExtras().get(EXTRA_DRINKID);
        Drink drink = Drink.drinks[drinkId];

        // 커서 생성
        SQLiteOpenHelper starbuzzDatabaseHelper = new StarbuzzDatabaseHelper(this);
        try {
            SQLiteDatabase db = starbuzzDatabaseHelper.getReadableDatabase();
            Cursor cursor = db.query ("DRINK",
                    new String[] {"NAME", "DESCRIPTION", "IMAGE_RESOURCE_ID"},
                    "_id = ?",
                    new String[] {Integer.toString(drinkId)},
                    null, null, null);
        } catch(SQLiteException e) {
            Toast toast = Toast.makeText(this, "Database unavailable", Toast.LENGTH_SHORT);
            toast.show();
        }
        ...
    }
}
```

- 현재 Starbuzz 코드는 Activity 클래스를 이용하지만 원한다면 AppCompatActivity를 사용하도록 바꿀 수 있어요.
- onCreate() 메서드에 코드를 추가해요.
- 더 이상 Drink.java에서 음료 정보를 얻어오지 않아요. (Drink drink = Drink.drinks[drinkId]; 줄은 삭제 표시됨)
- 데이터베이스 레퍼런스를 얻어요.
- 사용자가 선택한 음료의 이름, 설명, 이미지 리소스 ID를 얻을 커서를 생성해요.
- SQLiteException이 발생하면 팝업 메시지를 표시해요.
- 아직 바꿔야 할 코드가 있지만 지금 확인할 필요는 없어요.

커서를 완성했으므로 다음에는 커서를 이용해 음료의 이름, 설명, 이미지 리소스 ID를 얻어 DrinkActivity의 뷰를 갱신합니다.

커서에서 레코드를 읽으려면 먼저 해당 레코드로 이동해야 합니다

- ☑ 데이터베이스 레퍼런스
- ☑ 커서 생성
- → ☐ **레코드로 이동**
- ☐ 음료 정보 표시

지금까지 커서를 생성하는 방법을 배웠습니다. `SQLiteDatabase` 레퍼런스를 얻고 `query()` 메서드를 이용해 커서가 반환할 데이터를 지정할 수 있습니다. 하지만 이게 다가 아닙니다. 커서를 생성했으면 커서를 이용해 값을 읽어야 합니다.

커서에서 특정 레코드의 값을 읽으려면 먼저 원하는 레코드로 이동해야 합니다.

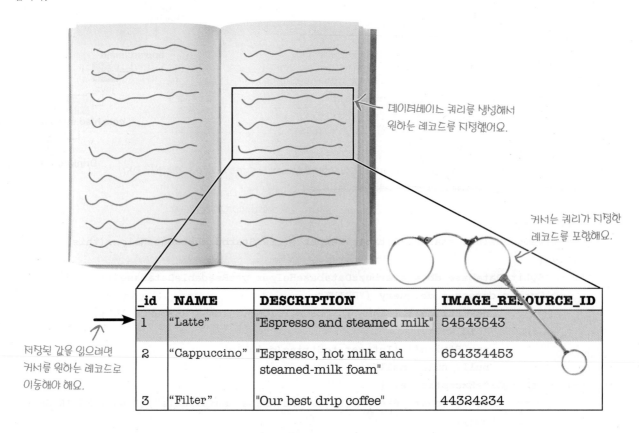

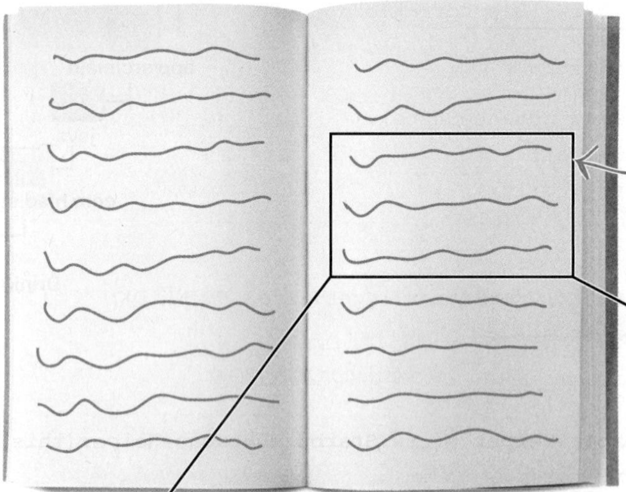
데이터베이스 쿼리를 생성해서 원하는 레코드를 지정했어요.

커서는 쿼리가 지정한 레코드를 포함해요.

_id	NAME	DESCRIPTION	IMAGE_RESOURCE_ID
1	“Latte”	"Espresso and steamed milk"	54543543
2	“Cappuccino”	"Espresso, hot milk and steamed-milk foam"	654334453
3	“Filter”	"Our best drip coffee"	44324234

저장된 값을 읽으려면 커서를 원하는 레코드로 이동해야 해요.

우리 예제의 경우 사용자가 선택한 음료의 정보를 포함하는 한 개의 레코드를 갖는 커서가 있습니다. 자세한 음료 정보를 얻으려면 해당 레코드로 이동해야 합니다.

커서 이동

- [x] 데이터베이스 레퍼런스
- [x] 커서 생성
- [ ] **레코드로 이동**
- [ ] 음료 정보 표시

커서는 `moveToFirst()`, `moveToLast()`, `moveToPrevious()`, `moveToNext()`라는 네 개의 주요 이동 메서드를 제공합니다.

커서의 첫 번째 레코드로 이동하려면 `moveToFirst()` 메서드를 이용합니다. 첫 번째 레코드를 찾았으면 `true`를 반환하고 아무 레코드도 없으면 `false`를 반환합니다.

```
if (cursor.moveToFirst()) {
    // 어떤 작업 수행
};
```

첫 번째 행으로 이동해요.

NAME	DESCRIPTION
→ "Latte"	"Espresso and steamed milk"
Cappuccino	"Espresso, hot milk and steamed-milk foam"
Filter	"Our best drip coffee"

커서를 마지막 레코드로 이동하려면 `moveToLast()` 메서드를 이용합니다. `moveToFirst()` 메서드처럼 레코드를 찾았으면 `true`를 반환하고 아무 레코드도 없으면 `false`를 반환합니다.

```
if (cursor.moveToLast()) {
    // 어떤 작업 수행
};
```

NAME	DESCRIPTION
"Latte"	"Espresso and steamed milk"
Cappuccino	"Espresso, hot milk and steamed-milk foam"
→ Filter	"Our best drip coffee"

마지막 행으로 이동해요.

`moveToPrevious()` 메서드와 `moveToNext()` 메서드를 이용해 커서에서 레코드를 이동할 수 있습니다.

`moveToPrevious()` 메서드는 커서의 이전 레코드로 이동합니다. 이전 레코드로 이동했으면 `true`를 반환하고, 이동하지 못하면(예를 들어 현재 위치가 맨 처음 레코드여서 이전 레코드로 이동할 수 없는 상황) `false`를 반환합니다.

```
if (cursor.moveToPrevious()) {
    // 어떤 작업 수행
};
```

NAME	DESCRIPTION
"Latte"	"Espresso and steamed milk"
→ Cappuccino	"Espresso, hot milk and steamed-milk foam"
Filter	"Our best drip coffee"

이전 행으로 이동해요.

`moveToNext()` 메서드는 커서의 다음 레코드로 이동한다는 점만 다를 뿐 `moveToPrevious()` 메서드와 같은 방식으로 작동합니다.

```
if (cursor.moveToNext()) {
    // 어떤 작업 수행
};
```

NAME	DESCRIPTION
"Latte"	"Espresso and steamed milk"
Cappuccino	"Espresso, hot milk and steamed-milk foam"
→ Filter	"Our best drip coffee"

다음 행으로 이동해요.

우리 예제에서는 커서의 첫 번째 레코드를 읽어야 하므로 `moveToFirst()` 메서드를 이용해 이 레코드로 이동합니다.

커서의 원하는 레코드로 이동했으면 값을 읽을 수 있습니다. 값을 읽는 방법은 다음 페이지에서 설명합니다.

커서 값 얻기

- [x] 데이터베이스 레퍼런스
- [x] 커서 생성
- [x] 레코드로 이동
- [ ] 음료 정보 표시

커서의 get*() 메서드인 getString(), getInt() 등을 이용해 커서의 현재 레코드를 반환받을 수 있습니다. 가져오는 값의 종류에 따라 사용하는 메서드가 달라집니다. 예를 들어 문자열 값을 얻으려면 getString() 메서드를 사용하고 정숫값을 얻으려면 getInt() 메서드를 사용합니다. 각 메서드는 반환받으려는 열의 인덱스 값(0부터 시작) 한 개를 인자로 받습니다.

우리는 다음 쿼리로 커서를 생성했습니다.

```
Cursor cursor = db.query ("DRINK",
                          new String[] {"NAME", "DESCRIPTION", "IMAGE_RESOURCE_ID"},
                          "_id = ?",
                          new String[] {Integer.toString(1)},
                          null, null, null);
```

이 커서는 NAME, DESCRIPTION, IMAGE_RESOURCE_ID 세 개의 열을 포함합니다. 첫 두 열 NAME과 DESCRIPTION은 문자열을 포함하며 세 번째 열 IMAGE_RESOURCE_ID는 정숫값을 포함합니다.

커서의 열이에요.

0번 열 NAME	1번 열 DESCRIPTION	2번 열 IMAGE_ RESOURCE_ID
"Latte"	"Espresso and steamed milk"	54543543

현재 레코드의 NAME 열을 가져와야 한다고 가정합시다. NAME은 커서의 첫 번째 열이며 문자열 값을 포함합니다. 따라서 getString() 메서드에 열 인덱스 0을 인자로 전달합니다.

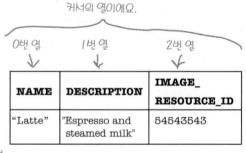

```
String name = cursor.getString(0);
```

← NAME은 0번 열이며 문자열을 포함해요.

이번에는 IMAGE_RESOURCE_ID 열의 값을 가져온다고 가정합시다. 이 열의 인덱스는 2이며 정숫값을 가지고 있으므로 다음 코드를 사용합니다.

```
int imageResource = cursor.getInt(2);
```

← IMAGE_RESOURCE_ID는 2번 열이며 정수를 포함해요.

마지막으로 커서와 데이터베이스를 닫습니다

커서로 원하는 값을 얻었으면 커서와 데이터베이스를 닫아 리소스를 해제합니다. 이를 위해 커서와 데이터베이스의 **close()** 메서드를 호출합니다.

```
cursor.close();
db.close();
```

커서와 데이터베이스를 닫는 행이에요.

커서와 관련한 자세한 정보는 다음 주소에서 확인할 수 있어요.

http://developer.android.com/reference/android/database/Cursor.html.

DrinkActivity가 Starbuzz 데이터베이스에서 데이터를 가져오는 데 필요한 모든 코드를 살펴봤습니다. 이제 기능을 구현한 전체 코드를 확인합니다.

DrinkActivity 코드

데이터베이스 레퍼런스
커서 생성
레코드로 이동
음료 정보 표시

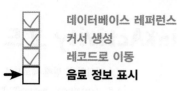

다음은 DrinkActivity.java 전체 코드입니다(굵은 문자로 표시한 부분을 찾아 적용한 다음 파일을 저장하세요).

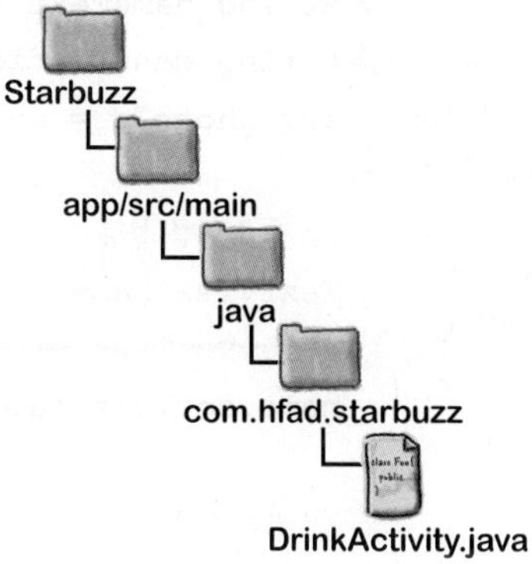


```
package com.hfad.starbuzz;

import android.app.Activity;
import android.os.Bundle;
import android.widget.ImageView;
import android.widget.TextView;
import android.widget.Toast;
import android.database.Cursor;
import android.database.sqlite.SQLiteDatabase;
import android.database.sqlite.SQLiteException;
import android.database.sqlite.SQLiteOpenHelper;

public class DrinkActivity extends Activity {

    public static final String EXTRA_DRINKID = "drinkId";

    @Override
    protected void onCreate(Bundle savedInstanceState) {
        super.onCreate(savedInstanceState);
        setContentView(R.layout.activity_drink);

        // 인텐트에서 음료 정보 얻기
        int drinkId = (Integer)getIntent().getExtras().get(EXTRA_DRINKID);
        Drink drink = Drink.drinks[drinkId];

        // 커서 생성
        SQLiteOpenHelper starbuzzDatabaseHelper = new StarbuzzDatabaseHelper(this);
        try {
            SQLiteDatabase db = starbuzzDatabaseHelper.getReadableDatabase();
            Cursor cursor = db.query ("DRINK",
                        new String[] {"NAME", "DESCRIPTION", "IMAGE_RESOURCE_ID"},
                        "_id = ?",
                        new String[] {Integer.toString(drinkId)},
                        null, null, null);
```

이 코드에서 추가로 사용한 클래스예요.

사용자가 선택한 음료의 ID예요.

더 이상 drinks 배열에서 데이터를 가져오지 않으므로 이 행은 삭제해요.

DRINK 테이블에서 _id가 drinkId와 일치하는 NAME, DESCRIPTION, IMAGE_RESOURCE_ID 데이터를 가져오는 커서를 생성해요.

다음 페이지에 코드가 이어져요.

DrinkActivity 코드(계속)

- [x] 데이터베이스 레퍼런스
- [x] 커서 생성
- [x] 레코드로 이동
- [x] → 음료 정보 표시

```
        // 커서의 첫 번째 레코드로 이동
        if (cursor.moveToFirst()) {

            // 커서에서 음료 정보 얻기
            String nameText = cursor.getString(0);
            String descriptionText = cursor.getString(1);
            int photoId = cursor.getInt(2);

            // 음료 이름 설정
            TextView name = (TextView)findViewById(R.id.name);
            name.setText(drink.getName());
            name.setText(nameText);

            // 음료 설명 설정
            TextView description = (TextView)findViewById(R.id.description);
            description.setText(drink.getDescription());
            description.setText(descriptionText);

            // 음료 이미지 설정
            ImageView photo = (ImageView)findViewById(R.id.photo);
            photo.setImageResource(drink.getImageResourceId());
            photo.setContentDescription(drink.getName());
            photo.setImageResource(photoId);
            photo.setContentDescription(nameText);
        }
        cursor.close();
        db.close();
    } catch(SQLiteException e) {
        Toast toast = Toast.makeText(this,
                                     "Database unavailable",
                                     Toast.LENGTH_SHORT);
        toast.show();
    }
  }
}
```

커서에 레코드가 하나뿐이지만 첫 번째 레코드로 이동해야 해요.

음료 이름은 커서의 첫 번째 열, 설명은 두 번째 열, 이미지 리소스 ID는 세 번째 열에 있어요. 커서를 생성할 때 데이터베이스에서 NAME, DESCRIPTION, IMAGE_RESOURCE_ID 순서로 열을 가져오도록 지정했기 때문이에요.

데이터베이스에서 가져온 음료 이름을 설정해요.

데이터베이스에서 가져온 음료 설명을 설정해요.

데이터베이스에서 가져온 값으로 이미지 리소스 ID와 설명을 설정해요.

커서와 데이터베이스를 닫아요.

SQLiteException이 발생했다는 것은 데이터베이스에 문제가 있다는 의미예요. 이때는 사용자에게 토스트로 메시지를 표시해요.

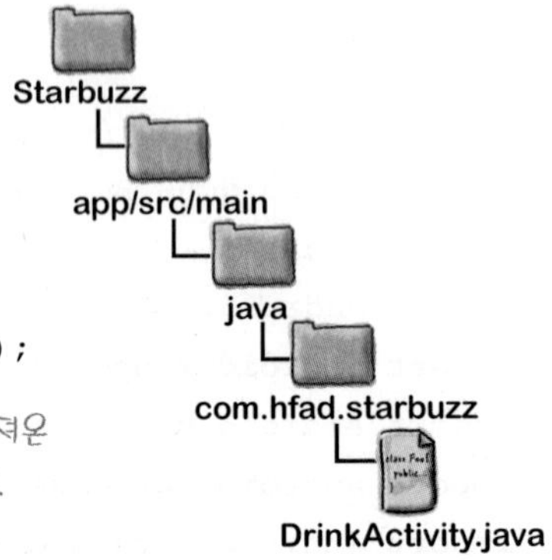

DrinkActivity 코드를 완성했습니다. 지금까지 구현한 작업을 검토하면서 다음에는 무슨 작업을 할지 생각해봅시다.

액티비티를 자바 클래스 대신 데이터베이스와 연결하려면 더 많은 코드를 구현해야 합니다.

하지만 이 장의 코드를 천천히 살펴보면 큰 문제는 없을 거예요.

지금까지 구현한 기능

DrinkActivity.java 코드를 갱신했습니다. 이제 지금까지 구현한 기능을 앱 구조 다이어그램으로 살펴보면서 다음에는 어떤 작업을 해야 할지 생각합시다.

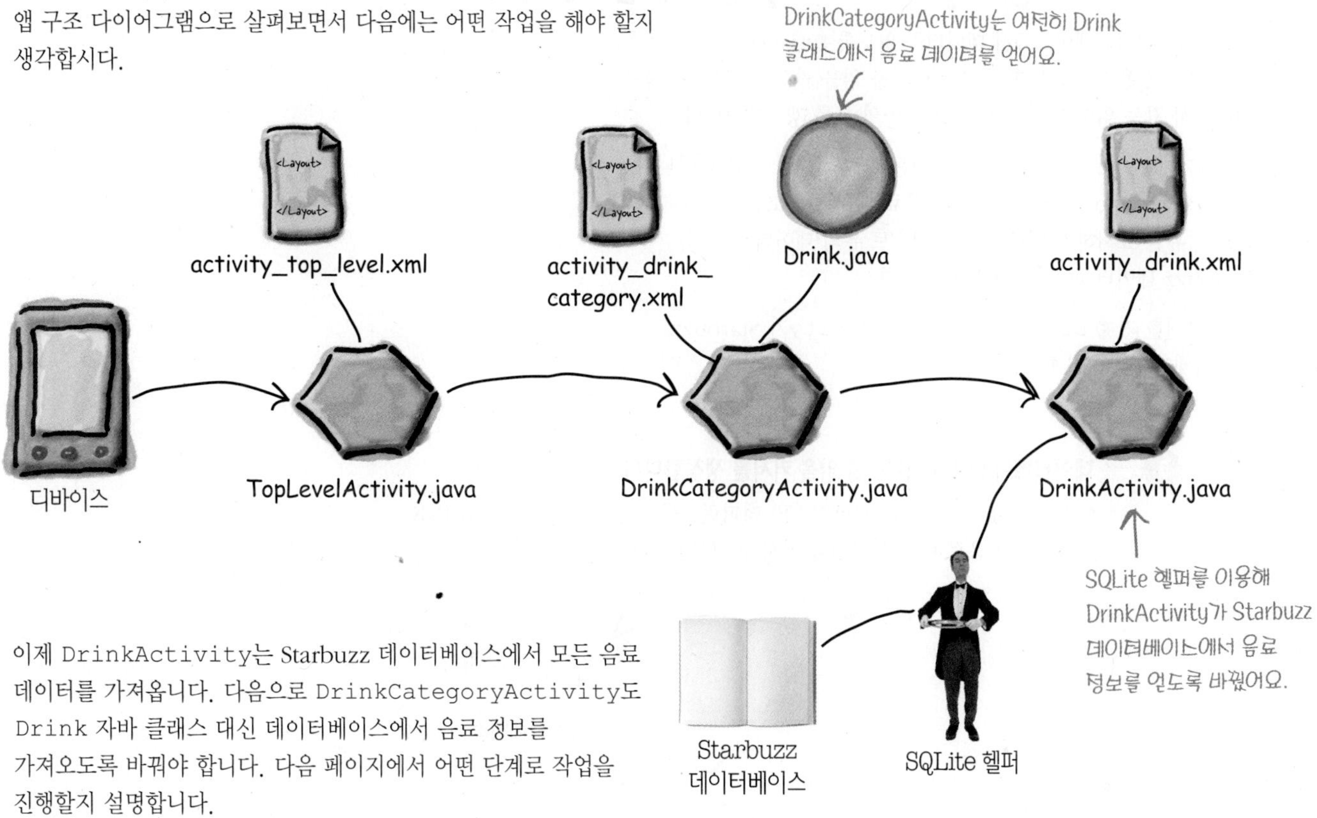
DrinkCategoryActivity는 여전히 Drink 클래스에서 음료 데이터를 얻어요.
<Layout>
</Layout>
activity_top_level.xml
activity_drink_
category.xml
Drink.java
activity_drink.xml
디바이스
TopLevelActivity.java
DrinkCategoryActivity.java
DrinkActivity.java
SQLite 헬퍼를 이용해 DrinkActivity가 Starbuzz 데이터베이스에서 음료 정보를 얻도록 바꿨어요.
Starbuzz
데이터베이스
SQLite 헬퍼

이제 `DrinkActivity`는 Starbuzz 데이터베이스에서 모든 음료 데이터를 가져옵니다. 다음으로 `DrinkCategoryActivity`도 `Drink` 자바 클래스 대신 데이터베이스에서 음료 정보를 가져오도록 바꿔야 합니다. 다음 페이지에서 어떤 단계로 작업을 진행할지 설명합니다.

바보 같은 질문이란 없습니다

Q: 커서를 생성하려면 SQL을 얼마나 잘해야 하나요?

A: SQL `SELECT` 문을 이해한다면 커서를 생성하는 데 도움이 됩니다. 결국 `query()` 메서드가 `SELECT` 문으로 바뀌기 때문입니다. 대개 앱에서는 복잡한 쿼리를 사용하지 않지만 SQL 지식이 있다면 도움이 됩니다.

SQL을 더 자세히 알고 싶다면 린 베일리(Lynn Beighley)의 『Head First SQL』을 참고하세요.

Q: 데이터베이스에 접근하지 못하면 SQLiteException이 발생한다고 하셨잖아요. 이 예외는 어떻게 처리하죠?

A: 먼저 예외를 자세히 확인합니다. SQL 문법 때문에 에러가 발생했다면 SQL 문을 바로잡을 수 있습니다.

예외를 어떻게 처리하느냐는 이 예외가 앱에 얼마나 영향을 미치느냐에 따라 달라집니다. 예를 들어 데이터베이스의 데이터를 읽을 수 있지만 기록할 수 없다면 사용자는 데이터를 확인할 수 있으므로 사용자에게 바꾼 내용을 저장할 수 없다고 알려줄 수 있습니다. 결과적으로 처리 방법은 여러분의 앱에 달려 있습니다.

Starbuzz 데이터베이스를 이용하도록 DrinkCategoryActivity를 바꿉니다

Starbuzz 데이터베이스에서 데이터를 읽도록 DrinkActivity를 바꿨을 때 사용자가 선택한 음료 데이터를 읽을 커서를 생성한 다음 커서에서 값을 읽어 DrinkActivity의 뷰를 갱신했습니다.

DrinkCategoryActivity에서는 작업 과정이 조금 다릅니다. DrinkCategoryActivity는 음료 데이터를 소스로 사용하는 리스트 뷰를 표시하기 때문입니다. 리스트 뷰의 데이터 소스를 Starbuzz 데이터베이스로 바꿔야 합니다.

다음 단계를 거쳐 DrinkCategoryActivity가 Starbuzz 데이터베이스를 사용하도록 만듭니다.

1. **데이터베이스에서 데이터를 읽을 커서를 생성합니다.**
   이전처럼 Starbuzz 데이터베이스의 레퍼런스를 얻습니다. 그리고 DRINK 테이블에서 음료 이름을 가져올 커서를 생성합니다.

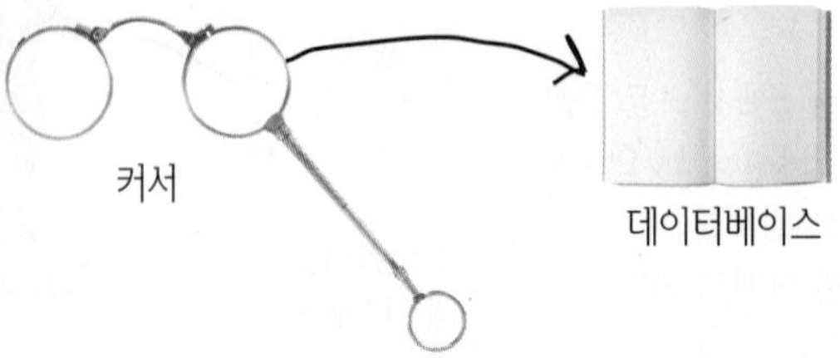

2. **리스트 뷰의 배열 어댑터를 커서 어댑터로 바꿉니다.**
   현재 데이터가 Drink 클래스의 배열로 저장되어 있으므로 리스트 뷰는 배열 어댑터를 이용해 음료 이름을 가져옵니다. 하지만 이제 데이터를 커서로 접근해야 하므로 커서 어댑터를 사용합니다.

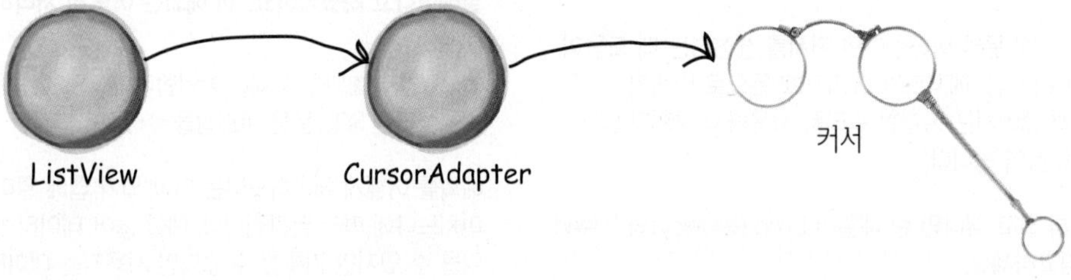

작업을 시작하기 전에 7장에서 구현한 DrinkCategoryActivity.java 코드를 다시 확인합시다.

커서 생성
커서 어댑터

현재 DrinkCategoryActivity 코드

다음은 현재 DrinkCategoryActivity.java 코드 모습입니다. onCreate() 메서드는 배열 어댑터로 리스트 뷰에 음료 정보를 채웁니다. onListItemClick() 메서드는 사용자가 선택한 음료를 인텐트에 추가해 DrinkActivity를 시작합니다.

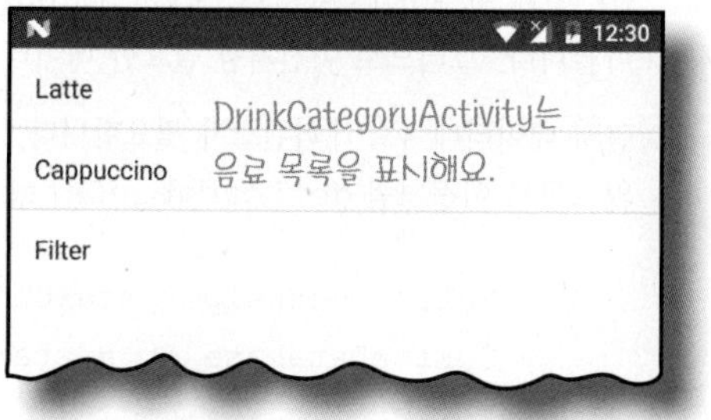

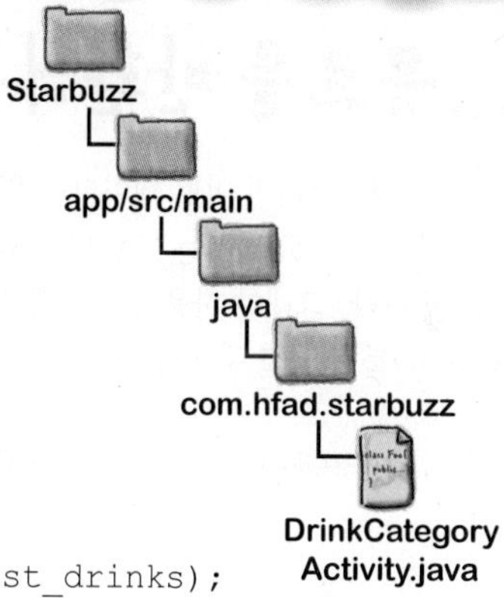


```
package com.hfad.starbuzz;

...

public class DrinkCategoryActivity extends Activity {

    @Override
    protected void onCreate(Bundle savedInstanceState) {
        super.onCreate(savedInstanceState);
        setContentView(R.layout.activity_drink_category);
        ArrayAdapter<Drink> listAdapter = new ArrayAdapter<>(
                this,
                android.R.layout.simple_list_item_1,
                Drink.drinks);
        ListView listDrinks = (ListView) findViewById(R.id.list_drinks);
        listDrinks.setAdapter(listAdapter);

        // 리스트 뷰의 클릭을 기다릴 리스너 생성
        AdapterView.OnItemClickListener itemClickListener =
                new AdapterView.OnItemClickListener(){
                    public void onItemClick(AdapterView<?> listDrinks,
                                            View itemView,
                                            int position,
                                            long id) {
                        // 사용자가 선택한 음료를 DrinkActivity로 전달
                        Intent intent = new Intent(DrinkCategoryActivity.this,
                                DrinkActivity.class);
                        intent.putExtra(DrinkActivity.EXTRA_DRINKID, (int) id);
                        startActivity(intent);
                    }
                };

        // 리스너를 리스트 뷰에 할당
        listDrinks.setOnItemClickListener(itemClickListener);
    }
}
```

현재는 ArrayAdapter로 ListView에 배열을 연결해요. 이 부분을 데이터베이스를 사용하는 코드로 바꿀 거예요.

Starbuzz 데이터베이스 레퍼런스를 얻고...

커서 생성
커서 어댑터

DrinkCategoryActivity가 Starbuzz 데이터베이스에서 데이터를 얻도록 바꿉니다. 그러므로 이전처럼 필요한 데이터를 반환하는 커서를 생성해야 합니다.

먼저 데이터베이스 레퍼런스가 필요합니다. 음료 데이터를 읽고 갱신하진 않으므로 이전처럼 getReadableDatabase() 메서드를 사용합니다.

```
SQLiteOpenHelper starbuzzDatabaseHelper = new StarbuzzDatabaseHelper(this);
SQLiteDatabase db = starbuzzDatabaseHelper.getReadableDatabase();
```

이전과 같은 방법으로 데이터베이스 레퍼런스를 얻어요.

...음료를 반환하는 커서를 생성합니다

커서를 생성하려면 어떤 데이터를 원하는지 지정해야 합니다. 커서로 음료 이름 목록을 표시해야 하므로 커서는 NAME 열을 포함해야 합니다. 음료 ID를 얻으려면 _id 열도 필요합니다. 그래야 사용자가 선택한 음료의 정보를 표시할 수 있도록 DrinkActivity에 음료 ID를 전달할 수 있습니다. 다음은 커서를 생성하는 코드입니다.

```
cursor = db.query("DRINK",
                  new String[]{"_id", "NAME"},
                  null, null, null, null, null);
```

DRINK 테이블에 저장된 모든 레코드의 _id와 NAME을 반환하는 커서예요.

위 두 코드를 합치면 데이터베이스의 레퍼런스를 얻어 커서를 생성하는 코드가 완성됩니다(나중에 전체 코드를 소개할 때 이 코드를 DrinkCategoryActivity.java에 추가하세요).

```
SQLiteOpenHelper starbuzzDatabaseHelper = new StarbuzzDatabaseHelper(this);
try {
    SQLiteDatabase db = starbuzzDatabaseHelper.getReadableDatabase();
    cursor = db.query("DRINK",
                      new String[]{"_id", "NAME"},
                      null, null, null, null, null);
    // 데이터베이스에서 가져온 데이터를 사용하는 코드
} catch(SQLiteException e) {
    Toast toast = Toast.makeText(this,
                                 "Database unavailable",
                                 Toast.LENGTH_SHORT);
    toast.show();
}
```

데이터베이스를 이용할 수 없으면 SQLiteException이 발생해요. 이 예외가 발생하면 전처럼 토스트로 팝업 메시지를 보여줘요.

다음에는 커서의 데이터를 DrinkCategoryActivity 리스트 뷰에 채웁니다.

리스트 뷰의 배열 데이터를 바꾸는 방법

커서 생성
→ 커서 어댑터

Drink.drinks 배열에서 데이터를 가져와 DrinkCategoryActivity의 리스트 뷰로 표시할 때 배열 어댑터를 사용했습니다. 7장에서 살펴본 것처럼 배열 어댑터는 배열에 특화된 어댑터입니다. 배열 어댑터는 배열과 리스트 뷰 사이의 다리 역할을 합니다.

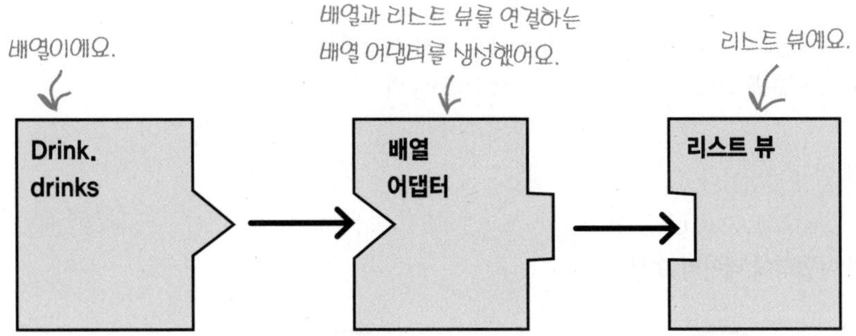

커서에서 데이터를 얻어야 하므로 **커서 어댑터**로 데이터를 리스트 뷰와 연결합니다. 배열 어댑터가 배열에서 데이터를 얻는 것처럼 커서 어댑터는 커서에서 데이터를 읽습니다.

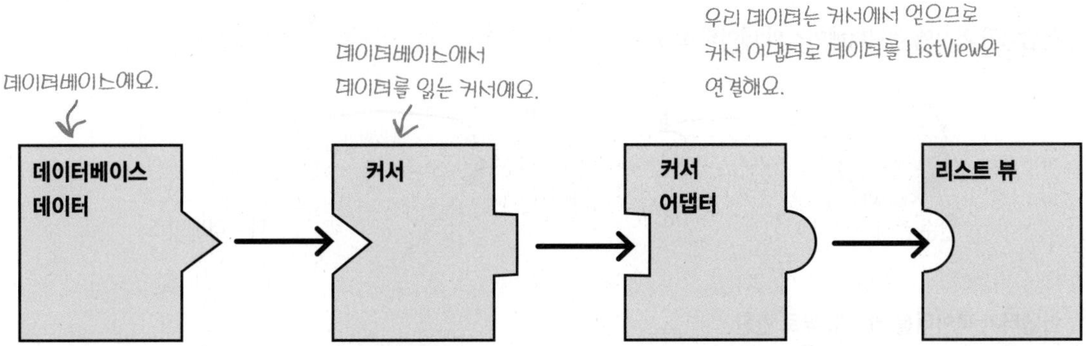

다음 페이지에서 이 부분을 더 자세히 확인합니다.

ListView와 Spinner는 Adapter의 모든 하위 클래스를 자신의 데이터에 사용할 수 있습니다. 즉, ArrayAdapter, CursorAdapter, SimpleCursorAdapter(CursorAdapter의 하위 클래스) 등의 어댑터를 사용할 수 있습니다.

단순 커서 어댑터는 커서 데이터를 뷰로 매핑합니다

☑ 커서 생성
→ ☐ 커서 어댑터

우리는 리스트 뷰에 커서 데이터를 표시하는 데 흔히 사용하는 단순 커서 어댑터(simple cursor adapter)를 사용합니다. 단순 커서 어댑터는 커서의 열을 가져와 리스트 뷰 등의 텍스트 뷰나 이미지 뷰로 매핑합니다.

우리 예제에서는 음료 이름 목록을 표시해야 합니다. 우리는 단순 커서 어댑터를 이용해 커서가 반환한 각 음료 이름을 `DrinkCategoryActivity`의 리스트 뷰로 매핑합니다.

다음은 단순 커서 어댑터 작동 방법입니다.

1 리스트 뷰가 어댑터에 데이터 요청

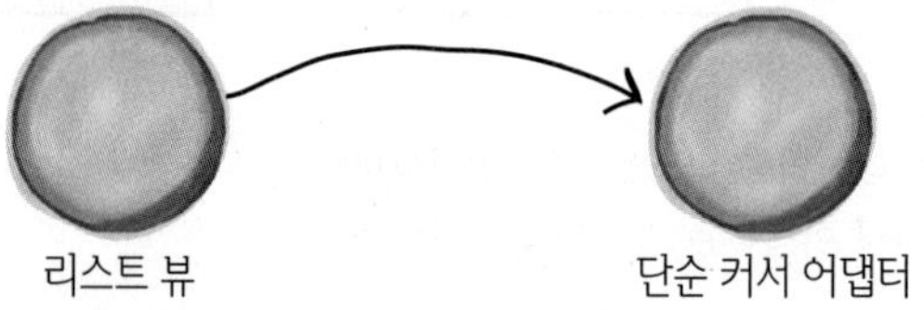

2 어댑터가 커서에 데이터베이스의 데이터 요청

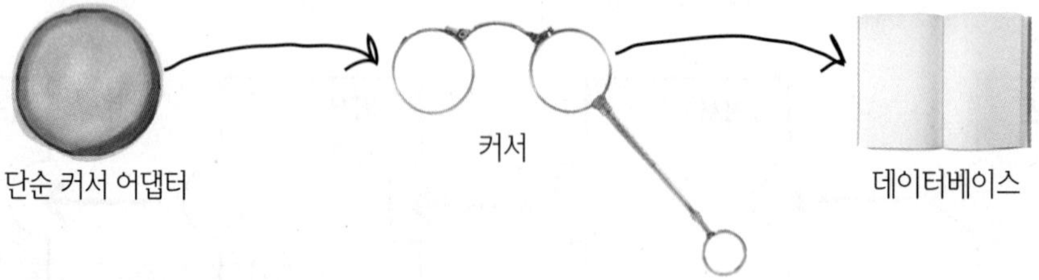

3 어댑터가 데이터를 리스트 뷰로 반환

각 음료의 이름이 리스트 뷰에 각각의 텍스트 뷰로 표시됩니다.

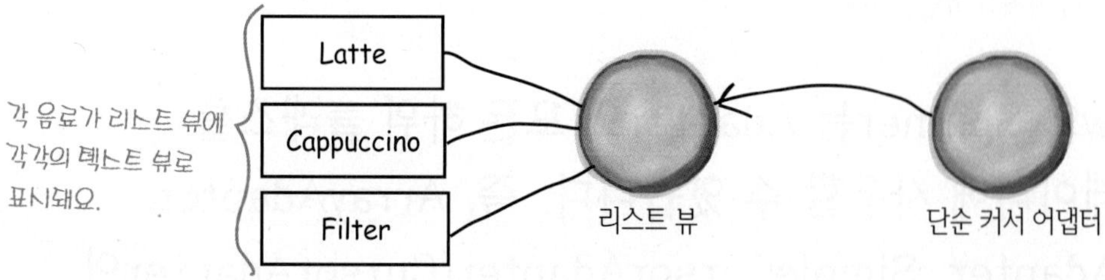

다음 페이지에서는 단순 커서 어댑터를 생성합니다.

단순 커서 어댑터를 생성하는 방법

커서 생성
커서 어댑터

배열 어댑터와 비슷한 방식으로 단순 커서 어댑터를 생성할 수 있습니다. 즉, 어댑터를 초기화하고 리스트 뷰에 부착합니다.

DRINK 테이블의 음료 목록을 표시할 수 있도록 단순 커서 어댑터를 생성할 것입니다. 먼저 SimpleCursorAdapter 클래스의 인스턴스를 생성해야 하는데 이때 인자로 어떤 데이터를 이용할 것인지, 데이터를 어떻게 표시할 것인지 지정해야 합니다. 마지막으로 어댑터를 리스트 뷰에 할당합니다.

다음은 단순 커서 어댑터 구현 코드입니다(나중에 DrinkCategoryActivity.java에 코드를 추가합니다).

```
SimpleCursorAdapter listAdapter = new SimpleCursorAdapter(this,
                    android.R.layout.simple_list_item_1,
                    cursor,
                    new String[]{"NAME"},
                    new int[]{android.R.id.text1},
                    0);
listDrinks.setAdapter(listAdapter);
```

'this'는 현재 액티비티를 가리켜요.

배열 어댑터에서 사용했던 그 레이아웃이에요. 리스트 뷰의 각 행에 한 개의 값을 표시해요.

커서예요.

NAME 열의 내용을 ListView의 텍스트 뷰에 표시해요.

setAdapter() 메서드로 어댑터와 리스트 뷰를 연결해요.

보통 SimpleCursorAdapter의 생성자는 다음과 같은 형식을 갖습니다.

```
SimpleCursorAdapter adapter = new SimpleCursorAdapter(Context context,
                                        int layout,
                                        Cursor cursor,
                                        String[] fromColumns,
                                        int[] toViews,
                                        int flags)
```

현재 액티비티예요.

데이터를 어떻게 표시할지 지정해요.

우리가 생성한 커서예요. 커서는 _id 열과 표시하려는 데이터를 포함해야 해요.

커서의 열과 뷰를 매핑하는 데 사용해요.

커서의 동작을 지정해요.

ontext와 layout은 배열 어댑터에서 사용했던 파라미터와 같습니다. context는 현재 컨텍스트고, layout은 데이터를 어떻게 표시할지 지정합니다. 다만 배열에서 데이터를 가져오지 않고 데이터를 포함한 커서를 지정하는 부분이 다릅니다. 그리고 fromColumns를 이용해 커서에서 어떤 열을 사용할지, toViews로 어떤 뷰에 그 데이터를 표시할지 지정합니다.

flags 파라미터는 보통 기본값인 0으로 설정합니다. FLAG_REGISTER_CONTENT_OBSERVER 값을 이용하면 콘텐트가 바뀔 때 이를 통지받을 콘텐트 옵서버를 등록할 수 있습니다. 이 기능은 메모리 누수를 일으킬 수 있으므로 이 책에서는 다루지 않습니다(콘텐트를 바꾸는 방법은 다음 장에서 설명해요).

커서 어댑터로 사용하는 모든 커서는 _id 열을 포함해야 하며 그렇지 않으면 어댑터가 작동하지 않아요.

커서와 데이터베이스 닫기

☑ 커서 생성
→☐ 커서 어댑터

이전에 커서를 설명하면서 필요한 작업을 완료했으면 커서와 데이터베이스를 닫아서 리소스를 해제해야 한다고 설명했습니다. DrinkActivity 코드에서는 커서로 데이터베이스에 저장된 자세한 음료 정보를 가져왔고 이를 뷰에 사용한 다음 커서와 데이터베이스를 닫았습니다.

커서 어댑터(단순 커서 어댑터 포함)를 사용할 때는 이 부분이 조금 달라집니다. 커서 어댑터가 커서에서 데이터를 더 가져오려면 커서가 열려 있어야 합니다. 커서 어댑터가 어떻게 작동하는지 조금 더 자세히 살펴보면 그 이유를 알 수 있습니다.

1 리스트 뷰가 화면에 나타납니다.

처음 목록이 나타나면 화면에 맞게 크기가 조절됩니다. 가령 화면에 다섯 개의 항목을 표시할 수 있는 공간이 있다고 합니다.

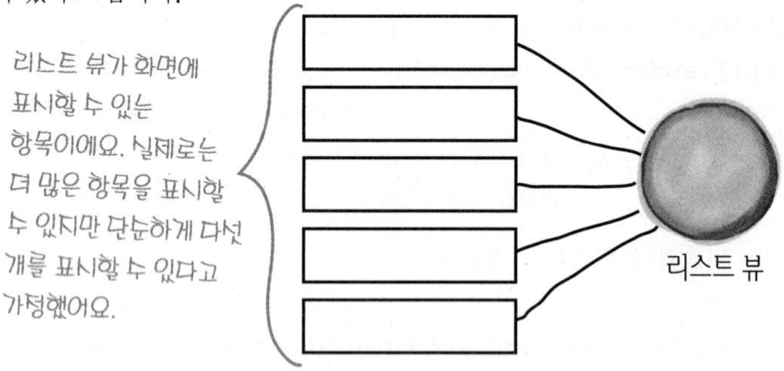

2 리스트 뷰가 어댑터에 처음 다섯 개 항목을 요청합니다.

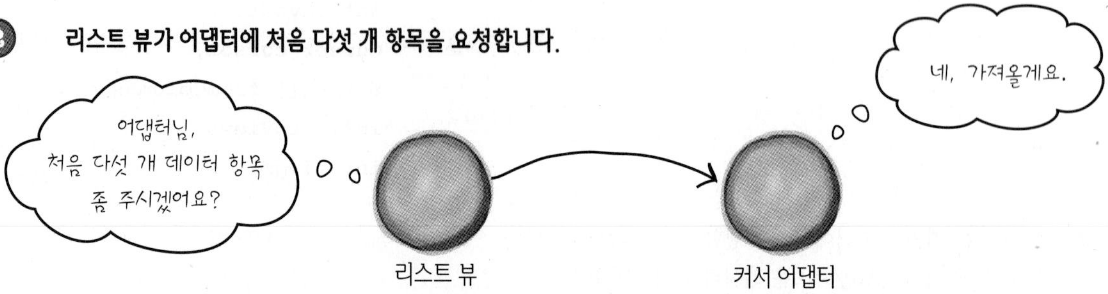

어댑터님, 처음 다섯 개 데이터 항목 좀 주시겠어요?
네, 가져올게요.
리스트 뷰
커서 어댑터

3 커서 어댑터가 커서에 데이터베이스에서 다섯 개 행을 읽으라고 요청합니다.

데이터베이스 테이블에 얼마의 행이 저장되어있는지 관계없이 커서는 오직 처음 다섯 개 행만 읽습니다.

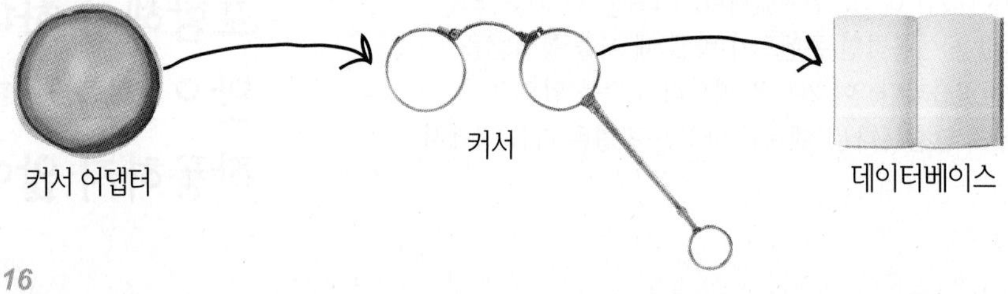

이야기는 계속됩니다

☑ 커서 생성
→☐ 커서 어댑터

4 사용자가 리스트를 스크롤합니다.

사용자가 리스트를 스크롤하면 어댑터는 데이터베이스에서 추가로 데이터를 읽으라고 커서에 요청합니다. 커서가 열려 있다면 문제 없습니다. 하지만 커서가 닫혀 있다면 커서 어댑터는 데이터베이스에서 더 이상 데이터를 읽을 수 없습니다.

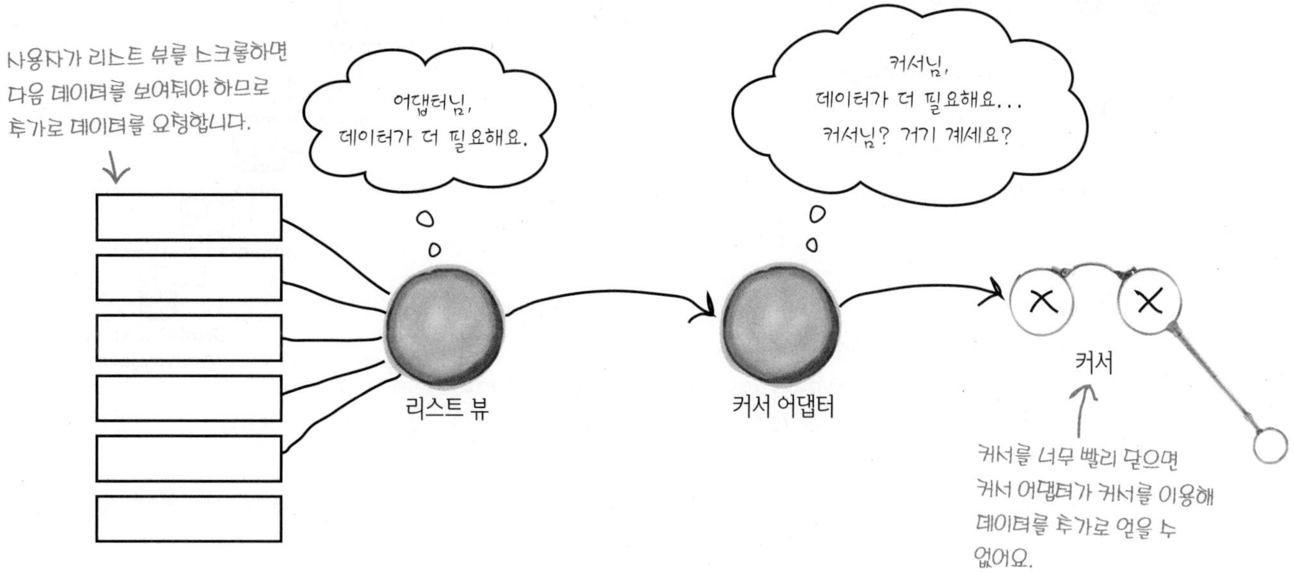

사용자가 리스트 뷰를 스크롤하면 다음 데이터를 보여줘야 하므로 추가로 데이터를 요청합니다.
어댑터님, 데이터가 더 필요해요.
커서님, 데이터가 더 필요해요... 커서님? 거기 계세요?
리스트 뷰
커서 어댑터
커서
커서를 너무 빨리 닫으면 커서 어댑터가 커서를 이용해 데이터를 추가로 얻을 수 없어요.

따라서 setAdapter() 메서드로 커서 어댑터와 리스트 뷰를 연결한 다음 바로 커서와 데이터베이스를 닫을 수 없습니다. 대신 액티비티가 종료되기 직전에 호출되는 onDestroy() 메서드에서 커서와 데이터베이스를 닫습니다. 액티비티가 종료되면 커서와 데이터베이스가 더 이상 필요 없으므로 안전하게 커서와 데이터베이스를 닫을 수 있습니다.

```
public void onDestroy(){
    super.onDestroy();
    cursor.close();
    db.close();
}
```

액티비티가 종료될 때 커서와 데이터베이스를 닫아요.

DrinkCategoryActivity를 바꾸는 데 필요한 모든 내용을 확인했으므로 다음 페이지의 연습문제를 풀어보세요.

수영장 퍼즐

여러분의 **임무**는 수영장의 코드 조각을 이용해 DrinkCategoryActivity.java의 빈 칸에 채우는 것입니다. 같은 코드 조각을 한 번 이상 사용할 수 **없으며** 모든 코드 조각을 사용할 필요도 없습니다. 데이터베이스의 음료 목록으로 리스트 뷰를 채우는 것이 여러분의 **목표**입니다.

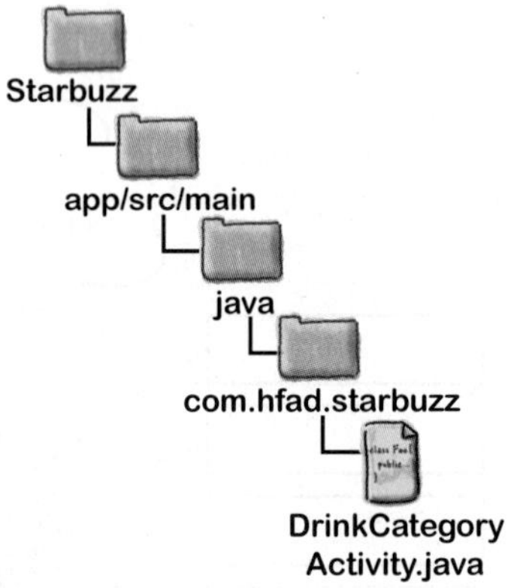


```
public class DrinkCategoryActivity extends Activity {

    private SQLiteDatabase db;
    private Cursor cursor;

    @Override
    protected void onCreate(Bundle savedInstanceState) {
        super.onCreate(savedInstanceState);
        setContentView(R.layout.activity_drink_category);
        ListView listDrinks = (ListView) findViewById(R.id.list_drinks);

        .................. starbuzzDatabaseHelper = new StarbuzzDatabaseHelper(this);
        try {
            db = starbuzzDatabaseHelper. .................... ;
            cursor = db.query("DRINK",
                    new String[]{ ................................ },
                    null, null, null, null, null);
```

다음 페이지에 코드가 이어져요.

참고: 수영장의 각 코드 조각은 한 번만 사용할 수 있어요!

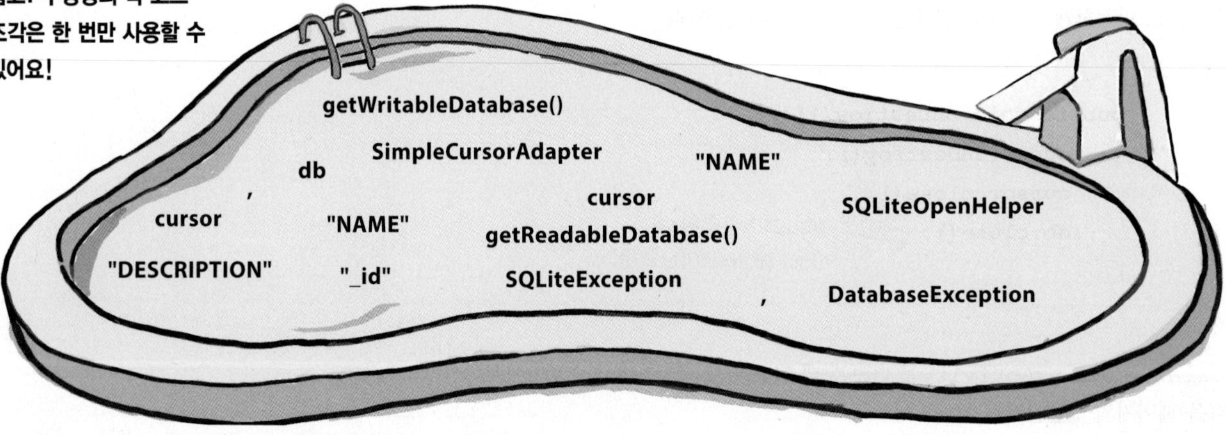

```
            SimpleCursorAdapter listAdapter = new ......................... (this,
                    android.R.layout.simple_list_item_1,
                    .......... ,
                    new String[]{ ........ },
                    new int[]{android.R.id.text1},
                    0);
            listDrinks.setAdapter(listAdapter);
        } catch( .................... e) {
            Toast toast = Toast.makeText(this, "Database unavailable", Toast.LENGTH_SHORT);
            toast.show();
        }

        // 리스트 뷰의 클릭 이벤트를 받을 수 있는 리스너 생성
        AdapterView.OnItemClickListener itemClickListener =
                new AdapterView.OnItemClickListener(){
                    public void onItemClick(AdapterView<?> listDrinks,
                                            View itemView,
                                            int position,
                                            long id) {
                        // 사용자가 클릭한 음료를 DrinkActivity로 전달
                        Intent intent = new Intent(DrinkCategoryActivity.this,
                                DrinkActivity.class);
                        intent.putExtra(DrinkActivity.EXTRA_DRINKID, (int) id);
                        startActivity(intent);
                    }
                };

        // 리스너를 리스트 뷰에 할당
        listDrinks.setOnItemClickListener(itemClickListener);
    }

    @Override
    public void onDestroy(){
        super.onDestroy();
        ........ .close();
        ........ .close();
    }
}
```

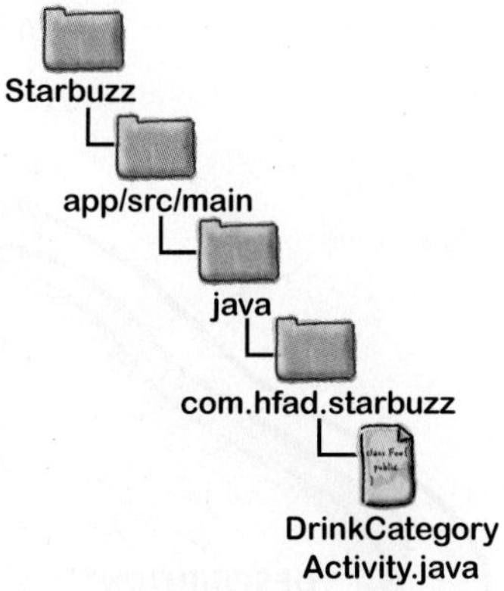

수영장 퍼즐 정답

여러분의 **임무**는 수영장의 코드 조각을 이용해 DrinkCategoryActivity.java의 빈 칸에 채우는 것입니다. 같은 코드 조각을 한 번 이상 사용할 수 **없으며** 모든 코드 조각을 사용할 필요도 없습니다. 데이터베이스의 음료 목록으로 리스트 뷰를 채우는 것이 여러분의 **목표**입니다.

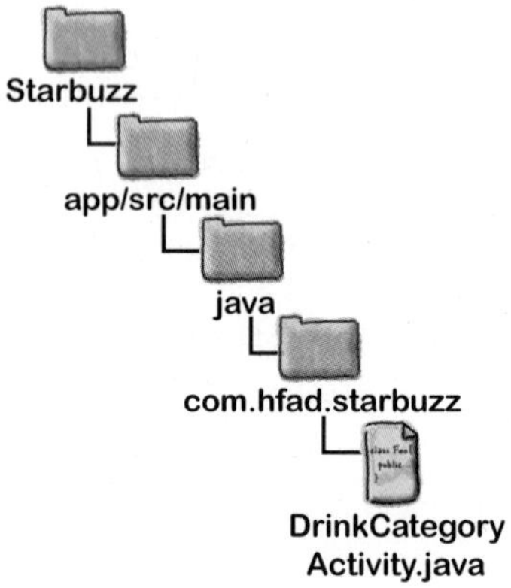


```
public class DrinkCategoryActivity extends Activity {

    private SQLiteDatabase db;
    private Cursor cursor;

    @Override
    protected void onCreate(Bundle savedInstanceState) {
        super.onCreate(savedInstanceState);
        setContentView(R.layout.activity_drink_category);
        ListView listDrinks = (ListView) findViewById(R.id.list_drinks);
        SQLiteOpenHelper starbuzzDatabaseHelper = new StarbuzzDatabaseHelper(this);
        try {
            db = starbuzzDatabaseHelper.getReadableDatabase();
            cursor = db.query("DRINK",
                    new String[]{"_id", "NAME"},
                    null, null, null, null, null);
```

SQLiteOpenHelper를 이용해 데이터베이스 레퍼런스를 얻어요.

데이터베이스에서 데이터를 읽는 작업만 수행하니까 읽기 전용이 필요해요.

커서는 _id와 NAME 열을 반드시 포함해야 해요. 음료 ID를 DrinkActivity로 전달하고 음료 이름도 표시해요.

이 코드 조각은 필요 없어요.

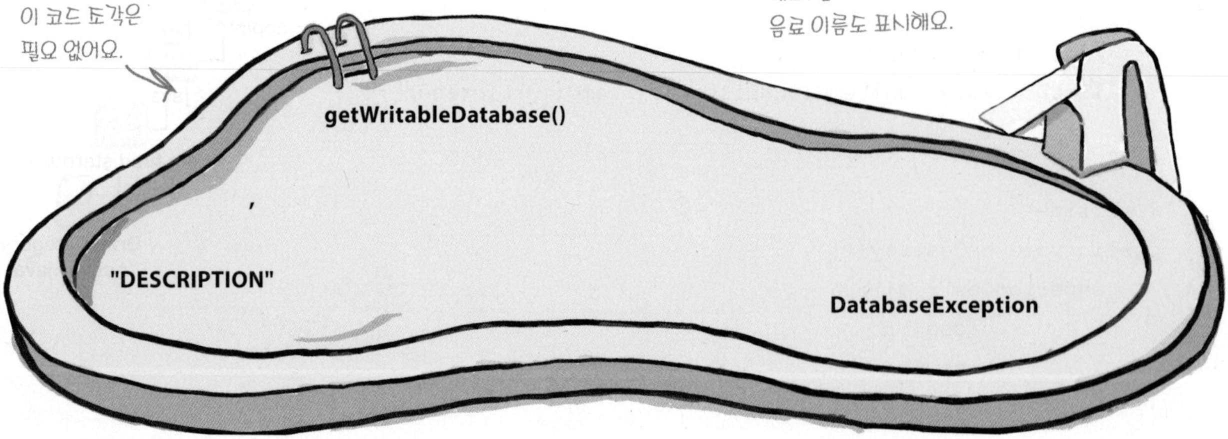

```
        SimpleCursorAdapter listAdapter = new SimpleCursorAdapter (this,
                android.R.layout.simple_list_item_1,
                cursor ,
                new String[]{"NAME" },
                new int[]{android.R.id.text1},
                0);
        listDrinks.setAdapter(listAdapter);
    } catch( SQLiteException  e) {
        Toast toast = Toast.makeText(this, "Database unavailable", Toast.LENGTH_SHORT);
        toast.show();
    }

    // 리스트 뷰의 클릭 이벤트를 받을 수 있는 리스너 생성
    AdapterView.OnItemClickListener itemClickListener =
            new AdapterView.OnItemClickListener(){
                public void onItemClick(AdapterView<?> listDrinks,
                                        View itemView,
                                        int position,
                                        long id) {
                    // 사용자가 클릭한 음료를 DrinkActivity로 전달
                    Intent intent = new Intent(DrinkCategoryActivity.this,
                            DrinkActivity.class);
                    intent.putExtra(DrinkActivity.EXTRA_DRINKID, (int) id);
                    startActivity(intent);
                }
            };

    // 리스너를 리스트 뷰에 할당
    listDrinks.setOnItemClickListener(itemClickListener);
}

@Override
public void onDestroy(){
    super.onDestroy();
    cursor .close();
    db .close();
}
}
```

SimpleCursorAdapter를 사용해요.

방금 생성한 커서를 사용해요.

NAME 열의 내용을 표시해요.

데이터베이스를 사용할 수 없는 상황에서는 SQLiteException을 발생해요.

데이터베이스를 닫기 전에 커서를 닫아요.

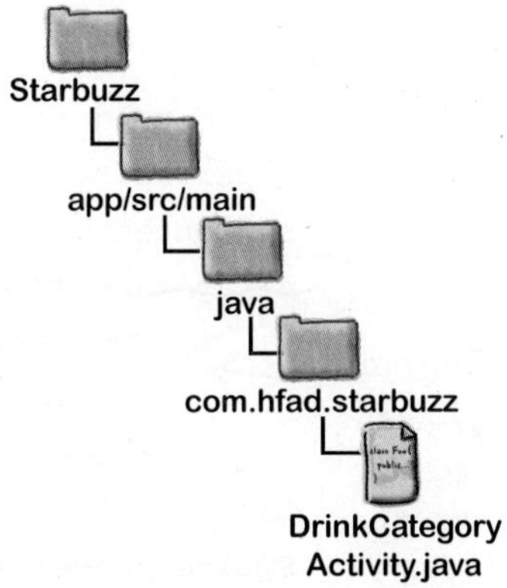

기능을 구현한 DrinkCategoryActivity 코드

커서 생성
→ 커서 어댑터

다음은 배열 어댑터를 커서 어댑터로 바꾼 DrinkCategoryActivity.java 코드입니다(굵은 문자로 표시한 부분 참조). 여러분 코드도 다음처럼 바꾸세요.

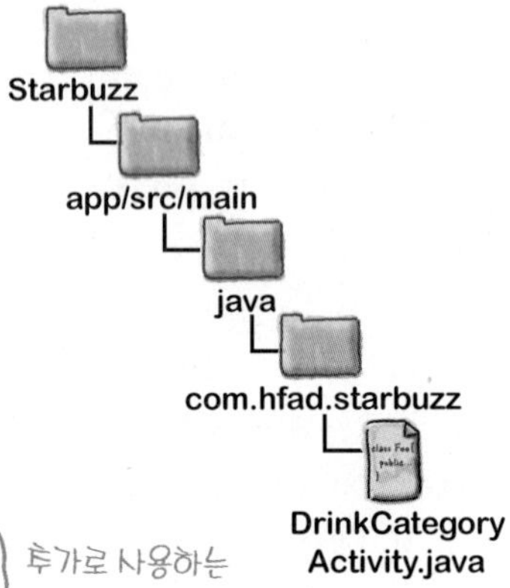


```
package com.hfad.starbuzz;

import android.app.Activity;
import android.os.Bundle;
import android.widget.ListView;
import android.view.View;
import android.content.Intent;
import android.widget.AdapterView;
import android.database.Cursor;
import android.database.sqlite.SQLiteDatabase;
import android.database.sqlite.SQLiteException;
import android.database.sqlite.SQLiteOpenHelper;
import android.widget.SimpleCursorAdapter;
import android.widget.Toast;
```

추가로 사용하는 클래스이므로 임포트하세요.

```
public class DrinkCategoryActivity extends Activity {

    private SQLiteDatabase db;
    private Cursor cursor;
```

onDestroy() 메서드에서 커서와 데이터베이스를 닫을 수 있도록 비공개 변수를 추가해요.

```
    @Override
    protected void onCreate(Bundle savedInstanceState) {
        super.onCreate(savedInstanceState);
        setContentView(R.layout.activity_drink_category);
        ArrayAdapter<Drink> listAdapter = new ArrayAdapter<>(
                this,
                android.R.layout.simple_list_item_1,
                Drink.drinks);
```

배열 어댑터는 사용하지 않으므로 이 코드는 삭제해요.

```
        ListView listDrinks = (ListView) findViewById(R.id.list_drinks);
        SQLiteOpenHelper starbuzzDatabaseHelper = new StarbuzzDatabaseHelper(this);
        try {
            db = starbuzzDatabaseHelper.getReadableDatabase();
            cursor = db.query("DRINK",
                    new String[]{"_id", "NAME"},
                    null, null, null, null, null);
```

데이터베이스 레퍼런스를 얻어요.

커서를 생성해요.

다음 페이지에 코드가 이어져요.

DrinkCategoryActivity 코드(계속)

- [x] 커서 생성
- [x] 커서 어댑터

```
            SimpleCursorAdapter listAdapter = new SimpleCursorAdapter(this,
                    android.R.layout.simple_list_item_1,
                    cursor,
                    new String[]{"NAME"},
                    new int[]{android.R.id.text1},
                    0);
            listDrinks.setAdapter(listAdapter);
        } catch(SQLiteException e) {
            Toast toast = Toast.makeText(this, "Database unavailable", Toast.LENGTH_SHORT);
            toast.show();
        }

        // 리스트 뷰의 클릭 이벤트를 받을 수 있는 리스너 생성
        AdapterView.OnItemClickListener itemClickListener =
                new AdapterView.OnItemClickListener(){
                    public void onItemClick(AdapterView<?> listDrinks,
                                            View itemView,
                                            int position,
                                            long id) {
                        // 사용자가 클릭한 음료를 DrinkActivity로 전달
                        Intent intent = new Intent(DrinkCategoryActivity.this,
                                DrinkActivity.class);
                        intent.putExtra(DrinkActivity.EXTRA_DRINKID, (int) id);
                        startActivity(intent);
                    }
                };

        // 리스너를 리스트 뷰에 할당
        listDrinks.setOnItemClickListener(itemClickListener);
    }

    @Override
    public void onDestroy(){
        super.onDestroy();
        cursor.close();
        db.close();
    }
}
```

커서 어댑터를 생성해요.

NAME 열의 콘텐트를 ListView의 텍스트와 매핑해요.

어댑터를 ListView에 설정해요.

SQLiteException이 발생하면 사용자에게 메시지를 표시해요.

리스너 코드를 바꿀 필요가 없어요.

액티비티의 onDestroy() 메서드에서 데이터베이스와 커서를 닫아요. 커서 어댑터가 커서를 사용하는 동안 커서가 열려 있어요.

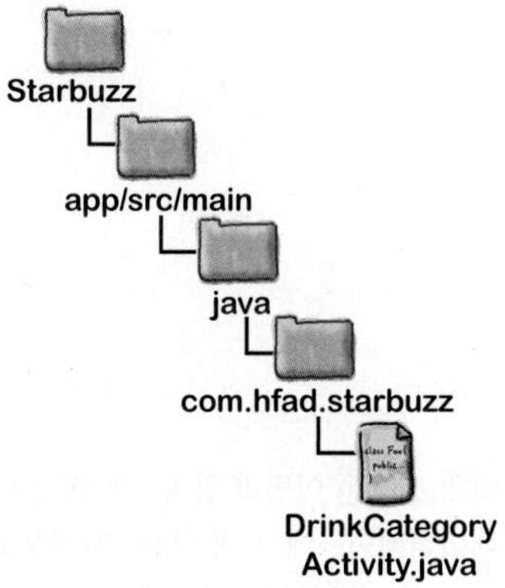

새로 기능으로 바꾼 앱을 시험 주행합시다.

앱 시험 주행

- [x] 커서 생성
- [x] 커서 어댑터

앱을 실행하면 TopLevelActivity가 나타납니다.

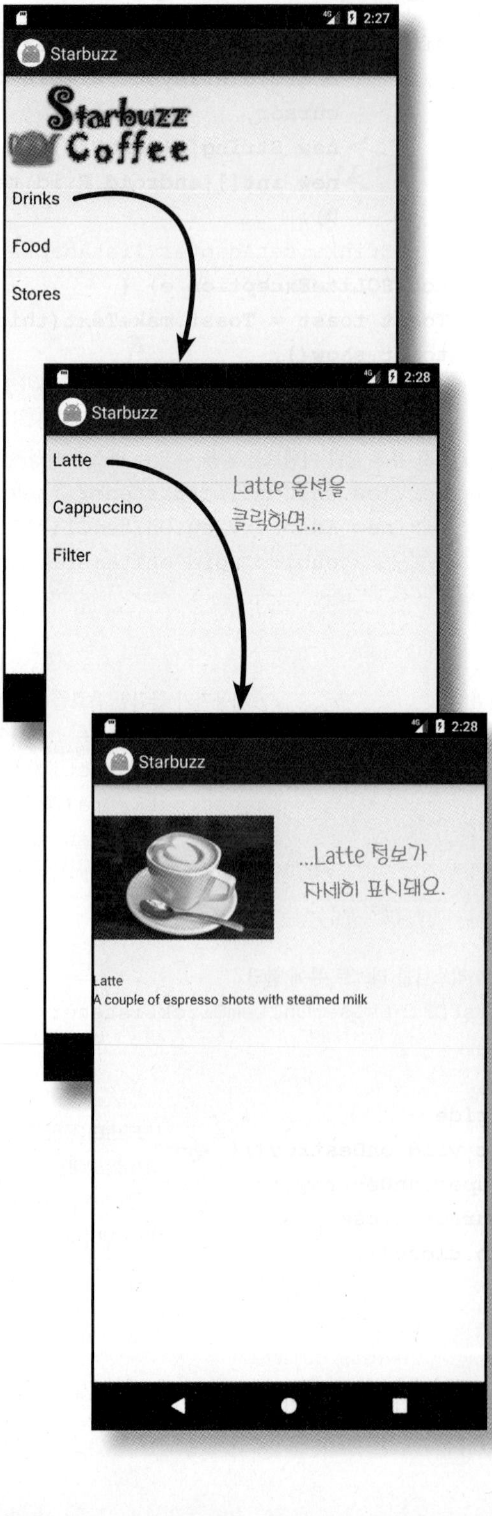

사용자가 Drinks 항목을 클릭하면 DrinkCategoryActivity가 실행됩니다. 그리고 Starbuzz 데이터베이스에서 가져온 모든 음료가 표시됩니다.

한 개의 음료를 선택하면 DrinkActivity가 실행되면서 선택한 음료의 정보가 자세히 표시됩니다.

앱의 동작은 이전과 달라지지 않았지만 내부적으로는 데이터베이스에서 데이터를 가져오고 있습니다. 음료 배열은 더 이상 사용하지 않으므로 Drink.java 코드는 삭제해도 됩니다. 이제 모든 데이터는 데이터베이스에서 가져옵니다.

우리의 안드로이드 도구상자

16장을 마치면서 기본 커서 기술을 도구상자에 추가했습니다.

이 책의 전체 코드는 https://tinyurl.com/HeadFirstAndroid에서 내려받을 수 있어요.

핵심정리

- **커서**를 이용해 데이터베이스의 데이터를 읽거나 기록할 수 있습니다.
- `SQLiteDatabase`의 `query()` 메서드로 커서를 생성합니다. 내부적으로 `query()` 메서드를 SQL `SELECT` 문으로 만듭니다.
- `getWritableDatabase()` 메서드는 데이터베이스로 읽기, 쓰기 작업을 할 수 있는 `SQLiteDatabase` 객체를 반환합니다.
- `getReadableDatabase()` 메서드는 읽기 전용으로 접근할 수 있는 `SQLiteDatabase` 객체를 반환합니다. 데이터베이스에 기록할 수도 있지만 항상 이 기능이 보장되진 않습니다.
- `moveTo*()` 메서드로 커서를 이동합니다.
- `get*()` 메서드로 커서에서 값을 가져옵니다. 작업을 완료했으면 커서와 데이터베이스 연결을 닫습니다.
- **커서 어댑터**는 커서와 작동하는 어댑터입니다. 커서가 반환한 값을 리스트 뷰에 채울 때는 `SimpleCursorAdapter`를 이용합니다.

17 커서와 asynctask

백그라운드에 머무세요

doInBackground() 메서드는
정말 멋져요.
이 일을 메인 이벤트에 맡기면
일처리가 굉장히 느려질 거예요.

대부분의 앱은 자신의 데이터를 갱신합니다.

지금까지 SQLite 데이터베이스에서 데이터를 읽는 방법을 살펴봤습니다. 하지만 앱의 데이터를 갱신하려면 어떻게 해야 할까요? 이 장에서는 **사용자의 입력에 응답해서 데이터베이스의 값을 갱신**하는 방법을 설명합니다. 또한 **갱신된 데이터를 새로 표시하는 방법**도 살펴봅니다. 마지막으로 앱의 성능을 떨어뜨리지 않도록 AsyncTask를 이용해 효과적으로 **멀티스레드 코드**를 구현하는 방법을 배웁니다.

Starbuzz 앱에 데이터 갱신 기능을 추가합니다

앞 장에서는 SQLite 데이터베이스에서 데이터를 읽는 방법을 배웠습니다. Starbuzz 데이터베이스에서 음료 정보 레코드를 가져와 액티비티에 표시하는 방법을 살펴봤습니다. 또한 커서 어댑터를 이용해 데이터베이스의 데이터(여기서는 음료 이름)를 리스트 뷰에 채우는 방법도 배웠습니다.

두 기능 모두 데이터베이스의 데이터를 읽는 작업과 관련 있습니다. 그런데 데이터를 갱신하려면 어떻게 해야 할까요?

우리는 Starbuzz 앱에 사용자가 즐겨찾는 음료를 저장할 수 있는 기능을 추가할 것입니다. `DrinkActivity`에 체크박스를 추가한 다음 사용자가 이 체크박스를 선택하면 그 음료는 사용자가 즐겨찾는 음료로 추가됩니다.

사용자는 체크박스를 이용해 즐겨찾는 음료를 설정할 수 있어요. DrinkActivity에 체크박스와 데이터베이스를 갱신하는 기능을 추가할 거예요.

`TopLevelActivity`에 사용자가 즐겨찾는 음료를 포함하는 새 리스트 뷰를 추가합니다.

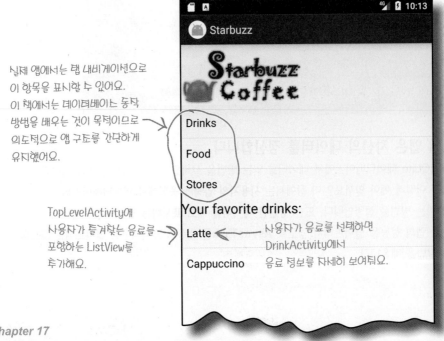

실제 앱에서는 탭 내비게이션으로 이 항목을 표시할 수 있어요. 이 책에서는 데이터베이스 동작 방법을 배우는 것이 목적이므로 의도적으로 앱 구조를 간단하게 유지했어요.

TopLevelActivity에 사용자가 즐겨찾는 음료를 포함하는 ListView를 추가해요.

사용자가 음료를 선택하면 DrinkActivity에서 음료 정보를 자세히 보여줘요.

먼저 DrinkActivity를 바꿉니다

15장에서는 Starbuzz 데이터베이스의 DRINK 테이블에 FAVORITE 열을 추가했습니다. 이 열을 이용해 사용자가 음료를 즐겨찾는 음료로 추가했는지 알 수 있습니다. 또한 FAVORITE 열의 값을 이용해 `DrinkActivity`의 체크박스 상태를 조절하고 사용자가 체크박스를 클릭하면 FAVORITE 열의 값을 새로운 값으로 갱신합니다.

다음과 같은 단계로 `DrinkActivity`를 바꿉니다.

1. **DrinkActivity의 레이아웃에 체크박스와 텍스트 레이블을 추가합니다.**

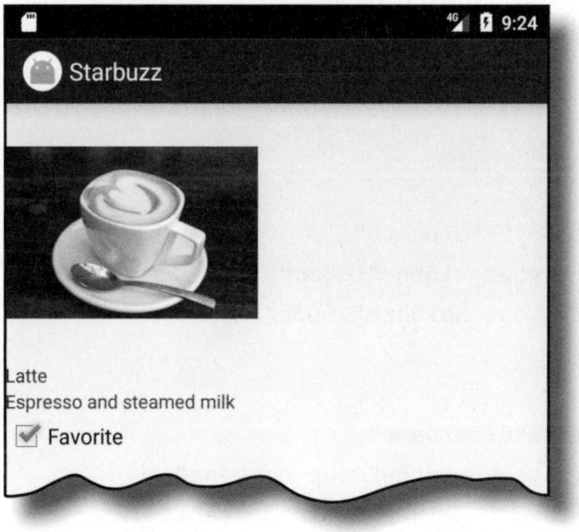

체크박스와 레이블을 activity_drink.xml에 추가합니다.

2. **FAVORITE 열의 값을 체크박스에 설정합니다.**
   Starbuzz 데이터베이스에서 FAVORITE 열의 값을 가져와야 합니다.

3. **체크박스를 클릭하면 FAVORITE 열의 값을 갱신합니다.**
   체크박스의 값에 따라 FAVORITE 열의 값을 갱신해서 데이터베이스의 데이터를 최신 상태로 유지합니다.

이제 작업을 시작합시다.

직접 해보세요!

이 장에서는 Starbuzz 앱을 이용하므로 안드로이드 스튜디오에서 Starbuzz 프로젝트를 여세요.

DrinkActivity의 레이아웃에 체크박스 추가하기

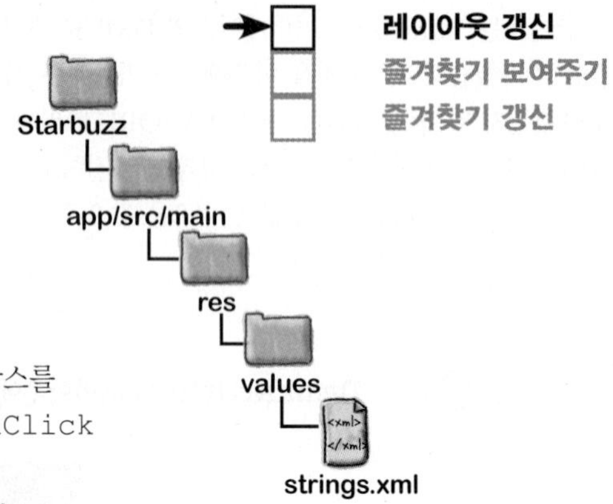

먼저 DrinkActivity의 레이아웃에 사용자가 즐겨찾는 음료로 설정했는지 가리키는 체크박스를 추가합니다. 참과 거짓 값을 쉽게 표시할 수 있어야 하므로 체크박스를 이용합니다.

먼저 strings.xml에 "favorite"라는 문자열 리소스를 추가합니다(나중에 체크박스 레이블에 사용할 문자열이에요).

```
<string name="favorite">Favorite</string>
```

activity_drink.xml에 체크박스를 추가합니다. 나중에 액티비티 코드에서 체크박스를 참조할 수 있도록 체크박스에 favorite라는 ID를 설정합니다. android:onClick 속성을 "onFavoriteClicked"로 설정해서 사용자가 체크박스를 클릭하면 DrinkActivity의 onFavoriteClicked() 메서드가 호출되도록 합니다. 다음은 레이아웃 코드입니다. 여러분 코드도 다음처럼 바꾸세요(굵은 문자 참조).

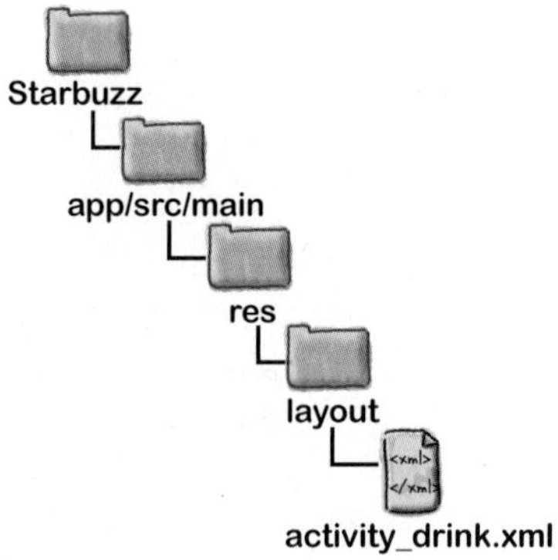

```
<LinearLayout ... >
    <ImageView
        android:id="@+id/photo"
        android:layout_width="190dp"
        android:layout_height="190dp" />

    <TextView
        android:id="@+id/name"
        android:layout_width="wrap_content"
        android:layout_height="wrap_content" />

    <TextView
        android:id="@+id/description"
        android:layout_width="match_parent"
        android:layout_height="wrap_content" />

    <CheckBox android:id="@+id/favorite"
        android:layout_width="wrap_content"
        android:layout_height="wrap_content"
        android:text="@string/favorite"
        android:onClick="onFavoriteClicked" />
</LinearLayout>
```

처음 액티비티를 생성할 때 추가했던 사진, 이름, 설명을 표시하는 뷰예요.

체크박스에 favorite라는 ID를 할당해요.

체크박스에 레이블을 제공해요.

체크박스를 클릭하면 DrinkActivity의 onFavoriteClicked() 메서드가 호출돼요. 이 메서드도 구현할 거예요.

다음에는 DrinkActivity에 데이터베이스의 FAVORITE 열 상태를 체크박스에 반영하는 코드를 구현합니다.

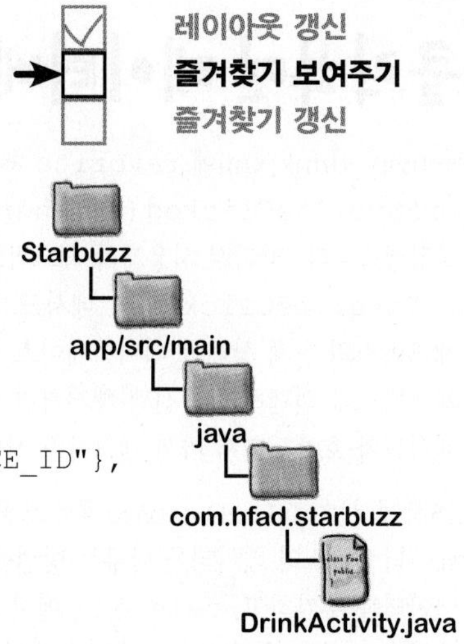

FAVORITE 열의 값 표시하기

체크박스의 상태를 갱신하려면 데이터베이스에서 FAVORITE 열의 값을 가져와야 합니다. DrinkActivity의 onCreate() 메서드에서 FAVORITE 값을 읽도록 커서 코드 구현을 바꿔서 이 기능을 구현합니다.

다음은 사용자가 선택한 음료 정보를 반환하는 현재의 커서 코드입니다.

```
Cursor cursor = db.query("DRINK",
        new String[]{"NAME", "DESCRIPTION", "IMAGE_RESOURCE_ID"},
        "_id = ?",
        new String[]{Integer.toString(drinkId)},
        null, null, null);
```

FAVORITE 열의 데이터를 반환받으려면 커서가 반환하는 열 이름에 FAVORITE 열의 이름을 추가합니다.

커서에 FAVORITE 열을 추가해요.

```
Cursor cursor = db.query("DRINK",
        new String[]{"NAME", "DESCRIPTION", "IMAGE_RESOURCE_ID", "FAVORITE"},
        "_id = ?",
        new String[]{Integer.toString(drinkId)},
        null, null, null);
```

나중에 DrinkActivity.java 전체 코드를 소개할 것이므로 지금은 여러분 코드를 바꿀 필요 없어요.

FAVORITE 열의 값을 얻었으면 그 값을 이용해 favorite 체크박스의 값을 갱신할 수 있습니다. 먼저 다음 코드를 이용해 커서를 첫 번째 레코드(한 개의 레코드뿐이지만)로 이동해야 합니다.

```
cursor.moveToFirst();
```

첫 번째 레코드로 이동했으면 현재 음료의 열 값을 얻을 수 있습니다. FAVORITE 열은 숫자값을 포함하며 0은 거짓, 1은 참을 의미합니다. 따라서 다음 코드를 이용해 값이 1이면 favorite 체크박스를 설정하고 값이 0이면 체크박스의 설정을 해제합니다.

FAVORITE 열의 값을 얻어요. 데이터베이스에 참을 의미하는 1 또는 거짓을 의미하는 0이 저장되어 있어요.

```
boolean isFavorite = (cursor.getInt(3) == 1);
CheckBox favorite = (CheckBox) findViewById(R.id.favorite);
favorite.setChecked(isFavorite);
```

favorite 체크박스의 값을 적용해요.

FAVORITE 열의 값을 favorite 체크박스에 반영하는 기능을 구현했습니다. 다음에는 사용자가 체크박스를 클릭하면 데이터베이스의 값을 갱신하는 기능을 구현합니다.

클릭하면 데이터베이스 갱신하기

- [x] 레이아웃 갱신
- [x] 즐겨찾기 보여주기
- [ ] → 즐겨찾기 갱신

activity_drink.xml에 favorite 체크박스를 추가하면서 onFavoriteClicked()에 android:onClick 속성을 설정했습니다. 따라서 사용자가 체크박스를 클릭할 때마다 액티비티의 onFavoriteClicked() 메서드가 호출됩니다. 이 메서드를 이용해 체크박스의 현재 상태를 데이터베이스의 값으로 갱신합니다. 사용자가 체크박스를 선택하거나 선택 해제하면 onFavoriteClicked() 메서드가 호출되면서 바뀐 체크박스 상태의 값을 데이터베이스에 저장합니다.

15장에서는 SQLiteDatabase에서 제공하는 메서드로 SQLite 데이터베이스의 데이터를 다루는 방법을 배웠습니다. insert() 메서드로 데이터를 추가하고, delete() 메서드로 데이터를 삭제하고, update() 메서드로 기존 데이터를 갱신할 수 있습니다.

액티비티에서 이들 메서드를 이용해 액티비티의 데이터를 바꿀 수 있습니다. 예를 들어 insert() 메서드로 DRINK 테이블에 새 음료 레코드를 추가하거나, delete() 메서드로 음료 정보를 삭제할 수 있습니다. 우리 예제에서는 update() 메서드로 체크박스의 값을 갱신해야 합니다.

참고로 update() 메서드는 다음과 같은 형태를 갖습니다.

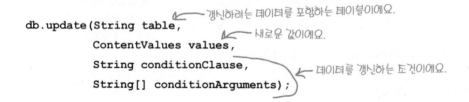

```
db.update(String table,
          ContentValues values,
          String conditionClause,
          String[] conditionArguments);
```

← 갱신하려는 데이터를 포함하는 테이블이에요. (table)

← 새로운 값이에요. (values)

← 데이터를 갱신하는 조건이에요. (conditionClause, conditionArguments)

여기서 table은 갱신하려는 테이블의 이름이고, values는 갱신하려는 열과 설정하려는 값의 이름/값 쌍으로 이루어진 ContentValues 객체입니다. conditionClause와 conditionArguments 인자로 어떤 레코드를 갱신할 것인지 지정합니다.

사용자가 체크박스를 클릭했을 때 DrinkActivity에 FAVORITE 열을 갱신하는 방법은 이미 알고 있으므로 곧바로 다음 연습문제를 풀어봅시다.

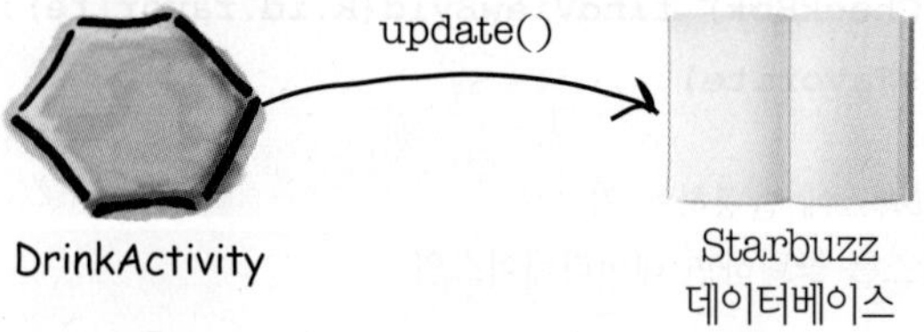

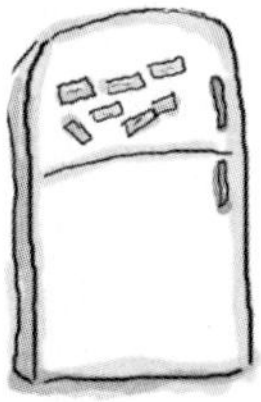

코드 자석

DrinkActivity 코드에서 현재 favorite 체크박스의 값을 데이터베이스의 FAVORITE 열의 값으로 갱신해야 합니다. 이 작업을 수행하도록 onFavoriteClicked() 메서드를 구현하세요.

```
public class DrinkActivity extends Activity {
...
    // 체크박스를 클릭하면 데이터베이스 갱신

    public void onFavoriteClicked(.......................){

        int drinkId = (Integer) getIntent().getExtras().get(EXTRA_DRINKID);
        CheckBox favorite = (CheckBox) findViewById(R.id.favorite);

        ............................... drinkValues = new ..................................;

        drinkValues.put(..........................., favorite.isChecked());

        SQLiteOpenHelper starbuzzDatabaseHelper = new StarbuzzDatabaseHelper(this);
        try {

            SQLiteDatabase db = starbuzzDatabaseHelper.............................................;

            db.update(..................,............................,

                                   ........................., new String[] {Integer.toString(drinkId)});
            db.close();
        } catch(SQLiteException e) {
            Toast toast = Toast.makeText(this, "Database unavailable", Toast.LENGTH_SHORT);
            toast.show();
        }
    }
}
```

모든 자석을 사용할 필요는 없어요.

- drinkValues
- "FAVORITE"
- View view
- "_id = ?"
- ContentValues
- "DRINK"
- ContentValues()
- getReadableDatabase()
- favorite
- getWritableDatabase()

코드 자석 정답

DrinkActivity 코드에서 현재 favorite 체크박스의 값을 데이터베이스의 FAVORITE 열의 값으로 갱신해야 합니다. 이 작업을 수행하도록 onFavoriteClicked() 메서드를 구현하세요.

```
public class DrinkActivity extends Activity {
...
    // 체크박스를 클릭하면 데이터베이스 갱신

    public void onFavoriteClicked( View view ){

        int drinkId = (Integer) getIntent().getExtras().get(EXTRA_DRINKID);
        CheckBox favorite = (CheckBox) findViewById(R.id.favorite);

        ContentValues drinkValues = new ContentValues() ;

        drinkValues.put( "FAVORITE" , favorite.isChecked());

        SQLiteOpenHelper starbuzzDatabaseHelper = new StarbuzzDatabaseHelper(this);
        try {

            SQLiteDatabase db = starbuzzDatabaseHelper. getWritableDatabase() ;

            db.update( "DRINK" , drinkValues ,

                                    "_id = ?" , new String[] {Integer.toString(drinkId)});
            db.close();
        } catch(SQLiteException e) {
            Toast toast = Toast.makeText(this, "Database unavailable", Toast.LENGTH_SHORT);
            toast.show();
        }
    }
}
```

데이터베이스를 읽고 갱신해야 해요.

필요 없는 자석이에요.

getReadableDatabase()

favorite

레이아웃 갱신
즐겨찾기 보여주기
→ 즐겨찾기 갱신

DrinkActivity.java 전체 코드

지금까지 favorite 체크박스의 값을 FAVORITE 열에 적용하는 데 필요한 모든 DrinkActivity의 코드를 확인했습니다. 그리고 사용자가 체크박스의 값을 바꾸면 데이터베이스의 FAVORITE 열의 값도 바뀝니다.

다음은 DrinkActivity.java 전체 코드입니다. 여러분 코드도 다음처럼 바꾸세요(굵은 문자로 표시한 부분을 참조하세요).

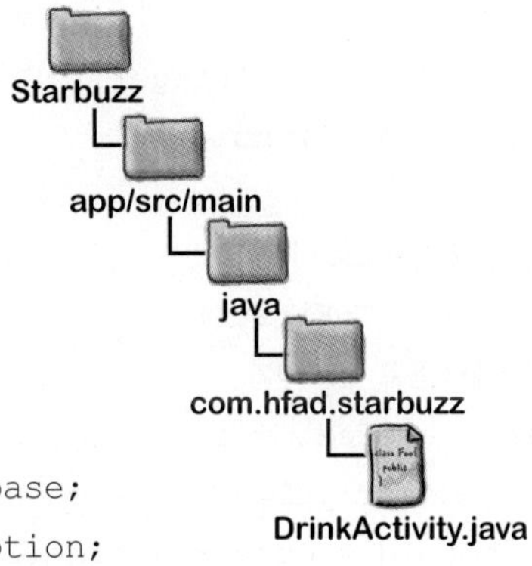


```
package com.hfad.starbuzz;

import android.app.Activity;
import android.os.Bundle;
import android.widget.ImageView;
import android.widget.TextView;
import android.widget.Toast;
import android.database.Cursor;
import android.database.sqlite.SQLiteDatabase;
import android.database.sqlite.SQLiteException;
import android.database.sqlite.SQLiteOpenHelper;
import android.view.View;
import android.widget.CheckBox;
import android.content.ContentValues;

public class DrinkActivity extends Activity {

    public static final String EXTRA_DRINKID = "drinkId";

    @Override
    protected void onCreate(Bundle savedInstanceState) {
        super.onCreate(savedInstanceState);
        setContentView(R.layout.activity_drink);

        // 인텐트에서 음료 정보 얻기
        int drinkId = (Integer) getIntent().getExtras().get(EXTRA_DRINKID);
```

추가로 사용하는 클래스이므로 임포트하세요.

다음 페이지에 코드가 이어져요.

DrinkActivity.java(계속)

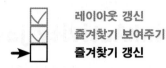

- [x] 레이아웃 갱신
- [x] 즐겨찾기 보여주기
- [ ] 즐겨찾기 갱신

```
// 커서 생성
SQLiteOpenHelper starbuzzDatabaseHelper = new StarbuzzDatabaseHelper(this);
try {
    SQLiteDatabase db = starbuzzDatabaseHelper.getReadableDatabase();
    Cursor cursor = db.query("DRINK",
            new String[]{"NAME", "DESCRIPTION", "IMAGE_RESOURCE_ID", "FAVORITE"},
            "_id = ?",
            new String[]{Integer.toString(drinkId)},
            null, null, null);

    // 커서의 첫 번째 레코드로 이동
    if (cursor.moveToFirst()) {
        // 커서에서 음료 정보 얻기
        String nameText = cursor.getString(0);
        String descriptionText = cursor.getString(1);
        int photoId = cursor.getInt(2);
        boolean isFavorite = (cursor.getInt(3) == 1);

        // 음료 이름 설정
        TextView name = (TextView) findViewById(R.id.name);
        name.setText(nameText);

        // 음료 설명 설정
        TextView description = (TextView) findViewById(R.id.description);
        description.setText(descriptionText);

        // 음료 이미지 설정
        ImageView photo = (ImageView) findViewById(R.id.photo);
        photo.setImageResource(photoId);
        photo.setContentDescription(nameText);

        // favorite 체크박스 설정
        CheckBox favorite = (CheckBox)findViewById(R.id.favorite);
        favorite.setChecked(isFavorite);
    }
```

커서에 FAVORITE 열을 추가해요.

FAVORITE 열의 값이 1이면 참을 의미해요.

즐겨찾는 음료면 favorite 체크박스를 선택해요.

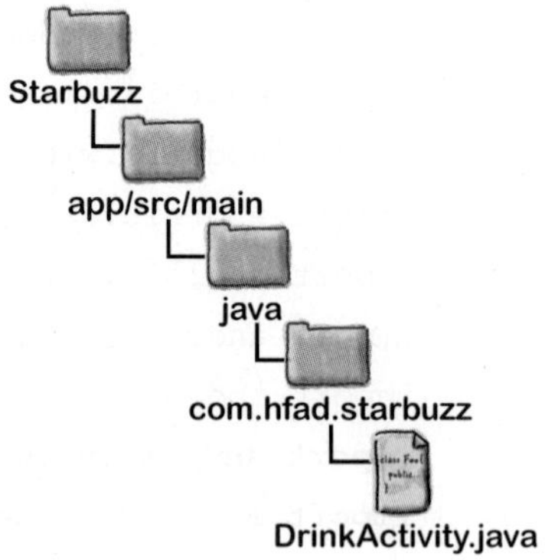

다음 페이지에 코드가 이어져요.

- [x] 레이아웃 갱신
- [x] 즐겨찾기 보여주기
- → [ ] 즐겨찾기 갱신

DrinkActivity.java(계속)

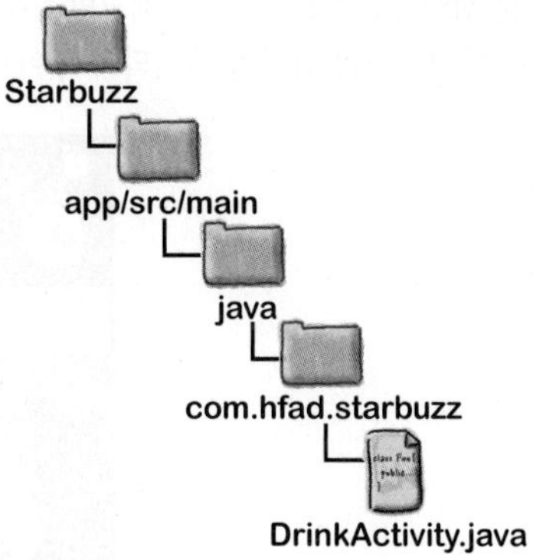


```
            cursor.close();
            db.close();
        } catch (SQLiteException e) {
            Toast toast = Toast.makeText(this,
                    "Database unavailable",
                    Toast.LENGTH_SHORT);
            toast.show();
        }
    }

    // 체크박스를 클릭하면 데이터베이스 갱신
    public void onFavoriteClicked(View view){
        int drinkId = (Integer) getIntent().getExtras().get(EXTRA_DRINKID);

        // 체크박스의 값 얻기
        CheckBox favorite = (CheckBox) findViewById(R.id.favorite);
        ContentValues drinkValues = new ContentValues();
        drinkValues.put("FAVORITE", favorite.isChecked());

        // 데이터베이스 레퍼런스를 얻어서 FAVORITE 열 갱신
        SQLiteOpenHelper starbuzzDatabaseHelper = new StarbuzzDatabaseHelper(this);
        try {
            SQLiteDatabase db = starbuzzDatabaseHelper.getWritableDatabase();
            db.update("DRINK",
                    drinkValues,
                    "_id = ?",
                    new String[] {Integer.toString(drinkId)});
            db.close();
        } catch(SQLiteException e) {
            Toast toast = Toast.makeText(this, "Database unavailable", Toast.LENGTH_SHORT);
            toast.show();
        }
    }
}
```

favorite 체크박스의 값을 drinkValues라는 ContentValues 객체로 추가해요.

데이터베이스에 저장된 음료의 FAVORITE 열의 값을 체크박스의 값으로 갱신해요.

데이터베이스에 문제가 있으면 사용자에게 표시해요.

앱을 실행하면 어떤 일이 일어나는지 확인합시다.

앱 시험 주행

레이아웃 갱신
즐겨찾기 보여주기
즐겨찾기 갱신

앱을 실행해서 음료를 선택하면 favorite 체크박스가 표시됩니다(처음에는 체크박스의 설정이 해제되어 있어요).

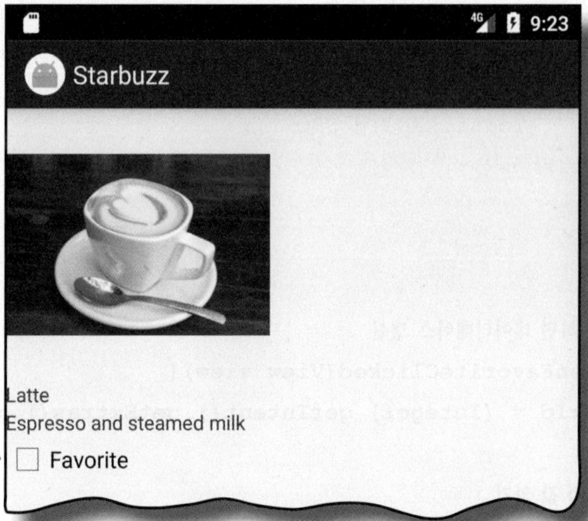

우리가 추가한 체크박스와 레이블이에요.

체크박스를 선택하면 즐겨찾는 음료로 설정되었음을 표시하는 체크마크가 나타납니다.

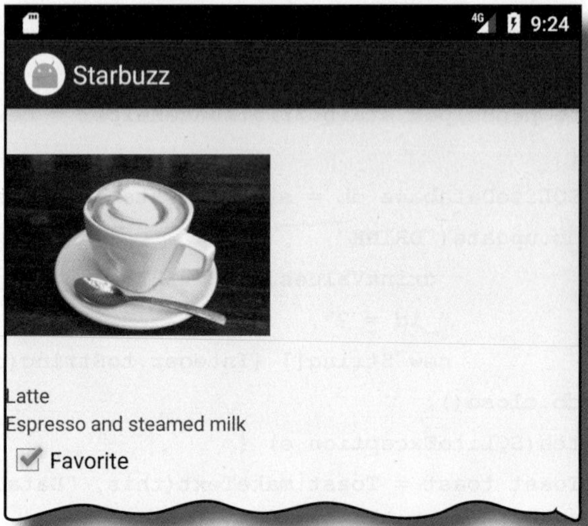

체크박스를 클릭하면 체크마크가 나타나면서 데이터베이스의 값이 갱신돼요.

사용자가 앱을 종료하고 다시 음료를 선택하면 이전처럼 체크마크가 나타납니다. 이 값이 데이터베이스에 저장되어 있기 때문이죠.

이렇게 해서 데이터베이스의 FAVORITE 열의 값을 표시했고, 사용자가 값을 바꾸면 이 값을 다시 데이터베이스에 갱신하는 기능을 모두 구현했습니다.

TopLevelActivity에 즐겨찾는 음료 표시하기

이번에는 TopLevelActivity에 사용자가 즐겨찾는 음료를 표시합시다.
다음과 같은 단계로 작업을 진행합니다.

1. **TopLevelActivity의 레이아웃에 리스트 뷰와 텍스트 뷰를 추가합니다.**

2. **리스트 뷰에 데이터를 채우고 사용자의 클릭에 응답하도록 설정합니다.**
   데이터베이스에서 사용자가 즐겨찾는 음료를 가져오는 새 커서를 생성하고 커서 어댑터를 이용해 이 커서를 리스트 뷰와 연결합니다. 그리고 사용자가 즐겨찾는 음료 목록 중 한 음료를 선택했을 때 TopLevelActivity가 DrinkActivity를 실행할 수 있도록 onItemClickListener를 생성합니다.

3. **사용자가 즐겨찾는 음료를 새로 선택하면 리스트 뷰 데이터를 갱신합니다.**
   DrinkActivity에서 즐겨찾는 음료를 새로 선택하면 TopLevelActivity로 돌아갔을 때 이 음료가 리스트 뷰에 표시되어야 합니다.

이 세 단계를 완성하면 TopLevelActivity에 사용자가 즐겨찾는 음료를 표시할 수 있습니다.

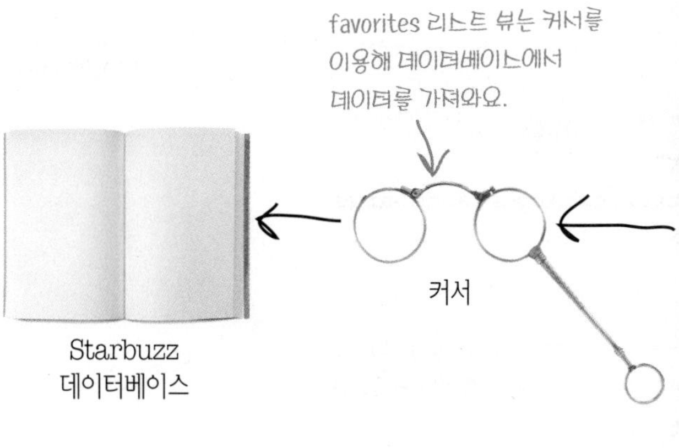
favorites 리스트 뷰는 커서를
이용해 데이터베이스에서
데이터를 가져와요.
커서
Starbuzz
데이터베이스

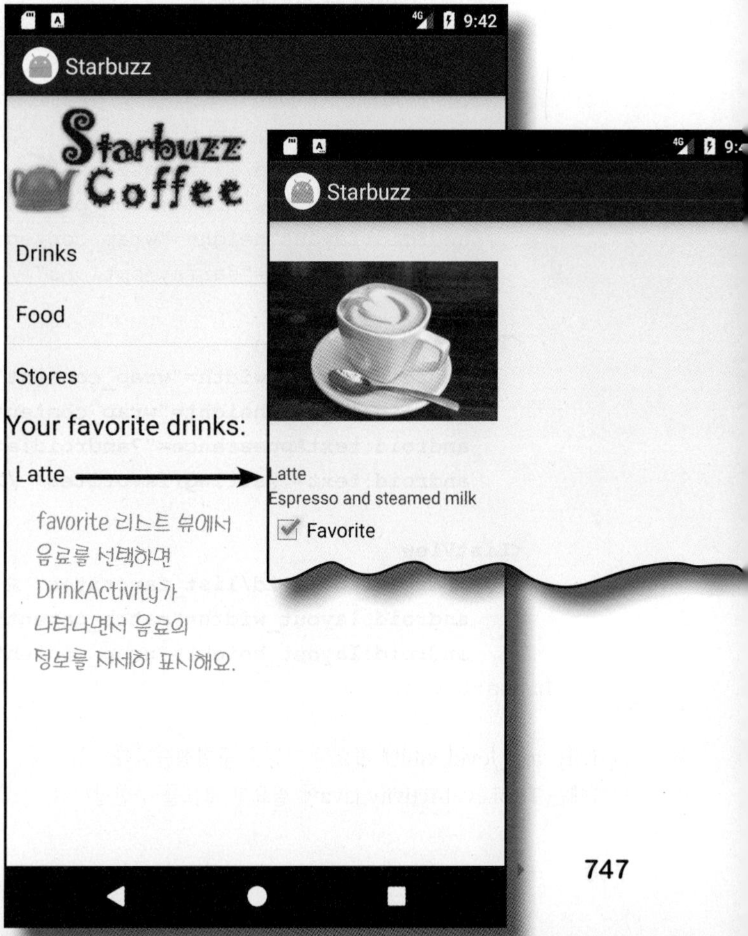
Starbuzz
Drinks
Food
Stores
Your favorite drinks:
Latte
Starbuzz
Latte
Espresso and steamed milk
Favorite
favorite 리스트 뷰에서
음료를 선택하면
DrinkActivity가
나타나면서 음료의
정보를 자세히 표시해요.

지금부터 한 단계씩 기능을 구현합니다.

activity_top_level.xml에 즐겨찾는 음료 표시하기

이전 페이지에서 설명한 것처럼 activity_top_level.xml에 사용자가 즐겨찾는 음료를 포함하는 리스트 뷰를 추가합니다. 리스트 뷰의 헤딩 정보를 표시할 텍스트 뷰도 추가합니다.

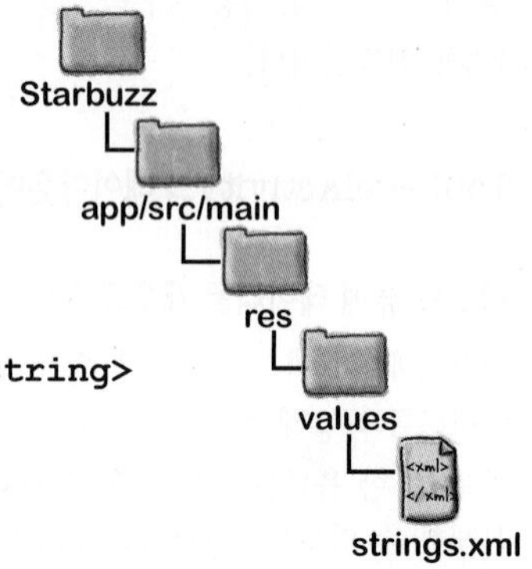

먼저 다음 문자열 리소스를 strings.xml에 추가합니다(텍스트 뷰의 텍스트로 사용해요).

```
<string name="favorites">Your favorite drinks:</string>
```

그리고 레이아웃에 텍스트 뷰와 리스트 뷰를 새로 추가합니다. 다음은 activity_top_level.xml 코드입니다. 여러분 코드도 다음처럼 바꾸세요.

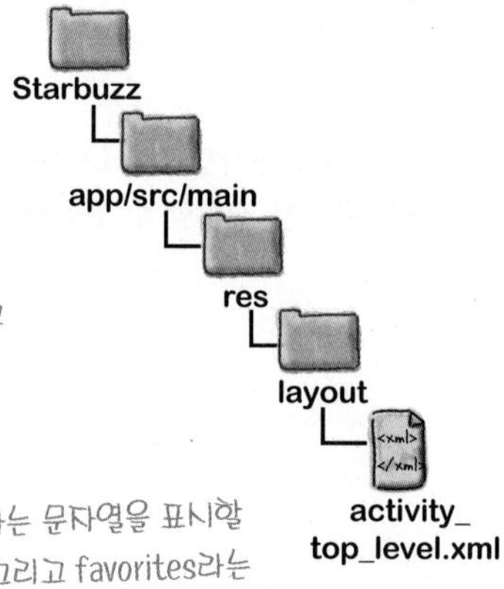


```
<LinearLayout ... >
    <ImageView
        android:layout_width="200dp"
        android:layout_height="100dp"
        android:src="@drawable/starbuzz_logo"
        android:contentDescription="@string/starbuzz_logo" />

    <ListView
        android:id="@+id/list_options"
        android:layout_width="match_parent"
        android:layout_height="wrap_content"
        android:entries="@array/options" />

    <TextView
        android:layout_width="wrap_content"
        android:layout_height="wrap_content"
        android:textAppearance="?android:attr/textAppearanceLarge"
        android:text="@string/favorites" />

    <ListView
        android:id="@+id/list_favorites"
        android:layout_width="match_parent"
        android:layout_height="wrap_content" />
</LinearLayout>
```

이미 레이아웃은 Starbuzz 로고와 리스트 뷰를 포함하고 있어요.

'Your favorite drinks'라는 문자열을 표시할 텍스트 뷰를 추가해요. 그리고 favorites라는 문자열 리소스를 사용해요.

list_favorites ListView로 사용자가 즐겨찾는 음료를 표시해요.

activity_top_level.xml에 필요한 기능을 구현했습니다.
다음에는 TopLevelActivity.java에 필요한 코드를 구현합니다.

- [x] 레이아웃 갱신
- [ ] **리스트 뷰 채우기** ←
- [ ] 데이터 새로고침

TopLevelActivity.java 리팩토링

새 리스트 뷰에 필요한 코드를 구현하기 전에 기존의 TopLevelActivity 코드를 리팩토링합니다. 특히 가독성이 개선되도록 코드를 바꿉니다. 옵션 리스트 뷰와 관련된 코드를 setupOptionsListView()라는 새로운 메서드로 이동시킵니다. 그리고 onCreate() 메서드에서 이 메서드를 호출합니다.

다음은 TopLevelActivity.java 코드입니다(여러분 코드도 다음처럼 바꾸세요).

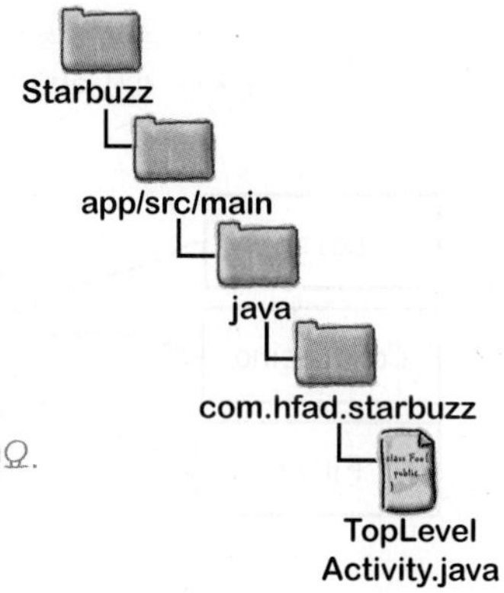


```
package com.hfad.starbuzz;
...
public class TopLevelActivity extends Activity {

    @Override
    protected void onCreate(Bundle savedInstanceState) {
        super.onCreate(savedInstanceState);
        setContentView(R.layout.activity_top_level);
        setupOptionsListView();
    }

    private void setupOptionsListView() {
        // onItemClickListener 생성
        AdapterView.OnItemClickListener itemClickListener =
                                        new AdapterView.OnItemClickListener(){
            public void onItemClick(AdapterView<?> listView,
                                    View itemView,
                                    int position,
                                    long id) {
                if (position == 0) {
                    Intent intent = new Intent(TopLevelActivity.this,
                                               DrinkCategoryActivity.class);
                    startActivity(intent);
                }
            }
        };
        // 리스너를 리스트 뷰에 추가
        ListView listView = (ListView) findViewById(R.id.list_options);
        listView.setOnItemClickListener(itemClickListener);
    }
}
```

setupOptionsListView() 메서드를 호출해요.

이전에는 onCreate() 메서드에 이 코드를 구현했어요. 이 코드를 새 메서드로 이동해서 코드를 정리했어요.

list_options 리스트 뷰에서 Drinks 옵션을 선택하면 DrinkCategoryActivity를 시작해요.

TopLevelActivity.java에 필요한 작업

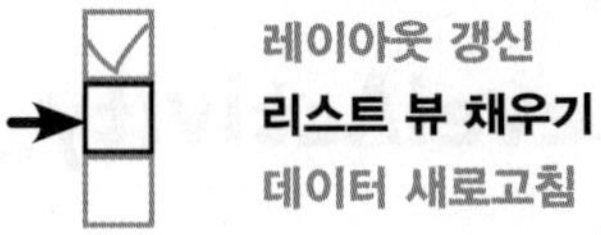

우리가 레이아웃에 추가한 list_favorites 리스트 뷰에 사용자가 즐겨찾는 음료를 표시하고 사용자가 음료를 클릭하면 이에 응답해야 합니다. 그러려면 다음 작업이 필요합니다.

1 커서를 이용해 list_favorites 리스트 뷰에 데이터 채우기

커서는 FAVORITE 열이 1로 설정된 모든 음료, 즉 사용자가 즐겨찾기로 추가한 모든 음료를 반환합니다. DrinkCategoryActivity에서 했던 것처럼 커서 어댑터를 이용해 커서를 리스트 뷰에 연결합니다.

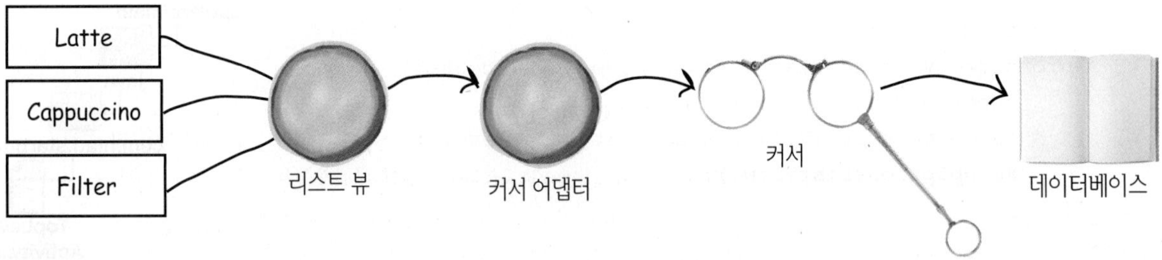

2 list_favorites 리스트 뷰가 클릭에 응답할 수 있도록 onItemClickListener 생성

사용자가 즐겨찾는 음료 한 개를 선택하면 DrinkActivity를 시작하는 인텐트를 생성하고 사용자가 선택한 음료 ID를 인텐트로 전달합니다. 이렇게 해서 사용자가 선택한 음료의 정보가 자세히 표시됩니다.

이 기능을 구현하는 데 필요한 코드는 이미 알고 있습니다. 사실 이 기능은 앞에서 DrinkCategoryActivity의 음료 목록을 제어하는 코드와 거의 비슷합니다. 이번에는 FAVORITE 열의 값이 1인 음료를 포함한다는 부분만 다릅니다.

우리는 setupFavoritesListView()라는 새 메서드에 리스트 뷰를 제어하는 코드를 구현합니다. 다음 페이지에서 이 메서드 코드를 소개합니다.

구울 준비가 된 코드

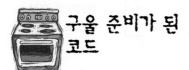

`setupFavoritesListView()` 메서드는 사용자가 즐겨찾는 음료 이름으로 `list_favorites` 리스트 뷰를 채웁니다. 다음 페이지로 넘어가기 전에 이 페이지의 코드를 이해했는지 확인하세요.

레이아웃 갱신
→ **리스트 뷰 채우기**
데이터 새로고침

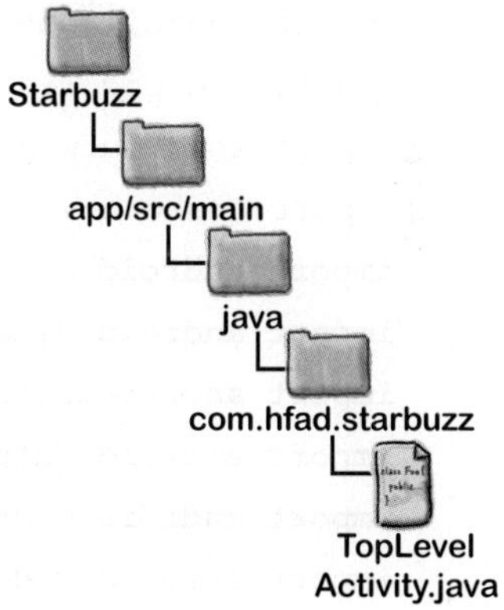


```
private void setupFavoritesListView() {
    // 커서로 list_favorites ListView 리스트 뷰에 데이터 채우기
    ListView listFavorites = (ListView) findViewById(R.id.list_favorites);
    try{
        SQLiteOpenHelper starbuzzDatabaseHelper = new StarbuzzDatabaseHelper(this);
        db = starbuzzDatabaseHelper.getReadableDatabase();
        favoritesCursor = db.query("DRINK",
                new String[] { "_id", "NAME"},
                "FAVORITE = 1",
                null, null, null, null);

        CursorAdapter favoriteAdapter =
                new SimpleCursorAdapter(TopLevelActivity.this,
                        android.R.layout.simple_list_item_1,
                        favoritesCursor,
                        new String[]{"NAME"},
                        new int[]{android.R.id.text1}, 0);
        listFavorites.setAdapter(favoriteAdapter);
    } catch(SQLiteException e) {
        Toast toast = Toast.makeText(this, "Database unavailable", Toast.LENGTH_SHORT);
        toast.show();
    }

    // 음료를 클릭하면 DrinkActivity로 이동
    listFavorites.setOnItemClickListener(new AdapterView.OnItemClickListener() {
        @Override
        public void onItemClick(AdapterView<?> listView, View v, int position, long id) {
            Intent intent = new Intent(TopLevelActivity.this, DrinkActivity.class);
            intent.putExtra(DrinkActivity.EXTRA_DRINKID, (int)id);
            startActivity(intent);
        }
    });
}
```

list_favorites 리스트 뷰를 얻어요.

FAVORITE=1인 레코드의 _id, NAME 열을 얻는 커서를 생성해요.

사용자가 즐겨찾는 음료의 이름을 얻어요.

새 커서 어댑터를 생성해요.

커서 어댑터에 커서를 사용해요.

리스트 뷰에 음료 이름을 표시해요.

데이터베이스에 문제가 있으면 메시지를 표시해요.

사용자가 리스트 뷰의 항목을 클릭하면 이 메서드가 호출돼요.

사용자가 list_favorites 리스트 뷰에서 항목을 선택하면 DrinkActivity를 시작할 인텐트를 생성하고 ID를 추가 정보로 전달해요.

기능을 추가한 TopLevelActivity.java 코드

레이아웃 갱신
리스트 뷰 채우기
데이터 새로고침

다음은 list_favorites 리스트 뷰에 데이터를 채우고 클릭에 응답하도록 구현한 TopLevelActivity 코드입니다. 여러분의 TopLevelActivity.java 코드도 다음처럼 바꾸세요(새로 추가한 코드가 많으므로 천천히 주의해서 작업하세요).

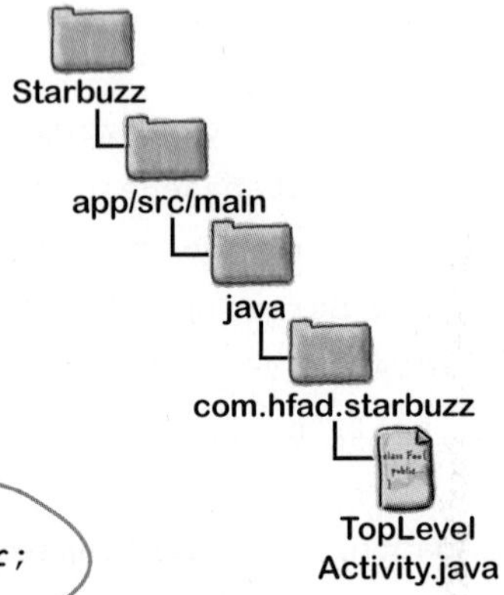


```
package com.hfad.starbuzz;

import android.app.Activity;
import android.os.Bundle;
import android.content.Intent;
import android.widget.AdapterView;
import android.widget.ListView;
import android.view.View;
import android.database.Cursor;
import android.database.sqlite.SQLiteOpenHelper;
import android.database.sqlite.SQLiteException;
import android.database.sqlite.SQLiteDatabase;
import android.widget.SimpleCursorAdapter;
import android.widget.CursorAdapter;
import android.widget.Toast;

public class TopLevelActivity extends Activity {

    private SQLiteDatabase db;
    private Cursor favoritesCursor;

    @Override
    protected void onCreate(Bundle savedInstanceState) {
        super.onCreate(savedInstanceState);
        setContentView(R.layout.activity_top_level);
        setupOptionsListView();
        setupFavoritesListView();
    }
```

추가로 사용하는 클래스이므로 모두 임포트하세요.

setupFavoritesListView()와 onDestroy() 메서드에서 참조할 수 있도록 데이터베이스와 커서를 비공개 변수로 추가했어요.

onCreate() 메서드에서 setupFavoritesListView() 메서드를 호출해요.

다음 페이지에 코드가 이어져요.

TopLevelActivity.java 코드(계속)

레이아웃 갱신
→ 리스트 뷰 채우기
데이터 새로고침

이 메서드는 바꿀 필요가 없어요.

```
private void setupOptionsListView() {
    // onItemClickListener 생성
    AdapterView.OnItemClickListener itemClickListener =
                                new AdapterView.OnItemClickListener(){
        public void onItemClick(AdapterView<?> listView,
                                View itemView,
                                int position,
                                long id) {
            if (position == 0) {
                Intent intent = new Intent(TopLevelActivity.this,
                                        DrinkCategoryActivity.class);
                startActivity(intent);
            }
        }
    };

    // 리스너를 리스트 뷰에 추가
    ListView listView = (ListView) findViewById(R.id.list_options);
    listView.setOnItemClickListener(itemClickListener);
}

private void setupFavoritesListView() {
    // 커서로 list_favorites 리스트 뷰 채우기
    ListView listFavorites = (ListView) findViewById(R.id.list_favorites);
    try{
        SQLiteOpenHelper starbuzzDatabaseHelper = new StarbuzzDatabaseHelper(this);
        db = starbuzzDatabaseHelper.getReadableDatabase();
        favoritesCursor = db.query("DRINK",
                new String[] { "_id", "NAME"},
                "FAVORITE = 1",
                null, null, null, null);
```

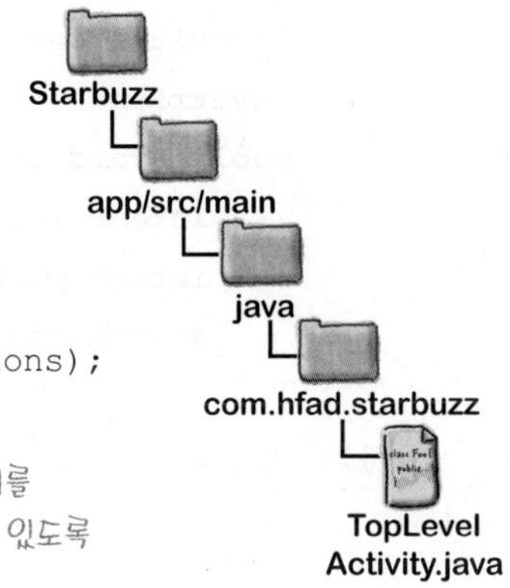

list_favorites 리스트 뷰에 데이터를 채우고 사용자의 클릭에 응답할 수 있도록 이 메서드를 구현했어요.

데이터베이스 레퍼런스를 얻어요.

list_favorites 리스트 뷰는 이 커서를 이용해 데이터를 가져와요.

다음 페이지에 코드가 이어져요.

TopLevelActivity.java 코드(계속)

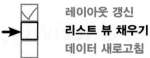

레이아웃 갱신
→ 리스트 뷰 채우기
데이터 새로고침

```
        CursorAdapter favoriteAdapter =
                new SimpleCursorAdapter(TopLevelActivity.this,
                        android.R.layout.simple_list_item_1,
                        favoritesCursor,
                        new String[]{"NAME"},
                        new int[]{android.R.id.text1}, 0);
        listFavorites.setAdapter(favoriteAdapter);
    } catch(SQLiteException e) {
        Toast toast = Toast.makeText(this, "Database unavailable", Toast.LENGTH_SHORT);
        toast.show();
    }

    // 음료를 클릭하면 DrinkActivity로 이동
    listFavorites.setOnItemClickListener(new AdapterView.OnItemClickListener() {
        @Override
        public void onItemClick(AdapterView<?> listView, View v, int position, long id) {
            Intent intent = new Intent(TopLevelActivity.this, DrinkActivity.class);
            intent.putExtra(DrinkActivity.EXTRA_DRINKID, (int)id);
            startActivity(intent);
        }
    });
}

// onDestroy() 메서드에서 커서와 데이터베이스 닫기
@Override
public void onDestroy(){
    super.onDestroy();
    favoritesCursor.close();
    db.close();
}
}
```

커서 어댑터에서 커서를 사용해요.

커서 어댑터를 리스트 뷰에 설정해요.

사용자의 클릭에 응답할 수 있도록 list_favorites 리스트 뷰를 설정해요.

사용자가 선택한 음료의 ID를 전달하면서 DrinkActivity를 시작해요.

액티비티가 종료되기 직전에 onDestroy() 메서드가 호출돼요. 액티비티가 종료되면 커서와 데이터베이스는 더 이상 필요가 없으므로 이 메서드에서 커서와 데이터베이스를 닫아요.

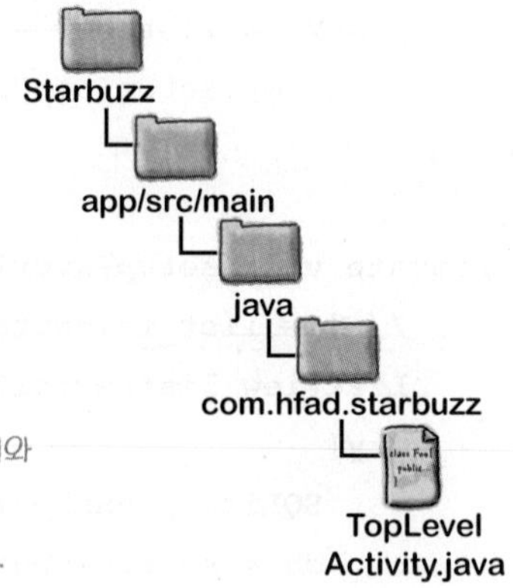

위 코드는 list_favorites 리스트 뷰를 사용자가 즐겨찾는 음료로 채웁니다. 사용자가 한 음료를 선택하면 선택한 음료의 ID를 전달하면서 DrinkActivity가 시작됩니다. 이제 앱을 실행해서 어떤 일이 일어나는지 확인합시다.

앱 시험 주행

- [x] 레이아웃 갱신
- [x] **리스트 뷰 채우기**
- [ ] 데이터 새로고침

앱을 실행하면 새 텍스트 뷰와 `list_favorites` 리스트 뷰가 `TopLevelActivity`에 나타납니다. 즐겨찾는 음료로 설정하면 리스트 뷰에 그 음료가 나타납니다.

즐겨찾기에 나타난 음료를 선택하면 `DrinkActivity`가 시작되면서 음료의 정보가 자세히 나타납니다.

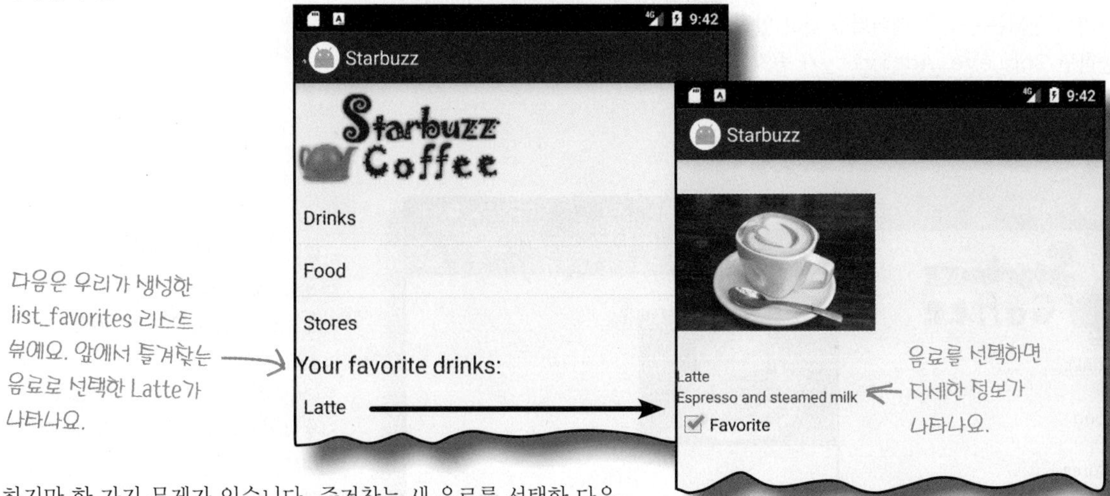

하지만 한 가지 문제가 있습니다. 즐겨찾는 새 음료를 선택한 다음 `TopLevelActivity`로 돌아가면 `list_favorites` 리스트 뷰에 새로 추가한 음료가 나타나지 않습니다. 디바이스를 회전시켜야 새로 추가한 음료가 나타납니다.

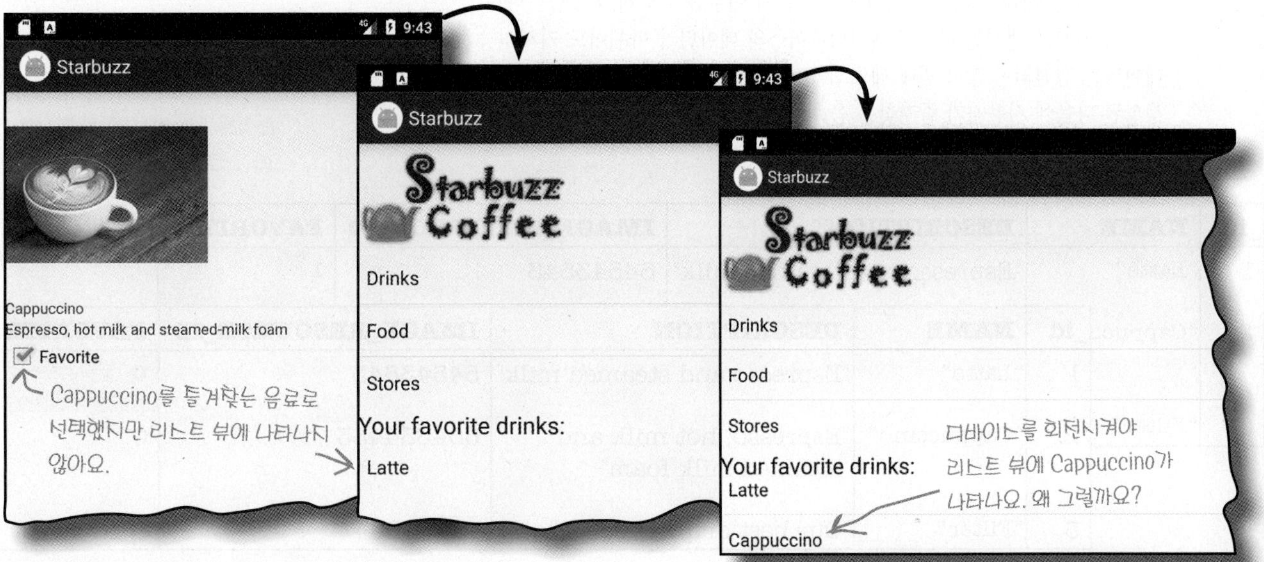

왜 디바이스를 회전시키지 않으면 즐겨찾는 새 음료가 나타나지 않을까요? 다음 페이지로 넘어가기 전에 생각해보세요.

커서는 자동으로 갱신되지 않습니다

- [x] 레이아웃 갱신
- [x] 리스트 뷰 채우기
- [ ] **데이터 새로고침**

사용자가 DrinkActivity에서 즐겨찾는 음료를 새로 선택하더라도 이 데이터가 TopLevelActivity의 list_favorites 리스트 뷰에 자동으로 반영되지 않습니다. **커서는 자신이 생성될 때의 데이터를 가지고 있기 때문입니다.**

우리 예제에서는 액티비티의 onCreate() 메서드에서 커서를 생성했으므로 커서는 액티비티가 생성되는 순간의 데이터를 갖고 있습니다. 사용자가 다른 액티비티로 이동하면 TopLevelActivity가 중지됩니다. 액티비티가 종료되고 다시 생성되는 것은 아니므로 커서도 그 상태를 유지합니다.

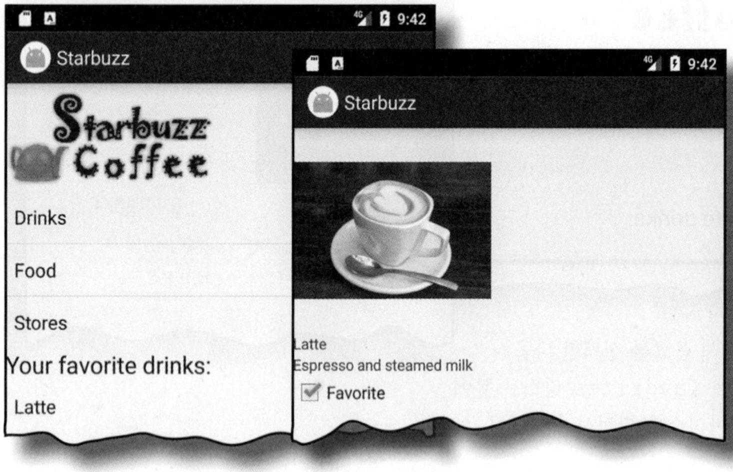

사용자가 두 번째 액티비티를 시작하면 두 번째 액티비티는 첫 번째 액티비티 위에 쌓여요. 첫 번째 액티비티는 종료되지 않고 대신 정지되고, 중지됩니다. 그리고 포커스를 잃고 사용자에게 더 이상 보이지 않는 상태가 됩니다.

커서는 데이터베이스의 데이터가 바뀌었는지 여부를 확인하지 않습니다. 따라서 커서를 생성한 다음에 데이터베이스의 데이터가 바뀌어도 커서의 데이터는 갱신되지 않고 원래 레코드를 저장하고 있습니다. 따라서 커서가 생성된 다음에 사용자가 즐겨찾는 음료를 새로 추가하면 커서의 정보는 더 이상 유효하지 않게 됩니다.

데이터베이스의 데이터를 갱신해도...

_id	NAME	DESCRIPTION	IMAGE_RESOURCE_ID	FAVORITE
1	"Latte"	"Espresso and steamed milk"	54543543	1
2	"Cappucc			
3	"Filter"			

...이미 생성된 커서에서는 새 데이터를 볼 수 없어요.

_id	NAME	DESCRIPTION	IMAGE_RESOURCE_ID	FAVORITE
1	"Latte"	"Espresso and steamed milk"	54543543	0
2	"Cappuccino"	"Espresso, hot milk and steamed-milk foam"	654334453	0
3	"Filter"	"Our best drip coffee"	44324234	0

이 문제를 어떻게 해결할까요?

changeCursor()로 커서를 바꿉니다

- [x] 레이아웃 갱신
- [x] 리스트 뷰 채우기
- [ ] → 데이터 새로고침

list_favorites 리스트 뷰에 연결된 커서를 새 버전으로 바꿔 이 문제를 해결할 수 있습니다. 먼저 새 버전의 커서를 정의하고 리스트 뷰의 커서 어댑터 레퍼런스를 얻어서 커서 어댑터의 changeCursor() 메서드를 호출해 커서를 바꿉니다. 아래에서 이 과정을 자세히 설명합니다.

1. 커서 정의하기

이전과 같은 방법으로 커서를 정의합니다. 우리 예제에서는 사용자가 즐겨찾는 음료가 필요하므로 다음 코드를 사용합니다.

```
Cursor newCursor = db.query("DRINK",
                            new String[] { "_id", "NAME"},
                            "FAVORITE = 1",
                            null, null, null, null);
```

이전과 같은 쿼리예요.

2. 커서 어댑터 레퍼런스 얻기

리스트 뷰의 getAdapter() 메서드를 이용해 커서 어댑터 레퍼런스를 얻을 수 있습니다. 이 메서드는 Adapter 유형의 객체를 반환합니다. 리스트 뷰에 커서 어댑터를 사용하고 있으므로 결과 어댑터를 CursorAdapter로 형변환합니다.

```
ListView listFavorites = (ListView) findViewById(R.id.list_favorites);
CursorAdapter adapter = (CursorAdapter) listFavorites.getAdapter();
```

getAdapter() 메서드로 ListView의 어댑터를 얻어요.

3. changeCursor() 메서드로 커서 바꾸기

changeCursor() 메서드로 커서 어댑터에서 사용하는 커서를 바꿀 수 있습니다. 이 메서드는 새 커서 한 개를 인자로 받습니다.

```
adapter.changeCursor(newCursor);
```

커서 어댑터의 커서를 새 커서로 바꿔요.

changeCursor() 메서드는 커서 어댑터의 현재 커서를 새 커서로 바꿉니다. 이때 예전 커서는 자동으로 닫으므로 예전 커서를 따로 닫을 필요는 없습니다.

TopLevelActivity의 onRestart() 메서드에서 list_favorites 리스트 뷰에 사용한 커서를 바꿀 것입니다. 즉, 사용자가 TopLevelActivity로 돌아오면 리스트 뷰의 데이터를 다시 불러옵니다. 사용자가 즐겨찾는 음료로 새로 추가한 정보가 표시되며 즐겨찾기에서 제거한 항목은 목록에서 사라집니다.

지금부터 TopLevelActivity.java 전체 코드를 소개합니다.

- [x] 레이아웃 갱신
- [x] 리스트 뷰 채우기
- [ ] → 데이터 새로고침

기능을 구현한 TopLevelActivity.java 코드

다음은 TopLevelActivity.java 전체 코드입니다. 여러분 코드도 다음처럼 바꾸세요(굵은 문자로 표시한 부분 참조).

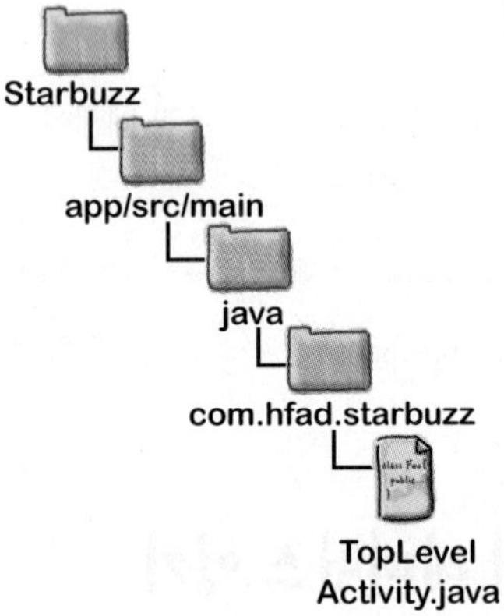


```
package com.hfad.starbuzz;

import android.app.Activity;
import android.os.Bundle;
import android.content.Intent;
import android.widget.AdapterView;
import android.widget.ListView;
import android.view.View;
import android.database.Cursor;
import android.database.sqlite.SQLiteOpenHelper;
import android.database.sqlite.SQLiteException;
import android.database.sqlite.SQLiteDatabase;
import android.widget.SimpleCursorAdapter;
import android.widget.CursorAdapter;
import android.widget.Toast;

public class TopLevelActivity extends Activity {

    private SQLiteDatabase db;
    private Cursor favoritesCursor;

    @Override
    protected void onCreate(Bundle savedInstanceState) {
        super.onCreate(savedInstanceState);
        setContentView(R.layout.activity_top_level);
        setupOptionsListView();
        setupFavoritesListView();
    }
```

이 페이지의 코드는 바꿀 필요가 없어요.

다음 페이지에 코드가 이어져요.

TopLevelActivity.java 코드(계속)

- [x] 레이아웃 갱신
- [x] 리스트 뷰 채우기
- [ ] 데이터 새로고침

```
private void setupOptionsListView() {
    // OnItemClickListener 생성
    AdapterView.OnItemClickListener itemClickListener =
                                    new AdapterView.OnItemClickListener(){
        public void onItemClick(AdapterView<?> listView,
                                View itemView,
                                int position,
                                long id) {
            if (position == 0) {
                Intent intent = new Intent(TopLevelActivity.this,
                                           DrinkCategoryActivity.class);
                startActivity(intent);
            }
        }
    };

    // 리스너를 리스트 뷰에 추가
    ListView listView = (ListView) findViewById(R.id.list_options);
    listView.setOnItemClickListener(itemClickListener);
}

private void setupFavoritesListView() {
    // 커서로 list_favorites 리스트 뷰 데이터 채우기
    ListView listFavorites = (ListView) findViewById(R.id.list_favorites);
    try{
        SQLiteOpenHelper starbuzzDatabaseHelper = new StarbuzzDatabaseHelper(this);
        db = starbuzzDatabaseHelper.getReadableDatabase();
        favoritesCursor = db.query("DRINK",
                                   new String[] { "_id", "NAME"},
                                   "FAVORITE = 1",
                                   null, null, null, null);

        CursorAdapter favoriteAdapter =
                new SimpleCursorAdapter(TopLevelActivity.this,
                        android.R.layout.simple_list_item_1,
                        favoritesCursor,
                        new String[]{"NAME"},
                        new int[]{android.R.id.text1}, 0);
        listFavorites.setAdapter(favoriteAdapter);
```

이 페이지의 코드는 바꿀 필요가 없어요.

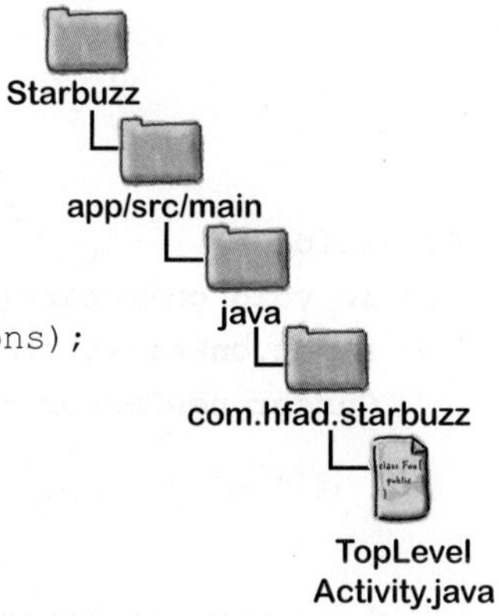

다음 페이지에 코드가 이어져요.

TopLevelActivity.java 코드(계속)

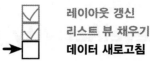

☑ 레이아웃 갱신
☑ 리스트 뷰 채우기
→☐ 데이터 새로고침

```
        } catch(SQLiteException e) {
            Toast toast = Toast.makeText(this, "Database unavailable", Toast.LENGTH_SHORT);
            toast.show();
        }

        // 음료를 클릭하면 DrinkActivity로 이동
        listFavorites.setOnItemClickListener(new AdapterView.OnItemClickListener() {
            @Override
            public void onItemClick(AdapterView<?> listView, View v, int position, long id) {
                Intent intent = new Intent(TopLevelActivity.this, DrinkActivity.class);
                intent.putExtra(DrinkActivity.EXTRA_DRINKID, (int)id);
                startActivity(intent);
            }
        });
    }
```

onRestart() 메서드를 추가해요. 사용자가 TopLevelActivity로 돌아오면 호출되는 메서드예요.

```
    @Override
    public void onRestart() {
        super.onRestart();
        Cursor newCursor = db.query("DRINK",
                                    new String[] { "_id", "NAME"},
                                    "FAVORITE = 1",
                                    null, null, null, null);
```

새 버전의 커서를 생성해요.

```
        ListView listFavorites = (ListView) findViewById(R.id.list_favorites);
        CursorAdapter adapter = (CursorAdapter) listFavorites.getAdapter();
        adapter.changeCursor(newCursor);
        favoritesCursor = newCursor;
    }
```

list_favorites 리스트 뷰에서 사용하는 커서를 새 커서로 바꿔요.

나중에 액티비티의 onDestroy() 메서드에서 커서를 닫을 수 있게 favoriteCursor를 새 커서로 바꿔요.

```
    // onDestroy() 메서드에서 커서와 데이터베이스 닫기
    @Override
    public void onDestroy(){
        super.onDestroy();
        favoritesCursor.close();
        db.close();
    }
}
```

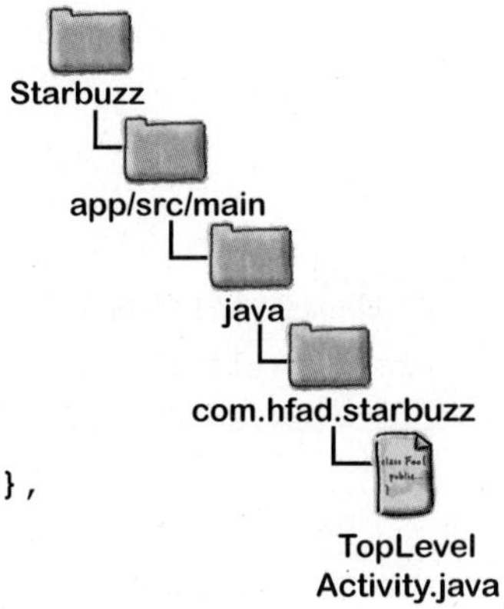

이제 앱을 실행해서 어떤 일이 일어나는지 확인합시다.

앱 시험 주행

- 레이아웃 갱신
- 리스트 뷰 채우기
- 데이터 새로고침

앱을 실행하면 이전처럼 TopLevelActivity에 즐겨찾는 음료가 나타납니다. 사용자가 음료를 선택하면 DrinkActivity에 음료 정보가 자세히 표시됩니다. favorite 체크박스의 설정을 해제하고 TopLevelActivity로 돌아오면 list_favorites 리스트 뷰의 데이터가 갱신되면서 해당 음료가 목록에서 사라집니다.

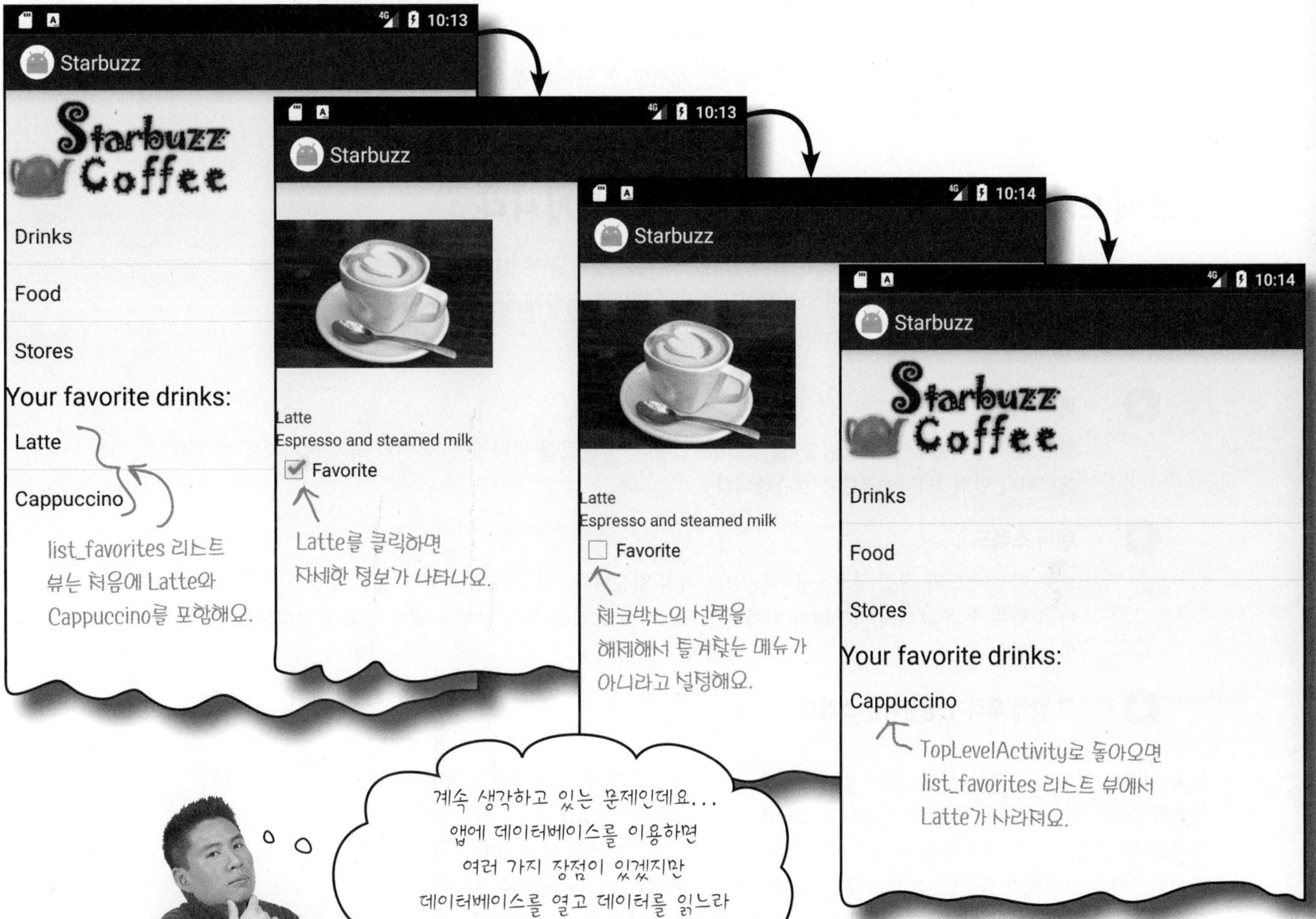
Starbuzz
Starbuzz Coffee
Drinks
Food
Stores
Your favorite drinks:
Latte
Cappuccino
list_favorites 리스트 뷰는 처음에 Latte와 Cappuccino를 포함해요.
Latte
Espresso and steamed milk
Favorite
Latte를 클릭하면 자세한 정보가 나타나요.
체크박스의 선택을 해제해서 즐겨찾는 메뉴가 아니라고 설정해요.
TopLevelActivity로 돌아오면 list_favorites 리스트 뷰에서 Latte가 사라져요.

계속 생각하고 있는 문제인데요...
앱에 데이터베이스를 이용하면
여러 가지 장점이 있겠지만
데이터베이스를 열고 데이터를 읽느라
앱이 느려지지 않을까요?

데이터베이스는 강력하지만, 속도가 느릴 수 있어요.

앱 작동에는 문제가 없지만 성능에는 문제가 있을 수 있다는 의미입니다...

데이터베이스 때문에 앱이 느려질 수 있지만...

앱에서 데이터베이스를 이용해 무엇을 해야 하는지 생각해봅시다. 먼저 데이터베이스 파일을 찾아야 합니다. 데이터베이스 파일이 없으면 빈 데이터베이스를 생성합니다. 그리고 필요한 테이블과 데이터를 생성하는 모든 SQL 명령문을 실행해야 합니다. 마지막으로 질의를 실행해 데이터를 가져와야 합니다.

이와 같은 작업을 하려면 시간이 걸립니다. Starbuzz 앱 같이 작은 데이터베이스에서는 큰 문제가 아닙니다. 하지만 데이터베이스가 점점 커지면 작업에 필요한 시간도 늘어납니다. 결국 우리 앱은 점점 매력을 잃어가며 결국 추수감사절의 유튜브보다 느려질 수 있습니다.

데이터베이스를 생성하고 데이터를 읽는 과정에서 속도를 개선할 수 있는 부분은 거의 없지만 인터페이스가 느려지는 부분은 어느 정도 방지할 수 있습니다.

...스레드가 함께 작동하면 성능이 조금 좋아집니다

속도가 느린 데이터베이스를 이용할 때 앱의 응답이 함께 느려지는 것이 문제입니다. 앱의 반응이 느려지는 문제의 원인을 파악하려면 안드로이드에서 스레드가 어떻게 작동하는지 이해해야 합니다. 롤리팝부터 세 가지 종류의 스레드가 있습니다.

- **메인 이벤트 스레드**
  안드로이드의 실제 업무를 담당하는 스레드입니다. 인텐트를 기다리며, 화면의 터치 메시지를 받으며, 액티비티 안의 모든 메서드를 호출합니다.
- **렌더 스레드**
  보통 이 스레드와 직접 상호작용하는 일은 거의 없습니다. 이 스레드는 화면 갱신 요청 목록을 읽은 다음 하위 수준 그래픽 하드웨어에 화면을 그리라는 요청을 해서 우리의 앱이 멋있게 보이도록 만듭니다.
- **그 밖에 우리가 생성하는 스레드**

모든 이벤트 메서드는 메인 스레드에서 실행하므로 주의하지 않으면 앱의 대부분의 작동을 메인 이벤트 스레드에서 실행하게 될 수 있습니다. Starbuzz 앱처럼 `onCreate()` 메서드에서 데이터베이스를 처리한다면 다른 앱에서 보낸 이벤트나 화면의 이벤트를 받지 못하고 데이터베이스 작업에만 몰두할 수 있습니다. 데이터베이스 관련 코드를 실행하는 데 시간이 오래 걸리면 사용자는 뭔가 잘못되었거나 앱이 크래시되었다고 생각할 수 있습니다.

따라서 **데이터베이스 코드를 메인 이벤트가 아닌 백그라운드에서 실행되는 커스텀 스레드로 이동하는 기법을 사용합니다.** 지금까지 구현한 `DrinkActivity`를 이용해 어떻게 커스텀 스레드에서 코드를 실행하는지 설명할 것입니다. 참고로 `DrinkActivity` 코드는 사용자가 `favorite` 체크박스를 클릭하면 Starbuzz 데이터베이스의 FAVORITE 열을 갱신하도록 구현되어 있습니다.

연필을 깎으며

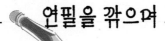

데이터베이스 갱신 작업을 백그라운드 스레드에서 실행하도록 DrinkActivity 코드를 바꾸려 합니다. 코드 구현 작업을 시작하기 전에 어떤 작업을 해야 하는지 생각합시다.

현재 코드는 세 가지 작업을 수행합니다. 각 작업을 어떤 스레드에서 실행해야 하는지 선택하세요. 첫 번째 문제의 답은 우리가 제공했습니다.

A 인터페이스 설정

```
int drinkId = (Integer) getIntent().getExtras().get(EXTRA_DRINKID);
CheckBox favorite = (CheckBox) findViewById(R.id.favorite);
ContentValues drinkValues = new ContentValues();
drinkValues.put("FAVORITE", favorite.isChecked());
```

메인 이벤트 스레드	백그라운드 스레드
✓	

이 코드는 액티비티의 뷰에 접근해야 하므로 반드시 메인 이벤트 스레드에서 실행해야 해요.

B 데이터베이스와 통신

```
SQLiteOpenHelper starbuzzDatabaseHelper = new StarbuzzDatabaseHelper(this);
SQLiteDatabase db = starbuzzDatabaseHelper.getWriteableDatabase();
db.update("DRINK",...);
```

메인 이벤트 스레드	백그라운드 스레드

C 화면에 표시할 내용 갱신

```
Toast toast = Toast.makeText(...);
toast.show();
```

메인 이벤트 스레드	백그라운드 스레드

연필을 깎으며 정답

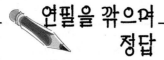

데이터베이스 갱신 작업을 백그라운드 스레드에서 실행하도록 DrinkActivity 코드를 바꾸려 합니다. 코드 구현 작업을 시작하기 전에 어떤 작업을 해야 하는지 생각합시다.

현재 코드는 세 가지 작업을 수행합니다. 각 작업을 어떤 스레드에서 실행해야 하는지 선택하세요. 첫 번째 문제의 답은 우리가 제공했습니다.

A 인터페이스 설정

```
int drinkId = (Integer) getIntent().getExtras().get(EXTRA_DRINKID);
CheckBox favorite = (CheckBox) findViewById(R.id.favorite);
ContentValues drinkValues = new ContentValues();
drinkValues.put("FAVORITE", favorite.isChecked());
```

메인 이벤트 스레드	백그라운드 스레드
✓	

B 데이터베이스와 통신

```
SQLiteOpenHelper starbuzzDatabaseHelper = new StarbuzzDatabaseHelper(this);
SQLiteDatabase db = starbuzzDatabaseHelper.getWriteableDatabase();
db.update("DRINK",...);
```

데이터베이스 코드는 백그라운드에서 실행해요.

메인 이벤트 스레드	백그라운드 스레드
	✓

C 화면에 표시할 내용 갱신

```
Toast toast = Toast.makeText(...);
toast.show();
```

메시지를 출력하는 코드는 메인 이벤트 스레드에서 실행해요. 그렇지 않으면 예외가 발생해요.

메인 이벤트 스레드	백그라운드 스레드
✓	

어떤 코드를 어떤 스레드에서 실행할까요?

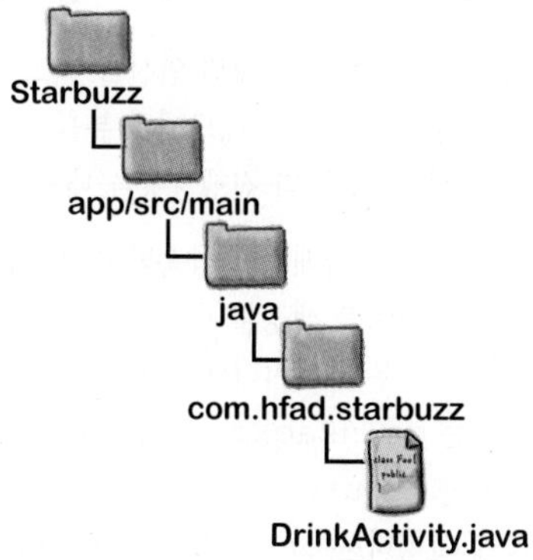

앱에서 데이터베이스를 사용할 때는 백그라운드 스레드에서 데이터베이스 코드를 실행하고, 뷰에서 데이터베이스 데이터를 갱신할 때는 메인 스레드를 이용하는 것이 좋습니다. 이 기법을 `DrinkActivity` 코드의 `onFavoritesClicked()` 메서드에 적용해서 이런 종류의 문제를 어떻게 해결하는지 알아봅시다.

다음은 메서드 코드입니다(코드를 섹션별로 나누어서 설명했어요).

```
// 체크박스를 클릭하면 데이터베이스 갱신
public void onFavoriteClicked(View view){
```

1

```
    int drinkId = (Integer) getIntent().getExtras().get(EXTRA_DRINKID);
    CheckBox favorite = (CheckBox) findViewById(R.id.favorite);
    ContentValues drinkValues = new ContentValues();
    drinkValues.put("FAVORITE", favorite.isChecked());
```

2

```
    SQLiteOpenHelper starbuzzDatabaseHelper = new StarbuzzDatabaseHelper(this);
    try {
        SQLiteDatabase db = starbuzzDatabaseHelper.getWritableDatabase();
        db.update("DRINK", drinkValues,
                                   "_id = ?", new String[] {Integer.toString(drinkId)});
        db.close();
    } catch(SQLiteException e) {
```

3

```
        Toast toast = Toast.makeText(this, "Database unavailable", Toast.LENGTH_SHORT);
        toast.show();
    }
}
```

1 **데이터베이스 코드를 실행하기 전에 실행해야 하는 코드**

처음 몇 행은 `favorite` 체크박스의 값을 가져와 `drinkValues`의 `ContentValues` 객체에 저장하는 코드입니다. 데이터베이스 코드를 실행하기 전에 이 코드를 실행해야 합니다.

2 **백그라운드 스레드에서 실행할 데이터베이스 코드**

DRINK 테이블을 갱신합니다.

3 **데이터베이스 코드를 실행한 다음에 실행해야 하는 코드**

데이터베이스를 이용할 수 없으면 사용자에게 메시지를 표시합니다. 이 코드는 반드시 메인 이벤트 스레드에서 실행해야 합니다.

우리는 **AsyncTask**를 이용해 이 코드를 구현합니다. 그런데 `AsyncTask`가 뭐죠... 라고 묻고 싶으신 거죠?

AsyncTask는 작업을 동시에 수행합니다

AsyncTask를 이용하면 연산을 백그라운드에서 실행할 수 있습니다. 실행이 끝나면 메인 이벤트 스레드에서 뷰를 갱신할 수 있죠. 반복적으로 작업을 하는 상황에서는 태스크의 진행상황을 내보낼 수 있습니다.

AsyncTask 클래스를 상속받고 doInBackground() 메서드를 구현해 AsyncTask를 생성할 수 있습니다. 이 메서드의 코드는 백그라운드에서 실행되므로 우리 데이터베이스 코드를 이 메서드에 넣을 것입니다. AsyncTask 클래스는 doInBackground() 메서드를 실행하기 전에 실행하는 onPreExecute()라는 메서드와 doInBackground() 메서드를 실행한 다음에 실행하는 onPostExecute()라는 메서드를 제공합니다. 또한 테스트 진행상황을 내보내는 onProgressUpdate() 메서드도 있습니다.

다음은 AsyncTask의 모습입니다.

AsyncTask 클래스를 사용하려는 액티비티의 내부 클래스에 추가해요.

```
private class MyAsyncTask extends AsyncTask<Params, Progress, Result>

    protected void onPreExecute() {
        // 태스크를 실행하기 전에 실행하는 코드
    }

    protected Result doInBackground(Params... params) {
        // 백그라운드 스레드에서 실행하려는 코드
    }

    protected void onProgressUpdate(Progress... values) {
        // 태스크의 진행상황을 내보낼 때 사용하는 코드
    }

    protected void onPostExecute(Result result) {
        // 태스크가 끝나면 실행할 코드
    }
}
```

onPreExecute(): 이 메서드는 선택사항이에요. 백그라운드에서 코드를 실행하기 전에 호출되는 메서드예요.

doInBackground(): 이 메서드는 반드시 구현해야 해요. 백그라운드에서 실행할 코드를 포함하는 메서드예요.

onProgressUpdate(): 이 메서드는 선택사항이에요. 백그라운드에서 실행하는 코드의 진행상황을 내보내요.

onPostExecute(): 이 메서드도 선택사항이에요. 백그라운드에서 실행을 마친 다음에 호출되는 메서드예요.

세 개의 지네릭 인자 Params, Progress, Result로 AsyncTask를 정의합니다. Params는 doInBackground() 메서드로 전달하려는 태스크 인자의 유형, Progress는 진행상황을 가리키는 객체의 유형, Results는 태스크 결과의 유형입니다. 사용하지 않는 인자는 Void로 설정할 수 있습니다.

지금부터 UpdateDrinkTask라는 새 AsyncTask를 생성해 백그라운드로 음료 정보를 갱신하는 방법을 살펴봅니다. 나중에는 이 코드를 DrinkActivity의 내부 클래스로 추가합니다.

onPreExecute() 메서드

onPreExecute()

먼저 onPreExecute() 메서드부터 살펴봅니다. 이 메서드는 백그라운드 태스크가 시작하기 전에 호출되며 태스크 설정을 담당합니다. 이 메서드는 메인 이벤트 스레드로 호출되므로 사용자 인터페이스의 뷰에 접근할 수 있습니다. onPreExecute() 메서드는 파라미터가 없으며 반환형은 Void입니다.

우리 예제에서는 onPreExecute() 메서드로 favorite 체크박스의 값을 얻어 drinkValues의 ContentValues 객체에 설정합니다. 체크박스 뷰에 접근해서 값을 얻어야 데이터베이스 코드를 실행할 수 있기 때문입니다. 나중에 클래스의 다른 메서드에서 ContentValues 객체에 접근할 수 있도록 메서드 밖에서 drinkValues의 ContentValues 객체의 속성을 정의합니다(다른 메서드는 나중에 살펴봅니다).

다음은 onPreExecute() 코드입니다.

```
private class UpdateDrinkTask extends AsyncTask<Params, Progress, Result> {

    private ContentValues drinkValues;

    protected void onPreExecute() {
        CheckBox favorite = (CheckBox)findViewById(R.id.favorite);
        drinkValues = new ContentValues();
        drinkValues.put("FAVORITE", favorite.isChecked());
    }

    ...

}
```

데이터베이스 코드를 실행하기 전에 favorite 체크박스의 값을 얻어요.

다음에는 doInBackground() 메서드를 확인합니다.

doInBackground() 메서드

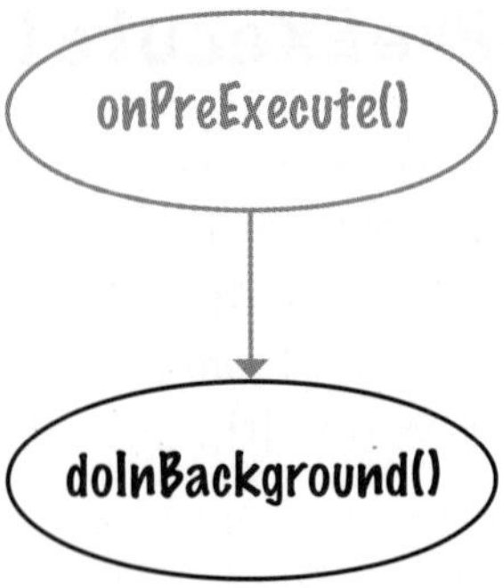

doInBackground() 메서드는 onPreExecute() 메서드가 호출된 바로 다음에 백그라운드로 실행됩니다. 태스크가 받아야 할 인자형과 반환형을 지정할 수 있습니다.

doInBackground() 메서드에서 백그라운드로 실행될 데이터베이스 코드를 사용해야 하므로 갱신할 음료 ID를 전달해야 합니다. 음료 ID는 정숫값이므로 Integer 객체를 받도록 doInBackground() 메서드를 지정합니다. Boolean 반환값을 이용해 코드가 성공적으로 실행되었는지 확인합니다.

```
private class UpdateDrinkTask extends AsyncTask<Integer, Progress, Boolean> {

    private ContentValues drinkValues;

    ...

    protected Boolean doInBackground(Integer... drinks) {
        int drinkId = drinks[0];
        SQLiteOpenHelper starbuzzDatabaseHelper =
                                    new StarbuzzDatabaseHelper(DrinkActivity.this);
        try {
            SQLiteDatabase db = starbuzzDatabaseHelper.getWritableDatabase();
            db.update("DRINK", drinkValues,
                                    "_id = ?", new String[] {Integer.toString(drinkId)});
            db.close();
            return true;
        } catch(SQLiteException e) {
            return false;
        }
    }

    ...
}
```

doInBackground() 메서드의 인자와 일치하도록 Integer로 바꿔요.

doInBackground() 메서드의 반환형과 일치하도록 Boolean으로 바꿔요.

백그라운드 스레드에서 실행할 코드예요.

Integer 배열이지만 우리는 음료 ID 한 항목만 포함해요.

update() 메서드는 onPostExecute() 메서드에서 생성한 drinkValues 객체를 사용해요.

다음에는 onProgressUpdate() 메서드를 확인합니다.

onProgressUpdate() 메서드

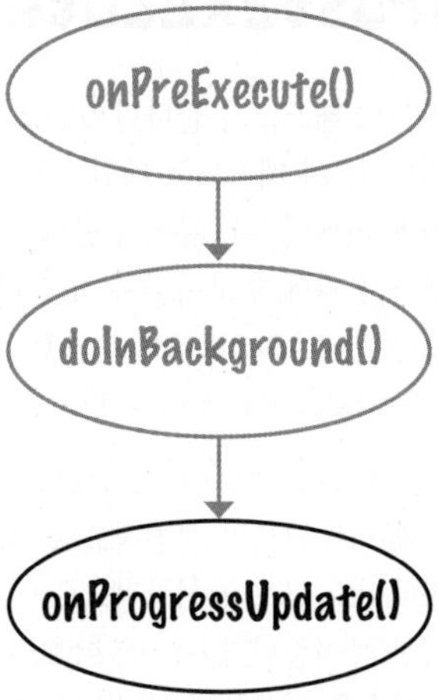

onProgressUpdate() 메서드는 메인 이벤트 스레드에서 호출되므로 사용자 인터페이스의 뷰에 접근할 수 있습니다. 이 메서드를 이용해 화면의 뷰를 갱신해 진행상황을 사용자에게 보여줄 수 있습니다. 메서드의 인자형을 정의할 수 있습니다.

다음 코드처럼 doInBackground() 메서드에서 publishProgress()를 호출하면 onProgressUpdate() 메서드가 호출됩니다.

```
protected Boolean doInBackground(Integer... count) {
    for (int i = 0; i < count; i++) {
        publishProgress(i);
    }
}

protected void onProgressUpdate(Integer... progress) {
    setProgress(progress[0]);
}
```

이 메서드는 i 값을 인자로 전달하면서 onProgressUpdate()를 호출해요.

우리 앱에서는 태스크의 진행상황을 내보내지 않으므로 이 메서드를 구현할 필요가 없습니다. UpdateDrinkTask의 시그너처를 바꿔서 태스크 진행상황에 아무 객체도 사용하지 않을 것임을 지정합니다.

onProgressUpdate()는 사용하지 않으므로 Void예요.

```
private class UpdateDrinkTask extends AsyncTask<Integer, Void, Boolean> {

    ...

}
```

마지막으로 onPostExecute() 메서드를 확인합니다.

onPostExecute() 메서드

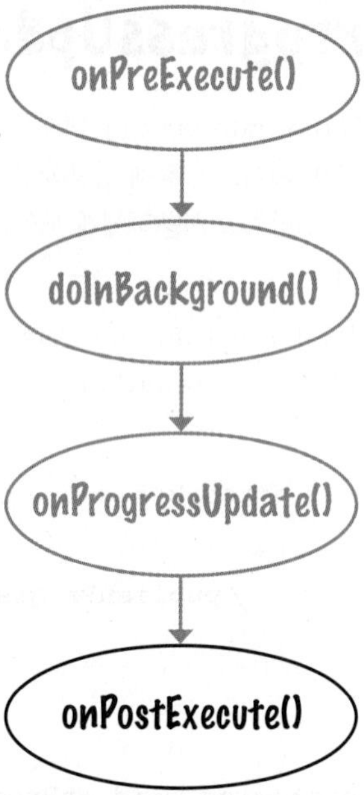

백그라운드 태스크가 끝나면 `onPostExecute()` 메서드가 호출됩니다. 이 메서드는 메인 이벤트 스레드에서 실행되므로 사용자 인터페이스의 뷰에 접근할 수 있습니다. 이 메서드를 이용해 결과를 사용자에게 보여줄 수 있습니다. `onPostExecute()` 메서드는 `doInBackground()` 메서드의 결과를 받으므로 반드시 `doInBackground()`의 반환형과 같은 인자형을 갖습니다.

`onPostExecute()` 메서드에서 `doInBackground()` 메서드의 데이터베이스 코드가 성공적으로 실행되었는지 확인할 겁니다. 데이터베이스 코드가 성공적으로 실행되지 않았다면 사용자에게 메시지를 보여줍니다. `onPostExecute()` 메서드는 사용자 인터페이스를 갱신할 수 있지만 `doInBackground()` 메서드는 백그라운드 스레드에서 실행되어 뷰를 갱신할 수 없으므로 사용자에게 메시지를 보내는 작업은 `onPostExecute()` 메서드가 담당합니다.

다음은 `onPostExecute()` 메서드 코드입니다.

```
private class UpdateDrinkTask extends AsyncTask<Integer, Void, Boolean> {

    ...

    protected void onPostExecute(Boolean success) {
        if (!success) {
            Toast toast = Toast.makeText(DrinkActivity.this,
                                         "Database unavailable", Toast.LENGTH_SHORT);
            toast.show();
        }
    }
}
```

doInBackground() 메서드가 Boolean을 반환하므로 Boolean이 되어야 해요.

토스트에 DrinkActivity 컨텍스트를 전달해요.

`AsyncTask` 메서드를 모두 구현했으니 다시 `AsyncTask` 클래스 인자를 확인합시다.

AsyncTask 클래스 인자

처음 AsyncTask 클래스를 소개했을 때 세 개의 지네릭 인자 Params, Progress, Result를 정의한다고 했습니다. doInBackground(), onProgressUpdate(), onPostExecute() 메서드에서 사용하는 인자형에 따라 어떻게 이 지네릭 인자를 정의해야 하는지 살펴봤습니다. Params는 doInBackground()의 인자형이고, Progress는 onProgressUpdate()의 인자형이며, Result는 onPostExecute()의 인자형입니다.

```
private class MyAsyncTask extends AsyncTask<Params, Progress, Result>

    protected void onPreExecute() {
        // 태스크를 실행하기 전에 실행하는 코드
    }

    protected Result doInBackground(Params... params) {
        // 백그라운드 스레드에서 실행하려는 코드
    }

    protected void onProgressUpdate(Progress... values) {
        // 태스크의 진행상황을 내보낼 때 사용하는 코드
    }

    protected void onPostExecute(Result result) {
        // 태스크가 끝나면 실행할 코드
    }
}
```

우리 예제에서 doInBackground()는 Integer 인자를 사용하고, onPostExecute()는 Boolean 인자를 사용하며, onProgressUpdate() 메서드는 아예 사용하지 않았습니다. 즉, Params는 Integer, Progress는 Void, Result는 Boolean이 됩니다.

onProgressUpdate() 메서드를 구현하지 않았으므로 Void예요.

```
private class UpdateDrinkTask extends AsyncTask<Integer, Void, Boolean> {
    ...
    protected Boolean doInBackground(Integer... drinks) {
        ...
    }

    protected void onPostExecute(Boolean... success) {
        ...
    }
}
```

다음 페이지에서는 UpdateDrinkTask 클래스의 전체 코드를 살펴봅니다.

UpdateDrinkTask 클래스 전체 코드

다음은 UpdateDrinkTask 클래스 전체 코드입니다. 이 클래스를 DrinkActivity의 내부 클래스로 추가할 예정이지만 먼저 이 클래스를 어떻게 실행하는지 확인한 다음 DrinkActivity.java 전체 코드를 확인합니다.

```
private class UpdateDrinkTask extends AsyncTask<Integer, Void, Boolean> {
    private ContentValues drinkValues;

    protected void onPreExecute() {
        CheckBox favorite = (CheckBox) findViewById(R.id.favorite);
        drinkValues = new ContentValues();
        drinkValues.put("FAVORITE", favorite.isChecked());
    }

    protected Boolean doInBackground(Integer... drinks) {
        int drinkId = drinks[0];
        SQLiteOpenHelper starbuzzDatabaseHelper =
                new StarbuzzDatabaseHelper(DrinkActivity.this);
        try {
            SQLiteDatabase db = starbuzzDatabaseHelper.getWritableDatabase();
            db.update("DRINK", drinkValues,
                     "_id = ?", new String[] {Integer.toString(drinkId)});
            db.close();
            return true;
        } catch(SQLiteException e) {
            return false;
        }
    }

    protected void onPostExecute(Boolean success) {
        if (!success) {
            Toast toast = Toast.makeText(DrinkActivity.this,
                    "Database unavailable", Toast.LENGTH_SHORT);
            toast.show();
        }
    }
}
```

onExecute()와 doInBackground() 메서드에서 사용할 수 있도록 drinkValues를 비공개 변수로 정의해요.

데이터베이스 코드를 실행하기 전에 favorite 체크박스의 값을 drinkValues ContentValues 객체에 설정해야 해요.

데이터베이스 코드를 doInBackground() 메서드에 정의해요.

데이터베이스 코드를 백그라운드로 실행한 다음 성공적으로 실행되었는지 확인해요. 성공적으로 실행되지 않았다면 메시지를 출력해요.

메인 이벤트 스레드로 화면을 갱신해야 하므로 메시지 출력 코드는 onPostExecute() 메서드에서 실행해요.

AsyncTask를 실행하세요...

doInBackground() 메서드에 필요한 인자를 execute() 메서드에 전달해서 AsyncTask를 실행할 수 있습니다. 예를 들어 다음은 사용자가 선택한 음료를 AsyncTask의 doInBackground() 메서드로 전달하는 코드입니다.

```
int drinkId = (Integer) getIntent().getExtras().get(EXTRA_DRINKID);
new UpdateDrinkTask().execute(drinkId);
```

음료 ID를 전달해서 AsyncTask를 실행해요.

execute() 메서드로 전달하는 인자형은 반드시 doInBackground() 메서드의 인자형과 같아야 합니다. 다음 코드처럼 doInBackground() 메서드의 인자형에 맞게 정숫값(음료 ID)을 전달합니다.

```
protected Boolean doInBackground(Integer... drinks) {
    ...
}
```

...DrinkActivity의 onFavoriteClicked() 메서드에서

사용자가 DrinkActivity의 favorite 체크박스를 클릭하면 AsyncTask 클래스를 상속받아 생성한 UpdateDrinkTask 클래스는 Starbuzz 데이터베이스의 FAVORITE 열을 갱신해야 합니다. 따라서 DrinkActivity의 onFavoriteClicked() 메서드에서 AsyncTask를 실행합니다. 다음은 새 버전의 메서드입니다.

```
// 체크박스를 클릭하면 데이터베이스 갱신
public void onFavoriteClicked(View view){
    int drinkId = (Integer)getIntent().getExtras().get(EXTRA_DRINKID);
    new UpdateDrinkTask().execute(drinkId);
}
```

FAVORITE 열을 갱신하는 코드가 onFavoriteClicked() 메서드에서 사라졌어요. 대신 백그라운드에서 데이터를 갱신하는 AsyncTask를 호출해요.

다음 몇 페이지에서 DrinkActivity.java 코드를 소개합니다.

DrinkActivity.java 전체 코드

다음은 DrinkActivity.java 전체 코드입니다. 여러분 코드도 다음처럼 바꾸세요.

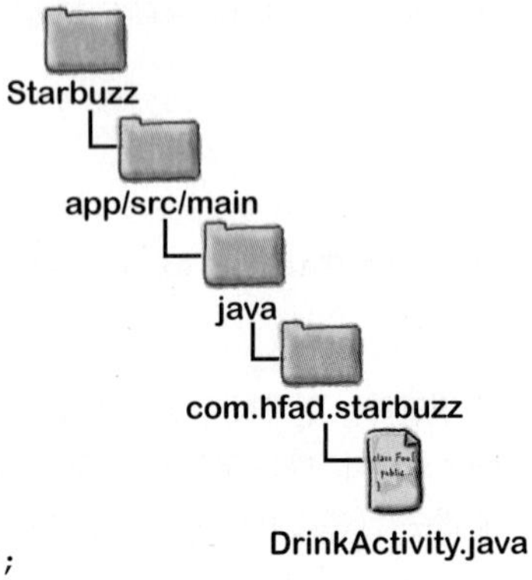


```
package com.hfad.starbuzz;

import android.app.Activity;
import android.os.Bundle;
import android.widget.ImageView;
import android.widget.TextView;
import android.widget.Toast;
import android.database.Cursor;
import android.database.sqlite.SQLiteDatabase;
import android.database.sqlite.SQLiteException;
import android.database.sqlite.SQLiteOpenHelper;
import android.view.View;
import android.widget.CheckBox;
import android.content.ContentValues;
import android.os.AsyncTask;
```

AsyncTask 클래스를 사용하므로 임포트하세요.

```
public class DrinkActivity extends Activity {

    public static final String EXTRA_DRINKID = "drinkId";

    @Override
    protected void onCreate(Bundle savedInstanceState) {
```

onCreate() 메서드는 바꿀 필요가 없어요.

```
        super.onCreate(savedInstanceState);
        setContentView(R.layout.activity_drink);

        // 인텐트에서 음료 정보 얻기
        int drinkId = (Integer) getIntent().getExtras().get(EXTRA_DRINKID);

        // 커서 생성
        SQLiteOpenHelper starbuzzDatabaseHelper = new StarbuzzDatabaseHelper(this);
        try {
            SQLiteDatabase db = starbuzzDatabaseHelper.getReadableDatabase();
            Cursor cursor = db.query("DRINK",
                    new String[]{"NAME", "DESCRIPTION", "IMAGE_RESOURCE_ID", "FAVORITE"},
                    "_id = ?",
                    new String[]{Integer.toString(drinkId)},
                    null, null, null);
```

다음 페이지에 코드가 이어져요.

DrinkActivity.java 전체 코드(계속)

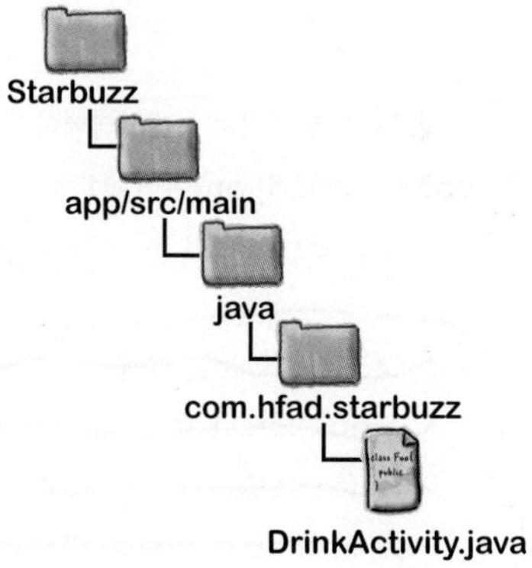


```
            // 커서의 첫 번째 레코드로 이동
            if (cursor.moveToFirst()) {
                // 커서에서 음료 정보 얻기
                String nameText = cursor.getString(0);
                String descriptionText = cursor.getString(1);
                int photoId = cursor.getInt(2);
                boolean isFavorite = (cursor.getInt(3) == 1);

                // 음료 이름 설정
                TextView name = (TextView) findViewById(R.id.name);
                name.setText(nameText);

                // 음료 설명 설정
                TextView description = (TextView) findViewById(R.id.description);
                description.setText(descriptionText);

                // 음료 이미지 설정
                ImageView photo = (ImageView) findViewById(R.id.photo);
                photo.setImageResource(photoId);
                photo.setContentDescription(nameText);

                // favorite 체크박스 설정
                CheckBox favorite = (CheckBox)findViewById(R.id.favorite);
                favorite.setChecked(isFavorite);
            }
            cursor.close();
            db.close();
        } catch (SQLiteException e) {
            Toast toast = Toast.makeText(this,
                    "Database unavailable",
                    Toast.LENGTH_SHORT);
            toast.show();
        }
    }
```

이 페이지의 코드는 바뀐 것이 없어요.

다음 페이지에 코드가 이어져요.

DrinkActivity.java 전체 코드(계속)

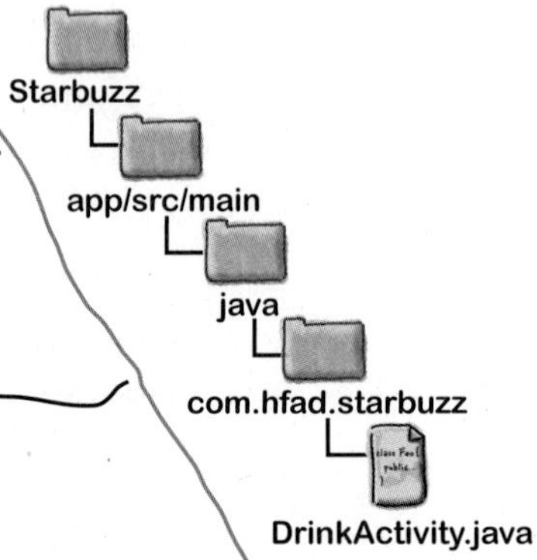


```
// 체크박스를 클릭하면 데이터베이스 갱신
public void onFavoriteClicked(View view){
    int drinkId = (Integer) getIntent().getExtras().get(EXTRA_DRINKID);

    // 체크박스의 값 얻기
    CheckBox favorite = (CheckBox) findViewById(R.id.favorite);
    ContentValues drinkValues = new ContentValues();
    drinkValues.put("FAVORITE", favorite.isChecked());

    // 데이터베이스 레퍼런스를 얻어서 FAVORITE 열 갱신
    SQLiteOpenHelper starbuzzDatabaseHelper =
            new StarbuzzDatabaseHelper(this);
    try {
        SQLiteDatabase db = starbuzzDatabaseHelper.getWritableDatabase();
        db.update("DRINK",
                drinkValues,
                "_id = ?",
                new String[] {Integer.toString(drinkId)});
        db.close();
    } catch(SQLiteException e) {
        Toast toast = Toast.makeText(this, "Database unavailable", Toast.LENGTH_SHORT);
        toast.show();
    }

    new UpdateDrinkTask().execute(drinkId);
}
```

이제 이 작업은 AsyncTask를 이용해 실행하므로 이 코드는 모두 삭제해요.

태스크를 실행해요.

다음 페이지에 코드가 이어져요.

DrinkActivity.java 전체 코드(계속)

AsyncTask를 액티비티의 내부 클래스로 추가해요.

```
    // 음료를 갱신하는 내부 클래스
    private class UpdateDrinkTask extends AsyncTask<Integer, Void, Boolean> {
        private ContentValues drinkValues;

        protected void onPreExecute() {
            CheckBox favorite = (CheckBox) findViewById(R.id.favorite);
            drinkValues = new ContentValues();
            drinkValues.put("FAVORITE", favorite.isChecked());
        }
```

데이터베이스 코드를 실행하기 전에 체크박스의 값을 drinkValues의 ContentValues 객체에 저장해요.

```
        protected Boolean doInBackground(Integer... drinks) {
            int drinkId = drinks[0];
            SQLiteOpenHelper starbuzzDatabaseHelper =
                    new StarbuzzDatabaseHelper(DrinkActivity.this);
            try {
                SQLiteDatabase db = starbuzzDatabaseHelper.getWritableDatabase();
                db.update("DRINK", drinkValues,
                        "_id = ?", new String[] {Integer.toString(drinkId)});
                db.close();
                return true;
            } catch(SQLiteException e) {
                return false;
            }
        }
```

데이터베이스 코드를 백그라운드 스레드에서 실행해요.

FAVORITE 열의 값을 갱신해요.

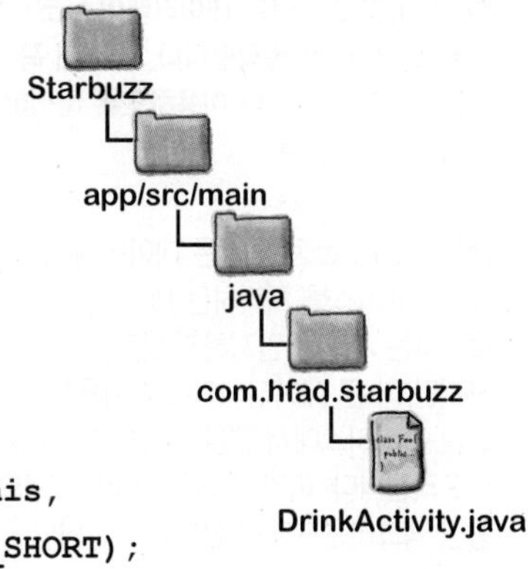


```
        protected void onPostExecute(Boolean success) {
            if (!success) {
                Toast toast = Toast.makeText(DrinkActivity.this,
                        "Database unavailable", Toast.LENGTH_SHORT);
                toast.show();
            }
        }
    }
}
```

데이터베이스 코드가 제대로 실행되지 않으면 사용자에게 메시지를 표시해요.

AsyncTask를 모두 구현했습니다. 이제 앱을 실행해서 어떤 일이 일어나는지 확인합시다.

앱 시험 주행

앱을 실행하고 음료를 선택한 다음 'favorite' 체크박스를 이용해 즐겨찾는 음료로 지정할 수 있습니다. 체크박스를 클릭하면 그 값이 데이터베이스의 FAVORITE 열에 저장되는데 이번에는 백그라운드 스레드로 실행됩니다.

실생활에서 모든 데이터베이스 코드는 백그라운드에서 실행됩니다. 다른 액티비티는 아직도 데이터베이스 작업을 백그라운드에서 하지 않습니다. 다른 액티비티는 여러분이 직접 고쳐보세요.

바보 같은 질문이란 없습니다

Q: 이전에 구현한 데이터베이스 코드는 아무 일 없이 잘 동작합니다. 그런데 꼭 백그라운드 스레드를 이용하도록 바꿔야 하나요?

A: Starbuzz처럼 작은 데이터베이스라면 데이터베이스를 처리하는 데 시간이 걸린다는 사실을 인지하지 못할 수 있습니다. 하지만 더 큰 데이터베이스를 사용하거나 느린 디바이스에서 앱을 실행하면 차이가 두드러집니다. 따라서 데이터베이스 코드는 항상 백그라운드에서 실행해야 합니다.

Q: 백그라운드 스레드에서 뷰를 갱신하면 안 되는 이유가 뭐죠?

A: 요점만 말씀드리면 예외가 발생하기 때문입니다. 다중 스레드로 동작하는 사용자 인터페이스는 문제가 발생하기 쉬우므로 안드로이드는 원천적으로 이를 금지하고 있습니다.

Q: 데이터베이스의 열기, 읽기 등의 동작에서 어떤 데이터베이스 코드가 가장 느린가요?

A: 정해진 답은 없습니다. 데이터베이스가 복잡한 자료구조를 포함한다면 데이터베이스를 처음 열 때 모든 테이블을 생성해야 하므로 시간이 오래 걸릴 수 있습니다. 복잡한 질의를 실행한다면 정말 오랜 시간이 걸릴 수 있습니다. 보통 모든 동작을 백그라운드 스레드로 실행하는 것이 좋습니다.

Q: 데이터베이스에서 데이터를 읽는 데 몇 초가 소요된다면 사용자에게 그 동안 무슨 일이 일어날까요?

A: 데이터베이스에서 값을 읽을 때까지 사용자는 빈 화면을 보게 됩니다.

Q: 왜 데이터베이스 코드를 한 액티비티의 `AsyncTask`에 추가한 거죠?

A: 편의상 한 액티비티에 `AsyncTask`를 사용하는 방법을 보여주려 했기 때문입니다. 실생활에서는 모든 액티비티의 데이터베이스 코드를 백그라운드로 실행해야 합니다.

CHAPTER 17

우리의 안드로이드 도구상자

17장을 마치면서 SQLite 데이터베이스에 데이터를 기록하는 기술을 도구상자에 추가했습니다.

이 책의 전체 코드는 https://tinyurl.com/HeadFirstAndroid에서 내려받을 수 있어요.

핵심정리

- `CursorAdapter`의 `changeCursor()` 메서드로 현재 커서 어댑터에서 사용하는 커서를 새로운 커서로 바꿀 수 있습니다. 이때 이전 커서는 자동으로 닫힙니다.
- `AsyncTask`를 이용해 데이터베이스 코드를 백그라운드로 실행합니다.

AsyncTask 실행 과정 요약

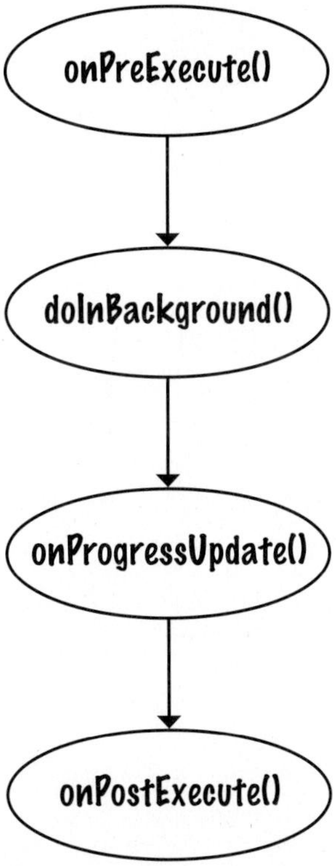

1. **onPreExecute()로 태스크를 설정합니다.**
   백그라운드 태스크가 실행되기 전에 메인 이벤트 스레드로 호출됩니다.

2. **doInBackground() 메서드가 백그라운드 스레드로 실행됩니다.**
   `onPreExecute()` 메서드가 호출된 바로 다음에 실행됩니다. 인자형과 반환형을 지정할 수 있습니다.

3. **onProgressUpdate() 메서드로 진행상황을 표시할 수 있습니다.**
   `doInBackground()` 메서드에서 `publishProgress()` 메서드를 호출하면 `onProgressUpdate()` 메서드가 메인 이벤트 스레드로 호출됩니다.

4. **doInBackground() 메서드 실행이 끝나면 그 결과를 onPostExecute() 메서드를 이용해 사용자에게 표시할 수 있습니다.**
   `doInBackground()` 메서드의 반환값을 인자로 받아 메인 이벤트 메서드에서 실행합니다.

18 시작된 서비스

지금은 서비스 중

내가 ProtectionRacketService를 시작했다고 말했나?

앱이 포커스를 가지고 있든 없든 항상 실행되어야 하는 동작이 있습니다. 예를 들어 파일 내려받기를 시작했는데 다른 앱으로 이동하더라도 시작된 내려받기가 이어지기를 원할 수 있습니다. 이 장에서는 백그라운드에서 동작을 실행하는 컴포넌트인 **시작된 서비스**를 소개합니다. **IntentService** 클래스로 시작된 서비스를 생성하고 시작된 서비스의 생명주기는 액티비티와 어떤 관계를 갖는지 살펴봅니다. 또한 서비스를 실행하면서 **메시지를 기록**해서 이를 사용자에게 안드로이드의 내장 **알림 서비스**로 통지하는 방법도 배웁니다.

서비스는 백그라운드에서 작동합니다

안드로이드 앱은 여러 액티비티와 다른 컴포넌트로 이루어집니다. 앱에는 사용자와 상호작용하는 코드가 포함되어 있는데 때로는 큰 파일 내려받기, 음악 스트리밍, 서버 메시지 수신 등 백그라운드에서 작동해야 하는 기능도 있습니다.

액티비티는 이런 종류의 작업을 수행하는 데 적합하지 않습니다. 단순한 작업이면 스레드를 생성해 이런 기능을 수행할 수 있지만 액티비티 코드가 복잡해지지 않도록 주의해야 합니다.

그런 이유에서 안드로이드는 **서비스**라는 기능을 제공합니다. 서비스는 액티비티 같은 애플리케이션 컴포넌트지만 액티비티와 달리 사용자 인터페이스가 없습니다. 서비스는 액티비티에 비해 단순한 생명주기를 갖고 있으며, 사용자가 다른 일을 하는 동안 백그라운드로 작업을 처리하는 코드를 쉽게 구현할 수 있게 도와주는 많은 기능이 있습니다.

직접 서비스를 구현하는 것뿐 아니라 안드로이드의 내장 서비스를 이용하는 방법도 있습니다.

알림 서비스, 위치 서비스, 알람 서비스, 내려받기 서비스 등의 내장 서비스가 있습니다.

서비스 유형

세 가지 유형의 서비스가 있습니다.

- **시작된 서비스**
  시작된 서비스는 백그라운드에서 무한히 실행됩니다. 심지어 자신을 시작시킨 액티비티가 종료되어도 실행 상태가 유지됩니다. 인터넷에서 큰 파일을 내려받을 때 시작된 서비스를 이용할 수 있습니다. 작업이 끝나면 서비스가 중지됩니다.

- **바운드 서비스**
  바운드 서비스는 액티비티 같은 다른 애플리케이션의 컴포넌트에 연결됩니다. 액티비티는 바운드 서비스와 상호작용하면서 요청을 보내거나 결과를 받을 수 있습니다. 바운드 서비스는 연결된 컴포넌트가 실행되는 동안 존재합니다. 컴포넌트와 연결되지 않으면 바운드 서비스는 종료됩니다. 예를 들어 바운드 서비스를 이용해 자동차의 이동 거리를 측정하는 주행 기록계를 만들 수 있습니다. 이런 식으로 서비스에 연결된 모든 액티비티는 서비스로부터 여행한 거리 정보를 얻을 수 있습니다.

- **계획된 서비스**
  특정 시간에 실행되도록 계획된 서비스입니다. 예를 들어 API 21부터는 특정 시간에 어떤 작업이 실행되도록 계획할 수 있습니다.

이 장에서는 시작된 서비스를 생성하는 방법을 소개합니다.

시작된 서비스 생성하기

MainActivity라는 액티비티와 DelayedMessageService라는 시작된 서비스를 포함하는 새 프로젝트를 생성합니다. MainActivity가 DelayedMessageService를 호출할 때마다 10초 기다렸다가 화면에 텍스트를 표시합니다.

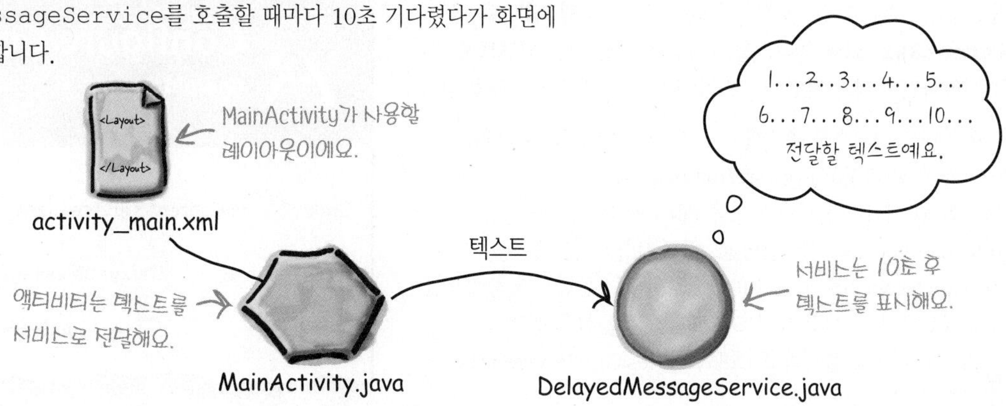
<Layout>
</Layout>
MainActivity가 사용할 레이아웃이에요.
activity_main.xml
1...2..3...4...5...
6...7...8...9...10...
전달할 텍스트예요.
텍스트
액티비티는 텍스트를 서비스로 전달해요.
서비스는 10초 후 텍스트를 표시해요.
MainActivity.java
DelayedMessageService.java

이 기능은 두 단계로 구현합니다.

1. **안드로이드의 로그에 메시지 기록하기**

   먼저 서비스가 제대로 작동하는지 확인할 수 있도록 안드로이드의 로그에 메시지를 기록합니다. 이 메시지는 안드로이드 스튜디오로 확인할 수 있습니다.

2. **알림으로 메시지 표시하기**

   안드로이드의 내장 알림 서비스를 이용해 메시지를 알림으로 표시하도록 DelayedMessageService를 구현합니다.

이런 알림을 생성할 거예요.

12:49 PM • Wed, Mar 22
4G
Joke • now
What is the secret of comedy?
Timing!

프로젝트 만들기

먼저 프로젝트를 만듭니다. 'Joke'라는 이름과 'hfad.com'이라는 회사 도메인으로 com.hfad.joke라는 패키지 이름을 갖는 프로젝트를 만듭니다. 대부분의 디바이스에서 앱을 실행할 수 있도록 최소 SDK를 API 수준 19로 설정합니다. 'MainActivity'라는 빈 액티비티와 'activity_main'이라는 레이아웃을 생성합니다. 액티비티를 생성할 때는 **Backwards Compatibility (AppCompat) 옵션을 선택 해제합니다.**

다음 페이지에서 서비스를 생성합니다.

→ 로그
알림 표시

IntentService 클래스로 시작된 서비스 생성하기

시작된 서비스를 생성하는 가장 간단한 방법은 대부분의 필요한 기능을 제공하는 **IntentService** 클래스를 상속받는 것입니다. 인텐트로 이 서비스를 시작하면 우리가 지정한 코드가 별도의 스레드로 실행됩니다.

프로젝트에 새 인텐트 서비스를 추가합니다. 안드로이드 스튜디오의 탐색기를 Project 뷰로 바꾸고 app/src/main/java 폴더의 com.hfad.joke 패키지를 선택한 다음 File → New... → Service (IntentService) 옵션을 선택합니다. 서비스 이름은 'DelayedMessageService'로 설정하고 안드로이드 스튜디오가 불필요한 코드를 만들지 않도록 헬퍼 시작 메서드를 포함하는 옵션은 선택 해제합니다. Finish 버튼을 클릭하고 DelayedMessageService.java 파일을 다음 코드로 바꿉니다.

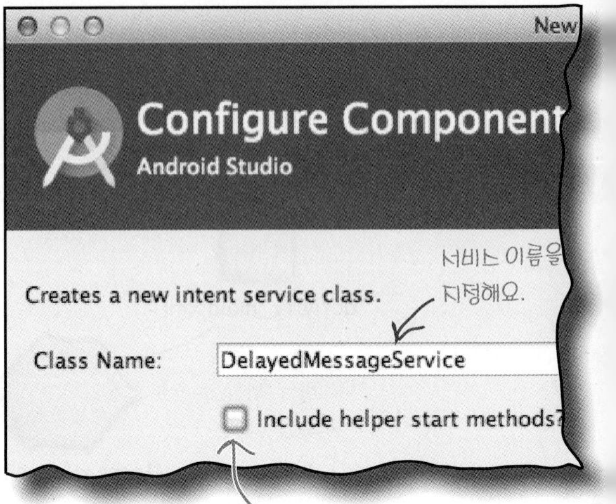

일부 안드로이드 스튜디오 버전에서는 소스 언어를 물을 수도 있습니다. 그러면 자바 언어를 선택하세요.

```
package com.hfad.joke;

import android.app.IntentService;
import android.content.Intent;

public class DelayedMessageService extends IntentService {

    public DelayedMessageService() {
        super("DelayedMessageService");
    }

    @Override
    protected void onHandleIntent(Intent intent) {
        // 뭔가 수행하는 코드
    }
}
```

IntentService 클래스를 상속받아요.

서비스로 실행하려는 코드를 onHandleIntent() 메서드에 구현하세요.

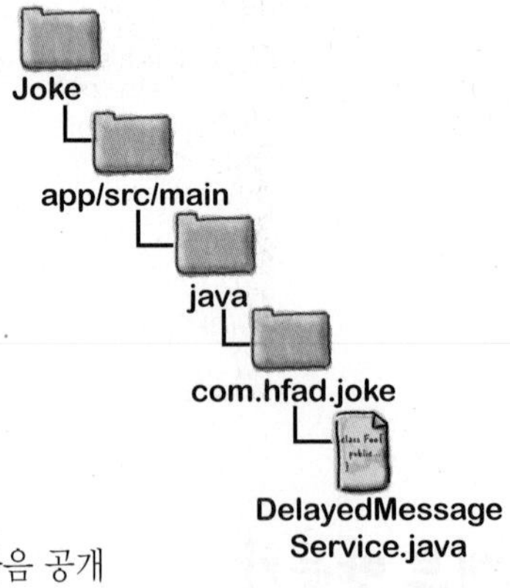

위 코드로 기본 인텐트 서비스를 생성했습니다. IntentService 클래스를 상속받은 다음 공개 생성자를 추가했고 onHandleIntent() 메서드를 구현했습니다.

onHandleIntent() 메서드는 서비스가 인텐트에 전달될 때마다 실행될 코드를 포함합니다. 이 메서드는 별도의 스레드로 실행됩니다. 여러 인텐트가 전달되면 한 번에 하나씩 처리합니다.

DelayedMessageService로 안드로이드 로그 메시지를 출력해야 하므로 먼저 메시지를 로깅하는 방법부터 살펴봅시다.

→ 로그
알림 표시

메시지 로깅 방법

메시지를 로깅하면 우리 코드가 원하는 대로 실행되는지 쉽게 확인할 수 있습니다. 우리는 자바 코드로 안드로이드가 무엇을 로깅할지 지정할 수 있으며 앱이 실행되는 동안 안드로이드의 로그(로그캣으로 알려진) 출력을 확인할 수 있습니다.

`Android.util.Log` 클래스에서 제공하는 메서드 중 하나를 이용해 메시지를 로깅할 수 있습니다.

Log.v(String tag, String message)	자세한 메시지 로깅
Log.d(String tag, String message)	디버그 메시지 로깅
Log.i(String tag, String message)	정보 메시지 로깅
Log.w(String tag, String message)	경고 메시지 로깅
Log.e(String tag, String message)	에러 메시지 로깅

발생하지 말아야 할 예외를 보고할 때는 Log.wtf()를 사용할 수 있습니다. 안드로이드 문서에 따르면 wtf는 'What a Terrible Failure'라는 의미입니다. 우리는 wtf가 실제로는 매년 아이슬란드 달빅에서 열리는 Great Fish Day 축제의 'Welcome to Fiskidagurinn'을 의미한다는 사실을 알고 있습니다. 안드로이드 개발자들은 종종 'AVD가 부팅하는 데 8분이나 걸렸어. WTF(빌어먹을)??'이라는 말을 듣곤 하는데, 이 역시 표준 안드로이드 실행 바이트코드 형식에 기여한 작은 마을을 기리는 것입니다.

메시지의 출처를 확인할 수 있도록 각 메시지는 문자열 태그와 메시지를 포함합니다. 예를 들어 `DelayedMessageService`에서 발생하는 자세한 메시지를 로깅하려면 다음처럼 `Log.v()` 메서드를 호출합니다.

```
Log.v("DelayedMessageService", "This is a message");
```

안드로이드 스튜디오의 로그캣(logcat)에서 메시지 유형을 걸러 메시지를 확인할 수 있습니다. 로그캣을 보려면 안드로이드 스튜디오의 프로젝트 화면에서 Android Monitor 옵션을 선택한 다음 logcat 탭을 선택합니다.

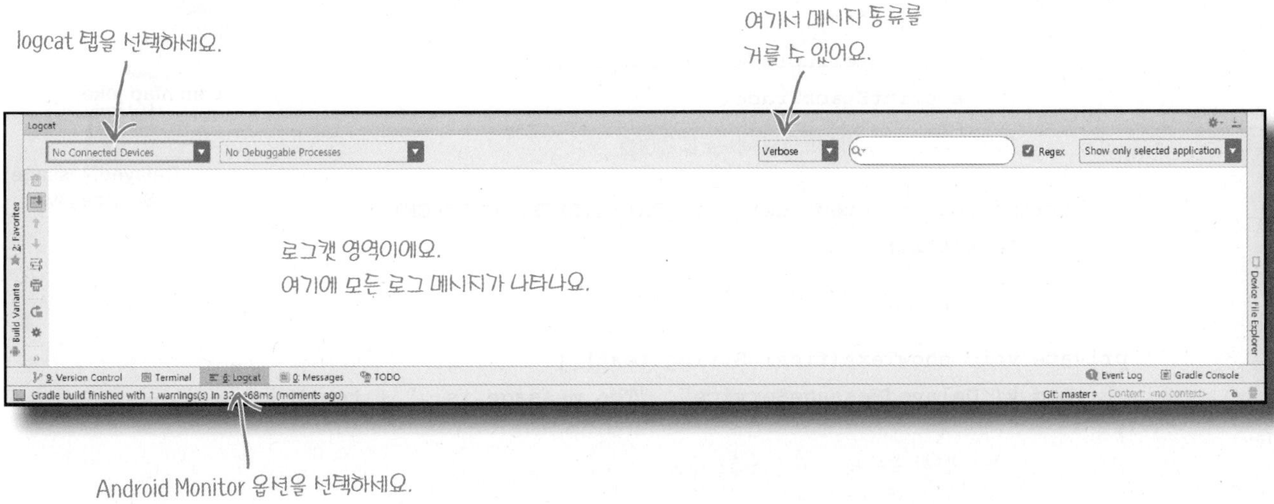

→ ☐ 로그
☐ 알림 표시

DelayedMessageService 전체 코드

인텐트에서 텍스트를 가져오고 10초 기다렸다가 텍스트를 로그로 출력하도록 서비스를 구현합니다. 그러려면 텍스트를 로깅하는 `showText()` 메서드를 추가한 다음 10초 기다렸다가 이를 `onHandleIntent()` 메서드에서 호출합니다.

다음은 DelayedMessageService.java 전체 코드입니다(여러분 코드도 다음처럼 바꾸세요).

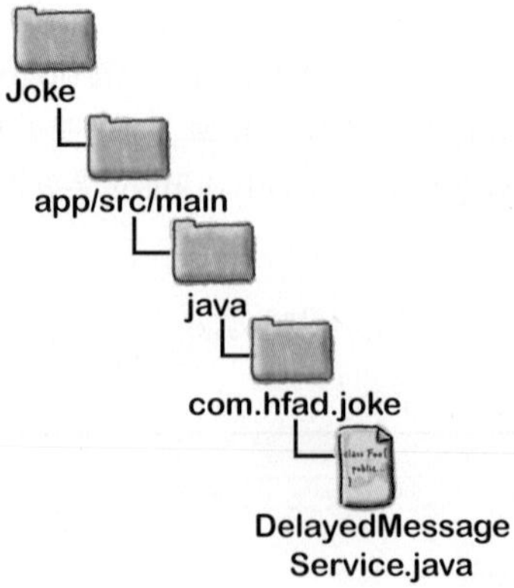


```
package com.hfad.joke;

import android.app.IntentService;
import android.content.Intent;
import android.util.Log;   // Log 클래스를 사용하므로 임포트하세요.

public class DelayedMessageService extends IntentService {

    public static final String EXTRA_MESSAGE = "message";   // 메시지를 액티비티에서 서비스로 전달할 때 상수를 이용해요.

    public DelayedMessageService() {
        super("DelayedMessageService");   // 상위 클래스의 생성자를 호출해요.
    }

    // 서비스가 인텐트를 받았을 때 실행하려는 코드를 포함하는 메서드예요.
    @Override
    protected void onHandleIntent(Intent intent) {
        synchronized (this) {
            try {
                wait(10000);   // 10초 기다려요.
            } catch (InterruptedException e) {
                e.printStackTrace();
            }
        }
        // 인텐트에서 텍스트를 얻어요.
        String text = intent.getStringExtra(EXTRA_MESSAGE);
        showText(text);
    }
    // showText() 메서드를 호출해요.

    private void showText(final String text) {
        Log.v("DelayedMessageService", "The message is: " + text);
    }
    // 로깅한 텍스트는 안드로이드 스튜디오의 로그캣에서 확인할 수 있어요.
}
```

AndroidManifest.xml에 서비스 정의하기

액티비티처럼 각 서비스도 안드로이드가 호출할 수 있도록 AndroidManifest.xml 파일에 정의해야 합니다. 서비스를 이 파일에 정의하지 않으면 안드로이드는 서비스의 존재를 알 수 없어서 호출할 수 없습니다.

안드로이드 스튜디오가 제공하는 메뉴를 이용해 서비스를 생성하면 <service> 요소가 자동으로 AndroidManifest.xml 파일에 추가됩니다. 다음은 AndroidManifest.xml 코드 모습입니다.

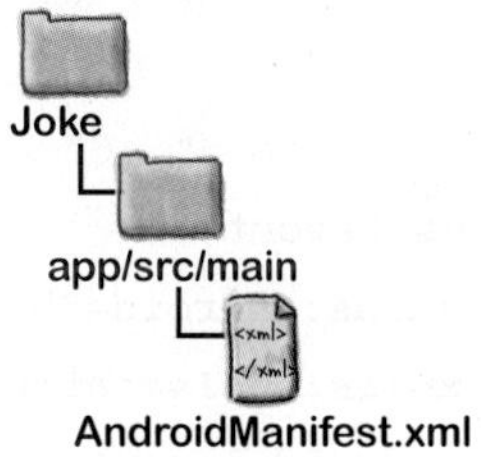


```
<?xml version="1.0" encoding="utf-8"?>
<manifest xmlns:android="http://schemas.android.com/apk/res/android"
    package="com.hfad.joke">

    <application
        android:allowBackup="true"
        android:icon="@mipmap/ic_launcher"
        android:label="@string/app_name"
        android:roundIcon="@mipmap/ic_launcher_round"
        android:supportsRtl="true"
        android:theme="@style/AppTheme">
        <activity android:name=".MainActivity">
            <intent-filter>
                <action android:name="android.intent.action.MAIN" />
                <category android:name="android.intent.category.LAUNCHER" />
            </intent-filter>
        </activity>

        <service
            android:name=".DelayedMessageService"
            android:exported="false">
        </service>
    </application>
</manifest>
```

여러분 코드와 조금 다르더라도 걱정하지 마세요.

AndroidManifest.xml에 정의된 서비스예요. 안드로이드 스튜디오가 자동으로 추가한 코드예요.

서비스 이름 앞의 '.'는 패키지 이름을 의미해요. 따라서 안드로이드는 패키지 이름과 서비스 이름을 합쳐 전체 클래스 이름을 얻을 수 있어요.

<service> 요소는 name, exported 두 가지 속성을 포함합니다. name 속성은 서비스 이름을 가리키며 우리 예제에서 서비스 이름은 DelayedMessageService입니다. exported 속성은 다른 앱에서 이 서비스를 사용할 수 있는지 여부를 결정합니다. exported를 false로 설정하면 현재 앱에서만 사용할 수 있습니다.

서비스를 생성했으므로 MainActivity로 서비스를 시작할 수 있습니다.

로그
알림 표시

activity_main.xml에 버튼 추가하기

MainActivity의 버튼을 클릭하면 DelayedMessageService를 시작하도록 만들 것입니다. 따라서 MainActivity의 레이아웃에 버튼을 추가합니다.

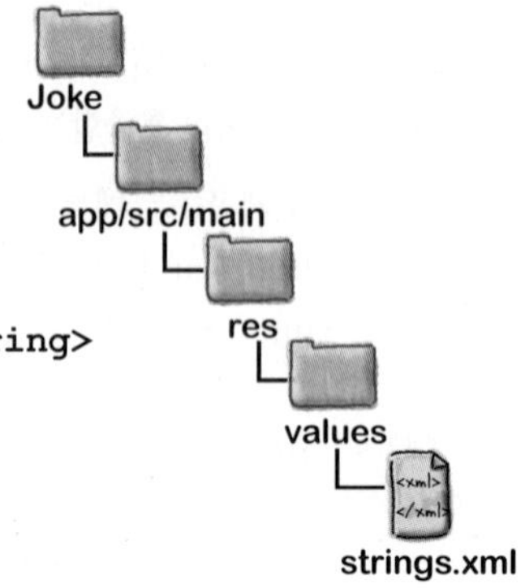

우선 다음 문자열 값을 strins.xml에 추가합니다.

```
<string name="question">What is the secret of comedy?</string>
<string name="response">Timing!</string>
```

그리고 activity_main.java 코드를 다음처럼 바꿔서 MainActivity에 버튼을 추가합니다.

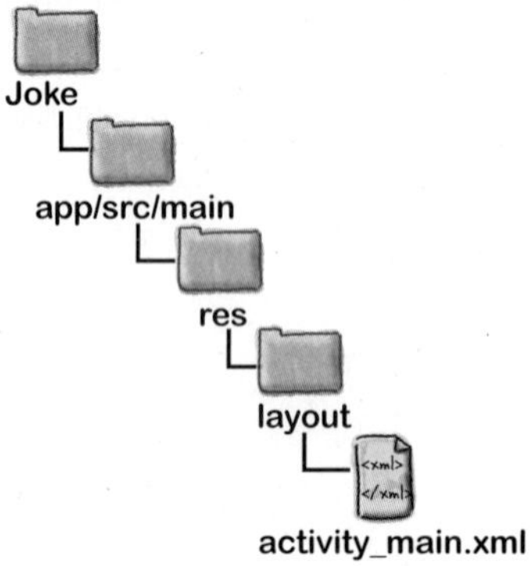


```
<?xml version="1.0" encoding="utf-8"?>
<LinearLayout
    xmlns:android="http://schemas.android.com/apk/res/android"
    xmlns:tools="http://schemas.android.com/tools"
    android:layout_width="match_parent"
    android:layout_height="match_parent"
    android:orientation="vertical"
    android:padding="16dp"
    tools:context="com.hfad.joke.MainActivity">

    <Button
        android:layout_width="wrap_content"
        android:layout_height="wrap_content"
        android:layout_gravity="center_horizontal"
        android:text="@string/question"
        android:id="@+id/button"
        android:onClick="onClick"/>

</LinearLayout>
```

버튼을 생성하는 코드예요. 이 버튼을 클릭하면 액티비티의 onClick() 메서드가 호출돼요.

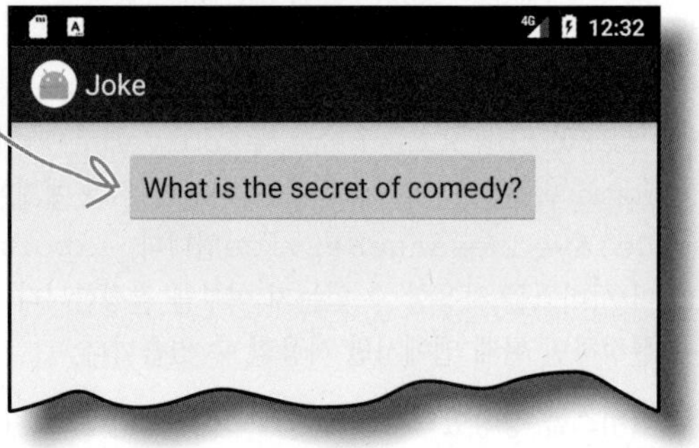

사용자가 버튼을 클릭할 때마다 onClick() 메서드가 호출되므로 이 메서드를 MainActivity에 구현합니다.

startService()로 서비스 시작하기

MainActivity의 onClick() 메서드를 이용해 사용자가 버튼을 클릭할 때마다 DelayedMessageService 서비스를 시작합니다. 액티비티를 시작하는 것과 비슷한 방법으로 액티비티에서 서비스를 시작할 수 있습니다. 시작하려는 서비스를 가리키는 명시적 인텐트를 생성하고 **startService()** 메서드를 이용해 액티비티에서 서비스를 시작할 수 있습니다.

```
Intent intent = new Intent(this, DelayedMessageService.class);
startService(intent);
```

액티비티를 시작하는 것처럼 서비스를 시작할 수 있어요. startActivity() 대신 startService() 메서드를 사용한다는 점만 달라요.

다음은 MainActivity.java 코드입니다. 여러분 코드도 다음처럼 바꾸세요.

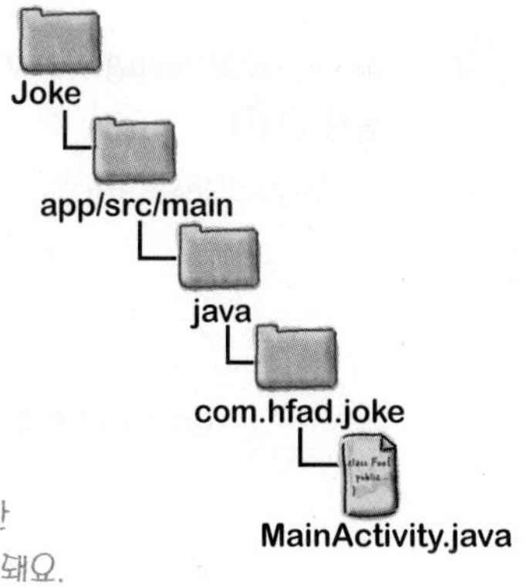


```
package com.hfad.joke;

import android.app.Activity;
import android.content.Intent;
import android.os.Bundle;
import android.view.View;

public class MainActivity extends Activity {

    @Override
    protected void onCreate(Bundle savedInstanceState) {
        super.onCreate(savedInstanceState);
        setContentView(R.layout.activity_main);
    }

    public void onClick(View view) {
        Intent intent = new Intent(this, DelayedMessageService.class);
        intent.putExtra(DelayedMessageService.EXTRA_MESSAGE,
                             getResources().getString(R.string.response));
        startService(intent);
    }
}
```

사용할 클래스이므로 임포트하세요.

여기서는 Activity를 사용했지만 AppCompatActivity로 바꿔도 돼요.

버튼을 클릭할 때마다 이 메서드가 실행돼요.

인텐트를 생성해요.

서비스를 시작해요.

텍스트를 인텐트에 추가해요.

액티비티에서 서비스를 시작시키는 코드를 구현했습니다. 시험 주행을 하기 전에 코드를 실행하면 어떤 일이 일어나는지 확인합시다.

앱을 실행하면 일어나는 일

로그
알림 표시

앱을 실행하면 코드는 다음과 같은 일을 합니다.

1. **MainActivity는 startService() 메서드를 호출하고 인텐트를 전달해 DelayedMessageService를 시작합니다.**

   MainActivity에서 DelayedMessageService로 전달하는 인텐트에는 'Timing!'이라는 텍스트를 포함합니다.

2. **DelayedMessageService가 인텐트를 받으면 서비스의 onHandleIntent() 메서드가 실행됩니다.**

   DelayedMessageService는 10초 기다립니다.

3. **DelayedMessageService가 메시지를 로깅해요.**

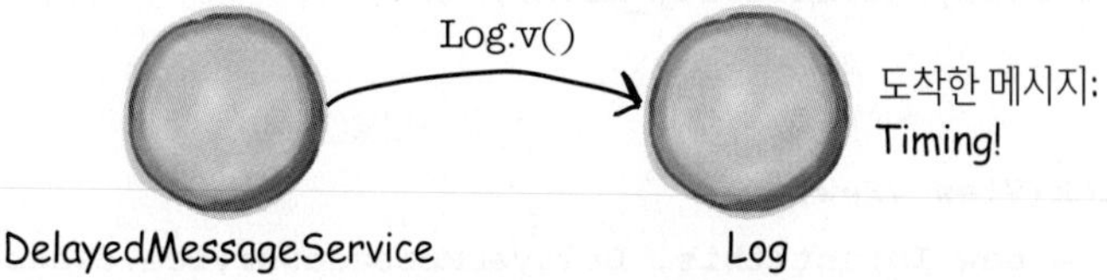

4. **DelayedMessageService가 실행을 마치고 종료돼요.**

앱을 시험 주행해서 어떻게 작동하는지 확인합시다.

앱 시험 주행

로그
알림 표시

앱을 실행하면 MainActivity가 나타납니다. 액티비티는 한 개의 버튼을 포함합니다.

버튼을 클릭하고 안드로이드 스튜디오로 돌아와서 IDE 아랫부분의 로그캣 출력을 살펴보세요. 10초 뒤에 로그캣에 'Timing!'이라는 메시지가 나타납니다.

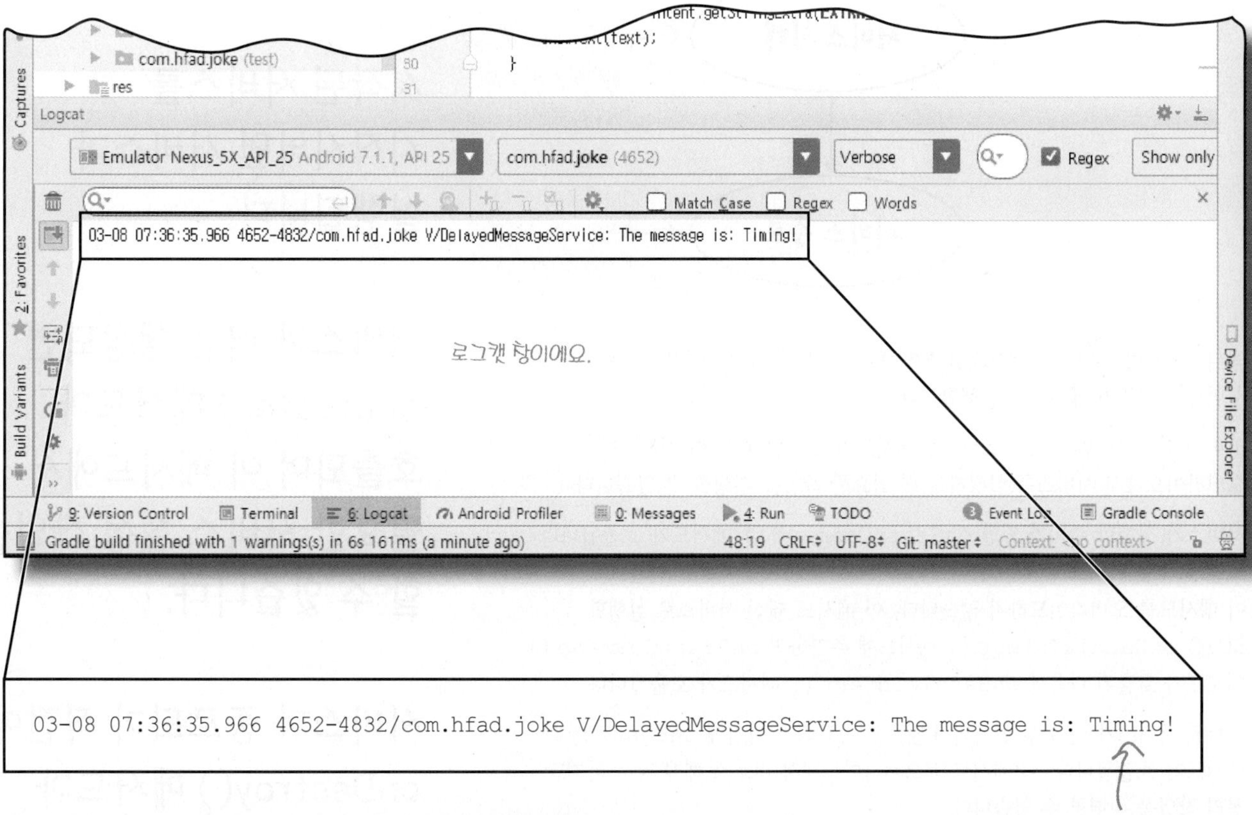


```
03-08 07:36:35.966 4652-4832/com.hfad.joke V/DelayedMessageService: The message is: Timing!
```

10초 뒤에 로그에 메시지가 출력돼요.

DelayedMessageService가 실행되는 사실을 확인했습니다.
이제 시작된 서비스가 어떻게 작동하는지 자세히 살펴봅시다.

시작된 서비스의 상태

액티비티처럼 애플리케이션의 컴포넌트가 서비스를 시작시키면 서비스가 생성된 상태에서 실행 상태를 거쳐 종료 상태로 바뀝니다.

시작된 서비스는 생명주기 대부분을 **실행** 상태에서 보냅니다. 시작된 서비스는 보통 액티비티 같은 다른 컴포넌트의 의해 시작되며 코드를 백그라운드로 실행합니다. 서비스를 시작시킨 컴포넌트가 종료되어도 서비스는 계속 실행됩니다. 서비스가 코드 실행을 마치면 **종료**됩니다.

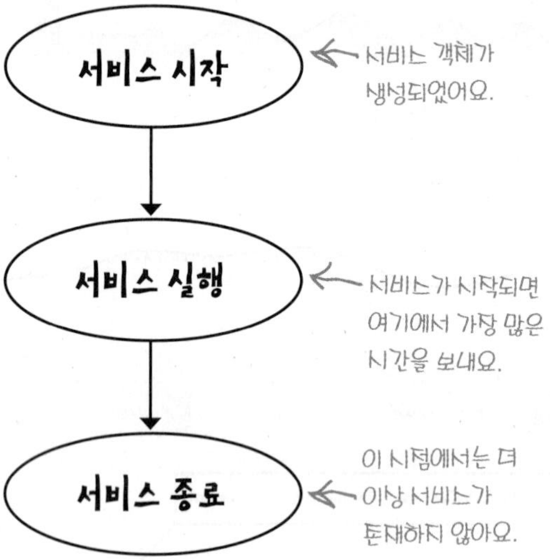

서비스 시작
서비스 객체가 생성되었어요.
서비스 실행
서비스가 시작되면 여기에서 가장 많은 시간을 보내요.
서비스 종료
이 시점에서는 더 이상 서비스가 존재하지 않아요.

시작된 서비스를 시작시키면 서비스가 실행됩니다.

액티비티처럼 서비스도 생성되었다가 종료되면서 자신이 상속받는 주요 서비스 생명주기 메서드를 실행합니다.

서비스가 생성되면 `onCreate()` 메서드가 호출됩니다. 이 메서드를 오버라이드해서 서비스를 설정하는 데 필요한 작업을 수행할 수 있습니다.

서비스가 실행할 준비가 되면 `onStartCommand()` 메서드가 호출됩니다. 보통 시작된 서비스에 사용하는 `IntentService`를 이용할 때는 이 메서드를 오버라이드하지 않습니다. 이 메서드 대신 서비스로 실행할 코드를 `onHandleIntent()` 메서드에 추가하면 `onStartCommand()` 메서드가 호출된 다음에 `onHandleIntent()` 메서드가 호출됩니다.

시작된 서비스가 더 이상 실행되지 않으면 종료되기 직전에 `onDestroy()` 메서드가 호출됩니다. 이 메서드를 오버라이드해서 리소스 해제 같은 마지막 정리 작업을 수행할 수 있습니다.

다음 페이지에서 이들 메서드가 서비스 상태와 어떻게 연결되는지 확인합니다.

서비스가 처음 생성되면 onCreate() 메서드가 호출되며 이 메서드에서 필요한 서비스 설정 작업을 할 수 있습니다.

서비스가 종료되기 직전에 onDestroy() 메서드가 호출됩니다.

시작된 서비스 생명주기: 생성에서 종료까지

다음은 시작된 서비스의 탄생에서 죽음에 이르기까지의 생명주기 개요입니다.

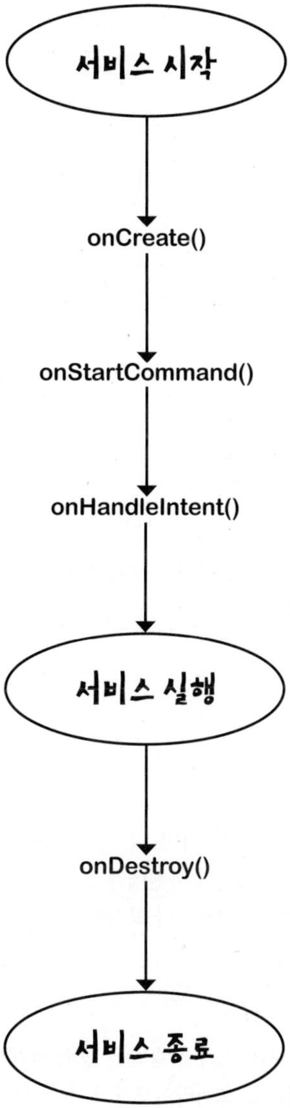

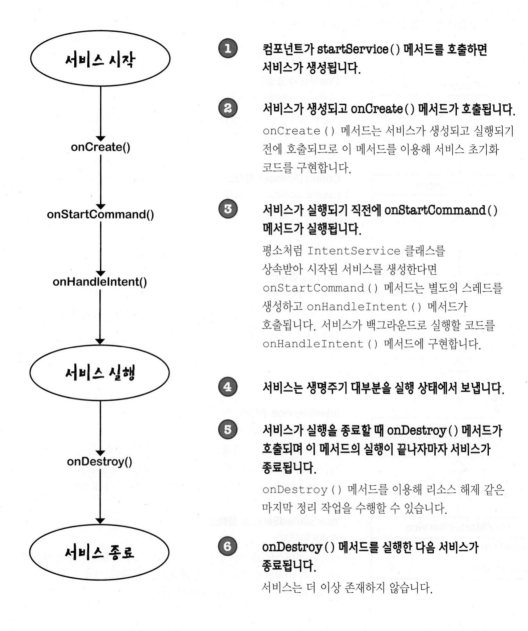

1. **컴포넌트가 startService() 메서드를 호출하면 서비스가 생성됩니다.**

2. **서비스가 생성되고 onCreate() 메서드가 호출됩니다.**
   `onCreate()` 메서드는 서비스가 생성되고 실행되기 전에 호출되므로 이 메서드를 이용해 서비스 초기화 코드를 구현합니다.

3. **서비스가 실행되기 직전에 onStartCommand() 메서드가 실행됩니다.**
   평소처럼 `IntentService` 클래스를 상속받아 시작된 서비스를 생성한다면 `onStartCommand()` 메서드는 별도의 스레드를 생성하고 `onHandleIntent()` 메서드가 호출됩니다. 서비스가 백그라운드로 실행할 코드를 `onHandleIntent()` 메서드에 구현합니다.

4. **서비스는 생명주기 대부분을 실행 상태에서 보냅니다.**

5. **서비스가 실행을 종료할 때 onDestroy() 메서드가 호출되며 이 메서드의 실행이 끝나자마자 서비스가 종료됩니다.**
   `onDestroy()` 메서드를 이용해 리소스 해제 같은 마지막 정리 작업을 수행할 수 있습니다.

6. **onDestroy() 메서드를 실행한 다음 서비스가 종료됩니다.**
   서비스는 더 이상 존재하지 않습니다.

`onCreate()`, `onStartCommand()`, `onDestroy()`는 서비스 생명주기의 핵심 메서드입니다. 이 메서드는 어디에서 오는 걸까요?

서비스는 생명주기 메서드를 상속받습니다

앞서 살펴본 것처럼 시작된 서비스는 `android.app.IntentService` 클래스를 상속받습니다. 이 클래스 덕분에 서비스가 안드로이드 생명주기 메서드에 접근할 수 있습니다. 다음 다이어그램은 클래스 계층도를 보여줍니다.

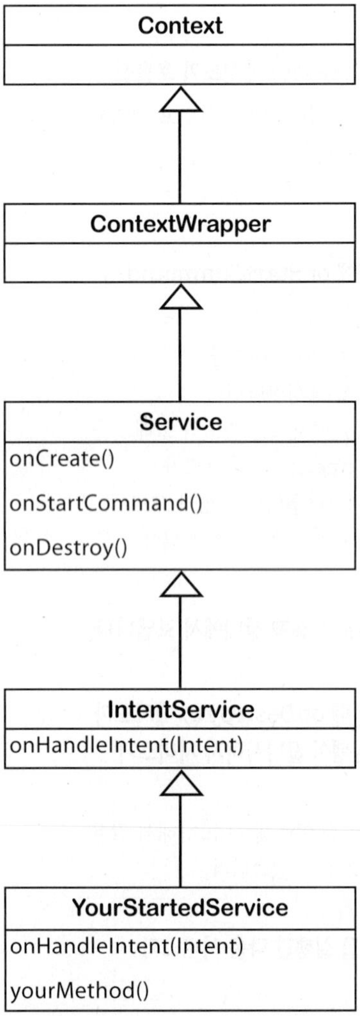

Context 추상 클래스
(android.content.Context)
애플리케이션 환경의 전역 정보를 제공하는 인터페이스. 애플리케이션의 리소스, 클래스, 동작에 접근할 수 있습니다.

ContextWrapper 클래스
(android.content.ContextWrapper)
`Context`의 프록시 구현.

Service 클래스
(android.app.Service)
`Service` 클래스는 생명주기 메서드 기본 버전을 구현합니다. 더 자세한 내용은 19장에서 확인할 수 있습니다.

IntentService 클래스
(android.app.IntentService)
`IntentService` 클래스를 이용해 시작된 서비스를 간단하게 생성할 수 있습니다. 이 메서드는 백그라운드 스레드에서 자신에게 전달된 인텐트를 처리할 수 있는 `onHandleIntent()` 메서드를 포함합니다.

YourStartedService 클래스
(com.hfad.foo)
시작된 서비스의 대부분 동작은 우리 서비스가 상속받은 상위 클래스의 메서드에서 처리합니다. 필요한 메서드를 오버라이드하고 공개 생성자를 추가하는 것이 우리가 해야 할 일입니다.

시작된 서비스가 내부적으로 어떻게 작동하는지 확인했으므로 다음 연습문제를 확인합니다. 그리고 메시지를 알림에 표시하도록 `DelayedMessageService` 구현을 바꿉니다.

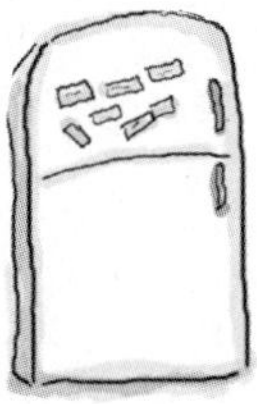

서비스 자석

다음은 WombleService라는 시작된 서비스를 생성하는 데 필요한 코드입니다. WombleService는 백그라운드로 .mp3 파일을 재생하는 동작을 수행하며 액티비티에서 이 서비스를 이용합니다. 아래 코드를 완성하세요.

서비스예요.

```
public class WombleService extends ................................{

    public WombleService() {
        super("WombleService");
    }

    @Override
    protected void .................................... (Intent intent) {
        MediaPlayer mediaPlayer =
                MediaPlayer.create(getApplicationContext(), R.raw.wombling_song);
        mediaPlayer.start();
    }
}
```

안드로이드 MediaPlayer 클래스를 이용해 wombling_song.mp3라는 파일을 재생해요. 파일은 res/raw 폴더에 있어요.

액티비티예요.

```
public class MainActivity extends Activity {

    @Override
    protected void onCreate(Bundle savedInstanceState) {
        super.onCreate(savedInstanceState);
        setContentView(R.layout.activity_main);
    }

    public void onClick(View view) {
        Intent intent = new Intent(this,............................................);

        .............................. (intent);
    }
}
```

모든 자석을 사용할 필요는 없어요.

IntentService

onHandleIntent

startActivity

startService

WombleService.class

Underground

Overground

WombleService

서비스 자석 정답

다음은 WombleService라는 시작된 서비스를 생성하는 데 필요한 코드입니다. WombleService는 백그라운드로 .mp3 파일을 재생하는 동작을 수행하며 액티비티에서 이 서비스를 이용합니다. 아래 코드를 완성하세요.

```
public class WombleService extends IntentService {

    public WombleService() {
        super("WombleService");
    }

    @Override
    protected void onHandleIntent(Intent intent) {
        MediaPlayer mediaPlayer =
                 MediaPlayer.create(getApplicationContext(), R.raw.wombling_song);
        mediaPlayer.start();
    }
}
```

서비스예요. IntentService 클래스를 상속받아요.

onHandleIntent() 메서드에서 이 코드를 실행해요.

```
public class MainActivity extends Activity {

    @Override
    protected void onCreate(Bundle savedInstanceState) {
        super.onCreate(savedInstanceState);
        setContentView(R.layout.activity_main);
    }

    public void onClick(View view) {
        Intent intent = new Intent(this, WombleService.class);
        startService(intent);
    }
}
```

액티비티예요.

WombleService.class를 가리키는 명시적 인텐트를 생성해요.

서비스를 시작해요.

필요 없는 자석이에요.

startActivity

Underground

Overground

WombleService

안드로이드는 내장 알림 서비스를 제공합니다

Joke 앱이 우리 메시지를 **알림**으로 표시하도록 만들 것입니다. 알림은 앱의 사용자 인터페이스 외부로 표시되는 서비스입니다. 알림이 발생하면 상태 바의 알림 영역에 아이콘이 나타납니다. 화면 위쪽에서 아래쪽으로 스와이프하면 나타나는 알림 드로워로 알림 내용을 자세히 확인할 수 있습니다.

☑ 로그
→ ☐ **알림 표시**

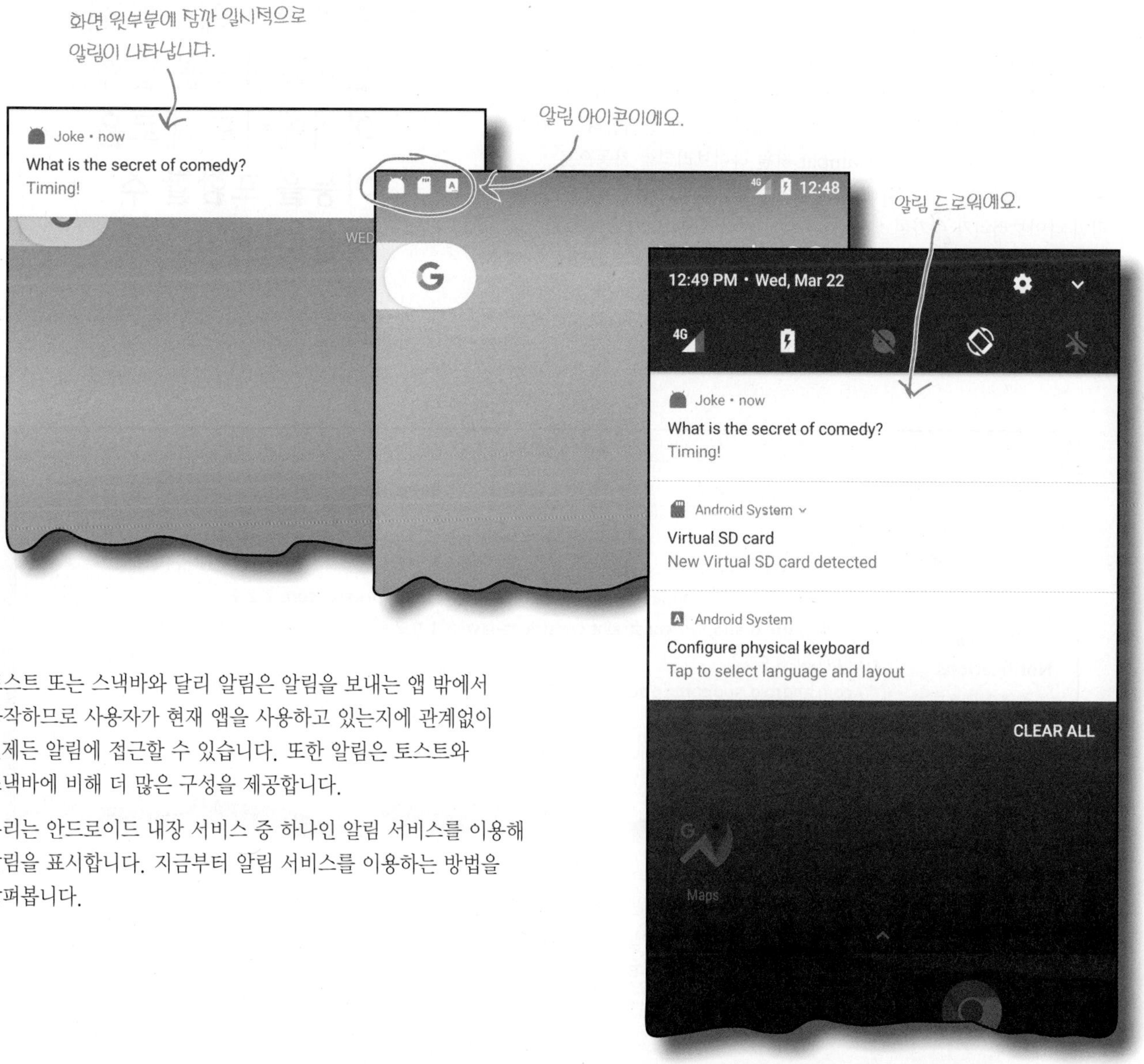

토스트 또는 스낵바와 달리 알림은 알림을 보내는 앱 밖에서 동작하므로 사용자가 현재 앱을 사용하고 있는지에 관계없이 언제든 알림에 접근할 수 있습니다. 또한 알림은 토스트와 스낵바에 비해 더 많은 구성을 제공합니다.

우리는 안드로이드 내장 서비스 중 하나인 알림 서비스를 이용해 알림을 표시합니다. 지금부터 알림 서비스를 이용하는 방법을 살펴봅니다.

로그
알림 표시

AppCompat 지원 라이브러리의 알림을 사용합니다

다양한 안드로이드 버전에서 같은 동작을 수행하도록 AppCompat 지원 라이브러리의 클래스를 이용해 알림을 생성합니다. 주요 안드로이드 릴리스에서 제공하는 클래스로 알림을 생성할 수도 있지만 그러면 예전 버전의 안드로이드를 탑재한 기기에서는 새 기능을 사용할 수 없습니다.

지원 라이브러리의 알림 클래스를 사용하려면 지원 라이브러리를 프로젝트에 디펜던시로 추가해야 합니다. File → Project Structure를 선택한 다음 app 모듈을 클릭하고 Dependencies를 선택합니다. 이미 안드로이드 스튜디오가 AppCompat 지원 라이브러리를 자동으로 추가했을 수도 있습니다. appcompat-v7이 목록에 보이면 이미 지원 라이브러리가 추가된 상태입니다. 지원 라이브러리가 추가되지 않은 상태면 화면 아래나 오른쪽에 있는 '+' 버튼을 클릭해 Library Dependency 옵션을 선택하고 appcompat-v7 라이브러리를 선택한 다음 OK 버튼을 클릭합니다. 다시 OK 버튼을 클릭해서 설정을 저장하고 Project Structure 창을 닫습니다.

AppCompat 지원 라이브러리의 알림을 이용하면 예전 버전의 안드로이드를 탑재한 기기에서도 새로운 기능을 포함할 수 있습니다.

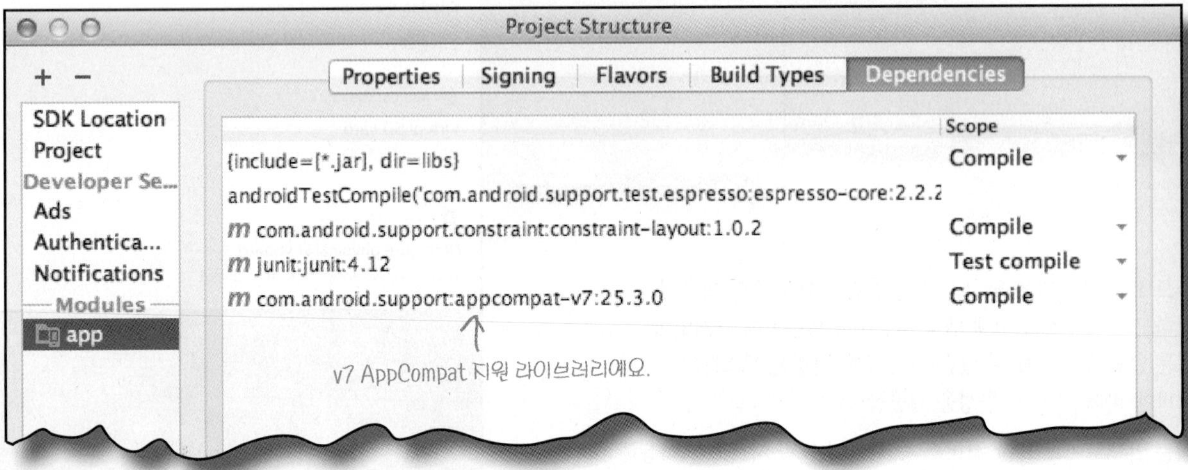

`DelayedMessageService`로 알림을 표시하려면 알림 빌더를 생성하고, 알림을 클릭하면 `MainActivity`를 시작하도록 지정하며, 알림을 발행하는 등 세 가지 작업을 해야 합니다. 지금부터 이 작업을 코드로 구현하고 마지막에는 전체 코드를 소개합니다.

알림 빌더 생성하기

로그
알림 표시

먼저 알림 빌더를 생성해야 합니다. 알림 빌더를 이용해 특정 콘텐트와 기능을 포함하는 알림을 만들 수 있습니다.

각 알림에는 반드시 작은 아이콘, 제목, 최소화했을 때 표시할 텍스트가 필요합니다. 다음은 알림 빌더를 생성하는 코드입니다.

AppCompat 지원 라이브러리에서 NotificationCompat 클래스를 제공해요.

```
NotificationCompat.Builder builder = new NotificationCompat.Builder(this)
        .setSmallIcon(android.R.drawable.sym_def_app_icon)
        .setContentTitle(getString(R.string.question))
        .setContentText(text);
```

내장 안드로이드 아이콘으로 작은 아이콘을 설정했어요.

제목과 텍스트를 설정해요.

빌더의 메서드를 이용해 알림에 더 많은 기능을 추가할 수 있습니다. 예를 들어 다음은 우선순위를 높이고, 알림이 나타날 때 진동을 울리며, 사용자가 클릭하면 알림이 사라지도록 기능을 추가하는 코드입니다.

```
NotificationCompat.Builder builder = new NotificationCompat.Builder(this)
        .setSmallIcon(android.R.drawable.sym_def_app_icon)
        .setContentTitle(getString(R.string.question))
        .setContentText(text)
        .setPriority(NotificationCompat.PRIORITY_HIGH)
        .setVibrate(new long[] {0, 1000})
        .setAutoCancel(true);
```

우선순위를 높이고, 디바이스를 진동시켜요.

모든 메서드를 연결해서 알림에 기능을 더해요.

사용자가 클릭하면 알림이 사라져요.

0밀리초를 기다렸다가 1,000밀리초 동안 디바이스를 진동시켜요.

위 코드는 알림에서 이용할 수 있는 일부 기능을 보여준 것입니다. 디바이스의 잠금 화면에도 나타날지 여부를 결정하는 속성도 있으며, 같은 앱에서 많은 알림을 보낼 때 숫자를 표시하는 속성도 있고, 소리를 재생하는 속성도 있습니다. 알림과 관련된 모든 속성은 다음 문서를 참고하세요.

https://developer.android.com/reference/android/support/v4/app/NotificationCompat.Builder.html

다음에는 알림을 클릭했을 때 어떤 액티비티를 실행할지 지정합니다.

작은 플로팅 창으로 잠깐 나타나는 알림을 생성하고 우선순위는 높게, 알림이 나타날 때는 디바이스가 진동하거나 소리를 재생하도록 만들었습니다.

☑ 로그
→☐ 알림 표시

알림을 클릭했을 때 어떤 액티비티를 시작할지 지정하는 액션 추가하기

앱에 나타난 알림을 사용자가 클릭했을 때 어떤 액티비티를 시작할지 지정하는 액션을 추가하는 것이 좋습니다. 예를 들어 이메일 앱이라면 사용자가 새 메일을 받았을 때 알림을 보여주고, 사용자가 알림을 클릭하면 해당 메일의 내용을 표시할 것입니다. 우리 예제에서는 사용자가 알림을 클릭하면 MainActivity를 실행합니다.

펜딩 인텐트(pending intent)로 액티비티를 시작하는 액션을 생성해 알림에 추가할 수 있습니다. 펜딩 인텐트는 우리 앱이 다른 앱으로 전달할 수 있는 인텐트입니다. 그리고 다른 앱이 나중에 우리의 앱을 대신해 이 인텐트를 제출할 수 있습니다.

먼저 알림을 클릭했을 때 실행할 액티비티를 포함하는 명시적 인텐트를 생성합니다. 우리 예제에서는 MainActivity를 실행해야 하므로 다음처럼 인텐트를 생성합니다.

```
Intent actionIintent = new Intent(this, MainActivity.class);
```

MainActivity를 시작하는 일반 인텐트예요.

그리고 위 인텐트를 PendingIntent.getActivity() 메서드에 사용해 펜딩 인텐트를 생성할 수 있습니다.

```
PendingIntent actionPendingIntent = PendingIntent.getActivity(
                                    this,
                                    0,
                                    actionIntent,
                                    PendingIntent.FLAG_UPDATE_CURRENT);
```

this: 현재 서비스를 가리키는 컨텍스트예요.

0: 펜딩 인텐트를 가져올 때 필요한 플래그예요. 우리는 펜딩 인텐트를 가져올 필요가 없으므로 0으로 설정했어요.

actionIntent: 위에서 생성한 인텐트예요.

PendingIntent.FLAG_UPDATE_CURRENT: 같은 인텐트가 있으면 기존 인텐트를 갱신하라는 의미예요.

getActivity() 메서드는 컨텍스트(보통 this로 설정), 요청 코드 int, 위에서 정의한 명시적 인텐트, 펜딩 인텐트의 동작을 지정하는 flag 등 네 개의 인자를 받습니다. 위 코드에서는 flag의 값을 FLAG_UPDATE_CURRENT로 설정했습니다. 기존에 같은 펜딩 인텐트가 있으면 새로운 인텐트로 추가 데이터를 갱신하라는 의미입니다. FLAG_CANCEL_CURRENT(기존 펜딩 인텐트를 취소), FLAG_NO_CREATE(기존 펜딩 인텐트가 있으면 새로 생성하지 않음), FLAG_ONE_SHOT(한 번에 한 개의 펜딩 인텐트만 사용할 수 있음) 등의 플래그를 사용할 수 있습니다.

펜딩 인텐트를 생성한 다음에는 알림 빌더의 setContentIntent() 메서드로 알림에 펜딩 인텐트를 추가할 수 있습니다.

```
builder.setContentIntent(actionPendingIntent);
```

알림에 펜딩 인텐트를 추가해요.

사용자가 알림을 클릭하면 지정된 액티비티를 시작하도록 알림을 설정했습니다.

내장 알림 서비스로 알림 보내기

☑ 로그
→ ☐ 알림 표시

마지막으로 안드로이드의 알림 서비스로 알림을 보냅니다.

그러려면 **NotificationManager**가 필요합니다. getSystemService() 메서드에 NOTIFICATION_SERVICE를 인자로 전달하면 NotificationManager를 얻을 수 있습니다.

```
NotificationManager notificationManager =
                (NotificationManager) getSystemService(NOTIFICATION_SERVICE);
```

안드로이드의 알림 서비스에 접근할 수 있어요.

알림 관리자의 **notify()** 메서드를 호출해서 알림을 보낼 수 있습니다. 이 메서드는 알림 ID, Notification 객체 등 두 개의 인자를 받습니다.

알림 ID는 알림을 식별하는 데 사용됩니다. 같은 ID로 다른 알림을 보내면 현재 알림이 새로운 알림으로 대체됩니다. 기본 알림을 새로운 정보로 갱신하고자 할 때 유용하게 활용할 수 있습니다.

알림 빌더의 **build()** 메서드를 이용해 Notification 객체를 생성합니다. 알림을 생성할 때 필요한 모든 콘텐트와 기능을 알림 빌더로 지정합니다.

다음은 알림을 보내는 코드입니다.

```
public static final int NOTIFICATION_ID = 5453;

...

NotificationManager notificationManager =
                (NotificationManager) getSystemService(NOTIFICATION_SERVICE);
notificationManager.notify(NOTIFICATION_ID, builder.build());
```

알림에 사용할 ID예요. 임의로 정한 수예요.

알림 서비스로 우리가 생성한 알림을 표시해요.

알림을 생성하고 보내는 데 필요한 코드를 모두 살펴봤습니다. 이제 DelayedMessageService 전체 코드를 소개합니다.

DelayedMessageService.java 전체 코드

다음은 DelayedMessageService.java 전체 코드입니다. 알림을 이용해 사용자에게 메시지를 표시하는 기능을 포함합니다. 여러분 코드도 다음처럼 바꾸세요.

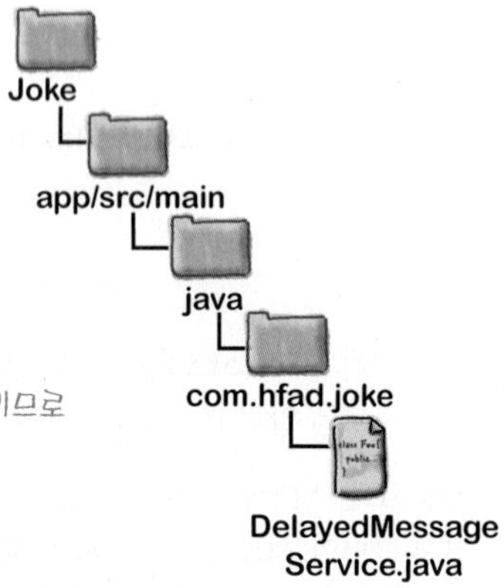


```
package com.hfad.joke;

import android.app.IntentService;
import android.content.Intent;
import android.util.Log;
import android.support.v4.app.NotificationCompat;
import android.app.PendingIntent;
import android.app.NotificationManager;

public class DelayedMessageService extends IntentService {

    public static final String EXTRA_MESSAGE = "message";
    public static final int NOTIFICATION_ID = 5453;

    public DelayedMessageService() {
        super("DelayedMessageService");
    }

    @Override
    protected void onHandleIntent(Intent intent) {
        synchronized (this) {
            try {
                wait(10000);
            } catch (InterruptedException e) {
                e.printStackTrace();
            }
        }
        String text = intent.getStringExtra(EXTRA_MESSAGE);
        showText(text);
    }
```

이 행은 삭제하세요. (import android.util.Log;)

추가로 사용하는 클래스이므로 임포트하세요.

알림을 식별하는 데 사용해요. 어떤 숫자든 사용할 수 있어요. 우리는 5453으로 정했어요.

다음 페이지에 코드가 이어져요.

DelayedMessageService.java 코드(계속)

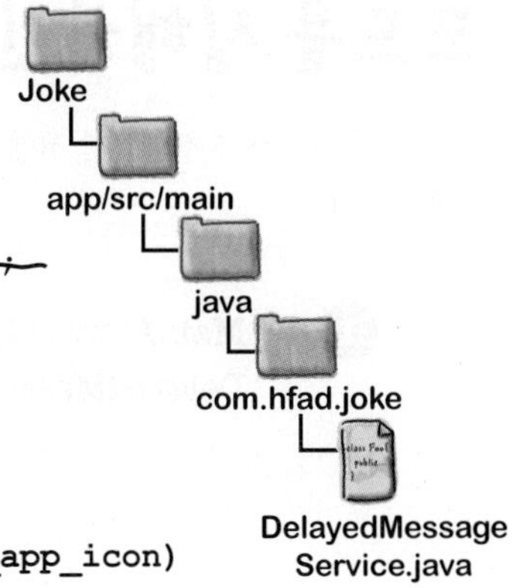


```
    private void showText(final String text) {
        Log.v("DelayedMessageService", "The message is: " + text);

        // 알림 빌더 생성
        NotificationCompat.Builder builder =
                new NotificationCompat.Builder(this)
                        .setSmallIcon(android.R.drawable.sym_def_app_icon)
                        .setContentTitle(getString(R.string.question))
                        .setContentText(text)
                        .setPriority(NotificationCompat.PRIORITY_HIGH)
                        .setVibrate(new long[] {0, 1000})
                        .setAutoCancel(true);

        // 액션 생성
        Intent actionIntent = new Intent(this, MainActivity.class);
        PendingIntent actionPendingIntent = PendingIntent.getActivity(
                                            this,
                                            0,
                                            actionIntent,
                                            PendingIntent.FLAG_UPDATE_CURRENT);
        builder.setContentIntent(actionPendingIntent);

        // 알림 보내기
        NotificationManager notificationManager =
                (NotificationManager) getSystemService(NOTIFICATION_SERVICE);
        notificationManager.notify(NOTIFICATION_ID, builder.build());
    }
}
```

(`Log.v(...)` 줄은 취소선으로 지워져 있음)

알림 빌더를 이용해 알림에 표시할 콘텐트와 기능을 지정해요.

인텐트를 생성해요.

인텐트를 이용해 펜딩 인텐트를 생성해요.

펜딩 인텐트를 알림에 추가해요.

알림 관리자를 이용해 알림을 표시해요.

시작된 서비스에 필요한 모든 코드를 구현했습니다. 이제 코드를 실행하면 어떤 일이 일어나는지 확인합시다.

코드를 실행하면 일어나는 일

☑ 로그
→ ☐ 알림 표시

기능을 추가한 앱을 실행하기 전에 코드를 실행하면 어떤 일이 일어나는지 살펴봅시다.

1. **MainActivity는 startService() 메서드를 호출하고 인텐트를 전달해 DelayedMessageService를 실행합니다.**

   인텐트는 `MainActivity`가 `DelayedMessageService`를 통해 표시하려는 메시지를 포함합니다.

2. **DelayedMessageService는 10초 기다립니다.**

3. **DelayedMessageService는 알림 빌더를 생성해 알림을 자세히 구성합니다.**

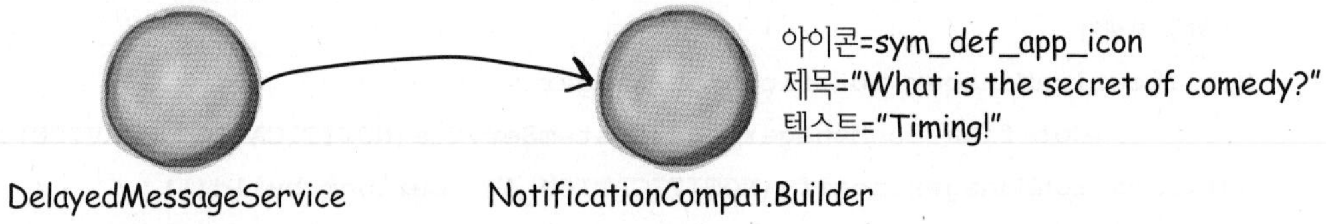

4. **DelayedMessageService는 펜딩 인텐트를 생성하는 데 사용하도록 인텐트를 생성합니다. 나중에 MainActivity가 이 인텐트를 사용합니다.**

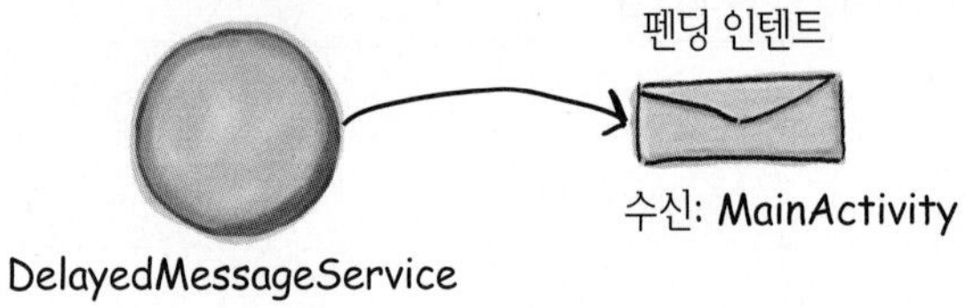

이야기는 계속됩니다

☑ 로그
→☐ 알림 표시

5 **DelayedMessageService는 알림 빌더에 펜딩 인텐트를 추가합니다.**

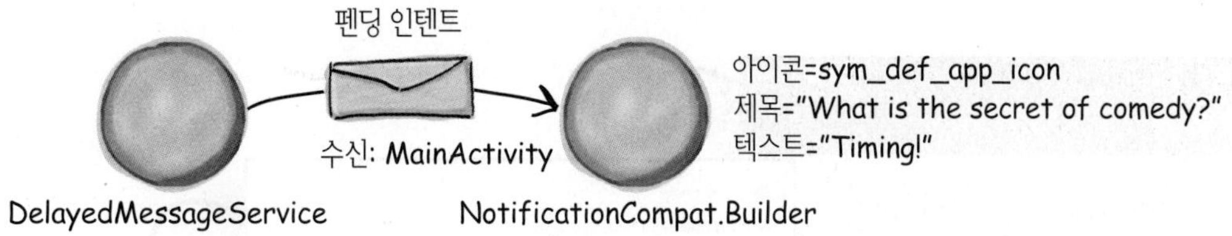

6 **DelayedMessageService는 NotificationManager 객체를 생성하고 notify() 메서드를 호출합니다.**

알림 서비스는 알림 빌더가 생성한 알림을 표시합니다.

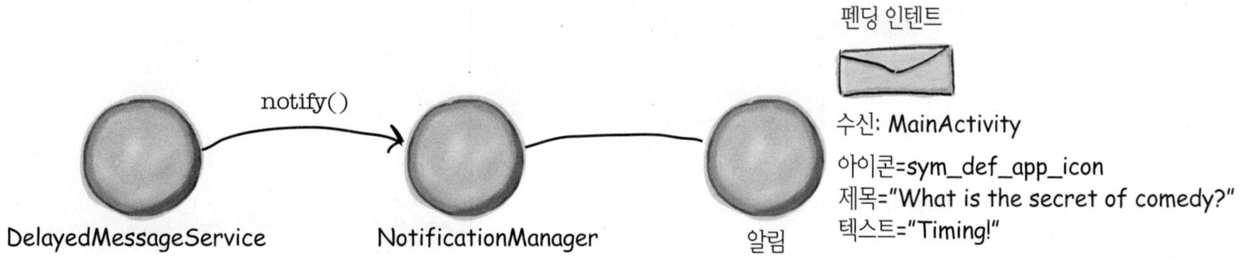

7 **사용자가 알림을 클릭하면 알림은 펜딩 인텐트로 MainActivity를 실행합니다.**

코드가 어떤 동작을 하는지 살펴봤으니 이제 앱을 시험 주행합시다.

앱 시험 주행

로그
알림 표시

MainActivity의 버튼을 클릭하면 10초 뒤에 알림이 나타납니다. 어떤 앱을 실행 중이든 관계없이 알림을 받을 수 있습니다.

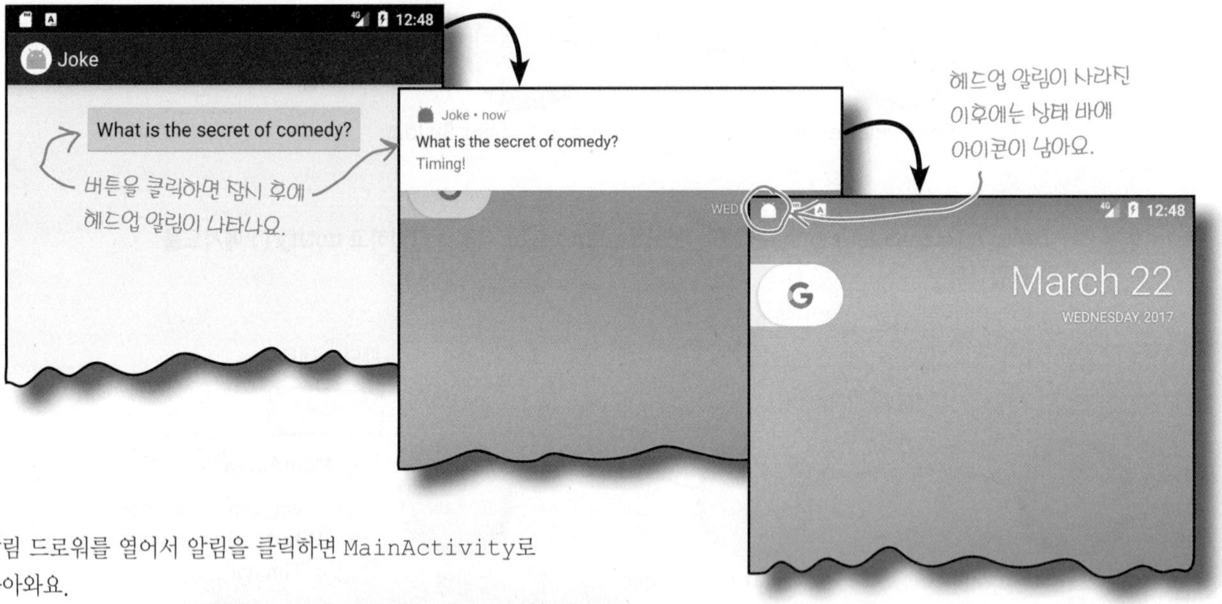

알림 드로워를 열어서 알림을 클릭하면 MainActivity로 돌아와요.

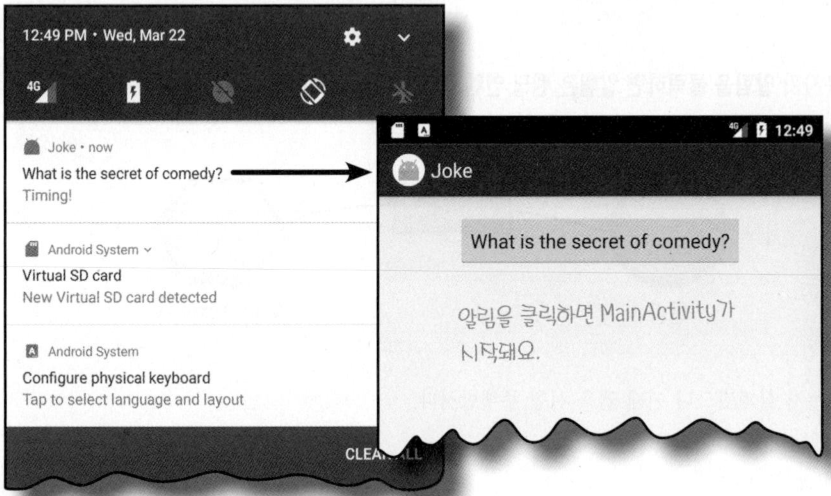

지금까지 안드로이드 알림 서비스를 이용해 알림을 표시하는 시작된 서비스를 생성하는 방법을 살펴봤습니다. 다음 장에서는 바운드 서비스를 생성하는 방법을 살펴봅니다.

CHAPTER 18

우리의 안드로이드 도구상자

18장을 마치면서 시작된 서비스 기술을 도구상자에 추가했습니다.

핵심정리

- **서비스**는 태스크를 백그라운드로 실행할 수 있는 애플리케이션 컴포넌트입니다. 서비스는 사용자 인터페이스를 포함하지 않습니다.
- **시작된 서비스**는 백그라운드에서 무한정 실행할 수 있으며 심지어 서비스를 실행한 액티비티가 종료되어도 서비스 실행 상태가 유지됩니다. 동작이 끝나면 서비스가 중지됩니다.
- **바운드 서비스**는 액티비티 같은 다른 컴포넌트로 연결됩니다. 액티비티는 바운드 서비스와 상호작용하고 결과를 받을 수 있습니다.
- **예정된 서비스**는 특정 시간에 실행되도록 예정된 서비스입니다.
- **`IntentService`** 클래스를 상속받아 `onHandleIntent()` 메서드를 오버라이드하고 공개 생성자를 추가하면 시작된 서비스를 간단하게 생성할 수 있습니다.
- **`<service>`** 요소를 이용해 AndroidManifest.xml에 서비스를 정의할 수 있습니다.
- **`startService()`** 메서드로 시작된 서비스를 실행할 수 있습니다.
- 시작된 서비스가 생성되면 `onCreate()` 메서드가 호출되고 이어서 `onStartCommand()` 메서드가 호출됩니다. 서비스가 `IntentService`라면 별도의 스레드로 `onHandleIntent()` 메서드가 호출됩니다. 서비스 실행이 끝나면 서비스가 종료되기 전에 `onDestroy()` 메서드가 호출됩니다.
- `IntentService` 클래스는 **`Service`** 클래스에서 생명주기 메서드를 상속받습니다.
- **`Android.util.Log`** 클래스를 이용해 메시지를 로깅합니다. 로깅한 메시지는 안드로이드 스튜디오의 로그캣에서 확인할 수 있습니다.
- 알림은 **알림 빌더**로 생성합니다. 각 알림은 반드시 작은 아이콘, 제목, 최소화했을 때 표시할 텍스트를 포함해야 합니다.
- **헤드업** 알림은 높은 우선순위를 가지며 알림이 발생했을 때 소리를 재생하거나 디바이스를 진동시킵니다.
- **펜딩 인텐트**를 알림의 액션으로 추가해서 알림을 클릭했을 때 어떤 액티비티를 실행할 것인지 지정할 수 있습니다.
- **알림 관리자**를 이용해 알림을 보낼 수 있습니다. 안드로이드의 알림 서비스로 알림 관리자를 생성합니다.

이 책의 전체 코드는 https://tinyurl.com/HeadFirstAndroid에서 내려받을 수 있어요.

19 바운드 서비스와 권한

함께 연결해요

오늘은 CALL_PHONE 권한을 얻고, 내일은 세계 정복을 할 거야. 헤헤헤...

백그라운드 동작을 수행할 땐 시작된 서비스를 이용하면 되지만 상호작용해야 하는 상황이라면 어떨까요? 이 장에서는 액티비티가 상호작용할 수 있는 **바운드 서비스**를 생성하는 방법을 살펴봅니다. 필요할 때 서비스와 **연결**(bind)하고 필요가 없으면 서비스와 연결을 **해제**(unbind)해서 리소스를 절약하는 방법을 배웁니다. **안드로이드의 위치 서비스**를 이용해 디바이스의 GPS로 위치 정보를 갱신하는 방법도 배웁니다. 마지막으로 **안드로이드의 권한 모델**을 사용하는 방법과 런타임에 권한을 요청하는 방법도 살펴봅니다.

바운드 서비스는 다른 컴포넌트와 연결됩니다

앞 장에서 살펴본 것처럼 인텐트를 전달해서 시작된 서비스를 실행할 수 있습니다. 시작된 서비스는 백그라운드로 실행되면서 작업이 끝나면 종료됩니다. 시작된 서비스는 자신을 실행한 컴포넌트가 종료되어도 실행 상태를 유지합니다.

바운드 서비스는 액티비티 같은 다른 애플리케이션 컴포넌트와 연결하는 서비스입니다. 시작된 서비스와는 달리 컴포넌트는 바운드 서비스와 상호작용하거나 서비스의 메서드를 호출할 수 있습니다.

우리는 Odometer(주행 거리계) 앱을 만들면서 바운드 서비스를 이용할 것입니다. 또한 안드로이드의 위치 서비스를 이용해 이동한 거리를 추적합니다.

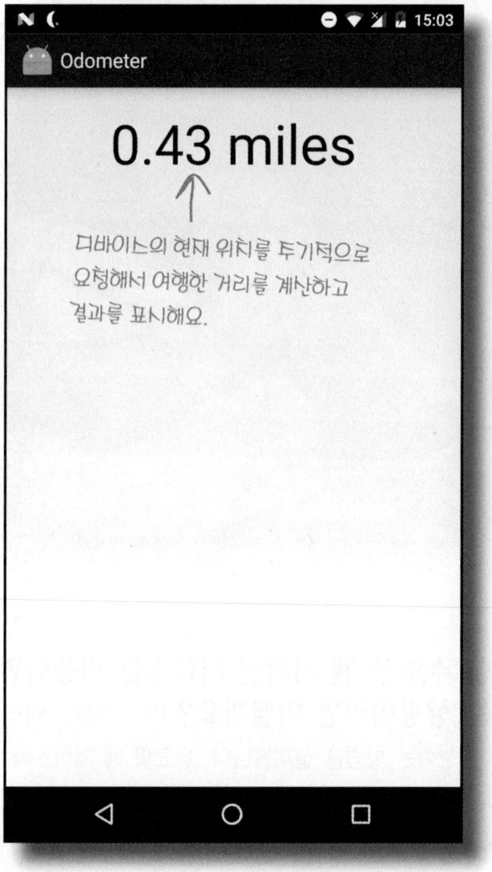

다음 페이지에서는 앱을 만드는 과정을 설명합니다.

우리가 해야 할 일

앱을 만들려면 다음 세 가지 일을 해야 합니다.

1. **OdometerService라는 기본 버전의 바운드 서비스를 생성합니다.**
그리고 임의의 수를 반환하는 `getDistance()`라는 메서드를 추가합니다.

2. **MainActivity를 얻어 OdometerService와 연결하고 서비스의 getDistance() 메서드를 호출합니다.**
매초 메서드를 호출해서 `MainActivity`의 텍스트 뷰에 결과를 갱신합니다.

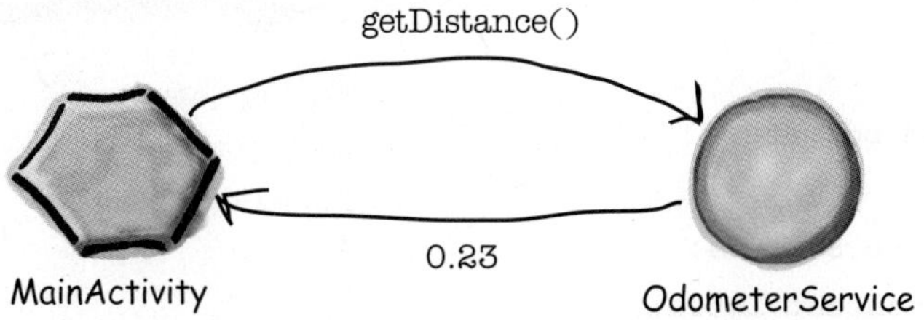

3. **안드로이드의 위치 서비스를 사용하도록 OdometerService를 바꿉니다.**
서비스가 사용자의 위치 정보를 수신하면 이를 이용해 이동한 거리를 계산합니다.

새 Odometer 프로젝트 만들기

먼저 프로젝트를 만듭니다. 'Odometer'라는 앱 이름과 'hfad.com'이라는 회사 도메인으로 프로젝트를 만들면 패키지 이름이 `com.hfad.odometer`가 됩니다. 대부분의 디바이스에서 앱을 실행할 수 있도록 최소 SDK를 API 수준 19로 설정합니다. 'MainActivity'라는 빈 액티비티와 'activity_main'이라는 레이아웃을 생성합니다. 액티비티를 생성할 때 **Backwards Compatibility (AppCompat) 옵션은 선택 해제합니다.**

새 서비스 생성하기

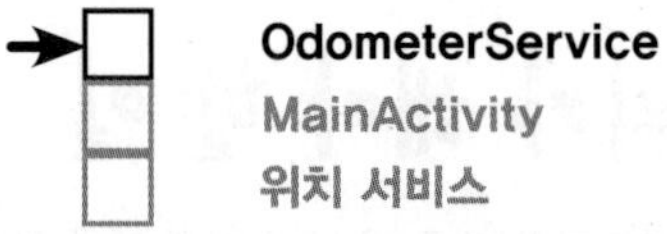

`Service` 클래스를 상속받아서 바운드 서비스를 생성할 수 있습니다. 이 클래스는 앞 장에서 시작된 서비스에 사용했던 `IntentService` 클래스보다 일반적입니다. `Service` 클래스를 상속받으면 더 유연하지만 구현해야 하는 코드가 많아집니다.

프로젝트에 새 바운드 서비스를 추가합니다. 안드로이드 스튜디오의 탐색기를 Project 뷰로 바꾸고 app/src/main/java 폴더의 `com.hfad.odometer` 패키지를 선택한 다음 File → New... → Service 옵션을 선택합니다(Intent Service 옵션이 아닙니다). 서비스 이름은 'OdometerService'로 설정합니다. 'Exported' 옵션은 다른 앱에 이 서비스를 공개할 때만 필요하므로 이 옵션은 선택 해제합니다. 'Enabled' 옵션은 선택합니다. 이 옵션을 선택하지 않으면 액티비티가 앱을 실행할 수 없습니다. 그리고 여러분의 OdometerService.java 코드를 다음처럼 바꿉니다(굵게 표시한 부분을 참조하세요).

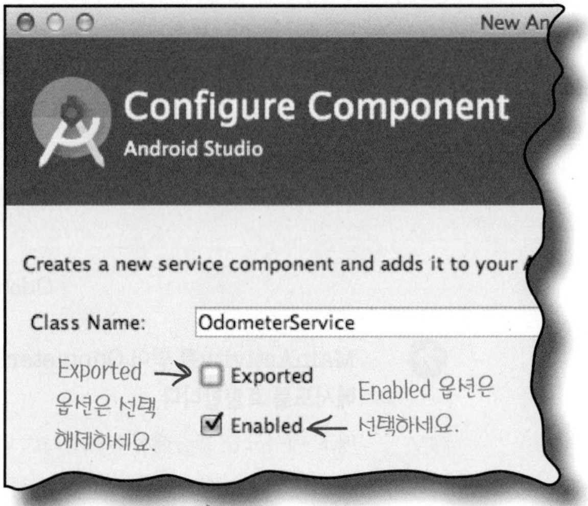

안드로이드 버전에 따라 사용할 언어를 물어볼 수 있습니다. 이때는 자바를 선택하세요.

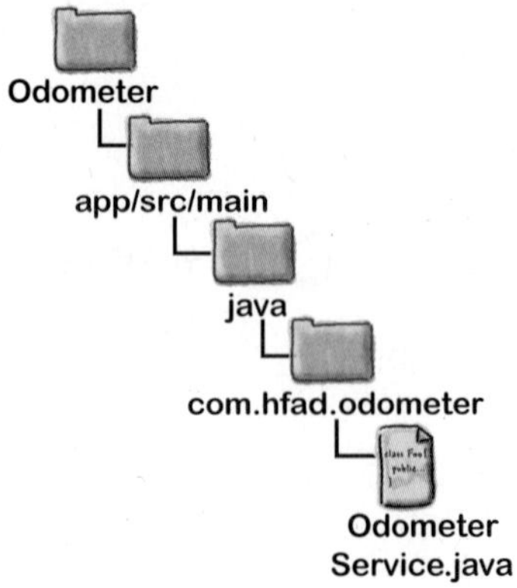


```
package com.hfad.odometer;

import android.app.Service;
import android.content.Intent;
import android.os.IBinder;

public class OdometerService extends Service {

    @Override
    public IBinder onBind(Intent intent) {
        // 서비스를 연결하는 코드
    }
}
```

이 클래스는 Service 클래스를 상속받아요.

컴포넌트가 서비스에 연결하려 할 때 onBind() 메서드가 호출돼요.

위 코드에는 `onBind()`라는 한 개의 메서드만 구현했습니다. 액티비티 같은 컴포넌트가 서비스와 연결하려 할 때는 `onBind()` 메서드가 호출됩니다. `onBind()` 메서드는 `Intent` 한 개를 인자로 받으며 `IBinder` 객체를 반환합니다.

`IBinder`는 서비스를 액티비티로 연결하는 데 사용하는 인터페이스로 서비스 코드에서 이 인터페이스의 구현을 제공해야 합니다. 이제 이 부분을 살펴봅니다.

→ OdometerService
MainActivity
위치 서비스

바인더 구현하기

서비스 코드에 Binder 클래스(IBinder 인터페이스를 구현하는 클래스)를 상속받는 내부 클래스를 정의해서 IBinder를 구현합니다. 내부 클래스는 액티비티에서 바운드 서비스의 레퍼런스를 얻을 수 있도록 필요한 메서드를 포함해야 합니다.

우리는 MainActivity에서 OdometerService의 레퍼런스를 얻을 수 있도록 OdometerBinder라는 바인더를 정의합니다. 다음은 바인더 정의 코드입니다.

```
public class OdometerBinder extends Binder {
    OdometerService getOdometer() {
        return OdometerService.this;
    }
}
```

바운드 서비스를 생성하려면 Binder 구현을 제공해야 해요.

액티비티는 이 메서드를 이용해 OdometerService의 레퍼런스를 얻어요.

우리는 OdometerService의 onBind() 메서드에서 OdometerBinder 인스턴스를 반환해야 합니다. 그러려면 바인더에 새 비공개 변수를 생성하고 바인더를 인스턴스화한 다음 onBind() 메서드에서 반환합니다. 여러분의 OdometerService.java 코드를 다음처럼 바꾸세요.

```
...
import android.os.Binder;

public class OdometerService extends Service {

    private final IBinder binder = new OdometerBinder();

    public class OdometerBinder extends Binder {
        OdometerService getOdometer() {
            return OdometerService.this;
        }
    }

    @Override
    public IBinder onBind(Intent intent) {
        return binder;
    }
}
```

추가로 사용하는 클래스이므로 임포트하세요.

비공개 변수에 IBinder 객체를 저장해요.

IBinder 구현이에요.

IBinder를 반환해요.

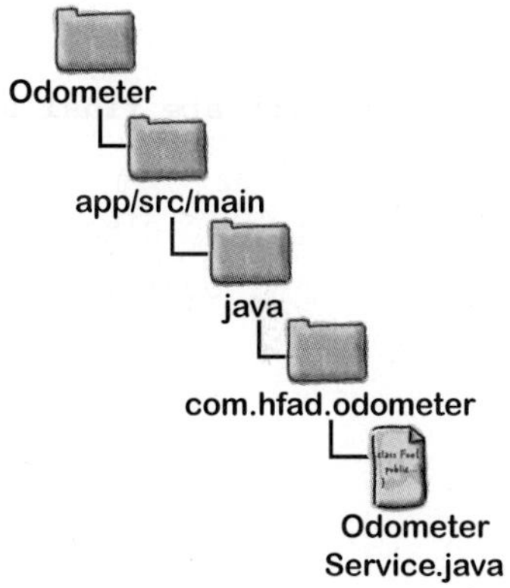

MainActivity에서 OdometerService의 레퍼런스를 얻는 데 필요한 서비스 코드를 구현했습니다. 다음에는 임의의 수를 반환하는 메서드를 서비스에 추가합니다.

서비스에 getDistance() 메서드 추가하기

OdometerService
MainActivity
위치 서비스

OdometerService에 getDistance()라는 메서드를 추가합니다. 이 메서드는 액티비티에서 호출합니다. 우선은 이 메서드가 임의의 수를 반환하도록 구현하고 나중에 안드로이드 위치 서비스를 이용하도록 바꿉니다.

다음은 이 메서드를 추가한 OdometerService.java 전체 코드입니다. 여러분 코드도 다음처럼 바꾸세요.

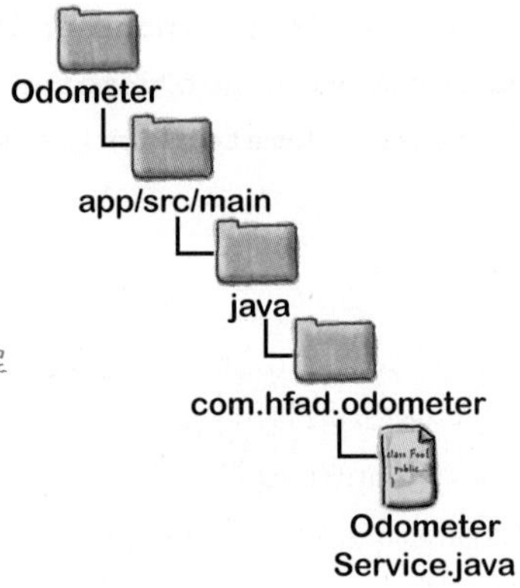


```
package com.hfad.odometer;

import android.app.Service;
import android.content.Intent;
import android.os.IBinder;
import android.os.Binder;
import java.util.Random;

public class OdometerService extends Service {

    private final IBinder binder = new OdometerBinder();
    private final Random random = new Random();

    public class OdometerBinder extends Binder {
        OdometerService getOdometer() {
            return OdometerService.this;
        }
    }

    @Override
    public IBinder onBind(Intent intent) {
        return binder;
    }

    public double getDistance() {
        return random.nextDouble();
    }
}
```

추가로 사용하는 클래스이므로 임포트하세요. (import java.util.Random;)

Random() 객체를 이용해 임의의 수를 만들어요. (private final Random random)

getDistance() 메서드를 추가해요.

임의의 더블을 반환해요. (return random.nextDouble();)

다음에는 OdometerService를 이용하도록 MainActivity를 갱신합니다.

MainActivity의 레이아웃 갱신하기

- [x] OdometerService
- [ ] MainActivity
- [ ] 위치 서비스

이번에는 MainActivity를 OdometerService로 연결해 getDistance() 메서드를 호출하도록 만듭니다. 먼저 MainActivity의 레이아웃에 텍스트 뷰를 추가합니다. 이 텍스트 뷰는 OdometerService의 getDistance() 메서드가 반환하는 값을 표시합니다.

여러분의 activity_main.xml을 다음처럼 바꾸세요.

```
<?xml version="1.0" encoding="utf-8"?>
<LinearLayout
    xmlns:android="http://schemas.android.com/apk/res/android"
    xmlns:tools="http://schemas.android.com/tools"
    android:layout_width="match_parent"
    android:layout_height="match_parent"
    tools:context="com.hfad.odometer.MainActivity"
    android:orientation="vertical"
    android:padding="16dp">

    <TextView
        android:id="@+id/distance"
        android:layout_width="wrap_content"
        android:layout_height="wrap_content"
        android:textSize="48sp"
        android:layout_gravity="center_horizontal"
        android:textAppearance="?android:attr/textAppearanceLarge" />

</LinearLayout>
```

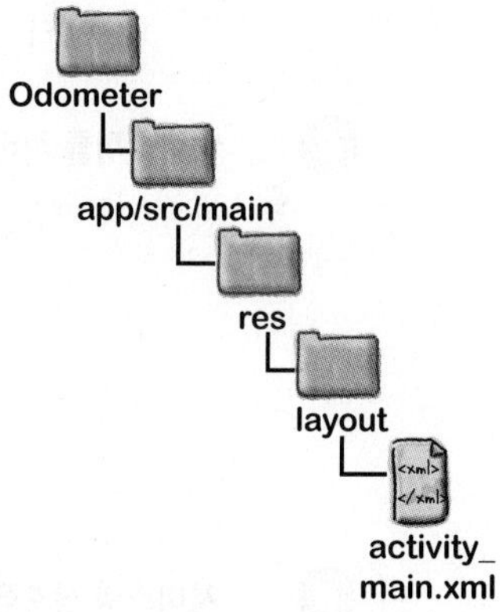

TextView를 이용해 OdometerService의 getDistance() 메서드가 반환한 숫자를 표시해요.

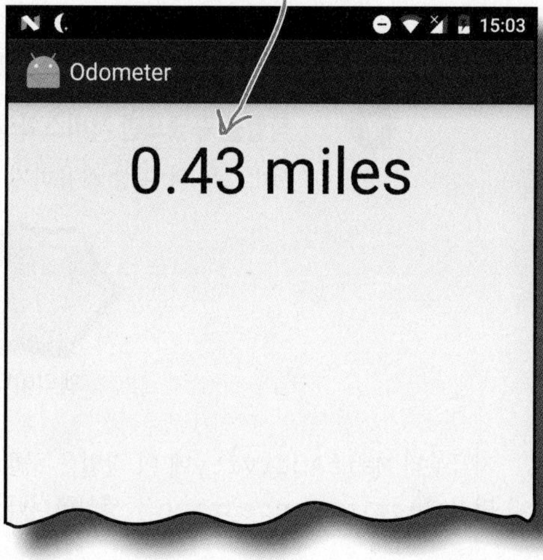

MainActivity의 레이아웃에 텍스트 뷰를 추가했으므로 액티비티 코드를 갱신합니다. 다음 페이지에서 어떤 코드를 갱신해야 하는지 살펴봅시다.

MainActivity가 해야 할 일

OdometerService
MainActivity
위치 서비스

액티비티를 바운드 서비스에 연결하고 서비스의 메서드를 호출하려면
몇 가지 작업이 필요합니다.

1. **ServiceConnection을 생성합니다.**
   서비스의 IBinder 객체를 이용해 서비스와 연결을 만듭니다.

2. **액티비티를 서비스와 연결합니다.**
   서비스와 연결한 다음에는 서비스의 메서드를 직접 호출할 수 있습니다.

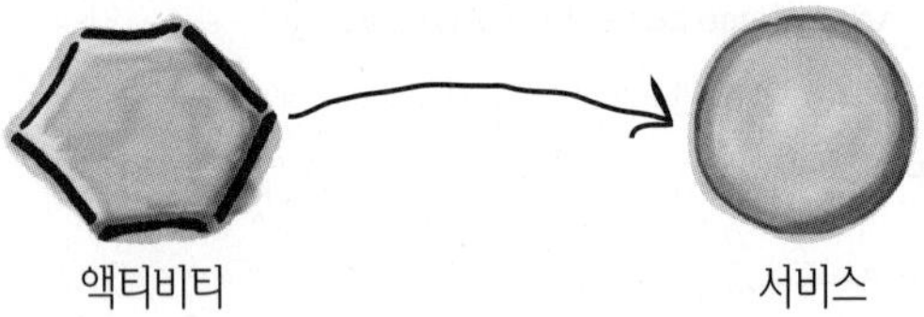

3. **서비스와 상호작용합니다.**
   우리 예제에서는 서비스의 getDistance() 메서드를 호출해 액티비티의 텍스트 뷰를 갱신합니다.

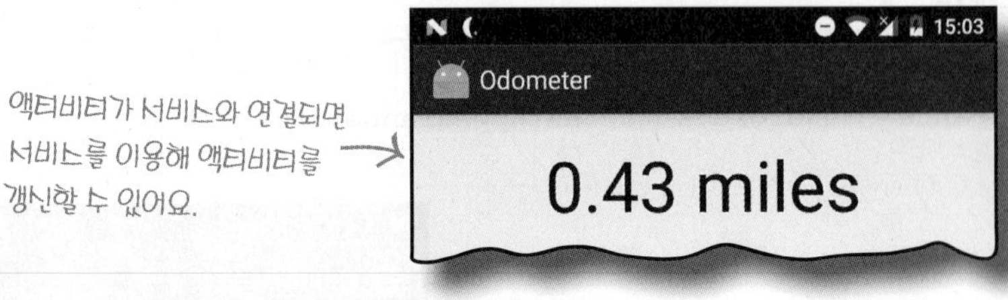

4. **작업을 끝냈으면 서비스와의 연결을 해제합니다.**
   서비스를 더 이상 사용하지 않으면 안드로이드는 서비스를 종료하고 리소스를 해제합니다.

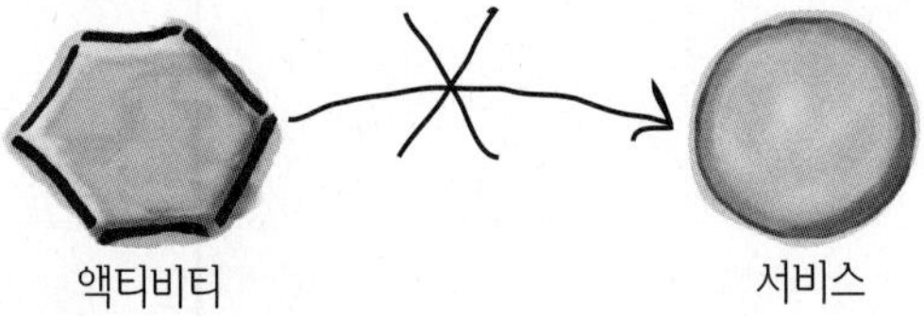

지금부터 MainActivity에 이 작업을 구현합니다.
먼저 ServiceConnection을 생성합니다.

☑ OdometerService
→ ☐ **MainActivity**
☐ 위치 서비스

ServiceConnection 생성하기

ServiceConnection은 액티비티와 서비스를 연결할 수 있도록 해주는 인터페이스입니다. 이는 onServiceConnected()와 onServiceDisconnected() 두 개의 메서드를 제공합니다. onServiceConnected() 메서드는 서비스와 연결되었을 때 호출되며 onServiceDisconnected()는 서비스와 연결이 끊어졌을 때 호출됩니다.

MainActivity에 ServiceConnection을 추가해야 합니다. 다음은 기본 코드입니다. 여러분의 MainActivity.java 코드를 다음처럼 바꾸세요.

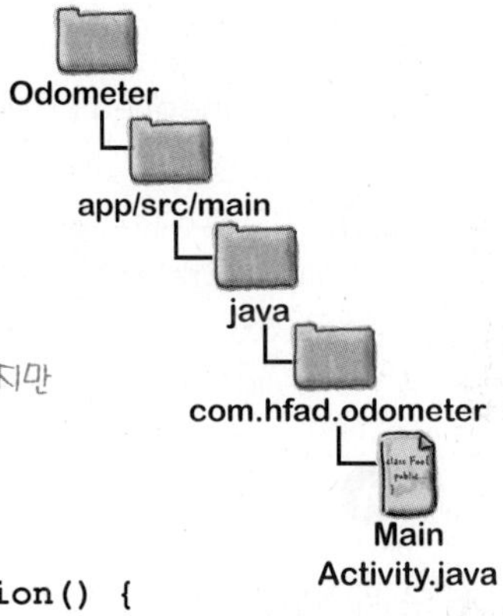


```
package com.hfad.odometer;

import android.app.Activity;
import android.os.Bundle;
import android.content.ServiceConnection;
import android.os.IBinder;
import android.content.ComponentName;

public class MainActivity extends Activity {

    private ServiceConnection connection = new ServiceConnection() {
        @Override
        public void onServiceConnected(ComponentName componentName, IBinder binder) {
            // 서비스가 연결되면 실행할 코드
        }
        @Override
        public void onServiceDisconnected(ComponentName componentName) {
            // 서비스 연결이 끊어지면 실행할 코드
        }
    };

    @Override
    protected void onCreate(Bundle savedInstanceState) {
        super.onCreate(savedInstanceState);
        setContentView(R.layout.activity_main);
    }
}
```

사용하는 클래스이므로 임포트하세요.

Activity를 사용하고 있지만 AppCompatActivity도 사용할 수 있어요.

Service Connection 객체를 생성해요.

두 메서드를 정의해야 해요.

MainActivity의 onCreate() 메서드를 추가하세요.

다음에는 onServiceConnected()와 onServiceDisconnected() 메서드를 갱신합니다.

onServiceConnected() 메서드

- [x] OdometerService
- [ ] MainActivity
- [ ] 위치 서비스

이전 페이지에서 설명한 것처럼 서비스와 액티비티가 연결되면 onServiceConnected() 메서드가 호출됩니다. 이 메서드는 연결된 서비스를 설명하는 ComponentName 객체와 서비스가 정의하는 IBinder 객체 두 개의 인자를 받습니다.

ComponentName으로 서비스를 식별해요. 이는 서비스 패키지와 클래스 이름을 포함해요.

```
@Override
public void onServiceConnected(ComponentName componentName, IBinder binder) {
    // 서비스가 연결되면 실행할 코드
}
```

IBinder는 서비스에서 정의해요. 이미 OdometerService에서 구현했어요.

onServiceConnected() 메서드에서는 두 가지 작업을 합니다.

- IBinder 인자로 우리가 연결한 OdometerService의 레퍼런스를 얻습니다. 그러려면 IBinder를 OdometerService.OdometerBinder로 형변환(OdometerService.OdometerBinder는 OdometerService에 정의한 IBinder의 유형이기 때문)한 다음 getOdometer() 메서드를 호출합니다.
- 액티비티가 서비스와 연결되었음을 기록합니다.

다음은 위 작업을 구현한 코드입니다(여러분의 MainActivity.java 코드를 다음처럼 바꾸세요).

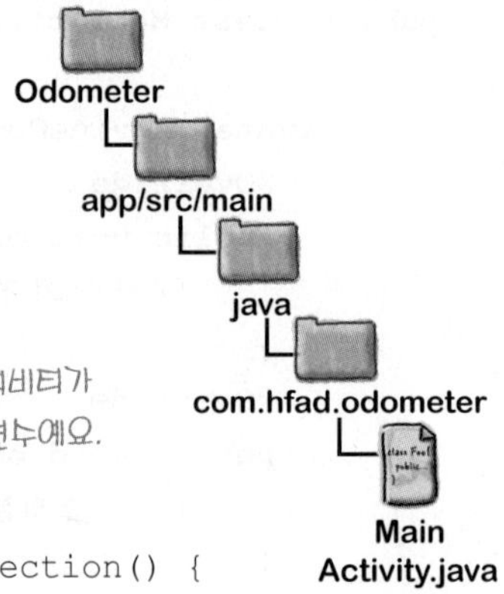


```
public class MainActivity extends Activity {

    private OdometerService odometer;
    private boolean bound = false;

    private ServiceConnection connection = new ServiceConnection() {
        @Override
        public void onServiceConnected(ComponentName componentName, IBinder binder) {
            OdometerService.OdometerBinder odometerBinder =
                    (OdometerService.OdometerBinder) binder;
            odometer = odometerBinder.getOdometer();
            bound = true;
        }
        ...
    };
...
}
```

서비스 레퍼런스를 저장하고 액티비티가 서비스와 연결되었는지 기록할 변수예요.

IBinder를 이용해 서비스 레퍼런스를 얻어요.

액티비티는 서비스로 연결되므로 bound 변수를 true로 설정해요.

- [x] OdometerService
- [ ] MainActivity
- [ ] 위치 서비스

onServiceConnected() 메서드

서비스와 액티비티의 연결이 끊어지면 onServiceConnected() 메서드가 호출됩니다. 이 메서드는 서비스를 설명하는 ComponentName 객체 한 개를 인자로 갖습니다.

```
@Override
public void onServiceDisconnected(ComponentName componentName) {
    // 서비스 연결이 끊어지면 실행할 코드
}
```

onServiceDisconnected() 메서드에서는 액티비티가 더 이상 서비스와 연결되지 않았음을 기록하면 됩니다. 다음은 이 작업을 구현한 코드입니다. 여러분의 MainActivity.java 코드를 다음처럼 바꾸세요.

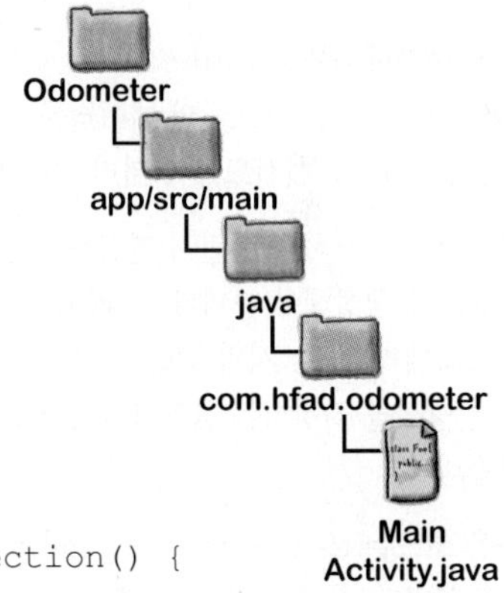


```
public class MainActivity extends Activity {

    private OdometerService odometer;
    private boolean bound = false;

    private ServiceConnection connection = new ServiceConnection() {
        @Override
        public void onServiceConnected(ComponentName componentName, IBinder binder) {
            OdometerService.OdometerBinder odometerBinder =
                    (OdometerService.OdometerBinder) binder;
            odometer = odometerBinder.getOdometer();
            bound = true;
        }
        @Override
        public void onServiceDisconnected(ComponentName componentName) {
            bound = false;
        }
    };
...
}
```

MainActivity와 OdometerService의 연결이 끊어졌으므로 bound를 false로 설정하세요.

다음에는 서비스와 연결하고 연결을 끊는 방법을 살펴봅니다.

bindService()로 서비스와 연결하기

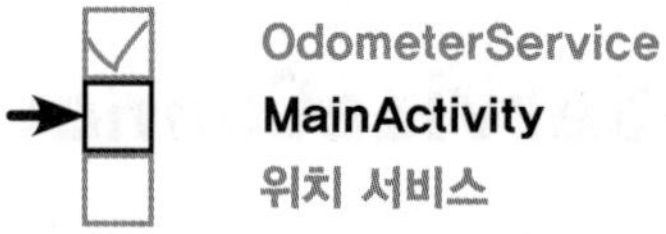

다음 중 한 곳에서 액티비티를 서비스와 연결할 수 있습니다.

- 액티비티가 보이는 상태가 되는 `onStart()` 메서드에서 서비스와 연결합니다. 액티비티가 보이는 상태에서만 서비스와 상호작용하려면 이 메서드에서 서비스와 연결합니다.

- 액티비티가 생성됐을 때 호출되는 `onCreate()` 메서드에서 서비스와 연결합니다. 액티비티가 중지되었을 때도 서비스로부터 데이터를 받으려면 이 방법을 사용합니다.

이 메서드에서 수행할 작업을 줄이기 위해 액티비티의 onResume() 메서드에서 서비스와 연결할 필요는 없어요.

우리 예제에서는 `MainActivity`가 보이는 상태에서만 `OdometerService`의 데이터를 받아 표시할 것이므로 `onStart()` 메서드에서 서비스와 연결합니다.

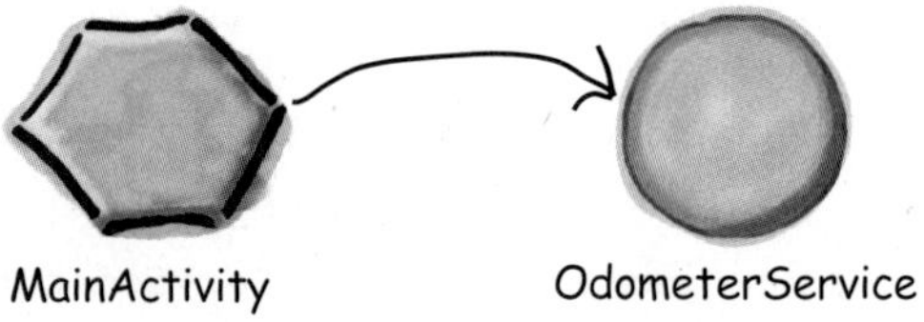

서비스를 연결하려면 먼저 연결하려는 서비스를 포함하는 명시적 인텐트를 생성해야 합니다. 그리고 액티비티의 `bindService()` 메서드에 인텐트, 서비스에서 정의하는 `ServiceConnection` 객체, 연결 방식을 지정하는 플래그를 인자로 전달해 서비스와 연결할 수 있습니다.

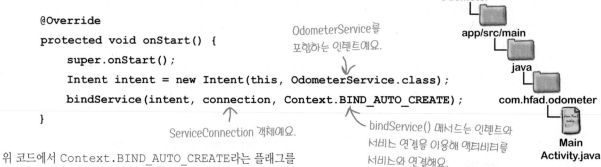

다음 코드는 `MainActivity`를 `OdometerService`와 연결하는 코드입니다(잠시 후 이 코드를 MainActivity.java에 추가합니다).

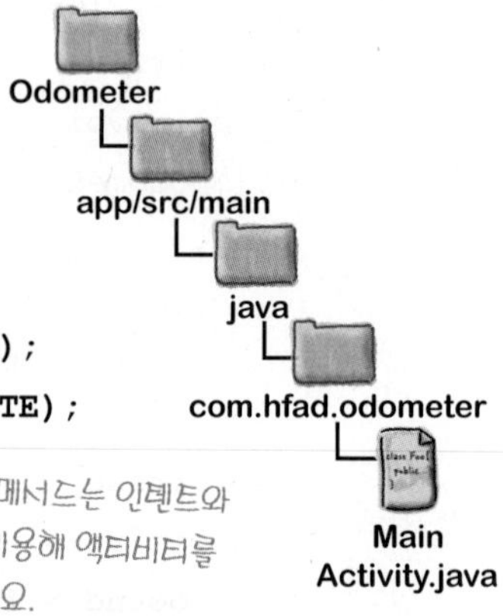


```
@Override
protected void onStart() {
    super.onStart();
    Intent intent = new Intent(this, OdometerService.class);
    bindService(intent, connection, Context.BIND_AUTO_CREATE);
}
```

OdometerService를 포함하는 인텐트예요.

ServiceConnection 객체예요.

bindService() 메서드는 인텐트와 서비스 연결을 이용해 액티비티를 서비스와 연결해요.

위 코드에서 `Context.BIND_AUTO_CREATE`라는 플래그를 이용해 안드로이드에 서비스가 존재하지 않으면 서비스를 생성하라고 지시합니다. 이 외에도 다양한 플래그가 있는데 자세한 내용은 다음 안드로이드 문서를 참고합니다.

https://developer.android.com/reference/android/content/Context.html

다음에는 액티비티와 서비스의 연결을 끊는 방법을 살펴봅니다.

unbindService()로 서비스와 연결 끊기

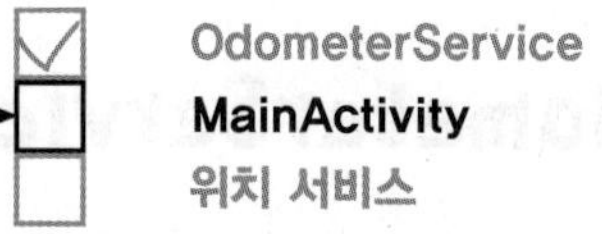

서비스와 액티비티의 연결을 끊는 작업은 보통 액티비티의 onStop() 메서드나 onDestroy() 메서드에서 수행합니다. bindService()를 어디에 두었느냐에 따라 연결을 끊는 작업에 사용한 메서드도 달라집니다.

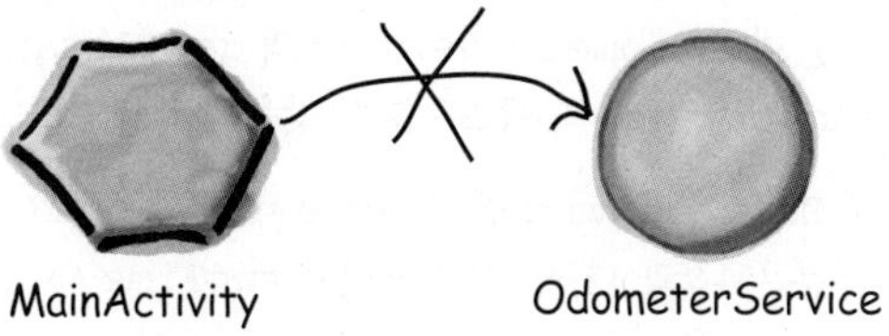

- 액티비티의 onStart() 메서드에서 서비스와 연결했다면 onStop() 메서드에서 연결을 끊습니다.
- 액티비티의 onCreate() 메서드에서 서비스와 연결했다면 onDestroy() 메서드에서 연결을 끊습니다.

우리 예제에서는 MainActivity의 onStart() 메서드에서 OdometerService와 연결했으므로 onStop() 메서드에서 연결을 끊습니다.

unbindService() 메서드를 이용해 서비스와 연결을 끊을 수 있습니다. 이 메서드는 ServiceConnection 객체 한 개를 인자로 받습니다. 다음은 MainActivity에 필요한 코드입니다(나중에 이 코드를 MainActivity.java에 추가합니다).

```
@Override
protected void onStop() {
    super.onStop();
    if (bound) {
        unbindService(connection);
        bound = false;
    }
}
```

서비스와 연결을 끊을 때 ServiceConnection 객체를 사용해요.

서비스와 연결을 끊으면 bound를 false로 설정해요.

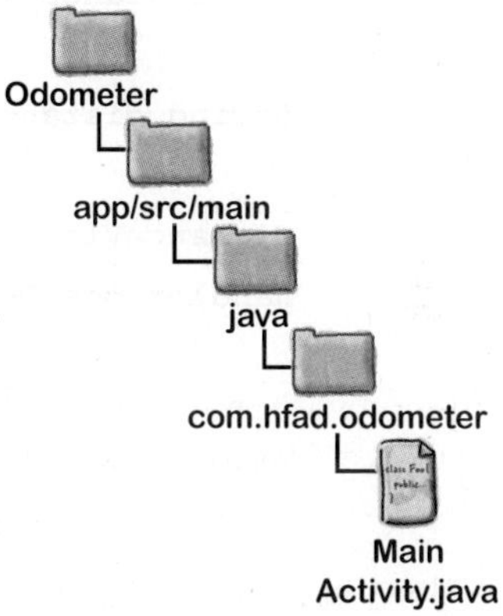

위 코드에서 bound 변수를 이용해 서비스와 연결되어 있는지 확인합니다. bound가 true면 MainActivity가 OdometerService와 연결되어 있는 것입니다. 따라서 서비스와 연결을 끊고 bound를 false로 설정합니다.

지금까지 액티비티가 시작하면 서비스와 연결하고 중지하면 서비스와 연결을 끊는 방법을 살펴봤습니다. 마지막으로 MainActivity에서 OdometerService의 getDistance() 메서드를 호출해 값을 표시하는 기능을 구현합니다.

OdometerService의 getDistance() 메서드 호출하기

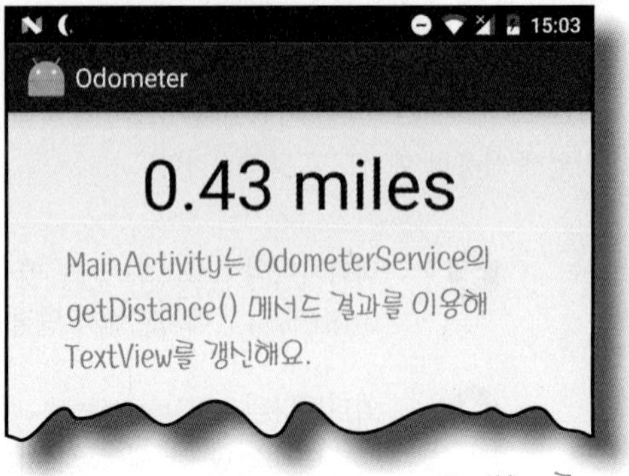

액티비티를 서비스와 연결한 다음에는 서비스의 메서드를 호출할 수 있습니다. 우리는 매초 `OdometerService`의 `getDistance()` 메서드를 호출해서 `MainActivity`의 텍스트 뷰의 값을 갱신할 것입니다.

먼저 `MainActivity`에 `displayDistance()`라는 새 메서드를 구현합니다. 이 부분은 4장과 11장에서 사용했던 `runTime()` 코드와 비슷합니다.

다음은 `displayDistance()` 메서드 구현 코드입니다. 나중에 MainActivity.java에 추가할 겁니다.

```
private void displayDistance() {
    final TextView distanceView = (TextView) findViewById(R.id.distance);
    final Handler handler = new Handler();
    handler.post(new Runnable() {
        @Override
        public void run() {
            double distance = 0.0;
            if (bound && odometer != null) {
                distance = odometer.getDistance();
            }
            String distanceStr = String.format(Locale.getDefault(),
                                               "%1$,.2f miles", distance);
            distanceView.setText(distanceStr);
            handler.postDelayed(this, 1000);
        }
    });
}
```

TextView를 얻어요.

새 Handler를 생성해요.

Handler의 post() 메서드에 새 Runnable을 전달해서 호출해요.

OdometerService 레퍼런스를 얻었다면 서비스와 연결된 것이므로 getDistance() 메서드를 호출해요.

문자열 리소스로 'miles'를 표현할 수 있지만 편의상 하드코딩했어요.

Runnable의 코드를 1초 후에 다시 실행해요. 이 코드는 Runnable의 run() 메서드에 포함되어 있으므로 약간의 지연이 있을 수 있지만 매초 실행돼요.

액티비티가 생성되면 이 코드가 시작되도록 `displayDistance()` 메서드를 `MainActivity`의 `onCreate()`에서 호출합니다. 다음 페이지에서 이 코드를 MainActivity.java에 추가할 겁니다.

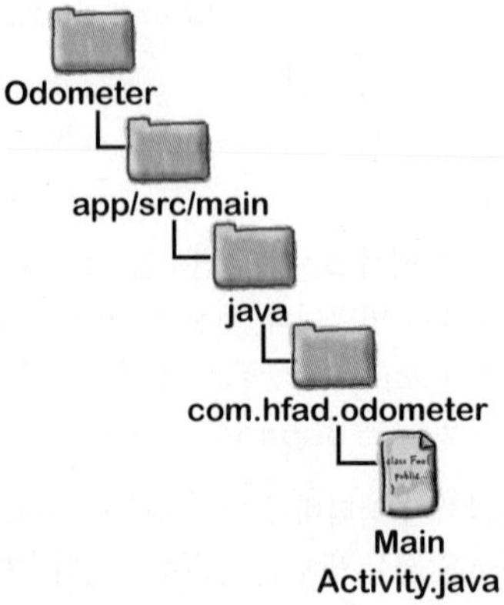


```
@Override
protected void onCreate(Bundle savedInstanceState) {
    ...
    displayDistance();
}
```

MainActivity의 onCreate() 메서드에서 displayDistance()를 호출해 메서드 반복 호출을 시작해요.

다음 페이지에서 `MainActivity` 전체 코드를 소개합니다.

MainActivity.java 전체 코드

☑ OdometerService
→ ☐ **MainActivity**
☐ 위치 서비스

다음은 MainActivity.java 전체 코드입니다. 여러분 코드도 다음처럼 바꾸세요.

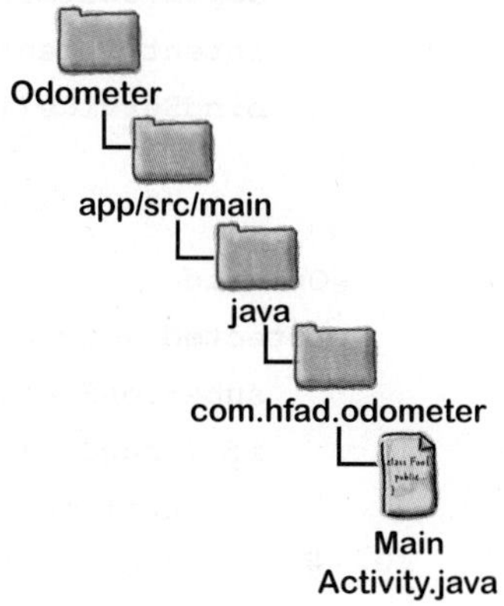


```
package com.hfad.odometer;

import android.app.Activity;
import android.os.Bundle;
import android.content.ServiceConnection;
import android.os.IBinder;
import android.content.ComponentName;
import android.content.Context;
import android.content.Intent;
import android.os.Handler;
import android.widget.TextView;
import java.util.Locale;
```

추가로 필요한 클래스이므로 임포트하세요.

```
public class MainActivity extends Activity {

    private OdometerService odometer;
    private boolean bound = false;
```

OdometerService에 사용할 변수예요.

이 변수에 액티비티가 서비스와 연결되었는지 저장해요.

```
    private ServiceConnection connection = new ServiceConnection() {
        @Override
        public void onServiceConnected(ComponentName componentName, IBinder binder) {
            OdometerService.OdometerBinder odometerBinder =
                    (OdometerService.OdometerBinder) binder;
            odometer = odometerBinder.getOdometer();
            bound = true;
        }
        @Override
        public void onServiceDisconnected(ComponentName componentName) {
            bound = false;
        }
    };
```

ServiceConnection을 정의해야 해요.

서비스와 연결되면 OdometerService의 레퍼런스를 얻어요.

```
    @Override
    protected void onCreate(Bundle savedInstanceState) {
        super.onCreate(savedInstanceState);
        setContentView(R.layout.activity_main);
        displayDistance();
    }
```

액티비티가 생성되면 displayDistance() 메서드를 호출해요.

다음 페이지에 코드가 이어져요.

OdometerService
MainActivity
위치 서비스

MainActivity.java 코드(계속)

```
    @Override
    protected void onStart() {
        super.onStart();
        Intent intent = new Intent(this, OdometerService.class);
        bindService(intent, connection, Context.BIND_AUTO_CREATE);
    }
```

액티비티가 시작되면 서비스와 연결해요.

```
    @Override
    protected void onStop() {
        super.onStop();
        if (bound) {
            unbindService(connection);
            bound = false;
        }
    }
```

액티비티가 중지되면 서비스와 연결을 끊어요.

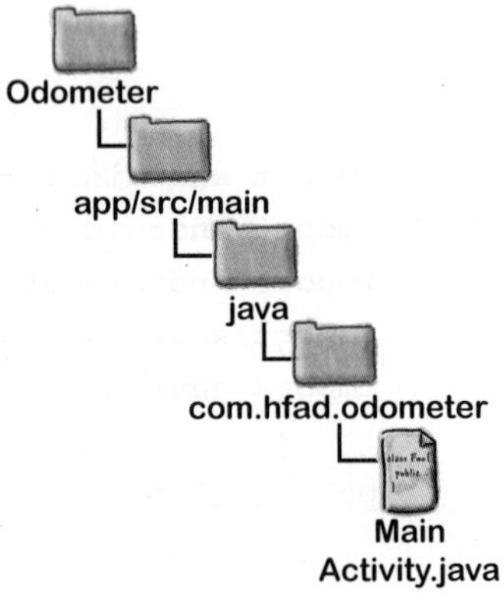

서비스의 getDistance() 메서드가 반환한 값을 표시해요.

```
    private void displayDistance() {
        final TextView distanceView = (TextView)findViewById(R.id.distance);
        final Handler handler = new Handler();
        handler.post(new Runnable() {
            @Override
            public void run() {
                double distance = 0.0;
                if (bound && odometer != null) {
                    distance = odometer.getDistance();
                }
                String distanceStr = String.format(Locale.getDefault(),
                                                   "%1$,.2f miles", distance);
                distanceView.setText(distanceStr);
                handler.postDelayed(this, 1000);
            }
        });
    }
}
```

OdometerService의 getDistance() 메서드를 호출해요.

TextView의 값을 매초 갱신해요.

MainActivity에서 OdometerService를 사용하는 데 필요한 모든 코드를 구현했습니다. 이제 코드를 실행하면 어떤 일이 일어나는지 확인합시다.

코드를 실행하면 일어나는 일

앱을 실행하기 전에 코드가 어떤 동작을 수행하는지 확인합시다.

1. **MainActivity가 생성되면 ServiceConnection 객체를 생성하고 displayDistance() 메서드를 호출합니다.**

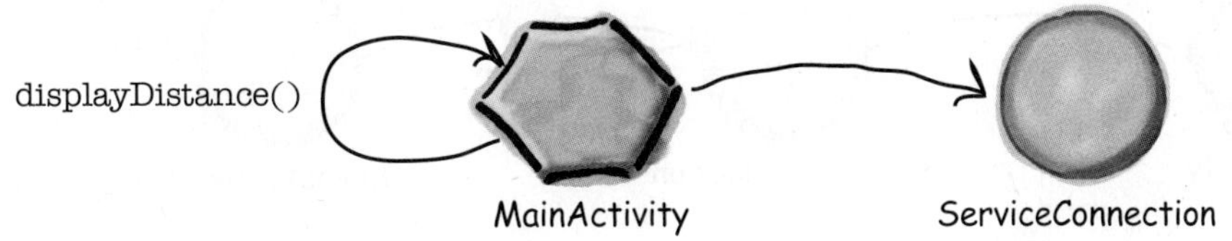

2. **MainActivity가 onStart() 메서드에서 bindService() 메서드를 호출합니다.**

`bindService()` 메서드는 `OdometerService`를 가리키는 인텐트와 `ServiceConnection` 레퍼런스를 포함합니다.

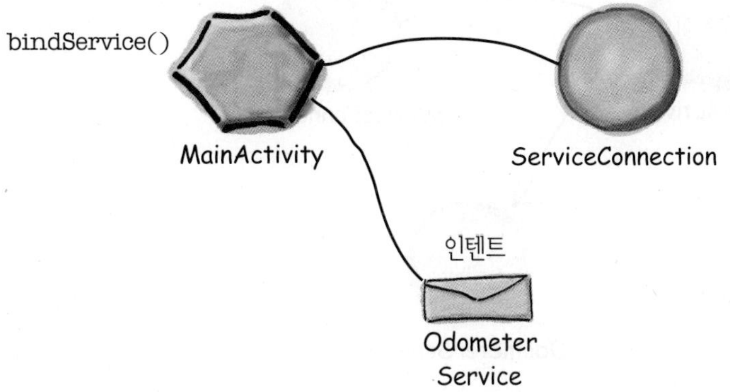

3. **안드로이드는 OdometerService의 인스턴스를 생성하고 onBind() 메서드를 호출하여 인텐트를 전달합니다.**

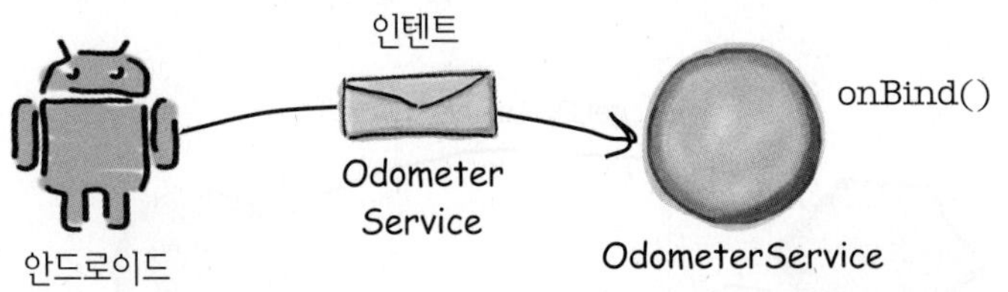

이야기는 계속됩니다

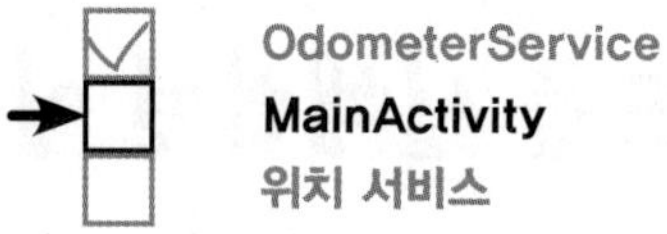

4 **OdometerService의 onBind() 메서드가 Binder를 반환합니다.**

Binder는 MainActivity의 ServiceConnection으로 전달됩니다.

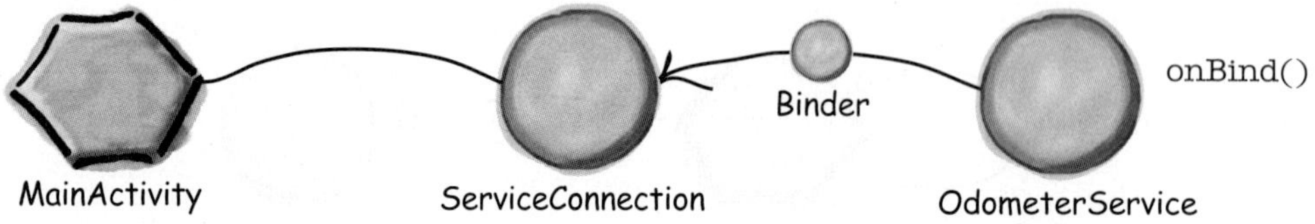

5 **ServiceConnection은 Binder를 이용해 MainActivity에 OdometerService 레퍼런스를 전달합니다.**

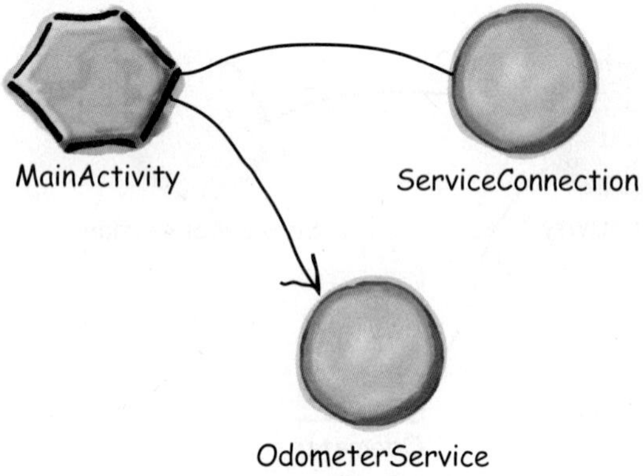

6 **MainActivity의 displayDistance() 메서드는 매초 OdometerService의 getDistance() 메서드를 호출합니다.**

OdometerService는 MainActivity로 임의의 수를 반환합니다. 우리 예제에서는 0.56을 반환합니다.

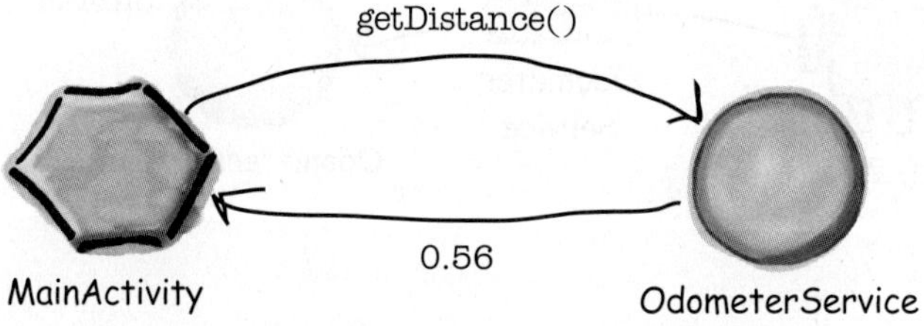

이야기는 계속됩니다

7 **MainActivity가 중지되면 unbindService() 메서드를 호출해 OdometerService와 연결을 끊습니다.**

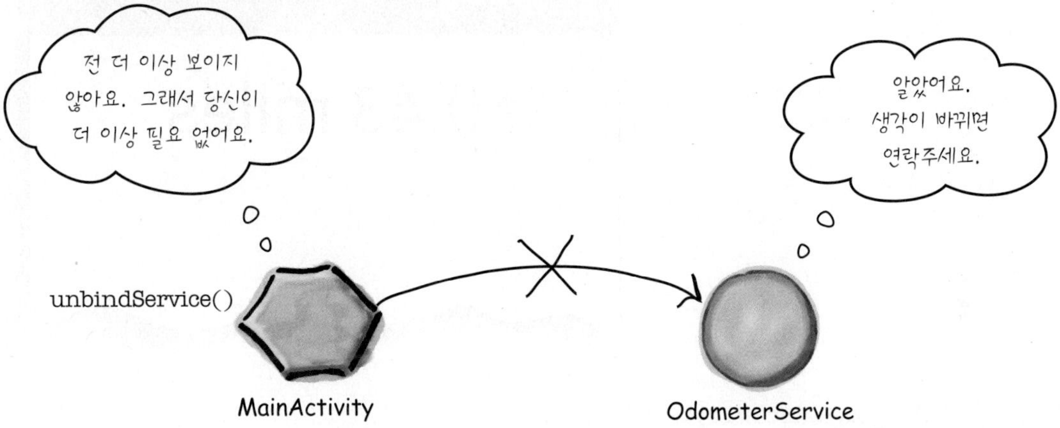
전 더 이상 보이지
않아요. 그래서 당신이
더 이상 필요 없어요.
알았어요.
생각이 바뀌면
연락주세요.
unbindService()
MainActivity
OdometerService

8 **MainActivity와 서비스의 연결이 끊어지면 OdometerService가 종료됩니다.**

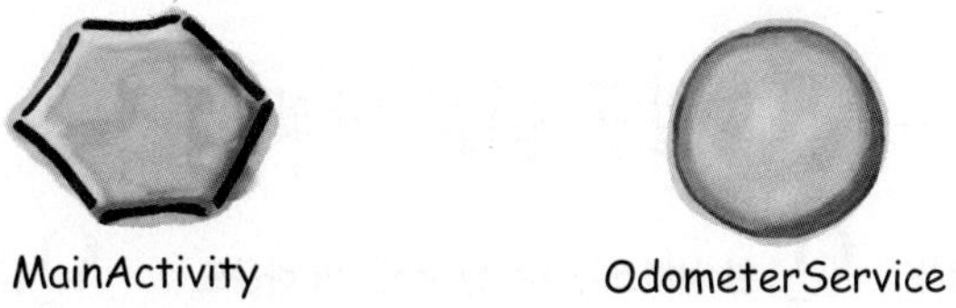
MainActivity
OdometerService

이제 코드가 어떤 동작을 수행하는지 이해했으므로
앱을 시험 주행합시다.

앱 시험 주행

- ☑ OdometerService
- ☑ **MainActivity**
- ☐ 위치 서비스

앱을 실행하면 임의의 숫자가 MainActivity에 나타납니다.
이 숫자는 매초 변합니다.

OdometerService가 만든 임의의 숫자예요.

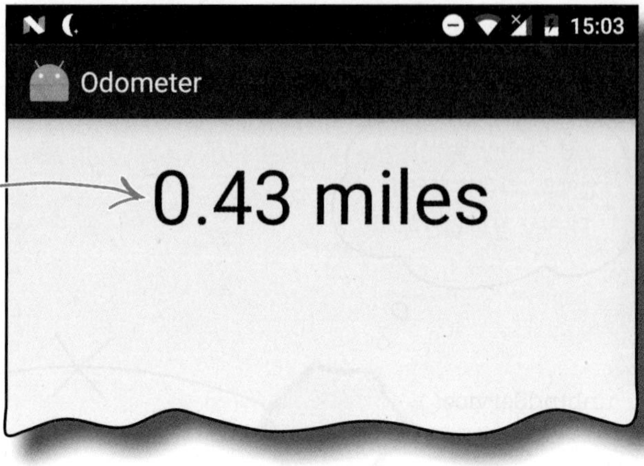

지금까지 서비스를 만들어 MainActivity와 연결했습니다.
현재 임의의 숫자를 반환하는 getDistance() 메서드를 실제 이동한 거리를 반환하도록 바꿔야 합니다. 하지만 먼저 내부적으로 바운드 서비스가 어떻게 작동하는지 살펴봅시다.

바보 같은 질문이란 없습니다

Q: 시작된 서비스와 바운드 서비스는 뭐가 다른가요?

A: 시작된 서비스는 액티비티 등의 컴포넌트가 startService()를 호출했을 때 생성됩니다. 시작된 서비스는 백그라운드에서 코드를 실행하며 실행이 끝나면 서비스가 종료됩니다.

바운드 서비스는 액티비티가 bindService()를 호출했을 때 생성됩니다. 액티비티는 서비스의 메서드를 호출해 서비스와 상호작용할 수 있습니다. 서비스와 연결된 컴포넌트가 없으면 서비스가 종료됩니다.

Q: 한 서비스가 시작된 서비스와 바운드 서비스 둘 다 동시에 제공할 수 있나요?

A: 예. startService() 메서드나 bindService() 메서드를 호출해서 서비스를 생성할 수 있습니다. 이런 서비스는 백그라운드로 실행하는 코드가 실행을 멈추었고, 서비스에 연결된 컴포넌트가 없을 때만 종료됩니다.

시작된 바운드 서비스는 시작된 서비스나 바운드 서비스에 비해 복잡합니다. 더 자세한 정보는 안드로이드 문서에서 확인하세요.

https://developer.android.com/guide/components/services.html

Q: Binder와 IBinder는 뭐가 다르죠?

A: IBinder는 인터페이스입니다. Binder는 IBinder 인터페이스를 구현하는 클래스입니다.

Q: 자신이 생성한 서비스를 다른 앱이 사용할 수 있나요?

A: 예. 그러려면 AndroidManifest.xml에서 서비스의 exported 속성을 true로 설정해야 합니다.

바운드 서비스의 상태

액티비티 같은 애플리케이션 컴포넌트가 서비스와 연결하면 서비스는 생성, 바운드, 종료 등 세 가지 상태로 이동합니다. 바운드 서비스는 바운드 상태에서 대부분의 시간을 보냅니다.

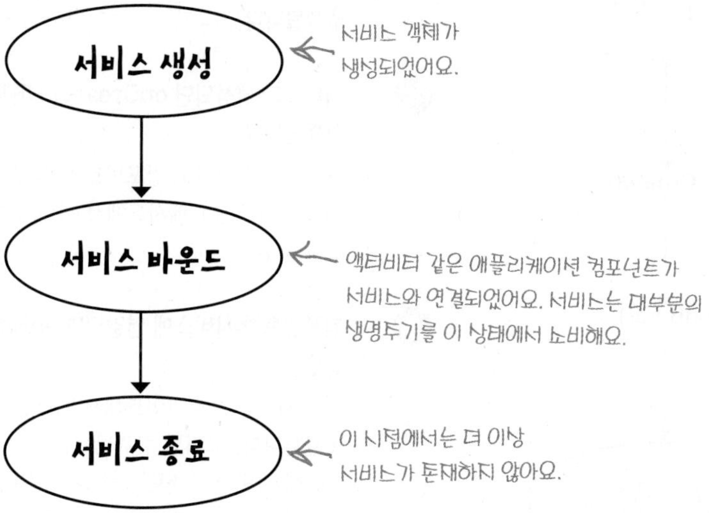

시작된 서비스처럼 바운드 서비스가 생성되면 `onCreate()` 메서드가 호출됩니다. 이전처럼 서비스를 설정하는 데 필요한 메서드를 오버라이드할 수 있습니다.

컴포넌트가 서비스와 연결하면 `onBind()` 메서드가 실행됩니다. 이 메서드를 오버라이드해서 `IBinder` 객체를 연결된 컴포넌트로 반환하면 연결된 컴포넌트는 `IBinder` 객체를 이용해 서비스 레퍼런스를 얻을 수 있습니다.

모든 컴포넌트가 서비스와 연결이 끊어지면 `onUnbind()` 메서드가 호출됩니다.

마지막으로 서비스와 연결된 컴포넌트가 없어서 서비스가 종료되기 직전에 `onDestroy()` 메서드가 호출됩니다. 이전처럼 이 메서드에서 정리 작업과 리소스 해제 등을 수행할 수 있습니다.

다음 페이지에서는 이들 메서드와 서비스 상태의 관계를 더 자세히 살펴봅니다.

바운드 서비스는 연결된 컴포넌트가 없으면 종료됩니다.

바운드 서비스 생명주기 메서드: 생성돼서 종료될 때까지

바운드 서비스의 탄생에서 죽음까지의 생명주기를 자세히 살펴봅시다.

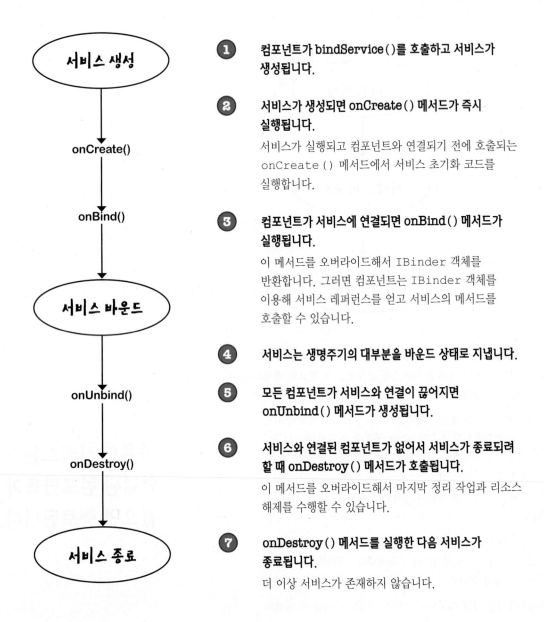

1. **컴포넌트가 bindService()를 호출하고 서비스가 생성됩니다.**

2. **서비스가 생성되면 onCreate() 메서드가 즉시 실행됩니다.**
   서비스가 실행되고 컴포넌트와 연결되기 전에 호출되는 `onCreate()` 메서드에서 서비스 초기화 코드를 실행합니다.

3. **컴포넌트가 서비스에 연결되면 onBind() 메서드가 실행됩니다.**
   이 메서드를 오버라이드해서 `IBinder` 객체를 반환합니다. 그러면 컴포넌트는 `IBinder` 객체를 이용해 서비스 레퍼런스를 얻고 서비스의 메서드를 호출할 수 있습니다.

4. **서비스는 생명주기의 대부분을 바운드 상태로 지냅니다.**

5. **모든 컴포넌트가 서비스와 연결이 끊어지면 onUnbind() 메서드가 생성됩니다.**

6. **서비스와 연결된 컴포넌트가 없어서 서비스가 종료되려 할 때 onDestroy() 메서드가 호출됩니다.**
   이 메서드를 오버라이드해서 마지막 정리 작업과 리소스 해제를 수행할 수 있습니다.

7. **onDestroy() 메서드를 실행한 다음 서비스가 종료됩니다.**
   더 이상 서비스가 존재하지 않습니다.

바운드 서비스가 작동하는 방법을 자세히 확인했으므로 사용자가 이동한 실제 거리를 표시하도록 Odometer 앱을 바꿉시다.

- [x] OdometerService
- [x] MainActivity
- [ ] 위치 서비스

안드로이드의 위치 서비스를 이용해 이동한 거리를 반환합니다

OdometerService의 getDistance() 메서드가 실제 여행한 거리를 반환해야 합니다. 그러려면 안드로이드의 위치 서비스를 이용해야 합니다. 이 서비스를 이용하면 사용자의 현재 위치 얻기, 주기적으로 갱신된 위치 정보 수집, 특정 영역 안으로 들어왔을 때 인텐트 발생 등의 동작을 수행할 수 있습니다.

우리 예제에서는 위치 서비스를 이용해 주기적으로 사용자의 현재 위치를 얻을 것입니다. 이를 이용해 사용자가 이동한 거리를 계산합니다.

다음과 같은 단계로 작업을 진행합니다.

1. **위치 서비스를 이용하는 데 필요한 권한 정의**
   사용자가 앱에 위치 관련 권한을 허용해야 위치 서비스를 이용할 수 있습니다.

2. **서비스가 생성되면 위치 리스너 설정**
   위치 서비스에서 갱신된 정보를 얻을 때 사용하는 리스너입니다.

3. **위치 갱신 요청**
   위치 관리자를 생성해 사용자의 현재 위치 정보 갱신을 요청합니다.

4. **이동한 거리 계산**
   사용자가 이동한 전체 거리 정보를 유지하고, OdometerService의 getDistance() 메서드의 거리를 반환합니다.

5. **서비스가 종료되기 직전에 위치 갱신 요청을 취소합니다.**
   시스템 리소스를 해제합니다.

먼저 우리 코드에서 사용할 AppCompat 지원 라이브러리를 프로젝트에 추가합니다.

AppCompat 지원 라이브러리 추가하기

- [x] OdometerService
- [x] MainActivity
- [ ] **위치 서비스**

위치 관련 코드를 실행하려면 AppCompat 지원 라이브러리의 클래스 몇 개를 사용해야 하므로 프로젝트에 dependency로 추가합니다. 이전처럼 AppCompat 지원 라이브러리를 추가합니다. File → Project Structure를 선택한 다음 app 모듈에서 Dependencies를 클릭합니다. 그러면 다음과 같은 화면이 나타납니다.

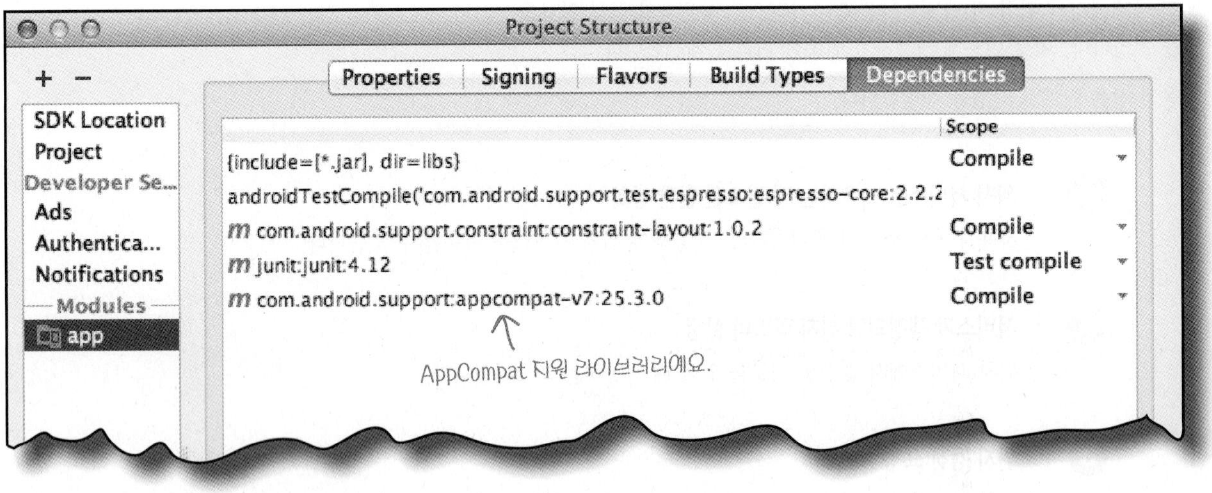

이미 안드로이드 스튜디오가 AppCompat 지원 라이브러리를 자동으로 추가했을 수도 있습니다. 위 그림처럼 appcompat-v7이 목록에 보이면 이미 지원 라이브러리가 추가된 겁니다.

지원 라이브러리가 목록에 보이지 않으면 직접 추가해야 합니다. 화면 아래나 오른쪽에 있는 '+' 버튼을 클릭해 Library Dependency 옵션을 선택하고 appcompat-v7 라이브러리를 선택한 다음 OK 버튼을 클릭합니다. 다시 OK 버튼을 클릭해서 설정을 저장하고 Project Structure 창을 닫습니다.

다음에는 안드로이드의 위치 서비스를 사용하는 데 필요한 권한을 정의합니다.

- [x] OdometerService
- [x] MainActivity
- [ ] **위치 서비스**

필요한 권한 선언하기

안드로이드는 우리가 수행할 수 있는 다양한 기능을 기본적으로 제공하지만 일부 기능은 사용자의 허락을 받아야 이용할 수 있습니다. 사용자의 개인 정보나 기존에 저장된 데이터 아니면 다른 앱의 동작에 영향을 줄 수 있기 때문입니다. 위치 서비스도 앱에서 사용자의 허락을 받아야 하는 기능 중 하나입니다.

AndroidManifest.xml에 `<uses-permission>` 요소를 루트 요소인 `<manifest>`에 추가해서 앱에 필요한 권한을 선언합니다. 우리 예제에서는 사용자가 이동한 거리를 계산할 수 있도록 사용자의 정확한 위치를 요청해야 하므로 `ACCESS_FINE_LOCATION` 권한을 선언해야 합니다. AndroidManifest.xml에 다음 선언을 추가합니다(여러분 코드도 아래처럼 바꾸세요).

```
<?xml version="1.0" encoding="utf-8"?>
<manifest xmlns:android="http://schemas.android.com/apk/res/android"
    package="com.hfad.odometer">

    <uses-permission android:name="android.permission.ACCESS_FINE_LOCATION" />

    <application
        ...
    </application>
</manifest>
```

필요한 권한을 선언해요.

사용자의 정확한 위치가 필요해요.

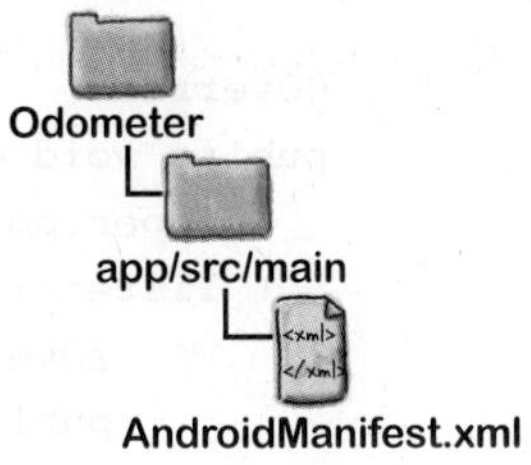

앱이 위 선언을 어떻게 사용하느냐는 앱의 대상 SDK(보통 최신 버전의 안드로이드 사용)와 사용자 디바이스의 API 수준에 따라 달라집니다.

- 대상 SDK의 API 수준을 23이나 그 이상으로 설정했고 사용자의 디바이스도 23 이상이라면 **앱은 런타임에 이 권한을 요청합니다.** 사용자는 이 요청을 거부하거나 철회할 수 있으므로 필요한 동작을 수행하는 코드는 항상 권한이 허용되어 있는지 확인해야 합니다. 이 부분은 뒤에서 자세히 살펴봅니다.

- 대상 SDK의 API 수준을 22나 그 이하로 설정했고 사용자의 디바이스도 22 이하라면 **앱은 설치할 때 권한을 요청합니다.** 사용자가 권한을 허용하지 않으면 앱이 설치되지 않습니다. 권한을 허용하면 앱을 삭제하기 전까지는 권한이 유지됩니다.

우리 앱이 사용자의 위치 정보를 얻는 데 필요한 권한을 선언했으므로 `OdometerService`를 구현합시다.

OdometerService에 위치 리스너 추가하기

OdometerService
MainActivity
→ **위치 서비스**

`LocationListener` 인터페이스를 구현해서 위치 리스너를 생성할 수 있습니다. 이 인터페이스는 `onLocationChanged()`, `onProviderEnabled()`, `onProviderDisabled()`, `onStatusChanged()` 네 개의 메서드를 포함합니다. 사용자의 위치가 바뀌면 `onLocationChanged()` 메서드가 호출됩니다. 이 메서드를 이용해 사용자가 이동한 거리를 계산합니다. 위치 제공자가 활성화되면 `onProviderEnabled()` 메서드가, 비활성화되면 `onProviderDisabled()` 메서드가, 위치 제공자의 상태가 바뀌면 `onStatusChanged()` 메서드가 호출됩니다. ← 위치 제공자는 다음 페이지에서 살펴볼 거예요.

`OdometerService`가 처음 생성되면 위치 리스너를 설정해야 하므로 `OdometerService`의 `onCreate()` 메서드에서 인터페이스를 구현합니다. 여러분의 OdometerService.java를 다음처럼 바꾸세요.

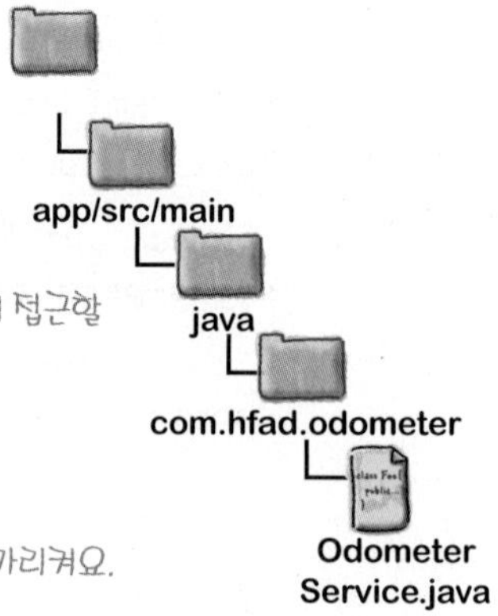


```
...
import android.os.Bundle;
import android.location.LocationListener;
import android.location.Location;

public class OdometerService extends Service {
    ...
    private LocationListener listener;

    @Override
    public void onCreate() {
        super.onCreate();
        listener = new LocationListener() {
            @Override
            public void onLocationChanged(Location location) {
                // 이동한 거리를 추적하는 코드
            }

            @Override
            public void onProviderDisabled(String arg0) {}

            @Override
            public void onProviderEnabled(String arg0) {}

            @Override
            public void onStatusChanged(String arg0, int arg1, Bundle bundle) {}
        };
    }
    ...
}
```

추가로 사용하는 클래스이므로 임포트하세요.

다른 메서드가 LocationListener에 접근할 수 있도록 비공개 변수를 이용해요.

LocationListener를 설정해요.

Location 인자는 현재 위치를 가리켜요. 나중에 이 값을 사용해요.

나중에 이 코드를 완성해요.

OdometerService에서는 이 메서드를 사용하지 않지만 선언은 해야 해요.

OdometerService
MainActivity
위치 서비스

위치 관리자와 위치 제공자가 필요합니다

갱신된 위치 정보를 받으려면 안드로이드의 위치 서비스에 접근할 수 있는 위치 관리자를 생성하고, 위치 제공자를 지정하고, 위치 제공자가 우리가 이전에 추가한 위치 리스너로 사용자의 현재 위치를 주기적으로 보내도록 요청하는 등 세 가지 작업을 해야 합니다. 먼저 위치 관리자부터 생성합니다.

위치 관리자 생성하기

앞 장에서 알림 관리자를 생성했던 것과 비슷하게 `getSystemService()` 메서드로 위치 관리자를 생성할 수 있습니다. 다음은 안드로이드 위치 서비스에 접근하는 데 필요한 위치 관리자를 생성하는 코드입니다(나중에 이 코드를 `OdometerService`의 `onCreate()`에 추가합니다).

이렇게 안드로이드의 위치 서비스에 접근해요.

```
LocationManager locManager = (LocationManager)getSystemService(Context.LOCATION_SERVICE);
```

앞 장에서 안드로이드 알림 서비스를 얻을 때 사용했던 getSystemService() 메서드를 사용해요.

위치 제공자 지정

이번에는 사용자의 위치를 결정하는 데 사용할 위치 제공자를 지정합니다. 위치 제공자는 크게 GPS와 네트워크 두 가지가 있습니다. GPS 옵션은 디바이스의 GPS 센서를 이용해 사용자의 위치를 얻으며, 네트워크 옵션은 와이파이, 블루투스, 모바일 네트워크를 이용해 사용자의 위치를 얻습니다.

모든 디바이스에서 두 가지 위치 제공자를 지원하는 것은 아니므로 위치 관리자의 `getBestProvider()` 메서드로 디바이스에서 제공하는 가장 정확한 위치 제공자를 확인하는 것이 좋습니다. 이 메서드는 전력 요구사항 등의 조건을 지정하는 `Criteria` 객체와 현재 디바이스에 이 기능이 활성화되어 있어야 하는지 지정하는 플래그 두 개의 인자를 받습니다.

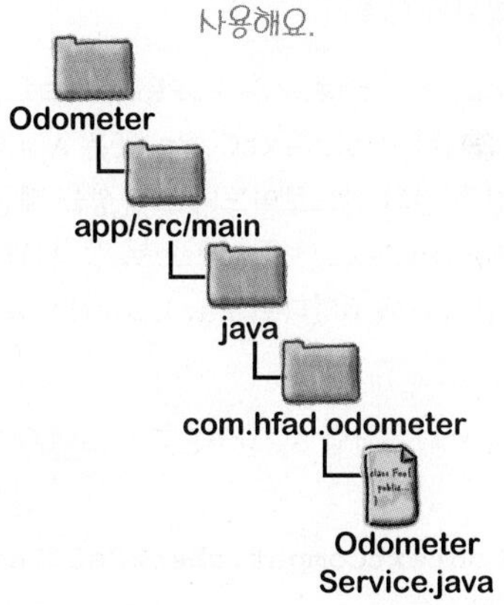

우리는 사용자의 정확한 위치를 알고 싶으므로 다음 코드를 이용해 위치 제공자를 사용합니다(나중에 이 코드를 `OdometerService`에 추가합니다).

```
String provider = locManager.getBestProvider(new Criteria(), true);
```

디바이스에서 제공하는 가장 정확한 위치 제공자를 이용해요.

다음에는 위치 제공자를 얻어 위치 갱신 정보를 위치 리스너로 보내도록 만듭니다.

OdometerService
MainActivity
위치 서비스

위치 갱신을 요청하세요...

위치 제공자를 얻었으면 위치 관리자의 requestLocationUpdates() 메서드를 이용해 위치 리스너로 갱신된 정보가 전달되게 요청할 수 있습니다. 이 메서드는 위치 제공자, 갱신 정보를 받을 밀리초 단위의 최소 시간 간격, 갱신 정보를 받을 미터 단위의 최소 이동 위치, 갱신 정보를 받을 위치 리스너 등 네 개의 인자를 받습니다. 예를 들어 다음은 매초 디바이스가 1미터 이상 이동하면 위치 제공자로부터 위치 갱신 정보를 보내달라는 요청입니다.

```
locManager.requestLocationUpdates(provider, 1000, 1, listener);
```

위치 제공자예요. / 미터 거리예요. / 밀리초 시간이에요. / 갱신 정보를 받을 LocationListener예요.

...하지만 먼저 앱에 권한이 있는지 확인해야 합니다

File → Project Structure에서 앱 옵션을 클릭한 다음 Flavors를 선택하면 앱의 대상 SDK 버전을 확인할 수 있어요.

앱이 SDK API 수준 23 이상을 대상으로 한다면 런타임에 사용자가 현재 위치 사용을 허용했는지 확인해야 합니다. 이전에도 설명한 것처럼 사용자의 디바이스가 SDK 수준 23 이상이면 위치 서비스 권한을 허용하지 않아도 앱을 설치할 수 있습니다. 따라서 위치 서비스를 사용하는 코드를 실행하기 전에 필요한 권한이 있는지 확인해야 하며 그렇지 않으면 코드가 컴파일되지 않습니다.

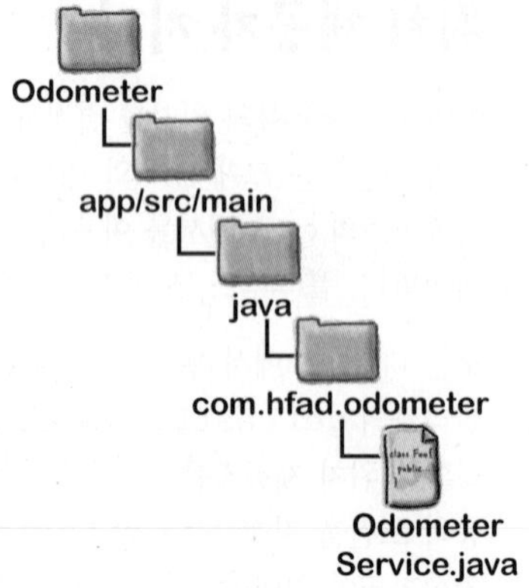

ContextCompat.checkSelfPermission() 메서드로 권한이 허용되었는지 확인할 수 있습니다. ContextCompat은 AppCompat 지원 라이브러리에서 제공하는 클래스로 예전 버전의 안드로이드와 호환성을 제공합니다. checkSelfPermission() 메서드는 현재 Context(보통 this로 설정)와 확인하려는 권한 두 가지를 인자로 받습니다. 권한이 허용되었다면 PackageManager.PERMISSION_GRANTED를 반환합니다.

우리 예제에서는 다음처럼 ACCESS_FINE_LOCATION 권한이 허용되었는지 확인합니다.

```
if (ContextCompat.checkSelfPermission(this,
                    android.Manifest.permission.ACCESS_FINE_LOCATION)
                == PackageManager.PERMISSION_GRANTED) {
    locManager.requestLocationUpdates(provider, 1000, 1, listener);
}
```

위치 정보 갱신을 요청하기 전에... / ...ACCESS_FINE_LOCATION 권한이 허용되었는지 확인해요.

다음 페이지에서는 OdometerService.java에서 위치 갱신을 요청하는 데 필요한 코드를 추가합니다.

기능을 구현한 OdometerService 코드

- [x] OdometerService
- [x] MainActivity
- [ ] 위치 서비스

다음은 위치 갱신을 요청하는 전체 코드입니다(여러분의 OdometerService.java를 다음처럼 바꾸세요).

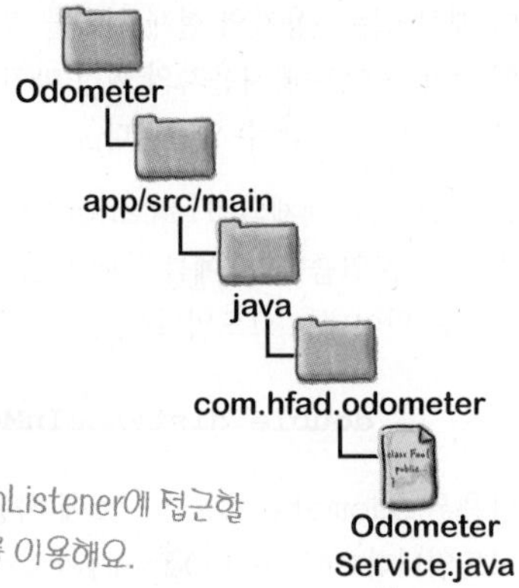


```
...
import android.content.Context;
import android.location.LocationManager;
import android.location.Criteria;
import android.support.v4.content.ContextCompat;
import android.content.pm.PackageManager;

public class OdometerService extends Service {
    ...
    private LocationManager locManager;
    public static final String PERMISSION_STRING
            = android.Manifest.permission.ACCESS_FINE_LOCATION;

    ...

    @Override
    public void onCreate() {
        super.onCreate();
        listener = new LocationListener() {
            ...
        };
        locManager = (LocationManager) getSystemService (Context.LOCATION_SERVICE);
        if (ContextCompat.checkSelfPermission(this, PERMISSION_STRING)
                        == PackageManager.PERMISSION_GRANTED) {
            String provider = locManager.getBestProvider(new Criteria(), true);
            if (provider != null) {
                locManager.requestLocationUpdates(provider, 1000, 1, listener);
            }
        }
    }
    ...
}
```

추가로 사용하는 클래스이므로 임포트하세요.

다른 메서드가 LocationListener에 접근할 수 있도록 비공개 변수를 이용해요.

권한을 문자열 상수로 추가해요.

LocationManager를 얻어요.

권한이 있는지 확인해요.

가장 정확한 위치 제공자를 얻어요.

위치 제공자에 정보 갱신을 요청해요.

다음에는 위치 리스너로 위치 갱신 정보를 처리하는 방법을 살펴봅니다.

이동한 거리 계산하기

- [x] OdometerService
- [x] MainActivity
- [ ] 위치 서비스

지금까지 사용자의 갱신된 현재 위치를 위치 리스너로 받도록 요청했습니다. 사용자가 이동하면 리스너의 onLocationChanged() 메서드가 호출됩니다.

이 메서드는 사용자의 현재 위치를 가리키는 Location 객체 한 개를 인자로 갖습니다. 이 객체를 이용해 사용자의 이전 마지막 위치와 현재 위치의 거리를 계산하고 지금까지 이동한 총 거리를 저장할 수 있습니다.

Location 객체의 distanceTo() 메서드를 이용해 두 위치 사이의 거리를 미터로 확인할 수 있습니다. 예를 들어 다음은 location 객체와 lastLocation 객체 사이의 거리를 알아내는 코드입니다.

```
double distanceInMeters = location.distanceTo(lastLocation);
```

location과 lastLocation 사이의 거리를 얻어요.

다음은 OdometerService에 사용자가 이동한 총 거리를 저장하는 데 필요한 코드입니다(여러분의 OdometerService.java를 다음처럼 바꾸세요).

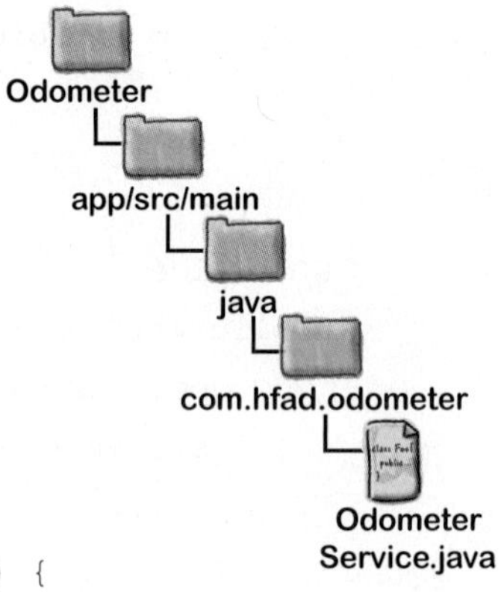


```
public class OdometerService extends Service {
    private static double distanceInMeters;
    private static Location lastLocation = null;
    ...

    @Override
    public void onCreate() {
        super.onCreate();
        listener = new LocationListener() {
            @Override
            public void onLocationChanged(Location location) {
                if (lastLocation == null) {
                    lastLocation = location;
                }
                distanceInMeters += location.distanceTo(lastLocation);
                lastLocation = location;
            }
        ...
        }
        ...
    }
    ...
}
```

서비스가 종료되어도 값이 남도록 정적 변수를 이용해 이동한 거리와 사용자의 마지막 위치를 저장해요.

사용자의 시작 위치를 지정해요.

이동한 거리를 갱신하고 사용자의 마지막 위치를 저장해요.

이 코드를 이용해 이동한 거리를 MainActivity로 반환합니다.

OdometerService
MainActivity
위치 서비스

이동한 거리를 마일로 반환하기

MainActivity에 이동한 거리를 반환하도록 OdometerService의 getDistance() 메서드를 갱신합니다. 현재는 임의의 수를 반환하도록 구현되어 있으므로 distanceInMeters 변수에 저장된 값을 마일로 변환해 반환하도록 바꿉니다. 다음은 새 버전의 getDistance() 메서드입니다. 여러분 코드도 다음처럼 바꾸세요.

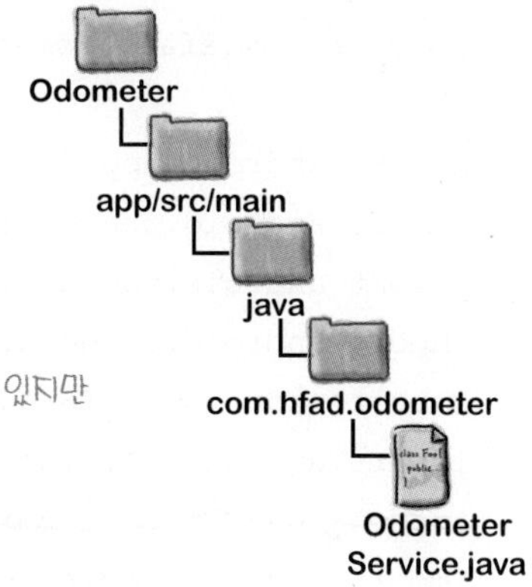


```
public double getDistance() {
    return random.nextDouble();
    return this.distanceInMeters / 1609.344;
}
```

이 행은 삭제하세요.

이동한 거리를 미터에서 마일로 바꿔요. 더 정확하게 계산할 수도 있지만 우리 예제에서는 이 정도면 충분히 정확한 값이에요.

마지막으로 서비스가 종료될 때 위치 정보 갱신을 중단하도록 요청합니다.

위치 정보 갱신 요청을 리스너가 받지 않도록 중단 요청하기

서비스가 종료되기 전에 호출되는 OdometerService의 onDestroy() 메서드를 이용해 위치 리스너가 더 이상 갱신 정보를 받지 않도록 요청할 것입니다.

위치 매니저의 removeUpdates() 메서드를 이용해 갱신 요청을 중지시킬 수 있습니다. 이 메서드는 갱신 정보 수신을 중지시킬 리스너 한 개를 인자로 받습니다.

```
locManager.removeUpdates(listener);
```

위치 리스너가 갱신 정보를 받지 않도록 중지시켜요.

앱이 SDK API 수준 23 이상을 대상으로 한다면 removeUpdates() 메서드를 호출하기 전에 사용자가 ACCESS_FINE_LOCATION를 허용했는지 확인해야 합니다. 그렇지 않으면 안드로이드 스튜디오가 이를 먼저 확인해야 한다고 불평하기 때문입니다. 이전처럼 ContextCompat.checkSelfPermission() 메서드로 권한이 허용되었는지 확인합니다.

권한이 있어야 갱신 요청을 중지시킬 수 있어요.

```
if (ContextCompat.checkSelfPermission(this, PERMISSION_STRING)
        == PackageManager.PERMISSION_GRANTED) {
    locManager.removeUpdates(listener);
}
```

지금부터 새로운 onDestroy() 메서드를 포함하는 OdometerService 전체 코드를 소개합니다.

OdometerService.java 전체 코드

- [x] OdometerService
- [x] MainActivity
- [ ] **위치 서비스**

OdometerService가 이동한 거리를 반환하도록 기능을 구현했습니다. 여러분의 OdometerService.java 코드도 다음처럼 바꾸세요.

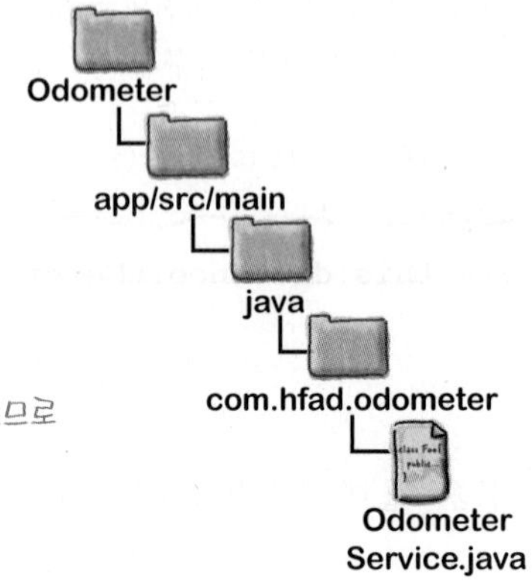


```
package com.hfad.odometer;

import android.app.Service;
import android.content.Context;
import android.content.Intent;
import android.os.Bundle;
import android.os.IBinder;
import android.os.Binder;
import java.util.Random;
import android.location.LocationListener;
import android.location.Location;
import android.location.LocationManager;
import android.location.Criteria;
import android.support.v4.content.ContextCompat;
import android.content.pm.PackageManager;
```

← 더 이상 임의의 수를 사용하지 않으므로 임포트하지 않아도 돼요. (`import java.util.Random;` 줄 삭제)

```
public class OdometerService extends Service {

    private final IBinder binder = new OdometerBinder();
    private final Random random = new Random();
    private LocationListener listener;
    private LocationManager locManager;
    private static double distanceInMeters;
    private static Location lastLocation = null;
    public static final String PERMISSION_STRING
            = android.Manifest.permission.ACCESS_FINE_LOCATION;

    public class OdometerBinder extends Binder {
        OdometerService getOdometer() {
            return OdometerService.this;
        }
    }
```

← 더 이상 사용하지 않는 Random() 객체도 삭제하세요. (`private final Random random = new Random();` 줄 삭제)

다음 페이지에 코드가 이어져요. →

OdometerService.java 코드(계속)

- [x] OdometerService
- [x] MainActivity
- [ ] 위치 서비스

이 페이지에는 바뀐 코드가 없어요.

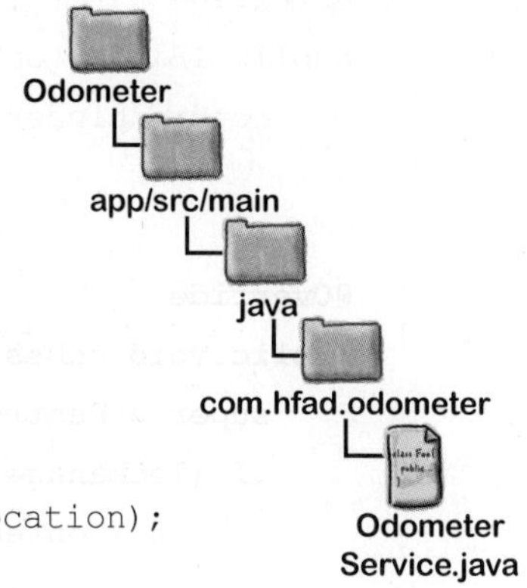


```
    @Override
    public void onCreate() {
        super.onCreate();
        listener = new LocationListener() {
            @Override
            public void onLocationChanged(Location location) {
                if (lastLocation == null) {
                    lastLocation = location;
                }
                distanceInMeters += location.distanceTo(lastLocation);
                lastLocation = location;
            }

            @Override
            public void onProviderDisabled(String arg0) {
            }

            @Override
            public void onProviderEnabled(String arg0) {
            }

            @Override
            public void onStatusChanged(String arg0, int arg1, Bundle bundle) {
            }
        };

        locManager = (LocationManager) getSystemService (Context.LOCATION_SERVICE);
        if (ContextCompat.checkSelfPermission(this, PERMISSION_STRING)
                == PackageManager.PERMISSION_GRANTED) {
            String provider = locManager.getBestProvider(new Criteria(), true);
            if (provider != null) {
                locManager.requestLocationUpdates(provider, 1000, 1, listener);
            }
        }
    }
```

다음 페이지에 코드가 이어져요.

OdometerService.java 코드(계속)

- [x] OdometerService
- [x] MainActivity
- [ ] 위치 서비스

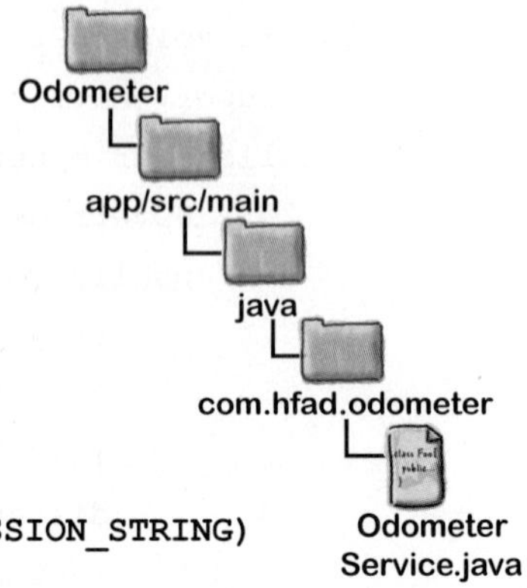


```
    @Override
    public IBinder onBind(Intent intent) {
        return binder;
    }

    @Override
    public void onDestroy() {
        super.onDestroy();
        if (locManager != null && listener != null) {
            if (ContextCompat.checkSelfPermission(this, PERMISSION_STRING)
                    == PackageManager.PERMISSION_GRANTED) {
                locManager.removeUpdates(listener);
            }
            locManager = null;
            listener = null;
        }
    }

    public double getDistance() {
        return this.distanceInMeters / 1609.344;
    }
}
```

onDestroy() 메서드를 추가해요.

(리스너를 삭제할 권한이 있다면) 위치 갱신 정보 얻기를 중단해요.

LocationManager와 LocationListener 변수를 null로 설정해요.

이제 앱을 시험 주행합시다.

바보 같은 질문이란 없습니다

Q: ContextCompat을 사용하지 않고 그냥 checkSelfPermission()을 호출할 수도 있을 것 같은데, 왜 ContextCompat을 사용해야 하죠?

A: 사용하기 편리하기 때문입니다. checkSelfPermission() 메서드는 API 수준 23의 Context 클래스에서 추가되었으므로 예전 버전의 안드로이드를 탑재한 디바이스에서는 이 메서드가 실행되지 않습니다.

앱 시험 주행

- OdometerService
- MainActivity
- **위치 서비스**

앱을 실행하면 처음에 0.0마일이 표시됩니다. 앱 권한을 확인하면 위치 서비스를 사용하도록 권한이 주어지지 않은 상태입니다. 디바이스의 설정 메뉴를 열어서 앱 메뉴에서 Odometer 앱을 선택한 다음 권한 메뉴에서 정보를 확인할 수 있습니다.

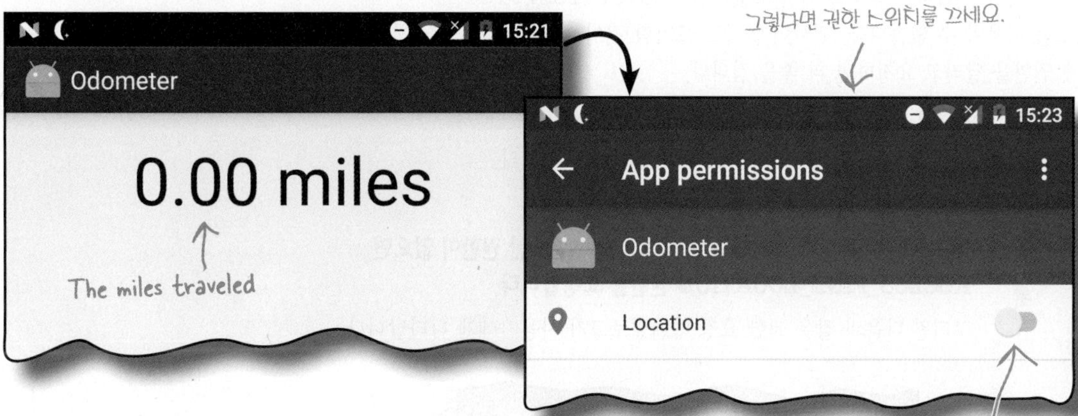
위치 서비스 권한이 기본적으로 허용되어 있을 수도 있어요. 그렇다면 권한 스위치를 끄세요.
15:21
Odometer
0.00 miles
The miles traveled
15:23
App permissions
Odometer
Location
위치 서비스를 사용하도록 권한이 허용되지 않은 상태예요.

위치 서비스 권한을 Odometer 앱에 허용한 다음 Odometer 앱으로 돌아오면 상태 바에 위치 아이콘이 나타나고 우리가 디바이스를 들고 이동하면 이동한 거리가 표시되기 시작합니다. 앱을 종료하면 위치 아이콘도 사라집니다.

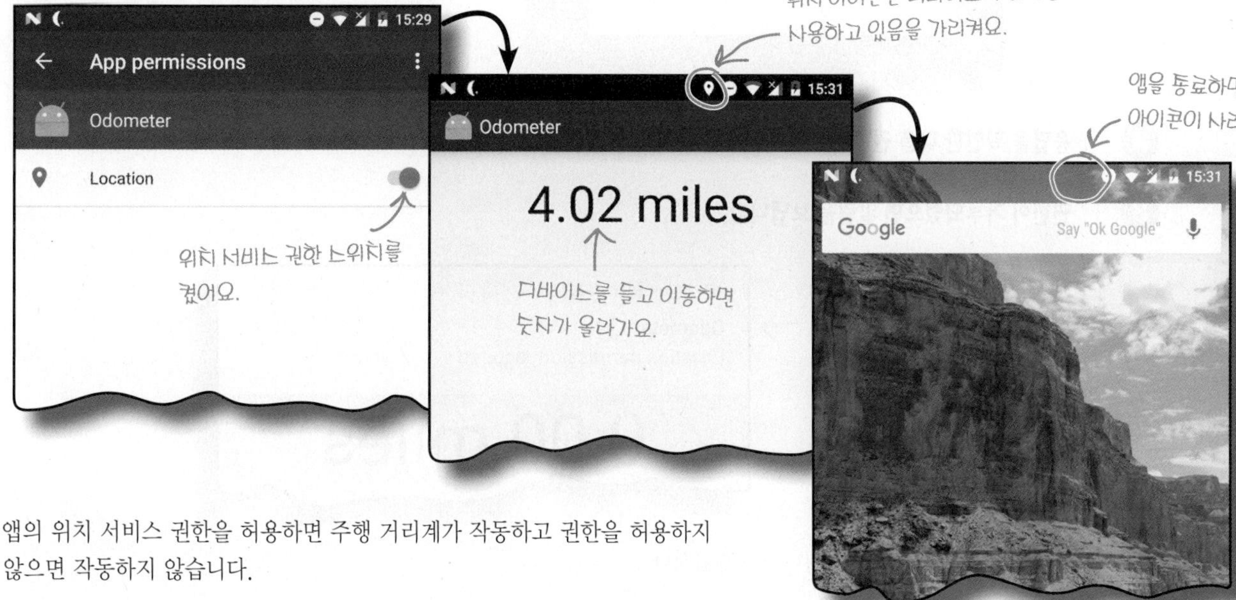
위치 아이콘은 디바이스의 GPS를 사용하고 있음을 가리켜요.
15:29
App permissions
Odometer
Location
위치 서비스 권한 스위치를 켰어요.
15:31
Odometer
4.02 miles
디바이스를 들고 이동하면 숫자가 올라가요.
앱을 종료하면 아이콘이 사라져요.
15:31
Google
Say "Ok Google"

앱의 위치 서비스 권한을 허용하면 주행 거리계가 작동하고 권한을 허용하지 않으면 작동하지 않습니다.

앱에 권한 요청하기

지금까지 OdometerService에서 사용자의 정확한 위치를 얻도록 권한이 허용되어 있는지 확인하는 코드를 구현했습니다. 권한이 허용되어 있으면 안드로이드의 위치 서비스를 이용해 사용자가 이동한 거리를 계산합니다. 하지만 권한이 허용되어 있지 않다면 어떻게 할까요?

앱에 사용자의 정확한 위치를 얻도록 권한이 없으면 OdometerService는 위치 서비스를 사용할 수 없습니다. 권한이 없다고 포기할 것이 아니라 사용자에게 권한을 달라고 요청하면 더 좋을 겁니다.

앱에 필요한 권한이 없으면 이를 사용자에게 요청하도록 MainActivity를 바꿉니다. 그러려면 MainActivity에서 세 가지 작업을 해야 합니다.

1. **MainActivity가 서비스와 연결하기 전에 필요한 권한이 없으면 ACCESS_FINE_LOCATION 권한을 요청합니다.**
   그러면 다음과 같은 권한 요청 다이얼로그가 사용자에게 나타납니다.

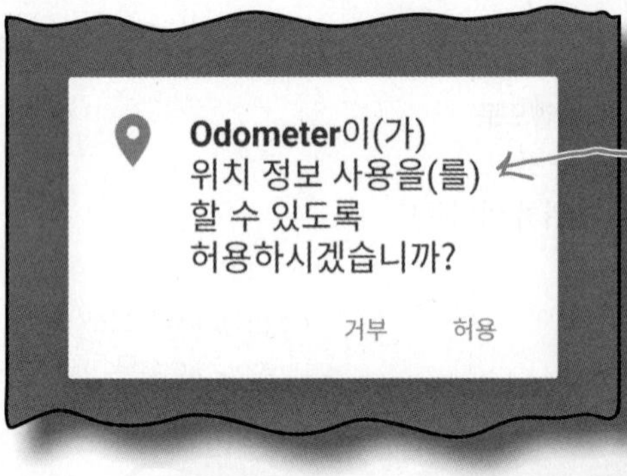

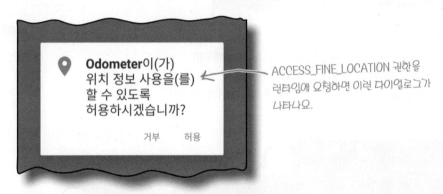

ACCESS_FINE_LOCATION 권한을 런타임에 요청하면 이런 다이얼로그가 나타나요.

2. **응답을 확인한 다음 권한이 허용되었으면 서비스와 연결합니다.**
3. **권한이 거부되었으면 알림을 보냅니다.**

사용자가 필요한 권한을 허용하지 않으면 이런 알림을 보내요.

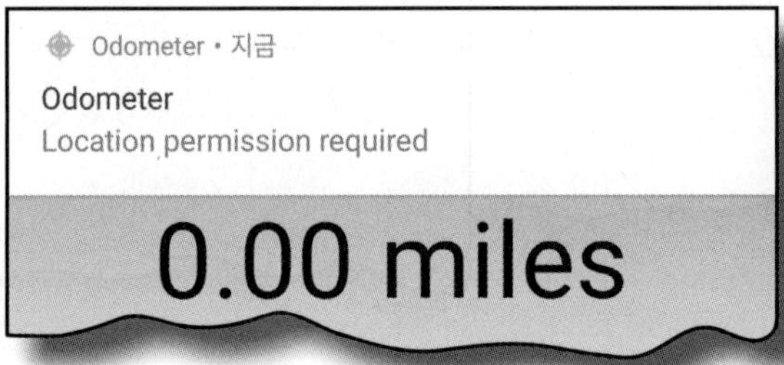

먼저 런타임에 필요한 권한을 요청하도록 액티비티를 구현합시다.

요청
승인
거절

런타임에 권한 확인하기

이전에 ContextCompat.checkSelfPermission() 메서드를 이용해 사용자가 특정 권한을 허용했는지 확인하는 방법을 배웠습니다.

사용자가 권한을 허용했는지 확인하는 코드예요.

```
if (ContextCompat.checkSelfPermission(this, PERMISSION_STRING)
        == PackageManager.PERMISSION_GRANTED) {
    // 사용자의 권한을 필요로 하는 코드 실행
}
```

사용자가 권한을 허용하면 PackageManager.PERMISSION_GRANTED가 반환되면서 권한을 필요로 하는 코드가 잘 실행됩니다. 하지만 권한 요청이 거부되면 어떨까요?

필요한 권한이 없으면 요청합니다

사용자가 필요한 한 개 이상의 권한을 허용하지 않았다면 런타임에 **ActivityCompat.requestPermissions()** 메서드를 이용해 필요한 권한을 요청할 수 있습니다. ActivityCompat은 AppCompat 지원 라이브러리에서 이전 버전의 안드로이드와 호환성을 제공하도록 지원하는 클래스입니다. requestPermissions() 메서드는 Context(보통 this로 설정), 확인하려는 권한의 문자열 배열, 권한을 요청하는 정수 코드 등 세 개의 인자를 받습니다. 예를 들어 다음은 ACCESS_FINE_LOCATION 권한을 요청하는 코드입니다.

requestPermissions() 메서드는 액티비티에서만 호출할 수 있어요. 서비스에서는 호출할 수 없습니다.

런타임에 이 메서드로 필요한 권한을 요청해요.

권한을 요청하는 코드예요. 어떤 정숫값이든 사용할 수 있어요. 나중에 이 값을 어떻게 활용하는지 설명해요.

```
ActivityCompat.requestPermissions(this,
    new String[]{android.Manifest.permission.ACCESS_FINE_LOCATION}, 6854);
```

requestPermissions() 메서드를 호출하면 사용자에게 각 권한을 묻는 한 개 이상의 다이얼로그가 나타납니다. 다이얼로그는 사용자에게 각 권한을 허용할지 거부할지 결정하는 옵션을 제공하며 다시 권한을 물을 것인지 지정하는 체크박스도 있습니다. 체크박스를 선택하고 권한을 거부하면 requestPermissions() 메서드를 호출해도 다이얼로그가 나타나지 않습니다.

권한 요청 다이얼로그예요.

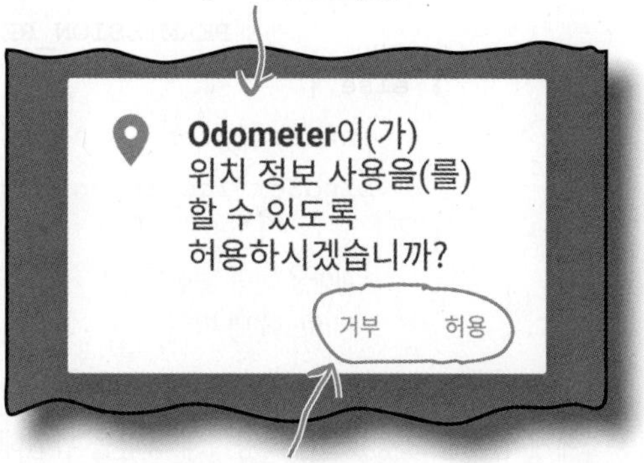

사용자는 이 옵션을 이용해 권한을 허용하거나 거부할 수 있어요.

requestPermissions() 메서드는 액티비티에서만 호출할 수 있습니다. 서비스에서는 권한을 요청할 수 없습니다.

권한이 없으면 디바이스의 위치 권한을 요청하도록 MainActivity를 갱신할 겁니다.

MainActivity의 onStart() 메서드에서 위치 서비스 권한 확인하기

→ 요청
승인
거절

현재 MainActivity의 onStart() 메서드에서 액티비티를 OdometerService와 연결합니다. 사용자가 PERMISSION_STRING에 지정된 권한을 승인했을 때만 서비스와 연결하도록 MainActivity.java 코드를 바꿀 겁니다. 권한을 승인하지 않으면 권한 승인을 요청합니다.

다음은 이를 구현한 MainActivity.java 코드입니다. 여러분 코드도 다음처럼 바꾸세요.

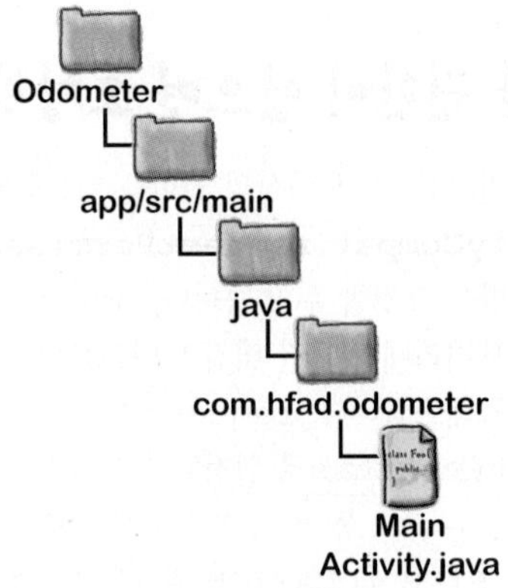


```
...
import android.content.pm.PackageManager;
import android.support.v4.app.ActivityCompat;
import android.support.v4.content.ContextCompat;

public class MainActivity extends Activity {
    ...
    private final int PERMISSION_REQUEST_CODE = 698;

    ...
    @Override
    protected void onStart() {
        super.onStart();
        if (ContextCompat.checkSelfPermission(this, OdometerService.PERMISSION_STRING)
                != PackageManager.PERMISSION_GRANTED) {
            ActivityCompat.requestPermissions(this,
                    new String[]{OdometerService.PERMISSION_STRING},
                    PERMISSION_REQUEST_CODE);
        } else {
            Intent intent = new Intent(this, OdometerService.class);
            bindService(intent, connection, Context.BIND_AUTO_CREATE);
        }
    }
}
```

추가로 사용하는 클래스이므로 임포트하세요.

권한 요청 코드에 이 정숫값을 사용해요.

권한을 이미 승인하지 않았다면...

...런타임에 권한을 요청해요.

권한을 이미 승인했다면 서비스와 연결해요.

사용자에게 권한을 요청했으면 사용자의 응답을 확인해야 합니다.

요청
승인
거절

권한 요청에 대한 사용자의 응답 확인하기

requestPermissions() 메서드로 사용자에게 권한을 요청했을 때 리턴값을 이용해 사용자가 권한을 허용했는지 확인할 수 없습니다. 권한 요청은 비동기로 동작하므로 현재 스레드가 사용자의 응답을 기다리지 않기 때문입니다.

따라서 리턴값 대신 액티비티에 **onRequestPermissionsResult()** 메서드를 오버라이드해서 사용자의 응답을 확인할 수 있습니다. 이 메서드는 요청한 권한을 식별하는 정수 요청 코드, 권한 문자열 배열, 요청 결과를 포함하는 정수 배열 등 세 개의 인자를 갖습니다.

이 메서드를 사용하려면 먼저 requestPermissions() 메서드에 사용한 정수 요청 코드가 같은지 확인해야 합니다. 정수 요청 코드가 같다면 사용자가 권한 요청을 승인했는지 확인합니다.

아래 코드는 이전 페이지에서 requestPermissions() 메서드로 요청한 권한을 사용자가 승인했는지 확인하는 코드입니다. 권한을 승인하면 OdometerService와 연결합니다. 아래 메서드를 여러분의 MainActivity.java에 추가하세요.

onRequestPermissionsResult() 메서드는 권한 요청 결과를 반환해요.

```
@Override
public void onRequestPermissionsResult(int requestCode,
                                       String permissions[], int[] grantResults) {
    switch (requestCode) {
        case PERMISSION_REQUEST_CODE: {
            if (grantResults.length > 0
                    && grantResults[0] == PackageManager.PERMISSION_GRANTED) {
                Intent intent = new Intent(this, OdometerService.class);
                bindService(intent, connection, Context.BIND_AUTO_CREATE);
            } else {
                // 권한 요청이 거절되면 수행할 코드
            }
        }
    }
}
```

requestPermissions() 메서드에 사용했던 코드와 같은지 확인해요.

요청이 취소되면 아무 결과도 반환하지 않아요.

권한이 허용되면 서비스에 연결해요.

이 코드를 구현해야 해요.

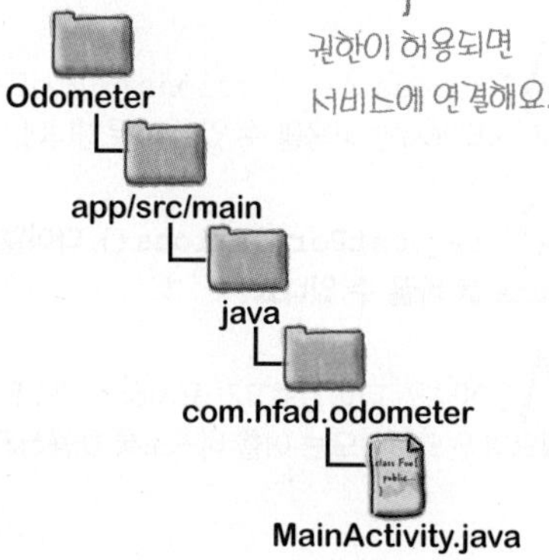

마지막으로 사용자가 현재 위치 권한 요청을 거부하면 사용자에게 주행 거리계가 작동하지 않음을 알립니다.

사용자가 권한 요청을 거부하면 알림 보내기

요청
승인
거절

사용자가 자신의 현재 위치 사용 권한을 허용하지 않으면 OdometerService는 이동 거리 정보를 제공할 수 없습니다. 따라서 이 상황에서는 사용자에게 알림을 보냅니다. 알림을 사용하는 이유는 사용자가 어떤 동작을 취할 때까지 알림 메시지가 알림 영역에 남아 있기 때문입니다. 알림을 사용하면 사용자가 알림을 클릭했을 때 MainActivity를 실행할 수 있다는 것도 장점입니다. 즉, MainActivity의 onStart() 메서드가 실행되면서 다시 사용자에게 권한 요청을 물을 수 있기 때문입니다(이전에 사용자가 다시 묻지 말라는 옵션을 선택하지 않았다면).

다음 페이지의 연습문제를 풀면서 우리 요구사항을 만족하도록 알림이 만들어졌는지 확인하세요.

사용자가 권한 요청을 거부하면 이런 알림을 보낼 거예요.

바보 같은 질문이란 없습니다

Q: Odometer 앱을 사용하던 중간에 위치 서비스 권한을 껐더니 이동 거리가 0으로 돌아갔어요. 왜죠?

A: 앱의 위치 서비스 권한을 끄면 안드로이드는 현재 실행 중인 앱의 프로세스를 종료시킵니다. 그러면 변수가 모두 재설정됩니다.

Q: 조금 극단적인 동작 같네요. 안드로이드가 프로세스를 종료시키는 다른 이유도 있나요?

A: 네 메모리가 부족해도 이런 일이 일어날 수 있지만 실제 사용되고 있는 모든 프로세스는 종료되지 않도록 최선을 다합니다.

Q: 왜 OdometerService에서 requestPermissions() 메서드를 호출하지 않죠?

A: requestPermissions() 메서드는 서비스가 아니라 액티비티에서만 이용할 수 있기 때문입니다.

Q: requestPermissions() 다이얼로그에 표시되는 텍스트를 바꿀 수 있나요?

A: 아니요. 다이얼로그가 표시하는 텍스트와 옵션은 고정되어 있으며 안드로이드는 이를 바꾸도록 허용하지 않습니다.

Q: 이 권한이 필요한 이유를 사용자에게 알리고 싶은데, 그럴 수 있나요?

A: requestPermissions() 메서드를 호출하기 전에 ActivityCompat.shouldShowRequestPermissionRationale()를 이용할 수 있습니다. 사용자가 이전에 권한 요청을 거부했다면 이 메서드는 true 값을 반환합니다. 그러면 우리는 다시 권한을 요청하기 전에 사용자에게 추가 정보를 제공할 수 있습니다.

Q: 사용자에게 요청해야 하는 다른 권한에는 어떤 것이 있나요?

A: 보통 사용자의 개인 정보를 사용하거나 다른 앱의 기능에 영향을 미치는 동작을 수행하려면 권한이 필요합니다. 온라인 문서는 권한이 필요한 동작을 분류하고 있으며 안드로이드 스튜디오도 이 정보를 제공합니다. 권한을 필요로 하는 전체 액션 목록은 다음 문서를 참고하세요.

https://developer.android.com/guide/topics/permissions/requesting.html#normal-dangerous

Q: 권한을 필요로 하는 액션을 수행하는 앱을 만들고 사용자에게 권한을 요청하지 않으면 어떻게 되나요?

A: SDK API 수준 23 이상을 대상으로 한다고 가정했을 때 권한을 요청하지 않으면 코드를 컴파일할 수 없습니다.

수영장 퍼즐

여러분의 **임무**는 헤드업 알림을 생성하는 겁니다. 알림을 클릭하면 MainActivity를 실행하고 사라집니다. 수영장의 코드 조각을 가져다가 코드의 빈 행에 넣으세요. 코드 조각은 한 번 이상 사용할 수 **없으며** 모든 조각을 사용할 필요는 없습니다.

이런 알림을 생성하는 코드를 구현하세요.

```
NotificationCompat.Builder builder = new NotificationCompat.Builder(this)
                .setSmallIcon(android.R.drawable.ic_menu_compass)
                .setContentTitle("Odometer")
                .setContentText("Location permission required")
                .setPriority(NotificationCompat.........................)
                .setVibrate(new long[] {0, 1000})
                ..................................(true);

Intent actionIntent = new Intent(this, MainActivity.class);
PendingIntent actionPendingIntent = PendingIntent...................(this, 0,
                actionIntent, PendingIntent.FLAG_UPDATE_CURRENT);
builder.setContentIntent(.................................);

NotificationManager notificationManager =
                (NotificationManager) getSystemService(......................................);
notificationManager.notify(43,.........................);
```

나침반 아이콘을 표시하는 내장 드로워블이에요.

참고: 수영장의 코드 조각은 한 번만 사용할 수 있어요!

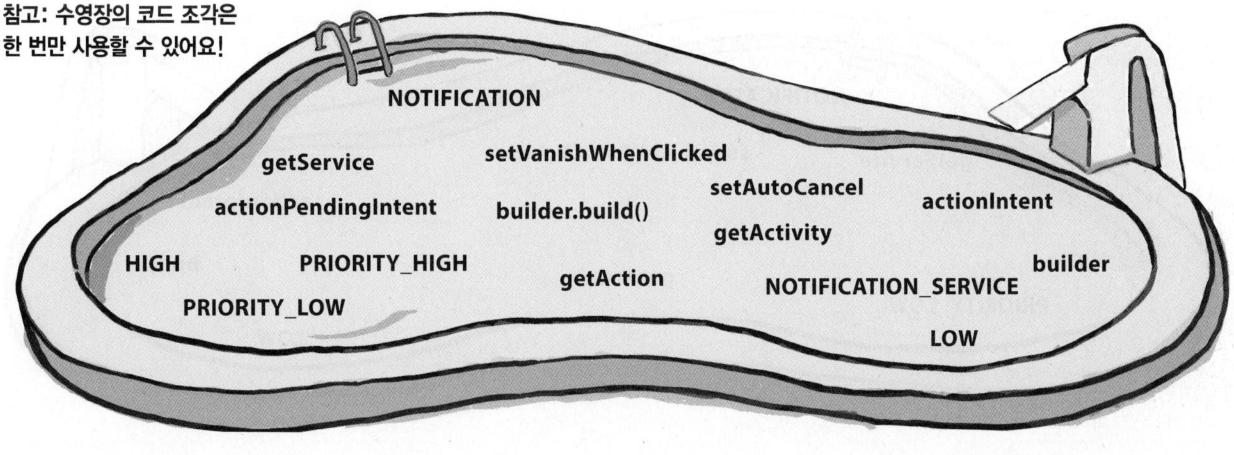

수영장 퍼즐 정답

여러분의 **임무**는 헤드업 알림을 생성하는 겁니다. 알림을 클릭하면 MainActivity를 실행하고 사라집니다. 수영장의 코드 조각을 가져다가 코드의 빈 행에 넣으세요. 코드 조각은 한 번 이상 사용할 수 **없으며** 모든 조각을 사용할 필요는 없습니다.

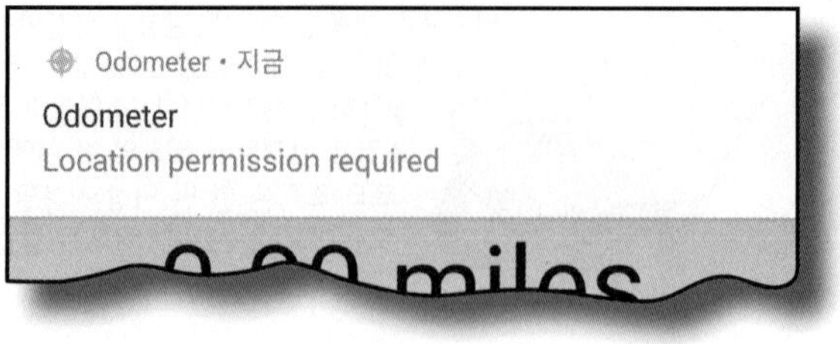


```
NotificationCompat.Builder builder = new NotificationCompat.Builder(this)
                .setSmallIcon(android.R.drawable.ic_menu_compass)
                .setContentTitle("Odometer")
                .setContentText("Location permission required")
                .setPriority(NotificationCompat. PRIORITY_HIGH )
                .setVibrate(new long[] {0, 1000})
                . setAutoCancel (true);

Intent actionIntent = new Intent(this, MainActivity.class);
PendingIntent actionPendingIntent = PendingIntent. getActivity (this, 0,
                          actionIntent, PendingIntent.FLAG_UPDATE_CURRENT);
builder.setContentIntent( actionPendingIntent );

NotificationManager notificationManager =
                  (NotificationManager) getSystemService( NOTIFICATION_SERVICE );
notificationManager.notify(43, builder.build() );
```

- PRIORITY_HIGH ← 헤드업 알림을 만들려면 높은 우선순위가 필요해요.
- setAutoCancel ← 알림을 클릭하면 사라지게 만들어요.
- getActivity ← getActivity() 메서드로 PendingIntent를 생성해요.
- actionPendingIntent ← 알림을 클릭했을 때 MainActivity를 실행하도록 PendingIntent를 알림에 추가해요.
- NOTIFICATION_SERVICE ← 알림 서비스를 사용해요.
- builder.build() ← 알림을 만들어요.

필요 없는 코드 조각이에요.

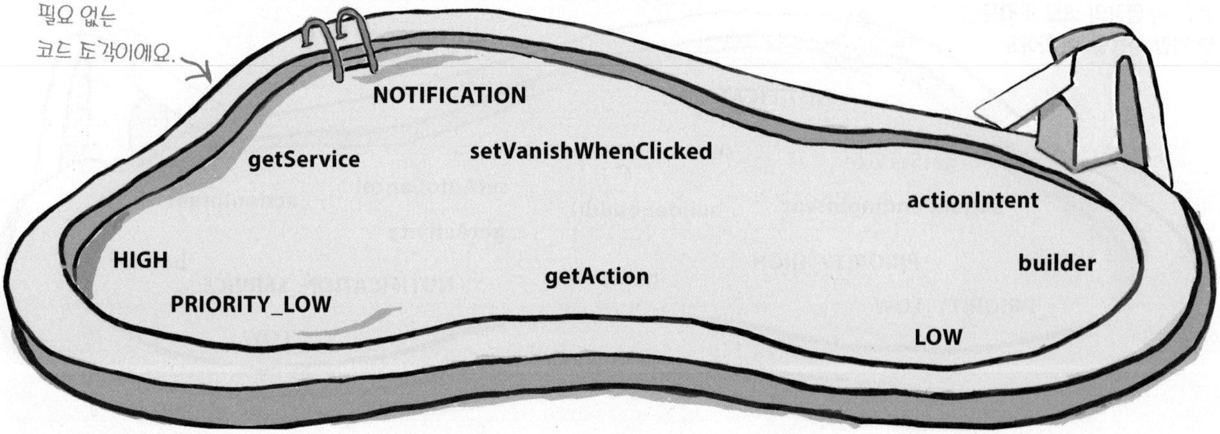

알림 코드를 onRequestPermissionsResult()에 추가하기

요청
승인
거절

사용자가 권한 요청을 거부하면 헤드업 알림을 보내도록 MainActivity 코드를 바꿉니다.

먼저 다음 문자열을 Strings.xml에 추가합니다. 이들 문자열은 알림의 제목과 텍스트로 사용합니다.

```
<string name="app_name">Odometer</string>
<string name="permission_denied">Location permission required</string>
```

안드로이드 스튜디오가 이미 문자열을 추가했을 수 있어요.

Odometer / app/src/main / res / values / strings.xml

그리고 MainActivity.java를 다음처럼 바꿉니다.

```
...
import android.support.v4.app.NotificationCompat;
import android.app.NotificationManager;
import android.app.PendingIntent;

public class MainActivity extends Activity {
    ...
    private final int NOTIFICATION_ID = 423;

    ...
    @Override
    public void onRequestPermissionsResult(int requestCode,
                                           String permissions[], int[] grantResults) {
        switch (requestCode) {
            case PERMISSION_REQUEST_CODE: {
                if (grantResults.length > 0
                        && grantResults[0] == PackageManager.PERMISSION_GRANTED) {
                    ...
                } else {
                    // 알림 빌더 생성
                    NotificationCompat.Builder builder = new NotificationCompat.Builder(this)
                        .setSmallIcon(android.R.drawable.ic_menu_compass)
                        .setContentTitle(getResources().getString(R.string.app_name))
                        .setContentText(getResources().getString(R.string.permission_denied))
                        .setPriority(NotificationCompat.PRIORITY_HIGH)
                        .setVibrate(new long[] {1000, 1000})
                        .setAutoCancel(true);
```

추가로 사용하는 클래스이므로 임포트하세요.

알림 ID로 사용할 상수예요.

모든 알림에 필요한 설정이에요.

헤드업 알림을 생성하는 설정이에요.

알림을 클릭하면 사라지게 만드는 옵션이에요.

Odometer / app/src/main / java / com.hfad.odometer / MainActivity.java

다음 페이지에 코드가 이어져요.

알림 코드(계속)

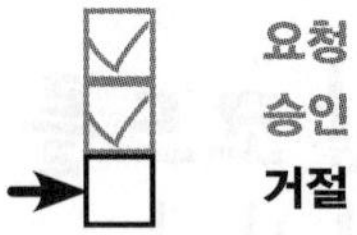


```
        // 액션 생성
        Intent actionIntent = new Intent(this, MainActivity.class);
        PendingIntent actionPendingIntent = PendingIntent.getActivity(
                this,
                0,
                actionIntent,
                PendingIntent.FLAG_UPDATE_CURRENT);
        builder.setContentIntent(actionPendingIntent);

        // 알림 보내기
        NotificationManager notificationManager =
                (NotificationManager) getSystemService(NOTIFICATION_SERVICE);
        notificationManager.notify(NOTIFICATION_ID, builder.build());
            }
        }
    }
  }

  ...

}
```

클릭하면 MainActivity를 실행하도록 PendingIntent를 알림에 추가해요.

알림을 만들어서 발동해요.

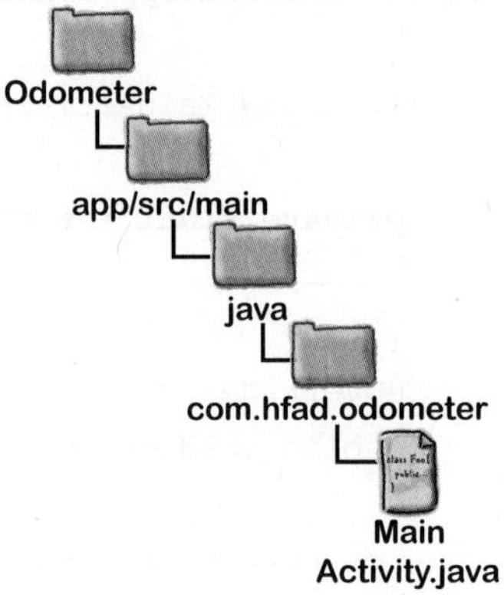

사용자가 ACCESS_FINE_LOCATION 권한 요청을 거부하면 알림을 표시하도록 코드를 완성했습니다. 지금부터 이를 적용한 전체 MainActivity 코드를 살펴본 다음 마지막으로 앱을 시험 주행합니다.

요청 ☑
승인 ☑
→ 거절 ☐

MainActivity.java 전체 코드

다음은 MainActivity.java 전체 코드입니다. 여러분 코드도 다음처럼 바꾸세요.

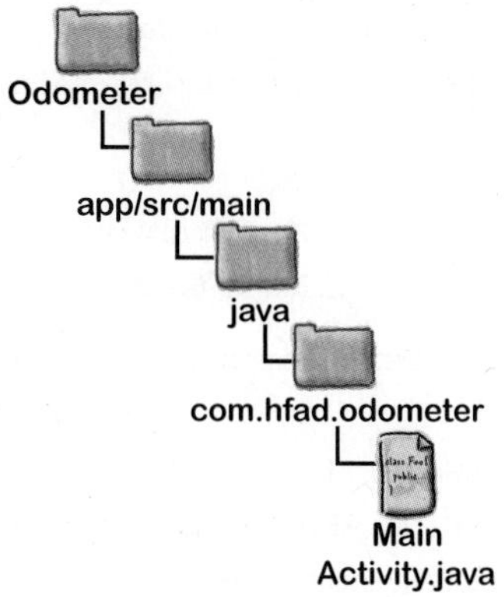


```
package com.hfad.odometer;

import android.app.Activity;
import android.os.Bundle;
import android.content.ServiceConnection;
import android.os.IBinder;
import android.content.ComponentName;
import android.content.Context;
import android.content.Intent;
import android.os.Handler;
import android.widget.TextView;
import java.util.Locale;
import android.content.pm.PackageManager;
import android.support.v4.app.ActivityCompat;
import android.support.v4.content.ContextCompat;
import android.support.v4.app.NotificationCompat;
import android.app.NotificationManager;
import android.app.PendingIntent;

public class MainActivity extends Activity {

    private OdometerService odometer;
    private boolean bound = false;
    private final int PERMISSION_REQUEST_CODE = 698;
    private final int NOTIFICATION_ID = 423;

    private ServiceConnection connection = new ServiceConnection() {
        @Override
        public void onServiceConnected(ComponentName componentName, IBinder binder) {
            OdometerService.OdometerBinder odometerBinder =
                    (OdometerService.OdometerBinder) binder;
            odometer = odometerBinder.getOdometer();
            bound = true;
        }
        @Override
        public void onServiceDisconnected(ComponentName componentName) {
            bound = false;
        }
    };
```

AppCompat 지원 라이브러리의 클래스예요.

여기서는 Activity를 사용했지만 AppCompatActivity를 사용할 수도 있어요.

MainActivity를 OdometerService와 연결하려면 ServiceConnection이 필요해요.

다음 페이지에 코드가 이어져요.

MainActivity.java 코드(계속)

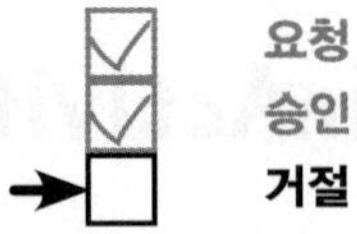

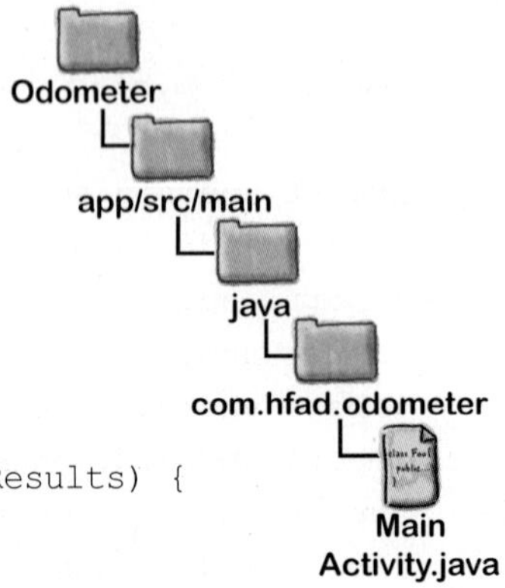

런타임에 사용자에게 요청한 권한의 결과를 확인해요.

사용자가 권한을 허용했으면 서비스를 연결해요.

사용자가 권한 요청을 거부하면 알림을 보내요.

```
@Override
protected void onCreate(Bundle savedInstanceState) {
    super.onCreate(savedInstanceState);
    setContentView(R.layout.activity_main);
    displayDistance();
}

@Override
public void onRequestPermissionsResult(int requestCode,
                                 String permissions[], int[] grantResults) {
    switch (requestCode) {
        case PERMISSION_REQUEST_CODE: {
            if (grantResults.length > 0
                    && grantResults[0] == PackageManager.PERMISSION_GRANTED) {
                Intent intent = new Intent(this, OdometerService.class);
                bindService(intent, connection, Context.BIND_AUTO_CREATE);
            } else {
                // 알림 빌더 생성
                NotificationCompat.Builder builder = new NotificationCompat.Builder(this)
                        .setSmallIcon(android.R.drawable.ic_menu_compass)
                        .setContentTitle(getResources().getString(R.string.app_name))
                        .setContentText(getResources().getString(R.string.permission_denied))
                        .setPriority(NotificationCompat.PRIORITY_HIGH)
                        .setVibrate(new long[] { 1000, 1000})
                        .setAutoCancel(true);
                // 액션 생성
                Intent actionIntent = new Intent(this, MainActivity.class);
                PendingIntent actionPendingIntent = PendingIntent.getActivity(this, 0,
                        actionIntent, PendingIntent.FLAG_UPDATE_CURRENT);
                builder.setContentIntent(actionPendingIntent);
                // 알림 보내기
                NotificationManager notificationManager =
                        (NotificationManager) getSystemService(NOTIFICATION_SERVICE);
                notificationManager.notify(NOTIFICATION_ID, builder.build());
            }
        }
    }
}
```

다음 페이지에 코드가 이어져요.

MainActivity.java 코드(계속)

```
    @Override
    protected void onStart() {
        super.onStart();
        if (ContextCompat.checkSelfPermission(this,
                                OdometerService.PERMISSION_STRING)
                                != PackageManager.PERMISSION_GRANTED) {
            ActivityCompat.requestPermissions(this,
                        new String[]{OdometerService.PERMISSION_STRING},
                        PERMISSION_REQUEST_CODE);
        } else {
            Intent intent = new Intent(this, OdometerService.class);
            bindService(intent, connection, Context.BIND_AUTO_CREATE);
        }
    }

    @Override
    protected void onStop() {
        super.onStop();
        if (bound) {
            unbindService(connection);
            bound = false;
        }
    }

    private void displayDistance() {
        final TextView distanceView = (TextView)findViewById(R.id.distance);
        final Handler handler = new Handler();
        handler.post(new Runnable() {
            @Override
            public void run() {
                double distance = 0.0;
                if (bound && odometer != null) {
                    distance = odometer.getDistance();
                }
                String distanceStr = String.format(Locale.getDefault(),
                                                    "%1$,.2f miles", distance);
                distanceView.setText(distanceStr);
                handler.postDelayed(this, 1000);
            }
        });
    }
}
```

권한이 없으면 ACCESS_FINE_LOCATION 권한을 요청해요.

OdometerService로 연결하는 코드가 두 군데 존재하므로 이를 별도의 메서드로 구현할 수 있어요.

우리가 요청한 권한을 사용자가 허용하면 OdometerService와 연결해요.

MainActivity가 중지하면 OdometerService와 연결을 끊어요.

이동한 거리를 표시해요.

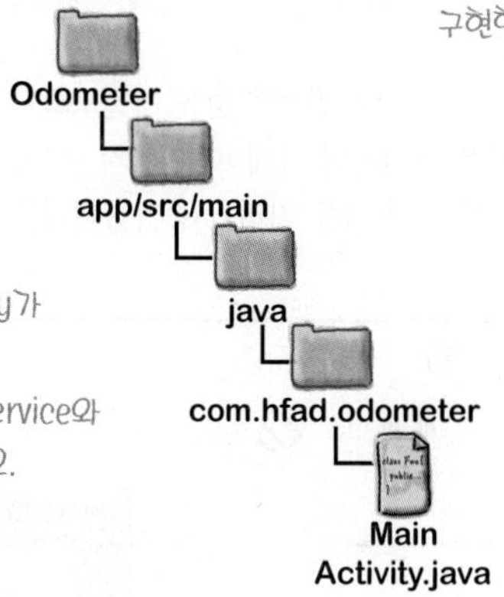

앱 시험 주행

요청
승인
거절

위치 서비스 권한을 끄고 앱을 실행하면 권한 요청 다이얼로그가 나타납니다. 거부(Deny) 옵션을 선택하면 알림이 나타납니다.

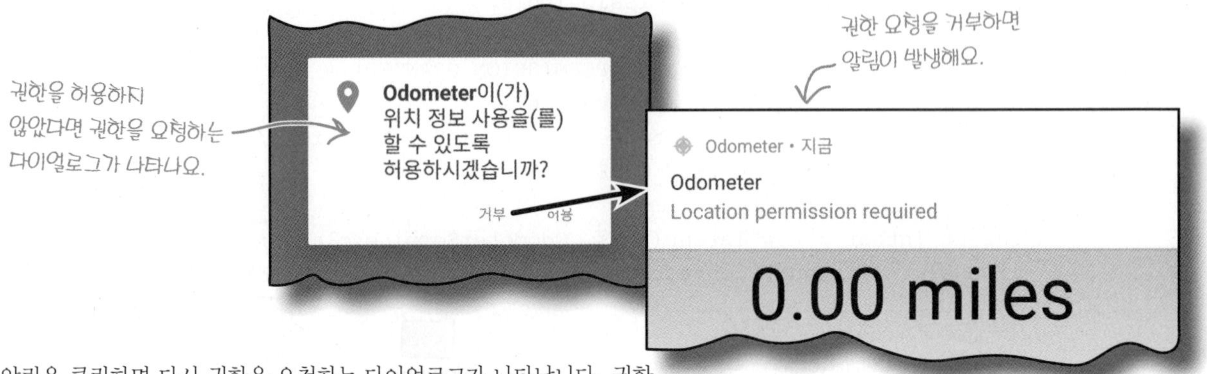
권한을 허용하지 않았다면 권한을 요청하는 다이얼로그가 나타나요.
Odometer이(가) 위치 정보 사용을(를) 할 수 있도록 허용하시겠습니까?
거부
허용
권한 요청을 거부하면 알림이 발생해요.
Odometer • 지금
Odometer
Location permission required
0.00 miles

알림을 클릭하면 다시 권한을 요청하는 다이얼로그가 나타납니다. 권한 허용(Allow) 옵션을 클릭하면 상태 바에 위치 아이콘이 나타나고 디바이스를 들고 이동하면 이동 거리가 증가합니다.

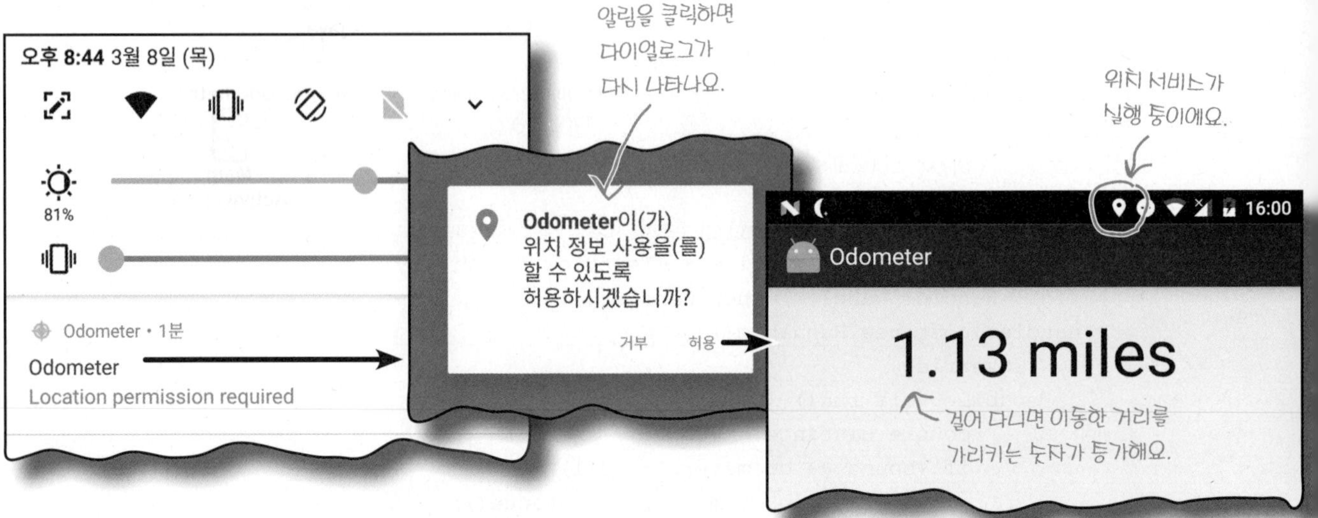
알림을 클릭하면 다이얼로그가 다시 나타나요.
위치 서비스가 실행 중이에요.
오후 8:44 3월 8일 (목)
81%
Odometer • 1분
Odometer
Location permission required
Odometer이(가) 위치 정보 사용을(를) 할 수 있도록 허용하시겠습니까?
거부
허용
16:00
Odometer
1.13 miles
걸어 다니면 이동한 거리를 가리키는 숫자가 증가해요.

Odometer 앱을 개선할 수 있는 여러 아이디어가 많을 거예요. 직접 시도해보세요. 예를 들어 이동한 거리를 시작, 중지, 재설정할 수 있도록 Start, Stop, Reset 버튼을 추가하면 어떨까요?

CHAPTER 19

우리의 안드로이드 도구상자

19장을 마치면서 바운드 서비스 기술을 도구상자에 추가했습니다.

이 책의 전체 코드는 https://tinyurl.com/HeadFirstAndroid에서 내려받을 수 있어요.

핵심정리

- **`Service`** 클래스를 상속받아 바운드 서비스를 생성합니다. 자신만의 **`Binder`** 객체를 정의하고 **`onBind()`** 메서드를 오버라이드합니다.
- **`bindService()`** 메서드를 이용해 컴포넌트를 서비스와 연결합니다.
- 서비스와 연결되었을 때 액티비티가 서비스의 레퍼런스를 얻을 수 있도록 **`ServiceConnection`**을 사용합니다.
- **`unbindService()`** 메서드를 이용해 서비스와 컴포넌트의 연결을 끊습니다.
- 바운드 서비스가 시작되면 `onCreate()` 메서드가 호출됩니다. 컴포넌트가 서비스와 연결되면 `onBind()` 메서드가 호출됩니다.
- 모든 컴포넌트와 서비스의 연결이 끊어지면 `onUnbind()` 메서드가 호출됩니다.
- 서비스와 연결된 컴포넌트가 없으면 서비스는 종료됩니다. 서비스가 종료되기 직전에 `onDestroy()` 메서드가 호출됩니다.
- **안드로이드 위치 서비스**를 이용해 디바이스의 현재 위치를 알 수 있습니다.
- 디바이스의 현재 위치 정보를 얻으려면 AndroidManifest.xml에 **`ACCESS_FINE_LOCATION`** 권한이 앱에 필요함을 선언합니다.
- **`LocationListener`**를 이용해 위치 갱신 정보를 얻습니다.
- **`LocationManager`**를 통해 안드로이드의 위치 서비스를 이용할 수 있습니다. **`getBestProvider()`** 메서드로 디바이스에서 이용할 수 있는 가장 정확한 위치 제공자를 얻을 수 있습니다. 위치 제공자의 **`requestLocationUpdates()`** 메서드로 위치 정보를 얻을 수 있습니다.
- 위치 정보 갱신을 중지하려면 **`removeUpdates()`** 메서드를 호출합니다.
- SDK API 수준 23 이상을 대상으로 하는 앱에서는 **`ContextCompat.checkSelfPermission()`** 메서드로 앱이 필요한 권한을 얻었는지 확인합니다.
- **`ActivityCompat.requestPermissions()`** 메서드로 런타임에 권한을 요청합니다.
- 액티비티의 **`onRequestPermissionsResult()`** 메서드를 구현해서 사용자의 권한 요청 응답을 확인합니다.

마을을 떠나며...

안드로이드 마을에 모실 수 있어서 영광이었어요

안드로이드 마을을 떠난다니 슬프지만 여러분이 배운 안드로이드 기술을 사용하는 것을 보는 것만큼 기쁜 일은 없을 거예요. 아직 주옥같은 내용과 인덱스가 책 뒷부분에 남아 있어요. 이 책에서 배운 내용을 실전에서 꼭 사용하세요. 즐거운 여행되세요!

부록 i: 상대 레이아웃과 그리드 레이아웃

상대를 만나보세요

layout_row="18",
layout_column="56"에
주차해둔 것 기억나세요?
'흰색 뒤에' 있는 것 말고요.

안드로이드 마을에서 자주 볼 수 있는 레이아웃이 두 가지 더 있습니다.

이 책에서는 선형 레이아웃과 프레임 레이아웃 그리고 컨스트레인트 레이아웃을 설명하는 데 집중했습니다. 하지만 여러분이 알아두어야 할 레이아웃이 두 가지 더 있습니다. **상대 레이아웃**과 **그리드 레이아웃**이죠. 컨스트레인트 레이아웃이 나오기 전까지는 이 두 레이아웃을 많이 사용했는데 이 책에서는 자세히 다루지 않았습니다. 아마도 몇 년간은 여기저기에서 이 두 가지 레이아웃을 만나게 될 거예요.

상대 레이아웃은 뷰를 상대적 위치에 표시합니다

상대 레이아웃을 이용하면 뷰를 부모 레이아웃에 상대적으로 또는 레이아웃의 다른 뷰에 상대적으로 배치할 수 있습니다.

`<RelativeLayout>` 요소로 상대 레이아웃을 정의합니다.

```
<RelativeLayout xmlns:android="http://schemas.android.com/apk/res/android"
    android:layout_width="match_parent"
    android:layout_height="match_parent"
    ...>

    ...

</RelativeLayout>
```

layout_width와 layout_height로 레이아웃의 크기를 결정해요.

다른 속성도 있어요.

여기에 뷰를 추가해요.

뷰를 부모 레이아웃에 상대적으로 배치하기

화면 크기나 방향에 관계없이 특정 위치에 뷰를 배치하려면 부모의 상대 위치에 배치해야 합니다. 예를 들어 다음은 버튼이 항상 레이아웃의 가운데 위쪽에 나타나게 합니다.

```
<RelativeLayout ... >
    <Button
        android:layout_width="wrap_content"
        android:layout_height="wrap_content"
        android:text="@string/click_me"
        android:layout_alignParentTop="true"
        android:layout_centerHorizontal="true" />
</RelativeLayout>
```

버튼을 포함하는 레이아웃이므로 버튼의 부모예요.

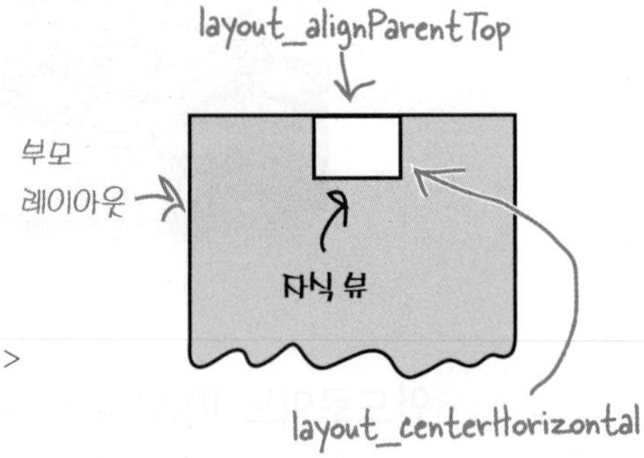

다음 두 행의 코드는

```
android:layout_alignParentTop="true"
android:layout_centerHorizontal="true"
```

버튼의 위쪽 경계를 레이아웃의 위쪽 경계와 정렬하며 부모 레이아웃과 수평 중앙 정렬합니다. 화면 크기, 언어, 디바이스의 방향과 상관없이 항상 같은 위치에 버튼을 배치합니다.

뷰를 왼쪽이나 오른쪽으로 배치하기

뷰를 부모 레이아웃의 왼쪽이나 오른쪽에 배치할 수 있습니다. 이렇게 하는 두 가지 방법이 있습니다.

첫 번째 방법은 다음과 같이 뷰를 명시적으로 왼쪽 또는 오른쪽에 배치하는 것입니다.

```
android:layout_alignParentLeft="true"
```

또는

```
android:layout_alignParentRight="true"
```

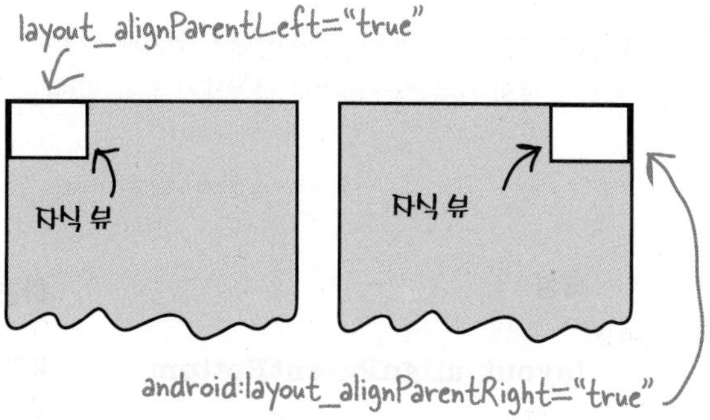

위 코드는 화면 크기, 방향, 디바이스의 언어 설정에 관계없이 부모 레이아웃의 왼쪽(또는 오른쪽) 경계에 뷰의 왼쪽(또는 오른쪽) 경계를 정렬하라는 의미입니다.

언어 방향을 고려해 start와 end 이용하기

최소 수준 API가 17 이상이면 디바이스의 언어 설정에 따라 뷰를 왼쪽이나 오른쪽으로 배치할 수 있습니다. 예를 들어 왼쪽에서 오른쪽으로 읽는 영어 같은 언어에서는 뷰를 왼쪽에 배치하고, 오른쪽에서 왼쪽으로 읽는 언어에서는 뷰를 오른쪽에 배치할 수 있습니다.

이러한 경우 아래 코드를 사용합니다.

```
android:layout_alignParentStart="true"
```

또는

```
android:layout_alignParentEnd="true"
```

`android:layout_alignParentStart="true"`는 뷰의 시작 경계를 부모의 시작 경계와 정렬하는 설정입니다. 왼쪽에서 오른쪽으로 읽는 언어에서는 왼쪽이 시작 경계고, 오른쪽에서 왼쪽으로 읽는 언어에서는 오른쪽이 시작 경계입니다.

`android:layout_alignParentEnd="true"`는 뷰의 끝 경계를 부모의 끝 경계와 정렬하는 설정입니다. 왼쪽에서 오른쪽으로 읽는 언어에서는 오른쪽이 끝 경계고, 오른쪽에서 왼쪽으로 읽는 언어에서는 왼쪽이 끝 경계입니다.

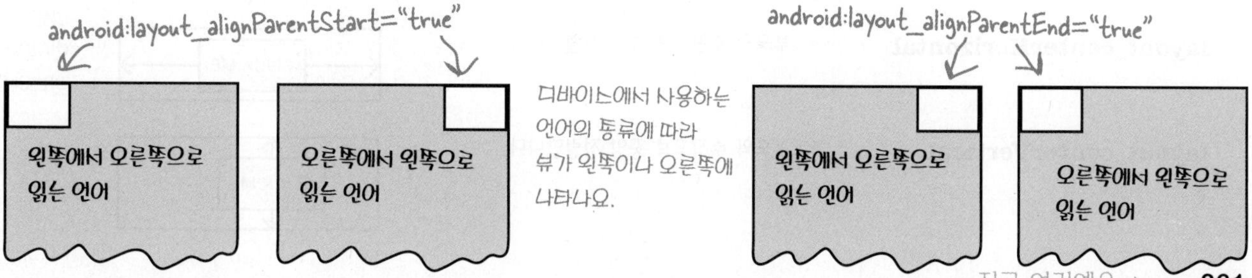

뷰를 부모 레이아웃에 상대적으로 배치하는 데 사용하는 속성

다음은 뷰를 부모 레이아웃의 상대적 위치에 배치하는 데 자주 사용하는 속성입니다. 특정 속성의 값을 "true"로 설정해서 뷰를 원하는 위치에 배치할 수 있습니다.

```
android:attribute="true"
```

속성	하는 일
layout_alignParentBottom	뷰의 바닥 경계를 부모의 바닥 경계와 정렬합니다.
layout_alignParentLeft	뷰의 왼쪽 경계를 부모의 왼쪽 경계와 정렬합니다.
layout_alignParentRight	뷰의 오른쪽 경계를 부모의 오른쪽 경계와 정렬합니다.
layout_alignParentTop	뷰의 위쪽 경계를 부모의 위쪽 경계와 정렬합니다.
layout_alignParentStart	뷰의 시작 경계를 부모의 시작 경계와 정렬합니다.
layout_alignParentEnd	뷰의 끝 경계를 부모의 끝 경계와 정렬합니다.
layout_centerInParent	부모와 수평, 수직으로 중앙 정렬합니다.
layout_centerHorizontal	부모와 수평으로 중앙 정렬합니다.
layout_centerVertical	부모와 수직으로 중앙 정렬합니다.

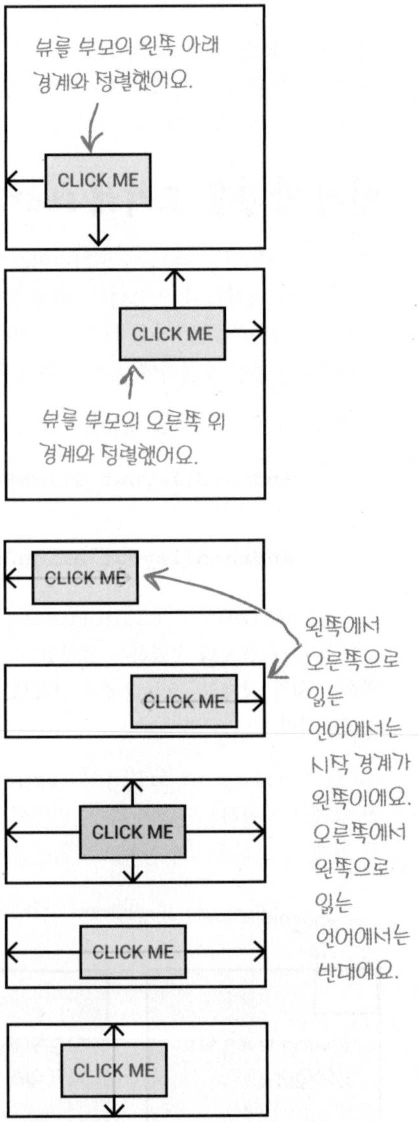
뷰를 부모의 왼쪽 아래 경계와 정렬했어요.
CLICK ME
CLICK ME
뷰를 부모의 오른쪽 위 경계와 정렬했어요.
CLICK ME
CLICK ME
왼쪽에서 오른쪽으로 읽는 언어에서는 시작 경계가 왼쪽이에요. 오른쪽에서 왼쪽으로 읽는 언어에서는 반대예요.
CLICK ME
CLICK ME
CLICK ME

뷰를 다른 뷰에 상대적으로 배치하기

뷰를 부모 레이아웃에 상대적으로 배치하는 방법뿐 아니라 다른 뷰에 상대적으로 배치하는 방법도 있습니다. 화면 크기나 방향에 영향받지 않고 뷰를 특정 방식으로 정렬할 때 이 방법을 사용합니다.

뷰를 다른 뷰에 상대적으로 배치하려면 android:id 속성에 정의된 특정 ID를 기준으로 해야 합니다.

```
android:id="@+id/button_click_me"
```

'@+id'는 ID를 안드로이드의 R.java 리소스 파일에 리소스로 포함하라는 의미입니다. 레이아웃에 새 뷰를 정의할 때는 반드시 '+'를 포함해야 합니다. 그렇지 않으면 안드로이드가 ID를 리소스로 추가하지 않으므로 코드에서 에러가 발생합니다. 이미 ID를 리소스로 추가했다면 '+'를 생략할 수 있습니다.

다음은 첫 번째 버튼은 레이아웃의 가운데에 배치하고 두 번째 버튼은 첫 번째 버튼의 아래에 배치하는 예제입니다.

이 버튼을 두 번째 버튼의 기준으로 삼을 것이므로 ID가 필요해요.

```
<RelativeLayout ... >
    <Button
        android:id="@+id/button_click_me"
        android:layout_width="wrap_content"
        android:layout_height="wrap_content"
        android:layout_centerInParent="true"
        android:text="Click Me" />

    <Button
        android:layout_width="wrap_content"
        android:layout_height="wrap_content"
        android:layout_alignStart="@id/button_click_me"
        android:layout_below="@id/button_click_me"
        android:text="New Button" />
</RelativeLayout>
```

두 번째 버튼을 첫 번째 버튼의 아래에 추가하고 버튼의 시작 경계를 정렬했어요.

아래 두 행은

```
android:layout_alignStart="@id/button_click_me"
android:layout_below="@id/button_click_me"
```

레이아웃에 이미 정의한 뷰를 가리킬 때는 @+id 대신 @id를 사용할 수 있어요.

두 번째 버튼의 시작 경계가 첫 번째 버튼의 시작 경계와 정렬하면서 첫 번째 버튼 아래에 위치하게 합니다.

다른 뷰에 상대적으로 배치하는 속성

다음은 뷰를 다른 뷰에 상대적으로 배치하는 데 사용하는 속성입니다. 속성의 값을 대상 뷰에 설정해서 현재 뷰를 대상 뷰의 상대적 위치에 배치할 수 있습니다.

```
android:attribute="@+id/view_id"
```

이미 레이아웃에 ID를 정의했으면 '+'를 생략할 수 있다는 사실을 기억하세요.

속성	하는 일
layout_above	뷰를 대상 뷰 위에 배치합니다.
layout_below	뷰를 대상 뷰 아래에 배치합니다.
layout_alignTop	뷰의 위쪽 경계를 대상 뷰 위쪽 경계와 정렬합니다.
layout_alignBottom	뷰의 아래쪽 경계를 대상 뷰 아래쪽 경계와 정렬합니다.
layout_alignLeft, layout_alignStart	뷰의 왼쪽(또는 시작) 경계를 대상 뷰 왼쪽(또는 시작) 경계와 정렬합니다.
layout_alignRight, layout_alignEnd	뷰의 오른쪽(또는 끝) 경계를 대상 뷰 오른쪽(또는 끝) 경계와 정렬합니다.
layout_toLeftOf, layout_toStartOf	뷰의 오른쪽(또는 끝) 경계를 대상 뷰 왼쪽(또는 시작) 경계와 정렬합니다.
layout_toRightOf, layout_toEndOf	뷰의 왼쪽(또는 시작) 경계를 대상 뷰 오른쪽(또는 끝) 경계와 정렬합니다.

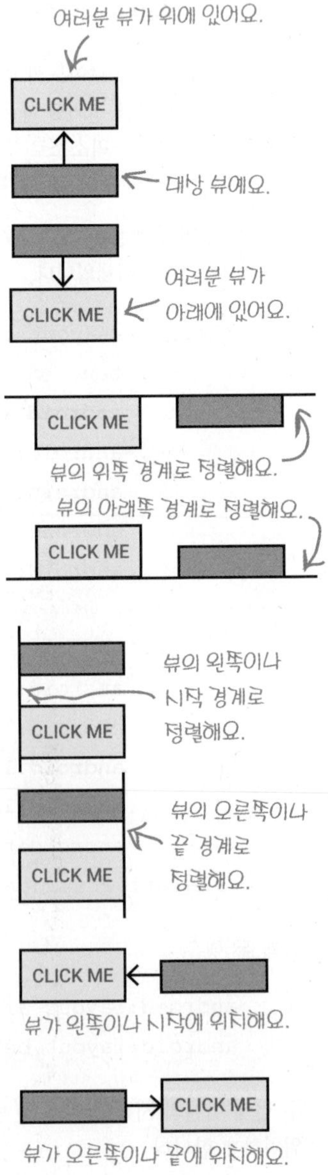

여러분 뷰가 위에 있어요.
CLICK ME
대상 뷰예요.
CLICK ME
여러분 뷰가 아래에 있어요.
CLICK ME
뷰의 위쪽 경계로 정렬해요.
뷰의 아래쪽 경계로 정렬해요.
CLICK ME
뷰의 왼쪽이나 시작 경계로 정렬해요.
CLICK ME
뷰의 오른쪽이나 끝 경계로 정렬해요.
CLICK ME
CLICK ME
뷰가 왼쪽이나 시작에 위치해요.
CLICK ME
뷰가 오른쪽이나 끝에 위치해요.

그리드 레이아웃은 그리드에 뷰를 표시합니다

그리드 레이아웃은 화면을 열과 행의 그리드로 나눠서 뷰를 셀에 배치합니다.

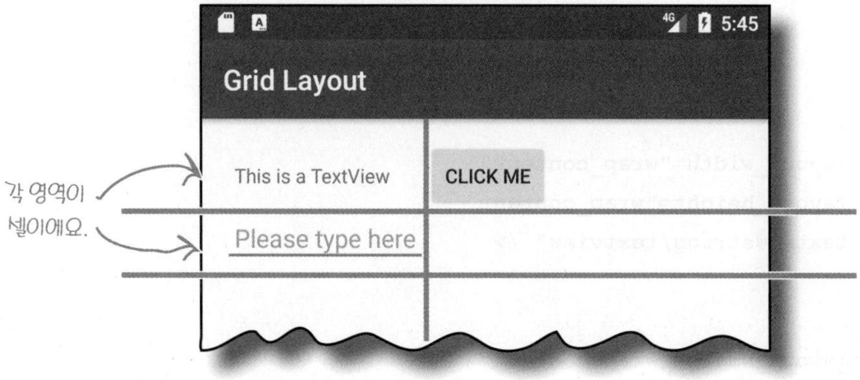

그리드 레이아웃을 정의하는 방법

<GridLayout> 요소로 다른 레이아웃을 정의하는 방법과 비슷하게 그리드 레이아웃을 정의할 수 있습니다.

```
<GridLayout xmlns:android="http://schemas.android.com/apk/res/android"
    android:layout_width="match_parent"    다른 레이아웃에서 사용했던
    android:layout_height="match_parent"   것과 같은 속성이에요.
    android:columnCount="2"  <- 몇 개 열을 레이아웃에 포함할지
    ... >                       결정해요(우리 예제에서는 2개 열).

    ...  <- 뷰는 여기에 추가해요.

</GridLayout>
```

다음과 같이 하여 그리드 레이아웃이 가질 열의 개수를 지정합니다.

```
android:columnCount="number"
```

위에서 number는 열의 개수입니다. 다음과 같이 하여 행의 개수도 지정할 수 있습니다.

```
android:rowCount="number"
```

보통 실전에서는 안드로이드가 뷰의 개수에 따라 행의 개수를 계산합니다. 안드로이드는 뷰를 표시하는 데 필요한 만큼의 행을 포함합니다.

뷰를 그리드 레이아웃에 추가하기

선형 레이아웃에 뷰를 추가했던 것과 비슷한 방법으로 뷰를 그리드 레이아웃에 추가할 수 있습니다.

```
<GridLayout ... >

    <TextView
        android:layout_width="wrap_content"
        android:layout_height="wrap_content"
        android:text="@string/textview" />

    <Button
        android:layout_width="wrap_content"
        android:layout_height="wrap_content"
        android:text="@string/click_me" />

    <EditText
        android:layout_width="wrap_content"
        android:layout_height="wrap_content"
        android:hint="@string/edit" />

</GridLayout>
```

선형 레이아웃에서처럼 액티비티 코드에서 참조하지 않는다면 굳이 뷰에 ID를 할당할 필요가 없습니다. 위 예제에서는 뷰가 서로를 참조할 일이 없으므로 ID를 할당할 필요가 없습니다.

기본적으로 그리드 레이아웃은 XML에 나타난 뷰의 순서대로 뷰를 배치합니다. 그리드 레이아웃에 두 개의 열이 있다면 첫 번째 뷰를 첫 번째 위치에 배치하고, 두 번째 뷰를 두 번째 위치에 배치합니다.

다만 레이아웃에서 뷰를 삭제했을 때 레이아웃의 모양이 예상하지 못하게 바뀔 수 있다는 것이 단점입니다. 각 뷰를 어디에 배치할지 지정하고 뷰가 얼마나 많은 열에 걸쳐 확장할지 지정함으로써 이 문제를 피할 수 있습니다.

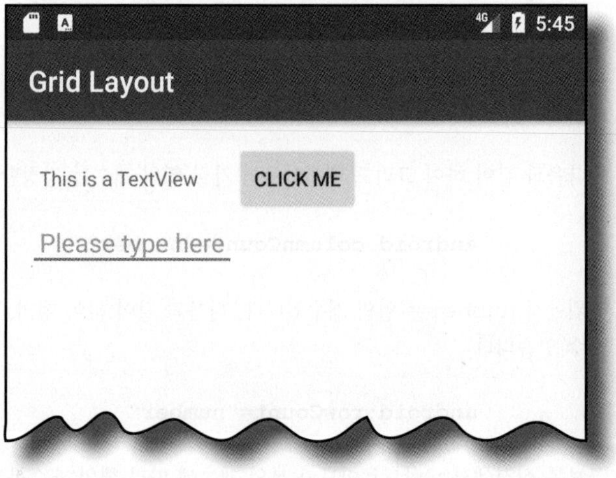

새 그리드 레이아웃 생성하기

어떤 셀에 뷰를 배치하며, 얼마나 많은 열에 걸쳐 뷰를 확장할지 지정하여 그리드 레이아웃을 생성합니다. 이 레이아웃은 'To'라는 텍스트를 포함하는 텍스트 뷰와 'Enter email address'라는 힌트 텍스트를 포함하는 편집할 수 있는 텍스트 필드, 'Message'라는 힌트 텍스트를 포함하는 편집할 수 있는 텍스트 필드와 'Send'라는 레이블을 가진 버튼을 포함합니다.

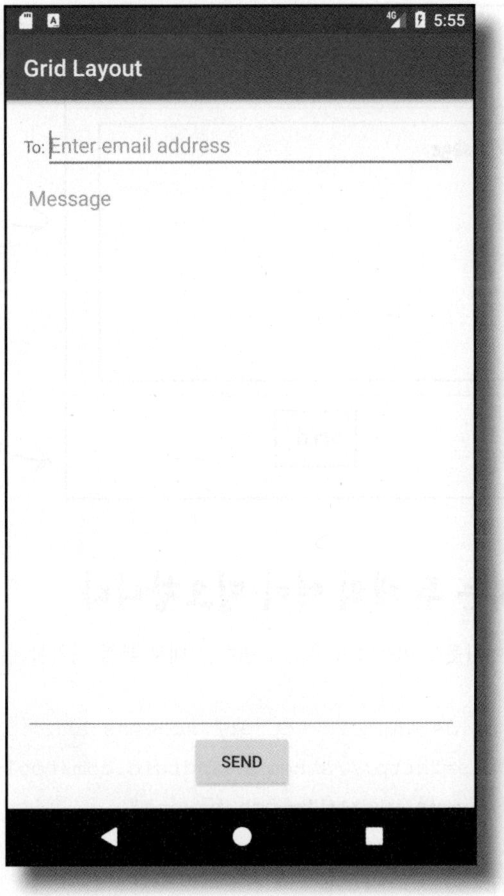

우리가 하려는 일

1. **사용자 인터페이스를 그리고 행과 열로 나누기**
   이렇게 하면 레이아웃을 어떻게 만들지 쉽게 파악할 수 있습니다.

2. **한 행씩 레이아웃 만들기**

그림부터 그립니다

먼저 새 레이아웃을 그림으로 그립니다. 그림을 이용해 얼마나 많은 행과 열이 필요한지 각 뷰는 어디에 위치해야 하며 뷰가 얼마나 많은 열로 확장되어야 하는지 쉽게 알 수 있습니다.

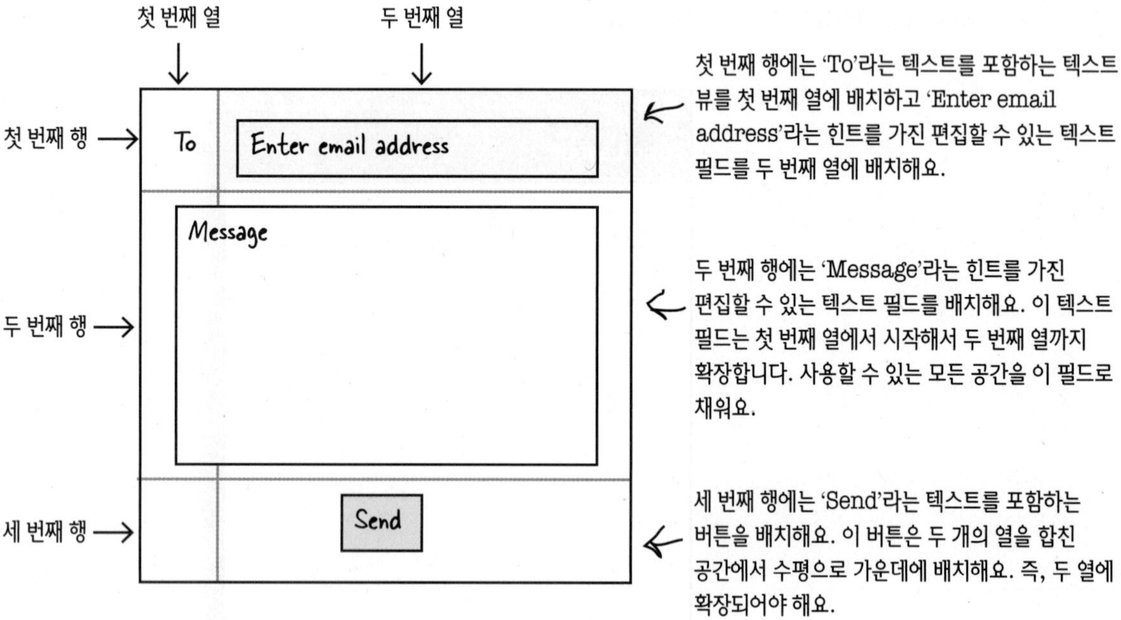

첫 번째 열
두 번째 열
첫 번째 행
To
Enter email address
Message
두 번째 행
세 번째 행
Send
첫 번째 행에는 'To'라는 텍스트를 포함하는 텍스트 뷰를 첫 번째 열에 배치하고 'Enter email address'라는 힌트를 가진 편집할 수 있는 텍스트 필드를 두 번째 열에 배치해요.
두 번째 행에는 'Message'라는 힌트를 가진 편집할 수 있는 텍스트 필드를 배치해요. 이 텍스트 필드는 첫 번째 열에서 시작해서 두 번째 열까지 확장합니다. 사용할 수 있는 모든 공간을 이 필드로 채워요.
세 번째 행에는 'Send'라는 텍스트를 포함하는 버튼을 배치해요. 이 버튼은 두 개의 열을 합친 공간에서 수평으로 가운데에 배치해요. 즉, 두 열에 확장되어야 해요.

그리드 레이아웃에는 두 개의 열이 필요합니다

두 개의 열을 가진 그리드 레이아웃을 이용하면 우리가 원하는 대로 뷰를 배치할 수 있습니다.

```
<GridLayout xmlns:android="http://schemas.android.com/apk/res/android"
    xmlns:tools="http://schemas.android.com/tools"
    android:layout_width="match_parent"
    android:layout_height="match_parent"
    android:padding="16dp"
    android:columnCount="2"
    tools:context="com.hfad.gridlayout.MainActivity" >
</GridLayout>
```

기본적인 그리드 레이아웃을 정의했으므로 뷰를 추가합시다.

0번 행: 뷰를 특정 열과 행에 추가하기

그리드 레이아웃의 첫 번째 행에는 첫 번째 열에 텍스트 뷰, 두 번째 열에 편집할 수 있는 텍스트 필드를 배치합니다. 뷰를 다음처럼 레이아웃으로 추가할 수 있습니다.

```
<GridLayout...>
    <TextView
        android:layout_width="wrap_content"
        android:layout_height="wrap_content"
        android:text="@string/to" />

    <EditText
        android:layout_width="wrap_content"
        android:layout_height="wrap_content"
        android:layout_gravity="fill_horizontal"
        android:hint="@string/to_hint" />
</GridLayout>
```

그리드 레이아웃에서는 android:gravity와 android:layout_gravity 속성을 이용할 수 있습니다.

그리드 레이아웃에서도 layout_gravity를 이용할 수 있어요. 편집할 수 있는 텍스트 필드가 나머지 수평 공간을 채우도록 fill_horizontal을 사용했어요.

그리고 android:layout_row와 android:layout_column 속성을 이용해 뷰를 몇 번째 행의 몇 번째 열에 배치할지 지정합니다. 행과 열의 인덱스는 0부터 시작하므로 다음 코드를 이용해 첫 번째 행과 첫 번째 열에 뷰를 배치할 수 있습니다.

```
android:layout_row="0"
android:layout_column="0"
```

열과 행은 0에서 시작하므로 이 코드는 첫 번째 행의 첫 번째 열을 가리켜요.

행과 열은 인덱스 0부터 시작합니다. layout_column="n"은 화면에서 n+1번 열을 가리켜요.

텍스트 뷰를 0번 열에 배치하고, 편집할 수 있는 텍스트 필드를 1번 열에 배치해서 레이아웃 코드를 구현합시다.

```
<GridLayout...>
    <TextView
        ...
        android:layout_row="0"
        android:layout_column="0"
        android:text="@string/to" />

    <EditText
        ...
        android:layout_row="0"
        android:layout_column="1"
        android:hint="@string/to_hint" />
</GridLayout>
```

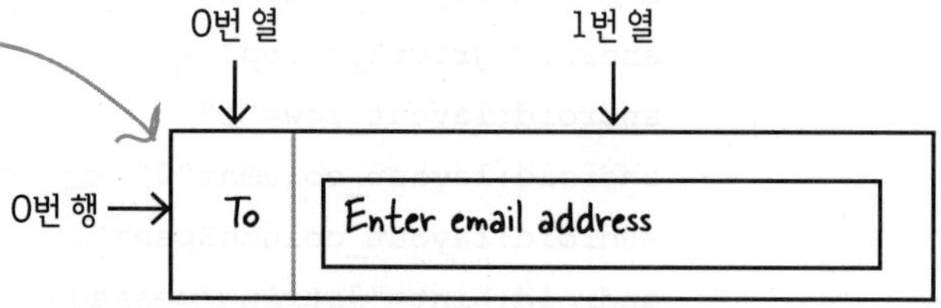

1번 행: 뷰를 여러 열로 확장하기

그리드 레이아웃의 두 번째 행에는 편집할 수 있는 텍스트 필드를 첫 번째 열에서 두 번째 열에 걸쳐 배치합니다. 이 뷰는 사용할 수 있는 모든 공간을 차지합니다.

뷰를 여러 열로 확장하려면 뷰를 시작하려는 행과 열을 먼저 지정합니다. 두 번째 행의 첫 번째 열에서 뷰가 시작되므로 다음과 같은 코드를 사용합니다.

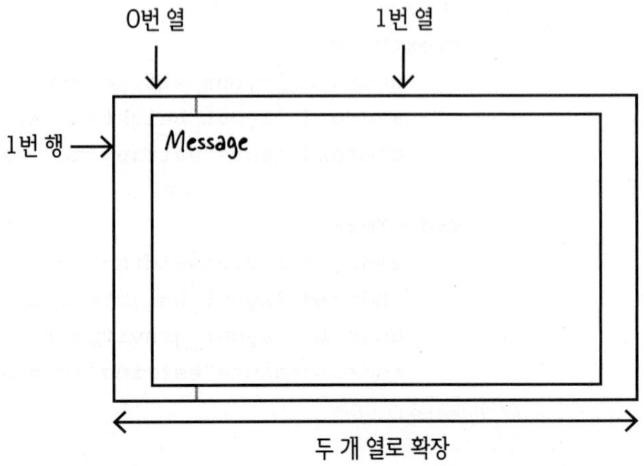


```
android:layout_row="1"
android:layout_column="0"
```

다음처럼 android:layout_columnSpan 속성을 이용해 뷰를 두 개 열로 확장할 수 있습니다.

```
android:layout_columnSpan="number"
```

여기서 number는 뷰를 확장하려는 열의 개수를 의미합니다. 우리 예제에서는 두 개 열로 확장하므로 다음과 같은 코드를 사용합니다.

```
android:layout_columnSpan="2"
```

지금까지 배운 내용을 종합하면 다음과 같은 코드를 완성할 수 있습니다.

```
<GridLayout...>
    <TextView... />
    <EditText.../>
    <EditText
        android:layout_width="wrap_content"
        android:layout_height="wrap_content"
        android:layout_gravity="fill"
        android:gravity="top"
        android:layout_row="1"
        android:layout_column="0"
        android:layout_columnSpan="2"
        android:hint="@string/message" />
</GridLayout>
```

이전 페이지에서 첫 번째 행에 추가했던 뷰예요.

사용할 수 있는 공간을 뷰로 채우고 텍스트는 위쪽에 표시해요.

뷰는 0번 열에서 시작해서 두 개 열로 확장해요.

첫 두 개의 행에 뷰를 배치했으므로 버튼을 추가할 차례입니다.

2번 행: 뷰를 여러 열로 확장하기

다음처럼 버튼을 두 개 열에서 수평으로 가운데에 배치합니다.

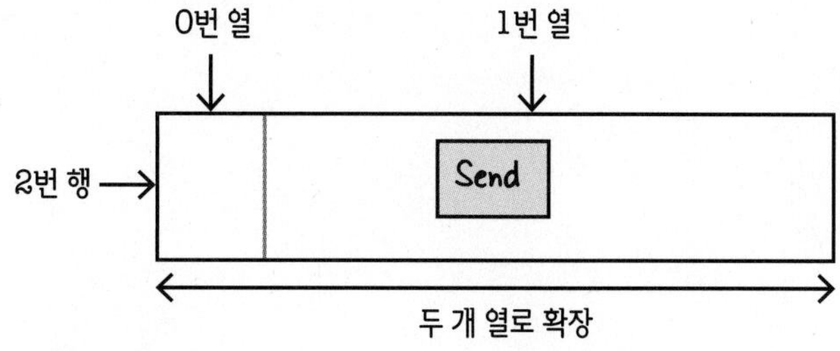

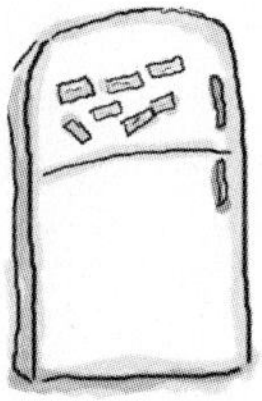

레이아웃 자석

그리드 레이아웃의 세 번째 행에 Send 버튼을 가운데로 배치하는 코드를 완성했는데 갑자기 바람이 불어 코드가 날아갔습니다. 아래 자석을 이용해서 코드를 다시 완성하세요.

```
<GridLayout...>
    <TextView... />
    <EditText.../>
    <EditText.../>

  <Button
      android:layout_width="wrap_content"
      android:layout_height="wrap_content"

      android:layout_row= ................

      android:layout_column= ................

      android:layout_gravity= ....................................

      android:layout_columnSpan= ................

      android:text="@string/send" />

</GridLayout>
```

이미 추가한 뷰예요.

모든 자석을 사용할 필요는 없어요.

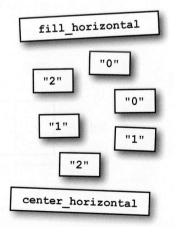

fill_horizontal
"0"
"2"
"0"
"1"
"1"
"2"
center_horizontal

레이아웃 자석 정답

그리드 레이아웃의 세 번째 행에 Send 버튼을 가운데로 배치하는 코드를 완성했는데 갑자기 바람이 불어 코드가 날아갔습니다. 아래 자석을 이용해서 코드를 다시 완성하세요.

```
<GridLayout...>
    <TextView... />
    <EditText.../>
    <EditText.../>

    <Button
        android:layout_width="wrap_content"
        android:layout_height="wrap_content"

        android:layout_row= "2"

        android:layout_column= "0"

        android:layout_gravity= center_horizontal

        android:layout_columnSpan= "2"

        android:text="@string/send" />

</GridLayout>
```

버튼이 2번 행의 0번 열에서 시작해요.

수평으로 정렬해요.

두 개 열에 걸쳐 확장해요.

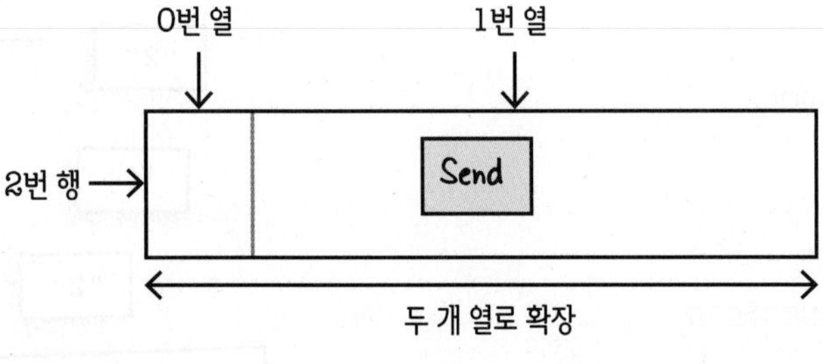

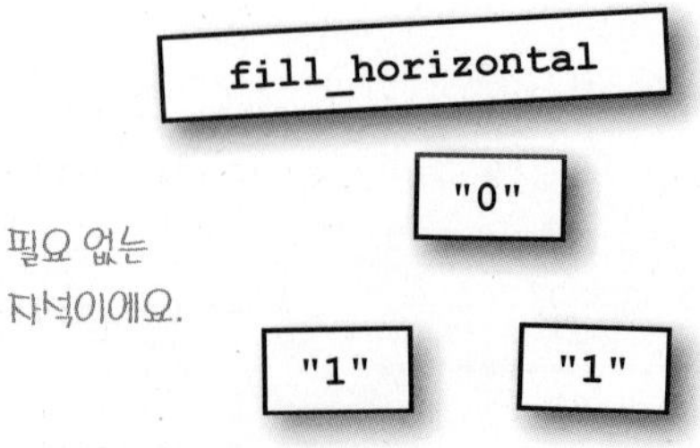

그리드 레이아웃 전체 코드

다음은 그리드 레이아웃 전체 코드입니다.

```
<?xml version="1.0" encoding="utf-8"?>
<GridLayout xmlns:android="http://schemas.android.com/apk/res/android"
    xmlns:tools="http://schemas.android.com/tools"
    android:layout_width="match_parent"
    android:layout_height="match_parent"
    android:padding="16dp"
    android:columnCount="2"
    tools:context="com.hfad.gridlayout.MainActivity">

    <TextView
        android:layout_width="wrap_content"
        android:layout_height="wrap_content"
        android:layout_row="0"
        android:layout_column="0"
        android:text="@string/to" />

    <EditText
        android:layout_width="wrap_content"
        android:layout_height="wrap_content"
        android:layout_gravity="fill_horizontal"
        android:layout_row="0"
        android:layout_column="1"
        android:hint="@string/to_hint" />
```

To 텍스트 뷰예요.

이메일 주소 텍스트 필드예요.

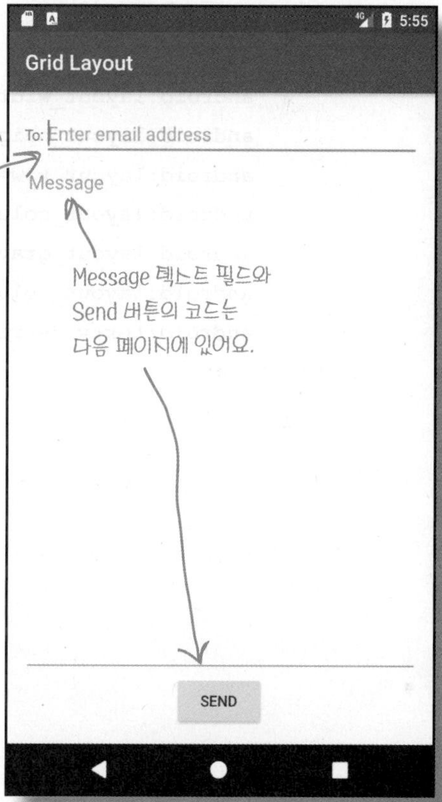

Message 텍스트 필드와 Send 버튼의 코드는 다음 페이지에 있어요.

그리드 레이아웃 코드(계속)

```
    <EditText
        android:layout_width="wrap_content"
        android:layout_height="wrap_content"
        android:layout_gravity="fill"
        android:gravity="top"
        android:layout_row="1"
        android:layout_column="0"
        android:layout_columnSpan="2"
        android:hint="@string/message" />

    <Button
        android:layout_width="wrap_content"
        android:layout_height="wrap_content"
        android:layout_row="2"
        android:layout_column="0"
        android:layout_gravity="center_horizontal"
        android:layout_columnSpan="2"
        android:text="@string/send" />
</GridLayout>
```

Message 텍스트 필드예요.

버튼은 2번 행의 0번 열에서 시작해서 두 개 열로 확장해요. 그리고 수평으로 가운데에 정렬해요.

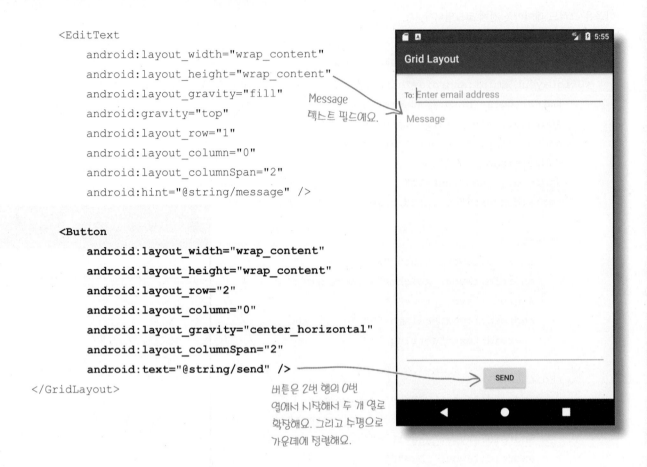

부록 ii: 그레이들

그레이들 빌드 도구

SDK 한 개,
라이브러리 가루 한 줌
추가하고 잘 섞은 다음
2분 동안 노릇하게 구워요.
the service cook book

대부분의 안드로이드 앱은 그레이들이라는 빌드 도구로 만들어집니다.

그레이들은 내부적으로 라이브러리를 찾아 내려받고, 우리 코드를 컴파일하고, 배포하고, 실행하고, 정리 정돈 등의 작업을 수행합니다. 안드로이드 스튜디오가 그래픽적인 인터페이스를 제공하므로 일부 사람은 그레이들이 있는지조차 모릅니다. 하지만 상황에 따라서는 그레이들에서 조금 더 자세히 살펴보면서 **수작업**을 해야 할 때가 있습니다. 부록 2에서는 그레이들의 빛나는 여러 가지 기능을 소개합니다.

그레이들이 지금까지 해준 일?

안드로이드 스튜디오에서 실행 버튼을 클릭하면 **그레이들**이라는 외부 도구가 실제로 대부분의 작업을 수행합니다. 그레이들은 다음과 같은 일을 처리합니다.

- 필요한 서드파티 라이브러리의 올바른 버전을 찾아 내려받기
- 올바른 빌드 도구를 알맞은 순서로 호출해서 우리 코드와 리소스를 배포할 수 있는 앱으로 만들기
- 앱을 안드로이드 디바이스에 설치하고 실행하기
- 테스트 실행, 코드 품질 확인 등의 여러 작업

그레이들은 확장성을 고려해 설계되었으므로 그레이들로 할 수 있는 모든 일을 나열할 수는 없습니다. XML 기반의 메이븐(Maven)이나 앤트(Ant)와 달리 그레이들은 절차 언어인 그루비(Groovy)에 기초하고 있으므로 빌드를 구성하고 기능을 추가하는 데 최적화되어 있습니다.

프로젝트의 그레이들 파일

새 프로젝트를 만들면 안드로이드 스튜디오는 build.gradle이라는 파일을 두 개 생성합니다. 그중 한 파일은 프로젝트 폴더에 만들어지며 앱에서 사용하는 그레이들 버전, 온라인 저장소 위치 등 기본적인 앱 설정을 지정하는 정보를 포함합니다.

```
buildscript {
    repositories {
        jcenter()
    }
    dependencies {
        classpath 'com.android.tools.build:gradle:2.3.0'
    }
}

allprojects {
    repositories {
        jcenter()
    }
}

task clean(type: Delete) {
    delete rootProject.buildDir
}
```

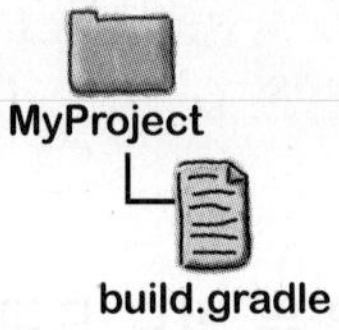

서드파티 플러그인을 설치하거나 라이브러리를 내려받을 장소를 바꿀 때만 이 그레이들 파일을 갱신합니다.

앱의 메인 그레이들 파일

두 번째 build.gradle 파일은 프로젝트의 app 폴더에 저장됩니다. 이 파일은 메인 안드로이드 모듈의 코드를 어떻게 빌드하는지 지정합니다. 대상 API 수준, 앱에서 사용하는 외부 라이브러리 등을 포함한 주요 앱 속성을 설정하는 파일입니다.

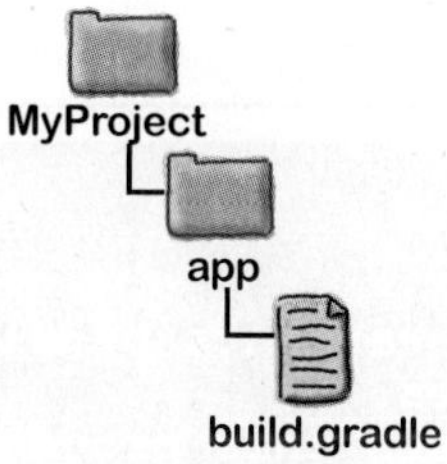


```
apply plugin: 'com.android.application'

android {
    compileSdkVersion 25
    buildToolsVersion "25.0.1"
    defaultConfig {
        applicationId "com.hfad.example"
        minSdkVersion 19
        targetSdkVersion 25
        versionCode 1
        versionName "1.0"
        testInstrumentationRunner "android.support.test.runner.AndroidJUnitRunner"
    }
    buildTypes {
        release {
            minifyEnabled false
            proguardFiles getDefaultProguardFile('proguard-android.txt'), 'proguard-rules.pro'
        }
    }
}

dependencies {
    compile fileTree(dir: 'libs', include: ['*.jar'])
    androidTestCompile('com.android.support.test.espresso:espresso-core:2.2.2', {
        exclude group: 'com.android.support', module: 'support-annotations'
    })
    compile 'com.android.support:appcompat-v7:25.1.1'
    compile 'com.android.support.constraint:constraint-layout:1.0.2'
    testCompile 'junit:junit:4.12'
}
```

그레이들은 프로젝트에 내장됩니다

새 앱을 만들면 안드로이드 스튜디오는 그레이들 빌드 도구 설치를 프로젝트에 포함합니다. 프로젝트 디렉터리를 살펴보면 gradlew와 gradlew.bat이라는 두 개의 파일을 찾을 수 있습니다. 이 두 파일은 명령행으로 앱을 빌드하고 배포할 수 있는 스크립트를 포함합니다.

그레이들과 친해지려면 개발 환경의 프로젝트 최상위 수준 디렉터리에서 명령행이나 터미널을 이용합니다. 그리고 명령행에서 tasks라는 인자를 이용해 gradlew 스크립트를 실행합니다. 그러면 그레이들은 우리가 실행할 수 있는 태스크 목록을 보여줍니다.

기본적으로 실행할 수 있는 태스크가 너무 많아서 출력을 생략했어요.

File Edit Window Help EmacsFTW

```
$ ./gradlew tasks
Build tasks
-----------
assemble - Assembles all variants of all applications and
        secondary packages.
build - Assembles and tests this project.
clean - Deletes the build directory.
compileDebugSources
mockableAndroidJar - Creates a version of android.jar that's
        suitable for unit tests.

Install tasks
-------------
installDebug - Installs the Debug build.
uninstallAll - Uninstall all applications.
uninstallDebug - Uninstalls the Debug build.

Verification tasks
------------------
check - Runs all checks.
connectedAndroidTest - Installs and runs instrumentation tests
        for all flavors on connected devices.
lint - Runs lint on all variants.
test - Run unit tests for all variants.

To see all tasks and more detail, run gradlew tasks --all

BUILD SUCCESSFUL

Total time: 6.209 secs
$
```

그중에서 유용한 태스크를 살펴봅시다.

check 태스크

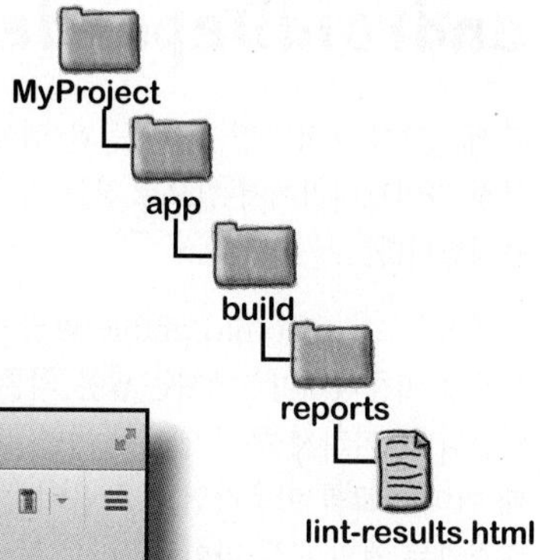

check 태스크는 애플리케이션의 코드를 정적으로 분석합니다. 우리 파일을 빠르게 검토하면서 순식간에 에러를 찾아주는 코딩 친구입니다. 기본적으로 check 태스크는 린트(lint) 도구를 이용해 안드로이드 프로그래밍 에러를 찾습니다. 결과 레포트는 app/build/reports/lint-results.html에 만듭니다.

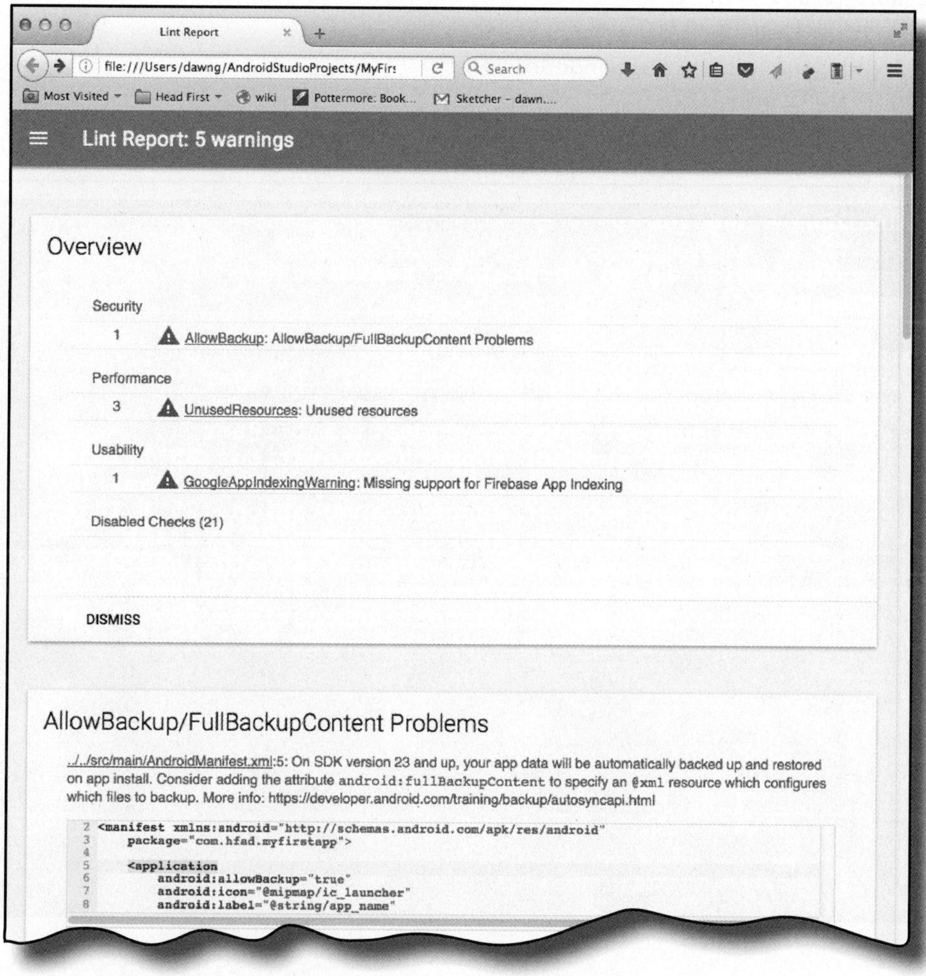

clean installDebug 태스크

코드를 완전히 컴파일해서 연결된 디바이스로 앱을 설치하는 태스크입니다. IDE에서도 같은 기능을 제공하지만 명령행이 유용할 때가 있습니다. 예를 들어 통합 서버(Integration Server)에서 자동으로 애플리케이션을 빌드한다면 이 태스크를 유용하게 활용할 수 있습니다.

androidDependencies 태스크

이 태스크를 이용하면 그레이들은 앱에서 필요로 하는 모든 라이브러리와 특정 라이브러리에서 필요로 하는 다른 라이브러리의 목록을 연쇄적으로 표시합니다.

결과적으로 app/build.gradle 파일에는 몇 개의 라이브러리만 추가했지만 실제로 애플리케이션에서는 많은 의존성 라이브러리를 설치해야 할 수 있습니다. 따라서 우리 앱에서 어떤 라이브러리를 왜 필요로 하는지 확인할 때 이 태스크를 이용하면 큰 도움이 됩니다. androidDependencies 태스크는 앱의 모든 라이브러리를 트리로 표시합니다.

File Edit Window Help EmacsFTW

```
$ ./gradlew androidDependencies

Incremental java compilation is an incubating feature.
:app:androidDependencies
debug
+--- com.android.support:appcompat-v7:25.1.1@aar
|    +--- com.android.support:support-annotations:25.1.1@jar
|    +--- com.android.support:support-v4:25.1.1@aar
|    |    +--- com.android.support:support-compat:25.1.1@aar
|    |    |    \--- com.android.support:support-annotations:25.1.1@jar
|    |    +--- com.android.support:support-media-compat:25.1.1@aar
|    |    |    +--- com.android.support:support-annotations:25.1.1@jar
|    |    |    \--- com.android.support:support-compat:25.1.1@aar
|    |    |         \--- com.android.support:support-annotations:25.1.1@jar
|    |    +--- com.android.support:support-core-utils:25.1.1@aar
|    |    |    +--- com.android.support:support-annotations:25.1.1@jar
|    |    |    \--- com.android.support:support-compat:25.1.1@aar
...
```

gradlew

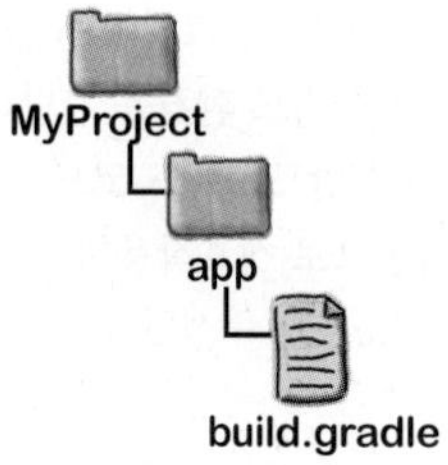

안드로이드 앱에서 그레이들을 사용하는 주요 이유는 쉽게 확장할 수 있기 때문입니다. 모든 그레이들 파일은 그루비, 즉 자바로 실행할 수 있도록 설계된 범용 언어로 만들어집니다. 따라서 우리 태스크를 쉽게 그레이들에 추가할 수 있습니다.

예를 들어 다음과 같은 코드를 app/build.gradle의 끝에 추가하세요.

```
task javadoc(type: Javadoc) {
    source = android.sourceSets.main.java.srcDirs
    classpath += project.files(android.getBootClasspath().join(File.pathSeparator))
    destinationDir = file("$project.buildDir/javadoc/")
    failOnError false
}
```

위 코드는 소스 코드의 자바독 파일을 생산하는 javadoc이라는 태스크를 생성합니다. 그리고 다음처럼 태스크를 실행할 수 있습니다.

```
./gradlew javadoc
```

결과물은 app/build/javadoc에 만들어집니다.

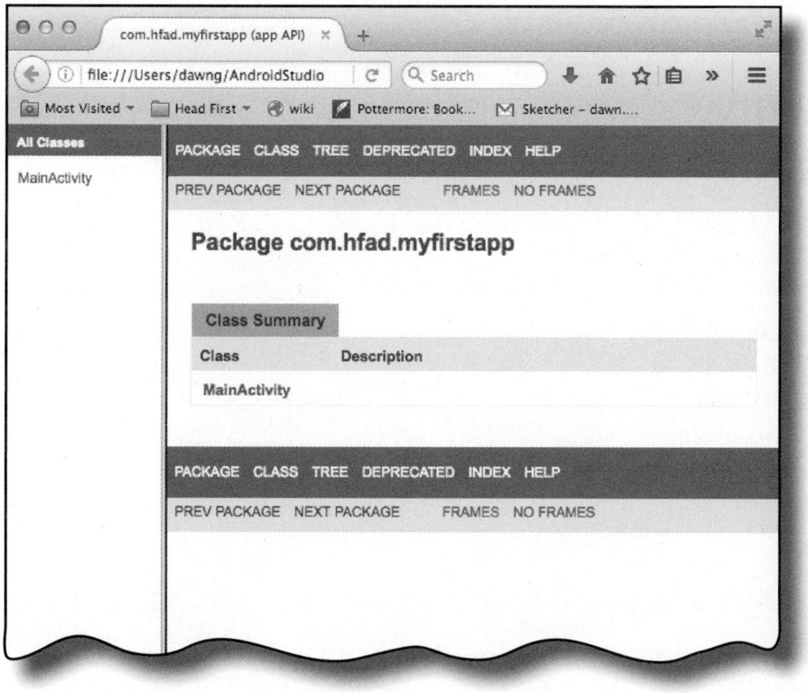

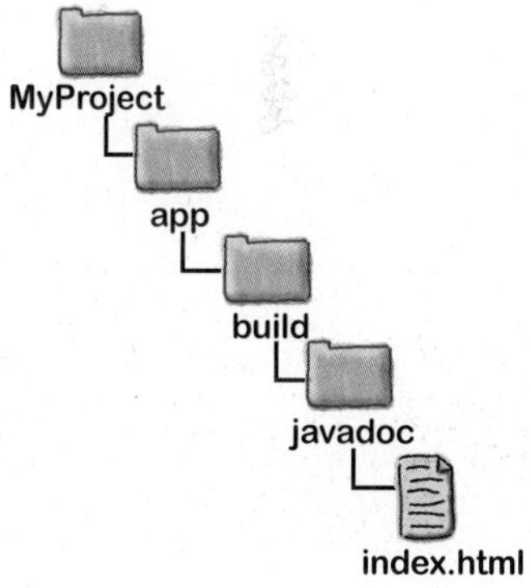

그레이들 플러그인

자신만의 태스크를 만들 때 그레이들 플러그인을 설치할 수도 있습니다. 플러그인을 이용하면 빌드 환경을 간단하게 확장할 수 있습니다. 클로저(Closure)로 안드로이드 코드를 구현하고 싶다고요? Git 같은 소스 제어 시스템과 자동으로 상호작용하도록 빌드를 구성하고 싶다고요? 모든 서버를 도커(Docker)로 구성하고 애플리케이션을 이들 서버에서 시험하면 어떨까요?

그레이들 플러그인을 이용하면 이 모든 작업뿐 아니라 더 많은 작업도 수행할 수 있습니다. 현재 이용할 수 있는 플러그인 종류는 *https://plugins.gradle.org*에서 확인할 수 있습니다.

부록 iii: art

안드로이드 런타임

안드로이드 앱이 어떻게 다양한 디바이스에서 실행될 수 있는지 궁금하셨나요? 안드로이드 앱은 오라클의 자바 가상 머신(JVM)이 아니라 **안드로이드 런타임(ART)**이라 불리는 가상 기기에서 실행됩니다. 즉, 우리 앱은 작은 디바이스에서 적은 전력을 이용해 효율적으로 실행됩니다. 부록 3에서는 ART가 어떻게 작동하는지 살펴봅니다.

안드로이드 런타임은 무엇인가?

안드로이드 런타임(ART)은 컴파일된 코드를 안드로이드 디바이스에서 실행하는 시스템입니다. 킷캣 버전의 안드로이드에서 처음으로 ART가 등장했으며 롤리팝부터는 코드 실행 표준으로 자리 잡았습니다.

ART는 컴파일된 안드로이드 앱이 작은 저전력 디바이스에서 빠르고 효과적으로 실행될 수 있도록 설계되었습니다. 안드로이드 스튜디오는 그레이들 빌드 시스템을 이용해 필요한 모든 앱 생성 작업과 설치 작업을 진행합니다. 하지만 Run 버튼을 클릭했을 때 내부적으로 일어나는 일을 이해하면 앱을 개발하는 데 도움이 됩니다. 실제 어떤 일이 일어나는지 지금부터 살펴봅니다.

멋진 안드로이드 앱을 만드는 데 부록 3에서 설명하는 지식이 꼭 필요한 것은 아닙니다. 따라서 안드로이드 디바이스가 앱을 실행할 때 내부적으로 어떤 일이 일어나는지 관심이 없다면 부록 3은 건너뛰어도 됩니다.

기존에는 오라클 JVM으로 자바 코드를 실행했습니다

오랫동안 자바가 사용되었으며 보통 컴파일된 자바 앱은 오라클 자바 가상 머신(JVM)으로 실행합니다. 이 상황에서 자바 소스 코드는 .class 파일로 컴파일됩니다. 자바 클래스, 인터페이스, enum 등은 각각의 .class 파일로 컴파일됩니다.

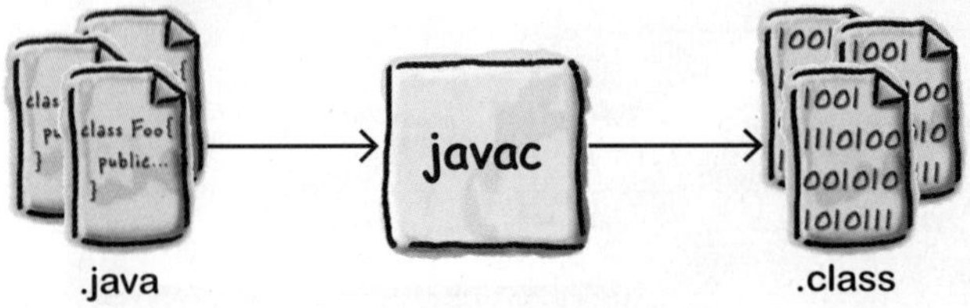

.class 파일은 JVM이 읽고 실행할 수 있는 자바 바이트코드를 포함합니다. JVM은 여러분 컴퓨터의 핵심인 중앙 처리 장치(CPU)를 흉내 내는 소프트웨어입니다. 하지만 실제 기계가 아니므로 JVM은 모든 기계에서 코드를 실행할 수 있습니다. 자바 코드가 한 번 구현하면 어디에서나 실행할 수 있게 된 이유입니다.

안드로이드 디바이스에서는 어떤 일이 일어날까요? 특별한 건 없습니다. 안드로이드 런타임은 JVM과 비슷한 종류의 일을 하지만 수행 방식이 많이 다릅니다.

ART는 코드를 DEX 파일로 컴파일합니다

안드로이드 앱을 개발할 때 자바 소스 코드는 .dex 파일로 컴파일됩니다. .dex 파일은 실행할 수 있는 바이트코드를 포함하므로 .class 파일과 비슷한 역할을 합니다. 하지만 .dex는 JVM 바이트코드가 아니라 **달빅**(Dalvik)이라 부르는 다른 종류의 바이트코드를 포함합니다. DEX는 달빅에서 실행할 수 있는(**D**alvik **EX**ecutable)의 약자입니다.

안드로이드에서는 각각의 클래스 파일에 대응하는 .dex 파일을 생성하지 않고 모든 클래스를 컴파일해 classes.dex라는 한 개의 파일을 만듭니다. 이 한 개의 .dex 파일에 우리 앱의 모든 소스코드와 라이브러리가 들어 있습니다.

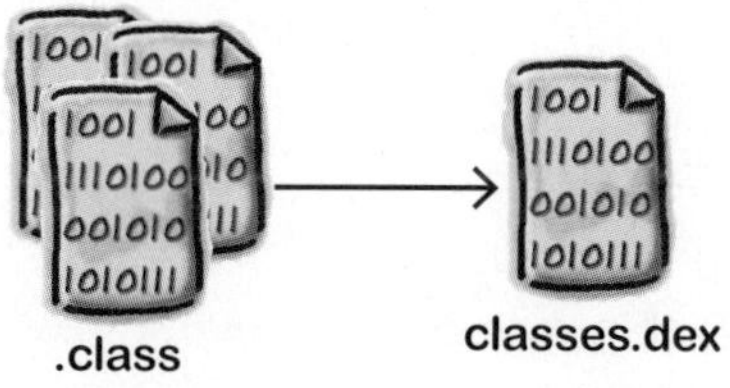

DEX는 최대 65,535 메서드를 처리할 수 있으므로 우리 앱에 코드가 많거나 큰 라이브러리를 포함하면 여러 .dex 파일로 분할해야 합니다.

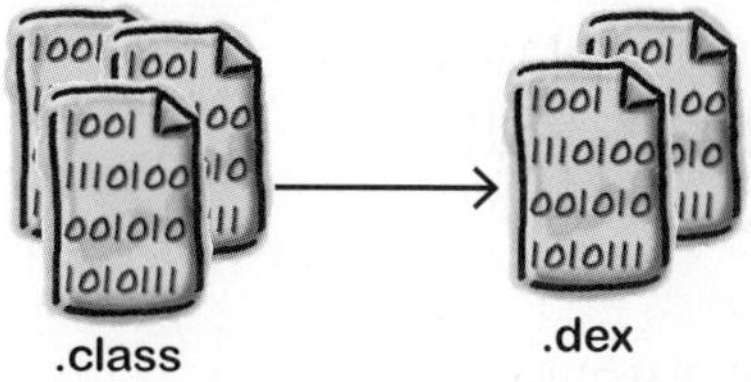

다중 DEX 앱과 관련한 정보는 다음 주소를 참고합니다.

https://developer.android.com/studio/build/multidex.html

DEX 파일이 생성되는 방법

안드로이드가 앱을 빌드할 때는 .class 파일을 DEX 파일로 연결하는 dx라는 도구를 사용합니다.

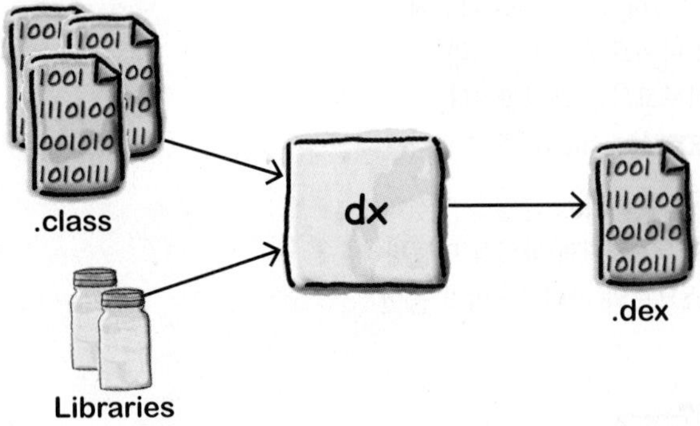

컴파일 과정의 첫 번째 단계에서는 .class 파일을 만들고, 두 번째 단계에서는 .class 파일을 DEX 형식으로 만듭니다. 이처럼 두 단계로 컴파일하는 것이 이상하다고 생각할 수도 있습니다. 구글은 왜 .java 소스 코드를 DEX 바이트코드로 바로 바꾸는 도구를 만들지 않았을까요?

예전에 구글은 자바 코드를 DEX 코드로 변환할 수 있도록 JACK이라는 컴파일러와 JILL이라는 링커를 개발했었는데 문제가 있었습니다. 일부 자바 도구는 소스 코드 수준에서 작동하지 않았고 .class 파일에서 작동하면서 파일의 내용을 바꿨기 때문입니다.

예를 들어 테스트를 실행해서 코드 커버리지를 확인할 때 커버리지 도구는 만들어진 .class 파일의 내용을 바꿔 자신의 실행 과정을 추적할 수 있는 바이트코드를 추가했습니다. JACK 컴파일러를 이용하면 .class 파일이 만들어지지 않는 문제가 있습니다.

2017년 3월에 구글은 JACK 개발을 중단하고 dx 도구가 최신 자바 .class 형식과 잘 호환되도록 모든 노력을 다하고 있다고 발표했습니다. 그 덕분에 새로운 자바 언어 기능이 새로운 자바 바이트코드를 필요로 하지 않는 한 자동으로 안드로이드에서도 지원되게 되었습니다.

ERX 파일은 APK 파일로 압축됩니다

하지만 안드로이드는 .dex 파일에서 끝나지 않습니다. 앱을 구성하는 이미지, 소리, 메타데이터 등의 다른 파일들이 있기 때문입니다. 모든 리소스 파일과 DEX 바이트코드는 안드로이드 패키지 또는 .apk 파일이라고 부르는 한 개의 zip 파일로 압축됩니다. 안드로이드 애셋 패킹 도구(Android Asset Packing Tool) 또는 aapt라고 부르는 다른 도구로 .apk 파일을 생성합니다.

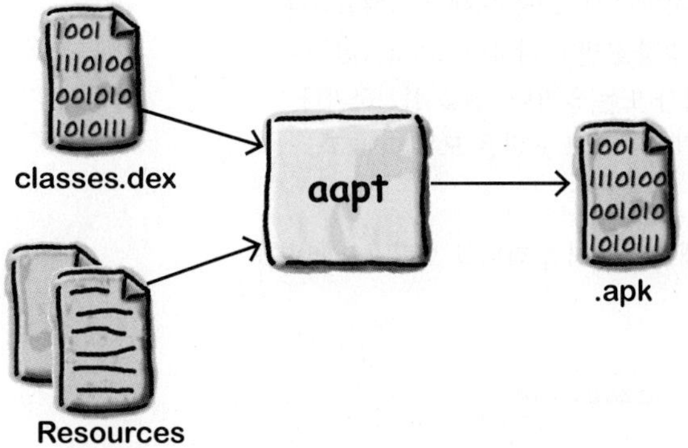

구글 플레이 상점에서 앱을 내려받을 때 실제로는 APK 파일을 받습니다. 사실 안드로이드 스튜디오에서 앱을 실행할 때 빌드 시스템은 먼저 .apk 파일을 생성한 다음 이를 우리 안드로이드 디바이스에 설치합니다.

.apk 파일을 싸인해야 합니다

구글 플레이 상점에 앱을 배포하려면 .apk 파일을 싸인해야 합니다. .apk 파일과 별도로 만든 비공개 키의 콘텐트 체크섬을 이용해 앱 패키지를 싸인할 수 있습니다. .apk 파일은 오라클의 자바 개발 킷(Java Development Kit)에서 제공하는 표준 jarsigner 도구를 이용합니다. 원래 jarsigner 도구는 .jar 파일을 싸인하기 위해 만든 도구지만 이 도구로 .apk 파일도 싸인할 수 있습니다.

.apk 파일을 싸인할 때 파일의 압축된 부분이 바이트 경계와 정렬되도록 만드는 도구인 zipalign이라는 도구도 이용해야 합니다. 안드로이드는 압축된 파일을 압축 해제하지 않고 바로 읽을 수 있도록 압축된 파일이 바이트 정렬되도록 요구합니다.

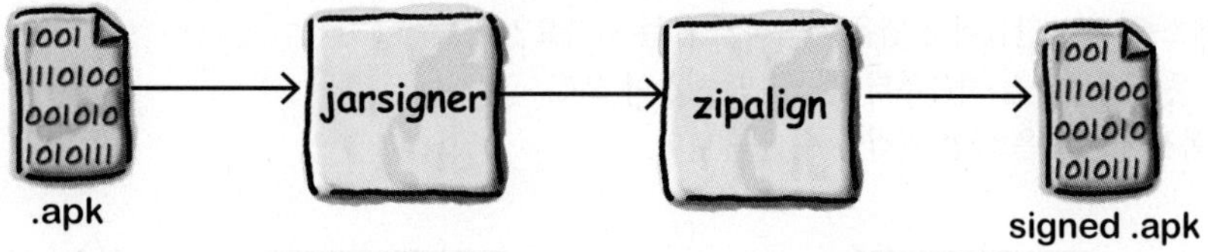

안드로이드 스튜디오의 Build 메뉴에서 Generate Signed APK를 선택하면 이 모든 작업이 자동으로 처리됩니다.

지금까지 자바 소스 코드를 설치할 수 있는 파일로 변환하는 과정을 살펴봤습니다. 그럼 이 파일을 어떻게 디바이스에 설치하고 실행할까요?

안드로이드 디버그 브릿지(adb)를 소개합니다

여러분의 개발 기기와 안드로이드 디바이스 간의 통신은 모두 안드로이드 디버그 브릿지를 통해 이루어집니다. 브릿지는 adb라는 개발 기기 쪽의 명령행 도구와 안드로이드 디바이스의 adbd(Android Debug Bridge Daemon)라는 데몬 프로세스로 구성됩니다.

개발 기기에 설치된 adb 명령은 ADB 서버로 백그라운드에서 실행됩니다. ADB 서버는 5037번 네트워크 포트로 명령을 받고 디바이스의 adbd 프로세스로 명령을 보냅니다. 파일을 복사 또는 읽거나, 앱을 설치하거나, 앱의 로그캣 정보를 보는 등의 작업에 필요한 정보 교환은 모두 디버그 브릿지를 통해 이루어집니다.

빌드 시스템에서 APK 파일을 설치할 때도 다음처럼 디버그 브릿지의 명령을 이용합니다.

```
adb install bitsandpizzas.apk
```

그러면 파일이 가상 디바이스로 또는 USB 케이블에 연결된 실제 디바이스로 전송되고 /data/app/ 디렉터리에 설치된 다음 앱이 실행되기를 기다립니다.

앱이 실행되는 원리: APK 파일 실행

사용자가 실행 아이콘을 클릭하거나 IDE로 앱을 실행하면 안드로이드 디바이스는 .apk 파일을 메모리에서 실행하는 프로세스로 바꿉니다.

Zygote라는 프로세스를 이용해서 이 과정을 수행합니다. Zygote는 반쯤 시작된 프로세스와 같습니다. Zygote는 할당된 메모리와 메인 안드로이드 라이브러리를 포함합니다. 사실 우리 앱에 특유한 코드를 제외한 모든 것을 이미 갖추고 있습니다.

안드로이드가 앱을 실행하면 먼저 Zygote 프로세스의 사본을 생성하고(fork라고 부르는 과정) 복사된 프로세스에 우리 앱 코드를 로드하라고 명령합니다. 왜 안드로이드는 반쯤 시작된 프로세스를 준비하는 걸까요? 왜 처음부터 프로세스를 새로 만들어서 앱을 시작하지 않는 걸까요? 바로 성능 때문입니다. 새로운 프로세스를 처음부터 만들려면 시간이 오래 걸리지만 기존 프로세스를 복사하는 것은 금방 처리할 수 있습니다.

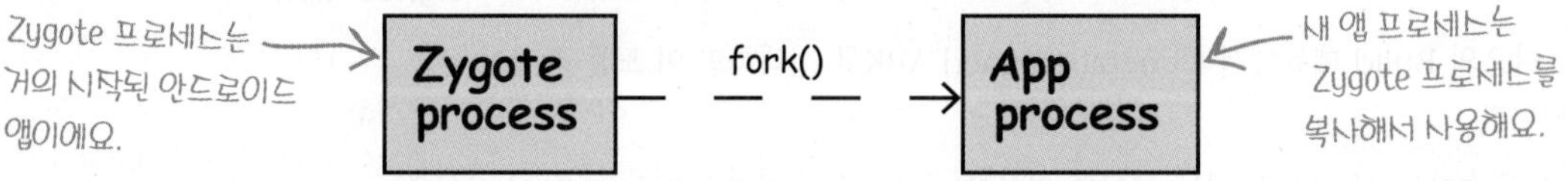
Zygote 프로세스는 거의 시작된 안드로이드 앱이에요.
Zygote process
fork()
App process
새 앱 프로세스는 Zygote 프로세스를 복사해서 사용해요.

안드로이드는 .dex 코드를 OAT 형식으로 변환합니다

새 앱 프로세스가 코드를 로드하면서 앱 전용 프로세스가 완성됩니다. 우리 앱 코드는 .apk 패키지의 classes.dex에 저장되어 있습니다. 따라서 classes.dex 파일을 .apk 파일에서 추출해 별도의 디렉터리에 저장합니다. 하지만 안드로이드는 classes.dex 파일을 그대로 이용하지 않고 classes.dex에 저장된 달빅 바이트코드를 네이티브 기계 코드로 변환합니다. 기술적으로 classes.dex 파일은 ELF 공유 객체로 변환됩니다. 안드로이드는 이 라이브러리 형식을 OAT라고 부르며 dex2oat라는 도구를 이용해 classes.dex 파일을 OAT로 변환합니다.

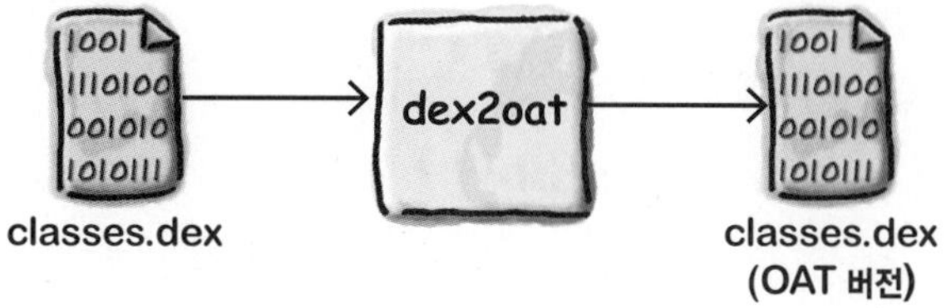

변환된 파일은 다음과 같은 디렉터리에 저장됩니다.

/data/dalvik-cache/data@app@com.hfad.bitsandpizzas@base.apk@classes.dex

애플리케이션 프로세스는 변환된 파일을 네이티브 라이브러리로 로드할 수 있으며 앱이 화면에 나타납니다.

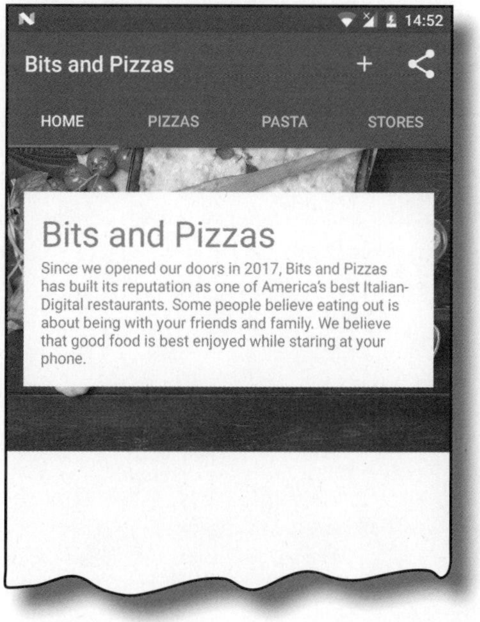

부록 iv: adb

안드로이드 디버그 브릿지

모든 것을 가진 숙녀에게는
새로운 명령행 도구가
가장 좋은 선물일 거예요.
어머,
정말 사려 깊네요.

이 책에서는 안드로이드에 필요한 IDE 사용법만 소개했습니다. 하지만 때로는 평소에 겉으로 보이지 않는 명령행 도구를 사용하는 것이 유용할 때가 있습니다. 부록 4에서는 에뮬레이터나 안드로이드 디바이스와 상호작용하는 데 사용하는 명령행 도구인 **안드로이드 디버그 브릿지**(Android Debug Bridge, **adb**)를 소개합니다.

adb: 명령행 친구

우리의 개발 기기로 에뮬레이터의 가상 기기 또는 USB로 연결된 진짜 디바이스의 안드로이드 디바이스와 통신하려면 **안드로이드 디버그 브릿지**(**adb**)가 필요합니다. adb는 adb라는 명령으로 제어하는 프로세스입니다.

adb 명령은 안드로이드 시스템 개발자 키트(Android System Developer s Kit)의 platform-tools 디렉터리에 저장되어 있습니다. 환경변수 PATH에 platform-tools 디렉터리를 추가하면 명령행 어디에서나 adb를 실행할 수 있습니다.

터미널이나 명령 프롬프트에서 다음처럼 입력할 수 있습니다.

Interactive Session

```
$ adb devices
List of devices attached
emulator-5554      device
$
```

adb devices 명령은 '현재 연결된 안드로이드 디바이스를 알려줘'라는 의미입니다. adb 명령은 백그라운드에서 실행되는 adb 서버 프로세스와 통신합니다. adb 서버는 보통 adb 데몬 또는 adbd라고 부릅니다. 터미널에서 adb 명령을 입력하면 개발 기기의 5037 네트워크 포트로 명령이 전송됩니다. adbd는 이 포트로 들어오는 명령을 기다립니다. 안드로이드 스튜디오가 앱을 실행하거나, 로그 출력을 확인하는 등 안드로이드 디바이스와의 모든 상호작용은 포트 5037을 통해 이루어집니다.

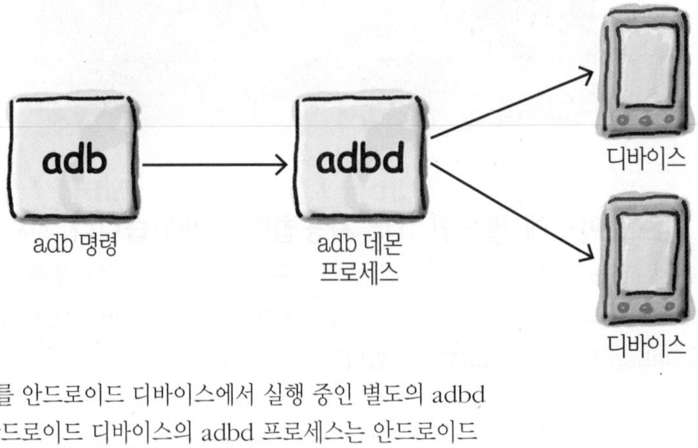

adbd가 명령을 받으면 이를 안드로이드 디바이스에서 실행 중인 별도의 adbd 프로세스로 전달합니다. 안드로이드 디바이스의 adbd 프로세스는 안드로이드 디바이스의 상태를 바꾸거나 요청 정보의 결과를 반환합니다.

adb를 입력했을 때 어떤 이유로 adb 서버가 실행 중이지 않으면 adb가 서버를 시작시킵니다.

```
Interactive Session
$ adb devices
* daemon not running. starting it now on port 5037 *
* daemon started successfully *
List of devices attached
emulator-5554     device
$
```

안드로이드 디바이스를 연결했는데 안드로이드 스튜디오가 확인할 수 없다면 수동으로 adb 서버를 종료했다가 다시 시작할 수 있습니다.

```
Interactive Session
$ adb devices
List of devices attached
$ adb kill-server
$ adb start-server
* daemon not running. starting it now on port 5037 *
* daemon started successfully *
$ adb devices
List of devices attached
emulator-5554     device
$
```

서버를 종료했다가 다시 시작하면 adb는 연결된 모든 안드로이드 디바이스와 통신을 재개합니다.

쉘 실행하기

adb를 직접 사용하는 일은 드뭅니다. 안드로이드 스튜디오 같은 IDE가 알아서 일을 처리하기 때문이죠. 하지만 상황에 따라서는 명령행으로 직접 디바이스와 상호작용하는 것이 필요할 수 있습니다.

예를 들어 다음처럼 디바이스에서 쉘을 실행할 수 있습니다.

Interactive Session

```
$ adb shell
root@generic_x86:/ #
```

adb shell은 안드로이드 디바이스의 대화형 쉘을 여는 명령입니다. 두 개 이상의 디바이스와 연결되어 있다면 -s 옵션으로 디바이스 이름을 지정해 어떤 디바이스와 통신할 것인지 지시할 수 있습니다. 예를 들어 adb -s emulator-5554는 에뮬레이터의 쉘을 엽니다.

디바이스에서 쉘을 연 다음에는 다양한 표준 리눅스 명령어를 실행할 수 있습니다.

Interactive Session

```
$ adb shell
root@generic_x86:/ # ls
acct
cache
charger
config
d
data
default.prop
dev
etc
file_contexts
....
1|root@generic_x86:/ # df
Filesystem              Size     Used     Free   Blksize
/dev                  439.8M    60.0K   439.8M   4096
/mnt/asec             439.8M     0.0K   439.8M   4096
/mnt/obb              439.8M     0.0K   439.8M   4096
/system               738.2M   533.0M   205.2M   4096
/data                 541.3M   237.8M   303.5M   4096
/cache                 65.0M     4.3M    60.6M   4096
/mnt/media_rw/sdcard  196.9M     4.5K   196.9M   512
/storage/sdcard       196.9M     4.5K   196.9M   512
root@generic_x86:/ #
```

유용한 쉘 명령

안드로이드에 쉘을 연 다음 많은 명령행 도구를 사용할 수 있습니다. 다음은 그중 일부입니다.

명령	설명	예제(그리고 하는 일)
pm	패키지 관리 도구	`pm list packages` (설치된 앱 나열) `pm path com.hfad.bitzandpizzas` (앱이 설치된 위치 확인) `pm -help` (다른 옵션 확인)
ps	프로세스 상태	`ps` (모든 프로세스와 ID 나열)
dexdump	APK 정보를 자세히 표시	`dexdump -d /data/app/com.hfad.bitzandpizzas-2/base.apk` (앱 역어셈블)
lsof	프로세스가 연 파일과 그 밖의 연결 나열	`lsof -p 1234` (1234라는 ID를 가진 프로세스가 하는 일 확인)
screencap	스크린숏	`screencap -p /sdcard/screenshot.png` (현재 스크린숏을 /sdcard/screenshot.png 파일로 저장하고 `adb pull /sdcard/screenshot.png` 명령으로 파일을 디바이스 밖으로 가져옴)
top	가장 바쁜 프로세스 확인	`top -m 5` (가장 바쁜 다섯 개의 프로세스 확인)

각 명령을 대화형 쉘의 프롬프트에 입력할 수도 있고 아니면 개발 기기의 쉘 명령에 직접 입력하는 방법도 있습니다. 예를 들어 다음은 디바이스에 설치된 앱을 나열하는 명령입니다.

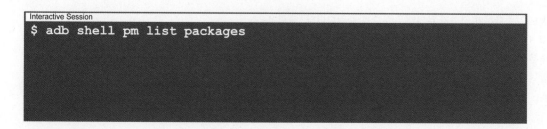

Interactive Session

```
$ adb shell pm list packages
```

adb 서버 종료하기

때로는 개발 기기와 디바이스가 서로 연결되지 않을 때가 있습니다. 이런 상황이 발생하면 다음 명령으로 adb 서버를 종료시켜 연결을 재설정할 수 있습니다.

Interactive Session

```
$ adb kill-server
```

이후로 adb 명령을 실행하면 서버가 재시작되면서 새로운 연결이 일어납니다.

로그캣에서 출력 가져오기

안드로이드 디바이스에서 실행하는 모든 앱은 로그캣이라는 중앙 스트림으로 출력을 내보냅니다. adb logcat 명령을 실행해서 로그캣의 출력을 실시간으로 확인할 수 있습니다.

Interactive Session

```
$ adb logcat
--------- beginning of system
I/Vold     (  936): Vold 2.1 (the revenge) firing up
D/Vold     (  936): Volume sdcard state changing -1
(Initializing) -> 0 (No-Media)
W/DirectVolume(  936): Deprecated implied prefix pattern
detected, please use '/devices/platform/goldfish_mmc.0*'
instead
...
```

우리가 명시적으로 중단하기 전까지 로그캣은 로그를 출력합니다. 출력을 파일로 저장할 때 adb logcat을 유용하게 활용할 수 있습니다. 안드로이드 스튜디오는 내부적으로 adb logcat 명령을 이용해 Devices/logcat 패널의 로그를 출력합니다.

파일을 디바이스로 복사하거나 디바이스에서 가져오기

adb pull과 adb push 명령을 이용하면 개발 기기와 디바이스 간에 파일을 주고받을 수 있습니다. 예를 들어 다음은 default.prop 속성 파일을 1.txt라는 로컬 파일로 복사하는 명령입니다.

Interactive Session

```
$ adb pull /default.prop 1.txt
28 KB/s (281 bytes in 0.009s)
$ cat 1.txt
#
# ADDITIONAL_DEFAULT_PROPERTIES
#
ro.secure=0
ro.allow.mock.location=1
ro.debuggable=1
ro.zygote=zygote32
dalvik.vm.dex2oat-Xms=64m
dalvik.vm.dex2oat-Xmx=512m
dalvik.vm.image-dex2oat-Xms=64m
dalvik.vm.image-dex2oat-Xmx=64m
ro.dalvik.vm.native.bridge=0
persist.sys.usb.config=adb
$
```

그뿐만이 아니에요...

adb로 활용할 수 있는 다양한 명령어가 많이 있습니다. 데이터베이스를 백업하고 복원하기, 다른 포트에서 adb 서버 실행하기, 머신 재부팅, 실행 중인 디바이스의 정보 확인 등 다양한 작업을 수행할 수 있습니다. adb를 명령행에 입력해 다양한 옵션을 확인할 수 있습니다.

Interactive Session

```
$ adb
Android Debug Bridge version 1.0.32
 -a                             - directs adb to listen on all
interfaces for a connection
 -d                             - directs command to the only
connected USB device
                                  returns an error if more than
one USB device is present.
 -e                             - directs command to the only
running emulator.
returns an error if more than one emulator is ....
```

부록 v: 안드로이드 에뮬레이터

속도 높이기

에뮬레이터가 작업을 끝내기를 하염없이 기다려보셨나요?

안드로이드 에뮬레이터는 확실히 유용한 도구입니다. 물리적인 디바이스 없이도 앱을 에뮬레이터에서 실행할 수 있습니다. 하지만 때로는 에뮬레이터의 속도에 불만이 생길 수 있습니다. 부록 5에서는 에뮬레이터가 왜 느리게 동작하는지 살펴봅니다. 그리고 에뮬레이터의 **속도를 높일 수** 있는 몇 가지 팁을 설명합니다.

에뮬레이터가 느린 이유

안드로이드 앱을 구현하면서 안드로이드 에뮬레이터가 우리 코드를 실행하거나 배포하는 동안 기다리느라 많은 시간을 보냅니다. 왜 이런 일이 일어날까요? 안드로이드 에뮬레이터는 왜 이렇게 느릴까요? 아이폰 코드를 구현해보았다면 아이폰 시뮬레이터가 얼마나 빠른지 보았을 겁니다. 아이폰은 빠른데 안드로이드는 왜 느릴까요?

아이폰 시뮬레이터와 안드로이드 에뮬레이터라는 단어에 그 이유가 숨어 있습니다.

아이폰 시뮬레이터는 iOS 운영체제를 실행하는 디바이스를 흉내 냅니다. iOS의 모든 코드는 맥 자체에서 실행될 수 있는 형태로 컴파일되며 맥 자체의 속도로 아이폰 시뮬레이터가 동작합니다. 즉, 맥은 아이폰의 부팅을 몇 초만에 흉내 낼 수 있습니다.

안드로이드 에뮬레이터의 작동 방식은 아이폰 시뮬레이터와 완전히 다릅니다. 안드로이드 에뮬레이터는 QEMU(Quick Emulator)라는 오픈소스 애플리케이션으로 전체 안드로이드 하드웨어 디아비스를 흉내 냅니다. QEMU는 디바이스의 프로세서로 실행할 기계 코드를 해석합니다. QEMU는 저장 시스템, 화면, 안드로이드 디바이스의 여러 물리 장치를 흉내 내는 코드를 포함합니다.

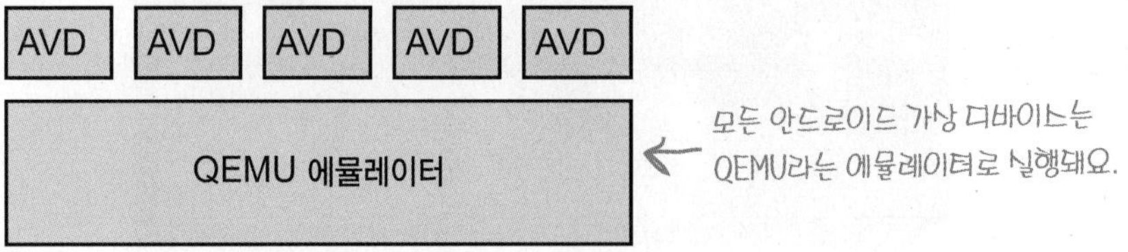

QEMU 같은 에뮬레이터는 아이폰 시뮬레이터에 비해 더 사실적으로 코드를 실행하지만 디스크 읽기, 화면에 출력하기 같은 기본 동작을 수행하는 데도 여러 추가 작업이 필요합니다. 에뮬레이터가 디바이스를 부팅하는 데 오랜 시간이 걸리는 이유는 이 때문입니다. QEMU는 디바이스의 모든 작은 하드웨어 컴포넌트를 흉내 내야 하고, 모든 명령을 해석해야 합니다.

안드로이드 개발 속도를 높이는 방법

1. 실제 디바이스 사용

실제 디바이스를 사용하면 가장 간단하게 개발 속도를 높일 수 있습니다. 실제 디바이스는 에뮬레이터보다 빠르게 부팅하며 더 빠르게 앱을 배포하고 실행할 수 있기 때문입니다. 실제 디바이스로 개발하려면 'Developer options(개발자 옵션)'에서 'Stay Awake(켜진 상태로 유지)' 옵션을 설정하는 것이 좋습니다. 그래야 화면이 잠기는 것을 방지할 수 있고 편리하게 반복해서 앱을 설치할 수 있습니다.

2. 에뮬레이터 스냅숏 이용하기

디바이스 부팅은 가장 오래 걸리는 에뮬레이터 작업 중 하나입니다. 디바이스를 실행하는 동안 스냅숏을 저장하면 부팅 과정을 거치지 않고 저장된 상태를 바로 불러올 수 있습니다. 안드로이드 스튜디오에서 Tools → Android → AVD Manager를 선택해 AVD 관리자를 연 다음 Edit 기호를 클릭해 AVD 편집 창을 열고 'Store a snapshot for faster startup' 옵션을 선택하면 디바이스의 스냅숏 기능을 이용할 수 있습니다.

디바이스가 실행되던 상태의 메모리를 스냅숏으로 저장할 수 있습니다. 에뮬레이터는 디바이스를 부팅하지 않고 저장된 스냅숏을 복원할 수 있습니다.

3. 하드웨어 가속 이용

기본적으로 QEMU 에뮬레이터는 가상 디바이스에서 각각의 머신 코드 명령을 해석해야 합니다. 덕분에 다양한 CPU를 흉내 낼 수 있는 유연성이 생기지만 에뮬레이터의 실행 속도가 느린 이유이기도 합니다. 다행히 머신 코드 명령을 개발 머신에서 직접 실행할 수 있는 방법이 있습니다. 안드로이드 가상 디바이스는 ARM과 x86 크게 두 가지 유형으로 구분됩니다. x86 안드로이드 디바이스를 생성했고 개발 머신도 특정 형식의 인텔 x86 CPU를 사용한다면 에뮬레이터가 여러분의 인텔 CPU에서 직접 안드로이드 머신 코드 명령을 실행하도록 구성할 수 있습니다.

그러려면 인텔의 하드웨어 가속 실행 관리자(Hardware Accelerated Execution Manager, HAXM)를 설치해야 합니다. HAXM은 다음 링크에서 확인할 수 있습니다.

https://software.intel.com/en-us/articles/intel-hardware-accelerated-execution-manager-intel-haxm

링크가 바뀌었다면 웹 검색을 이용해 쉽게 찾을 수 있어요.

HAXM은 하이퍼바이저입니다. 즉, HAXM은 우리 CPU가 머신 코드 명령을 직접 실행할 수 있도록 바꿀 수 있습니다. 하지만 HAXM은 인텔 가상화 기술(Intel Virtualization Technology)을 지원하는 인텔 프로세서에서만 동작합니다. 여러분의 개발 머신이 인텔 가상화 기술을 지원한다면 HAXM을 이용해 더 빠르게 AVD를 실행할 수 있습니다.

4. 인스턴트 런 사용

안드로이드 스튜디오 버전 2.3부터 인스턴트 런(Instant Run) 유틸리티를 이용해 앱을 더욱 빠르게 재배포할 수 있습니다. 인스턴트 런은 안드로이드 스튜디오가 바뀐 파일만 다시 컴파일해서 현재 디바이스에서 실행 중인 앱에 패치를 적용하는 유틸리티입니다. 즉, 앱을 다시 컴파일해서 배포하지 않고 바로 몇 초 안에 바뀐 결과를 확인할 수 있습니다.

Run 메뉴에서 Apply Change 옵션을 선택하거나 툴바의 번개 아이콘을 클릭하면 인스턴트 런이 실행됩니다.

툴바의 번개 아이콘을 클릭하면 인스턴트 런을 사용할 수 있어요.

인스턴트 런을 사용하려면 몇 가지 조건을 만족해야 합니다. 첫째, 앱의 대상은 최소 API 15 이상이어야 합니다. 둘째, 앱을 배포하려는 디바이스가 API 21 이상을 지원해야 합니다. 두 가지 조건을 만족한다면 인스턴트 런을 사용할 수 있으며 이전보다 훨씬 빨리 코드를 바꾸고 실행할 수 있습니다.

부록 vi: 나머지

(우리가 다루지 않은) 열 가지 주제

어머 세상에, 맛있는 간식을 10개나 남겨두었네...

우리는 아직 배가 고픕니다.

독자 여러분에게 추천하고 싶은 여러 가지 주제가 있습니다. 책에서 다루지 않은 여러 가지 주제를 무시하고 지나갈 수도 없고 그렇다고 팔에 알이 배길 정도로 두꺼운 책을 선사하고 싶지도 않았습니다. 책을 내려놓기 전에 **마지막 간식을 확인하세요**.

1. 앱 배포하기

앱을 개발했으면 다른 사용자가 이용할 수 있도록 해야 합니다. 그러려면 앱을 구글 플레이 같은 앱 상점에 배포해야 합니다.

두 단계로 앱을 배포할 수 있습니다. 릴리스용 앱 준비하기와 앱 릴리스하기입니다.

릴리스용 앱 준비하기

앱을 릴리스하기 전에 먼저 릴리스 버전을 구성하고, 빌드하고, 시험해야 합니다. 또한 앱에 사용할 아이콘을 결정하고, 앱을 실행할 수 있는 디바이스만 앱을 내려받을 수 있도록 AndroidManifest.xml 파일을 구성해야 합니다.

앱을 릴리스하기 전에 최소 한 개의 태블릿과 폰을 이용해 예상대로 앱이 동작하고 성능에 문제가 없는지 확인합니다.

앱 릴리스와 관련해 준비해야 할 자세한 사항은 다음을 참고하세요.

http://developer.android.com/tools/publishing/preparing.html

앱 릴리스하기

앱을 광고, 판매, 배포하는 과정입니다.

앱을 플레이 스토어에 릴리스하려면 공급자 계정을 등록하고 Developer Console을 이용해 앱을 배포해야 합니다. 자세한 사항은 다음 사이트를 참고하세요.

http://developer.android.com/distribute/googleplay/start.html

최적의 대상을 겨냥해서 앱을 만들고, 활기를 불어넣는 방법과 관련해서는 다음 문서를 참고하세요.

http://developer.android.com/distribute/index.html

2. 콘텐트 프로바이더

인텐트를 이용해 다른 앱의 액티비티를 실행하는 방법은 살펴봤습니다. 예를 들어 메시지 앱으로 텍스트를 전달하고 발송할 수 있습니다. 하지만 다른 앱의 데이터를 우리 앱에서 사용하려면 어떻게 해야 할까요? 예를 들어 우리 앱에서 연락처 데이터를 이용해 어떤 작업을 수행하거나 새로운 캘린더 이벤트를 추가하려면 어떻게 해야 할까요?

다른 앱의 데이터베이스에 직접 접근해서 정보를 얻을 수는 없습니다. 대신 앱이 통제된 방법으로 데이터를 공유할 수 있는 기능을 제공하는 **콘텐트 프로바이더**(content provider)를 이용하면 다른 앱의 데이터에 접근할 수 있습니다. 콘텐트 프로바이더를 이용하면 데이터를 읽거나, 새 레코드를 삽입하거나, 기존의 데이터를 갱신하고 삭제하는 작업도 할 수 있습니다.

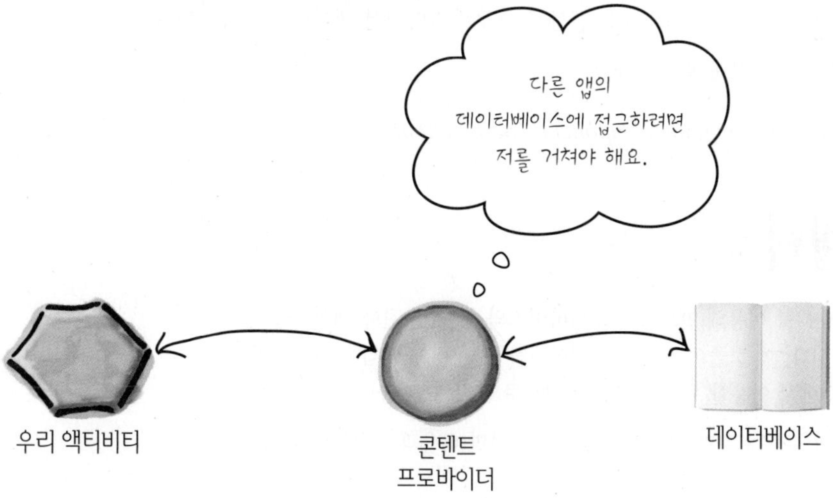
다른 앱의
데이터베이스에 접근하려면
저를 거쳐야 해요.
우리 액티비티
콘텐트
프로바이더
데이터베이스

우리 데이터를 다른 앱과 공유하려면 콘텐트 프로바이더를 생성해야 합니다.

콘텐트 프로바이더와 관련한 자세한 내용은 다음을 참고하세요.

http://developer.android.com/guide/topics/providers/content-providers.html

앱에서 연락처 데이터를 사용하는 방법은 다음을 참고하세요.

http://developer.android.com/guide/topics/providers/contacts-provider.html

캘린더 데이터를 사용하는 방법은 다음을 참고하세요.

http://developer.android.com/guide/topics/providers/calendar-provider.html

3. 로더

데이터베이스나 콘텐트 프로바이더를 많이 사용하다보면 곧 **로더**를 접하게 됩니다. 로더는 액티비티나 프래그먼트에 데이터를 로드해 표시할 수 있도록 도와줍니다.

로더는 백그라운드에서 별도의 스레드로 실행되며 콜백 메서드를 제공하므로 쉽게 스레드를 제어할 수 있습니다. 로더는 구성이 바뀌어도 데이터를 저장하고 캐시하므로 예를 들어 디바이스를 회전시켜도 중복으로 질의를 생성하지 않습니다. 내부의 데이터가 바뀌면 앱에 이 사실을 알리도록 만들 수 있으므로 데이터가 바뀌더라도 이를 쉽게 뷰에 적용할 수 있습니다.

로더 API는 모든 로더의 기본 클래스인 `Loader` 클래스를 포함합니다. 우리는 `Loader` 클래스를 상속받아 커스텀 로더 클래스를 생성하거나 `AsyncTaskLoader`나 `CursorLoader` 등의 내장 하위 클래스를 이용할 수 있습니다. `AsyncTaskLoader`는 `AsyncTask`를 이용하며 `CursorLoader`는 콘텐트 프로바이더에서 데이터를 로드합니다.

로드와 관련한 자세한 정보는 다음을 참고하세요.

https://developer.android.com/guide/components/loaders.html

4. 싱크 어댑터

싱크 어댑터(sync adapter)를 이용해 안드로이드 디바이스와 웹 서버 간에 데이터를 동기화(sync)할 수 있습니다. 예를 들어 사용자의 데이터를 웹 서버로 백업하거나 서버에 저장된 데이터를 오프라인에서 이용할 수 있도록 디바이스로 옮길 수 있습니다.

이러한 기능을 직접 구현할 수도 있지만 싱크 어댑터를 사용하면 다음과 같은 장점이 있습니다.

- 특정 조건(예를 들면 특정 시간, 데이터 변경 등)에 따라 자동으로 데이터를 전송할 수 있습니다.
- 네트워크 연결을 자동으로 확인해서 디바이스가 네트워크에 연결되어 있을 때만 실행합니다.
- 싱크 어댑터 기반 데이터 전송은 한꺼번에 일어나므로 효율적으로 배터리를 소모합니다.
- 사용자 인증 정보나 서버 로그인 정보도 이동 데이터에 추가할 수 있습니다.

싱크 어댑터를 사용하는 방법은 다음을 참고하세요.

https://developer.android.com/training/sync-adapters/index.html

5. 브로드캐스트

시스템 이벤트가 발생하면 우리 앱이 이에 응답하도록 만들어야 한다고 가정합시다. 예를 들어 음악 앱을 만들었고 헤드폰 연결을 해제하면 음악 재생이 중지되도록 만들어야 합니다. 이런 이벤트가 일어났을 때 어떻게 앱을 동작시킬 수 있을까요?

배터리가 부족한 상태, 전화가 걸려온 상태, 시스템 부팅 중 등 다양한 안드로이드 브로드캐스트 시스템 이벤트가 있습니다. **브로드캐스트 리시버**(broadcast receiver)를 생성해 이런 이벤트를 기다릴 수 있습니다. 브로드캐스트 리시버로 앱이 응답해야 하는 특정 시스템 이벤트에 가입할 수 있습니다.

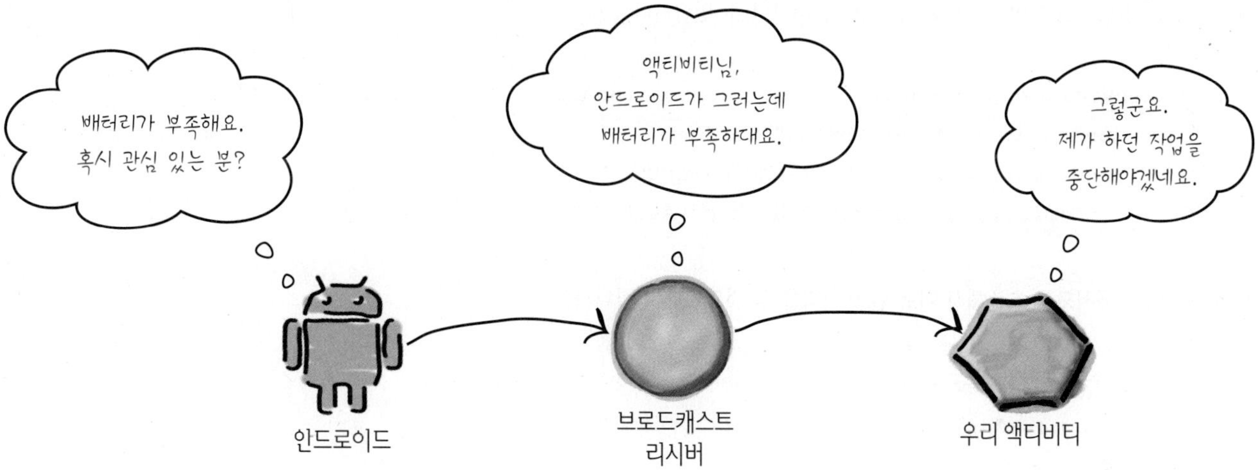

다른 앱에서 이벤트를 받도록 브로드캐스트를 보낼 수도 있습니다.

브로드캐스트와 관련한 자세한 내용은 다음 주소를 참고하세요.

https://developer.android.com/guide/components/broadcasts.html

6. WebView 클래스

사용자에게 웹 콘텐트를 제공하는 두 가지 방법이 있습니다. 첫 번째 방법은 크롬이나 파이어폭스 같은 외부 앱을 실행해 웹 콘텐트를 제공하는 겁니다. 두 번째 방법은 WebView 클래스를 이용해 앱 내에서 콘텐트를 표시하는 겁니다.

WebView 클래스를 이용하면 액티비티의 레이아웃 안에서 웹 콘텐트를 표시할 수 있습니다. 이 기능을 이용해 전체 클라이언트 애플리케이션을 웹 앱으로 만들거나 개별 웹 페이지를 앱에 이용할 수 있습니다. 앱의 내용을 갱신해야 하는 최종 사용자 동의서나 가이드 등을 표시할 때 WebView를 유용하게 사용할 수 있습니다.

다음과 같은 방법으로 레이아웃에 WebView를 추가할 수 있습니다.

```
<WebView  xmlns:android="http://schemas.android.com/apk/res/android"
    android:id="@+id/webview"
    android:layout_width="match_parent"
    android:layout_height="match_parent" />
```

loadUrl() 메서드를 호출해서 어떤 웹 페이지를 열 것인지 지정합니다.

```
WebView webView = (WebView) findViewById(R.id.webview);
webView.loadUrl("http://www.oreilly.com/");
```

AndroidManifest.xml에 INTERNET 권한을 추가해서 인터넷을 접근할 수 있도록 앱을 지정해야 합니다.

```
<manifest ... >
    <uses-permission android:name="android.permission.INTERNET" />
    ...
</manifest>
```

앱에서 웹 콘텐트를 사용하는 방법과 관련해서는 다음을 참고하세요.

http://developer.android.com/guide/webapps/index.html

7. 설정

많은 앱은 사용자가 자신의 설정을 저장할 수 있는 설정 화면을 제공합니다. 예를 들어 메일 앱의 설정은 메일을 발송하기 전에 확인 창이 나타나게 할지 결정할 수 있는 옵션을 제공합니다.

Gmail 앱의 설정 화면이에요.

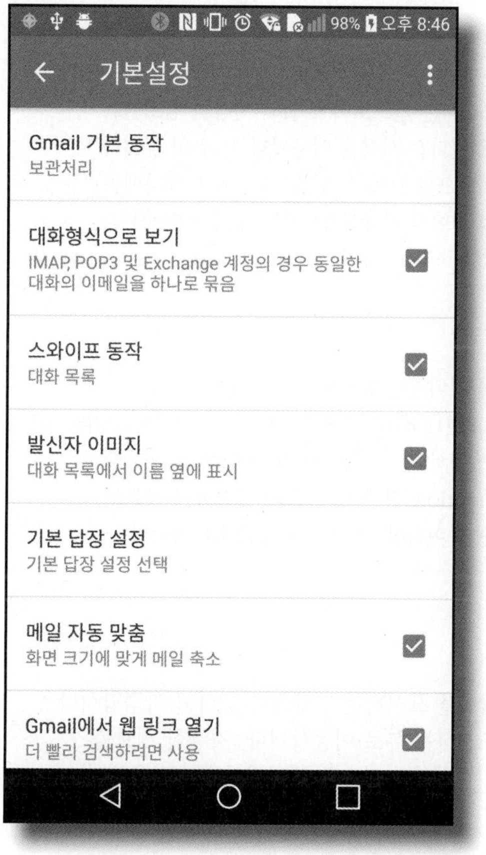

Preferences API를 이용해 앱의 설정 화면을 만들 수 있습니다. Preferences API는 개별 설정을 추가하고 각 설정의 값을 저장하는 데 필요한 기능을 제공합니다. 이들 값은 앱의 공유된 설정 파일(shared preferences file)에 저장됩니다.

설정 화면을 생성하는 방법과 관련해서는 다음 주소를 참고하세요.

https://developer.android.com/guide/topics/ui/settings.html

8. 애니메이션

점점 더 많은 안드로이드 디바이스가 내장 그래픽 하드웨어의 능력을 활용하는 추세이므로 애니메이션으로 사용자의 앱 경험을 개선하는 사례가 늘고 있습니다.

안드로이드에서는 다양한 종류의 애니메이션을 수행할 수 있습니다.

속성 애니메이션

속성 애니메이션(property animation)은 안드로이드 앱의 시각적 컴포넌트가 많은 숫자 속성을 이용해 외관을 결정한다는 사실을 이용합니다. 뷰의 높이나 너비 등의 속성값을 바꾸면 이를 애니메이션으로 만들 수 있습니다. 속성 애니메이션은 시간의 흐름에 따라 컴포넌트의 속성 변화를 시각적으로 부드럽게 보여줍니다.

뷰 애니메이션

XML 리소스로 다양한 애니메이션을 정의하는 방법도 있습니다. 크기 조절(scaling), 전이(transition), 회전(rotation) 등의 표준 애니메이션 동작을 정의하는 XML 파일을 생성하고 코드에서 이를 적용해 애니메이션 효과를 줄 수 있습니다. 뷰 애니메이션(view animation)은 자바 코드와 결합하지 않으므로 한 프로젝트에서 다른 프로젝트로 쉽게 이식할 수 있다는 장점이 있습니다.

액티비티 전이

이름과 이미지를 포함한 리스트 항목을 표시하는 앱을 만들었다고 가정합시다. 항목을 클릭하면 자세한 정보를 표시하는 뷰로 이동합니다. 자세한 정보를 표시하는 뷰에서 사용하는 이미지는 이전의 리스트 액티비티에서 사용했던 이미지와 같은 이미지입니다.

액티비티 전이(activity transition)를 이용하면 한 액티비티의 뷰가 다른 액티비티에 나타나도록 애니메이션화할 수 있습니다. 즉, 리스트의 이미지가 부드럽게 다음 액티비티의 화면으로 이동할 수 있습니다. 이런 효과를 이용해 앱이 서로 연결되는 느낌을 줄 수 있습니다.

안드로이드 애니메이션과 관련한 정보는 다음을 참고하세요.

https://developer.android.com/guide/topics/graphics/index.html

액티비티 전이나 머티리얼 디자인과 관련한 내용은 다음을 참고하세요.

https://developer.android.com/training/material/animations.html

9. 앱 위젯

앱 위젯은 다른 앱이나 여러분 홈 화면에 추가할 수 있는 작은 애플리케이션 뷰입니다. 앱 위젯을 이용하면 앱을 실행하지 않은 상태에서 앱의 핵심 콘텐트나 기능을 홈 화면에서 이용할 수 있습니다.

다음은 앱 위젯 예제입니다.

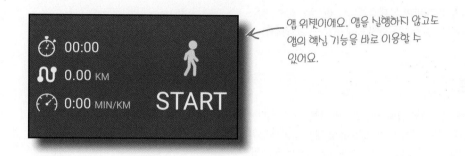

앱 위젯이에요. 앱을 실행하지 않고도 앱의 핵심 기능을 바로 이용할 수 있어요.

앱 위젯과 관련한 자세한 정보는 다음을 참고하세요.

http://developer.android.com/guide/topics/appwidgets/index.html

10. 자동화된 테스트

최근에는 앱을 개발할 때 자동화 테스팅을 적극 활용하는 추세입니다. 수천 혹은 수백만 명의 사용자가 사용하는 앱을 만들었는데 앱의 신뢰도가 떨어지거나 반복적으로 크래시된다면 사용자를 금방 잃을 것입니다.

앱을 자동으로 테스트할 수 있는 많은 방법이 있지만 크게 **유닛 테스트**(unit test)와 온 **디바이스 테스트**(on-device test, 또는 instrument test라고도 불림) 두 가지로 구분할 수 있습니다.

유닛 테스트

유닛 테스트는 개발 기기에서 실행하며 코드의 개별 조각(유닛)을 검사합니다. **JUnit**은 요즘 가장 인기 있는 유닛 테스팅 프레임워크며 안드로이드 스튜디오는 보통 자동으로 JUnit을 프로젝트에 끼워 넣습니다. 유닛 테스트는 프로젝트의 app/src/test 폴더에 저장되며 보통 테스트 메서드는 다음과 같은 형태로 되어 있습니다.

```
@Test
public void returnsTheCorrectAmberBeers() {
    BeerExpert beerExpert = new BeerExpert();
    assertArrayEquals(new String[]{"Jack Amber", "Red Moose"},
            beerExpert.getBrands("amber").toArray());
}
```

JUnit과 관련한 자세한 정보는 다음을 참고하세요.

http://junit.org

온 디바이스 테스트

온 디바이스 테스트는 에뮬레이터나 물리 디바이스에서 실행되며 완전한 형태의 앱을 검사합니다. 앱과 별도의 패키지로 테스트를 설치하며 instrumentation이라고 부르는 소프트웨어 층을 이용해 마치 사용자가 앱을 이용하는 것처럼 앱과 상호작용합니다. 요즘 인기를 끌고 있는 온 디바이스 테스팅 프레임워크로 **에스프레소**(Espresso)를 들 수 있는데 안드로이드 스튜디오는 이미 여러분 프로젝트에 에스프레소를 포함했을 겁니다. 온 디바이스 테스트는 app/src/androidTest 폴더에 저장되며 보통 에스프레소 테스트는 다음과 같은 형태를 가집니다.

```
@Test
public void ifYouDoNotChangeTheColorThenYouGetAmber() {
    onView(withId(R.id.find_beer)).perform(click());
    onView(withId(R.id.brands)).check(matches(withText(
            "Jail Pale Ale\nGout Stout\n")));
}
```

온 디바이스 테스트를 실행할 때 폰이나 태블릿을 통해 사람이 하는 것처럼 키를 누르거나 동작을 입력하는 것을 목격할 수 있습니다.

에스프레소 테스팅과 관련한 자세한 정보는 다음을 참고하세요.

https://developer.android.com/training/testing/ui-testing/espresso-testing.html

찾아보기

A

ActionBar 클래스, 348, 356
ActionBarActivity 클래스, 340
ActionBarDrawerToggle 클래스, 649
ActivityNotFoundException, 145, 159
AdapterView 클래스, 303, 311
adb(안드로이드 디버그 브릿지)
    adb 서버 종료, 896
    adb란, 888, 892-893
    로그캣 출력, 896
    쉘 실행, 894-895
    파일 복사, 897
ADD COLUMN 명령, 692
addDrawerListener() 메서드, DrawerLayout, 649
ALTER TABLE 명령, 691
AndroidManifest.xml 파일
    AndroidManifest.xml 파일이란, 59, 126-127
    메인 액티비티, 162, 174
    시작된 서비스, 787
    액티비티 계층도, 370
    앱 바 속성, 341-343, 360-361
    언어 설정, 214
    인텐트 필터, 147-148
    테마, 631
    필요한 권한, 833
    화면 크기 설정, 445
API 수준. 안드로이드 SDK(API 수준) 참조
apk 파일, 69, 72, 887-888
apk 파일 싸인, 887
app 폴더, 59
app_name 문자열 리소스, 93
AppBarLayout 요소, 541-542, 560-561
AppCompat 라이브러리. v7 AppCompat 라이브러리 참조
AppCompatActivity 클래스, 339-340, 349
AppTheme 속성, 631-632
@array 참조, 99
ArrayAdapter 클래스, 311-313, 317, 329, 417-419
ART(안드로이드 런타임), 45, 72, 884-885
AsyncTask 클래스, 766, 771, 773, 779
?attr 참조, 351
AVD(안드로이드 가상 디바이스)
    디자인 편집기와 비교, 91
    스마트폰용 만들기, 66-68
    안드로이드 가상 디바이스란, 65
    태블릿용 만들기, 441-443
AWT, 46

B

Back 버튼
    Up 버튼과 비교, 369
    작동, 455-457
Beer Adviser 앱, 80-118
    레이아웃, 83-90
    문자열 리소스, 92-96
    버튼, 101-102
    스피너, 98-100
    액티비티, 103-111
    자바 클래스, 112-116

프로젝트, 82
Binder 클래스, 828
bindService() 메서드, 액티비티, 820
build 폴더, 59
build.gradle 파일, 876-877
Bundle 클래스
Bundle 클래스란, 187
상태 복원, 183, 186
상태 저장, 182, 185
Button 요소. FAB(플로팅 액션 버튼) 참조
메서드 호출
액티비티, 102-104
프래그먼트, 494-502
버튼이란, 245
위젯, 청사진 도구, 268
이미지 추가, 255
추가하기, 85
코드, 86-89, 122

C

CalledFromWrongThreadException, 169
cardCornerRadius 속성, 카드 뷰, 585
cardElevation 속성, 카드 뷰, 585
CardView 라이브러리, 336, 584
CardView 요소, 585
CatChat 앱, 623-662
CatChat 앱이란, 623-626
Drafts 옵션, 628
Feedback 옵션, 634
Help 옵션, 633
Inbox 옵션, 627
SentItems 옵션, 629
Trash 옵션, 630
메뉴, 638-643
헤더, 636-637
changeCursor() 메서드, 커서 어댑터, 757-759
check 태스크, 그레이들, 879
checkableBehavior 속성, 640
CheckBox 요소, 248-249, 738-742
checkSelfPermission() 메서드, ContextCompat, 836, 842
clean 태스크, 그레이들, 879
close() 메서드, SQLiteDatabase, 714, 725
close() 메서드, 커서, 714, 725
closeDrawer() 메서드, DrawerLayout, 656
CollapsingToolbarLayout 요소, 560-563
columnCount 속성, GridLayout, 865
contentDescription 속성, ImageView, 254
contentScrim 속성, CollapsingToolbarLayout, 565
ContentValues 객체, 674, 687
Context 클래스, 181, 794
ContextThemeWrapper 클래스, 181
ContextWrapper 클래스, 181, 794
CoordinatorLayout 요소, 550-553, 560, 569
CREATE TABLE 명령, 673
createChooser() 메서드, 인텐트, 154-159
Cursor 클래스, 666

D

delete() 메서드, SQLiteDatabase, 689
DEX 파일, 885-887, 889
dimens.xml 파일, 216
doInBackground() 메서드, AsyncTask, 766, 768, 773
dp(밀도 독립 픽셀), 213
@drawable 레퍼런스, 256

drawable 리소스 폴더. 이미지 리소스 참조
drawable 속성, 버튼, 255
DrawerLayout 요소, 644-645. 내비게이션 드로워 참조
DROP TABLE 명령, 692

E

EditText 요소
- EditText란, 122, 244
- 코드, 122
- 힌트, 220

entries 속성, ListView, 301
entries 속성, Spinner, 99, 252
execSQL() 메서드, SQLiteDatabase, 673, 692
execute() 메서드, AsyncTask, 773

F

FAB(플로팅 액션 버튼), 549, 568-571
findViewById() 메서드, view, 105-106, 110
FloatingActionButton 요소, 569
fragment 요소, 394, 505
FragmentActivity 클래스, 396
FragmentPagerAdapter 클래스, 533, 535
FrameLayout 요소
- FrameLayout이란, 230-232, 235
- 너비, 230
- 높이, 230
- 뷰 위치, 중력, 232
- 뷰의 순서, 232
- 중첩, 233-235
- 프로그램으로 프래그먼트 바꾸기, 458-467, 506-509, 513

G

get*() 메서드, 커서, 714
getActivity() 메서드, PendingIntent, 800
getBestProvider() 메서드, LocationManager, 835
getCheckedRadioButtonId() 메서드, RadioGroup, 250
getChildFragmentManager() 메서드, 프래그먼트, 516-517
getContext() 메서드, LayoutInflator, 418
getCount() 메서드, FragmentPagerAdapter, 533-534
getFragmentManager() 메서드
- 액티비티, 404
- 프래그먼트, 514-515

getIntent() 메서드, 액티비티, 134, 138, 322
getIntExtra() 메서드, Intent, 134
getItem() 메서드, FragmentPagerAdapter, 533-534
getItemCount() 메서드, RecyclerView.Adapter, 589
getReadableDatabase() 메서드, SQLiteOpenHelper, 704, 720
getSelectedItem() 메서드, 뷰, 109, 111, 252
getString() 메서드, 문자열 리소스, 157
getStringExtra() 메서드, 인텐트, 134, 138
getSupportActionBar() 메서드, 액티비티, 371
getSupportFragmentManager() 메서드, 액티비티, 404
getText() 메서드, EditText, 244
getView() 메서드, 프래그먼트, 409, 412
getWritableDatabase() 메서드, SQLiteOpenHelper, 704
GPS 위치 제공자, 835
gradlew와 gradlew.bat 파일, 878
gravity 속성, 뷰, 224-225
GridLayout 요소
- GridLayout이란, 865
- 뷰 추가, 866, 869-871
- 생성하기, 867-874

정의, 865, 868
GridLayoutManager 클래스, 598-599
group 요소, 640-641
GUI 컴포넌트. 뷰 참조
View 클래스 상속, 86, 239-240
레퍼런스, 105-106
추가, 85

H

Handler 클래스, 170-171
HAXM, 901
Head First Java(시에라; 베이츠), 46
Head First SQL(베일리), 717
headerLayout 속성, 644
hint 속성, EditText, 220, 244
HorizontalScrollView 요소, 257

I

IBinder 객체, 812-813, 818
IBinder 인터페이스, 828
icon 속성, 341, 364
id 속성, 뷰, 86, 217
IDE
사용 안함, 49
안드로이드 스튜디오. 안드로이드 스튜디오 참조
ImageButton 요소, 256
ImageView 요소, 253-254, 300, 565
include 태그, 354, 356
inflate() 메서드, LayoutInflator, 392
inputType 속성, EditText, 244
insert() 메서드, SQLiteDatabase, 674-675
installDebug 태스크, 그레이들, 879
IntentService 클래스, 784, 786, 796
isChecked() 메서드, CheckBox, 248

J

java 폴더, 59
JDBC, 666
Joke 앱
메시지 로깅, 785-788
시작된 서비스, 783-808
알림, 797-808
JUnit, 912
JVM(자바가상머신), 884

L

label 속성, application, 341, 356, 360
layout_above 속성, RelativeLayout, 864
layout_align* 속성, RelativeLayout, 862, 864
layout_behavior 속성, ViewPager, 552, 561
layout_below 속성, RelativeLayout, 864
layout_center* 속성, RelativeLayout, 862
layout_collapseMode 속성, Toolbar, 561, 565
layout_column 속성, GridLayout, 869
layout_columnSpan 속성, GridLayout, 870
layout_gravity 속성, 뷰, 89, 226-227, 232
layout_height 속성
FrameLayout, 230
LinearLayout, 213
뷰, 86, 88, 89, 217, 222, 274-275
layout_margin 속성, 뷰, 89, 218, 270-271
layout_row 속성, GridLayout, 869

layout_scrollFlags 속성, Toolbar, 552, 561
layout_to* 속성, RelativeLayout, 864
layout_weight 속성, 뷰, 221-223
layout_width 속성
FrameLayout, 230
LinearLayout, 213
뷰, 86, 88, 89, 217, 274-275
LayoutInflator 클래스, 392, 407, 418
LinearLayout 요소
LinearLayout이란, 83, 87, 213, 229
xmlns:android 속성, 213
너비, 213
높이, 213
디멘션 리소스, 216
방향, 214
뷰 위치의 중력, 226-227
뷰 콘텐트의 중력, 224-225
뷰의 무게, 221-223
뷰의 순서, 217
중첩, 233-234, 264
패딩, 215
LinearLayoutManager 클래스, 598-599
Listener 인터페이스, 427-429, 614-618
ListFragment 클래스
데이터 연결, 417-419
리스너, 메인 액티비티, 427-429
메인 액티비티에 표시, 420-423
상세 액티비티로 연결, 426-431
ListView 요소
리스트 뷰란, 293
생성하기, 301-302, 747-751
이벤트 리스너, 303-305, 752-754
클래스 계층, 612
LocationListener 클래스, 834
LocationManager 클래스, 835
Log 클래스, 785

M

menu 속성, NavigationView, 644
menu 요소, 363
moveToFirst() 메서드, 커서, 713
moveToLast() 메서드, 커서, 713
moveToNext() 메서드, 커서, 713
moveToPrevious() 메서드, 커서, 713
My Constraint Layout 앱, 265-288
라이브러리, 266
레이아웃, 268-285
문자열 리소스, 267
액티비티, 267
My First App, 49-78
레이아웃, 73-76
액티비티, 54-57, 73
에뮬레이터, 65-72
편집기, 60-64
폴더 구조, 58-59
프로젝트, 50-53
My Messenger 앱, 121-160
디바이스에서 실행, 151-153
레이아웃, 122, 124-125, 133
매니페스트 파일, 126-127
문자열 리소스, 123
선택, 154-159
액티비티, 124-125, 132
인텐트, 128-131, 134-150

N

NavigationView 요소, 644-645, 650
NestedScrollView 요소, 555, 560-561
Notification 객체, 801
NotificationManager 클래스, 801
notify() 메서드, NotificationManager, 801

O

OAT 형식, 889
Odometer 앱, 811-858
    권한, 833, 844-858
    라이브러리, 832
    바운드 서비스, 811-830
    위치 서비스, 831-842
onActivityCreated() 메서드, 프래그먼트, 407
onAttach() 메서드, 프래그먼트, 407
onBind() 메서드, Service, 812, 829-830
onBindViewHolder() 메서드, RecyclerView.Adapter, 592, 613
onButtonClicked() 메서드, 액티비티, 245, 256
onCheckboxClicked() 메서드, CheckBox, 249
onClick 속성
    Button, 102, 167, 245, 306
    CheckBox, 249, 740-742
    ImageButton, 256
    RadioButton, 251
    Switch, 247
    ToggleButton, 246
onClick() 메서드
    Listener, 614
    OnClickListener, 497
    프래그먼트, 498
onClickDone() 메서드, 액티비티, 571
OnClickListener 인터페이스, 497-502
onClickListener() 메서드, 뷰, 572
onCreate() 메서드
    SQLiteOpenHelper, 670, 676-677
    서비스, 793
    액티비티, 103, 123, 138, 163, 175, 179, 180, 189, 209, 829-830
    프래그먼트, 407, 471, 472
onCreateOptionsMenu() 메서드, 액티비티, 365
onCreateView() 메서드, 프래그먼트, 391-392, 407, 416, 418
onCreateViewHolder() 메서드, ViewHolder, 591
onDestroy() 메서드
    서비스, 793
    액티비티, 179, 180, 189, 209, 725, 829-830
    프래그먼트, 407
onDestroyView() 메서드, 프래그먼트, 407
onDetach() 메서드, 프래그먼트, 407
onDowngrade() 메서드, SQLiteOpenHelper, 679, 683
onHandleIntent() 메서드, IntentService, 786
onItemClick() 메서드, OnItemClickListener, 303-304
OnItemClickListener 클래스, 303-304
onListItemClick() 메서드, 리스트 프래그먼트, 415, 428
onLocationChanged() 메서드, LocationListener, 834
onNavigationItemSelected() 메서드, 액티비티, 650-651
onOptionsItemSelected() 메서드, 액티비티, 366
onPause() 메서드
    액티비티, 196-197, 201, 209
    프래그먼트, 407
onPostExecute() 메서드, AsyncTask, 770
onPreExecute() 메서드, AsyncTask, 766-767
onProgressUpdate() 메서드, AsyncTask, 769

onProviderDisabled() 메서드, LocationListener, 834
onProviderEnabled() 메서드, LocationListener, 834
onRadioButtonClicked() 메서드, RadioGroup, 251
onRequestPermissionResult() 메서드, 액티비티, 847
onRestart() 메서드, 액티비티, 188, 189, 195, 209
onResume() 메서드
  액티비티, 196-199, 201, 209
  프래그먼트, 407
onSaveInstanceState() 메서드
  액티비티, 182, 184, 185, 188
  프래그먼트, 471, 473
onServiceConnected() 메서드, ServiceConnection, 817-818
onServiceDisconnected() 메서드, ServiceConnection, 817, 819
onStart() 메서드
  액티비티, 188, 189, 195, 209
  프래그먼트, 407, 409
onStartCommand() 메서드, Service, 793
onStatusChanged() 메서드, LocationListener, 834
onStop() 메서드
  액티비티, 188, 189, 190-192, 209
  프래그먼트, 407
onSwitchClicked() 메서드, Switch, 247
onToggleClicked() 메서드, ToggleButton, 246
onUnbind() 메서드, Service, 829-830
onUpgrade() 메서드, SQLiteOpenHelper, 670, 679, 682, 684-692
orderInCategory 속성, 364
orientation 속성, LinearLayout, 87, 214

P

padding 속성, LinearLayout, 215
PendingIntent 클래스, 800
Pizza 앱, 332-380, 524-578, 580-620
  FAB, 568-571
  Up 버튼, 369-371
  ViewPager, 531-535
  공유 액션 프로바이더, 373-378
  라이브러리, 336-338, 349, 548
  레이아웃, 347
  리사이클러 뷰, 580-581, 587-612, 617-618
  색상 리소스, 346
  스낵바, 568, 572-576
  스크롤, 550-557
  액션, 357-368
  액티비티, 339-340
  앱 바, 333-335, 341
  어댑터, 613-616
  접히는 툴바, 559-567
  카드 뷰, 585-588, 592, 602
  탭 내비게이션, 540-546
  테마와 스타일, 342-345
  툴바, 348-356
  프래그먼트, 527-530
post() 메서드, Handler, 170-171
postDelayed() 메서드, Handler, 170-171
Preferences API, 909
publishProgress() 메서드, AsyncTask, 769
put() 메서드, ContentValues, 674
putExtra() 메서드, 인텐트, 134, 143

Q

QEMU(Quick Emulator), 900
query() 메서드, SQLiteDatabase, 705-708

R

R.drawable 레퍼런스, 254, 299
R.java 파일, 59, 105, 111
RadioButton 요소, 250
RadioGroup 요소, 250-251
Random 클래스, 814
RecyclerView v7 라이브러리, 584
RecyclerView 라이브러리, 336
RecyclerView 요소, 596
RecyclerView.Adapter 클래스, 587-588
RelativeLayout 요소
    RelativeLayout 요소란, 860
    다른 뷰에 상대적으로 배치, 863-864
    부모에 상대적으로 배치, 860-862
removeUpdates() 메서드, LocationManager, 839
RENAME TO 명령, 691
requestLocationUpdates() 메서드, LocationManager, 836
requestPermissions() 메서드, ActivityCompat, 845-846, 848
res 폴더, 59
res-auto 네임스페이스, 585
resources 요소, 96
roundIcon 속성, 341
rowCount 속성, GridLayout, 865
Runnable 객체, 170

S

scrollbars 속성, 리사이클러 뷰, 596
ScrollView 요소, 257
SDK. 안드로이드 SDK(API 수준) 참조
service 요소, 787
Service 클래스, 794, 812
ServiceConnection 인터페이스, 817-819
setAction() 메서드, 스낵바, 572
setAdapter() 메서드
    ListView, 312
    RecyclerView, 596
    ViewPager, 535
setContentDescription() 메서드, ImageView, 254, 324
setContentIntent() 메서드, 알림 빌더, 800
setContentView() 메서드, 액티비티, 103, 175, 179, 405
setDisplayHomeAsUpEnabled() 메서드, ActionBar, 371
setImageResource() 메서드, ImageView, 254, 324
setListAdapter() 메서드, 프래그먼트, 418
setNavigationItemSelectedListener() 메서드, NavigationView, 650
setShareIntent() 메서드, ShareActionProvider, 375
setSupportActionBar() 메서드, AppCompatActivity, 355, 356, 359
setText() 메서드, TextView, 106, 243, 324
setType() 메서드, 인텐트, 143
setupWithViewPager() 메서드, TabLayout, 543
showAsAction 속성, 364
SimpleCursorAdapter 클래스, 723
Snackbar 클래스, 572
sp(스케일 독립 픽셀), 243
Spinner 요소
    값 가져오기, 106
    값, 98-99
    스피너란, 90, 252
SQL(구조화된 질의 언어), 673, 717
SQLite 데이터베이스
    SQLite 데이터베이스, 665-666
    다운그레이드, 683
    닫기, 714, 724-725

대안, 666
데이터 유형, 672
데이터 추가, 674–675
레코드 갱신
사용자 입력으로, 737–745, 747–748, 750–754
프로그램으로, 687–689
레코드 삭제, 689
레코드 쿼리, 705–708
레퍼런스 얻기, 704, 720
백그라운드 스레드에서 접근, 762–773, 778
버전 숫자, 679–681
보안, 666
생성하기, 671, 676–677
성능, 762, 778
업그레이드, 679–682, 682–692
열 조건, 689
열 추가, 691, 692
위치, 665, 666
조건 지정, 708
커서
값 얻기, 714–716
갱신, 756–760
닫기, 714, 724–725
레코드로 탐색, 712–713
생성하기, 705–708, 720
어댑터, 721–723, 730–731, 757
커서란, 666, 705
쿼리로 레코드 정렬, 707
테이블 삭제, 692
테이블 이름 변경, 691
테이블, 672–673
파일, 665
헬퍼, 666, 668–670, 676–677
SQLiteDatabase 클래스, 666
SQLiteException, 704, 717
SQLiteOpenHelper 클래스, 666, 669–670
src 속성, ImageButton, 256
src 속성, ImageView, 254
src 폴더, 59
StaggeredGridLayoutManager 클래스, 598–599
Starbuzz Coffee 앱, 290–330, 664–698, 700–734, 736–780
데이터베이스, 668–698, 701–734, 736–760
레이아웃, 300–302
리스너, 303–304, 318
스레드, 762–780
액티비티, 290–291, 294–297, 304–306, 309–314
어댑터, 311–313
이동, 292–293
이미지 리소스, 299
인텐트, 319–327
자바 클래스, 298
최상위 수준 액티비티
선호 하는 음료 추가하기. 최상위 수준 액티비티 참조
startActivity() 메서드, 액티비티, 128, 154, 159, 163
startService() 메서드, 인텐트, 789, 793
Stopwatch 앱, 184–210, 476–522
동적 프래그먼트, 476–478, 486–502
레이아웃, 165–166, 513
문자열 리소스, 165
액티비티 상태, 176–186
액티비티 생명주기, 180–181, 188–205
액티비티, 167–169, 172–175
프래그먼트 생명주기, 481

프래그먼트 트랜잭션, 505-511, 514-517
프로젝트, 164
핸들러, 170-171
string 요소, 98
@string 레퍼런스, 94, 123
string-array 리소스, 98
strings.xml 파일. 배열 리소스, 문자열 리소스 참조
@style 레퍼런스, 342
style 요소, 343
supportsRtl 속성, 애플리케이션, 214
Switch 요소, 247
syncState() 메서드, ActionBarDrawerToggle, 649

T

TabLayout 요소, 541, 543
text 속성
Button, 86, 245
CheckBox, 248
TextView, 75, 76, 92, 243
textOff 속성
Switch, 247
ToggleButton, 246
textOn 속성
Switch, 247
ToggleButton, 246
textSize 속성, TextView, 243
TextView 요소
TextView 요소란, 75, 86, 243
코드, 75-76, 86-89, 133
텍스트 설정, 106
theme 속성
AppBarLayout, 561
application, 341, 342
title 속성, 364
ToggleButton 요소, 246
Toolbar 클래스, 348, 351, 356

U

unbindService() 메서드, ServiceConnection, 821
Up 버튼, 334, 369-372
update() 메서드, SQLiteDatabase, 688, 740
USB 드라이버, 설치, 151
USB 디버깅, 151
uses-permission 요소, 833

V

v4 지원 라이브러리, 336. 디자인 지원 라이브러리 참조
v7 AppCompat 라이브러리
AppCompatActivity 클래스, 339-340
v7 AppCompat 라이브러리란, 336
내비게이션 드로워, 626
알림, 798
위치 서비스, 832
프래그먼트, 387
프로젝트에 추가, 338, 349
v7 CardView 라이브러리, 336, 584
v7 RecyclerView 라이브러리, 336
values 리소스 폴더. 문자열 리소스, 디멘션 리소스 참조
ViewGroup 클래스, 240, 242
ViewHolder 클래스, 588, 590
ViewPager 클래스, 531-535, 543

W

WebView 클래스, 908
Workout 앱, 382–434, 436–474, 476–522
  Back 버튼, 455–457
  Java Class, 402
  동적 프래그먼트, 476–478, 486–502
  디바이스 크기, 지원, 382–383, 436–440
  라이브러리, 387
  레이아웃, 513
  리스너 인터페이스, 426–430
  리스트 프래그먼트, 414–416, 419–420
  액티비티, 388–389, 401–405, 423, 431, 463–4765, 512
  어댑터, 417–418
  태블릿 AVD, 441–443
  프래그먼트 상태, 469–473
  프래그먼트 생명주기, 481
  프래그먼트 트랜잭션, 505–511, 514–517
  프래그먼트, 384–386, 390–398, 401–405, 407–411, 458–463
  화면 전용 리소스, 444–451
wrap_content 지정, 너비와 높이, 274

X

xmlns:android 속성, LinearLayout, 213

Z

zipalign 도구, 887
Zygote 프로세스, 888

가

개발 환경. 안드로이드 SDK, 안드로이드 스튜디오 참조
계획된 서비스, 782
공유 액션 프로바이더, 334, 373–377
구조화된 질의 언어. SQL 참조
국제화. 지역화 참조
그레이들 빌드 도구
  build.gradle 파일, 876–877
  check 태스크, 879
  gradlew와 gradlew.bat 파일, 878
  그레이들 빌드 도구란, 49, 876
  의존성, 880
  태스크 추가, 881
  플러그인, 882

나

내비게이션 드로워
  내비게이션 드로워란, 622–625
  드로워 닫기, 648, 656
  드로워 토글, 648–649
  라이브러리, 626
  메뉴 옵션, 625, 635, 638–643
  메뉴 클릭 동작, 648, 650–655
  메인 액티비티에 추가, 625, 644–646
  여러, 656
  탭 내비게이션과 비교, 622
  테마, 631–632
  툴바, 631
  프래그먼트, 625, 627–634
  하위 메뉴, 642
  헤더, 625, 635–637

내비게이션. 앱 바, ListView 요소, 내비게이션, 드로워, 탭 내비게이션, 툴바 참조

Back 버튼, 369, 455–457

Up 버튼, 334, 369–372

탐색이란, 292–293, 295–297, 333

내장 서비스

내장 서비스란, 782

알림. 알림 서비스 참조

위치. 위치 서비스 참조

네트워크 위치 제공자, 835

다

데이터

다른 앱과 공유. 공유 액션 프로바이더 참조

다른 앱의 데이터, 콘텐트 프로바이더, 905

로더, 906

문자열 리소스로 저장, 301

어댑터. 어댑터 참조

웹 콘텐트, 908

클래스에 저장, 298, 310–313, 402

데이터베이스. SQLite 데이터베이스 참조

동적 프래그먼트. 프래그먼트, 동적 참조

드롭다운 목록. Spinner 요소 참조

디멘션 리소스, 216

디바이스. 안드로이드 디바이스 참조

디바이스 회전

설정 변경, 176–178, 187, 198

액티비티 상태 저장, 182–183

프래그먼트 상태 저장, 469–473

디자인 지원 라이브러리

AppBarLayout 요소, 541–542

FAB(플로팅 액션 버튼), 549, 568–571

TabLayout 요소, 541, 543

내비게이션 드로워, 626

디자인 지원 라이브러리란, 336, 548

스낵바, 549, 568, 572–575

접히는 툴바, 559–567

툴바 스크롤, 550–557

디자인 편집기. 청사진 도구 참조

AVD와 비교, 91

GUI 컴포넌트 추가, 85

XML 변경 반영, 90

디자인 편집기란, 60, 74, 84

라

라이브러리

라이브러리란, 45

지원 라이브러리, 목록, 336

프로젝트에 추가, 266

프로젝트에서 위치, 58

레이아웃

ViewGroup 클래스 상속받음, 240, 242

그리드. GridLayout 요소 참조

기본, 83

레이아웃이란, 44, 54, 73, 80, 212

상대. RelativeLayout 요소 참조

생성하기, 55–56

선형. LinearLayout 요소 참조

중첩, 233–234, 264

컨스트레인트. 컨스트레인트 레이아웃 참조

코드, 61–62, 75, 83, 86–88, 122

툴바, 353–355, 358

편집, 83–90

프래그먼트. 프래그먼트 참조

프레임. FrameLayout 요소 참조
레이아웃 관리자, 리사이클러 뷰, 598–599
레이아웃 리소스 폴더, 444–450
렌더 스레드, 762
로그캣, 보기, 785, 896
로더, 906
리눅스 커널, 45
리사이클러 뷰
데이터, 589, 592
레이아웃 관리자, 598–599
리사이클러 뷰란, 580–581
뷰 홀더, 590–591
생성하기, 595–597, 604–607
스크롤바, 596
클래스 계층도, 612
클릭에 응답, 608–618
리사이클러 뷰 어댑터, 587–592, 596, 613–616
리소스. 웹사이트 리소스 참조
리소스 파일. 배열 리소스, 이미지 리소스, 문자열 리소스 참조
디멘션 리소스, 216
레이아웃 리소스, 444–450
리소스란, 44
메뉴 리소스, 363
밉맵 리소스, 341
색상 리소스, 346
스타일 리소스, 342–343
종류, 폴더, 58–59, 445
리스너. 이벤트 리스너 참조
리스트 프래그먼트 생성하기, 414–415
린 베일리(Head First SQL), 717

마

매니페스트 파일. AndroidManifest.xml 파일 참조
머티리얼 디자인, 548. 디자인 지원 라이브러리 참조
메뉴 리소스 폴더, 363
메서드
생성하기, 104–105, 107–108, 123
액티비티에서 호출, 101–104, 123
이름, 111
메시지. 알림 서비스 참조
로깅, 785–768
팝업 메시지(토스트), 258
메시지 로깅, 785–788
메인 액티비티, 126, 162
문자열 리소스
R.java 파일에 갱신, 111
값 얻기, 157
문자열 리소스 참조, 94, 123
문자열 리소스란, 80, 92, 96, 97
배열, 98–99, 252, 301
생성하기, 93, 123
액션 제목, 362
위치, 96, 97
추가, 554, 559
밀도 독립 픽셀(dp), 213
밉맵 리소스 폴더, 341

바

바운드 서비스
결과 표시, 815
다른 앱에서 사용, 828
메서드 호출, 822–827

바운드 서비스란, 782, 810
생명주기, 829-830
생성하기, 812, 814
시작된 서비스와 비교, 828
시작된 서비스와 조합, 828
액티비티와 연결, 813, 816-820
배열 리소스, 98-99, 252, 301
백 스택, 456-457
백그라운드 스레드, 762-773, 778
백그라운드에서 실행하는 서비스. 서비스 참조
버트베이츠(Head First Java), 46
변수, 설정, 168, 169
부모 액티비티, 370
뷰
ID, 86, 217, 241
가운데, 272
관련 메서드, 241
너비, 216, 274-275
높이, 217, 222, 274-275
마진, 218, 270-271
무게, 221-223
바이어스, 273
뷰 위치 중력, 226-227, 232
뷰 콘텐트 중력, 224-225
뷰란, 86, 240-241
속성 얻거나 설정하기, 241
정렬, 280
뷰 가운데 정렬, 272
뷰 바이어스, 273
뷰 애니메이션, 910
브로드캐스트, 907

사

상세/편집 액티비티, 291-292, 295-297, 321-325, 332
상태, 액티비티. 액티비티 생명주기 참조
색상 리소스, 346
색상, 테마, 347
서비스
계획된, 782
내장, 782
바운드. 바운드 서비스 참조
서비스란, 782
시작된. 시작된 서비스 참조
알림. 알림 서비스 참조
위치. 위치 서비스 참조
선택자, 154-159
설정 화면, 909
성능
SQLite 데이터베이스 영향, 762
안드로이드 에뮬레이터, 900-902
속성 애니메이션, 910
숏컷. 앱 바 참조
수직 컨스트레인트, 270
수평 컨스트레인트, 269
셸, adb로 실행, 894-895
스낵바, 549, 568, 572-575
스레드
렌더 스레드, 762
메인 스레드, 169, 762
백그라운드 스레드, 762-773, 778
스레드란, 762
스윙, 56
스케일 독립 픽셀(sp), 243

스타일
테마 적용, 342–343
테마 커스터마이즈, 345
스타일 리소스, 342–343
슬라이더. Switch 요소 참조
시스템 이미지. 안드로이드 SDK(API 수준) 참조
시에라, 베이츠(Head First Java), 46
시작된 서비스
AndroidManifest.xml에 정의, 787
관련 메서드, 792–794
바운드 서비스와 비교, 828
바운드 서비스와 조합, 828
생명주기, 792–793
생성하기, 783–784, 786
시작, 788–789
시작된 서비스란, 782–783, 789
클래스 계층, 794
싱크 어댑터, 906

아

아이디어 정돈. Starbuzz Coffee 앱 참조
아이콘
내장 아이콘, 639
앱 바 액션, 362
앱, 기본, 126, 341
안드로이드 SDK(API 수준)
AVD 설정, 67, 442
SDK 고유 기능, 213, 215, 335, 339, 340, 356, 370
권한 허용, 833, 836
라이브러리, 58, 336
목록, 53
안드로이드 SDK란, 47
앱의 최소 API 수준 설정, 52
안드로이드 가상 디바이스. avd 참조
안드로이드 디바이스
API 수준. 안드로이드 SDK(API 수준) 참조
안드로이드 디바이스란, 44
앱 실행하기, 151–153, 159
앱을 다양한 크기의 디바이스에 맞추기, 382–383, 436–440, 444–454. 프래그먼트 참조
테스트용 가상. AVD 참조
회전
구성이 영향을 받음, 176–178, 187, 198
액티비티 상태 저장, 182–183
프래그먼트 상태 저장, 469–473
안드로이드 디버그 브릿지. adb 참조
안드로이드 런타임(ART), 45, 72, 884–885
안드로이드 스튜디오
대안, 49
설치, 48
시스템 요구사항, 48
안드로이드 스튜디오란, 47, 49
콘솔, 70
편집기. 코드 편집기, 디자인 편집기 참조
프로젝트, 만들기, 50–52
안드로이드 앱 패키지. APK 파일 참조
안드로이드 앱. 프로젝트 참조
구조, 291–292, 294–297, 332–333
다른 앱에서 액티비티 실행, 142–150
다양한 디바이스 크기에 적용, 382–383, 436–440, 444–456
레이아웃. 레이아웃 참조
리소스 파일. 리소스 파일 참조
만들기, 49–52, 55–57, 81
매니페스트 파일. AndroidManifest.xml 파일 참조

물리 디바이스로 실행, 151–153, 159
배포, 904
백 버튼 기능, 455–457
사용 언어, 44
설정 화면, 909
설정, 회전에 영향을 받음, 176–178, 187, 198
아이디어, 290–292
아이콘, 126, 341
안드로이드 앱이란, 162–163
앱 바. 앱 바 참조
앱의 액티비티. 액티비티 참조
앱이 지원하는 디바이스, 52, 382–383. 프래그먼트 참조
에뮬레이터로 실행, 65–72, 91, 159
예제. 예제 참조
자바. 자바 참조
최소 SDK, 52–53
탐색. 내비게이션 참조
테마. 테마 참조
패키지 이름, 51, 126
포커스/보이는 상태, 188–189, 196–199
프로세스에서 실행, 162–163, 175
안드로이드 에뮬레이터
개발 속도, 900–902
안드로이드 에뮬레이터란, 65
앱 실행, 65–72, 91, 159
안드로이드 플랫폼
버전. 안드로이드 SDK(API 수준) 참조
안드로이드 플랫폼이란, 44–45
알림, 797, 799
알림 서비스
내장, 801
라이브러리, 798
알림 보내기, 801, 848, 851–852
알림 빌더, 799
알림 서비스란, 797, 804–805
알림, 797, 799
액션, 추가, 800
애니메이션, 910
애니메이션을 적용한 툴바. 접히는 툴바, 툴바 스크롤 참조
액션
공유 액션, 374–377
액션이란, 142
액티비티 지정, 147–148
앱 바
메뉴, 363, 365
메서드, 366–367
아이콘, 362, 364
제목, 362, 364
추가하기, 357–359, 361–367
인텐트에 지정, 142–146
종류, 143
카테고리 지정, 148, 159
액션 바, 356. 앱 바 참조
액티비티
Backwards Compatibility, 337, 340
기본, 83
다른 앱의
사용자가 '항상'을 선택, 154–159
사용자가 기본값을 선택, 153
사용할 수 있는 액티비티가 없으면, 159
액션 지정, 147–148
여러 앱 중 하나 선택, 142, 146, 153
인텐트로 시작, 141–146
매니페스트 파일에 선언, 127

메서드 호출, 101–104
메인, 설정, 126, 162
부모 액티비티, 370
생성하기, 55–56, 103, 109–112
액티비티 상태. 액티비티 생명주기 참조
액티비티란, 44, 54, 73, 80, 162–163
여러
만들기, 120–125
메시지 전달, 132–137
연결, 120
인텐트로 시작, 128–131
텍스트 추출, 138–139
종류, 291–297, 332–333
상세/편집 액티비티, 291–292, 295–297, 321–325
최상위 수준 액티비티, 291–292, 294–297
카테고리 액티비티, 291–292, 294–297, 309–310, 319–320
커스텀 자바 클래스 호출, 113–116
클래스 계층도, 181, 339
클래스 이름, 127
탐색. 내비게이션 참조
편집. 코드 편집기, 디자인 편집기 참조
프래그먼트로 바꾸기, 480–491
프로젝트에서 위치, 59
Backwards Compatibility, 337, 340
액티비티 생명주기
상태
목록, 179–180, 188–189
앱의 포커스에 따른 상태, 196–199
앱이 보이는 상황에 따른 상태, 188–189
저장과 복원, 182–183, 187
생명주기 관련 메서드, 179–181, 189, 209, 481
생명주기란, 179–180, 188–189
클래스 계층도, 181
프래그먼트 생명주기와 비교, 481
액티비티 연결, 120
액티비티 전이, 910
액티비티 클래스, 103, 181, 339
앱 릴리스, 904
앱 바
Up 버튼, 369–372
레이블, 341, 360–361
매니페스트 파일의 속성, 341–343, 360–361
아이콘, 341
액션 추가하기, 357–359, 361–367
액티비티 제목, 359
앱 바란, 333–335
제거, 350
콘텐트 공유, 373–377
탭, 541–554
테마 적용, 335, 338–340, 341–342
툴바로 교체하기, 334, 348–355
앱 배포, 904
앱 위젯, 911
앱 이름, 51
앱 프레임워크, 45
앱, 코어. 코어 앱 참조
앱. 안드로이드 앱 참조
어댑터
리사이클러 뷰. 리사이클러 뷰 어댑터 참조
배열. ArrayAdapter 클래스 참조
싱크 어댑터, 906
인터페이스와 결합 끊기, 614–616
에뮬레이터. 안드로이드 에뮬레이터 참조

에스프레소 테스트, 913
예제
Beer Adviser 앱. Beer Adviser 앱 참조
CatChat 앱. CatChat 앱 참조
Joke 앱. Joke 앱 참조
My Constraint Layout 앱. My Constraint Layout 앱 참조
My First App. My First App 참조
My Messenger 앱. My Messenger 앱 참조
Odometer 앱. Odometer 앱 참조
Pizza 앱. Pizza 앱 참조
Starbuzz Coffee 앱. Starbuzz Coffee 앱 참조
Stopwatch앱. Stopwatch 앱 참조
Workout 앱. Workout 앱 참조
소스 코드, 38
이메일 그리드 레이아웃, 867–874
오라클 JVM(자바 가상 머신), 884
온 디바이스 테스트, 913
웹사이트 리소스
USB 드라이버, 151
소스 코드 예제, 38
액티비티 액션, 종류, 143
위젯. GUI 컴포넌트 참조
위젯이란, 911
추가, 청사진 도구, 268
컨스트레인트. 컨스트레인트 레이아웃 참조
위치 서비스
관리자, 835
라이브러리, 832
리스너, 834
위치 갱신 요청, 836–837
위치 갱신 중단, 839
위치 서비스란, 831
이동 거리, 계산, 838–839
제공자, 835
필요한 권한
거부시 알림, 848, 851–852
사용자에게 요청, 844–846, 848
선언, 833
확인, 836, 842
유닛 테스트, 912
이메일 그리드 레이아웃 예제, 867–874
이메일 앱 예제. CatChat 앱 참조
이미지 리소스. 아이콘, 밉맵 리소스 폴더 참조
Button 요소, 255
ImageButton 요소, 256
ImageView 요소, 254, 300
R.drawable 레퍼런스, 254, 299
내비게이션 드로워 헤더, 636
추가, 231, 253, 299, 554
해상도 옵션, 폴더, 253
이미지 해상도, 253
이벤트 리스너
ListView 요소, 303–305
onClick 속성 비교, 306
내비게이션 드로워, 650
리스트 요소, 750, 752–754
리스트 프래그먼트, 427–429
스낵바 액션, 572
위치 리스너, 834
이벤트 리스너란, 241
카드 뷰, 614–618
프래그먼트, 497–502
인스턴스 런, 902

인텐트
- 다른 앱의 액티비티 시작, 141–146
- 대안, 133
- 데이터 가져오기, 322–324
- 생성하기, 128–129, 319
- 암묵적과 명시적, 143, 147, 159
- 액티비티 실행, 128–131
- 액티비티와 액션 해석, 147–148
- 인텐트란, 128
- 카테고리, 148, 159
- 콘텐트 공유, 374
- 텍스트 가져오기, 138–139
- 텍스트 전달, 132–137

인텐트 필터, 147–148

인텔리J 아이디어, 47

인플레이터, 레이아웃, 392, 407

자

자동화된 테스팅, 912

자바
- 소스 파일 위치, 58–59
- 액티비티. 액티비티 참조
- 자바 지식 필요, 38, 46
- 자바란, 44

자바 가상 머신(JVM), 884

자바 클래스
- 데이터 저장, 298, 310–313
- 액티비티에서 호출, 113–116
- 자바 클래스란, 80
- 커스텀, 만들기, 112, 298

접히는 툴바, 549, 559–567

지역화
- 문자열 리소스, 92, 97
- 오른쪽에서 왼쪽으로 읽는 언어, 214

지원 라이브러리. v7 AppCompat 라이브러리 참조
- 목록, 336
- 프로젝트에 추가, 338

차

책과 출판물
- Head First Java(시에라; 베이츠), 46
- Head First SQL(베일리), 717

청사진 도구
- 마진, 설정, 270
- 바이어스, 설정, 273
- 뷰 가운데 정렬, 272
- 뷰 속성, 갱신, 283
- 뷰 정렬, 280
- 뷰의 크기, 조절, 274–275
- 수직 컨스트레인트, 270
- 수평 컨스트레인트, 269
- 위젯, 추가, 268, 282, 284–285
- 청사진 도구란, 268
- 컨스트레인트 추론, 282–283, 287

최상위 수준 액티비티, 291 292, 294–297, 332

카

카드 뷰
- 데이터 추가, 587, 592
- 리사이클로 뷰로 표시, 600, 602
- 생성하기, 585–586
- 카드 뷰란, 584

카테고리 액티비티, 291-292, 294-297, 309-310, 319-320, 332
커서, SQLite
값 얻기, 714-716
닫기, 714, 724-725
레코드로 이동, 712-713
새로고침, 756-760
생성하기, 705-708, 720
어댑터, 721-723, 730-731, 757
커서란, 666, 705
커스텀 자바 클래스. 자바 클래스 참조
컨스트레인트 레이아웃
XML 코드, 271
대안, 287
라이브러리, 266
마진, 설정, 270-271
메인 액티비티에 지정, 267
바이어스, 설정, 273
뷰 가운데 정렬, 272
뷰 정렬, 280
뷰 크기, 조절, 274-275
수직 컨스트레인트, 추가, 270
수평 컨스트레인트, 추가, 269
위젯, 추가, 268, 282, 284-285
컨스트레인트 레이아웃이란, 265
컨스트레인트 추론, 282-283, 287
컨스트레인트 레이아웃 라이브러리, 266, 336
코드 편집기
레이아웃 파일, 61-62, 83, 86-88
액티비티 파일, 63-64
코드 편집기란, 60, 74
코어 라이브러리, 45. 라이브러리 참조
코어 앱, 45
콘텐트 프로바이더, 905
클래스. 자바 클래스 참조

타

태스크, 120
탭 내비게이션
내비게이션 드로워와 비교, 622
레이아웃에 탭 추가, 540-546
탭 간 스와이프, 531-535
탭 내비게이션이란, 524-526, 535
프래그먼트, 525-530
테마
v7 AppCompat 라이브러리, 336, 338-340
내비게이션 드로워, 631-632
내장, 목록, 344
앱 바 제거하기, 350
앱 바 포함, 335
커스터마이즈, 345
테마란, 126
프로젝트에 적용, 341-342
테스팅
에뮬레이터와 디바이스 비교, 159
온 디바이스 테스트, 913
유닛 테스트, 912
자동화된 테스트, 912
텍스트 필드. EditText 요소 참조
토스트, 258
툴바
내비게이션 드로워, 632
레이아웃으로 추가, 353-355, 358
스크롤, 549, 550-557

앱바를 대체하기, 334, 348-355
접히는, 549, 559-567
툴바 스크롤, 549, 550-557
트랜잭션, 프래그먼트. 프래그먼트 트랜잭션 참조

파

팝업 메시지(토스트), 258
패키지 이름, 126
퍼미션
API 수준, 833, 836
거부됨, 알림 보내기, 848, 851-852
권한이 있는지 확인하기, 836, 842
사용자에게 요청, 844-846, 848
필요한 권한 선언, 833
편집기. 청사진 도구, 코드 편집기, 디자인 편집기 참조
포커스
뷰 처리, 241
포커스를 가진 액티비티, 196-199
프래그먼트
Back 버튼 기능, 455-457
ID, 403-404
v7 AppCompat 라이브러리, 387, 396
관련 메서드, 407-408, 481
데이터, 402
동적
동적 프래그먼트란, 476
레이아웃, 489-491
메서드 호출, 492-502
추가, 477-491, 511-519
코드, 482-488, 500-502
레이아웃, 391-393, 450-452
리스트 프래그먼트
데이터 연결, 417-419
리스너, 메인 액티비티, 427-429
메인 액티비티에 표시, 420-423
상세 액티비티로 연결, 426-431
생성하기, 414-416
뷰, 생성하기, 392
상태, 저장, 469-473, 506-509
스와이프하기, 531-535
액티비티를 프래그먼트로 바꾸기, 480-491
앱 구조, 385-386
중첩, 516-519
코드, 391-392
탭 내비게이션, 525-530
프래그먼트란, 384
프래그먼트를 사용하는 액티비티
값 설정, 409-411
메인을 상세 액티비티로 연결하는 버튼, 388-389
상호작용, 401-411
생성하기, 387
프래그먼트 레퍼런스, 405, 409
프래그먼트 추가, 394-395
프로그램으로 바꾸기, 458-467
프로젝트에 추가, 390-391
프래그먼트 관리자, 404, 461
프래그먼트 생명주기, 407-408, 481
프래그먼트 스와이프, 531-535
프래그먼트 트랜잭션, 461-465, 505-509, 514-517
프로세스, 앱이 실행, 162-163, 175. 서비스, 스레드 참조
프로젝트. 안드로이드 앱 참조
라이브러리, 추가, 266
만들기, 50-52, 82-83
앱 이름, 51

...–59, 76
...사 도메인, 51
...레이 스토어, 앱 배포하기, 904

하

화면
레이아웃. 레이아웃 참조
밀도, 이미지, 253
액티비티. 액티비티 참조
크기, 앱 적용, 382–383, 436–440, 444–454
회사 도메인, 51